TRATADO DA FAMÍLIA E DAS SUCESSÕES

TRATADO DE FAMILIA Y DE SUCESIONES

Regina Beatriz Tavares da Silva
André Gonçalo Dias Pereira
Juan Alfredo Obarrio Moreno
Lorenzo M. Bujosa Vadell
Coordenadores

TRATADO DA FAMÍLIA E DAS SUCESSÕES

TRATADO DE FAMILIA Y DE SUCESIONES

Bilíngue – português e espanhol

Alicia García de Solavagione
Álvaro Augusto dos Passos
Antonio Jorge Pereira Júnior
Brian Buchhalter Montero
Columba del Carpio Rodríguez
Cristina Dias
Danilo Porfirio de Castro Vieira
Francisco Flávio Silva Rodrigues
Grace Costa
Graciela Medina
Gilberto Haddad Jabur
Gilda Figueiredo Ferraz de Andrade
Ignacio Socias Piarnau
Isabel Maria Loureiro Restier Grijó Poças
Jaqueline Alves da Silva Demetrio
José Franco-Chasán
José Miguel Piquer Marí
José Roberto Sodero Victório
Juan Alfredo Obarrio Moreno
Juan B. Cañizares Navarro
Julio César Rivera
Lorenzo M. Bujosa Vadell
Lucía Bernad Segarra
M. A. Sonia Mollá Nebot
Maria Hylma Alcaraz Salgado
Marta Cantín Larumbe
Miquela M. Sastre Vidal
Olegário Gurgel Ferreira Gomes
Paulo Nalin
Patrícia Moura Monteiro Cruz
Patricia Plana de Juan
Regina Beatriz Tavares da Silva
Thiago Vargas Simões
Viviane Teixeira Dotto Coitinho

ALMEDINA
BRASIL

Rio de Janeiro, 2025

Tratado da família e das sucessões

Tratado de familia y de sucesiones

ALMEDINA é uma empresa do Grupo Editorial Alta Books (STARLIN ALTA EDITORA E CONSULTORIA LTDA).

ISBN: 978-85-8493-743-1

Impresso no Brasil — 1ª Edição, 2024— Edição revisada conforme o Acordo Ortográfico da Língua Portuguesa de 2009.

Dados Internacionais de Catalogação na Publicação (CIP)
(Câmara Brasileira do Livro, SP, Brasil)

Tratado da família e das sucessões = Tratado de familia y de sucesiones / coordenação Regina Beatriz Tavares da Silva...[et al.]. -- São Paulo : Almedina, 2025.

Edição bilíngue: português/espanhol.
Outros coordenadores: André Gonçalo Dias Pereira, Juan Alfredo Obarrio Moreno, Lorenzo M. Bujosa Vadell.
Vários autores.
Bibliografia.
ISBN 978-85-8493-743-1

1. Direito de família - Legislação - Brasil 2. Direito dos animais 3. Família - Aspectos morais e éticos 4. Guarda compartilhada de filhos 5. Guarda de filhos 6. Parentalidade I. Silva, Regina Beatriz Tavares da. II. Pereira, André Gonçalo Dias. III. Moreno, Juan Alfredo Obarrio. IV. Vadell, Lorenzo M. Bujosa.

24-211468 CDU-347.6(81)

Índices para catálogo sistemático:

1. Brasil : Direito de família : Direito civil 347.6(81)

Eliane de Freitas Leite - Bibliotecária - CRB 8/8415

Grupo Editorial Alta Books

Produção Editorial: Grupo Editorial Alta Books
Diretor Editorial: Anderson Vieira
Editora-Chefe: Manuella Santos de Castro
Editor Pleno: Aurélio Nogueira
Vendas Governamentais: Cristiane Mutüs
Gerência Comercial: Claudio Lima

Assistente Editorial: Andreza Moraes
Diagramação: Almedina e Aurélio Corrêa

ALTA BOOKS
GRUPO EDITORIAL

Rua Viúva Cláudio, 291 — Bairro Industrial do Jacaré
CEP: 20.970-031 — Rio de Janeiro (RJ)
Tels.: (21) 3278-8069 / 3278-8419
www.altabooks.com.br — altabooks@altabooks.com.br
Ouvidoria: ouvidoria@altabooks.com.br

Editora
afiliada à:
ASSOCIADO

COORDENAÇÃO

REGINA BEATRIZ TAVARES DA SILVA

Presidente e Fundadora da Associação de Direito de Família e das Sucessões (ADFAS). Pós-Doutora em Direito da Bioética pela Faculdade de Direito da Universidade de Lisboa (FDUL). Doutora em Direito e Mestre em Direito Civil pela Faculdade de Direito da Universidade de São Paulo (USP). Graduada pela Universidade Presbiteriana Mackenzie. Titular da Cadeira No. 39 da Academia Paulista de Letras Jurídicas (APLJ). Membro do Instituto dos Advogados de São Paulo (IASP) e do Conselho Superior de Direito da FECOMERCIO/SP. Membro da Comissão Especial e Assessora da Relatoria Geral do Projeto de Código Civil Brasileiro – Lei 10.406, de 10/01/2002. Participou de outros projetos legislativos, como o Código de Processo Civil Brasileiro – Lei 13.105, de 16/03/2015. Sócia fundadora de Regina Beatriz Tavares da Silva Sociedade de Advogados (RBTSSA).

ANDRÉ GONÇALO DIAS PEREIRA

Associado Honorário e Presidente da Comissão Portuguesa de Biodireito e Bioética da Associação de Direito de Família e das Sucessões (ADFAS). Doutor em Direito Civil pela Universidade de Coimbra. Professor Associado da Faculdade de Direito da Universidade de Coimbra. Presidente da Direção do Centro de Direito Biomédico e da Comissão de Ética da AIBILI. Vice-Presidente do Conselho Nacional de Ética para as Ciências da Vida. Membro da Comissão de Ética do Instituto Nacional de Medicina legal e Ciências Forenses. Associado Internacional do Instituto Brasileiro de Estudos de Responsabilidade Civil (IBERC).

JUAN ALFREDO OBARRIO MORENO
Associado Honorário e Presidente da Comissão Espanhola de Assuntos Educacionais e seus reflexos nas Relações Familiares da Associação de Direito de Família e das Sucessões (ADFAS). Doutor pela Universidade de Alicante. Professor Catedrático de Direito Romano da Universidade de Valencia (UV). Diretor do Departamento de Direito Romano e Eclesiástico do Estado na Universidade de Valencia (UV).

LORENZO M. BUJOSA VADELL
Presidente da Comissão Espanhola de Direito Processual de Família da Associação de Direito de Família e das Sucessões (ADFAS). Doutor em Direito pela Universidade de Salamanca. Catedrático de Direito Processual da Universidade de Salamanca.

COORDINACIÓN

REGINA BEATRIZ TAVARES DA SILVA

Presidente y Fundadora de la Associação de Direito de Família e das Sucessões (ADFAS). Post-Doctora en Derecho de la Bioética por la Facultad de Derecho de la Universidad de Lisboa (FDUL). Doctora en Derecho y Máster en Derecho Civil por la Facultad de Derecho de la Universidad de São Paulo (USP). Graduada por la Universidad Presbiteriana Mackenzie. Titular de la Cátedra No. 39 de la Academia Paulista de Letras Jurídicas (APLJ). Miembro del Instituto de los Abogados de São Paulo (IASP) y del Consejo Superior de Derecho de la FECOMERCIO/SP. Miembro de la Comisión Asesora Especial de la Relatoría General del Proyecto del Código Civil Brasileño – Ley 10.406, de 10/01/2002. Participó en otros proyectos legislativos, como el Código de Procedimiento Civil Brasileño – Ley 13.105, de 16/03/2015. Socia fundadora de Regina Beatriz Tavares da Silva Sociedade de Advogados (RBTSSA).

ANDRÉ GONÇALO DIAS PEREIRA

Asociado Honorario y Presidente de la Comisión Portuguesa de Bioderecho y Bioética de la Associação de Direito de Família e das Sucessões (ADFAS). Doctor en Derecho Civil por la Universidad de Coimbra. Profesor Asociado de la Facultad de Derecho de la Universidad de Coimbra. Presidente de la Dirección del Centro de Derecho Biomédico y de la Comisión de Ética de la AIBILI. Vicepresidente del Consejo Nacional de Ética de las Ciencias de la Vida. Miembro de la Comisión de Ética del Instituto Nacional de Medicina Legal y Ciencias Forenses. Asociado Internacional del Instituto Brasileño de Estudios de Responsabilidad Civil (IBERC).

JUAN ALFREDO OBARRIO MORENO
Asociado Honorario y Presidente de la Comisión Española de Asuntos Educativos y sus reflejos en las Relaciones Familiares de la Associação de Direito de Família e das Sucessões (ADFAS). Doctor por la Universidad de Alicante. Profesor Catedrático de Derecho Romano de la Universidad de Valencia (UV). Director del Departamento de Derecho Romano y Eclesiástico del Estado de la Universidad de Valencia (UV).

LORENZO M. BUJOSA VADELL
Presidente de la Comisión Española de Derecho Procesal Familiar de la Associação de Direito de Família e das Sucessões (ADFAS). Doctor en Derecho por la Universidad de Salamanca. Profesor Catedrático de Derecho Procesal de la Universidad de Salamanca.

AUTORES

ALICIA GARCÍA DE SOLAVAGIONE

Presidente de la Comisión Argentina de Derecho de Familia y Sucesiones y Asociada Honoraria de la Associação de Direito de Família e das Sucessões (ADFAS). Doctora en Derecho y Ciencias Sociales y Especialista en Derecho de Familia por la Universidad Nacional de Córdoba. Profesora Titular de Derecho Privado VI – Familia y Sucesiones – de la Facultad de Derecho de la Universidad Nacional de Córdoba, Argentina. Tribunal de Tesis de Doctorados y Post Doctorados. Miembro del Instituto de Derecho Civil de la Academia Nacional de Derecho de Córdoba y Miembro de Tribunales de Selección de Magistrados y Funcionarios Judiciales de la Republica Argentina.

ÁLVARO AUGUSTO DOS PASSOS

Conselheiro Científico da Associação de Direito de Família e das Sucessões (ADFAS). Mestre pela Pontifícia Universidade Católica de São Paulo (PUC-SP). Graduado pela Faculdade de Direito da Universidade de São Paulo (USP). Professor de Direito de Família e das Sucessões da Faculdade de Direito do Centro Universitário FAAP e de Direito Constitucional da Universidade Nove de Julho. Desembargador do Tribunal de Justiça do Estado de São Paulo.

ANTONIO JORGE PEREIRA JÚNIOR

Associado da Associação de Direito de Família e das Sucessões (ADFAS). Doutor, Mestre e Bacharel em Direito pela Universidade de São Paulo. Professor Titular da Universidade de Fortaleza e do Programa de Mestrado e Doutorado em Direito Constitucional da Universidade de Fortaleza (PPGD-UNIFOR). Coordenador do Relatório analítico propositivo do Conselho Nacional de Justiça (CNJ). Advogado e árbitro.. Membro da International Academy for the Study of the Jurisprudence of the Family (IASJF), da International Society of Family Law (ISFL), da Academia Iberoamericana de Derecho de Familia y de las Personas e da Academia Paulista de Letras Jurídicas.

BRIAN BUCHHALTER MONTERO
Doctorando en Derecho en la Universidad Complutense de Madrid (España). Máster en Derecho alemán (LL.M.) por la Universität Konstanz (Alemania) y en Derecho de Familia por la Universidad Internacional de La Rioja (España). Graduado en Derecho y en Ciencias Políticas por la Universidad de Valencia (España). Personal docente e investigador en formación (FPU), Universidad Complutense de Madrid.

COLUMBA DEL CARPIO RODRÍGUEZ
Asociada Honoraria de la Associação de Direito de Família e das Sucessões (ADFAS). Vice-Presidenta de la Asociación Peruana de Derecho de Familia y Sucesiones (APDFS). Doctora en Derecho por la Universidad de Granada, España. Máster en Derecho Constitucional y Tutela Jurisdiccional por la Universidad Nacional de San Agustín de Arequipa-Perú (UNSA). Docente Principal de Pre y Postgrado por UNAS. Consejera de la Facultad de Derecho UNAS. Miembro de la International Society of Family Law (ISFL), de la Academia Iberoamericana de Derecho de Familia y de las Personas y de la Red Latinoamericana de Antropología Jurídica.

CRISTINA DIAS
Professora Catedrática da Escola de Direito da Universidade do Minho. Investigadora do Centro de Investigação em Justiça e Governação (JusGov).

DANILO PORFIRIO DE CASTRO VIEIRA
Associado da Associação de Direito de Família e das Sucessões (ADFAS). Pós-Doutor em Filosofia, Ciências e Letras pela Universidade de São Paulo. Doutor em Ciências Sociais pela Universidade Estadual Paulista Júlio de Mesquita Filho. Mestre em Direito pela Universidade Estadual Paulista Júlio de Mesquita Filho. Graduado em Direito pela Universidade Estadual Paulista Júlio de Mesquita Filho. Professor titular de Relações Internacionais e Direito no Centro Univer-

sitário de Brasília (Uniceub) e de Direito no Instituto de Direto Público do Distrito Federal (IDP). Advogado.

FRANCISCO FLÁVIO SILVA RODRIGUES

Doutorando, Mestre e Bacharel em Direito Constitucional pela Universidade de Fortaleza (PPGD-UNIFOR). Mestre em Direito Constitucional. Especialista em Direito e Processo de Família e Sucessões. Foi professor e coordenador na Faculdade Princesa do Oeste. Atuou como Advogado no Centro de Referência Especializado em Assistência Social (CREAS).

GRACE COSTA

Vice-presidente da Seção Estadual de Santa Catarina da Associação de Direito de Família e das Sucessões (ADFAS). Advogada, especialista em Direito de Família e Sucessões pela Pontifícia Universidade Católica do Rio Grande do Sul (PUCRS).

GRACIELA MEDINA

Presidente de la Comisión Argentina de Bioderecho y Bioética y Asociada Honoraria de la Associação de Direito de Família e das Sucessões (ADFAS). Doctora en Ciencias Jurídicas y Sociales por la Universidad de Buenos Aires (UBA). Profesora de Derecho de Familia y Sucesiones y Consejera de la Facultad de Derecho de la Universidad de Buenos Aires. Abogada especialista en Derecho de familia. Académica de la Academia de Derecho Córdoba y de Perú en Ciencias Jurídicas.

GILBERTO HADDAD JABUR

Conselheiro Científico da Associação de Direito de Família e das Sucessões (ADFAS). Doutor e Mestre em Direito Civil na Pontifícia Universidade Católica de São Paulo (PUC-SP). Professor na Escola de Direito CEU-LAW, na Escola Superior de Advocacia da OAB/SP e em Direito Civil na PUC-SP. Advogado. Associado efetivo do Instituto dos Advogados de São Paulo (IASP). Membro do Instituto Brasileiro de Direito Privado e do Conselho de Orientação Editorial da Revista de Direito Civil Contemporâneo (RDCC).

GILDA FIGUEIREDO FERRAZ DE ANDRADE
Mestrado profissional em Direito pela Universidade de São Paulo. Advogada Trabalhista Inscrição na Ordem dos Advogados do Brasil – Seção de São Paulo. Militância no Contencioso Administrativo e Judicial com exclusividade na área do Direito do Trabalho.

IGNACIO SOCIAS PIARNAU
Consejero Científico de la Associação de Direito de Família e das Sucessões (ADFAS). Doctor en Derecho Internacional y Director de Comunicación y Relaciones Internacionales de la International Federation for Family Development. Graduado en Derecho por la Universidad Autónoma de Madrid.

ISABEL MARIA LOUREIRO RESTIER GRIJÓ POÇAS
Associada da Associação de Direito de Família e das Sucessões (ADFAS). Pós-graduada em Direito do Património Cultural pela Faculdade de Direito da Universidade de Lisboa, em Teoria e Prática em Contencioso Administrativo e Tributário pela Faculdade de Direito da Universidade de Lisboa. Advogada.

JAQUELINE ALVES DA SILVA DEMETRIO
Presidente da Comissão de Direito do Trabalho da Associação de Direito de Família e das Sucessões (ADFAS). Doutora e Mestre em Educação pela Universidade Católica de Brasília (UCB). Graduada em Letras pela Universidade Federal do Maranhão (UFMA) e em Direito pelo Centro Universitário do Maranhão (Uniceuma). Diretora do Curso de Direito da Universidade Estadual do Maranhão (UEMA). Servidora Pública Estadual como Professora Universitária da Universidade Estadual do Maranhão (UEMA).

JOSÉ FRANCO-CHASÁN
Doctor en Derecho por la Universidad de Valencia (UV). Máster en Derechos Humanos por la Universidad de Valencia (UV) y en Bioética por la UCV. Profesor de Historia del Derecho en la Universidad Rey Juan Carlos (Madrid). Miembro del "Grupo de Investigación emergente en España e Hispanoamérica: cinco siglos de relaciones histórico-jurídicas" y del grupo de investigación "*The Alan Watson Group: the Making of the Western Law*".

JOSÉ MIGUEL PIQUER MARÍ

Profesor Titular de Derecho Romano de la Universidad de Valencia. Autor de diversas monografías especializadas y de material docente.

JOSÉ ROBERTO SODERO VICTÓRIO

Presidente da Comissão de Direito Previdenciário da Associação de Direito de Família e das Sucessões (ADFAS). Pós-Doutor em Saúde, Bioética, Meio Ambiente Laboral e Direitos Humanos pela Universidade de Salerno. Doutor em Ciências Jurídicas e Sociais pela UMSA, Argentina. Mestre em Ciências Ambientais pela Universidade de Taubaté. Pós-Graduado em Direito Empresarial pela Universidade de Taubaté. Professor de Pós-Graduação da Faculdade de Direito de Franca, da Faculdade de Direito de Passo Fundo, da Faculdade de Direito de São Bernardo do Campo e da Escola Superior da Advocacia. Advogado militante.

JUAN ALFREDO OBARRIO MORENO

Asociado Honorario y Presidente de la Comisión Española de Asuntos Educativos y sus reflejos en las Relaciones Familiares de la Associação de Direito de Família e das Sucessões (ADFAS). Doctor por la Universidad de Alicante. Profesor Catedrático de Derecho Romano de la Universidad de Valencia (UV). Director del Departamento de Derecho Romano y Eclesiástico del Estado de la Universidad de Valencia (UV).

JUAN B. CAÑIZARES NAVARRO

Doctor en Derecho con mención europea por la Universidad de Valencia. Profesor con Doctorado de la Universidad Católica San Antonio de Murcia, la Universidad CEU Cardenal Herrera y de la Universidad CEU San Pablo. Profesor Ayudante Doctor de Derecho Romano de la Universidad de Valencia. Profesor Contratado Doctor por la Agencia Nacional de Evaluación de la Calidad y Acreditación (ANECA).

JULIO CÉSAR RIVERA

Vicepresidente de la Comisión Argentina de Bioderecho y Bioética de la Associação de Direito de Família e das Sucessões (ADFAS). Profesor Consulto de Derecho Civil en la Facultad de Derecho de la Universidad Nacional de Buenos Aires. Ex Conjuez de la Corte Suprema de Justicia de la Nación. Miembro de la

Academia Nacional de Derecho de Buenos Aires, de la *International Academy of Comparative Law*, de la *International Academy of Trial Lawyers* y de la Academia Peruana de Derecho.

LORENZO M. BUJOSA VADELL
Presidente de la Comisión Española de Derecho Procesal Familiar de la Associação de Direito de Família e das Sucessões (ADFAS). Doctor en Derecho por la Universidad de Salamanca. Profesor Catedrático de Derecho Procesal de la Universidad de Salamanca.

LUCÍA BERNAD SEGARRA
Doctora en Derecho por la Universidad de Valencia. Profesora Titular de la Universidad de Valencia, Departamento Derecho Romano y Eclesiástico del Estado.

M. A. SONIA MOLLÁ NEBOT
Doctora en Derecho por la Universidad de Valencia (UV). Profesora Titular en la Universidad de Valencia (UV).

MARIA HYLMA ALCARAZ SALGADO
Doutora em Direito pela Universidade de Vigo. Mestre em Direito das Obrigações pela Universidade Estadual Paulista "Júlio de Mesquita Filho" (UNESP). Professora da Área de Direito Constitucional da Universidade de Vigo.

MARTA CANTÍN LARUMBE
Becaria de colaboración, Área de Historia del Derecho, Universitat de València.

MIQUELA M. SASTRE VIDAL
Logopeda. Profesora Asociada de la *Universitat de les Illes Balears.*

OLEGÁRIO GURGEL FERREIRA GOMES
Doutor em Direito Constitucional pela Universidade de Fortaleza (PPG-UNIFOR). Mestre em Direito pela Universidade de Lisboa. Graduado em jornalismo pela Universidade Federal do Ceará (UFC) e em Direito pela Universidade de Fortaleza (Unifor). Promotor de justiça no Estado do Rio Grande do Norte.

PAULO NALIN

Associado da Associação de Direito de Família e das Sucessões (ADFAS). Pós-doutor em Contratos internacionais pela Universidade da Basiléia, Suiça. Doutor em Direito das Relações Sociais (UFPR). Mestre em Direito Privado (UFPR). Advogado, Árbitro, Professor Associado de Direito Civil e Arbitragem da Faculdade de Direito da UFPR.

PATRÍCIA MOURA MONTEIRO CRUZ

Doutoranda e Mestre em Direito Constitucional pela Universidade de Fortaleza (UNIFOR). Especialista em Direito Privado pela Universidade Cândido Mendes. Bacharel em Direito pela Universidade de Fortaleza – UNIFOR. Bolsista pesquisadora da Fundação Cearense de Apoio ao desenvolvimento (FUNCAP). Advogada Sócia do Escritório Carlos Henrique Cruz Advocacia. Consultora Jurídica nas áreas de Direito do Trabalho e Empresarial. Docente na Universidade de Fortaleza (UNIFOR).

PATRICIA PLANA DE JUAN

Alumna de grado en Derecho en la Universitat de València – Institute for Social, Political and Legal Studies.

REGINA BEATRIZ TAVARES DA SILVA

Presidente e Fundadora da Associação de Direito de Família e das Sucessões (ADFAS). Pós-Doutora em Direito da Bioética pela Faculdade de Direito da Universidade de Lisboa (FDUL). Doutora em Direito e Mestre em Direito Civil pela Faculdade de Direito da Universidade de São Paulo (USP). Graduada pela Universidade Presbiteriana Mackenzie. Titular da Cadeira n. 39 da Academia Paulista de Letras Jurídicas (APLJ). Membro da Associação dos Advogados de São Paulo (AASP), do Instituto dos Advogados de São Paulo (IASP), do Conselho Superior de Direito da FECOMERCIO/SP e do Centro Brasileiro de Estudos e Pesquisas Judiciais (CEBEPEJ). Membro da Comissão Especial e Assessora da Relatoria Geral do Projeto de Código Civil Brasileiro – Lei 10.406, de 10/01/2002, na Câmara de Deputados. Participou de outros projetos legislativos, como o atual Código de Processo Civil Brasileiro. Palestrante e Coordenadora em vários Cursos, Congressos e Jornadas realizados no Brasil e em outros países. Autora, coautora e coordenadora em 71 livros. Socia fundadora de Regina Beatriz Tavares da Silva Sociedade de Advogados (RBTSSA).

THIAGO VARGAS SIMÕES
Presidente da Seção Estadual do Espírito Santo da Associação de Direito de Família e das Sucessões (ADFAS). Pós-Doutor em Direito Civil pela Universidade de Lisboa, Portugal. Doutor e Mestre em Direito Civil pela Pontifícia Universidade Católica de São Paulo (PUC SP). Professor de Direito de Família e das Sucessões da FDV/ES, da Escola Superior da Magistratura do Espírito Santo (ESMAGES) e da Escola de Estudos Superiores do Ministério Público de Espírito Santo (EESMPES). Graduado em Direito pela FDV/ES.

VIVIANE TEIXEIRA DOTTO COITINHO
Doutora em Direito Constitucional pela Universidade de Fortaleza (PPG-UNIFOR). Mestre em Direito pela Universidade de Santa Cruz do Sul. Possui especialização em Direito Processual Civil pela Pontifícia Universidade Católica do Rio Grande do Sul.

APRESENTAÇÃO

Esta obra é fruto do Congresso Pentagonal da Associação de Direito de Família e das Sucessões (ADFAS), que percorreu cinco Universidades, sequencialmente, com intensos e profícuos eventos na Universidade de Coimbra, na Universidade Católica do Porto, na Universidade de Vigo, na Universidade de Salamanca e na Universidade de Valência.

Os representantes da ADFAS, filiados a essas relevantes instituições de ensino superior abriram as portas de suas casas acadêmicas para receber o grandioso Congresso, um evento presencial e inédito, com temáticas da maior amplitude e atualidade no Direito de Família, no Direito das Sucessões e no Biodireito.

A importância desse Congresso gerou produções científicas, com a criação de espaços de diálogo entre os países de tradição iberoamericana.

Os principais temas de Direito de Família e das Sucessões estão reunidos nesta obra, sendo destinados os de Biodireito a outro livro da Série ADFAS/Almedina.

Ao mesmo tempo em que se oferece, nesta obra, o exemplo das distintas experiências de diversos países, como Argentina, Brasil, Peru, Portugal e Espanha, entre outros, se pode questionar se os ordenamentos jurídicos e suas escolhas legislativas vão pelo melhor caminho.

O intercâmbio de profundos conhecimentos e amplas experiências dos juristas que compõem esta obra seguramente é de grande relevância para os estudos e a aplicação do Direito de Família e das Sucessões.

Não vivemos tempos tranquilos no Direito de família, por conseguinte a intranquilidade atinge o Direito das Sucessões.

Se fala hoje em dia em relações sem monogamia, como se pudessem ser relações de família em países de cultura ocidental; se pretende atribuir a pessoas que não têm vínculos biológicos, sem o necessário preenchimento dos requisitos da socioafetividade, obrigações e direitos de pai e mãe, defendendo-se a multiparentalidade; se propõe ilimitada autonomia nas sucessões; se pretende atribuir aos animais de estimação personalidade jurídica; se elogia a neutralidade do gênero humano, criando disforias em crianças; tudo a causar insegurança jurídica e destruir a pessoa humana numa civilização que se diz avançada e moderna, sob o pretexto de que a felicidade deve ser alcançada de qualquer modo e a qualquer custo e com a supremacia absoluta dos interesses individuais.

A ADFAS não se cala, em proteção da sociedade, combatendo ideias que parecem inovadoras, mas, em verdade, são incivilizadas ou, até mesmo, tribais. Na ADFAS a liberdade de expressão se preserva nos debates científicos com vistas à real evolução do Direito, cuja principal função é a organização da sociedade.

Antes da criação da ADFAS, que completou dez anos, a família estava desprotegida por não ter oposição organizada e institucional a movimentos contrários ao que a sociedade realmente vive e quer. Para que se tenha uma ideia, quando se utilizava a palavra "amante", para fazer referência ao cúmplice do adultério, ferrenhas críticas eram realizadas, como se uma relação concorrente com o casamento ou a união estável pudesse ter direitos iguais a uma entidade familiar que tem todo o prestígio da sociedade e, por conseguinte, do Direito.

Movimentos de destruição da família causaram muitos danos à sociedade, enganando com confusões entre a proteção das uniões entre pessoas do mesmo gênero com o indevido incentivo ao chamado poliamor, a relação entre três ou mais pessoas, inclusive com filhos envolvidos nesse tipo de arranjo, como se pudessem constituir família em países de tradição monogâmica.

Mas, por outro lado, há preocupações legítimas nos dias de hoje, como a destinação da herança digital: onde e com quem ficarão os direitos sobre a imagem e os dados pessoais divulgados em redes sociais após a morte do seu titular? Há combate à violência doméstica. Também se realizou uma grande evolução quanto aos direitos dos genitores de conviver com seus filhos, mantendo o pleno poder familiar após a separação. Há também legítima inquietação com o trabalho infantil e outras conexões que o direito do trabalho e o direito empresarial tem com as relações familiares quando estas se interligam com relações de trabalho e empresariais.

Há estudo de direito previdenciário em suas interligações com a proteção da pessoa idosa. Se combate o *stalking* ou a perseguição nas relações familiares. Os regimes de bens matrimoniais também merecem atenção. Se debate a herança nas relações conjugais. E outros cuidados existem e são elogiáveis, referentes à pessoa idosa, às crianças e aos adolescentes, inclusive na chamada capacidade progressiva. Estes, entre outros temas, são abordados com profundidade nesta obra.

A importância da comparação entre os distintos sistemas jurídicos é de evidência solar. Com os estudos da legislação e de outras formas de expressão do Direito, aprendemos com outros países e aperfeiçoamos o Direito, olhando os acertos e desacertos de cada ordenamento jurídico.

Falando do Brasil, o Direito Comparado foi muito cultivado no século passado, com obras primorosas, com a inspiração na legislação de outros países, como ocorreu, por exemplo, no Código Civil de 2002 (Lei 10.406, de 10 de janeiro de 2002). Não se pode compreender o motivo, ainda mais diante de tamanha comunicação global em nossos dias, de haver desatenção aos ordenamentos jurídicos de outros países. A ADFAS retoma o necessário olhar para a regulamentação das relações familiares e sucessórias nos sistemas estrangeiros nesta obra e nas anteriores que compõem a Série ADFAS/Almedina.

Efetivamente sem valores não há família e sem família não há uma verdadeira nação, essa é a preocupação que permanece no constante trabalho da ADFAS.

De que família estamos falando nesta obra? Falamos da família atual, com os avanços que temos na vida de hoje, da família que temos em todos os países cujos povos cultivam os valores da moral e da ética, com os mesmos costumes, que não podem ser menosprezados por ideias inaceitáveis. É essa família que a ADFAS defende, aquela que merece proteção integral conforme as normas constitucionais e infraconstitucionais.

REGINA BEATRIZ TAVARES DA SILVA
Coordenadora

PRESENTACIÓN

Este trabajo es el resultado del Congreso Pentagonal de la Asociación de Derecho de Familia y Sucesiones (ADFAS), que recorrió cinco Universidades, de forma secuencial, con intensos y fructíferos eventos en la Universidad de Coimbra, la Universidad Católica de Porto, la Universidad de Vigo, la Universidad de Salamanca y la Universidad de Valencia.

Los representantes de ADFAS, afiliados a estas relevantes instituciones, abrieron las puertas de sus casas académicas para recibir el grandioso Congreso, un evento presencial e inédito, con temáticas de la mayor amplitud y relevancia en Derecho de Familia, Derecho de Sucesiones y Bioderecho.

La importancia de este Congreso generó producciones científicas, con la creación de espacios de diálogo entre países de tradición iberoamericana.

Los principales temas del Derecho de Familia y de Sucesiones se reúnen en esta obra y los del Bioderecho son destinados a otro libro de la Serie ADFAS/Almedina.

Al mismo tiempo que este trabajo ofrece el ejemplo de las diferentes experiencias de varios países, como Argentina, Brasil, Perú, Portugal y España, entre otros, es posible cuestionar si los sistemas jurídicos y sus opciones legislativas están en el mejor camino.

El intercambio de profundos conocimientos y amplias experiencias de los juristas que integran esta obra es sin duda de gran relevancia para los estudios y aplicación del Derecho de Familia y Sucesiones.

No vivimos en tiempos tranquilos en el Derecho de Familia, por lo que el malestar también afecta al Derecho de Sucesiones.

Hoy en día se habla de relaciones sin monogamia, como si pudieran ser relaciones familiares en los países de cultura occidental; se pretende atribuir a las personas que no tienen vínculos biológicos, sin el necesario cumplimiento de los requisitos de la socioafectividad , obligaciones y derechos de padre y madre, la llamada multiparentalidad; se propone una autonomía ilimitada en la sucesión; se desea otorgar a las mascotas personalidad jurídica; se alaba la neutralidad de género, creando disforia en los niños; todo esto causa inseguridad jurídica y destruye a la persona humana en una civilización que pretende ser avanzada y moderna, bajo el pretexto de que la felicidad debe alcanzarse de cualquier manera y a cualquier costo y con la supremacía absoluta de los intereses individuales.

ADFAS no se queda callada, en la protección de la sociedad, combatiendo ideas que parecen innovadoras, pero que, en realidad, son incivilizadas o incluso tribales. En ADFAS se preserva la libertad de expresión en los debates científicos con vistas a la evolución real del Derecho, cuya función principal es la organización de la sociedad.

Antes de la creación de ADFAS, que cumplió diez años, la familia estaba desprotegida porque no tenía una oposición organizada e institucional a movimientos contrarios a lo que realmente vive y quiere la sociedad. Para que se hagan una idea, cuando se utilizaba la palabra "amante" para referirse al cómplice del adulterio, se hacía una crítica feroz como si una relación que competía con el matrimonio o la unión convivencial pudiera tener los mismos derechos que una entidad familiar que tiene todo el prestigio de la sociedad y, por lo tanto, del Derecho.

Los movimientos de destrucción de la familia han causado mucho daño a la sociedad, engañando con confusión entre la protección de las uniones entre personas del mismo sexo y el incentivo indebido al llamado poliamor, o sea, la relación entre tres o más personas, incluso con niños involucrados en este tipo de arreglos, como si pudieran formar una familia en países con una tradición monógama.

Pero, por otro lado, existen preocupaciones legítimas en estos días, como el destino de la herencia digital: ¿dónde y con quién estarán los derechos sobre la imagen y los datos personales divulgados en las redes sociales tras el fallecimiento de su titular? Hay una lucha contra la violencia doméstica. También se ha producido una gran evolución en los derechos de los padres a vivir con sus hijos, manteniendo la plena potestad familiar tras la separación. También existe una preocupación legítima sobre el trabajo infantil y otras conexiones que el Derecho Laboral y también el Derecho Empresarial tienen con las relaciones familiares cuando éstas están interconectadas con las relaciones laborales y comerciales. Existe estudio sobre la seguridad social en sus interconexiones con la protección de la persona mayor. Se combate el "*stalking*" en las relaciones familiares. Los regímenes económicos matrimoniales también merecen atención. Se analiza la herencia en las relaciones conyugales. Y existen otras precauciones que son encomiables, relacionadas con las personas mayores, los niños y los adolescentes, incluida la llamada capacidad progresiva. Estos, entre otros temas, son abordados en profundidad en este trabajo.

La importancia de comparar los diferentes sistemas jurídicos es muy evidente. Con el estudio de la legislación y otras formas de expresión del Derecho, aprendemos con otros países y mejoramos el Derecho, observando los éxitos y fracasos de cada sistema jurídico.

Hablando de Brasil, el Derecho Comparado ha sido ampliamente cultivado en el último siglo, con excelentes obras, inspiradas en la legislación de otros países, como ocurrió, por ejemplo, en el Código Civil de 2002 (Ley 10.406, de 10 de enero de 2002). No es posible entender por qué, especialmente frente a una comunicación tan global en nuestros días, hay una falta de atención a los sistemas legales de otros países. ADFAS retoma en este trabajo y en los anteriores que integran la Serie ADFAS/Almedina la necesaria mirada sobre la regulación de las relaciones familiares y sucesorias en los sistemas extranjeros.

Efectivamente, sin valores no hay familia y sin familia no hay una verdadera nación, esta es la preocupación que permanece en la constante labor de ADFAS.

¿De qué familia estamos hablando en esta obra? Hablamos de la familia actual, así como de los avances que tenemos en la vida de hoy, de la familia que tenemos en todos los países cuyos pueblos cultivan los valores de la moral y de la ética, con las mismas costumbres, que no pueden ser menospreciadas por ideas inaceptables. Es esta familia la que ADFAS defiende en este libro, la que merece plena protección de acuerdo con las normas constitucionales e infraconstitucionales.

REGINA BEATRIZ TAVARES DA SILVA
Coordinadora

SUMÁRIO/SUMARIO

FAMÍLIA

FAMILIA

A FAMÍLIA NA ATUALIDADE

LA FAMILIA EN LA ACTUALIDAD

1.
EFECTOS FILIATORIOS DE LA SOCIOAFECTIVIDAD

Alicia García de Solavagione

1. Introducción

Cuesta hallar una definición unívoca de esta creación jurisprudencial llamada "socioafectividad". Confusa y forzada doctrina acientífica, desnaturaliza el derecho familiar, convirtiendo el andamiaje jurídico de los institutos que lo componen, en métodos estratégicos de solución de ciertos casos reales. De tal modo, al aplicar esta teoría, tambalea la naturaleza jurídica misma del *iusfamiliarismo*. Aún así, estimo que, si profundizamos el tratamiento de normas programáticas y excepcionales, la socioafectividad podría ser incorporada con normas de estructura.

Algunos consideran que la socioafectividad es una "estrategia jurídica acertada", introducida por los magistrados[1]. Adherimos a este criterio.

Se procura encontrar un atajo favorable desde el campo de la sensibilidad, a la niñez en situación de vulnerabilidad en supuestos de filiación adoptiva; filiación por T.R.H.A.; a la gestación por sustitución también denominada subrogación o alquiler de vientres, entre otras posibilidades de actos humanos. En realidad, se procura flexibilizar o anular, los artículos 558, 578, 252, 611 y concordantes del Código Civil y Comercial de la Nación (CCCN) vigente, los que reposan en vínculos filiatorios "binarios

[1] Krasnow, Adriana. *La socioafectividad en el derecho de las familias argentino.* Su despliegue en la filiación por técnicas de reproducción humana asistida. Revista de Derecho (Valdivia) Vol. 32 nº 1, Valdivia, 2019 – Versión On-line. ISSN 0718-0950.

y la indisponibilidad del estado de familia". Una vez caído el sistema filiatorio de doble vínculo, se establecerá la "pluriparentalidad basada en la vinculación socioafectiva"[2].

Una exigencia de la vida social es que la fe en la seguridad y estabilidad de las relaciones no resulte amenazada con el temor de que una ley posterior venga a transformar el estado de familia consolidado, perturbando las relaciones visiblemente constituidas; pero contra esta realidad hay otra no menos cierta y respetable, que es la de los cambios del ordenamiento jurídico impuestos por la evolución de la vida social. Solamente de la conciliación de ambas necesidades puede derivar la acertada solución del problema. No es cuestión de admitir todo deseo que anide en la psiquis de cada individuo, lo que denominamos "derecho desiderativo", pues existen los estados de familia y que son de orden público. Es necesario desentrañar si la incorporación de la socioafectividad es un instituto del Derecho Familiar.

Dentro de los "fenómenos" judiciales razonados, elijo al azar el fallo de San Cristóbal, provincia de Santa Fe, sentencia no firme, la jueza Marisa Malvestiti, citando a Varas y Tavip sostiene que:

> (...) Se ha trasladado a otros ordenamientos en los que ya se comienza a hablar de "parentesco social-afectivo" para reflejar la relación que surge entre personas que, sin ser parientes, se comportan entre ellos a modo y semejanza; se ha producido, entonces, lo que ha dado en llamarse "desencarnación" (...) el debilitamiento del elemento carnal o biológico en beneficio del elemento psicológico y afectivo[3].

[2] En las Jornadas XXV de Derecho Civil, realizadas en Bahía Blanca en el año 2015, la comisión nº 14 de Estudiantes concluyó que: "El interés superior del niño debe ser definido a la luz de la socioafectividad como valor que lo realiza en el caso concreto".

[3] Varas, Ma. Gabriela; Tavip, Gabriel E. La socioafectividad como fuente de relaciones familiares. Un abordaje desde lo jurídico y lo vincular, en Rey Galindo Mariana J. (Directora) *Derecho de las Familias* – Temas de Fondo y Forma. La incidencia de la interdisciplina. Con Texto Librería / Editorial, Resistencia, Chaco, marzo 2021, p. 146 y ss.

La magistrada aduce:

> En otras palabras, han cobrado relevancia para el universo del derecho, dos elementos que se evidencian como estructurantes de los vínculos: lo social y lo afectivo. (...) No podemos negar que estas nuevas formas de construir vínculos familiares, más allá de la sangre o el parentesco "legal", ponen en evidente crisis y tensión el "binarismo filial (...). Anticipo que adhiero (...) al análisis sistémico propuesto por el derecho constituvencional[4] de las familias, brinda una herramienta eficaz, humanizada y humanizante para resolver casos como el presente.

Al final, se explaya sobre el amor familiar, y considera que la sujeción a las normas del CCCN de reciente vigencia ("fría letra" las denomina), es un tema inferior, mínimo, que encorseta.

La magistrada ignora que, precisamente ésa es la obligación constitucional de todo miembro del Poder Judicial investido de tan alto cargo: aplicar la ley e interpretar excepcionalmente aquello que no esté claro. Si asume tareas legisferantes debiera – por su calidad de ciudadana –, afiliarse a un partido político que la postule como legisladora (Poder Legislativo), procurando desde allí todas las modificaciones que ahora ejecuta mediante su pluma de jueza.

La ley es pensamiento y voluntad del presente, no de pasado; vive como un producto orgánico y con capacidad para desenvolverse por si propio en la medida en que se desenvuelven las relaciones de la vida a cuya regulación tiende[5]. Así, deben ser abordados inevitablemente, los actos jurídicos familiares y la posesión de estado de familia, con particular enfoque en el *status filii*.

Lloveras refiriéndose a los emplazamientos familiares y el principio de prioridad de la propia familia en la adopción, sostenía que:

[4] Vocablo inexistente, según el Diccionario de la R.A.E.

[5] De Ruggiero, Roberto. *Instituciones de Derecho Civil, Introducción y Parte General. Derecho de las personas. Derechos reales y Posesión.* Traducción de la 4ª edición italiana por Ramón Serrano Suñer y José Santa Cruz Teijeiro. Tomo Primero. Instituto Editorial Reus. Madrid, sin fecha, p. 146.

> La filiación que tiene una persona es trascendente en la vida, y lo son también las relaciones familiares en que se halla emplazada. En ese entrelazamiento jurídico del vínculo el derecho debe coadyuvar a afirmar, a integrar y a consolidar el vínculo existente. El derecho no puede ingresar en la vida de las emociones del hombre desconociendo los efectos que puede causar la regulación que propone. Y, menos aún, ingresar en la vida de las emociones entendiendo que puede regularlas totalmente desde el orden normativo[6].

El interés sociofamiliar y la necesaria certidumbre, transparencia y supervisión de estos actos, determinan que, en cuanto a su *forma y publicidad*, los requerimientos sean más estrictos que los referidos a los actos jurídicos comunes que sólo interesan a los particulares intervinientes. Fanzolato, conceptualiza los actos jurídicos familiares, sosteniendo que:

> Son actos voluntarios lícitos que tienen por fin inmediato establecer entre las personas relaciones jurídicas familiares, o crear, modificar, ejercer, conservar o extinguir derechos subjetivos familiares, en tanto la obtención de ese fin por la voluntad de los particulares esté admitida por la ley[7].

¿Es la socioafectividad una categoría *sui generis* generadora de hechos jurídicos que produzcan emplazamiento familiar? La respuesta que obtenemos, de carácter empírico por parte de magistrados cuyos fallos estudiamos, es que la existencia de "afectos de apego" es un dato de la realidad; que existen padres/madres del corazón que asumen funciones de progenitores, que cuando la historia de vida lo amerite "deberá admitirse la triple filiación" (sic)[8]. Obsérvese la escasa argumentación jurí-

[6] Lloveras, Nora. *La Adopción*. Ediciones Depalma. Buenos Aires, 1994, p. 531.

[7] Fanzolato, Eduardo Ignacio. *Derecho de Familia*. Tomo I. Ed. Advocatus. Córdoba, 2007, p. 125.

[8] Natalia de la Torre. Disponible en: https://www.youtube.com/watch?v=cSJLcnOWtW4, en la Asociación de Magistrados de Tucumán, 12 nov. 2020, informa estadísticamente sobre casos de gestación por sustitución: "A) Existen 48 casos que comprometen proyectos biparentales, es decir, los comitentes son parejas, casadas o no. B) 1 caso compromete 1 proyecto de monoparentalidad, ciertamente, mujer sin pareja. B) 33 casos comprometen a parejas casadas, 15 a parejas convivientes y 1 a persona sin pareja. C) 36 casos comprometen a parejas heterosexuales, 12 a parejas del mismo sexo y 1 a persona sin pareja"

dica[9]. Mayor preocupación causa ver que los propios doctrinarios afines, no argumentan sobre el modo de inscripción registral de esos vínculos – sostenidos por el afecto – en un cuerpo normativo jurídico formal, con solemnidades que deben garantizar la publicidad. Esto nos lleva al análisis de los derechos subjetivos familiares.

El Juez no es un taumaturgo. Sin reglas legales ni leyes especiales, no puede hacer prodigios.

2. Derechos subjetivos familiares. Especificidad dentro del derecho privado

El derecho de familia es el conjunto de instituciones jurídicas de orden personal y patrimonial que gobiernan la fundación, la estructura, la vida y la disolución de la familia[10]. El orden público familiar está presente en la mayoría de sus preceptos; en su ámbito no se actúa sobre la base del libre juego de los intereses de las partes, sino que, por encima de los intereses individuales se impone "el interés familiar del Estado", que es la fórmula usada en la materia para designar al orden público. Sus normas son mayoritariamente imperativas y no supletivas. Tal posición de dependencia afecta a todo el individuo. Entre las teorías extremas, una que considera

(la numeración es la original de la autora). Y concluye expresando la cantidad total de sentencias en relación a los casos planteados: "Cantidad total de sentencias: 56. Cantidad total de casos: 49". Evidentemente no es un tema prioritario en Argentina por estos días. En el mismo video da estadísticas de casos de *triple filiacion* en Argentina: "*Triple Filiación: 10 Casos*". Sorprende en el material audiovisual citado, el uso de locuciones tales como: "estrategia judicial dominante", "comercialización: ¿cómo te evito?", denotando un modo autoritario de imposición, alejado del correcto lenguaje jurídico.

[9] Casos jurisprudenciales argentinos: Expte. nº: SI-1965-2019- "V.F.A. y M.M.C. s/delegación de la responsabilidad parental" Juzgado de Familia de San Isidro nº 1 (Buenos Aires)- 23/10/2019. Cita: elDial.com-AAB83C. Expte. nº "P., R.R. c/I., N.V. Y otros s/ impugnación de filiación matrimonial y reclamación de filiación", Juzgado de 1ra. Instancia de Familia de San Cristóbal (Santa Fe). 14/3/2022. Cita: elDial.com – AACBA8.- (Sentencia no firme). Expte. nº 23870 – "B, O. I. s/ adopción. Acciones vinculadas" – Juzgado de Familia nº 1 de Tandil (Buenos Aires) – 06/08/2020. (Sentencia firme). Cita: elDial.com-AABF78. Expte. nº 16725-20- "P., I. c/ D., S.- Impugnación de la Filiación" Juzgado de Familia nº 2 de Orán (Salta) 10/08/2021. Cita: elDial.com- AAC6A1 (sentencia no firme), entre otros escasos fallos.

[10] Fanzolato, Eduardo Ignacio. *Ob. Cit.*, p. 73.

al individuo absolutamente autónomo -y niega por lo mismo al Estado- y otra, que estima a aquél está enteramente absorbido por el Estado, hay una ecléctica que considera al individuo en parte autónomo y en parte sujeto al Estado. Cicu estima que tal desdoblamiento de la personalidad se revela al jurista como un absurdo[11].

En general, los vínculos parentales, las relaciones conyugales, los nexos derivados de la filiación por naturaleza, adoptiva o por voluntad procreacional, las relaciones parentales, la tutela y el régimen de la legítima hereditaria están gobernados por reglas imperativas insusceptibles de ser modificadas por la voluntad de los particulares.

En el campo del derecho familiar existe una restringida autonomía de la voluntad, que se tolera en la medida en que esa particular regulación privada de los efectos de ciertos actos familiares no ataque los contenidos de orden público que inspiran la respectiva institución familiar. La válida actuación de la autonomía de la voluntad es receptada de la mano de la jurisprudencia, por imperio de la realidad social y la necesidad de procurar contemplarla.

La fuerte raigambre registral y solemne de todo estado de familia y demás actos familiares, tienen su correlato en la pertinente inscripción en el Registro del Estado Civil y Capacidad de las Personas, y otorga efectos jurígenos al acto familiar. Tampoco la distinción entre derecho público y derecho privado es un tema superado como se cree. En derecho familiar estamos transitando un sendero social o mixto.

En efecto luce evidente que vamos hacia un derecho de construcción social. No obstante, ello sólo será así si se observa la esencia de las normas familiares y la realidad. Por lo que estamos visualizando, el enfoque democrático requiere tener presente que el conflicto entre individuo y Estado se plantea y resuelve dentro del Estado. Y no implica una afirmación del individuo contra o sobre el Estado, pues, aunque el individuo goce de cierto grado de libertad, no está ni contra ni fuera del Estado.

[11] Cicu, Antonio. *La filiación*. Traducción de Faustino Giménez Arnau y José Santacruz Teijeiro. Librería General de Victoriano Suarez. Primera Edición. Madrid, 1930, p. 10. Señala el maestro de Bolonia: "Si es cierto que el derecho se produce y actúa por el Estado, el individuo que estuviera parcialmente fuera del Estado, parcialmente se hallaría fuera del derecho".

El error común se produce por no distinguir el problema jurídico del problema político. El dilema aquí es: ¿interesa al Estado considerar como fines suyos elevándolos a fines superiores todos los fines individuales, o, por el contrario, le interesa dejar al individuo una más o menos amplia esfera de libertad individual en la cual él mismo sea dueño de fijarse y realizar sus fines particulares?

Sentada la tesitura de que todo derecho privado, público o social debe reposar inexorablemente en la subordinación de los intereses individuales al bien común, podemos avanzar en el tema: los derechos subjetivos familiares.

El derecho subjetivo civil es la facultad de obrar y de exigir con miras a la satisfacción de un interés honesto y justo, digno de tutela jurídica. Pueden ser reales o personales. Estos últimos a su vez, se clasifican en derechos o potestades familiares y en derechos de crédito.

Los derechos subjetivos familiares, son facultades jurídicas reconocidas y otorgadas a las personas por la estructura legal, que se fundamentan u originan en el parentesco, el matrimonio, la responsabilidad parental, la tutela, con la que se inviste a los titulares como medio de protección de sus intereses legítimos o con la finalidad de salvaguardar intereses ajenos. Se suelen clasificar en: a) derechos subjetivos familiares reconocidos en interés individual, propio de su titular, y son derechos que se mantienen dentro de la esfera potestativa de su titular. Su ejercicio depende de su exclusiva decisión, libre, lícita y no abusiva (v. gr: alimentos posteriores al divorcio, artículo 434 del CCCN) y b) facultades o derechos que se otorgan para satisfacer intereses ajenos que no son derechos subjetivos puros. Se los denomina derechos-deberes porque el ordenamiento familiar los reconoce para facilitar, permitir y garantizar el satisfactorio cumplimiento de su deber determinante. Son de ejercicio obligatorio y su incumplimiento puede originar sanciones.

Fanzolato expresó:

> ¿Cómo nacen los derechos subjetivos familiares? Algunos derechos subjetivos familiares nacen del puro hecho de pertenecer a una familia; se trata de derechos que, originándose en hechos naturales (nacimiento, muerte, guarda, separación fáctica) emplazan involuntariamente a los sujetos en situaciones jurídicas de las que derivan derechos-deberes o derechos sub-

jetivos familiares o cuasifamiliares. La ley determina que, de tales hechos, surjan las consecuencias jurídicas constitutivas de derechos subjetivos, sin que semejantes consecuencias jurídicas se hayan querido o buscado deliberadamente por los sujetos involucrados en el hecho mismo. Piénsese, en este sentido, en las relaciones jurídicas impuestas por la solidaridad familiar[12].

Para Vidal Taquini:

> Es el emplazamiento el principal factor de donde surgirán los derechos subjetivos familiares. Es decir que el acto jurídico familiar provoca el emplazamiento y según aquél el estado[13].

Fanzolato refuta, expresando:

> Son los hechos jurídicos (engendrar, concebir, nacer, morir) y ciertos actos de emplazamiento (matrimonio, sentencia de adopción) los que originan los derechos subjetivos familiares porque, como dice Orgaz, sin el hecho jurídico "no puede pensarse la vida jurídica, puesto que el hecho es el antecedente necesario de todo derecho y de toda modificación de los derechos". (...) En el fondo, todos los derechos subjetivos familiares nacen de la ley, de las normas jurídicas de derecho de familia.

Desde este enfoque progresamos en el tratamiento de la socioafectividad. En otras palabras, podrían existir hechos jurídicos, que no sean simplemente actos lícitos, que tampoco produzcan emplazamiento familiar, pero que puedan generar derechos subjetivos familiares[14].

Sin embargo, la convivencia social republicana exige en esta época, establecer con precisión qué subyace detrás del debate – si es que se

[12] Fanzolato, Eduardo Ignacio. *Ob. Cit.*, p. 120.

[13] Vidal Taquini, Carlos H. *El derecho subjetivo familiar*. L.L. 1979-B, Sec. Doctrina, p. 1007.

[14] Título 4: Hechos y actos jurídicos. Capítulo 1: Disposiciones generales. Art. 257. *Hecho Jurídico*. "El hecho jurídico es el acontecimiento que, conforme al ordenamiento jurídico, produce el nacimiento, modificación o extinción de relaciones o situaciones jurídicas". Art. 258. *Simple acto lícito*. El simple acto lícito es la acción voluntaria no prohibida por la ley; de la que resulta alguna adquisición, modificación o extinción de relaciones o situaciones jurídicas.

tolera la opinión del otro – de modelos o pautas familiares como la socioafectividad. Es digno de mencionar la estrategia *disruptiva* que se reclama al incorporar la institución, impulsando la "desjuridización" del ordenamiento vigente en materia familiar. Así, Salituri Amezcua y Videtta expresan bajo el epígrafe:

> La socioafectividad como principio rupturista del contemporáneo derecho de las familias. No obstante, la socioafectividad como principio transversal cruza todo el derecho de las familias y, en consecuencia, desborda y va más allá de los aspectos meramente filiales (ello sin desconocer el impacto superlativo en este campo, así como su ineludible conexión con el interés superior del niño). De allí que cabe considerar su gravitación cada vez más presente y rupturista dentro del derecho de las familias (...). Se trata de estudiar los cruces y efectos de principios rectores, rupturistas e ineludibles a la luz de la realidad social[15].

3. El estado de familia como plataforma de partida para futuras legislaciones

El estado de familia es la situación jurídica que tiene un individuo dentro de la familia. Zannoni y Diaz de Guijarro sostienen que es el:

> Conjunto de derechos subjetivos y deberes correlativos que corresponden a las personas en virtud de su emplazamiento familiar, los que por estar a ellas atribuidas, procuran la tutela de su individualidad familiar (como persona) ante el orden jurídico[16]. "El acto jurídico de emplazamiento en el estado de familia es el acto que tiene por fin fundar una familia o establecer la posición de las personas dentro de la misma"[17].

[15] Salituri Amezcua, Martina – Videtta Carolina A. *La interseccionalidad de tres principios del contemporáneo derecho de las familias: socioafectividad, interés superior del niñx y perspectiva de géneros.* RDF 98,10/03/2021,71. Cita TR La Ley Ar/Doc/48/2021.

[16] Zannoni, Eduardo Antonio. *Derecho de Familia.* Tomo 1, 5ª edición actualizada y ampliada. Ed. Astrea. Buenos Aires, 2006, p. 78.

[17] Díaz de Guijarro, Enrique. *El acto jurídico familiar y otros estudios.* Ed. Perrot. Buenos Aires, 1960, p. 26.

Con relación al vínculo paterno-filial se distinguen los estados primarios "de hijo" y "de progenitor", con las características secundarias que derivan de ese vínculo (hijo por naturaleza, hijo adoptivo pleno, hijo adoptivo simple, progenitor por voluntad procreacional, progenitores indignos de suceder, etc.).

Comienza incipientes posturas, surgidas de nuevas realidades cuasi familiares, que generan debates. Durante la sanción de la ley 23.264 (1987) que equiparó los efectos de las filiaciones (todo hijo tiene los mismos derechos) se hablaba de la existencia de una "voluntad compulsiva" en tanto constitutiva del vínculo jurídico familiar. López del Carril rechaza este criterio -promovido por Díaz de Guijarro[18]- expresando: "En primer lugar la voluntad compulsiva importa tanto como que alguien obligue a otro a un movimiento o expresión de voluntad que en último término importaría una coacción; y no es así (...)"[19].

El CCCN del año 2015 al incorporar tardíamente (increíble) las uniones convivenciales, con limitados efectos civiles, salvo la amañada figura del progenitor afín que ha sido motivo de severas críticas de doctrinarios extranjeros, importa un avance legislativo en el concepto de la afectividad, y obliga a preguntarse si quienes integran dichas uniones quedan emplazados en un nuevo *status conviventiae,* y si las relaciones jurídicas que origina entre los miembros de dicha unión se expanden de algún modo en la familia de cada uno de los convivientes, generando estado de familia.

A nuestro juicio, tanto la unión estable meramente fáctica como las registradas, no agotan la aptitud nupcial de las parejas ni tiene fuerza expansiva en otros institutos jurídicos familiares tales como el parentesco, razón por la cual no estamos frente a un nuevo *status familiae* de conformidad a nuestro particular ordenamiento vigente (arts. 509 a 528). Es decir, no surge un inédito estado de familia con similar extensión al del estado conyugal matrimonializado.

No cabe duda de que el acto jurídico familiar va a ser creado por la voluntad, que emplaza al ser humano en el estado de familia filiatorio o

[18] J.A., 39-1975, p. 570.

[19] López del Carril, Julio J. *La filiación y la ley 23.264*. Ed. Abeledo Perrot. Buenos Aires, 1987, p. 40.

conyugal. "Incluso ese poder de disposición se ejerce a veces por inacción: a mí se me atribuye un estado", ilustra Díaz de Guijarro.

> Por ejemplo, hay alguien que se dice hijo mío. Si yo dejo crear aún la posesión de estado y no ejerzo la acción, y dejo que los acontecimientos del diario vivir vayan produciendo la prueba, por posesión de estado, de que soy el padre, mi mera inacción me está colocando en la posición de padre[20].

Aquí ya estamos en condiciones de vincular el tema en abordaje, con la institución de la posesión de estado de hijo, al que ceñiremos nuestro análisis.

4. Posesión de estado filiatorio, factor clave para la reflexión acerca de la socioafectividad

Definida por la doctrina clásica, la posesión de estado de familia consiste en el goce público, notorio y constante de una determinada situación familiar, que surge del prolongado ejercicio fáctico de los derechos y obligaciones propios de la misma, con prescindencia de quien los ejerza tenga el título de estado correspondiente a dicha situación o carezca de él. Díaz de Guijarro, por su parte, lo pasa a denominar "estado filial aparente de hecho".

Reposa sobre el requerimiento de tres elementos para considerar constituida dicha situación: *nomen* (uso del apellido del progenitor por el hijo); *tractatus* (tratamiento público de hijo dado por el progenitor; y *fama* (reconocimiento, notoriedad o publicidad social de ese trato en calidad de hijo). De suma importancia Vélez Sársfield lo aborda en la nota al originario art. 2 del tít. V, cap. I del Código Civil, que luego reproduce en la nota al derogado art. 325 en términos conmovedores[21].

[20] Díaz de Guijarro, Enrique. *Ob. Cit.*, p. 63.

[21] Nota al derogado artículo 325 del Código Civil de Dalmacio Vélez Sársfield: "Así, la paternidad demostrada por los hechos más incontestables, justificada por la posesión de estado más notoria, confesada aún por las declaraciones autógrafas más precisas, podrá ser impunemente desmentida a nombre de la ley, y salvada la primera obligación de un padre de alimentar al hijo a quien ha dado el ser, mientras no se le pruebe que es el padre por escritura pública o por actos auténticos (...). Cuando un hombre ha sostenido y mantenido a la madre, cuando ha sostenido y mantenido al hijo de ella, tratándolo como suyo, cuando

Vélez Sársfield apuntaba:

> Así la paternidad demostrada por los hechos más incontestables, justificado por la posesión de estado más notoria, confesada aún por declaraciones autógrafas más precisas, podrá ser impunemente desmentida a nombre de la ley y salvada la primera obligación del padre de alimentar al hijo a quien le ha dado el ser (...)[22].

La nota es un resumen del discurso pronunciado por el codificador cordobés en la Cámara de Senadores en 1858, en contra de un proyecto de ley que tendía a prohibir la investigación de la paternidad ilegítima, incorporando a la legislación nacional la doctrina del artículo 340 del Código Civil francés.

La trascendencia de la posesión de estado y el nexo biológico en cuanto a los efectos filiatorios originó un debate del que surgieron tres posturas. Méndez Costa las sintetiza, del siguiente modo:

lo ha presentado como tal a su familia y a la sociedad, y en calidad de padre ha provisto a su educación, cuando ante cien personas y en diversos actos ha confesado ser padre de él, no puede decirse que no ha reconocido al hijo de una manera tan probada, como si lo hubiera hecho por una confesión judicial. La posesión de estado vale más que el título. El título, la escritura pública, el asiento parroquial, la confesión judicial son cosas de un momento, un reconocimiento instantáneo; mas la posesión de estado, los hechos que la constituyen, son un reconocimiento continuo, perseverante, de muchos y variados actos, de todos los días, de todos los instantes. La posesión de estado es así, por su naturaleza, una prueba más perentoria que la escritura pública, que los actos auténticos, es la evidencia misma; es la prueba viva y animada; la prueba que se ve, que se toca, que marcha, que habla; la prueba en carne y hueso, como decía una Corte francesa. El juez puede, pues, por los hechos que constituyen la posesión de estado, dar una sentencia sobre la paternidad con una conciencia más segura que la que le daría una escritura pública, un asiento bautismal". *Código Civil de la República Argentina*. Ediciones Depalma. Buenos Aires, 2000, pp. 123 y 124.

22 Diario de Sesiones de la Cámara de Senadores del Estado de Buenos Aires, año 1858, p. 82. También puede consultarse en "Escritos jurídicos". Dalmacio Vélez Sársfield. Abeledo Perrot, Buenos Aires, 1971, p. 341. Sorprende observar que ya a mediados del siglo XIX se hablaba del vínculo social basado en la posesión de estado. Por lo que no es novedosa, ni revolucionaria la noción de socioafectividad, como se ha dicho por estos días. Sucede que la existencia de casos concretos en materia de filiación obligan a actualizarla.

b.1-La prueba del nexo biológico es indispensable. Sustentan esta tesitura Díaz de Guijarro, Busso, Rébora, LLambías y antigua jurisprudencia de la Capital Federal; b.2- La prueba del nexo biológico no es necesaria, postura sostenida por Belluscio, Machado, Zannoni, Salas y algunas sentencias; b.3- Tesis intermedia: la posesión de estado no prueba necesariamente el nexo biológico, pero constituye un elemento de particular relevancia en su demostración y, en ciertos casos, es suficiente para sentar la verdad de la filiación. Criterio postulado por Borda, Mazzinghi[23].

El artículo 584 del novel CCCN vigente, adhiere a esta última postura, al establecer que: "La posesión de estado debidamente acreditada en juicio tiene el mismo valor que el reconocimiento, siempre que no sea desvirtuada por prueba en contrario sobre el nexo genético", propiciando una amplísima facultad de apreciación por el juez, quien valorará el conjunto de pruebas formando su íntima convicción. La trascendencia jurídica de la posesión de estado respecto del estado paterno filial se consagra en los casos en que se pretenda la adopción de un emancipado o de un mayor de edad y se trate del hijo del cónyuge o conviviente, si hubiera posesión de estado de hijo durante la menor edad, fehacientemente comprobada (art. 597 del CCCN).

En otras situaciones de naturaleza familiar o cuasi familiar, (vínculos tutelares; adopción simple; uniones convivenciales) podría admitirse la existencia de múltiples "estatus independientes de familia" ya que ésta es una entidad concreta, de dimensiones variables en cada caso, de acuerdo a las razones que aconsejan reconocerla, debiéndosela medir con diversidad de diámetros en cada uno de los círculos excéntricos descriptos por las leyes de cada país (Fanzolato).

5. Incorporación del modelo socioafectivo en las relaciones filiales y parentales en el derecho vigente

En Argentina fue abriéndose paso la institución a la que Varsi Rospigliosi y Chaves han calificado como "una moderna forma de redescubrir y entender a la posesión de estado constante del estado filial". Describen

[23] Méndez Costa, María Josefa. *La filiación*. Editorial Rubinzal Culzoni. Santa Fe, 1986, pp. 294.

los autores, la posibilidad de coexistencia de dos formas de paternidad, la biológica y la socioafectiva, entendiendo que "son institutos diversos que tutelan bienes distintos. Por lo que el derecho debe cumplir un rol pacificador haciendo constar en el registro la verdad socioafectiva, y sin temores, la biológica igualmente" [24].

Es así que encontramos normas en el ordenamiento jurídico vigente que contemplan la pauta socioafectiva, a saber:

1. El artículo 597, segundo párrafo inc. b) refiere a la posibilidad de adoptar a un mayor de edad que tiene posesión de estado de hijo, cuestión ya vista.
2. El art. 604 aborda la adopción conjunta de personas divorciadas o una vez cesada la unión convivencial, cuando mantuvieren "estado de madre o padre" con una persona menor de edad. Aunque el juez deberá valorar la incidencia de esa ruptura, matrimonial o convivencial al ponderar el interés superior del niño.
3. El art. 605 habilita también a la adopción conjunta en caso de fallecimiento de alguno de los adultos guardadores, facultando al juez no sólo a otorgar la adopción al sobreviviente sino a generar vínculos jurídicos de filiación con ambos integrantes de la pareja.
4. El art. 606 admite la adopción por parte del tutor a su pupilo una vez extinguidas las obligaciones emergentes de la tutela.
5. Art. 621. Permite la posibilidad de que el juez interviniente determine la tipología adoptiva conforme al interés superior del niño, con la peculiaridad de "mantener subsistente el vínculo jurídico con uno o varios parientes de la familia de origen en la adopción plena, y crear vínculo jurídico con uno o varios parientes de la familia del adoptante en la adopción simple". Todo lo cual no implica modificar el régimen legal de las sucesiones ni de la responsabilidad parental, ni de los impedimentos matrimoniales regulados para cada tipo de adopción.

[24] Varsi Rospigliosi, Enrique; Chaves, Marianna. *Paternidad socioafectiva. La evolución de las relaciones paterno filiales. Del imperio del biologismo a la consagración del afecto.* Actualidad Jurídica nº 200, pp. 57-64.

6. Art. 630 y 631. En cuanto a los efectos de la Adopción de integración, admite la situación de hecho y el vínculo de afecto "previo" entre el cónyuge o conviviente del progenitor y el hijo de éste.
7. Art. 607. La declaración judicial de adoptabilidad no puede ser dictada si algún familiar o "referente afectivo" del niño ofrece asumir su guarda o tutela y tal pedido es considerado adecuado al interés de éste.
8. Art. 646, inc. e) sienta que el deber de los progenitores a respetar y facilitar el derecho del hijo a mantener relaciones personales con abuelos, otros parientes o "personas con las cuales tenga un vínculo afectivo".

Así también los artículos 555 y 556 incluyen la socioafectividad al disponer el derecho de comunicación de personas menores de edad, con capacidad restringida o enferma o imposibilitada. Al respecto menciona la norma entre los legitimados a mantener comunicación con aquellos, a otros beneficiarios "a quienes justifiquen un interés afectivo legítimo". Por lo tanto, la teoría socioafectiva ya está presente en el CCCN.

6. Nuestra opinión

Abordando el tema ligado a la filiación, entendemos que "la socioafectividad es una mixtura, en parte, de la posesión de estado de familia, sumando un componente afectivo, sensible, amoroso, de difícil justificación jurídica". Aún siendo compleja su explicación consideramos que vale el esfuerzo. No está vinculada a la consanguinidad, ni al parentesco y se inclina, más bien, a cuestiones complementarias al establecer quiénes están legitimados para la crianza infantil (cuidado personal del hijo, centro de vida, derecho de comunicación, etc.), mediante las figuras de "allegados" y "referentes afectivos" antes que a establecer emplazamientos familiares de las mismas.

Es deseable que la desjuridización del Derecho de Familia, provocada por la incorporación de cuestiones socioafectivas y de la sensibilidad, no sea llevada a extremos imposibles de resistir de acuerdo a las costumbres del país, al orden público familiar. La tensión entre "lo social" y "lo jurídico", podría hacer tambalear el andamiaje basal de la familia argentina, provocando su rechazo, lo que no debe propiciarse ni exaltarse. Es interesante ver opiniones al respecto[25].

Es verdad que el afecto es un fenómeno sensible; pero no es sólo un fenómeno sensible o sentimental, es también una operación de voluntad. Víctor García Hoz[26] distingue entre el amor sentimental y el amor voluntario, en razón de la discusión generada en España, al reinstaurarse el divorcio en el año 1981. El afecto como operativo de la voluntad, es la decisión de entregarse al bien de otras personas, reposando en la firmeza y constancia del que decidió servir a los demás. Estas condiciones no son cualidades que se otorguen sin más, sino cualidades que se alcanzan a través de la realización de actos pequeños, cotidianos, que van dejando su huella en el sujeto hasta constituir un hábito o un rasgo de su personalidad.

El amor como operativo de la voluntad debe aquilatarse y cultivarse en procesos filiatorios; está íntimamente vinculado a la lealtad y a la abnegación, al postergarse por el otro, por el más frágil. Es, más bien, una disposición personal del adulto, que va creciendo y fortaleciéndose con el tiempo, como manifestación de la libertad del hombre de ofrecer su estima. Ahora bien, una vez ofrecido ese afecto tiene el deber de encontrar en la lealtad a ese vínculo, su fortaleza y en el amor mismo: su recompensa, sin ventaja económica alguna. La afectividad referida a la filiación importa indispensablemente el total desinterés en la obtención de beneficios lucrativos que el niño, niña o adolescente podría reportar al adulto de apego.

El Maestro Rébora, al justificar la obligación alimentaria, adelantaba visionariamente la existencia de los "hechos de sensibilidad", al sostener:

25 En este punto, en parte adherimos al criterio de Basset cuando sostiene que: "La desjuridización protege al que no se obliga y al fuerte, no protege nunca al débil ni al que padece la conducta en forma unilateral (...). Parte de la idea de que los que negocian son pares, y en el derecho de familia eso rara vez es cierto (...) por el sencillo hecho de que el que ama más estará dispuesto a ceder más, el que tiene menos chances de resiliencia aceptará condiciones menos convincentes o justas por desesperación". Basset, Úrsula C. *Hacia un derecho de familia social.* TR La Ley Ar/Doc/491/2021.

26 Editorial diario "ABC". Madrid, septiembre de 1979.

De la obligación principal así instituida entre parientes podría decirse, en fin, que dentro de líneas que a los efectos de su reconocimiento serían esenciales, está imbuida de todo lo que el propio vínculo nos ofrece como expresión calurosa y solidaria, variable y oportuna, mensurable y adaptable. Y eso, porque es la más humanizable y la mas humanizada de las relaciones jurídicas. Y eso, otra vez porque los sujetos entre quienes se actualiza no son sujetos abstractos, en los cuales el vínculo se establezca sin consideración a la vida que en ellos late. Y eso, de nuevo porque el deudor y el acreedor no se encontraron en la feria de extramuros, atraídos por achaques de dinero. La obligación de ayudarse y asistirse deriva de la sangre, aún en los casos en que parezca que el corazón la niegue. La engendra el nacimiento; la sostiene, directa o indirectamente, la familia; la honran, hasta sin pensarlo los parientes; y solamente en trances de distanciamiento y de tensión, la declaran sumariamente los jueces. Cuando hayan de declararla, pues, la llevarán más lejos o más cerca, la sostendrán más tiempo o menos tiempo, con la mesura y la prudencia que han de acompañar, siempre, a los hechos de sensibilidad[27].

Aparece el factor afectivo con relevancia jurídica, ya en épocas democráticas. En el anteproyecto de reforma a la Ley de Matrimonio Civil de junio de 1987, el Dr. Horacio J. Sueldo presentó ante el Senado de la Nación, el artículo 21 -que no fue finalmente incorporado al art. 198 del CC- y establecía que "los esposos se deben entre sí amor, fidelidad, respeto, colaboración y auxilio en sus necesidades"[28].

En definitiva, el amor como operativo de la voluntad, es la materialización del deber de actuar en función de la solidaridad familiar. Ahora bien, ¿cómo determinar si estamos frente a un actuar afectivo, abnegado, amoroso, de desprendimiento del propio ser y no en otra situación?

[27] Rébora, Juan Carlos. *Instituciones de la Familia.* T. IV. Ed. Guillermo Kraft Ltda. Bs. As., 1946, p. 561.

[28] "Diario de Sesiones de la Cámara de Senadores de la Nación", anexo a la 2ª reunión, del 7 y 8 de mayo de 1987, p. 269. Asimismo, es Spota, en su obra *Tratado de Derecho Civil,* t. II, Derecho de familia, Volumen 2. Ediciones Depalma. Buenos Aires, 1968, p. 199, 200 y 203; quien relata la fallida incorporación al C.C. francés de "el amor", como deber jurídico matrimonial.

Cada caso concreto implica un desafía intelectual. Con respecto a las relaciones paterno filiales, creemos que la afectividad *favor filii* está íntimamente unida a la "convivencia con el niño, en razón de la imprescindible inmediatez que requiere su ejercicio; es el quehacer cotidiano traducido en actuaciones concretas más o menos complejas". En esta línea han resuelto los tribunales españoles[29].

Citando a Zarraluqui Sánchez-Eznarriaga, Ricardo Miguel Águeda Rodríguez expresa:

> La custodia queda ligada fundamentalmente a la convivencia y, en consecuencia a las decisiones diarias sobre la salud, la educación y la disciplina y el orden común y diario de la vida, pasando a enumerar funciones de guarda y custodia (a las que denomina "de perfil ligero"), en contraposición a las comprendidas en la patria potestad: no obstante, aquellas decisiones o prácticas de perfil ligero, como la toma de un analgésico o la cura de un arañazo, la dedicación a las tareas colegiales, el horario a respetar, la higiene diaria, la elección de alimentos o del reposo, o la del vestido o calzado, el entrenamiento en la casa o fuera de ella. La asistencia a celebraciones o actos sociales, etc. se integran en las funciones que se trasladan a la custodia"[30].

La guarda y custodia atribuida a terceros, será extraordinaria y siempre que los progenitores se encontraren impedidos de ejercerla, tales como abuelos, madrinas/padrinos, amigos, personas allegadas, referentes afectivos del niño, pues nada prohíbe que los hijos puedan ser encomendados a otras personas, debiendo analizar el "juez especializado" caso por caso, con interpretación restrictiva en función del interés del niño. Así se resolvió en caso resuelto en Granada[31].

29 Sentencia de la Audiencia Provincial de Valencia (Sección 10ª) de 15 de enero de 2007. Cita en: FD 2. JUR 2007, 235243.

30 Águeda Rodríguez, Ricardo Miguel. *La guarda compartida y el Interés Superior del Menor.* Supuestos de exclusión. Ed. Hispalex, S.C. ISBN 978-84-608-7539-0. Sevilla, España, 2016, p. 19.

31 SAP de Granada (Sección 5ª) de fecha 16 de mayo de 2014, FD 2º. Cita en: AC 2014, 1019. "Por tanto, la atribución de la guarda y custodia a una persona distinta de los padres ha de ser contemplada como una situación excepcional (en expresa dicción del art. 103 CC. citado) en la que tal separación es necesaria para el interés superior del niño como

Se halla disociado lo biológico, lo volitivo y lo social. Surge la multiparentalidad, basada en el vínculo afectivo como modo de "acoplar" los emplazamientos filiatorios y así "aditar mayor cantidad de sujetos en la biografía del niño". Cada niño tendrá que soportar sobre sí el peso de decisiones de tres o más adultos, con multiplicidad de criterios, domicilios, hábitos, culturas, etc. Desconocen el interés superior del niño a su estabilidad en el estado de familia filial, priorizando la cantidad ilegítima de progenitores, en lugar de propugnar variabilidades legislativas con perspectivas infantiles.

En consecuencia, los hechos jurídicos derivados de la filiación han cambiado en las últimas épocas debido a la realidad social y los nuevos modelos familiares. Producto de la inclusión de las TRHA la filiación se determina por una declaración de voluntad, existe una disociación entre la realidad biológica de la realidad jurídica. Es imprescindible reordenar las clases de filiación, pues en la actualidad no hay un tratamiento coherente de determinadas cuestiones derivadas de las nuevas formas de familia y los avances de la medicina.

El punto de partida es el factor biológico, pero pierde progresivamente importancia frente a los factores sociológicos y afectivos a medida que pasa el tiempo. Cuando nace un niño, el dato fundamental en su filiación es el biológico: quiénes son biológicamente su madre y madre, que son quienes están obligados a prestarle la atención y protección que necesita. Cuando ha pasado el tiempo, y una o dos personas (que no son sus padres biológicos) han cumplido esos cometidos como si fueran sus padres – y se presentan como progenitores – aunque biológicamente no lo sean, entonces estamos en presencia de una filiación socio afectiva que, por así

indica el art. 9 de la Convención, lo que a título ejemplificativo tal precepto refiere a supuestos de maltrato o descuido por parte de los padres. Tales criterios pueden ayudar a definir el criterio-guía de búsqueda del preponderante interés del menor (...). No se trata propiamente de comparar las posibilidades que al menor le pueden brindar su guarda por sus padres o por terceros (...) y en caso de que no sea así, analizar si otras posibles alternativas se lo brindan. De igual modo ha de recalcarse que las decisiones han de alejarse de criterios retribucionistas de castigo o recompensa, pues lo fundamental es el bienestar del menor (...)".

decir, compite con la biológica[32]. No sólo se trata de que hayan cuidado del niño como si fueran sus padres, sino que hayan establecido vínculos afectivos semejantes a los paternos filiales.

En nuestro análisis sobre las filiaciones, la cronología es un factor decisivo. La filiación socio- afectiva se construye en base a un encadenamiento de procederes hacia el niño y se va a consolidar con el transcurso del tiempo. Este modo filiatorio es mutable, intermitente, conforme la oscilación del afecto involucrado. En cambio, la filiación natural reposa en los asientos registrales que finalizan con el acta de nacimiento -título de estado- otorgando permanencia a ese estado de familia. Estabilidad y, además indisponibilidad. Diferencia trascendental entre "título de estado" (Acta de Nacimiento) y "posesión de estado". El concubinato en Argentina: no se transforma por usucapión, o por el transcurso del tiempo, en matrimonio (CICU).

Por eso se hace necesario delimitar los principios correspondientes a cada de las tres fuentes, a los efectos civiles y las consecuencias que le son propias: el principio de seguridad jurídica; el interés superior del niño; las cuestiones relativas al estado civil de las personas y al orden público del país.

En aquellos casos que se asientan sobre la verdad biológica, debe regir los principios que le son aplicables (presunciones, acciones de impugnación, etc.). Los que se asientan en el consentimiento o voluntad procreacional, serán de aplicación las acciones basadas en los vicios de la voluntad. Y en casos de filiación adoptiva, las pautas que impone la institución basada en la sentencia judicial y en la voluntad de los adoptantes. Coincidimos con Paniza Fullana, quien determina:

> Si se establece un sistema específico, como es el caso de la LTRHA (ley sobre técnicas de reproducción humana asistida), después no se puede acudir a las reglas del Código Civil para conseguir aquello que no se ha hecho por las reglas establecidas. Si se da más relevancia a la voluntad, como parece que

32 Martínez de Aguirre y Aldaz, Carlos. *La filiación, entre biología y derecho*. Prudentia Iuris nº 76, 2013, pp. 85 y 86.

tiene que ser el caso, adoptar las medidas necesarias para evitar que la determinación de una filiación dependa de rupturas matrimoniales o de pareja[33].

Es decir, en cada vínculo filial natural, o vínculo por voluntad procreacional (TRHA y gestación por sustitución autorizada judicialmente), o vínculo por adopción, se observan "efectos civiles diferenciados".

Si atendemos, por ejemplo, al estatuto del parentesco, la socioafectividad no puede generar estados de familia amplios, al carecer de fuerza expansiva según nuestro ordenamiento vigente. Si el "afecto" pasa a ser jurídicamente eficaz como fuente filiatoria, infelizmente retornará la categorización de hijos al "implantar" emplazamientos familiares múltiples. Aquí no interesa el "cuanto mayor, mejor". Existirán hijos con dos, tres y hasta cinco progenitores de fuente afectiva, lo que luce insostenible para el ordenamiento vigente, pero peor aún, para la crianza del niño. Ello sin perjuicio de una correcta y sustancial reforma legislativa *a fortiori*.

En fin, creemos que difícilmente un mismo principio general o una misma norma vigente, pueda abordar diferentes modos de generación de niños y dar soluciones acordes a derecho. Más bien, todo lo contrario.

7. Distinción con el modelo pionero luso-brasileño

Dimitre Braga Soares de Carvalho[34], concluye en su artículo que:

> La categorización del afecto como productor de derechos, principalmente en el ámbito del derecho de familia, viene siendo profundamente discutido. Tanto en Brasil como en otros países de matriz dogmática, como es el caso de Portugal. Sin embargo, el mayor desarrollo se dio sin dudas en tierras brasileñas. [...] El afecto ingresa, en el ámbito jurídico como dimensión del deber de solidaridad que incumbe al Estado brasileño regular. Debatién-

[33] Paniza Fullana, Antonia. *Realidad biológica versus realidad jurídica:* el necesario replanteamiento de la filiación. Primera edición. Ed. Thompson Reuters Aranzadi. Navarra, España, 2017, p. 116/117.

[34] Braga Soares de Carvalho, Dimitre: *La sobrevaloración de la afectividad como marco teórico del Derecho de Familia Brasileño:* el afecto como instrumento para superar la vulnerabilidad legal de la Familia contemporánea. En la obra colectiva: *Derecho de Familia y Personas*. Familia. Mujer, Niñez y Violencia. Coordinadora: Columba del Carpio Rodríguez. Universidad Nacional de San Agustín de Arequipa. Perú, 2019, pp. 668, 673.

dose, históricamente, si esas aéreas comportarían interferencia pública, en los propios límites que diferencian el Derecho Público y Derecho Privado. La discusión se basa en si cabría al Estado operar en la vida privada de las personas, calculando un mayor o menor grado de afectividad en las relaciones interpersonales[35].

El jurista brasileño llega a temer sobre los límites de una "dictadura de la afectividad", que no dialoga con otros puntos de vista.

Por su parte y desde otro enfoque la instrucción de Paulo Lobo considera que es necesario hacer una distinción entre afectividad y afecto. La afectividad sería presumida en las relaciones familiares, aún cuando no exista afecto entre los involucrados. En esa senda, la afectividad sería un "deber jurídico" impuesto a los padres en relación a los hijos, así como a los parientes entre sí, que sólo dejaría de existir con el fallecimiento de uno de ellos. La afectividad como deber jurídico no debe confundirse con el afecto[36].

Si bien es cierto que aquella exhortación preocupante del Prof. Braga Soares, llevaría a pensar que -de modo previo- se deben propugnar "debates plurales", a fin de evitar las consecuencias extremistas que el jurista brasileño previene, no es menos cierto que las peculiaridades existentes entre el derecho y costumbres de ambos países (modelo brasileño-modelo argentino), entre ellos el arraigo registral argentino a las formas de los actos jurídicos familiares versus la usual "notarialización" brasi-

[35] Braga Soares de Carvalho, Dimitre. *Ob. Cit.*, p. 668. Concluye haciendo una seria advertencia sobre este tema: "La "afectividad extrema plantada en el Derecho de Familia brasileño relativizo institutos jurídicos fundamentales bajo la justificación de la "realización personal". La utilización casi obsesiva de ciertas premisas teóricas desencadenó, en la experiencia brasileña, en una visión unívoca fundamentada en el valor jurídico del afecto. (...) Tal conquista dio destaque al derecho de familia brasileño, no obstante, tuvo su lectura un tanto distorsionada por la valoración exacerbada de sus premisas. Esta "herencia" que, llegó a los límites de una "dictadura de la afectividad", instruyó una sólida corriente doctrinaria que no dialoga con facilidad con otros puntos de vista".

[36] Lobo, Paulo. Socioafetividade no Derecho de Familia: a persistente trayectoria de un concepto fundamental. En *Escritos de Derecho das Familias: uma perspectiva luso-brasileira*, María Berenice Días e Jorge Duarte Pinheiro (orgs.). Ed. Magister. Porto Alegre, 2008, pp. 147-148.

leña (actos jurídicos familiares efectuados mediante escritura pública), menos solemne y más flexible, relativizan esa contingencia.

Conclusión

1) Es necesario propiciar un amplio debate con pluralidad de doctrina, a fin de abordar la nueva técnica socioafectiva y su impacto en la familia contemporánea.

2) En su caso, consensuar legislativamente proyectos parlamentarios especiales que se puedan imbricar parcialmente a todas las tipologías filiatorias, con el fin de preservar los principios de estabilidad, indisponibilidad del estado primario de hijo y el interés superior del niño.

3) Elaborar específicos efectos civiles derivados del vínculo socioafectivo filial, los que serán suplementarios al vínculo jurídico filiatorio, tales como los relativos a la guarda, custodia, crianza y cuidado, apreciando el fuerte enlace emocional entre el progenitor/tercero/allegado y el niño durante su infancia, conocido en la doctrina psico-emocional como "apego seguro", durante un lapso de tiempo más o menos prolongado coincidiendo en este acápite con lo sugerido en las Conclusiones de la Comisión 6, Familia: "Identidad y Filiación", de las "XXV Jornadas Nacionales de Derecho Civil". Bahía Blanca, 2015.

4) Reiterando lo expuesto arriba en "nuestra opinión", consideramos que la socioafectividad no puede ser aplicada a todos los institutos del derecho familiar. Es temerario, peligroso y potencialmente desestabilizador. Su aplicación debe ser de estricta excepcionalidad y en todos los casos será ordenada por un juez especializado. Por otro costado, la declaración de inconstitucionalidad de normas que atañen a la filiación, deben constreñirse al régimen normativo vigente por aproximación hermenéutica con la guarda con fines de adopción. Y cuando deba ordenarse esta *"última ratio"*, reclamar al operador judicial: prudencia y respeto al sistema integral de derecho familiar, pues en caso de triple filiación pueden presentarse inconsistencias tales como:

a) En materia de desacuerdos en el ejercicio de la responsabilidad parental, la inclusión de un tercer actor adulto, con derechos subjetivos filiales o no, aumentaría los desacuerdos judicializables. El riesgo de "instrumentalizar" al hijo como botín de guerra entre dos, tres o más personas involucradas en su desarrollo, atenta contra la dignidad del niño colisiona con su interés a vivir en armonía su vida familiar.

b) En materia de cuidado personal compartido de tipo alternado, el arraigo del hijo (que incluye esencialmente estabilidad emocional) frente a la multiplicidad de progenitores o referentes afectivos ante cada desplazamiento o traslado de un hogar a otro, se ve claramente quebrantado ante oscilantes desacoples de tantos adultos. El principio informador de la materia, el *favor filii,* queda sometido así al interés del o de los progenitores y o allegados, impugnando la totalidad del derecho minoril universal. Resulta ilustrativa la doctrina española tendiente a asegurar la estabilidad del infante a la que me remito.

5) No es una nueva fuente filiatoria, por las reglas de los artículos 558 y 560 del CCCN existe ya la "voluntad compulsiva", o voluntad procreacional basamento de las técnicas de reproducción humana asistidas.

6) Creemos que la clave de bóveda es determinar la distinción entre aquellos casos en los que la filiación creada por el Derecho es naturalmente posible y aquellos casos en los que la filiación creada por el Derecho no sería biológicamente posible (TRHA o gestación sustitutiva). Es lo que Martínez de Aguirre y Aldaz, denomina: "principio de verosimilitud" de estas filiaciones puramente jurídicas, que deben ser verosímiles como filiaciones.

7) En materia sucesoria asimismo podrían aparecer inconvenientes. En especial, en el segundo orden hereditario, es decir el de los "ascendientes", quienes son excluidos por los descendientes de su porción legítima[37]. La intangibilidad de la legítima se puede ver afectada en el supuesto de multiplicidad de progenitores con discapacidad. Si se reconoce a la pauta afectiva filial como fuente de vocación hereditaria, criterio equivocado a nuestro entender, deberá también acoger la equivalente trasformación del sistema sucesorio argentino.

Lo que se lleva dicho no agota el tema, pero proporciona indicios para aseverar que es dificultoso poder asegurar que un concepto o instituto

[37] Flores, Martín A. *Ob. Cit.*

que involucre a la familia es jurídico, si no se investiga su contenido, esto es: distinguir entre actos especulativos prácticos y sensibles, de los actos jurídicos familiares, como orientador de las acciones humanas en el núcleo de pertenencia.

Sigo creyendo, con Montesquieu, que un pueblo defiende con más empeño sus costumbres que sus leyes, refiriéndose a que el Derecho debe ser norma destinada a regular conductas. Empatizamos con la niñez fragilizada, obligándonos a ser creativos, e impulsar buenas leyes que analicen la posibilidad de crear – o por el contrario rechazar- una filiación que genere posesión de estado.

Ningún niño debe sentir la desesperanza de no tener progenitores. Tienen derecho a una identidad genealógica, pero ello impone fijar vínculos basados en el andamiaje jurídico integral vigente en Argentina, y no la impostura creada por imposiciones ideológicas subyacentes para sesgar el triste lamento de Segismundo en la "Vida es Sueño" de Pedro Calderón de la Barca:

¡Ay mísero de mí, y ay, infelice!
Apurar cielos pretendo,
ya que me tratais así,
qué delito cometí
contra vosotros naciendo?
Aunque si nací, ya entiendo
qué delito he cometido.
Bastante causa ha tenido
vuestra justicia y rigor;
pues el delito mayor
del hombre es haber nacido[38].

Referencias

Águeda Rodríguez, Ricardo M. *La guarda compartida y el Interés Superior del Menor. Supuestos de exclusión.* Ed. Hispalex, S.C. ISBN 978-84-608-7539-0. Sevilla, España. 2016.

[38] Calderón de la Barca, Pedro: *La Vida es Sueño.* Ed. Colihue, Buenos Aires, 2008.

Ales Uría Acevedo, Ma. de las Mercedes. *Maternidad subrogada:* vulnerabilidad legal y social. Situación actual en Argentina. La mirada en el espacio europeo. En Tratado de la vulnerabilidad. Dir.: Úrsula Basset. 1ª. ed. La Ley. Ciudad Autónoma de Bs. As., 2017.

Basset, Úrsula C. *Hacia un derecho de familia social.* La Ley Ar/Doc/491/2021.

Braga Soares de Carvalho, Dimitre. *La sobrevaloración de la afectividad como marco teórico del Derecho de Familia Brasileño:* el afecto como instrumento para superar la vulnerabilidad legal de la Familia contemporánea. En la obra colectiva: Derecho de Familia y Personas. Familia. Mujer, Niñez y Violencia. Coordinadora: Columba del Carpio Rodríguez. Universidad Nacional de San Agustín de Arequipa. Perú, 2019.

Cicu, Antonio. *La filiación.* Traducción de Faustino Giménez Arnau y José Santacruz Teijeiro. Primera Edición. Librería General de Victoriano Suarez. Madrid, 1930. De la Torre, Natalia. Disponible en: https://www.youtube.com/watch?v=cSJLcnOWtW4, en la Asociación de Magistrados de Tucumán, 12 nov. 2020.

Cicu, Antonio. La triple filiación desde la perspectiva civil. Cita: RC D 1305/2017. Tomo: 2016 1. Derecho de Familia. Relaciones entre padres e hijos. *Revista de Derecho Privado y Comunitario.* Ed. Rubinzal- Culzoni.

De Ruggiero, Roberto. *Instituciones de Derecho Civil, Introducción y Parte General.* Derecho de las personas. Derechos reales y Posesión. Traducción de la 4º edición italiana por Ramón Serrano Suñer y José Santa Cruz Teijeiro. Tomo Primero. Instituto Editorial Reus. Madrid, sin fecha.

Díaz de Guijarro, Enrique. *El acto jurídico familiar y otros estudios.* Ed. Perrot, Buenos Aires. 1960.

Fanzolato, Eduardo Ignacio. *Derecho de Familia.* Tomo I. Ed. Advocatus. Córdoba, 2007.

Flores, Martín A. *La socioafectividad.* Enfoque en Brasil y Argentina. Jornada Académica organizada por la Secretaría de Posgrado de la Facultad de Derecho de la Universidad Nacional de Córdoba y la Comisión Argentina de la ADFAS. Córdoba, 22/6/2022.

García de Solavagione, Alicia. El estatuto de los vicios del consentimiento matrimonial y la contradicción con las leyes relativas a la identidad de género, en la obra*: Derecho Moderno* – Liber Amicorum Marcos *M. Córdoba.* Tomo 1. Rubinzal Culzoni. Santa Fe, 2013.

García de Solavagione, Alicia. *Distinción entre el embuste del "debate" y la anomia de operadores jurídicos y científicos.* Diario Comercio y Justicia. Córdoba. Argentina. 2017. Disponible en: http://comercioyjusticia.info/ ?s=Garcia+de+Solavagione&submit=.

Gil Domínguez, Andrés. *Comaternidad y copaternidad igualitaria.* En L.L. 2012-B-1251, Ar/Doc/924/2012.

Kemelmajer de Carlucci, A. *El lenguaje en el Código Civil y Comercial Argentino,* La Ley 2019.

Krasnow, Adriana. *La socioafectividad en el derecho de las familias argentino.* Su despliegue en la filiación por técnicas de reproducción humana asistida. Revista de Derecho (Valdivia) Vol. 32, nº 1. Valdivia, 2019 – Versión On-line. ISSN 0718-0950.

Lloveras, Nora. *La Adopción.* Ediciones Depalma. Buenos Aires, 1994.

Lobo, Paulo. *Socioafetividade no Derecho de Familia:* a persistente trayectoria de un concepto fundamental, en Escritos de Derecho das Familias: uma perspectiva luso-brasileira, María Berenice Días e Jorge Duarte Pinheiro (orgs). Porto Alegre, Ed. Magister, 2008.

López del Carril, Julio J. *La filiación y la ley 23.264.* Abeledo Perrot. Buenos Aires, 1987.

Martínez de Aguirre y Aldaz, Carlos. *La filiación, entre biología y derecho.* Prudentia Iuris nº 76. España, 2013.

Méndez Costa, María Josefa. *La filiación.* Editorial Rubinzal Culzoni. Santa Fe. 1986.

Rébora, Juan C. *Instituciones de la Familia.* T. IV. Ed. G. Kraft Ltda. Bs. As., 1946.

Paniza Fullana, Antonia. *Realidad biológica versus realidad jurídica:* el necesario replanteamiento de la filiación. Primera edición. Ed. Thompson Reuters Aranzadi. Navarra, España, 2017.

Salituri Amezcua, Martina – Videtta Carolina A. *La interseccionalidad de tres principios del contemporáneo derecho de las familias:* socioafectividad, interés superior del niñx y perspectiva de géneros. RDF 98,10/03/2021,71. Cita La Ley Ar/Doc/48/2021.

Tamayo Haya, Silvia. *Hacia un modelo de filiación basada en la voluntad en las sociedades contemporáneas.* Cantabria, España, 2013. Disponible en: https://repositorio.unican.es/ xmlui/handle/10902/19350

Varas, Ma. Gabriela; Tavip, Gabriel E. La socioafectividad como fuente de relaciones familiares. Un abordaje desde lo jurídico y lo vincular, en Rey Galindo

Mariana J. (Directora) *Derecho de las Familias – Temas de Fondo y Forma. La incidencia de la interdisciplina.* ConTexto Librería/Editorial, Resistencia, Chaco, 2021.

Varsi Rospigliosi, Enrique; Chaves, Marianna. *Paternidad socioafectiva.* La evolución de las relaciones paterno filiales. Del imperio del biologismo a la consagración del afecto. Actualidad Jurídica. nº 200.

Vélez Sársfield, Dalmacio. *Escritos jurídicos.* Ed. Abeledo Perrot. Buenos Aires, 1971.

Vidal Taquini, Carlos H. *El derecho subjetivo familiar.* L.L. 1979-B, Sec. Doctrina.

Zannoni, Eduardo Antonio. *Derecho de Familia.* Tomo 1. 5ª. edición actualizada y ampliada. Ed. Astrea. Buenos Aires, 2006.

2.
REPERSONALIZAÇÃO E OS DIREITOS ANIMAIS

Danilo Porfirio de Castro Vieira

1. Introdução

No ativismo judicial, comprometido a ampla funcionalidade do agente judicial com os fins, preceitos e valores constitucionais, não só respondendo com dinamicidade às contingências sociais, no acelerado processo histórico, mas sendo um fato modificador do Direito e Sociedade, recorrendo a hermenêutica aberta e infinita, permite-se que a atuação do julgador seja mais ativa.

Entretanto, a ação deve se fundar em critérios metodológicos sólidos, à *ratio iuris,* para que não se reduza ao um decisionismo vazio ou ao casuísmo justiceiro. Exemplo para essa reflexão é o tratamento jurídico dado aos animais, especificamente aos animais domésticos, em questões de Direito de Família.

O Superior Tribunal de Justiça, em Recurso Especial n. 1.713.167/SP, reconheceu a guarda compartilhada à animais, instituto de direito de família, própria para pessoa naturais, especificamente crianças e adolescentes, gerando a preocupante impressão de que animais seriam pessoas. Essa impressão se modificou com a decisão em Recurso Especial n. 1.944.228/SP, que não reconheceu nem guarda, nem alimentos animais, mas sistema de composse dos animais.

Contrariamente ao que se alega, que a legislação brasileira relativa aos bens, como também de proteção animal, não vem se mostrando capaz para resolver contendas familiares envolvendo pets, de fato, o ordenamento nos oferece condições de tutela. O que há, na verdade, é um panfletarismo jurídico, com fundamentos questionáveis (utilizando equivocadamente a concepção de repersonalização), que defende, a qualquer custo, a personalização animal.

A questão não se encontra no, difícil, reconhecimento da personalização animal, mas da reformulação do que, ou quem é, Sujeito de Direito, o que pode reforçar a proteção jurídica dos animais. A subjetividade é condição *sine qua non* da personalidade, mas seria para os sujeitos? O sistema jurídico poderia reconhecer sujeitos como subjetividade e sem subjetividade?

2. Pessoa e personalidade, seu fundamento tradicional e a repersonalização

Os institutos jurídicos da pessoa e da personalidade têm como marco no direito romano, sendo robustecidos nas *Comunitas Christianna* e, posteriormente, sob o império da secularidade, serão recursos jurídicos de ratificação dos sistemas de garantias emancipacionistas na Modernidade.

No Direito Romano, considerava-se hipoteticamente que todos os homens eram considerados portadores de direito (*hominum causa omne ius constitutum est*), porém não eram titulares devendo apresentar e *status libertatis* (que ser humano seja livre); *status civitatis* (que tenha origem romana); e o *status familiae* (que tivesse origem familiar). A partir do Édito de Caracala, nos anos de 212 d.C, os peregrinos (homens livres, porém sem origem romana) foram alçados a condição de cidadãos (titulares plenos de direitos), estando fora os escravos e os bárbaros. É importante ressaltar que a liberdade podia ser por nascimento (Ingênuos) ou concessão (Libertos).

O homem não era compreendido ainda como pessoa na concepção moderna do termo, sendo agente metafísico ("homem trágico-metafísico") agregado à totalidade, à comunidade, ao cosmos (*polis/zoon politikon*). A existência do ser se justificava no exercício dos compromissos com o grupo (a exemplo da relação *paterpotestas e o status familiae*) ou a cidade.

A fundamentação teórica da universalização da individualidade, determinante para a personalidade moderna, desenvolveu-se a partir do conceito de personalidade jurídica no Direito Canônico. Primeiramente, pela concepção patrística de livre-arbítrio, como condicionante da salvação (Agostinho de Hipona) e, posteriormente, a noção de hierarquização do Direito. Para os escolásticos, a relação direito e justiça estava disposta em *Lex aeterna, Lex divina, Lex naturalis e Lex humanae.*

Na *Comunitas Christianna*, que ainda apresentava uma concepção transitória entre identidade coletiva e identidade subjetiva ("homem eleutério-religioso"), pois o "todo" (a universalidade) nada mais seria que a conjunção da "poeira" (atomicidade) que comunga de uma mesma natureza (forte influência do estoicismo). Essa comunhão seria o fundamento da igualdade (átomos racionais).

Ratificando, se a *Lex Aeterna* é a fonte da *Justitia/Sapientia* (Razão Divina), inspirando a cadeia de Direitos e se razão divina não faz distinção entre as criaturas, a *Lex Humanae* não pode fazer distinção entre os seres humanos, sendo imbuídos de uma *persona/person*, a máscara que oculta diferenças e potencializa voz e papéis no palco coletivo. Marcilio de Pádua já apresentava concepção de direitos individuais (direitos subjetivos), havendo uma convivência entre o individual e o político, entre as liberdades individuais e os domínios.

O projeto filosófico de modernidade, encampado pelo liberalismo político e econômico, tinha como fim a construção de uma superestrutura ou mundo da vida (abrangendo valores, sistemas e instituições), estabelecida no emancipacionismo, na vida social autêntica, no exercício da autodeterminação e autorrealização do indivíduo (soberania decisória da pessoa e supremacia dos projetos pessoais). Autodeterminação sujeita a um padrão comportamental racional de intersubjetividade, de autolimites e respeito ao "outro eu", ou seja, a autonomia da vontade.

O exercício da autonomia viabiliza a existência humana em sua plenitude, o que se denomina como Dignidade.

A Dignidade, uma construção de origem canônica, desenvolvida pelo pensador italiano Pico dela Mirandola, recepcionado, secularizado e aprimorado pelos Iluministas é, de fato um princípio mosaico, composto de princípios qualificadores e de escopo. Qualificadores são a liberdade, poder deliberativo, confirmando a autonomia e a autenticidade do indivíduo; e a propriedade, a externalização da liberdade, pela obtenção de bens e recursos, oriundos do exercício laboral, respondendo as necessidades do ser.

Os princípios de escopo, que sustentam e viabilizam as qualidades da Dignidade, são a igualdade, suporte da autenticidade, pressuposto de equilíbrio entre o "eu" e o "outro eu", visando a paridade/equiparação entre os seres humanos (isonomia) e distribuição (correção e retribuição), afiançando, assim, um espaço jurídico-político plural, acolhendo a diversidade; e a segurança jurídica, que garante um regime estável, coerente, transparente, impondo as relações certeza, objetividade e estabilidade (*ordo ab caos*).

Os movimentos políticos liberais, sob a bandeira emancipacionista, pelas revoluções, derrubaram as estruturas tradicionais, comunitárias, hierarquizadas, para depois construir uma nova Ordem, pelo Direito.

Nesse contexto, sob inspiração jusracionalismo, construiu-se a ideia de direitos subjetivos, o direito da vida real, o reconhecimento do poder do indivíduo e de direitos inerentes que viabilizam a *facultas agendi*. No positivismo, em suas diversas formas, o direito subjetivo não é inerente, mas uma construção racional/civilizacional, formalizada, com força cogente, pelo direito objetivo, mas compromissada com a soberania da vontade/decisão e com o mosaico da Dignidade.

Os elementos do direito subjetivo são: o sujeito, aquele que tem subjetividade (vontade-interesse); o objeto, o fator fenomenológico, patrimonial ou extrapatrimonial, motivador do interesse e tomada de decisão; a relação jurídica, constituída decisoriamente, produzindo efeitos.

Entende-se como subjetividade, o processo de produção de significação, construção de sentidos, próprias do indivíduo (singularização de pertencimentos). É interiorização e apropriação única da realidade (particularização), da objetividade (fenômenos), em especial, das relações sociais. O homem, pela subjetividade, singulariza experiências (não é um processo abstrato/metafisico, mas resulta de sua vida social). A subjetividade pressupõe autoconsciência, fundamento do exercício da autonomia.

É importante reforçar que o termo sujeito de direito não se reporta ou é sinônimo de subjetividade, necessariamente. O sujeito também é sujeição, submetido a tutela de direitos, ou seja, o direito objetivo prevê e impõe em certas relações, especificamente entre agente (individual ou coletivo) e ente (coisa, outro ser não humano), tutela de garantias e deveres (a ordem jurídica poder ou a obrigação de agir).

O sujeito de direito, sem sentido amplo, portanto, é "aquele" que o sistema jurídico reconhece como portador de direitos e obrigações.

A doutrina liberal do Direito, em especial o da escola francesa, refletiu criticamente a teoria da equiparação, se as coisas inanimadas e animais não seriam meros bens (objetos relacionais), mas entes com tutela jurídica própria.

Uma das questões exemplificativas, está no direito das coisas e no direito real, a relação entre o proprietário, o titular, e o bem. A propriedade é um sujeito de direito ou a relação entre os sujeitos está entre o proprietário e a coletividade (efeito *erga omnes*)?

No caso do Brasil, a Constituição Federal, dispõe sobre o meio ambiente como bem do povo e de suas gerações futuras (bem de uso comum). São bens tutelados pelo direito difuso, da sociedade, sendo o direito subjetivo de natureza coletiva. Entretanto a dimensão da tutela é per si a integridade dos biomas, sendo de fato o titular.

É a simetria entre sujeito e natureza/natureza-sujeito, reconhecido no direito europeu, estabelecido no monismo normativo, não existindo fator exclusivo entre a situação estabelecida pelo ser humano com os elementos ambientais.

O erro histórico, semanticamente, não está sendo corrigido apenas na esfera das coisas, mas na questão do nascituro. Pela teoria concepcionista condicionada, que reconhece direitos de personalidade ao nascituro, a atribuição de pessoa somente ocorrerá com o nascimento com vida. Os direitos, como o da vida e de alimentos gravídicos, como forma de garantia gestacional, são formas de viabilizar, naquilo que é possível (submetidos a eventualidade), a possibilidade do nascimento.

No restante, os direitos são potenciais, meramente eventuais, até mesmo expectativas, se consolidando em tutela efetiva, com a atribuição da titularidade (pessoa natural). A representante do nascituro, a gestante, pode exercer medidas acautelatórias em caso de sucessão, mas o direito só será seu, com o nascimento com vida.

A existência é condição da titularidade, como pessoa, ou seja, a apresentação do ser ao palco fenomenológico, social, podendo em tese exercer sua vontade (capacidade de direito)

Assim sendo, os direitos subjetivos são dados àqueles que tem vontade, que potencialmente, possam expor sua voz (*person*/diga-se, decisão), o que é conhecido como capacidade de direito, ou seja, o ser humano. A pessoa natural, existencial ou física, é uma condição jurídica, que visa garantir a igualdade em um sistema plural, dentro de um regime jurídico de segurança/estabilidade, viabilizando autenticidade existencial.

Lembrando, da tradição romano-canônica, o sistema jurídico reconhece que a sociedade é um palco, onde cada ser humano, cada indivíduo, é investido de uma máscara, que lhes confere igualdade (isonomia, *ab initio*), permitindo a exposição paritária de decisões, com efeito gozosos e onerosos. Pela sua subjetividade (centelha da autenticidade), é reconhecido aos indivíduos, sujeição de Direito, que lhes outorga garantias e deveres.

Para a pessoa natural, e de forma mitigada à pessoa jurídica, em função da subjetividade, reconhece-se direitos de personalidade e quiçá direitos existenciais. Entende-se subjetividade como individualidade que emana da vontade. A vontade é o fator fundamental de caracterização do que é humano, a aptidão singularizadora da existência humana. Nas palavras de Kant "uma espécie de causalidade dos seres vivos, enquanto racionais, e liberdade seria a propriedade desta causalidade, pela qual ela pode ser eficiente, independentemente de causas estranhas que a determinem"[1]. É a habilidade ou aptidão essencial do ser racional, diga-se o ser humano, em perceber, entender e compreender os fenômenos, se perceber e se compreender nele, abstrair, valorar e decidir/escolher,

Logo, os direitos de personalidade garantem a individualidade da pessoa, a sua autonomia no exercício existencial privado, definindo de forma ampla os limites do Estado, da Sociedade e nas relações interpessoais (eu e outro eu) nos espaços individuais da pessoa, assumindo uma condição de sacralidade e inviolabilidade. Intimidade não é apenas o direito de sigilo sobre os hábitos pessoais, afiançado pelo direito de Privacidade (que garante objetivamente a inviolabilidade e inacessibilidade dos espaços físicos-geográficos e suportes de exercício dos hábitos/direito de recato), mas é a garantia ao direito de autenticidade, individualidade (*jura in re se ipsa*), de manifestação de suas projeções físicas e psíquicas, estendendo-se à vida, integridade biológica, ao nome e às relações fami-

[1] Kant, Immanuel. Fundamentação da metafísica dos costumes. *In: Crítica da razão pura e outros textos filosóficos*. Col. Os pensadores. São Paulo: abril, 1974, p. 243.

liares, à honra subjetiva e objetiva, como também aos direitos intelectuais e à imagem.

Com o desenvolvimento da tutela de direitos coletivos e difusos, o redimensionamento do Direito em função do neoconstitucionalismo, impulsionando, inclusive, a repersonalização do Direito Civil, observa-se que a tutela da Dignidade da pessoa, como garantia a autonomia e autenticidade do homem, adquire dimensões que transcendem o direito de personalidade, assumindo uma nova categoria: direitos existenciais.

A dignidade pressupõe o acesso à aquilo que Rawls denominava como bens primários e Dworkin indicava como bens públicos. É a garantia do mínimo existencial (direito subjetivo), a efetividade dos direitos sociais (educação, a saúde, a alimentação e moradia, como também o trabalho, segurança, transporte entre outros), viabilizando, dentro dos limites da reserva do possível, a liberdade material (autonomia) da pessoa.

Feita a distinção entre direitos de personalidade e direitos existenciais, próprios da pessoa natural/existencial, cabe entender a repersonalização do Direito Civil.

A repersonalização do Direito Civil é um fenômeno inerente ao que o ministro Edson Fachin denomina como Direito Civil Prospectivo, ou também denominado por certos setores da comunidade jurídica (de forma equivocada) como Direito Civil-Constitucional, a abertura das regras aos amplos sentidos oferecidos pelos princípios constitucionais, dando maior aplicabilidade interpretativa-operativa, o que possibilita uma maior adequação do direito as dinâmicas sociais, e autonomia ao juízo.

O compromisso da repersonalização volta-se para a despatriominialização do Direito, e da superação do solipsismo (individualismo), em função dos direitos coletivo e difusos, alinhando o sistema jurídico a preceito de Justiça Distributiva e de Justiça Social. Essencialmente, o objeto da discussão sobre a despersonalização é igualdade, a superação do paradigma isonômico, em favor da igualdade material, redimensionando as relações intersubjetivas, sejam elas individuais ou coletivas. Na repersonalização, as relações jurídicas, sejam contratuais ou familiares, estariam sujeitas aos direitos fundamentais, diga-se, aos preceitos de Direito Público (torna-se uma questão social, ao exemplo das funções sociais).

O novo paradigma, também pretende ir além da percepção liberal de pessoa, como um universal racional, mas com um ente particular, concreto, devendo se considerar aspectos, peculiaridade, singularidade, próprias da realidade da vida (finitude e temporalidade).

Logo, a repersonalização, não dá resposta adequada à tutela animal, pois seu compromisso ainda é com a pessoa humana, com a subjetividade concreta, com sua dignidade, com a efetividade da autenticidade e autonomia, mas sob uma ordem pública, com uma concepção material de igualdade.

9. O animal e sua condição jurídica

A situação jurídica dos animais é inacabada, sendo uma questão polêmica, comovente, fruto de um longo processo histórico.

No Direito Romano, os animais eram enquadrados como coisas, especificamente *res quae tangi possunt* (coisa tangíveis de controle), bens de natureza física/material. Eram enquadrados como bens móveis (*res mobiles*), com a capacidade de se mover (*se movens / quae moventur*).

O animal, dependendo de sua finalidade ou destino, era enquadrado como *res in commercio* ou *res in patrimonio*, bem com valor econômico, disponíveis, a exemplo do animal de tração e ou animal de abate, ou *res extra commercio* ou *extra patrimonio*, coisa não sujeita a comercialização (inalienável total e parcialmente – *commmercium non habet*), a exemplo dos animais afetados (*affectatio*), como os de estimação (*peto/aestimatio*), ou de destinação divina ou religiosa (*res sacrae; res religiosae*).

A situação dos animais e escravos equiparavam-se enquanto *res mancipii* bens objeto de *proprietas*, submetidos ao *potestas* do *domnus*.

Na Digesta, I, 1-3, há a reprodução do pensamento de Ulpiano, que defende a existência de um Direito Natural, de normas e princípios imutáveis, inerentes à Natureza, ao Cosmo, que atinge todos os seres, sejam humanos ou não humanos. Nesse sentido, há forte influência estoica, em que se acreditava num direito da Natureza, não exclusivo dos homens, mas dos animais.

Os animais na Idade Média eram apresentados de forma peculiar, pois mesmo estando sujeitos à condição de *res*, sendo categorizado como *res nullius* (coisa sem dono, como os animais selvagens) ou *proprietas* (sujeita à *manus* do *domnus*), conforme tradição jurídica romana, os animais respondiam penalmente, respondendo por danos causados. Era comum a condenação de animais por homicídio ou bestialismo, considerados responsáveis morais.

A posição jurídica do animal, na condição de bem, fundou-se no dogmatismo cristão (católico romano), influenciado pela filosofia grega, que distinguia o homem do animal, estabelecendo uma relação de superioridade, pois o ser humano era espiritual, intelectual, enquanto o animal é um ser material e finito.

Com o Humanismo e, posteriormente, com o pensamento Iluminista, caracterizados pelo antropocentrismo, na busca da afirmação da ideia de Homem Deus, comprometido com o entendimento, sujeição e instrumentalização da Natureza, o processo de reificação e patrimonialização do animal foi ratificado.

O animal, é tratado como uma máquina, e a natureza e sua dinâmica, como algo bruto, que carece de valor intrínseco, disponível à instrumentalização. Logo, é simplesmente tratado como um bem semovente, com valor econômico, podendo ser fungível ou infungível (pela estima), sendo objeto de apossamento e apropriação.

O Código Civil francês de 1804 (Código Napoleônico), carta fundante do direito civil europeu continental, positivou esse pensamento reificador, sendo reproduzido em outras codificações pelo mundo.

No Brasil, o Código de 1916, em seu artigo 47, determinava que os animais eram bens suscetíveis de movimento próprio, o que foi reproduzido no artigo 82 do Código Civil de 2002. O Código de 1916 também regulava, conforme artigo 593, a aquisição de propriedade por ocupação de coisas móveis, entre eles, animais de toda ordem. De forma semelhante, o Código de 2002, em seu artigo 1263, também autoriza a aquisição por ocupação, desde que não seja vedada expressamente pela lei.

Entretanto, é importante salientar, que desde 1934, os animais, mesmo sob condição de bens, apresentam um sistema de tutela próprio, reconhecendo o animal sua senciência, e protegendo contra maus tratos. Por meio do decreto 24.645/34, prevê-se penalidades a atos atentatórios contra a integridade física dos animais e provocadoras de agonia/sofrimento (art. 3º.), mesmo para fins científicos.

Também, a Constituição Federal de 1988 confere aos animais um regime de tutela de direitos, reconhecendo a sensibilidade (senciência) e determinando que a sociedade e sua expressão institucional (o Estado) garantam a vida, a integridade física, existência da espécie e combata a crueldade contra os animais, conforme artigo 225, §1º, VIII. O agente competente, que assiste os animais, é o Ministério Público, conforme artigo 127 da Constituição Federal.

Em 1998, com a criação da lei de crimes ambientais (lei 9605/98), a proteção a integridade animal e a vedação a abusos e maus tratos, foi ratificada, abrangendo animais domésticos, animais de abate, de transporte e silvestres (artigo 32).

Também em 1998, o Supremo Tribunal Federal (2ª Turma), em Recurso Extraordinário de no. 153.531/SC, restringiu as manifestações culturais, em favor da integridade animal. O objeto de análise foi a "Farra do Boi", considerada prática cruel, o que também foi ratificado na ADI nº 4983/CE.

Em 2020, pela lei 14.064, acrescentou-se condutas tipificadoras, intensificando sanções ao artigo 32 da lei 9.605/98.

Seguindo tendência internacional, o Brasil gradualmente criou um sistema de proteção aos animais, de reconhecimento de sua integridade, mas que se distingue categoricamente da Dignidade, da plenitude existencial, que pressupõe a consciência, a percepção e a autopercepção, a vontade, autonomia, ou seja, subjetividade, que caracteriza a condição humana e é própria da pessoa natural, mesmo sob o prisma da repersonalização, do reconhecimento da finitude, da temporalidade, da facticidade, da cultura e do império dos direitos coletivos e difusos. Animais não apresentam subjetividade!

O Superior Tribunal de Justiça, em dois *Habeas Corpus* n. 96.344, em favor dos chimpanzés, Lili e Megh, os ministros Castro Meira e João Otávio de Noronha, em decisões monocráticas, extinguiram o processo, sem resolução do mérito, alegando o não cabimento do remédio constitucional, pois os Impetrantes devem ser pessoas humanas.

Vejamos:

> os termos do art. 5º, inciso LXVIII, da Constituição da República, é incabível a impetração de habeas corpus em favor de animais. A exegese do dispositivo é clara. Admite-se a concessão da ordem apenas para seres humanos. Nesse sentido, confira-se a dicção da norma:

"Art. 5º (...)
LXVIII – conceder-se-á "habeas-corpus" sempre que alguém sofrer ou se achar ameaçado de sofrer violência ou coação em sua liberdade de locomoção, por ilegalidade ou abuso de poder".

Assim, se o Poder Constituinte Originário não incluiu a hipótese de cabimento da ordem em favor de animais, não cabe ao intérprete incluí-la, sob pena de malferir o texto constitucional.

Não procede, também, o pedido para que Rubens Forte permaneça como fiel depositário dos chimpanzés, pois a decisão proferida pelo TRF da 3ª Região, em nenhum momento, faz menção à eventual prisão civil, o que, em tese, viabilizaria a impetração da medida nesta Corte, consoante a alínea "c" do inciso I do art. 105 da Constituição da República, verbis:

"Art. 105. Compete ao Superior Tribunal de Justiça:
I – Processar e julgar, originariamente:
a) Nos crimes comuns, os Governadores dos Estados e do Distrito Federal, e, nestes e nos de responsabilidade, os desembargadores dos Tribunais de Justiça dos Estados e do Distrito Federal, os membros dos Tribunais de Contas dos Estados e do Distrito Federal, os dos Tribunais Regionais Federais, dos Tribunais Regionais Eleitorais e do Trabalho, os membros dos Conselhos ou Tribunais de Contas dos Municípios e os do Ministério Público da União que oficiem perante tribunais; (...)
c) Os habeas corpus, quando o coator ou paciente for qualquer das pessoas mencionadas na alínea "a", ou quando o coator for tribunal sujeito à sua jurisdição, Ministro de Estado ou Comandante da Marinha, do Exército ou da Aeronáutica, ressalvada a competência da Justiça Eleitoral; (Redação dada pela Emenda Constitucional nº 23, de 1999)"(grifo nosso).

Por fim, falece competência a esta Corte para que seja recebido o presente habeas corpus como mandado de segurança. Com efeito, o artigo 105, inciso I, alínea "b", da Constituição Federal preceitua:

"Art. 105. Compete ao Superior Tribunal de Justiça:
I – Processar e julgar, originariamente: (...)
b) Os mandados de segurança e os habeas data contra ato de Ministro de Estado, dos Comandantes da Marinha, do Exército e da Aeronáutica ou do próprio Tribunal".

No caso, direciona-se a presente impetração contra decisão monocrática proferida por desembargadora federal, fora, portanto, das hipóteses que

> autorizam o Superior Tribunal de Justiça a conhecer e apreciar mandados de segurança.
>
> Ante o exposto, indefiro a petição inicial e determino a extinção do processo, sem resolução do mérito, nos termos dos artigos 267, inciso IV, e 295, inciso I, ambos do Código de Processo Civil.
>
> Nos termos do art. 5º, inciso LXVIII, da Constituição da República, é incabível a impetração de habeas corpus em favor de animais. A exegese do dispositivo é clara. Admite-se a concessão da ordem apenas para seres humanos.
>
> Nesse sentido, confira-se a dicção da norma:
>
> "Art. 5º (...)
>
> LXVIII – conceder-se-á "habeas-corpus" sempre que alguém sofrer ou se achar ameaçado de sofrer violência ou coação em sua liberdade de locomoção, por ilegalidade ou abuso de poder".
>
> Assim, se o Poder Constituinte Originário não incluiu a hipótese de cabimento da ordem em favor de animais, não cabe ao intérprete incluí-la, sob pena de malferir o texto constitucional[2].

Porém, o que se observa é que o sentido de sujeito de direito deve ser revisto, sob o aspecto da simetria dos entes (ou partes) e do monismo relacional. Os animais não são exclusivos, ou meramente, objetos ou bens, mas estão sujeitos, submetidos a um sistema de garantia, que nos parece não só comprometido com os interesses difusos/geracionais, com o interesse social, mas com a autopreservação em si do ser não humano.

No seu livro Direito Puro, Edmond Picard, no final do século XIX, no Livro III, § 4º., defendia que os animais, mesmo não sendo seres morais, são sujeitos de certos direitos, possuindo, inclusive, alguns direitos naturais (inerentes)[3]. Sustentando sua tese na teoria do Direito Cósmico[4], transitando entre o pensamento aristotélico e o kantianismo, Picard expôs que há um direito inerente a natureza, que se autorregula, apriorístico, percebido pela subjetividade do homem, objetivado no meio social pela positivação (há um "panteísmo jurídico").

[2] Superior Tribunal de Justiça. Habeas Corpus. n. 96.344, Ministro João Otávio de Noronha, DJe de 07/12/2007; Habeas Corpus Nº 96.344, Ministro Castro Meira, DJe de 07/12/2007.

[3] Picard, Edmond. *O direito puro*. Campinas: Romana, 2004, p. 78.

[4] *Ibidem.*, Livro VIII, p.235-249.

Da mesma forma, como exposto anteriormente, o animal é um sujeito de direito, sem ter propriamente subjetividade. Ele mais do que coisa, é ser, portador de vida, sujeito ao sistema jurídico de proteção e ação.

Os defensores da personalização animal, porém, trazem em seus argumentos a equiparação entre consciência e senciência (um novo paradigma de linguagem e pensamento), atribuindo ao animal subjetividade (complexidade emotiva), e defendendo liberdade e igualdade com os seres humanos. Com fundamentação nas ideias de Peter Singer e na filosofia utilitarista, equiparam a felicidade a situação de prazer, bem-estar, ausência de dor.

Criticam aquilo que chamam do especismo, a primazia da espécie humana e jugo sobre os animais, com repercussões jurídicas, defendendo a igualdade entre a vida humana com a vida animal, pois ambos sentem igualmente sofrimento/dor e prazer.

Condenam o tratamento dado aos animais, a submissão a condição de coisas, objeto, dispostos como alimentos, meios de locomoção, cobaias de laboratório ou mesmo comercializados como animais domésticos.

Não se trata apenas de combater os maus tratos, ou a crueldade, mas emancipar juridicamente os animais, dar liberdade. A liberdade, assim, não deve se escorar na concepção liberal de consciência, na racionalidade (preceitos da autonomia), mas na vida, o bem compartilhado entre seres humanos e não-humanos. Há, inclusive a tese (um tanto precária, vazia e até mesmo falaciosa) de que a moralidade racional não poderia ser critério, pois nem os homens se apresentam como agentes morais (argumento escorado na exceção, que inclusive justifica a heteronomia do direito).

Também, afirmam que animais possuem autoconsciência, o que nem as ciências biológicas chegaram ao consenso sobre este assunto. Chimpanzés, que alegadamente tem semelhança genética com os seres humanos, não se autorreconhecem, a exemplo de enfrentamentos com suas imagens (não se enxergam, interagindo como se estivessem com outro ser).

Aos defensores da personalização, existiria, assim, uma psicologia animal, que apresenta um senso de adaptabilidade do animal aos ambientes humanos. Entretanto, essa adaptabilidade não consciente, quanto mais endógena, partindo do meio e de agentes exteriores. A adaptação parte sim da ação humana, de uma indução, seja pelo adestramento, por miscigenação entre subespécies (raças) animas e, contemporaneamente, até intervenção de tecnologias, inclusive genéticas.

Por fim, reforçam a tutela da vida, que, como já exposto, não é uma novidade, e que pode ser respondida em uma reflexão sobre sujeito de direitos, não pessoa.

Aos seguidores de Peter Singer, é importante lembrar, que o filósofo, em sua obra Ética Prática, cai em contradição quando justifica a mitigação da vida em sua defesa à eutanásia e ao aborto, relativizando sua pertinência e sujeitando a vida a interesses maiores (flertando com a eugenia).

Para aqueles que defendem a personalização dos animais, algumas indagações e problemas devem ser resolvidos.

Se o parâmetro de personalização equivale à pessoa natural, deve-se lembrar que um ser humano não se vende, não se compra, não existe estabelecimento comercial de oferta de pessoas. Pessoa natural possui registro público de nascimento, registro de óbito, instrumentos de controle pelo Estado. Pessoas não são abandonadas discricionariamente, sem que não respondam sanção severa.

Animais são dispostos economicamente, com valor monetário e comercializáveis. Logo, seus adquirentes não são tutores, mas donos do animal, o que expõe um certo cinismo na relação.

Também, para se tratar de personalização animal, é preciso uma postura radical de equiparação transespécie. Personalidade para todos os animais, não apenas para pets, pois do contrário, construiremos um problema jurídico, ou até mesmo um novo fenômeno, o da exclusão ou desigualdade animal! Animais de primeira e segunda categoria? Ou os defensores responderiam que isso é um processo histórico, de desenvolvimento civilizacional, portanto, aceitável?

Caso ocorra a titularização radical, surgirá um problema de ordem social, com dimensões severas de direito difuso, atentando contra o direito existencial de se alimentar. É cômodo falar de mudança de postura alimentar para grupos urbanos, em especial, classes sociais abastadas, mas as comunidades periféricas, ou mesmo comunidades tribais, rurais e ribeirinhas, que dependem de certas fontes de proteína animal (peixe, carne de caça, aves, suínos), como se sustentariam? Ou seria tolerada a morte de "pessoas animais"?

Logo, o melhor caminho é estabelecer um novo paradigma de sujeito de Direito, alheio a subjetividade. Sujeito sim, pessoa não.

4. Direito de família, animais pet's e a utilização inapropriada

Em meio a adequação do Direito de Família aos paradigmas de Direito Civil Prospectivo e de Repersonalização do Direito Civil e a abertura da instituição jurídica "família" ao pluralismo relacional, emerge em nosso direito a discussão de uma nova organização familiar, denominada de família transespécie ou multiespécie, tendo como característica, o reconhecimento do animal pet como parte integrante da comunidade particular.

Nesse sentido busca-se a equivalência à filiação, estabelecendo uma relação juridicamente afetiva com animal de estimação. Defende-se também, que na família multiespécie, os "tutores" teriam direito personalíssimo de atribuição de filiação ao animal.

Entretanto, essa atribuição é meramente moral, sem reconhecimento jurídico, pois a filiação é um instituto jurídico vinculado a parentalidade, especificamente e proteção de direito de identidade, nome, origem, entre ascendentes e descendentes de primeiro grau, seja biológica e civil (adotiva ou socioafetiva). Relação entre seres humanos, pessoas naturais! Se há simetria afetiva, isso é uma questão de foro íntimo, que não é previsto e regulado pelo Direito.

Logo, juridicamente, a família e identidade transespécies são inadmissíveis, além de inconciliáveis com a repersonalização do direito (comprometido com as nuances da dignidade da pessoa humana), não sendo possível a aplicação, em caso de dissolução de sociedade conjugal, de institutos jurídicos de direito de família, como a guarda e os alimentos aos animais.

A Guarda condensa um arcabouço de deveres e garantias em favor do filho, diga-se, do ser humano, descendente em primeiro grau, menor de idade (crianças e adolescente/menor impúbere e menor púbere), cessando, portanto, com a maioridade. Em prol do melhor interesse da criança e do adolescente, os pais ou tutores, devem responder pelos atos de seus filhos e pupilos; devem zelar pela proteção, cuidados, formação (educação); dar assistência material e moral, no intuito de se constituir, ao final, cidadãos.

Os alimentos consistem num conjunto de direito e deveres, voltado a pessoas, seres humanos, que são ou foram partes de uma organização familiar, em condição de vulnerabilidade, a exemplo de idosos, ex-cônjuges e ex-companheiros em condição de hipossuficiência material, pessoas em condição de incapacidade (mesmo maiores) e, em especial crianças e adolescentes (filhos e netos), visando garantir a sua existência mínima, a sua sobrevivência.

Os alimentos são exercidos por prestações periódicas, calculadas dentro do trinômio necessidade do alimentando, possibilidade do alimentante e proporcionalidade. As necessidades referem-se ao custeio da vida, integridade física, intelectual e moral do alimentando, um ser racional. Logo, os alimentos não se reduzem ao direito de comer, mas, em especial ao filho alimentando, do pagamento das despesas de educação, saúde, habitação/moradia, vestuário e recreação.

Isso não significa, que os animais, no ambiente familiar, estejam desamparados, e que as partes, ao fim da relação, não tenham direto de contato ou se isentem de responsabilidade com o pet.

Como já exposto, os animais, seja por interesse público, seja pelo senso intrínseco de preservação, justificando a ressignificação da noção de sujeito de direito, emancipado da noção de subjetividade (considerando a tese da simetria, ou da sujeição de direito na condição ser senciente), possuem um regime de tutela próprio que deve ser respeitado por todos, inclusive seus donos ou "tutores".

Sendo o animal, bem semovente com regime próprio de tutela jurídica, quando adquirido na vigência do relacionamento do casal, em regime de comunhão parcial ou total de bens, estará sujeito ao regime de co-propriedade, de condomínio, mas em regime especial de cuidados (direito animal), cabendo ao casal zelar pela sua vida e integridade física e sensível. Trata-se de um exercício fundado na função social da propriedade e de cláusulas gerais.

Recordando, entende-se como função social da propriedade, como um princípio que impõe mitigações (ou diretrizes) ao uso, gozo e disposição da coisa em prol do bem comum, com a necessidade sociais, o que se justifica quando se reconhece que o direito animal tem como sujeito de direito a sociedade. As cláusulas gerais, são normas com diretrizes abertas, indeterminadas, vinculadas a expectativas sociais (pressupostos) e de grande valor, respondendo e se adequando as contingências históricas, como é o caso do reconhecimento, em espaços privados, do animal como um bem especial, um ser vivo imbuído (ao exemplo do direito romano, afetado) de estima (transcendendo a fungibilidade e a patrimonialidade), existindo, portanto, o pressuposto do dever de cuidar.

Sendo assim, em caso de dissolução de sociedade conjugal, as partes não devem pleitear guarda e alimentos para animais, mas determinar regime especial de composse de animal, sob regulação do Código Civil e das normas de proteção animal.

Como co-proprietários (condôminos e titulares da *ius possidendi*), devem exigir a composse *por diviso*, estabelecendo regime de convivência (não guarda ou visitação animal), além de estabelecer responsabilidade solidária no custeio das necessidade do animal, como alimentação, assistência veterinária e outras despesas que acharem necessário. O inadimplemento de uma das partes geraria responsabilização civil (com danos patrimoniais e extrapatrimoniais).

Em linha semelhante ao exposto, o Superior Tribunal de Justiça, no Recurso Especial n. Nº 1.944.228/SP, desconsiderando a aplicação de guarda ou alimento para animais, vejamos:

> 2. A solução de questões que envolvem a ruptura da entidade familiar e o seu animal de estimação não pode, de modo algum, desconsiderar o ordenamento jurídico posto – o qual, sem prejuízo de vindouro e oportuno aperfeiçoamento legislativo, não apresenta lacuna e dá respostas aceitáveis a tais demandas –, devendo, todavia, o julgador, ao aplicá-lo, tomar como indispensável balizamento o aspecto afetivo que envolve a relação das pessoas com o seu animal de estimação, bem como a proteção à incolumidade física e à segurança do pet, concebido como ser dotado de sensibilidade e protegido de qualquer forma de crueldade. 2.1 A relação entre o dono e o seu animal de estimação encontra-se inserida no direito de propriedade e no direito das coisas, com o correspondente reflexo nas normas que definem o regime de bens (no caso, o da união estável). A aplicação de tais regramentos, contudo, submete-se a um filtro de compatibilidade de seus termos com a natureza particular dos animais de estimação, seres que são dotados de sensibilidade, com ênfase na proteção do afeto humano para com os animais. 3. As despesas com o custeio da subsistência dos animais são obrigações inerentes à

condição de dono, como se dá, naturalmente com os bens em geral e, com maior relevância, em relação aos animais de estimação, já que a sua subsistência depende do cuidado de seus donos, de forma muito particularizada. Enquanto vigente a união estável, é indiscutível que estas despesas podem e devem ser partilhadas entre os companheiros (ut art. 1.315 do Código Civil). Após a dissolução da união estável, esta obrigação pode ou não subsistir, a depender do que as partes voluntariamente estipularem, não se exigindo, para tanto, nenhuma formalidade, ainda que idealmente possa vir a constar do formal de partilha dos bens hauridos durante a união estável. Se, em razão do fim da união, as partes, ainda que verbalmente ou até implicitamente, convencionarem, de comum acordo, que o animal de estimação ficará com um deles, este passará a ser seu único dono, que terá o bônus — e a alegria, digo eu — de desfrutar de sua companhia, arcando, por outro lado, sozinho, com as correlatas despesas. 3.1 A subsistência de condomínio entre os ex-companheiros, sobre os bens hauridos durante a convivência, dá-se, no máximo, até a realização de partilha de bens. Antes da partilha de bens (categoria que os animais de estimação estão inseridos — bens móveis), a subsistência do condomínio entre os ex-companheiros, com as inerentes obrigações de dono, recai apenas em relação aos bens que se encontram em estado de mancomunhão, do que, na hipótese dos autos, não se cogita em relação aos animais. 3.2 O fato de o animal de estimação ter sido adquirido na constância da união estável não pode representar a consolidação de um vínculo obrigacional indissolúvel entre os companheiros (com infindáveis litígios) ou entre um deles e o pet, sendo conferida às partes promoverem a acomodação da titularidade dos animais de estimação, da forma como melhor lhes for conveniente. 4. Hipótese fática em que, apenas 3 (três) meses após a dissolução da união estável (março de 2013), a demandante, por intermédio de seu genitor e sob a alegação – refutada pela parte adversa – de abandono, retirou seus cachorros que se encontravam no sítio do demandado, atribuindo a si, doravante, como gesto de amor e profundo zelo pelos pets, a condição de única proprietária[5].

[5] Superior Tribunal de Justiça. REsp n. 1.944.228/SP, relator Ministro Ricardo Villas Bôas Cueva, relator para acórdão Ministro Marco Aurélio Bellizze, Terceira Turma, julgado em 18/10/2022, DJe de 7/11/2022.). Disponível em STJ – Jurisprudência do STJ. Acesso em: 03 de fevereiro de 2023.

O Direito pode até ser um cobertor curto, mas tem pano para cobrir e proteger os animais, sem panfletos políticos e invenções mirabolantes.

Conclusão

No mundo ocidental é claro que o antropocentrismo se esgotou em função da sensibilização dada ao meio ambiente e aos entes sencientes (os animais). Trata-se de uma verdadeira evolução no pensamento, comportamento e trato dados aos animais, que não são mais vistos como mero objetos, submetidos ao império da vontade humana. Porém, dar aos animais condição de pessoa só pela sua vida e natureza sensível é um tanto radical e equivocado. O que se deve buscar é a construção de um novo paradigma de sujeito de direito, que garanta aos animais uma proteção diferenciada, algo que não é novidade, pois já era defendido no século XIX por personalidades como Edmond Picard.

Referências

Ackel Filho, Diomar. *Direito dos animais*. São Paulo: Themis, 2001.

Aguiar, Jade Lagune Lanzieri. *Direito dos animais sob os aspectos da guarda compartilhada e dano moral em caso de lesão do animal*. Rio de Janeiro: Lumen Juris, 2018.

Amaral, Francisco. *Direito Civil:* Introdução. 5.ed. rev. atual. e aum. Rio de Janeiro: Renovar, 2003.

Aquino, Tomás de. *Escritos políticos de São Tomás de Aquino*. Petrópolis: Vozes, 1995.

Azevedo, Antonio Junqueira. *Crítica ao personalismo ético da Constituição da República e do Código Civil. Em favor de uma ética biocêntrica*. Revista da Faculdade de Direito da Universidade de São Paulo, v. 103, p. 115-126, jan.-dez. 2008.

Barzun, Jacques. *Da alvorada à decadência: a história da cultura ocidental de 1500 aos nossos dias*. Rio de Janeiro: Editora Campus, 2002.

Berman, Marshall. *Tudo que é sólido desmancha no ar: a aventura da modernidade*. São Paulo: Companhia das letras, 1986.

Betti, Emilio. *Teoria Geral do Negócio Jurídico*. Coimbra: Coimbra Editora, 1969.

Beviláqua, Clóvis. *Código Civil Comentado dos Estados Unidos do Brasil*. Edição Histórica. Rio de Janeiro: Ed. Rio, 1973.

Carbonera, Silvana Maria. *Guarda de filhos na família Constitucionalizada*. Porto Alegre: Sérgio Antonio Fabris, 2000.

Casagrande, Layra Francini Rizzi. *Alimentos no Direito de Família*: Aspecto Materiais e Processuais. Rio de Janeiro: Lumen Juris, 2011.

Dantas, Francisco Clementino de San Tiago. *Programa de Direito Civil* – Parte Geral. Rio de Janeiro: Editora Rio, 1977.

Diniz, Maria Helena. *Curso de Direito Civil Brasileiro*: teoria geral do direito civil. 24ª ed. Ver. E atual. De acordo com a reforma do CPC. São Paulo: Saraiva, 2007.

Duby, Georges; Aries, Phillipe. *História da vida privada:* do império romano ao ano mil. São Paulo: Cia de Bolso, 2009.

Duby, Georges; Aries, Phillipe. *História da vida privada:* do império romano ao ano mil. São Paulo: Cia de Bolso, 2009, vol. 2.

Dworkin, Ronald. *Law's empire*. Cambridge: Harvard University, 1986.

Justo, Antonio Santos. *Direito Privado Romano:* Parte geral. 5 ed. Coimbra: Coimbra Editora, 2011.

Kant, Immanuel. *Crítica da razão prática*. São Paulo: Ícone, 2005.

Kant, Immanuel. Fundamentação da metafísica dos costumes. *In: Crítica da razão pura e outros textos filosóficos*. Col. Os pensadores. São Paulo: abril, 1974.

Kelsen, Hans. *Teoria Pura do Direito*. 3. ed. Coimbra: Armênio Amado, 1974. *Direito Civil: Obrigações*. 2. ed. São Paulo: Saraiva, 2011.

Lobo, Paulo. *Direito Civil: Famílias*. 3. ed. São Paulo: Saraiva, 2010.

Lobo, Paulo. *Direito Civil: Contratos*. São Paulo: Saraiva, 2011.

Miranda, Francisco Pontes de. *Tratado de Direito Privado*. 3 ed. Rio de Janeiro: Borsoi, Tomo 8, 1956.

Miranda, Francisco Cavalcante Pontes de. *Tratado de Direito Privado*. Campinas: Bookseller, Tomo I, 1999.

Mirandola, Pico della. *Discurso sobre a dignidade do homem*. Lisboa: Edições 70.

Montoro, André Franco. *Introdução à ciência do Direito*. 23 ed. São Paulo: Revista dos Tribunais, 1995.

Pattaro, Enrico. *A Treatise fo legal philosophy and general jurisprudence:* A history of the philosophy of law from the Ancient Greeks to the Scholastics. Dordrecht: Springer, 2007, vol. 6.

Pattaro, Enrico. *A Treatise fo legal philosophy and general jurisprudence:* The jurists philosophy of law from Rome to the Seventeenth Century. Dordrecht: Springer, 2007, vol.7.

Pereira, Miguel Baptista. *Modernização e secularização*. Coimbra: Almedina, 1990.

Picard, Edmond. *O direito puro*. Campinas: Romana, 2004.

Rawls, John. *Uma teoria da justiça*. Brasília: Editora UNB, 1981.

Serres, Michel. *O contrato natural*. Rio de Janeiro: Nova Fronteira, 1991.

Silva, Juliana Maria Rocha Pinheiro Bezerra. 2 ed. *Família Multiespécie:* reflexos do direito animal no direito de família e sucessões. Joinville: Clube dos Autores, 2020 (versão ebook).

Singer, Peter. *Libertação animal*. São Paulo: Lugano, 2004.

Singer, Peter. *Ética prática*. São Paulo: Martins Fontes, 2002.

Superior Tribunal de Justiça. Habeas Corpus. n. 96.344, Ministro João Otávio de Noronha, DJe de 07/12/2007; Habeas Corpus Nº 96.344, Ministro Castro Meira, DJe de 07/12/2007. Disponível em: https://scon.stj.jus.br/SCON/. Acesso em: 03 de fevereiro de 2023.

Superior Tribunal de Justiça. REsp n. 1.944.228/SP, relator Ministro Ricardo Villas Bôas Cueva, relator para acórdão Ministro Marco Aurélio Bellizze, Terceira Turma, julgado em 18/10/2022, DJe de 7/11/2022.). Disponível em: https://scon.stj.jus.br/SCON/. Acesso em: 03 de fevereiro de 2023.

Taylor, Charles. *A secular age*. Harvard: Belknap Press, 2007.

3.
PLURIPARENTALIDAD

Graciela Medina

1. Introdução: la pluriparentalidad[1]

La palabra filiación proviene del latín (*filius*: hijo) y se refiere al lazo de parentesco existente entre los padres y sus hijos. Ese vínculo filial genera un universo de relaciones jurídicas, un conjunto de derechos y deberes recíprocos entre los progenitores y su descendencia.

[1] Pietra, María Luciana. "Pluriparentalidad en la filiación por naturaleza y humanización de la justicia". RCCyC 2020 (diciembre), 135. AR/DOC/3592/2020; De Lorenzi, Mariana A. – Guelbort, Virginia. "Errar es humano, perseverar es diabólico. Impugnaciones y nulidades en el reconocimiento filiatorio". RDF 2020-V, 125. AR/DOC/2724/2020; Gómez, César Julio. "Reconocer lo que es: Modelos de familia pluriparentales que existen y exigen aceptación en el plano jurídico y social". RDF 2020-IV, 362. AR/DOC/2240/2020; Herrera, Marisa – Gil Domínguez, Andrés. "Derecho constituvencional de las familias y triple filiación". LA LEY 19/06/2020, 6. AR/DOC/650/2020. Basset, Úrsula C "Pluriparentalidad: dilemas de un debate contemporáneo entre escenarios adultos y derechos de los niños". LA LEY 19/06/2020, 6. AR/DOC/530/2020; Mendoza, Elena. "Filiación pluriparental y falsificación de documento público. Análisis de la sentencia desde la perspectiva del derecho privado (reconocimiento complaciente) y del derecho público (supresión y suposición del estado civil y de la identidad)". DFyP 2020 (junio), 108. AR/DOC/1047/2020; Pietra, María Luciana. "Adopción y pluriparentalidad: ¿produce la socioafectividad efectos jurídicos?" RCCyC 2020 (mayo), 37. AR/DOC/1005/2020; Ballarin, Silvana. "De adopciones, pluriparentalidades y otras formas de construir familia". RCCyC 2020 (mayo), 5. AR/DOC/924/2020; Famá, María Victoria. "Acción de emplazamiento filial frente al uso de técnicas de reproducción humana asistida". RCCyC 2019 (diciembre), 3. AR/DOC/3314/2019; PIETRA, María Luciana. "Filiación y derecho a la identidad. Cuando las

Históricamente el derecho ha reconocido dos fuentes de filiación: la filiación por naturaleza y la filiación por adopción en la actualidad se aceptan tres tipos de fuentes de filiación:

a) Por naturaleza: Es aquella derivada de un vínculo biológico y natural generado por la consanguinidad con sus progenitores.
b) Por voluntad procreacional: Donde se regulan los casos en los cuales ha intervenido la ciencia médica en el proceso de concepción mediante alguno de los tratamientos conocidos.
c) Por adopción: En este caso el vínculo paterno-filial no se relaciona con un hecho biológico, sino que es creado por la sentencia que otorga la filiación adoptiva.

La cuestión es determinar cuántos padres y madres debe tener un niño, sobre todo a partir que la filiación por técnicas de fecundación asistida disocia el hecho biológico de la filiación.

Hasta hace 20 años era impensable cuestionarse si un niño podía tener más de dos padres, pero a partir de la posibilidad de procrear con la intervención de médicos, está cuestión debe ser respondida.

Pero las preguntas no solo se suscitan cuando se utilizan técnicas de fecundación asistida, sino también en el marco de la filiación por adopción, donde el interrogante es cuantas personas pueden adoptar a un niño. Y en la filiación por naturaleza, donde la pregunta es si se debe emplazar en la calidad de padres a todas las personas que se autoperciben como padres o que tienen relaciones socioafectivas con el niño.

técnicas de reproducción humana asistida deben armonizarse con los derechos de los niños y las niñas que nacen a través de ellas". RCCyC 2019 (diciembre), 17. AR/DOC/3386/2019; Silva, Sabrina "Un conflicto ¿clásico?, una respuesta excéntrica: Triple filiación por naturaleza". A. RDF-- 2019-V, 370. AR/DOC/2760/2019; Pérez Gallardo, Leonardo B. "El nuevo desafío de la filiación para el derecho de sucesiones: la multiparentalidad". RDF 91, 247. AR/DOC/2428/2019; Andriola, Karina A. – Lopes, Cecilia. "El derecho de las familias ante las nuevas formas de familia: Los desafíos ante la diversidad sexual y los vínculos afectivos". RDF 90, 183. AR/DOC/1770/2019; Lamm, Eleonora. "La gestación por sustitución como deconstrucción de la "maternidad" que sostiene al patriarcado. Más argumentos

2. La regla de la filiación binaria

Los autores del Código Civil y Comercial argentino, conocedores de loa anteriores interrogantes, establecieron en el artículo 558 que "ninguna persona puede tener más de dos vínculos filiales, cualquiera sea la naturaleza de la filiación" de allí que se afirme que la filiación es binaria, y se regule juridicamente los efectos patrimoniales y extrapatrimoniales de las relaciones entre padres e hijos, partiendo de la base que solo se tienen dos progenitores como ocurre en la naturaleza.

No obstante, la tajante afirmación de que solo se admiten dos vínculos filiales en la filiación por adopción, cuando se admite la adopción abierta existen más de dos vínculos filiales[2] y ello también ocurre en el caso de la filiación por afinidad donde el niño tiene a sus padres y al padre afín.

desde los feminismos". RDF 89, 139. AR/DOC/1271/2019; De Lorenzi, Mariana "Nuevos caminos entre viejos campos". Pluriparentalidades en tránsito. A. RDF 2019-II, 268. AR/DOC/1136/2019; Silva, Sabrina A. "Repercusiones del ingreso de la autonomía de la voluntad en el derecho filial. La gestación por sustitución como puente de acceso a la monoparentalidad originaria". RDF 2019-II, 140. AR/DOC/1162/2019; Krasnow, Adriana N. "Filiación por TRHA, voluntad procreacional y socioafectividad. El afecto como fuente de derechos". RDF 2019-I, 311. AR/DOC/3733/2018; Chmielak, Carolina L. "El impacto de las técnicas de reproducción humana asistida en el sistema filiatorio del Código Civil y Comercial de la Nación". DFyP 2019 (febrero), 175. AR/DOC/1588/2018; De Lorenzi, Mariana A. – Varas, María. "Familias y pluriparentalidades. ¿Un puzle por armar?". RDF 87, 245. AR/DOC/3546/2018; Montiel Núñez, Alma V. – Seiscento Baptista, Talita. "La evolución en la institución jurídica de la filiación en el derecho familiar de Brasil y México". RDF 86, 245. AR/DOC/3321/2018; León, Virginia. "¿Qué voluntad resiste el análisis (de ADN)?". RDF 2018-IV, 313. AR/DOC/3268/2018; Herrera, Marisa. Derecho y realidad: triple filiación e identidades plurales. RDF 85, 149. AR/DOC/3141/2018; Mignon, María Belén. "Diversas formas familiares y filiación post mortem. Un caso abordado desde la lógica constitucional-convencional acercando el derecho a la realidad". RDF 2018-III, 211. AR/DOC/3089/2018.

2 Aclara Ursula Basset que "En la medida en que los progenitores de origen conservan un residuo de deberes parentales, el derecho mantiene vigente en la identidad del niño y en los deberes de los padres esa progenitura biológica. Eventualmente las adopciones abiertas pueden mantener los vínculos con familia de origen de manera más o menos plena" Basset, Úrsula C" Multiparentalidad y el deber de garantía del interés del niño. Cómo evitar una deriva adultocéntrica" Publicado en: La Ley 22/03/2023, 3, Cita: TR La Ley Ar/Doc/594/2023.

En los casos de padres por afinidad y adopciones abiertas, lo cierto es que los padres afines y los de origen no tienen, ni todos los deberes, ni todos los derechos que los progenitores ni que los adoptantes, ya que pueden desempeñar algunas funciones y el título de "padre", pero la responsabilidad parental la tienen los padres adoptantes y los padres originarios del niño.

La regla de la filiación binaria establecida en nuestro Código Civil ha sido considerada inconstitucional por los tribunales argentinos[3], en los tres tipos de filiación, ello así se ha admitido la posibilidad de pluriparentalidad tanto en la filiación por voluntad procreacional, como por adopción, como por naturaleza.

3. Críticas a la filiación binaria. Fundamentos de la pluriparentalidad

La filiación binaria ha sido criticada porque:

1. Conculca el derecho a conformar una familia en términos diversos y plurales (art. 14 "bis" de la Constitución argentina y arts. concordantes de los Instrumentos Internacionales sobre derechos humanos con jerarquía constitucional).
2. Atenta con el derecho a desarrollar un plan de vida autónomo en ejercicio pleno de la voluntad procreacional compartida (art. 19 de la Constitución argentina y arts. concordantes de los Instrumentos Internacionales sobre derechos humanos con jerarquía constitucional).
3. Afecta el derecho a la no discriminación con motivo o razón de la triple filiación.
4. No tiene una respuesta legal en el caso en que una mujer de a luz a un niño y dos hombres han expresado su voluntad procreacional, ya que si bien la filiación de la madre es clara la de los padres no lo es[4].

[3] Un resumen de las 29 sentencias conocidas en la Argentina hasta el 1 de abril del 2023 se puede consultar en el Boletín de Jurisprudencia "La triple filiación en la jurisprudencia argentina" confeccionado por el Ministerio Público de la Defensa y que es de libre acceso online.

[4] Cuando ambos han expresado su voluntad procreativa la filiación no puede ser definida con un criterio biológico, porque en la filiación por técnicas de reproducción humana

5. No contempla adecuadamente la socioafectividad en el caso que los niños sean criados por la madre y su marido a quien se le ha atribuido la paternidad y luego se conoce al real padre biológico que no ha tenido lazos de afectos con el niño, no obstante, lo cual se le atribuye la filiación.
6. El reconocimiento legal es más que una formalidad burocrática: cuando los vínculos entre padres e hijos carecen de protección legal. En este sentido es posible que se les nieguen beneficios cruciales, sin poder acceder a un seguro de salud a través de sus padres o recibir ayuda del gobierno.
7. Cuando la relación de un niño con un padre no está reconocida por la ley, esa relación puede romperse permanentemente, por ejemplo, si hay una disputa de custodia o si el padre legal muere. Si el niño ingresa al sistema de protección de menors, puede ser separado de un padre legal y colocado en hogares de guarda, en lugar de colocarlo con otra persona a quien el niño considera un padre. Tal separación puede tener consecuencias devastadoras y a largo plazo para el desarrollo ya que como explicó la Academia Americana de Pediatría hace más de dos décadas, la "necesidad de continuidad de los niños con sus principales figuras de apego" es "primordial".

4. Críticas a la pluriparentalidad

En las relaciones con los niños es posible que se desarrollen fuertes vínculos de afectos con terceras personas que compartan con los progenitores la responsabilidad del desarrollo pleno del niño y que estas relaciones afectivas sean beneficiosas para el interes del niño. Pero no estamos seguros de que sea lo mejor para el interes del menor de edad darle el status de padre a más dos personas al menos en el sistema binario creado por la Argentina.

asistida, por imperio del propio artículo 562 del Código Civil y Comercial, no puede ser decidida en función de quién aportó los gametos.Repárese que, en el sistema del Código, cuando el nacimiento se produce luego del empleo de técnicas de reproducción humana asistida, la filiación se determina por la voluntad procreacional, resultando indiferente quién aportó los gametos

Es de señalar que la intención de tener una familia diferente debe ser respetada y aceptada, pero el respeto a la divergencia, y la aceptación que los adultos pueden decidir tener una vida familiar no convencional, no quiere decir sin más que se deba aceptar una triple o cuádruple filiación, sin tener en cuenta el interés superior del niño, por las siguientes consideraciones:

1. Incertidumbre sobre el ejercicio de la responsabilidad parental. Las reglas sobre el ejercicio de la responsabilidad parental han sido establecidas para filiación binaria y no para la filiación plural esta incerteza en cuanto a las modalidades para ejercer la responsabilidad parental no favorece al interés del niño.
2. Indeterminación de la forma de solucionar las divergencias en la vida del hijo. Se desconoce cómo será llevada a cabo la resolución de las divergencias en las relaciones filiales múltiples cuando no existe acuerdo. ¿Nos preguntamos si triunfará la solución propiciada por la mayoría? ¿O se deberá resolver en Tribunales? Estamos convencidos que esta indeterminación es contraria al interés superior del niño que no se beneficia en nada por la ignorancia en la forma como se solucionaran los conflictos de su vida, cuando las múltiples personas que se auto perciben padres o que fueron designados padres por un juez no se pongan de acuerdo.
3. Se ignora quien y como se adoptarán las decisiones relativas a la salud en sistemas de pluriparentalidad. Este tema es trascendente, porque estas parentalidades al ser contrarias al sistema legal que especialmente rechaza toda relacion filiar que no sea binaria, genera incertidumbre en el derecho a la salud. Adviértase que los médicos no tienen porque saber cómo actuar, ni a quien pedir el consentimiento para actos médicos, lo que aparece como contrario al interés del niño, quien debe ser en todo caso el centro de atención en el emplazamiento filial.
4. Desconocimiento de cantidad de asentimientos necesarios. En un sistema de parentalidad no binaria, no se sabe si las decisiones tomadas por un solo progenitor cuentan con el asentimiento de todos o si por el contrario se requiere la mayoría por ejemplo para dar la autorización al niño para practicar un deporte de competi-

ción o de riesgo. La incertidumbre en la forma como debe requerirse el asentimiento patermo materno para el caso de hijos con más de dos padres, no beneficia en nada el interés del niño, objeto del deseo paterno de múltiples personas.

5. Falta de claridad de la representación. Tampoco se comprende cómo funciona la representación de la persona menor de edad en las parentalidades multiples, lo que indica que un tema que hace a la seguridad jurídica quede librado al arbitrio del juez. Por ejemplo, en el caso de imposibilidad absoluta para prestar el consentimiento para actos médicos, el consentimiento puede ser prestado por el representante legal, pero al no estar determinado como se ejercerá la representación legal en el supuesto de múltiples padres, hay imprecisión en la toma de decisiones. La irresolución sobre el tema de la representación del menor compite fuertemente con su interés, porque en nada lo favorece que exista confusión en su representación.
6. Diluye las responsabilidades en materia alimentaria de los múltiples progenitores al diversificar los obligados al pago y limitar su responsabilidad alimentaria, además que obliga al alimentado a realizar reclamos contra múltiples obligados pasivos, lo que indiscutiblemente es contrario al interés superior del niño.
7. Establece más responsabilidades en la vida adulta. El darle a una persona multiplicidad de padres durante algunos años, los obliga a asumir la responsabilidad durante toda la vida, que tiende a alargarse de mantener y alimentar a una multiplicidad de progenitores, por largos años y a asistirlos y cuidarlos, sin compensación alguna. Piénsese que la niñez dura 18 años, y que este sistema puede imponer cargas alimentarias para 3 o más progenitores durante 50 o más años de una persona.
8. Se altera el sistema sucesorio sin que existan reglas claras de cómo heredaran estos triples o cuádruples padres al hijo, ni si éste tiene derechos sucesorios de todos sus abuelos, generándose nuevas inseguridades jurídicas.
9. Inseguridad sobre los vínculos fraternos. No se sabe si estas relaciones generarán vínculos de hermanos con los otros descendientes de cada uno de sus padres judicialmente reconocidos.

En definitiva, entendemos que el derecho debe formular sus reglas considerendo los vínculos afectivos, pero ello no lleva sin más a aceptar que un niño tenga tantos padres como adultos manifiesten su voluntad procreacional, o como tanto adultos manifiesten en forma conjunta su voluntad de adoptar o como tantas personas se consideren padres de "corazón" de un niño.

El jurista tiene la obligación de aceptar y reconocer las realidades plurales, pero ello no lo obliga a acordar a esas familias diferentes, vínculos filiales múltiples con un niño si no se tiene en cuenta su interés y se cuenta con instituciones que protejan las ralaciones entre adultos y niños adecuadamente como lo son la paternidad por afinidad y la adopciòn de integraciòn.

Es contrario a la seguridad jurìdica y al principio de igualdad aceptar que las reglas sobre la filiación dependan del parecer de los jueces, porque los nexos filiatorios no pueden ser distintos en dos casos similares según la filosofìa del juez que decida apartarse o no de la ley que es igual y general para todos.

Creemos que la determinación de la filiación no puede ser establecida mediante principios o cláusulas generales abstractas elusivas de las reglas normativas (el refugio confortable en el "cielo de los conceptos" abstractos, diría Ihering). Sino que debe estar determinada por normas concretas, e iguales para todos los hijos, en base a los derechos humanos, pero no al revés.

Lo que se debe evitar es la huida hacia tales cláusulas para eludir las reglas legales, de acuerdo con el voluntarismo judicial que, apelando a los principios invocados por las propias normas positivas, dejan de lado lo que estas dicen, según interpretaciones no fundadas de que ello es mejor para el interés del niño.

Lo ideal es que, si existe consenso en abandonar la norma de la filiación binaria, se legisle sobre ello teniendo en cuenta el interés del niño y el principio de libertad y autodeterminaciòn de los adultos, y aclarando especialmente si se requiere acuerdo entre los adultos para ejercer la responsabilidad parental.

Algunos comentaristas han expresado temor de que reconocer a las familias multiparentales exacerbe la inestabilidad y el conflicto en la vida de los niños, quienes se debatirán entre múltiples figuras de autoridad y múltiples hogares. ya que "los niños serán atrapados en tres o cuatro mundos".

Por nuestra parte consideramos que las relaciones afectivas de un niño con múltiples adultos que lo cuidan y se ocupan de él no es nueva, ya que las familias pluriafectivas han existido durante mucho tiempo y han adoptado una amplia variedad de formas. Los ejemplos incluyen niños que desarrollan relaciones padre-hijo con uno o más padrastros, así como niños que tienen padres biológicos vivos, pero son criados principal o exclusivamente por otros parientes o amigos.

Mucho antes de que las leyes lo permitieran expresamente, los tribunales extendieron los derechos derivados de la patria potestad a otras personas además de los padres biológicos de un niño. Tales decisiones reflejaron el entendimiento de que estas relaciones pueden generar efectos jurídicos, así por ejemplo la legitimación para reclamar daños y perjuicios a un guardador de hecho cuando un niño había sido atropellado por un tren.

Lo cierto es que las familias pluriafectivas han tenido múltiples reconocimientos en el Código Civil y Comercial Argentino reformado en el 2015. Prueba de ello son la regulación del padre por afinidad y la norma del art 555 que asegura el derecho de comunicación de los niños con todas las personas ligados por lazos de afectos.

De admitirse que el Código Civil y Comercial reformado en el 2015 contiene una legislación estrecha que no da cabida a las realidades que surgen justamente de las nuevas normas que el ordenamiento comprende como lo son el matrimonio entre personas de igual sexo y la filiación por voluntad procreacional. Lo que corresponde es reformar la ley.

Una nueva legislación debería tener en cuenta el derecho comparado, motivo por el cual revisaremos la legislación de otros países.

5. Legislación de USA

En USA, al menos siete estados, California, Delaware, Maine, Vermont, Washington, Connecticut, y, más recientemente Colorado han promulgado leyes en la última década que permiten expresamente que un tribunal reconozca a más de dos padres.

Estas nuevas leyes han sido impulsadas, en parte, por el aumento del número y las campañas públicas de las familias LGBTQ con niños concebidos a través de la reproducción asistida. En muchas de estas familias, uno o más padres no están genéticamente relacionados con sus hijos.

Para la legislación de los estados que admiten la pluriparentalidad la conexión genética no es necesaria para una relación legal padre-hijo, y a partir de esa afirmación llegan a la conclusión que limitar el número de padres a dos ya no parece necesario o lógico, y que resulta contrario a la realidad y al derecho a la privacidad.

Estas leyes multiparentales permiten a los tribunales proteger las relaciones entre padres e hijos tal como aparecen en la sociedad.

5.1. Legislación de California

Hasta el año 2013, los tribunales interpretaban que la ley de California solo permitía dos progenitores legales.

El 4 de octubre de 2013, se dictó la ley S.B. 274 ("Ley del Tercer Progenitor de California"), que modificó varios artículos del Código de Familia de California para redefinir cuántos progenitores legales puede tener un niño[5]. La Ley del Tercer Progenitor de California añadió al Còdigo de Familia el artículo 7612, subdivisión (c), otorgando a los tribunales la facultad de determinar que un niño tenga más de dos progenitores legales si la determinación de lo contrario fuera perjudicial para el niño.

Concretamente el artículo 7612(c) establece que:

> En una acción apropiada, un tribunal puede determinar que más de dos personas son padres si el tribunal determina que reconocer sólo a dos padres sería perjudicial para el niño. Para determinar el perjuicio para el menor, el tribunal tendrá en cuenta todos los factores pertinentes, incluido, entre otros, el daño que supone separar al menor de una situación estable con un progenitor que ha satisfecho las necesidades físicas del menor y sus necesidades psicológicas de cuidado y afecto, y que ha asumido ese papel durante un período de tiempo considerable. La constatación de un perjuicio para el niño no requiere la constatación de la falta de idoneidad de ninguno de los progenitores.

[5] SB-274 Derecho de familia: Paternidad: Child Custody & Support, CAL. LEGIS. INFO. (2018). Disponible en: http://leginfo.legislature.ca.gov/faces/billCompareClient.xhtml?bill_id=201320140SB274.

La Ley del Tercer Progenitor de California fue dictada en virtud de lo sugerido en la sentencia del Tribunal de Apelación del Segundo Distrito en el caso M.C.

La sentencia del Tribunal de Apelaciones del Segundo Distrito de California en el caso M.C. se refería a una pareja del mismo sexo, Irene y Melissa, y su hijo, MC.

El caso se originó cuando Melissa tuvo una aventura con un hombre llamado Jesús y quedó embarazada, dando a luz a MC. Después del nacimiento, Melissa e Irene intentaron criar al bebé juntas, pero solicitaron el divorcio poco después.

Irene solicitó los derechos legales de custodia de MC, pero el tribunal determinó que ella no era la madre biológica ni tenía una relación paterna con el niño. En cambio, el tribunal decidió que Melissa era la madre biológica y que Jesús, el padre biológico, también tenía derechos parentales.

Sin embargo, el tribunal también determinó que Irene tenía una relación significativa con MC y que era importante para el bienestar del niño mantener esa relación. Como resultado, el tribunal permitió que Irene tuviera visitas regulares con MC y participara en la toma de decisiones importantes sobre la crianza del niño.

El Tribunal de apelación de California sostuvo que, dados los numerosos pronunciamientos anteriores del más alto tribunal del estado sobre el tema, no podía conceder el estatus de padres a los tres. No obstante, invitó al poder legislativo a reconsiderar la denominada "regla del dos", invitación que fue aceptada.

Lo importante a tener en cuenta sobre la legislación de California es que la ley solo permite otorgar el estatus de padre a más de dos personas cuando "lo contrario sea contrario al interés del niño" y que la norma tiene en consideración la convivencia de los adultos con el niño.

Al contrario de lo que prevé la ley de California en los casos resueltos por la jurisprudencia Argentina, no se ha analizado en forma concreta en que perjudica o favorece al niño la triple parentalidad, ni si este ha convivido con las partes La mayoría de los casos hacen una larga exposición de principios y citan párrafos aislados de sentencia dictas por la Corte Interamericana de Derechos humanos y se desentienden del interés del niño en cuestión.

Advertimos que los análisis son principistas y generalistas, más propios de un legislador que de un juez, sin tener en cuenta el niño concreto. Así en un fallo resuelto por la Sala E de la Cámara Nacional Civil de la Capital[6], en el que se declaró la triple filiación de dos hombres y una mujer basados casi exclusivamente en la voluntad procreacional de los adultos. Sobre el interés del niño se dijo que: "Visto el caso desde una perspectiva estrictamente material, no parece discutible que la decisión de admitir tres padres responde al mejor interés del niño ya que es presumible que se incrementará su bienestar económico.".

Si admitimos que es suficiente que tener más padres es mejor para el interés del niño porque suma responsables alimentarios, deberíamos sin más admitir la multiparentalidad, y deberíamos pensar que cuantos más padres mejor para el niño., cuestión que nos parece errada.

La solución que adicionando progenitores se mejora el interés superior del niño porque se suman ingresos, no convence porque, diluye responsabilidades y se olvida de todos los deberes y derechos que hacen a la crianza de un infante que superan en mucho la cuestión económica y además el razonamiento de los jueces de la Sala E parte de una generalización que olvida el caso concreto y lo que es peor el niño en concreto.

5.2. La ley de Vermont[7]

Vermont modificó su legislación sobre filiación en el año 2018 y admitió que un niño puede tener más de dos padres cuando un juez entiende que ello contribuye al interés superior del niño[8].

[6] Cámara Nacional de Apelaciones en lo Civil, sala E(CNCiv)(SalaE) Fecha: 30/11/2022, Partes: K., D. V. y otros s/ información sumaria, Publicado en: La Ley 22/03/2023, 3, con notas de Úrsula C. Basset y María Luciana Pietra; Cita: TR La Ley Ar/Jur/171351/2022.

[7] La ley que permite la multiparentalidad en Vermont es la Ley de Familias de Vermont (Vermont Family Law), también conocida como la Ley 78 (Act 78). Fue aprobada por la Asamblea.

General de Vermont en 2018 y entró en vigor el 1 de julio de 2018. La sección específica de la ley que aborda la multiparentalidad es la Sección 1 de la Ley 78.

[8] El 1 de julio de 2018, entró en vigencia la nueva Ley de Paternidad de Vermont (VPA). A través del VPA, la Legislatura de Vermont reescribió las leyes de Vermont sobre la paternidad para que fueran modernas y reflejaran la gran diversidad de familias en Vermont.

Para determinar el interés superior con respecto a la filiación, el tribunal debe considerar factores tales como la edad del niño, la duración y la naturaleza de la relación del padre potencial con el niño, el daño al niño si no se reconoce la relación parental, la base para el reclamo de paternidad del niño de cada persona y otros factores equitativos[9].

Claramente la ley de Vermont exige que para establecer una triple filiación se debe decidir en función del interés superior del niño[10].

En estos casos el tribunal analizará una variedad de factores que incluyen: la edad del niño, el tiempo que la persona asumió el papel de padre la naturaleza de la relación del niño y cada persona que ha asumido el papel de padre, el daño que le puede producir al niño que la persona no sea declarada padre.

Este análisis concreto sobre el interés superior del niño en el caso concreto es lo que no aparece en la mayoría de las 29 sentencias que se expiden sobre interés superior del niño dictado en Argentina hasta diciembre del 2022[11].

5.3. Ley de Connecticut[12]

La ley de Connecticut *Public Act No. 21-15*, permite que un tribunal determine que un niño tiene más de dos padres si no hacerlo fuera perjudicial para el niño similar a la ley de California Esta sigue siendo una regla muy inusual, y no ha habido muchos casos en los que se haya ejercido la opción "más de dos". Sin embargo, sus legisladores optaron por dar a los tribunales la discreción de diseñar las reglas de paternidad necesarias para garantizar que se sirva el interés superior del niño.

9 Parentage. Disponible en: https://www.vermontjudiciary.org/family/parentage.

10 Ministerio Público de la Defesa República Argentina. *La triple filiación en la jurisprudencia argentina*. Disponible en: https://repositorio.mpd.gov.ar/jspui/bitstream/123456789/4085/1/2022.12.%20La%20triple%20filiaci%C3%B3n%20en%20la%20jurisprudencia%20argentina.pdf.

11 Ministerio Público de la Defesa República Argentina. *Idibem*.

12 An act concerning adoption and implementation of the Connecticut parentage act. Disponible en: https://www.cga.ct.gov/2021/ACT/PA/PDF/2021PA-00015-R00HB-06321-PA.PDF.

5.4. Washington

En 2017, Washington dictó la "Ley de Relaciones Parentales" que permite que hasta cinco personas sean reconocidas como padres legales de un niño, incluyendo a los padres biológicos, adoptivos y cualquier otra persona que haya formado una relación significativa con el niño y tenga la intención de ser considerada como un padre.

Para que una persona pueda ser reconocida como un padre legal en virtud de la Ley de Relaciones Parentales de Washington, se deben cumplir ciertos requisitos. A saber: Uno de los padres biológicos debe dar su consentimiento, o bien, la persona que pretende convertirse en padre debe demostrar que ha establecido una relación sustancial con el niño y que ha asumido la responsabilidad parental.

Es importante destacar que la ley no establece una presunción legal de paternidad para las parejas del mismo sexo o para las parejas no casadas. En estos casos, las personas interesadas en ser reconocidas como padres deben seguir los procedimientos establecidos por la Ley de Relaciones Parentales de Washington para establecer su paternidad legal[13].

5.5. Maine

En 2019, Maine aprobó una ley que permite el reconocimiento de tres o más padres legales en casos de familias con múltiples padres biológicos o adoptivos. La ley de Maine establece que un padre legal adicional puede ser reconocido si se demuestra que esto es necesario para el bienestar del

[13] El artículo de la Ley de Relaciones Parentales de Washington que establece la posibilidad de la multiparentalidad (incluyendo la triparentalidad) es el RCW 26.26.116. Este artículo define las personas que pueden ser consideradas padres legales, incluyendo a los padres biológicos, los padres adoptivos y cualquier otra persona que tenga una relación sustancial con el niño y que tenga la intención de asumir la responsabilidad parental. El RCW 26.26.116 establece que hasta cinco personas pueden ser legalmente reconocidas como padres de un niño en el estado de Washington, siempre y cuando cumplan con los requisitos establecidos por la ley. Además, el artículo establece los procedimientos para establecer la paternidad legal, como la necesidad de obtener el consentimiento del padre biológico o la demostración de una relación sustancial con el niño. Es importante destacar que la ley de Washington no establece una presunción legal de paternidad para las parejas del mismo sexo o para las parejas no casadas. Cada caso de multiparentalidad o triparentalidad debe ser evaluado individualmente y se deben cumplir con los requisitos establecidos por la Ley de Relaciones Parentales de Washington para establecer la paternidad legal.

niño y que el juez debe tomar en cuenta el mejor interés del niño al tomar una decisión.

5.6. Colorado[14]

En 2021, Colorado aprobó una ley que permite el reconocimiento de más de dos padres legales en casos de familias con múltiples padres biológicos o adoptivos. La ley de Colorado establece que un tercer o cuarto padre puede ser reconocido si se demuestra que esto es necesario para el bienestar del niño y que el juez debe tomar en cuenta el mejor interés del niño al tomar una decisión.

La ley permite que hasta tres personas puedan ser reconocidas como padres legales de un niño, siempre y cuando se cumplan ciertos requisitos. Estos requisitos incluyen, entre otros, que los padres biológicos o adoptivos hayan consentido por escrito el reconocimiento de un tercer padre legal, que el tercer padre haya vivido con el niño o haya desempeñado un papel importante en su vida, y que el reconocimiento de un tercer padre sea en el mejor interés del niño.

Es necesario tener en cuenta que las leyes sobre la multiparentalidad o la triparentalidad varían de un estado a otro y las circunstancias en las que se permite la multiparentalidad o la triple parentalidad también pueden variar. Además, algunos estados pueden tener políticas y prácticas de reconocimiento de la multiparentalidad o la triparentalidad sin que exista una ley específica que las permita, pero siempre teniendo en cuenta el interés del niño.

Es importante destacar que el reconocimiento de más de dos padres legales no se aplica automáticamente a todas las situaciones de familia con múltiples padres. Cada caso es evaluado individualmente por un juez, quien determina si se cumplen los requisitos establecidos por la ley y si es en el mejor interés del niño reconocer a más de dos padres legales.

[14] La ley de Colorado que permite la posibilidad de reconocer la triparentalidad es el Estatuto Revisado de Colorado § 19-4-105(1.5), que establece que un niño puede tener más de dos padres legales. Además, la Ley de Relaciones Familiares de Colorado, § 14-10-123, establece las disposiciones generales de paternidad y maternidad en Colorado.

6. Francia

El art 4 de la ley francesa de bioética de 2021 establece la posibilidad de la filiación múltiple para los niños nacidos de técnicas de reproducción asistida.

Este artículo establece que en los casos de nacimientos mediante técnicas de reproducción asistida con donación de gametos y/o embriones, la filiación puede ser establecida en relación con uno o ambos miembros de la pareja receptora y, cuando corresponda, con uno o ambos donantes o, en su caso, los progenitores. Esto significa que un niño puede tener hasta cuatro padres legales en ciertos casos[15].

[15] El artículo de la ley francesa de bioética de 2021 que establece la posibilidad de la filiación múltiple para los niños nacidos de técnicas de reproducción asistida se encuentra en el artículo 4 de la ley. A continuación, se presenta una traducción al español del artículo 4:

> "Artículo 4: Filiación de los niños nacidos de técnicas de reproducción asistida
>
> I. – La filiación de los niños nacidos por aplicación de técnicas de reproducción asistida con gametos de donantes se establece en las condiciones previstas por los artículos 311-19 a 311-21 del Código Civil.
>
> II. – La filiación de los niños nacidos por aplicación de técnicas de reproducción asistida con donación de embriones se establece en las condiciones previstas por los artículos 16-7 a 16-9 de la ley n.º 2011-814 de 7 de julio de 2011 relativa a la bioética.
>
> III. – La filiación de los niños nacidos por aplicación de técnicas de reproducción asistida con donación de gametos y/o de embriones y transferencia de éstos a una mujer se establece en las condiciones previstas por los artículos 311-20-1 y 311-20-2 del Código Civil.
>
> IV. – La filiación de los niños nacidos por aplicación de técnicas de reproducción asistida con transferencia de núcleos celulares, tal y como se define en el artículo L. 2151-5 del Código de Salud Pública, se establece en las condiciones previstas por los artículos 311-19 y 311-20-1 del Código Civil.
>
> V. – En los casos mencionados en los II, III y IV, la filiación puede ser establecida en relación con uno o ambos miembros de la pareja receptora y, cuando corresponda, con uno o ambos donantes o, en su caso, los progenitores previstos en los II y III. La filiación puede también ser establecida en relación con un o varios progenitores previstos en el II, III y IV."

Este artículo establece que en los casos de nacimientos mediante técnicas de reproducción asistida con donación de gametos y/o embriones, la filiación puede ser establecida en relación con uno o ambos miembros de la pareja receptora y, cuando corresponda, con uno o ambos donantes o, en su caso, los progenitores previstos en los II y III. La filiación puede también ser establecida en relación con uno o varios progenitores previstos en los II, III y IV. Esto significa que un niño puede tener hasta cuatro padres legales en ciertos casos.

Conclusiones

La multiparentalidad requiere de un marco legal claro y especifico ya que está en juego el interés superior del niño y la autonomía de la voluntad de los adultos de conformar una familia diferente.

Para determinar los efectos de relaciones filiales múltiples es útil el conocimiento de su regulación en el derecho comparado[16].

Una regulación de la filiación múltiple tendría que determinar tanto si la pluriparentalidad va a ser aceptada en los tres tipos de filiaciones o solo en la proveniente de técnicas de fecundación asistida, como si su recepción va a depender de una aceptación judicial que juzgue si la pluriparentalidad es beneficiosa para el interés superior del niño (la solución judicial permite observar el interés superior del niño en el caso pero es insegura jurídicamente ya que dependerá de cada juez) o si bastara una inscripción administrativa.

Por otra parte, la aceptación de una filiación plural debería contemplar tanto si la pluriparentalidad requiere necesariamente el acuerdo entre quienes han de ejercerla, como las formas que se ejercerá la responsabilidad y fundamentalmente establecer la valides y alcance de estos sistemas.

Los jueces que declaran la inconstitucionalidad del sistema binario de filiación deben necesariamente ponderar el interés superior del niño en el caso concreto y determinar porque las opciones que contempla el Código Civil y Comercial para reglamentar las relaciones de las fami-

16 Galperin, Gabriel "Repensar la familia pluriparental desde el ejercicio de la magistratura." Microjuris 5-sep-2018 Cita: MJ-DOC-13676-AR | MJD13676 explica que "Existen diferentes sistemas a nivel global que presentan un escenario normativo positivo a favor, cada uno poseedor de sus propias aristas eficaces, empero es factible el llevar a cabo ciertas observaciones. En resumidas cuentas, en Inglaterra, únicamente las responsabilidades parentales pueden asignarse a más de dos individuos, en función de las intenciones de los titulares primarios de la autoridad parental. Por el contrario, en California y en British Columbia se puede otorgar el estado de progenitor a más de dos individuos. En California este proceso está regulado por los tribunales, que se centran a la hora de fallar en favor del mejor interés del niño, interpretando este estándar desde un enfoque funcional y psicológico; en British Columbia la asignación del estado parental está sujeto a las intenciones de los integrantes del proyecto multiparental, plasmadas mediante un acuerdo de voluntades anterior a la concepción vía TRHA.".

lias multiafectivas son contrarias al interés superior del niño, así como también establecer como se organizara el ejercicio de la responsabilidad parental múltiple.

Referencias

Andriola, Karina A. – Lopes, Cecilia. *El derecho de las familias ante las nuevas formas de familia:* Los desafíos ante la diversidad sexual y los vínculos afectivos. RDF 90, 183.

Ballarin, Silvana. *De adopciones, pluriparentalidades y otras formas de construir familia.* RCCyC, mayo, 2020.

Basset, Úrsula C. *Multiparentalidad y el deber de garantía del interés del niño.* Cómo evitar una deriva adultocéntrica. La Ley 22/03/2023.

Basset, Úrsula C. *Pluriparentalidad: dilemas de un debate contemporáneo entre escenarios adultos y derechos de los niños.* La Ley, junio, 2020.

Chmielak, Carolina L. *El impacto de las técnicas de reproducción humana asistida en el sistema filiatorio del Código Civil y Comercial de la Nación.* DFyP, febrero, 2019, 175.

De Lorenzi, Mariana A. Guelbort, Virginia. *Errar es humano, perseverar es diabólico. Impugnaciones y nulidades en el reconocimiento filiatorio.* RDF, 2020-V, 125.

De Lorenzi, Mariana. A. *Nuevos caminos entre viejos campos. Pluriparentalidades en tránsito.* RDF, 2019-II, 268.

De Lorenzi, Mariana A. Varas, María. *Familias y pluriparentalidades. ¿Un puzle por armar?* RDF 87, 245.

Famá, María Victoria. *Acción de emplazamiento filial frente al uso de técnicas de reproducción humana asistida.* RCCyC, diciembre, 2019.

Galperin, Gabriel. *Repensar la familia pluriparental desde el ejercicio de la magistratura.* Septiembre, 2018. Disponible en: https://aldiaargentina.microjuris.com/2018/09/17/repensar-la-familia-pluriparental-desde-el-ejercicio-de-la-magistratura-primera-parte.

Gómez, César Julio. *Reconocer lo que es:* Modelos de familia pluriparentales que existen y exigen aceptación en el plano jurídico y social. RDF, 2020-IV, 362.

Herrera, Marisa. *Derecho y realidad: triple filiación e identidades plurales.* RDF 85, 149.

Herrera, Marisa – Gil Domínguez, Andrés. *Derecho constituvencional de las familias y triple filiación.* La Ley, junio, 2020.

Krasnow, Adriana N. *Filiación por TRHA, voluntad procreacional y socioafectividad. El afecto como fuente de derechos.* RDF, 2019-I, 311.

Lamm, Eleonora. *La gestación por sustitución como deconstrucción de la "maternidad" que sostiene al patriarcado. Más argumentos desde los feminismos.* RDF 89, 139.

León, Virginia. *¿Qué voluntad resiste el análisis (de ADN)?* RDF, 2018-IV, 313.

Mendoza, Elena. *Filiación pluriparental y falsificación de documento público. Análisis de la sentencia desde la perspectiva del derecho privado (reconocimiento complaciente) y del derecho público (supresión y suposición del estado civil y de la identidad).* DFyP, junio, 2020.

Mignon, María Belén. *Diversas formas familiares y filiación post mortem. Un caso abordado desde la lógica constitucional-convencional acercando el derecho a la realidad.* RDF, 2018-III, 211.

Montiel Núñez, Alma V. Seiscento Baptista, Talita. *La evolución en la institución jurídica de la filiación en el derecho familiar de Brasil y México.* RDF 86, 245.

Pérez Gallardo, Leonardo B. *El nuevo desafío de la filiación para el derecho de sucesiones: la multiparentalidad.* RDF 91, 247.

Pietra, María Luciana. *Adopción y pluriparentalidad:* ¿produce la socioafectividad efectos jurídicos? RCCyC, mayo, 2020, 37.

Pietra, María Luciana. *Filiación y derecho a la identidad.* Cuando las técnicas de reproducción humana asistida deben armonizarse con los derechos de los niños y las niñas que nacen a través de ellas. RCCyC, diciembre, 2019, 17.

Pietra, María Luciana. *Pluriparentalidad en la filiación por naturaleza y humanización de la justicia.* RCCyC, diciembre, 2020.

Silva, Sabrina A. *Repercusiones del ingreso de la autonomía de la voluntad en el derecho filial.* La gestación por sustitución como puente de acceso a la monoparentalidad originaria. RDF 2019-II, 140.

Silva, Sabrina A. *Un conflicto ¿clásico?, una respuesta excéntrica: Triple filiación por naturaleza.* RDF, 2019-V, 370.

4.
POLIAMOR Y DERECHO DE FAMILIA

GRACIELA MEDINA

1. Introducción y objetivos

El afecto se presenta en la sociedad como constitutivo de diversas relaciones de enorme importancia para el individuo, así no existe duda que entre los amigos concurre una dosis importante de afecto, como también éste se halla entre los novios, entre los amantes clandestinos, entre los convivientes, entre los miembros de un trio amoroso, entre ahijados y padrinos, entre guardador de hecho y niño cobijado y normalmente entre padres e hijos afines que conviven.

Por supuesto que no se trata de los mismos vínculos los que se forman entre amantes extramatrimoniales, que los que reinan entre novios o convivientes, como tampoco son idénticos los que existen entre allegados que los que se generan entre padres por afinidad e hijos afines, pero todas estas relaciones tienen como elemento común el afecto en la formación de las relaciones sociales y la falta de reconocimiento o reconocimiento limitado de estas relaciones afectivas por el derecho en orden a su regulación.

El objeto de este trabajo es tratar de precisar como el afecto influye en la regulación del derecho de familia actual para lo cual trataremos de: determinar que se entiende por socio afectividad, precisar y clasificar algunas de las relaciones afectivas no reguladas por el derecho de familia que se presentan en la actualidad, indicar que problemas presentan al derecho las relaciones afectivas no reguladas y las reguladas en forma excepcional o limitada y estudiar si deben ampliarse los efectos patrimoniales de las relaciones afectivas que el ordenamiento jurídico reconoce y /o si tienen que ser reguladas formas socio afectivas que se presentan en la sociedad y el sistema jurídico no contempla.

La esencia de la cuestión planteada se centra en dilucidar la función del estado frente a las relaciones sociales que tienen como base el afecto, a fin de precisar si deben dejarla libradas a la autonomía de la voluntad o si por el contrario tiene el Estado que regularlas ya sea creándole un estatuto autónomo o incluyéndolas en viejas estructuras no pensadas para acogerlas.

En definitiva, de lo que se trata es de

> determinar cuándo o cómo esos complejos capítulos del querer y del sentir adquieren una entidad tal que permite imputarle consecuencias jurídicas. Una amistad, una relación de noviazgo, una convivencia prolongada o la crianza a otro con carácter de hijo; son todos escenarios del afecto. ¿Todos ellos son susceptibles de quedar captados por la juridicidad?[1]

Así por ejemplo cabe preguntarse si las relaciones poliamorosas o poligámicas deben ser reguladas por el estado y en su caso si deben dársele iguales efectos que al matrimonio o que a la unión convivencial.

O si a los hijos por afinidad deben otorgárseles iguales efectos que a los hijos matrimoniales o por adopción en orden a la sucesión.

Sin perjuicio de que el tema merece precisiones, creemos necesario partir de la premisa que no pueden utilizarse viejos moldes para encasillar nuevas formas y que no es posible igualar lo diferente, en orden a las consecuencias, sin desequilibrar la armonía jurídica.

[1] Bellotti San Martin, Lucas *"De qué hablamos cuando hablamos de socioafectividad"* en su intervención brindada el 27 de noviembre de 2020 – III Jornadas platenses de derecho sucesorio "Reconocimiento jurídico de las relaciones socioafectivas en el derecho sucesorio: ¿Protección de la familia o de la autonomía personal?". *"Notas acerca de "la socioafectividad y la incidencia en el interés superior de los niños, niñas y adolescentes"* Revista Código Civil y Comercial septiembre – octubre 2022, pág. 147. Disponible en: https://www.thomsonreuters.com.ar/content/dam/ewp-m/documents/argentina/es/pdf/white-papers/revista-codigo-civil-y-comercial.pdf.

Comenzaremos nuestro estudio partiendo de determinar que se entiende por socio afectividad, para luego clasificar las diferentes relaciones socio afectivas y ver su reconocimiento legal y jurisprudencial.

2. Socioafectividad. Concepto

Consideramos que la socioafectividad es un término formado por la unión de dos palabras: social y afectivo que hace referencia a las relaciones sociales que surgen del afecto de dos o más personas.

Bellotti, afirma que cuando se habla de socioafectividad, en rigor, hablamos de: relaciones basadas en el afecto entre personas que guardan entre sí una vinculación estrecha y semejante a otra específicamente regulada, y cuyos efectos jurídicos se desean[2].

Por nuestra parte ponemos de relevancia que dentro de las relaciones socioafectivas tenemos las poliamorosas; el término poliamor, es una combinación del griego “polus”, qué significa “varios”, y latín “amor”, qué significa “amor”; y es usado en algunos eventos de manera alterna con el término polifidelidad, que en lugar de amor, toma prestado de latín la palabra “fidelitas”, qué significa “lealtad” o “fidelidad”; como estos términos los sugieren, las personas poliamorosas están o prefieren estar involucradas en más de una relación íntima a la vez, en relaciones amorosas estables y a largo plazo de dos o más personas.

También tenemos las relaciones de “pluriparentalidad” donde las funciones parentales son cumplidas o buscan ser desempeñadas por más de dos personas, es decir por un grupo binario de personas, más amplios que el de padre y madre[3].

Los ejemplos antes expuestos nos dan cuenta de lo amplio que es el tema de la socioafectividad. Para una mejor comprensión de él, nos parece que debemos comenzar por la faz positiva o legislativa de la cuestión.

[2] *Ibidem.*

[3] Garcia De Solavagione, Alicia “El concepto de “padre” en el universo jurídico. Reordenamiento filiatorio y la sociafectividad” Revista del Código Civil y Comercial Septiembre – octubre 2022 pág. 153. Ed La Ley. Disponible en: https://www.thomsonreuters.com.ar/content/dam/ewp-m/documents/argentina/es/pdf/white-papers/revista-codigo-civil-y-comercial.pdf.

3. Las relaciones socioafectivas en la legislación positiva

En el ámbito del derecho de familia en el siglo pasado no era común hablar del afecto no obstante que este sentimiento es lo que nutre y sostiene las relaciones familiares. En este sentido señala Kemelmajer de Carlucci:

> el afecto, a diferencia del dato genético, rara vez aparece mencionado en las normas jurídicas referidas a la familia (...) No obstante, los operadores del derecho han empezado a pensar que, en numerosas ocasiones, las relaciones familiares deberían moverse más en el ámbito de la afectividad que en el de los lazos biológicos o genéticos (...)[4].

Lo cierto es que en la extensa normativa del derecho de familia el término socioafectividad, no ha sido utilizado por el legislador, aunque su concepto se ve tímidamente receptado en el art. 7 del decreto N.º 415-2016 reglamentario de la ley nacional N.º 26.061 en cuanto establece que "podrá asimilarse al concepto de familia, a otros miembros de la comunidad que representen para la niña, niño o adolescente, vínculos significativos y afectivos en su historia personal como así también en su desarrollo, asistencia y protección"[5].

Y dentro del Código Civil y Comercial del 2015 las relaciones socioafectivas en tanto relaciones sociales basadas en el afecto se vislumbran modestamente en algunas disposiciones, ya sea para otorgarle algunos efectos jurídicos, como para negarles otros.

[4] Kemelmajer De Carlucci, Aida. *Las nuevas realidades familiares en el Código Civil y Comercial argentino de 2014*. LL, 2014, Ar/Doc/3592/2014.

[5] Bellotti San Martin, Lucas. *De qué hablamos cuando hablamos de socioafectividad*. en su intervención brindada el 27 de noviembre de 2020 – III Jornadas platenses de derecho sucesorio "Reconocimiento jurídico de las relaciones socioafectivas en el derecho sucesorio: ¿Protección de la familia o de la autonomía personal?
Bellotti San Martín, Lucas – Rother, Kevin, "Socioafectividad y derecho sucesorio", Temas de Derecho de Familia, Sucesiones y Bioética, marzo, 2021. Bellotti San Martin, Lucas "Notas acerca de "la socioafectividad y la incidencia en el interés superior de los niños, niñas y adolescentes" Revista Código Civil y Comercial septiembre – octubre 2022, pág. 147.

Así podemos mencionar la relación de los allegados que pueden prestar el consentimiento informado para actos médicos e investigaciones en salud art 59 del CCyCN, el reconocimiento de las personas con vínculos afectivos también se refleja en algunas normas que por ejemplo, reconocen que las personas que tienen a su cargo a personas menores de edad imposibilitadas o enfermas deben permitir la comunicación de "éstos quienes justifiquen un interés afectivo legítimo" (los arts. 555 y 556 CCyCN) como así también en la obligación de los padres de respetar y facilitar el derecho del hijo a mantener relaciones personales con personas con las cuales tenga un vínculo afectivo.

Por otra parte, el CCyCN reconoce otras relaciones sociales basadas en el afecto como la existente entre los miembros de la familia ensamblada, que da origen al parentesco por afinidad y también el vínculo entre el hijo adoptado bajo la forma simple con los progenitores del o los adoptantes.

Además, el CCyCN reconoce el noviazgo en el capítulo I Del título 1 del libro segundo señalando que los esponsales no generan acción para reclamar los daños por su ruptura (art 401) y por otra parte en el matrimonio in extremis no se le reconoce efecto al noviazgo como relación de hecho para darle valor al matrimonio celebrado dentro de los 30 días anteriores a la muerte a consecuencia de una enfermedad preexistente (art. 2436 del CCyCN).

Por último, queremos poner de relevancia que la máxima regulación de las relaciones basadas en el afecto deviene de la regulación de la unión convivencial.

4. Clasificación de las relaciones afectivas

Creemos que a los fines de nuestro estudio las relaciones afectivas pueden ser clasificadas en relaciones: entre personas adultas participantes de una relación sentimental, entre personas mayores y niños o personas con discapacidad y entre personas menores de edad con lazos similares a los fraternos.

Relaciones afectivas entre personas adultas: En ellas incluimos las relaciones convivenciales de dos personas, las relaciones consentidas de más de dos personas como los tríos o relaciones poligámicas, las relaciones de noviazgo, las relaciones paralelas de una persona con su cónyuge y- con su amante donde no existe consentimiento sino duplicidad de vínculos afectivos similares a la bigamia.

En las relaciones entre adultos y niños incluimos las guardas de hecho y las relaciones entre más de dos adultos con un niño que desafía las leyes binarias de la parentalidad y ha sido dada en llamar pluriparentalidad.

Por su parte las relaciones entre niños con lazos similares a los fraternos se dan cuando los menores de edad son criados juntos como hermanos.

Cada una de estas relaciones presenta problemas diferentes al derecho. A saber:

5. Problemas que presentan las relaciones afectivas al derecho

5.1. Relaciones afectivas entre personas adultas

Las mayores cuestiones se dan en el ámbito de los derechos a la muerte de uno de los miembros de la relación. Así en:

a. La unión convivencial: la cuestión radica en la posibilidad de otorgar derechos sucesorios ab intestato al conviviente supérstite con base en el afecto presunto del causante y en la igualdad familiar y en su caso determinar el orden sucesorio que le corresponde. Por otra parte, la doctrina se cuestiona si el derecho temporal de habitación del conviviente que sobrevive al causante de sólo dos años no debería extenderse en base a la solidaridad familiar.
b. El poliamor[6], relaciones no monogámicas o poligámicas: las cuestiones que se exteriorizan en la faz jurídica son la posibilidad de su

[6] Pavan, Angélica Regina, *A eficácia das escrituras públicas declarátorias das uniões poliafetivas no ordenamento jurídico brasileiro*. Faculdade de Direito, Universidade de Passo Fundo, Casca, 2016. Disponible en: http://repositorio.upf.br/handle/riupf/886, consultado el 25 de octubre de 2018; Rulli Stefanini, Marília, Domingos de Luca, Guilherme. *Um novo conceito de familia: a poliafetividade*, Paz, Direito & Fraternidade, Roberto Bueno Valéria Aurelina da Silva Leite José Leite da Silva Neto (coordenadores), Instituto Memória, Coleção Direito e Paz, Itaipu binacional, 1ª edição, Curitiba, 2016, pp. 12-27; Costa Poli, Luciana, Ferraz Hazan , Bruno. *Reflexões sobre a união poliafetiva: notas sobre a formação da subjetividade*, Pluralismo jurídico, multiculturalismo e gênero, IV Encontro Internacional do Condepi, Jayme Weingatner Neto, Antonio Carlos Wolkmer, Conselho Nacional de Pesquisa e

equiparación a la unión convivencial y sobre todo la viabilidad que los miembros de la relación afectiva múltiple accedan al derecho a pensión en el supuesto de que muera uno de sus integrantes.

c. En las relaciones de amante: los problemas que se presentan ante la muerte del causante y el derecho a pensión, o el reclamo por daños y perjuicios tanto por la amante, como por la cónyuge.

Como vemos las cuestiones son diferentes en las relaciones binarias que, en las relaciones múltiples, ya que en las primeras hay una regulación legal que se estima insuficiente mientras que en las segundas hay un rechazo legal que se considera inconstitucional por el respeto a la autonomía de la voluntad.

5.2. Relaciones afectivas entre adultos y niños

a. La multiparentalidad: El Código Civil argentino establece el sistema de la biparentalidad señalando en el artículo 558 del CCCN que ninguna persona puede tener más dos vínculos filiales, cualquiera sea la naturaleza de la filiación, esta norma ha sido declarada inconstitucional en los tres tipos de filiación, es decir en la filiación por naturaleza, por adopción y por técnicas de reproducción asistida[7], señalando que el precepto que establece que solo se puede tener dos padres contraria el interés superior del menor y al derecho a la diversidad familiar.

Pós-Graduação em Direito, Condepi, Florianópolis, 2016, pp. 193-208; Viegas, Cláudia Mara de Almeida Rabelo, "Famílias poliafetivas: uma análise sob a ótica da principiologia jurídica contemporânea", Tese de Doutor em Direito, Pontifícia Universidade Católica de Minas Gerais, Faculdade Mineira de Direito, Belo Horizonte, 2017, http://as1.trt3.jus.br/bd-trt3/handle/11103/28461, consultado el 25 de octubre de 2018; Pilão, Antonio, "Entre a liberdade e a igualdade: princípios e impasses da ideologia poliamorista", Cadernos pagu, No. 44, janeiro-junho de 2015, pp. 391-422; Costa Diniz Augusto, Déborah y Elizete Mello da Silva. *União poliafetiva: uma reflexão acerca da pluralidade de entidades familiares.* Disponible en: https://cepein.femanet.com.br/BDigital/arqPics/1411400437P567.pdf, consultado el 25 de octubre de 2018; De Julio, José Renato, Carla Batista de Souza Silva, Janaína Alves Peres. *Aspectos jurídicos da união poliafetiva.* Disponible en: http://www.eduvaleavare.com.br/wp-content/uploads/2016/11/aspectos_juridicos.pdf, consultado el 25 de octubre de 2018.

[7] Sambrizzi, Eduardo A. "La inscripción de tres padres para un hijo. Una resolución contra legem". La Ley 26/05/2015, 26/05/2015, 1 – La Ley 2015-C, 881, Ar/Doc/1566/2015.

b. La filiación por afinidad: La pregunta en este caso es si los hijos por afinidad que han convivido durante la niñez con el progenitor afín no deberían tener derechos sucesorios fundados en el afecto presunto del causante, que las más de las veces educa como propio el hijo de su cónyuge o conviviente[8].

6. Relaciones afectivas entre hermanos

Las relaciones afectivas no solo se dan entre adultos sino también entre niños, ellas se generan normalmente cuando de pequeños son educados en el mismo hogar y desarrollan lazos de amor y empatía similares a los existentes entre hermanos por adopción o consanguinidad.

7. Unión convivencial y derechos sucesorios

En el Código Civil y Comercial el conviviente carece de derechos sucesorios abintestato en la sucesión de su pareja premuerta, lo que ha viene siendo duramente criticado por la doctrina. Así por ejemplo Ciuro Caldani sostiene que "en la sucesión han de coadyuvar, por integración en el mismo nivel, los valores justicia, utilidad y amor. Una sucesión ha de ser justa y útil y ha de abrir cauces al amor"[9]. Y en este sentido manifiesta Pérez Gallardo que esa formación trialista de valores, no puede distinguirse la construcción familiar de la que el causante forma parte. Cualquiera sea esta debe abrirse cauce a su sucesión a favor de la realización de dichos valores, sin imposición alguna de la huella hematológica como tradicionalmente se ha concebido. Las distintas constelaciones familiares necesitan un reflejo en las normas de la sucesión *ab intestato*, de manera que nuevos actores de la vida afectiva familiar sean tenidos en cuenta en los llamamientos sucesorios[10].

Por nuestra parte pensamos que todo estado debe ser respetuoso de las diferentes formas de organización familiar y que se deben dar cabida a las

[8] Pérez Gallardo, Leonardo B *Familias ensambladas, parentesco por afinidad y sucesión ab intestato: ¿Una ecuación lineal?* DFyP 2011 (agosto), 01/08/2011, 163, Ar/Doc/962/2011.

[9] Ciuro Caldani, Miguel Ángel. Aportes integrativistas al Derecho de sucesiones. La sucesión como hora de la verdad de la persona física. En *Investigación y docencia*. Disponible en: http://www.cartapacio.edu.ar/ojs/index.php/iyd/article/viewFile/1160/1131.

[10] Perez Gallardo, Leonardo Las nuevas construcciones familiares en la sucesión *ab intestato*, en pos de superar trazos hematológicos. *En: Revista de Derecho Privado y Comunitario Número:* 2019 1 – Sucesiones – II. Revista (serie).

uniones afectivas en las que sus integrantes no deseen tener igual régimen patrimonial para después de la muerte que el sistema que surge del matrimonio. En este sentido pensamos que otorgar iguales derechos sucesorios al conviviente que al cónyuge es no respetar el derecho a la libertad de las partes de organizar su vida de forma distinta a la matrimonial.

En este punto creo necesario recordar que el Comité de Derechos Humanos de Naciones Unidas, el 27 de julio de 1990 formuló la observación general 19 en la que reconoce de manera expresa, en consecuencia, tres elementos: a) la existencia de diversas formas familiares, b) la necesidad de que se contemplen en las legislaciones nacionales esas diversas formas y c) la necesidad de conceder a esas diversas formas de familia la protección del artículo 23 del Pacto de Derechos Civiles y Políticos.

Así un estado pluralista debe dar cabida a las formas de convivencia diferentes al matrimonio y dejar que las partes se organicen libremente sin pretender aplicarle el régimen matrimonial sucesorio a quien decidió no casarse, máxime cuando se cuenta con una porción de libre disposición de bienes con la cual se puede mejorar al conviviente.

Sin que sea óbice de lo antedicho la circunstancia que en nuestro país no existe la cultura de testar, ya que, si bien es cierto que no se realizan muchos testamentos, esto no implica que el común de la población no busque planificar la transmisión de los bienes para después de su muerte. Esta planificación sucesoria no solo se realiza por testamento, sino que se realiza de múltiples formas entre las que se encuentra la donación. En definitiva, en nuestro país no hay cultura de testar, pero si hay costumbre de planificar la transmisión de los bienes para después de la muerte la que debe estar presente en las relaciones entre personas unidas de hecho, que han decidido no casarse evitando que su compañero sea sucesor intestado, por lo cual es conveniente que en estas relaciones libres se prevea la transmisibilidad de los bienes por causa de muerte.

En este sentido pensamos que el respeto a la libertad y el reconocimiento de la pluralidad de modelos familiares impone no igualar todas las relaciones de pareja con el matrimonio en orden a la transmisión gratuita de los bienes para después de la muerte, y dar margen a la libertad y a la autodeterminación sucesoria.

Entendemos que, si bien la mirada a las familias ha de ser plural, con sentido inclusivo, ello no quiere decir que sea igualitario porque insistimos en que se han de respetar las diversas formas de organización familiar y aceptar el derecho de organizaciones distintas a la matrimonial[11] y más libres que aquellas.

Esto fue lo que decidió el Tribunal Constitucional español en su Sentencia de 23 de abril de 2013,[12] que declara inconstitucional gran parte de la Ley Foral Navarra 6/2000, de 3 de julio, para la igualdad jurídica de las parejas estables, al resolver en el punto 13º que:

> Si la constitución de una unión estable se encuentra fundada en la absoluta libertad de sus integrantes, que han decidido voluntariamente no someter su relación de convivencia a la regulación aparejada ex lege a la celebración del matrimonio, no resulta razonable que esa situación de hecho sea sometida a un régimen sucesorio imperativo, al margen de su concreta aceptación o no por los miembros de la pareja.

Lo antedicho no implica que en una reforma se pueda otorgar derechos sucesorios intestados al conviviente supérstite por ejemplo a título de heredero no forzoso como lo reconoció la Corte Brasilera en un caso que se planteó la inconstitucionalidad de la negativa de derechos sucesorios al conviviente supérstite basado en la igualdad familiar[13].

[11] Torres García, Teodora F., Y García Rubio, María Paz, "*La libertad de testar: el principio de igualdad, la dignidad de la persona y el libre desarrollo de la personalidad en el Derecho de Sucesiones*". Fundación Coloquio Jurídico Europeo, pág. 171 sostienen la necesaria distinción en la protección sucesoria del cónyuge y del conviviente *supérstite*. Para las autoras no es un imperativo ni tampoco una exigencia de orden constitucional el reconocimiento de idénticos derechos ni tan siquiera de naturaleza sucesoria es que no puede imponer un régimen jurídico sucesorio a quienes voluntariamente han decidido acogerse a la formalización de una pareja estable.

[12] Sentencia 93/2013, de 23 de abril (BOE núm. 123, de 23 de mayo de 2013) ECLI:ES:TC:2013:9 http://hj.tribunalconstitucional.es/es-ES/Resolucion/Show/23406 Consultada el 8 de diciembre del 2020.

[13] Cabe aclarar que el código brasilero del 2002 da derechos sucesorios *ab intestato* al conviviente supérstite pero diferentes a los otorgados al matrimonio, esta diferencia ha sido considerada discriminatoria pues la participación del conviviente respecto del cónyuge en el orden cuantitativo es menor. Sentencia del Supremo Tribunal Federal de Brasil de 10 de mayo de 2017, resolvió el recurso extraordinario 878694, procedente de Minas Gerais, ponente: ministro Robero Barroso. Disponible en: https://www.jusbrasil.com.br/jurispru-

Entendemos que los derechos sucesorios a acordar al conviviente deben ser dados como heredero legítimo y no legitimario porque el régimen jurídico que el legislador puede establecer al efecto deberá ser eminentemente dispositivo y no imperativo, so pena de vulnerar la libertad.[14]

dencia/stf/311628824. Consultado el 22 de julio del 2023, Dias, Maria Berenice. Supremo acertou ao não diferenciar união estável de casamento. Disponível en: https://ibdfam.org.br/artigos/1219/Supremo+acertou+ao+n%C3%A3o+diferenciar+uni%C3%A3o+est%C3%A1vel+de+casamento consultado el 23 de julio 2023.

[14] Ferrer, Francisco "*Sucesión del conviviente*", en *Revista de Derecho de familia y de las personas*, Buenos Aires, Año IX, No. 10. P 151-152. Uruguay, la Ley 18.246/2008 que en su artículo 11 concede al concubino *supérstite* con cinco años de convivencia los mismos derechos sucesorios que el artículo 1026 del Código civil reconoce al cónyuge, pero carece de la calidad de legitimario, es desplazado por los descendientes, concurre con ascendientes (la mitad de la herencia para el conviviente y la otra mitad para los ascendientes), y excluye a los colaterales. Si existe cónyuge *supérstite*, integrarán la misma parte, y en proporción a los años de convivencia. En tanto en Brasil, siempre que la unión de hecho sea "duradera" (artículo 1723), el artículo 1790 establece los derechos sucesorios del conviviente respecto de los bienes adquiridos onerosamente durante la vigencia de la unión estable, en concurrencia con hijos comunes, con descendientes sólo del causante, y con otros parientes sucesibles (ascendientes y colaterales hasta el cuarto grado). No habiendo parientes en grado sucesible, toda la herencia queda para el compañero *supérstite*, que no obstante no tiene carácter de heredero forzoso. En Paraguay, la Ley 1/1992, asigna derechos sucesorios al concubinario *supérstite* en concurrencia con hijos y con ascendientes, y a falta de ellos recibe todos los bienes del causante excluyendo a los colaterales (artículos 91/93). Se requiere que la unión estable, singular y notoria dure al menos cuatro años, a menos que hubiesen nacido hijos comunes, y sus integrantes no soporten impedimentos matrimoniales. Esta unión genera una comunidad de gananciales que se dividirá por mitades al disolverse, siendo la muerte de un compañero causal de disolución. El *supérstite* es heredero, pero no tiene carácter legitimario. En Chile, la Ley 20830 de 2015 en su artículo 16, establece que el acuerdo de unión civil otorga a los convivientes el derecho sucesorio intestado recíproco y el *supérstite* concurrirá a la sucesión de su conviviente de la misma forma que el cónyuge y tendrá sus mismos derechos, siendo heredero legitimario. En tanto, en Ecuador, el artículo 68 de la Constitución de 2008 reconoce a la unión estable y monogámica entre dos personas libres de vínculo matrimonial que forman un hogar de hecho y que reuniendo las condiciones que determine la ley, generará los mismos derechos y obligaciones que tienen las familias constituidas mediante matrimonio. Los integrantes con dos años de convivencia gozan del derecho sucesorio intestado, pero no son herederos legitimarios (artículos 222, 223, 230, 233 y 332 del Código Civil, reforma de 2015). En Colombia, la Ley 54/1990, modificada por ley 979/2005, dispone que la unión marital de hecho por dos años produce una sociedad patrimonial entre ambos

De manera que únicamente podrán considerarse respetuosos de la libertad personal aquellos efectos jurídicos cuya operatividad se condiciona a su previa asunción por ambos miembros de la pareja, que no les puede ser impuesto obligatoriamente[15].

8. El poliamor[16], relaciones no monogámicas o poligámicas[17]

Las relaciones multiafectivas se basan, sobre todo, en los vínculos afectivos, que se crean de forma no monógama, huyendo de la norma que la sociedad impone como modelo de familia.

integrantes de la pareja con todos los bienes adquiridos durante la unión por el trabajo, incluidos sus frutos y rentas, cuyo capital se dividirá por partes iguales al finalizar la unión marital. Si cesa por muerte de alguno de sus integrantes, la partición se hace en el proceso sucesorio con los herederos del conviviente fallecido. No forman parte de la capital de la sociedad los bienes adquiridos antes de iniciar la unión, ni los adquiridos posteriormente por herencia, donación o legado.

15 Ferrer , Francisco. *Ibidem.* Quien estima que el CCCN "debió contemplar también el derecho sucesorio de los convivientes, y acordarles derecho hereditario ab intestato, graduando su concurrencia con descendientes, ascendientes y colaterales, y asignándole toda la herencia a falta de parientes en grado sucesible", "porque el matrimonio ya dejó de ser el fundamento exclusivo de la familia. Si bien continúa siendo base de la familia, ya no es exclusivo como institución fundante de un núcleo familiar".

16 Campos da Silva, Luiz Fellipe, "A união poliafetiva e o princípio da felicidade", *Revista da Ejuse*, No. 23, 2015, pp. 289-308; Pavan, Angélica Regina, "A eficácia das escrituras públicas declarátorias da uniões poliafetivas no ordenamento jurídico brasileiro", Faculdade de Direito, Universidade de Passo Fundo, Casca, 2016. Disponible en: http://repositorio.upf.br/handle/riupf/886, consultado el 25 de octubre de 2018; Rulli Stefanini, Marília y Guilherme Domingos de Luca, "Um novo conceito de familia: a poliafetividade", *Paz, Direito & Fraternidade*, Roberto Bueno Valéria Aurelina da Silva Leite José Leite da Silva Neto (coordenadores), Instituto Memória, Coleção Direito e Paz, Itaipu binacional, 1ª edição, Curitiba, 2016, pp. 12-27; Costa Poli, Luciana y Bruno Ferraz Hazan, "Reflexões sobre a união poliafetiva: notas sobre a formaçao da subjetividade", *Pluralismo jurídico, multiculturalismo e gênero*, IV Encontro Internacional do Condepi, Jayme Weingatner Neto, Antonio Carlos Wolkmer, Conselho Nacional de Pesquisa e Pós-Graduação em Direito, Condepi, Florianópolis, 2016, pp. 193-208; Viegas, Cláudia Mara de Almeida Rabelo, "Famílias poliafetivas: uma análise sob a ótica da principiologia jurídica contemporânea", *Tese de Doutor em Direito*, Pontifícia Universidade Católica de Minas Gerais, Faculdade Mineira de Direito, Belo Horizonte, 2017, http://as1.trt3.jus.br/bd-trt3/handle/11103/28461, consultado el 25 de octubre de 2018; Pilão , Antonio, "Entre a liberdade e a igualdade: princípios e impasses da ideologia poliamorista", *Cadernos pagu*, No. 44, janeiro-junho de 2015,

La cuestión radica en precisar si corresponde que las uniones poliafectivas como entidad familiar deban ser reconocidas por la sociedad como un nuevo modelo de familia y en su caso si se les debe otorgar los efectos matrimoniales o de las uniones convivenciales concretamente se les debe dar el derecho a solicitar la pensión ante la muerte del conviviente, o los derechos sociales que tienen los miembros de las parejas de hecho como licencia por cuidado de familiar enfermo, o posibilidad de tomar decisiones en caso de enfermedad.

8.1. Jurisprudencia colombiana

Una situación de esta naturaleza fue juzgada por el la Corte de Medellín, Colombia[18] en el caso de tres hombres que convivieron 10 años en unión poliamorosa. En el precedente Manuel José, John Alejandro y Alex Esneyder, convivieron durante 10 años en una relación poliamorosa con componente de comunidad, y a la muerte de uno de ellos los restantes fueron reconocidos como una familia a los fines del otorgamiento de la pensión.

Para así resolver el tribunal entendió que una relación poliamorosa, que tiene los componentes de permanencia y comunidad, supone el acoplamiento de una idea una familia, que se sustenta en la búsqueda común de los medios de subsistencia, en la compañía mutua o en el apoyo moral, en la realización de un proyecto compartido, que redunda en el bienestar de cada uno de los integrantes de esa familia y en el logro de su felicidad,

pp. 391-422; Costa Diniz Augusto, Déborah y Elizete Mello da Silva. *União poliafetiva:* uma reflexão acerca da pluralidade de entidades familiares. Disponible en: https://cepein.femanet.com.br/BDigital/arqPics/1411400437P567.pdf, consultado el 25 de octubre de 2018 De Julio, José Renato, Carla Batista de Souza Silva, Janaína Alves Peres. *Aspectos jurídicos da união poliafetiva.* Disponible en: http://www.eduvaleavare.com.br/wp-content/uploads/2016/11/aspectos_juridicos.pdf, consultado el 25 de octubre de 2018.

[17] Tavares Da Silva, Regina Beatriz. *Brasil:* el país del "ménage à trois". Galdino Cardin, Valéria Silva y Moraes, Carlos Alexandre. De reconocimiento legal de sindicatos poliafectivos como entidad familiar. Revista Jurídica Cesumar. septiembre / diciembre 2018, v. 18, n. 3, pág. 975-992. DOI: 10.17765 / 2176-9184.2018v18n3p975-992.

[18] Corte de Medellín Número De Radicado: 050013105007 2015-01955 01 Tema: Pensión De Sobrevivientes A Personas Que Conforman Relación Poliamorosa.

lo que puede ser claramente experimentado por los miembros de una relación poliamorosa, cualquiera que sea el género de sus integrantes.

Desde esa perspectiva estimaron que, la unión entre Manuel José, John Alejandro y Alex Esneyder, constituía una modalidad de familia constitucionalmente protegida, titular de las prerrogativas, derechos y deberes que la Constitución y la ley le reconocen a la familia, en tanto núcleo fundamental de la sociedad y como beneficiarios de la pensión de sobrevivientes, a cargo del Sistema General de Pensiones; y desde ésta orden de ideas el tribunal de Medellín juzgó que en caso de convivencia simultánea, en los últimos cinco años antes del fallecimiento del causante, la pensión se dividirá entre los dos, en proporción al tiempo de convivencia.

La razón de ser de esta decisión se sustenta justamente en que la pensión de sobrevivientes, persigue la protección del núcleo familiar del afiliado o pensionado que fallece frente a las adversidades económicas que se generan por la muerte, resaltando en la providencia qué tal convivencia se encuentra caracterizada por la clara e inequívoca vocación de estabilidad y permanencia, dejando de lado a la madre que inequívocamente constituía con el causante una familia para entregarle la pensión a dos de los miembros del trio.

Por nuestra parte consideramos que no cualquier convivencia por más afectiva y prolongada que sea constituye familia a los fines de la seguridad social, y que nuestro ordenamiento protege las relaciones monogámicas contra las poligámicas, o los tríos que impiden a una madre acceder al beneficio de la pensión de su hijo.

8.2. Jurisprudencia de New York

Un juez de la ciudad de Nueva York dictaminó que las relaciones poliamorosas tienen derecho a la misma protección legal que se otorga a las relaciones de dos personas.

El fallo gira en torno a un caso que involucra a tres personas: Scott Anderson, Markyus O'Neill y Robert Romano.

Anderson y O'Neill vivían juntos en un apartamento de la ciudad de Nueva York cuyo contrato de arrendamiento tenía Anderson[19].

[19] 'West 49th St., LLC v. O'Neill' donde se dictaminó que las personas en relaciones poliamorosas tienen los mismos derechos legales en locación. Disponible en: https://

Sin embargo, Anderson estaba casado con Romano, que vivía en otra dirección.

Se presentó el caso después de la muerte de Anderson. El propietario del edificio argumentó que O'Neill no tenía derecho a renovar el contrato de arrendamiento ya que él era solo un "compañero de cuarto" de Anderson y no "un miembro de la familia no tradicional".

Pero en el tribunal de desalojo de la ciudad, la jueza del tribunal civil Karen May Bacdayan concluyó que las relaciones poliamorosas, que involucran a más de dos personas, tienen derecho a las mismas protecciones legales que se otorgan a las relaciones de dos personas.

La juez Bacdayan hizo referencia a Braschi v Stahl Assocs Co, un caso de la Corte de Apelaciones de Nueva York de 1989 que decidió que una relación entre dos personas del mismo sexo tiene derecho a reconocimiento legal.

La magistrada vinculo la situación con la situación de las relaciones poliamorosas entre dos personas, con lo dispuesto por la CSJ USA en el caso Obergefell v Hodges (2015), referida al matrimonio entre personas del mismo sexo. En este precedente la Corte Norteamericana admite el derecho a casarse entre personas de igual sexo, como un derecho constitucional fundado en la autonomía de la voluntad y el derecho a la privacidad.

Bacdayan también señaló que los casos a los que se refirió involucraban relaciones de dos personas, mientras que este caso presentaba el "problema distinto y complejo de las relaciones significativas de varias personas".

La juez citó la legislación aprobada desde el advenimiento de las uniones del mismo sexo reconocidas a nivel federal.

Bacdayan luego cuestionó por qué la limitación de dos personas se inserta en la definición de una "relación similar a la de una familia". ¿Es 'dos' una 'palabra clave' para monogamia? ¿Por qué una persona tiene que estar comprometida con otra persona solo en ciertas formas prescritas para disfrutar de estabilidad en la vivienda después de la partida de un ser querido?

larepublica.pe/mundo/2022/10/12/jueza-de-ee-uu-aprueba-union-poliamorosa-el-significado-de-familia-ha-cambiado-nueva-york-estados-unidos. Jueza de Nueva York aprueba las uniones poliamorosas: "El significado de familia ha cambiado".

Este es un *leading case* que avanza sobre la cuestión pero que no decidió sobre el fondo.

8.3. La cuestión en Brasil

Por su parte el Consejo Nacional de Justicia de Brasil debió juzgar sobre la eficacia de las escrituras donde tres o más personas reconocían vivir en relaciones poliafectivas, reglaban sus derechos y pretendían ser reconocidas con los efectos de las uniones de hecho entre dos personas. Así solicitaban que se le acordara el acceso a la salud, el acceso a las pensiones y en definitiva todos los derechos de las uniones monogámicas.

El Consejo Nacional de Justicia de Brasil denegó la eficacia de tales escrituras como constitutivas de uniones de hecho, en ello tuvo fundamental importancia la solicitación hecha por ADFAS (Asociación de Derecho de Familia y Sucesiones); el argumento fundamental vino dado en la necesidad que las uniones sean monogámicas para la constitución y el reconocimiento estatal.

8.4. La legislación de Somerville USA

El consejo Municipal de Somerville aprobó en el mes de marzo de 2023 una ordenanza antidiscriminatoria para proteger a las personas en relaciones poliamorosas y otras relaciones no monógamas consensuadas.

La ordenanza, la primera de su tipo, prohíbe la discriminación laboral contra aquellos sujetos que se encuentren unidos en relaciones de dos o más personas[20].

La discriminación laboral es el tipo de discriminación más común que experimentan las personas que conviven en relaciones poliamorosas, en este sentido es común las sanciones cubiertas o encubiertas en el trabajo por tener una foto de sus parejas en su escritorio, o por ser públicos sobre sus estructuras de relación no tradicionales.

Un podcast de cartas de amor del Boston Globe de octubre de 2022 presentó una entrevista con una de las personas que solicitó una pareja doméstica en Somerville con dos parejas. La persona apareció en el pod-

[20] Disponible en: https://www.boston.com/news/the-boston-globe/2023/03/24/somerville-celebrates-another-first-for-polyamorous-people/.

cast usando un seudónimo porque dijo que temía reacciones negativas de sus empleadores, familiares u otras personas de la comunidad[21].

Cierto es que las leyes antidiscriminatorias prohíben este tipo de conductas, pero también es cierto que estas legislaciones locales contribuyen a hacerlas cumplir.

Hace casi tres años, (julio del 2020) Somerville se convirtió en el primer municipio de USA en aprobar una ordenanza sobre parejas domésticas que incluye relaciones poliamorosas.

La ordenanza que otorga el derecho a las personas unidas en relaciones múltiples a acceder a iguales derechos que el matrimonio, dentro del ámbito del municipio de Somerville, siempre que convivan.

En virtud de la nueva ordenanza, los empleados de la ciudad que tengan relaciones poliamorosas podrán extender los beneficios de salud a múltiples parejas. Pero no está claro si los particulares están obligados a seguir el ejemplo de la ciudad.

El texto completo de la ordenanza es Ordenanza 2020-03: Unidades Familiares Domésticas.

Dondequiera que aparezca la definición de "pareja" o "miembro de la familia" en el Código de Ordenanzas de la Ciudad de Somerville, se incluirá una persona en una relación poliamorosa.

Una "relación poliamorosa" es una relación entre tres o más adultos que comparten creencias, recursos emocionales, sexuales y financieros, de manera voluntaria y que forman una economía doméstica.

Una "economía doméstica" es un grupo de personas que viven juntas en un hogar y comparten ingresos y gastos.

La ciudad de Somerville reconoce las relaciones poliamorosas como una forma de unidad familiar doméstica dentro de los límites de la ciudad, para fines de protección y beneficios según lo permitido por la Ley.

Esta ordenanza no permite ni autoriza el matrimonio poliamoroso o cualquier otro tipo de relación formal o legal entre personas en una relación poliamorosa.

21 *Ibidem.*

8.5. Conclusiones

Advertimos que el reconocimiento de las uniones poliamorosas está siguiendo el mismo camino que recorrieron el concubinato y las uniones entre personas del mismo sexo.

En efecto, las uniones concubinarias no generaban ningún efecto en los países occidentales del derecho continental europeo, que seguían al código civil francés por aquello de que "si los concubinos viven de espalda a la ley, la ley vive de espaldas a ellos".

Esta situación empezó a cambiar después de la segunda guerra mundial donde razones asistenciales llevaron a otorgar pensiones no sólo a las esposas de los soldados muertos en los combates bélicos, sino también a las concubinas.

Cabe recordar que el derecho de la seguridad social fue el primero que reconoció el derecho de la concubina en el plano legislativo. Es importante destacar que el reconocimiento legislativo de la concubina en el ámbito de la seguridad social fue realizado cuando esa unión era considerada inmoral y los hijos eran sancionados por la falta de sus padres. Así la ley del 12 de noviembre de 1955 otorga a las compañeras de los militares muertos en la guerra un seguro anual comparable a las viudas de guerra y durante la guerra no se hacía distinciones entre cónyuge y conviviente a los fines de distribuir las tarjetas de razonamiento[22].

Destacamos este antecedente del concubinato heterosexual porque las uniones plurales también plantean sus primeras pretensiones en el plano de la seguridad social.

[22] Medina, Graciela. *Uniones de hecho homosexuales.* Editorial Rubinzal Culzoni, Santa Fe argentina 2001, p. 62, Gilles, Anne Marie *Le cople en Droit Social,* Ed. conomía, París 1997, Leveneur Laurent *Situations de fait et droit privé,* de LGDJ, París 1990, p. 353 y siguiente, *La famille de Fait,* Centre International d' etudes et de recherches europeennes – cours 1982 Belgica 1982, p 45 y siguientes, Perez Canovas, Nicolás *Homosexualidad, homosexuales y uniones homosexuales en el derecho español,* editorial Comares , Granado 1996, p 164 y siguientes, Vachet G. *Concubinage et vie maritales dans le droit de la securite sociales,* en "Les Concubinares Appoche socio juridique", T II, editions CNRS sosus la Direction de Jacqueline Rubellin Devichi; Ignacio Camos, Victoria *La regulación de la unión extramatrimonial y su incidencia en el ámbito de la seguridad social,* en "Uniones de Hecho", conomíanto de dret privat, facultat de dret i conomía, Universitat de Lleida, p 163.

Es decir, el primer reconocimiento de efectos jurídicos a los concubinos se produjo en un área sensible cual es la de la seguridad social, y luego se extendió al derecho a la salud y a las leyes de prórroga de las locaciones.

Cuestión similar ocurrió con las uniones homosexuales, cuyos primeros efectos jurídicos fueron en el área de la salud y de la seguridad social para luego obtener el dictado de ordenanzas municipales, luego estaduales y finalmente nacionales.

En las relaciones afectivas de múltiples parejas, advertimos que se han otorgado pensiones en Colombia, reconocido el derecho a ser continuadores de locaciones sociales en Nueva York y admitido su equiparación a las uniones matrimoniales en materia de salud en Somerville USA.

Por nuestra parte, consideramos que, las personas pueden vivir como quieran y con cuantos deseen, pero no pueden pretender, en el sistema legal, tener la misma protección que la ley da solamente a quien vive en monogamia, ya que la familia occidental se asienta sobre la concepción monogámica de las relaciones familiares.

Tal conclusión no desconoce la libertad individual, ni el pluralismo, muy por el contrario, reconoce la existencia de relaciones diferentes a los valores occidentales de organización familiar, y quien quiere vivir de repudiando el orden monógamo no puede reclamar los efectos que este trae aparejado porque sería tanto como encasillar en moldes clásicos estructuras disruptivas que los repudian.

Si el Estado en una futura elección normativa quisiera pasar de la organización social monógoma a la poligámica, debería dictar nuevas normas como las existen en países orientales y comienzan a aparecer en países occidentales que contemplen esa realidad diferente. Las nuevas normas que regularan las relaciones poliafectivas deberían contar con consenso y aceptación social, para proteger a los múltiples sujetos que las constituyen, y a las que afectan, siendo insuficientes por lo inadecuadas las estructuradas para la familia monogámica, modelo occidental de organización social que se sustenta fundamentalmente en el respeto de los derechos humanos de sus miembros y sobre todo del derecho a la igualdad que difícilmente se de en una relación donde un hombre puede tener dos o más mujeres y no a la inversa.

9. Las relaciones de amantes extramaritales o externos a la unión convivencial

No podemos negar que las relaciones de amantes tienen también un componente afectivo y en este revisionismo familiar, al que estamos sometidos, cabe preguntarse si a este tipo de relaciones afectivas también hay que reconocerle afectos jurídicos en tren de aceptar la autonomía de la voluntad como forma de regular nuestra vida y el necesario respeto del estado por la forma en que cada persona construye sus nexos amorosos.

Creemos que en este caso los problemas jurídicos se podrían plantear por un reclamo de daños y perjuicios realizado por la amante ante la persona que mató a su amado y-o por un pedido de pensión.

Estimamos que en el caso no se dan los elementos de la responsabilidad civil porque la amante no tiene ningún derecho subjetivo, ni interés no reprobado por el ordenamiento ya que nuestro ordenamiento jurídico no protege las relaciones clandestinas, ni tampoco las relaciones poligámicas menos aun cuando todos los integrantes no han dado su consentimiento.

En este sentido estimamos que el amante carece de legitimación activa para reclamar daños y perjuicios provenientes de la muerte de su pareja porque para que se produzca un daño reparable se debe violar un interés no reprobado por el ordenamiento jurídico. Y el ordenamiento jurídico reprueba este tipo de relaciones que violan el deber moral de fidelidad que tienen las partes.

Por otra parte, el amante no tendría derecho a reclamar los daños por la muerte de su pareja extraconvivencial o conyugal con aplicación en el artículo 1741 que obliga a indemnizar a "quienes conviven con aquel recibiendo trato familiar ostensible", porque en estas relaciones no hay trato familiar ostensible. Ni tampoco legitimación para acceder a los beneficios de la pensión[23].

[23] Por 6 votos contra 5, los ministros del STF (Tribunal Supremo Federal de Brasil decidió, el martes (15.12.2020), que es ilegal reconocer dos relaciones de parejas estables para establecer una división de pensiones. El caso concreto, que comenzó a analizarse en 2019, fue el de un hombre que mantenía, al mismo tiempo, una relación con una mujer y con un hombre que era su amante Esta última relación habría durado 12 años, según el proceso. Tras el fallecimiento del conviviente, la mujer demandó a la Justicia, para

Conclusiones

El afecto es la base constitutiva de la familia, pero ello no permite sin más afirmar ni que todas las relaciones afectivas constituyan una familia ni tampoco que todas deban tener igual regulación estatal.

Nuestro ordenamiento jurídico es de modelo occidental monogámico, ello impide el reconocimiento de las relaciones pluriafectivas como constitutivas de efectos jurídicos idénticos a las monogámicas.

Si el Estado en una futura elección normativa quisiera pasar de la organización social monógama a la poligámica debería dictar nuevas normas, que contemplen esa realidad diferente y prevean su régimen y sus efectos, protegiendo a los múltiples sujetos que la constituyen, siendo insuficientes por lo inadecuadas las estructuradas para la familia mono-

solicitar la pensión otorgada a la unión estable. Ella tuvo éxito. Pero el amante también apeló al Poder Judicial, La corte favoreció a la mujer El relator del caso en el Tribunal Supremo fue el ministro Alexandre de Moraes. Según él, el reconocimiento de dos uniones estables no está previsto en la ley, porque Brasil es un país monógamo, es decir, no reconoce legalmente las relaciones con más de dos personas involucradas, ya sean extramaritales o consentidas por las partes. Disponible en: https://static.poder360.com.br/2020/12/voto-Moraes-rateio-de-pensao-STF.pdf. Consultado el 22 de Diciembre del 2020 *"Concluo que a existência de uma declaração judicial de existência de união estável é, por si só, óbice ao reconhecimento de uma outra união paralelamente estabelecida por um dos companheiros durante o mesmo período, uma vez que o artigo 226, § 3º, da Constituição se esteia no princípio de exclusividade ou de monogamia, como requisito para o reconhecimento jurídico desse tipo de relação afetiva inserta no mosaico familiar atual, independentemente de se tratar de relacionamentos hétero ou homoafetivos"*, destacou Moraes. O ministro foi acompanhado por Nunes Marques, Luiz Fux, Dias Toffoli. Disponible en: https://static.poder360.com.br/2020/12/voto-Toffoli-rateio-de-pensao-STF.pdf. Consultado el 22 de diciembre del 2020, Ricardo Lewandowski e Gilmar Mendes. O ministro Edson Fachin divergiu de Moraes. Para ele, é possível o rateio de pensão por morte. Fachin considerou que o debate está concentrado em um direito previdenciário, e que os ministros deveriam levar em conta que a pessoa não sabia que seu companheiro tinha outra união simultânea. https://static.poder360.com.br/2020/12/voto-Fachin-STF-rateio-de-pensao.pdf voto de Fachin. Consultado el 22-12-2020 *"Uma vez não comprovado que ambos os companheiros concomitantes do segurado instituidor, na hipótese dos autos, estavam de má-fé, ou seja, ignoravam a concomitância das relações de união estável por ele travadas, deve ser reconhecida a proteção jurídica para os efeitos previdenciários decorrentes. Assim, o caso é de provimento do recurso extraordinário, possibilitando o rateio da pensão por morte entre os conviventes"*, escreveu o Ministro Edson Fachin estuvo acompañado de Luís Roberto Barroso, Rosa Weber, Cármen Lúcia y Marco Aurélio. La decisión de prohibir el reparto de la pensión tiene repercusiones generales, es decir, se aplica a todos los procesos judiciales.

gámica, modelo occidental de organización social que se sustenta fundamentalmente en el respeto de los derechos humanos de sus miembros y en una concepción binaria y no múltiple.

La concepción monogámica de la familia se refleja en todos los ámbitos del derecho, no solo en el derecho de familia, así – por ejemplo – es la base del derecho de sucesiones, del derecho a la salud, y también del derecho de seguros y del de sociedades. Por lo tanto, un cambio de paradigmas en cuanto la monogamia, debe ser pensado integralmente e insistimos no puede devenir sino de un consenso social general.

Destacamos que en ningún caso se debe discriminar ni por orientación sexual, ni por cantidad de miembros que constituyan la relación amorosa, pero la no discriminación no puede llevar a la equiparación, sin más, de las uniones poliamorosas con el matrimonio o la unión convivencial, instituciones de orden público que responden al modelo de familia monogámicos base de nuestra estructura social.

Referencias

Bellotti San Martin, Lucas. *Notas acerca de la socioafectividad y la incidencia en el interés superior de los niños, niñas y adolescentes.* Revista Código Civil y Comercial septiembre – octubre 2022. Disponible en: https://www.thomsonreuters.com.ar/content/dam/ewp-m/documents/argentina/es/pdf/white-papers/revista-codigo-civil-y-comercial.pdf.

Bellotti San Martín, Lucas – Rother, Kevin. *Socioafectividad y derecho sucesorio.* Temas de Derecho de Familia, Sucesiones y Bioética, marzo, 2021.

Campos da Silva, Luiz Fellipe. *A união poliafetiva e o princípio da felicidade.* Revista da Ejuse, No. 23, 2015.

Centre International d´etudes et de recherches europeennes-cours. *La famille de Fait.* Bélgica, 1982.

Ciuro Caldani, Miguel Ángel. *Aportes integrativistas al Derecho de sucesiones (La sucesión como hora de la verdad de la persona física.* Investigación y Docencia. Número 40/2007.

Costa Diniz Augusto, Déborah y Elizete Mello da Silva. *União poliafetiva: uma reflexão acerca da pluralidade de entidades familiares.* Disponible en: https://cepein.femanet.com.br/BDigital/arqPics/1411400437P567.pdf. Consultado el 25 de octubre de 2018.

Costa Poli, Luciana, Ferraz Hazan, Bruno. *Reflexões sobre a união poliafetiva:* notas sobre a formação da subjetividade, Pluralismo jurídico, multiculturalismo e gênero, IV Encontro Internacional do Condepi, Jayme Weingatner Neto, Antonio Carlos Wolkmer, Conselho Nacional de Pesquisa e Pós-Graduação em Direito, Condepi, Florianópolis, 2016.

De Julio, José Renato, Carla Batista de Souza Silva, Janaína Alves Peres. *Aspectos jurídicos da união poliafetiva.* Disponible en: http://www.eduvaleavare.com.br/wp-content/uploads/2016/11/aspectos_juridicos.pdf. Consultado el 25 de octubre de 2018.

Ferrer, Francisco. *Sucesión del conviviente.* Revista de Derecho de familia y de las personas. Buenos Aires, Año IX, No. 10.

Galdino Cardin, Valéria Silva Y Moraes, Carlos Alexandre. *De reconocimiento legal de sindicatos poliafectivos como entidad familiar.* Revista Jurídica Cesumar, septiembre / diciembre 2018, v. 18, n. 3.

Garcia De Solavagione, Alicia. *El concepto de "padre" en el universo jurídico. Reordenamiento filiatorio y la sociafectividad.* Revista del Código Civil y Comercial Septiembre – octubre 2022. Disponible en: https://www.thomsonreuters.com.ar/content/dam/ewp-m/documents/argentina/es/pdf/white-papers/revista-codigo-civil-y-comercial.pdf.

Gilles, Anne Marie. *Le cople en Droit Social.* Paris: Ed. Economica, 1997.

Ignacio Camos, Victoria. *La regulación de la unión extramatrimonial y su incidencia en el ámbito de la seguridad social.* Uniones de Hecho. Departament de dret privat, facultat de dret i economia, Universitat de Lleida.

Kemelmajer De Carlucci, Aida. *Las nuevas realidades familiares en el Código Civil y Comercial argentino de 2014.* LL, 2014.

Leveneur, Laurent. *Situations de fait et droit privé.* Paris: LGDJ, 1990.

Medina, Graciela. *Uniones de hecho homosexuales.* Santa Fe: Editorial Rubinzal Culzon, 2001.

Pavan, Angélica Regina, *A eficácia das escrituras públicas declarátorias das uniões poliafetivas no ordenamento jurídico brasileiro.* Faculdade de Direito, Universidade de Passo Fundo, Casca, 2016. Disponible en: http://repositorio.upf.br/handle/riupf/886, consultado el 25 de octubre de 2018.

Perez Canovas, Nicolás. *Homosexualidad, homosexuales y uniones homosexuales en el derecho español.* Granado: Editorial Comares, 1996.

Pérez Gallardo, Leonardo B. *Familias ensambladas, parentesco por afinidad y sucesión ab intestato:* ¿Una ecuación lineal? DFyP 2011 (agosto), 01/08/2011, 163, Ar/Doc/962/2011.

Pérez Gallardo, Leonardo. *Las nuevas construcciones familiares en la sucesión ab intestato, en pos de superar trazos hematológicos.* En: Revista de Derecho Privado y Comunitario. Número: 2019 1 – Sucesiones – II. Revista (serie).

Pilão, Antonio. *Entre a liberdade e a igualdade: princípios e impasses da ideologia poliamorista.* Cadernos pag, No. 44, janeiro-junho de 2015.

Rulli Stefanini, Marília, Domingos de Luca, Guilherme. *Um novo conceito de familia: a poliafetividade*, Paz, Direito & Fraternidade, Roberto Bueno Valéria Aurelina da Silva Leite José Leite da Silva Neto (coordenadores), Instituto Memória, Coleção Direito e Paz, Itaipu binacional, 1ª edição, Curitiba, 2016.

Rulli Stefanini, Marília y Guilherme Domingos de Luca. *Um novo conceito de família: a poliafetividade.* Paz, Direito & Fraternidade. Roberto Bueno Valéria Aurelina da Silva Leite José Leite da Silva Neto (coordenadores), Instituto Memória, Coleção Direito e Paz, Itaipu binacional, 1ª edição, Curitiba, 2016.

Sambrizzi, Eduardo A. *La inscripción de tres padres para un hijo. Una resolución contra legem***.** La Ley 26/05/2015, 26/05/2015, 1 – La Ley2015-C, 881, Ar/Doc/1566/2015.

Tavares Da Silva, Regina Beatriz. *Brasil: el país del 'ménage à trois'.* Disponible en: https://www.reginabeatriz.com.br/post/brasil-o-pa%C3%ADs-do-m%C3%A9nage-%C3%A0-trois.

Torres García, Teodora F., Y García Rubio, María Paz. *La libertad de testar: el principio de igualdad, la dignidad de la persona y el libre desarrollo de la personalidad en el Derecho de Sucesiones.* Fundación Coloquio Jurídico Europeo.

Vachet G. *Concubinage et vie maritales dans le droit de la securite sociales.* Les Concubinares Appoche socio juridique. T II editions. CNRS sosus la Direction de Jacqueline Rubellin Devichi.

Viegas, Cláudia Mara de Almeida Rabelo. *Famílias poliafetivas: uma análise sob a ótica da principiologia jurídica contemporânea.* Tese de Doutor em Direito, Pontifícia Universidade Católica de Minas Gerais, Faculdade Mineira de Direito, Belo Horizonte, 2017. Disponible en: http://as1.trt3.jus.br/bd-trt3/handle/11103/28461. Consultado el 25 de octubre de 2018.

5.
LA FAMILIA EN EL EN SIGLO XXI Y SU PAPEL EN EL DERECHO INTERNACIONAL

Ignacio Socias Piarnau

1. Introducción

Mi trabajo en Naciones Unidas y con distintos gobiernos y organizaciones de todo el mundo me permite conocer de primera mano las principales dificultades para elaborar una definición del papel social de la familia y su consideración común en el terreno frágil y movedizo del derecho internacional.

La primera de estas dificultades es la definición común de familia, que ha costado muchos años de esfuerzos inútiles por razones muy claras, como que la poligamia está admitida en la legislación de 47 países y no legislada pero admitida en otros 18, lo que supone más de un tercio de los estados miembros de la ONU.

Por otra parte, las familias monoparentales, en la mayoría de las cuales es el padre quien está ausente, han ido creciendo hasta superar el 50% en varios países de América y Asia, y el 25% en algunos europeos.

Además, el matrimonio ha sido privado progresivamente de su carácter de compromiso entre los cónyuges, dejando la estabilidad de las familias en manos de una decisión mucho más ligada a los afectos y su carácter variable. Al estar disociada del matrimonio, la esencia del grupo familiar se convierte en la relación entre padres e hijos, en muchos casos difícil de mantener.

Por ejemplo, la estructura familiar en los Estados Unidos según el Pew Research Center ha experimentado cambios significativos en las últimas décadas. En 1960, el 73% de los niños vivían con dos padres que estaban en su primer matrimonio, mientras que en 2014 este porcentaje había disminuido al 46%. En ese año, el 15% de los padres se habían vuelto a casar, mientras que el 7% eran padres no casados que vivían juntos, el 26% de los niños vivían con padres solteros y el 16% vivían en hogares de familias mixtas (con hijastros, padrastros o medio hermanos). Además, desde 2017 hay alrededor de 1,1 millones de parejas del mismo sexo casadas en los Estados Unidos, y se estima que aproximadamente 200.000 niños están siendo criados en estos hogares.

2. Desarrollo

Por todo ello, en nuestro trabajo no hemos encontrado mejor manera de plantear una opción común sobre el papel de la familia en el derecho internacional que hacer referencia a lo que algunas resoluciones recientes de la Asamblea General de las Naciones Unidas dicen sobre las familias, cuando señalan que "brindan cuidados y apoyo material y no material a sus miembros, desde los niños hasta las personas mayores o aquellos que sufren de enfermedades, protegiéndolos de las dificultades en la medida máxima posible".

Y es que, en su mejor versión, la familia realiza varias funciones valiosas para sus miembros. Especialmente, proporciona seguridad emocional y psicológica, sobre todo a través de la cercanía y el afecto que se genera entre los cónyuges en convivencia y, a su vez, entre ellos y sus hijos.

La familia también proporciona una valiosa función social y política al institucionalizar la procreación y al proporcionar pautas para la regulación de la conducta sexual. Además, la familia brinda otras funciones socialmente beneficiosas, como la crianza y socialización de los hijos, junto con actividades humanitarias como el cuidado de sus miembros cuando están enfermos o discapacitados.

En el aspecto económico, la familia proporciona alimentos, refugio, ropa y seguridad física para sus miembros, algunos de los cuales pueden ser demasiado jóvenes o demasiado mayores para proveer por sí mismos sus necesidades vitales.

Finalmente, en el aspecto social, la familia sirve para promover el orden y la estabilidad en la sociedad en su conjunto.

Insisto en que hablo de las familias que funcionan, que son las que cumplen con todas esas aportaciones individuales y sociales y, por eso, las que merecen protección. Es interesante destacar que el artículo 16 de la Declaración Universal de Derechos Humanos invoca esta protección de la familia "por la sociedad y el Estado". Es el único artículo en la Declaración donde se invoca el poder del Estado como dispositivo de protección.

En consecuencia, es en las familias donde los derechos humanos tienen sus raíces más profundas. Las familias son, en todo el mundo, los proveedores y garantes de los derechos humanos para sus miembros, especialmente los menores. El derecho a un "nivel de vida adecuado" del artículo 25 de la Declaración Universal, por ejemplo, está asegurado para los menores por los padres, que proporcionan sustento y procuran que tengan un techo sobre sus cabezas.

Históricamente, en la mayoría de las culturas, la familia ha sido dominada por hombres. Como regla general, las mujeres tenían un estatus menor. En la época romana, y sus reglas se extendieron prácticamente hasta hace no muchos años, la mayoría de los derechos y deberes fueron atribuidos al pater familias, un término que, como bien saben, se originó en el derecho romano.

"*Pater familias*" es el término latino para "padre de la familia" o el "propietario del patrimonio familiar". El pater familias tenía privilegios legales sobre la propiedad de la "familia" y diferentes niveles de autoridad sobre sus dependientes, incluida la esposa, los hijos y ciertos otros parientes por sangre o adopción, clientes, libertos y esclavos. Tenía el deber de engendrar y criar hijos saludables como futuros ciudadanos, mantener la moralidad y el bienestar de su hogar, honrar a su clan y a los dioses ancestrales y participar debidamente y, si era posible, servir en la vida política, religiosa y social de Roma.

Pero tenemos que esperar hasta 1948 y la Declaración Universal para encontrar un reconocimiento claro del derecho de "hombres y mujeres" ("*l'homme et la femme*", en el francés original) de edad plena, sin limitaciones por razones de raza, nacionalidad o religión, a casarse y fundar una familia". Como es bien sabido, la Declaración también consagra a la familia como "la unidad natural y fundamental de la sociedad y tiene derecho a la protección de la sociedad y del Estado".

Pero incluso veinte años después, el papel del hombre en la familia seguía siendo la norma y la necesidad de cambiarlo fue una de las causas de las revoluciones de 1968 en América y Francia. Si muchas de las causas de este cambio traumático eran legítimas, las consecuencias probablemente fueron mucho más allá de lo que el bienestar de la humanidad necesitaba. La revolución llevó a la deslegitimación de la autoridad y, por lo tanto, no solo a la confusión del papel de los padres y, más específicamente, de la madre y el padre, sino a la falta de certeza sobre la responsabilidad de las decisiones dentro de la familia. No podemos olvidar que, por razones obvias relacionadas con el desarrollo humano, en una familia sana, el papel de un niño es ser niño, lo que significa que tienen menos poder que sus padres o cuidadores.

En un sistema familiar saludable, el desarrollo físico y emocional de un niño es alimentado por un padre o cuidador. La familia encuentra su función principal privada y social en el desarrollo de los niños. ¿Como ha señalado alguien tan poco sospechoso de conservadurismos como mi amigo el sociólogo francés Raymond Debord, en su conocida obra '*Faut-il en finir avec la famille?*',

> "está demostrado que dos padres viviendo bajo el mismo techo con sus hijos es el modelo más seguro y beneficioso para la descendencia. La pregunta que surge ahora es si todos los 'avances' familiares y deconstructivistas, generalmente apoyados por una juventud emocionada e hipersensible a la cuestión de la 'igualdad', no contribuyen a poner bombas de tiempo que explotarán en la cabeza de las mujeres más pobres".

La familia es la influencia más importante en la vida de un niño. Desde sus primeros momentos de vida, los niños dependen de los padres y la familia para protegerlos y satisfacer sus necesidades. Los padres y la familia forman las primeras relaciones de un niño. Son los primeros maestros de un niño y actúan como modelos a seguir en cómo actuar y cómo experimentar el mundo que les rodea. Al nutrir y enseñar a los niños durante sus primeros años, las familias desempeñan un papel importante en asegurarse de que los niños estén en condiciones de aprender cuando llegan a la escuela. Los niños prosperan cuando los padres pueden promover activamente su crecimiento y desarrollo.

En cambio, cuando un niño experimenta abuso o negligencia, ya no se le permite ser un niño y la familia pierde su cohesión y su razón de ser, su propósito fundamental. Se ve obligado a posponer sus necesidades de desarrollo físico y emocional para sobrevivir. Cuando llegan a la edad adulta, pueden regresar inconscientemente a un papel de niño porque estas necesidades no se cumplieron adecuadamente.

Por estas razones, la necesidad de la Convención sobre los Derechos del Niño quedó evidenciada bastante pronto, aunque no se creó hasta 1989. Les da a todos los niños el derecho a tener una familia. El derecho a una familia permite que los niños estén conectados con su historia y ofrece un perímetro protector contra la violación de sus derechos. La Convención establece la primacía del interés superior del niño.

La protección de la familia que funciona es, por tanto, vital para la 'genética' de la familia. La elección de fundar una familia y tener hijos es privada, pero las consecuencias son públicas. Para respetar el derecho humano de fundar una familia, el resto de la sociedad y del mundo deben reconocerlo y respetarlo porque toda la sociedad y todo el mundo se benefician de ello.

Y esta protección es la respuesta más justa al compromiso de las familias, ya que contribuyen al futuro de la sociedad. Seth Adam Smith, alguien que experimento en su infancia la falta de una familia adecuada, hasta rozar el suicidio como tantos menores hacen lamentablemente en nuestros días, escribió en un libro gran éxito en Estados Unidos cuando lo entendió que "nadie elige de quién se enamora, surge de repente. Nadie se mantiene en una relación con pasividad, hace falta esfuerzo. Y nadie se separa sin quererlo, hace falta una elección".

En consecuencia, se tiende a que el Estado tenga un papel sobredimensionado. Esto es contradictorio con la evidencia de que el cuidado familiar siempre es más barato y, sobre todo, mucho más efectivo que cualquier otra intervención. Las intervenciones deben limitarse a cuando sea absolutamente necesario.

Entre otros muchos, hemos tenido un ejemplo hace poco tiempo en la falta de propuesta de resolución final de la comisión de población y desarrollo de la ONU de este año, por la falta de acuerdo sobre la autonomía del Estado frente a los padres para establecer una 'comprehensive sexual education', un asunto muy mejor en el conjunto de todo lo que supone la educación en el mundo de hoy, pero suficiente para mostrar esa discrepancia y frustrar todo un documento mucho más amplio.

Por lo tanto, a las tres dificultades ya mencionadas para definir el papel social de la familia hay que añadir otra que es el verdadero núcleo del debate actual: cuáles son los límites de la actuación del Estado en relación con la familia. El tradicional recurso al principio de subsidiariedad parece claro para las situaciones de esas familias que funcionan, como también para aquellas que requieren una intervención total del Estado. Pero hay que considerar también tres circunstancias coyunturales que complican la situación:

- La volatilidad de muchas situaciones familiares: la vulnerabilidad es mucho más imprevisible;
- La inadecuación del diseño de los sistemas de protección social al nivel de conflicto y, por tanto, nivel de demanda de esos servicios;
- La 'penalización' que sufren las familias que funcionan, por la falta de reconocimiento a su aportación social.

Esta situación supone que el diseño, implementación y evaluación de políticas familiares deben ser especialmente exigentes, para evitar efectos secundarios indeseados y contraproducentes, además de falta de adecuación a una realidad cambiante. Existen numerosos ejemplos de muchas decisiones bienintencionadas y dotadas económicamente que han fracasado por desconocer la evidencia y basarse en la ideología, o por falta de los reajustes necesarios a la vista de la evolución social.

Además, el recorrido de estas políticas requiere una longitud de tiempo mayor que el periodo legislativo, por lo que pide una visión a medio y largo plazo difícil de traducirse en los réditos electorales que los profesionales de la política necesitan.

En todo caso, existen diferentes modelos para este papel del Estado. En el caso de Europa, existen cuatro que de alguna manera se repiten en todo el mundo. Los países representados en nuestro proyecto FamiliesAndSocieties abarcaron las cuatro áreas geográficas y los modelos de Estado de bienestar y régimen de cuidado: el régimen de bienestar escandinavo universal (Europa del Norte: Suecia, Finlandia, Reino Unido, Suiza), el régimen de bienestar conservador (Europa central y oriental: Austria, Bélgica, Francia, Alemania, Países Bajos), el régimen "familiarista" mediterráneo (Europa del Sur: Italia, España) y el régimen de bienestar post-socialista de transición (Europa central y oriental: Estonia, Hungría, Polonia, Rumania).

En mi opinión, el principal desafío que enfrentan las familias para personalizar el derecho internacional tiene sus raíces en esta diferencia de concepto con respecto al papel del Estado en la regulación de los roles sociales. Varios instrumentos legales internacionales requieren que el Estado reconozca los derechos de la familia como entidad, así como los derechos de los miembros individuales de la familia. Pero ¿qué sucede cuando los padres socavan los derechos humanos de sus hijos u otros? ¿Cuáles son las obligaciones del Estado en estos casos? ¿En qué circunstancias debería el derecho internacional priorizar otros derechos sobre los de la familia? Estos dilemas afectan profundamente a las familias, sus miembros y la forma en que el derecho internacional es experimentado por diversos individuos, comunidades y sociedades.

A la vista de todo lo anterior, pienso que existe una forma eficaz de encontrar el terreno común para las familias a nivel global: el cuidado no remunerado, un tipo de trabajo que a menudo es invisible, olvidado e ignorado. Las personas que cuidan de los demás, especialmente las madres, hacen un trabajo notable e importante en todo el mundo, y por tanto merecen más que nadie el apoyo social. La integración de las preocupaciones por el cuidado no remunerado en las políticas de desarrollo infantil temprano tiene el potencial de reforzar positivamente los derechos de las mujeres y los niños. Abordar este desafío implica reconocer el valor del trabajo de cuidado no remunerado en cuanto a la atención infantil, redistribuir las responsabilidades de cuidado infantil de las mujeres a los hombres y reconocer que la responsabilidad de los niños va más allá de la familia inmediata para extenderse a la comunidad colectiva y el estado.

Sin embargo, lo que contemplamos es que millones de cuidadores enfrentan grandes desafíos todos los días: muchos viven en la pobreza, muchos encuentran imposible equilibrar el trabajo con las responsabilidades de cuidado y muchos luchan con su propia salud física y mental; estos desafíos se han vuelto aún más difíciles debido a la pandemia. Apoyar a los cuidadores es una parte vital de construir una sociedad más justa, defender la justicia social y lograr la igualdad de género. Se deben promulgar reformas generalizadas para proteger y apoyar mejor a los cuidadores y aquellos a quienes cuidan, y en beneficio de la sociedad.

Si bien las estructuras de las familias y las relaciones dentro de ellas varían ampliamente, todos fuimos una vez niños que necesitaban cuidados, muchos de nosotros necesitamos ayuda activa y aún más de nosotros necesitarán ayuda en algún momento a medida que envejecemos. El trabajo de cuidado no remunerado también hace una contribución sustancial a las economías de los países, así como al bienestar individual y social. El cuidado no debe verse como un obstáculo, sino como una necesidad, una inversión que produce grandes ingresos a nivel personal y social.

En los Estados Unidos, el cuidado proporcionado por millones de cuidadores familiares no remunerados se ha valorado en 600 mil millones de dólares en 2021. La cifra impresionante se basa en unos 38 millones de cuidadores que brindan un promedio de 18 horas de cuidado por semana, para un total de 36 mil millones de horas de cuidado, a un valor promedio de 16,59 dólares por hora. Para ponerlo en perspectiva, esa cantidad es considerablemente mayor que los 433 mil millones de dólares gastados por las familias en todo el país en 2021 en todos los costos de atención médica de bolsillo.

Conclusión

Es más necesario que nunca tener en cuenta el objetivo 5.4 de los Objetivos de Desarrollo Sostenible: "reconocer y valorar el trabajo de cuidado no remunerado y el trabajo doméstico y la promoción de la responsabilidad compartida dentro del hogar y la familia".

Es decir, cuando la familia funciona la sociedad encuentra una verdadera unidad de cuidado sostenible y esto sucede en todo el mundo de forma que permite a la sociedad avanzar. Como decía al principio, la función de la familia es esencial para la sociedad, y se demuestra además que la familia que funciona es sostenible, porque es muy difícil de reemplazar y, cuando se reemplaza, resulta mucho más costoso y tiene menores efectos benéficos para sus miembros y para toda la sociedad... Pero esto sería tema de otra intervención para explicarlo con detalle.

Referencias

Berniell, M.I. and C. Sánchez-Páramo, 2011. *Overview of Time-use data Used for the Analysis of Gender Differences in Time Use Patterns*, Background paper for the WDR 2012.

Budlender, D., 2008.*The Statistical Evidence on Care and Non-Care Work across Six Countries.* UNRISD: Gender Programme Paper No. 4, UNRISD, Geneva.

Buvinic, M., & King, E. M., 2018. *Invisible No More?* A Methodology and Policy Review of How Time Use Surveys Measure Unpaid Work.

Charmes, J., 2018. *The unpaid care work and the labour market.* An analysis of time use data based on the latest world compilation of time-use surveys.

Dinkelman, T., 2011.*The Effect of Rural Electrification on Employment*: New Evidence from South Africa, American Economic Review 101 (7).

Donahoe, D. A., 1999. *Measuring Women's Work in Developing Countries.* Population and Development Review, 25(3).

Folbre, N., 2008. *Valuing unpaid caregiving:* Time to update national income accounts? Journal of socio-economics, 37(6).

Hegewisch, A. and J. Gornick, 2011. *The Impact of Work-Family Policies on Women's Employment:* A Review of Research from OECD Countries, Community, Work and Family 14(2).

Jütting, J., C. Morrison, J. Dayton-Johnson and D. Drechsler, 2008. *Measuring Gender (In)Equality:* The OECD gender, institutions and development data base, Journal of Human Development 9(1).

Karpa, A., 2014. *Women's economic empowerment and the care economy:* A scoping study of the literature.

Razavi, S., 2007. *The Political and Social Economy of Care in a Development Context, Conceptual Issues,* Research Questions and Policy Options, Gender and Development Programme Paper N. 3, UNSRID, Geneva.

Rizavi, S. S. and C. Sofer, 2010. *Household Division of Labour:* Is There Any Escape from Traditional Gender Roles? Cahiers de la Maison des Sciences Economiques, L'Atelier Paris1-Le Caire, Cairo.

Suárez Robles, P., 2010. *Gender Disparities in Time Allocation, Time Poverty, and Labor Allocation Across Employment Sectors in Ethiopia,* in Gender Disparities in Africa's Labor Market, J.S. Arbache et al., The World Bank, Washington.

Williams, F., 2000. *Unpaid work and the economy:* Gender, time use, and poverty in developing countries. World Development, 28(7).

6.
LA DECONSTRUCCIÓN DE LA FAMILIA: *AUDAX SED COGITA* (SÉ VALIENTE Y PIENSA)

Juan Alfredo Obarrio Moreno

1. Introducción

Para la Universidad de Valencia, y en particular para el Área de Derecho Romano, fue un gran honor poder albergar el 5º Congreso Internacional: Familia, Sucesiones y Bioderecho, un evento científico-académico de primer nivel del que guardamos un recuerdo imborrable.

En Valencia se cerró un periplo que se inició en Coímbra, Oporto, Vigo y Salamanca. Cinco sedes para abordar una de las cuestiones más importantes del Derecho, como es la familia. A este respecto, cabe recordar la premonitoria sentencia de Chesterton, según la cual la familia es el principal núcleo de defensa contra la tiranía:

> la familia es la unidad del Estado, la célula que permite su formación, a su alrededor se da todo ese complejo de virtudes humanas que separa al hombre de la abeja y de la hormiga. El pudor es la tela que cubre dicha tienda. La libertad es el muro que cubre dicha ciudad. La propiedad no es sino el ámbito familiar. El honor no es sino su blasón[1].

No le faltaba razón. La Antígona de Sófocles constituye un claro ejemplo. Ella acude en defensa de la voz sagrada de la familia, a la que

[1] Chesterton, Gilbert Keith. *El hombre eterno*. Madrid, Cristiandad, 2011, p. 74.

debe enterrar, sin importarle que el decreto de Creonte, la tiranía, se lo impida. No se equivocaba ni Sófocles ni Chesterton: la familia es un recodo de libertad cuando la tiranía se impone. Cuando esta cierra todos los espacios abiertos al diálogo, a la verdad y a la vida, la familia sufre sus efectos. Se siente cercada. Se siente vaciada. Se siente anulada. Lo vemos siempre. La Literatura sale a nuestro encuentro. Novelas como *1984* de Orwell o, entre otras, *Fahrenheit 451* de Ray Bradbury lo ejemplifican con notable realismo. Junto a la Literatura, la propia realidad. Solo tenemos que escrutar la vida para darnos cuenta que la distopía literaria es el espejo en el que vivimos.

¿Exageramos? No creemos exagerar cuando escuchamos de labios de una ministra del Reino de España, la ministra Celaá, que: "No podemos pensar de ninguna de las maneras que los hijos pertenecen a los padres", por lo tanto, –continúa la insigne ministra– "de ninguna manera se puede decir que el derecho de los padres a escoger una enseñanza religiosa o elegir centro educativo podría ser parte de la libertad de enseñanza".

Cabe preguntase: ¿a quién pertenecen los hijos, a las Hermanitas de la Caridad, al Estado o a quien los engendra, educa, alimenta o paga sus incontables facturas? La duda ofende, máxime en una cuestión tan privada y esencial para el desarrollo de la vida familiar.

Nos volvemos a preguntar: ¿eligió la ministra el colegio privado y católico de sus hijos o fue el Estado, como ella demanda para los demás desterrados hijos de Eva? Lo mínimo que un ciudadano demanda a quienes les gobiernan es que sean coherentes en lo político, pero también en lo personal. Coherencia es lo único de lo que adolece la ministra en esta cuestión. Una incoherencia que surge cuando lo que predico para el común de la sociedad no me lo aplico en mi vida personal y familiar. Nada nuevo bajo el sol.

Nos queda un último interrogante por plantear: ¿de verdad cree que el Estado está por encima de los padres en materia educativa, biológica o sexual? No nos cabe la más mínima duda: lo cree sin fisura alguna. Pero, eso sí, lo cree para los demás. Para sus hijos, como he indicado, colegio católico y privado. Faltaría más, que para eso es persona de posibles. Comprenderán que la indignación es pareja al desconsuelo.

Hecha esta introducción, que anticipa las líneas argumentativas por las que va a transcurrir nuestra reflexión, que, como toda reflexión, no debería extenderse en el paginado, queremos plantear varias cuestiones que nos parecen esenciales, porque vienen a poner sobre la mesa una realidad que, por dolorosa, no se puede ignorar: un Nuevo Orden se ha instalado, y no para la defensa de los intereses individuales o colectivos, sino para implantar una concepción ideológica de la vida en la que no tiene cabida ni la discrepancia ni la objeción de conciencia, porque la única conciencia que conoce es la del Poder. Más allá de él nada cabe, nada existe, salvo la rebeldía. A ella nos acogemos.

2. Vocación por legislar

La primera cuestión que vamos a abordar tiene que ver con un tema que se podría entender que no tiene acomodo en el presente estudio. No lo entendemos así. En este apartado intentaremos reflexionar por una cuestión que nos parece trascendental. Nos estamos refiriendo a la vocación de nuestro tiempo, que no es otra que el afán por legislar, por el abuso que hace el Poder de la legislación. Se nos podrá decir, y no les faltaría razón, que en todas las épocas se puede constatar una fijación por la legislación. Es cierto, no cabe negarlo. No en vano, Savigny escribió una obra titulada *La vocación de nuestra época por la Legislación y por la Ciencia de Derecho*[2]. Ahora bien, reconocerlo no impide señalar que es ahora cuando se está iniciando un peligroso "mercado de las leyes", del que habla Zagrebelsky en su *Derecho dúctil*[3], un mercado que nos aleja de "ese orden de valores que en sus últimos caracteres es preestatal, y, por lo tanto, independientes del arbitrio estatal"[4].

Tenemos la impresión de que se está dando una dura y encarnizada batalla: la batalla de la urgencia legislativa. Sus efectos cortoplacistas los conocemos de antemano. Nacen de una espuria paradoja: los gobiernos formulan políticas legislativas para ganar elecciones en lugar de ganar las elecciones para formular políticas legislativas. Un comportamiento, cuando menos, impúdico. Cierto es, nos volverán a sugerir, que esta batalla tampoco es de hoy. Es cierto. En sus *Cartas persas*, Montesquieu

2 Savigny, Friedrich Carl von. *La vocación de nuestra época por la Legislación y por la Ciencia de Derecho*. Madrid, Universidad Carlos III, 2015.

3 Zagrebelsky, Gustavo. *Derecho dúctil. Ley, derechos y Justicia*. Madrid, Trotta, 2003.

4 Bachof, Otto. *Jueces y constituciones*. Madrid, Taurus, 1963, p. 28.

recuerda una verdad que todos conocemos, porque todos la hemos vivido en mayor o menor medida:

> el legislador tiene una fuerte tendencia a la improvisación y a la innovación innecesaria, cuando no incurre en el pecado de ignorancia; por eso las leyes son a veces desproporcionadas, crueles, contrarias a la práctica a los fines que dicen perseguir, prolijas, reiterativas, oscuras, vagas[5].

El resultado no puede ser otro, nos dirá Montesquieu, que un exceso de leyes que solo puede perjudicar al Derecho y al ciudadano. Al Derecho, porque con las prisas y el abuso de las leyes, este se debilita, y toda ley inútil se convierte en perniciosa (supongamos que hablo, como diría Sabina, de la "*Ley del sí es sí*". Una ley que ha rebajado las penas a más de mil agresores sexuales, de los que más de cien se han beneficio al estar en la calle sin cumplir sus condenas).

Pero también perjudica al ciudadano que ya no sabe en qué bosquejo jurídico se encuentra. Eso sí, no recurriremos a ensalzar, como hiciera Aristóteles, la magistratura conocida como los *Temostetes*, quienes perseguían a los autores que perjudicaban a la *polis*, entre otras cosas porque no cabrían en las cárceles, y no quisiéramos ser los causantes de una crisis penitenciaria de considerables dimensiones sociales.

Seguramente, el amable lector pensará que estamos dibujando un paisaje desolador, carente de toda esperanza. Lo entendemos. Pero también se ha de comprender que mitigar la realidad en nada nos beneficia, todo lo contrario: solo nos perjudica. Ya lo anunció Luis Racionero en su libro *El progreso decadente*:

> El siglo veinte se abrió con teorías sobre decadencia y se cierra con la teoría del caos: no es por casualidad. El caos es la metáfora de este fin de siglo, caos en el sentido de cantidad, complejidad y mezcolanza. La asignatura pendiente del siglo veintiuno es cómo poner límites a la cantidad, cómo cribar

[5] Montesquieu, *Cartas Persas*, Barcelona, Orbis, 1985, p. 172.

y filtrar la calidad en la complejidad, cómo ordenar la mezcolanza para que esta sea fértil en vez de asfixiante[6].

Una pregunta se aloja en nuestro pensamiento: ¿vivimos en el caos legislativo, social, espiritual, afectivo y familiar? Seguramente, la pregunta seguirá abierta para no pocas personas, pero no para quien escribe estas líneas.

3. El Nuevo Orden mundial

La segunda cuestión que vamos a platear es la existencia de un Nuevo Orden que viene a cambiar los pilares sobre los que se ha asentado la Cultura, el pensamiento y la verdad, hasta el punto de que la verdad se relativiza o se excluye de raíz, y sin verdad, cabe recordar, ni hay Ciencia ni Universidad que se precie. Eso sí, las autoridades académicas nada dicen al respecto. ¿Y la comunidad académica? Pocos se atreven a alzar la voz. Quienes lo hacen saben que se convierten en "prófugos de la justica", metáfora cariñosa, pero por cariñosa no menos cierta. Esta es una metáfora que refleja de una realidad bien conocida en el ámbito universitario, una esfera del saber en que imperan dos lenguajes antagónicos: el privado y el público. En el privado los profesores reconocen la caótica deriva a la que nos llevan las ideologías de género, del lenguaje inclusivo, de la tiranía de lo políticamente correcto, de la mal llamada cultura de la cancelación, etc. El público asiente y aplaude la consigna de manera vigorosa. La falsedad se impone. También la ignominia. Se impone porque en su fuero interno la verdad se repudia sin miramiento alguno.

De nuevo, el lector bien pudiera albergar la duda de si este apartado está fuera del tema que abordamos o que deberíamos analizar. No lo creemos así. No en vano, el título debería ser otro: *La deconstrucción de la sociedad: la familia*. Valga un ejemplo. En el periódico *El País*, 4/mayo/2023, en una entrevista al primer director del Centro de Regulación Genómica, y experto en investigación básica contra el cáncer, Miguel Beato, entre otras lindezas, destacamos la siguiente, no por su banalidad, sino por el desprecio por el ser humano:

[6] Racionero, Luis, *El progreso decadente. Repaso al siglo XX, Madrid, Espasa-Calpe, 2000, Introducción, p. 9.*

El ser humano no evoluciona ya porque la medicina y los cuidados hacen que el que no tiene capacidad para competir biológicamente, siga adelante y tenga hijos. El genoma humano ya no evoluciona, involuciona. Más bien estamos creando malos genomas porque permitimos que todo el mundo, con el defecto que sea, miopía o lo que sea, se reproduzca y tenga hijos. Para la evolución es clave que el que no esté bien preparado, casque y no tenga hijos. Si no, no hay evolución.

Como bien sabemos, todas las épocas ha contado con jóvenes intrépidos –y no tan jóvenes– que han querido cambiar la sociedad, acabar con el pasado. Cuando leemos *El mundo de ayer*, Stefan Zweig reseña un cambio efectuado por la generación de europeos sobrevivientes de la Primera Guerra Mundial:

> Todo el orden antiguo parecía haber perdido la raíz de su crédito con la guerra, de modo que la generación de posguerra se emancipó de golpe, brutalmente, de todo cuanto había estado en vigor hasta entonces y volvió la espalda a cualquier tradición, decidida a tomar en sus manos su propio destino, a alejarse de todos los pasados y marchar con ímpetu hacia el futuro. Con ella había de comenzar un mundo completamente nuevo, un orden completamente diferente en todos los ámbitos de la vida[7].

Pero, a nuestro juicio, hay una diferencia que no es de matiz: es sustancial. Tras la Gran Guerra viene el desencanto de los perdedores. Ellos son los que quieren producir el cambio, acabar con las obsoletas tradiciones que les han llevado al desastre militar y moral.

La deconstrucción que observamos en la actualidad ni es espontánea ni surge de una inquietud generacional, es dirigida. La prueba es que es global. Una única dirección. Un único pensamiento. Una única planificación. Un único lenguaje. Una única ecología. Una única visión de la solidaridad, de la familia, del cuerpo humano, de la vida en general. Pero lo más grave es que se ha instalado una única cultura del resentimiento y de la delación, la que indica que si un país se sale del canon impuesto por

[7] Zweig, Stefan. *El mundo de ayer. Memorias de un europeo.* Barcelona, Acantilado, 2018 p. 379.

el Nuevo Orden se le señala, se le recrimina o se le sanciona. Se impone, así, la cultura del silencio, y con ella se da paso al pensamiento único, que no es otro que el pensamiento líquido, formado por eslóganes vacíos de contenido y de verdad. Nosotros le llamamos por su nombre: censura. Un nuevo macartismo o una nueva caza de brujas que lastra lo mejor de nosotros: el espíritu libre, y por libre, crítico.

Nace así una ideología identitaria. Una legislación identitaria. Un pensamiento identitario. Estándares de pureza que el *Manifiesto Harpers –Una carta sobre justicia y debate abierto–* denuncia, pero del que no se debate en las Universidades, seguramente porque en buena parte de ellas, como leemos en Fausto de Goethe, "Se ha rasgado el hilo del pensar"[8], para imponer una única verdad: la del relativismo más furibundo. De él dijo Karl Popper que "era uno de los muchos delitos que comenten los intelectuales". Su delito es acomodarse a los espacios yermos y en los sepulcros blanqueados, pero no en la resplandeciente *lux et veritas*. Luz y verdad es el lema fundacional de la universidad de Yale. Quedan los cimientos de esa Universidad. No sin tristeza, dudamos de que en ella aún perviva el contenido de su lema.

Afirmaba Steiner que "Ser profesor es una vocación absoluta, (...) quizá la profesión más enorgullecedora y, al mismo tiempo, la más humilde que existe"[9]. Esa vocación nos obliga a sostener, en esta Facultad de Derecho y en este Congreso de ADFAS, que no podemos guardar un ominoso silencio cuando uno de los principios que garantizan el Estado de Derecho, como es el de la carga de la prueba, se socaba en detrimento de un sector nada pequeño de la población. La vieja máxima *onus probandi imcumbit qui dicit non qui negat* ha pasado a mejor vida. Ahora, quien acusa, si es mujer, no tiene que probar lo que alega. La obligación incumbe al varón. Carga diabólica. Así la denominaban los clásicos. Una carga que resquebraja la dignidad de la prueba y del Derecho mismo. Un derecho a la igualdad que se fragmenta cuando se impone la discriminación positiva, incluso en el ámbito universitario. En igualdad de puntuación o de méritos, la plaza no admite discusión. Y los juristas callamos por miedo a que se nos señale y se nos veje. Solo unos pocos han alzado su voz para

[8] Goethe, Johann W. von, *Fausto*, Madrid, Unidad Editorial, 1999, p. 74.

[9] Steiner, George – Ladjali, Cécile, *Elogio de la transmisión*, Madrid, Siruela, 2005, p. 161.

decir: "en mi nombre no". Lo hacen aun a sabiendas que al rasgar el férreo tabú que impone la tiranía de lo políticamente correcto se convierte, *ipso iure*, en tabú para el *establishment*.

Llegados a este punto, debemos entrar en el tema que propongo, aunque solo sea para decir, parafraseando a Ortega, "¡No es esto, no es esto!".

Como muchos de ustedes sabrán, recientemente el Gobierno ha aprobado, en Consejo de Ministros, la ley de las familias. Seamos generosos y recordemos la máxima de Oscar Wilde, quien, con su brillante sagacidad escribe: "Con las mejores intenciones se obtienen, la mayoría de las veces, los peores efectos". Creo que puede ser el caso. No en vano, la secretaria de Estado de Igualdad y contra la violencia de género, Ángela Rodríguez (Pam), ha afirmado que "la familia natural" es algo "superado por la vía de los hechos. A veces se convive entre varios compañeros de piso y esto también debe ser reconocido como un núcleo familiar", ha sentenciado.

Llegados a este punto, no nos cabe otra que confesar que desconocíamos que en nuestra época de estudiantes tuvimos, al menos, cuatro o cinco familias diferentes. Esto nos está provocando una crisis de identidad de la que esperamos reponernos en un plazo relativamente corto de tiempo.

Se puede y se debe afirmar que, si regulan dieciséis modelos de familia, la familia, como la hemos entendido hasta hoy, ha desaparecido del ámbito jurídico. Esta lógica argumental nos lleva a recordar ese delicioso pasaje de Alicia a través del espejo:

> Cuando yo digo una palabra –afirma Hampty Dampty– significa aquello que yo quiero que signifique; ni más ni menos.
> – La cuestión es –contesta Alicia– si uno puede hacer que las palabras signifiquen cosas distintas.
> – La cuestión es – replica Hampty Dampty– saber quién es el que manda, y se acabó[10].

Como vemos, lo importante ni son las palabras ni las instituciones jurídicas, no, lo importante, lo único importante, es quién ostenta el Poder.

[10] Carroll, Lewis, *Alicia a través del espejo, y lo que Alicia encontró allí*, Madrid, Nordica, 2016, p. 88.

Quien lo posee tiene la facultad omnímoda de cambiar, a su capricho, no solo el orden establecido, sino las palabras, ya sean todos, todas, "*todes*", la naturaleza o hasta la propia verdad de las cosas.

Para los que piensen que exageramos, valga un ejemplo. Cuando se produjeron las explosiones nucleares de Francia en el Pacífico sur, el embajador francés en Nueva Zelanda declaró: "No me gusta esa palabra bomba. No son bombas. Son artefactos que explotan".

Una vez más, el lenguaje prevalece, no por su poder de seducción gramatical o por ser un medio indispensable para la comunicación, sino porque este posee un poderoso efecto placebo, tan aletargante como ficticio. Y nosotros, por desgracia, sin enterarnos. El pan y circo está servido. Nosotros lo compramos y lo consumimos con la placidez acostumbrada.

4. La ley sobre la familia

Una vez expuestas las líneas generales de nuestro pensamiento, vayamos a detallar esa curiosa tipología sobre las familias, que no es familia, porque esta, en singular, ya no existe, pero claro, cómo no se va a relativizar la familia si se relativiza la verdad:

1. Primer tipo: Familia biparental: dos personas unidas, o ya no unidas, o medio unidas, con descendientes.
2. Familia *monomarental* o monoparental: un progenitor solo con descendientes. El término monomarental no existe en español. Lingüísticamente es una construcción absurda, porque existen los parientes, pero no los *marientes*. Una vez más, el lenguaje se subordina al poder, no a la realidad ni a las demandas de la sociedad.
3. Familia joven: cuando el progenitor o los progenitores tienen menos de veintinueve años. Hoy, en España, se tiene el primer y, con frecuencia, único hijo a los treinta y dos años de media. Todo dicho.
4. Familia LGTBI: sea homomarental o homoparental.
5. Familia con mayores necesidades de apoyo a la crianza: se incluye las familias con muchos hijos, pero sin llamarle familia numerosa, porque para el Nuevo Orden, que esta sea numerosa es cuando menos un residuo del pasado del que nos debemos desprender por obsoleto o decadente.

6. Familia múltiple: la familia tiene gemelos, trillizos o adoptan muchos niños de golpe. Me pregunto: ¿qué diferencia hay con el anterior? No tengo respuesta. ¿La tendrá el responsable del Ministerio? Permítanme que mantengamos la duda.
7. Familia reconstituida: aquella en la que uno o dos progenitores aportan hijos de relaciones anteriores.
8. Familia inmigrante: cuando uno o más miembros han llegado de otro país. Surgen las preguntas: ¿Por cuánto tiempo? ¿Lo será si la estancia es transitoria, debido a la precariedad laboral, lo que obligaría a retornar a su país de origen?
9. Familias transnacionales: cuando algún miembro está en otro país. No está claro si incluye marineros, gente viajera, jugadores de futbol, etc. Permítaseme incluir la ironía en este apartado, de lo contrario el rubor excedería de los cánones académicos.
10. Familia intercultural: formada con personas de distintas culturas o etnias. En nuestra eterna inocencia, nos preguntamos: ¿catalana con gallego?, ¿chica de ciudad con hombre de campo?, ¿socio del Barça con socia del Real Madrid?, ¿entre aficionados del Boca y el River? La indeterminación jurídica siempre se equipara a la ridiculez argumentativa.
11. Familia en el exterior: cuando algún miembro reside en el extranjero, pero tiene ciudadanía.
12. Familia retornada: cuando acaban de volver a España después de vivir en el extranjero un año y alguno tiene ciudadanía española. ¿No está dentro de alguna de las categorías expuestas?
13. Familia en situación de vulnerabilidad: cuando, por economía o aspectos sociales, están en situación frágil o precaria. De nuevo el interrogante se aloja en nuestra mente: si se pasa de una economía familiar estable a una precaria, ¿se cambia de estatus familiar? Cuando menos, el supuesto no deja de ser curioso.
14. Personas unidas en matrimonio: cuando la institución del matrimonio se relega al antepenúltimo lugar, la orientación ideológica, que no jurídica, de la ley se antoja más que palpable.
15. Pareja de hecho: cuando se da una "relación afectiva análoga a la conyugal", pero han de ser mayores de edad, no tener parentesco,

no estar en otra pareja de hecho y apuntarse a un registro de parejas de hecho.

16. Personas solas. Ante la perplejidad que nos suscita, cabe la pregunta: ¿Yo y yo mismo? Si no nos aceptamos pasado un tiempo conviviendo con nosotros mismos, ¿podremos solicitar el divorcio? Cuando de una isla se quiere hacer un continente, la realidad se desdibuja y el Derecho pasa del Boletín Oficial del Estado al cajón del absurdo. En este vivimos: en el absurdo más absoluto.

Aunque pueda parecerles insólito, debemos confesar que no nos causa extrañeza esta generosa subdivisión. No, no nos extraña porque cuando se está afirmando que tener hijos agrava el cambio climático, es lógico que se piensen en dieciséis tipos de familia distintos, de esta forma se quita relevancia a la familia, porque, si lo piensan bien, cuando todo es familia, nada lo es. Ni siquiera se respeta el término padre o madre, al que se le sustituye por la denominación progenitor A y B.

Esta es nuestra opinión. Pero no solo la nuestra. Una institución judicial como el Consejo General del Poder Judicial ha señalado una serie de irregularidades, de contradicciones o de oscuridades jurídicas, a saber:

1. Ha señalado que la normativa posee una "defectuosa técnica legislativa" en el anteproyecto, porque una regulación "cuanto menos confusa en lo que a los conceptos de unidad familiar y familia".
2. Cuestiona la "atomización" que hace la norma al contemplar los tipos de familias, puesto que prevé distintos tipos de protección en función de diferentes supuestos.
3. Advierte de que pueden darse "casos de solapamiento de dos o más categorías" de familia, a lo que se suma la equiparación de las personas solas, "sin que se expliquen los motivos".
4. El dictamen subraya que el anteproyecto contiene "en gran parte de su articulado disposiciones de carácter programático, algunas de las cuales se reducen a enunciados normativos meramente descriptivos, sin contenido jurídico propiamente dicho". A este respecto, señala:

> El carácter programático del anteproyecto impide que se erija en un verdadero marco global de protección a la familia con contenido jurídico efectivo

– afirma el informe –, que precisa que en otros casos los epígrafes se limitan "a reproducir en sus proposiciones facultades o derechos que ya están reconocidos en otras normas.

Como se puede observar, estamos ante un claro ejemplo de ideologización del Derecho. El imperio de lo efímero llamó Lipovetsky a la dictadura de la moda, pero ya se sabe que la moralidad moderna, siguiendo a Oscar Wilde, consiste en alistarse bajo la bandera de nuestro tiempo y esto es la mayor inmoralidad.

Así tenemos que, para la ideología imperante, la familia es una sociedad cultural, es decir, que dependiendo de la cultura, esta irá cambiando, hasta el punto de llegar a sostener que familia puede ser por lo que cualquier unión afectiva de individuos que comparten intereses. Si es así, un área de conocimiento, pongamos por caso el área de Derecho romano, es o puede ser una familia: hay afecto entre sus miembros, hay intereses comunes, hay convivencia permanente, incluso viajes por motivos académicos o personales. Treinta o cuarenta años de convivencia pueden llegar a definir esa relación, a tenor de los nuevos cánones, como una unión familiar.

A este paso no sé cómo debemos explicar a nuestras mujeres que tenemos incontables familias, pasadas, presentes y, seguramente, futuras. Comprenderán que es mejor no decírselo. Nosotros aún seguimos apreciando dormir bajo techo conocido.

Ante esta deconstrucción, nos queda la esperanza de que la realidad que describe Jorge Luis Borges en su relato titulado *La muralla y los libros* se cumpla. En él se recuerda el desafío inútil del emperador chino Shih Huang Ti, quien pretendió abolir el pasado "quemando todos los libros anteriores a él", para que, de esta forma, "la historia comenzara con él". A él nos aferramos.

5. Epílogo

No quisiéramos terminar sin recordar que, en su obra *Derecho, Sociedad, Estado*, el historiador Paolo Grossi se pregunta acerca de lo que se le debe pedir al jurista. Su respuesta no deja indiferente al lector: valentía y vigilancia. Valentía y vigilancia son dos sustantivos que sin duda representan todo un reto para quienes nos acercamos al mundo del Derecho, lo estudiamos y lo exponemos. Un reto que a lo largo de la Historia han asumido ensayistas y escritores cuando, como hace Saramago en su *Ensayo sobre la ceguera*, son capaces de denunciar el estado de descomposición al que puede llegar una sociedad en la que la desidia, el miedo o la violencia se anteponen al Derecho y a la Justicia. Esa valentía y vigilancia es lo que diferencia a un verdadero Estado democrático –en el que la que la soberanía reside en la nación–, de uno que no lo es, ni puede llegar a serlo. Pero esta misma valentía es lo que diferencia a un jurista de un simple leguleyo, y a un ciudadano de un súbdito. Cabría recordarlo.

En efecto, cabe recordarlo porque la crisis más profunda –y quizá la más peligrosa– que puede afectar al hombre contemporáneo es la que conduce a un individuo a no ser capaz de discernir el bien del mal, el ser del tener, la verdad de la cotidianidad, valores sin los cuales una sociedad no puede construir y conservar un orden moral. Un ejemplo elocuente lo hallamos en un terrible experimento médico ocurrido en la década de los setenta. Por aquellos años, el psiquiatra americano John Money pretendió demostrar que el sexo depende de la educación recibida. Para corroborar su teoría recurrió a los gemelos Bruce y Brian Reimer. Como Bruce tuvo un accidente nada más nacer, Money aprovechó esta circunstancia para transformar su cuerpo en uno aparentemente femenino. Consumada la cirugía plástica, indicó a sus padres que debían criarlo como si fuera una niña, manteniendo lo ocurrido en estricto secreto. Así lo hicieron sus consentidores padres, y Bruce pasó a llamarse Brenda. Pasaron los años y sus padres vieron con espanto como Brenda ni era partidaria de la ropa femenina, ni era bien aceptada en la escuela, ni le gustaban los chicos, sino las chicas de su edad. Cuando cumplió los quince años, su padre comprendió que debía confesarle la verdad de su naturaleza. Al saberlo, Brenda decidió someterse a otro proceso quirúrgico y vivir como nació, y se cambió de nombre: David. No obstante, no pudo superar las frecuentes sesiones terapéuticas a las que fue sometió por Money, y que él relató como una tortura, cuyas huellas le habían provocado heridas profundas y siempre abiertas. Esas heridas, nunca superadas, le llevaron a suicidarse en una fría mañana de 2004. Desgraciadamente, quien fuera Bruce, Brenda o David no supo reconducir y reencontrar su propia identidad, la misma que nos enseña que el hombre es mucho más que un mero existir en el tiempo. Y no pudo, porque hicieron de él, como diría Jaques Lacan, "un bebé con el cuerpo fragmentado", un ser para la muerte (Heidegger).

Ante hechos como el que traemos a colación, nos sentimos en la obligación intelectual de plantear algunos interrogantes que nos afecta a todos por igual: ¿los avances científicos en campos como la biología, la ingeniería genética o de la familia van de acuerdo con el progreso moral y espiritual del hombre? ¿Y los cambios en el lenguaje: ¿ayudan al desarrollo social, o son un mero subterfugio para alterar la naturaleza de las cosas, de las costumbres y de la sociedad? La respuesta no puede ser más desalentadora: en no pocas ocasiones –sobre todo en el ámbito del lenguaje– son medios para deconstruir la sociedad y los valores que la representan. Lo sabía muy bien autores Lacan, Derrida, Foucault o la escritora Simone de Beauvoir, quien no tuvo reparos en propagar eslóganes tan sugerentes como falsos: *¡No naces mujer, te hacen mujer,* al que siguió: *¡No se nace varón, te hacen varón!*, y con ella buena parte de los defensores de la ideología de género, quienes ya no aspiran a una justa y siempre deseable equiparación de derechos jurídicos y sociales entre el varón y la mujer, sino a una igualdad funcional de los sexos, igualdad que en su imaginario colectivo lleva a rechazar la maternidad, el matrimonio y la familia. Con esta rotundidad y generosidad hacia el género humano se pronunció una de sus líderes más carismática, Shulamith Firestone: "Quiero decirlo con toda claridad: El embarazo es una atrocidad".

Como ya hemos indicado, "*la cuestión es saber quién manda ... eso es todo*". Por desgracia, tenía razón el peculiar personaje, porque para quienes defienden esta ideología, su fin último no consiste en ajustar o democratizar los principios de nuestra sociedad, sino deshacerlos para construir una nueva realidad donde ya no rijan las leyes de la naturaleza, sino las concepciones culturales que las mayorías impongan. De ahí que prefieran hablar de género, en vez de sexo, porque, para esta ideología, la masculinidad y la feminidad no están determinadas por la biología, sino por la cultura. Y no lo puede estar, porque mientras el término sexo hace referencia a la naturaleza, e implica dos posibilidades (varón y mujer), el género proviene del campo de la lingüística, en el que se aprecian tres variantes: lo masculino, lo femenino y lo neutro, y es en lo neutro donde hallan el elemento propicio para alterar nuestras estructuras mentales. Por esta razón, las diferencias entre el varón y la mujer no se corresponderían a una naturaleza dada, sino que serían meras construcciones culturales hechas según los roles y los estereotipos que en cada sociedad se asignan a los sexos. Esa fue la visión que tuvo el psiquiatra Money: hacer que Bruce fuera Brenda, y así acomodar la realidad a su verdad. Pero esta psiquiatría sin alma lo único que consiguió fue inducir al suicidio a un joven al que le habían robado su identidad en una fría sala de hospital.

Un ejemplo esperpéntico de lo que esta ideología ha supuesto -y va a suponer- lo hallamos en los Países Bajos. En uno de sus municipios ha surgido el llamado matrimonio "single". Se celebró por primera vez el 28 de mayo de 2003. En ese día, una estudiante de 29 años llamada Jennifer Hoes tuvo la audacia intelectual y jurídica de casarse consigo misma: había comprobado que la mujer de su vida era ella misma. Tras esta aguda reflexión, la ceremonia tuvo lugar en el antiguo municipio de Haarlem. A ella acudió toda su familia, así como un nutrido grupo de amigos. Ante un prestigioso notario, Jennifer juró amarse, respetarse y honrarse hasta el fin de su vida: en lo bueno y en lo malo, en la riqueza y en la pobreza. Al finalizar el enlace, la novia comentó: "Vivimos en una sociedad egoísta ¿A quién puedo jurar fidelidad sino a mí misma?" Como jurista, poco o nada me cabe comentar de un enlace que se sustrae a toda ley o principio jurídico conocido. Pero en lo personal, sí me hubiera gustado realizarle esta ingenua pregunta: ¿y si un día encuentras al hombre de tu vida, te llegarás a divorciar de ti misma?

Ante esta visión nada ingenua de la vida, nos queda el consuelo de saber que en la Historia siempre ha habido –y habrá– filósofos y hombres de ciencia capaces de cuestionar los excesos del materialismo científico o los desvaríos de ciertas ideologías, y lo han hecho aun a riesgo de verse postergados al ostracismo y al olvido. Esa es su dignidad: la de alzar la voz desde la profundidad de su pensamiento. Y esa es nuestra esperanza.

Como podrán observar quienes hayan acudido a la lectura de esta reflexión, en ella solo hemos pretendido una cosa: advertir del peligro que corren instituciones como la familia, no porque esta se asiente sobre frágiles pilares, sino porque un Nuevo Orden así lo impone. Impone y sanciona que la familia tradicional tiene los días contados. Pero no los tiene. Quizá, como el sueño del Reich de los mil años, quien tenga fecha de caducidad sea este ominoso Nuevo Orden, al que ni servimos ni ante el que no tentemos ninguna pretensión de arrodillarnos.

Conclusión

De lo expuesto se desprende una realidad inquietante, la que impone un Nuevo Orden que encorseta la vida y el pensamiento, hasta el punto de fijar una forma de ver la vida y de entender el Derecho que nada tiene que ver con la tradición y con el progreso, porque la modernidad no puede consistir en la demolición de las instituciones sobre las que se ha asentado la civilización occidental. Entre esas instituciones está la familia, o lo que queda de ella. Diríamos más: nada queda de la familia. Los nuevos vientos imponen la vaguedad y la fragmentación. Falsos pilares sobre los que asentar un Ordenamiento jurídico que se agrieta cuando la seguridad se pierde en beneficio de la ideología imperante, de la futilidad de las modas o de los deseos espurios de lejanos mandatarios, cuyos nombres y rostros conocemos sobradamente.

Reivindicar la familia no es solo una obligación jurídica, lo es moral y social. No podemos claudicar ante un Poder que impone su concepción de la vida y de la sociedad sin que esta se pronuncie. Nosotros lo hacemos. Espero que el amable lector también se atreva a hacerlo.

Referencias

Bachof, Otto, *Jueces y constituciones*, Madrid, Taurus, 1963.

Carroll, Lewis, *Alicia a través del espejo, y lo que Alicia encontró allí*, Madrid, Nordica, 2016.

Chesterton, Gilbert Keith, *El hombre eterno*, Madrid, 2011, Cristiandad.

Goethe, Johann W. von, *Fausto*, Madrid, Unidad Editorial, 1999.

Savigny, Friedrich Carl von, *La vocación de nuestra época por la Legislación y por la Ciencia de Derecho*, Madrid, Universidad Carlos III, 2015.

Montesquieu, *Cartas Persas*, Barcelona, Orbis, 1985.

Racionero, Luis, *El progreso decadente. Repaso al siglo XX*, Madrid, Espasa-Calpe, 2000.

Steiner, George – Ladjali, Cécile, *Elogio de la transmisión*, Madrid, Siruela, 2005.

Zagrebelsky, Gustavo, *Derecho dúctil. Ley, derechos y Justicia*, Madrid, Trotta, 2003.

Zweig, Stefan, *El mundo de ayer. Memorias de un europeo*, Barcelona, Acantilado, 2018.

7.
A FAMÍLIA NA CONSTITUIÇÃO ESPANHOLA

MARIA HYLMA ALCARAZ SALGADO

1. Introdução

A Constituição espanhola de 1978 construiu uma estrutura jurídica de proteção da família que inclui a garantia de direitos fundamentais do grupo familiar e de seus integrantes, o reconhecimento de prestações públicas por meio da adoção de políticas econômicas e sociais, a salvaguarda dos filhos, das filhas e das mães, o apoio às pessoas menores e o dever dos pais e das mães de prestar assistência de todo tipo aos filhos e às filhas havidos dentro ou fora do casamento.

Apesar de verificar-se uma ampla regulamentação constitucional sobre a família, os estudos em âmbito teórico referentes à matéria são escassos. As pesquisas mais importantes, neste sentido, são os trabalhos desenvolvidos pela jurista Encarnación Roca Trías que, na sua trajetória como professora universitária e Magistrada do Tribunal Supremo e do Tribunal Constitucional realizou uma importante contribuição hermenêutica ao estudar os preceitos constitucionais relativos à família nas obras *Familia y cambio social. De la casa a la persona (1990)*, *Familia, familias y Derecho de familia (1999)*, além de vários artigos científicos. A análise constitucional da família, feita por Roca Trías, considera o conjunto sistemático das disposições constitucionais sobre a matéria e estabelece uma dupla proteção da família: por um lado, a família está protegida como grupo e, por outro lado, a Constituição salvaguarda os direitos individuais das pessoas que integram o grupo familiar. De qualquer modo, o que é uma questão frequente em sua análise – e que também se observa em outros estudos sobre o tema – é a ausência de uma definição jurídica de família.

No presente estudo o objetivo é estabelecer uma ideia geral da família na sociedade contemporânea. O constituinte, provavelmente, deixou em aberto a definição da família porque era consciente de sua evolução ao longo da história. É um fato que a família é uma instituição fundamental da sociedade e que experimentou transformações desde a sociedade pré-moderna até a atual sociedade da informação. O modelo tradicional de família constituída pelo casamento, ou família nuclear, já não é mais a única forma de fundar o núcleo familiar, o que nos leva a perguntar se a intenção do constituinte era estender a proteção constitucional a um modelo concreto de família ou proteger as famílias independentemente da origem de sua formação.

O método que orienta este estudo é a revisão sistemática, mediante o qual se examinam as pesquisas jurídicas e sociológicas realizadas sobre a família. A principal técnica de pesquisa utilizada é a busca bibliográfica e jurisprudencial.

No desenvolvimento da presente pesquisa partimos da identificação das principais disposições da Constituição espanhola relacionadas à família e que estabelecem a referência constitucional de proteção do grupo familiar e de seus integrantes. Em continuidade, desenvolvemos uma análise dos conceitos clássicos e contemporâneos da família com o objetivo de identificar uma definição capaz de sustentar, cientificamente, as causas das mudanças na estrutura das famílias hodiernas, transformações estas que foram propulsoras da adaptação legislativa espanhola por intermédio do Projeto de Lei de Famílias, que atualmente se encontra em tramitação no Congresso dos Deputados. Por último, indicamos, brevemente, os direitos fundamentais da família na Constituição espanhola em razão de sua essencialidade no sistema constitucional de proteção do grupo familiar.

2. As normas constitucionais de proteção da família

A Constituição espanhola estabelece a proteção da família em diferentes disposições normativas que devem ser interpretadas sistematicamente e atendendo aos valores fundamentais que servem de referência para a construção do Estado e do Ordenamento Jurídico espanhol. Neste apartado o objetivo pretendido é localizar as disposições da Constituição espanhola cujos conteúdos estão, direta ou indiretamente, relacionados com a proteção da família.

A Constituição espanhola faz referência expressa à família no artigo 39, disposição constitucional que contém um mandado aos poderes públicos para assegurar a proteção econômica, social e jurídica da família, assim como a proteção integral dos filhos e das filhas e das mães (art. 39.1, 2 CE), além de estabelecer o dever dos pais e das mães de prestar assistência de todo tipo aos filhos e às filhas havidos dentro ou fora do casamento enquanto sejam menores e nos casos em que legalmente proceda (art. 39.3 CE). Referido preceito assegura, também, a proteção dos interesses do menor e a aplicação dos acordos internacionais que velam pelos seus direitos (art. 39.4 CE). O artigo 39 está localizado no capítulo terceiro do Título I da Constituição espanhola. O Título I, sob a rubrica "Os direitos e deveres fundamentais" está dividido em cinco capítulos dentro dos quais estão contidas disposições constitucionais que cumprem distintas funções, segundo sua localização sistemática. O capítulo III reúne "Os princípios orientadores da política social e econômica" e sua função é dirigir a ação dos poderes públicos no desenvolvimento das políticas relacionadas com as matérias enunciadas em suas disposições. Estas disposições não reconhecem direitos subjetivos públicos, mas sim princípios essenciais do Estado social e democrático de Direito. Os princípios orientadores da política social e econômica não são meras normas sem conteúdo, como afirma o Tribunal Constitucional na STC 95/2000, FJ 5, mas diretrizes que devem orientar a interpretação das restantes normas constitucionais, assim como a interpretação das leis (STC 19/1982, FJ 6).

A proteção da família como grupo social está garantida, também, pelo artigo 9.2 da Constituição espanhola que contém um mandado aos poderes públicos para a promoção das condições que garantam a liberdade e a igualdade real e efetiva dos indivíduos e dos grupos nos quais se integra e a remoção dos obstáculos que impeçam ou dificultem sua plenitude. O artigo 9.2 está contido no Título Preliminar da Constituição espanhola, cujos preceitos dão "coerência e consistência ao conjunto do sistema, lhe proporciona suas bases e adota decisões fundamentais sobre a organização política e jurídica[1]". Neste sentido, o constituinte encerra o referido Título da Constituição espanhola com o artigo 9, no qual se agrupam distintas matérias, entre as quais se destaca a consagração da igualdade substancial (ou material) reconhecida no parágrafo 2º do artigo 9. Ademais, o art. 9.2 CE contém diretrizes aos poderes públicos no sentido de alcançar os objetivos do Estado social. Com relação ao art. 9.2 CE, o Tribunal Constitucional (STC 12/2008, FJ 4) afirmou que referida disposição constitucional expressa a vontade do constituinte de alcançar não só a igualdade formal, mas também a igualdade material, pois somente com a igualdade substantiva é possível a realização efetiva do livre desenvolvimento da personalidade.

Em coerência com o mandado contido no art. 9.2 CE, o artigo 10.1 da Constituição espanhola prescreve: "a dignidade da pessoa, os direitos invioláveis que lhe são inerentes, o livre desenvolvimento da personalidade, o respeito à lei e aos direitos dos demais são fundamento da ordem política e da paz social". O mencionado artigo 10 da Constituição espanhola está situado no Título I e pode ser considerado como exórdio dos direitos e deveres fundamentais enunciados no mesmo. O artigo 10 CE contém dois parágrafos, cujos conteúdos estão relacionados com o reconhecimento de princípios constitucionais (art. 10.1 CE) e com a adoção de um critério hermenêutico (art. 10.2 CE). A dignidade da pessoa e o livre desenvolvimento da personalidade são os princípios reconhecidos pelo art. 10.1 CE que constituem a base do sistema espanhol de direitos fundamentais (STC 207/2013, FJ 5). De acordo com o Tribunal Constitucional (STC 53/1985, FJ 8), a dignidade da pessoa, como valor jurídico fundamental, se encontra intimamente vinculada com o livre desenvolvimento da personalidade e outros direitos fundamentais como a intimidade pessoal e familiar (art, 18.1 CE). A dignidade é um valor espiritual e moral inerente à pessoa, que se manifesta singularmente na autodeterminação consciente e responsável da própria vida e que leva consigo a pretensão ao respeito por parte das demais pessoas (STC 53/1985, FJ 8). O livre desenvolvimento da per-

[1] Rodríguez-Piñero y Bravo Ferrer, M., 2018. Título preliminar en Rodríguez-Piñero y Bravo Ferrer, M. Casas Baamonde, M.E. (Dir.). *Comentarios a la Constitución española*. Tomo I. Wolters Kluwer.p. 13.

sonalidade é um princípio constitucional que não pode ser entendido como uma fonte legitimadora do próprio arbítrio, mas como uma liberdade segundo o Direito[2]. O livre desenvolvimento da personalidade, como princípio interpretativo da Constituição e das leis, se projeta como princípio geral de liberdade que inspira o Ordenamento constitucional (STC 113/1994, FJ 11).

Dentro do Título I da Constituição espanhola, que proclama os direitos e deveres fundamentais, há dois preceitos que, de modo direto, asseguram direitos fundamentais à família: o art. 18.1 que consagra o direito à intimidade pessoal e familiar e o art. 27.3 que contém um mandado aos poderes públicos para garantir o direito que assiste aos pais e às mães para que seus filhos e suas filhas recebam a formação religiosa e moral que esteja de acordo com suas próprias convicções. Referidos preceitos constitucionais estão situados na Seção 1ª do Capítulo II do Título I, que proclama os direitos fundamentais e as liberdades públicas. Na sistemática da Constituição espanhola somente as disposições que se encontram nesta Seção têm a consideração de direitos fundamentais, e ainda assim não todos os preceitos incluídos contêm um direito subjetivo fundamental, pois algumas disposições estão orientadas a garantir a efetividade de tais direitos por intermédio da atuação dos poderes públicos e da cidadania. As disposições constitucionais situadas nesta rubrica são de aplicação e efeitos imediatos e contam com o recurso de amparo como garantia jurisdicional da integridade e eficácia dos direitos fundamentais reconhecidos pelo Ordenamento constitucional.

O Ordenamento constitucional espanhol, como visto anteriormente, está estruturado por valores, princípios e normas que, no seu conjunto, estabelecem as condições necessárias para garantir os direitos fundamentais do grupo familiar e de seus integrantes, além de orientar a atuação dos poderes públicos no desenvolvimento legislativo e na adoção de políticas públicas que se relacionem com a proteção integral da família.

[2] Jiménez Campo, J., 2018. Artículo 10 en Rodríguez-Piñero y Bravo Ferrer, M. Casas Baamonde, M.E. (Dir.). *Ibidem*. p. 223.

3. O conceito de família

3.1. A ausência de um conceito constitucional de família

Nos preceitos da Constituição espanhola não há uma definição de família. A ausência de um conceito constitucional da família pode ser considerada como um obstáculo para a aplicação da Constituição ou pode representar a "chave do sistema democrático da regulação da família[3], porque permite adaptar os mandados constitucionais à realidade social em constante transformação. Considerando que a família é um produto cultural, Roca Trías[4] entende que a Constituição espanhola "parte de um conceito aberto, adaptável e não limitativo", que possibilita a harmonização de seus preceitos aos modelos familiares existentes na sociedade. Não obstante, a indicação dos modelos familiares sobre os quais incide a proteção jurídica é fruto do reconhecimento legislativo, que determina quais serão os modelos de família merecedores da tutela jurídica em um dado momento histórico. Ainda que o conceito de família seja extrajurídico, a determinação jurídica do modelo familiar é imprescindível para garantir a proteção econômica, social e jurídica encomendada aos poderes públicos pelo art. 39.1 CE.

A premissa da existência de um modelo familiar (ou modelos familiares) na sociedade espanhola, como objeto sobre o qual recai a regulação constitucional, deve ser complementada com outra proposição (premissa menor) que se refere à adequação histórica do modelo familiar pelo legislador, quem deverá estabelecer as prestações sociais e econômicas, as relações entre os membros da família, os meios de concretizar a proteção integral dos filhos e das filhas, a proteção dos menores, entre outras questões essenciais para o apoio integral do grupo familiar. Da relação entre estas premissas não se pode inferir um modelo fechado resultante da literalidade dos enunciados normativos do art. 39 CE, como o faz Martínez López-Muñiz em sua tese sobre o modelo constitucional da família.

Segundo Martínez López-Muñiz, a Constituição espanhola tem um modelo concreto de família baseado na família nuclear, que se constitui

[3] Roca Trías, E. (2006). Familia y Constitución. AFDUAM, nº 10 (2006), *Derecho, sociedad y familia:* cambio y continuidad, p. 209.
[4] *Ibidem.*

pelo casamento, vínculo fundante essencial da família constitucionalmente protegida. Na compreensão deste intérprete, o modelo constitucional de família tem seus elementos essenciais descritos no art. 39 CE, do qual se deduz que a família está determinada pela geração humana, pelas relações de paternidade, maternidade e filiação e pelas obrigações de cuidados dos pais. Afirma, também, que a noção constitucional de família não faz alusão, essencialmente, a uma simples unidade de convivência mais ou menos estável e que não se refere a relações de afeto e apoio mútuo, ainda que admita que estas relações possam estar implicadas nos vínculos de parentesco. Portanto, na interpretação de Martínez López-Muñiz a Constituição espanhola estende sua proteção apenas à família nuclear formada pelo casamento e não obriga aos poderes públicos a protegerem do mesmo modo "tudo quanto possa dar-se na espontaneidade social"[5].

O modelo de família nuclear que nasce do casamento e tem por funções essenciais a geração de vidas humanas e os cuidados corresponde ao modelo tradicional que encontra amparo no costume social consolidado por um sistema de referência moral antes que jurídico e que reflete o imaginário social de uma determinada etapa histórica. Se bem é certo que da leitura literal do art. 39 CE se extrai a incidência da proteção constitucional sobre as relações paterno-filiais, não é logicamente válida a inferência segundo a qual a Constituição espanhola encerra a família em um modelo nuclear, pois o mesmo art. 39 CE contempla a geração extramatrimonial estendendo-lhe trato igualitário. Neste sentido, Martínez López-Muñiz, em reforço de sua tese, sustenta que a menção constitucional aos filhos e às filhas havidos fora do casamento é um fator que deixa clara a intenção do constituinte de amparar a geração extramatrimonial, mas sem que haja forma de incluí-la como parte da família.

Os argumentos que sustentam a existência de um modelo nuclear de família como condição necessária para a proteção constitucional não têm acolhida diante da estrutura social contemporânea e tão pouco são compatíveis com o desenvolvimento legislativo e jurisprudencial sobre a matéria. Desde a aprovação em Espanha da Lei 13/2005, de 1 de julho,

[5] Martínez López-Muñiz, J. L. La familia en la Constitución española. *Revista Española de Derecho Constitucional*, nº 58, 2000. p. 16.

que modifica o Código Civil em matéria de direito a contrair matrimônio, o Tribunal Constitucional se manifestou sobre a família constitucionalmente protegida e os diferentes tipos de convivência familiar. Na STC 198/2012, FJ 5, o Tribunal Constitucional lembra que "matrimônio e família são dois bens constitucionais diferentes" e que o texto constitucional não vincula o conceito de família ao casamento e tão pouco a limita a relações com descendência. De acordo com esta Sentença, a proteção constitucional se estende às famílias constituídas pelo matrimônio – com ou sem descendência –, às famílias extramatrimoniais, às famílias monoparentais e, sobretudo, aos filhos e às filhas[6-7].

Na atualidade, as famílias constituídas por meio de uniões estáveis são uma realidade que levou ao Parlamento da Comunidade Foral de Navarra a aprovar a Lei Foral 6/2000, de 3 de julho, para a igualdade jurídica das uniões estáveis. Esta Lei foi objeto de recurso de inconstitucionalidade, cujo parecer do Tribunal Constitucional se expressa na STC 93/2013. Na exposição de motivos da Lei Foral 6/2000 o legislador faz referência ao mandado do art. 39 CE e defende a necessária ampliação dos modelos de família para o seu ajuste à realidade social. Textualmente:

> O artigo 39 da Constituição espanhola indica a obrigação dos poderes públicos de assegurar a proteção social, econômica e jurídica da família. Neste artigo não existe referência a um modelo de família determinado nem pre-

[6] Na STC 198/2012, FJ 5, o Tribunal Constitucional se manifesta expressamente sobre a ausência de definição legal e jurisprudencial sobre a família, nos seguintes termos: "Até o presente momento, a interpretação do art. 39 CE não levou a este Tribunal a definir um conceito constitucional de família, e não sendo este tão pouco o momento de realizar esta tarefa, isso não impede determinar que no art. 39 CE se incluem as famílias que se originam pelo casamento, mas também as que não têm esta origem" (STC 45/1989, de 20 de fevereiro, FJ 4).

[7] Corroborando a diferença entre família e matrimônio feita na STC 198/2012, o Tribunal Constitucional traz à colação a posição do TEDH: "O Tribunal Europeu de Direitos Humanos desconecta o direito a contrair matrimônio e a garantia de proteção da família quando estabelece que o conceito de vida familiar protegido pelo art. 8 CEDH não se reserva unicamente às famílias fundadas no matrimônio, mas que pode referir-se também a outras relações de fato" (entre outras muitas SSTEDH nos assuntos X, Y e Z c. Reino Unido, de 22 de abril de 1997, § 36; e Van Der Heijden c. Países Baixos, de 3 de abril de 2012, § 50).

dominante, o que faz necessária uma interpretação ampla do que se deve entender por tal, consequente com a realidade social atual e com o resto do articulado constitucional, em particular os artigos 9.2 (obrigação dos poderes públicos de promover as condições para que a liberdade e a igualdade do indivíduo e dos grupos em que se integra sejam reais e efetivas) e 14 (os espanhóis são iguais perante a lei, sem que possa prevalecer discriminação alguma por razão de nascimento, raça, sexo, religião, opinião ou qualquer outra condição ou circunstância pessoal ou social).

O legislador navarro se refere, também, à existência de disposições normativas presentes no Ordenamento que discriminam os modelos de família distintos do tradicional e recorda que a opção por um modelo familiar distinto é um direito que deve contar com garantias jurídicas para seu exercício. Os objetivos da Lei Foral 6/2000, expressamente indicados em sua exposição de motivos são: "eliminar as discriminações que por razão da condição pessoal ou social dos componentes da família (...) perduram na legislação e aperfeiçoar o desenvolvimento normativo do princípio constitucional de proteção social, econômica e jurídica da família, adequando a normativa à realidade social deste momento histórico".

Na STC 93/2013, FJ 5, o Tribunal Constitucional esclarece que a lei desenvolvida pelo legislador foral regula "uma realidade social, a das uniões de fato vinculadas por uma relação afetiva que se desenvolve à margem do matrimônio, cuja existência pode reconhecer o ordenamento jurídico desde diversas perspectivas". E conclui:

> O fato de que a Lei Foral impugnada discipline um fenômeno social (a união estável), com o fim expressamente reconhecido de eliminar as discriminações em função do grupo familiar do qual pertença, com independência de que tenha sua origem no matrimônio ou em uma união afetiva análoga, pois, ademais de ser uma pretensão fundada no art. 39 e não no art. 32 CE, tal pretensão se consegue articulando um regime jurídico diferente e específico para as relações familiares estabelecidas a partir das uniões estáveis, às quais, cumprindo determinados requisitos, se outorga um concreto estatuto jurídico, composto de direitos e deveres, em ocasiões estatuídos *ex lege*. E, neste sentido, o Parlamento Foral de Navarra, que certamente não pode regular o matrimônio, sim se encontra facultado para valorar o fenômeno que as

uniões estáveis supõem no âmbito de suas competências e para extrair, no campo específico da realidade correspondente às mesmas, as consequências que estime procedentes dentro de seu âmbito competencial.

Considerando as reflexões anteriores, é evidente a ausência de um conceito constitucional de família. Tão pouco há uma definição de família na doutrina do Tribunal Constitucional e essa ausência também se manifesta na construção dogmática. Entretanto, o reconhecimento da família como instituição fundamental está plasmado no sistema constitucional e na compreensão das normas que estabelecem a proteção do grupo familiar. A proteção jurídica, como visto, supõe a existência de um modelo de organização familiar que não se constitui por mandamento legal, mas é fruto da práxis social. A definição da família, portanto, não depende do Direito. É um conceito que somente pode ser construído por intermédio da observação da sociedade dentro de sua trajetória evolutiva e que deve ser investigado desde uma perspectiva sociológica.

3.2. O conceito sociológico de família

No âmbito jurídico a indicação legislativa e jurisprudencial do modelo de família é uma condição necessária aos efeitos da incidência da proteção constitucional, como visto anteriormente. O legislador, assim como os magistrados dos altos tribunais chamados a interpretar o Direito, coincidem em que a família é uma realidade mutante, apesar da persistência histórica e cultural do modelo nuclear. Ainda que o legislador e os tribunais reconheçam a evolução social dos modelos familiares, e a importância de estender a proteção social, econômica e jurídica encomendada pelo art. 39.1 CE aos diferentes tipos de família, não lhes incumbe realizar uma análise da família na sociedade ou estabelecer uma definição da mesma. Para compreender as transformações da família e suas funções sociais são imprescindíveis as contribuições da Sociologia da família, cujas orientações científicas resenhamos neste passo.

A Sociologia da família se desenvolve em duas etapas principais: a etapa clássica e a etapa contemporânea. No período clássico, a análise da família adota distintos matizes, segundo a proposta epistemológica apresentada pelos sociólogos do século XIX e início do século XX. Sem alcançar a pretendida unidade conceitual na matéria, os teóricos clássicos desenvolvem a observação do trânsito da família pré-moderna a moderna. Na etapa contemporânea, a construção teórica sobre a família oferece um novo referencial de análise, com maior rigor científico, ainda que mantenha uma variedade descritiva da família e de suas funções. Nas duas etapas, melhor ou pior estruturadas epistemologicamente, a finalidade das pesquisas desenvolvidas é compreender o que é a família e localizar as causas que contribuem à formação dos modelos familiares em cada momento histórico, bem como as que são causa de sua evolução.

3.2.1. A família no pensamento sociológico clássico

O período clássico da Sociologia compreende o século XIX e início do século XX. A Sociologia clássica, como conhecimento científico, tem início com Auguste Comte e esta etapa é concluída com a teoria funcionalista de Talcott Parsons. A família é estudada por todos os sociólogos deste período como elemento estrutural da sociedade. Ainda que a Sociologia se consolide como ciência, paradoxalmente não há uma organização metodológica nas pesquisas sobre a família, sendo este o traço marcante dos estudos que se realizam nesta etapa. Considerando o objetivo pretendido neste estudo, que é localizar os elementos característicos da família e as causas de sua transformação, destacamos algumas orientações teóricas que permitem desenhar os contornos conceituais da família, bem como justificar as mudanças no modelo familiar.

Frédéric Le Play identificou, em sua obra, três tipos de família que serviram de referência para a posterior análise sobre a mobilidade e a transformação social: a família patriarcal, principal e instável. A família patriarcal tem o pai como cabeça de família e é a autoridade social, política e religiosa responsável pela distribuição do trabalho e pela gestão da propriedade. O modelo de família patriarcal é pré-moderno e, historicamente, se estrutura entre nômades da Ásia e do Oriente e não corresponde ao modelo ocidental. A família instável, típica da classe obreira europeia da sociedade industrial, se forma pelo matrimônio e se caracteriza pela geração e a distribuição igualitária da herança. No modelo instável a família se dispersa, e por vezes se dissolve, com a emancipação dos filhos. A família principal é um tipo intermediário entre a família patriarcal e a instável, que pode constituir-se sem o matrimônio e que proporciona aos seus membros os cuidados e a satisfação de suas necessidades[8]. Este modelo é o que possibilita aos seus integrantes maiores bem-estar, felicidade, estabilidade social e emocional, porque reforça os laços de solidariedade.

Friedrich Engels na obra A origem da família, a propriedade privada e o Estado, escrita em 1884, destaca a importante função que desempenha a família na produção e na reprodução da vida, pois a geração é um fator essencial para fazer girar a roda econômica. Depois de reconstruir a história da família desde a barbárie, Engels estabelece a origem econômica do parentesco e da monogamia, os quais sustentam o modelo de família patriarcal. Este modelo, em grande medida fundado na propriedade, ao longo de sua evolução origina a família tradicional burguesa, e segundo Engels, tende a desaparecer com a transformação da sociedade.

> Ao reconhecer o fato de que a família atravessou sucessivamente por quatro formas e se encontra na quinta atualmente, indaga-se se esta forma pode ser duradoura no futuro. O único que pode responder-se é que deve progredir à medida em que progride a sociedade, que deve modificar-se à medida em que a sociedade se modifique; o mesmo sucedeu antes. É produto do sistema social e refletirá seu estado de cultura[9].

Émile Durkheim pode ser considerado como o precursor da Sociologia da família. Como resultado de seus estudos estabeleceu três tipos básicos de família (ainda que tenha feito referência a outros possíveis modelos familiares), que são: a família patriarcal, a família paternal e a família conjugal. A análise dos modelos familiares leva a Durkheim a formular a lei da contração progressiva das relações familiares, segundo a qual as transformações estruturais da família impulsionadas pelo devenir histórico conduzem à concentração e redução dos laços familiares nos

[8] Garrigós Monerris, J. I., 2001. *Pierre-Guillaume-Frédéric Le Play (1806- 1882):* Biografía intelectual, metodología e investigaciones sociológicas (Tesis doctoral no publicada). Universidad de Alicante. Departamento de Sociología y Teoría de la Educación. Disponível em: https://rua.ua.es/dspace/handle/10045/10084.

[9] Engels, F. *El origen de la familia, de la propiedad privada y del Estado.* Marxists. org. Disponível em: https://www.marxists.org/espanol/m-e/1880s/origen/el_origen_de_la_familia.pdf. p 56.

integrantes mais próximos. A família patriarcal se caracteriza pela concentração do poder paterno, que dirige os destinos de todos os membros vinculados pelo parentesco ou por afinidade, cujo protótipo é a família romana, à qual o Direito Romano atribui ao *pater familias* o poder parental sobre as pessoas que se encontram sob sua proteção. A família paternal se reduz, pois está formada pelo pai, pela mãe e todas as gerações descendentes dos filhos varões; as filhas, na família paternal, depois de contrair matrimônio são excluídas da vida doméstica porque se incorporam a outro grupo familiar. A família conjugal se contrai ainda mais: se constitui unicamente pela mãe, pelo pai, pelos filhos menores e pelos filhos solteiros[10]. A família conjugal é o modelo que o Estado moderno reconhece e sobre o qual estende sua proteção.

Alexis de Tocqueville, durante sua estadia nos Estados Unidos, desenvolve uma análise da sociedade norte-americana em virtude da qual resulta sua obra A democracia na América. A igualdade de condições que ele observa nesta sociedade é o ponto de partida para suas reflexões sobre o modelo democrático norte-americano. Neste contexto, Tocqueville constata que a igualdade de condições não é um princípio teórico, mas uma realidade que se manifesta em todas as relações sociais, incluídas as relações familiares. O modelo de família que observa na sociedade norte-americana incorpora a igualdade como elemento central das relações paterno-filiais e da distribuição dos bens, e desconstrói o antigo espírito de família que tenta perpetuar a tradição familiar por intermédio da propriedade territorial. O individualismo, que não egoísmo na visão de Tocqueville, é um traço característico da moderna sociedade democrática e fator preponderante na transformação do modelo familiar. O individualismo das democracias modernas resulta das novas estruturas sociais e também é reflexo da organização da sociedade industrial. Outro aspecto importante para a compreensão das transformações do modelo familiar é o reconhecimento dos direitos da pessoa humana, que suprime a representação autoritária paternal e permite o livre desenvolvimento da personalidade. Ainda que Tocqueville não tenha aprofundado no

10 Varela Fernández, J., 1999. *Mater familias:* modelos clásicos de sociología del género: F. Engels y E. Durkheim. Política y sociedad, 32, 173-188. Disponível em: https://dialnet.unirioja.es/ejemplar/15451.

exame das causas da transformação da família, Muñoz Garcia e Andrade[11] consideram que as motivações que impulsionam o nascimento do novo modelo de família nuclear estão implícitas nas considerações que faz o pensador francês sobre a sociedade democrática moderna.

Talcott Parsons é um sociólogo do século XX que realizou importantes contribuições teóricas para o avanço do pensamento funcionalista iniciado com Durkheim, dando origem à teoria da ação social. A Sociologia funcionalista de Parsons estuda, principalmente, a formação da família nuclear na sociedade industrial. A família nuclear surge da transformação da sociedade moderna e sua organização interna foi moldando-se para ajustar-se às profundas modificações do sistema social derivadas da industrialização. A família nuclear descrita por Parsons se caracteriza pelo eixo geracional, com acentuado poder dos pais sobre os filhos, e pelo eixo da divisão do trabalho, no qual se diferenciam os papéis do homem e da mulher[12]. O modelo de família nuclear de Parsons é objeto de crítica pela maioria dos sociólogos, porque "seu modelo se aplica bem à família branca, ocidental, de religião cristã e de classe média, difundida na fase burocrática do processo de industrialização na América do Norte, mas não interpreta as formas familiares de outras classes sociais, em outras culturas e em outros contextos sociais[13]".

A crítica dos sociólogos contemporâneos relativa ao conceito de família nuclear elaborado por Parsons pode ser estendida aos demais estudiosos da Sociologia da família do período clássico, os quais descrevem a formação e a organização da família que emerge da sociedade industrial. A família do século XIX constitui-se pelo matrimônio, tem como eixo principal a geração e sua função está centrada nos cuidados e na manutenção econômica do grupo familiar, sendo este o modelo da tradicional família burguesa dos países ocidentais que o Estado terá como referência para o desenvolvimento da proteção jurídica desta instituição social.

[11] Muñoz García, E. Andrade, G. La familia, célula de la democracia antigua y moderna: de Aristóteles a Tocqueville. *Revista De Filosofía, 23*(54), 81-118. Disponível em: https://produccioncientificaluz.org/index.php/filosofia/article/view/18131. p. 26.

[12] González, N., 2009. *Revisión y renovación de la sociología de la familia.* Espacio Abierto, 18(3), p. 517.

[13] González, N. *Ibidem.*

O modelo de família do século XIX, que como visto na primeira parte do presente estudo é defendida por Martínez López-Muñiz, sofre transformações profundas na sociedade industrial e em sua transição para a atual sociedade da informação.

3.2.2. A família contemporânea e a nova Lei de Famílias na Espanha

Os estudos contemporâneos sobre a família se caracterizam pela mudança das premissas ontológicas e metodológicas e centram sua atenção na função exercida pela família na complexa sociedade pós-moderna. A hodierna Sociologia da família apresenta diferentes[14] vertentes que contribuíram para o desenvolvimento da matéria, mas muitas delas são atualmente obsoletas. Entre as teorias contemporâneas é imprescindível o conhecimento da teoria relacional de Pierpaolo Donati, para quem a família atual não pode ser definida por um modelo único, pois é uma realidade social em contínua transformação "que adquire diferentes definições semânticas segundo a situação social e a perspectiva desde a qual seja observada[15]".Se a família permanece como estrutura fundamental ao longo da história não é pela rigidez de um modelo, mas pela sua capacidade de adaptar-se às transformações externas sem perder sua essência própria.

Segundo Donati, a família é um fazer e construir, ou seja, é uma práxis social de tipo relacional[16]. Esta proposta conceitual pressupõe que a família se caracteriza por suas relações internas e por suas relações externas, que se ajustam às transformações sociais. Partindo desta premissa, a família pode mudar de forma, e de fato se modifica no tempo "ao longo de três diretrizes fundamentais: a distinção humano/não humano, a distinção natureza/cultura e a distinção público/privado". Nestas distinções a família assume o papel de mediadora entre os extremos e adapta suas necessidades essenciais às circunstâncias do sistema social. A família, na sociedade atual, deve ser compreendida como grupo institucional funda-

[14] As principais correntes sociológicas da etapa contemporânea são: institucional, estrutural, funcionalista, marxista, crítica, interacionista e feminista.

[15] Donati, P., 2003. Manual de Sociología de la familia. Eunsa. p. 231.

[16] Herrera Gómez, M., 2000. Reseña de "Manuale di sociologia della famiglia" de Pierpaolo Donati Reis. *Revista Española de Investigaciones Sociológicas*, nº 89, p. 340.

mental que se define por sua estrutura relacional e cuja função mediadora deve ser interpretada a partir da nova subjetividade e da nova cidadania da família contemporânea.

Teoricamente está demonstrado que a família contemporânea não pode ser definida pelo modelo nuclear ou pelo tradicional modelo burguês de grupo constituído pelo matrimônio, formado por mães e pais brancos, cristãos, ocidentais, unidos com o objetivo de gerar filhos e filhas que perpetuem a tradição e o patrimônio familiar. A realidade das sociedades atuais é distinta, pois as famílias têm origem pelo matrimônio ou por uniões estáveis, são inter-raciais, estão constituídas por pessoas do mesmo ou de distinto sexo, podem ter filhos e filhas consanguíneos, adotivos, por reprodução assistida ou, inclusive, optar por não ter filhos. Na Espanha, o reconhecimento formal dos diferentes modelos de família é o objeto do Projeto de Lei de Famílias que se encontra em tramitação no Congresso dos Deputados.

A proposta apresentada pelo governo mediante o Projeto de Lei de Famílias tem por objetivo dar cumprimento ao mandado constitucional contido no art. 39.1 CE, que encomenda aos poderes públicos a proteção social, econômica e jurídica da família. Além de ser um imperativo constitucional, o dever de proteção das famílias se alinha com as diretrizes dos tratados internacionais e europeus. Neste sentido, a Declaração Universal dos Direitos Humanos no art. 16.3 reconhece à família o direito à proteção da sociedade e do Estado, a Carta Social Europeia no art. 16 estabelece que a família, como célula fundamental da sociedade, tem o direito a uma adequada proteção social, jurídica e econômica para alcançar o pleno desenvolvimento e a Carta dos Direitos Fundamentais da União Europeia no art. 33.1 prevê a proteção da família nos âmbitos jurídico, econômico e social.

O Projeto de Lei em questão reconhece as profundas transformações ocorridas na estrutura e na formação da família na sociedade espanhola e considera que a diversidade presente nas realidades familiares gerou diferentes modelos de família[17], os quais também devem receber do Estado

[17] O reconhecimento da diversidade familiar está expresso na exposição de motivos do Projeto de Lei de Famílias nos seguintes termos: "Já não existe a família, mas as famílias, em plural. Hoje é habitual ver famílias formadas por conviventes, famílias formadas por

a proteção social, econômica e jurídica para que a igualdade material das famílias seja real e efetiva, conforme o princípio estabelecido pelo art. 9.2 CE. Com o pleno reconhecimento jurídico dos distintos tipos de família, fundado na garantia da diversidade como valor e na igualdade material, a proposta governamental expressa neste Projeto de Lei pretende fomentar medidas de apoio a situações familiares específicas, que incluem:

> situações de vulnerabilidade econômica, a constituição de famílias com maiores necessidades de apoio à criação, como as famílias numerosas, as formadas por uma só pessoa progenitora, famílias onde há pessoas com deficiência ou em situação de dependência, famílias formadas por pessoas dos coletivos LGTBIQ+, famílias nas que se produzem nascimentos, adoções ou acolhimentos múltiplos, famílias nas que um ou ambos membros do casal têm filhas e filhos de uniões anteriores, famílias residentes no meio rural, famílias procedentes de outro Estado ou território, ou na que algum ou alguns de seus integrantes residem fora do território nacional, famílias entre pessoas que procedam de âmbitos culturais ou étnicos diferentes ou outras situações que requeiram medidas específicas.

Na proposta legislativa, o conceito jurídico da família que serve de denominador para a incidência da proteção legal tem como elemento central o modo de constituição do grupo familiar. De acordo com a definição do Projeto de Lei, "se considera família a derivada do matrimônio ou da convivência estável, ou da filiação e as famílias formadas por um só progenitor com seus descendentes". Neste contexto, o conceito jurídico de família se amplia para incluir as novas realidades presentes na sociedade, mas circunscreve o grupo familiar aos progenitores e sua prole sem ter em conta outras pessoas que também fazem parte da família e são

uma só pessoa progenitora, famílias formadas por pessoas dos coletivos LGTBIQ+, famílias nas que um ou ambos membros da união estável têm filhas ou filhos de uniões anteriores, famílias adotivas ou de acolhida, famílias procedentes de outro Estado ou território, ou que algum ou alguns de seus integrantes residam fora do território nacional, ou famílias entre pessoas que procedem de âmbitos culturais ou étnicos diferentes. As políticas públicas devem garantir que todas as famílias são iguais em direitos e que cada uma delas receba o apoio e a proteção social que necessita.".

igualmente essenciais em sua estrutura e organização. É inquestionável que o reconhecimento legal da atual diversidade familiar é um avanço e se ajusta à evolução da instituição. Entretanto, a definição da família pela particular forma de constituir-se não é suficiente para esclarecer o que é a família. Considerando os preceitos normativos do Projeto de Lei, se observa que o Estado intervém na vida familiar para prestar apoio econômico e social, especialmente às famílias em situação de vulnerabilidade. De tal regulação é possível inferir que a função da família, reconhecida pelo Estado, continua sendo eminentemente econômica e sua função mediadora é algo que pertence apenas às elucubrações sociológicas e filosóficas.

4. Os direitos fundamentais da família

A breve referência sobre os direitos fundamentais da família estabelecidos pela Constituição espanhola tem como propósito ampliar a compreensão do âmbito constitucional de proteção do grupo familiar, razão pela qual este estudo se limita a fazer uma indicação das principais disposições constitucionais, sem a pretensão de se aprofundar na análise delas.

Os direitos fundamentais reconhecidos pela Constituição espanhola com incidência direta na família são: o direito à intimidade pessoal e familiar (art. 18.1 CE) e o direito dos progenitores de educar seus filhos e filhas de conformidade com suas crenças e convicções (art. 27.3 CE).

O reconhecimento do direito à intimidade pessoal e familiar representa a constitucionalização dos direitos da personalidade, cujo livre desenvolvimento está previsto no art. 10.1 CE, disposição considerada como o portal dos direitos e deveres fundamentais da Constituição espanhola e que serve de guia para a interpretação destes direitos.

Os direitos fundamentais à honra, à intimidade pessoal e familiar e à própria imagem, previsto no art. 18.1 CE, foram objeto de regulamentação pela Lei Orgânica 1/1982, de 5 de maio. O legislador, nesta regulamentação, estende a proteção civil aos direitos enunciados no art. 18.1 CE diante de todo gênero de intromissões ilegítimas[18], sem deixar de fazer remissão ao Direito Penal quando as intromissões sejam constitu-

[18] O art. 7 da LO 1/1982 estabelece as ações que se consideram intromissões ilegítimas e o art. 8 da mesma Lei indica as atuações que não se reputar como intromissões ilegítimas.

tivas de delito. Não obstante, a regulação feita pela Lei Orgânica 1/1982 não faz mais que construir uma referência jurídica que se completa com o apoio de outras fontes, tal como previsto em seu art. 2: "A proteção civil da honra, da intimidade e da própria imagem será delimitada pelas leis e pelos usos sociais atendendo ao âmbito que, pelos seus próprios atos, mantenha cada pessoa reservado para si ou sua família". Por esta razão, a compreensão do sentido e do alcance do direito à intimidade pessoal e familiar não se limita à concreção de atos constitutivos de intromissões ilegítimas, pois seu sentido e alcance são determinados em função da construção dogmática e, especialmente, pela orientação hermenêutica do Tribunal Constitucional, máximo intérprete da Constituição.

O direito à intimidade pessoal e familiar, bem como os demais direitos previstos no art. 18.1 CE, foram introduzidos pela primeira vez no Ordenamento Jurídico espanhol por força da Constituição espanhola de 1978, o que exigiu uma completa construção teórica e jurisprudencial. Neste sentido, o Tribunal Constitucional estabeleceu a estreita relação do direito à intimidade pessoal e familiar com "a existência de um âmbito próprio e reservado diante da ação e conhecimento dos demais, necessário – segundo as pautas de nossa cultura – para manter uma qualidade mínima da vida humana (STC 231/1988, FJ 3)".

O direito fundamental à intimidade pessoal e familiar, de acordo, com a doutrina reiterada do Tribunal Constitucional[19], "tem por objeto garantir ao indivíduo um âmbito reservado de sua vida, vinculado com o respeito de sua dignidade como pessoa (art. 10.1 CE), ante a ação e o conhecimento dos demais (STC 115/2000, FJ 4)". De conformidade com o Tribunal Constitucional, ao titular do direito à intimidade é reconhecido o poder de manter o âmbito de sua vida privada protegido contra a divulgação por terceiros e contra uma publicidade não desejada. Corresponde, pois, a cada indivíduo e a cada grupo familiar "reservar um espaço, mais ou menos amplo segundo sua vontade, que fique resguardado da curiosidade alheia, seja qual for o conteúdo neste espaço (STC 115/2000, FJ 4)". Com relação à intimidade familiar, o Tribunal

[19] Ver SSTC 134/1999, 73/1982, 110/1984, 231/1988, 197/1991, 143/1994 y 151/1997.

Constitucional entende que o preceito constitucional se estende "não só aos aspectos da vida pessoal, mas também a determinados aspectos de outras pessoas com as quais haja estreita vinculação familiar, aspectos que, por essa relação ou vínculo familiar, incidem na própria esfera da personalidade do indivíduo que os direitos do artigo 18 CE protegem (STC 236/2007, FJ 11)". Deste modo, o que o art. 18.1 CE garante é a privacidade, ou em palavras do Alto Tribunal, "o segredo sobre nossa própria esfera de intimidade e, portanto, proíbe que sejam os terceiros, particulares ou poderes públicos, quem decidam quais são os limites de nossa vida privada (STC 115/2000, FJ 4)". A doutrina do Tribunal Constitucional, relativa ao conteúdo do direito fundamental à intimidade pessoal e familiar se alinha com a jurisprudência do Tribunal Europeu de Direitos Humanos, consolidada nas Sentenças do caso X e Y, do caso Leander, do caso Gaskin e do caso Costello-Robert. De modo geral, a doutrina do Tribunal Constitucional sobre o direito fundamental à intimidade pessoal e familiar está orientada à proteção da privacidade e ao estabelecimento de critérios que possam justificar a limitação deste direito quando o mesmo entre em colisão com o exercício de outros direitos fundamentais.

O direito fundamental das famílias à formação religiosa e moral de seus filhos e de suas filhas conforme às suas convicções está garantido no art. 27.3 da Constituição espanhola. O sentido e alcance deste direito resulta de uma análise sistemática do conjunto de preceitos normativos incluídos no art. 27 CE, que reconhece, além do referido direito das famílias, o direito à educação, a liberdade de ensino, a liberdade de criação de centros educativos e a autonomia das Universidades.

O direito dos pais e das mães de escolher a formação religiosa e moral que estimem mais conveniente para seus filhos e para suas filhas está em estreita vinculação com a liberdade de ensino prevista no art. 27. 1 CE. A liberdade de ensino "pode ser entendida como uma projeção da liberdade ideológica e religiosa e do direito a expressar e difundir livremente os pensamentos, ideias ou opiniões que também garantem e protegem outros preceitos constitucionais (STC 5/1981, FJ 7)". O exercício do direito das famílias, bem como a liberdade de ensino, "são direitos que têm limites necessários que resultam de sua própria natureza (STC 5/1981, FJ 7)".

De acordo com a interpretação de López Castillo[20], a citada disposição constitucional contém dupla dimensão: a negativa e a positiva. Em sua faceta negativa o direito reconhecido às famílias de escolher a formação religiosa e moral de seus filhos e filhas constitui uma imunidade de coação diante de possíveis situações de doutrinação. Em sua dimensão positiva é a garantia da prestação pública que se consolida na oferta de alternativas de formação no sistema educativo espanhol.

A harmonização do direito das famílias com os demais direitos fundamentais previstos no art. 27 CE não é tarefa simples, pois o exercício dos direitos à educação, em suas distintas vertentes, pode opor-se ao exercício do direito a escolher a formação moral e religiosa. Esta oposição se concretizou na Espanha quando o governo de Rodríguez Zapatero implantou a matéria Educação para a Cidadania[21]. No mesmo sentido, o ensino de religião nos colégios públicos foi objeto de desacordo[22]. A nova Lei de Educação[23] institui uma nova matéria denominada Valores Cívicos e Éticos, que volta a suscitar a problemática questão de como compatibilizar o exercício das liberdades.

Conclusões

O objetivo principal do presente estudo foi estabelecer uma referência conceitual da família capaz de determinar sobre qual modelo recai a proteção constitucional. Ou seja, quando o constituinte elaborou o conjunto de preceitos constitucionais para garantir o pleno amparo dos direitos da família e de seus integrantes estava pensando na proteção da família tradicional burguesa formada pelo matrimônio ou tinha a intenção de proteger as famílias com independência da origem de sua constituição? As respostas a estas questões são diversas: há os que sustentam que a família constitucionalmente protegida é a família nuclear fundada pelo matri-

20 López Castillo, A., 2018. El derecho a la educación en Rodríguez-Piñero y Bravo Ferrer, M. Casas Baamonde, M.E. (Dir.). *Comentarios a la Constitución española*. Tomo I. Wolters Kluwer. p. 1040.

21 Ver STS, de 11 de febrero de 2009 – ROJ: STS 342/2009.

22 Ver STC 34/2023, de 18 de abril.

23 Lei Orgânica 3/2020, de 29 de dezembro, que modifica a Lei Orgânica 2/2006, de 3 de maio, de Educação.

mônio, a exemplo de Martínez López-Muñiz e os que advogam por uma interpretação flexível dos preceitos constitucionais que permite ajustar esta proteção aos avanços sociais, como faz Roca Trías.

A defesa do modelo de família nuclear como referência para a proteção constitucional já não tem cabida na atualidade, seja pela observação sociológica das profundas transformações na estrutura familiar, seja pela evolução da doutrina do Tribunal Constitucional neste âmbito. A família protegida constitucionalmente, segundo o Tribunal Constitucional, pode ser formada pelo matrimônio ou por outros tipos de convivência, pode ou não ter descendência, pode ser extramatrimonial ou monoparental.

As famílias que se constituem na sociedade contemporânea sofreram uma mudança de paradigma em virtude das novas relações internas, externas e globais. Na atualidade, não há um modelo de família, mas vários tipos de família. O governo espanhol consciente da diversidade familiar apresentou o Projeto de Lei de Famílias – atualmente em tramitação – com o objetivo de reconhecer os distintos tipos de família, como as formadas por uma só pessoa progenitora, as constituídas por pessoas do coletivo LGTBIQ+, as derivadas de uniões anteriores, as adotivas, as de acolhida, as migrantes, entre outros modelos. A iniciativa legislativa do governo espanhol tem o mérito de consolidar formalmente o que já se observa como práxis social.

A proteção constitucional das famílias não estaria completa sem a garantia de seus direitos fundamentais. Neste sentido, são de grande importância os direitos à intimidade pessoal e familiar e o direito das famílias de escolher a formação religiosa e moral de seus filhos e filhas.

Referências

Donati, P., 2003. *Manual de Sociología de la familia.* Eunsa.

Durkheim, E., 2012. *La división del trabajo social.* Biblioteca nueva.

Engels, F. *El origen de la familia, de la propiedad privada y del Estado.* Marxists. org. Disponível em: https://www.marxists.org/espanol/m-e/1880s/origen/el_origen_de_la_familia.pdf.

Garrigós Monerris, J. I., 2001. *Pierre-Guillaume-Frédéric Le Play (1806-1882):* Biografía intelectual, metodología e investigaciones sociológicas (Tesis doctoral no publicada). Universidad de Alicante. Departamento de Sociología y Teoría de la Educación. Disponivel em: https://rua.ua.es/dspace/handle/10045/10084.

Garro-Gil, N. (2015). *La capacidad generativa de la familia.* Un análisis sociológico desde el enfoque relacional y morfogenético. Persona Y Sociedad, 29(3), 11,38. Disponível em: https://doi.org/10.53689/pys.v29i3.94.

González, N. (2009). *Revisión y renovación de la sociología de la familia.* Espacio Abierto, 18(3).

Herrera Gómez, M., 2000. Reseña de "Manuale di sociologia della famiglia" de Pierpaolo Donati Reis. *Revista Española de Investigaciones Sociológicas,* nº 89.

Jiménez Campo, J., 2018. Artículo 10 en Rodríguez-Piñero y Bravo Ferrer, M. Casas Baamonde, M.E. (Dir.). *Comentarios a la Constitución española.* Tomo I. Wolters Kluwer.

López Castillo, A., 2018. El derecho a la educación en Rodríguez-Piñero y Bravo Ferrer, M. Casas Baamonde, M.E. (Dir.). *Comentarios a la Constitución española.* Tomo I. Wolters Kluwer.

Martínez López-Muñiz, J. L. La familia en la Constitución española. *Revista Española de Derecho Constitucional,* nº 58, 2000.

Muñoz García, E. Andrade, G. La familia, célula de la democracia antigua y moderna: De Aristóteles a Tocqueville. *Revista De Filosofía,* 23(54). Disponível em: https://produccioncientificaluz.org/index.php/filosofia/article/view/18131.

Parsons, Talcott., 1966. *Estructura y proceso de las sociedades modernas.* Instituto de Estudios Políticos.

Parsons, Talcott., 1976. *El sistema social.* Revista de Occidente.

Ramos Torre, R., 1999. *La sociología de Émile Durkheim:* patología social, tiempo, religión. Centro de Investigaciones Sociológicas.

Roca Trías, E., 1990. *Familia y cambio social. De la casa a la persona.* Civitas.

Roca Trías, E., 1999. Familia, familias y Derecho de familia. *Anuario de Derecho Civil,* (43).

Roca Trías, E., 2006. Familia y Constitución. AFDUAM, nº 10, 2006, *Derecho, sociedad y familia:* cambio y continuidad.

Roca Trías, E., 2018. Artículo 39 en Rodríguez-Piñero y Bravo Ferrer, M. Casas Baamonde, M.E. (Dir.). *Comentarios a la Constitución española.* Tomo I. Wolters Kluwer.

Rodríguez-Piñero y Bravo Ferrer, M., 2018. Título preliminar en Rodríguez--Piñero y Bravo Ferrer, M. Casas Baamonde, M.E. (Dir.). *Comentarios a la Constitución española*. Tomo I. Wolters Kluwer.

Tocqueville, Alexis de., 1980. *La democracia en América*. Alianza.

Varela Fernández, J., 1999. Mater familias: modelos clásicos de sociología del género: F. Engels y E. Durkheim. *Política y sociedad*, 32, 173-188. Disponível em: https://dialnet.unirioja.es/ejemplar/15451.

Jurisprudência

Tribunal Constitucional. Sala Primera. Sentencia 95/2000, de 10 de abril.

Tribunal Constitucional. Sala Segunda. Sentencia 19/1982, de 5 de mayo.

Tribunal Constitucional. Pleno. Sentencia 12/2008, de 29 de enero.

Tribunal Constitucional. Pleno. Sentencia 207/2013, de 5 de diciembre.

Tribunal Constitucional. Pleno. Sentencia 53/1985, de 11 de abril.

Tribunal Constitucional. Pleno. Sentencia 113/1994, de 14 de abril.

Tribunal Constitucional. Pleno. Sentencia 198/2012, de 6 de noviembre.

Tribunal Constitucional. Pleno. Sentencia 93/2013, de 23 de abril.

Tribunal Constitucional. Sala Segunda. Sentencia 231/1988, de 2 de diciembre.

Tribunal Constitucional. Sala Segunda. Sentencia 115/2000, de 5 de mayo.

Tribunal Constitucional. Pleno. Sentencia 236/2007, de 7 de noviembre.

Tribunal Constitucional. Pleno. Sentencia 5/1981, de 13 de febrero.

8.
LA REGULACIÓN JURÍDICA DE LA FAMILIA EN LA CONSTITUCIÓN REPUBLICANA DE 1931

Marta Cantín Larumbe

1. Introducción

La familia se identifica comúnmente como la célula de la humanidad, con unos derechos naturales inherentes por encima del Estado[1]. Por constituir el núcleo básico de la sociedad, no puede reducirse únicamente a la esfera privada, pues constituye una realidad plural y dinámica, en constante evolución, generadora de cambios al tiempo que consecuencia de los mismos.

Sin embargo, no es hasta el siglo XX cuando las Constituciones prevén la cuestión matrimonial y familiar en su articulado. La Constitución Mejicana de 1917, en su artículo 130, afirma la naturaleza contractual del matrimonio, siendo competencia exclusiva de los funcionarios y autoridades del orden civil[2].

Asimismo, la constitución de Weimar de 1919, en sus artículos 119 a 122, regula con más precisión el matrimonio y la familia. En primer lugar, establece que el matrimonio, fundamento de la vida familiar y de la con-

[1] Falcón y Tella, Fernando. *La familia, el Estado, la Iglesia: pasado y nuevos horizontes*. Anuario de Derechos Humanos. Nueva Época, Vol. 5 (2004), p.191.

[2] Artículo 130: "El matrimonio es un contrato civil. Este y los demás actos del estado civil de las personas, son de la exclusiva competencia de los funcionarios y autoridades del orden civil, en los términos prevenidos por las leyes, y tendrán la fuerza y validez que las mismas les atribuyan.".

servación y aumento de la nación, queda bajo la protección especial de la Constitución. Proclama la igualdad jurídica de ambos sexos y prevé protección y auxilio a la maternidad. Por último, encarga a los padres la educación de la prole y equipara jurídicamente los hijos ilegítimos con los legítimos.

La Constitución de 1931 regulará el matrimonio y la familia en términos similares, pero antes de exponer el paradigma de la familia en la Constitución republicana, debemos hacer una breve exposición de la legislación del derecho de familia inmediatamente anterior a la promulgación de la Ley fundamental.

2. Antecedentes legales de la constitución de 1931

2.1. Ley matrimonio de 1870

Hasta la ley de matrimonio civil obligatorio de 1870, el matrimonio válido era aquel celebrado según el derecho canónico[3]. La Real Cédula de 1564 de Felipe II supuso incorporar a la legislación nacional lo establecido en el Concilio de Trento en materia matrimonial, introduciendo el matrimonio canónico obligatorio para los bautizados.

La exposición de motivos de esta ley reconoce el matrimonio como la base de todas las instituciones humanas -incluida la familia-, el elemento generador de la sociedad misma. Afirma que sin matrimonio no hay familia, y sin ésta, no existe sociedad[4].

Sin embargo, la promulgación de esta ley supuso un cambio de paradigma del matrimonio, pues estableció el matrimonio civil obligatorio, no surtiendo efectos el matrimonio canónico, a pesar de reconocer el matrimonio como una institución religiosa[5].

La Constitución de 1869, de carácter liberal democrática, se caracteriza por su extensa declaración de Derechos en el Título I, entre los que se encuentra la libertad de conciencia y la libertad de cultos (art 21). Esta libertad religiosa y de conciencia es la que fundamenta el estableci-

[3] Sin embargo, cabe mencionar la existencia de los matrimonios clandestinos -matrimonio a yuras- válidos, pero sujetos a sanciones.

[4] *Diario de sesiones,* 17 de diciembre de 1869, apéndice 3, p. 1.

[5] *Ibidem.* 17 de diciembre de 1869, apéndice 3, p. 1.

miento del matrimonio civil obligatorio. Así, el Sr Eugenio Montero Ríos, en una sesión de las Cortes, afirmaba que:

> El matrimonio civil es una consecuencia necesaria de la libertad religiosa. El matrimonio es uno de los actos más importantes, más trascendentales de la vida; el matrimonio es la base de la familia, así como la familia es la base del Estado: la familia es donde se refleja la sociedad entera, es donde se realizan los fines de la humanidad. Pues si hay libertad religiosa, si hay siquiera tolerancia de cultos, aunque no se separe completamente la Iglesia del Estado, es preciso que el Estado no vea fieles, sino ciudadanos, al contraer ese acto; es preciso que se separen las ideas de fieles y ciudadanos; es preciso que también se separen el contrato civil y el sacramento; es preciso que se organice ese contrato civil con arreglo a los sanos principios del derecho natural, con arreglo a los principios eternos de justicia[6].

La promulgación de esta ley es consecuencia del liberalismo característico del siglo XIX, el cual afirma que la normativa jurídico-estatal no puede tener en cuenta a la Iglesia o a los eclesiásticos, sino que ha de producirse solamente con la finalidad de proteger unas situaciones jurídicas que encuentran su fundamento en el desarrollo de facultades y derechos dimanantes del propio Estado[7]. En estos términos se pronunciaba Pi y Margall:

> Hay necesidad, señores, de saber bien lo que es la Iglesia: hay necesidad de que sepamos bien cuál es el enemigo que tenemos enfrente: hay necesidad de que comprendamos perfectamente cuál es la gran dificultad que hay para que la libertad del pensamiento sea completa. La gran dificultad es la Iglesia (...). Así es que debemos tratar siempre, si queremos tener libertad de pensamiento y una libertad completa en materia religiosa, de separar completa-

[6] *Ibidem*. 15 de marzo de 1869, p. 510.

[7] Grahit Ferrer, Enrique. *El matrimonio civil obligatorio:* Ley española de 1870. Los promotores del matrimonio civil en defensa de la indisolubilidad. Cuadernos doctorales. Derecho canónico, derecho eclesiástico del Estado 10 (1992): 506.

mente la Iglesia del Estado: porque de este modo la Iglesia no puede contar con la protección del Estado para hacer reales sus anatemas y prohibiciones[8].

El entonces ministro de Gracia y Justicia, Luis Zorrilla, al presentar el proyecto de ley a las Cortes[9] – como hemos anuncia líneas más arriba –, reconocería el doble carácter del matrimonio. Por este motivo, justificaba la concurrencia de ambas potestades en materia matrimonial. La religión legislaba sobre el matrimonio en tanto en cuanto es una institución transcendental a la vida espiritual y moral del hombre. El Estado deberá también legislar sobre él, porque constituye un elemento esencial de la existencia. Diferencia el matrimonio civil del sacramento dependiendo de quien sea el que legisla sobre la institución. Si es el Estado, hablamos de matrimonio civil; si es la Iglesia; el matrimonio como sacramento. Por eso justifica que, cuando existía unificación legislativa -hasta la promulgación de esta ley- se confundía el matrimonio civil con el sacramento.

2.1.1. La indisolubilidad del matrimonio

En cuanto a la indisolubilidad del matrimonio, lejos de considerarlo como una característica religiosa o sacramental, afirma que se trata de una manifestación de los principios de justicia y equidad, propios del derecho natural. El legislador reconoce que el matrimonio es complemento natural de la personalidad humana, que no tiene únicamente como fines la perpetuación de la especie, sino que responde al cumplimiento de necesidades sociales, tales como la educación de los hijos o el socorro entre los esposos:

> En el matrimonio los cónyuges se unen para realizar los fines racionales de la vida; no solo la procreación, sino también la educación de la prole y la mutua cooperación de los esposos para el cumplimiento de sus respectivos y naturales destinos. Destruida la perpetuidad, se dificultará o imposibilitará la realización de los mencionados fines[10].

[8] *Ob. Cit.* 24 de marzo de 1869, p. 705.
[9] *Ibidem.* 17 de diciembre de 1869, apéndice 3.
[10] *Ibidem.* 17 de diciembre de 1869, apéndice 3, p. 3.

Por ello, si se despoja al matrimonio el carácter de perpetuo e indisoluble, los fines sociales que persigue difícilmente podrán llevarse a cabo.

2.1.2. El divorcio

La indisolubilidad del matrimonio determina la naturaleza del divorcio. El divorcio no disolvería el vínculo conyugal, solamente eximiría de la obligación de vivir juntos. La exposición de motivos aclara que la obligación de convivencia no corresponde exclusivamente al derecho privado, pues "su principal fundamento es la moralidad y orden público, por lo que los cónyuges no podrán por su propia voluntad divorciarse o separarse mientras no haya una sentencia ejecutoria". Al afectar el divorcio a la sociedad, al orden público, se contempla taxativamente, en el artículo 87, aquellas causas que darían lugar al divorcio.

Esta ley ya anuncia, aunque sea tímidamente, el carácter público del matrimonio, no debiendo quedar relegado a la voluntad de los cónyuges.

En fin, la ley de 1870 sería la primera en secularizar el matrimonio, fundamentándose en la libertad de cultos y conciencia recogida en la Constitución de 1869. No obstante, parte de la doctrina consideraba que la promulgación de esta ley suponía un desajuste entre la normativa jurídica y la realidad social, pues la sociedad española no era muy propicia a la secularización del matrimonio[11]. A pesar de que esta Ley no reconocería efectos civiles al matrimonio canónico, una Orden de 20 de junio de 1874 impedía contraer matrimonio civil cuando los contrayentes se hallaren ligados por un matrimonio canónico no disuelto.

[11] Manuel Marañón y Gómez-Acebo. *Examen del decreto de 9 de febrero de 1875 reformando la ley de matrimonio civil.* Revista General de Jurisprudencia y legislación 15,1877, p. 5 "(...) olvidándose el legislador que no es la primera condición para que la ley se cumpla su absoluto divorcio con las costumbres y tendencias de los que la debe observar como sucedió con la ley de matrimonio civil dictada más que otra cosa a impulsos de una exigencia política". También Iván C. Iban recoge algunas de las opiniones de la doctrina en su obra *Matrimonio civil y matrimonio canónico en la legislación española (1870-1978)*, Anuario de Derecho Civil ADC, tomo XXXII, nº1 (1979): 94: "emborrona las páginas de nuestro Derecho matrimonial patrio", "provocó muchas y muy hondas perturbaciones en las familias y en la moralidad pública", "chocaba con las tradiciones patrias y con el ambiente social" etc.

Esta ley perdería su vigencia tras la promulgación del Decreto el 9 de febrero de 1875, que reconocería efectos civiles al matrimonio contraído según los sagrados cánones.

2.2. Promulgación del Código civil

El debate en torno a la validez de las distintas formas de matrimonio no fue ajeno al debate parlamentario durante la elaboración del código civil[12]. El artículo 42 de la redacción original del Código civil de 1889 establece dos formas de matrimonio: el canónico, obligatorio para todos aquellos que profesasen la religión católica[13] y, el civil, que se celebrará de modo que determine el Código.

Este artículo es fruto de las negociaciones del Gobierno con la Santa Sede, llevadas a cabo por Alejandro Groizard. Es interesante los tres puntos que la Santa Sede se propuso clarificar durante las negociaciones: en primer lugar, que se reconocieran los efectos civiles del matrimonio canónico; en segundo lugar, que la presencia de un representante del Estado en la celebración del matrimonio canónico tuviera como único propósito la inscripción inmediata en el registro civil; y, en último término, que el Estado se limitara a establecer impedimentos prohibitivos[14].

El código civil de 1889 reconocía, igualmente, la competencia a los Tribunales eclesiásticos para conocer de las demandas de los matrimonios celebrados según el derecho canónico.

3. La familia en la Constitución de 1931

La proclamación de la II República -tras la victoria de los partidos republicanos en las grandes provincias- trajo consigo la promulgación de una Constitución. La Constitución republicana, al igual que la constitución de 1812, despierta su interés por intentar romper con el pasado y fundar un nuevo Estado español.

Antes de exponer la regulación de la familia en la Constitución de 1931, debemos detenernos en el Anteproyecto de Ángel Ossorio y Gallardo el

[12] *v*. Fosar Benlloch, Enrique. *Estudios de derecho de familia*. Tomo III, pp. 520 ss.

[13] El término profesar, al no definirse con exactitud su alcance, conllevo a interpretaciones doctrinales. *v* Iban, Ivan C., "*Ob. Cit.* pp. 111 ss.

[14] Fuenmayor de, Amadeo. *El matrimonio en el Código civil.* Ius canonicium 59 (1990): 225.

cual no llegó a remitirse a las Cortes para ser debatido, pero esbozó las bases de la Ley fundamental de 1931.

3.1. Anteproyecto constitucional

El anteproyecto fue encomendado, antes de que se convocaran las elecciones a Cortes Constituyentes, a una Comisión Jurídica Asesora, que dependía del Ministerio de Justicia. Posteriormente, esta comisión delegó la responsabilidad en una Subcomisión liderada por Ángel Ossorio y Gallardo, compuesta por doce miembros.

Su propuesta fue una constitución moderada inspirada en la tradición constitucional de España (Constituciones de 1812, 1837 y 1869), así como la Constitución de Weimar[15]. Constaba de 104 artículos divididos en nueve títulos.

La exposición de motivos que acompaña al anteproyecto desentraña algunas de las razones o ideas que subyacen en el texto, como la separación entre la Iglesia y el Estado:

> El tema religioso, de primordial interés de todas partes y de especial preocupación entre españoles, ha sido tratado como lo es ya en todos los pueblos, aun en los de más acendrado sentimiento católico, a saber, separando la Iglesia del Estado y respetando sin titubeos la libertad de conciencia y la de cultos, proclamadas en más de un pasaje del texto.

[15] La similitud con el texto constitucional de Weimar es palpable en la regulación de la familia. El artículo 119 de la Constitución de Weimar establecía que "el matrimonio, fundamento de la vida familiar y de la conservación y aumento de la nación, queda bajo la protección especial de la Constitución. Se basa en la igualdad jurídica de los dos sexos. Incumbe al Estado y a los Municipios mirar por la pureza, sanidad y mejoramiento de la familia. Las familias numerosas tienen derecho a medidas de protección compensadoras. La maternidad tiene derecho a la protección y auxilio del Estado".
En cambio, como analizaremos más adelante, el artículo 27 del anteproyecto preveía que "el matrimonio, base de la familia, está bajo la salvaguardia especial del Estado. Se funda en la igualdad de derechos para ambos sexos. Los padres estarán obligados respecto de sus hijos, a alimentarlos, tenerlos en su compañía, educarlos e instruirlos. El Estado velará por el cumplimiento de estos deberes. Las leyes civiles regularán los derechos de los hijos habidos fuera del matrimonio y la investigación de la paternidad, en defensa de éstos.".

> Nadie podrá ver en estas declaraciones un espíritu persecutorio, ni un sectarismo destructor. Aunque algún miembro de la Comisión hubiese querido ver salvada de modo expreso una orientación cristiana en las actividades morales del Estado; pareció preferible no hacer declaración sobre el particular y dejar ambas potestades independientes, aunque concordadas, como ocurre hoy por regla general[16].

A pesar de establecer un Estado aconfesional, reconocía a la Iglesia un estatus especial al considerarla "institución de derecho público" y garantizar la enseñanza religiosa, así como reconocer la fuerza social y la significación histórica de la Iglesia. De este modo, el artículo 8 decía así:

> No existe religión de Estado. La Iglesia católica será considerada como Corporación de Derecho público. El mismo carácter podrán tener las demás confesiones religiosas cuando lo soliciten y, por su constitución y el número de sus miembros, ofrezcan garantías de subsistencia.

Siguiendo la exposición de motivos, junto al reconocimiento de derechos políticos y civiles[17], se incluyeron derechos sociales y económicos, característicos de las Constituciones contemporáneas, que regularan las cuestiones de alto interés social. De ahí que se incorpore el Capítulo denominado "Familia, economía y cultura".

En primer lugar, el artículo 27 proclama el matrimonio como base de la familia y la coloca bajo la salvaguardia especial del Estado, fundán-

[16] Anteproyecto de constitución de la república española de 1931. Disponible en: https://www.cervantesvirtual.com/obra-visor/anteproyecto-de-constitucion-de-la-republica-espanola-de-1931/html/.

[17] Entre otros, las detenciones ilegales y la responsabilidad de los agentes y funcionarios que las den cumplimiento (Art. 14); la afirmación de la libertad sindical con orientación a considerar los Sindicatos cual organismos de Derecho público para que puedan intervenir en la política social y económica del Estado (Art. 23) ; el principio de la igualdad de los sexos en la vida del trabajo (Art. 24), y la aceptación de las Asociaciones de funcionarios, siempre que no se ingieran en el servicio público que les estuviera encomendado, así como el reconocimiento del derecho de esas Asociaciones para recurrir ante los Tribunales en defensa de sus miembros (Art. 25).

dose en la igual de derechos para ambos sexos[18]. Se prevén, asimismo, los deberes de la patria potestad y los derechos para con los hijos habidos fuera de matrimonio, así como la investigación de la paternidad.

A diferencia del artículo 43 de la constitución de 1943 -que establecería el divorcio como una cuestión constitucional-, este anteproyecto omitió cualquier referencia al divorcio.

A este anteproyecto le acompañó numerosos votos particulares. Ninguno de ellos se refería a la cuestión familiar; si bien muchos se referían al asunto religioso[19].

Cabe destacar el voto particular al artículo 8 emitido por Ángel Ossorio, Manuel Pérez Rodríguez y José Manuel Puebla, pues consideraban que "si [la constitución] ha de enseñar a los niños de su país, si ha de legislar sobre la familia, si ha de velar por la ética en los contratos, si ha de vigilar las costumbres, será difícil que cumplan tan arduos deberes sin tener una idea firme sobre los cimientos espirituales de la vida, que sólo en las creencias religiosas pueden encontrarse". Por este motivo, proponían que el Artículo 8 quedase redactado del siguiente modo: "No existe religión oficial del Estado, el cual amparará la libertad de cultos; pero inspirará su actuación y su legislación en las normas de la moral cristiana".

A pesar de que la voluntad era que este Anteproyecto se convirtiese en proyecto, dadas las discrepancias del Gobierno, constituidas las Cortes, nombraron una Comisión especial para que se encargase de la elaboración de un proyecto.

[18] En la cuestión familiar se ve una clara influencia de la Constitución de Weimar, pues su artículo 119 establece que: "El matrimonio, fundamento de la vida familiar y de la conservación y aumento de la nación, queda bajo la protección especial de la Constitución. Se basa en la igualdad jurídica de los dos sexos.".

[19] Fernández Clérigo, en su voto particular, proponía el establecimiento de un Estado claramente laical: "El Estado no profesa ninguna religión. La Iglesia Católica y demás confesiones religiosas, sólo serán consideradas como asociaciones y vendrán obligadas a cumplir los preceptos establecidos en la ley especial reguladora de las mismas.". En términos parecidos planteaba E. Ramos la redacción del artículo 8: "No existe religión de Estado. Se garantiza la libertad de cultos. Las Iglesias serán consideradas como establecimientos de culto y reglamentadas por una ley especial.".

3.2. Proyecto de Constitución y debate en cortes de la Constitución

El 28 de julio de 1931 fueron elegidos los 21 miembros de la Comisión de la Constitución que elaboraría el proyecto de constitución, presidida por Luis Jiménez de Asúa.

El 27 de agosto, con el discurso del presidente de la Comisión, se dio inició al debate en las cortes constituyentes. En este discurso, Jiménez de Asúa justificó la inclusión de derechos de entidades colectivas como los sindicatos o la familia, corriente ya adoptada en la Constitución mexicana de 1917, la Constitución rusa de 1918 o la Constitución de Weimar de 1919.

Algunos temas suscitaron acalorados debates, especialmente, la cuestión religiosa, la definición de la familia y el establecimiento del divorcio.

3.2.1. La cuestión religiosa en relación con la familia

La cuestión religiosa provocaba una clara división no solo entre los parlamentarios, sino también entre la población española[20]. El artículo 3 de la Constitución establecía un Estado laical. El laicismo impregnaba todo el texto constitucional, y así lo hace saber el Diputado Molina Nieto:

> Este ateísmo se agudiza también en el art. 41 del mismo proyecto de Constitución, en el cual se da un ataque, un golpe brutal a la familia; en el cual, no solamente se despoja de todo principio religioso, sino que, de aprobarse como está en el apartado primero del articulo dicho, constituiría verdaderamente un principio y un foco de disolución social[21].

En el mismo sentido, el Diputado Álvarez Rodríguez entendía que la Constitución atacaba frontalmente a la población católica, a la escuela y a la familia; y no solo eso, sino que también reprocha a la Comisión atribuir las desgracias y crímenes de la monarquía con la religión católica[22].

[20] Manuel Azaña, en su discurso pronunciado el 14 de octubre de 1931 en las Cortes, establecía que “España había dejado de ser católica”. Sin embargo, no parece que esta afirmación corresponda con la realidad social.

[21] *Ob. Cit.* 27 agosto de 1931, p. 649.

[22] *Ibidem.* 28 de agosto de 1931, p. 667.

El Diputado por el partido Unión de las Derechas, Santiago Guallar, expuso en las Cortes la doctrina católica sobre el matrimonio, alegando que el contrato matrimonial es completamente inseparable del sacramento, de tal manera que siendo el matrimonio una cosa sagrada, su ordenación y jurisdicción pertenece plena y exclusivamente a la Iglesia. Por último, afirma que toda injerencia del poder civil en esa materia es una usurpación sacrílega, un ultraje a los derechos de la Iglesia, un atentado a la conciencia católica y a la libertad de conciencia[23].

Las palabras del Diputado Radical-Socialista, Gordón Ordás, son imprescindibles para comprender la relación entre la secularización y la regulación de la familia en la Constitución: "El Estado libre no puede existir mientras no se logre sacar de él el otro estado que lo gobierne y lo dirija, y este Estado es la Iglesia; la Iglesia en cuanto significa la base fundamental del poder, de la familia, de la propiedad y de la enseñanza"[24].

3.2.2. La función social de la familia

Todo lo expuesto hasta ahora no implica que la única motivación del legislador constituyente al regular la familia fuera la separación de la Iglesia-Estado. El legislador reconoce en la familia su función e importancia social:

> El factor familia tiene una trascendencia grande en nuestra vida social, una trascendencia de naturaleza tal que, no solo en el ambiente de la Cámara, sino en corrillos y cafés y en todos los hogares de España, se está discutiendo acerca de las posibilidades, del concepto y de los resultados que las decisiones de la Cámara puedan traer a esta institución[25].

El Estado debía proteger la familia en el matrimonio porque, además de ser organismo natural, "lo es también político, jurídico y moral, constituyendo un núcleo de aquél, punto donde germinan los futuros ciu-

[23] *Ibidem*. 17 de junio de 1932, p. 6287.
[24] *Ibidem*. 1 de septiembre de 1931, p. 705.
[25] *Ibidem*. 29 de septiembre de 1931, p. 1536.

dadanos"[26]. Ricardo Semper, perteneciente a la Comisión del proyecto constitucional, asegura que:

> Tienen tanta importancia estos principios del divorcio, de la igualdad de derechos entre marido y mujer dentro del matrimonio, de la investigación de la paternidad y, finalmente, de la igualdad de deberes del padre respecto de los hijos legítimos y naturales, es todo ello tan trascendental y, en cierto modo, se halla tan incorporado a los programas políticos que han constituido la esencia de este movimiento nacional, que es preciso estamparlos en la Constitución[27].

Otro diputado, al hablar sobre la disolución del matrimonio afirma que el matrimonio "no es una cosa meramente de dos personas, que no pertenece únicamente a la sociedad conyugal, sino que la sociedad tiene o debería tener una acción social, cuando en beneficio público deba ser disuelto el matrimonio"[28].

Sin embargo, a pesar de la función social que desempeñaba la familia, de los debates en las Cortes, podemos deducir que no había unanimidad entre los diputados a la hora de constitucionalizar el derecho de familia. Así, el diputado Castrillo se preguntaba si problemas vivos como el de la familia, la religión o la propiedad deben recogerse en la Constitución, pues es parte de la vida civil que divide no solo a los partidos, sino a lo hombre en dos bandos[29].

Y si debía regularse, ¿en qué términos? A diferencia del anteproyecto de Constitución, que situaba al matrimonio como base de la familia, la

[26] *Revista de los Tribunales y de la Legislación Universal* 67 (1933): 313-171.
[27] *Ob. Cit.* 15 de octubre de 1931, p. 1755.
[28] *Ibidem.* 5 de febrero de 1932, p. 3643. En términos similares se pronunciaba Ricardo Samper: "La disolución del matrimonio, que es el hecho jurídico, es nociva para el interés social, como son nocivas todas las perturbaciones del orden jurídico; pero el principio de disolubilidad que es el remedio que la ley aplica para evitar grandes males que se producen dentro del matrimonio y que determinan el hecho efectivo o legal de su disolución, lejos de ser un mal es un buen, porque, sirviéndose de un símil, la amputación de un miembro a un individuo es un mal para él y para la sociedad" (*Diario de sesiones*, 15 de octubre de 1931, p. 1755).
[29] *Ibidem.* 15 de octubre de 1931, p. 1753.

constitución republicana la fundamenta en la consanguineidad. Es más, Calara Campoamor, en una de sus intervenciones en el Congreso, asegura que "no toda la familia es matrimonio; que hay familia natural y espiritual" y que también "hay multitud de familias que no tienen su origen ni en la paternidad ni en la maternidad[30]".

3.2.3. El divorcio

El debate se intensificaba más todavía en la regulación –o no– del divorcio como cuestión constitucional. Algunos diputados -entre los que se encuentra Óscar Casanova- consideraban que el establecimiento del divorcio como cuestión constitucional respondía únicamente a intereses partidistas. Comparaba la cuestión del divorcio con el turno pacífico de los partidos durante el siglo XIX:

> (..) ¿subía Cánovas al Poder? Todos los empleados nombrados por Sagasta, a la calle. ¿Caían los conservadores y subían los liberales? Todos los que se habían nombrado antes corrían la misma suerte. Pues algo parecido ocurre cuando se empeñan en dar a las leyes efectos retroactivos. Por ejemplo, en el caso actual: ¿Que mandan las izquierdas? A divorciarse hasta el gato de D. Ángel, aunque el matrimonio se haya contraído a base de la indisolubilidad. ¿Qué mandan algún día las derechas? Pues no se divorcia nadie, aunque el matrimonio se haya celebrado con la condici6n de poderlo disolver, si le iba mal a los contrayentes. Debéis comprender, Sres. Diputados, que esto sería un trastorno para todos y debéis pensar que los que ahora estáis encima, alguna vez podéis caer debajo[31].

Ossorio y Gallardo, a pesar de defender la concepción del matrimonio como contrato, considera que:

> [al matrimonio]:se le exige lo que no se le pide a ningún contrato, que es la posibilidad de su retractación, porque en todos los contratos hay un elemento de interés individual, patrimonial casi siempre, pero también un concepto de interés social. Al matrimonio le pedimos una cosa excepcional:

[30] *Ibidem*. 15 de octubre de 1931, p. 1749.

[31] *Ibidem*. 5 de febrero de 1932, p. 3640.

que se pueda deshacer en cuanto alguien este disconforme con haberlo celebrado. De modo que no es ya un contrato, es, según esta tesis, el último, el más deleznable, el ínfimo de los contratos. Lo que nadie se atrevería a romper en una venta, en un préstamo, se pretende romper disolviendo el vínculo en un matrimonio[32].

Y, en todo caso, considera que "la declaración y regulación del divorcio es materia de una ley civil, no de una Constitución. Y digo en esto lo que he tenido ocasión de decir en otros temas: no llevemos a la Constitución materias legales que pueden necesitar modificación mañana, y si no la logran constituir un daño social"[33].

El ministro de hacienda le respondería en los siguientes términos: "nosotros una razón fundamental para llevarlo a la Constitución, y es que mientras no se dicte esa ley civil, estará vigente el código anterior, que remite el conocimiento de las causas del divorcio a los tribunales canónicos"[34].

Conclusión

La constitucionalización de la familia es fruto de la voluntad de la República de transformar la sociedad, y esta transformación implicaba la secularización del matrimonio y la familia.

Hasta entonces recaía en la Iglesia la salvaguarda de la moral, las costumbres y, por supuesto, la familia.[35]. Por ello, al configurar un Estado laico, se debía despojar a la Iglesia de su poder a favor del poder estatal. Por ello, si antes la familia, y concretamente el matrimonio, se regulaba por disposiciones canónicas, es ahora el Estado el que debe asumir esta tarea por la función social que desempeña la familia.

[32] *Ibidem*. 15 octubre de 1931, p. 1746

[33] *Ibidem*. 15 de octubre de 1931, nº 57, p. 1747.

[34] *Ibidem*. 15 octubre de 1931, nº 57, p. 1748. El código civil de 1888/9 establecía que, de las causas de separación y divorcio de los matrimonios celebrados según las disposiciones canónicas, conocerían los tribunales eclesiásticos.

[35] Basta observar el artículo 11 de la Constitución de 1876: "La religión católica, apostólica, romana, es la del Estado, obligándose la Nación a mantener el culto y sus ministros. Así, queda patente que nadie será molestado en el territorio español por sus opiniones religiosas, ni por el ejercicio de su respectivo culto, *salvo el respeto debido a la moral cristiana*".

Y, como dijo el diputado López Varela, del partido republicano radical:

> Una sociedad se revoluciona y se transforma cuando transforma sus instituciones, puesto que la sociedad en el fondo es una armonía de las instituciones más importantes como la familia, el Estado, la propiedad, y la religión. Una revolución que hubiese producido una conmoción social pero que hubiese dejado intactas estas instituciones, no habría revolucionado nada.
> La República, en la Constitución y luego en el desarrollo de las leyes que vienen a completarla, ha hecho esta gran transformación de la sociedad española: de la familia teológica ligada perpetuamente por vínculos divinos, a una familia humana, fundamentada en el amor conyugal y en la piedad filial.

Referencias

Battle Y Vázquez, M. *Repercusiones de la Constitución en el Derecho Privado*. Madrid, 1933.

Corcuera Atienza, J. *La constitución española de 1931 en la historia constitucional comparada*. Fundamentos: Cuadernos monográficos de teoría del estado, derecho público e historia constitucional 2, 2000.

Díez-Picazo, Luis. *Familia y Derecho*. Civitas, 1984.

Falcón y Tella, Fernando. *La familia, el Estado, la Iglesia: pasado y nuevos horizontes*. Anuario de Derechos Humanos. Nueva Época, Vol. 5, 2004.

Fosar Benlloch, Enrique. *Estudios de derecho de familia*. Tomo III.

Fuenmayor de, Amadeo. *El matrimonio en el Código civil*. Ius canonicium 59, 1990.

Gomá, Isidro. *La familia según el Derecho Natural y cristiano*. Barcelona, 1931.

Grahit Ferrer, Enrique. *El matrimonio civil obligatorio:* Ley española de 1870. Los promotores del matrimonio civil en defensa de la indisolubilidad. Cuadernos doctorales. Derecho canónico, Derecho eclesiástico del Estado 10, 1992.

Iván C. *Matrimonio civil y matrimonio canónico en la legislación española (1870-1978)*. Anuario de Derecho Civil ADC, tomo XXXII, nº1,1979.

Jiménez de Asúa, L. *La constitución de la República*. Madrid, 1932.

Manuel Marañón y Gómez-Acebo. *Examen del decreto de 9 de febrero de 1875 reformando la ley de matrimonio civil*. Revista General de Jurisprudencia y legislación 15,1877.

Marzal Rodríguez, Pascual. *El derecho de familia entre la II república y el primer franquismo*. Aranzadi, 2022.

Oliver Araujo, J. Ruiz Robledo, A (dirs.). *Comentarios a la constitución española de 1931 en su 90 aniversario.* Centro de Estudios Políticos y Constitucionales. Madrid, 2021.

Pérez Serrano, N. *La Constitución española de 1931.* Madrid, 1932.

Pidal Rodrigalvares, L. *La revolución y el derecho privado* (ensayo crítico). Madrid, 1934.

Quintana Reynés, L. *Derecho matrimonial y familiar del Estado Español 1936-1942.* Barcelona, Bosch, 1943.

Valpuesta Fernández, R. *La disciplina constitucional de la familia en la experiencia europea.* Valencia, Tirant lo Blanch, 2022.

Vázquez, de Prada, M. "Para una historia de la familia española en el siglo XX". Memoria y Civilización (M&C) 8, 2005.

9.
POLIAFETIVIDADE E SOCIOAFETIVIDADE: CONFUSÃO PERIGOSA

REGINA BEATRIZ TAVARES DA SILVA

1. Considerações iniciais

A defesa da família é o principal objetivo da Associação de Direito de Família e das Sucessões (ADFAS).

Efetivamente, sem valores não há família, sem família não pode haver o pleno desenvolvimento das pessoas, fragilizando-se a proteção dos mais vulneráveis, entre os quais as crianças e os adolescentes.

Nas palavras de Graciela Medina:

> Entrando en la tercera década del siglo XXI, estamos convencidos de que se impone una enérgica, sólida y sostenida defensa de la familia como institución fundante de la sociedad, de cuya fortaleza indiscutiblemente dependemos para lograr individuos sanos y felices que puedan conformar una comunidad más igualitaria, ordenada y justa donde se logre un desarrollo pleno de las personas[1].

De que família estamos falando? Falamos da família de nossos tempos, com os avanços que temos nos países que cultivam os mesmos valores

[1] Medina, Graciela. Protección Jurídica de la Familia. *In*: *Revista Jurídica de Buenos Aires*, Año 45, Número 101, 2020-II, Buenos Aires: Facultad de Derecho – Universidad de Buenos Aires, Departamento de Publicaciones, Abeledo Perrot, Derecho de Familia – Coordinadora Graciela Medina, pp. 03-08.

morais a orientarem o comportamento social, com os mesmos costumes, com algumas diferenças em suas regras e convenções, que não alteram a ética geral no casamento e nas uniões estáveis.

É essa a família que defende a ADFAS, a qual tem proteção integral na conformidade das Leis Maiores.

Este artigo se volta a dois países vizinhos, o Brasil e a Argentina.

A Constituição da República Federativa do Brasil (CF), em seu art. 226, *caput*, estabelece a proteção especial à família e, portanto, a todos que a compõem, por ser a base da sociedade. Como examina Ives Grandra da Silva Martins, este é o princípio mais importante do Direito de Família[2]: A família, base da sociedade, tem especial proteção do Estado.

A proteção especial às crianças e aos adolescentes, encontra relevante regra no art. 227 da CF, que estabelece:

> É dever da família, da sociedade e do Estado assegurar à criança, ao adolescente e ao jovem, com absoluta prioridade, o direito à vida, à saúde, à alimentação, à educação, ao lazer, à profissionalização, à cultura, à dignidade, ao respeito, à liberdade e à convivência familiar e comunitária, além de colocá-los a salvo de toda forma de negligência, discriminação, exploração, violência, crueldade e opressão.

Como se vê na obra *Derecho Constitucional*, de coordenação de Guillermo Barrera Buteler, no capítulo sobre *Derechos de la Familia* de autoria de Federico Robledo, "*la familia es definida, desde el bloque de constitucionalidad federal, como 'el elemento natural y fundamental de la sociedad' que 'debe ser protegida por la sociedad y el Estado*'", em conformidade com a Convenção Americana de Direitos Humanos (art. 17). É acentuada a proteção integral da família que marca o constitucionalismo social ou de segunda geração e está estatuída no art. 14 bis, parágrafo 3º da Constituição Nacional da Argentina[3].

No Brasil, o *Estatuto da Criança e do Adolescente* (Lei 8.069, de 13 de julho de 1990) e na Argentina, a *Ley de protección integral de los derechos*

[2] Martins, Ives Gandra; Bastos, Celso Ribeiro. *Comentários à Constituição do Brasil*. 1998. vol. VIII.

[3] Buteler, Guillermo E. Barrera: *Derecho Constitucional*, Córdoba: Advocatus, 2019, p. 411.

de los niños, niñas y adolescentes (Ley 26.061, de 26 de outubro de 2005), fixam Princípios, Direitos e Garantias, estabelecendo que as crianças e os adolescentes têm todos os direitos fundamentais, impondo sua proteção integral, com a finalidade de propiciar seu pleno desenvolvimento físico, mental, moral, espiritual e social, garantindo-se o direito à dignidade, com boa qualidade de vida e proteção integral à integridade pessoal, de modo que não podem ser submetidos a tratos violentos, discriminatórios, vexatórios, humilhantes ou de qualquer forma submetidos a violência, vexames e humilhações, assim como a qualquer tipo de crueldade ou degradação.

Neste texto será analisado se o poliamor, em que três, quatro ou mais pessoas vivem sob o mesmo teto, inclusive com filhos que não reconhecem seu ascendente biológico, tem natureza de família e se esse tipo de relação é ou não favorável à proteção das crianças e dos adolescentes.

2. Distinção entre poliafetividade e socioafetividade

É necessário fazer a distinção entre poliafetividade e socioafetividade.

Como enfatiza Alicia Garcia de Solavagione, quando analisa a afetividade:

> (...) *el concepto provoca incertidumbre por la falta de precisión lingüística, lo que genera incerteza jurídica. Este desconocimiento del alcance de su significado y por sobre todo, la ausencia de contenido jurídico de "la afectividad", corre el severo riesgo de relaciones in fraudem legis* (...)[4].

Assim, é necessário separar a palha do trigo.

A expressão poliafetividade tem o significado de poliamor, ou seja, de relação afetiva e sexual entre uma pessoa com duas, três ou mais pessoas. Portanto, indiscutivelmente, equivale à poligamia. Ao invés de assim denominar este tipo de relação, para enganar, se passou a usar expressões que sensibilizam, porque unem pluralidade com afeto ou amor. Mas poliafetividade ou poliamor não significam nada mais do que poligamia.

[4] Solavagione, Alicia García de. União Convivencial na República Argentina. *In: Tratado da União de Fato*. Regina Beatriz Tavares da Silva, Atalá Correia, Alicia García Solavagione (coords.). São Paulo: Almedina, 2021, pp. 141-156.

Há poligamia tanto na relação consentida entre os participantes, como na prática de infidelidade, no denominado adultério, em que não há consentimento do consorte traído.

Os danos às crianças e aos adolescentes mantidos em relações de poligamia são de evidência solar.

Totalmente distinta é a socioafetividade, que é a relação socialmente aceita de uma criança ou de um adolescente com quem assume a sua paternidade ou a sua maternidade, sem ser seu ascendente biológico, mediante requisitos criados pela doutrina e pela jurisprudência, como se pelo sangue fossem unidos. O parentesco socioafetivo requer o reconhecimento social da relação de filiação, como se pai ou mãe e filho consanguíneos fossem, e a demonstração objetiva da afetividade recíproca e assemelhada àquela que se presume existir entre um genitor biológico e seu filho[5].

São situações totalmente diferentes. A poligamia ou poliamor não constitui uma entidade familiar, pelo que não gera efeitos jurídicos de família, já que a monogamia é princípio estruturante do casamento e da união estável. Por outro lado, a socioafetividade é fato social que se aceita como relação familiar e pode ter repercussões jurídicas.

3. Monogamia e poligamia

3.1. A distorção da verdadeira imagem do Brasil

No descobrimento e colonização por Portugal do Brasil, os que aqui atracaram notaram uma realidade muito diferente daquela existente na Europa, que foi indevidamente relacionada à falta de pudor dos povos indígenas, sendo a poligamia comum entre os indígenas, por seus costumes incivilizados. A colonização pelos portugueses levou a relações com mulheres indígenas, em prática de adultério, já que conservavam seus casamentos em Portugal.

[5] O reconhecimento social e a afetividade recíproca, em demonstrações objetivas, são os requisitos propostos pela ADFAS na futura Reforma do Código Civil. Anote-se que o respectivo Anteprojeto, apresentado ao Senado Federal em 17/04/2024, omite-se quanto aos requisitos consagrados pela doutrina e pela jurisprudência, o que pode gerar grave insegurança jurídica.

Outro fato histórico foi a chegada de africanos escravizados. Devido à total subordinação dos escravos e à falta de infraestrutura nos seus alojamentos, chamados de senzalas, se facilitavam as relações adulterinas mantidas com os capatazes e com homens poderosos de Norte a Sul do Brasil, respectivamente, os chamados "coronéis" e "senhores do café", inclusive de maneira violenta e forçada.

Apesar de tudo isso, no Brasil a opção foi a monogamia.

Então, qual seria a razão da fama de que o poliafeto ou poligamia é aceitável no Brasil?

O contexto histórico não é causa dessa percepção equivocada sobre os costumes brasileiros, tampouco a forma como se vestem as mulheres devido ao clima quente do Brasil pode justificar esse pensamento equivocado sobre a moral dos brasileiros.

A informação falsa, sem qualquer apoio na lei, no pensamento dos tribunais e nos costumes da sociedade brasileira atual, com divulgações feitas por suposta doutrina que incentiva a poligamia, sob o pretexto do direito à felicidade e da soberania do afeto como valor jurídico, chamando-a de poliamor, também pelos meios de comunicação, como pela *internet* em notícias de um ou outro caso isolado se propagam como pólvora, inclusive em telenovelas que fazem ficção como se fosse realidade, como se esse tipo de relação fosse usual no Brasil, o que conduz ao erro de percepção.

São realizadas *fake news*, levando à distorção da imagem do Brasil, como se fosse o país do Carnaval em todos os dias do ano.

Essa equivocada interpretação deve ser desfeita com a verdadeira informação sobre os costumes da sociedade brasileira, assim como sobre as normas do sistema legal e a jurisprudência, inclusive as Teses de Repercussão Geral do Supremo Tribunal Federal e o acórdão do Conselho Nacional de Justiça, todos de aplicação *erga omnes*, o que se desenvolverá em continuação.

A demonstração do verdadeiro pensamento da sociedade brasileira e, por conseguinte, do entendimento jurídico prevalecente são relevantes não só para o Brasil, poque o *fake* exemplo pode contaminar pensamentos em outros países que têm os mesmos valores morais que orientam o comportamento em sociedade.

Primeiramente se se realizará a análise da prevalência justificada da monogamia na maioria dos países ocidentais e em grande parte do mundo oriental.

3.2. Razões da prevalência da monogamia nos países civilizados

A monogamia, como princípio estruturante do casamento e da união estável prevaleceu por inúmeras razões, que não estão adstritas a princípios religiosos, nos países ocidentais e em grande parte dos países orientais[6].

Baseado no estudo científico da *Royal Society*, intitulado "*The Puzzle of monogamous marriage*"[7] se observa que a cultura da poligamia tem consequências nocivas para os habitantes dos países que a cultivam, entre elas: maior desigualdade entre homens e mulheres, maiores taxas de violência doméstica, maior número de autolesões femininas, maiores índices de crimes, incluído o tráfico sexual, as relações são conflituosas inclusive nos países onde as mulheres têm acesso aos meios de produção ou trabalho porque o ser humano é atavicamente monógamo e, por consequência, menos investimento nos filhos. Como resultado, surge a menor produtividade econômica nas sociedades polígamas, formadas por alguns países asiáticos, que têm os menores índices de desenvolvimento humano, de acordo com dados estatísticos dos anos de 2021 e 2022[8].

Em vista das perdas provocadas pela poligamia, a monogamia prevaleceu em todos os países da América do Norte, Central e do Sul, na Europa e na Oceania, assim como na China, no Japão e na Rússia, entre outros países.

Isto muito se deve ao fato de que nas sociedades monogâmicas a mulher ocupa uma posição de maior igualdade com o marido, na direção do lar e na educação dos filhos. Em vista de oportunidades equivalentes são reduzidos os conflitos, em especial em relação à violência doméstica.

[6] Tavares da Silva, Regina Beatriz; Correia, Atalá; Solavagione, Alicia García. União familiar de fato e seu estudo comparatístico. *In: Tratado da União de Fato*. São Paulo: Almedina, 2021, pp. 39-62.

[7] Hemrich, Joseph; Boyd, Robert; Richerson, Pedro. *The Puzzle of monogamous marriage*. Disponível em: https://royalsocietypublishing.org/doi/10.1098/rstb.2011.0290. Acesso em 06/06/2022.

[8] Ranking Global IDH. Disponível em: https://www.br.undp.org/contemt/brazil/pt/home/idh0/rankings/idh-global.html. Acesso em 01/10/2023.

Ademais, em vista da melhor qualidade de vida nos países que adotam a monogamia, os filhos são beneficiados, já que preocupação do pai está voltada à sua proteção e não à obtenção de outras mulheres[9].

Se há proteção aos membros da família, se protege a própria família, que se fortalece como núcleo essencial da sociedade e a nação tem maiores possibilidades de crescer nos índices de desenvolvimento humano, isto evidentemente também impacta positivamente nas crianças e nos adolescentes.

Nas sociedades poligâmicas prevalece a desigualdade, o que faz com que o gênero feminino sofra subordinação em evidente desigualdade, inclusive com a ocorrência de mutilação genital feminina, sendo que nos países que adotam esse sistema, a poliginia prevalece, ou seja, a relação de um homem com várias mulheres, sendo rara a poliandria, isto é, a relação de uma mulher com vários homens. O tráfico sexual também é maior nesses países pela falta de mulheres disponíveis para o casamento[10].

Por essas razões, entre outras que prejudicam os membros familiares numa relação poligâmica ou de poliafeto, inclusive as crianças e os adolescentes, o princípio estruturante do casamento nos países com maior desenvolvimento cultural e econômico é a monogamia, que se estrutura bilateralmente, com a igualdade de direitos e deveres iguais[11].

É interessante notar que no continente africano, em Angola, a poligamia se aplica principalmente entre os analfabetos e nas zonas rurais, sendo que a monogamia prevalece nas zonas urbanas e que têm maiores índices de alfabetização[12]. Assim, a Constituição angolana do ano de 2010 consagrou a monogamia como a única forma de casamento e as uniões de

[9] Hemrich, Joseph; Boyd, Robert; Richerson, Pedro. *Ob. Cit.*

[10] Figueiredo, Marcia Boen Garcia Liñan. *Princípio da Monogamia*: Direito Constitucional, Direito de Família, Psicanálise e História. Disponível em: https://adfas.org.br/principio-da-monogamia-direito-constitucional-direito-de-familia-psicanalise-e-historia/. Acesso em 06.08.2020.

[11] Roso, Jayme Vita. A monogamia e seus confrontos e desafios. *Direito em Migalhas*. Campinas: Milennium Editora, 2006, p. 93.

[12] Fançony, Pedro Ambrosio dos Reis. União de facto em Angola. *In: Tratado da União de Fato*. Regina Beatriz Tavares da Silva, Atalá Correia, Alicia García Solavagione (coords.). São Paulo: Almedina, 2021.

fato, somente em relações monogâmicas há especial proteção do Estado (art. 35, 1)[13].

Se conclui que o posicionamento do Brasil, assim como dos outros países que adotam a monogamia como princípio estruturante do casamento e da união estável, não provém somente da religião, como equivocadamente dizem os que supostamente defendem a laicidade do Estado, mas, sim dos males da poliafetividade, o que está fundamentado em dados científicos, como os que foram antes mencionados.

3.3. *Fake news* sobre o Direito brasileiro

Dada a retorcida análise dos que querem o respaldo do Direito de Família e das Sucessões para o poliamor, há facilitado equívoco provocado pelo que se pode denominar *fake legal news* ou notícias jurídicas falsas, com a ideia de que não existe norma legal sobre a monogamia em terras brasileiras.

Assim, as lamentáveis notícias falsas fazem comentários equivocados de que no Brasil a família dita suas próprias regras, com críticas sem qualquer razoabilidade à Corte Suprema (STF) e ao Conselho Nacional de Justiça (CNJ)[14].

É de salientar que o STF adotou os fundamentos da Associação de Direito de Família e das Sucessões – ADFAS –, como *amicus curiae*, sobre a inexistência de efeitos de seguridade social, de família e de direitos

[13] Constituição de Angola, art. 35, 1: "A família é o núcleo fundamental da organização da sociedade e é objecto de especial protecção do Estado, quer se funde em casamento, quer em união de facto, entre homem e mulher.".

[14] Pereira, Rodrigo da Cunha: *STF premia a irresponsabilidade ao negar rateio de pensão para união simultânea.* Disponível em: https://ibdfam.org.br/artigos/1616/STF+premia+a+irresponsabilidade+ao+negar+rateio+de+pems%C3%A3o+para+uni%C3%A3o+simult%C3%A2nea. Acesso em 11/06/2022. Rosa, Conrado Paulino da: "Não te mete onde tu não és chamado": a possibilidade jurídica da escritura pública para regulamentar efeitos jurídicos a união poliafetiva. Disponível em: https://ibdfam.org.br/artigos/1107/%E2%80%9CN%C3%A3o+te+mete+onde+tu+n%C3%A3o+%C3%A9s+chamado%E2%80%9D%3A+a+possibilidade+jur%C3%ADdica+da+escritura+p%C3%BAblica+para+regulamemtar+efeitos+jur%C3%ADdicos+a+uni%C3%A3o+poliafetiva. Acesso em 01.10/2023.

sucessórios nas relações que não são monogâmicas[15], e o CNJ julgou procedente o pedido de providências da ADFAS sobre a proibição de lavratura de escrituras públicas de poliamor como uniões familiares[16].

E não é somente um equívoco grosseiro daqueles que entendem ser admissível a poligamia como forma de constituição de família no Brasil, porque querem deliberadamente confundir a igualdade constitucional brasileira entre os casamentos e as uniões estáveis homossexuais com a aceitação do poliamor no Brasil, situações totalmente distintas, como se verá adiante.

Tudo isso é muito perigoso.

As *fake news* não são recentes, se praticam há anos. Recordemos uma notícia, que foi publicada no ano de 2018 pelo jornal *Folha de São Paulo*[17], pela qual 3 pessoas, sendo uma mulher e dois homens, em poliandria, com uma filha que desconhecia qual dos dois era seu pai, dado que ambos se atribuíam conjuntamente a paternidade dela, disseram que se mudariam para o Uruguai, considerando que ali poderiam regularizar a relação poliafetiva. Diziam que seus direitos de família haviam sido proibidos pelo CNJ a pedido da ADFAS, quando estavam por "legalizar" sua relação no Brasil. Na realidade, eles manifestavam na mesma noticia que

[15] Tavares da Silva, Regina Beatriz. *STF publica acórdão sobre a Tese de Repercussão Geral firmada no Tema 526*. Disponível em: https://adfas.org.br/stf-publica-acordao-sobre-a-tese-de-repercussao-geral-firmada-no-tema-526/. Acesso em 09/10/2023.
Tavares da Silva, Regina Beatriz. *Pensão previdenciária para amantes:* A visão do Direito e da Psicanálise. Disponível em: https://adfas.org.br/pensao-previdenciaria-para-amantes-a-visao-do-direito-e-da-psicanalise/. Acesso em 09/10/2023. Associação de Direito de Família e das Sucessões (ADFAS). *Monogamia como princípio estruturante do casamento.* YouTube, 01/10/2021. Disponível em: https://adfas.org.br/video-monogamia-como-principio-estruturante-do-casamento/. Acesso em 09/10/2023.

[16] Pedido de Providências nº 0001459-08.2016.2.00.0000. ADFAS. Disponível em: https://adfas.org.br/cnj-julga-procedente-o-pedido-de-providencias-da-adfas-de-vedacao-de-lavratura-de-escrituras-publicas-de-relacoes-poliafetivas-como-unioes-estaveis/. Acesso em 09/10/2023.

[17] Amâncio, Thiago. *Com 2 homens e uma mulher, 'trisal' deixa o país após decisão do CNJ.* 2018. Disponível em: https://www1.folha.uol.com.br/cotidiano/2018/07/com-2-homens-e-uma-mulher-trisal-deixa-o-pais-apos-decisao-do-cnj.shtml#:~:text=Juntos%20h%C3%A1%2011%20anos%2C%20eles,estilo%20de%20vida%20que%20adotaram. Acesso em 01/10/2023.

tinham a ideia de mudar-se para aquele país fazia muitos anos, ou seja, não tiveram essa pretensão devido ao acórdão do CNJ que proibiu a lavratura de escrituras de poligamia como se fossem uniões estáveis. Mas, o que é pior, a notícia dava a entender que no Uruguai teriam a possibilidade de ser considerados como família porque ali existe o concubinato. Essa foi uma das *fake news*, já que a expressão concubinato naquele país tem o significado de união estável monogâmica. Como esclareceu Beatriz Ramos Cabanellas, logo a seguir, em estudo publicado na obra "Família e Pessoa: uma questão de Princípios", o concubinato ou união concubinária no Uruguai é uma relação de fato dotada de singularidade e exclusividade, similar ao que em outros países se denomina união estável ou união convivencial, completando que a singularidade significa que a relação é sempre monogâmica[18].

Por sinal, deve ser reproduzida a entrevista dada pelo mesmo "trisal", que vive agora no Uruguai, a um diário *on line* uruguaio, e confessa que não regularizou naquele país a sua relação, já que não tem como enganar o povo uruguaio, que sabe ser irregular o poliamor nas leis. E é importante destacar que na entrevista diz um deles:

> *Maria Luiza, la niña, andaba de novia en la escuela pero en un momento empezó a decir que su novio era malo. '¿Por qué?', le preguntaron. Porque había empezado a estar con otra niña. 'Y no puede', dijo. '¡Solo puede estar con una!'. "Ella entiende esa parte"*, aponta o entrevistado. "*Entiende esa familia tradicional. Lógicamente que no sabemos cómo será el futuro. Siempre procuramos que esté atendida por psicólogo para ir direccionando la crianza.*

Por conseguinte, a própria filha, criada por três pessoas não aceita que sua relação afetiva de namoro tenha uma mulher a mais, tendo de realizar tratamento psicológico, isto é significativo[19].

[18] Cabanellas, Beatriz Ramos. Monogamia en Uruguay. *In: Familia e Pessoa*: uma questão de princípios. Regina Beatriz Tavares da Silva e Ursula Cristina Basset (coords.). São Paulo: YK, 2018, pp. 185-195.

[19] Redacción 180. *De a tres mejor: familia poliafectiva brasilera se muda a Uruguay*. 2018. Disponível em: https://www.180.com.uy/articulo/75473_de-a-tres-mejor-familia-poliafectiva-brasilera-se-muda-a-uruguay. Acesso em 01/10/2023.

Outras tantas *fake news* ocorrem, como a divulgação midiática de apoio na lei brasileira de registro de Nascimento de uma criança por um "trisal"[20]. Já houve uma sentença no Brasil, de primeiro grau de jurisdição, que autorizou esse registro por um trisal, em poliginia, enquanto a mulher estava grávida, com elocubrações de que a paternidade socioafetiva respaldaria essa decisão, mas essa sentença sofre de nulidade por contrariar o ordenamento jurídico brasileiro, além de todas as consequências danosas que enfrentará a criança ante a inaceitação da sociedade em relação ao poliamor, como entre vizinhos, colegas de escola, associados de clubes etc[21].

É suficiente ler as normas legais brasileiras, para que se possa facilmente concluir que o ordenamento jurídico, na conformidade dos costumes e dos anseios da sociedade brasileira, estabelece a monogamia como princípio estruturante do casamento e da união estável, desautorizando o registro de uma criança em relação de poligamia, em nome de dois pais ou de duas mães.

Primeiramente a análise da monogamia no casamento. No Brasil, o Código Civil de 2002 (CCB – Lei 10.406, de 10 de janeiro de 2002) proíbe a constituição de outro casamento entre pessoas casadas (art. 1521[22]), atribuindo nulidade ao segundo casamento (art. 1.548, II[23]), para que não produza qualquer efeito entre as partes, exceto quando houver boa-fé, ou

[20] G1 Vale do Paraíba e Região. *Trisal não consegue fazer registro de bebê com nome dos três pais em cartório e vai recorrer à Justiça*. 2022. Disponível em: https://g1.globo.com/sp/vale-do-paraiba-regiao/noticia/2022/05/09/trisal-nao-consegue-fazer-registro-de-bebe-com-nome-dos-tres-pais-em-cartorio-e-vai-recorrer-a-justica.ghtml. Acesso em 09/10/2023.

[21] TJRS, 2ª Vara de Família e Sucessões da Comarca de Novo Hamburgo, Processo nº 5015552-95.2023.8.21.0019.

Tavares da Silva, Regina Beatriz; Diniz, Emily Costa. *Sentença do poliamor e a ordem jurídica*. *In*: Estadão – Blog do Fausto Macedo. Disponível em: https://www.estadao.com.br/politica/blog-do-fausto-macedo/semtemca-do-poliamor-e-a-ordem-juridica/. Acesso em 09/10/2023. Tavares da Silva, Regina Beatriz; Diniz, Emily Costa. *A impossibilidade jurídica de reconhecimento do poliamor como união estável: sentença que desrespeita teses vinculantes do STF e acórdão do CNJ*. *In*: ADFAS. Disponível em: https://adfas.org.br/a-impossibilidade-juridica-de-reconhecimento-do-poliamor-como-uniao-estavel-sentenca-que-desrespeita-teses-vinculantes-do-stf-e-acordao-do-cnj/. Acesso em 09/10/2023.

[22] CC, art. 1.521. "Não podem casar: (...) VI – as pessoas casadas.".

[23] CC, art. 1.548. "É nulo o casamento contraído: (...) II – por infringência de impedimento.".

seja, quando o cônjuge do segundo casamento foi enganado (art. 1.561[24]). Só se admite o casamento no Brasil de forma monogâmica e bigamia tipifica um crime, de acordo com o art. 235 do Código Penal, que impõe pena, tanto ao agente casado que se case novamente, como ao cônjuge que era solteiro e sabendo do estado civil do outro se case (CP, art. 235, § 1[25]), no que se vê a sanção penal à bigamia ou poligamia e a proteção à monogamia.

Na união estável também prevalece o princípio da monogamia. Na CF existe norma expressa pela qual somente duas pessoas – um homem e uma mulher – podem constituir uma entidade familiar e não três, quatro ou mais pessoas (CF, art. 226, § 3º[26]). Com o entendimento da Corte Suprema brasileira de que duas pessoas do mesmo gênero podem constituir uma família, foi autorizada a constituição de união estável por dois homens ou por duas mulheres[27], em monogamia, resultando na autorização do CNJ do casamento homossexual[28].

Existem, portanto, regras legais, constitucionais e infraconstitucionais, que impedem a atribuição de efeitos familiares, sucessórios e previdenciários, entre outros congêneres, à poligamia. Basta a leitura das disposições legais para que conclua que a união estável, assim como o

[24] CC, art. 1.561. "Embora anulável ou mesmo nulo, se contraído de boa-fé por ambos os cônjuges, o casamento, em relação a estes como aos filhos, produz todos os efeitos até o dia da sentença anulatória. § 1 o Se um dos cônjuges estava de boa-fé ao celebrar o casamento, os seus efeitos civis só a ele e aos filhos aproveitarão. § 2 o Se ambos os cônjuges estavam de má-fé ao celebrar o casamento, os seus efeitos civis só aos filhos aproveitarão.".

[25] Código Penal, art. 235: "Contrair alguém, sendo casado, novo casamento: Pena – reclusão, de dois a seis anos. § 1º – Aquele que, não sendo casado, contrai casamento com pessoa casada, conhecendo essa circunstância, é punido com reclusão ou detenção, de um a três anos.".

[26] CF, art. 226: "Para efeito da proteção do Estado, é reconhecida a união estável entre o homem e a mulher como entidade familiar, devendo a lei facilitar sua conversão em casamento.".

[27] STF, ADPF 132 e ADI 4277, Tribunal Pleno, Rel. Min. Ayres Britto, j. em 05/05/2011.

[28] Resolução Nº 175 de 14/05/2013 do Conselho Nacional de Justiça (CNJ). Disponível em: https://atos.cnj.jus.br/atos/detalhar/1754. Acesso em 10/10/2023.

casamento são monogâmicos e que não se admite o poliamor como formação de família no Brasil[29].

Não obstante, a prole sempre terá proteção na legislação brasileira por mandamento constitucional da plena proteção à criança, ao adolescente e ao jovem (Constituição Federal, art. 227[30]), que se consubstancia no princípio da prioridade absoluta ou do maior interesse da criança e do adolescente daí extraído e também disposto no art. 4º do Estatuto da Criança e do Adolescente (ECA). Essa ampla proteção à criança obviamente não permite vinculá-la a uma suposta e inexistente tutela jurídica familiar do poliamor ou poliafetividade do "trisal", pelo contrário.

Projeto de Lei em tramitação na Câmara dos Deputados, de somente três artigos, chamado de Estatuto das Famílias do Século XXI (PL 3.369/2015), propõe a atribuição de efeitos familiares à poligamia, já que, de acordo com o dito projeto, toda e qualquer relação de afeto está apta a produzir efeitos de família. Essa proposta não tem respaldo na Constituição Federal Brasileira e sua aprovação estaria maculada por grave vício de inconstitucionalidade[31]. O Poder Legislativo brasileiro certamente

[29] Tavares da Silva, Regina Beatriz. A frouxidão dos requisitos da união estável e a equiparação de seus efeitos aos do casamento no direito brasileiro. *In: Tratado da União de Fato.* Regina Beatriz Tavares da Silva, Atalá Correia, Alicia García Solavagione (coords.). São Paulo: Almedina, 2021, pp. 419-450.

[30] CF, art. 227: "É dever da família, da sociedade e do Estado assegurar à criança, ao adolescente e ao jovem, com absoluta prioridade, o direito à vida, à saúde, à alimentação, à educação, ao lazer, à profissionalização, à cultura, à dignidade, ao respeito, à liberdade e à convivência familiar e comunitária, além de colocá-los a salvo de toda forma de negligência, discriminação, exploração, violência, crueldade e opressão.".

[31] PL 3.369/2015: "Art. 1º Esta lei institui o Estatuto das Famílias do Século XXI. Parágrafo único. O Estatuto das Famílias do Século XXI prevê princípios mínimos para a atuação do Poder Público em matéria de relações familiares. Art. 2º São reconhecidas como famílias todas as formas de união entre duas ou mais pessoas que para este fim se constituam e que se baseiem no amor, na socioafetividade, independentemente de consanguinidade, gênero, orientação sexual, nacionalidade, credo ou raça, incluindo seus filhos ou pessoas que assim sejam consideradas. Parágrafo único. O Poder Público proverá reconhecimento formal e garantirá todos os direitos decorrentes da constituição de famílias na forma definida no caput. Art. 3º Esta Lei entra em vigor na data de sua publicação, revogadas as disposições em contrário.". Disponível em: https://www.camara.leg.br/proposicoesWeb/fichadetramitacao?idProposicao=2024195. Acesso em 11/10/2023.

reagirá contra uma proposta que se fundamenta somente em um suposto afeto e ignora a monogamia como princípio estruturante da relação de um casal que constitui uma entidade familiar[32].

Por outro lado, existem projetos de lei em defesa da monogamia, como o PL 4.302/2016[33], em tramitação na Câmara dos Deputados[34], que proíbe a atribuição de efeitos familiares às relações poliafetivas. Outro projeto de lei, o PL 309/2021, também em tramitação nessa Casa Legislativa, propõe a introdução do art. 1.724-A no Código Civil para impedir expressamente o reconhecimento da união estável quando houver vínculo preexistente, vedando a atribuição de qualquer efeito jurídico à relação poliafetiva, inclusive para fins previdenciários, na esteira das supra referidas teses de repercussão geral do STF[35]. O que se observa nesses

[32] Disponível em: https://www.camara.leg.br/propostas-legislativas/2024195. Acesso em 11/10/2023. Associação de Direito de Família e das Sucessões (ADFAS). *Drª Regina Beatriz explica os desdobramemtos do PL "Estatuto das Famílias do Século XXI".* Disponível em: https://www.youtube.com/watch?v=UDOJwpxvFnA. Acesso em 11/10/2023. Associação de Direito de Família e das Sucessões (ADFAS). *Drª Regina Beatriz, debate com Dep. Tulio Gadelha sobre o Estatuto das Famílias do Séc. XXI.* YouTube. Disponível em: https://adfas.org.br/professora-regina-beatriz-debateu-com-o-deputado-tulio-gadelha/. Acesso em 11/10/2023.

[33] PL nº 4302/2016, art. 1º: "Acrescente-se o seguinte parágrafo único ao Art. 1º da Lei nº 9.278, de 10 de maio de 1996 (Lei da União Estável): É vedado o reconhecimento de União Estável conhecida como "União Poliafetiva" formada por mais de um convivente.". Disponível em: https://www.camara.leg.br/proposicoesWeb/fichadetramitacao?idProposicao=2076754. Acesso em 11/10/2023.

[34] Em um debate na Câmara dos Deputados, participou de uma audiência pública, em apoio ao PL, a autora deste texto, juntamente do Diretor de Assuntos Legislativos da ADFAS, Caio Morau, e o Ministro do Superior Tribunal de Justiça, João Otávio de Noronha, em maio de 2021. Disponível em: https://adfas.org.br/adfas-participa-de-audiencia-publica-sobre-o-dia-nacional-da-valorizacao-da-familia/. Acesso em 11/10/2023.

[35] PL 309/2021: "Art. 1º A Lei nº 10.406, de 10 de janeiro de 2002 (Código Civil), passa a vigorar acrescida do seguinte art. 1.724-A: "Art. 1.724-A. A preexistência de casamento ou de união estável de um dos conviventes, ressalvadas as hipóteses excepcionais de que trata o § 1º do caput do art. 1.723 do Código Civil, impede a caracterização e o reconhecimento de novo vínculo de união estável referente ao mesmo período de tempo, inclusive para fins previdenciários. Parágrafo único. O disposto no caput deste artigo não inviabiliza, quando comprovada a existência de uma sociedade de fato e desde que demonstrada a contribuição para a aquisição do patrimônio, ou parte dele, o cabimento da partilha pro-

dois projetos de lei é que, diante de tantas *fake legal news*, o legislativo brasileiro se preocupa em tornar ainda mais expressa a proibição de efeitos jurídicos à poligamia ou ao "poliamor".

E essa preocupação, embora necessite de aperfeiçoamento, vê-se no Anteprojeto de reforma do Código Civil, que, na data da última revisão deste texto, ainda não se transformou em Projeto de Lei. Esse Anteprojeto, no que ouviu as críticas da ADFAS, realizadas por esta articulista, abandonou a ideia de "famílias não conjugais", onde poderiam estar incluídas as relações de poligamia, substituindo o dispositivo correspondente por "famílias parentais", em que são salientados os laços de fraternidade (art. 1.511-B). No entanto, ainda há uma porta entreaberta na propostas de multiparentalidade (art. 1.617-B), que a ADFAS procurará fechar, na proteção dos interesses e bem-estar das crianças e dos adolescentes, por meio de seus trabalhos junto ao Congresso Nacional.

3.4. Dever de fidelidade no Brasil e na Argentina

Da monogamia resulta o dever de fidelidade, estabelecido no Código Civil brasileiro (art. 1.566, I[36]), impondo aos cônjuges o dever de abster-se de relações que visem à satisfação do instinto sexual com terceiro[36].

Na legislação brasileira, a violação do dever de fidelidade segue sendo um ilícito civil, ainda que tenha deixado de tipificar um ilícito penal em 2005[38], mantendo-se a possibilidade de reparação por danos de natureza moral em razão da afronta aos direitos da personalidade do cônjuge traído, especialmente à honra (autoestima e reputação social). Também é possível a reparação dos danos de caráter material, em razão dos prejuízos decorrentes do pagamento de tratamentos psicológicos e da inter-

porcional à participação de cada convivente.". Disponível em: https://www.camara.leg.br/proposicoesWeb/fichadetramitacao?idProposicao=2269700. Acesso em 11/10/2023.

[36] CC, art. 1.566: "São deveres de ambos os cônjuges: I – fidelidade recíproca.".

[37] Este é o significado de fidelidade desde a década de 1990. Tavares da Silva, Regina Beatriz. *Dever de Assistência Imaterial entre os cônjuges*. Rio de Janeiro: Forense Universitária, 1990, pp. 76/77.

[38] A Lei 106/2005 derrogou o delito de adultério do Código Penal, cuja pena era de 15 dias a 6 meses.

rupção do trabalho em virtude do sofrimento causado pela traição, entre outros prejuízos que pode causar a infidelidade (Código Civil, art. 186)[39].

No poliamor de um "trisal" se poderia falar em perdão à infidelidade quando uma terceira pessoa é recebida no lar de um casal anteriormente monogâmico, mas isso não retira a importância de se falar em fidelidade neste texto, inclusive porque se deve perguntar: se a infidelidade é perdoada, o que faria o partícipe que não concorda com a entrada de uma quarta pessoa em seu lar?

Além da reparação de danos, o Código Civil previu outras sanções pelo descumprimento do dever de fidelidade, que são a perda do direito à pensão alimentícia (Código Civil, art. 1.694, § 2º e art. 1.704[40]) e do direito de usar o sobrenome de casado (Código Civil, art. 1.578[41]).

É preciso salientar que embora o Supremo Tribunal Federal, no julgamento do RE 1167478, paradigma do Tema de Repercussão Geral 1053, tenha considerado que a separação não subsistiu no ordenamento jurídico brasileiro como requisito para o divórcio e como instituto autô-

[39] CC, art. 186: "Aquele que, por ação ou omissão voluntária, negligência ou imprudência, violar direito e causar dano a outrem, ainda que exclusivamente moral, comete ato ilícito.".

[40] CC art. 1.694: "Podem os parentes, os cônjuges ou companheiros pedir uns aos outros os alimentos de que necessitem para viver de modo compatível com a sua condição social, inclusive para atender às necessidades de sua educação. [...] § 2º Os alimentos serão apenas os indispensáveis à subsistência, quando a situação de necessidade resultar de culpa de quem os pleiteia.". CC, art. 1.704. "Se um dos cônjuges separados judicialmente vier a necessitar de alimentos, será o outro obrigado a prestá-los mediante pensão a ser fixada pelo juiz, caso não tenha sido declarado culpado na ação de separação judicial. Parágrafo único. Se o cônjuge declarado culpado vier a necessitar de alimentos, e não tiver parentes em condições de prestá-los, nem aptidão para o trabalho, o outro cônjuge será obrigado a assegurá-los, fixando o juiz o valor indispensável à sobrevivência.".

[41] CC, art. 1.578: "O cônjuge declarado culpado na ação de separação judicial perde o direito de usar o sobrenome do outro, desde que expressamente requerido pelo cônjuge inocente e se a alteração não acarretar: I – evidente prejuízo para a sua identificação; II – manifesta distinção entre o seu nome de família e o dos filhos havidos da união dissolvida; III – dano grave reconhecido na decisão judicial. § 1 o O cônjuge inocente na ação de separação judicial poderá renunciar, a qualquer momento, ao direito de usar o sobrenome do outro. § 2 o Nos demais casos caberá a opção pela conservação do nome de casado.".

nomo[42] diante da Emenda Constitucional 66/2010[43], permanecem a consequências do descumprimento dos deveres conjugais, inclusive do dever de fidelidade.

No que se refere à possibilidade de condenação de quem viola dever conjugal na reparação dos danos causados ao seu consorte, aplica-se a regra geral da responsabilidade civil nas relações de família (CC, art. 186), de modo que permanece a indenizabilidade dos danos morais e materiais sofridos pelo cônjuge traído.

No que toca à perda do direito aos alimentos pelo cônjuge infiel, tendo em vista a indignidade existente na traição ou infidelidade, aplica-se a regra do parágrafo único do art. 1.708 do Código Civil, pela qual "Com relação ao credor cessa, também, o direito a alimentos, se tiver procedimento indigno em relação ao devedor.". E, além disto, permanece vigente o art. 1.694, § 2º do Código Civil, antes citado, pelo qual quem dá causa à necessidade alimentar por culpa sua terá direito somente aos alimentos mínimos ou indispensáveis, ou seja, a uma pensão para suas necessidades básicas e não à pensão alimentícia plena.

Assim, as sanções da reparação de danos e da perda do direito à pensão alimentícia por descumprimento do dever de fidelidade continuam a aplicar-se em ações de divórcio, ou seja, em pedido cumulado com o de dissolução do vínculo conjugal[44].

Também há de ser entendido que a perda do direito de utilização do sobrenome conjugal constava somente de dispositivo legal do Código Civil atinente à regulamentação do instituto da separação porque à época

42 Fixou-se a seguinte Tese de Repercussão Geral: "Após a promulgação da EC nº 66/2010, a separação judicial não é mais requisito para o divórcio nem subsiste como figura autônoma no ordenamento jurídico. Sem prejuízo, preserva-se o estado civil das pessoas que já estão separadas, por decisão judicial ou escritura pública, por se tratar de ato jurídico perfeito (art. 5º, XXXVI, da CF)" (STF, RE 1167478/RJ, Rel. Min. Luiz Fux, j. 08/11/2023). Para uma leitura crítica acerca desse julgamento e as violações aos direitos fundamentais daí advindas, vide: Tavares da Silva, Regina Beatriz. *STF viola direitos fundamentais na decisão sobre a separação judicial.* Disponível em: https://adfas.org.br/stf-viola-direitos-fundamentais-na-decisao-sobre-a-separacao-judicial/. Acesso em: 01/12/2023.

43 CF, art. 226, § 6º. "O casamento civil pode ser dissolvido pelo divórcio.".

44 Tavares da Silva, Regina Beatriz. *Divórcio e separação após a EC. n. 66/2010.* 2.ed. São Paulo: Saraiva, 2012, pp. 96-115.

de sua promulgação no ano de 2002, o divórcio existia somente em sua modalidade conversiva, conforme o então vigente art. 226, § 6º da Constituição Federal. Com o entendimento da Suprema Corte de que com a EC 66/2010 não subsiste o instituto da separação como autônomo, além de não ser mais requisito para o divórcio, essa norma poderá ser interpretada como aplicável ao divórcio.

A manutenção do dever de fidelidade no casamento e na união estável consta das propostas do Anteprojeto de reforma do Código Civil, apresentado ao Senado Federal em 17/04/2024, por Comissão temporária e externa (CJCODCIVIL)[45], tendo a ADFAS sido convidada a realizar sugestões legislativas, embora não tenha participado da referida Comissão[46].

O art. 1.566, I, que estabelece o dever de fidelidade no casamento, bem como o art. 1.724, que estabelece o dever de lealdade na união estável, ambos do Código Civil em vigor, foram mantidos em suas redações originais, concentradas no art. 1.566, I do Anteprojeto apresentado[47].

Com relação às sanções pelo descumprimento de dever conjugal, embora a perda do direito aos alimentos tenha sido mantida no Anteprojeto de reforma do Código Civil (art. 1.708), o foi de maneira incompleta e atécnica, com casuísmos que devem ser corrigidos, por meio do acolhimento da proposta da ADFAS de que a violação a dever oriundo do casamento ou da união estável gera a exoneração alimentar[48]. No que se refere ao direito ao uso do sobrenome conjugal, o Anteprojeto propõe a manutenção incondicionada desse direito, com a revogação do art. 1.578

[45] Disponível em: https://legis.senado.leg.br/comissoes/comissao?codcol=2630. Acesso em 20/12/2023.

[46] Disponível em: https://adfas.org.br/adfas-reforma-do-codigo-civil-propostas-legislativas-parte-2/. Acesso em 22/12/2023.

[47] Disponível em: https://legis.senado.leg.br/sdleg-getter/documento/download/913b2070-686a-40ae-a551-960e3707c323 . Acesso em 20/04/2024.

[48] As propostas realizadas nos artigos que tratam da perda desse direito foram as seguintes: Art. 1.708: 1) Anteprojeto: "O direito de receber alimentos poderá ser extinto ou reduzido, caso o credor tenha causado ou venha a causar ao devedor danos psíquicos ou grave constrangimento, incluindo as hipóteses de violência doméstica, perda da autoridade parental e abandono afetivo e material. Parágrafo único. A extinção total ou parcial do direito aos alimentos dependerá da gravidade dos atos praticados."; 2) ADFAS: "Os alimentos podem ser fixados desde que o cônjuge ou companheiro que os pleiteia não tenha descumprido dever oriundo do casamento ou da união estável.".

do atual Código Civil, o que se espera seja corrigido no Congresso Nacional, para que seja mantida a norma do diploma civil vigente, com alguns aperfeiçoamentos [49].

No entanto, há quem argumente que a fidelidade seria somente um dever moral e partiria de um código moral exclusivo do casal[50]. Se o código moral do casamento não tivesse valor, se os valores morais, que também são legais, deixassem de ter relevância no nosso sistema legal, os valores do Direito de Família também deixariam de existir, tendo em vista a identidade entre esse ramo do direito e os valores morais.

A intenção daqueles que defendem a ausência de sanção pela violação do dever de fidelidade advém da ideia que têm de quebra do princípio da monogamia.

Alega-se que não há espaço para a culpa nas relações familiares, e não há nada mais inadequado, porque culpa é a violação consciente de uma

[49] Enquanto o Anteprojeto propôs a revogação do art. 1.578, a ADFAS propôs a sua manutenção, com adequação ao sistema atual de dissolução conjugal, com o acatamento da Tese de Repercussão Geral fixada pelo STF no Tema 1053, que considerou inconstitucional a espécie dissolutória da separação. A proposta da ADFAS é a seguinte: "Art. 1.578. O cônjuge que descumpre dever conjugal perde o direito de usar o sobrenome do outro, desde que expressamente requerido pelo outro cônjuge na ação de divórcio ou na de separação de corpos, se a alteração não acarretar: I- evidente prejuízo para a sua identificação; II- manifesta distinção entre o seu nome de família e o dos filhos havidos da união dissolvida; III – dano grave reconhecido em decisão judicial.§ 1º Nos demais casos caberá a opção pela conservação do nome de casado. § 2º Em qualquer caso, o cônjuge poderá renunciar, a qualquer momento, ao direito de usar o sobrenome do outro.".

[50] Rodrigo da Cunha Pereira afirma que a infidelidade que "atingir ou infringir o código moral do casal" deixou de levar à perda do direito aos alimentos plenos por parte do traidor, após a Emenda Constitucional 66/10, não representando a indignidade classificada no art. 1.708, parágrafo único, do Código Civil, porque não se poderia entender como traição aquela que leva a carga de valores morais singulares do casal. Vide: Rodrigo da Cunha Pereira. *Divórcio: teoria e prática*. Rio de Janeiro: GZ, 2010, pp. 129 y 130. Pablo Stolze Gagliano e Rodolfo Pamplona Filho dizem que "(...) a fixação dos alimentos devidos deverá ser feita com amparo na necessidade ou vulnerabilidade do credor, na justa medida das condições econômicas do devedor.", sem ter em conta o elemento subjetivo de culpabilidade, junto com a observação de que "Se o divórcio é litigioso (e obviamente judicial), o juiz poderá fixar os alimentos devidos, no bojo do próprio processo, desde que haja pedido nesse sentido.". Vide: Pablo Stolze Gagliano; Rodolfo Pamplona Filho. *O novo divórcio*. São Paulo: Saraiva, 2010, pp. 111-114.

regra de conduta; e se não houvesse regras de conduta – deveres e direitos – no casamento, obviamente, o próprio casamento deixaria de existir.

Ademais, a culpa ou o descumprimento dos deveres conjugais não é uma condição essencial na dissolução do casamento desde a Lei 6.515/1977 (Lei do Divórcio), que modificou o Código Civil de 1916 e eliminou o sistema de culpa como obrigatória no pedido unilateral de dissolução. Desde 1977, a dissolução do casamento, por pedido unilateral, não depende necessariamente da demonstração de conduta culposa ou do descumprimento de dever conjugal, sendo apenas uma das opções, pois essa lei estabeleceu mais duas espécies de dissolução, além da culposa (art. 5º, *caput*), que são a espécie ruptura ou dissolução sem culpa (art. 5º, § 1º) e a espécie remédio, em caso de doença mental (art. 5º, § 2º). Portanto, não se trata de novidade introduzida no ano de 2010 pela EC 66.

Outro erro grave é a afirmação de que o dever de fidelidade está presente somente no matrimônio, não existindo na união estável[51]. Afirma-se que a expressão "lealdade" utilizada na norma legal como dever da união estável não equivaleria à fidelidade (Código Civil, art. 1.724[52]). Assim, ausente a expressão "fidelidade" na lei civil ao regulamentar a união estável, estariam permitidas as relações poligâmicas como entidade familiar. Esta interpretação é feita com a intenção de destruir a família no Brasil, distanciando-a da monogamia. Reitere-se que a Constituição Federal, em seu artigo 226, § 3º[53], ao garantir à união estável a natureza de entidade familiar, refere-se expressamente a duas pessoas. O Código Civil também se refere a duas pessoas no artigo 1.723[54]. A interpretação do Supremo Tribunal Federal sobre a aplicação destas disposições legais à união de pessoas do mesmo gênero também enfatizou a necessidade de observân-

[51] Dias, Maria Berenice. *Manual de Direito das Famílias.* 8.ed. São Paulo: Revista dos Tribunais, 2010, p. 51.

[52] CC, art. 1.724: "As relações pessoais entre os companheiros obedecerão aos deveres de lealdade, respeito e assistência, e de guarda, sustento e educação dos filhos.".

[53] CF, art. 226, § 3º: "Para efeito da proteção do Estado, é reconhecida a união estável entre o homem e a mulher como entidade familiar, devendo a lei facilitar sua conversão em casamento.".

[54] CCB, art. 1.723: "É reconhecida como entidade familiar a união estável entre o homem e a mulher, configurada na convivência pública, contínua e duradoura e estabelecida com o objetivo de constituição de família".

cia do princípio da monogamia para que se constitua uma entidade familiar, portanto, dois homens ou duas mulheres, tendo em vista que nessas relações cabem os mesmos requisitos estabelecidos para as uniões heteroafetivas, como será examinado neste texto[55]. A doutrina[56] que segue a jurisprudência assegura que os termos lealdade e fidelidade são equivalentes, já que a lealdade é o gênero do qual a fidelidade é uma espécie.

Em suma, o dever de fidelidade está vigente nas uniões de fato que constituem uma família e sua violação pode causar a perda do direito à pensão alimentícia (Código Civil, artigos 1.694[57] e 1.708[58]) e a condenação do infiel à indenização por danos morais e materiais (Código Civil, art. 186[59]). É incrível que quem ainda defende esta ideia de poliamor nas uniões estáveis não conheça a jurisprudência do Superior Tribunal de Justiça[60] e do Supremo Tribunal Federal, que será analisada detalhadamente mais adiante.

[55] STF, ADPF 132 e ADI 4277, Tribunal Pleno, Rel. Min. Ayres Britto, j. em 05/05/2011.

[56] Diniz, Maria Helena. *Curso de Direito Civil Brasileiro.* v. 5. 33ª ed. São Paulo: Saraiva, 2019; Maluf, Carlos Alberto Dabus; Maluf, Adriana Caldas do Rego Freitas Dabus. *Curso de Direito de Família.* 3.ed. São Paulo: Saraiva, 2018; Nery, Rosa María de Andrade; Nery Junior, Nelson. *Instituições de Direito Civil.* v. 4. 3.ed. São Paulo: Revista dos Tribunais, 2022; Rodrigues, Silvio. *Direito Civil.* v.6, 27ª ed., São Paulo: Saraiva, 2002; Monteiro, Washington de Barros; Tavares da Silva, Regina Beatriz. *Curso de Direito Civil.* 43.ed. São Paulo: Saraiva, 2015.

[57] CC art. 1.694: "Podem os parentes, os cônjuges ou companheiros pedir uns aos outros os alimentos de que necessitem para viver de modo compatível com a sua condição social, inclusive para atender às necessidades de sua educação. [...] § 2º Os alimentos serão apenas os indispensáveis à subsistência, quando a situação de necessidade resultar de culpa de quem os pleiteia.".

[58] CC art. 1.708: "Com o casamento, a união estável ou o concubinato do credor, cessa o dever de prestar alimentos. Parágrafo único. Com relação ao credor cessa, também, o direito a alimentos, se tiver procedimento indigno em relação ao devedor.".

[59] CC art. 186: "Aquele que, por ação ou omissão voluntária, negligência ou imprudência, violar direito e causar dano a outrem, ainda que exclusivamente moral, comete ato ilícito.".

[60] Cite-se o acórdão paradigmático do Superior Tribunal de Justiça, seguido da jurisprudência uniforme desta Corte: "Direito civil. Família. Paralelismo de uniões afetivas. Recurso especial. Ações de reconhecimento de uniões estáveis concomitantes. Casamento válido dissolvido. Peculiaridades. (...) Uma sociedade que apresenta como elemento estrutural a monogamia não pode atenuar o dever de fidelidade que integra o conceito de lealdade para o fim de inserir no âmbito do Direito de Família relações afetivas paralelas

Deve-se salientar que, tanto em relação ao casamento, quanto à união estável, que tem efeitos similares aos do casamento no Brasil, existem notícias falsas que obnubilam a visão daqueles que não se aprofundam no estudo das normais legais, fazendo crer que a poligamia estaria permitida nas relações familiares.

Na Argentina, a reforma que deu origem ao *Código Civil y Comercial de la Nácion* (CCCN) vigente, promulgado no dia 7 de outubro de 2014, acrescentou a expressão "moral" ao dever de fidelidade conjugal (art. 431), gerando controvérsia sobre a natureza da fidelidade no matrimônio, já que, se a traição não gera sanção, não seria um dever legal. O fundamento utilizado na motivação do anteprojeto da referida codificação foi a introdução de um regime de divórcio "incausado", isto é, sem culpa. Tendo em vista que o CCCN abandonou a ideia de divórcio culposo, teria perdido o sentido estabelecer sanções pela violação do dever de fidelidade.

Então, indaga-se: o dever de fidelidade seria ineficaz na esfera jurídica? Como consequência desta ineficácia, o casamento seria desmantelado, já que a poligamia estaria permitida pela legislação argentina?

A resposta da doutrina que se aprofunda no tema, como a de Graciela Medida, coloca a questão em seus devidos termos, já que, exatamente pela condição moral do dever de fidelidade, seria nulo um pacto que afastasse a obrigatoriedade desse dever aos cônjuges, porque a liberdade de

e, por consequência, desleais, sem descurar que o núcleo familiar contemporâneo tem como escopo a busca da realização de seus integrantes, vale dizer, a busca da felicidade. As uniões afetivas plúrimas, múltiplas, simultâneas e paralelas têm ornado o cenário fático dos processos de família, com os mais inusitados arranjos, entre eles, aqueles em que um sujeito direciona seu afeto para um, dois, ou mais outros sujeitos, formando núcleos distintos e concomitantes, muitas vezes colidentes em seus interesses. Ao analisar as lides que apresentam paralelismo afetivo, deve o juiz, atento às peculiaridades multifacetadas apresentadas em cada caso, decidir com base na dignidade da pessoa humana, na solidariedade, na afetividade, na busca da felicidade, na liberdade, na igualdade, bem assim, com redobrada atenção ao primado da monogamia, com os pés fincados no princípio da eticidade. Emprestar aos novos arranjos familiares, de uma forma linear, os efeitos jurídicos inerentes à união estável, implicaria julgar contra o que dispõe a lei; isso porque o art. 1.727 do CC/02 regulou, em sua esfera de abrangência, as relações afetivas não eventuais em que se fazem presentes impedimentos para casar, de forma que só podem constituir concubinato os relacionamentos paralelos a casamento ou união estável pré e coexistente.". (STJ, REsp 1157273/RN, Terceira Turma, Rel. Min. Nancy Andrighi, j. 18/05/2010).

contrair o matrimônio se encontra limitada pelo mesmo regime matrimonial anterior ao CCCN, sendo a solidariedade entendida como princípio unificador da autonomia e da coesão da família, ante a metamorfose familiar, de modo que o individualismo presente no adultério não encontra guarida nesse princípio superior[61].

Ursula Basset explica que a jurisprudência possui um papel importante nos casos em que há silêncio do legislador argentino quanto à possibilidade de reparação de danos nas relações familiares, exemplificando com caso posterior ao CCCN em que foi dada procedência à reparação dos danos e prejuízos causados pela humilhação da infidelidade de um cônjuge, entendimento partilhado pela posição majoritária da doutrina[62]. A autora esclarece, ainda, que a sanção por culpa no divórcio não se confunde com os danos causados no âmbito das relações familiares, porque possuem funções e objetivos completamente diferentes: enquanto a sanção da culpa tinha função punitiva e buscava proteger uma visão de instituição familiar que desapareceu, a responsabilidade civil tem função reparatória e preventiva, por isso continua sendo aplicada[63].

Martín André Flores também defende que a fidelidade segue sendo um dever conjugal, mesmo com o fim do divórcio culposo, visto que o matrimônio é monogâmico[64]. Aldo Marcelo Azar e Federico Alejandro Ossola também entendem que o direito à indenização não necessita da permanência da declaração de "culpa" em ação de divórcio, de modo

[61] Medina, Graciela. Principios Generales em materia de Derecho de Familia em el Derecho Supranacional de los Derechos Humanos y em el Derecho Positivo Argentino. *In: Família e Pessoa*: uma questão de princípios (coord. Regina Beatriz Tavares da Silva y Ursula Basset), São Paulo: YK, 2018, pp. 356 e 379-380.

[62] *Cámara de Apelaciones em lo Civil, Comercial, Laboral y de Minería de Gemeral Pico.* 14/12/2016. T. c. C. s/ divorcio vincular. LA LEY 03/04/2017.

[63] Basset, Ursula. El fundamemto de la admisibilidad de los daños y perjuicios em las relaciones de familia em el nuevo Código Civil y Comercial Argentino. *In: Família e Pessoa*: uma questão de princípios. Regina Beatriz Tavares da Silva e Ursula Basset (coords.). São Paulo: YK, 2018, pp. 711-713.

[64] Flores, Martín André. *Derecho de Familia*. Joseph Luis Baez (coord.). Córdoba: Abogado, 2016, pp. 308-312.

que a eliminação do divórcio culposo não permite a conclusão de que o direito à indenização por danos decorrentes da infidelidade foi vedado[65].

O mesmo pensamento de que o divórcio incausado resultaria na extinção das sanções por descumprimento dos deveres conjugais tem lugar no Brasil por parte da doutrina. Porém, mesmo com a evolução da indissolubilidade conjugal para a possibilidade de romper o vínculo matrimonial por meio do divórcio, nada mudou em relação a estruturação do casamento, que tem a monogamia como base nos dois países, assim como nada se alterou sobre as funções da aplicação dos princípios da responsabilidade civil nas relações de família, a compensação à pessoa lesada e o desestímulo ao lesante, no dano moral, e a reparação integral, nos danos materiais.

O divórcio no Brasil e na Argentina já não está ligado à culpa, ou seja, à violação dos deveres conjugais, mas os deveres conjugais seguem sendo normas de conduta, porque a monogamia é o princípio estruturante do casamento.

As maiores dificuldades existentes na Argentina resultam da reforma do CCCN, que, talvez em um descuido legislativo, agregou a qualificação moral ao dever de fidelidade, mas serão certamente corrigidas pelo compromisso da boa doutrina.

Com efeito, nos sistemas vigentes em outros países, como a França e a Itália[66], que podem servir de exemplo, o divórcio não está necessaria-

[65] Azar, Aldo Marcelo; Ossola, Federico Alejandro. Principio de indemnidad, deber moral de fidelidad emtre cónyuges y resarcimiemto de daños. *In*: *La Ley* 14/12/2016, 1 – LA LEY2016-F, 1097. Citação *Online*: AR/DOC/3787/2016.

[66] O Código Civil francês prevê, em seu artigo 229, os seguintes tipos de divórcio: "*Le divorce peut être prononcé em cas: -soit de consemtememt mutuel, dans le cas prévu au 1º de l'article 229-2; -soit d'acceptation of the principe de la rupture du mariage; -soit d'alteration definitive du liem marital; -soit de faute.*". E, uma vez que os motivos invocados no divórcio culposo tenham sido determinados, o cônjuge perde o direito à prestação compensatória, nos termos do artigo 270 do Código Civil francês: "*Toutefois, le juge peut refuser d'accorder une telle prestation si l'équité le commande, soit em considération des critères prévus à l'article 271, soit lorsque le divorce est prononcé aux torts exclusifs de l'époux qui demande le bénéfice de cette prestation, au regard des circonstances particulières de la rupture.*". A culpa não é pré-requisito para a dissolução do casamento na Itália, mas a sua apuração é possível mediante pedido da parte interessada, conforme o art. 151, § 2º, do Código Civil italiano: "*Il giudice, pronunziando la separazione, dichiara, ove ne ricorrano le circostanze e ne sia richiesto, a quale dei coniugi*

mente vinculado ao descumprimento de um dever conjugal, mas isso não significa que o casamento tenha deixado de gerar deveres entre os cônjuges. É necessário resolver a confusão entre: i) a desvinculação do divórcio com a existência obrigatória de culpa; e ii) a inexistência de deveres jurídicos no matrimônio.

Na união estável, no direito argentino, também prevalece a monogamia, sendo de um homem e uma mulher, de dois homens, ou de duas mulheres, porque nunca se abandonou a ideia da exclusividade sexual em um sistema cultural ocidental, como examinam, com profundidade, Alicia García de Solavagione e Graciela Medina, em dois estudos completos sobre a união estável na República Argentina[67].

3.5. As duas Teses de Repercussão Geral do Supremo Tribunal Federal brasileiro sobre a monogamia

O Supremo Tribunal Federal, em dezembro de 2020, editou Tese de Repercussão Geral oriunda do julgamento do Recurso Extraordinário (RE) nº 1.045.273/SE (Tema 529), sob a Relatoria do Ministro Alexandre de Moraes:

> A preexistência de casamento ou de união estável de um dos conviventes, ressalvada a exceção do artigo 1.723, § 1º, do Código Civil, impede o reconhecimento de novo vínculo referente ao mesmo período, inclusive para fins previdenciários, em virtude da consagração do dever de fidelidade e da monogamia pelo ordenamento jurídico-constitucional brasileiro.

sia addebitabile la separazione, in considerazione del suo comportamemto contrario ai doveri che derivano dal matrimonio.". Essa violação dos deveres resultantes do casamento pode gerar a perda do direito à pensão alimentícia, como dispõe o Código Civil italiano, em seu art. 156: "*Effetti della separazione sui rapporti patrimoniali tra i coniugi Il giudice, pronunziando la separazione, stabilisce a vantaggio del coniuge cui non sia addebitabile la separazione il diritto di ricevere dall'altro coniuge quanto è necessario al suo mantemimemto, qualora egli non abbia adeguati redditi propri.".*

[67] Solavagione, Alicia García de. Unión Convivemcial em la República Argemtina e Medina, Graciela. Uniones Convivemciales. *In: Tratado da União de Fato.* Regina Beatriz Tavares da Silva, Atalá Correia, Alicia García Solavagione (coords.). São Paulo: Almedina, 2021, respectivamente, pp. 117-140 e pp. 165-185.

O recurso (RE 1.045.273/SE) tratava-se de pedido de um concubino que afirmava possuir direitos advindos da relação mantida com um homem falecido que viveu em união estável com uma mulher até a morte. Dada a natureza homossexual da relação paralela, o Tema 529 foi escrito, pelo então Min. Rel. Ayres Britto, com o sentido de proteção das relações homossexuais, quando, obviamente, a Corte Suprema não voltaria a discutir a proteção das relações homossexuais que constituem uma entidade familiar desde o entendimento do STF do ano de 2011. A ADFAS, como *amicus curiae*, colocou o assunto em seus devidos termos, evidenciando que de nada importava o fato de a relação ser homo ou heterossexual, porque trata-se de concubinato, ou seja, de relação adulterina ou de um relacionamento paralelo a uma união estável previamente estabelecida. Assim, se desfez a simpatia inicial provocada pela formulação errônea do Tema 529, estabelecendo a Suprema Corte a Tese de Repercussão Geral antes mencionada[68].

Posteriormente, outra Tese de Repercussão Geral foi firmada pela Corte Suprema, em 2021, no julgamento do RE nº 883.168/MG (Tema 526), sob a Relatoria do Ministro Dias Toffoli:

> É incompatível com a Constituição Federal o reconhecimento de direitos previdenciários (pensão por morte) à pessoa que manteve, durante longo período e com aparência familiar, união com outra casada, porquanto o concubinato não se equipara, para fins de proteção estatal, às uniões afetivas resultantes do casamento e da união estável.

Esse RE 883.168/MG versou sobre o pedido de uma concubina que manteve relação de longa duração com um homem que viveu em comu-

[68] Tavares da Silva, Regina Beatriz. *O STF julga que amantes não têm direito à pensão previdenciária:* A tese proposta pelo Ministro Relator Alexandre de Moraes. Disponível em: https://adfas.org.br/o-stf-julga-que-amantes-nao-tem-direito-a-pensao-previdenciaria-a-tese-proposta-pelo-ministro-relator-alexandre-de-moraes/. Acesso em 09/10/2023. Tavares da Silva, Regina Beatriz. *Pensão previdenciária para amantes*: A visão do Direito e da Psicanálise. Disponível em: https://adfas.org.br/pensao-previdenciaria-para-amantes-a-visao-do-direito-e-da-psicanalise/. Acesso em 09/10/2023. Filho, Venceslau Tavares. O *RE Nº 1.045.273 e reconhecimento de efeitos previdenciários a uniões simultâneas*. Disponível em: https://adfas.org.br/o-re-1-045-273-e-reconhecimento-de-efeitos-previdenciarios-a-unioes-simultaneas/. Acesso em 06/06/2022.

nhão de vidas com sua esposa até a sua morte. A Associação de Direito de Família e das Sucessões (ADFAS) também participou deste recurso como *amicus curiae*.

Na ocasião, a Suprema Corte reiterou e ampliou a Tese de Repercussão Geral previamente firmada, de acordo com a Constituição Federal, estabelecendo que não existe efeito previdenciário, familiar ou sucessório no concubinato, mesmo na relação adulterina de longo prazo, seja a relação concubinária paralela a uma união estável ou a um casamento.

Essas duas Teses de Repercussão Geral, com efeito *erga omnes*, não obstante tratem do tema da poligamia não consentida pelo consorte que foi traído, devem ser seguidas por todos os Tribunais brasileiros, possuindo caráter amplo, que proíbe a atribuição de efeitos familiares a uma relação não monogâmica.

Ainda que a matéria tenha sido específica em cada um dos Temas, envolvendo, no primeiro, a união estável e, no segundo, o matrimônio, em ambas as Teses, sem qualquer diferenciação, jugou-se que as relações de poliafetividade, tenham curta ou longa duração, não têm efeitos de direito de família, sucessão e previdenciário, em virtude da legislação brasileira constitucional e infraconstitucional.

3.6. A relação homossexual na formação familiar por união estável e por casamento

Cabe aclarar que existe uma grande diferença entre a poligamia e as relações homossexuais que constituem uma família.

Quem pretende argumentar em defesa da poliafetividade ou do poliamor por meio da proteção concedida aos casais homossexuais no Brasil, utilizando equivocadamente a interpretação do Supremo Tribunal Federal sobre a formação de família por casais do mesmo gênero, não leu esta decisão, o que é ainda mais grave por ter repercussão geral.

É de evidência solar a interpretação dada pelo Supremo Tribunal Federal (STF) na Arguição de Descumprimento de Preceito Fundamental (ADPF) 132/RJ e na Ação Direta de Inconstitucionalidade (ADI) 4277/DF, nas quais foram atribuídos efeitos de união estável à convivência familiar entre dois homens ou duas mulheres. Em todos os votos, de todos os ministros que participaram deste julgamento, foi feita referência à monogamia como requisito para que esta relação seja considerada uma união estável.

A partir do resultado da decisão do STF, vê-se imediatamente em sua ementa, que tem por base o voto do Ministro Relator Ayres Britto, que se interpretou o art. 1.723 do Código Civil – que regula a união estável entre um homem e uma mulher – em conformidade com a Constituição Federal brasileira, com o reconhecimento da união homossexual como família, para "[...] excluir do dispositivo em causa qualquer significado que impeça o reconhecimento da união contínua, pública e duradoura entre pessoas do mesmo sexo como família.". Destacou-se, desde a ementa, que o "Reconhecimento que é de ser feito segundo as mesmas regras e com as mesmas consequências da união estável heteroafetiva.", ou seja, a monogamia[69].

O acórdão faz referência expressa ao "casal homoafetivo", isto é, à configuração familiar na relação entre duas pessoas. Afinal, um casal é formado por duas pessoas e não mais que isso, o que se aprende desde a escola primária[70].

Necessário é destacar que em todos os votos declarados nesse acórdão do STF foi realizada a equiparação da união homossexual à união heterossexual, baseada na monogamia.

Não há como invocar essse acórdão do STF para justificar a relação do tal poliafeto ou poliamor como relação familiar, com os seus efeitos respectivos.

[69] STF, ADPF 132 e ADI 4277, Tribunal Pleno, Rel. Min. Ayres Britto, j. em 05/05/2011. Ementa: "[...] TRATAMENTO CONSTITUCIONAL DA INSTITUIÇÃO DA FAMÍLIA. RECONHECIMENTO DE QUE A CONSTITUIÇÃO FEDERAL NÃO EMPRESTA AO SUBSTANTIVO "FAMÍLIA" NENHUM SIGNIFICADO ORTODOXO OU DA PRÓPRIA TÉCNICA JURÍDICA. A FAMÍLIA COMO CATEGORIA SÓCIO-CULTURAL E PRINCÍPIO ESPIRITUAL. DIREITO SUBJETIVO DE CONSTITUIR FAMÍLIA. INTERPRETAÇÃO NÃO-REDUCIONISTA. O *CAPUT* DO ART. 226 CONFERE À FAMÍLIA, BASE DA SOCIEDADE, ESPECIAL PROTEÇÃO DO ESTADO. [...] RECONHECIMENTO QUE É DE SER FEITO SEGUNDO AS MESMAS REGRAS E COM AS MESMAS CONSEQUÊNCIAS DA UNIÃO ESTÁVEL HETEROAFETIVA.".

[70] STF, ADPF 132 e ADI 4277, Tribunal Pleno, Rel. Min. Ayres Britto, j. em 05/05/2011: "Isonomia entre casais heteroafetivos e pares homoafetivos que somente ganha plenitude de sentido se desembocar no igual direito subjetivo à formação de uma autonomizada família. Família como figura central ou continente, de que tudo o mais é conteúdo. Imperiosidade da interpretação não-reducionista do conceito de família como instituição que também se forma por vias distintas do casamento civil.".

Tanto é assim que o Conselho Nacional de Justiça (CNJ), por meio da Resolução 175/2013, autorizou o casamento civil entre casais do mesmo gênero. Se pudesse existir uma união estável poliafetiva, haveria matrimônio polígamo, haja vista a possibilidade de converter a união estável em casamento (CF, art. 226, § 3º)[71].

Na Argentina, os casais homossexuais também recebem proteção. Em 15 de julho de 2010 foi sancionada a *Ley de Matrimonio Igualitario*, que garante o direito de contrair matrimônio a pessoas do mesmo sexo. No art. 402 do CCyCN está estabelecido que "*Ninguna norma puede ser interpretada ni aplicada en el sentido de limitar, restringir, excluir o suprimir la igualdad de derechos y obligaciones de los integrantes del matrimonio, y los efectos que éste produce, sea constituido por dos personas de distinto o igual sexo.*". Portanto, sempre em monogamia.

Diferentemente dos casais homossexuais, os "trisais" são formados por 3, ou mais pessoas, que se envolvem sexualmente, não se justificando esta relação no direito à liberdade, já que está demonstrado por estudos científicos que a poligamia causa terríveis males, especialmente às crianças e adolescentes envolvidos nessas relações. A liberdade não é um direito ilimitado, como sabemos.

Em suma, a relação poliafetiva não encontra qualquer proteção legal ou jurisprudencial, não possuindo direitos familiares, como a comunhão de bens, nem sucessórios, como a herança por vocação hereditária, tampouco o direito de receber pensão por morte ou outras espécies de direitos ante terceiros, como em planos de saúde particulares e clubes desportivos. Pode-se imaginar os efeitos na economia das empresas, públicas ou privadas, que embasam os seus cálculos de benefícios aos dependentes por meio da matemática atuarial, e, portanto, às famílias que vivem em monogamia, se fossem reconhecidas as relações entre 3, 4 ou mais pessoas como relações familiares; somente um pagaria as despesas ou custos e muitos se beneficiariam em prejuízo de muitos outros.

[71] CF, art. 226, § 3º: "Para efeito da proteção do Estado, é reconhecida a união estável entre o homem e a mulher como entidade familiar, devendo a lei facilitar sua conversão em casamento.".

3.7. A monogamia é a única forma de constituição de família no Brasil: decisão de aplicação *erga omnes* do Conselho Nacional de Justiça do Brasil

Tendo em vista a monogamia como princípio estruturante do casamento e da união estável, a Associação de Direito de Família e das Sucessões (ADFAS) apresentou o Pedido de Providências nº 0001459-08-2016.2.00.0000 ao Conselho Nacional de Justiça brasileiro (CNJ), em face de uma Tabeliã de Notas de São Vicente/SP e outra Tabeliã do Rio de Janeiro/RJ, a fim de proibir a lavratura de escrituras públicas de relações poliafetivas como uniões estáveis por essas notárias e por outros serviços notariais[72]. Explica-se: essas duas tabeliãs lavraram escrituras públicas de reconhecimento de uniões estáveis poligâmicas[73], querendo mudar a lei brasileira por um ato notarial para que a poliafetividade produzisse efeitos derivados do Direito de Família, do Direito das Sucessões e do Direito Previdenciário. Ocorre que estas escrituras violam o ordenamento jurídico constitucional e infraconstitucional, assim como a jurisprudência dos Tribunais Superiores, que são claros ao assegurar que,

[72] Associação de Direito de Família e das Sucessões (ADFAS). *CNJ julga procedente o Pedido de Providências da ADFAS de vedação de lavratura de escrituras públicas de relações "poliafetivas" como uniões estáveis.* Disponível em: https://adfas.org.br/cnj-julga-procedente-o-pedido-de-providencias-da-adfas-de-vedacao-de-lavratura-de-escrituras-publicas-de-relacoes-poliafetivas-como-unioes-estaveis/. Acesso em 11/10/2023. Tavares da Silva, Regina Beatriz. *CNJ julga Pedido de Providências para que não sejam lavradas escrituras de poligamia.* Disponível em: https://adfas.org.br/cnj-julga-pedido-de-providencias-para-que-nao-sejam-lavradas-escrituras-de-poligamia/. Acesso em 11/10/2023. Tavares da Silva, Regina Beatriz. *Sustentação oral da Prof. Regina Beatriz no Pedido de Providências ao CNJ:* trisal não é família. Disponível em: https://adfas.org.br/sustentacao-oral-da-prof-regina-beatriz-no-pedido-de-providencias-ao-cnj-trisal-nao-e-familia/. Acesso em 11/10/2023. Tavares da Silva, Regina Beatriz. *CNJ deve julgar amanhã (22/05) o Pedido de Providências da ADFAS.* Disponível em: https://adfas.org.br/cnj-deve-julgar-amanha-22-05-o-pedido-de-providencias-da-adfas/. Acesso em 11/10/2023.

[73] Em uma escritura havia 3 pessoas – um homem e duas mulheres – sendo que uma delas já possuía um filho; há informações de que a mulher que tinha um filho pretendia levá-lo para conviver na relação poligâmica e perdeu a guarda para os avós da criança. Em outra escritura, um casal já formado há muitos anos agregou uma jovem ao relacionamento e o homem quis trocar os direitos da primeira mulher, que passaram a ser somente dele, cujo sobrenome era Generoso. Em outra escritura havia 4 mulheres.

tanto o casamento, quanto a união estável, somente podem ser formados por duas pessoas. Portanto, não há que se falar em lacuna normativa, porque o ordenamento é categórico ao afirmar a monogamia como princípio estruturante das relações familiares.

Em decisão liminar emitida pelo CNJ em 2016, a Ministra Nancy Andrighi, então Corregedora Nacional de Justiça, recomendou a todos os Notários que não lavrassem esse tipo de escritura. Em 2018, o CNJ proferiu decisão definitiva no processo, por Órgão Colegiado, julgando procedente o pedido da ADFAS e proibindo as ditas escrituras, que são nulas, em acórdão de Relatoria do Ministro João Otávio de Noronha, nessa época Corregedor Nacional de Justiça:

> PEDIDO DE PROVIDÊNCIAS. UNIÃO ESTÁVEL POLIAFETIVA. ENTIDADE FAMILIAR. RECONHECIMENTO. IMPOSSIBILDADE. FAMÍLIA. CATEGORIA SOCIOCULTURAL. IMATURIDADE SOCIAL DA UNIÃO POLIAFETIVA COMO FAMÍLIA. DECLARAÇÃO DE VONTADE. INAPTIDÃO PARA CRIAR ENTE SOCIAL. MONOGAMIA. ELEMENTO ESTRUTURAL DA SOCIEDADE. ESCRITURA PÚBLICA DECLARATÓRIA DE UNIÃO POLIAFETIVA. LAVRATURA. VEDAÇÃO. 1. A Constituição Federal de 1988 assegura à família a especial proteção do Estado, abarcando suas diferentes formas e arranjos e respeitando a diversidade das constituições familiares, sem hierarquizá-las. 2. A família é um fenômeno social e cultural com aspectos antropológico, social e jurídico que refletem a sociedade de seu tempo e lugar. As formas de união afetiva conjugal – tanto as "matrimonializadas" quanto as "não matrimonializadas" – são produto social e cultural, pois são reconhecidas como instituição familiar de acordo com as regras e costumes da sociedade em que estiverem inseridas. 3. A alteração jurídico-social começa no mundo dos fatos e é incorporada pelo direito de forma gradual, uma vez que a mudança cultural surge primeiro e a alteração legislativa vem depois, regulando os direitos advindos das novas conformações sociais sobrevindas dos costumes. 4. A relação "poliamorosa" configura-se pelo relacionamento múltiplo e simultâneo de três ou mais pessoas e é tema praticamente ausente da vida social, pouco debatido na comunidade jurídica e com dificuldades de definição clara em razão do grande número de experiências possíveis para os relacionamentos. 5. Apesar da ausência de sistematização dos conceitos, a "união poliafetiva"

– descrita nas escrituras públicas como "modelo de união afetiva múltipla, conjunta e simultânea" – parece ser uma espécie do gênero "poliamor". 6. Os grupos familiares reconhecidos no Brasil são aqueles incorporados aos costumes e à vivência do brasileiro e a aceitação social do "poliafeto" importa para o tratamento jurídico da pretensa família "poliafetiva". 7. A diversidade de experiências e a falta de amadurecimento do debate inabilita o "poliafeto" como instituidor de entidade familiar no atual estágio da sociedade e da compreensão jurisprudencial. Uniões formadas por mais de dois cônjuges sofrem forte repulsa social e os poucos casos existentes no país não refletem a posição da sociedade acerca do tema; consequentemente, a situação não representa alteração social hábil a modificar o mundo jurídico. 8. A sociedade brasileira não incorporou a "união poliafetiva" como forma de constituição de família, o que dificulta a concessão de status tão importante a essa modalidade de relacionamento, que ainda carece de maturação. Situações pontuais e casuísticas que ainda não foram submetidas ao necessário amadurecimento no seio da sociedade não possuem aptidão para ser reconhecidas como entidade familiar. 9. Futuramente, caso haja o amadurecimento da "união poliafetiva" como entidade familiar na sociedade brasileira, a matéria pode ser disciplinada por lei destinada a tratar das suas especificidades, pois a) as regras que regulam relacionamentos monogâmicos não são hábeis a regular a vida amorosa "poliafetiva", que é mais complexa e sujeita a conflitos em razão da maior quantidade de vínculos; e b) existem consequências jurídicas que envolvem terceiros alheios à convivência, transcendendo o subjetivismo amoroso e a vontade dos envolvidos. 10. A escritura pública declaratória é o instrumento pelo qual o tabelião dá contorno jurídico à manifestação da vontade do declarante, cujo conteúdo deve ser lícito, uma vez que situações contrárias à lei não podem ser objeto desse ato notarial. 11. A sociedade brasileira tem a monogamia como elemento estrutural e os tribunais repelem relacionamentos que apresentam paralelismo afetivo, o que limita a autonomia da vontade das partes e veda a lavratura de escritura pública que tenha por objeto a união "poliafetiva". 12. O fato de os declarantes afirmarem seu comprometimento uns com os outros perante o tabelião não faz surgir nova modalidade familiar e a posse da escritura pública não gera efeitos de Direito de Família para os envolvidos. 13. Pedido de providências julgado procedente.

3.8. A multiparentalidade não se aplica no poliamor

Retomando a recente sentença mencionada anteriormente que atribuiu direitos familiares, sucessórios e previdenciários a um "trisal", formado por um homem e duas mulheres, é óbvio que essa sentença viola o acórdão do CNJ, é evidente que infringe as Teses de Repercussão Geral do STF sobre a monogamia, é indiscutível sua inconstitucionalidade frente ao art. 226, § 3º, da CF, que estabelece a monogamia nas uniões estáveis, e também é notória a sua transgressão quanto ao decidido pelo STF a respeito das uniões entre pessoas do mesmo gênero como entidades familiares, que sempre partem da monogamia[74].

Absurdamente, o juiz autorizou o registro do bebê ainda no ventre de uma das mulheres como filho dos 3 partícipes da relação: um pai e duas mães. O magistrado afirma que isso trará benefícios à criança, sem, todavia, colacionar estudos que efetivamente demonstrem os impactos gerados em um ser humano quando criado em uma relação poligâmica.

De fato, uma vez mais se viola o decidido e regulamentado pelo CNJ, já que, pelo Provimento 83/2019, que aperfeiçoou o Provimento 63/2017, agora consolidado no Provimento 149/2023, no qual a intenção normativa é a possibilidade de registro de duas mães nas relações monogâmicas entre pessoas do mesmo sexo, duas mulheres que vivem em união estável ou que se casaram, com a imposição normativa de prova da existência de uma relação social – reconhecimento da qualidade de mães por parte da sociedade –, além da relação afetiva, norma destinada somente a menores de idade com mais de 12 anos:

[74] TJRS, 2ª Vara de Família e Sucessões da Comarca de Novo Hamburgo, Processo nº 5015552-95.2023.8.21.0019, j. 28/08/2023. Tavares da Silva, Regina Beatriz; Diniz, Emily Costa. Sentença do poliamor e a ordem jurídica. *In*: *Estadão – Blog do Fausto Macedo*. Disponível em: https://www.estadao.com.br/politica/blog-do-fausto-macedo/sentenca-do-poliamor-e-a-ordem-juridica/. Acesso em 09/10/2023. Tavares da Silva, Regina Beatriz; Diniz, Emily Costa. *A impossibilidade jurídica de reconhecimento do poliamor como união estável: sentença que desrespeita teses vinculantes do STF e acórdão do CNJ*. Disponível em: https://adfas.org.br/a-impossibilidade-juridica-de-reconhecimemto-do-poliamor-como-uniao-estavel-semtemca-que-desrespeita-teses-vinculantes-do-stf-e-acordao-do-cnj/. Acesso em 09/10/2023.

Art. 505. O reconhecimento voluntário da paternidade ou da maternidade socioafetiva de pessoas acima de 12 anos de idade será autorizado perante os oficiais de registro civil das pessoas naturais.
§ 1º O reconhecimento voluntário da paternidade ou da maternidade será irrevogável, somente podendo ser desconstituído pela via judicial, nas hipóteses de vício de vontade, fraude ou simulação.
2º Poderão requerer o reconhecimento da paternidade ou da maternidade socioafetiva de filho os maiores de 18 anos de idade, independentemente do estado civil.
§ 3º Não poderão reconhecer a paternidade ou a maternidade socioafetiva os irmãos entre si nem os ascendentes.
§ 4º O pretenso pai ou mãe será pelo menos 16 anos mais velho que o filho a ser reconhecido.

Art. 506. A paternidade ou a maternidade socioafetiva deve ser estável e deve estar exteriorizada socialmente.
§ 1º O registrador deverá atestar a existência do vínculo afetivo da paternidade ou da maternidade socioafetiva mediante apuração objetiva por intermédio da verificação de elementos concretos.
§ 2º O requerente demonstrará a afetividade por todos os meios em direito admitidos, bem como por documentos, tais como: apontamento escolar como responsável ou representante do aluno; inscrição do pretenso filho em plano de saúde ou em órgão de previdência; registro oficial de que residem na mesma unidade domiciliar; vínculo de conjugalidade — casamento ou união estável — com o ascendente biológico; inscrição como dependente do requerente em entidades associativas; fotografias em celebrações relevantes; declaração de testemunhas com firma reconhecida.
§ 3º A ausência destes documentos não impede o registro, desde que justificada a impossibilidade, no entanto, o registrador deverá atestar como apurou o vínculo socioafetivo.
§ 4º Os documentos colhidos na apuração do vínculo socioafetivo deverão ser arquivados pelo registrador (originais ou cópias) junto ao requerimento.

Essas normas dos Provimentos do CNJ se direcionam ao processo administrativo, mas obviamente o sistema jurídico é unívoco no que se refere às relações de filiação, portanto, se aplica às decisões judiciais, que devem segui-las.

Quando se trata de menor de 12 anos, é necessário o processo judicial. Nesse sentido, as decisões judiciais encontradas para autorizar o registro de duas mães na certidão de nascimento de uma criança, ou seja, de uma criança menor de 12 anos de idade, verifica-se tratar de casais homossexuais, além de ser necessária, em primeiro lugar, a comprovação da socioafetividade, que obviamente não pode ser prevista antes mesmo do nascimento da criança, como ocorreu na sentença analisada[75].

Portanto, a multiparentalidade não se aplica nas relações de poliamor.

Conclusões

Apesar da evidente diferença, alguns querem confundir o poliamor do "trisal" com a socioafetividade entre pai, mãe e filho, fazendo com que o Brasil, erroneamente, tenha a reputação de um país frouxo em suas regras. Contudo, são informações falsas que não condizem com a realidade, tanto em razão dos costumes brasileiros, como pelo ordenamento jurídico, que é categórico ao consagrar a monogamia como princípio estruturante do casamento e da união estável, independentemente da diversidade de gênero, rechaçando qualquer forma de relação poligâmica como família.

Na Argentina, a monogamia também é um princípio estruturante do casamento e da união estável. Não são conhecidas *fake news* sobre o poliamor nesse país irmão.

É muito significativa a frase de um acórdão da *Cámara de Apelaciones de Familia de Mendoza*, para rechaçar esse *by pass* que no Brasil os "trisais", ou "poliamoristas", ou polígamos querem dar à monogamia através da sensibilização que provoca o argumento de que uma criança necessita do registro de três ascendentes no primeiro grau de parentesco: "*Entendemos*

[75] Entre outros acórdãos, no mesmo sentido, são citados os seguintes: "AÇÃO DECLARATÓRIA DE DUPLA MATERNIDADE – Procedência – Insurgência do Ministério Público – Cabimento – Autoras que pretendem a declaração de dupla maternidade do filho que está sendo gerado pela coautora F.E. – Provimento nº 63/2017, do CNJ, que dispõe sobre o registro de nascimento dos filhos gerados por reprodução assistida, sem disciplina legal para a hipótese de "inseminação caseira" – Ainda que seja possível o reconhecimento da

por socioafectividad a la conjunción de dos elementos: lo social y lo afectivo; se trata de ver cómo lo afectivo adopta un lugar de peso en lo social; y cómo lo social se ve interpelado por ciertos y determinados afectos"[76].

Afinal, a sociedade brasileira e a sociedade argentina não aceitam relações poliafetivas como relações de família.

Se 3, 4, 5 ou mais pessoas querem viver juntas, com relacionamentos supostamente afetivos e sexuais, ninguém as impedirá. Porém, que não

maternidade socioafetiva da coautora S. em relação ao/à filho/a que está sendo gerado/a por F.E., é necessário considerar que se trata de um nascituro, desprovido de personalidade civil, e que apenas os interesses das autoras está sendo trazido a debate – Direito de reconhecimento à ancestralidade que deve ser preservado (CC, art. 2º, parte final) – Improcedência da ação que é medida de rigor – RECURSO PROVIDO." (TJSP, AC 1001350-16.2022.8.26.0008, Rel. Miguel Brandi, 7ª Câm. de Dir. Priv., j.: 30/06/2022). "Ação de reconhecimento de maternidade – Ação de procedência – Insurgência do Ministério Público em recurso de apelação – União homoafetiva – Criança concebida através de inseminação artificial heteróloga "caseira" – Demonstração da doação de material genético por terceiro, que declarou a ausência de vínculo afetivo com as autoras e com a criança – Comprovação da parentalidade socio afetiva que possibilita a declaração de maternidade – Sentença mantida – Recurso não provido. Nega-se provimento ao recurso." (TJSP, AC 1055550-93.2019.8.26.0002, Rel. Marcia Dalla Déa Barone, 4ª Câmara de Direito Privado, j. 21/01/2022). "APELAÇÃO CÍVEL – DIREITO DE FAMÍLIA – DUPLA MATERNIDADE AFETIVA – CASAL HOMOAFETIVO – UNIÃO ESTÁVEL CONFIGURADA – CONCEITO EXPANDIDO DE FAMÍLIA – ADI 4.277 – REPRODUÇÃO ASSISTIDA CASEIRA – PROVIMENTO N. 63/2017 DO CNJ – EXIGÊNCIA DE DECLARAÇÃO DE CLÍNICA – VIOLAÇÃO AO PRINCÍPIO DA ISONOMIA – REQUISITOS PARA A FILIAÇÃO SOCIOAFETIVA – CONFIGURADOS – MELHOR INTERESSE DO MENOR (...)" (TJMG, AC 10000211059365001, Rel. Versiani Penna, j. 30/09/2021, 19ª Câmara Cível). "APELAÇÕES – Destituição do poder familiar e adoção – (...) concessão da guarda de M. a Rafaelle e reconhecimento de Rafaelle como mãe socioeducativa de M., de 08 anos atualmente (...). Possibilidade de estabelecimento de dupla maternidade reconhecida pelas Cortes Superiores – Posse do estado de filho pontuada pelo mútuo afeto e reconhecimento social (...) – Deslinde que melhor se amolda às premissas dos superiores interesses e prioridade absoluta do ECA – Manifestação da infante em estudo técnico, ademais, que deve ser prestigiada para o deslinde da causa (...)." (TJSP, AC 1000460-41.2020.8.26.0269, Rel. Renato Genzani Filho, Câmara Especial, j. 20/01/2021).

[76] *Cám. Flia., Memdoza, 31/03/2022, "R., G. M. c/ C. M., L. P. y A., M. E. p/ Impugnación de Filiación y Nulidad de reconocimiemto" ACCIONES DE FILIACIÓN. Impugnación del reconocimiemto paterno. Planteo de inconstitucionalidad del art. 558 del C.C.C.N.: Improcedemcia. Realidad familiar pluriparemtal. Noción de socioafectividad como elememto determinante. In Actualidad Jurídica – Familia & Niñez / número 217 / mayo 2022.*

queiram obter direitos de família e sucessões, que são estruturados na monogamia; não queiram obter direitos previdenciários com um único pagante e muitos beneficiários, porque evidentemente isso levaria ao rompimento dos sistemas econômicos de seguridade social, com prejuízos a toda a sociedade. E o mais grave: não queiram colocar filhos na relação poligâmica, porque o interesse da criança e do adolescente é superior e, somado a isso, a inaceitabilidade social do poliamor como relação familiar violaria esse princípio soberano.

Portanto, este tipo de relação não se coaduna com a preservação dos interesses da criança e do adolescente e este ser humano em formação precisa estar no centro de nossas reflexões. A regulação do estado familiar leva em conta os interesses superiores da organização sociofamiliar e não meramente o interesse individual, de modo que, como salienta Alicia García de Solavagione, pertence à esfera da ordem pública indisponível, eliminando-se a ideia de que tudo é possível na formação familiar, por uma suposta e inexistente autonomia absoluta da vontade[77].

É necessário sempre reiterar que não é o amor que a lei protege, já que nem toda relação amorosa deve ser tutelada pelo Estado. Nas palavras de Otávio Luiz Rodrigues Junior:

> (...) O "amor", e é bom que se volte a ele, definitivamente, não é jurídico. Sua juridicização pode até ocorrer, o que realmente se deu em casos excepcionais na legislação nacional e estrangeira. (...) as fronteiras do amor e do Direito devem ser mantidas, ainda que exceções sirvam apenas para confirmar a diferença de planos. O "amor" não pode ser o novo "deus" laico[78].

A defesa da família é essencial na proteção das crianças e dos adolescentes, sem dúvida com amor, mas em conformidade com o ordenamento jurídico, de modo que, se são criados por um pai e uma mãe, ou dois pais, ou duas mães, sempre se deve ter em conta a formação monogâmica.

[77] Solavagione, Alicia Garcia de. *Derecho de Familia*. José Luis Báez (coord.). Córdoba: Abogado, 2016, p. 619.
[78] Rodrigues Júnior, Otávio Luiz. Amor e Direito Civil: Normatividade, Direito e Amor. *In: Família e Pessoa:* uma questão de princípios. Regina Beatriz Tavares da Silva e Ursula Basset (coord.). São Paulo: YK, 2018, p. 555.

Finaliza-se este texto com a frase de Graciela Medina:

> *En definitiva entendemos que el derecho debe formular sus reglas considerando los vínculos afectivos, pero ello no lleva sin más a aceptar que un niño tenga tantos padres como adultos manifiesten su voluntad procreacional, o como tantos adultos manifiesten en forma conjunta su voluntad de adoptar o como tantas personas se consideren padres de "corazón" de un niño*[79].

Referências

Amâncio, Thiago. *Com 2 homens e uma mulher, 'trisal' deixa o país após decisão do CNJ.* 2018. Disponível em: https://www1.folha.uol.com.br/cotidiano/2018/07/com-2-homens-e-uma-mulher-trisal-deixa-o-pais-apos-decisao-do-cnj.shtml. Acesso em 01/10/2023.

Associação de Direito de Família e das Sucessões (ADFAS). *CNJ julga procedente o Pedido de Providências da ADFAS de vedação de lavratura de escrituras públicas de relações "poliafetivas" como uniões estáveis.* Disponível em: https://adfas.org.br/cnj-julga-procedente-o-pedido-de-providencias-da-adfas-de-vedacao-de-lavratura-de-escrituras-publicas-de-relacoes-poliafetivas-como-unioes-estaveis/ . Acesso em 11/10/2023.

Associação de Direito de Família e das Sucessões (ADFAS). *Drª Regina Beatriz, debate com Dep Tulio Gadelha sobre o Estatuto das Famílias do Sec XXI.* YouTube, Disponível em: https://adfas.org.br/professora-regina-beatriz-debateu-com-o-deputado-tulio-gadelha/. Acesso em 11/10/2023.

Associação de Direito de Família e das Sucessões (ADFAS). *Drª Regina Beatriz explica os desdobramentos do PL "Estatuto das Famílias do Século XXI".* Disponível em: https://www.youtube.com/watch?v=UDOJwpxvFnA. Acesso em 11/10/2023.

Associação de Direito de Família e das Sucessões (ADFAS). *Monogamia como princípio estruturante do casamento.* YouTube, 01/10/2021. Disponível em: https://adfas.org.br/video-monogamia-como-principio-estruturante-do-casamento/. Acesso em 09/10/2023.

Azar, Aldo Marcelo; Ossola, Federico Alejandro. Principio de indemnidad, deber moral de fidelidad entre cónyuges y resarcimiento de daños.

[79] Medina, Graciela. Pluriparemtalidad. *In: La Ley*, Año LXXXVII nº 177, Tomo 2023-E.

In: La Ley,14/12/2016, 1 – LA LEY2016-F, 1097. Citação Online: AR/DOC/3787/2016.

Basset, Ursula. El fundamento de la admisibilidad de los daños y perjuicios en las relaciones de familia en el nuevo Código Civil y Comercial Argentino. *In: Família e Pessoa:* uma questão de princípios. Regina Beatriz Tavares da Silva e Ursula Basset (coords.). São Paulo: YK, 2018.

Buteler, Guillermo E. Barrera. *Derecho Constitucional.* Córdoba: Advocatus, 2019.

Cabanellas, Beatriz Ramos. Monogamia en Uruguay. *In: Familia e Pessoa*: uma questão de princípios. Regina Beatriz Tavares da Silva e Ursula Basset (coords.). São Paulo: YK, 2018.

Cahali, Yussef Said. *O casamento putativo.* 2.ed. São Paulo: Revista dos Tribunais, 1979.

Dias, Maria Berenice. *Manual de Direito das Famílias.* 8.ed. São Paulo: Revista dos Tribunais, 2010.

Diniz, Maria Helena. *Curso de direito civil brasileiro.* v. 5. 33. ed. São Paulo: Saraiva, 2019.

Fançony, Pedro Ambrosio dos Reis. Unión de hecho en Angola. *In: Tratado da União de Fato.* Regina Beatriz Tavares da Silva, Atalá Correia, Alicia García Solavagione (coords.). São Paulo: Almedina, 2021.

Figueiredo, Márcia Boen Garcia. *Princípio da Monogamia:* Direito constitucional, Direito de Família, Psicanálise e História. Disponível em: https://adfas.org.br/principio-da-monogamia-direito-constitucional-direito-de-familia-psicanalise-e-historia/. Acesso em 06/08/2020.

Filho, Venceslau Tavares. *RE Nº 1.045.273 e reconhecimento de efeitos previdenciários a uniões simultâneas.* Disponível em: https://adfas.org.br/o-re-1-045-273-e-reconhecimento-de-efeitos-previdenciarios-a-unioes-simultaneas/. Acesso em 06/06/2022.

Flores, Martín André. *Derecho de Familia.* Coordinador José Luis Báez. Córdoba: Advocatus, 2016.

G1 Vale do Paraíba e Região. *Trisal não consegue fazer registro de bebê com nome dos três pais em cartório e vai recorrer à Justiça.* 2022. Disponível em: https://g1.globo.com/sp/vale-do-paraiba-regiao/noticia/2022/05/09/trisal-nao-consegue-fazer-registro-de-bebe-com-nome-dos-tres-pais-em-cartorio-e-vai-recorrer-a-justica.ghtml. Acesso em 09/10/2023.

Gagliano, Pablo Stolze; Filho, Rodolfo Pamplona. *O novo divórcio.* São Paulo: Saraiva, 2010.

Henrich, Joseph; Boyd, Robert; Richerson, Peter. *The puzzle of monogamous marriage. In:* The Royal Society. Disponível em: https://royalsocietypublishing.org/doi/10.1098/rstb.2011.0290 Acesso em 06/06/2022.

Maluf, Carlos Alberto Dabus. Maluf, Adriana Caldas do Rego Freitas Dabus. *Curso de direito de família*. 3.ed. São Paulo: Saraiva, 2018.

Martins, Ives Gandra; Bastos, Celso Ribeiro. *Comentários à Constituição do Brasil*. v. VIII. 1998.

Medina, Graciela. Pluriparentalidad. *In: La Ley*, Buenos Aires, v.87, n.177, pp. 1-4, set., 2023.

Medina, Graciela. Protección Jurídica de la Familia. *In: Revista Jurídica de Buenos Aires*, Año 45, Número 101, 2020-II, Buenos Aires: Facultad de Derecho – Universidad de Buenos Aires, Departamento de Publicaciones, Abeledo Perrot, *Derecho de Familia* – Coordinadora Graciela Medina, pp. 03-08.

Medina, Graciela. Uniones Convivenciales. *In: Tratado da União de Fato*. Regina Beatriz Tavares da Silva, Atalá Correia, Alicia García Solavagione (coords.). São Paulo: Almedina, 2021.

Medina, Graciela. Principios Generales en materia de Derecho de Familia en el Derecho Supranacional de los Derechos Humanos y en el Derecho Positivo Argentino. *In: Família e Pessoa*: uma questão de princípios. Regina Beatriz Tavares da Silva e Ursula Basset (coords.). São Paulo: YK, 2018.

Miranda, Roberta Drehmer de. *Monogamia, Casamento e União estável:* o que se pode aprender com o direito romano. Disponível em: https://adfas.org.br/monogamia-casamento-e-uniao-estavel-o-que-se-pode-aprender-com-o-direito-romano/. Acesso em 06/08/2021.

Monteiro, Washington de Barros. Tavares da Silva, Regina Beatriz, *Curso de Direito Civil*. Direito de Família. v. 2. 43.ed. São Paulo: Saraiva, 2015.

Morau, Caio. *Comentários ao PL nº 309/2021*. Disponível em: https://adfas.org.br/comentarios-ao-pl-no-309-2021/. Acesso em 10/08/2021.

Nery, Rosa Maria de Andrade. Nery Junior, Nelson. *Instituições de direito civil*. v.4. 3.ed. São Paulo: Revista dos Tribunais, 2022.

Pereira, Rodrigo da Cunha. *Divórcio: teoria e prática*, Rio de Janeiro: GZ, 2010.

Pereira, Rodrigo da Cunha: *STF premia a irresponsabilidade ao negar rateio de pensão para união simultânea*. Disponível em: https://ibdfam.org.br/index.php/artigos/1616/STF+premia+a+irresponsabilidade+ao+negar+rateio+de+pens%C3%A3o+para+uni%C3%A3o+simult%C3%A2nea. Acesso em 11/10/2023

Reale, Miguel. *A boa-fé no Código Civil*, 2003.

Redacción 180. *De a tres mejor: familia poliafectiva brasilera se muda a Uruguay*. 2018. Disponível em: https://www.180.com.uy/articulo/75473_de-a-tres-mejor-familia-poliafectiva-brasilera-se-muda-a-uruguay. Acesso em 01/10/2023.

Rodrigues Júnior, Otávio Luiz. Amor e Direito Civil: Normatividade, Direito e Amor. *In Família e Pessoa:* uma questão de princípios. Regina Beatriz Tavares da Silva e Ursula Basset (coords.). São Paulo: YK, 2018.

Rodrigues, Silvio. *Direito civil*. 27.ed. v.6. São Paulo: Saraiva, 2002.

Rosa, Conrado Paulino da. *'Não te mete onde tu não és chamado'*: a possibilidade jurídica da escritura pública para regulamentar efeitos jurídicos a união poliafectiva. Disponível em: https://ibdfam.org.br/artigos/1107/%E2%80%9CN%C3%A3o+te+mete+onde+tu+n%C3%A3o+%C3%A9s+chamado%E2%80%9D%3A+a+possibilidade+jur%C3%ADdica+da+escritura+p%C3%BAblica+para+regulamentar+efeitos+jur%C3%ADdicos+a+uni%C3%A3o+poliafetiva. Acesso em 16/10/2023.

Roso, Jayme Vita. Monogamia, seus confrontos e seus Desafios. *Direito em Migalhas*. Campinas: Millenium Editora, 2006.

Schmitt, David P. Sociosexuality from Argentina to Zimbabwe: A 48-nation study of sex, culture, and strategies of human mating. *Behavioral and brain sciences*. 28, 247-311, 2005. Disponível em: https://www.unl.edu/rhames/courses/current/readings/Schmitt-ocr.pdf Acesso em 05/06/2022.

Solavagione, Alicia García de. *Derecho de Familia*. José Luis Báez (coord.). Córdoba: Abogado, 2016.

Solavagione, Alicia García de. União Convivencial na República Argentina. *In: Tratado da União de Fato*. Regina Beatriz Tavares da Silva, Atalá Correia, Alicia García Solavagione (coords.). São Paulo: Almedina, 2021.

Tavares da Silva, Regina Beatriz. A frouxidão dos requisitos da união estável e a equiparação de seus efeitos aos do casamento no direito brasileiro. *In: Tratado da União de Fato*. Regina Beatriz Tavares da Silva, Atalá Correia, Alicia García Solavagione (coords.). São Paulo: Almedina, 2021.

Tavares da Silva, Regina Beatriz. A tese de repercussão geral sobre a monogamia no casamento e na união estável. *Revista de Direito Civil Contemporâneo*. vol. 26. ano 8. pp. 411-448. São Paulo: Revista dos Tribunais, jan.-mar./2021.

Tavares da Silva, Regina Beatriz. *Sustentação oral da Prof. Regina Beatriz no Pedido de Providências ao CNJ:* trisal não é família. Disponível em: https://adfas.org.br/sustentacao-oral-da-prof-regina-beatriz-no-pedido-de-providencias-ao-cnj-trisal-nao-e-familia/. Acesso em 11/10/2023.

Tavares da Silva, Regina Beatriz. *CNJ julga Pedido de Providências para que não sejam lavradas escrituras de poligamia*. Disponível em: https://adfas.org.br/cnj-julga-pedido-de-providencias-para-que-nao-sejam-lavradas-escrituras-de-poligamia/. Acesso em 11/10/2023.

Tavares da Silva, Regina Beatriz. *CNJ deve julgar amanhã (22/05) o Pedido de Providências da ADFAS*. Disponível em: https://adfas.org.br/cnj-deve-julgar-amanha-22-05-o-pedido-de-providencias-da-adfas/. Acesso em 11/10/2023.

Tavares da Silva, Regina Beatriz. Comentários ao Livro do Direito de Família do Código Civil. *Código Civil comentado*. Regina Beatriz Tavares da Silva e Ricardo Fiuza (coords.). 10.ed. São Paulo: Saraiva, 2015.

Tavares da Silva, Regina Beatriz. *Dever de Assistência Imaterial entre Cônjuges*. Rio de Janeiro: Forense Universitária, 1990.

Tavares da Silva, Regina Beatriz. *O STF julga que amantes não têm direito à pensão previdenciária:* A tese proposta pelo Ministro Relator Alexandre de Moraes. Disponível em: https://adfas.org.br/o-stf-julga-que-amantes-nao-tem-direito-a-pensao-previdenciaria-a-tese-proposta-pelo-ministro-relator-alexandre-de-moraes. Acesso em 09/10/2023.

Tavares da Silva, Regina Beatriz. *Os riscos da supressão do instituto da separação*. Disponível em: https://www.conjur.com.br/2022-mai-21/regina-tavares-riscos-supressao-instituto-separacao. Acesso em 12/06/2022.

Tavares da Silva, Regina Beatriz. *Pensão previdenciária para amantes:* A visão do Direito e da Psicanálise. Disponível em: https://adfas.org.br/pensao-previdenciaria-para-amantes-a-visao-do-direito-e-da-psicanalise/. Acesso em 09/10/2023.

Tavares da Silva, Regina Beatriz. Relaciones poliafectivas y protección de la familia. *Revista Jurídica de Buenos Aires*, Año 45, número 101, 2020-II, pp. 165-189, Buenos Aires, 2020.

Tavares da Silva, Regina Beatriz. *Separação e divórcio após a EC. n. 66/2010*. 2.ed. São Paulo: Saraiva, 2012.

Tavares da Silva, Regina Beatriz. STF *publica acordão sobre a Tese de Repercussão Geral firmada no Tema 526*. Disponível em: https://adfas.org.br/stf-publica-acordao-sobre-a-tese-de-repercussao-geral-firmada-no-tema-526/. Acesso em 09/10/2023.

Tavares da Silva, Regina Beatriz; Correia, Atalá; Solavagione, Alicia García. União familiar de fato e seu estudo comparatístico. *In: Tratado da União de*

Fato. Regina Beatriz Tavares da Silva, Atalá Correia, Alicia García Solavagione (coords.). São Paulo: Almedina, 2021.

Tavares da Silva, Regina Beatriz; Diniz, Emily Costa. *A impossibilidade jurídica de reconhecimento do poliamor como união estável:* sentença que desrespeita teses vinculantes do STF e acórdão do CNJ. Disponível em: https://adfas.org.br/a-impossibilidade-juridica-de-reconhecimento-do-poliamor-como-uniao-estavel-sentenca-que-desrespeita-teses-vinculantes-do-stf-e-acordao-do-cnj/. Acesso em 09/10/2023.

Tavares da Silva, Regina Beatriz; Diniz, Emily Costa. *Sentença do poliamor e a ordem jurídica*. *In:* Estadão – Blog do Fausto Macedo. Disponível em: https://www.estadao.com.br/politica/blog-do-fausto-macedo/sentenca-do-poliamor-e-a-ordem-juridica/. Acesso em 09/10/2023.

Tavares da Silva, Regina Beatriz. *Os riscos da supressão do instituto da serapação*. Disponível em: https://www.conjur.com.br/2022-mai-21/regina-tavares-riscos-supressao-instituto-separacao. Acesso em 12/06/2022.

United Nations Development Programme. *Ranking IDH Global 2014*. Disponível em: https://www.br.undp.org/content/brazil/pt/home/idh0/rankings/idh-global.html. Acesso em 01/10/2023.

Venosa, Silvio de Salvo. *Direito Civil*. v.2. 13.ed. São Paulo: Atlas, 2013.

A PROTEÇÃO DA CRIANÇA E DO ADOLESCENTE
LA PROTECCIÓN DE LOS NINÕS Y DE LOS ADOLESCENTES

10.
OS DIREITOS DA CRIANÇA À CONVIVÊNCIA COM PAI E MÃE NA GUARDA (COM)PARTILHADA

Álvaro Augusto dos Passos

1. Introdução

Desde os tempos primordiais a família se caracteriza pela convivência entre seus membros, que se protegem, assistem e auxiliam mutuamente. Isso tornou os humanos competitivos no seu ambiente, permitindo nossa sobrevivência e o desenvolvimento da sociedade cada vez mais complexa. Durante milênios as estruturas familiares se mantiveram imutáveis, sobretudo por estarem assentadas em princípios e dogmas religiosos rígidos, em suas diversas manifestações.

A transformação dos valores sociais; afastamento cada vez maior das normais jurídicas das religiosas; inclusão social de parcela da sociedade por muito excluída e não reconhecida em suas particularidades, sobretudo quanto a igualdade de gênero e orientação sexual, a sociedade humana vem experimentando profundas e aceleradas mudanças. Com as relações afetivas não seria diferente. Novos desenhos familiares surgiram e a família tradicional duradoura e indivisível cedeu lugar a relações efêmeras, momentâneas e fluídas, acirrando as controvérsias familiares e intensificando a judicialização na busca da solução de tais demandas. Dentre muitas, uma tem se destacado: a disputa pela guarda dos filhos.

A busca de equilíbrio no exercício do poder familiar e da convivência com os filhos de pais separados, ou que nunca coabitaram, levou à edição da Lei 13.058/2014 (Lei da Guarda Compartilhada), tornando-a regra, em contraposição ao outrora prestígio da guarda unilateral, buscando efetivar a garantia constitucional consagrada o art. 227 da nossa Constituição:

> É dever da família, da sociedade e do Estado assegurar à criança, ao adolescente e ao jovem, com absoluta prioridade, o direito à vida, à saúde, à alimentação, à educação, ao lazer, à profissionalização, à cultura, à dignidade, ao respeito, à liberdade e à convivência familiar e comunitária, além de colocá-los a salvo de toda forma de negligência, discriminação, exploração, violência, crueldade e opressão.

Acima de tudo, o compartilhamento da convivência com seus pais, e demais membros da família, é direito fundamental das crianças, adolescentes e jovens a ser protegido pelo Estado e respeitados por todos os envolvidos.

2. Poder familiar em relação aos filhos

Assim como as relações conjugais sofreram nítidas transformações quanto a sua organização e regulação, o tratamento quanto à prole igualmente a acompanhou, não só no que diz respeito à eliminação[1] da discriminatória classificação da filiação em razão da sua origem, mas sobretudo com o fim pátrio poder atribuído até então ao marido e pai, a quem era reservado o comando do núcleo familiar, para o compartilhado poder familiar. A partir, portanto, do advento do Código Civil de 2002, coloca-se um ponto final na sociedade conjugal patriarcal, introduzindo-se no ordenamento jurídico brasileiro a imposição do exercício conjunto, pelos cônjuges, da condução e organização do núcleo família. O poder passa a pertencer à família e não exclusivamente a um de seus membros[2].

Sujeitos ao poder familiar, as decisões com relação aos filhos passam a ser tomadas pelos pais em conjunto na forma como dispõe o art. 1.634 do Código Civil:

[1] Art. 1.596 – Os filhos, havidos ou não da relação de casamento, ou por adoção, terão os mesmos direitos e qualificações, proibidas quaisquer designações discriminatórias relativas à filiação.

[2] Art. 1.630 – Os filhos estão sujeitos ao poder familiar, enquanto menores.

> Compete a ambos os pais, qualquer que seja a sua situação conjugal, o pleno exercício do poder familiar, que consiste em, quanto aos filhos:
> I – Dirigir-lhes a criação e a educação;
> II – Exercer a guarda unilateral ou compartilhada nos termos do art. 1.584;
> III – Conceder-lhes ou negar-lhes consentimento para casarem;
> IV – Conceder-lhes ou negar-lhes consentimento para viajarem ao exterior;
> V – Conceder-lhes ou negar-lhes consentimento para mudarem sua residência permanente para outro Município;
> VI – Nomear-lhes tutor por testamento ou documento autêntico, se o outro dos pais não lhe sobreviver, ou o sobrevivo não puder exercer o poder familiar;
> VII – Representá-los judicial e extrajudicialmente até os 16 (dezesseis) anos, nos atos da vida civil, e assisti-los, após essa idade, nos atos em que forem partes, suprindo-lhes o consentimento;
> VIII – Reclamá-los de quem ilegalmente os detenha;
> IX – Exigir que lhes prestem obediência, respeito e os serviços próprios de sua idade e condição.

Na vigência do Código anterior (1916), ainda que fizesse menção aos pais quanto aquilo que lhes competia com relação aos filhos, como tal somente se aplicava na constância do casamento[3], excluindo-se, expressamente, a administração dos bens dos filhos, que somente cabia ao pai, salvo na sua falta, quando então seria exercido pela mãe[4].

[3] Art. 384. Compete aos pais, quanto à pessoa dos filhos menores:
I. Dirigir-lhes a criação e educação.
II. Tê-los em sua companhia e guarda.
III. Conceder-lhes, ou negar-lhes consentimento, para casarem.
IV. Nomear-lhes tutor, por testamento ou documento autêntico, se o outro dos pais lhe não sobreviver, ou o sobrevivo não puder exercitar o pátrio poder.
V. Representá-los, até aos dezesseis anos, nos atos da vida civil, e assisti-los, após essa idade, nos atos em que forem partes, suprindo-lhes o consentimento.
VI. Reclama-los de quem ilegalmente os detenha.
VII. Exigir que lhes prestem obediência, respeito e os serviços próprios de sua idade e condição.

[4] Art. 385. O pai e, na sua falta, a mãe são os administradores legais dos bens dos filhos que se achem sob o seu poder, salvo o disposto no art. 225.

Portanto, com a substituição do pátrio poder pelo poder família as decisões com relação aos filhos cabem a ambos os pais, qualquer que seja a sua situação conjugal.

3. Família como fenômeno social e suas transformações

A estrutura familiar e suas relações passaram por profundas transformações nas últimas décadas, sobretudo a partir da segunda metade do século XX, impulsionadas por uma alteração significativa do papel da mulher na sociedade como todo. A maior presença no mercado de trabalho libertou as mulheres, em especial a esposa, da dependência do homem (pai ou marido), permitindo-lhes tomar decisões que atendessem seus anseios e objetivos. Paralelamente a isto, a libertação da opressão sexual, sobretudo com o advento de técnicas seguras e mais eficazes de controle gravidez, permitiu-lhes, igualmente, assumir o controle do seu próprio corpo. As mulheres passaram assim a ser uma voz a ser ouvida e não mais a sobra de seus pais e maridos, adquirindo brilho próprio. Por certo, neste contexto, as estruturas familiares, antes assentada no patriarcalismo, passaram a sofrer sensíveis mudanças.

Ainda na primeira metade do século passado às mulheres passaram a ter direito ao voto, tornando-se cidadãs plenas, exercício antes reservados aos homens. Em 1961, com a promulgação do Estatuto da Mulher Casada[5] deixou de ser assistida pelo marido em suas decisões no âmbito da vida civil (ao menos juridicamente), passo importante para assumir seu papel de igualdade na sociedade conjugal, que, em verdade, até hoje, ainda não foi conquistada integralmente.

Tais mudanças, tímidas ainda, encontravam na ausência do divórcio no Brasil obstáculo quase intransponível para a dissolução de relações conjugais que, muitas vezes, submetiam a mulher e seus filhos a situações daquilo que hoje chamamos de relações tóxicas, fundada na autoridade paterna que impunha à família o modo como todos os seus membros deveriam agir e se portar. O temor do desamparo e sobretudo de não ser possível constituir novo núcleo familiar levava à submissão e ao conformismo. O número dos casais desquitados era diminuto, constituindo

[5] Lei nº 4.121. Código Civil, 2002. Disponível em: https://www.planalto.gov.br/ccivil_03/leis/1950-1969/l4121.htm. Acessado em 28/03/2023.

muitas vezes em situação vexatória e alvo de censura social. Era comum ouvirmos a expressão, com tão de severa crítica ela é desquitada.

Ainda que não houvesse no ordenamento jurídico a previsão de se constituir nova família após o desfazimento da sociedade conjugal anterior, o dinamismo da sociedade, impulsionado pelos novos valores que se instalavam entre nós, fruto inclusive dos ventos libertários soprados de sociedades já transformadas, permitiu a aceitação daquelas relações informais, hoje tão comum entre nós.

Vale lembrar que o caminho não foi fácil e nem rápido. Foram décadas de construção, sobretudo nos Tribunais, até chegarmos à igualdade plena entre casamento e união estável. Da sociedade civil com direito à indenização por serviços prestados[6] com competência das *varas cíveis*; deslocando-se posteriormente para as varas da família, até o seu reconhecimento como família, a união estável passou a ser merecedora de proteção do Estado[7] com a Constituição de 1988.

Não se pode deixar de destacar neste processo o papel transformador do Poder Judiciário brasileiro que soube ouvir a voz da sociedade em prol do reconhecimento da igualdade nas relações familiares, independentemente de estarem assentadas num procedimento formal (casamento) ou numa relação de fato (união estável), conferindo a todas as formas de união (hetero ou homossexual) a mesma proteção.

4. Do exercício da guarda compartilhada e a divisão do tempo de convivência entre os genitores

Seguindo tendência já destacada de transformação das relações familiares, visando igualar os cônjuges em seus direitos e obrigações e, sobre-

[6] Cabimento, Indenização, Concubina, Prestação, Serviço Doméstico, Companheiro, Duração, Vida em Comum, Hipótese, Inexistencia, Direito, Meação, Patrimônio, Companheiro, Entendimento, Concubinato, Equivalência, Contrato, Prestação De Serviço (Resp 88524/SP).
Concubinato. Serviços Domésticos. Indenização. I – São indenizáveis os serviços domésticos prestados pela concubina a seu companheiro. II – Recurso Especial a que se deu Provimento. III – Unânime (REsp 5099/RS).

[7] Para efeito da proteção do Estado, é reconhecida a união estável entre o homem e a mulher como entidade familiar, devendo a lei facilitar sua conversão em casamento (CF. art. 226, § 3º).

tudo, responsabilidade quanto à condução dos assuntos que disserem respeito à prole comum, a Lei 13.058/2014 alterou o Código Civil e estabeleceu os parâmetros para a compreensão do significado da expressão guarda compartilhada, dispondo sobre sua aplicação.

Dispõe a Lei em linhas gerais que o exercício da guarda dos filhos deverá ser compartilhada entre os pais separados ou divorciados, desde que ambos estejam em condições de exercer o poder familiar (art. 1.584, §2º, primeira parte), salvo se um dos pais não quiser exercê-la (art. 1.584, §2º, segunda parte), dividindo-se o tempo de convivência de forma equilibrada entre os genitores, prevalecendo, sempre, o melhor interesse dos filhos (art. 1.583, § 2º), inclusive quanto a cidade de sua moradia (§ 3º). Como em todos os demais casos que envolvem decisões sobre os filhos menores, não estando os pais concordes, deverá o juiz decidir, com auxílio dos órgãos técnicos (art. 1.584, § 3º).

Como se pode notar, quis o legislador consagrar a responsabilidades dos pais pelas tomadas de decisões sobre os filhos ainda submetidos ao poder familiar, afastando-se da visão conservadora de que apenas aquele que detém da guarda unilateral estaria apto a decidir sobre a vida cotidiana da prole.

A guarda compartilhada, antes de mais dada, impõe o compartilhamento das decisões a respeito da vida dos filhos, tal qual explicitado no art. 1.634 do Código Civil, não mais se aceitando o afastamento de tal encargo por aquele que não exerça da guarda unilateral.

Neste contexto, chama a atenção a previsão expressa no art.1.584, §2º, segunda parte, do CC, no tocante a ressalva do estabelecimento da guarda compartilhada quando um dos pais não quiser exercê-la, o que poderia caracterizar verdadeira renúncia ao exercício do poder familiar, com sua consequência jurídicas, inclusive no campo da responsabilidade civil por abandono intelectual e afetivo.

Aos analisarem tal questão[8], os magistrados paulistas Desembargador Francisco Eduardo Loureiro e Juiz de Direito Augusto Drummond Lepage formularam a seguinte crítica:

[8] A Guarda Compartilhada aplicada à Luz do Princípio da Solidariedade e do dever de cuidados: visão crítica dos art. 1.583 e 1.584 do Código Civil; in Cuidado e Solidariedade – in

> Talvez a maior imperfeição do dispositivo seja o regime de exceções ao compartilhamento. Prevê que "salvo se um dos genitores declarar ao magistrado que ao deseja guarda do menor". Se o compartilhamento envolve atribuições de responsabilidades pela criação, educação e formação do filho menor, inerentes ao exercício do poder familiar, é óbvio que não podem ser estas renunciadas ou dispensadas a critério de qualquer um dos pais.
>
> Do mesmo modo que impensável a renúncia ao exercício do poder familiar que constitui ato ilícito, a apenável hoje pela indenização do abandono afetivo, consoante entendimento consolidado pela doutrina e jurisprudência, inadmissível também que manifestem os pais perante o juiz o desejo do não compartilhamento.
>
> Na verdade, onde diz a lei que a conversão em guarda unilateral ocorrerá quando um dos pais manifestar que não *quer* (não deseja) o compartilhamento, leia-se de um dos pais que não *pode* exercer o compartilhamento, por razões objetivas e comprovadas. São os casos, por exemplo, de pais que se encontram acometidos de moléstias graves, ou privados da liberdade, que manifestam a impossibilidade, temporária ou permanente, de cumprir atribuições para criação e formação de seus filhos menores.

Tal hipótese somente não tem sido mais tormentosa para os julgadores, posto serem raros os casos de renúncia expressa do compartilhamento da guarda dos filhos.

Paralelamente a esta questão, e em sentido oposto quanto a incidência, tem-se a necessidade da busca da realização do princípio do melhor interesse da criança, qualquer que seja o regime de guarda, notadamente quando a litigiosidade dos pais, sobretudo nos primeiros anos pós separação, impede um convívio saudável entre ambos para que possam tomar decisões acertadas e em comum acordo sobre o cotidiano dos filhos comuns. Infelizmente, casos assim se conta a centena de milhares em tramitação no Poder Judiciário. São nestas situações que a prova bem produzida e a presença de corpo técnico capacitado ganha relevância no fornecimento de elementos para a busca da decisão que melhor atenda aos interesses dos menores. Mas repita-se, quem deve saber o que

Prática Social e Institucional. Coletânea. Coordenadores Pereira, Tânia da Silva – Oliveira, Guilherme e Coltro, Antônio Mathias. Editora Foco. Indaiatuba – SP, 2022. Pag. 155.

é melhor para seu filho são os pais, e não terceiros estranhos à relação familiar.

Inegavelmente que quem deve saber o que é melhor para os filhos são os próprios pais. A eles incumbe a obrigação moral e legal de prover suas necessidades materiais e imateriais como educação, afeto, carinho, acolhimento, segurança e, acima de tudo, amor. Os filhos querem se sentir amados e acolhidos por seus pais, conjuntamente. Conflitos duradouros entre os genitores acarretam sofrimento aos filhos e, pior, sentimento de culpa por se sentirem a razão de tanta discórdia. Os reflexos deste sofrimento somente serão sentidos anos depois, quando muitas vezes já não será mais possível amenizá-los ou eliminá-los. São marcas que muitos jovens e crianças carregam para a vida.

Em situações como estas, a jurisprudência tem caminhado no sentido de optar pela preservação da criança quando a guarda compartilhada, num primeiro momento, se mostra inviável (entenda-se: quando o litígio se apresenta intenso entre o casal), preservando os filhos que são a parte mais frágil da relação.

Neste sentido já me posicionei:

> Divórcio litigioso c.c partilha, guarda, visitas e alimentos – Divórcio decretado – Pretensão de guarda compartilhada – Descabimento – Decisões proferidas em ações que envolvem guarda e visitas devem sempre visar ao bem estar e desenvolvimento do menor – Desavenças entre os genitores que inviabilizam, no caso em comento, a fixação da guarda compartilhada – Conjunto probatório que demonstra que a guarda deve ser mantida unilateral em favor da genitora – Alimentos fixados em observância ao trinômio necessidade- possibilidade -razoabilidade, nos termos do art. 1.694, parágrafo único do CC – Insurgência quanto às visitas durante a semana por ambos os genitores – Modificação – Possibilidade – Pretensão da genitora de recebimento de alimentos pelo ex-consorte – Impossibilidade – Vencidos os laços matrimoniais, o ex-consorte não deve ser visto como um porto seguro para o qual o outro se dirige toda vez que se sente em dificuldades econômicas, devendo cada qual buscar vencer as adversidades naturais da vida segundo sua capacidade e esforço – Ausência de demonstração de total incapacidade para se manter para que seja concedido o pedido – Genitora que labora com salão de beleza – Pleito para exclusão dos instrumentos de trabalho da par-

tilha – Cabimento – Inteligência do art. 1.659, V, CC – Decisão parcialmente mantida – Recursos parcialmente providos. (1016801-35.2018.8.26.0004 (Segredo de Justiça); Relator(a): Alvaro Passos; Comarca: São Paulo; Órgão julgador: 2ª Câmara de Direito Privado; Data do julgamento: 16/02/2022; Data de publicação: 16/02/2022).

Com o passar do tempo, e diminuindo os conflitos, torna-se possível a passagem da guarda unilateral para a compartilhada, propiciando aos filhos, não só o convívio físico com seus pais, mas sobretudo a participação de ambos as decisões da vida.

A convivência equilibrada com seus pais, que já não moram na mesma residência e que muitas vezes constituíram novos núcleos familiares, é direito inarredável dos filhos, como forma de lhes propiciar saudável desenvolvimento pessoal.

Importante questão, igualmente recorrente nos Tribunal, sobretudo durante a pandemia da COVID 19, diz respeito à distribuição do tempo de convivência dos filhos com seus pais na guarda compartilhada. Outrora o exercício de tal convivência somente era possível de ser exercido de forma física e presencial, levando muitas vezes à compreensão de que guarda compartilhada seria também guarda alternada. Durante os meses de afastamento social o uso da tecnologia avançou de forma acelerada, permitindo, na medida do possível, que muitas atividades não parassem e pudessem ser exercidas à distância. Aulas, julgamentos, reunião, consultas, antes feitas de forma presencial, passaram rapidamente a serem feitas remotamente. Igualmente, como tal se deu com relação às visitas e convivência dos filhos com seus pais. Substituiu-se o contato físico pelo virtual, minimizando os efeitos do isolamento e preservando a saúdes dos pais e filhos.

Como reflexo de tal avanço tecnológico, decisões que preservam a guarda compartilhada mesmo quando um dos genitores se encontram distante vem se tornado mais frequentes.

Em recente julgado pela Terceira Turma do Superior Tribunal de Justiça tal entendimento ficou solidificado na decisão que permitiu a mudança do filho com sua mão para a Holanda, preservando a guarda compartilhada.

A ilustre relatora Ministra Nancy Andrighi[9] destacou em seu voto que:

> Na guarda compartilhada, não se exige a custódia física conjunta da criança, motivo pelo qual é possível que esse regime seja fixado mesmo quando os pais morem em países diferentes. Essa flexibilidade do compartilhamento da guarda não afasta, contudo, a possibilidade de convivência da criança com ambos os genitores e a divisão de responsabilidades – o que pode ser feito com o suporte da tecnologia.

Após considerar que a mudança para a Holanda, pais em 10º lugar no ranking do Índice de Desenvolvimento Humano das Nações Unidas, as possibilidades de acesso à educação, ciência e lazer, além do desenvolvimento em novas experiências linguísticas, seriam benéficas ao menor, destacou que a convivência com o pai estará assegurada, além da convivência durante as férias no Brasil, custeadas pela mão, pela "utilização ampla e irrestrita de videochamadas ou outros meios tecnológicos de conversação e a convivência diária quando o recorrido estiver na Holanda.".

Dentro do contexto de transformação das relações familiares destacada no início deste trabalho, a sociedade caminha no sentido da efetividade da igualdade de papeis desempenhados por pais e mães, em detrimento da posição conservadora de que os assuntos domésticos pertenciam à *mater* (matrimônio) enquanto os assuntos relativos aos bens pertenciam exclusivamente ao *pater* (patrimônio). Cada dia mais casais, casados ou não, estão assumindo ambos os papéis, tanto de cuidadores quanto de provedores e isto se reflete na forma como passaram a cuidar de seus filhos.

A guarda compartilhada hoje é realidade em muitos países, dentre os quais podemos destacar Colômbia, Suécia, Finlândia, Noruega, Inglaterra, País de Gales, Canadá, Alemanha, França, Espanha, Bélgica, Itália, Austrália e USA[10].

[9] Superior Tribunal de Justiça, 2023. Guarda compartilhada não impede mudança da criança para o exterior, define Terceira Turma. Disponível em: https://www.stj.jus.br/sites/portalp/Paginas/Comunicacao/Noticias/2023/07022023-Guarda-compartilhada-nao-impede-mudanca-da-crianca-para-o-exterior--define-Terceira-Turma.aspx.

[10] Loureiro, Francisco e Lepage Augusto, *Ob. Cit.* pag. 157.

Por fim, merece consideração a possibilidade de fixação da guarda alternada, conjuntamente com a guarda compartilhada, a despeito de ausência de previsão e regulamentação legal.

A propósito, importante consignar que no âmbito das relações privadas o que a lei não veda, está autorizado.

Portanto mesmo não havendo previsão legal para o estabelecimento da guarda alternada, nada impede a sua adoção quando os pais estiverem de acordo e for benéfica aos filhos, sobretudo na adolescência, quando já exercem significativa liberdade e poder de decisão.

Da leitura do § 2º do art. 1583, do CC, permite concluir em sentido contrário àquilo que vem sendo o entendendo de parte significativa da doutrina e da jurisprudência quanto a impossibilidade da adoção da guarda compartilhada, com alternância de residências (guarda alternada). Não fosse assim o legislador não teria previsto que "na guarda compartilhada, o tempo de convívio com os filhos deve ser dividido de forma equilibrada com a mãe e com o pai, sempre tendo em vista as condições fáticas e os interesses dos filhos" (negritei). A pergunta que fica, nas situações nas quais ambos os pais reúnem plenas condições de estarem com seus filhos, é: como dividir o tempo de convivência entre os pais se a residência estiver rigidamente fixada com um, resguardando ao outro apenas os períodos de visitas? Por certo, ao se decidir pela impossibilidade jurídica se estará promovendo considerável desequilíbrios nas relações familiares.

Aqui, mais uma vez, merece destaque a lição de Francisco Loureiro e Augusto Lepage[11]:

> (...) a mera aposição do rótulo "guarda compartilhada", com a fixação da residência do filho na casa materna e as mesmas visitas paternas tradicionais em finais de semana alternados significa nenhuma mudança em relação ao que se praticava antes do advento das Leis 11.698/08 e 13.058/14, o que nos remete ao paradoxo de *di Lampedusa*.
>
> O entendimento atual deu posição frontal à dupla residência cria verdadeira contradição em termos: a guarda é compartilhada, mas sem divisão de tempo. Com isso, o compartilhamento, entendido como acompanhamento,

[11] *Idem*. pag. 163.

cuidado, orientação, cooperação em tudo o que diz respeito à formação do filho comum fica encapsulado em uma fórmula jurídica abstrata sem efeito prático.

Conclusão

Não há quem discorde de que o desenho familiar se modificou, e vem se modificando de forma acelerada desde a metade do século passado. Tais mudanças exigem rearranjos legislativos e jurisdicionais capazes de atender tais demandas. O direito de família está voltado para a realidade vivida muito mais que a realidade idealizada. Normas jurídicas dissociadas da realidade tendem a serem ineficazes, fazendo com que os atores de tais relações sociais e familiares encontrem o caminho a seguir, a despeito do quanto regulado, a exemplo do que ocorreu no Brasil antes da lei do divórcio.

O instituto da guarda compartilhada veio para permitir, àqueles casais de uniões desfeitas ou que nunca existiram, poderem cumprir com seus deverem legais com relação aos filhos e exercerem plenamente o poder familiar, de modo a atenderem, na condição de genitores o quanto preceituado no art. 227 da Constituição da República Federativa do Brasil[12] e nos arts. 4º[13] e 19[14] do Estatuto da Criança e do Adolescente. Ao declarar no plano constitucional, e reafirmar no plano da legislação ordinária especifica às crianças e adolescentes, o dever da família em assegurar, com absoluta prioridade, a efetivação do direito à convivência familiar, dentre outros, impôs aos detentores do poder familiar a obrigação de abdica-

[12] É dever da família, da sociedade e do Estado assegurar à criança, ao adolescente e ao jovem, com absoluta prioridade, o direito à vida, à saúde, à alimentação, à educação, ao lazer, à profissionalização, à cultura, à dignidade, ao respeito, à liberdade e à convivência familiar e comunitária, além de colocá-los a salvo de toda forma de negligência, discriminação, exploração, violência, crueldade e opressão.

[13] É dever da família, da comunidade, da sociedade em geral e do poder público assegurar, com absoluta prioridade, a efetivação dos direitos referentes à vida, à saúde, à alimentação, à educação, ao esporte, ao lazer, à profissionalização, à cultura, à dignidade, ao respeito, à liberdade e à convivência familiar e comunitária.

[14] É direito da criança e do adolescente ser criado e educado no seio de sua família e, excepcionalmente, em família substituta, assegurada a convivência familiar e comunitária, em ambiente que garanta seu desenvolvimento integral.

rem de sua diferenças e controvérsias individuais em favor de seus filhos, acolhendo-os de forma a minimizar os efeitos da desconstrução familiar, permitindo-lhe a pleno desenvolvimento intelectual, moral e sobretudo afetivo, convivendo com ambos de forma equilibrada e contínua.

Por romper com a estrutura tradicional da guarda unilateral, na qual todas as responsabilidades, decisões e tempo de convivência prioriza aquele que a exerce, a efetivação da guarda compartilhada demandará certo tempo para ser plenamente incorporada na vida dos casais com filhos e que não coabitam, em especial quando a alternância de moradia, quando possível. Sempre é bom lembrar que amar é compartilhar; tomar para si é egoísmo.

Referências

BRASIL. Lei nº 4.121, de 27 de agosto de 1962. Código Civil, 2002. Disponível em: https://www.planalto.gov.br/ccivil_03/leis/1950-1969/l4121.htm (acessado em 28/03/2023).

Guarda compartilhada não impede mudança da criança para o exterior, define Terceira Turma. Superior Tribunal de Justiça. 2023. Disponível em: https://www.stj.jus.br/sites/portalp/Paginas/Comunicacao/Noticias/2023/07022023-Guarda-compartilhada-nao-impede-mudanca-da-crianca-para-o-exterior--define-Terceira-Turma.aspx.

Informativo STJ. Disponível em: https://processo.stj.jus.br/jurisprudencia/externo/informativo/?aplicacao=informativo&acao=pesquisar&livre=%270001e%27.cod.&refinar=S.DISP.&&b=INFJ&p=true&t=&l=50&i=101. Acesso em 28/03/2023.

Informativo STJ. Disponível em: https://processo.stj.jus.br/jurisprudencia/externo/informativo/?aplicacao=informativo&acao=pesquisar&livre=%270001e%27.cod.&refinar=S.DISP.&&b=INFJ&p=true&t=&l=50&i=101. Acesso em 28/03/2023

Pereira, Tânia da Silva; Oliveira, Guilherme; e Coltro, Antônio Mathias. Cuidado e Solidariedade. *In: Prática Social e Institucional.* Coletânea A Guarda Compartilhada aplicada à Luz do Princípio da Solidariedade e do dever de cuidados: visão crítica dos art. 1583 e 1584 do Código Civil. Francisco Loureiro e Augusto Lepage. Indaiatuba: Editora Foco, 2022.

11.

HARMONIA E DESARMONIA ENTRE FAMÍLIA E ESTADO PARA GARANTIR A AUTONOMIA PROGRESSIVA DA CRIANÇA E DO ADOLESCENTE: O RISCO DE DESPROTEÇÃO

Antonio Jorge Pereira Júnior
Francisco Flávio Silva Rodrigues
Olegário Gurgel Ferreira Gomes
Viviane Teixeira Dotto Coitinho

1. Introdução

A família é o *locus* decisório dos interesses da criança. Cabem aos pais e responsáveis a prerrogativa, exercida com exclusividade e prioritariamente, de decidir o melhor interesse da prole, cuidando do bem-estar físico, moral e psíquico. A precedência parental tem apoio na Constituição Federal (art. 229) e na legislação ordinária, em especial o Código Civil (art. 1.634) e a Lei nº 8.069/90 (art. 22). Não se trata, por óbvio, de uma cláusula arbitrária, eis que toda decisão sobre a vida do infante precisa ponderar a subjetividade deste. Em outras palavras, os genitores (biológicos ou civis) devem levar em consideração os direitos da criança para decidir apropriadamente os fatos que dizem respeito à sua existência.

Ademais, a regra comporta exceção. O Estado pode substituir os pais, em casos excepcionalíssimos, para definir situações relevantes à vida da criança[1]. Nesse desiderato, o princípio do melhor interesse constitui um

[1] Destaca Machado que a violação tem novo patamar de compreensão: "Porque a criança tem direito de crescer na convivência com seus pais naturais, a suspensão ou a destituição

suporte hermenêutico usual às cortes brasileiras sempre que chamadas a decidir, em situações conflituosas e polêmicas, pelo afastamento ou pela confirmação da autonomia familiar.

Nesse sentido, um dos objetivos do presente estudo é investigar o princípio do melhor interesse da criança como recurso hermenêutico que permite definir os espaços normativos que regulam as relações entre Estado e família. O tema mobiliza questões importantes: afinal, em que termos, em que extensão e sob quais fundamentos pode o Poder Judiciário autorizar o Estado a interferir na autonomia familiar para garantir direitos subjetivos da criança, tendo em vista ações e omissões dos pais ou responsáveis? Ao apontar o melhor interesse, os tribunais de fato consideram como um pressuposto essencial a condição da criança enquanto sujeito de direitos[2]?

Por outro lado, vale considerar que as relações paterno-materno-filiais sofrem mudanças de perspectiva diante das evoluções sociais e concepções construídas ao longo do tempo, de modo que o comportamento esperado dos membros da entidade familiar recebe significação condizente com as respectivas épocas. Especialmente no âmbito dos direitos da criança e do adolescente, as alterações são as mais diversas, dentro de um arcabouço jurídico protetivo que visa assegurar ao infante as garantias fundamentais previstas constitucionalmente.

A autoridade parental deriva das atribuições decorrentes do poder familiar, cabendo aos pais zelar pelos filhos, orientando-os e prestando-lhes o auxílio necessário. Assim, embora a Constituição atribua à família,

do pátrio poder ganhou contornos de uma excepcionalidade ainda mais severa do que aquela que já se sustentava tradicionalmente: apenas as violações severas dos deveres do pátrio poder, que inviabilizem o próprio desenvolvimento sadio da personalidade da criança, é que autorizam sua retirada da casa da família natural" *In:* Machado, Martha Toledo de. *A proteção constitucional de crianças e adolescentes e os direitos humanos.* Barueri, SP: Manole, 2003, p. 163.

[2] Eis a referência teórica mais importante do atual Direito da Criança e do Adolescente, como destaca Emilio Garcia Méndez ao comentar a Convenção sobre os Direitos da Criança: "Del menor como objeto de la compasión-represión, a la infancia-adolescencia como sujeto pleno de derechos, es la expresión que mejor podría sintetizar sus transformaciones" *In:* Méndez, Emilio Garcia. *Infancia: de los derechos y de la justicia.* 2ª edición actualizada. Buenos Aires: Editores del Puerto, 2004, p. 65.

Estado e sociedade o dever de assegurar direitos fundamentais ao infante, é na família onde o sujeito encontra os principais elementos compositores da moral social, justificando o dito popular de que "os filhos são o reflexo dos pais".

Atualmente, discute-se o modo de exercício da autonomia da criança. Mas, todo menor de 16 anos é absolutamente incapaz e necessita de representação legal em todos os atos da vida civil, sendo esta a única hipótese de incapacidade absoluta prevista na codificação, conforme art. 3º do Código Civil de 2002, alterado pelo denominado Estatuto da Pessoa com Deficiência, Lei. 13.146, de 2015.

A liberdade é direito fundamental da criança e do adolescente enquanto sujeito em desenvolvimento, conforme o art. 15 do Estatuto da Criança e do Adolescente. Porém, como atribuir à criança o poder de autodeterminar-se, se estas não respondem juridicamente pelos seus atos, em razão de o art. 932, I, do CC, já que cabe aos pais a reparação civil pelos atos praticados pelos filhos menores que estiverem sob sua autoridade? Portanto, cabendo aos genitores responder por tais atos, devem eles participar do processo decisório dos filhos? A representação e a assistência surgem como mecanismos de proteção ao infante? Como elas se conciliam com a autonomia progressiva? Ainda, o ordenamento jurídico brasileiro adota o critério unicamente cronológico para definir quem é criança e adolescente, em consonância ao art. 2º do ECA, de modo que não são considerados os fatores extrínsecos que podem influir no desenvolvimento infanto-juvenil, que relativiza o tempo que cada indivíduo necessita para alcançar um nível de desenvolvimento que justifique o seu agir sozinho.

Por outro lado, mostra-se imprescindível o respeito à subjetividade de cada indivíduo, razão pela qual devem ser valorizadas as opiniões do infante, observado o nível de maturidade individual, em respeito ao disposto no art. 12 da Convenção sobre os Direitos da Criança. Deste modo, o capítulo II da parte Geral do ECA dispõe sobre a liberdade, respeito e dignidade, como direitos assegurados à criança e ao adolescente, estando a englobar aspectos como opinião, expressão e autonomia.

Deste modo, o trabalho reúne argumentos teóricos entre os direitos assegurados aos infantes e as premissas jurídicas que direcionam o agir dos pais, objetivando investigar os aspectos doutrinários que auxiliam na compreensão do limite legal à liberdade e à autonomia dos filhos em relação à exigibilidade de conduta por parte dos pais. Conclui-se que, mediante os direcionamentos do poder familiar, os pais exercem função crucial na vida dos filhos, fazendo-se necessárias as interferências correspondentes à situação individual, de modo que a autoridade parental não implica em um uso arbitrário de poder, mas em mecanismo que possibilita aos pais guiarem os filhos para que alcancem a autonomia, não uma autonomia meramente formal, mas pautada nas condições mínimas para que o sujeito possa experienciar um desenvolvimento pleno.

A investigação é do tipo documental-bibliográfica, com pesquisa exploratória em livros e na internet através dos sítios oficiais do Supremo Tribunal Federal e do Superior Tribunal de Justiça[3].

2. A autonomia infanto-juvenil e a devida aplicação do princípio do melhor interesse

A autonomia não compreende a mera capacidade do homem de decidir por si os fatos de sua existência, ou seja, o poder de autodeterminação. Para além da autonomia de vontade, imprescindível compreender referido termo em sua dimensão ética, que contempla a capacidade da pessoa de subjetivar direitos. Assim, ao lado do poder de decidir a si mesmo, dispõe o homem da qualidade de gozar prerrogativas na ordem jurídica, o que é essencial às ideias de cidadania e dignidade humana.

A infância, por sua vez, abrange uma autodeterminação progressiva, na medida em que toda pessoa adquire, paulatinamente e no curso de sua

[3] O presente artigo se inspira em dois trabalhos apresentados 6º Congresso Internacional de Direito da Lusofonia ocorrido na Universidade de Fortaleza, em 2019, que teve por tema "Dignidade humana e desenvolvimento social: justiça, desenvolvimento econômico e sustentabilidade". São eles:
A consideração do estado subjetivo do infante para o adequado exercício da autoridade parental e o princípio do melhor interesse da criança como recurso hermenêutico em decisões sobre autonomia familiar. Os trabalhos constam dos anais do evento e aqui foram articulados, dada a unidade temática. A equipe de autores integra o Grupo de Pesquisa Direito e Autonomia Privada na Constituição, e desenvolveram sua dissertação de mestrado ou tese doutoral sob orientação de um dos coautores, Antonio Jorge Pereira Junior.

individuação[4], a liberdade de decidir os fatos de sua vida[5]. Porém, mesmo em tenra idade a criança é capaz de subjetivar direitos, eis que a personalidade civil começa do nascimento, estando a salvo, desde a concepção, os direitos do nascituro (art. 2º do Código Civil). Sob essa perspectiva, é possível afirmar que toda criança tem autonomia perante o direito. "Porque a criança tem direito de crescer na convivência com seus pais naturais, a suspensão ou a destituição do pátrio poder ganhou contornos de uma excepcionalidade ainda mais severa do que aquela que já se sustentava tradicionalmente: apenas as violações severas dos deveres do pátrio poder, que inviabilizem o próprio desenvolvimento sadio da personalidade da criança, é que autorizam sua retirada da casa da família natural".

Eis a referência teórica mais importante do atual Direito da Criança e do Adolescente, como destaca Emilio Garcia Méndez ao comentar a Convenção sobre os Direitos da Criança: "Del menor como objeto de la compasión-represión, a la infancia-adolescencia como sujeto pleno de derechos, es la expresión que mejor podría sintetizar sus transformaciones".

Nesse sentido, vale recordar que "o reconhecimento da autonomia da criança e do adolescente está presente na Convenção sobre os Direitos da Criança, como garantia do direito de opinião, expressão, associação, educação, saúde, que exigem um reconhecimento expresso da sua capacidade para exercê-los diretamente. A isto correspondem os deveres dos pais para orientá-los, de acordo com a evolução da sua capacidade. O

[4] Conferir, nesse sentido, Pereira Júnior e Coitinho: "O reconhecimento da autonomia da criança e do adolescente está presente na Convenção sobre os Direitos da Criança, como garantia do direito de opinião, expressão, associação, educação, saúde, que exigem um reconhecimento expresso da sua capacidade para exercê-los diretamente. A isto correspondem os deveres dos pais para orientá-los, de acordo com a evolução da sua capacidade. O termo 'capacidade', aqui, não é exatamente o do instituto da capacidade. Diz antes com a discernimento e habilidades e competências" In: Pereira Júnior, Antonio Jorge, Coitinho, Viviane Teixeira Dotto. A legitimidade como modulador da capacidade civil e o reconhecimento da autonomia progressiva do menor de idade no Brasil. *In: Revista de Direito de Família e das Sucessões* – RDFAS, Ano 5, vol. 19, out-dez/2018. ADFAS: São Paulo, 2018, p. 18.
[5] Sobre o tema, afirma Janusz Lorczak: "Classificamos erradamente os anos como contendo menores ou maiores graus de maturidade. Não existe um hoje imaturo, nem uma hierarquia de idades, nem níveis mais altos ou mais baixos de dor e alegria, esperança e decepção" (1986, p. 89).

termo 'capacidade', aqui, não é exatamente o do instituto da capacidade. Diz antes com a discernimento e habilidades e competências".

Sobre o tema, afirma Janusz Lorczak: "Classificamos erradamente os anos como contendo menores ou maiores graus de maturidade. Não existe um hoje imaturo, nem uma hierarquia de idades, nem níveis mais altos ou mais baixos de dor e alegria, esperança e decepção" (1986, p. 89). Isso significa dizer que o princípio do melhor interesse expressa, necessariamente, um conteúdo jurídico mínimo[6], que pode ser resumido nas seguintes sentenças: a) nenhuma decisão pode afrontar os direitos da criança, sob o fundamento de proteger o melhor interesse desta; b) toda decisão deve ter, para se conformar com o princípio do melhor interesse, uma correlação direta e imediata com os direitos da criança, devendo antes apresentar fundamentos na própria ordem jurídica.

Como se vê, as duas máximas condicionam a legitimidade do conteúdo que o princípio manifesta, impondo uma certa capacidade de se comunicar com os preceitos do Direito positivo, mormente os ditames da doutrina da proteção integral (art. 1º da Lei nº 8.069/90). Essas determinações ficam mais claras na análise de um direito subjetivo específico, a exemplo da convivência familiar e comunitária (art. 19 da Lei nº 8.069/90).

Aplicando os preceitos expostos acima e tendo como base a pretensão de toda criança a viver na companhia dos pais, é possível chegar a uma série de desdobramentos.

Primeiro, é vedado transgredir, sob qualquer pretexto, inclusive sob o fundamento do melhor interesse da criança, o caráter geral que qualifica a regra referente à precedência da família na condução do bem-estar dos filhos. Segundo, apenas em hipóteses excepcionais e juridicamente fundamentadas, torna-se admissível afastar a autonomia dos pais nos

[6] Pereira Júnior e Rodrigues destacam o caráter abstrato do princípio do melhor interesse, que tem caráter instrumental e só deve ser empregado em situações nas quais não há regras específicas para solucionar a lide. In: Pereira Júnior, Antonio Jorge, RODRIGUES, Francisco Flávio Silva. Aplicação do princípio do melhor interesse da criança pelo Superior Tribunal de Justiça de 2001 a 2018. In: Revista Espaço Jurídico, nº 20, maio/ago, 2018, p 20.

cuidados da prole[7]. Terceiro, toda decisão que excepcionar a autonomia familiar, admitindo uma ação estatal invasiva, precisa indicar fundamentos na esfera jurídica da própria criança, que, como visto, goza de autonomia ética na qualidade de sujeito de direitos e, desse modo, tem perante o Estado o direito subjetivo a manter a presença dos genitores, numa convivência livre da interferência de órgãos públicos.

Quanto a esse último item, é preciso ter claro na sentença o aspecto jurídico da criança que está sendo priorizado, afirmando-se, por exemplo, a necessidade de resguardar a vida, a saúde, o acesso à educação ou a integridade psicológica do infante em detrimento de sua pretensão à companhia dos pais e/ou à autonomia destes. É essa especificação referida diretamente à subjetividade da criança que permite às partes conhecer o conteúdo do melhor interesse e os fundamentos do ato judicial[8].

Em outras palavras, sempre que a convivência familiar estiver em consideração em determinado conflito judicial, deve o magistrado aplicar o princípio do melhor interesse como recurso hermenêutico apto a conformar os direitos da criança, assegurando sua autonomia ética e ponderando as pretensões infantis, prevalecendo seja a diretriz da família autônoma seja um comando contrário a ela e oriundo de outro direito fundamental – aquele que no caso concreto venha a conflitar com o valor ínsito à liberdade de exercício do poder familiar.

Dito isso, é de se indagar acerca da conduta da jurisprudência brasileira. Ou seja, no momento de fundamentar suas decisões, as cortes res-

[7] 6 Cf. Goldstein, Freud e Solnit: "A lei pressupõe que os pais da criança são os mais adequados para representá-la e salvaguardar seus interesses. Este pressuposto, entretanto, não deve prevalecer, como acontece, quando o processo de colocação da criança se torna objeto de disputa entre pais, disputa essa que só tem solução por interferência dos tribunais, como nos processos de divórcio ou separação" In: Goldstein, Joseph, Freud, Anna, Solnit, Albert J. No interesse da criança? Trad. de Luis Claudio de Castro e Costa. São Paulo: Martins Fontes, 1987p. 45-46.

[8] Mesmo porque a aplicação do princípio do melhor interesse nas cortes superiores se submete a uma grande diversidade de contextos, perdendo muitas vezes a coerência argumentativa, como demonstram Pereira e Rodrigues. In: Pereira Júnior, Antonio Jorge, Rodrigues, Francisco Flávio Silva. Aplicação do princípio do melhor interesse da criança pelo Superior Tribunal de Justiça de 2001 a 2018. In: Revista Espaço Jurídico, nº 20, maio/ago, 2018, p 12.

peitam o postulado segundo o qual o princípio do melhor interesse deve ter um conteúdo básico e apresentar especificação na subjetividade da criança?

A verificação desse questionamento exige a análise de temáticas sensíveis ao universo infantil. Nesse sentido, propõe-se um estudo pautado em duas ordens distintas de decisões. Num plano, aquelas que utilizam o princípio para afirmar a autonomia familiar ou cassá-la, legitimando ou não a precedência dos pais em decidir o melhor interesse de seus filhos. Em outro, aquelas que empregam o princípio como fundamento para promover ou inibir o exercício do poder familiar, ampliando ou restringindo, como via de consequência, a autonomia dos genitores e/ou responsáveis. As duas classes de decisões podem ser extraídas da jurisprudência do Supremo Tribunal Federal (STF) e do Superior Tribunal de Justiça (STJ), que com frequência utilizam o melhor interesse como fundamento decisório em lides nas quais o Estado e a família ocupam posições opostas na arena jurídica.

No grupo de decisões que acolhem ou inibem a autonomia familiar, é pertinente a referência à adoção *intutitu personae*, modalidade de colocação de criança em família substituta caracterizada pela liberdade dos pais biológicos de escolherem os adotantes, independente do cadastro nacional de adoção (art. 50 do Lei nº 8.069/90). No STJ, encontram-se julgados favoráveis[9] e contrários[10], todos com fundamento no princípio do melhor interesse[11].

Referido princípio ora é utilizado para ampliar a autonomia dos genitores ora para contê-la, permitindo ou negando a possibilidade de uma indicação pessoal dos adotantes.

Contudo, em todas as situações é claramente restrita a especificação do melhor interesse, já que o foco da análise repousa mais nas condições da família substituta e no seu potencial para prestar os cuidados necessários e oferecer afeto.

[9] Nesse sentido, conferir BRASIL, STJ, DJe 01/03/2019, no julgamento do HC nº 487.812/CE.

[10] Com essa orientação, conferir BRASIL, STJ, DJe 12/12/2018, no julgamento do HC 476.777/SC.

[11] Divergência que se explica, em parte, pelas peculiaridades de cada caso.

A situação jurídica do infante é destacada indiretamente, afirmando-se, por exemplo, que a família escolhida pelos genitores constitui um melhor interesse quando comparado aos interesses estatais de impor o acolhimento institucional ou mesmo de indicar uma família previamente registrada no cadastro de adoção. Não há ponderação de direitos nem menção à pretensão da criança de ficar no núcleo biológico ou, do contrário, de manter a relação de afetividade já consolidada com os adotantes, ainda que ilegalmente escolhidos.

Já no grupo de julgados que promovem a autonomia familiar, busca-se identificar atos judiciais que ampliem as condições materiais para o exercício do poder familiar e, com ele, a autonomia dos pais ou responsáveis, tendo como base o melhor interesse da criança. É exemplo a série de habeas corpus concedidos de ofício pelo STF para conversão de prisão preventiva em prisão domiciliar de pacientes com filhos menores de 12 anos[12], matéria pacificada posteriormente em sede de habeas corpus coletivo, estendendo a ordem a todas presas gestantes, puérperas ou mães de crianças e deficientes (BRASIL, STF, DJe-215). Na hipótese, a pretensão estatal à tutela da segurança pública deu lugar à convivência familiar, em homenagem ao melhor interesse da criança. Igual ampliação do ambiente familiar ocorreu na decisão do Recurso Extraordinário nº 898.060, oportunidade em que foi firmada a tese de que "a paternidade socioafetiva, declarada ou não em registro público, não impede o reconhecimento do vínculo de filiação concomitante baseado na origem biológica, com os efeitos jurídicos próprios" (BRASIL, STF, DJe-187). Na prática, o STF autorizou a pluriparentalidade, com a concomitância de filiação biológica e socioafetiva, expandindo a autonomia familiar na conformação de suas relações afetivas e jurídicas em detrimento da pretensão estatal à singularidade paterna.

No último bloco de decisões, o recorte compreende atos judiciais que, tendo como base o melhor interesse da criança, restringem as condições materiais para o exercício do poder familiar e, consequentemente, reduzem a autonomia dos pais ou responsáveis. Nesta categoria, importante citar o conflito entre Estado e família presente no tema do "homeschoo-

[12] Dentre muitos, conferir BRASIL, STF, DJe-182. A decisão baseia-se na nova redação do art. 318, inciso V, do CPP, conferida pela Lei da Primeira Infância, a Lei nº 13.257/2016.

ling", prática na qual os pais assumem a escolarização dos filhos no lugar das instituições oficiais de ensino.

No Recurso Extraordinário nº 888.815/RS, o STF fixou a tese de que "não existe direito público subjetivo do aluno ou de sua família ao ensino domiciliar, inexistente na legislação brasileira" (BRASIL, STF, DJe-202). Com isso, as famílias adeptas da educação familiar, por força desta decisão, terão que matricular os filhos em escolas até que a modalidade de ensino seja criada por meio de lei federal, editada pelo Congresso Nacional. A tese vencedora afirmou a constitucionalidade da ação educacional doméstica, porém entendeu que a iniciativa carece de regulação legal.

3. O desafio do exercício do poder-dever dos pais para formar filhos autônomos

No presente Estado Constitucional, as relações familiares estão sob enfrentamentos, especialmente concernentes à educação dos filhos. Discutem-se formas de exercício da autoridade parental, afinal, são os pais os principais responsáveis pelos filhos, de acordo com o art. 227 da Constituição Federal, estando incumbidos de guiá-los nos mais diversos contextos, desde as relações intrafamiliares, até a responsabilidade que exercem frente aos atos praticados no seio social. Destaque-se o caráter elementar das orientações paterno/materno-filiais que, diante da condição dos filhos, indivíduos em desenvolvimento, e levando em consideração a condição de sujeito humano, o qual nasce apartado de valores e pré-compreensões, é, indiscutivelmente essencial que os genitores exerçam papel fundamental na formação da prole, de modo que a Convenção sobre os Direitos da Criança reconhece, já em seu preâmbulo, que "a criança, para o pleno e harmonioso desenvolvimento de sua personalidade, deve crescer no seio da família, em um ambiente de felicidade, amor e compreensão".

Embora haja expressa previsão normativa no sentido de firmar a família como base da sociedade (art. 226 da Constituição Federal). Por outro lado, a atual conjuntura social maximiza hipóteses como independência, competitividade, espontaneidade e iniciativa, o que exige modelos educativos menos autoritários e mais democráticos. Indubitavelmente, possibilita-se a fragilidade da autoridade parental, e a aceitação de relações mais permissivas entre genitores e sua prole.

No cenário de formação do público infanto-juvenil, a Constituição não hesitou em atribuir à família, Estado e sociedade a reponsabilidade pela efetivação das garantias fundamentais. Todavia, dentre os atores encarregados, a família exerce papel de destaque, sendo a principal responsável pela formação das crianças e adolescentes. "A família, por ser a primeira instituição social com a qual a criança tem contato, é a sede da socialização"[13].

O Código brasileiro, em seu Livro IV, que trata do Direito de Família, traz um capítulo específico (capítulo V) sobre o poder familiar, que consiste numa série de direitos e deveres dos pais em relação à pessoa e aos bens dos filhos menores, estes que, diante da premente condição de vulnerabilidade, decorrente do estado de desenvolvimento físico e mental, carecem de proteção integral prioritária.

Consoante seja incumbido aos genitores a reponsabilidade pelos filhos, estes detêm a autonomia inerente ao homem, que "tem como objetivo conferir ao indivíduo o direito de autodeterminação, ou seja, de determinar autonomamente o seu próprio destino, fazendo escolhas que digam respeito a sua vida e ao seu desenvolvimento humano"[14], decorrendo da própria ideia de liberdade como valor jurídico que assegura ao indivíduo governar-se. Porém, tal exercício não ocorre de modo irrestrito, visto não consistir em ilimitado exercício de vontades. O ideal de limite, por assim dizer, sugere um estado delimitativo e fronteiriço entre os sujeitos, mas, por outro lado, principalmente na perspectiva no menor de idade, incita a capacidade de transpor e ir além, daí advindo o consequente alcance da maturidade, condição que não deixa de estar atrelada à moralidade presente no campo da educação sociofamiliar.

O processo de evolução da pessoa humana está envolto por diversos estágios até que se alcance a fase adulta, momento em que poderá o sujeito, autonomamente, praticar ações e por elas ser responsabilizado.

[13] Cf. Araújo, Greicy Boness; Sperb, Tania Mara. Criança e a construção de limites: narrativas de mães e professoras. Revista Psicologia em Estudo, Maringá, v. 14, n. 1, p. 185-194, jan./mar. 2009, p. 186.

[14] Cf. Coitinho, Viviane Teixeira Dotto. Autonomia, emancipação plena e legitimação extraordinária de crianças e adolescentes no Brasil. Tese (doutorado) – Universidade de Fortaleza. Programa de Doutorado em Direito Constitucional, Fortaleza, 2018. p. 66.

Todavia, em fase inicial, enquanto crianças e adolescentes sob o poder familiar, os indivíduos carecem de orientação e, consequentemente, limitação da autonomia, afinal, os pais são os responsáveis legais dos filhos, e por eles responde civilmente, consoante o art. 932, I, do Código Civil.

Embora possa parecer paradoxal, a imposição de limites aos filhos não deixa de ser uma forma de alcance da plena autonomia, pois, caso contrário, em ficando livres para praticar todo tipo de ação, tal permissivo afrontaria a concepção de liberdade no todo social. Sem a intervenção adequada ao caso individual, a atribuição de total liberdade acarretaria uma afronta aos direitos assegurados pela doutrina da proteção integral, em razão de estar-se falando de pessoa sem a completa desenvoltura física e psíquica, que embora não afaste a condição de sujeito de direitos, pelo contrário, assegure atenção específica, requer cuidados que o projete à condição de adulto condicionado ao adequado convívio social, implicando, inclusive, nas condições elementares ao convívio intrafamiliar que, sendo relação basilar à estrutura social, exige uma emolduração de seus membros ao quadro de solidariedade entre os indivíduos.

Ressalte-se que a concepção jurídica de criança e de adolescente, segundo o art. 2º do ECA, uniformiza seus critérios definidores ao fator cronológico, desconsiderando os traços subjetivos de cada indivíduo. Porém, "conceitualmente, a análise do respeito à autonomia de uma criança ou de um adolescente só tem sentido se for conduzida a partir do conhecimento da evolução de suas competências nas diferentes idades"[15].

O contexto familiar, segundo Alicia Solavagione[16], não consiste em umademocracia pautada em absoluta liberdade de decisão por parte de todos os seus membros,afinal, os infantes necessitam da demarcação de limites por parte dos genitores. Todavia, este sistema hierárquico deve movimentar-se no intuído de garantir os interesses da criança. Perfaz-se em princípio ínsito à autoridade parental, efetivado através de prá-

[15] Cf. Leone, Claudio. *A Criança, o Adolescente e a Autonomia*. Revista Bioética. v.6, n.1, 1998.

[16] Cf. SOlavagione, Alicia Garcia. El niño y su derecho a serlo, en contexto familiar funcional y disfuncional. *In:* Tavares da Silva, Regina Beatriz; Basset, Ursula Cristina. *Família e pessoa*: uma questão de princípios. São Paulo: YK, 2018, p. 90

ticas educacionais, de correção e fixação de regras que os filhos devem respeitar.

De outro modo, nota-se que o exercício da autoridade parental, se não apreciado adequadamente, evidencia a total dependência dos filhos em relação aos pais. De modo a afastar esta perspectiva, o art. 5º da Convenção sobre os Direitos da Criança dispõe que os Estados Partes respeitarão as responsabilidades, os direitos e os deveres dos pais, os quais proporcionarão à criança orientação e instrução adequada e em conforme com a evolução da capacidade dos infantes.

A assertiva acima coaduna com o art. 12 da mesma Convenção, de modo que, em razão da necessidade de observância das condições subjetivas do infante, restou expresso que cabe aos Estados assegurar à criança, que estiver capacitada para formar juízos, o direito de expressar-se livremente sobre qualquer assunto que a envolva, levando-se em consideração tais opiniões, observada a idade e o grau de maturidade.

Em contraponto, a baixa participação dos pais na vida dos filhos, e a falta de imposição de limites, finda por estimular descompassos no processo de amadurecimento infanto-juvenil, reflexo de imaturidade dos genitores, visto que muitos pais abdicam do exercício da autoridade parental. Inclusive, "se observa cada vez con mayor frecuencia en esta época postmoderna progenitores que instalan al niño en un proceso de adultización antecipada"[17].

Contudo, o ordenamento jurídico brasileiro, embora contando com previsão expressa, no ECA e na Convenção sobre os Direitos da Criança, no sentido de atribuir liberdade ao infante, igualmente incumbe os pais do dever de educá-los, impondo-lhes o necessário respeito e obediência. Por sua vez, mesmo que o Brasil ainda não adote um sistema de capacidade progressiva, diante das previsões normativas vigentes, cabe aos genitores apoiar os filhos em suas decisões, guiá-los em direção à autonomia, cabendo ao Estado fazer-se cumprir as garantias da doutrina da proteção integral.

[17] Cf. Solavagione, Alicia Garcia. *Ibidem*. *In:* Tavares da Silva, Regina Beatriz; Basset, Ursula Cristina. *Ibidem*.

Conclusão

O princípio do melhor interesse da criança empresta fundamentação aos tribunais brasileiros em lides que envolvem interferência na autonomia familiar. Contudo, é preocupante a ausência de uniformidade argumentativa nas decisões das cortes brasileiras. Não há elementos que coordenem as diversas possibilidades semânticas do princípio do melhor interesse da criança. Afinal, não é suficiente dizer qual é a posição mais vantajosa para o infante, eis que indispensável afirmar o critério que inspira tal escolha. Enfim, sem uma especificação referida diretamente à subjetividade do infante, carece o julgado de fundamentação clara e objetiva, consubstanciando uma falha hermenêutica na compreensão do princípio do melhor interesse.

Por outro lado, o processo desenvolvimento do infante exige direcionamento específico no sentido de bem formá-lo, estando a se falar em uma experiência junto a agentes influenciadores. Nesse contexto, as interações sociais confluem para a troca de experiências entre os indivíduos, sendo a família o principal núcleo de transmissão de vivências e valores.

A efetiva contribuição dos pais na vida dos filhos, por sua vez, requer empenho no sentido de educá-los, entretanto, dentro da atual conjuntura jurídica, persistem dois âmbitos que imprescindivelmente devem ser observados, de um lado há que ser observado o direito à liberdade dos filhos, que conta com o resguardo jurídico das norma vigentes, enquanto que por outro lado, o ordenamento jurídico igualmente ampara as pais, que em sendo responsáveis pelos filhos, devem exigir-lhes o cumprimento de determinados padrões de conduta.

A compreensão dos dois âmbitos que envolvem o exercício da autonomia da criança oferece guarida ao afastamento de argumentos que afirmem a inexistência de uma autoridade dos pais sobre os filhos. Em verdade, é mediante a orientação dos genitores que os infantes encontram condições para alcançar a autonomia e exercê-la plenamente. Embora o ordenamento jurídico brasileiro (ainda) não adote um sistema de autonomia progressiva dos infantes, é elementar a observância das condições peculiares dos indivíduos, conforme dispõe o art. 12 da Convenção sobre os Direitos da Criança, para que possam, através da consideração de suas individualidades, vivenciar experiências orientadas, geridas por aqueles incumbidos de guiá-los, nos termos do art. 1.634 do Código Civil, não de modo restritivo e em afronta à liberdade individual, mas de maneira contributiva à alteridade e adaptabilidade ao convívio social.

Outrossim, apesar das limitações, a representação e a assistência funcionam como mecanismo jurídico protetivo, uma vez que as intervenções dos genitores têm por objetivo assegurar os direitos do menor de idade, trazendo a legislação vigente, de forma expressa, sanções para os casos de descumprimento do poder-dever dos pais. É preciso que haja a compreensão de que a fixação de regras não implica em limitação da liberdade; pelo contrário, garantem aos infantes um status para que cresçam em condições de exercer a liberdade de forma efetiva. Naturalmente, é possível conceber uma flexibilização no sistema da capacidade civil, temperando-o com o conceito de legitimidade, que pode facilitar maior harmonia entre as três autonomias aqui referidas – infante, família e Estado – para melhor realização da autonomia progressiva. Mas isso já é tema para outro artigo.

Referências

Araújo, Greicy Boness; Sperb, Tania Mara. *Criança e a construção de limites: narrativas de mães e professoras.* Revista Psicologia em Estudo, Maringá, v. 14, n. 1. 2009.

BRASIL. Constituição (1988). Constituição da República Federativa do Brasil. Brasília, DF, Senado, 1988.

BRASIL. Legislação. Decreto nº 99.710, de 21 de novembro de 1990. Promulga a Convenção sobre os Direitos da Criança. Brasília, DF, Senado, 1990.

BRASIL. Legislação. Lei nº 10406, de 10 de janeiro de 2002. Institui o Código Civil. Brasília, DF, Senado, 2002.

BRASIL Legislação. Lei nº 8.069, de 13 de julho de 1990. Dispõe sobre o Estatuto da Criança e do Adolescente. Brasília, DF, Senado, 1990.

BRASIL. Superior Tribunal de Justiça. Habeas Corpus nº 487.812/CE. Relator Min. Paulo de Tarso Sanseverino, Terceira Turma, julgado em 26/02/2019, DJe 01/03/2019. Disponível em: http://www.stj.jus.br/SCON/jurisprudencia/toc.jsp. Acesso em 15 de março de 2019.

BRASIL. Superior Tribunal de Justiça. Habeas Corpus nº 476.777/SC. Relator Min. Antônio Carlos Ferreira, Quarta Turma, julgado em 04/12/2018, DJe 12/12/2018. Disponível em: https://scon.stj.jus.br/SCON/pesquisar.jsp?i=1&b=ACOR&livre=((%27AIHC%27.clas.+e+@num=%27476777%27)

+ou+(%27AgInt%20no%20HC%27+adj+%27476777%27).suce.)&thesaurus=JURIDICO&fr=veja. Acesso em 15 de março de 2019.

BRASIL. Supremo Tribunal Federal. Habeas Corpus nº 142.279. Relator Min. Gilmar Mendes, Segunda Turma, julgado em 20/06/2017. Processo Eletrônico DJe-182. Disponível em: https://portal.stf.jus.br/processos/detalhe.asp?incidente=5162101. Acesso em 15 de março de 2019.

BRASIL. Supremo Tribunal Federal. Recurso Extraordinário nº 898.060. Relator Min. Luiz Fux, Tribunal Pleno, julgado em 21/09/2016. Processo Eletrônico DJe-187. Disponível em: https://portal.stf.jus.br/processos/detalhe.asp?incidente=4803092. Acesso em 15 de março de 2019.

BRASIL. Supremo Tribunal Federal. Habeas Corpus nº 143.641. Relator Min. Ricardo Lewandowski, Segunda Turma, julgado em 20/02/2018. Processo Eletrônico DJe-215. Disponível em: https://portal.stf.jus.br/processos/detalhe.asp?incidente=5183497. Acesso em 15 de março de 2019.

BRASIL. Supremo Tribunal Federal. Recurso Extraordinário nº 888.815/RS. Relator Min. Roberto Barroso e Redator do acórdão Min. Alexandre de Moraes, Tribunal Pleno, julgado em 12/09/2018. Processo Eletrônico DJe-202. Disponível em: https://portal.stf.jus.br/processos/detalhe.asp?incidente=4774632. Acesso em 21de março de 2019.

Coitinho, Viviane Teixeira Dotto. *Autonomia, emancipação plena e legitimação extraordinária de crianças e adolescentes no Brasil.* Tese (doutorado) – Universidade de Fortaleza. Programa de Doutorado em Direito Constitucional, Fortaleza, 2018.

Goldstein, Joseph, Freud, Anna, Solnit, Albert J. *No interesse da criança?* Trad. de Luis Claudio de Castro e Costa. São Paulo: Martins Fontes, 1987.

Korczak, Janusz. O direito da criança ao respeito. *In:* Dallari, Dalmo de Abreu; Korczak, Janusz. *O direito da criança ao respeito.* 3ª edição. São Paulo: Summus Editorial,1986.

Leone, Claudio. *A Criança, o Adolescente e a Autonomia.* Revista Bioética. v.6, n.1,1998.

Machado, Martha Toledo de. *A proteção constitucional de crianças e adolescentes e os direitos humanos.* Barueri, SP: Manole, 2003.

Méndez, Emilio Garcia. *Infancia: de los derechos y de la justicia.* 2ª edición actualizada. Buenos Aires: Editores del Puerto, 2004.

Pereira Júnior, Antonio Jorge, Coitinho, Viviane Teixeira Dotto. A legitimidade como modulador da capacidade civil e o reconhecimento da autonomia progressiva do menor de idade no Brasil. *In: Revista de Direito de Família e das Sucessões* – RDFAS, Ano 5, vol. 19, out-dez/2018. ADFAS: São Paulo, 2018.

Pereira Júnior, Antonio Jorge, Rodrigues, Francisco Flávio Silva. O princípio do melhor interesse da criança face aos princípios da proteção integral e da prioridade absoluta: metodologia de aplicação. *In: Revista de Direito de Família e das Sucessões* – RDFAS, Ano 5, vol. 16, abr-jun/2018. ADFAS: São Paulo, 2018.

Pereira Júnior, Antonio Jorge, Rodrigues, Francisco Flávio Silva. Aplicação do princípio do melhor interesse da criança pelo Superior Tribunal de Justiça de 2001 a 2018. *In: Revista Espaço Jurídico*, nº 20, maio/ago, 2018. Disponível em https:/editora.unoesc.edu.br/index.php/espacojuridico/article/view/17052. Acesso em 01 de agosto de 2018.

Solavagione, Alicia Garcia. El niño y su derecho a serlo, en contexto familiar funcional y disfuncional. *In:* Tavares da Silva, Regina Beatriz; Basset, Ursula Cristina. *Família e pessoa: uma questão de princípios.* São Paulo: YK, 2018.

12.
LESÃO MORAL CAUSADA PELA INTERNET E O DEVER DE PROTEÇÃO INTEGRAL DAS CRIANÇAS E ADOLESCENTES NO BRASIL

Antonio Jorge Pereira Júnior
Patrícia Moura Monteiro Cruz

1. Introdução

Crianças e adolescentes necessitam de especial atenção em razão da fase de desenvolvimento físico e mental, devido à inexperiência e vulnerabilidade inerentes ao fator idade. Estão ainda mais expostos aos riscos encontrados no meio em que estão inseridos do que os adultos, especialmente no âmbito digital. Diante dos potenciais prejuízos causados pela exposição a conteúdo veiculado na internet ao público infantojuvenil, o presente estudo investiga a lesão moral como afetação da capacidade de autodeterminação e a necessidade de se conferir efetiva tutela aos hipossuficientes face ao meio cibernético.

A partir da promulgação do Estatuto da Criança e do Adolescente – ECA, no ano de 1990, houve avanço na concepção de proteção integral com a previsão da política de integração, em sintonia com as normas da Constituição Federal de 1988. No referido estatuto há capítulo dedicado à prevenção de possíveis ofensas aos direitos da criança e do adolescente, objeto de análise no presente artigo para fins de extensão dos seus efeitos no âmbito digital.

O art. 18 do ECA diz ser dever de todos velar "pela dignidade da criança e do adolescente, pondo-os a salvo de qualquer tratamento desumano, violento, aterrorizante, vexatório ou constrangedor". Ao mesmo tempo, no dispositivo que o antecede, o art. 17, está estabelecido que toda criança tem direito ao respeito, entendendo-se como tal "a inviolabilidade da integridade física, psíquica e moral da criança e do adolescente, abrangendo a preservação da imagem, da identidade, da autonomia, dos valores, ideias e crenças, dos espaços e objetos pessoais".

Tal qual a previsão expressa quanto ao conteúdo da televisão, é preciso analisar que a produção de conteúdo na internet, de acesso irrestrito, também deve respeitar a integridade moral e preservar os valores, ideias e crenças das crianças e adolescentes, sendo fato que muitos desses valores, ideias e crenças pessoais são herdados do entorno familiar e da sociedade circundante.

Será então investigado, nesse artigo, a previsão contida no texto constitucional, especialmente no dispositivo do art. 221, IV da Constituição Federal de 1988, que estabelece que a programação televisiva deve respeitar os valores sociais e éticos da pessoa e da família, com a expansão dessa exigência para o meio digital, por força do artigo 222, parágrafo 3º, do mesmo diploma.

A metodologia de pesquisa utilizada no desenvolvimento desse artigo tem cunho bibliográfico e documental. Para alcançar os objetivos delineados no artigo, de acordo com o critério da utilização de resultados, a pesquisa é pura, uma vez que busca a ampliação de conhecimentos teóricos sobre a extensão dos deveres da radiodifusão a todos os veículos eletrônicos com finalidade de oferecer tutela das crianças e adolescentes no meio digital.

Para tanto, inicialmente se aborda a questão da lesão moral em face da criança e do adolescente, como consequência de conteúdos midiáticos, no sentido amplo, que prejudiquem a formação integral da personalidade infantojuvenil. No segundo momento, são apresentadas as bases legais do sistema de proteção integral que convocam as entidades sociais a participar da rede protetora da formação da criança e do adolescente, em especial as competências legais das entidades que exploram o serviço público de radiodifusão de sons e imagens no Brasil. Na última parte do artigo serão estudados os fundamentos jurídicos para a extensão de deveres de proteção inerente às empresas de radiodifusão às plataformas digitais que oferecem conteúdo para os internautas em fase de desenvolvimento, sob o paradigma da proteção integral.

2. Lesão na personalidade infantojuvenil

A integridade moral da criança e do adolescente é objeto de proteção em variados dispositivos do Estatuto da Criança e do Adolescente[1]. Para a correta compreensão de como se processa lesão na personalidade infantojuvenil, é preciso avançar na exposição do conceito de modo a reconhecer o dano mesmo que esteja ausente a percepção da criança, em razão de carecer de autoimagem e de discernimento maduro para dar-se conta do dano.

A formação integral é a meta da educação sob o paradigma da proteção integral dos direitos da criança e do adolescente. A formação é um bem imaterial. O dano causado a ela se configura especialmente como dano moral diferenciado. Diz-se diferenciado porque não se limita à dimensão dos direitos de personalidade, mas se estende aos direitos especiais do público infantojuvenil, que vencem com a maioridade.

2.1. Dano moral como afetação da capacidade de se autodeterminar

Tornou-se comum reconhecer o dano moral como turbação psíquica, decorrente de ato de terceiro, geradora de prejuízo imaterial, que por sua vez projeta mudanças nas atitudes da pessoa. O psiquismo humano é integrado por três dimensões: a intelectual, a afetiva e a volitiva. Pelo fato de a criança e o adolescente estarem em fase peculiar de desenvolvimento, o dano moral adquire feição mais grave, e pode dar-se em qualquer das três dimensões.

Para a correta compreensão de como se processa lesão na personalidade infantojuvenil, é preciso avançar na exposição do conceito de modo a reconhecer o dano mesmo que esteja ausente a percepção da criança, em razão de carecer de autoimagem e de discernimento maduro para dar-se conta do dano.

[1] Dentre outros, a integridade pode ser referida aos artigos 15, 33, 53, 58, 67, 70, 71, 74, 76, 78 parágrafo único, 79, 81, 82, 92, V, 94, IV, XV e XIX, 106, 124, V e VIII, 130, 141, 142 parágrafo único, 143, 178, 229, 230, 232, 234, 237, 239, 241, 247, 250, 252, 253, 254, 255, 256 e 258, todos do Estatuto da Criança e do Adolescente.

Na conceituação de Walter Moraes "dano moral é, tecnicamente, um não-dano, onde a palavra 'dano' é empregada com sentido translato ou como metáfora: um estrago ou uma lesão (este o termo jurídico genérico), na pessoa, mas não no patrimônio" (1989, p. 112). A expressão "dano", no entender de Walter Moraes, refere-se à lesão material. Por isso entende inapropriado o termo "dano moral", ora difundido. Mais adequado seria falar-se em lesão moral ou lesão.

O recurso à etimologia oferece uma pista a essa reflexão. O latim *mos, moris* (singular) e *mores* (plural), de forma antepositiva *mor*, corresponde ao grego *ethos*, e se refere à conduta intencional humana, mediada pela decisão livre, dirigida a um bem que aperfeiçoa aquele que o pratica, e deveria torná-lo humanamente melhor[2]. A decisão livre para agir de um determinado modo exige instrução adequada para que a opção seja fundada na dimensão da razão, centro máximo de autocompreensão e decisão do ser racional.

Os danos morais costumam ser reconhecidos, sobretudo, como interferências negativas na psique e são percebidos, mormente, por meio da dimensão emotiva. No entanto, pela íntima conexão com a psique, onde as três dimensões se unificam, o dano se reflete na dimensão dos hábitos e na dimensão intelectual.

Observando algumas das causas de danos morais, segundo Savatier – evento contrário à reputação, à legítima autoridade, ao pudor, à segurança e tranquilidade etc. – percebe-se na base de todas a realização de ato injusto que provoca inibição na capacidade de agir ou julgar, ou simplesmente altera o curso dos atos da vítima, por efeito reflexo. O dano moral seria, dessa forma, o ferimento de um bem intangível que repercute na capacidade de julgar, decidir e agir. Ou seja, afetação da liberdade. Nessa perspectiva se pode avançar para a compreensão mais profunda do dano moral infantojuvenil, e mesmo da lesão moral causada ao adulto.

[2] Marías, Julián. *Tratado de lo mejor. La moral y las formas de la vida.* 1ed. 4rp. Madrid: Alianza Editorial, 1996, pg 13. A palavra (moralidade) deriva do latim *mos*, que significa costume. Em grego fala-se de "ética", *ethiké*; esta palavra deriva de *êthos* (com *e* longo), que significa mais bem "caráter" ou "hábito"; mas já Aristóteles a considera uma modificação de *éthos* (com *e* breve), que é costume. A significação dos costumes, dos usos sociais, aparece estreitamente ligada à noção de moral.

Um dano moral costuma ser reconhecido, primeiramente, pela alteração na dimensão emotiva da vítima. Isso se dá porque o sentimento traz ínsito um juízo de apreciação. Ele equivale a um juízo de correspondência entre uma realidade que se manifesta no exterior (objetiva) ou interior (subjetiva) de alguém e sua a sensibilidade. O sentimento de medo, por exemplo, denuncia uma situação de alerta, que repercute na capacidade de decidir, de julgar e agir. Exista ou não um perigo real, a pessoa sente como se existisse, e adota uma conduta objetiva de "cuidado". Ou seja, há uma construção racional subjacente no sentimento humano: os afetos do ser racional guardam em si uma racionalidade.

O dano moral se traduz em reações emotivas quando se processa na pessoa a correspondência entre sua dimensão sensitiva e sua situação existencial (real ou aparente), interior ou circundante. Desse modo, a percepção sensível denuncia inibição da conduta da pessoa e, logo, afeta sua liberdade de movimentos. Por exemplo, a calúnia pode ser causa de dano moral na medida em que leva uma pessoa a se retrair em razão do efeito provocado por uma maledicência.

Todavia, mesmo para uma pessoa menos sensível, que sinta menos o impacto da calúnia, o fato gera também dano moral. Neste caso, a percepção do dano se opera especialmente pelo efeito circundante – o efeito nos demais –, que poderá ocasionar algum tipo de limitação ao raio de ação da pessoa ofendida – a pessoa será mal vista em certos ambientes e isso lhe dificultará mesmo sua exposição pública e o relacionamento com outros cidadãos. Esse efeito externo é suficiente para denotar existência de dano moral.

2.2. Dano moral causado à criança e ao adolescente

A criança não tem um referencial ético completo. Sua sensibilidade ainda não faz com perfeição a correta correspondência entre bons sentimentos e boas condutas, ou seja, não associa com perfeição afetos e atitudes éticas. A finalidade da educação moral é exatamente educar para as virtudes, para que se aprenda a correta percepção dos valores. Em razão da dificuldade de discernir o plano dos prazeres (sensações) do plano da felicidade ética (imaterial) dá-se a facilidade em induzir o comportamento infantil com pequenos prazeres, por vezes oferecidos como paga de condutas reprováveis. Essa situação pode levar à cristalização de um hábito que deforma o seu caráter[3]. O agente que promove esse resultado gerou um dano moral.

Criança e adolescente sentem natural atração por prazeres e precisam de exemplos de conduta. Nesse contexto, conteúdos produzidos nas mídias televisivas e na própria internet podem colaborar com sua formação, por meio de programas atrativos que ao mesmo tempo promovem modelos de comportamento valorativo, ou pode apresentar programação na qual predominam atitudes violentas ou sensuais, que deleitam os sentidos e ao mesmo tempo estimulam condutas inadequadas, distantes de valores que seriam pertinentes ao melhor interesse da criança.

Quando esse conteúdo midiático projeto sensações que direcionam o comportamento para atitudes não adequadas à formação ética, ela opera um dano à dimensão afetiva – pois gerará afeição desordenada –, que passará inadvertido para a criança, em razão de ela não ter capacidade para discernir com propriedade o quanto aquilo lhe prejudica. Esse dano projetará má conduta, ou seja, um dano ético, no sentido original do termo dano moral.

Os estímulos negativos induzem a desejos e atitudes que podem danificar a esfera de volição e de hábitos de modo praticamente imediato, em razão da predisposição de imitação, e da inibição, que certos atos podem produzir na criança, gerando-se propriamente dano *moral*, ou seja, prejuízo aos hábitos virtuosos e ao exercício da liberdade. Assim crianças e adolescentes se tornam refém dos vícios, entendendo-se como tais não apenas os casos patológicos de adicção a drogas ou bebidas, mas todos os hábitos contrários às virtudes, incluindo os maus hábitos alimentares, de violência e de sensualidade[4].

3 Muitas crianças são aliciadas mesmo sexualmente em razão dessa vulnerabilidade.

4 Há inúmeros estudos a comprovar tais efeitos na formação de crianças e adolescentes, em razão de programação e publicidade televisiva em todo o mundo ocidental. Vários deles podem ser encontrados em sites dedicados à matéria. Por exemplo, no site do Ministério da Justiça, na página do Departamento encarregado da classificação indicativa de programas de TV; no site da Agência de Notícias dos Direitos da Infância.

2.3. Dano moral como afetação da liberdade de agir

A dimensão dos hábitos está intimamente relacionada ao exercício do poder de autodeterminação, também denominado simplesmente de liberdade. Para se conduzir segundo padrão de comportamento adequado à dignidade humana, a pessoa deve ser bem instruída e estimulada a agir bem.

A criança e o adolescente estão em estágio de evolução, passível de sofrer interferências de modo mais proeminente que uma pessoa adulta. Necessitam de estímulos e informações que potencializem o melhor uso de sua liberdade. Não dispõem de maturidade suficiente para decidir por si sós como agir bem, diante de ofertas e estímulos que recebem na vida em sociedade e podem direcioná-las para condutas menos adequadas ao seu bem ser e bem-estar. Por isso os pais exercitam em seu lugar certos atos da vida civil (representação jurídica durante a infância) e depois lhes assistem na tarefa decisória (assistência jurídica na adolescência). A liberdade humana em evolução deve ser protegida. Exercita-se a liberdade, mormente, a partir do conjunto de informações dos quais dispõem. Por isso, a instrução que chega mediante informação televisiva à criança vai interferir em seu modo de decidir e pode colaborar ou prejudicar seu modo de escolher.

A proteção dos direitos da criança e do adolescente exige a tutela da liberdade em formação, em evolução. Toda a sociedade está vinculada com essa formação, que perpassa pela integração dos estímulos afetivos, motivações e instrução que chega à pessoa menor de idade. Sem esse cuidado não se cumpriria a prioridade de atendimento sumarizada no art. 227 da Constituição Federal, dentro do título "da ordem social".

Pode-se ler no Estatuto da Criança e do Adolescente, Capítulo II do Título II (Dos Direitos Fundamentais), que trata do direito à liberdade, ao respeito e à dignidade: "a criança e o adolescente têm direito à liberdade, ao respeito e à dignidade como pessoas humanas em processo de desenvolvimento e como sujeitos de direitos civis, humanos e sociais garantidos na Constituição e nas leis (art. 15)".

A lei reconhece a progressiva capacidade de decidir autonomamente da criança e do adolescente. Todavia, trata-se de capacidade de uma pessoa em processo de desenvolvimento, razão pela qual se lhe nega plena capacidade de agir. Se lhe confere maior aptidão para agir com autonomia no meio social à medida que se presume aprimoramento de seu discernimento no processo educativo. Ou seja, o processo decisório, com as fases de percepção, ponderação, decisão e responsabilização apropriada, amadurece com o tempo. É preciso que nesse período a criança e o adolescente recebam formação adequada para saber usar desses poderes ao raiar da maioridade, sob risco de abusarem de tais poderes de modo deletério para si mesmos e para a sociedade onde vivem.

Conforme apresentado de forma introdutória, o artigo 18 do Estatuto da Criança e do Adolescente traz previsão expressa do dever de todos na proteção da dignidade da criança e do adolescente, livre de qualquer tratamento "desumano, violento, aterrorizante, vexatório ou constrangedor". Destaca-se ainda o direito da inviolabilidade da integridade física, psíquica e moral da criança e do adolescente. Poder-se-ia, ainda, tratar de descrever os direitos de personalidade da criança e do adolescente ao nome, à intimidade e à imagem, evoluindo-se no entendimento das peculiaridades que se projetam nesses bens em face da criança.

Assim, constata-se que a lesão moral à criança ou adolescente seria o resultado nocivo à sua personalidade decorrente da operação de fixação de ideias e valores que prejudiquem sua formação integral, em situação em que lhe seja difícil resistir às mensagens do emissor, dadas sua inexperiência, vulnerabilidade e sugestionabilidade. Quando se verifica que o conteúdo disponibilizado nas mídias de comunicação, de elevado poder persuasivo em face do público infantojuvenil, promove a inclinação para comportamentos contrários ao bem-estar pessoal (vícios) e social (atitudes antissociais), resta configurada a causa da lesão moral à criança e ao adolescente.

3. Direito à formação integral das crianças e dos adolescentes

Os pais são os principais responsáveis pela formação dos filhos, razão pela qual o poder familiar é o instituto mais importante do sistema de proteção. A missão do poder familiar se concretiza também e de modo especial por meio da assistência moral, que envolve o poder-dever de educar. No entanto, nos diversos diplomas normativos sobre a formação da criança e do adolescente reconhece-se competência de entidades que afetam sua formação e devem colaborar com os pais.

Nessa parte da pesquisa, mostra-se à que *(a priori)* televisão se insere no sistema de proteção, com o dever de garantir a finalidade educativa no serviço de radiofusão, em sentido que abrange a formação ética. A legislação própria de radiodifusão conta inclusive com normas constitucionais relativas ao conteúdo e finalidade da programação televisiva: o art. 221, incisos I e IV da Constituição Federal. Vale recordar que a mesma exigência deve ser estendida ao ambiente cibernético de acesso irrestrito, segundo a Constituição Federal de 1988, art. 222, parágrafo 3º.

No sistema jurídico nacional, a lei reconhece a necessidade de pautas valorativas para o desenvolvimento pleno da pessoa, que devem nortear as atividades das entidades que lidam com público infantojuvenil. Mesmo as atividades vinculadas ao consumo e à publicidade estão cingidas pelo respeito e atenção às necessidades de formação dos menores de idade.

3.1. Bases legais do sistema de proteção integral

São três as referências legais principais na proteção integral, do ponto de vista do direito material: a Constituição Federal de 1988 (CF/88), o Código Civil de 2002 (CC/2002) e o Estatuto da Criança e do Adolescente (ECA). O Código Civil disciplina o poder familiar, a CF/88 (art. 227) e o ECA (arts. 86 e 87) convocam as entidades sociais a participar da rede protetora da criança e do adolescente.

Os artigos 220, 221, 226 e 227 da CF fazem parte do título "da ordem social" da Carta Constitucional. Quanto à disciplina da educação, especificamente a CF/88 diz em seu art. 205: "A educação, direito de todos e dever do Estado e da família, será promovida e incentivada com a colaboração da sociedade, visando ao pleno desenvolvimento da pessoa, seu preparo para o exercício da cidadania e sua qualificação para o trabalho".

Nesse texto, a sociedade civil aparece com o dever de colaborar, com a família e o Estado, para o pleno desenvolvimento da pessoa. Pleno desenvolvimento denota formação completa, íntegra, o que significa necessariamente pautada em valores sociais e éticos, como se evidencia em outras normas da Constituição.

No art. 227 do texto constitucional, a sociedade retorna como entidade que tem o dever de garantir, ao lado da família e do Estado, e com prioridade absoluta, os direitos da criança e do adolescente, entre os quais o direito à educação, ao lazer, à cultura, à dignidade, ao respeito.

Deve ainda colocá-los a salvo de toda forma de "negligência, discriminação, exploração, violência, crueldade e opressão".

A sociedade não é uma enteléquia, uma abstração sem conexão com o dia-dia. Ela se revela e se manifesta nas diversas entidades intermediárias entre o Estado e o indivíduo, incluindo-se as entidades dotadas de personalidade jurídica e a família. As empresas de radiodifusão são entidades da sociedade que sofrem incidência desses dispositivos, além dos preceitos próprios que condicionam o exercício de sua atividade, previstos no art. 221.

As disposições preliminares do ECA traçam linhas gerais que devem orientar o intérprete na leitura e aplicação da Lei. O Estatuto disciplina acerca da proteção integral à criança e ao adolescente (art.1º), "assegurando-se lhes, por lei ou por outros meios, todas as oportunidades e facilidades, a fim de lhes facultar o desenvolvimento físico, mental, moral, espiritual e social, em condições de liberdade e de dignidade" (art. 3º).

Interessa notar que se deve zelar pelo desenvolvimento moral, espiritual e social, além do físico e mental. Quais entidades devem zelar por esse desenvolvimento? A família, a comunidade, a sociedade em geral e do poder público (art. 4º), que devem atender com absoluta prioridade o direito "à educação, ao esporte, ao lazer, à profissionalização, à cultura, à dignidade, ao respeito, à liberdade e à convivência familiar e comunitária" (art. 4º). A lei colocou a profissionalização ao lado da educação, não identificando os dois conceitos. Ocorre que educação é termo mais amplo, que abrange a formação ética, espiritual e social.

O que abrange a prioridade de atendimento? Responde a lei no art. 4º § único: "(a) primazia de receber proteção e socorro em quaisquer circunstâncias; (b) precedência de atendimento nos serviços públicos ou de relevância pública; (c) preferência na formulação e na execução das políticas sociais públicas; (d) destinação privilegiada de recursos públicos nas áreas relacionadas com a proteção à infância e à juventude".

Há precedência de atendimento nos serviços públicos. A televisão é serviço público. A atenção à condição de pessoa em desenvolvimento deve condicionar o serviço público televisivo. A violência desse meio para a formação da criança deve ser vetada. A exploração de sua inexperiência deve ser proibida. O seu direito à formação integral deve ser respeitado.

3.2. O Estatuto da Criança e a proteção em face da mídia

Passa-se neste momento aos artigos do ECA referidos à mídia, localizados no título dedicado à prevenção.

O capítulo I, das disposições gerais, estabelece algumas premissas legais importantes, como moldura essencial para a efetiva tutela do direito à formação em face da TV aberta. "É dever de todos prevenir a ocorrência de ameaça ou violação dos direitos da criança e do adolescente" (art. 70). Grifou-se a expressão todos pelo interesse em chamar a atenção ao dever geral, de modo que todos devem agir para realizá-lo. Destacou-se o termo prevenir pelo que está relacionado ao dever de evitar o desenlace lesivo à formação da criança, de modo que se justifica também por esse dispositivo a classificação indicativa da programação televisiva. A tutela inibitória é o melhor meio de cumprir a prevenção quando os agentes de mídia abusam de seus poderes.

O art. 71, ainda sob as disposições gerais, positiva o direito da criança e do adolescente "a informação, cultura, lazer, esportes, diversões, espetáculos e produtos e serviços" com a exigência particular de que a oferta de tais produtos respeite "sua condição peculiar de pessoa em desenvolvimento". O desenvolvimento abrange a formação ética, pautada em valores que devem ser promovidos no processo educativo.

O Capítulo II do título "da prevenção", ainda sob a parte geral do Estatuto, é nomeado prevenção especial, ou seja, reforça o qualificativo sublinhando a necessidade da criança e do adolescente em razão de sua condição de pessoa em desenvolvimento.

A seção I se denomina "Da informação, Cultura, Lazer, Esportes, Diversões e Espetáculos". Percebe-se em todos os artigos da seção a preocupação do legislador com a formação ética da criança e do adolescente.

O art. 74 impera que o poder público, através do órgão competente, regule "as diversões e espetáculos públicos, informando sobre a natureza deles, as faixas etárias a que não se recomendem, locais e horários em que sua apresentação se mostre inadequada". Tem-se em conta a formação da criança e adolescente em moldes valorativos adequados à sua condição e dignidade. Determina que os responsáveis pelas diversões e espetáculos públicos afixem, em lugar visível, na entrada dos locais de exibição, "informação destacada sobre a natureza do espetáculo e a faixa etária especificada no certificado de classificação" (parágrafo único).

O art. 75 determina que toda criança ou adolescente deve ter acesso somente às diversões e espetáculos públicos classificados como adequados à sua faixa etária (*caput*) e, mesmo quando adequado à sua faixa etária, as crianças menores de dez anos "somente poderão ingressar e permanecer nos locais de apresentação ou exibição quando acompanhadas dos pais ou responsável" (parágrafo único).

O artigo 76, ao tratar do serviço de radiodifusão, ordena que as emissoras de rádio e televisão exibam somente "programas com finalidades educativas, artísticas, culturais e informativas, no horário recomendado para o público infantojuvenil". É infração administrativa não observar tal preceito (art. 254). O horário recomendado para o público infantojuvenil se estende até às vinte horas, passível de revisão em virtude da mudança nos hábitos. Além disso, veda-se a apresentação ou mesmo o anúncio de qualquer espetáculo sem aviso prévio de sua classificação, antes de transmiti-lo, apresentá-lo ou exibi-lo (parágrafo único). Deve-se informar ao público previamente a classificação de todos os programas a serem transmitidos, exibidos ou apresentados. A não informação dessa classificação implica infração administrativa (art. 255).

Verifica-se, portanto, que o título do ECA que se propõe a apontar medidas de prevenção em face das mídias de comunicação revela um sistema jurídico destinado a assegurar o direito do público infantojuvenil à formação integral.

3.3. Educação em sentido formal e a mídia no processo de formação

Por educação em sentido formal quer-se designar o ensino escolar. Trata-se da educação oferecida pelos centros formais de instrução. O Estado pretende que a pessoa receba formação para ser autossustentável do ponto de vista material e econômico, e hábil para colaborar com o bem comum doméstico e social. Essas finalidades correspondem a uma necessidade de cada pessoa. Inclui-se nesse conceito o ensino escolar fundamental, intermediário e superior.

Tende-se a julgar que o ensino formal – aquele dado pelas escolas – não teria como foco imediato a formação do caráter, mas a habilitação científico-profissional. No entanto, em razão da unidade educativa, na prática torna-se impossível separar de modo estanque a instrução e a formação moral. As duas tarefas se realizam simultaneamente, em razão da necessidade do educando. Por isso se exige da escola e de ambientes de repercussão na formação da criança o devido respeito aos valores sociais e éticos da pessoa e da família.

Ao examinar a disciplina legal sobre o ensino formal, necessariamente se encontra referência a valores éticos e sociais, e ao dever de o sistema educativo zelar pela formação integral dos jovens, em complementação à atividade educativa dos pais. A própria CF em seu art.205 diz que a educação é direito de todos e dever do Estado e da família, promovida e incentivada com a colaboração da sociedade, e visa "ao pleno desenvolvimento da pessoa, seu preparo para o exercício da cidadania e sua qualificação para o trabalho". Em razão do impacto da atividade escolar na formação ética e moral, indissociável do conteúdo intelectual, as escolas devem, segundo a lei, ouvir os pais e deixarem que eles interfiram na orientação pedagógica.

Lê-se no art. 1º da Lei n. 9.394, Lei de Diretrizes Básicas da Educação (LDB), de 20 e dezembro de 1996: "[...] educação abrange os processos formativos que se desenvolvem na vida familiar, na convivência humana, no trabalho, nas instituições de ensino e pesquisa, nos movimentos sociais e organizações da sociedade civil e nas manifestações culturais"[5].

Quando a lei trata do ensino básico, abrange temas referentes à formação integral. Lê-se no art. 27, I, que os conteúdos curriculares terão como diretriz, entre outras, "a difusão de valores fundamentais ao interesse social, aos direitos e deveres dos cidadãos, de respeito ao bem comum e à ordem democrática"[6]. Fala-se de valores, o que significa formação ética. Especifica uma categoria de valores: aqueles fundamentais ao interesse social, o que significa pretender-se que os conteúdos desenvolvam virtudes sociais nas crianças, ou seja, que lhes forjem o caráter segundo determinados hábitos.

[5] Pontes de Miranda, Francisco Cavalcanti. *Tratado de direito privado*, 2. ed., t.7. Rio de Janeiro: Borsoi, 1955, p. 165. Dentre os círculos sociais que envolvem a criança e o adolescente – ambientes – contam-se a família, a escola e a mídia televisiva, responsável por criar um ambiente de inclusão social e de comunicação entre os cidadãos. Entre os diversos ambientes se opera mútua interferência, como decorrência de uma "lei sociológica, geral, e que por vezes, no trato dos problemas jurídicos, se tem de aludir, [...] a lei de crescente dilatação e integração dos círculos sociais, quando se acham eles em evolução".

[6] Grifos nossos.

Ao tratar da educação infantil, o legislador determina no art. 29 que se tenha por finalidade "o desenvolvimento integral da criança até seis anos de idade, em seus aspectos físico, psicológico, intelectual e social, complementando a ação da família e da comunidade". Aqui se fala dos âmbitos (conteúdos) e ambientes (locais) de formação novamente, e da necessária complementação da formação dada pela família, entidade primeira na função. Também se estabelece que a escola deve complementar a ação da comunidade, o que faz subentender que a comunidade deve exercer atividade formativa.

O art. 32 da Lei n. 9.394, acerca do ensino fundamental estipula como finalidades:

> II – A compreensão do ambiente natural e social, do sistema político, da tecnologia, das artes e *dos valores* em que se fundamenta a sociedade; III – o desenvolvimento da capacidade de aprendizagem, tendo em vista a aquisição de conhecimentos e habilidades e a formação de atitudes e valores; IV – o fortalecimento dos vínculos de família, dos laços de solidariedade humana e de tolerância recíproca em que se assenta a vida social.

Ao ler esse dispositivo, é-se forçado a reconhecer que a formação da criança e do adolescente, mesmo a chamada educação formal, deve trabalhar para que a criança assimile valores e adquira virtudes.

Pela LDB, também o ensino médio deve transmitir conteúdo ético. De acordo com o art. 35, III, da Lei n. 9.394, a educação escolar deve fornecer ao aluno aprimoramento "como pessoa humana, incluindo a formação ética e o desenvolvimento da autonomia intelectual e do pensamento crítico".

O adolescente é o alvo do processo formativo de valores. Formação ética implica necessariamente o desenvolvimento de hábitos, formação do caráter, e não apenas de ideias. A lei fala expressamente de formação ética e não simplesmente de informação sobre a ética, ainda que ambas se complementam para que haja, de fato, pensamento crítico e autonomia intelectual.

Verifica-se que o ordenamento jurídico brasileiro apresenta referências legais do esforço operado em diversos ramos do direito para atender ao escopo comum de tutela do direito à educação integral, que inclui os meios de comunicação social.

4. A internet e o desenvolvimento integral da criança

O tema da internet associado aos direitos da criança e do adolescente ganhou espaço na mídia e na doutrina, especialmente nos últimos tempos, sobretudo dentro de uma agenda negativa (sanção negativa), relacionada à proteção da criança contra o abuso sexual mediante a *web*, bem como a crescente exploração do trabalho infantil nas plataformas digitais.

Também são abundantes, apesar de ainda não serem populares, informações acerca dos recursos de proteção contra certos conteúdos, mediante a fixação de filtros diversos que o mercado oferta, seja a título gratuito, seja oneroso, que auxiliam pais e entidades de ensino a exercerem um mínimo de controle do que chega aos computadores acessíveis ao público infantojuvenil, com potencial lesivo à sua formação moral.

4.1. Meios de comunicação social eletrônica e os preceitos constitucionais do art. 221

O arcabouço normativo apresentado no tópico anterior, no sistema de proteção, deve ser compreendido como auxílio ao exercício do poder dever de educar dos pais. Um quadro geral de diplomas facilita a percepção da arquitetura do direito à formação integral – que inclui a educação para valores sociais e éticos da pessoa e da família, conforme disposto no art.221, IV da Constituição Federal de 1988.

De acordo com a conclusão obtida na tese defendida na Faculdade de Direito da Universidade de São Paulo, publicada no ano de 2011[7], em respeito às normas constitucionais e infraconstitucionais, devidamente reforçadas no presente artigo, o serviço prestado pela televisão comercial aberta passou a integrar o sistema de proteção integral.

Faz-se oportuno investigar os fundamentos normativos e sociais para que os conteúdos veiculados no âmbito digital e destinados ao público infantojuvenil sejam submetidos aos limites constitucionais aplicáveis na programação da mídia televisiva.

[7] Pereira Júnior, Antonio Jorge. *Direitos da criança e do adolescente em face da TV*. Editora Saraiva. São Paulo: Saraiva, 2011.

É importante ver que a regra estabelecida na Constituição Federal de 1988 por meio do artigo 221, que se aplica à programação de radiodifusão de sons e de sons e imagens, foi expandida para serviços de internet por causa da Emenda Constitucional nº 36, de 2002.

De acordo com a nova redação dada pela EC nº 36/2002, houve a inclusão do parágrafo terceiro no art. 222, que apresentou a seguinte especificidade:

> § 3º Os meios de comunicação social eletrônica, independentemente da tecnologia utilizada para a prestação do serviço, deverão observar os princípios enunciados no art. 221, na forma de lei específica, que também garantira a prioridade de profissionais brasileiros na execução de produções nacionais.

Uma norma específica finalmente criada para assegurar que os meios de comunicação eletrônica, não importa que tecnologia seja utilizada para a prestação do serviço, sigam os princípios apresentados no artigo 221.

Assim, constata-se a necessidade de que as emissoras de televisão trabalhem de forma ativa para auxiliar na educação infantojuvenil, cabendo-lhes a responsabilidade de zelar por este propósito e cumprir todos os seus compromissos relacionados, tal exigência alcança também as empresas que produzem conteúdo nas mídias digitais.

O telespectador deve ser considerado equivalente ao consumidor de acordo com o artigo 17 do Código de Defesa do Consumidor, que coloca todas as pessoas vítimas de um evento na mesma posição. Além disso, o artigo 29 do CDC também aborda a exposição a práticas comerciais, especialmente quando o indivíduo é considerado vulnerável, como é o caso da criança e do adolescente.

É possível aplicar o artigo 12 do Código de Defesa do Consumidor (CDC) à programação de TV e aos conteúdos de internet que possuam potencial para afetar a integridade física, psíquica e moral das crianças. Essa disposição estabelece a responsabilização objetiva dos infratores e obriga a reparação dos danos causados aos consumidores por meio da informação insuficiente ou inadequada sobre o emprego e os riscos dos produtos. Além disso, é incumbência das empresas de mídias de comunicação a informação bom e claro sobre os efeitos e a oportunidade da programação para o público infantojuvenil.

Os meios de comunicação social possuem responsabilidade em relação à publicidade que apresentam, assim como do conteúdo dos programas de televisão, que podem causar danos imateriais. A ameaça de prejuízo surge ao se infringir diretamente a legislação aplicável. Omissão lesiva ocorre quando não são adotadas medidas para garantir o bem-estar das crianças e adolescentes.

Assim, partindo-se do mesmo pressuposto, igualmente com a expansão trazida pela emenda constitucional nº 36, o mesmo princípio aplicado às emissoras de TV alberga os internautas em fase de desenvolvimento físico e mental.

4.2. Da televisão à convergência tecnológica

No Brasil, a Constituição Federal, além de organizar o Estado e garantir direitos fundamentais, estabeleceu algumas Políticas Públicas de Estado. Como apresentado, uma delas refere-se ao conteúdo dos meios de comunicação social que interagissem com público infantojuvenil na plataforma de radiodifusão. Neste sentido, os conteúdos transmitidos em rádio e TV deveriam colaborar na formação da criança, e em decorrência da EC nº 36/2002, ampliou o dever de observância dos princípios aos meios de comunicação social eletrônica, independentemente da tecnologia utilizada.

Sabe-se que, a convergência tecnológica faz com que os computadores pessoais absorvam as funções da televisão. Por isso se explica que, a despeito de diferenças substanciais quanto à natureza do serviço, se atribuísse às entidades que ocupam espaço antes preenchido pela televisão, assumissem responsabilidades no favorecimento de uma melhor formação humana. De certa forma isso é corolário também do princípio da solidariedade.

Por essa razão, estudos relacionados aos efeitos da programação da televisão (conteúdo audiovisual) na formação da criança e do adolescente, bem como das exigências legais acerca dos deveres dos radiodifusores, pode servir de orientação inicial para a compreensão e projeção dos efeitos da mídia eletrônica via internet.

Oportuno esclarecer a diferença crucial na administração entre radiodifusão e a internet, uma vez que aquele é gerida mediante concessão pública, enquanto que a internet não. A dinâmica de espaço na web é outra, muito mais livre. Mas nem por isso está isenta de ser vinculada a algumas políticas públicas, por sua capacidade de serviço à formação das pessoas.

Atividades humanas que afetam a coletividade costumam ser reguladas mediante leis estatais. Os modos de regular variam conforme prioridades assumidas pelas políticas públicas. No "Estado do Direito", a estrutura de regras (engenharia legal) é matéria especialmente afeta à ciência jurídica que, ao lado do treinamento dado para a construção das regras pertinentes às diversas áreas a serem reguladas, incute a responsabilidade de proteção e promoção dos direitos fundamentais da pessoa humana em qualquer política. Isso é corolário das Constituições dos Estados.

Há produtos da inteligência humana que repercutem em todo o tecido social. A internet foi um deles, e está relacionada diretamente à maior interação "das gentes" que se viu na História, criando um paradigma absolutamente novo.

Em um primeiro momento, as inovações estavam isentas de qualquer regramento. Eventuais problemas eram resolvidos com base em regras pré-existentes, aplicadas subsidiariamente. No entanto, a novidade trouxe efeitos sociais que ultrapassavam os limites de políticas públicas pretéritas, além de romper fronteiras entre Estados. Tornou-se imperativo conceber nova política pública, locais e supraestatais.

Experimentada a novidade, surgem propostas de normas específicas para a regulação, nas esferas nacional e internacional. Para que a política pública seja bem elaborada, importa examinar conhecer bem o meio que se pretende regular e os âmbitos nos quais ele pode repercutir.

Os definidores das políticas públicas mais facilmente se sensibilizarão com as virtualidades da internet quando municiados de estudos que façam a devida conexão do direito à educação com as serventias do meio virtual, chamando-se a atenção para os benefícios do uso equilibrado da internet.

Ao mesmo tempo, um estudo nesse sentido pode estimular empresas a orientarem sua atividade de responsabilidade social para favorecer a melhor instrumentação da internet e a interação de pesquisadores em projetos de interesse global com vistas à tutela de crianças e adolescentes no mundo digital.

Conclusão

O dano causado à formação – bem imaterial – se configura especialmente como dano moral diferenciado, porque não se limita à dimensão dos direitos de personalidade, mas se estende aos direitos especiais do público infantojuvenil, que vencem com a maioridade. A integridade moral da criança e do adolescente é objeto de proteção em variados dispositivos do ECA e o dano moral infantojuvenil diz com a afetação da integridade da formação, bem intangível, cujo ferimento repercute na capacidade de julgar, decidir e agir. Ou seja, afetação da liberdade.

A criança e o adolescente, enquanto carecem da percepção dos efeitos do dano – em razão de falta de amadurecimento-, tendem a sentir menos o efeito do dano. Por isso, a compreensão do dano moral infantojuvenil se diferencia e deve ter por parâmetro a afetação dos hábitos que lhe orientariam para seu crescimento pleno.

Quando as mídias de comunicação provocam sensações que direcionam o comportamento infantojuvenil para atitudes não adequadas à formação ética, ela opera um dano à dimensão afetiva – pois gerará afeição desordenada –, evento que se dá de modo inconsciente para a criança, em razão de ela não ter capacidade para discernir com propriedade quanto lhe pode prejudicar a conduta a que é estimulada. Esse dano projetará má conduta ou mau hábito, ou seja, um dano ético, no sentido original do termo dano moral.

A proteção dos direitos da criança e do adolescente implica a tutela da liberdade em formação, em evolução, que exige a integração dos estímulos afetivos, motivações e instruções corretas. A lei reconhece que falta à criança capacidade de ponderar e de decidir autonomamente, e que essa capacidade se desenvolve mediante a educação, durante a qual se presume o amadurecimento de sua capacidade de refletir e deliberar, com as fases de percepção, ponderação, decisão e responsabilização. É preciso que nesse período a criança e o adolescente recebam formação adequada para saber usar dos poderes que receberão ao raiar da maioridade, sob risco de usarem de tais poderes de modo deletério.

Compreende-se lesão moral à criança ou adolescente como o resultado nocivo à sua personalidade decorrente da operação de fixação de ideias e valores que prejudiquem sua formação integral, em situação em que lhe seja difícil resistir às mensagens do emissor, dadas sua inexperiência, vulnerabilidade e sugestionabilidade.

Quando a programação das mídias convencionais ou eletrônicas, de elevado poder persuasivo em face do público infantojuvenil, promovem a inclinação para comportamentos contrários ao bem pessoal, tais como os vícios, e social, identificado em atitudes antissociais, elas causam lesão moral à criança e ao adolescente.

O direito fundamental da criança e do adolescente à educação, sob o paradigma da proteção integral, abrange a educação para valores. As empresas de radiodifusão de sons e imagens fazem parte da rede de entidades responsáveis pela formação integral da criança e do adolescente, por força de lei.

O universo da internet ultrapassa incomensuravelmente o ambiente da radiodifusão. No entanto, dada a aproximação de alguns dos usos da internet como televisão, alguns estudos que tratem do impacto da mídia na formação humana podem ser analogicamente aproveitados quando se pretende tratar da internet, nas situações em que a internet termina por ser meio moderno de transmissão de programas.

A partir da Emenda Constitucional de nº 36 de 2002, o art. 222, com a inclusão do §3º, ampliou os deveres antes restritos às empresas de comunicação social que atuavam mediante radiodifusão, a todas as entidades de comunicação social, independentemente do veículo de comunicação. Trata-se da ampliação de princípios da radiodifusão para as entidades que atuam em meio virtual e fazem as vezes de rádio e TV.

Conclui-se que em respeito ao que dispõe o art. 222, § 3º, da Constituição Federal de 1988, é possível estender aos conteúdos produzidos na internet a observância aos princípios constitucionais de respeito aos valores éticos e sociais da pessoa e da família e devem ainda ser orientados a finalidades educativas e culturais.

Criança e internet são temas de relevância em grande parte dos Estados. As políticas públicas relativas aos direitos da criança costumam traduzir valores que se reputam mais elevados, e que devem servir como pauta para educar gerações seguintes. Também as políticas relativas às novas tecnologias de comunicação. A aproximação dos temas, nesse sentido, é quase um truísmo: na sociedade informática, não há como se tratar de um sem se referenciar ao outro.

Referências

BRASIL. *Constituição da República Federativa do Brasil de 1988.* Diário Oficial da União, Brasília.

BRASIL. *Lei nº 8.069,* de 13 de julho de 1990. Dispõe sobre o Estatuto da Criança e do Adolescente e dá outras providências. Diário Oficial da União, Brasília.

BRASIL. *Lei nº 10.406,* de 10 de janeiro de 2002. Institui o Código Civil. Diário Oficial da União, Brasília.

BRASIL. *Decreto Presidencial nº 2.181,* de 20 de março de 1997. Código de Defesa do Consumidor. Diário Oficial da União, Brasília.

Pereira Júnior, Antonio Jorge. *Direitos da criança e do adolescente em face da TV*. São Paulo: Saraiva, 2011.

Pontes de Miranda, Francisco Cavalcanti. *Tratado de direito privado*, 2. ed., t.7. Rio de Janeiro: Borsoi, 1955.

Marías, Julián. *Tratado de lo mejor. La moral y las formas de la vida.* 1ed. 4rp. Madrid: Alianza Editorial, 1996.

Moraes, Walter. São Paulo, *Tribunal de Justiça do Estado de São Paulo*, 2a C., Ap. 113.190-1, j. 28.11.89.

13.

O NOVO SISTEMA DE ESCUTA ESPECIALIZADA DE CRIANÇAS VÍTIMAS DE VIOLÊNCIA SEXUAL NO BRASIL: PREVENÇÃO À REVITIMIZAÇÃO POR AÇÃO ESTATAL

Antonio Jorge Pereira Júnior

1. Introdução

A violência sexual contra crianças é um problema grave no Brasil e em outros países. Estatísticas oficiais do governo brasileiro sobre a violência sexual infantil foram divulgadas pelo Ministério da Mulher, da Família e dos Direitos Humanos (MMFDH) por meio do Disque 100, um canal de denúncias que recebe relatos de violações de direitos humanos. No ano de 2019 foram recebidas 17.093 denúncias de violência sexual contra crianças e adolescentes. Em 2020, houve uma redução de 7,6% nas denúncias, para um total de 15.070 registros. Em 2021 foram feitos 18.681 registros entre janeiro e dezembro, aumento de 23,9 % sobre 2020. No entanto, os números podem subestimar a magnitude da violência, já que muitos casos são subnotificados ou não são denunciados. Até abril de 2023, os dados de 2022 ainda não haviam sido divulgados.

Os principais causadores de violência sexual contra crianças incluem familiares, amigos, conhecidos, vizinhos, professores, profissionais da saúde e religiosos. Podem ainda servir como fontes de dados sobre violência sexual contra crianças no Brasil:

1 – Sistema de Informação de Agravos de Notificação (SINAN): O SINAN é uma plataforma do Ministério da Saúde que coleta

dados sobre doenças e agravos à saúde, incluindo a violência sexual contra crianças. Os profissionais de saúde são obrigados por lei a notificar casos de violência sexual contra crianças ao SINAN.

2 – Secretarias de Segurança Pública: As secretarias de segurança pública dos estados brasileiros também coletam dados sobre crimes de violência sexual contra crianças, que são registrados em boletins de ocorrência.

3 – Organizações não governamentais (ONGs): Existem várias ONGs que trabalham com a prevenção e o combate à violência sexual contra crianças no Brasil. Essas organizações também coletam dados sobre casos de violência sexual e podem fornecer informações úteis sobre as tendências e os padrões desses crimes.

4 – Pesquisas acadêmicas: Há várias pesquisas acadêmicas que abordam a violência sexual contra crianças no Brasil. Essas pesquisas podem fornecer informações valiosas sobre as causas e consequências da violência sexual, bem como sobre as características dos perpetradores.

Em face de tal violência, várias medidas precisam ser tomadas para proteger o público infanto-juvenil. Uma delas está no âmbito processual, para evitar que sejam revitimizadas durante a investigação judicial. Com essa finalidade se institucionalizou o depoimento especial de crianças vítimas ou testemunhas de violência sexual no Brasil.

O presente artigo traz informações acerca do depoimento especial e da estrutura normativa criada no Brasil para evitar que criança e adolescente, vítimas de violência sexual, sofram revitimização mediante violência institucional perpetrada por autoridades e órgãos civis durante a devida investigação judicial. São apresentadas as normas essenciais sobre a matéria, promulgadas pelo Congresso Nacional e prolatadas pelo Conselho Nacional de Justiça, no contexto da constituição de outras normas e decretos presentes no ordenamento pátrio. O artigo tem natureza bibliográfica e documental, baseado em artigos científicos e normas que instituíram o atual sistema de proteção das crianças e adolescentes vítimas de violência sexual.

2. O depoimento especial de crianças vítimas de violência sexual

O depoimento especial de crianças vítimas de violência sexual é uma medida prevista na legislação brasileira para garantir a proteção e o respeito aos direitos das vítimas e testemunhas infantojuvenis durante o processo judicial. A Lei Federal nº 13.431/2017 e o Conselho Nacional de Justiça (CNJ) estabeleceram diretrizes para a realização do depoimento especial, que visa minimizar o impacto traumático da experiência da violência na criança ofendida. A implementação do depoimento especial garante maior proteção e reparação às crianças vítimas de violência sexual direta ou indireta (testemunhas), de modo que o processo judicial seja conduzido com respeito aos seus direitos fundamentais e à sua condição de pessoa em peculiar fase de desenvolvimento[1].

O depoimento especial consiste em uma entrevista realizada por um profissional capacitado, como um psicólogo, assistente social, pedagogo ou profissional que tenha competências para atender, de modo humanizado, em ambiente acolhedor e adequado às necessidades da criança. O objetivo é evitar que o infante seja submetido a situações de constrangimento ou revitimização, além de preservar a sua integridade física e psicoemocional.

Entre as principais disposições estabelecidas pela Lei Federal nº 13.431/2017, e pelo CNJ, mediante a Recomendação nº 33, de 2010, e a Resolução 299, de 2019, estão: (1) a garantia de que a entrevista seja conduzida por um profissional capacitado e com formação específica em técnicas de entrevista forense; (2) a criação de salas de depoimento especial em fóruns e tribunais; (3) a possibilidade de utilizar recursos audiovisuais durante a entrevista, para transmitir informações à sala de audiência, onde promotor, defensor, juiz e advogado podem acompanhar e enviar perguntas ao entrevistador, sem ter contato direto com a criança. O procedimento permite preservar melhor a privacidade da criança[2].

O novo sistema determina que profissionais envolvidos na implementação do depoimento especial recebam uma formação apropriada e

[1] Cf. Pereira Júnior, Antonio Jorge (coordenador). Relatório analítico propositivo – a oitiva de crianças no poder judiciário brasileiro com foco na implementação da recomendação n. 33/2010 do CNJ e da Lei n. 13.431/2017. Brasília: Conselho Nacional de Justiça. 2019.

[2] *Idem*.

que sejam criadas salas de depoimento especial em todo o país, a fim de garantir o acesso das crianças às medidas de proteção[3]. O depoimento especial não substitui a investigação policial e o processo judicial, senão que complementa tais medidas, visando a proteger a criança durante todo o processo. O depoimento especial tem caráter excepcional e deve ser utilizado em casos de violência sexual contra crianças e adolescentes.

Os principais instrumentos normativos responsáveis pela estruturação do depoimento especial no Brasil são, portanto: (1) a Recomendação 33 do CNJ, de 2010; (2) a Lei Federal a lei Federal 13.431/2017 e (3) a Resolução 259 do CNJ, de 2019. Na sequência tais instrumentos serão apresentados.

3. A Recomendação nº 33 do CNJ, de 23/11/2010

A Recomendação nº 33 do Conselho Nacional de Justiça, de 23 de novembro de 2010, tem por objeto a oitiva especial de crianças e adolescentes, vítimas ou testemunhas de violência sexual, e por finalidade fixar um modelo a ser seguido nessa escuta, com o intuito de alcançar a verdade possível no processo, em observância ao princípio da proteção integral. de modo a evitar a revitimização infanto-juvenil. Por ela, o CNJ recomenda aos Tribunais de Justiça a forma de estruturação das salas onde são realizados os depoimentos, a capacitação dos profissionais, as técnicas e princípios a serem praticados, o modo de acolhimento, as garantias antes e após a realização da entrevista, bem como a aplicação do princípio da atualidade.

Quanto à estruturação física, a Recomendação preceitua que as oitivas sejam gravadas em vídeo e realizadas em ambiente separado da sala de

[3] Cf. Pereira Júnior, Antonio Jorge; Colares, Thiago P. Atuação dos profissionais do sistema de garantia dos direitos da criança e do adolescente na realização de escuta especial e de depoimento especial. In: Pereira Júnior, Antonio Jorge; Sposato, Karyna; Freitas, Raquel Coelho. (Org.). A Luta pela Proteção Integral: Edição comemorativa dos 30 anos do ECA. 1ed.Porto Alegre: Fundação Fênix, 2020, v. 1, p. 127-141 e Pereira Júnior, Antonio Jorge; Rebouças, Marília B. C.; Viana, Rafaela G.; Loiola, Juliana N.; Colares, Thiago P.; Cardoso, N. M.; Pereira, Marynna L. Q. Preview of the Special Testimony of the Child Victim of Violence in Brazil Implementation of the special testimony in Brazil enforced by law 13.431, 2017 that came into force on April 17, 2018 to enhance Recommendation 33 of the CNJ. The Chronicle, v. 2019, p. 191, 2019.

audiência, adequado ao nível de desenvolvimento do sujeito a ser ouvido, acompanhado de profissional especializado. Pretende-se evitar, ainda, com a gravação, que uma mesma criança seja submetida a diversos procedimentos de escuta, preferindo-se a revisão do material gravado no primeiro momento. O princípio da atualidade, abordado na recomendação, refere-se à necessidade do menor decurso de tempo entre a ocorrência da violência e a oitiva, para garantir que a memória do ocorrido não se perca com o tempo e não sofra influências externas. Também se quer evitar que lembranças dolorosas sejam acessadas quando já se tenha composto um tempo de cura[4].

4. A Lei Federal n. 13.431, de 04/04/2017

Em suas disposições gerais, a lei 13.431/2017 aborda a garantia dos direitos da criança e do adolescente vítima ou testemunha de violência, pelo que fixa mecanismos de prevenção da revitimização, bem como medidas de proteção. São citados na lei o princípio da proteção integral, que inclui a saúde física, mental e social da criança em situação de violência corporal, psicológica e institucional.

A lei traz uma enumeração de direitos, dentre os quais o de ser ouvido em seu idioma nativo, por profissional especializado, ou ainda diretamente pelo juiz. Após a enumeração, iniciam-se disposições acerca da escuta especializada e do depoimento especial.

Conceitua-se a escuta especializada como o procedimento de entrevista acerca de fato violento sofrido por criança ou adolescente. Por depoimento especial, por sua vez, compreende-se a oitiva da criança ou adolescente que presenciou fato de violência.

Dentre as orientações da lei, está a proibição de que a criança ou o adolescente tenha qualquer contato com suspeito de crime ou com pessoa ligada ao fato violento que possa gerar medo ou constrangimento; a exigência de que a escuta se dê em lugar claro e acolhedor, em seguimento de protocolos, em momento mais próximo do fato e com eventual utilização desse momento para produção antecipada de prova judicial, obrigatória quando a criança for menor de sete anos ou estiver diante de

[4] Cf. Pereira Júnior, Antonio Jorge (coordenador). *Ibidem.*

fato de violência sexual. Proíbe-se a repetição da oitiva, a não ser mediante pedido justificado e autorização da vítima e de seu representante legal.

A lei ainda estabelece procedimento próprio para realização das entrevistas, garantindo-se a privacidade e o segredo de justiça. Há previsão de início com livre narrativa sobre a situação de violência, havendo concessão de liberdade ao profissional especializado para intervir quando necessário e para utilizar técnicas que permitam a elucidação dos fatos, não havendo indicação legal das técnicas que devem ser utilizadas.

Existe ainda indicação de que no curso do processo judicial, o depoimento especial seja transmitido em tempo real para a sala de audiência, preservando o sigilo e a intimidade da criança. Por fim, há disposição para que, findo o procedimento, seja aberto para o juiz a possibilidade de consultar o promotor público, o defensor e os assistentes técnicos, para a avaliação da pertinência de perguntas complementares que deverão ser organizadas em bloco.

A lei não adota protocolo específico, de modo explícito, deixando nas mãos do especialista servidor a escolha da técnica e do protocolo adequado para cada caso. Os modelos do protocolo de oitiva existem por haver necessidade da criação de padrões éticos que orientem os procedimentos de escutas especiais. Como visto no tópico anterior, todavia há, na Recomendação nº 33 do CNJ, exigências que terminam por pautar uma certa escolha legislativa dentre opções existentes de modelos. A Resolução 269 do CNJ, de 2019, dá um passo a mais e elege o Protocolo Brasileiro de Entrevista Forense como preferencial. A autoridade judiciária, por exemplo, caso a criança manifeste interesse em ser escutada diretamente por ela, deverá servir-se deste protocolo.

O procedimento protocolar de oitiva, objetiva que crianças e adolescentes, vítimas ou testemunhas, prestem depoimento de forma a assegurar a concretização de seus direitos, bem como prevenir a revitimização e certificar a realização da adequada instrução processual como forma de segurança para o andamento da oitiva. Para que se tenha uma ideia da quantidade de protocolos, podem ser citados como mais relevantes modelos: American Professional Society on the Abuse Children (APSAC), National Institute of Child Health and Human Development (NICHD), Protocolo de Entrevista Forense RATAC (acrônimo das palavras Rapport, Anatomy Identification, Touch Inquiry, Abuse Scenario,

Closure), National Children's Advocacy Center (NCAC) e Entrevista Cognitiva (EC). No Brasil, como assinalado, adotou-se como padrão preferencial o Protocolo Brasileiro de Entrevista Forense[5].

5. Resolução nº 299 do CNJ, de 05/11/2019

A Resolução nº 299 do CNJ, de 05/11/2019, é uma síntese do sistema de depoimento especial de criança vítima de violência sexual no Brasil, que regulamenta a Lei 13.431/2017 para os órgãos judiciais.

No Brasil, conforme a Constituição Federal de 1988, cabe ao presidente do Conselho Nacional de Justiça expedir atos regulamentares, "no âmbito de sua competência, ou recomendar providências" (art. 103-B, § 4º, inciso I, da Constituição Federal). Assim, no ano de 2019, o ministro Dias Toffoli, nessa posição, estatuiu a Resolução 299, no dia 5 de novembro. O documento é uma síntese do que deve ser aplicado no Brasil em matéria de procedimento de escuta da criança vítima de violência durante o processo judicial para verificação da autoria do crime.

Na parte dos considerandos da Resolução nº 299 do CNJ, recordam-se normas e diplomas que servem de base e fundamento para a fixação dos critérios de implementação do depoimento especial no Brasil. São alinhados como suporte para as disposições que o instrumento estabelece:

- O artigo 1.4 das Regras Mínimas das Nações Unidas para a Administração da Justiça da Infância e da Juventude (Regras de Beijing), no qual se dispõe que a "Justiça da Infância e da Juventude será concebida como parte integrante do processo de desenvolvimento nacional de cada país e deverá ser administrada no marco geral de justiça social para todos os jovens, de maneira que contribua ao mesmo tempo para a sua proteção e para a manutenção da paz e da ordem na sociedade";
- O artigo 12 da Convenção Internacional sobre os Direitos da Criança, que assegura à criança e ao adolescente o direito de serem

[5] Cf. Pereira Júnior, Antonio Jorge; Rebouças, Marília B. C.; Pereira, Marynna L. Q. Protocolos de Oitiva Especial de criança segundo a Recomendação 33 do Conselho Nacional de Justiça e a Lei 13.431, de 5 de abril de 2017. Revista dos Tribunais, São Paulo. v. 993, p. 403-420, 2018.

ouvidos em todo processo judicial ou administrativo que possa afetar seu interesse;

- Os artigos 21 e 12 da Declaração das Nações Unidas sobre os Direitos dos Povos Indígenas, O artigo art. 13.2 da Declaração das Nações Unidas sobre os Direitos dos Povos Indígenas, que estabelece que os Estados devem adotar medidas eficazes para garantir a proteção dos direitos dos povos indígenas, inclusive proporcionando serviços de interpretação e outros meios adequados;
- O art. 12 da Convenção nº 169 da Organização Internacional do Trabalho (OIT) sobre Povos Indígenas e Tribais, que assegura o direito dos membros desses povos de compreender e se fazer compreender em procedimentos legais, mediante intérprete ou outros meios eficazes;
- O art. 30 da Convenção Internacional sobre os Direitos da Criança, a garantir que não será negado a crianças e adolescentes de origem indígena ou que pertençam a minorias étnicas ou linguísticas o direito de utilizar seu próprio idioma;
- A Diretriz no 12 da Resolução nº 20/2005 do Conselho Econômico e Social das Nações Unidas, no sentido de que "as interferências na vida privada da criança devem ser limitadas ao mínimo necessário, ao mesmo tempo em que são mantidos altos padrões de coleta de evidências para assegurar resultados justos e equitativos no processo de justiça";
- O art. 227 da Constituição Federal de 1988, no qual se prevê que é dever do Estado assegurar à criança e ao adolescente, com absoluta prioridade, o direito à dignidade e ao respeito, colocando-os a salvo de toda forma de negligência, discriminação, exploração, violência, crueldade e opressão;
- O art. 231 da Constituição Federal, que reconhece a organização social, costumes, línguas, crenças e tradições das populações indígenas;
- O art. 100, parágrafo único, incisos XI e XII, do Estatuto da Criança e do Adolescente (Lei Federal nº 8.069, de 13 de julho de 1990), que, assegura à criança e ao adolescente direito à informação e à oitiva obrigatória e participação nos atos e na definição das medidas

de promoção de direitos e de proteção, sendo sua opinião devidamente considerada pela autoridade judiciária competente;

- A Lei nº 13.431, de 4 de abril de 2017, torna obrigatória a oitiva de crianças e adolescentes pelas técnicas de Escuta Especializada e Depoimento Especial;
- O art. 7º da Lei nº 13.431, de 4 de abril de 2017, a dispor que a Escuta Especializada é o procedimento de entrevista sobre situação de violência com criança ou adolescente perante órgão da rede de proteção, limitado o relato estritamente ao necessário para cumprimento de sua finalidade; nos quais se estabelece que os Estados prestarão particular atenção aos direitos e necessidades especiais de jovens e crianças indígena;
- O art. 8º da Lei nº 13.431, de 4 de abril de 2017, a dispor que o Depoimento Especial é o procedimento de oitiva de criança ou adolescente vítima ou testemunha de violência perante a autoridade policial ou judiciária;
- O art. 11 da Lei nº 13.431, de 4 de abril de 2017, a estabelecer que o Depoimento Especial será regido por protocolos e, sempre que possível, será realizado uma única vez, em sede de produção antecipada de prova judicial, garantida a ampla defesa do investigado;
- O § 1º do art. 11 da Lei nº 13.431, de 4 de abril de 2017, a determinar que o Depoimento Especial seguirá o rito cautelar de antecipação de prova quando a criança tiver menos de sete anos de idade e nos casos de violência sexual;
- A Resolução Conanda nº 181, de 10 de novembro de 2016, que estabelece parâmetros para atendimento de crianças e adolescentes pertencentes a povos e comunidades tradicionais, sobressaindo a necessidade de medidas específicas que contemplem as realidades e direitos dessas crianças e adolescentes;
- A necessidade de minimizar danos causados às crianças e aos adolescentes vítimas de violência nas suas múltiplas naturezas, valorizando a sua palavra;
- A importância de estabelecer articulação interinstitucional para uma efetiva proteção aos direitos das crianças e dos adolescentes;

- Que a ausência de recursos financeiros não poderá justificar a não implementação de salas adequadas para a realização do depoimento especial;
- A decisão plenária tomada no julgamento do Ato Normativo nº 0004949-33.2019.2.00.0000 na 300ª Sessão Ordinária, realizada em 5 de novembro de 2019;

O instrumento, assim, em seu primeiro artigo diz que serve para regulamentar o sistema de garantia de direitos da criança e do adolescente vítima ou testemunha de violência estabelecido na Lei nº 13.431, de 4 de abril de 2017, que normatiza e organiza o sistema de garantia de direitos da criança e do adolescente vítima ou testemunha de violência, e cria mecanismos para prevenir e coibir a violência, nos termos do art. 227 da Constituição Federal, da Convenção sobre os Direitos da Criança e seus protocolos adicionais, da Resolução nº 20/2005 do Conselho Econômico e Social das Nações Unidas e de outros diplomas internacionais, e estabelece medidas de assistência e proteção à criança e ao adolescente em situação de violência.

O segundo capítulo da Resolução é denominado "Da prevenção da violência institucional e articulação". Ali se determina que os tribunais estaduais e federais devem envidar esforços para celebrar convênios que estabeleçam atribuições e fluxo estadual interinstitucional para atendimento dos casos de violência contra crianças e adolescentes, ou quando elas sejam testemunhas, e que se deve encaminhar ao Conselho Nacional de Justiça, no prazo de noventa dias, o convênio celebrado (art. 2º).

O dispositivo da Resolução salienta que tais convênios devem ser estabelecidos, preferencialmente, com Ministério Público, Defensoria Pública, Ordem dos Advogados do Brasil, Secretarias de Segurança Pública, de Assistência ou Desenvolvimento Social e de Saúde, de Educação e com o Conselho Estadual dos Direitos da Criança e do Adolescente (§ 1º). Também devem contemplar em seus fluxos: (1) a incorporação da notificação compulsória prevista no art. 13 do Estatuto da Criança e do Adolescente e de denúncia espontânea, previsto no art. 15 da Lei nº 13.431/2017, (2) a tomada do depoimento especial, preferencialmente como produção antecipada de prova, e (3) atendimentos paralelos necessários à criança, ao adolescente e às suas famílias em decorrência da situação de violência.

O art. 3º, com vistas a estimular maior engajamento dos magistrados, determina que os tribunais estaduais e federais reconheçam como atividade inerente à função judicial, para efeito de produtividade, a participação de magistrados na concretização dos fluxos locais de atendimento a crianças e adolescentes vítimas ou testemunhas, observando-se as peculiaridades locais.

O 4º artigo fixa que os tribunais estaduais e federais divulguem o fluxo estabelecido para a sociedade em geral e outros setores que atendam crianças e adolescentes, particularmente educação, cultura e esporte.

Por sua vez, o art. 5º determina que os tribunais estaduais e federais elaborarem material informativo específico voltado a crianças e adolescentes sobre os meios de denúncia e sua participação processual, particularmente sobre o depoimento especial.

Por fim, no art. 6º se impõe que as diversas jurisdições, estaduais e federais, regulamentem a forma de compartilhamento de provas entre si, e possam vir a tomar decisões a partir dos mesmos fatos, notadamente varas criminais, de família, da infância e da juventude, de modo a evitar a necessidade de repetição da prova e causação de violência institucional.

O capítulo três da resolução trata "Da implantação das salas de depoimento especial em todas as comarcas". Primeiro, reforça ser obrigatória a implantação das salas de depoimento especial em todas as comarcas do território nacional, nos termos da Lei no 13.431/2017, sendo direito de todas as crianças e adolescentes vítimas ou testemunhas de violência apresentar suas narrativas de forma segura, protegida e acolhedora (art. 7º). Reafirma que os depoimentos devem ser colhidos em ambiente apropriado em termos de espaço e de mobiliário, dotado do material necessário e oportuno para a entrevista, conforme recomendações técnicas assentadas no Protocolo Brasileiro de Entrevista Forense. Fixa-se o prazo de noventa dias para os tribunais estaduais e federais providenciarem o necessário (art. 8º). Também consolida que a transmissão *on-line* à sala de audiência é própria do depoimento especial, e que se deve cuidar para que haja a publicidade e transparência inerentes à ampla defesa do imputado ao tempo em que se garantem os direitos da criança e/ou do adolescente (art. 9º).

O quarto capítulo se dedica às equipes para realização do depoimento especial. Primeiro, chama-se a atenção ao fato de que os profissionais especializados que atuarão na tomada do depoimento especial (Lei no 13.431/2017, art. 12, I) sejam preferencialmente integrantes do quadro de servidores da respectiva unidade da federação, que componham as equipes técnicas interprofissionais, habilitados com capacitação específica para essa atividade (art. 10). No caso de crianças e adolescentes pertencentes aos Povos e Comunidades Tradicionais (PCT), a equipe técnica deverá ser integrada por profissional com formação ou conhecimento na área de antropologia (parágrafo único). Há inclusive um Manual específico para atender as peculiaridades dos PCT.

Como estratégia intermediária até o perfeito cumprimento da Resolução, o Art. 11 sugere que os tribunais estaduais e federais que não possuem, em seu quadro de pessoal, equipes técnicas interprofissionais especializadas em todas as comarcas, realizem convênios (parcerias com órgãos e entidades públicas e particulares inclusive) para realização do depoimento especial, até a regularização do quadro funcional, e promovam a capacitação e treinamento dos profissionais que lhes forem cedidos (parágrafo único). Na hipótese de ausência de profissionais especializados no quadro de pessoal, e de convênios firmados na forma do art. 11, deverão capacitar e treinar pessoas com formação superior, podendo remunerá-las pela atividade de tomada de depoimento especial como perícia (parágrafo único). Deverão ainda manter cadastro de profissionais necessários à realização do depoimento especial, inclusive dos povos e comunidades tradicionais (Art. 13).

Por sua vez, o capítulo cinco se dedica a tratar da capacitação de magistrados e profissionais. O art. 14 determina que para se dar cumprimento ao art. 14, § 1º, inciso II, da Lei nº 13.431/2017, os tribunais deverão capacitar magistrados e profissionais que atuem na realização do depoimento especial, mediante convocação, de forma interdisciplinar e continuada, preferencialmente conjunta. Para tanto, deverão incluir anualmente em seus orçamentos recursos para a capacitação, assim como estabelecer cronograma para sua realização (§ 1º). Essa capacitação deverá abarcar maior número possível de áreas do conhecimento, e observar, preferencialmente, o Protocolo Brasileiro de Entrevista Forense (§ 2º) Os juízes deverão ser capacitados para tomar diretamente o depoimento nos termos do Protocolo Brasileiro de Entrevista Forense na eventualidade de a criança ou o adolescente, vítima ou testemunha optar por prestar o depoimento diretamente à autoridade judiciária (§ 3º). Reforça-se que é obrigatória a capacitação de magistrados e profissionais que atuam na realização do depoimento especial (art. 15). Recorda-se que a utilização de imagens de depoimentos para efeito de capacitação é condicionada à autorização pela criança e/ou adolescente e seu responsável e pela autoridade judicial competente (art. 16). Nas hipóteses de um magistrado titular de uma vara ser professor ou tutor em curso de formação de magistrados ou de outros profissionais do Sistema de Justiça, a utilização de imagens de depoimentos colhidos em sua vara fica condicionada também à autorização da Corregedoria-Geral de Justiça do respectivo Tribunal (§ 1º) e, sempre, a identidade da criança deverá ser preservada, com recursos que tonem impossível sua identificação (§ 2º).

O sexto capítulo versa sobre o controle da realização do depoimento especial pelos magistrados e da estrita observância dos parâmetros legais para a sua realização. Grifa-se que o depoimento especial deve observar estritamente os parâmetros legais para sua realização (art. 17), que A criança e/ou adolescente deve ser informada, por membro da equipe responsável pela tomada do depoimento, sobre seus direitos, a estrutura do procedimento, garantias de segurança e expectativas em relação ao processo, inclusive de seu direito à assistência jurídica (art. 18). Além disso, impõe-se que o magistrado zele pela assistência jurídica por Defensor Público ou advogado conveniado ou nomeado, se assim desejar a criança e/ou adolescente (§ 1º) e, se necessário para a efetiva comunicação com criança e adolescente de origem indígena ou que pertença a minorias étnicas ou linguísticas, garanta a presença de intérprete ou outro meio eficaz de obtenção das informações de modo adequado (§ 2º).

O art. 19 relembra que deve ser garantido à criança e/ou ao adolescente o direito ao silêncio e a não prestar depoimento, sempre lhe explicando de maneira adequada ao seu desenvolvimento. O art. 20 determina que a tomada do depoimento deve seguir protocolo validado cientificamente, assegurando-se ao depoente os esclarecimentos iniciais, a livre narrativa e questões complementares, cabendo ao magistrado velar pela observância do referido protocolo. O Art. 21 estabelece que no caso de criança e adolescente indígena, seja intimado o órgão federal responsável pela política indigenista da data designada para o depoimento.

Quanto à dinâmica do depoimento, o art. 22 estatui que o magistrado vele para que as perguntas formuladas pelas partes sejam concentradas, tanto quanto possível, em apenas um bloco, ressalvada necessidade excepcional, e que, na hipótese de a criança e/ou adolescente optarem por prestar depoimento diretamente ao magistrado, ele observe o protocolo de entrevista forense (art. 23).

Ainda no que tange à dinâmica da Escuta Protegida, o art. 24 determina que o depoimento seja gravado em sua integralidade para preservar seu teor e permitir, mediante autorização judicial, a utilização em outros processos que tenham como objeto, ainda que parcialmente, a mesma situação de violência.

Por fim, o art. 25 obriga os tribunais estaduais e federais a cuidarem da estrita observância do direito de crianças e adolescentes vítimas ou testemunhas de serem ouvidas por magistrados na forma do depoimento especial, sem considerarem tal exigência uma mera faculdade procedimental. Em reforço a tal dever, fixa-se que a realização do depoimento especial conste das planilhas de atividades dos magistrados a serem encaminhadas às Corregedoria-Geral de Justiça de cada jurisdição mensalmente para efeito de estatística (parágrafo único).

O sétimo e último capítulo trata da capacitação dos profissionais e do devido ajustamento dos órgãos judiciais às disposições da Resolução. O Ato Normativo impõe que, no prazo máximo de noventa dias, os Tribunais reunissem informações acerca da distribuição de processos envolvendo crianças e adolescentes vítimas de violência em comarcas de entrância final, com vistas a definir o número de varas necessárias para atendimento do r0espectivo volume processual, levando-se em consideração a especificidade da matéria (art. 26). Fixa ainda que os tribunais estaduais, no prazo de cento e vinte dias, deveriam informar o Conselho Nacional de Justiça sobre o planejamento realizado quanto à especialização de varas, nos termos do art. 23 da Lei no 13.431/2017, ou apresentassem estudos com critérios que melhor atendessem às crianças e adolescentes vítimas em caso de cumulação de competência (art. 27). Determinava ainda o dever de, no prazo de cento e oitenta dias, apresentarem estudos realizados para a criação de centros integrados nas capitais e comarcas de entrância final em parcerias com o Estado ou Município (art. 28).

O art. 29 prescreve que o Fórum Nacional da Infância e da Juventude (Foninj) editasse, no prazo de cento e oitenta dias, protocolo de atendimento e de realização de depoimento especial de crianças e adolescentes vítimas de violência, oriundas de Comunidades e Povos Tradicionais, instrumento que deveria ser observado por todos os tribunais estaduais e federais (Esse instrumento foi publicado em julho de 2022). O art. 30 determina que a Resolução entraria em vigor na data de sua publicação.

Vale recordar que, em 2022, a Lei nº 14.340, de 18 de maio, modificou a Lei da Alienação Parental, e impôs a aplicação de um protocolo de Escuta Protegida também nestas situações, a partir da experiência do procedimento de escuta especializada nos casos de crianças vítimas ou testemunhas de violência sexual. Alterou-se a Lei nº 12.318, de 26 de agosto de 2010, e a Lei nº 8.069, de 13 de julho de 1990 (Estatuto da Criança e do Adolescente), para estabelecer procedimentos adicionais para a suspensão do poder familiar.

6. Outros diplomas normativos conexos ao tema

Existem outros normativos estatais, federais e estaduais, além dos acima referidos, relacionados à violência sexual contra crianças no Brasil. Alguns dos principais são:

- Constituição Federal de 1988: estabelece os direitos fundamentais das crianças, incluindo o direito à proteção contra qualquer forma de violência e exploração sexual.
- Estatuto da Criança e do Adolescente (ECA): a principal lei brasileira que trata dos direitos da criança e do adolescente. Ele prevê medidas de proteção à criança e ao adolescente contra a violência sexual e estabelece penas para os agressores.
- Lei nº 12.015/2009: alterou o Código Penal Brasileiro e estabeleceu que a violência sexual contra crianças e adolescentes é crime hediondo. Além disso, aumentou as penas para esse tipo de crime.
- Decreto nº 9.579, de 22 de novembro de 2018, após alteração instituída pelo Decreto nº 11.074, de 18 de maio de 2022, que agregou,

naquele diploma, várias normas referentes às políticas públicas de enfrentamento da violência sexual contra crianças e adolescentes.

- Decreto nº 10.701, de 17 de maio de 2021: instituiu o Programa Nacional de Enfrentamento da Violência contra Crianças e Adolescentes , previu a criação do Plano Nacional de Enfrentamento da Violência contra Crianças e Adolescentes, cujo processo de construção tem demandado um intenso diálogo e articulação com os atores e parceiros governamentais e da sociedade civil, a fim de que possam discutir a política de enfrentamento da violência contra crianças e adolescentes sob as óticas da multidisciplinariedade, regionalização e intersetorialidade. O Plano Nacional de Enfrentamento à Violência Sexual Contra Crianças e Adolescentes estabelece políticas públicas para prevenção e combate à violência sexual contra crianças e adolescentes. Tal política tem como objetivo garantir o direito das crianças e adolescentes à proteção contra a violência sexual, por meio de ações de prevenção, atendimento e responsabilização dos agressores.
- Decreto nº 11.074, de 18 de maio de 2022: revogou o Decreto nº 10.701, de 17 de maio de 2021: revoga o Decreto nº 10.701, de 17 de maio de 2021, tratando da matéria que ele tratava, e acrescenta mudanças importantes no Decreto nº 9.579, de 22 de novembro de 2018, que tinha por finalidade consolidar em um único diploma as políticas públicas voltadas ao público infanto-juvenil.
- Diretrizes para Atendimento às Vítimas de Violência Sexual: estabelece orientações para o atendimento às vítimas de violência sexual, incluindo crianças e adolescentes, em serviços públicos de saúde, assistência social e justiça.
- Programa de Proteção a Crianças e Adolescentes Ameaçados de Morte (PPCAAM): programa coordenado pela Secretaria de Direitos Humanos da Presidência da República, que tem como objetivo proteger crianças e adolescentes em situação de risco de morte, incluindo aqueles que foram vítimas de violência sexual.

Conclusão

O poder familiar é o conjunto de poderes, direitos e deveres que os pais têm em relação aos seus filhos menores de idade, incluindo o dever de protegê-los e cuidar de sua educação, saúde e bem-estar. Infelizmente, há casos em que os próprios responsáveis pelo poder familiar, ou seus sucedâneos, como padrastos, tios, avós, dentre outros, cometem atos de violência sexual contra crianças e adolescentes.

A relação entre poder familiar e violência sexual contra crianças no Brasil, assim, é complexa e multifacetada. A dinâmica de poder e intimidade presente nas relações familiares pode facilitar a ocorrência de abusos sexuais, já que muitas vezes o agressor tem acesso facilitado à vítima e pode exercer pressão psicológica para mantê-la em silêncio. Além disso, a cultura do silêncio e da impunidade em relação à violência sexual dentro das famílias pode dificultar a denúncia dos casos e a proteção das vítimas. Muitas vezes, as vítimas são ameaçadas e coagidas pelos agressores a não contar a ninguém sobre os abusos, o que torna difícil a identificação e o combate a essa violência.

Em paralelo aos meios de prevenção da violência sexual, o depoimento especial ou escuta protegida de criança vítima de violência sexual é uma técnica utilizada para minimizar o trauma durante o processo de investigação e julgamento de casos de abuso sexual. No Brasil, a implementação desse método é de responsabilidade do Poder Judiciário dos estados.

Importante ressaltar que a implementação do depoimento especializado de criança vítima de violência sexual é necessária para sua proteção e para garantir que os processos de investigação e julgamento sejam conduzidos de forma mais humanizada e respeitosa com as vítimas. A técnica do depoimento especializado contribuiu para a melhoria do tratamento dado às crianças vítimas de violência sexual, tornando o processo mais humanizado e respeitoso. A escuta protegida ajudou a reduzir o número de depoimentos das crianças, o que diminui o risco de revitimização, e contribuiu para a obtenção de provas mais consistentes para a condenação dos agressores.

Apesar desses avanços, ainda há muito a ser feito para melhorar o tratamento dado às crianças vítimas de violência sexual no Brasil. É importante que os estados continuem a investir na implementação do depoimento especializado e em medidas que garantam a proteção das crianças e adolescentes, bem como a responsabilização dos agressores.

Referências

BRASIL. Constituição Federal de 1988. Disponível em: https://www.planalto.gov.br/ccivil_03/constituicao/constituicao.htm. Acesso em: 31/03 2023.

BRASIL. Lei Federal 8.069 (Estatuto da Criança e do Adolescente, ECA), de 12 de julho de 1990. Disponível em: https://www.planalto.gov.br/ccivil_03/leis/l8069.htm. Acesso em: 30/03/23

BRASIL. Lei Federal 13.431/2017, de 04 de abril de 2017. Disponível em: http://www.planalto.gov.br/ccivil_03/_ato2015-2018/2017/lei/l13431.htm.Acesso em: 25/03/2023

BRASIL. Decreto nº 9.579, de 22 de novembro de 2018. Disponível em: https://www.planalto.gov.br/ccivil_03/_Ato2015-2018/2018/Decreto/D9579.htm#art125e Acesso em: 20 de março de 2023.

BRASIL. Decreto nº 10.701, de 17 de maio de 2021. Disponível em: https://www.planalto.gov.br/ccivil_03/_ato2019-2022/2021/decreto/D10701impressao.htm Acesso em: 01 de março de 2023.

BRASIL. Decreto nº 11.074, de 18 de maio de 2022. Disponível em: https://www.planalto.gov.br/ccivil_03/_ato2019-2022/2022/Decreto/D11074.htm#art2 Acesso em: 15 de março de 2023.

BRASIL. Recomendação n. 33 do Conselho Nacional de Justiça (CNJ), de 23 de novembro de 2010. Disponível em: https://atos.cnj.jus.br/atos/detalhar/878 Acesso em: 30 de março de 2023.

BRASIL. Resolução nº 299 do Conselho Nacional de Justiça (CNJ), de 05 de novembro de 2019. Disponível em: https://atos.cnj.jus.br/files/original-000346201912045de6f7e29dcd6.pdf Acesso em: 31 de março de 2023.

Pereira Júnior, Antonio Jorge; Colares, Thiago P. Atuação dos profissionais do sistema de garantia dos direitos da criança e do adolescente na realização de escuta especial e de depoimento especial. In: Pereira Júnior, Antonio Jorge; Sposato, Karyna; Freitas, Raquel Coelho. (Org.). *A Luta pela Proteção Integral: Edição comemorativa dos 30 anos do ECA*. 1ed.Porto Alegre: Fundação Fênix, 2020.

Pereira Júnior, Antonio Jorge; Rebouças, Marília B. C.; Viana, Rafaela G.; Loiola, Juliana N.; Colares, Thiago P.; Cardoso, N. M.; Pereira, Marynna L. Q. Preview of the Special Testimony of the Child Victim of Violence in Brazil Implementation of the special testimony in Brazil enforced by law 13.431, 2017 that came into force on April 17, 2018 to enhance Recommendation 33 of the CNJ. *The Chronicle*, v. 2019.

Pereira Júnior, Antonio Jorge (coordenador). *Relatório analítico propositivo* – a oitiva de crianças no poder judiciário brasileiro com foco na implementação da recomendação n. 33/2010 do CNJ e da Lei n. 13.431/2017.

Brasília: Conselho Nacional de Justiça. 2019.

Pereira Júnior, Antonio Jorge; Rebouças, Marília B. C.; Pereira, Marynna L. Q. Protocolos de Oitiva Especial de criança segundo a Recomendação 33 do Conselho Nacional de Justiça e a Lei 13.431, de 5 de abril de 2017. *Revista dos Tribunais*. São Paulo, 2018.

14.
LA FORMACIÓN DE LOS DERECHOS DEL NINO A SER OÍDO Y ESCUCHADO EN LOS PROCESOS CIVILES

BRIAN BUCHHALTER MONTERO

1. Introducción

A primera vista, la distinción entre los derechos a ser oído y escuchado no es nítida.[1] Una aproximación etimológica arroja, sin embargo, cierta luz: la voz española "oír" proviene del infinitivo latino *audīre* que significa – según el *Oxford Latin Dictionary* – "*to have the use of one's ears, be able to hear, hear*" (1ª acepción)[2]. A la misma conclusión conduce la análoga voz griega *ἀκούω* (akoúo), que significa también oír[3]. Entre nosotros, el DRAE define el verbo "oír", en su 1ª acepción, como "percibir con el oído los sonidos". Es decir, la voz "oír" expresa la acción de recibir – solo sensorialmente – un sonido a través del oído. Distinto de "oír" es "escuchar", que deriva del latín *auscultāre*: "*to listen*", "*to obey*"[4]. Supone, pues, un *plus* respecto de "oír": atender y – en lo posible – obedecer lo oído. A la misma conclusión conduce el homólogo griego *ἀκροᾶσθαι* (akroásthai), también entendido como "oír atentamente"[5]. Y, efectivamente, "escuchar"

[1] En general, sobre ellos, *cfr.* Díaz Domínguez, P., "El papel del menor en la decisión de su propio interés: su derecho a ser oído y escuchado", *Diario La Ley*, Núm. 9542, 2019.
[2] *Oxford Latin Dictionary*, Clarendon Press, Oxford, 1968, p. 208.
[3] Pape, W., *Handwörterbuch der Griechischen Sprache*, 2. Aufl., Erster Band, Druck und Verlag von Friedrich Vieweg und Sohn, Braunschweig, 1849, p. 75.
[4] *Oxford Latin Dictionary*. *Ob. Cit.*, p. 218.
[5] Pape, W., *Ob. Cit.*, p. 79.

viene definido en el DRAE como "prestar atención a lo que se oye" (1ª acepción) y como "dar oídos, atender a un aviso, consejo o sugerencia" (2ª acepción).

Una aproximación etimológica y meramente literal a los términos permite admitir ya una primera limitación de su contenido: oír quiere decir percibir sensorialmente, mientras que escuchar comporta – además de oír – un *plus*: tomar en consideración lo oído. Y así, clara la distinción entre ambos derechos, las siguientes líneas se ocupan de analizar su evolución internacional y nacional, particularmente en la jurisdicción civil (contenciosa y voluntaria)[6].

2. Perspectiva internacional

El derecho a ser oído y escuchado de los menores en los procesos españoles trae cuenta de normas del Derecho internacional que, sobre todo a partir de finales de los años 80, han venido impregnando el ordenamiento interno.

2.1. La comunidad internacional

Dejando de lado precedentes más remotos – como la Declaración de Ginebra (1924) o la DUDH (1948) – la DDN (1959) fue uno de los primeros textos internacionales dedicados específicamente a la tutela de los derechos de los menores, sin concretar qué debía entenderse por estos. Su carácter meramente programático no permitió, sin embargo, fundamentar derechos subjetivos para los niños ni, correlativamente, obligaciones para los Estados firmantes. No reconoció el texto de 1959 ningún derecho a ser oído – ni tampoco escuchado –, aunque sí la primacía de su "interés superior" (principios 2 y 7.II). Casi dos décadas más tarde, el PIDCyP (1966) declaraba, que los niños tenían derecho a la igualdad y a las medidas de protección que su condición de menores requiere, tanto por parte de su familia como de la sociedad y el Estado.

Ahora bien, de ninguno de los anteriores textos podía colegirse, verdaderamente, una obligación de los Estados firmantes de prever en sus

[6] Sobre los procesos penales, *cfr.* Observación General de las Naciones Unidas Núm. 12 – El derecho del niño a ser escuchado, 2009, §§ 57 y ss. y 65 y ss. respecto de los procedimientos administrativos.

procedimientos internos –judiciales o administrativos – la audiencia obligatoria de los menores respecto de asuntos que les afectaran. No sería hasta la CDN (1989) en que se reconociera, como cambio de paradigma, aquel derecho para los menores:

> 1. Los Estados Partes garantizarán al niño que esté en condiciones de formarse un juicio propio el derecho de expresar su opinión libremente en todos los asuntos que afectan al niño, teniéndose debidamente en cuenta las opiniones del niño, en función de la edad y madurez del niño. (...). 2. Con tal fin, se dará en particular al niño oportunidad de ser escuchado, en todo procedimiento judicial o administrativo que afecte al niño, ya sea directamente o por medio de un representante o de un órgano apropiado, en consonancia con las normas de procedimiento de la ley nacional[7].

El art. 12 CDN presupone, pues, la obligación de los Estados de garantizar a los niños el derecho a expresar su opinión en todos aquellos asuntos que les afecten (noción a interpretar ampliamente)[8] y, además, que sean tenidas en cuenta en función de su edad y madurez. La norma no supone solo el reconocimiento de un derecho subjetivo, sino también uno de los cuatro grandes principios de la CDN (junto al derecho a la vida, a la no discriminación y a la consideración primordial de su interés). Así, el derecho del menor a ser oído despliega su también como valor superior, llamado a irradiar el ordenamiento jurídico y a informar, por tanto, la interpretación del Derecho. Se trata, en síntesis, de lo que ya había anunciado respecto de los derechos fundamentales el BVerfG alemán en la ya clásica S. de 15 de enero de 1958 (caso Lüth):

[7] Sobre la CDN, *cfr.* Díaz Barrado, C., "La Convención sobre los Derechos del Niño", en Lucas Murillo de la Cueva, P. y Font Galán, J. I. (coord.), *Estudios jurídicos: en conmemoración del X aniversario de la Facultad de Derecho*, Vol. 1, Servicio de Publicaciones de la Universidad de Córdoba, Córdoba, 1991, pp. 181 y ss.; Rodríguez Mateos, P., "La protección jurídica del menor en la Convención sobre los derechos del Niño", *Revista Española de Derecho Internacional*, Vol. 44, Núm. 2, 1992, pp. 465 y ss.; y Tobin, J. (ed.), *The UN Convention on the Rights of the Child – A Commentary*, Oxford, University Press, 2019.

[8] Observación General de las Naciones Unidas Núm. 12, *Ob. Cit.*, § 26. Igualmente, *cfr.* Observación General de las Naciones Unidas Núm. 14 – El derecho del niño a que su interés superior sea una consideración primordial (artículo 3, párrafo 1), 2013, § 19.

> Pero no es menos cierto que la Ley Fundamental (Grundgesetz), que no quiere ser un ordenamiento neutro en valores (...) ha establecido también un sistema objetivo de valores en su sección de derechos fundamentales (Grundrechte) y que precisamente en ello se expresa un aumento vigencia de los derechos fundamentales (...). Este sistema de valores, que encuentra su centro en la personalidad humana libremente desarrollada y en su dignidad dentro de la comunidad social, debe aplicarse como decisión constitucional básica para todos los ámbitos del Derecho; la legislación, la administración y la jurisdicción reciben de él directrices e impulsos. Así, por supuesto, también influye en el derecho civil; ninguna disposición del derecho civil puede estar en contradicción con él, toda disposición debe interpretarse según su espíritu[9].

La misma tendencia asumió el TC español en sus primeras resoluciones. Ya la STC 25/1981, de 14 de junio, reconoció que "los derechos fundamentales son derechos subjetivos", pero "al propio tiempo, son elementos esenciales de un ordenamiento objetivo de la comunidad nacional, en cuanto esta se configura como marco de una convivencia justa y pacífica" (FJ 5)[10]. Tales consideraciones rigen respecto del derecho del menor a ser oído que, a pesar de no gozar formal y directamente de naturaleza fundamental, puede hacer ceder incluso a derechos y principios de indudable abolengo constitucional. Ahora bien, que no goce de reconocimiento expreso en la CE no impide derivarlo de otros que sí disfrutan de tal condición, como el derecho a la tutela judicial efectiva (art. 24.1 CE) y, en particular, el principio de audiencia[11]. De este modo, el derecho del menor a ser oído como valor objetivo despliega una relevancia her-

9 Rn. 25. Al respecto, Jarass, H. D. Grundrechte als Wertentscheidung bzw. objektivrechtliche Prinzipien in der Rechtsprechung des Bundesverfassungsgericht. *Archiv des öffentlichen Rechts*, Vol. 110, Núm. 3, 1985, pp. 363 y ss.

10 Igualmente, STC 99/2012, de 10 de mayo, FJ 3. La resolución emplea expresamente la voz alemana "*Drittwirkung*", reconociendo la eficacia horizontal de los derechos fundamentales "tanto para los ciudadanos de a pie [...] como para los agentes públicos". *Cfr.* también STC 196/2006, de 3 de julio, FJ 6.

11 *Audiatur et altera pars*, principio que "constituye la base fundamental del proceso español" (Prieto Castro, L., *Derecho Procesal Civil*, Tomo I, Librería General, Zaragoza, 1946, p. 198).

menéutica de primer orden[12], no solo para el Estado sino también para los particulares.

2.2. Ámbito europeo de protección de derechos de los niños

A este *corpus* normativo internacional deben agregársele otros textos que, desde el ámbito europeo, contribuyen a delimitar el derecho del niño a ser oído y escuchado.

2.2.1. El Consejo de Europa

De una parte, el CEDH (1950) se refiere expresamente a los menores en diversos preceptos: su art. 5.1.d) legitima la privación de libertad del menor si se produce "en virtud de una orden legalmente acordada con el fin de vigilar su educación" o si se trata de su detención conforme a derecho "con el fin de hacerle comparece ante la autoridad competente"; también se da cuenta de los intereses de los menores en el art. 6.1, que prevé la limitación de la publicidad de las sentencias dictadas en un proceso judicial en su interés. De estos – y de otros preceptos del CEDH – no ha derivado el TEDH, sin embargo, un derecho de los menores a ser oídos. Efectivamente, la STEDH de 8 de julio de 2003 (asunto Sahin c. Alemania, demanda núm. 30943/96) puso de relieve lo siguiente:

> (...) Por lo que se refiere a la cuestión de la audiencia del menor, la Corte señala que, por regla general, corresponde a los órganos jurisdiccionales nacionales valorar las pruebas de que disponen, incluido los medios para concretar los hechos pertinentes (...) Sería ir demasiado lejos afirmar que los tribunales nacionales están siempre obligados a dar audiencia a un niño en un juicio sobre el derecho de visita al progenitor no custodio, pero esta cuestión depende de las circunstancias concretas de cada caso, teniéndose debidamente en cuenta la edad y madurez del niño afectado (§ 73)[13].

[12] Observación General de las Naciones Unidas Núm. 12, *Ob. Cit.*, § 2.

[13] Igualmente, en STEDH de 8 de julio de 2003 (asunto Sommerfeld c. Alemania, demanda núm. 31871/96), § 71.

Esta tesis, posteriormente reiterada en resoluciones[14] (y votos particulares)[15], no ha permitido configurar ninguna obligación para los Estados consistente en arbitrar los mecanismos necesarios para garantizar la audiencia a los menores respecto de los asuntos que les afecten. En cualquier caso, a las previsiones del CEDH deben añadírsele las – también dimanantes del Consejo de Europa – disposiciones del Convenio Europeo sobre el ejercicio de los derechos del niño (1996), cuyo prolijo art. 3 establece lo siguiente:

> Cuando según el derecho interno se considere que un niño tiene el suficiente discernimiento se le reconocerán, en los procedimientos que le afecten ante una autoridad judicial, los siguientes derechos cuyo ejercicio podrá exigir por sí mismo: a. recibir toda la información pertinente; b. ser consultado y expresar su opinión; c. ser informado de las posibles consecuencias de actuar conforme a esa opinión y de las posibles consecuencias de cualquier resolución.

El Convenio de 1996 reconoce, pues, explícitamente el derecho del niño – bajo determinados presupuestos – a ser "consultado y expresar su opinión", de lo que no deriva, sin embargo, que su opinión deba necesariamente ser escuchada ni, tampoco, que las autoridades deban fundamentar su decisión cuando se aparten de aquella. Tan solo obliga el Convenio de 1996 a "tener debidamente en cuenta la opinión expresada por el niño", conforme al art. 6.c).

Por otra parte, en el ámbito del Consejo de Europa prevé el Convenio de Lanzarote (2007) la obligación de los Estados Partes de adoptar las medidas legislativas o de otro tipo necesarias para proteger los derechos e intereses de los niños víctimas en los procesos penales y, en particular, ofreciéndoles – "de manera compatible con las normas procesales

[14] STEDH de 6 de octubre de 2016 (asunto Moog c. Alemania, demandas núm. 23280/08 y 2334/10), § 81.

[15] VP de los Magistrados Dedov, Lubarda y Poláčková a la STEDH de 23 de octubre (asunto Petrov y X c. Rusia, demanda núm. 23608/16), § 3.

del derecho interno", la posibilidad de ser oídas (art. 31.1.c)[16]. Paulatinamente, por tanto, aparece en las normas del Consejo de Europa el derecho del niño a ser oído.

2.2.2. La Unión Europea

La UE ha previsto también en algunos de sus textos derechos específicamente dirigidos a la tutela de los menores. De una parte, aunque solo como Resolución del Parlamento – carente de fuerza vinculante – la UE ha promulgado la Carta Europea de Derechos del Niño (1992). En ella solicitaba el Parlamento a la Comisión que presentara un Proyecto de Carta comunitaria de los derechos del niño basada en los principios allí citados. Entre ellos, el siguiente:

> Toda decisión familiar, administrativa o judicial, en lo que se refiere al niño, deberá tener por objeto prioritario la defensa y salvaguardia de sus intereses. A tales efectos, y siempre que ello no implique riesgo o perjuicio alguno para el niño, éste deberá ser oído desde el momento en que su madurez y edad lo permitan en todas las decisiones que le afecten. Con objeto de ayudar a tomar una decisión a las personas competentes, el niño deberá ser oído, especialmente en todos aquellos procedimientos y decisiones que impliquen la modificación del ejercicio de la patria potestad, la determinación de la guardia y custodia, la designación de su tutor legal, su entrega en adopción o su eventual colocación en una institución familiar, educativa o con fines de reinserción social. A este respecto, en la totalidad de los procedimientos deberá ser parte obligatoriamente el ministerio fiscal o su equivalente, cuya función primordial será la salvaguardia de los derechos e intereses del niño.

A lo anterior se agrega, ya con fuerza vinculante, el art. 24 CDFUE (2000), que concreta el derecho de los menores a "expresar su opinión libremente" y a que esta sea tenida en cuenta "en relación con los asuntos que les afecten en función de su edad y de su madurez"[17]. También

[16] El art. 35 del Convenio de Lanzarote regula cómo debe producirse la entrevista con el niño.

[17] Mangas Martín, A., "Art.24", en Mangas Martín, A. (dir.) y González Alonso, L. N. (coord.), *Carta de los Derechos Fundamentales de la Unión Europea* – Comentario artículo por

en la jurisprudencia del TJUE (que también ha asumido expresamente el valor interpretativo de las normas internacionales en la materia[18]) se hace presente esta obligación. Así, la STJUE de 22 de diciembre de 2010 (C-491/10) ha puesto de relieve la necesidad de interpretar el ya derogado Reglamento Bruselas II bis (2003) de conformidad con el art. 24 de la CDFUE y, por tanto, de hacer vigente el derecho del menor a expresar su opinión y que esta sea tenida en cuenta. Lo cierto, sin embargo, es que los derechos que reconoce la CDFUE solo rigen en los términos de su art. 51.1:

> Las disposiciones de la presente Carta están dirigidas a las instituciones y órganos de la Unión, respetando el principio de subsidiariedad, así como a los Estados miembros únicamente cuando apliquen el Derecho de la Unión. Por consiguiente, éstos respetarán los derechos, observarán los principios y promoverán su aplicación, con arreglo a sus respectivas competencias.

3. Régimen nacional

Las anteriores normas influyen necesariamente en el Derecho español, no solo como modelos o ejemplos a tener en consideración en las actividades legislativas, sino al momento de la aplicación del Derecho interno (art. 10.2 CE)[19]. Especial refuerzo cobra esta previsión respecto de los menores, pues particularmente prevé el art. 39.4 CE que los niños "gozarán de la protección prevista en los acuerdos internacionales que velan por sus derechos"[20]. El constituyente fue, por tanto, consciente del papel trascendental que las normas internacionales suponían en la configuración de los derechos de los menores, sustantivos y procesales. Así

artículo, Fundación BBVA, 2008, pp. 442 y ss.

[18] STJUE de 27 de junio de 2006 (C-540/03), ap. 37.

[19] Al respecto, *cfr.* Saiz Arnaiz, A. "Artículo 10.2", en Rodríguez-Piñero y Bravo Ferrer y Casas Baamonde, Mª E. (dirs.), Arnaldo Alcubilla, E. y Remón Peñalver, J. (ed.) y Pérez Manzano, M. y Borrajo Iniesta, I. (coords.), *Comentarios a la Constitución Española*, Tomo II, Boletín Oficial del Estado – Fundación Wolters Kluwer – Ministerio de Justicia – Tribunal Constitucional, Madrid, 2018, pp. 230 y ss.

[20] Al respecto, *cfr.* Roca Trías, E., "Artículo 39", en Rodríguez-Piñero y Bravo Ferrer y Casas Baamonde, Mª E. (dirs.), Arnaldo Alcubilla, E. y Remón Peñalver, J. (ed.) y Pérez Manzano, M. y Borrajo Iniesta, I. (coords.). *Ob. Cit.*, pp. 1277 y ss.

se desprende de los debates parlamentarios relativos al art. 39.4 CE. Su antecedente más remoto en el *iter* constituyente fue el art. 34.2 del Anteproyecto de enero de 1978, que reconocía el derecho de la madre y de los hijos ("iguales estos ante la Ley con independencia de su filiación") a disfrutar de la protección oficial del Estado y de todos los poderes públicos[21]. Para este texto propuso la Sra. Fernández-España una nueva redacción, que diera cuenta expresa de la Declaración de los Derechos del Niño, trayendo a colación el precedente del art. 43 CE 1931[22]. El informe de la Ponencia asumió la propuesta e incluyó un nuevo apartado en el art. 34 del Anteproyecto, tomando partido por los derechos de los niños[23]. No mucho más aportan los trabajos constituyentes: nada se dijo al respecto en la Comisión de Asuntos Constitucionales y Libertades Públicas[24]; tampoco hubo especial discusión en el Pleno del Congreso (no se presentaron enmiendas al precepto)[25]. Sí fue desafortunadamente alterado el precepto en el Senado, incluyéndose en el art. 39.4 el severo término "subnormales"[26], que desapareció en la Comisión Mixta Congreso-Senado[27] y que aparecería suavizado en el texto final de la CE.

3.1. Constitucional

Desde una perspectiva constitucional, el derecho de los menores a ser oídos y escuchados forma parte de su estatuto jurídico indisponible que, como norma de orden público, debe ser observada por todos los poderes públicos[28]. Este derecho subjetivo de los menores es manifestación de la pretensión última del Estado en esta materia: tutelar el interés superior del menor. La relación entre la obligación de tutelar el interés superior del menor y garantizar su derecho a ser oído y escuchado es, pues, clara[29].

[21] BOC – Congreso de los Diputados, Núm. 44, 5 de enero de 1978, p. 675.
[22] Enmienda núm. 5.
[23] BOC – Congreso de los Diputados, Núm. 82, 17 de abril de 1978, p. 1623.
[24] DSCG – Congreso de los Diputados, Comisión de Asuntos Constitucionales y Libertades Públicas, Núm. 72, 23 de mayo de 1978, p. 2624.
[25] DSCG – Congreso de los Diputados, Núm. 107, 11 de julio de 1978, p. 4115.
[26] BOCG, Núm. 161, 13 de octubre de 1978, p. 3563.
[27] BOCG, Núm. 170, 28 de octubre de 1978, p. 3708.
[28] STC 130/2022, de 24 de octubre, FJ 5.
[29] STC 130/2022, de 24 de octubre, FJ 5.

En esta circunstancia insisten resoluciones como la STC 141/2000, de 29 de mayo, poniendo de relieve la consecuencia de reconocer el interés superior del menor:

> (...) Así pues, sobre los poderes públicos, y muy en especial sobre los órganos judiciales, pesa el deber de velar por que el ejercicio de estas potestades por sus padres o tutores, o por quienes tengan atribuida su protección y defensa, se haga en interés del menor, y no al servicio de otros intereses, que por muy lícitos y respetables que puedan ser, deben postergarse ante el "superior" del niño (FJ 5).

En el ámbito del Derecho procesal, la conclusión es patente: todos los poderes públicos están obligados a garantizar el derecho del menor a ser oído y escuchado, bien legislando y dándole virtualidad normativa (en el proceso) o bien permitiendo la realización del derecho en vía judicial. La obligación comporta, incluso, "atemperar la rigidez de algunas normas procesales o sacrificar los legítimos intereses y perspectivas de terceros e incluso derechos y principios constitucionales"[30]. Con severidad lo ha expresado la STC 178/2020, de 14 de diciembre:

> (...) en atención al papel que tiene encomendado al principio constitucionalmente impuesto a todos los poderes públicos de proveer a la protección del menor, no cabe duda de que su aplicación prima sobre la de cualquier norma procesal relativa a una posible preclusión o extemporaneidad de pretensiones (FJ 3)[31].

A la misma conclusión se llega si se considera que el derecho del menor a ser oído y escuchado encuentra cobijo en otro derecho procesal: el derecho a la tutela judicial efectiva (art. 24.1 CE).[32] El TC lo ha declarado vulnerado en procesos en que los menores no habían sido

[30] STC 130/2022, de 24 de octubre, FJ 5; y STC 187/1996, de 25 de noviembre, FJ 2 y las que allí se citan.
[31] El TS ha admitido incluso, la posibilidad de admitir prueba documental durante la sustanciación del recurso de casación (STS [Sala I] 308/2022, de 19 de abril, FJ 2).
[32] STS 87/2022, de 2 de febrero, FJ 2.

debidamente oídos por los órganos judiciales en la adopción de medidas relativas a su esfera personal:

> (...) al encontrarnos en este supuesto ante un caso que afectaba a la esfera personal y familiar de una menor, la cual, por la edad que tenía en aquel momento, gozaba ya del juicio suficiente para deber ser oída por la Audiencia Provincial, con el fin de hacer efectivo el derecho a ser oídos que el art. 9 [LOPJM] reconoce a los menores en cualquier procedimiento judicial en que estén directamente implicados y que conduzca a una decisión que afecte a su esfera personal, familiar o social (...), este órgano judicial debió otorgar un trámite específico de audiencia a la menor antes de resolver el recurso de apelación interpuesto, por lo que también por este motivo debe apreciarse la vulneración del art. 24.1 CE[33].

Por tanto, desde una perspectiva constitucional, el derecho a ser oído y escuchado del menor engarza: en primer término, con el derecho del menor a que su interés superior sea considerado primordial y, en segundo término, con el derecho a la tutela judicial efectiva. Lo anterior no impide, sin embargo, reconocer nexos con otros derechos también fundamentales, como el derecho a expresar libremente su opinión, conforme al 20.1.a) CE.

3.2. Ordinario

Este acervo normativo internacional y nacional (constitucional) dio lugar a la sólida toma de posición por el legislador español que se aparta de la tradición jurídica en que "ser oído" implicaba un trámite del que no se seguía obligación profunda de asumir en lo posible la posición de la audiencia[34]. Ahora bien, la voluntad del legislador de reconocer tal dere-

[33] STC 5/2023, de 20 de febrero, FJ 3 D); STC 221/2002, de 25 de noviembre, FJ 5. Igualmente, STC 71/2004, de 19 de abril, FJ 7; y STC 152/2005, de 6 de junio, FJ 3. Tiene el Ministerio Fiscal derecho a estar presente durante la entrevista con el menor (STC 17/2006, de 30 de enero, FJ 5), lo que hoy reconoce –como obligación– el art. 18.2. 4ª.II LJVol.

[34] *Estudio sobre la escucha y el interés superior del menor* – Revisión judicial de medidas de protección y procesos de familia, Defensor del Pueblo, Madrid, 2014, p. 14.

cho no impide advertir cierta heterogeneidad en las normas, especialmente respecto de los requisitos de edad para ser oído.

3.2.1. El derecho a ser oído

El derecho del niño a ser oído (y no expresamente escuchado) ya fue reconocido expresamente por el art. 9.1 LOPJM. La norma preveía el derecho del menor "a ser oído, tanto en el ámbito familiar como en cualquier procedimiento administrativo o judicial en que esté directamente implicado y que conduzca a una decisión que afecte a su esfera personal". Además de eso, el ap. 2 del art. 9 LOPJM disciplinaba la forma de realizar las comparecencias del menor, que se realizarían "de forma adecuada y al desarrollo evolutivo de este, cuidando de preservar su intimidad". Insinúa aquí el precepto el posible conflicto del derecho del menor a ser oído con su derecho a la intimidad, que también debe tutelarse en su interés superior[35].

En cualquier caso, particularmente relevante era la previsión que introducía el art. 9.3 LOPJM: "(c)uando el menor solicite ser oído directamente o por medio de persona que le represente, la denegación de la audiencia será motivada y comunicada al Ministerio Fiscal y a aquellos". Asumía el legislador una obligación de motivación hoy insoslayable en la jurisprudencia del TS:

> (...) aunque no se puede decir que los tribunales estén obligados a oír siempre al menor, pues eso dependerá de las circunstancias particulares de cada caso, atendiendo siempre a la edad, madurez e interés de aquel, por lo que es posible, precisamente en atención a la falta de madurez o de ponerse en riesgo dicho interés, y siempre que el menor tenga menos de 12 años, que se prescinda de su audición o que se considere más adecuado que se lleve a cabo su exploración a través de un experto o estar a la ya llevada a cabo por este medio, para que el tribunal pueda decidir no practicarla o llevarla a cabo de modo indicado, *será necesario que lo resuelva de forma motivada*[36].

[35] Sobre la posible colisión de derechos fundamentales a este respecto, *cfr. infra*.

[36] STS 308/2022, de 19 de abril, FJ 2. La cursiva es nuestra.

El valor de la previsión como norma de orden público[37] justifica la necesidad de comunicar al MF ("portador del interés público"[38] y "garante del interés prevalente de los menores"[39]) la denegación de la audiencia. Este deber de motivación se extiende a todas las circunstancias fácticas referentes al niño, los elementos que se hayan considerado pertinentes para la evaluación del interés superior, su proyección en el caso conceto y la manera en que han sido ponderados para concretarlo (art. 9.3 LOPJM)[40].

3.2.2. El *plus* de ser escuchado

El derecho a ser escuchado no recibió cobertura normativa hasta la LO 8/2015. La distinción entre ambos derechos se hace presente ya en los debates parlamentarios que se suscitaron alrededor del Anteproyecto de LO presentado por el Gobierno:

> (...) También se habla [en el Anteproyecto] del derecho a ser oído y escuchado. En la actual legislación nada más se contemplaba el derecho a ser oído, y sabemos que en el ordenamiento jurídico español ser oído equivale a no vinculante. Por consiguiente, no existía la obligación de asumir la posición de la persona oída. Ahora se añade ser escuchado, que es un concepto más exigente, es el criterio del Comité de los Derechos del Niños de las Naciones Unidas, y, al aplicarlo, la decisión de apartarse de lo manifestado por la persona oída y escuchada habrá de razonarse[41].

Efectivamente, el Anteproyecto de LO (presentado en febrero de 2015 por el Gobierno en el Congreso de los Diputados) que daría posteriormente lugar a la LO 8/2015 daba ya cuenta expresa del derecho del menor a ser oído y escuchado[42]. La concepción del Gobierno a este

[37] STC 130/2022, de 24 de octubre, FJ 5.
[38] STC 86/1985, de 10 de julio, FJ 1.
[39] STC 17/2006, de 30 de enero, FJ 5.
[40] Observación General de las Naciones Unidas Núm. 14, *Ob. Cit.*, § 97.
[41] DSCG – Comisiones Mixtas de relaciones con el Defensor del Pueblo, Núm. 115, 17 de junio de 2014, p. 21.
[42] BOCG – Congreso de los Diputados, Serie A, Núm. 130-1, 27 de febrero de 2015.

respecto fue asumida también por el Parlamento, que no solo no puso en duda el derecho a ser oído y escuchado durante los trámites legislativos, sino que lo concibió en el mismo sentido. Así, las enmiendas que se presentaron respecto del reconocimiento de este derecho a ser oído y escuchado incidían en la necesidad de que la menor madurez del niño no pudiera excluir que su opinión sea atendida, salvo que le fuera absolutamente imposible formarse un juicio sobre la cuestión[43]. En el mismo sentido se pronunciaron otros Grupos en el Congreso de los Diputados (Mixto[44], Socialista[45], o Convergència i Unió[46]). Las enmiendas fueron acogidas por la Ponencia en el Congreso, que también asumió la necesidad expresa de valorar la madurez del menor por personal capacitado, de lo que deriva que el *télos* de la norma no se agota en dar audiencia formalmente al menor, sino en garantizar que su opinión – libre y maduramente formada – sea tenida en cuenta[47]. Y, efectivamente, una aproximación al *iter* legislativo en el Senado conduce a la misma conclusión: los (pocos) parlamentarios que presentaron enmiendas al art. 9 del ya Proyecto de LO incidieron en la necesidad de reconocer que la falta de madurez del menor no puede conducir *ipso iure* a desechar su opinión[48].

De esta manera, el art. 9 LOPJM – tras la reforma de 2015 – extiende sustancialmente el ámbito de protección del derecho del menor a ser oído, exigiendo también que sea escuchad y dando cuenta ya de los avances jurisprudenciales. La nueva redacción del precepto amplía la protección también a los procedimientos "de mediación", lo que no puede significar que otros procedimientos extrajudiciales de resolución de conflictos – como el arbitraje – no deban necesariamente garantizar el derecho del menor a ser oído y escuchado[49]. De esta manera, el laudo arbitral que se dicte desconociendo el derecho del menor a ser oído y escuchado – en una controversia necesariamente económica (art. 2.1 LArb) – deberá

[43] BOCG – *Ibidem*. Núm. 130-2, 11 de mayo de 2015, p. 21.
[44] BOCG – *Ibidem*. p. 33.
[45] BOCG – *Ibidem*. p. 42.
[46] BOCG – *Ibidem*. p. 61.
[47] BOCG – *Ibidem*. Núm. 130-4, 28 de mayo de 2015, p. 8.
[48] BOCG – Senado, Núm. 550, 26 de junio de 2015, pp. 4 y 16.
[49] Observación General de las Naciones Unidas Núm. 12, *Ob. Cit.*, § 32. Igualmente, *cfr.* Observación General de las Naciones Unidas Núm. 14, *Ob. Cit.*, § 27.

considerarse nulo *ex* art. 41.1.f) LArb: si el derecho del menor a ser oído y escuchado es una norma de orden público –a cuyo respeto están llamados todos los poderes públicos (y los árbitros ejercen un poder público como "equivalente jurisdiccional"[50])– parece claro que no respetarlo da lugar a la nulidad del laudo. No solo están obligados a respetar el derecho a ser oído y escuchados los llamados extrajudicialmente a resolver (árbitros) la controversia[51]. También las partes deben abstenerse de pactar (o el testador de ordenar: art. 10 LArb) una cláusula arbitral excluyente del derecho de los menores a ser oídos y escuchados.

Por otra parte, el art. 9 LOPJM proyecta su eficacia también en la ordenación misma del derecho a ser oído y escuchado, en la medida en que concreta el carácter preferente de las entrevistas a los menores y el modo en que deben realizarse, es decir:

> (...) de forma adecuada a su [del menor] situación y desarrollo evolutivo, con la asistencia, si fuera necesario, de profesionales cualificados o expertos, cuidando preservar su intimidad y utilizando un lenguaje que sea comprensible para él, en formatos accesibles y adaptados a sus circunstancias informándole tanto de lo que se le pregunta como de las consecuencias de su opinión, con pleno respeto a todas las garantías del procedimiento. (...)

Del mismo modo, el art. 9.2 LOPJM garantiza que el menor (cuando tenga suficiente madurez) pueda ejercitar el derecho por sí mismo o a través de persona que designe para que le represente. Presupuesto es,

[50] STC 17/2021, de 15 de febrero, FJ 2; STC 1/2018, de 1 de febrero, FJ 3; STC 54/2018, de 24 de mayo, FJ 7; STC 62/1991, de 22 de marzo, FJ 5; STC 288/1993, de 4 de octubre, FJ 3; y STC 176/1996, de 11 de noviembre, FJ 4; *Cfr.* también Merino Merchán, J. F., *El "equivalente jurisdiccional" en el Derecho público español*, Tribunal Constitucional – Centro de Estudios Políticos y Constitucionales, Madrid, 2002.

[51] No es posible desarrollar una conciliación respecto de materias en que estén interesados menores: art. 139.2. 1º LJVol y art. 81.2.I.a) LNot. Nada establece al respecto el art. 103 bis LH, aunque una interpretación sistemática debe conducir al mismo resultado. Sobre la conciliación registral: Mateo, I., "Del artículo 103 bis de la Ley Hipotecaria: la conciliación tramitada por el Registrador", *Revista Crítica de Derecho Inmobiliario*, Núm. 789, 2022, pp. 55 y ss. y sus continuaciones en la misma *Revista*, Núms. 790 (pp. 751 y ss.) y 791 (pp. 1339 y ss.).

por tanto, que el menor sea lo suficientemente maduro para ejercitar su derecho, lo que debe ser valorado por un especialista y, en segundo lugar, que se presume existente cuando el menor haya cumplido 12 años (art. 9.2).

4. Proyección en el proceso civil

Conocida la configuración general del derecho del menor a ser oído y escuchado, procede ahora abordar cómo – y en qué medida – el Derecho procesal civil español da cuenta de aquel, no solo en la jurisdicción contenciosa, sino también en la voluntaria.

4.1. Jurisdicción contenciosa

La LEC regula en Libro IV ("De los procesos especiales") una serie de trámites, en distintos tipos de procedimientos, en los que se ordena expresamente la audiencia de los menores. Esto no impide, sin embargo, reconocer que en todo procedimiento – esté o no regulado en el Libro IV – que se pueda ver afectada la posición jurídica de un menor, debe dársele audiencia. Que el pleito sea eminentemente patrimonial no puede significar que los mandatos internacionales y constitucionales no tengan cabida en tales procedimientos. El interés superior del menor no se tutela única y exclusivamente en los procedimientos judiciales o administrativos relacionados con su *persona*, sino también con su patrimonio.

4.1.1. En los procesos matrimoniales no consensuales

El art. 770.4ª.III LEC – ubicado en el Cap. IV ("De los procesos matrimoniales y de menores") del Tít. IV ("De los procesos sobre provisión de medidas judiciales de apoyo a las personas con discapacidad, filiación, matrimonio y menores") del Libro IV – establece lo siguiente:

> Si el procedimiento fuere contencioso y se estimare necesario de oficio o a petición del fiscal, partes o miembros del equipo técnico judicial o de los propios hijos, podrán ser oídos cuando tengan menos de doce años, debiendo ser oídos en todo caso si hubieran alcanzado dicha edad. También habrán de ser oídos cuando precisen apoyo para el ejercicio de su capacidad jurídica y este sea prestado por los progenitores, así como los hijos con discapacidad, cuando se discuta el uso de la vivienda familiar y la estén usando.

Así, en la sustanciación de las demandas de nulidad, divorcio (salvo las consensuales: art. 777 LEC), separación y otras que se formulen al amparo de los arts. 42 y ss. CC (Tít. IV del Libro I), es obligatorio dar audiencia a los menores que hayan alcanzado 12 años y facultativa si no han alcanzado aquella edad[52]. Sí es obligatorio dar audiencia a los menores que no hayan alcanzado los 12 años, cuando precisen apoyo para el ejercicio de su capacidad jurídica y este sea prestado por sus progenitores. Esta última previsión de la LEC da cuenta de la especialmente severa obligación del Estado de garantizar el derecho a ser oído y escuchado del menor con discapacidad, altamente vulnerable (art. 7.1 CDPD). Para materializar su derecho deben emplearse todos los ajustes necesarios que faciliten la posibilidad de expresar su opinión (art. 7 bis LEC)[53].

La redacción del art. 770.4ª.III LEC trae causa de la Ley 8/2021, que supuso en nuestro país un verdadero cambio de paradigma en el tratamiento jurídico de la discapacidad en España. Con anterioridad a la reforma operada por la Ley 8/2021, la LEC tan solo preveía que en "las exploraciones [ahora conocidas como *entrevistas*] de menores en los procedimientos civiles", se garantizaría por el Juez que aquellos pudieran ser oídos en "condiciones idóneas para la salvaguarda de sus intereses, sin interferencias de otras personas y, recabando excepcionalmente el auxi-

[52] *Cfr.* Zaera Navarrete, J. I., "La audiencia del menor en los procesos de crisis matrimonial. Comentarios a la STS núm. 413/2014, de 20 de octubre (Rec. 1229/2013)", *Actualidad Jurídica Iberoamericana*, Núm. 3, 2015, pp. 799 y ss. No restringido a lo matrimonial: Abel Lluch, X., "La audiencia del menor en los procesos de familia", en Picó i Junoy, J. y Abel Lluch, X. (dirs.) y De Miranda Vázquez, C. (coord.), *Problemática actual de los procesos de familia*, Bosch, Barcelona, 2018, p. 303 y ss.; Abel Lluch, X., (coord.), *La audiencia del menor en los procesos de familia*, Sepin, Madrid, 2019; y Morera Villar, B., "El interés del menor y su participación en los procesos de familia tras la LO 8/2021 de protección integral a la infancia y adolescencia frente a la violencia", *Actualidad jurídica Iberoamericana*, Núm. 17 bis, 2022, pp. 1370 y ss.

[53] Respecto de los ajustes necesarios, *cfr.* Buchhalter Montero, B., "La discapacidad en el sistema de la jurisdicción voluntaria española: notas sobre la parte general de la Ley 15/2015, de 2 de julio, de la jurisdicción voluntaria", *Revista Ítalo-Española de Derecho Procesal*, Núm. 2, 2022, pp. 18 y ss.

lio de especialistas cuando ello sea necesario". La indefinición de esta – y anteriores normas – ha redundado en una *praxis* judicial diversa[54].

En cualquier caso, esta redacción – dada por la Ley 15/2005 – era todavía más prolija que la original prevista en la LEC, que escuetamente preveía la obligación de dar audiencia a los hijos menores o "incapacitados" si tuvieren suficiente juicio y, en todo caso, si fueran mayores de 12 años. La Ley 15/2005 daba un importante paso en la materialización del derecho del menor a ser oído, pues preveía que la audiencia se produjera "sin interferencias de otras personas". Este complemento circunstancial de modo era consecuencia necesaria del adverbio "libremente" empleado en el art. 12.1 CDN, que supone lo siguiente: en primer término, que el menor elige *por sí mismo* si expresa o no expresa su opinión; que el menor no puede estar sometido a influencia o presión indebida; y que el menor debe expresar *su* opinión y no la de los demás[55].

4.1.2. En los procesos matrimoniales consensuales

Los intereses de los menores no solo deben tutelarse en los procedimientos matrimoniales no consensuales, sino también en los que suceden de mutuo acuerdo[56]. Toda la legislación sobre separación y divorcio debe dar justa cuenta del derecho del niño a ser escuchado, se produzca la separación o el divorcio con acuerdo o sin acuerdo[57]. Efectivamente, el art. 777.5 LEC establece lo siguiente:

> Si hubiera hijos menores o hijos mayores con discapacidad y medidas de apoyo atribuidas a sus progenitores, el Tribunal recabará informe del Ministerio Fiscal sobre los términos del convenio relativos a los hijos y serán oídos cuando se estime necesario de oficio o a petición del fiscal, partes o miembros del equipo técnico judicial o del propio hijo (...).

[54] *Estudio sobre la escucha y el interés superior del menor. Ob. Cit.*, p. 17; también Clavijo Suntura, J. La participación del menor en la audiencia de exploración. *Revista Boliviana de Derecho*, Núm. 25, 2018, pp. 581 y 582.

[55] Observación General de las Naciones Unidas Núm. 12, *Ob. Cit.*, § 22.

[56] *Estudio sobre la escucha y el interés superior del menor. Ob. Cit.*, p. 18.

[57] Observación General de las Naciones Unidas Núm. 12, *Ob. Cit.*, § 52.

Esta previsión de la LEC debe ponerse en contraste con la regulación procesal que contiene el art. 154.IV CC: "(s)i los hijos o hijas tuvieren suficiente madurez deberán ser oídos siempre antes de adoptar decisiones que les afecten sea en procedimiento contencioso o de mutuo acuerdo [...]". La redacción del CC – posterior (2021) a la del art. 777.5 LEC respecto de tal cuestión – permite colegir que es obligatoria la audiencia de los menores de edad que hayan cumplido los 12 años[58]. Aun así, la práctica demuestra que las entrevistas a los menores en los procedimientos de mutuo acuerdo son *rara avis*[59].

4.1.3. En las medidas relativas a la restitución o retorno de menores en los supuestos de sustracción internacional

También da cuenta la LEC del derecho del menor a ser oído y escuchado en los procedimientos de medidas relativas a la restitución o retorno de menores en los supuestos de sustracción internacional, siempre: a) que sea aplicable un convenio internacional o el Derecho de la UE; y b) que el menor haya sido objeto de un traslado o retención ilícita y que se encuentre en España. En la regulación de los trámites de este procedimiento, prevé expresamente el art. 778 quinquies.8 LEC lo siguiente:

> 8. Antes de adoptar cualquier decisión relativa a la procedencia o improcedencia de la restitución del menor o su retorno al lugar de procedencia, el Juez, en cualquier momento del proceso y en presencia del Ministerio Fiscal, oirá separadamente al menor, a menos que la audiencia del mismo no se considere conveniente atendiendo a la edad o grado de madurez del mismo, lo que se hará constar en resolución motivada. (...) En la exploración del menor se garantizará que el mismo pueda ser oído en condiciones idóneas para la salvaguarda de sus intereses, sin interferencias de otras personas, y recabando excepcionalmente el auxilio de especialistas cuando ello fuera necesario. Esta actuación podrá realizarse a través de videoconferencia u otro sistema similar[60].

[58] Morera Villar, B. *Ob. Cit.*, p. 1381.
[59] *Estudio sobre la escucha y el interés superior del menor. Ob. Cit.*, p. 38.
[60] Fue añadido por la LJVol.

La garantía del derecho del menor a ser oído y escuchado puede virtualizarse, en estos procedimientos, a través de videoconferencia u otro sistema similar. Estos mecanismos han sido admitidos con reservas en otras jurisdicciones y, por ejemplo, el BVerfG ha mantenido que la audiencia telefónica al menor en un procedimiento de patria potestad (*Sorgerechtverfahren*) solo es admisible cuando, además de la conversación telefónica, el Juez dispone de otras fuentes de conocimiento que puedan sustentar una decisión fundada en hechos fiables y dirigida a la protección de su interés (*Wohl des Kindes*)[61]. La utilización tales medios para la realización de audiencias debe entenderse justificado, vista la naturaleza del procedimiento. Las posibles afectaciones del principio de inmediación son necesarias y legítimamente restringibles cuando se trata del interés superior del menor. Lo que no parece asumible – a pesar de que así lo entiende el TS – es la posibilidad de que la audiencia sea realizada totalmente a través de expertos e incluso la posibilidad de estar en su totalidad a la ya realizada[62].

4.1.4. En la oposición a resoluciones administrativas en materia de protección de menores

La última regla que prevé la LEC respecto del derecho a ser oído se encuentra en la regulación de la oposición a resoluciones administrativas en materia de protección de menores. A este respecto, prevé el art. 780.1.III LEC lo siguiente:

> Los menores tendrán derecho a ser parte y a ser oídos en el proceso conforme a lo establecido en la Ley Orgánica de Protección Jurídica del Menor. Ejercitarán sus pretensiones en relación a las resoluciones administrativas que les afecten a través de sus representantes legales siempre que no tengan intereses contrapuestos a los suyos, o a través de la persona que se designe como su defensor para que les represente.

El precepto no reconoce solo el derecho a ser oído – como derivaría de una interpretación literal(ista) – sino también a ser oído y escu-

[61] A. del BVerfG de 7 de enero de 2022 (1 BvR 1655/21), Rn. 10.

[62] ATS de 11 de marzo de 2020, FJ 3.

chado ("conforme a lo establecido en la (LOPJM)"). Se trata, por tanto, de garantizar que en los procedimientos administrativos que tienen por objeto esencial su protección (arts. 172 y ss. CC, por ejemplo), no solo puedan los menores impugnar resoluciones desfavorables, sino que se garantice su derecho a ser oídos. Con dificultad se comprende, por tanto, que el art. 172.1 CC no obligue a *notificar* las medidas de amparo en favor de los menores "si tuviere suficiente madurez" y, en todo caso, si fuere mayor de 12 años. La relevancia constitucional del derecho del menor a ser oído y escuchado (lo que presupone que el menor sabe de qué trata el asunto) exigiría una notificación que todo menor, realizada con los ajustes necesarios, pudiera comprender (como prevén los arts. 7 bis LEC y 7 bis LJVol). Ahora bien, la previsión normativa cuenta en la práctica con dificultades para ser materializada[63].

4.2. Jurisdicción voluntaria

No solo las normas de la jurisdicción contenciosa prevén el derecho del menor de ser oído y escuchado. También la LJVol da cuenta de este derecho de los menores y correlativa obligación de los operadores jurídicos.

4.2.1. En las normas comunes a todos los expedientes

El art. 18.2. 4ª II LJVol, ubicado en el Tít. I ("De las normas comunes en materia de tramitación de los expedientes de jurisdicción voluntaria"), establece lo siguiente:

> La autoridad judicial o el Letrado de la Administración de Justicia podrán acordar que la audiencia de la persona menor de edad o persona con discapacidad se practique en acto separado, sin interferencias de otras personas, debiendo asistir el Ministerio Fiscal. En todo caso, se garantizará que puedan ser oídas en condiciones idóneas, en términos que les sean accesibles, comprensibles y adaptados a su edad, madurez y circunstancias, recabando el auxilio de especialistas cuando ello fuera necesario.

63 *Estudio sobre la escucha y el interés superior del menor. Ob. Cit.*, p. 30.

La norma regula, por tanto, el decurso procesal de la audiencia. No fundamenta ningún derecho subjetivo a que *sean oídos* los menores, sino tan solo a que – cuando deban serlo – lo sean en las condiciones idóneas. Reconoce la norma con prolijidad la necesidad de evitar las "interferencias de otras personas" y el trascendental rol del MF en la tutela del interés público (art. 4 LJVol). Por otra parte, el art. 18.2.4ª.III LJVol dio lugar a una cuestión de constitucionalidad (resuelta positivamente), por la posible afectación del derecho a la intimidad (art. 18.1 CE) que puede producir que el acta de la audiencia sea "detallada". Se trata de una previsión análoga a la contenida en el art. 141 bis LEC que permite, al emitir copias simples, testimonios y certificaciones omitir datos en interés superior de los menores. Engarzan ambas previsiones con el art. 138.2 LEC, que permite celebrar actuaciones a puerta cerrada "cuando ello sea necesario para la protección (...) de los intereses de los menores (...)"[64].

4.2.2. En algunos expedientes: Especial consideración de la intervención judicial en relación con la patria potestad

El art. 155.VI CC prevé la posibilidad de los progenitores de recabar el auxilio de la autoridad en el ejercicio de la patria potestad. A estos efectos, la LJVol regula el cauce procesal por el que puede llevarse a cabo esta ayuda y, particularmente, los arts. 85 y ss. ofrecen una serie de normas con tal finalidad. Se prevén expedientes para los casos de desacuerdo en el ejercicio de la patria potestad (art. 86) o de inadecuada gestión patrimonial (art. 87). Para todos ellos rige la previsión del art. 85.1 LJVol:

> En los expedientes a que se refiere este Capítulo, una vez admitida la solicitud por el Secretario judicial, éste citará a la comparecencia al solicitante, al Ministerio Fiscal, a los progenitores, guardadores o tutores cuando proceda, a la persona con discapacidad con medidas de apoyo para el ejercicio de su capacidad jurídica, en su caso o al menor si tuviere suficiente madurez y, en todo caso, si fuere mayor de 12 años. Si el titular de la patria potestad fuese un menor no emancipado, se citará también a sus progenitores y, a falta de éstos, a su tutor. Se podrá también acordar la citación de otros interesados.

[64] Igualmente lo prevé el art. 754 LEC.

La norma prevé la citación obligatoria del menor si fuere mayor de 12 años, en línea con lo anterior. Su presencia en estos expedientes es inexcusable, dada la afectación personal y patrimonial que se trata en ellos.

5. Conflictos con otros derechos: intimidad del menor y tutela judicial efectiva de las partes

5.1. Consideraciones generales

El derecho del menor a ser oído y escuchado no es, sin embargo, absoluto. Su trascendencia como norma de orden público – frente a la que ceden incluso valores constitucionales de primer rango – no puede suponer que la audiencia del menor sea obligatoria *a cualquier precio*. Su denegación se funda en tutelar su interés: "se trata de evitar que la audiencia directa del menor no le produzca un perjuicio peor que el que se pretende conjurar"[65]. Como pone de relieve el ya tratado art. 18.2. 4ª. LJVol, el derecho del menor a ser oído y escuchado puede entrar en conflicto con otros derechos y pretensiones legítimas, tanto del propio menor como de terceros (incluido el Estado). La tensión que surge entre todas estas posiciones jurídicas debe resolverse procurando la mayor eficacia de todas ellas, en línea de la llamada "concordancia práctica" (*praktische Konkordanz*)[66]. Es decir, se trata de que todas ellas – en "delicado equilibrio"[67] – puedan desarrollarse lo máximo posible a la vez, sin más sacrificios totales que los estrictamente indispensables: "tratando de armonizarlos si ello es posible o, en caso contrario, precisando las condiciones y requisitos en que podría admitirse la prevalencia de uno de ellos"[68]. En cualquier caso, las colisiones más habituales se suscitarán en los procesos judiciales, en relación con el derecho del menor a la intimidad (art. 18.1 CE) y en relación con el derecho a la tutela judicial efectiva de quienes intervienen

[65] STS 18/2018, de 15 de enero, FJ 4.

[66] Hesse, K., *Grundzüge des Verfassungsrechts der Bundesrepublik Deutschland*, 20. Aufl, C.F. Müller, Heidelberg, 1995, Rn. 72. Sobre esta noción, *cfr.* Schladebach, M., "Praktische Konkordanz als verfassungsrechtliches Kolisionsprinzip", *Der Staat*, Vol. 53, Núm. 2, 2014, pp. 263 y ss.

[67] *Estudio sobre la escucha y el interés superior del menor. Ob. Cit.*, 2014, p. 19.

[68] STC 215/1994, de 14 de julio, FJ 2.

en el proceso (art. 24.1 CE). A los clásicos conflictos que suceden en la ponderación de derechos en liza se le agrega aquí el papel trascendental del interés superior del menor que, como ya se ha señalado, prevalece respecto de otros bienes e intereses de rango constitucional.

5.2. Tensión entre los derechos

El derecho a la intimidad de los menores viene reconocido en diversas normas (arts. 18.1 CE y 16.1 CDN). A lo anterior deben sumársele los arts. 4.1 LOPJM y 3.1 LO 1/1982, que configuran el régimen general del derecho de los menores a mantener un ámbito reservado de su vida, ajeno a la acción y el conocimiento de los demás, incluso de la familia[69]. De la colisión entre el derecho del menor a ser oído y escuchado y su derecho a la intimidad se ha ocupado la STC 64/2018, de 9 de mayo, respecto del "acta detallada" (art. 18.2.4ª.III LJVol) que se prevé como prueba de la audiencia que sucede a puerta cerrada. La tutela de la intimidad del menor puede justificar la realización de audiencias con publicidad limitada, posibilidad prevista tanto constitucional (art. 120.1 CE) como legalmente (arts. 138.2 y 754 LEC). Ahora bien, estas posibilidades de restricción de la publicidad – incluso para las partes – no puede imposibilitar a las partes alegar sobre las cuestiones de hecho y de derecho esenciales para la decisión del expediente[70]. Los derechos de los menores deben hacerse compatibles con el derecho a la tutela judicial efectiva que también asiste a las partes.

A modo de conclusión

El reconocimiento expreso del derecho del menor a ser oído y escuchado operado por la LO 8/2015 – tras un largo devenir nacional e internacional – no supone, sin embargo, que no quede todavía camino por recorrer. El Congreso de los Diputados da buena cuenta de ello, si se observan las recurrentes Proposiciones no de Ley presentadas por algunos parlamentarios, que inciden en la necesidad de hacer realmente efectivo este derecho[71]. Recientemente ha perdido el Parlamento español la oportunidad

69 *Cfr.* STC 58/2018, de 4 de junio, FJ 5 y las que allí se citan.

70 STC 53/2005, de 14 de marzo, FJ 5.

71 BOCG – Congreso de los Diputados, Serie D, Núm. 264, 11 de diciembre de 2017, p. 7. Reiterada posteriormente: BOCG – Congreso de los Diputados, Serie D, Núm. 266, 13

de reconocer expresamente el derecho del menor a ser oído y escuchado frente a la Administración de Justicia en la relativamente reciente Ley 15/2022, cuyas previsiones iniciales a este respecto desaparecieron en el trámite legislativo (*cfr.* art. 19)[72]. Sí parecen apropiados los pasos dados en la Comunidad Foral de Navarra, en cuya reciente Ley 12/2022, de 11 de mayo se regulan prolijamente los derechos de los menores a ser oídos y escuchados (art. 18).

Referencias

Abel Lluch, X. La audiencia del menor en los procesos de familia. En Picó i Junoy, J. y Abel Lluch, X. y De Miranda Vázquez, C. *Problemática actual de los procesos de familia.* Bosch, Barcelona, 2018.

Abel Lluch, X. *La audiencia del menor en los procesos de familia.* Sepin, Madrid, 2019.

Buchhalter Montero, B. La discapacidad en el sistema de la jurisdicción voluntaria española: notas sobre la parte general de la Ley 15/2015, de 2 de julio, de la jurisdicción voluntaria. *Revista Ítalo-Española de Derecho Procesal,* Núm. 2, 2022.

Díaz Barrado, C. La Convención sobre los Derechos del Niño. En Lucas Murillo de la Cueva, P. y Font Galán, J. I. *Estudios jurídicos: en conmemoración del X aniversario de la Facultad de Derecho.* Vol. 1, Servicio de Publicaciones de la Universidad de Córdoba, Córdoba, 1991.

Díaz Domínguez, P. *El papel del menor en la decisión de su propio interés:* su derecho a ser oído y escuchado. Diario La Ley, Núm. 9542, 2019.

Estudio sobre la escucha y el interés superior del menor – Revisión judicial de medidas de protección y procesos de familia. Defensor del Pueblo, Madrid, 2014.

Hesse, K., *Grundzüge des Verfassungsrechts der Bundesrepublik Deutschland,* 20. Aufl, C.F. Müller, Heidelberg, 1995.

Jarass, H. D. Grundrechte als Wertentscheidung bzw. objektivrechtliche Prinzipien in der Rechtsprechung des Bundesverfassungsgericht. *Archiv des öffentlichen Rechts,* Vol. 110, Núm. 3, 1985.

de diciembre de 2017, pp. 49 y ss.; BOCG – Congreso de los Diputados, Serie D, Núm. 33, 14 de febrero de 2020, p. 16 y ss.; BOCG – Congreso de los Diputados, Serie D, Núm. 40, 25 de febrero de 2020, p. 76 y ss.

[72] BOCG – Senado, Núm. 341, 2 de junio de 2022, p. 27.

Mangas Martín, A. "Art.24", en Mangas Martín, A. (dir.) y González Alonso, L. N. (coord.), *Carta de los Derechos Fundamentales de la Unión Europea* – Comentario artículo por artículo, Fundación BBVA, 2008.

Merino Merchán, J. F. *El "equivalente jurisdiccional" en el Derecho público español.* Tribunal Constitucional – Centro de Estudios Políticos y Constitucionales, Madrid, 2002.

Morera Villar, B. *El interés del menor y su participación en los procesos de familia tras la LO 8/2021 de protección integral a la infancia y adolescencia frente a la violencia.* Actualidad jurídica Iberoamericana. Núm. 17 bis, 2022.

Observación General de las Naciones Unidas Núm. 12 – *El derecho del niño a ser escuchado*, 2009.

Observación General de las Naciones Unidas Núm. 14 – *El derecho del niño a que su interés superior sea una consideración primordial* (artículo 3, párrafo 1), 2013.

Oxford Latin Dictionary, Clarendon Press, Oxford, 1968.

Pape, W. *Handwörterbuch der Griechischen Sprache*, 2. Aufl., Erster Band, Druck und Verlag von Friedrich Vieweg und Sohn, Braunschweig, 1849.

Prieto Castro, L. *Derecho Procesal Civil.* Tomo I, Librería General, Zaragoza, 1946.

Roca Trías, E. "Artículo 39", en Rodríguez-Piñero y Bravo Ferrer y Casas Baamonde, Mª E. (dirs.), Arnaldo Alcubilla, E. y Remón Peñalver, J. (ed.) y Pérez Manzano, M. y Borrajo Iniesta, I. (coords.). *Comentarios a la Constitución Española.* Tomo II, Boletín Oficial del Estado – Fundación Wolters Kluwer – Ministerio de Justicia – Tribunal Constitucional, Madrid, 2018.

Rodríguez Mateos, P. La protección jurídica del menor en la Convención sobre los derechos del Niño. *Revista Española de Derecho Internacional.* Vol. 44, Núm. 2, 1992.

Saiz Arnaiz, A. "Artículo 10.2". *Idem. Comentarios a la Constitución Española. Ob Cit.*

Schladebach, M. Praktische Konkordanz als verfassungsrechtliches Kolisionsprinzip. *Der Staat.* Vol. 53, Núm. 2, 2014.

Tobin, J. (ed.). *The UN Convention on the Rights of the Child – A Commentary.* Oxford, University Press, 2019.

Zaera Navarrete, J. I. *La audiencia del menor en los procesos de crisis matrimonial.* Comentarios a la STS núm. 413/2014, de 20 de octubre (Rec. 1229/2013). Actualidad Jurídica Iberoamericana. Núm. 3, 2015.

15. A VIOLÊNCIA CONTRA A MULHER E O DIREITO DO PAI A UM CONVÍVIO SADIO COM OS FILHOS: EM BUSCA DA JUSTA MEDIDA

Gilberto Haddad Jabur

1. Introdução

A Lei n. 11.340, de 07 de agosto de 2006, conhecida como Lei Maria da Penha, compôs um sistema amplo e moderno de normas para coibir a violência doméstica e familiar contra a mulher, "nos termos do § 8º do art. 226 da Constituição Federal", segundo se retira do próprio título da lei, bem como de olhos postos em convenções internacionais das quais o Brasil também foi parte. Tratou-se da violência física, psicológica, sexual, patrimonial e moral da mulher (art. 7º), no âmbito da "unidade doméstica", da família e da "relação íntima de afeto" (art. 5º). Entre as medidas protetivas de urgência (art. 18 a 21), sobretudo contra o agressor, destacam-se, além de seu afastamento do lar ou local de convivência da mulher, a proibição de dela se aproximar, inclusive de seus familiares, devendo o acusado, de todos eles, guardar distância mínima fixada pelo juiz, bem como se abster da frequência a determinados lugares (art. 22), sob pena de responder por crime ali também tipificado (art. 24-A). A norma em apreço tornou pública e incondicionada a ação penal para o crime de lesão corporal. Proibiu, além do mais, a aplicação da Lei nº 9.099/95 (art. 41). Logo, tanto a transação penal como a suspensão condicional do processo, e a própria conciliação civil, foram vedadas.

Recentes alterações realçam que as medidas de urgência "serão concedidas em juízo de cognição sumária a partir do depoimento da ofendida perante a autoridade policial ou da apresentação de suas alegações escritas", embora possam "ser indeferidas no caso de avaliação pela autoridade de inexistência de risco à integridade física, psicológica, sexual, patrimonial ou moral da ofendida ou de seus dependentes" (art. 19, § 4º, introduzido pela Lei n. 14.550, de 2023). A tipificação penal da violência ou o ajuizamento de ação penal ou civil não são exigidos para a concessão da proteção *in limine*, tampouco "a existência de inquérito policial ou do registro de boletim de ocorrência" (art. 19, § 5º, introduzido pela Lei n. 14.550, de 2023).

A causa ou motivação dos atos de violência e da condição do ofensor ou da ofendida são irrelevantes à aplicação da lei, se presentes as hipóteses previstas no art. 5º dessa lei especial (art. 40-A, introduzido pela Lei n. 14.550, de 2023).

À vista dessas recentes alterações na Lei Maria da Penha, a edição 41 da Jurisprudência em Teses do STJ assentou que "[a] vulnerabilidade, hipossuficiência ou fragilidade da mulher têm-se como presumidas nas circunstâncias descritas na Lei nº 11.340/2006" (Enunciado 6)[1].

As regras e medidas acima enunciadas sintetizam um relevante arcabouço para a redução da violência contra as mulheres. Segundo estimativas apontadas pelo Instituto de Pesquisa Econômica Aplicada – IPEA, fundação pública federal vinculada ao Ministério da Economia cujas pesquisas fornecem suporte técnico e institucional para a promoção de ações governamentais mirando políticas públicas e programa de desenvolvimento, calcula-se que a taxa de feminicídio foi contida em aproximados 10% a partir da vigência da Lei Maria da Penha. Mesmo assim, em 2019, a taxa de homicídios de mulheres na residência aumentou em 6,1%. Fora da residência, reduziu-se em 28,1%[2].

É indisputável que esse quase vintenário plexo de normas conteve sobremodo a escalada da multifacetada violência contra as mulheres.

[1] STJ – Jurisprudência em teses Edição 41 – Lei Maria da Penha. Disponível em: https://www.stj.jus.br/internet_docs/jurisprudencia/jurisprudenciaemteses/Jurisprud%C3%AAncia%20em,%20teses%2041%20-%20Lei%20Maria%20da%20Penha.pdf. Acesso em 20/02/2024.

[2] Violência contra a mulher. Disponível em: https://www.ipea.gov.br/atlasviolencia/arquivos/artigos/9144-dashboardviolenciamulherfinal-1.pdf. Acesso em 29/03/2023.

Mas é preciso considerar dois graves revezes produzidos pela incauta ou imponderada aplicação da norma: (I) as graves consequências do distanciamento entre pai e prole; e, tanto pior, (II) o risco de falsas denúncias, sobretudo de abusos sexuais, que se imputam ao homem.

2. Consequências do distanciamento entre pai e prole

2.1. Efeitos imediatos sobre a prole causados pelo distanciamento entre mãe e pai

O célere mecanismo de atuação dos meios de proteção fixados pela Lei nº 11.340/06 – cujo título que lhe foi atribuído corresponde ao nome de uma vítima (Maria da Penha) de tentativa de homicídio, em Fortaleza (1983), praticada por seu marido, que a alvejou duas vezes pelas costas, tornando-a paraplégica – permitem, quase sempre, a tempestiva intervenção do Estado em prol da integridade da mulher. O deferimento das medidas de urgência ocorre geralmente, sem a oitiva do acusado, surpreendido com determinações judiciais restritivas, entre as quais é possível sua prisão em flagrante.

A palavra da ofendida, que basta, ganhou relevância ainda maior a partir das modificações legislativas de 2023, acima apontadas.

Não é apenas a liberdade do acusado que sofre severa restrição sem contraditório (CF, art. 5º, LV): o convívio familiar, entre pai e prole, é tremendamente atingido quando o acusado não dispõe de meios financeiros para pagamento de fiança, restando-lhe o pedido de revogação da ordem de prisão ou a impetração de *habeas corpus*, caso mantido no cárcere após a audiência de custódia.

De súbito, tendo ou não sido recolhido ao cárcere, ao acusado se proíbe qualquer tipo de contato entre si e a mulher ou seus familiares, dos quais tampouco poderá se aproximar, conforme distanciamento mínimo imposto pelo juiz (art. 22, III). A restrição ou suspensão de visitas aos dependentes menores também foi contemplada pela lei (art. 22, IV).

Mas dessa suplementar e gravíssima restrição – da qual o afastamento entre pai e prole é consequência frequente – não depende o dano quase sempre causado aos laços familiares entre pai e filhos. O distanciamento entre a mãe o pai cria, *ipso facto*, um evidente abalo emocional à mãe, já fragilizada pelo fato do qual se originou a denúncia. Cria também, uma grave dificuldade de contato entre a prole e o pai, porquanto o distanciamento imposto entre ele e a mulher normalmente dificulta o contato entre pai e filhos, quando não o inibe em razão da pouca idade das crianças.

Um pai impedido de se aproximar da mãe enfrentará evidentes dificuldades para ter contato pessoal com seu filho de tenra idade. Não são poucos os casos em que, por variadas razões, financeiras ou não, a presença de uma babá ou a intermediação de um familiar é inviável. Ergue-se, por isso, um insuperável e danoso isolamento entre pai e filhos, cuja guarda unilateral passa à mãe habitualmente.

Emerge, de pronto, o alerta oriundo do insuperável *princípio do melhor interesse do menor*. À família, à sociedade e ao Estado, nessa mesma ordem, o constituinte cometeu, no art. 227, o irremediável dever de *assegurar* (assegurar é garantir, é determinar com certeza) à criança, ao adolescente e até ao jovem [3], "com absoluta prioridade" – além, evidentemente, do direito à vida, à saúde, à alimentação, à educação e ao lazer, à profissionalização, à cultura, à dignidade, ao respeito e à liberdade –, o sacrossanto direito "à convivência familiar", colocando-os (crianças, adolescentes e jovens) "a salvo de toda a forma de negligência [...]" e até de "opressão", vocábulo cujo espectro assumiu, hodiernamente, conteúdo e alcance elásticos.

A convivência familiar, cuja garantia o constituinte acima estabeleceu, exige evidente ponderação de valores entre a proteção da mãe e o convívio entre o pai e a prole.

É que a própria *voluntas legis*, declarada a partir da rubrica da Lei Maria da Penha, tomou em conta, com sobra de razões, o §8º do 226 da Constituição Federal[4], segundo o qual, e com nossos propositais itá-

[3] Segundo a Lei nº 12.852/13, que criou o Estatuto da Juventude, são considerados jovens as pessoas com idade entre 15 e 29 anos (art. 1º, § 1º).

[4] Eis a rubrica da Lei Maria da Penha: "Cria mecanismos para coibir a violência doméstica e familiar contra a mulher, *nos termos do § 8º do art. 226 da Constituição Federal*, da Convenção sobre a Eliminação de Todas as Formas de Discriminação contra as Mulheres e da Convenção Interamericana para Prevenir, Punir e Erradicar a Violência contra a Mulher; dispõe sobre a criação dos Juizados de Violência Doméstica e Familiar contra a Mulher; altera o Código de Processo Penal, o Código Penal e a Lei de Execução Penal; e dá outras providências."

licos, *"[o] Estado assegurará a assistência à família na pessoa de cada um dos que a integram*, criando mecanismos para coibir a violência no âmbito de suas relações".

Deveras, o amparo devotado pelo constituinte à família é extraordinário, o que o levou a sentenciar a seu favor e com exclusividade: "A família, base da sociedade, tem *especial proteção do Estado*" (art. 226). A nenhuma outra instituição o legislador atribuiu *"especial proteção do Estado"*. E assim o fez porque cônscio de que o fortalecimento da família, da qual e na qual se devem criar e educar cidadãos de bem e responsáveis, é a engrenagem fundamental e insubstituível para o próprio fortalecimento do tecido social. A história é recheada de exemplos segundo os quais a debilitação da família significou a própria degeneração da sociedade.

2.2. *Locus familiae*

A família é o núcleo essencial e insubstituível à adequada formação humana, onde a abnegação e o sacrifício de seus membros devem uns aos outros servir a partir dos exemplos dos pais e a despeito das qualidades mais ou menos virtuosas de cada membro.

"É o elemento natural e fundamental da sociedade e deve ser protegida pela sociedade e pelo Estado"[5].

Não fosse suprema sua importância à criação e educação humanas, o legislador nacional tampouco teria garantido à família a "especial proteção", inscrita no art. 226 da Constituição Federal. Tanto assim o é que a falta da família natural impõe a inserção da criança e do adolescente noutra dita *substituta* (ECA, art. 19, *caput*), porque o ambiente familiar é essencial à conformação da personalidade e à construção de valores e princípios, que se cristalizam nos primeiros anos de vida, mercê dos quais se configurarão as desejáveis virtudes à vida pessoal e de relação, ancoradas em bons costumes, que moldarão a moral fundamental, ou, à sua falta, provavelmente se revelarão vícios que poderão transferir ônus e riscos mais ou menos graves à sociedade.

É no ambiente familiar, com suas dificuldades e venturas, acertos e desacertos, que se adquirem e fortalecem a fraternidade e a solidarie-

[5] Art. 17 da Convenção Americana sobre Direitos Humanos (Pacto de São José da Costa Rica), promulgada, no ordenamento jurídico brasileiro pelo Decreto nº 678/92.

dade. É ali que o incessante fluxo da vida reclama atitudes e decisões que se inspiram não apenas na autoridade – que se poderia instalar pela dominação e poder –, porque, antes, são irrigadas pelo amor e pelos virtuosos exemplos dos mais velhos (avós, pais, irmãos etc.), que, pouco a pouco, infundem na intelecção dos menores o que é bom e o que não convém, o que é desejável e o que é maléfico. É no âmago do lar que devem se instalar e enraizar o conforto e a segurança necessários à formação de mentalidades estruturadas nos bons valores, dos quais nossa cultura e sociedade tanto e cada vez mais carecem e de cuja falta decorrem incontroláveis danos pessoais e sociais.

Ensinam-nos Ricardo Yepes Stork e Javier Aranguren Echevarría que a absoluta peculiaridade do lar tem origem no caráter pessoal do ser humano. É naquele ambiente íntimo que se abre e compartilha a intimidade como ampliação da própria pessoa e de sua alma. Ali, os demais passam a participar da intimidade pessoal alheia:

> "Assim", aduzem, "o *diálogo* acontece, sobretudo no lar: ali é realmente onde nos conhecem. Onde se tem de falar desinteressadamente é, sobretudo, na própria casa: nela o ideal é o reino da amizade, pois, justamente, é ali que cada um ama o outro pelo que é, e não pelo que contribui, distrai ou por sua utilidade"[6].

Esse pensamento foi superiormente sintetizado por São João Paulo II: "A primeira estrutura fundamental a favor da 'ecologia humana' é a família, em cujo seio o homem recebe as primeiras noções sobre a verdade e o bem; aprende o que significa amar e ser amado, e, por conseguinte, o que quer dizer concretamente ser uma pessoa"[7].

Pedro Morandé Court afirma que a expressão "ecologia humana" foi cunhada por São João Paulo II:

[6] Ricardo Yepes Stork e Javier Aranguren Echevarría. *Fundamentos de antropologia: um ideal da excelência humana*. Trad. Patrícia Carol Dwyer. São Paulo: Instituto Brasileiro de Filosofia e Ciência "Raimundo Lúlio" (Ramon Llull), 2005, pp. 121-122.

[7] Encíclica *Centesimus annus*, 1991.

> para chamar a atenção sobre a inconsistência que representa para a cultura atual sua preocupação pela preservação, em médio e longo prazos, do ambiente natural do homem e das demais espécies que habitam o planeta e não fazer o mesmo com a preservação moral do ser humano e da sociedade[8].

É necessário o permanente empenho para a construção e preservação da família "sã" a que se referiu o papa Bento XVI na Mensagem da Paz de 2008. Ali a autoridade dos pais deve ser reconhecida e acolhida não apenas pelo fato da hierarquia, mas pelo serviço carinhoso que se replica entre todos no lar, especialmente aos que dele mais carecem.

> O lar, portanto, ainda nas valiosas palavras de Ricardo Yepes Stork e Javier Aranguren Echevarría, é o âmbito da intimidade familiar, e por isso a nostalgia *da casa* é fortíssima no homem. É o lugar onde o homem toma consciência pela primeira vez, de sua condição de filho, de que sua existência tem raízes, do sorriso acolhedor da mãe, que é uma afirmação do que é positivo na existência. No lar, realiza-se o processo de formação da personalidade humana. É a moldura natural do amor, do sexo, da família. Nenhum ser humano pode carecer de um lar sem grave prejuízo. Os *meninos de rua*, que se pode encontrar em tantas cidades do globo, são pessoas às quais faltou o mais importante. Sua situação clama ao céu, pois a injustiça que se faz com eles tem dimensões ontológicas: lhes foi negado o *húmus* com o qual humanizar-se, lhes negou a mãe, a segurança, as referências[9].

Não parece causar dúvida a afirmação de que os pais (ou, na sua falta, os responsáveis pelo menor em formação) são os principais agentes do ensino do bem e da justiça, que depois serão exigidos dos filhos. "Os filhos devem ter na mãe e no pai modelos incontestáveis, que lhes sirvam de referência"[10].

[8] Court, Pedro Morandé. Família e sociedade contemporânea. *In Família, sociedade e subjetividades*. Uma perspectiva multidisciplinar. Trad. Vanessa Ribeiro Simon Cavalcanti. Org. João Carlos Petrini e Vanessa Ribeiro Simon Cavalcanti. Petrópolis: Vozes, 2005, p. 22.

[9] *Ibidem*, p. 123.

[10] Lubich, Chiara. *A família é o futuro: a espiritualidade da unidade da família*. Vargem Grande Paulista: Cidade Nova, 2002, p. 42.

O carinho e a firmeza no processo de formação e educação podem e devem ser conciliados a partir do lar para o mundo. A complacência habitual e irrefletida, por receio do desagrado ou da discórdia, assim como a ausência ou a distância entre pais e prole, pode provocar raízes daninhas ao crescimento psicoemocional saudável do qual dependerão a robustez do caráter e da personalidade para o enfrentamento das incontáveis adversidades com que nossos filhos se depararão mundo adentro e mundo afora.

Suficientemente por isso, o dever de proteger e bem encaminhar a prole cabe, em primeiro lugar, à família. Em segundo lugar, à sociedade, e só em terceiro ao Estado se o delega, conforme se lê, nessa mesma ordem, no *caput* do art. 227 da Constituição Federal[11].

Por isso e pelo muito mais que a Antropologia, a Sociologia e a Psicologia teriam a acrescer, a *especial proteção* constitucional concedida à família, anunciada no introito do art. 226 da Constituição Federal, não é fruto de retórica redacional ou superfluidade. Não há palavras inúteis na lei. Essa é uma das primeiras lições para a correta interpretação da norma que se aprendem no curso de Direito. O direito à necessária e especial proteção à família foi severamente escrito na norma porque, da adequada preservação da família, depende o genuíno bem, o bem comum, tão desejável pela sociedade.

É, pois, no *locus familiae*, e em companhia dos genitores, que a criança e o adolescente devem ser cuidados e formados, conduzidos e orientados. À falta da *família natural*, outra família deverá acolher os menores. É a *família substituta*, na qual serão introduzidos mediante guarda, tutela ou curatela (ECA, arts. 19, *caput*, 28 a 32, 165 a 170).

[11] Constituição Federal, Art. 227: "É dever da família, da sociedade e do Estado assegurar à criança, ao adolescente e ao jovem, com absoluta prioridade, o direito à vida, à saúde, à alimentação, à educação, ao lazer, à profissionalização, à cultura, à dignidade, ao respeito, à liberdade e à convivência familiar e comunitária, além de colocá-los a salvo de toda forma de negligência, discriminação, exploração, violência, crueldade e opressão.".

2.3. Poder e convívio familiares: a importância de cada um dos genitores na criação e no desenvolvimento psicoemocional dos filhos

Diversamente do direito romano, que atribuía o *patria potestas* no interesse exclusivo do chefe de família[12], o natural poder que se confere sobre os filhos menores hodiernamente, sem distinção, será "exercido, em igualdade de condições, pelo pai e pela mãe" (ECA, art. 21). Porque é indisputável, como bem apreendeu o legislador no artigo seguinte ao citado, que "[a] mãe e o pai, ou os responsáveis, têm direitos iguais e deveres e responsabilidades compartilhados no cuidado e na educação da criança [...]", inclusive, consoante se retira da sequência desse dispositivo, para transmitir aos filhos "suas crenças e culturas, assegurados os direitos da criança estabelecidos nesta Lei" (ECA, art. 22, parágrafo único).

O poder familiar a que os filhos estão sujeitos (CC, art. 1.630), pouco importando a separação conjugal de seus pais (CC, art. 1.632), não ostenta mais o caráter egoístico que o impregnava, como forma representativa da tirania do pai sobre o filho, mas, ao revés, representa, hoje, "uma servidão do pai e da mãe para tutela o filho"[13].

Deveras, "os direitos e deveres referentes à sociedade conjugal são exercidos igualmente pelo homem e pela mulher" (CF, art. 226, § 5º). Na falta de um, o outro o exercerá com exclusividade esse conjunto de poderes (CC, art. 1.631) cujo reverso são os deveres a que os pais se obrigam até que os filhos completem a maioridade: criar, educar, consentir para se casar, viajar a outro estado ou ao exterior, mudar de residência permanentemente, nomear tutor, além de representá-los judicialmente até os 16 anos e reclamá-los de quem os detenha ilegalmente (CC, art. 1.634, I a VIII), e, também, embora alguns disso se esqueçam vez outra, para dos filhos exigir "obediência, respeito e os serviços próprios da sua idade e condição" (CC, art. 1.634, IX).

Evidente que o abuso do pai ou da mãe no exercício desse grave *munus* poderá provocar sua suspensão (CC, art. 1.637) ou até a perda do poder sobre a prole (CC, art. 1.638).

12 Monteiro, Washington de Barros; Tavares da Silva, Regina Beatriz. *Curso de Direito Civil*. Vol. 2. São Paulo: Saraiva, 2016, p. 542.

13 *Ibidem*, p. 543.

Portanto, essa valiosa gama de poderes-deveres naturalmente atribuída aos pais, e por isso chancelada pela lei constitucional e civil, não mira o interesse de ambos, mas o superior interesse dos filhos.

Suficientemente por isso, François Laurent afirmou que o poder que pai e mãe exercem sobre a prole não é senão proteção e direção [14], cabendo-lhes, portanto, como bem ajuntaram Washington de Barros Monteiro e Regina Beatriz Tavares da Silva, "o encargo de velar pela formação dos filhos, a fim de torná-los úteis a si, à família e à sociedade"[15].

Por isso é dever e é direito dos pais terem seus filhos em sua companhia e guarda. E "nessa matéria os direitos são rigorosamente iguais, prevalecendo o princípio de proteção ao bem-estar dos filhos, sem qualquer apego aos interesses dos pais", razão pela qual se deve assegurar que a prole seja criada e educada no seio de sua família, participando, de tal modo, do convívio familiar e comunitário[16]. É disposição clara contida no art. 19 do ECA, segundo o qual "[é] direito da criança e do adolescente ser criado e educado no *seio de sua família* e, excepcionalmente, em família substituta, assegurada a convivência familiar e comunitária, *em ambiente que garanta seu desenvolvimento integral*".

O direito de ser criado e educado no seio familiar e de se desenvolver integralmente, tão desejado pelo legislador como forma evidente de se atender à própria natureza humana, reclama o *convívio familiar mútuo e permanente*.

Não é novidade que "os laços familiares têm o condão de manter crianças e adolescentes amparados emocionalmente, para que possam livre e felizmente trilhar o caminho da estrutura de sua personalidade"[17].

Nada disso é viável, no entanto, se a convivência entre pai e prole se frusta sem causa que justifique esse afastamento do qual surgem consequências gravosas ao pleno e saudável desenvolvimento dos menores,

[14] Laurent, François. *Principes de Droit Civil.* Bruxelles-Paris: Bruylant-Christophe & Comp., t. 4, 1869, p. 350.

[15] Monteiro, Washington de Barros; Tavares da Silva, Regina Beatriz. *Ob. cit.*, p. 547.

[16] *Ibidem*, pp. 548-549.

[17] Rossato, Luciano Alves. Lépore, Paulo Eduardo. Cunha, Rogério Sanches. *Estatuto da Criança e do Adolescente comentado.* Lei 8.069/90. São Paulo: Revista dos Tribunais, 2013, pp. 162-163.

conforme revelam diversos estudos de Sociologia, Antropologia e da Psicanálise, na lembrança de Eliane Michelini Marraccini e Maria Antonieta Pisano Motta, porque a família, além de uma unidade celular da sociedade, revela-se, mais além, como um sistema com funcionamento próprio[18].

Escrevendo sobre a importância das figuras materna e paterna nas diversas fases da vida dos filhos, Eliane Michelini Marraccini e Maria Antonieta Pisano Motta encarecem que, desde o início da vida, os filhos estabelecem relações com os progenitores, cuja prevalência de vínculos com um ou com outro varia, mas é certo que "persistem sempre simultaneamente os vínculos básicos de uma criança com ambos os pais, formando uma 'tríade'. Tanto o pai quanto a mãe exercem, entretanto, funções específicas junto ao filho, com atuações caracteristicamente distintas"[19].

Não é incomum, todavia, que, mirando a proteção da mãe, as medidas protetivas fundadas na Lei nº 11.340/06 isolem o pai da prole, como forma cautelar ou emergencial de tutela da integridade física ou psíquica da mãe.

Ao proibir-se o pai de se aproximar da mãe a menos de 100 ou 200 metros, assim como de qualquer um de seus familiares, bem como daqueles que testemunharam a pedido da mãe (art. 22), é automático o distanciamento, reflexo e danoso, que se impõe aos próprios filhos, ainda que a decisão que deferiu a tutela de urgência a determine "sem prejuízo do contato com a prole".

É improvável que, até sua adolescência, um menor cujo pai deva guardar tamanha distância da mãe possa sequer ir ao encontro físico do pai sem ordinários percalços e consideráveis riscos ao genitor. Não só porque a lei pune o abandono de incapaz (CP, art. 133 [20]), mas, antes – e essa é

[18] Marraccini, Eliane Michelini E Motta, Maria Antonieta Pisano. Guarda dos filhos: algumas diretrizes psicanalíticas. *Doutrinas Essenciais.* Família e Sucessões. Relações de parentesco. Org. Yussef Said Cahali e Francisco José Cahali, 2ª. tiragem, v. 4, 2011, p. 1.122.

[19] *Ibidem,* p. 1.124.

[20] Art. 133 – "Abandonar pessoa que está sob seu cuidado, guarda, vigilância ou autoridade, e, por qualquer motivo, incapaz de defender-se dos riscos resultantes do abandono: Pena – detenção, de seis meses a três anos. § 1º- Se do abandono resulta lesão corporal de natureza grave: Pena – reclusão, de um a cinco anos. § 2º- Se resulta a morte: Pena –

ratio legis –, porque lhe falta tino suficiente para se movimentar e estar onde bem quiser desacompanhado do responsável, ainda que não lhe faltem desejo e coragem.

É a mãe, portanto, que deverá levar o filho ao encontro do pai, se babá, avós, tios ou primos não houver. E nem sempre há. Como tampouco nem sempre amigos e pessoas solidárias, ainda que desejosas de colaborar, estão disponíveis às sextas-feiras, aos sábados ou domingos, para encaminhar o menor ao pai. Quanto menos durante a semana e à porta da escola do filho onde o pai o pegaria para passar algumas horas, e, em seguida, devolvê-lo na residência da mãe. Se o pai deparar a mãe saindo da escola, pouco importando a coincidência ou não, haverá descumprimento da medida protetiva e a prisão do pai poderá ser decretada (art. 24-A, *caput*). E nem todo varão reunirá recursos suficientes para pagar fiança, se e quando concedida pela autoridade judicial (art. 24-A, § 2º).

Até porque o pai tampouco poderá frequentar lugares determinados pelo juiz, não raro os mesmos frequentados pela ofendida (art. 24, III, c), "mesmo que tenha chegado anteriormente ao local", como se lê habitualmente em decisões dessa natureza.

Ora, quer pelo distanciamento impositivo, quer pela proibição de frequentação dos mesmos lugares que a mãe, o pai não deverá, tanto por uma quanto por outra razão, aproximar-se de nenhum local em que a mãe esteja ou possa estar, quer para se encontrar com seu filho, quer para apenas ali o buscar. Os riscos carreados ao pai, ainda que impelido por genuíno amor, são grandes e por isso desaconselham sua tentativa.

Fissura-se, assim e obliquamente, ainda que outra fosse a intenção da mãe, a necessária e garantida "convivência familiar" (CF, art. 227), tão cara ao legislador. Porque, e a plenas luzes, "[a] separação judicial, o divórcio e a dissolução da união estável não alteram as relações entre pais e filhos senão quanto ao direito, que aos primeiros cabe, *de terem em sua companhia os segundos*" (CC, art. 1.632).

reclusão, de quatro a doze anos. Aumento de pena § 3º- As penas cominadas neste artigo aumentam-se de um terço: I - se o abandono ocorre em lugar ermo; II - se o agente é ascendente ou descendente, cônjuge, irmão, tutor ou curador da vítima. III – se a vítima é maior de 60 (sessenta) anos (Incluído pela Lei nº 10.741, de 2003).".

Eliane Michelini Marraccini e Maria Antonieta Pisano Motta confirmam que a ausência de um ou outro genitor provoca sérias consequências sobre o desenvolvimento do menor: "Desenvolver-se na total ausência de um representante de cada sexo produz uma espécie de 'hemiplegia simbólica' na criança, pois ela será privada de toda uma relação que tem papel fundamental na sua constituição psicológica normal"[21].

A determinação de afastamento do pai em relação à mãe produz, naturalmente e pelas razões acima sumariadas, esse distanciamento entre pai e prole, quer pelo grave risco de descumprimento da medida pelo pai que se aproxime da residência ou do local de trabalho da mãe, quando for ao encontro do filho, quer, como também já se apontou, pelo evidente desassossego que esse estado de coisas provoca no menor, de cuja percepção dificilmente escapa a tensão do momento e angústia do pai.

A experiência revela que muitos pais chegam a desistir de visitarem seus filhos por receio de irem ao seu encontro ainda que em local próximo do da mãe. O risco de descumprimento da medida caracterizado pela mera presença da mãe a menos de tantos metros do local em que o pai se encontraria com seu filho acentua o medo e arrefece o ânimo de grande número de pais, que a tudo isso somam a desconfiança de que a mãe possa lhe armar uma arapuca, desejosa de vê-lo aprisionado, o que não é tema de filme de ficção, tampouco é hipótese rara, infelizmente. A prisão, nesse caso, reclama apenas a prova de que o pai se aproximou da mãe. A justificativa de que não era seu desejo importuná-la, mas apenas de estar com seu filho, exercendo seu sagrado direito de visitas, demanda prova em capítulo diverso do flagrante então consumado e do qual lhe resultou a prisão, quiçá a segunda.

Por isso a temperança que se exige na determinação das tutelas de urgência em defesa da integridade física e psíquica da mulher, sobretudo na sua execução. É que, no louvável afã de proteção à mãe, à qual a lei especial defere diversos mecanismos de tutela, a *convivência familiar* (ECA, art. 4º), que se garante até mesmo à mãe ou ao pai privado de liberdade (ECA, art. 19, § 4º), converte-se, na prática, em doloroso *distanciamento paternal*, em franca violação da própria dignidade da criança ou do adoles-

[21] Marraccini, Eliane Michelini; Motta, Maria Antonieta Pisano. *Ob. cit.*, p. 1.124.

cente, aos quais a mesma *lex specialis* reconheceu, com motivos de sobra, o "direito à liberdade, ao respeito e à dignidade como pessoas humanas em processo de desenvolvimento e como sujeitos de direitos civis, humanos e sociais garantidos na Constituição e nas leis" (ECA, art. 15).

O direito à liberdade em apreço "compreende os seguintes aspectos: [...] V – participar da vida familiar e comunitária, sem discriminação" (ECA, art. 16).

Tudo isso, sem se perder de vista, que "[n]a interpretação desta Lei levar-se-ão em conta os fins sociais a que ela se dirige, as exigências do bem comum, os direitos e deveres individuais e coletivos, e a *condição peculiar da criança e do adolescente como pessoas em desenvolvimento*" (ECA, art. 6º).

E na fluência desse desenvolvimento inerente à personalidade infanto-juvenil tem função primordial a presença não só materna, mas também a *presença paterna frequente*, em tudo diversa daquela que navega ao sabor do acaso e que se perfaz se e quando a mãe não estiver por perto, a fim de se evitar a mais grave forma de cerceamento da liberdade.

Como afirmam ambas as psicanalistas acima citadas, "pai e mãe necessitam sempre se apresentar devidamente diferenciados frente ao filho, porque somente assim a criança introjetará as figuras masculina e feminina de maneira bem discriminada". Suficientemente por isso, a presença de ambos os genitores é "decisiva", mesmo que não seja contínua, "pois será muito difícil que uma só pessoa possa desempenhar plenamente funções materna e paterna que, em certos momentos, podem se configurar em todas de posições diametralmente opostas"[22].

A família separada pelo distanciamento entre pai e mãe passa a merecer proteção ainda maior, porque a "inviolabilidade da integridade física, psíquica e moral da criança e do adolescente", na qual consiste "o direito ao respeito" garantido por lei (ECA, art. 17), reclama o permanente balanceamento de valores e pesos para a harmonização entre a garantia de proteção à mãe e à convivência da prole com o pai.

Tempo de qualidade do filho com mãe e pai é fundamental ao processo de desenvolvimento psicoemocional do menor. Porque "além da maturação

[22] *Ibidem*, p. 1.125.

psicofisiológica, o desenvolvimento se constitui pela interação de fatores determinados pelas relações da criança com seu mundo real, do qual a mãe e o pai são os primeiros e mais importantes representantes"[23].

Dos dois aos seis anos de idade, ao mesmo tempo em que o vínculo entre a criança e a mãe aumenta, o relacionamento com o pai deve se estreitar não só a partir do contato real, como também no ideário da criança, que começa a embutir a imagem do pai em seu psiquismo:

> O pai ganhará aos poucos importância maior na vida concreta e mental da criança. Sua presença como homem, companheiro da mãe e pai da criança adquire uma representação mental primordial na estruturação da sua personalidade, seja ela menino ou menina. Em função disso é que se torna importante conviver com ambos os pais, dando lugar a que possa ocorrer um processo de identificação completo, o qual tem participação na construção da saúde mental da criança. Em caso de separação dos pais, esta convivência deve ser garantida por um sistema de guarda em que a criança tenha possibilidade de convívio profundo e amplo com ambos[24].

Da mesma e autorizada doutrina psicanalítica se colhe que crianças de ambos os sexos "farão fantasias sobre o progenitor ausente e criarão explicações para essa ausência. Pode ser que se sintam responsáveis pelo afastamento e então se imbuirão de profundo sentimento de culpa, ou da imagem fantasiosa de um pai ou mãe punitivos"[25].

Pior até: "Poderão ainda sentir que aquele que se ausenta é tão mau, que não vale a pena identificar-se com ele, ou então que não compensa o relacionamento com alguém do sexo oposto ao seu, no futuro"[26].

O período entre sete e doze anos idade, denominado de latência, é aquele em que a criança se mostra ávida pela compreensão e explicações de variada ordem. É uma fase em que a participação dos pais na sua vida

[23] *Ibidem*, p. 1.126.

[24] *Ibidem*, p. 1.127. Segundo as mesmas autoras, por volta dos três anos de idade, a criança ainda enxerga a família como o centro do seu mundo, razão pela qual considera "um verdadeiro desastre a ausência prolongada do pai ou da mãe" (*Ibidem*, mesma página).

[25] *Ibidem*, p. 1.128.

[26] *Ibidem*, pp. 1.128-1.129.

escolar é relevante, porque passa a medir o interesse de ambos por ela a partir do interesse que demostram por seu desempenho e relatos escolares. "A escola, entretanto, não substituiu de forma alguma o papel essencial dos pais". É período no qual também se deverá

> atentar para o fato de que o estreitamento da convivência com o genitor do mesmo sexo é desejável e deve ser incentivado, mesmo sendo ele o genitor não guardião. Isso é principalmente ditado pelo fato de ser a latência caracterizada pela consolidação dos papéis sexuais[27].

Entre os treze e dezoito anos de idade, mudanças físicas provocadas pela puberdade somam-se a um período de tensão para grande parte dos jovens em que a falta de normas, a fraqueza ou a disputa entre os pais é lesiva. É nessa fase que as experiências vividas na infância em torno do divórcio dos pais são reativadas. Mais até:

> A ausência física, a carência afetiva pode levar o adolescente a construir defensivamente em seu psiquismo, uma imagem idealizada do genitor ausente, pela necessidade que ele tem de preservar sua imagem como futuro genitor, assim como acreditar-se capaz de vir a ser bom pai para seus filhos, não falhando com eles como sente que seu pai falhou consigo[28].

O relevo da companhia entre pais e filhos, da mãe, por razões conhecidas, e do pai, por tantas outras acima sumariadas, não pode passar desapercebido ao se deferirem as medidas protetivas à mãe. Não se desconhece que essas cautelas possam se estender à prole, em casos de agressividade generalizada do pai. Mas, tirante essas raras hipóteses, é necessária a harmonização entre o direito à segurança da mulher e o direito dos filhos à companhia do pai, e vice-versa. Nem tanto porque a coautoridade do pai sobre a prole assim lhe permita, bem mais porque o *princípio do melhor interesse do menor* dessa forma o exija.

[27] *Ibidem*, p. 1.130.
[28] *Ibidem*, p. 1.132.

Não são poucas as razões que tornam imperiosa a convivência entre pai e filhos, assim como, e por isso, gravosas as consequências dessa privação, consoante apontam os estudos psicanalíticos acima sumariados.

De mais a mais, tornam-se frequentes e gravemente majoritárias as denúncias falsas contra o homem. Além de provocar severos danos sobre a comunidade familiar, essa conduta fissura o próprio tecido social dentro do qual o legislador se esforçou sobremodo para preservar a integridade física e psíquica daquela que, vez outra, contando com o beneplácito legal, passou a se valer da malícia e da chantagem, da maledicência criminosa e da retaliação afetiva ou até mesmo argentária para praticamente excluir o (ex)marido do convívio social, o que empiora quando houver prole comum.

3. Falsas denúncias

A aplicação da Lei Maria da Penha pretextando falsas denúncias de agressão física e abuso sexual já foi objeto de matéria jornalística[29]. Deveras, a maledicência e a ousadia da acusadora, somadas à grave manipulação da prole, se devidamente constatadas, bastariam para desencadear processo judicial para a perda do poder familiar, com fundamento no art. 1.638, III, do Código Civil[30], o que agravaria ainda mais a posição do menor em relação à família, porque, além de expor a privacidade sobretudo da mãe, que permanecerá registrada nos anais do Judiciário, poderá provocar uma das decisões judiciais mais dolorosas àquele cujo poder familiar vier a ser cassado.

Falsas acusações de abuso sexual ou até de estupro, como meio de retaliação afetiva ou até mesmo patrimonial são clamorosas razões em decorrência das quais é preciso rever o conteúdo e o alcance das medidas protetivas e, antes, a forma pela qual são sumariamente concedidas, à luz da versão da acusadora, quase sempre desacompanhada, no ato, de

[29] Nas Varas de Família da capital, falsas denúncias de abuso sexual podem chegar a 80% dos registros. Disponível em: https://extra.globo.com/noticias/rio/nas-varas-de-familia-da-capital-falsas-denuncias-de-abuso-sexual-podem-chegar-80-dos-registros-5035713.html. Acesso em 30/03/2023.

[30] Art. 1.638. Perderá por ato judicial o poder familiar o pai ou a mãe que: [...] III – praticar atos contrários à moral e aos bons costumes.".

reforço testemunhal isento. E tudo isso à margem do contraditório, que se instala após o cumprimento das medidas, entre as quais a frequente prisão do acusado.

Ainda que a acusação aponte agressão física, crime que deixa vestígios ordinariamente, o exame de corpo de delito, que poderia provar a inocência do acusado, não se realiza senão após o início da execução das medidas protetivas da mulher. Tanto pior se o homem for acusado de ameaça verbal, cuja tentativa de desconstituição não se fará senão no leito de um processo judicial antecedido por diversas medidas restritivas, quiçá sua prisão, que, a despeito de revogada eventualmente, será renovada se o acusado descumprir qualquer medida protetiva.

E não se perca de vista que "[a] ação penal relativa ao crime de lesão corporal resultante de violência doméstica contra a mulher é pública incondicionada" (Enunciado 542 da Súmula do STJ).

Tampouco produziria efeitos imediatos a renúncia à representação pretendida pela ofendida em relação aos crimes cuja ação penal dela dependa. Seria necessária audiência específica para essa finalidade (Lei n. 11.40/06, art. 16). Diversa é a hipótese de ação penal derivada de lesão corporal em caso de violência doméstica, que não reclama representação ao Ministério Público, titular absoluto da querela, de nada valendo, nesse caso, o arrependimento da acusadora.

Por fim, tanto a denúncia caluniosa, que exige a procedimento para apuração da (falsa) imputação de fato (CP, art. 339), quanto a falsa comunicação de crime, para a qual basta o endereçamento da *notitia criminis* à autoridade policial (CP, art. 340), tampouco se revelam suficientes ou mesmo adequadas, no início da disputa, para provocar a reversão das decisões judiciais desfavoráveis a quem tenha sido injustamente acusado.

Nesse cenário, e a despeito da reparação civil que poderá resultar do arquivamento do expediente penal ou da improcedência da demanda judicial, os danos experimentados por aquele que foi deslealmente acusado vão além, atingindo a própria família, que, apesar da ruptura da sociedade conjugal entre os genitores, continua a merecer especial proteção do Estado (CF, art. 226).

São razões que nos parecem bastantes para que, à mingua de provas ou ao menos indícios graves, o Judiciário atue com cautela antes de abraçar a narrativa da acusadora. Porque, em grande parte das vezes, dela derivarão, à falta de mínimos elementos de prova, doloroso transtorno à vida familiar, muito além da vida do marido, atingindo, no mais e ao cabo, aqueles a quem mais os pais (e o Direito) deveriam proteger.

4. Em busca da justa medida entre a proteção da mãe e a visitação do pai

A separação judicial, o divórcio ou o término da união estável não modificam os poderes dos pais nem as relações entre eles e a prole, senão quanto ao direito de ambos terem os filhos em sua companhia, a despeito do distanciamento físico resultante do término da vida conjugal (CC, art. 1.632).

Velar pela criação e educação dos filhos não é uma opção. É um dever do qual pai e mãe, juntos ou separados fisicamente, não podem abdicar. O abandono material e moral, cujo conteúdo e alcance são também gravosos, pode provocar não só a perda do poder familiar que cada um deles (e os dois ao mesmo tempo) exerce (CC, art. 1.638, II), como também poderá impulsionar expediente penal cujas sanções não são menos severas (CP, arts. 244 a 246).

Emerge, portanto, como necessária a ponderação dos elevados valores imateriais em jogo: de um lado, a proteção irrestrita da mulher; de outro, a convivência restrita da prole com o genitor, não por força de decisão judicial específica (que não deixa de ser possível *ad instar* do art. 22, IV, da lei de regência, de rara determinação), mas por natural decorrência do afastamento compulsório entre a mãe e o pai, do que resulta, quase sempre, o distanciamento entre pai e filhos, cujo convívio passa a ser enormemente atingido, em conformidade com o que se desenvolveu acima.

Além da redobrada cautela por ocasião do recebimento e exame dos pedidos de aplicação das severas normas contidas na Lei Maria da Penha, cumpre, de outra banda, e pelo mesmo magistrado ao qual tocar a decisão, a preservação do convívio entre o pai e a prole que dessa relação adveio.

Nessa tarefa, Sua Excelência poderá contar com a "equipe de atendimento multidisciplinar [...] integrada por profissionais especializados nas áreas psicossocial, jurídica e de saúde" (Lei n. 11.340/06, art. 29), entre cujas atribuições também estão o desenvolvimento de "trabalhos de orientação, encaminhamento, prevenção e outras medidas, voltados para a ofendida, o agressor e os familiares, *com especial atenção às crianças e aos adolescentes*" (idem, art. 30). Não só, todavia: "Quando a complexidade do caso exigir avaliação mais aprofundada, o juiz poderá a manifestação de profissional especializado, mediante a indicação da equipe de atendimento multidisciplinar" (idem, art. 31), à qual, por isso, a lei dedicou título à parte [31].

Nessa senda, a guarda compartilhada contribuirá à qualificada convivência entre pai e prole, convindo recordar, a respeito de sua aplicação, contanto que não haja histórico de violência, que:

> quando não houver acordo entre a mãe e o pai quanto à guarda do filho, encontrando-se ambos os genitores aptos a exercer o poder familiar, será aplicada a guarda compartilhada, salvo se um dos genitores declarar ao magistrado que não deseja a guarda da criança ou do adolescente ou quando houver elementos que evidenciem a probabilidade de risco de violência doméstica ou familiar (CC, art. 1.584, § 2º)[32].

Terminando, não é demais reencarecer que a criança e o adolescente necessitam tanto da influência da mãe quanto do pai, sobre cuja importância cabe uma complementar e não menos esclarecedora lembrança colhida em Luis Riesgo Menguez, segundo o qual:

> [...] para sua correta educação e desenvolvimento, a criança necessita da influência paterna constante e solícita. O pai tem, por natureza, uma série de qualidades de energia, decisão, fortaleza etc., que compensam e moderam os aspectos de excessiva ternura e delicadeza da mãe. O menino necessita do forte influxo paterno para ir-se fazendo mais homem, mais viril, mais capaz de lutar e de abrir caminho para suas próprias forças. E a menina, abandonada à exclusiva influência materna, corre perigo de um efeminamento excessivo, uma brandura e falta de caráter que podem prejudicá-la muito

[31] Título V, denominado "Da Equipe De Atendimento Multidisciplinar", composto pelos arts. 29 a 32.

[32] Conforme redação dada pela Lei nº 14.713, de 2023.

no futuro. Filhos e filhas necessitam do influxo paterno para seu correto desenvolvimento[33].

Warren Farrell, que preside o comitê e formação do Conselho da Casa Branca para Homens e Meninos, eleito três vezes membro da Organização Nacional para Mulheres, em Nova Iorque, e John Gray, autor diversas publicações sobre o mesmo tema, construíram um sumário contendo "mais de 70 benefícios que um pai completamente envolvido gera para os filhos, além de indicar os perigos da ausência paterna". Todas as conclusões trazidas por esses dois autores, no livro *A crise do menino*, amparam-se em trabalhos científicos cuja fonte é igualmente mencionada. A lista é surpreendente[34].

[33] Menguez, Luis Riesgo. *A configuração da família à luz exclusiva da razão da razão natural.* São Paulo: Mundo Cultural Ltda., 1977, p. 117.

[34] Seguem algumas entre as dezenas de conclusões extraídas por Warren Farrell e John Gray (*A crise do menino: como compreender os desafios de ser menino nos dias de hoje (e ajudá-lo).* Trad. Lena Aranha. Pompéia: IDF, 2021, p. 411-6): "1. As crianças que perdem o pai têm, por volta dos 9 anos de idade, uma redução de 14% no comprimento dos telômeros – os indicadores mais confiáveis da expectativa de vida. Ademais, o dano aos telômeros para os meninos é 40% maior do que para as meninas. 5. Estudantes oriundos de famílias cujo pai é presente têm notas mais altas em matemática e ciências, mesmo quando eles vêm de escolas mais fracas. 6. O envolvimento paterno é pelo menos cinco vezes mais importante na prevenção do uso de drogas do que a proximidade com os dois progenitores, as regras parentais, a confiança parental, a severidade, o gênero de uma criança, sua etnia ou classe social. 7. Um estudo entre meninos com histórico similar revelou que, por volta do terceiro ano do fundamental, aqueles cujo pai era presente acertaram mais questões em todos os testes de desempenho e receberam notas maiores. 8. Viver num lar sem pai é o fator mais relacionado com o suicídio entre adolescentes do que qualquer outro. 9. Os pais tendem a impor limites. As crianças pequenas cujos pais impuseram limites e os reforçaram durante a fase de exploração dos filhos apresentaram melhores habilidades sociais e emocionais cerca de 12 a 18 meses depois. 10. Quanto mais interação um menino tem com o pai antes dos 6 meses de idade, maior sua competência mental. 11. Quando o pai tem contato positivo com os filhos durante os primeiros dois anos, as crianças têm menos sinais de comportamento descontrolado e indesejado.13. No mundo inteiro, a quantidade de tempo que o pai passa com o filho é um dos indicadores mais fortes da capacidade da criança de sentir empatia quando ela crescer. 14. Por volta do primeiro ano, meninos e meninas criados em famílias com pais presentes tiveram níveis de QI significativamente mais altos do que aquelas criadas em famílias cujos pais eram ausentes. 15. Quanto mais contato as crianças têm com o pai durante o crescimento, mais facilmente elas fazem

Conclusões

A natureza humana conformou pai e mãe com características próprias e complementares, mercê das quais delas dependem os filhos para seu inte-

contato aberto, receptivo e confiante com novas pessoas na vida. E quanto mais contato um bebê tem com o pai antes dos 6 meses de idade, maior a sua capacidade de confiar. 16. Quanto mais envolvido o pai é, maior o desenvolvimento verbal de um menino. 17. A ausência paterna indica o perfil tanto de quem pratica quanto de quem sofre bullying: baixa autoestima, notas baixas e poucas habilidades sociais. 18. Os adolescentes cujos pais e mães vivem separados, mas que têm tempo igual com ambos os pais, conseguiram fazer amigos com mais facilidade do que adolescentes que vivem em qualquer outra situação -- até mesmo mais do que os que vivem com ambos os pais juntos. 19. Quando o envolvimento paterno após o divórcio é o mesmo, isso pode gerar melhores relacionamentos com padrastos/madrastas e maior coesão familiar no geral. 20. Num estudo que mediu o bem-estar de 172 mil crianças através de uma combinação da condição psicológica, social e de saúde física, as crianças com tempo parental compartilhado igualitariamente se saíram muito melhor do que aquelas que viviam com apenas um progenitor responsável ou passavam mais tempo com o pai ou a mãe, e quase tão bem quanto aquelas que viviam numa família intacta. 21. Mesmo dentro dos primeiros meses após a separação, a guarda compartilhada com tempo parental igualitário resulta em menos rivalidade entre irmãos e menos atitudes negativas para com os pais. 23. Tanto os meninos quanto as meninas sofrem depois do divórcio dos pais, mas foi entre meninos que se observou um sentimento de perda e um comportamento depressivo mais severos. 24. Mesmo quando etnia, escolaridade, renda e outros fatores socioeconômicos são iguais, viver sem pai dobrou a chance de um adolescente abandonar o ensino médio. 25. Os adolescentes com mínimo ou nenhum envolvimento paterno contabilizam 71% das desistências do ensino médio. Eles também são mais suscetíveis a faltar na escola e, além de desistirem, serem expulsos dela. 26. Os meninos cujo pai é ausente têm maior probabilidade do que suas irmãs de ficarem desempregados; em contrapartida, os garotos que vêm de lares com ambos os pais têm mais probabilidade do que suas irmãs de estarem empregados. 27. Quando os meninos com pais ausentes estão empregados, eles têm menor probabilidade de serem bem-sucedidos enquanto profissionais. 37. As crianças que moravam com o pai sentiam-se positivas para com a mãe; as que moravam com a mãe eram mais propensas a pensarem no pai de forma negativa? 38. Quando o pai é o principal cuidador dos filhos após o divórcio, a probabilidade de os filhos terem contato com a mãe é duas vezes maior. 39. As brincadeiras mais agressivas feitas pelo pai ajudam a regular a agressividade das crianças pequenas, tanto meninas quanto meninos, mas ajuda especialmente os meninos a controlarem a agressividade induzida pela testosterona ao gravar seus circuitos do lado esquerdo do cérebro. 42. As crianças entre 10 e 17 anos que viviam sem o pai biológico eram mais suscetíveis a serem vítimas de abuso infantil, violência grave, assédio sexual e violência doméstica. 43. A cada 1% de aumento na ausência paterna num bairro, está previsto um aumento

gral desenvolvimento psicoemocional, consoante revelam estudos multifários, especialmente os sociológicos, antropológicos e psicanalíticos que se ocuparam da influência provocada pela ausência de um dos genitores nas diversas fases de desenvolvimento da criança e do adolescente.

Todavia, as medidas de proteção concedidas à mulher nos termos e para os fins da Lei nº 11.340/06 (Lei Maria da Penha) podem provocar, por efeito reflexo, o ordinário distanciamento entre pai e prole decorrente do impedimento à aproximação entre os genitores, como se extrai de diversas situações corriqueiras da vida exemplificadas no correr deste artigo, tornando a visitação do pai aos filhos de tenra idade até mesmo arriscada e tensa.

Por isso, é preciso redobrar a cautela na concessão de medidas restritivas em favor da mulher, tomando-se em conta que a proteção que a lei lhe defere, com sobra de razões, não pode jamais desconsiderar o *princípio do melhor interesse do menor* envolvido, ao qual a ordenamento jurídico garante a convivência familiar de olhos postos na sua personalidade em franco desenvolvimento.

Exige-se, pois, o máximo esforço do magistrado para preservação do convívio entre pai e filhos, porque dele derivam incontáveis benefícios ao pleno e saudável crescimento psicoemocional da prole. Mas, de ausência

de 3% na violência entre adolescentes. 44. Entre os jovens nas prisões, 85% cresceram num lar sem pai. As prisões são basicamente centros para rapazes com pai ausente. 45. Os adolescentes sem pai biológico, mas que foram criados em famílias adotivas, enfrentaram níveis de encarceramento ainda maiores do que os que cresceram em famílias com mães solteiras. 46. Entre meninos negros, há uma redução de cerca de 46% na ocorrência de hipertensão quando o pai está significativamente envolvido. 47. Entre filhos de mães adolescentes criados sem o pai, são os meninos que apresentam 'níveis alarmantes de patologia': abuso de drogas ou álcool e atividade criminal. Esses problemas permanecem durante a vida adulta. 48. A ausência paterna aumenta a probabilidade de maternidade adolescente. 52. Muitos dos atiradores solitários que provocaram massacres em escolas eram filhos de pai ausente. 53. Filhos de pais ausentes buscam estrutura e respeito em gangues. 54. As crianças com idades entre 10 e 17 anos que viviam com os pais biológicos eram significativamente menos suscetíveis a sofrerem assédio sexual ou abuso infantil se comparadas com colegas que viviam em famílias monoparentais ou adotivas. 55. As crianças com idades entre 10 e 17 anos que viviam com os pais biológicos eram menos suscetíveis a presenciarem violência na própria família se comparadas com colegas que viviam em famílias monoparentais ou adotivas.".

decorrem indesejáveis efeitos sobre a construção da personalidade e do caráter desses seres humanos em processo de formação.

Também por isso, a guarda compartilhada, que se deve observar à falta de elementos que apontem a inaptidão de um ou outro genitor, deve ser adotada como modelo ideal quando as medidas restritivas concedidas com amparo na Lei Maria da Penha não envolvam os menores nos atos de violência que justificam sua aplicação.

Referências

BRASIL. Constituição (1988). Constituição da República Federativa do Brasil. Diário Oficial de 5 de outubro de 1988.

BRASIL. Decreto-Lei 2.848, de 7 de dezembro de 1940. Código Penal. Diário Oficial da União, Rio de Janeiro, 31 dez. 1940.

BRASIL. Lei nº 10.406, de 10 de janeiro de 2002. Código Civil. Diário Oficial da União, Brasília, 11 jan. 2002.

BRASIL. Decreto nº 678, de 6 de novembro de 1992. Promulga a Convenção Americana sobre Direitos Humanos (Pacto de São José da Costa Rica), de 22 de novembro de 1969. Diário Oficial da União, Brasília, 6 nov. 1992.

BRASIL. Superior Tribunal de Justiça. Recurso Especial 1.629.994, Rio de Janeiro. 3ª Turma. Relatora: Min. Nancy Andrighi, 06 dez. 2016, Diário de Justiça Eletrônico, Brasília, 15 dez. 2016.

Court, Pedro Morandé. Família e sociedade contemporânea. Trad. Vanessa Ribeiro Simon Cavalcanti, in *Família, sociedade e subjetividades. Uma perspectiva multidisciplinar*. Org. João Carlos Petrini e Vanessa Ribeiro Simon Cavalcanti. Petrópolis: Vozes, 2005.

Farrell, Warren; Gray, John Gray. *A crise do menino: como compreender os desafios de ser menino nos dias de hoje (e ajudá-lo)*. Trad. Lena Aranha. Pompéia: IDF, 2021.

Laurent, François. *Principes de Droit Civil*, Bruxelles-Paris: Bruylant-Christophe & Comp., t. 4, 1869.

Lubich, Chiara. *A família é o futuro: a espiritualidade da unidade da família*. Vargem Grande Paulista: Cidade Nova, 2002.

Marraccini, Eliane Michelini; Motta, Maria Antonieta Pisano. Guarda dos filhos: algumas diretrizes psicanalíticas. *In Doutrinas Essenciais*. Família e Sucessões. Relações de parentesco. Org. Yussef Said Cahali e Francisco José Cahali, 2ª. tiragem, v. 4, 2011.

Menguez, Luis Riesgo. *A configuração da família à luz exclusiva da razão da razão natural*. São Paulo: Mundo Cultural Ltda., 1977.

Monteiro, Washington de Barros Monteiro; Tavares da Silva, Regina Beatriz. *Curso de Direito Civil*. 43 ed. São Paulo: Saraiva, v. 2, 2016.

Nas varas de família da capital, falsas denúncias de abuso sexual podem chegar a 80% dos registros. Disponível em: https://extra.globo.com/noticias/rio/nas-varas-de-familia-da-capital-falsas-denuncias-de-abuso-sexual-podem-chegar-80-dos-registros-5035713.html. Acesso em: 30/03/2023.

Paulo II, São João, Encíclica *Centesimus annus*, 1991.

Rossato, Luciano Alves; Lépore, Paulo Eduardo; Cunha, Rogério Sanches. *Estatuto da Criança e do Adolescente comentado*. Lei 8.069/90. São Paulo: Revista dos Tribunais, 2013.

Stork, Ricardo Yepes. Echevarría, Javier Aranguren. *Fundamentos de antropologia:* um ideal da excelência humana. Trad. Patrícia Carol Dwyer. São Paulo: Instituto Brasileiro de Filosofia e Ciência "Raimundo Lúlio" (Ramon Llull), 2005.

Violência contra a mulher. Disponível em: https://www.ipea.gov.br/atlasviolencia/publicacoes/244/atlas-2022-infograficos. Acesso em: 30/03/2023.

16.
A AUDIÇÃO DA CRIANÇA EM SEDE DE MEDIAÇÃO FAMILIAR

Isabel Maria Loureiro Restier Grijó Poças

1. Introdução

Partindo de dois artigos que redigimos em 2013[1] e 2017[2] (e que agora atualizamos) no âmbito de um trabalho de estudo e análise da participação das crianças na mediação familiar que temos vindo a desenvolver ao longo dos últimos treze anos, iremos abordar o tema em vários pontos que julgamos necessários para fornecer uma noção, enquadramento jurídico e aplicação deste meio de resolução alternativa de conflitos.

Abordaremos ainda a participação – que envolve também a audição das crianças – na mediação familiar e as vantagens e desvantagens associadas àquela, assim como o modo como se tem concretizado em diversos países, procedendo à análise dos respetivos resultados.

A situação em Portugal será também analisada, dando a conhecer as estatísticas relativas à utilização da mediação familiar, pesquisa científica e medidas para a extensão da sua aplicação.

[1] Poças, Isabel Restier, *A Participação das Crianças na Mediação Familiar,* Revista da Ordem dos Advogados, Ano 73, Vols. II/III – Abril/Setembro 2013, pp- 813-862. Disponível em: http://repositorio.uportu.pt/jspui/handle/11328/793?mode=full. Acessado em 31-03-2023.

[2] Poças, Isabel Restier, *A Participação da Criança na Mediação Familiar à Luz do Direito Comparado e das alterações legislativas recentes do Direito da Família e das Crianças.* Revista Digital Luso-Brasileira de Alienação Parental. Disponível em: https://revistaalienacaoparental.webnode.pt/publica%c3%a7%c3%b5es/, ISNN: 2183-1769, pp. 95-109. Acessado em 31-03-2023.

2. Mediação Familiar: noção e enquadramento jurídico internacional e nacional

A mediação é uma forma de resolução de conflitos informal e flexível, de carácter voluntário e confidencial, conduzida por um terceiro imparcial e neutro – o mediador – que promove a aproximação entre as partes e os apoia na tentativa de encontrar um acordo, com base na comunicação e responsabilidade[3-4]. A mediação familiar é uma modalidade extrajudicial de resolução alternativa de conflitos emergentes de relações familiares.

Os seus objetivos são: reduzir os conflitos, na medida em que visa minorar os efeitos negativos do conflito, facilitar a comunicação, identificar e clarificar os pontos específicos em questão, uma melhor utilização do sistema legal pela sua celeridade de atuação e alcançar um acordo escrito das questões discutidas[5].

Em Portugal, a mediação familiar encontra-se prevista no art. 202.°, n.° 4 da Constituição da República Portuguesa. Em 2007, por meio do Despacho nº18778/2007 de 13/07, foi criado o Sistema de Mediação Familiar, o qual foi desenvolvido pela Portaria nº282/2010 de 25/07, que contemplou a forma de seleção dos mediadores ao seu serviço, e mais recentemente pela Portaria nº 282/2018 de 19 de outubro que revogou as alíneas a) e b) do n.° 1 do artigo 1.° e os Anexos I e II da referida Portaria e em 2013, a Lei nº 29/2013 de 19 de abril, também designada de Lei da Mediação, regulou os seus princípios, o regime jurídico aplicável aos mediadores e o regime jurídico dos sistemas públicos de mediação, desenvolvido posteriormente, pelas Portarias nºs 344/2015 e 345/2015 de 27/11.

O enquadramento jurídico da mediação familiar a nível de direito internacional, contempla as Diretrizes do Comité de Ministros do Conselho da Europa sobre a justiça adaptada às crianças, as quais foram ado-

[3] Pinheiro, Dávila Teresa de Galiza Fernandes, *Mediação Familiar: Uma Alternativa Viável à Resolução pacífica dos Conflitos Familiares*, p.11, Instituto Brasileiro de Direito da Família, 2008. Disponível em: https://ibdfam.org.br/artigos/446/IBDFAM+ACAD%C3%8AMICO+--+Media%C3%A7%C3%A3o+Familiar%3A+Uma+Alternativa+Vi%C3%A1vel+%C3%A0+Resolu%C3%A7%C3%A3o+Pac%C3%ADfica+dos+Conflitos+Familiares. Acessado em 28 de março de 2023.

[4] Bittencourt, Bianca da Rosa– *Mediação: Uma Alternativa para a Resolução de Conflitos no Direito da Família*, Revista Jurídica da UniFil, Ano V- nº5. Impresso.

[5] Lévesque, *Méthodologie de la médiation familiale*, Edisem/Eres,1998,Canada. Impresso.

tadas em 17 de novembro de 2010 e são nomeadamente, as Diretrizes 24.ª a 26.ª, que referem o incentivo ao recurso à mediação, à desjudicialização e à resolução alternativa de litígios, sempre que possam servir melhor o interesse da criança, o dever de informação e consulta das crianças acerca da possibilidade de recorrerem a um processo judicial ou a alternativas extrajudiciais, com a explicação das consequências possíveis de cada opção, assim como, o seu aconselhamento jurídico e de outros tipos de assistência quanto à determinação da pertinência e da oportunidade das alternativas propostas, ouvindo sempre a opinião da criança e que as alternativas ao processo judicial devam assegurar um nível equivalente de garantias judiciais, pelo que os direitos das crianças devem ser assegurados da mesma forma em qualquer das vias escolhidas.

A Recomendação nº R (98)[6], na qual se apontam as vantagens do recurso à mediação, os Princípios sobre Mediação Familiar, nomeadamente o seu campo de aplicação, a sua organização, o processo de mediação, o estatuto dos acordos de mediação, a relação entre a mediação e os processos a cargo da autoridade judicial ou de uma outra autoridade competente, a promoção da mediação e acesso à mediação, as outras formas de resolução de litígios e as questões internacionais e a Recomendação Rec. (2002) 10 do Comité de Ministros aos Estados membros sobre a mediação em matéria civil.

A Diretiva 2008/52/CE[7], relativa a certos aspetos da mediação civil e comercial, na qual se refere o Regulamento (CE) nº 2201/2003 do Conselho, relativo à competência, ao reconhecimento e à execução de decisões em matéria matrimonial e em matéria de responsabilidade parental, mas que foi revogado[8] pelo Regulamento (UE) 2019/1111 do Conselho,

[6] Do Comité de Ministros do Conselho da Europa aos Estados Membros sobre Mediação e adotada em 21 de Janeiro de 1998.

[7] Do Parlamento Europeu e do Conselho de 21 de Maio de 2008.

[8] O Regulamento (CE) nº 2201/2003 continua a ser aplicável às decisões proferidas em ações judiciais intentadas, aos atos autênticos exarados e aos acordos que se tornaram aplicáveis no Estado-Membro em que foram celebrados antes de 1 de agosto de 2022 e que sejam abrangidos pelo âmbito de aplicação do referido regulamento- Artigo 100º nº 1 do Regulamento (UE) 2019/1111 do Conselho, de 25 de junho de 2019.

de 25 de junho de 2019[9], relativo à competência, ao reconhecimento e à execução de decisões em matéria matrimonial e em matéria de responsabilidade parental e ao rapto internacional de crianças [ST/8214/2019/INIT]. Serviu-lhe de base, a Convenção da Haia de 19 de Outubro de 1996 relativa à competência, à lei aplicável ao reconhecimento, à execução e à cooperação em matéria de responsabilidade parental e de medidas de proteção dos filhos, vinculando 32 Estados Contratantes e que se encontra em vigor desde 1 de Janeiro de 2002, e em Portugal desde 1 de Agosto de 2011[10]. Na Convenção de Haia está previsto no Capítulo V –Artigo 31º alínea b) o recurso à mediação (tal como à conciliação ou outro meio análogo) para alcançar uma solução de mútuo acordo para a proteção da pessoa ou dos bens da criança em situações abrangidas por aquela.

Também o Regulamento (CE) nº 4/2009 do Conselho, de 18 de dezembro de 2008, relativo à competência, à lei aplicável, ao reconhecimento e à execução das decisões e à cooperação em matéria de obrigações alimentares, estabelece no Capítulo VII – Cooperação entre autoridades centrais – n.º 2 – devem tomar em relação aos pedidos das partes, previstos no Art. 56.º, todas as medidas adequadas para tal, como prevê a alínea d) incentivar soluções amigáveis com finalidade de obter o pagamento voluntário dos alimentos, se oportuno, utilizando a mediação, a conciliação ou processos análogos.

Em matéria de obrigações alimentares, foi adotada na mesma data – 18 de dezembro de 2008 – a Convenção de Haia de 2007 sobre alimentos, de 23 de novembro e o Protocolo, concluído igualmente na mesma data, no âmbito da Conferência de Haia de Direito Internacional Privado, sobre a lei aplicável às obrigações alimentares[11].

[9] O presente regulamento é aplicável apenas às ações judiciais intentadas, aos atos autênticos formalmente exarados e aos acordos registados em 1 de agosto de 2022 ou numa data posterior – Artigo 100.º, n.º 2.

[10] No nosso país, a Convenção já tinha sido aprovada pelo Decreto nº 52/2008 de 13 de novembro, mas o depósito do respectivo instrumento de aprovação manteve-se em suspenso por determinação da Decisão do Conselho da União Europeia de 5 de Junho de 2008.

[11] A Convenção foi ratificada pela União Europeia em 9 de abril de 2014 e entrou em vigor no dia 8 de agosto de 2014.

A Convenção sobre os Direitos das Crianças de 20 de Novembro de 1989, que foi ratificada por Portugal a 21 de Setembro de 1990 assim como, a Convenção Europeia sobre o Exercício dos direitos da Criança (STE 160) de 25 de Janeiro de 1996 e assinada por Portugal em 6 de Março de 1996[12], e que prevê medidas destinadas a promover os direitos das crianças, nomeadamente em processos judiciais de regulação do exercício das responsabilidades parentais e em particular o direito de visita e a residência. Quanto à mediação familiar está prevista em F., sob a epígrafe – Outros assuntos – Art. 13.° – Com o objetivo de prevenir ou resolver litígios ou evitar procedimentos judiciais que envolvam crianças, deve ser estimulada a sua adoção ou outro tipo de processos de resolução de litígios para chegar a um acordo nos casos, que os Estados Parte determinem.

No enquadramento jurídico da mediação familiar a nível nacional, cabe à Constituição da República Portuguesa[13], no Art. 36.° – Família, casamento e filiação, no Art. 67.° – Família e no Art. 69.° – Infância, a proteção destes direitos e que também orientam a mediação familiar na sua atuação.

O Despacho Normativo nº 13/2018 de 9 de Novembro veio regulamentar a atividade do sistema de mediação familiar e revogou o Despacho nº 18778/2007 de 22 de agosto.

O Regime Geral do Processo Tutelar Cível[14] prevê o uso da mediação nos artigos 24.° e 38.°.

O Regulamento (CE) nº 4/2009 do Conselho e o acima referido Protocolo aplicam-se entre os Estados – Membros da União Europeia desde 18 de Junho de 2011.

[12] Ratificada por Decreto do Presidente da República nº3/2014 de 27 de janeiro, publicado no Diário da República, 1ª Série-Nº18 e previamente aprovada em 13 de dezembro de 2013, pela Resolução da Assembleia da República nº7/2014 de 27 de janeiro, publicada no mesmo dia, no diário da República. Ao abrigo do Aviso nº50/2014 de 7 de abril, publicado no Diário da República, 1ºSérie-Nº79, de 23 de abril, Portugal, no dia 31 de março de 2014, depositou junto do Secretário-Geral do Conselho da Europa, o seu instrumento de ratificação à Convenção, a qual entrou em vigor no dia 1 de julho de 2014, nos termos do art. 21.°, n.° 4.

[13] cujo Decreto de Aprovação da Constituição de 10 de Abril de 1976, foi atualizado pela Lei Constitucional n.° 1/2005 de 12 de Agosto.

[14] Decreto-Lei nº 141/2015 de 8 de setembro.

A Lei Tutelar Educativa[15], prevê a mediação familiar no art. 42.º, no âmbito do processo tutelar, sendo determinada a sua cooperação pela autoridade judiciária e tem lugar por iniciativa desta, do menor, dos seus pais, do seu representante legal, da pessoa que tenha a sua guarda ou ainda do seu defensor.

O Código Civil[16], no art. 1774.º prevê a obrigatoriedade de comunicação da existência e objetivos da mediação familiar por parte das entidades aí enumeradas e o Código de Processo Civil[17], que contempla no art. 273.º o sistema de mediação e suspensão da instância.

3. No âmbito da Mediação Familiar, o Direito à Participação pelas crianças – enquadramento jurídico

A Convenção Sobre os Direitos da Criança, contempla no art. 12.º, o direito à liberdade de opinião, na categoria dos direitos de participação.

As Diretrizes 44ª a 49ª do Comité de Ministros do Conselho da Europa sobre a justiça adaptada às crianças, que abrangem o direito a serem ouvidas e a exprimirem a sua opinião.

O Regulamento (UE) 2019/1111 do Conselho, de 25 de junho de 2019[18] no art. 21.º Direito de a criança expressar a sua opinião[19].

15 Lei nº 166/99 de 14 de setembro.

16 Decreto-Lei nº 47 344 de 25 de novembro de 1966.

17 Lei nº 41/2013 de 26 de junho.

18 Considerandos (59) No que diz respeito à oportunidade dada à criança de expressar as suas opiniões, o tribunal de origem deverá poder decidir sobre o método adequado para ouvir uma criança. Por conseguinte, não deverá ser possível recusar o reconhecimento de uma decisão unicamente com o fundamento de que, para ouvir a criança, o tribunal de origem utilizou um método diferente daquele que um tribunal do Estado-Membro de reconhecimento aplicaria. O Estado-Membro onde é requerido o reconhecimento não deverá recusar o reconhecimento se for aplicável uma das exceções a esse fundamento de recusa específico permitidas pelo presente regulamento. Destas exceções resulta que um tribunal do Estado-Membro de execução não deverá poder recusar a execução de uma decisão unicamente com fundamento de não se ter dado à criança a oportunidade de expressar a sua opinião, tendo em conta o seu superior interesse, se o processo tivesse unicamente por objeto os bens da criança e desde que não fosse necessário dar essa oportunidade à luz do mérito da causa do processo, ou se houvesse motivos sérios, tendo em conta, em especial, a urgência do processo. Esses motivos sérios poderão ser invocados, por exemplo, caso exista um perigo iminente para a integridade física e psicológica ou

A Convenção Europeia Sobre o Exercício dos Direitos da Criança (STE 160 – art. 3.º, al. b), em sede de processos judiciais de regulação das Responsabilidades Parentais.

O Código Civil contempla o direito de audição da criança no art. 1901.º, n.º 3, o Regime Geral do Processo Tutelar Cível, no art. 5.º – Audição da criança e a Lei Tutelar Educativa, no art. 45.º, n.º 2, em qualquer fase do processo tutelar.

A Lei de Proteção de Crianças e Jovens em Perigo[20] no art. 4.º, al. j) prevê a audição obrigatória e a participação da criança e do jovem e no art. 84.º a audição das crianças e jovens.

4. A participação das crianças na mediação familiar e as suas vantagens e desvantagens

A participação das crianças na mediação familiar traduz diversas vantagens, na opinião de diversos autores com experiência como mediadores familiares[21], tais como: dá-se cumprimento ao Artigo 12º da Convenção

a vida da criança e qualquer novo atraso possa constituir um risco de que esse perigo se materialize e (69) Embora a obrigação de dar à criança a oportunidade de expressar a sua opinião nos termos do presente regulamento não se deva aplicar aos atos autênticos e acordos, o direito de a criança expressar a sua opinião deverá continuar a ser aplicável nos termos do artigo 24.º da Carta e à luz do artigo 12.º da Convenção das Nações Unidas sobre os Direitos da Criança, aplicado ao abrigo do direito e dos procedimentos nacionais. O facto de não ter sido dada à criança a oportunidade de expressar a sua opinião não deverá constituir automaticamente um fundamento para a recusa de reconhecimento ou execução de atos autênticos e acordos em matéria de responsabilidade parental.

19 Artigo 39.º, n.º 2 – O reconhecimento de uma decisão em matéria de responsabilidade parental pode ser recusado caso a mesma tenha sido proferida sem que tenha sido dada a uma criança capaz de formar as suas próprias opiniões a oportunidade de as expressar, em conformidade com o artigo 21.º, exceto nos casos em que:
a) O processo tivesse unicamente por objeto os bens da criança e desde que não fosse necessário dar essa oportunidade à luz do mérito da causa do processo; ou b) Houvesse motivos sérios tendo em conta, em especial, a urgência do processo.

20 Lei nº 147/99 de 1 de setembro, na versão dada pela Lei nº 142/2015 de 8 de setembro.

21 Birnbaum, Rachel – *The voice of the child in Separation/Divorce* – Mediation and Other Alternative Dispute Resolution Processes: A Literature Review, Department of Justice – Canada, 2009. Disponível em: https://www.justice.gc.ca/eng/rp-pr/fl-lf/divorce/vcsdm-pvem/index.html. Acessado em 28 de março de 2023.

sobre os Direitos das Crianças[22], as crianças sendo escutadas, sentem-se protegidas porque estão informadas (Estudos de Jill Goldson[23] na Nova Zelândia, confirmam-no), sendo as principais interessadas, sentem-se envolvidas nas decisões que lhes dizem respeito (P. Beck & N. Biank[24] que, como mediadores e cofundadores do serviço de aconselhamento e mediação "Parceiros em Transição" a operar nos EUA, salientam a qualidade dos acordos obtidos pelo facto das crianças serem participantes ativas na sua obtenção, Fiona Garwood que realça também a qualidade dos acordos com base em experiências que incluíram a participação de crianças na mediação em Edimburgo na Escócia e ainda Jennifer McIntosh, cuja experiência na Austrália, baseada em dois tipos de atuação nos quais a criança, por um lado, está focalizada na defesa dos seus interesses pelos pais e por outro a criança está envolvida e participa no processo de mediação, foram obtidos melhores resultados nesta última modalidade o que originou uma maior qualidade dos acordos obtidos[25]), os pais passam a ver os filhos como indivíduos com autonomia própria, direitos e deveres e apercebem-se dos seus legítimos interesses e desejos (K.K. Irvin nos EUA, sublinha esta vantagem), é-lhes dada a oportunidade de dizerem uma palavra sobre a sua vida, o que melhora a sua autoestima e controlo do seu destino, as crianças revelam os seus sentimentos mais facilmente a um terceiro neutro, do que a seus pais e ainda a sua participação ajuda a manter as linhas de comunicação abertas[26], entre os pais e as crianças.

[22] Que contempla também o acesso a todos os outros tipos de direitos e constitui o instrumento jurídico internacional com maior número de ratificações e/ou aprovações por parte dos países.

[23] Goldson, Jill, *Hello, I'm a Voice, let me talk* – Inclusive mediation in family separation, Centre for Child and Family Policy Research – Auckland University, Innovative Practice Report NO 1/2006, 2006. Disponível em: http://www.thefamilymatterscentre.co.nz/Portals/1/SiteDocs/IP-hello-im-a-voice.pdf, acessado em 30 de março de 2023.

[24] British Columbia. Ministry of Attorney General. Justice Services Branch. (2003). *The Involvement of Children in Divorce and Custody Mediation: A Literature Review*, 2.1.2. Disponível em: https://www2.gov.bc.ca/assets/gov/law-crime-and-justice/about-bc-justice-system/justice-services-branch/fjsd/mediation.pdf. Acessado em 28 de março de 2023.

[25] *Ibidem*.

[26] Brown, Carole. *Involving children in decision making without making them the decision makers*, Association of Family and Conciliation Courts Northwest Regional Conference, Skamania

Entre os processos familiares de especial interesse para a criança, estão os relativos à guarda, residência, direito de visita, questões de filiação, adoção, tutela, administração de bens e regulação do exercício das responsabilidades parentais, como os diversos estudos, aos quais tivemos acesso e que constam da bibliografia deste artigo, o evidenciam.

Quanto às desvantagens da participação das crianças na mediação familiar, devemos salientar que pode conduzir à intensificação dos seus sentimentos de culpa e ansiedade (R. Drapkin e F. Bienenfeld[27], com experiências como mediadores familiares no Tribunal Superior de Los Angeles nos EUA, assim como pode levar a que a criança não exponha os seus sentimentos verdadeiros com receio dos pais), pode contribuir para desvalorizar e desqualificar os pais, devem ser protegidas e haver limites à sua liberdade, uma vez que o exercício dos seus direitos que são ilegítimos, requer capacidades como a razão, racionalidade e autonomia que não possuem, os pais tem o direito de tomar decisões no melhor interesse daquelas, nem que para tal se restrinja a sua liberdade, as crianças podem ser manipuladas por um dos pais ou serem levadas a tomar partido e dizerem o que o pai /mãe quer ouvir, as crianças ficam com a responsabilidade de tomar decisões (Donald Saposnek é contrário à participação da criança, a não ser que haja um pedido seu ou dos pais no sentido de ser entrevistada – Califórnia, EUA) e por último há uma exposição da criança ao conflito parental.

5. Como a participação das crianças tem sido concretizada pela Mediação Familiar, através da utilização de diversos métodos e experiências no Reino Unido, Canadá, Austrália, Estados Unidos da América ou Nova Zelândia e análise dos respetivos resultados

A mediação familiar surgiu nos Estados Unidos da América tendo nos anos 70, passado a ser utilizada na Austrália, Nova Zelândia e Canadá. Na Europa, surge no Reino Unido, e nos anos 80 em França, Áustria, Ale-

Lodge, 2nd to 4th, p.2, Australia,1995. Disponível em: http://www.familycourt.gov.au/papers/html/skamania.html. Acessado em 30-03-2023.

[27] Drapkin, R., Bienenfeld, F., *The power of including children in custody mediation,* C.A. Everett (Ed.), Divorce Mediation: Perspectives on the field. New York: Haworth, 63-95, 1985. Impresso.

manha, Bélgica, Finlândia, Itália, Polónia, Espanha, Eslovénia, Noruega, Suécia e Andorra com a criação de Serviços de Mediação Familiar, nesses países[28].

Com base em estudos realizados em vários países onde a mediação familiar é aplicada há alguns anos, aqueles mostram que relativamente aos requisitos para a participação das crianças eles são: maturidade da criança – 5 anos[29] (Inglaterra – 5 a 12 anos, na Austrália – idade escolar, em Edimburgo – 8 anos e nos EUA – 6 anos), em função da sua idade e maturidade assim também vão ser utilizados métodos diferentes – com crianças mais novas, os métodos indiretos como o jogo, o desenho da "minha família"[30], pedindo à criança para expor os seus sentimentos, enquanto que com crianças mais velhas, por meio de questionários – a sua idade e nível de desenvolvimento (cognitivo e emocional), a sua dependência de um ou outro pai, a natureza do relacionamento com os seus pais antes e depois da separação, o nível de conflito familiar e se culpa um ou ambos os pais.

Assim, também as técnicas utilizadas com crianças em Mediação variam: a utilização da terapia de jogo – uso do desenho e brincar com bonecos por meio de livros, desenhos e brinquedos são úteis para relaxar as crianças pequenas e servem de base ao diálogo. Os bonecos e desenhos podem ser usados e interpretados pelo mediador. Num estudo de guarda conjunta, para famílias em situação de divórcio e intervenção de um psicólogo e uma sessão com os pais, as sessões decorreram numa sala equipada com jogos usando técnicas de terapia de jogo. Também experiências demonstram que as crianças ao serem juntas para diálogos informais, devem ter uma idade próxima, sob pena de as mais novas não entenderem o que dizem as mais velhas[31]. As crianças mais pequenas, comunicam melhor por meio de um jogo do que por meio de um diálogo

[28] Rios, Paula Lucas – *Mediação Familiar* – Estudo Preliminar para uma regulamentação legal da Mediação Familiar em Portugal, p. 4, Verbo Jurídico, 2005. Impresso.

[29] British Columbia. Ministry of Attorney General. Justice Services Branch. (2003). *Ob. Cit.*, 2.2.1.

[30] Brown, Carole. *Ob. Cit.* p.4, p.5.

[31] British Columbia. Ministry of Attorney General. Justice Services Branch. (2003). *Ob. Cit.*, 2.2.2.

direto (Joan Kelly psicóloga, mediadora e investigadora na Califórnia, EUA, esteve envolvida na formação de profissionais no programa Hear the Child Interviews[32], em Kelowna, British Columbia, Canadá e na formação do projeto piloto de mediação da inclusão da criança também em British Columbia, sendo também consultora para a mediação da inclusão da criança num projeto piloto na Austrália).

Em relação ao melhor momento, em que deve a criança participar no processo de mediação familiar colocam-se várias alternativas: as crianças podem ser trazidas no final da sessão, para serem informadas dos acordos dos pais ou podem ser consultadas pelo mediador e pais depois dos acordos serem obtidos para saber a sua opinião, podem ainda ser entrevistadas pelo mediador no início do processo de mediação para recolha das sua opiniões, sentimentos e preferências o que pode ser feito individualmente, com os irmãos, com um ou os dois pais. O mediador introduz estes dados nas negociações dos pais e vai defender os seus direitos. Podem ainda ser trazidas às sessões periodicamente, sempre que se levantar uma questão que as envolva, podem estar presentes ao longo do processo de mediação e participar da decisão em igualdade de circunstâncias (adolescentes). E em alguns casos, podem ser incluídas na pré-mediação ou fase de orientação em situações de classes de educação de divórcio e grupos de crianças. Todos estes métodos envolvem uma implícita ou explícita fase de envolvimento da criança. Em geral, a maioria dos investigadores entende que é preferível incluir a criança, antes de serem tomadas todas as decisões, de modo a que a sua opinião esteja refletida no acordo[33].

A forma como as crianças devem ser incluídas na mediação também pode variar[34]: separadamente dos pais, o que as libertaria de qualquer pressão (Fiona Garwood[35] – Escócia, Reino Unido – pediu comentários às crianças sobre a sua participação e 24 das 28 crianças entrevistadas dis-

[32] Kelly, Joan et al, *Hear the Child Interviews, Kellowna Pilot Evaluation:* May 2007, International Institute for Child Rights and Development (IRRCD) Victoria, British Columbia, Canada. Disponível em: https://www.iicrd.org/sites/default/files/resources/HearTheChildInterviewEvaluation_0_1.pdf, acessado em 31 de março de 2023.

[33] British Columbia. Ministry of Attorney General. Justice Services Branch. (2003), *Ob. Cit.*, 2.3.1.

[34] *Ibidem*, 2.3.4.

[35] Carole Brown. *Ob. Cit.* p.4.

seram que beneficiaram da mediação e que inclusivamente melhorou a comunicação com os progenitores. Também questionados sobre a possibilidade de participarem de uma sessão, a conversar com outras crianças da sua idade, cujos pais também eram separados, três quartos concordou com a ideia. Acharam que deviam ter recebido mais informação sobre a mediação, nomeadamente sobre o modo do seu funcionamento, assim como saber antecipadamente se um ou ambos os pais estariam presentes na sessão e nem sempre entenderam o que o mediador disse). Quando existem irmãos podem ser juntos ou separados, com os pais, desde o início do processo, pode constituir um fator intimidativo, sem eles, só entrando na sala quando tiverem chegado a um acordo, pois desse modo, remove-se a tomada de decisão sobre as crianças, podendo ainda ser entrevistadas e avaliadas pelo mediador e as suas opiniões serem depois ouvidas. Pode-se, ainda, incluir a criança periodicamente no processo (por exemplo: entrevistas separadas podem aumentar o sentimento de cada criança em ser valorizada e pode evitar o domínio das crianças mais velhas, por outro lado, as entrevistas com irmãos juntos podem estimular a discussão, revelar facetas das suas interações que podem ser reveladoras para as decisões como a guarda separada, e permite aos irmãos dividirem sentimentos e promover o apoio mútuo. A flexibilidade é necessária, nestes casos e alguns autores sugerem encontros entre irmãos juntos ou separados, o que mostra que cada criança tem as suas opiniões, que são igualmente importantes). Na maior parte dos casos estudados, é o mediador que entra em contacto com a criança, noutros, o psicólogo infantil, terapeuta ou entrevistador, tenham formação em desenvolvimento infantil, mas noutras situações pode ser um mediador ou terapeuta, com as funções de avaliar e mediar, sendo que os pais confiam num mediador com ambas as funções. Por fim, se o mediador for o mesmo para crianças e pais isso é benéfico (Jill Goldson[36] num estudo como mediadora sendo assistente social na Nova Zelândia, concluiu que o mesmo mediador para as crianças e pais é importante).

Relativamente ao tipo de questões que não são discutidas pelas crianças, realçamos: o regime de exercício das responsabilidades parentais, os

[36] Supra n.º 23.

seus sentimentos acerca do divórcio, as suas tensões, os seus desejos e receios e as suas relações com os pais e/ou o novo companheiro/a daqueles (Fiona Garwood relata que questões relacionadas com aspectos financeiros e com bens imóveis ou decisões acerca do fim do casamento, como exemplos de questões, que não devem ser abordadas e Jennifer McIntosh – EUA – notou uma melhoria do relacionamento quando relativamente aos bens imóveis, os pais tinham consultado os filhos sobre outros assuntos, inclusivamente metade dos pais esclareceu que o processo de mediação em conjunto, ajudou-os a terem mais facilidade em resolver esse tipo de questões de forma mais cooperante)[37].

Quanto aos requisitos aplicados a adultos e crianças antes de se envolverem as crianças na mediação, eles são[38]: que a criança quer participar e nessa situação, o seu consentimento informado, com base na avaliação de idade adequada e os preparativos (que consistem no fornecimento de informação e explicação – quando, onde e como a consulta/envolvimento vão ocorrer), dependendo da sua idade, poderá ser conveniente fornecer um folheto ou providenciar uma explicação. O direito da criança a pensar e a faculdade de aceitar ou recusar são essenciais (Joan Kelly[39] – estudos e experiências feitas em British Columbia no Canadá e na Austrália revelaram que a segurança da criança é a principal prioridade), assim como que a autorização dos pais seja obtida. É fundamental que o mediador clarifique e obtenha o acordo quanto ao âmbito da participação da criança. Mesmo que a criança não participe no processo de mediação, ela deverá estar consciente da situação, devendo ser informada, de acordo com a sua idade e capacidade compreensiva, dos motivos da separação[40].

[37] British Columbia. Ministry of Attorney General. Justice Services Branch. (2003). *Ob. Cit.*, 2.3.2.

[38] *Ibidem*, 2.3.3.

[39] *Supra* nº 32.

[40] Eliedite Mattos Ávila, Silva, Christiane Monique Calado Silva, *et. al.* – *Mediação Familiar, Formação de Base*, pp.19-20 – Tribunal de Justiça de Santa Catarina, Serviço de Mediação Familiar, Santa Catarina, Brasil, 2004. Disponível em: https://www.tjsc.jus.br/documents/936811/1474713/Apostila+de+Formação+Base/e7c7be6f-6c27-4e7e-a63e-e7f576c47aea. Acessado em 30 de março de 2023.

Outros requisitos são[41]: a adequação do local (acolhedor, não estigmatizante), a cultura, religião e etnicidade da família, o estádio de desenvolvimento da criança, o estado emocional e psicológico da criança, o nível de conflito familiar, o modo de a família tomar decisões e os aspetos e contenções financeiras (no Reino Unido, o College of Family Mediators[42] recomenda um conjunto de guias de atuação). O grupo de trabalho de crianças[43], constitui uma forma alternativa de envolver as crianças na mediação, o que pode ser efetuado juntamente em paralelo com grupos de pais. Depois de preparar ambos, os três grupos – dois grupos de pais e um de crianças – são juntos e nessa sessão mista, as crianças passam as suas mensagens aos pais por intermédio de leitura de histórias, vendo um vídeo pré-gravado, fazendo um jogo de papéis, recitando um poema ou apresentando um espetáculo de marionetas. Desta forma, a mensagem da criança é apresentada de forma anónima, aos pais.

Há situações, nas quais as crianças não devem participar no processo de mediação[44]: se as crianças não quiserem, em situações de grande conflituosidade entre os pais ou se os pais não quiserem que as crianças participem, se os pais discutem, porque não desejam ter a responsabilidade da criança, quando os pais descrevem as mesmas necessidades da criança e têm ideias similares quanto ao plano que melhor assegura os seus interesses. A participação das crianças na mediação familiar cabe ao mediador[45]: partindo do pressuposto que as crianças têm direitos e devem ser ouvidas, aquele deve possuir as habilitações e formação adequadas (em dinâmica familiar e desenvolvimento infantil), deve analisar o contexto de cada situação, assim como analisar e compreender as capacidades de desenvolvimento das crianças e deve avaliar as necessidades individuais das crianças e pais por meio de entrevistas e avaliações (Ronda Bress-

[41] *Supra* nº 26.

[42] UK College of Mediators – *Children, Young people and Family Mediation: Policy and Practise Guidelines.* Bristol, setembro 2002. Disponível em: http://www.ukcfm.co.uk. Acessado em 30 de março de 2023.

[43] *Supra* nº 23.

[44] *Ibidem.*

[45] British Columbia. Ministry of Attorney General. Justice Services Branch. (2003). *Ob. Cit.*, 2.4.2.

ner[46] – Canadá e Donald Saponesk – Califórnia e Joan Kelly que apontam para a inclusão das crianças se expressam preferência por um tipo específico quanto à partilha de tempo com um dos pais e o outro discorda, se pedem especificamente para falar com o mediador, quando ambos os pais precisam de ouvir dos seus filhos sobre o impacto que a disputa está a ter sobre eles, quando as crianças têm a capacidade de transmitir as suas opiniões e desejos a um mediador, normalmente na faixa etária entre os 6 a 16 anos. Admitem a exclusão, quando ambos os pais podem acordar sobre as necessidades da criança e desenvolver um plano de parentalidade mútua, quando as crianças são muito pequenas e sem capacidade cognitiva, nomeadamente, tratando-se de menores de 3 anos, ou apresentam queixas emocionais e comportamentos sobre uma reunião com o mediador para expressar as suas próprias opiniões e quando as crianças estão sendo manipuladas por um dos pais[47]. O Colégio de Mediadores Familiares do Reino Unido possui um conjunto de Diretrizes que envolvem habilitações e competências para pautarem a conduta dos mediadores quando procederem à entrevista direta com as crianças.

O leque de potenciais funções do mediador, que incluir crianças no processo de mediação podem ser, a de educador, na medida em que explica o processo de mediação, o processo de divórcio, as consequências de ambos, nos adultos e crianças e os sentimentos em questão, pode servir também de apoio, encorajando e compreendendo as ideias e sentimentos das crianças, realçando os aspetos positivos das alterações que ocorreram na família, pode ser um confidente das crianças, um mensageiro delas junto dos pais e um defensor dos seus interesses, ou ainda ser fonte de informação das crianças, assim como avaliador, sobre se estas estão a adaptar-se à separação ou divórcio dos pais e também um terapeuta na medida em que ajuda a restabelecer o equilíbrio, centrando-se nos sen-

[46] Bessner, Ronda, *The Voice of the Child in Separation/Divorce Mediation and Other Alternative Dispute Resolution Processes* – A Literature Review – Family, Children and Youth Section, Department of Justice, Canada, 2002. Disponível em: https://www.justice.gc.ca/eng/rp-pr/fl-lf/famil/2002_1/toc-tdm.html. Acessado em 31 de março de 2023.

[47] O Colégio de Mediadores Familiares do Reino Unido (tradução nossa), possui um conjunto de Directrizes que envolvem habilitações e competências para pautarem a conduta dos mediadores, quando procederem à entrevista directa com as crianças.

timentos das crianças e na melhoria das relações familiares (K.K. Irvin, refere o mediador como um conselheiro ou terapeuta, enquanto o College of Family Mediators no Reino Unido, Jennifer McIntosh, e Steven E. Zemmelman – distinguem entre os papéis de mediador e de psicólogo e por outro lado, de entrevistador de crianças ou de terapeuta e P. Beck & N. Biank de mediador terapeuta treinado para ambas as funções)[48]. Para a maioria dos autores, o mediador não deve ser um advogado da criança (Donald Saposnek, e College of Family Mediators) ou tem uma função de advogado em termos mais neutrais, ou seja, de "confidente não-alinhado" (R. Drapkin e F. Bienenfeld) ou simplesmente ajudar a manter a orientação nos pais e na criança (Jennifer McIntosh)[49].

A informação fornecida pela criança é usada pelo mediador e pelos pais do seguinte modo: deve resumir a perspetiva da criança com toda a família presente, permitir à criança exprimir-se perante os pais com o mediador, partilhar as preocupações da criança com cada um dos pais, sendo o objetivo permitir aos pais obterem informação acerca das necessidades do seu filho para a formulação do acordo parental (R. Drapkin e F. Bienenfeld com base em experiências como mediadores familiares no Tribunal Superior de Los Angeles, nos EUA[50]).

A criança não é parte activa da tomada de decisão do processo, mas sim os pais, devendo informá-la disso, e se não concordarem, o mediador salientará a posição da criança, podendo colocar-se a questão da existência de uma sessão com ambos[51]. A única exceção vem de Donald Saposnek[52] cuja experiência lhe indica que, um em cada cinco métodos da participação das crianças na mediação, em particular dos adolescentes, o

[48] British Columbia. Ministry of Attorney General. Justice Services Branch. (2003). *Ob. Cit.*, 2.3.5.

[49] *Ibidem*, 2.3.6.

[50] Drapkin, R., Bienenfeld, F., *The power of including children in custody mediation*, C.A. Everett (Ed.), Divorce Mediation: Perspectives on the field. New York: Haworth, pp. 63-95, 1985. Impresso.

[51] British Columbia. Ministry of Attorney General. Justice Services Branch. (2003). *Ob. Cit.*, 2.3.7.

[52] Saposnek, D.T., *The value of children in mediation: a cross cultural perspective*, pp.325-342, Mediation Quarterly, Vol.8 Nº4, 1991. Impresso.

devem fazer em todo o processo, assim como de igual modo, na tomada de decisão.

Na questão da confidencialidade das opiniões da criança o mediador deve-a deixar explícita previamente às crianças e aos pais. A criança deve falar sozinha com o mediador (R. Drapkin e F. Bienenfeld salientam este aspeto), às crianças mais novas, deve aquele ir sumariando aquilo que será dito aos pais e pedir a concordância ou não da criança, se algum dos dois, não concordar com a confidencialidade, o mediador avisa a criança[53].

Relativamente às habilitações e formação do mediador, estudos revelaram profissionais das ciências sociais com prévia experiência de trabalho com crianças, curso de formação em mediação familiar e ter competências para relacionar-se com a criança, criando um ambiente de confiança, explicando-lhe a função de cada um no processo de mediação, decidir se deve ser ouvida separada ou juntamente com os irmãos, estudar as suas opiniões e preocupações, aperceber-se das suas dores e sentimentos violentos e dar-lhe apoio e segurança, utilizar questionários apropriados para perceber aquilo que pensa e sente, gerir a tensão de forma sensível e encorajar a criança a resolver os seus próprios problemas, registar de forma precisa os seus desejos e opiniões, ajudá-la a entender os pontos de vista dos pais e estes a entenderem que mensagens dar aos filhos e da forma como isso pode ser feito (guias de atuação que o College of Family Mediators possui)[54].

Vimos que em sede de direito comparado a participação da criança na mediação familiar, nas suas mais variadas formas – audição, fazendo desenhos ou participando de jogos, sozinha ou em grupo com outras crianças – constitui uma prática de bastantes anos, com vantagens que mostram que poderá constituir mais um instrumento possível para averiguar da sua vontade nos casos que lhe digam respeito e tendo em conta sempre o o seu superior interesse.

[53] British Columbia. Ministry of Attorney General. Justice Services Branch. (2003). *Ob. Cit.*, 2.3.9.

[54] *Ibidem*, 2.3.4.

6. Situação atual em Portugal

Em Portugal vimos que a mediação familiar se encontra prevista na lei, assim como o direito de participação da criança, o qual engloba a vertente da sua audição.

As estatísticas[55] fornecidas pela Direção Geral de Política da Justiça relativas à utilização da mediação pública entre os anos de 2015 e o 1º Semestre de 2022 retratam uma situação em que dos três sistemas públicos de mediação-familiar, laboral e penal- é o primeiro que tem sido mais tido uma utilização crescente em número de pedidos e tramitação de processos e na maior parte dos anos findando em acordo das partes, sendo a Regulação das Responsabilidades Parentais o objeto da ação em que tem uma maior utilização.

Nestas estatísticas ainda não se encontram registados elementos com um grau de detalhe que permita fornecer informação sobre a participação de crianças na mediação familiar,

Foi efetuado um estudo científico – tese de doutoramento – intitulado a Audição de crianças e jovens na mediação familiar nos casos de separação e divórcio: um estudo do ponto de vista dos mediadores familiares da Região Autónoma da Madeira de Paulo Alexandre Milheiro Gaspar Ferreira[56], o qual

> baseou-se num estudo efetuado na Região Autónoma da Madeira sobre o fenómeno, tendo o mesmo contado basicamente com a realização de entrevistas a vinte e nove (n=29) Mediadores Familiares (pois foram ainda efetuadas mais duas a profissionais sem especialização em Mediação Familiar, mas com experiência técnica na área judicial, designadamente do Direito da Família) com recurso a um Guião elaborado para o efeito, tendo a constituição da amostra, o tratamento e análise da informação obedecido aos

[55] Direção-Geral da Política de Justiça. Disponível em: https://estatisticas.justica.gov.pt/sites/siej/pt-pt/Paginas/Mediacao.aspx. Acessado em 31 de março de 2023.

[56] Ferreira, Paulo Alexandre Milheiro Gaspar, *Audição de Crianças e Jovens na Mediação Familiar nos Casos de Separação e Divórcio Um estudo do ponto de vista dos Mediadores Familiares da Região Autónoma da Madeira,* Instituto Superior de Ciências Sociais e Políticas, Universidade Técnica de Lisboa, Volume I, Lisboa 2013. Disponível em: https://core.ac.uk/download/61465744.pdf. Acessado em 31 de março de 2023.

princípios preconizados pela metodologia da Grounded Theory. Os dados recolhidos e analisados à luz da metodologia referida permitiram identificar e organizar uma vastíssima panóplia de informação tendo esta sido depois integrada e sistematizada em temas, categorias e subcategorias de análise da informação. Dos resultados obtidos há que relevar os que apontam para a família como lugar de bem e mal-estar, podendo esta última condição, ser determinada pelas ruturas de casal; para liberdade de expressão e de opinião das crianças e dos jovens como forma, entre outras, de salvaguardar o seu superior interesse nos casos de separação e divórcio; para dificuldade e/ou falência do sistema judicial na defesa dos reais interesses das famílias, sobretudo das suas crianças e adolescentes; para dificuldade dos casais desavindos em destrinçar o papel de cônjuges do de progenitores; para a visão da mediação familiar como legítima alternativa aos tribunais no domínio dos conflitos conjugais/familiares; para a marcada divergência de opiniões dos peritos da mediação em relação à presença física dos menores de idade no processo; para a concordância dos mediadores familiares com audição se encontrar sujeita à prévia garantia de condições relacionadas com os progenitores, os próprios filhos, o mediador, o processo de mediação e o contexto social e político onde o mesmo se desenvolve (visão sistémica/ecológica da audição); para a não materialização da audição na atualidade e a acanhada probabilidade de a mesma poder vir a acontecer com regularidade, ou pura e simplesmente não ocorrer, num futuro próximo, por força da sociedade se encontrar impreparada em muitos domínios para o efeito. Os resultados atrás anunciados sugerem principalmente: a) a urgente necessidade de uma profunda alteração da mentalidade que ajude os casais, ou alguns dos seus elementos, a admitir a possibilidade de as suas relações poderem não ser "para todo o sempre", só possível com políticas e iniciativas públicas de carácter pedagógico, dirigidas à população adulta em geral; b) a premência de uma efetiva aposta na formação universitária pós-graduada dos mediadores familiares, de cariz teórico-prático, na área específica da auscultação a crianças e jovens nos casos de separação e divórcio dos pais; c) a rápida proliferação e entrada em funcionamento de equipas multidisciplinares de apoio/assessoria aos Serviços de Mediação Familiar, públicos ou privados; d) a inadiável configuração e equipamento de espaços adequados à realização das audições que possam ir de encontro às características dos sujeitos; e) a criação e observância de um modelo de participação das crianças e dos jovens no processo de mediação que contemple distintos padrões ou graus de audição tendo especialmente em conta os seus níveis de desenvolvimento cognitivo e emocional.

Outro estudo científico – tese de doutoramento – intitulado Mediação familiar e processo de mudança adaptativa: impacto das decisões parentais responsáveis na (co) parentalidade, em fase de separação-divórcio de Lucinda das Dores Tiago Gomes[57], o qual tem como resumo:

> Nas últimas duas décadas, a mediação familiar tem alcançado uma crescente expressão legal, tanto interna como externa, ao mesmo tempo que o reconhecimento sua eficácia prática tem contribuído para dar suporte à sua institucionalização e expansão. Verifica-se que os estudos científicos existentes, especialmente, em Portugal, além de limitados quanto aos assuntos abordados são ainda muito escassos. Por outro lado, a mediação familiar tem sido associada, quer à diminuição dos fatores de stress a que as crianças ficam expostas em consequência da SD dos pais, quer à promoção de coparentalidade positiva e de relações autoritativas pais-filhos. Deste modo, pretende-se com esta tese – incidente na regulação do exercício das responsabilidades parentais, em contexto de mediação familiar, na transição para a separação/divórcio (SD) – contribuir para explorar, analisar e aprofundar a compreensão do processo de tomada de decisões (co)parentais responsáveis e protetoras do bem-estar e do interesse superior dos filhos. Optou-se por uma investigação de matriz qualitativa completada por um miniestudo quantitativo e enquadrada pelo paradigma Pós Positivista. Numa primeira fase desta investigação, desenvolveu-se o estudo 1, para explorar características sobre o conflito familiar, examinar e identificar fatores de proteção e fatores de risco associados à transição para a SD e investigar quais as estratégias e os modelos de mediação familiar percecionados pelos participantes como sendo os mais eficazes. O estudo 1 foi conduzido segundo o método de focus group tendo

[57] Gomes, L., Mediação familiar e processo de mudança adaptativa: impacto das decisões parentais responsáveis na (co) parentalidade, em fase de separação-divórcio. Tese de Doutoramento. Universidade de Lisboa, Faculdade de Psicologia. Universidade de Lisboa e Universidade de Coimbra, 2018. Disponível em: https://repositorio.ul.pt/handle/10451/33143. Acessado em 31 de março de 2023.

sido realizados três focus groups com mediadores familiares (N=13) do Sistema de Mediação Familiar (SMF), Ministério da Justiça e dois focus groups com técnicos do Instituto da Segurança Social, IP (ISS), (N=11) procedentes das equipas de assessoria aos Tribunais de Família e Menores, na área tutelar cível. Os instrumentos elaborados e utilizados consistiram no guião de focus group e no questionário sociodemográfico. Posteriormente, procedeu-se à análise de conteúdo dos focus groups. Numa segunda fase desta investigação, realizou-se o estudo 2 com o propósito de delimitar características definidoras de decisões parentais responsáveis em contexto de SD, investigar as dimensões de maior influência no processo de tomada de decisões (co) parentais, bem como, identificar e analisar fatores de proteção e fatores de risco e o impacto da mediação familiar na promoção de mudança adaptativa para os pais e para as crianças, na transição para SD. Os instrumentos elaborados e utilizados consistiram em numa entrevista semiestruturada e no questionário sociodemográfico. O estudo 2, foi desenvolvido segundo a estratégia metodológica de Grounded Theory tendo sido realizadas entrevistas semiestruturadas a uma amostra composta por 29 pais e mães que passaram por um processo de mediação familiar, no SMF, no contexto de regulação das responsabilidades parentais. Posteriormente, procedeu-se à análise categorial do conteúdo das entrevistas realizadas. Os participantes do estudo 2 responderam também ao Questionário da Coparentalidade (QC) (Margolin, Gordis & John, 2001, versão portuguesa de Pedro & Ribeiro, 2012), (N=30), com vista à concretização do miniestudo quantitativo. De um modo geral, os resultados dos estudos realizados permitem concluir que o processo de mediação familiar tem efeitos positivos na adaptação dos pais e das crianças, na transição para a SD e apoiam a necessidade de implementar métodos de mediação familiar preventiva e pré judicial, especialmente quando esteja em causa a regulação das responsabilidades parentais e a proteção do superior interesse da criança.

Ambos os estudos propõem a utilização da mediação familiar, sobretudo nas situações de regulação das responsabilidades parentais e em nome da proteção do superior interesse da criança, reconhecendo vantagens na sua utilização quer para os pais quer para as crianças.

Gostaríamos de sugerir a promoção de campanhas de divulgação de informação e sensibilização para a mediação familiar as quais seriam benéficas para o seu conhecimento, assim como tornar obrigatória a assistência à sessão de informação prevista no Artigo 1774º do Código Civil, que prevê a obrigatoriedade de comunicação da existência e objetivos da mediação familiar por parte das entidades aí enumeradas, até aqui facultativa, como desenvolvemos no nosso artigo intitulado Mediação Familiar – da Alternatividade à Obrigatoriedade que elaboramos com a Mestre Márcia Oliveira[58].

Conclusão

As crianças devem ser as protagonistas dos seus direitos, porque se lhes forem ensinadas as técnicas da mediação, poderão vir a utilizá-las para as suas vidas.

O melhor interesse das crianças é vê-las como pessoas reais, com as suas próprias identidades, talentos e características individuais o qual será atingido, se as crianças forem educadas, informadas acerca dos seus direitos e encorajadas a exercê-los em todos os aspectos da sua vida em casa, na escola, em organizações não governamentais, nos partidos políticos, na comunicação social, no sistema judicial (adaptado às suas necessidades), nas instâncias governamentais (políticas familiares, escolares, de saúde e ocupacionais) tal como defende Thomas Hammarberg, Comissário para os Direitos Humanos do Conselho da Europa nos seus discursos – CommDH/speech 2009/11[59] e Viewpoint – 19/11/2007[60] e com o qual não podíamos estar mais de acordo.

Como visão para o futuro, quanto à participação das crianças nos assuntos que lhes dizem respeito, somos também da opinião que se deve aliar a teoria e a prática, de modo a promover uma permanente formação dos diferentes profissionais envolvidos no processo de mediação.

[58] Poças, Isabel Restier e Oliveira, Márcia, Mediação Familiar – da Alternatividade à Obrigatoriedade, *III Congresso Ibero-Americano de Intervenção Social – Direitos Humanos e Mediação,* 1ª Edição, Lema d´Origem, Ldª, 2019. Impresso.

[59] Hammarberg, Thomas. *Children must be the actors of their rights.* CommDH/speech, 2009. Disponível em: https://rm.coe.int/16806da6d4. Acessado em 31 de março de 2023.

[60] Hammarberg, Thomas. *Listen serioulsy to the views of children.* Viewpoint – 19/11/2007, The 2007 Council of Europe Koczack, Warsaw. Disponível em: https://www.coe.int/t/tempcommi/Viewpoints/071119_en.asp. Acessado em 31 de março 2023.

O debate e coordenação entre os profissionais, investigadores, crianças e as suas famílias e decisores políticos devem ser promovidos com a finalidade de que a participação das crianças seja um processo democrático permanente, na defesa dos seus interesses e salvaguardando, desse modo o seu futuro.

Em Portugal, com o registo de elementos estatísticos e a pesquisa científica, o que já está a ser efetuado, por um lado e uma aposta em campanhas de informação e sensibilização relativamente ao instituto da mediação familiar, tornando ainda obrigatória a sessão de informação prevista no art. 1774.° do Código Civil e iniciando o registo dos processos nos quais as crianças foram ouvidas em sede de mediação familiar por outro, poder-se-á averiguar da vantagem ou não da utilização deste meio de resolução alternativa de conflitos envolvendo aquelas, no respeito do seu direito a serem ouvidas nos assuntos que lhes digam respeito.

Referências

Ávila, Eliedite Mattos, Silva, Christiane Monique Calado,. *Mediação Familiar, Formação de Base.*Tribunal de Justiça de Santa Catarina, Serviço de Mediação Familiar, Santa Catarina, 2004. Disponível em: https://www.tjsc.jus.br/documents/936811/1474713/Apostila+de+Formação+Base/e7c7be6f-6c27-4e7e-a63e-e7f576c47aea.

Bessner, Ronda. *The Voice of the Child in Separation/Divorce Mediation and Other Alternative Dispute Resolution Processes* – A Literature Review – Family, Children and Youth Section, Department of Justice, Canada, 2002 Disponível em: https://www.justice.gc.ca/eng/rp-pr/fl-lf/famil/2002_1/toc-tdm.html.

Birnbaum, Rachel. *Ibidem.*

Bittencourt, Bianca da Rosa. *Mediação:* Uma Alternativa para a Resolução de Conflitos no Direito da Família, Revista Jurídica da UniFil.

British Columbia. Ministry of Attorney General. Justice Services Branch. (2003).*The Involvement of Children in Divorce and Custody Mediation:* A Literature Review, 2.1.2. Disponível em: https://www2.gov.bc.ca/assets/gov/law-crime-and-justice/about-bc-justice-system/justice-services-branch/fjsd/mediation.pdf.

Brown, Carole. *Involving children in decision making without making them the decision makers,* Association of Family and Conciliation Courts Northwest Regional

Conference, Skamania Lodge, 2nd to 4th, Australia, 1995. Disponível em: http://www.familycourt.gov.au/papers/html/skamania.html.

Direção-Geral da Política de Justiça. Disponível em: https://estatisticas.justica.gov.pt/sites/siej/pt-pt/Paginas/Mediacao.aspx.

Drapkin, R., Bienenfeld, F. *The power of including children in custody mediation*, C.A. Everett (Ed.), Divorce Mediation: Perspectives on the field. New York, 1985.

Ferreira, Paulo e Alexandre Milheiro Gaspar. *Audição de Crianças e Jovens na Mediação Familiar nos Casos de Separação e Divórcio.* Um estudo do ponto de vista dos Mediadores Familiares da Região Autónoma da Madeira, Instituto Superior de Ciências Sociais e Políticas, Universidade Técnica de Lisboa, Volume I, Lisboa 2013. Disponível em: https://core.ac.uk/download/61465744.pdf.

Goldson, Jill. *Hello, I´m a Voice, let me talk* – Inclusive mediation in family separation, Centre for Child and Family Policy Research – Auckland University, Innovative Practice Report NO 1/2006, 2006. Disponível em: htpp://www.thefamilymatterscentre.co.nz/Portals/1/SiteDocs/IP-hello-im-a-voice.pdf.

Gomes, L., *Mediação familiar e processo de mudança adaptativa:* impacto das decisões parentais responsáveis na (co) parentalidade, em fase de separação-divórcio. Tese de Doutoramento. Universidade de Lisboa, Faculdade de Psicologia. Universidade de Lisboa e Universidade de Coimbra, 2018. Disponível em: https://repositorio.ul.pt/handle/10451/33143.

Hammarberg, Thomas. *Children must be the actors of their rights.* CommDH/speech, 2009. Disponível em: https://rm.coe.int/16806da6d4.

Hammarberg, Thomas. *Listen serioulsy to the views of children.* Viewpoint – 19/11/2007, The 2007 Council of Europe Koczack, Warsaw. Disponível em: https://www.coe.int/t/tempcommi/Viewpoints/071119_en.asp.

Lévesque, *Méthodologie de la médiation familiale,* Edisem/Eres,1998, Canada. Impresso.

Pinheiro, Dávila Teresa de Galiza Fernandes. *Mediação Familiar:* Uma Alternativa Viável à Resolução pacífica dos Conflitos Familiares, Instituto Brasileiro de Direito da Família, 2008. Disponível em: https://ibdfam.org.br/artigos/446/IBDFAM+ACAD%C3%8AMICO++Media%C3%A7%C3%A3o+Familiar%3A+Uma+Alternativa+Vi%C3%A1vel+%C3%A0+Resolu%C3%A7%C3%A3o+Pac%C3%ADfica+dos+Conflitos+Familiares.

Poças, Isabel Restier. A Participação das Crianças na Mediação Familiar. *In Revista da Ordem dos Advogados.* Ano 73, Vols. II/III – Abril/Setembro 2013 e Adenda. Disponível em: http://repositorio.uportu.pt/jspui/handle/11328/793?mode=full.

Poças, Isabel Restier. A Participação da Criança na Mediação Familiar à Luz do Direito Comparado e das alterações legislativas recentes do Direito da Família e das Crianças. *In Revista Digital Luso-Brasileira de Alienação Parental.* Disponível em: https://revistaalienacaoparental.webnode.pt/publica%c3%a7%c3%b5es/,ISNN: 2183-1769, pp. 95-109.

Poças, Isabel Restier e Oliveira, Márcia. *Mediação Familiar* – da Alternatividade à Obrigatoriedade, III Congresso Ibero-Americano de Intervenção Social – Direitos Humanos e Mediação, 1ª Edição, Lema d´Origem, Ldª, 2019. Impresso.

Rios, Paula Lucas – *Mediação Familiar* – Estudo Preliminar para uma regulamentação legal da Mediação Familiar em Portugal, Verbo Jurídico, 2005. Impresso.

Saposnek, D.T., *The value of children in mediation: a cross cultural perspective,* Mediation Quarterly, Vol.8 Nº4, 1991.Impresso.

UK College of Mediators – Children, Young people and Family Mediation: Policy and Practise Guidelines. Bristol, setembro 2002. Disponível em: http://www.ukcfm.co.uk.

Kelly, Joan. *Hear the Child Interviews, Kellowna Pilot Evaluation:* May 2007, International Institute for Child Rights and Development (IRRCD) Victoria, British Columbia, Canada. Disponível em: https://www.iicrd.org/sites/default/files/resources/HearTheChildInterviewEvaluation_0_1.pdf.

17. AUTONOMIA PROGRESIVA

Julio César Rivera

1. Introducción

1.1. Terminología. Autonomía o capacidad

En ciertas obras las expresiones autonomía progresiva y capacidad progresiva parecen usarse como sinónimas.

Sin embargo, cabe alguna distinción.

Así se dice que en términos generales la noción de autonomía personal se refiere a la posibilidad de que una persona adopte por sí misma, esto es, sin interferencias externas, las normas, reglas, puntos de vista o estándares mediante los cuales establecerá sus gustos, opiniones, preferencias o ideas. Ello le permitirá guiar su conducta, respecto no sólo a su propia persona, sino también en lo relativo a sus relaciones con los demás[1]. Es lo que lleva a Dworkin a afirmar que tan válido es el plan de vida de un intelectual que el de quien se sienta frente a un televisor con una cerveza y piensa "esto es vida"[2].

La capacidad en cambio es un término que al menos en el ámbito del derecho privado tiene un significado bien preciso; si hablamos de

[1] Caminos, Pedro A., *Los dos estándares sobre la autonomía personal en la jurisprudencia de la Corte Suprema de Justicia de la Nación*, JA 03/09/2014, 3 – Cita: TR La Ley Ar/Doc/5470/2014.
[2] Dworkin, Ronald, *Liberalismo, constitución y democracia*, trad. de Julio Montero y Alfredo Stolarz, Buenos Aires, 2003, p. 23.

la capacidad de derecho, es entendida como la aptitud que pertenece a toda persona humana para ser titular de derechos y deberes jurídicos; y si hablamos de la capacidad de ejercicio, también denominada capacidad de hecho consiste en la aptitud del sujeto para ejercer por sí los derechos de que es titular.

La relación entre ambos conceptos, autonomía y capacidad proviene de que para hacer efectiva la autonomía es necesario reconocer capacidad al sujeto. Así, los menores de edad gozan de mayor autonomía en la medida que pueden tomar decisiones sobre sí mismos, esto es, en la medida que el derecho positivo les atribuye capacidad para ciertos actos y con ello la posibilidad de actuar sin depender del consenso de sus padres o representantes legales[3].

1.2. La cuestión de la capacidad de los menores de edad: del fraccionamiento a el grado de madurez suficiente

Este tema de la capacidad progresiva me hizo recordar un volumen en el que Gabriel García Márquez reunió una serie de artículos breves que siendo muy joven publicó en periódicos de Venezuela; el libro se tituló "Cuando era feliz e indocumentado". Bien, cuando quien esto escribe era "feliz e indocumentado" la cuestión de la capacidad era bien clara: se era menor – y por ende incapaz – hasta el día en que se cumplía cierta edad que la ley definía para todos sin excepción; y se era plenamente capaz a partir de ese día. Y ese régimen – que Werner Goldschmidt calificaba como del fraccionamiento – rigió durante mucho tiempo. Obviamente esto admitía múltiples matices; algunos ordenamientos preveían – y lo siguen haciendo – adelantamientos generales de la capacidad por ejemplo a través de la emancipación por matrimonio o por la emancipación dativa o habilitación de edad[4]; y siempre existieron actos para los cuales se reconocía capacidad anticipada; por ejemplo en derecho argentino el Código Civil de 1869 atribuía capacidad para adquirir la posesión de las cosas a partir de los diez años; y el mandato podía ser atribuido a favor de un menor de edad.

[3] El Diccionario de la Real Academia de la Lengua Española define autonomía como "Condición de quien, para ciertas cosas, no depende de nadie".

[4] V. Rivera, Julio César, *Habilitación de edad,* Bs.As., Abaco, 1978.

Este sistema del fraccionamiento era bastante rígido y por ello seguro: bastaba con comprobar la fecha de nacimiento para saber si una persona era capaz o no para cierto acto.

Por lo demás, la capacidad era estudiada y legislada atendiendo fundamentalmente a la aptitud del sujeto para ser titular de relaciones jurídicas[5] y, por lo tanto, para ejercer los derechos y obligaciones causados en esas relaciones jurídicas. Por ello la capacidad de hecho estaba parcelada en compartimentos en principio estancos – incapaces y capaces – para otorgar actos jurídicos patrimoniales (contratos, testamentos) o extrapatrimoniales (el matrimonio) y siempre en función de la edad.

Estos criterios han evolucionado notablemente.

En primer lugar, resulta evidente que todas las personas son titulares de ciertos derechos que no se limitan a la celebración de actos jurídicos para establecer relaciones jurídicas. Así, todas las personas (niños, ancianos, discapacitados, aborígenes, mujeres, hombres, sin excepciones) gozan de los derechos que hacen a la dignidad personal y pueden hacer valer esos derechos frente a otros particulares y frente al Estado, quien asume incluso obligaciones para hacer eficaces las declaraciones programáticas del ordenamiento.

Pero, además, se advierte que la legislación aprehende a los menores de edad desde una perspectiva mucho más amplia que la de la mera capacidad de ejercicio adquirida plenamente en razón de llegar a una cierta edad.

En efecto, el derecho supranacional y el derecho positivo local han asumido – en particular en materia de menores, pero también respecto de personas de capacidad restringida por padecer enfermedades mentales o adicciones – que el punto de partida de toda regulación debe ser el reconocimiento del mayor ámbito de autonomía personal.

Ello lleva a superar la división de capaces e incapaces en compartimentos estancos, para reconocer lo que se denomina capacidad progre-

[5] Bibliografía especial: Muñiz, Javier N., *Autonomía progresiva de niñas, niños y adolescentes en el Proyecto de unificación del Código Civil y Comercial: recepción en el orden interno de la doctrina del Derecho Internacional de los Derechos Humanos,* RDPyC, 2012-2, p. 105; Rivera, Julio César, *Las claves del Código Civil y Comercial en materia de personas humanas,* RDPyC 2015, Número Extraordinario, p. 195.

siva; esto significa que los menores de edad van adquiriendo capacidad para el ejercicio de ciertos derechos a medida que avanza su edad, pero también su grado de madurez. De modo que el derecho positivo incorpora el estándar grado de madurez suficiente. Y por lo demás se reconoce el derecho de los menores de edad a ser oídos en todo procedimiento judicial o administrativo, así como a participar en las decisiones sobre su persona. Amén de que todo ello está orientado a privilegiar el interés superior del niño, principio general inspirador de toda la materia que algunos autores – con valioso cortejo argumental – denominan el derecho de la infancia, cuya clave de bóveda es ese superior interés del niño[6].

Todo ello ha venido a quedar consagrado en el derecho positivo argentino inicialmente por la ratificación de la Convención Internacional sobre los Derechos del Niño, luego por la ley 26.061 que pone en ejercicio en nuestro país esa Convención, y en la que se estableció que se debe respetar "el derecho de las niñas, niños y adolescentes a ser oídos y que su opinión sea tenida en cuenta", sirviendo como pauta de ponderación "la edad, grado de madurez, capacidad de discernimiento y demás condiciones personales" (art. 3º, incs. b y d). Y, finalmente, estos principios han quedado consolidados en el Código Civil y Comercial (CCyC), tanto en el art. 26 referido a la capacidad de ejercicio cuanto en la regulación de la hoy denominada autoridad parental (art. 639), el que también les reconoce una amplia capacidad procesal, teniendo derecho incluso a tener su propio abogado especializado en niños, niñas y adolescentes como lo previó en origen la ley 26.061. Siempre bajo la premisa del interés superior del niño.

Por lo demás, en ciertas materias, como cuando se trata de recibir terapias o procedimientos médicos, la legislación especial también les reconoce el derecho a ser oídos y expresar su opinión: la ley 26.529 Derechos del Paciente, art. 2º, inc. e) expresamente dice: "Los niños, niñas y adolescentes tienen derecho a intervenir en los términos de la ley 26.061 a los fines de la toma de decisión sobre terapias o procedimientos médicos o biológicos que involucren su vida o su salud". El

[6] V. Basset, Úrsula, Los principios del derecho de la infancia en el derecho internacional, en Basset, Úrsula. Santiago, Alfonso, *Tratado de Derecho Constitucional y Convencional de Derecho de Familia y de las Personas*, La Ley, Bs.As., 2022, t. II; pág. 305 y sigs.

CCyC también contiene disposiciones sobre la aptitud de los menores de edad con relación a su salud (art. 26).

Resulta obvio que el estándar "grado de madurez suficiente" es flexible; cada niño o niña es un sujeto distinto y su maduración depende de múltiples circunstancias personales. Como veremos esto lleva a cierto grado de incertidumbre pues la capacidad del niño o niña para algunos actos será materia a discernir caso por caso.

Es que el estándar grado de madurez suficiente no se relaciona con la edad biológica sino con las experiencias que las personas tienen en su proceso de socialización y que llevan a decir que no se es maduro o inmaduro, sino que se es maduro o inmaduro "para hacer algo", con lo que se puede ser capaz para una cosa y no para otra. Por ejemplo, en Inglaterra las autoridades consideraron con suficiente madurez como para rechazar una intervención en su corazón a una persona de 13 años de edad que, desde su infancia, había sufrido una enfermedad que le había exigido estar permanentemente en tratamientos; de los cuales había resultado la cardiopatía que exigía la operación a la cual se resistía la joven paciente[7]; pero a la vez esa misma joven no tendría capacidad para vender un inmueble o comprar un auto, pues su misma vida transcurrida mayormente en establecimientos asistenciales le había impedido adquirir una mínima experiencia en los manejos patrimoniales.

1.3. Capacidad y competencia

Otra evidencia de la evolución de los conceptos en punto a la capacidad de los menores es la incorporación a los derechos de cuño romano germánico de la idea de competencia, obvia derivación del derecho anglosajón y su noción de *competence*.

Esta última ha sido descripta como "(...) concepto perteneciente al área del ejercicio de los derechos personalísimos; (que) no se alcanza en un momento preciso, sino que se va formando, requiere una evolución; no se adquiere o pierde en un día, o en una semana". Se trata entonces de un concepto ligado al discernimiento, pero implica una valoración de la

[7] Es el caso de Hanna Jones, comentado por Cadenas Osuna, Davinia. *El consentimiento informado y el rechazo a la intervención o tratamiento médico por el menor de edad tras la reforma de 2015:* estudio comparado con el common law. *ADC* 2018-789, en particular pág. 840.

aptitud de comprender el alcance de la decisión en el caso particular de acuerdo con el grado de madurez que ostenta el menor [8].

En concreto alude a la aptitud – o capacidad – del menor para decidir fundamentalmente en el área de los derechos personalísimos, lo que comprende los actos de disposición del propio cuerpo, la intimidad, sus convicciones religiosas, etc.

La palabra competencia que aparece como una traducción literal del concepto anglosajón de "competence", no está en el CCyC, y en realidad no representa una categoría jurídica distinta de la capacidad. Estaría en definitiva aludiendo a la capacidad del sujeto menor de edad para decidir sobre esas áreas que en general se identifican – como venimos de señalarlo – con los derechos personalísimos.

1.4. Consecuencias

Kemelmajer de Carlucci – una de las más distinguidas juristas argentinas y miembro de la comisión que redactara el Anteproyecto de CCyC vigente como CCyC a partir de 2015, – concluye que la capacidad es una cuestión de grado. Y sin desconocer las dificultades para evaluar la aptitud de comprensión y la efectiva voluntad de la persona, es conteste en que "una persona puede tener aptitud para decidir sobre ciertas cuestiones y no sobre otras, ya que no siempre es necesario el mismo grado de comprensión y argumentación". Por tal motivo, añade junto con Lamm que la capacidad de decidir por sí mismo – entendida como la aptitud cognoscitiva para entender la información y para poder elegir autónoma y racionalmente – debe ser evaluada caso por caso. En rigor, aunque admiten que es aconsejable acordar una franja de edad orientativa y no rígida, se inclinan por la postura que admite el ejercicio de los derechos subjetivos de la personalidad a medida que el niño y el adolescente ten-

8 Ales Uría, Mercedes, La autonomía progresiva de la persona menor de edad en el derecho argentino, en Basset Úrsula. Santiago, *Ob. Cit.*, II, pág. 366 y sigs. en particular en pág, 380. También Kemelmajer de Carlucci, Aída, El derecho del menor a su propio cuerpo, en Borda, Guillermo A. (dir), La persona humana, La Ley, Bs.As. 2001, pág. 249.

gan suficiente capacidad de autogobierno, debiendo cualquier limitación ser interpretada de modo restrictivo[9].

Este es, sin duda, el criterio que ha inspirado al CCyC argentino vigente.

2. Desarrollo: la capacidad progresiva en el derecho argentino

2.1. Capacidad progresiva y actos de disposición del propio cuerpo. Antecedentes

Como hemos anticipado, la noción de capacidad progresiva manifiesta sus efectos más evidentes en el ámbito del ejercicio de los derechos de la personalidad. De allí que centraremos nuestra exposición en el tema de la disposición del propio cuerpo, que es donde se inicia esta evolución.

Son muy conocidos los antecedentes ingleses. En el caso Hanna Jones, al que ya nos hemos referido, el tribunal halló que una menor de 13 años que había pasado gran parte de su vida sometida a tratamientos médicos era competente para rechazar una intervención quirúrgica en su corazón.

Competence Gillick es una expresión que – como decimos – se originó en Inglaterra y Gales y se utiliza en el derecho de la salud para decidir si un niño (menor de 16 años) puede dar su consentimiento para su propio tratamiento médico, sin necesidad de permiso o conocimiento de los padres. El estándar se basa en la decisión judicial de 1985 de la Cámara de los Lores en un caso de asesoramiento sobre anticoncepción dado por un médico; una madre de diez hijos había cuestionado que una de sus hijas recibiera tal asesoramiento o información sobre los métodos anticonceptivos[10].

Además, el estándar Gillick tiene que complementarse – cuando se trata de salud reproductiva – con lo que se ha dado en llamar *Fraser Gui-*

[9] Kemelmajer de Carlucci, Aída, El derecho del niño a su propio cuerpo. En Bergel, Salvador D. y Minyersky, Nelly (comps.). Bioética y derecho. Ed. Rubinzal-Culzoni, Santa Fe, 2003, pg. 110 y ss.; Kemelmajer de Carlucci, Aída y Lamm, Eleonora. *La persona transexual, menor de edad, competente para decidir sobre la intervención médica que requiere judicialmente.* Semanario Jurídico, n. 1637, Córdoba, 6/12/2007, ps. 793/821.

[10] Sobre el punto: el valioso trabajo de Ales Uría, Mercedes. *Ob. Cit.*

delines[11] (así denominadas por derivar del voto de Lord Fraser en el mismo caso Gillick).

Y Úrsula Basset nos anoticia de la evolución de los mismos tribunales británicos, los que han ido puntualizando algunos datos que deben estar presentes al tiempo de evaluar si el sujeto menor de edad es competente o no para tomar una decisión sobre su propio cuerpo. Ellos son:

i. Una estabilidad temporal mínima en la competencia alcanzada, alejada de oscilaciones emocionales bruscas;
ii. Ha de considerarse la historia y entorno del menor incluidos sus antecedentes clínicos[12];
iii. Así como las consecuencias de la decisión del menor sobre sí y sobre su entorno familiar;
iv. La cantidad suficiente de conocimiento objetivo, aislado de concepciones religiosas[13], creencias del entorno o presión indirecta de sus padres, así como estrés postraumático[14].

Pero no ha de omitirse que la experiencia de aplicación del estándar revela que los tribunales están dispuestos a convalidar la decisión del menor con "grado de madurez suficiente" cuanto este acepta someterse al tratamiento médico, pero no cuando el menor lo rechaza y ello pone en peligro su vida. Así la experiencia inglesa demuestra que se exige un mayor nivel de madurez para entender las implicaciones de rechazar un tratamiento que para aceptarlo. Afirmándose entonces por la doctrina que en Inglaterra un menor de 16 años tiene poder para consentir un tratamiento sin necesidad de consentimiento parental, pero no tiene un poder equivalente para rechazar el tratamiento si sus padres consienten dicho tratamiento[15].

[11] v. Ales Uría, *Ob. Cit.*

[12] Esto sin duda evoca el caso de Hanna Jones al que hemos hecho referencia.

[13] Este dato es relevante a los efectos de la negativa a recibir transfusiones de sangre por parte de miembros de los Testigos de Jehová. Lo veremos más adelante con cierto detenimiento en los casos resueltos por los tribunales argentinos.

[14] Basset, Úrsula, *Autonomía progresiva*. Tendencias jurisprudenciales, RDFyP, año II, núm. 9, oct. 2010.

[15] Cadenas Osuna, *Ob. Cit.*, p. 839.

1.5. La jurisprudencia: un *leading case* de la CSN

En el año 1980 la CSN autorizó a una persona que tenía 17 años y 9 meses de edad a dar un riñón a su hermano, pese a que la ley de trasplantes entonces vigente exigía la edad de 18 años. Lo hizo con fundamento en la solidaridad familiar y madurez evidenciadas por la futura donante[16]. Concretamente en lo que hace a la capacidad de la menor para autorizar la ablación de su riñón, uno de los votos afirmó que ella gozaba de discernimiento conforme a los arts. 128 y 921 del Código Civil (CC) y que no surgía de autos que ella padeciera de ignorancia, error o dolo que obstaran a su intención, ni que se encontrara afectada su libertad con relación al acto de ablación en vida, habiéndose verificado en una audiencia de comparecencia personal que la menor había comprendido cabalmente el significado y trascendencia del acto a que quería someterse y que no había sido objeto de influencias externas para valorar las consecuencias de sus actos encontrándose los elementos de los actos voluntarios establecidos en el art. 897 del mismo cuerpo legal y que está satisfecha la exigencia del art. 11 de la ley de trasplantes en cuanto se refiere a la comprensión del acto[17].

1.6. Ley de protección integral de niños, niñas y adolescentes

Argentina ratificó la Convención sobre los Derechos del Niño y esta fue elevada a jerarquía constitucional por la reforma de 1994 (art. 75, inc. 22, CN).

Ello imponía la adecuación de la legislación infraconstitucional al derecho supranacional y al derecho constitucional, tarea que ya se había emprendido con la sanción de la denominada Ley de Protección Integral de Niños, Niñas y Adolescentes (1995) cuyo art. 2º establece que "la Convención sobre los Derechos del Niño es de aplicación obligatoria en las condiciones de su vigencia, en todo acto, decisión o medida administrativa, judicial o de cualquier naturaleza que se adopte respecto de las personas hasta los dieciocho años de edad".

[16] CSN; 6/11/1980, Saguir y Dib, Claudia Graciela, Fallos 302:1284, Cita: TR La Ley AR/JUR/1136/1980.

[17] Voto de los doctores Frías y Guastavino.

La ley recoge obviamente el principio cardinal en la materia que es el interés superior del niño y del cual derivan todos los demás[18]; ella lo expresa diciendo, en su artículo 3º, que a partir de este "interés superior" deben respetarse:

> a) Su condición de sujeto de derecho;
> b) El derecho de las niñas, niños y adolescentes a ser oídos y que su opinión sea tenida en cuenta;
> c) El respeto al pleno desarrollo personal de sus derechos en su medio familiar, social y cultural;
> d) Su edad, grado de madurez, capacidad de discernimiento y demás condiciones personales;
> e) El equilibrio entre los derechos y garantías de las niñas, niños y adolescentes y las exigencias del bien común;
> f) Su centro de vida. Se entiende por centro de vida el lugar donde las niñas, niños y adolescentes hubiesen transcurrido en condiciones legítimas la mayor parte de su existencia. Este principio rige en materia de patria potestad, pautas a las que se ajustarán el ejercicio de esta, filiación, restitución del niño, la niña o el adolescente, adopción, emancipación y toda circunstancia vinculada a las anteriores cualquiera sea el ámbito donde deba desempeñarse.

La garantía del menor a ser oído en todo aquello que le concierne, en cualquier área en que alguna decisión sobre él deba o pueda ser adoptada, queda consagrada en el art. 27 bajo el acápite "Garantías Mínimas de Procedimiento. Garantías en los Procedimientos Judiciales o Administrativos" y que dispone:

> Los Organismos del Estado deberán garantizar a las niñas, niños y adolescentes en cualquier procedimiento judicial o administrativo que los afecte, además de todos aquellos derechos contemplados en la CN, la Convención sobre los Derechos del Niño, en los tratados internacionales ratificados por la Nación Argentina y en las leyes que en su consecuencia se dicten, los siguientes derechos y garantías:

[18] Sobre los principios del "derecho de la infancia" ver: Basset, Úrsula, *Ob. Cit.*, en Basset, Úrsula. Santiago, Alfonso, *Ob. Cit.* pág. 305 y sigs.

a) A ser oído ante la autoridad competente cada vez que así lo solicite la niña, niño o adolescente;
b) A que su opinión sea tomada primordialmente en cuenta al momento de arribar a una decisión que lo afecte;
c) A ser asistido por un letrado preferentemente especializado en niñez y adolescencia desde el inicio del procedimiento judicial o administrativo que lo incluya. En caso de carecer de recursos económicos el Estado deberá asignarle de oficio un letrado que lo patrocine;
d) A participar activamente en todo el procedimiento;
e) A recurrir ante el superior frente a cualquier decisión que lo afecte.

Un estándar que se incorporó a nuestro derecho con la ley 26.061 es el del "grado de madurez suficiente" que se complementa con la "capacidad de discernimiento".

El art. 3º de la ley 26.061 lo prevé al aludir al interés superior del niño, lo que impone respetar, entre otras pautas:

d) su edad, grado de madurez, capacidad de discernimiento y demás condiciones personales". Lo mismo hace en el art. 24 que bajo el acápite "Derecho a opinar y a ser oído" dispone que "las niñas, niños y adolescentes tienen derecho a... b) Que sus opiniones sean tenidas en cuenta conforme a su madurez y desarrollo. Este derecho se extiende a todos los ámbitos en que se desenvuelven las niñas, niños y adolescentes; entre ellos, al ámbito estatal, familiar, comunitario, social, escolar, científico, cultural, deportivo y recreativo.

1.7. La ley de derechos del paciente

La Ley de Derechos del Paciente (26.529) establece: "Toda actuación profesional en el ámbito médico-sanitario, sea público o privado, requiere, con carácter general y dentro de los límites que se fijen por vía reglamentaria, el previo consentimiento informado del paciente" (art. 6º) y que "el paciente tiene derecho a aceptar o rechazar determinadas terapias o procedimientos médicos o biológicos, con o sin expresión de causa, como así también a revocar posteriormente su manifestación de la voluntad" (art. 2º, inc. e).

Con relación a los menores el art. 2º, inc. e), en su segundo párrafo, dispone que los niños, niñas y adolescentes tienen derecho a intervenir en los términos de la ley 26.061 – la que trajo al derecho interno la Convención de Derechos del Niño – a los fines de la toma de decisión sobre terapias o procedimientos médicos o biológicos que involucren su vida o salud.

1.8. Ley 27447 de trasplantes de órganos y tejidos[19]

Conforme a esta ley la ablación de órganos y tejidos en vida con fines de trasplante sólo estará permitida sobre una persona capaz mayor de 18 años, quien solo podrá autorizarla cuando el receptor sea su pariente hasta el cuarto grado, su cónyuge o una persona con la que mantenga una unión convivencial (art. 22). La donación de células progenitoras hematopoyéticas (CPH) puede ser consentida por un quien no haya alcanzado la edad de 18 años previa autorización de su representante legal y si los vincula al receptor un parentesco como el mencionado en el art. 22 (art. 26).

Por su parte el art. 31 de la misma ley, bajo el acápite "Requisitos para la donación" vuelve a referirse a toda persona mayor de 18 años.

Como esta ley es posterior al CCyC y especial para cierto acto – la donación de órganos con finalidad de trasplante – parece claro que sus disposiciones prevalecen sobre las genéricas del CCyC, por lo que aun cuando el menor tenga un grado de madurez suficiente no tendría capacidad para donar órganos con finalidad de trasplante.

La ley trata también de la obtención de órganos de donante fallecido; si el muerto es menor de 18 años la autorización para la obtención de los órganos debe ser efectuada por ambos progenitores o aquél que se encuentre presente o el representante legal del menor. Y agrega el art. 34 que la oposición de uno de los padres elimina la posibilidad de llevar adelante la extracción del cuerpo del menor.

19 La mencionada en el texto es la última versión de la ley de trasplantes; pero se la presenta como un antecedente porque desde la primera ley de trasplantes ya regían los principios que inspiran a la actualmente vigente que en definitiva es una actualización de aquella primera norma.

1.9. Ley 26.130: Régimen para las intervenciones de contracepción quirúrgica

Esta ley se refiere a las prácticas denominadas "ligadura de trompas de Falopio" y "ligadura de conductos deferentes o vasectomía", las que se autorizan "para toda persona capaz y mayor de edad que lo requiera formalmente, siendo requisito previo inexcusable que otorgue su consentimiento informado" (art. 2).

1.10. Ley 26.743: Derecho a la identidad de género de las personas

El principio de capacidad progresiva también aparece en la Ley 26.743 (2012) de Identidad de Género. El art. 1º de esta ley dispone que "toda persona tiene derecho al reconocimiento de su identidad de género" y por lo tanto "a ser identificada de ese modo en los instrumentos que acreditan su identidad respecto de el/los nombre/s de pila, imagen y sexo con los que allí es registrada", y el art. 3º di que "toda persona podrá solicitar la rectificación registral del sexo, y el cambio de nombre de pila e imagen, cuando no coincidan con su identidad de género autopercibida".

Por lo tanto, habilita un procedimiento para concretar tales derechos, que en principio debe ser instado por personas mayores de edad. Pero el art. 5º trata la cuestión cuando se relaciona con menores de edad, hipótesis en la cual la solicitud deberá

> (...) ser efectuada a través de sus representantes legales y con expresa conformidad del menor, teniendo en cuenta los principios de capacidad progresiva e interés superior del niño/a de acuerdo con lo estipulado en la Convención sobre los Derechos del Niño y en la ley 26.061 de Protección Integral de los Derechos de Niñas, Niños y Adolescentes.

Además, el art. 11 de la misma ley trata de los tratamientos hormonales y las intervenciones quirúrgicas de adaptación. Cuando se trata de menores es necesario además de cumplir los recaudos del art. 5 que medie autorización judicial, la que será otorgada – o no – teniendo en cuenta los mismos principios de capacidad progresiva e interés superior del menor.

El cambio de sexo en personas menores de edad es un tema excepcionalmente delicado, pues algunas decisiones que se toman durante la minoridad son irreversibles y por ello afectan el resto de la vida del individuo. En Francia se ha dicho que debe obrarse con suma prudencia sobre ello, pero a la vez tal punto de vista ha sido objetado por los colectivos de personas trans y otros "progresistas" que ven en este pedido de prudencia une "*transphobie camouflée*".

1.11. Otras leyes

Hay otras leyes que reconocen explícitamente el principio de capacidad progresiva, como la Ley de Salud Reproductiva de la Ciudad de Buenos Aires (Ley 418), que autoriza a dar información sobre mecanismos contraceptivos a personas menores de edad; la Ley 25.673, que establece el Programa Nacional de Salud y Procreación Responsable; y la Ley 26.150 denominada Programa Nacional de Educación Sexual Integral.

1.12. Código Civil y Comercial

El Código Civil y Comercial está vigente desde el 1 de agosto de 2015 y reemplazó al Código Civil de 1869 (en vigencia desde el 1 de enero de 1871) y al Código de Comercio de 1889, ambos modificados parcialmente en infinidad de oportunidades y en múltiples materias.

Con relación a la capacidad el art. 25 CCyC define que "Menor de edad es la persona que no ha cumplido dieciocho años". Y que "Este Código denomina adolescente a la persona menor de edad que cumplió trece años". Con relación al "Ejercicio de los derechos por la persona menor de edad", el art. 26 reza:

La persona menor de edad ejerce sus derechos a través de sus representantes legales. No obstante, la que cuenta con edad y grado de madurez suficiente puede ejercer por sí los actos que le son permitidos por el ordenamiento jurídico. En situaciones de conflicto de intereses con sus representantes legales, puede intervenir con asistencia letrada.

> La persona menor de edad tiene derecho a ser oída en todo proceso judicial que le concierne, así como a participar en las decisiones sobre su persona. Se presume que el adolescente entre trece y dieciséis años tiene aptitud para decidir por sí respecto de aquellos tratamientos que no resultan invasivos, ni comprometen su estado de salud o provocan un riesgo grave en su vida o integridad física. Si se trata de tratamientos invasivos que comprometen su

estado de salud o está en riesgo la integridad o la vida, el adolescente debe prestar su consentimiento con la asistencia de sus progenitores; el conflicto entre ambos se resuelve teniendo en cuenta su interés superior, sobre la base de la opinión médica con respecto a las consecuencias de la realización o no del acto médico.

A partir de los dieciséis años el adolescente es considerado como un adulto para las decisiones atinentes al cuidado de su propio cuerpo.

Se advierte entonces que el CCyC incorpora la noción de "adolescente", que es la persona menor de edad que ha cumplido 13 años (art. 25, 2º párr.).

La categoría de adolescente es sociológica y no jurídica, pero lo cierto es que el CCyC califica como tales a los menores que tienen entre 13 y 16 años; y ello deriva en una ampliación de la capacidad que examinaremos más adelante.

Y a partir de los 16 años el adolescente es considerado adulto con relación a su propio cuerpo (art. 26).

Con lo cual en el derecho argentino vigente tenemos: niños que son los que no han cumplido 13 años, adolescentes que tienen entre 13 y 18 años; pero con una subcategoría que son los que tienen entre 16 y 18 años que son adolescentes considerados como adultos, pero solo con relación a su cuerpo.

1.12.1. Interpretación

Hemos señalado antes que el estándar grado de madurez suficiente forma parte de nuestro derecho a partir de la incorporación al derecho interno de la Convención sobre Derechos del Niño y la posterior sanción de la ley 26.061. Pero era evidente – creemos – que ello tenía incidencia en el ámbito de los actos relacionados con los derechos de la personalidad del menor, incluidos los vinculados a su propio cuerpo; así como en los procesos judiciales o de otra índole que le afectaran de algún modo daba lugar a su "derecho a ser oído". De modo que la regla general seguía siendo que el menor con grado de madurez suficiente solo estaba autorizado para realizar los actos para los cuales el ordenamiento lo habilitaba explícitamente; y para los demás actuaba a través de sus representantes.

Ahora el régimen impuesto por el CCyC se torna confuso e inasible por dos razones, como mínimo. La primera ya ha sido expuesta, y es la misma "flexibilidad" del estándar grado de madurez suficiente.

La segunda razón es la descuidada redacción de los textos.

Adviértase que el art. 24 CCyC parece decir que para ser incapaz se requiere la concurrencia de dos recaudos: tener menos de 18 años "y" carecer de madurez suficiente. De lo cual debería concluirse que para ser capaz basta con tener más de 18 años "o" con tener grado de madurez suficiente. En otras palabras: del art. 24 se desprendería que se puede ser capaz antes de los 18 años si se tiene un grado de madurez suficiente[20].

Como decíamos, esto puede tener sentido cuando se trata de ciertos actos de disposición de derechos de la personalidad y en particular los relativos al cuidado del propio cuerpo, pero es inaceptable – e impracticable – si se lleva al campo de la capacidad patrimonial por lo que venimos de decir, esto es que el grado de madurez suficiente depende del concreto derecho de que se trate y del específico acto que se pretenda realizar, lo que impone una valoración *ad hoc* de la madurez del menor para el ejercicio de sus derechos; con lo cual habría que determinar en cada caso si el menor de 18 años es capaz o no de actuar por sí en un acto jurídico patrimonial.

En otras palabras, aunque el menor de 16 o 17 años tenga madurez suficiente, seguramente no podrá actuar en el campo patrimonial como si fuere capaz.

Es que, además de la fragilidad que afectaría a un acto jurídico patrimonial obrado por una persona de menos de 18 años al amparo exclusivo de su "grado de madurez suficiente", la norma se esteriliza por la misma previsión del segundo párrafo del art. 26. Este precepto – después de establecer que los menores actúan a través de sus representantes – dice: "No obstante, la (persona) que cuenta con edad y grado de madurez sufi-

20 Es lo que sostuvieron algunos profesores en las Jornadas Nacionales de Bahía Blanca de 2015, en las que postularon que la capacidad de los menores se presume. Autores españoles de prestigio sostienen también que los menores no son incapaces sino personas que tienen una capacidad de obrar limitada: Cadenas Osuna, *Ob. Cit.*, p. 794 y cita de numerosos autores en nota 11.

ciente puede ejercer por sí los actos que le son permitidos por el ordenamiento jurídico". Así, curiosamente, la norma viene a coincidir con el art. 55 del viejo CC que decía que los menores adultos solo tienen capacidad para los actos que las leyes les autorizan otorgar.

O sea que el teórico efecto de la "madurez suficiente" queda anulado porque de todos modos esa "madurez suficiente" solo habilita a la persona menor de 18 años para los actos "que le son permitidos por el ordenamiento jurídico".

Con lo cual lo que parece ser una regla habilitante general, en los hechos remite al resto del ordenamiento que es donde hay que buscar las normas que expresamente autorizan a los menores a la realización por sí de ciertos actos.

Algunos de esos actos están enunciados en el mismo art. 26 –que se refiere específicamente a lo que individualizaríamos como "actos sobre el propio cuerpo"– y en otras múltiples normas que se refieren a situaciones particulares.

Tan evidente es que el régimen es "confuso e inasible", que, en las Jornadas Nacionales de Derecho Civil de 2015, se presentaron dos posiciones que quedaron evidenciadas en conclusiones contradictorias. Algunos profesores postularon que en los menores de 18 años la regla es la incapacidad, mientras que otros propiciaron la idea de que en los menores la capacidad se presume. Desde nuestro punto de vista, esta última tesis no se compadece con los textos del CCyC, en particular en cuando este habilita a los menores de edad a celebrar los actos jurídicos "que le son permitidos por el ordenamiento jurídico", lo que da a entender que sin esta autorización legislativa expresa no hay capacidad[21].

[21] Es más: se sostiene que, si la ley no establece un piso etario y recurre al estándar grado de madurez suficiente, ella se presume para el adolescente y es quien sostiene que no la tiene quien debe probar tal falencia: Van Domselaar, Carolina y Zucherino, Sylvia. *El Cód. Civ. y Com.:* un cambio de paradigma en la capacidad de ejercicio de las personas menores de edad. RDFyP año IX, nro. 7., agosto 2017, p. 219. La tesis no tiene ningún fundamento; la tal presunción no surge del Cód. Civ. y Com. y por el contrario para que los menores puedan ejercer por sí su capacidad jurídica es preciso que el ordenamiento los habilite expresamente según reza el mismo art. 26.

1.12.2. Conclusión sobre el régimen del CCyC

Las personas que no han cumplido 18 años son básicamente incapaces con las excepciones autorizadas por la ley. Entre ellas deben destacarse las que prevé el mismo art. 26 respecto del cuidado de su propio cuerpo. Y otras que el CCyC enumera a lo largo de su texto.

El estándar "grado de madurez suficiente" es relevante cuando se trata de ejercer el derecho del menor a ser oído y a participar en las decisiones que le conciernen (art. 639, inc. c). Pero no es suficiente para atribuir capacidad jurídica para la realización de actos jurídicos si no existe una autorización legal explícita, como las que establece el mismo art. 26 con relación a los tratamientos médicos. De allí que subsistan las disposiciones de leyes especiales que requieren la edad de 18 años para ciertos actos, como, por ejemplo, la ley de trasplantes a la que ya nos hemos referido.

1.13. Examen pormenorizado de la capacidad del adolescente para disponer sobre su propio cuerpo según el CCyC

La capacidad del menor entre 13 y 16 años – adolescente en la terminología del CCyC – para decidir sobre los tratamientos médicos está regulada a partir de la distinción entre tratamientos no invasivos (art. 26, cuarto párrafo) e invasivos (art. 26, quinto párrafo).

Ello supone un primer problema que consiste en determinar cuáles son los tratamientos que encajan en la categoría de "no invasivos" y que no "comprometen su estado de salud o provocan un riesgo grave en su vida o integridad física".

Definir esto va a generar disquisiciones múltiples.

Por empezar porque "tratamiento" es definido por la Real Academia como "conjunto de medios que se emplean para curar o aliviar una enfermedad". Con lo que no se refiere a actos aislados como la extracción de una muela, quitar un quiste o suturar la retina. Claro es que esta interpretación literal resultaría exactamente contraria a lo que se supone ha sido la voluntad del legislador: no tendría sentido que el menor que ha cumplido 13 años pudiera decidir aceptar o no un "tratamiento" para el acné o para enderezarle los dientes, y en cambio debiera requerir el consentimiento de sus padres para actos médicos que podríamos calificar de "instantáneos" o que se desarrollan en un único momento o sesión como puede ser sacarle una muela.

Ahora bien, superado este primer escollo – provocado por la notable desprolijidad con que se ha legislado en este punto – nos encontramos con que el código usa el calificativo "no invasivos". Un servicio de la Biblioteca de Medicina de Estados Unidos define la materia de la manera que sigue:

> El término no invasivo (atraumático o incruento) se puede referir a enfermedades, procedimientos o dispositivos:
> - Las enfermedades no invasivas generalmente no dañan ni se diseminan a otros órganos y tejidos.
> - Los procedimientos no invasivos no involucran instrumentos que rompen la piel o que penetran físicamente en el cuerpo. Los ejemplos abarcan: las radiografías, un examen oftalmológico estándar, una tomografía computarizada, una resonancia magnética, un ECG y un monitor Holter.
> - Los dispositivos no invasivos abarcan: audífonos, tablillas externas y férulas.
>
> No invasivo es lo opuesto a invasivo (cruento o traumático)[22].

Si esto es así estamos de nuevo en problemas porque la extracción de la muela implica romper la piel con instrumentos y la sutura de la retina no es un examen oftalmológico estándar.

Entonces el menor que ha cumplido 13 años estaría muy limitado en punto a los tratamientos sobre los cuales puede decidir por sí mismo. Podría solo autorizar – o rechazar – una radiografía, una resonancia magnética, o usar (o rechazar) anteojos o lentes de contacto. También entran en esta categoría tratamientos de belleza, obesidad, dermatológicos, normalmente ofrecidos como no invasivos[23], así como aquellos relacionados con afecciones de columna o musculares que se mejoran con gimnasia o quiropraxia.

[22] No invasivo. MedlinePlus. Disponible en: www.nlm.nih.gov/medlineplus/spanish/ency/article/002269.htm.

[23] De allí que están excluidos de la idea de "no invasivos" los tratamientos para la obesidad como el cinturón y el balón gástrico pues requieren la penetración en el cuerpo del paciente, produciendo en el primer caso una modificación permanente del estómago.

De allí entonces que cualquier tratamiento o acto médico cruento o traumático, que como tal implique la utilización de instrumentos que penetran la piel o rompen tejidos, debería ser decidido en los términos del quinto párrafo del art. 26.

Pero la cuestión no queda aquí, pues el código alude a tratamientos no invasivos que no "comprometan el estado de salud o provoquen un riesgo grave para la vida o integridad física" (cuarto párrafo). Y cuando se refiere a los invasivos agrega "que comprometen su estado de salud" o ponen "en riesgo la integridad o la vida".

Por lo tanto, deberíamos distinguir:

- Tratamientos no invasivos que no comprometen la salud ni causan riesgo,
- Tratamientos no invasivos que sí comprometen la salud;
- Tratamientos invasivos que no comprometen la salud; y
- Tratamientos invasivos que sí comprometen la salud.

Es obvio que algunos de esos supuestos tienen una previsión normativa y otros no.

Los tratamientos no invasivos que no comprometen la salud son decididos por sí por el menor a partir de la edad de 13 años (art. 26, cuarto párrafo).

Los tratamientos invasivos que causan riesgo a la salud, vida, integridad física requieren el consentimiento del menor con la asistencia de sus representantes (art. 26, quinto párrafo).

Pero los tratamientos no invasivos que comprometen la salud y los invasivos que no lo hacen no tienen una previsión legislativa expresa.

Ahora bien: ¿por qué la ley ha omitido una solución para estos dos últimos casos?

Simplemente porque ha errado en el criterio clasificatorio que no debe radicar en la condición de invasivo o no del acto médico, sino exclusivamente en el riesgo que cause para la salud, vida o integridad física. Es que un acto médico puede ser invasivo (suturar la retina, un tratamiento de conducto, extirpar un forúnculo, inyectar la vacuna contra el Covid), pero el riesgo para la salud, vida o integridad física puede ser ínfimo; y por hipótesis podría haber actos médicos no invasivos que en función de las condiciones personales del paciente pudieran poner en riesgo su salud, vida o integridad física (ciertos tratamientos para la obesidad u otros trastornos alimenticios que pueden ser peligrosos para los diabéticos, celíacos, etc.).

De donde, en definitiva, cuando se trate de aplicar los párrafos cuarto y quinto del art. 26 lo relevante va a ser el riesgo de vida e integridad física, tanto se trate de aceptar la decisión individual del menor (cuarto párrafo) cuanto de resolver el conflicto que puede existir entre padres y menor (quinto párrafo *in fine*).

Sin perjuicio de lo que venimos diciendo, haremos el examen de la norma de acuerdo con los casos que ella contempla expresamente.

1.13.1. Tratamientos no invasivos

Es evidente que los párrafos cuarto y quinto del art. 26 van mucho más allá de lo que prevé la Ley de Derechos del Paciente que sigue en vigencia. Esa ley se limita a reconocer el derecho de los niños, niñas y adolescentes "a intervenir en los términos de la Ley Nº 26.061 a los fines de la toma de decisión sobre terapias o procedimientos médicos o biológicos que involucren su vida o salud".

En cambio, el CCyC reconoce la aptitud del menor a partir de los 13 años para decidir por sí respecto de aquellos tratamientos no invasivos, que no comprometan su estado de salud ni provoquen un riesgo grave en su vida o integridad física. Ya no se trata entonces de "intervenir" en la "toma de decisión", sino lisa y llanamente de "decidir" al margen de cualquier representación o asistencia.

En otras palabras, respecto de esta categoría de tratamientos la persona de 13 años es considerada como plenamente capaz; o competente si se quiere utilizar la terminología actual.

Sobre cuáles actos están comprendidos en este párrafo cuarto remitimos a lo ya expuesto.

1.13.2. Tratamientos invasivos

Reiteramos que el código establece en el quinto párrafo del art. 26 que

> Si se trata de tratamientos invasivos que comprometen su estado de salud o está en riesgo la integridad o la vida, el adolescente debe prestar su con-

sentimiento con la asistencia de sus progenitores; el conflicto entre ambos se resuelve teniendo en cuenta su interés superior, sobre la base de la opinión médica con respecto a las consecuencias de la realización o no del acto médico.

Esta norma también genera algunas dudas en su aplicación a ciertos casos concretos.

Por empezar, nos parece evidente que esta disposición no deroga el art. 9º de la Ley de Derechos del Paciente 26.529, que exime al médico de requerir el consentimiento informado del paciente: "a) Cuando mediare grave peligro para la salud pública; b) Cuando mediare una situación de emergencia, con grave peligro para la salud o vida del paciente, y no pudiera dar el consentimiento por sí o a través de sus representantes legales". Por lo demás el mismo CCyC se refiere a la cuestión en el último párrafo del art. 59 conforme al cual:

> Si la persona se encuentra absolutamente imposibilitada para expresar su voluntad al tiempo de la atención médica y no la ha expresado anticipadamente, el consentimiento puede ser otorgado por el representante legal, el apoyo, el cónyuge, el conviviente, el pariente o el allegado que acompañe al paciente, siempre que medie situación de emergencia con riesgo cierto e inminente de un mal grave para su vida o su salud. En ausencia de todos ellos, el médico puede prescindir del consentimiento si su actuación es urgente y tiene por objeto evitar un mal grave al paciente.

El segundo problema que causa esta norma es mucho más serio: me refiero al conflicto entre padres e hijo y su resolución. El código defiere la solución a un juez, para quien aporta una serie de pautas, pero lo cierto es que en muchos casos no habrá tiempo como para recurrir a un juez pues los tratamientos o los actos quirúrgicos deben ser ejecutados sin demora. En ese caso: ¿qué actitud adopta el médico?: ¿simplemente se lava las manos y no hace nada si el menor que tiene 13 años rechaza operarse o recibir una transfusión y espera la decisión de un juez que probablemente llegue cuando el daño sea irreversible o hasta pueda haberse producido la muerte; ¿o lo opera o transfunde contra la voluntad del menor exponiéndose así a una demanda por responsabilidad civil porque le salvó la vida, pero afectando la dignidad personal del paciente?

Este tipo de norma es decididamente negativo tanto desde el punto de vista de las relaciones familiares cuanto de las obligaciones y responsabilidades de los médicos.

En el plano familiar es una norma que propicia los conflictos intrafamiliares y la intromisión del Estado en las decisiones que pueden y deberían ser adoptadas en el seno de la familia.

Y desde el prisma de las responsabilidades y deberes médicos constituirá una fuente de conflictos entre el deber de hacer todo lo posible por curar al paciente y la autonomía del menor que aparece expandida de manera desmesurada.

Esto fue rápidamente advertido por la doctrina local; por ello las Jornadas Nacionales de Derecho Civil 2015 recomendaron que se evite la judicialización de estos conflictos. Obviamente esto es lo deseable, y suponemos que en la mayor parte de los casos concretos el médico, el menor y sus padres adoptarán la decisión que mejor convenga a la salud del involucrado.

Pero no puede dejar de preverse que en algún caso padres e hijo no se pongan de acuerdo y el médico se encuentre en el medio de un conflicto que no tiene atribuciones para resolver.

1.14. Negativa de los representantes legales a prestar el consentimiento

La previsión que venimos estudiando exige el consentimiento de los representantes legales para autorizar tratamientos invasivos que pongan en riesgo la salud del menor. Cabe apuntar que esta cuestión se ha planteado entre nosotros – antes de la entrada en vigencia del CCyC – con motivo de las transfusiones sanguíneas, pues personas pertenecientes a cierto grupo religioso rechazan ese tratamiento; y si bien es indudable el derecho de una persona mayor de edad de rechazar una transfusión, y así ha sido reconocido por la misma CSN[24], el problema es si alguien perte-

[24] CSJN, "Bahamondez", Fallos 316:479; CSJN, "Albarracini Nieves", Fallos 335:799.

neciente a ese credo puede extender la negativa al tratamiento que debe aplicársele a un menor al que representa.

El criterio imperante es que el derecho a la salud e integridad física del menor prevalece sobre las convicciones religiosas de sus padres, por lo que el juez puede suplir el consentimiento que no prestan los padres[25] y ha sido aplicado en varios casos.

Así en la Provincia de La Pampa se encontraba internado en un nosocomio el menor A. F. (nacido el día 5/8/2012), y, ante la gravedad de su estado de salud, el médico tratante planteó la necesidad de realizar una transfusión de sangre, que no fue autorizada por los padres de aquél por ser testigos de Jehová. Ante ese panorama, el Ministerio Público Pupilar, representando al menor, planteó la cuestión ante el juez, quien el día 17 de octubre de 2012, teniendo en cuenta

> el interés superior del niño, su corta edad y la imposibilidad expuesta por sus representantes y en pos de garantizar la salud y la vida del niño resolvió hacer lugar a la pretensión plasmada por la representante promiscua del menor autorizando a los profesionales médicos del hospital Lucio Morales a realizar las prácticas necesarias para que se preserve la salud del niño A. F., comprendiendo la transfusión sanguínea y/o toda práctica médica que el equipo de salud interviniente considere conducente de conformidad con la patología del paciente[26].

En otro supuesto, una madre parturienta se negaba a recibir la transfusión, y el Tribunal interviniente ordenó que se realizara si corría peligro la vida de la persona por nacer[27].

[25] 1ª Inst. Civ. Capital Federal, firme, 24/4/1985, ED 114-113, con nota de Bidart Campos; Juzg. Paz Letrada Ensenada (Buenos Aires), 9/3/1993, ED 153-264, con nota de Bidart Campos; v. Rivera, Julio C. *Actos de disposición de los derechos de la personalidad. RDPC* 6-89, en particular nro. 10 e), p. 100.

[26] Gómez Maiorano, Ángeles Mariana y Godoy, Alfredo, *¿Valores o derechos? Las transfusiones de sangre en los que profesan la religión Testigos de Jehová*, JA 16/09/2015, 23, Cita: TR La Ley Ar/Doc/5933/2014.

[27] Contencioso administrativo y Trib., Ciudad Autónoma de Buenos Aires, sala 2ª, 13/11/2002, *Ciudad de Buenos Aires v. Cabaña*, comentado por Rivera, Julio C. y Peralta

Estos criterios pueden generalizarse. Si la negativa a prestar el consentimiento para cualquier tratamiento médico, clínico o quirúrgico no es legítima, el tribunal puede suplirlo a pedido de los médicos o aun del mismo incapaz.

Lo mismo ha sucedido con las vacunaciones; un trabajo específico sobre el tema obra en este mismo volumen por lo que reenviamos a él.

En cuanto a intervenciones quirúrgicas e información sobre anticoncepción rigen las leyes especiales que ya hemos comentado.

1.15. Capacidad para otorgar directivas médicas anticipadas

El art. 60 del CCyC regula las denominadas directivas médicas anticipadas; y para ello dispone que "la persona plenamente capaz puede anticipar directivas y conferir mandato respecto de su salud y en previsión de su propia incapacidad. Puede también designar a la persona o personas que han de expresar el consentimiento para los actos médicos y para ejercer su curatela (...)".

Cabe apuntar que este texto proviene del Proyecto de CC de 1998, que no preveía – como sí lo hace el actualmente vigente – reglas sobre la capacidad de los menores para disponer de su cuerpo.

De allí que puede parecer incoherente con el régimen de capacidad de los menores que esta norma del art. 60 exija la plena capacidad, que se adquiere a partir de los 18 años. Es que el menor de 13 años puede decidir por sí sobre ciertos tratamientos y el que ha cumplido 16 es considerado "adulto" en relación con el cuidado de su cuerpo, pero no podrían dar un mandato o designar a la persona que sustituya su consentimiento para los actos médicos cuando él no pueda darlo.

Esta incompatibilidad se ha manifestado en las Jornadas Nacionales de Derecho Civil, pues en ella se han reflejado distintas posiciones. Así, algunos han interpretado literalmente el art. 60 y por ello han sostenido que "el adolescente no cuenta con capacidad para otorgar directivas médicas anticipadas", mientras que otros propusieron que "el adolescente con grado de madurez suficiente debe ser considerado capaz para otorgar directivas anticipadas".

Mariscal, Leopoldo, *RDPC* 2003-3. Ver también Ales Uría, *Ob. Cit.* núm. 6.3.1. en página 414 y sigs.

1.16. Los niños y los actos que comprometen su cuerpo y salud

Un tema que se abre con la entrada en vigencia del art. 26 del CCyC es también el de los derechos de los niños, esto es, los que aún no han cumplido 13 años para intervenir en las decisiones que involucran a su cuerpo; lo que ha adquirido cierta actualidad con motivo de la vacunación contra el Covid 19.

El CCyC impone escuchar al menor en todo proceso judicial que le concierne, así como a participar en las decisiones sobre su persona (art. 26). Y en esto el Código no establece ningún fraccionamiento etario: cabe escuchar y cabe hacer participar en las decisiones a todos los menores, aun los que no han llegado a la edad de 13 años. Supongamos entonces que un menor de 12 años rechaza una vacunación no obligatoria. Su negativa debería prevalecer, en la medida que tenga un grado de madurez suficiente. En todo caso no podrá hacerse fuerza sobre su cuerpo, pero obviamente estará sujeto a las limitaciones o restricciones de otros derechos, como el de asistir a la escuela o colegio, a reuniones públicas, a viajar, etc. Ahora bien, supongamos que se trata de una intervención quirúrgica o una transfusión sanguínea cuya omisión podría acarrear la muerte. Al respecto ya hemos señalado que los precedentes existentes en otros países parecen sentar la regla según la cual el paciente menor de edad tiene capacidad (o competencia) para aceptar un tratamiento en estos casos de peligro de riesgo de vida, pero no la tienen tanto para rechazar el mismo tratamiento[28]. En definitiva, en caso de urgencia y riesgo de vida los médicos actuarán conforme a los deberes éticos de su profesión; y si la situación no fuere urgente ellos o los padres del menor podrán ocurrir a obtener la autorización judicial que supla la negativa del menor.

1.17. La capacidad del "adulto"

El art. 26 CCyC atribuye al adolescente que ha cumplido 16 años la condición de "adulto" en lo que hace al "cuidado de su propio cuerpo".

Estas dos líneas reflejan el absoluto desprecio por la técnica legislativa que demuestra el código en esta parte. Por empezar la palabra "adulto"

[28] V. supra núm. 9; Cadenas Osuna, *Ob. Cit.* p. 839

– aunque se la usa en otras disposiciones del mismo código[29]– no tiene contenido propio en el código ni en otras disposiciones legales; es un concepto que – como el de adolescente – puede encontrar sentido en el ámbito de la psicología, de la sociología, de la educación, pero que no tiene un alcance definido en el mundo jurídico, donde se es capaz o incapaz, mayor o menor. Adulto no quiere decir nada.

Y luego, "cuidado de su cuerpo": ¿es *todo* lo atinente a su cuerpo?; ¿comprende también las decisiones que refieren al tratamiento de enfermedades, intervenciones quirúrgicas, transfusiones, trasplantes? ¿Puede el "adolescente" de 16 años decidir por sí dar un órgano a otro siendo que la ley específica exige un mínimo de 18 años de edad para hacerlo?

La regla parece clara en cuanto a su finalidad: el menor que ha cumplido 16 años es plenamente capaz para decidir sobre su cuerpo y si se la relaciona con los párrafos precedentes, habría que concluir que ello significa que decide por sí sobre todo tratamiento médico y cualquier otro acto de disposición de su propio cuerpo.

De todos modos, es preciso señalar que esta interpretación no es uniforme; algún sector de la doctrina considera que "cuidado" debe entenderse en sentido estricto, por lo que quedaría reducido a los tratamientos necesarios para la preservación o recuperación de la salud. Pero el menor que ha cumplido 16 años no podría autorizar otros actos sobre su cuerpo como un tatuaje o un *piercing*, de donde serían válidas constitucionalmente leyes locales que exigen la edad de 18 años para consentir estos actos. Desde nuestro punto de vista resulta difícil aceptar que un menor que ha cumplido 16 años sea plenamente capaz para decidir sobre un tratamiento médico invasivo o no invasivo que puede llegar a comprometer su salud y no pueda dar válidamente su consentimiento para tatuarse.

Por otra parte, subsisten leyes nacionales que exigen la edad de 18 años para que el consentimiento sea válidamente expresado; nos referimos a las leyes de trasplantes y de identidad de género. En el caso de la ley de trasplantes es claro que ella prevalece sobre el CCyC pues es posterior a él y exige que el consentimiento para dar un órgano con finalidad

[29] Arts. 111, 667, 2642.

de trasplante sea otorgado por una persona que haya cumplido la edad de 18 años.

1.17.1. La capacidad del "adulto" para la disposición de su propio cuerpo y los contratos relacionados

Un tema que se ha planteado en la doctrina es cómo conciliar la capacidad del "adulto", esto es el menor a partir de 16 años para decidir todo lo relativo al cuidado de su cuerpo con el hecho de que la capacidad patrimonial se adquiere a los 18 años.

Acaso cabría entender que el menor que ha cumplido 16 años tiene capacidad para contratar a un médico o cualquier establecimiento asistencial para someterse a algún tratamiento o cuidado relativo a su cuerpo; o, por el contrario, él puede decidir hacerlo, pero necesita de la representación de sus padres (o del tutor) para celebrar el contrato destinado a concretar esa atribución sobre el cuerpo.

Ambas tesis han sido sostenidas en el derecho nacional y es realmente difícil determinar qué criterio ha de prevalecer. En principio es razonable prever que los establecimientos asistenciales habrán de requerir la conformidad de los representantes legales, a no ser que se trate de contratos que no involucren sumas importantes o puedan ser pagadas de contado, supuesto en el cual podrán invocar lo previsto en el art. 684 que presume celebrados con autorización de los padres, los contratos de escasa cuantía y de la vida cotidiana.

1.17.2. La disposición de los derechos de la personalidad espiritual. Contratos que impongan prestaciones personales a los hijos menores[30]

Es común que los niños participen de publicidades televisivas o gráficas, que actúen en teatros, cine, televisión. Esto implica disponer de la imagen de estas personas, así como comprometer prestaciones personales.

Al respecto, la ley 26.061 tiene una regla especial en el art. 22, conforme a la cual los niños, niñas y adolescentes tienen derecho a ser res-

30 Además de la bibliografía ya citada v.: Navarro Michel, Mónica. *Los derechos a la intimidad y propia imagen del menor de edad: algunos supuestos conflictivos. Revista de Derecho Privado,* 2009-47, Madrid.

petados en su dignidad, reputación y propia imagen. Y en su segundo párrafo literalmente dice:

> Se prohíbe exponer, difundir o divulgar datos, informaciones o imágenes que permitan identificar, directa o indirectamente, a los sujetos de esta ley, a través de cualquier medio de comunicación o publicación en contra de su voluntad y la de sus padres, representantes legales o responsables, cuando se lesionen su dignidad o la reputación de las niñas, niños o adolescentes o que constituyan injerencias arbitrarias o ilegales en su vida privada o intimidad familiar.

Con lo cual parece que la ley exigiera el consentimiento del menor, aunque lo haga de un modo ambiguo, en particular por la conjunción copulativa "y" que liga su consentimiento al de sus representantes legales. De donde, ¿qué pasaría si el menor no da su consentimiento y el padre sí lo hace: es o no prohibida la publicación? La interpretación razonable es que, si esa publicación afecta la dignidad, reputación o vida privada del menor, debe ser considerada ilegal; y si se concreta, causa derecha a la indemnización de los daños pertinentes.

A partir de la vigencia del CCyC resulta claro que el menor tiene derecho a ser oído y su opinión será tenida en cuenta para disponer de su imagen.

Además, los representantes legales no pueden celebrar contratos que obliguen a prestar servicios al hijo adolescente (art. 682). Con lo cual los contratos de representación artística o que impliquen otras prestaciones personales del menor, como pueden ser los relacionados con actividades deportivas, requieren del consentimiento expreso del menor que ha cumplido la edad de trece años.

1.18. Algunas incongruencias

Es claro que el CCyC y la legislación especial persiguen que a través de una anticipación de la capacidad de los menores se concrete la autonomía progresiva de estos; y sin dudas ello es encomiable.

Pero lo cierto es que subsisten ciertas restricciones a la capacidad que son incongruentes con el sistema general de capacidad previsto en el Código y con la idea de autonomía progresiva.

Así, en Argentina un menor de 13 años puede consentir un tratamiento médico bajo los supuestos que hemos analizado, y el que ha cumplido 16 años es considerado adulto con relación a su propio cuerpo, pero no puede comprar una cerveza porque permanece vigente la prohibición de vender bebidas alcohólicas a menores de 18 años; algunas leyes provinciales – de dudosa constitucionalidad – exigen también una edad mínima para consentir un tatuaje; el art. 18 de la Ley 26.687 prohíbe la venta, distribución, entrega de productos elaborados con tabaco a menores de 18 años, imponiendo al vendedor verificar la edad del comprador.

Estas son inconsistencias menores y que pueden encontrar justificación en la protección de la salud en general (la limitación para la compra de tabaco), o de derechos de terceros (la limitación para la compra de alcohol).

Pero lo que a mi juicio constituye la inconsistencia mayor es que el mismo CCyC atribuye legitimación para pretender alimentos hasta la edad de 21 años y más aún, el art. 663 prevé que:

> La obligación de los progenitores de proveer recursos al hijo subsiste hasta que éste alcance la edad de veinticinco años, si la prosecución de estudios o preparación profesional de un arte u oficio, le impide proveerse de medios necesarios para sostenerse independientemente.
> Pueden ser solicitados por el hijo o por el progenitor con el cual convive; debe acreditarse la viabilidad del pedido.

Conclusiones

La autonomía progresiva se proyecta necesariamente en anticipaciones de la capacidad. Pero esas anticipaciones no se relacionan con el avance de la edad sino con la evolución del grado de madurez. Ello lleva a que la capacidad para ciertos actos, en particular los de disposición de los derechos personalísimos, se determine caso por caso; y más aún, la misma persona podría ser capaz para un acto y no para otro. Amén de las incertidumbres que ello causa, subsisten reglas incongruentes con el principio general, pues para ciertos actos exigen una determinada edad siguiendo así el viejo método del fraccionamiento etario; y la mayor incongruencia está dada por el reconocimiento a quienes incluso dejaron de ser menores del derecho a exigir alimentos a sus padres.

Referencias

Ales Uría, Mercedes. La autonomía progresiva de la persona menor de edad en el derecho argentino, en Basset Úrsula. Santiago, *Tratado de Derecho Constitucional y Convencional de Derecho de Familia y de las Personas,* La Ley, Bs.As., 2022, t. II.

Basset, Úrsula, Autonomía progresiva. Tendencias jurisprudenciales, Revista de Derecho de Familia, DFyP 2010.

Basset, Úrsula, Los principios del derecho de la infancia en el derecho internacional, La Ley, 2022.

Basset, Úrsula – Santiago, Alfonso, Tratado de Derecho Constitucional y Convencional de Derecho de Familia y de las Personas, La Ley, Bs.As., 2022.

Cadenas Osuna, Davinia. *El consentimiento informado y el rechazo a la intervención o tratamiento médico por el menor de edad tras la reforma de 2015:* estudio comparado con el common law. ADC 2018-789.

Caminos, Pedro A. *Los dos estándares sobre la autonomía personal en la jurisprudencia de la Corte Suprema de Justicia de la Nación,* JA 03/09/2014, 3 – Cita: TR La Ley Ar/Doc/5470/2014.

Dworkin, Ronald, Liberalismo, constitución y democracia, trad. de Julio Montero y Alfredo Stolarz, Buenos Aires, 2003.

Gómez Maiorano, Ángeles Mariana y Godoy, Alfredo, *¿Valores o derechos? Las transfusiones de sangre en los que profesan la religión Testigos de Jehová,* JA 16/09/2015, 23, Cita: TR La Ley Ar/Doc/5933/2014.

Kemelmajer de Carlucci, Aída, El derecho del menor a su propio cuerpo, en Borda, Guillermo A. (dir), *La persona humana,* La Ley, Bs.As. 2001.

Kemelmajer de Carlucci, Aída. El derecho del niño a su propio cuerpo, en Bergel, Salvador D. y Minyersky, Nelly (comps.), *Bioética y derecho,* Ed. Rubinzal-Culzoni, Santa Fe, 2003.

Kemelmajer de Carlucci, Aída y Lamm, Eleonora. *La persona transexual, menor de edad, competente para decidir sobre la intervención médica que requiere judicialmente. Semanario Jurídico,* n. 1637, Córdoba, 6/12/2007.

Muñiz, Javier N. *Autonomía progresiva de niñas, niños y adolescentes en el Proyecto de unificación del Código Civil y Comercial:* recepción en el orden interno de la doctrina del Derecho Internacional de los Derechos Humanos, RDPyC, 2012-2.

Navarro Michel, Mónica. *Los derechos a la intimidad y propia imagen del menor de edad: algunos supuestos conflictivos.* Revista de Derecho Privado, Año 2009, Madrid.

No invasivo. MedlinePlus. Disponible en: www.nlm.nih.gov/medlineplus/spanish/ency/article/002269.htm.

Rivera, Julio César. *Actos de disposición de los derechos de la personalidad.* RDPC 6, Revista de Derecho Privado y Comunitário.

Rivera, Julio César, *Habilitación de edad*, Bs.As., Abaco, 1978.

Rivera, Julio César, *Instituciones de Derecho Civil* – Parte General, 7ª. Edición Abeledo Perrot, Bs.As., 2021.

Rivera, Julio César. *Las claves del Código Civil y Comercial en materia de personas humanas.* RDPyC 2015, Número Extraordinario.

Rivera, Julio César y Medina, Graciela (dir), *Código Civil y Comercial Comentado*, 2da ed., Bs.As., Thomson Reuters, 2023.

Van Domselaar, Carolina y Zucherino, Sylvia. *El Cód. Civ. y Com.:* un cambio de paradigma en la capacidad de ejercicio de las personas menores de edad. RDFyP año IX, nro. 7., agosto 2017.

18.
LOS MENORES DE EDAD COMO TITULARES DEL DERECHO A LA INTIMIDAD

Julio César Rivera

1. Nociones introductorias

1.1. El artículo 19 de la Constitución argentina

El art. 19 de la CN dispone que "Las acciones privadas de los hombres que de ningún modo ofendan al orden y a la moral pública, ni perjudiquen a un tercero, están solo reservadas a Dios y exentas de la autoridad de los magistrados. Ningún habitante de la Nación será obligado a hacer lo que no manda la ley, ni privado de lo que ella no prohíbe".

1.2. La protección constitucional de la privacidad

Una autora argentina, comentando este art. 19 de nuestra dice que su punto focal que la persona humana es el principio de autonomía de la persona humana, tomada esta como centro del sistema político que debe servir al desarrollo de la libertad y que no debe utilizar a las personas para sus propios objetivos. Este principio y su aplicación práctica diferencian los sistemas políticos entre sí, más allá de la declaración sobre la forma de gobierno que formulen expresamente en sus respectivas constituciones[1].

[1] Gelli, María Angélica. *Constitución de la Nación Argentina Comentada y Concordada*, 6ª ed., Bs.As., Thomson Reuters, La Ley, 2022, t. I, pág. 5232.

El referido precepto constitucional – de larga tradición en la historia constitucional argentina[2] – consagra la protección de la privacidad y de la intimidad.

El liberalismo político – que sin duda inspira a la Constitución argentina – opera sobre una concepción de justicia que resulta independiente de las doctrinas filosóficas y religiosas opuestas e incompatibles que profesen los ciudadanos. De esta manera, afirma Rawls[3], el liberalismo político aplica el principio de la tolerancia a la filosofía misma, descartándose cualquier forma de paternalismo o perfeccionismo[4]. Como resultado de esta postura, el Gobierno debe tratar a todos como iguales, independientemente de cualquier concepción particular de la buena vida o de la cuestión de qué es lo que le da valor a la vida[5]. En este sentido, para el Estado no es "mejor" la concepción de la vida que tiene un intelectual que la de aquel que mira la televisión tomando cerveza y dice: "Esto es vida", ya que la identidad de la persona no se liga a la concepción que ella tenga del "bien"[6].

Y ello aplica no sólo a las acciones realizadas en privado, sino también a la exteriorización de esas opciones asumidas por cada persona[7].

Esta idea tiene vigencia en primer lugar en el derecho penal. Hoy en día sería inadmisible que el derecho penal castigara la homosexualidad. Ahora bien, esto no implica prescindir de toda idea de moralidad del ordenamiento jurídico. Incluso nuestro art. 19 de la CN hace referencia a la moral pública como límite al principio de autonomía personal. Ello significa, por lo menos, que el Estado puede "preferir" o "privilegiar" algunas conductas que considera valiosas por sobre otras que tolera, pero no

[2] v. Sampay, Arturo Arturo E., *La filosofía jurídica del artículo 19 de la Constitución Nacional*, Buenos Aires, Cooperadora Argentina de Ciencias Sociales, 1975. Este distinguido jurista informa que el art. 19 de la CN reconoce como fuentes al Estatuto Provisional de 1815, el Reglamento de 1817 y las Constituciones de 1819 y 1826.

[3] Rawls, John. *Liberalismo político*, trad. de Sergio René Madero Báez, México, 1995, p. 34.

[4] Nino, Carlos. *Fundamentos de Derecho Constitucional.* Análisis filosófico, jurídico y politológico de la práctica constitucional, Astrea, Bs.As., 1992.

[5] Dworkin, Ronald. *Liberalismo, constitución y democracia*, trad. de Julio Montero y Alfredo Stolarz, Buenos Aires, 2003, p. 23.

[6] Dworkin, Ronald. *Ob. Cit.*

[7] Nino, *Ob. Cit.*, pág. 304 y sigs.

promociona. Inclusive en oportunidades el Estado debe refrenar ciertas conductas que pueden considerarse lesivas para valores superiores; de allí, por ejemplo, que la legislación francesa y de otros países prohíba el uso del "velo islámico" en las escuelas públicas o en universidades, o aun en la calle pues, si bien ello puede ser inspirado por una práctica religiosa o cultural, conspira contra uno de los valores más estimados por la sociedad occidental como es la igualdad de la mujer, por lo que la legislación estatal puede imponer medidas tendientes a desterrar prácticas que son vistas como representativas de sometimiento femenino.

Obviamente, son temas muy complejos y que generan un intenso debate. De todos modos, es preciso tener en cuenta que la regla ha de ser la libertad de cada persona para definir su estilo de vida. Y, por ende, la represión o limitación estatal debe ser mínima.

1.3. La protección constitucional de la intimidad

La protección de la privacidad supone y se extiende a la protección de la intimidad.

Se entiende por "intimidad" el ámbito comúnmente reservado de la vida, de las acciones, de los asuntos, de los sentimientos, creencias y afecciones de un individuo o de una familia. Es lo más personal, interior o privado; lo que no se desea dar a conocer ni dejarse ver ni sentir[8].

1.4. Intimidad y privacidad: distinción

Explica Julio César Rivera (hijo) – siguiendo a Carlos Nino – que no ha de confundirse intimidad con privacidad. El derecho a la privacidad protege las acciones que no dañan a terceros de la interferencia estatal. Estas acciones son *privadas,* no en el sentido de que no son o no deben ser accesibles al conocimiento público, sino en el sentido de que si violentan exigencias morales solo lo hacen con las que derivan de ideales de una moral privada, personal o autorreferente. En este sentido la CSN ha sostenido que el art. 19 de la CN impone límites a la actividad legislativa

[8] V. Rivera (h), Julio César. Libertad de expresión e intimidad, en Rivera (h), Elías, Grosman, Legarre (Dir), *Tratado de los derechos constitucionales,* Abeledo Perrot, Bs. As., 2014, t. II, p. 73; la cita de Carlos Nino corresponde a *Fundamentos de Derecho Constitucional,* Astrea, Bs.As., 2000, p. 327.

consistentes en exigir que no se prohíba una conducta que se desarrolle en la esfera privada, entendida esta no como las acciones que se realizan en la intimidad, protegidas por el art. 18, CN, sino como aquellas que no ofendan al orden o a la moralidad pública, esto es, que no perjudiquen a terceros[9]. De este modo el art. 19, CN, consagra el derecho de los particulares a programar y proyectar su vida según sus propios ideales de existencia. Es el principio de autonomía al que hemos hecho referencia.

Así, la privacidad protege la exteriorización del culto religioso; como persona individual puedo portar una cruz o una estrella de David si soy católico o judío y el Estado no puede reprenderme por ello ni intentar prohibirlo o limitarlo.

En cambio, la intimidad protege el secreto de la vida personal, lo que cada uno quiere excluir del conocimiento de terceros. Pueden ser mis relaciones afectivas, mi estado de salud, etc.

Nuestra exposición ha de seguir con la tutela de la intimidad con especial referencia a los niños, niñas y adolescentes, aunque también haremos una referencia a la protección de la privacidad relacionada con ciertos grupos religiosos y su concepción de la vida.

1.5. El derecho supranacional de los derechos humanos

Argentina se encuentra convencionalmente comprometida en un derecho internacional protector de los derechos humanos, entre ellos los que la doctrina civilista conoce como derechos de la personalidad: derecho a la honra y a la dignidad personal, a la intimidad (art. 11, incs. 1º y 2º, Pacto de San José de Costa Rica), al nombre (art. 18 del mismo Pacto); y otros que tienen múltiples reflejos en el derecho privado, así como en el derecho público (derecho a la vida, a la integridad física, a la libertad personal, a la asociación, a la libre expresión, a la propiedad: arts. 4º, 5º, 6º, 13 y 21, Pacto de San José de Costa Rica).

También nuestro país ha reconocido la vigencia plena del principio de igualdad de la mujer con el hombre, al ratificar la Convención sobre la Eliminación de Todas las Formas de Discriminación contra la Mujer, y ello incide directamente en el derecho privado, al imponer el reco-

[9] CSN, 29/6/86, Bazterrica, Fallos 308:1392.

nocimiento de derechos, tales como la elección del nombre y la transmisión a sus hijos, la titularidad y el ejercicio de la patria potestad, la administración y disposición de los bienes durante el matrimonio, y la participación igualitaria en la disolución, la libre fijación del domicilio, etc. (arts. 15 y 16).

La existencia de un derecho internacional, al que el Estado particular adhiere convencionalmente, genera una serie de cuestiones relativas a su interpretación, aplicación, adecuación del derecho interno.

Pero, fundamentalmente, la pluralidad de las normas convencionales internacionales, así como la organización de instituciones dirigidas a aplicarlas, incluso por encima de las fronteras nacionales, permite avizorar la existencia de un derecho supranacional, como lo reconoce la doctrina más avanzada.

Más adelante comentaremos también la Convención de Derechos del Niño.

Cerramos este capítulo señalando que existe coincidencia en la doctrina argentina en que los tratados que establecen consagran, reconocen derechos fundamentales del hombre, son directamente operativos y no requieren, por lo tanto, ninguna ley especial del Estado signatario para ponerlos en acción, más allá naturalmente del cumplimiento de las reglas ratificatorias.

La misma Corte Interamericana de Derechos Humanos ha sostenido que pactos como el de San José de Costa Rica:

> no son tratados multilaterales de tipo tradicional, concluidos en función de un intercambio recíproco de derechos, para el beneficio mutuo de los Estados contratantes. Su objeto y fin son la protección de los derechos fundamentales de los seres humanos, independientemente de su nacionalidad, tanto frente a su propio Estado como a los otros. Al aprobar estos tratados [...] los Estados se someten a un orden legal dentro del cual ellos, por el bien común, asumen varias obligaciones, no en relación con otros Estados, sino hacia los individuos bajo su jurisdicción.

Dado el carácter operativo de las cláusulas convencionales, que reconocen y garantizan los derechos humanos, la no adecuación oportuna del derecho nacional, y la no aplicación por los jueces del Estado de las normas internacionales ratificadas por un Estado signatario, habilita la intervención de los organismos internacionales creados para tutelar los derechos reconocidos en estas convenciones.

En nuestro caso particular, la Comisión y la Corte Interamericana, creadas por el Pacto de San José de Costa Rica, pueden, por ende, adoptar las medidas previstas en este para la restitución del goce pleno de los derechos conculcados, incluyendo la indemnización que deberá pagar el Estado infractor (art. 68, inc. 2º).

Si, como lo veníamos expresando, el derecho internacional protector de los derechos humanos constituye un orden jurídico al cual *debe* adecuarse el derecho nacional, que ha de ser aplicado por los tribunales nacionales, y que en caso de que no lo sea, podrá ser puesto en acto por los tribunales internacionales, no cabe sino reconocer la existencia de un derecho supranacional, que incluso impone la aceptación de una magistratura supranacional.

De modo que, por regla general, cabe aceptar la operatividad inmediata de los derechos reconocidos en esas convenciones, de donde: I) el derecho interno infraconstitucional debe adecuarse a ese derecho convencional ahora constitucionalizado; II) la interpretación del derecho infraconstitucional debe perseguir la armonización de este con el derecho convencional; III) deviene inconstitucional el derecho infraconstitucional que no sea adecuado al derecho convencional.

1.6. El Código Civil y Comercial

El Código Civil y Comercial de la Nación contiene un Capítulo 3 del Libro Primero que se denomina Derechos y Actos Personalísimo. Bajo el acápite *"Inviolabilidad de la persona humana" el artículo 51* dispone: "La persona humana es inviolable y en cualquier circunstancia tiene derecho al reconocimiento y respeto de su dignidad".

Este texto no se encontraba en los proyectos de reforma al Código Civil de 1998 y 1993. En el Anteproyecto Cifuentes-Rivera[10] se preveía una norma introductoria que contemplaba la tutela de la personalidad

[10] v. Cifuentes, Santos y Rivera, Julio César. *Anteproyecto de regulación integral de los derechos personalísimos*. ED 115-832.

física y espiritual[11] pero no es la inspiradora del art. 51 del Proyecto de 2012.

La fuente inmediata del art. 51 del CCyC es el art. 19 del Cód. Civil de Bas-Canada que sentaba la regla fundamental de la inviolabilidad de la persona, la que se reitera en el art. 10 del Cód. Civil de Québec, agregando este la noción de "integridad"[12]. El CCyC agrega la referencia a la dignidad que aparece en el Código francés[13].

El precepto recoge la idea kantiana de que la persona tiene un valor en sí misma y como tal cabe reconocerle una dignidad. De lo que se sigue que todo ser humano tiene frente a cualquier otro el derecho a ser respetado por este como persona, a no ser perjudicado en su existencia (vida, cuerpo, salud), y en su propia dignidad (honor, intimidad, imagen), y que cada individuo está obligado frente a cualquier otro de modo análogo. La relación de respeto mutuo que cada uno debe a cualquier otro y puede exigir de este es la relación jurídica fundamental, la cual es la base de toda convivencia en una comunidad jurídica y de toda relación jurídica en particular.

Con relación a la intimidad el CCyC contiene una mención básica en el art. 52; y hace una descripción del atentado a la intimidad en el art. 1770 mejorando al antiguo art. 1071 bis del código derogado.

El art. 52, incluido en el capítulo de los derechos personalísimos contiene una norma abierta que dice: "La persona humana lesionada en su intimidad personal o familiar, honra o reputación, imagen o identidad, o que de cualquier modo resulte menoscabada en su dignidad personal, puede reclamar la prevención y reparación de los daños sufridos, conforme a lo dispuesto en el Libro Tercero, Título V, Capítulo 1".

El CCyC podría haberse quedado aquí y dejar a los jueces definir los alcances de esa norma con relación a cada caso concreto. Pero prefirió

[11] El Anteproyecto preveía este texto: "La ley protege a la persona de cualquier atentado a los derechos que son manifestaciones de su personalidad física y espiritual, y ampara sus libertades".

[12] El primer párrafo del art. 10 del Código Civil de Quebec dispone: "Toda persona es inviolable y tiene derecho a su integridad".

[13] El art. 16 del Código Napoleón, según la versión introducida en 1994, dice: "La ley asegura la primacía de la persona, prohíbe cualquier ataque a su dignidad y garantiza el respeto al ser humano desde el comienzo de su vida".

introducir, entre los supuestos especiales de responsabilidad civil, un art. 1770 que bajo el acápite "Protección de la vida privada", dispone:

> El que arbitrariamente se entromete en la vida ajena y publica retratos, difunde correspondencia, mortifica a otros en sus costumbres o sentimientos, o perturba de cualquier modo su intimidad, debe ser obligado a cesar en tales actividades, si antes no cesaron, y a pagar una indemnización que debe fijar el juez, de acuerdo con las circunstancias. Además, a pedido del agraviado, puede ordenarse la publicación de la sentencia en un diario o periódico del lugar, si esta medida es procedente para una adecuada reparación.

2. Definición del derecho a la intimidad

El derecho a la intimidad es el que garantiza a su titular el desenvolvimiento de su vida y de su conducta dentro de aquel ámbito privado, sin injerencias ni intromisiones.

De este se ha dicho, diversamente, que es el derecho del individuo a una vida retirada y anónima; el derecho a no ser importunado; el derecho a que se respete la vida privada y familiar, etcétera.

Cifuentes lo ha definido como "el derecho personalísimo que permite sustraer a la persona de la publicidad o de otras turbaciones a su vida privada, el cual está limitado por las necesidades sociales y los intereses públicos"[14].

3. Fuentes normativas

La tutela de la intimidad encuentra su fuente inicial en el ya citado y comentado art. 19 CN, así como en el art. 18 CN en tanto este dispone – entre otras cosas – que "El domicilio es inviolable, como también la correspondencia epistolar y los papeles privados; y una ley determinará en qué casos y con qué justificativos podrá procederse a su allanamiento y ocupación". Pero ella no se agota allí.

[14] Cifuentes, Santos. *El derecho a la intimidad.* ED 57-835.

4. Los niños, niñas y adolescentes como titulares del derecho a la intimidad

4.1. Fuentes normativas

Las niñas, niños y adolescentes por su condición de personas en desarrollo merecen una tutela especial que garantice el ejercicio pleno de sus derechos.

El paradigma de protección integral de los derechos de NNA encuentra su anclaje en la Convención de los Derechos del Niño, a la que se ha dado jerarquía constitucional a partir de la reforma del texto supremo de 1994. Asimismo, el inciso 23 del art. 75 de nuestra Carta Magna incorpora las acciones positivas en relación con los grupos vulnerables, lo que garantiza una protección reforzada, en lo particular, de las niñas, niños y adolescentes[15].

En su preámbulo, esta Convención establece que "[...] el niño, por su falta de madurez física y mental, necesita protección y cuidado especiales, incluso la debida protección legal, tanto antes como después del nacimiento".

En cuanto al derecho a la intimidad de niñas, niños y adolescentes, en consonancia con la CADH, el art. 16 señala que "ningún niño será objeto de injerencias arbitrarias o ilegales en su vida privada, su familia, su domicilio o su correspondencia, ni de ataques ilegales a su honra y a su reputación", y agrega que "el niño tiene derecho a la protección de la ley contra esas injerencias o ataques".

Y el Pacto Internacional de Derechos Civiles y Políticos (PIDCP)[16] dispone, particularmente, en relación con la tutela de NNA, que toda sentencia en materia penal o contenciosa será pública, excepto en los casos en que el interés de menores de edad exija lo contrario, o en las actuaciones referentes a pleitos matrimoniales o a la tutela de menores (art. 14.1).

En cuanto a la legislación infraconstitucional, la ley 26.061 y su decreto reglamentario 415/2006 se refieren particularmente al tema.

[15] Urrutia, Liliana A. B. *Libertad de expresión vs. derecho a la intimidad de niñas, niños y adolescentes.* RCCyC 2021 (diciembre), 204, Cita: TR La Ley Ar/Doc/3209/2021.
[16] Ratificado por ley 23313 de 1986.

La ley 26.061 consagra el derecho de NNA a la dignidad como sujetos de derechos y personas en desarrollo (art. 9º); y les reconoce el derecho a la vida privada e intimidad de y en la vida familiar, estableciendo que estos derechos no pueden ser objeto de injerencias arbitrarias o ilegales (art. 10). Expresamente dispone que las niñas, niños y adolescentes tienen derecho a ser respetados en su dignidad, reputación y propia imagen; y se prohíbe exponer, difundir o divulgar datos, informaciones o imágenes que permitan identificar, directa o indirectamente a los sujetos de esta ley, a través de cualquier medio de comunicación o publicación en contra de su voluntad y la de sus padres, representantes legales o responsables, cuando se lesionen su dignidad o la reputación de las niñas, niños y adolescentes o que constituyan injerencias arbitrarias o ilegales en su vida privada o intimidad familia (art. 22).

El decreto reglamentario de la ley amplía la interpretación de la norma, estableciendo que los datos e informaciones a que refiere el párrafo segundo del art. 22 comprenden los de su grupo familiar, su vivienda, su escuela, su apodo o sobrenombre y todo otro que permitiera identificarlo directa o indirectamente.

Asimismo, dispone que en aquellos casos en los cuales la exposición, difusión y/o divulgación a la que se refiere el artículo objeto de reglamentación resulte manifiestamente contraria al interés superior del niño, no podrán desarrollarse, aunque medie el consentimiento de los sujetos de la ley y sus representantes legales. A tal efecto deberá tenerse en cuenta lo establecido en el art. 3º inciso d) de la ley 26.061.

5. Un prenotado: la tortuosa relación entre la libertad de prensa y el derecho a la intimidad[17]

5.1. Introito

Una de las limitaciones más importantes que se presentan al derecho a la intimidad nace de su relación con el derecho a la información, que

[17] Ver: Ekmekdjian, Miguel Á., sus trabajos en LL 1985-A-847; ED 114-945; ED 117-895, ED 119-937; *Derecho a la información*, Buenos Aires, 1992; Bidart Campos, Germán J., "¿Hay un orden jerárquico de los derechos personales?", ED 116-800; Wacks, Raymond, *Privacy and press freedom*, London, 1995; Welsh, Tom, Greenwood Walter, *McNMae's essential law*

se vincula directamente con la libertad de prensa. Ello sucede tanto con relación a las personas mayores de edad cuanto a los menores; y por ello antes de ingresar al estudio de la casuística que involucra a estos últimos, nos parece conveniente precisar los criterios que la jurisprudencia – en particular de la CSN – ha sentado sobre la relación entre la libertad de prensa y la intimidad.

Al respecto debe mantenerse como regla de principio que todos los sujetos, aun aquellos que pueden ser calificados de personajes o personas de vida pública, etc., gozan del derecho a la vida privada; la sola notoriedad no autoriza a la prensa a invadir un cierto ámbito de reserva que debe ser reconocido a todo hombre. La intromisión por la prensa sería válida solo en algunas circunstancias, esto es, cuando el aspecto del que se informa o es objeto de comentario, puede tener incidencia en la comunidad, o se trata de cuestiones de interés general.

En cambio, la intromisión sería ilícita en aquellos casos en que se buscan detalles de la vida íntima no vinculados al hecho o hechos que den motivo a la investigación o trabajos, para exponerlos al público.

5.2. El caso "Ponzetti de Balbín"

En el camino por el adecuado reconocimiento del derecho a la intimidad, constituye un importante hito la sentencia dictada por la CSN en la causa "Ponzetti de Balbín v. Editorial Atlántida"[18].

for journalists, London-Edinburg-Dublin, 1997; Lucas Murillo Pablo, *El derecho a la autodeterminación informativa*, Madrid, 1990; Bonet, Jordi, *El derecho a la información en el Convenio Europeo de Derechos Humanos*, Barcelona, 1994; Bel Mallén, Ignacio – Corredoira y Alfonso, Loreto, Cousido, Pilar, *Derecho de la información*, Madrid, 1992; Villaverde Menéndez, Ignacio, *Los derechos del público*, Madrid, 1995; Dupeux, Jean-Yves, Lacabarats, Alain, *Liberté de la presse et droits de la personne*, Paris, 1997; Chenaux, Jean-Luc, *Le droit de la personnalité face aux médias internationaux*, Genève, 1990; Fayt, Carlos S., *La omnipotencia de la prensa*, Buenos Aires, 1994; Zavala de González, Matilde, *La libertad de prensa frente a la protección de la integridad espiritual de la* persona, JA 1982-II-783; Basset, Úrsula, *El derecho del niño a su vida privada y familiar en la jurisprudencia de la Corte Interamericana de Derechos Humanos*, JA 2017-III, fascículo 6, p. 2.

[18] CSN, 11/12/1984, LL 1985-B-114, con nota de Rivera, Julio C., *Derecho a la intimidad y libertad de prensa: un conflicto permanente.*

Una revista de actualidades publicó en su portada una fotografía de un muy reconocido líder político – Ricardo Balbín – cuando se encontraba internado en la sala de cuidados intensivos de un sanatorio. Luego de su fallecimiento, su viuda y su hijo demandaron a la editorial, la que se defendió invocando la libertad de prensa e información.

La CSN admitió la demanda, afirmando que la libertad de prensa es un derecho absoluto solo en un aspecto: el no estar sometida a censura previa. Pero su ejercicio puede naturalmente irrogar responsabilidades, y ello sucede cuando se abusa del derecho de informar, como había sucedido en el caso.

El tribunal sostuvo, también, que todas las personas tienen derecho a la vida privada, y que solo es admisible la intromisión en ella cuando lo justifiquen intereses públicos prevalecientes, como la persecución del crimen, tutela de la salud o defensa de las buenas costumbres.

Corresponde señalar que el caso "Ponzetti de Balbín" se ha convertido en un verdadero *leading case*, del que se extraen conclusiones significativas, como que el derecho a la vida privada ampara a todas las personas, incluso a aquellos que llevan una vida pública; que es factible atentar contra la vida privada por actos abusivos; y que la libertad de prensa no es una garantía absoluta, salvo en lo que hace a la inexistencia de censura previa. Pero más adelante veremos que la exclusión de la censura previa es relativa cuando se trata de proteger la intimidad e imagen de menores.

5.3. La evolución de la doctrina y la jurisprudencia a partir de "Ponzetti de Balbín"[19]

A partir del *leading case* mencionado, la jurisprudencia y la doctrina argentinas han trabajado arduamente para tratar de precisar los límites que existen entre el derecho a la intimidad y la libertad de prensa; con la

19 Zannoni, Eduardo A. El factor de atribución de responsabilidad de los medios masivos de comunicación, en *Responsabilidad por daños*, t. II, Buenos Aires, 1990, ps. 7 y ss.; Rivera, Julio C. *Daños a los derechos de la personalidad*, RDPyC 1-59; *Publicación de sentencias que hacen al estado civil*, ED 157-737; Pizarro, Ramón D., *La doctrina de la real malicia en la actual jurisprudencia de la Corte Suprema de Justicia*. El caso Dora Gesualdi, JA del 9/7/1997; Rocha Campos, Adolfo, *Algunas reflexiones sobre tres fallos y una doctrina*, JA del 9/7/1997; Bustamante Alsina, Jorge, *Nuestro derecho común interno frente a la doctrina jurisprudencial norteamericana de la actual malice*, LL del 19/2/1997; *La libertad de prensa y el deber de veracidad*, LL 1998-D-513.

aclaración de que los criterios sentados se extienden a la protección del honor y su relación con la libertad de expresión.

Así, podemos señalar que:

– Existe una coincidencia generalizada en que todos los derechos reconocidos en la CN tienen un mismo nivel o jerarquía, por lo que, en una situación de conflicto en casos concretos, ellos deben ser resueltos conforme a las circunstancias de cada uno (criterio sentado por la Corte en numerosos fallos; entre los más destacados en "Carrizo Coito"[20] y "Portillo"[21]);

– La libertad de prensa no es un derecho absoluto, salvo en un aspecto: la inexistencia de censura previa (la Corte en "Ponzetti" y también, en "Vago v. La Urraca"[22]); que, como anticipamos, encontrará excepciones en el caso que el afectado sea un menor;

– La garantía de la libertad de prensa se extiende no solo a la prensa escrita sino también a la prensa analógica (radio, televisión, noticiosos cinematográficos) (la Corte en "Servini de Cubría"[23]);

– Del derecho a la libertad de prensa se puede abusar, y ello compromete la responsabilidad del órgano o medio de prensa (la Corte en "Campillay, Costa y otros"[24]);

– La prensa tiene un deber genérico de veracidad (la Corte en varios pronunciamientos), lo que se fundamenta en que todos los habitantes son titulares del derecho a la información; la información falsa o errónea es pseudoinformación;

– La noticia además de ser veraz debe ser actual, tener un cierto interés general y no debe ser presentada de manera distorsionada[25];

[20] CSN, Carrizo Coito, Sergio v. Dirección Nacional de Migraciones. 28/09/1979, Fallos Corte: 302:604, Cita: TR La Ley 60002628.

[21] CSN, Portillo, Alfredo • 18/04/1989, Fallos 312:496Cita: TR La Ley AR/JUR/216/1989.

[22] CSN, 10/12/1984, "Ponzetti de Babín", LL 1985-B-120; *Idem*, CSN, 19/11/1991, "Vago, Jorge Antonio v. Ediciones de La Urraca S.A. y otros".

[23] CSN, 8/9/1992, Servini de Cubría, María Romilda s/ amparo. Fallos 315:1943, Cita: TR La Ley 04_315v2t119.

[24] CSN, 15/5/1986, Campillay, Julio C. v. La Razón y otras, Fallos Corte: 308:789LL 1986-C-40, Cita: TR La Ley 60000011; *Idem*, 12/3/1987, "Costa, Héctor Rubén v. M.C.B.A. y otros", Fallos 310:508.

[25] CNCiv., sala A, 7/7/1986, "Gutiérrez Ardaya"; CNCiv., sala C, 27/12/1989, ED 138-455.

– Cuando se trata de noticias que ofenden el honor de una persona, como pueden ser las policiales o tribunalicias, el órgano o medio de prensa se exime de responsabilidad indicando la fuente de la noticia, usando un tiempo de verbo potencial u omitiendo el nombre de los involucrados (doctrina del caso "Campillay"[26]);

– Los alcances de la primera hipótesis, elaborada por la Corte en "Campillay" (la individualización de la fuente como causal de exención de la responsabilidad civil), fueron delimitados por la CSN en "Granada" [27], "Triaca" [28], "Espinosa" [29], "Acuña" [30] y "Ramos" [31]. De estos fallos surge el principio que, en materia de asuntos de interés público, los medios de prensa [32] no son responsables [33] por la difusión de una noticia falsa o inexacta cuando atribuyen la noticia a una fuente identificable[34], y transcriben en forma sustancialmente fiel lo manifestado por aquella. En este sentido, la Corte ha destacado en "Granada" que cuando el órgano de prensa individualiza la fuente de la noticia:

> se transparenta el origen de las informaciones y se permite a los lectores relacionarlas no con el medio a través del cual las han recibido, sino con la específica causa que las ha generado. También los propios aludidos resultan beneficiados, en la medida en que sus eventuales reclamos [...] podrán ser dirigidos contra aquellos de quienes las noticias realmente emanaron y no contra los que solo fueron sus canales de difusión[35];

[26] Citado en nota 24.

[27] CSN, 26/10/1993, LL 1994-A-237.

[28] CSN, 26/10/1993, LL 1994-A-246.

[29] CSN, 27/10/1994, JA. 1995-II-196.

[30] CSN, 10/12/1996, LL. 1997-C-897.

[31] CSN, 27/12/1996, JA. del 25/2/1998.

[32] Al formular la doctrina "Campillay", la Corte hace referencia a órganos periodísticos y a medios de prensa, pero no existe ninguna razón para otorgar un tratamiento distinto a personas particulares.

[33] La doctrina "Campilllay" se aplica tanto en el ámbito civil como en el penal.

[34] A los fines de la aplicación de la doctrina, no resulta necesario que la fuente sea oficial o confiable. En los precedentes de la Corte Suprema, se ha considerado "fuente" a un comunicado policial, a la declaración de un testigo en un proceso penal y a una carta anónima incorporada en un expediente judicial.

[35] Consid. 6º.

– En cuanto a la individualización de la fuente, la Corte tuvo ocasión de precisar su doctrina en el caso "Bruno". Dijo allí que la mención de la fuente como causal de exención de la responsabilidad civil requiere "una fuente identificable, lo que supone una alusión precisa que permita individualizar en forma inequívoca el origen de la noticia propalada" y que

> la exigencia de identificar la fuente a los fines de exonerar la responsabilidad al medio [...] no puede desvirtuarse mediante su ocultamiento al amparo de secreto de las fuentes de información, pues bastaría su simple invocación para conceder a los órganos de prensa una suerte de 'bill de indemnidad' para propalar cualquier tipo de noticias [...].

Esta conclusión, según la CS, no afecta el derecho de reserva de las fuentes, ya que si el medio quiere reservar su confidencialidad puede ajustarse "a cualquiera de las restantes directivas indicadas en el fallo Campillay, sea tanto a la reserva de la identidad de los imputados como a la utilización del modo potencial en los verbos, absteniéndose de ese modo de efectuar consideraciones de tipo asertivo"[36]. Se ha dicho también que no satisface la doctrina "Campillay" la atribución de la información – nada menos que la identificación del posible asesino de una niña – a "alguien", pues esa doctrina protege a quien atribuye – de modo sincero y sustancialmente fiel – la información a una fuente identificable[37].

– Finalmente, la Corte también ha resuelto que no basta con usar un tiempo de verbo potencial, si todo el artículo está escrito de manera asertiva y no conjetural[38] se excluye el riesgo como factor de atribución, por lo que quien pretenda atribuir responsabilidad al órgano o medio de prensa debe probar la culpa.

Sobre este punto, la jurisprudencia de la Corte se ha hecho eco de una doctrina gestada en la Corte de los EE. UU., generalmente conocida como de la *actual malice* o real malicia. Ella consiste en que cuando la persona involucrada en la noticia es un "funcionario o servidor público" la

[36] V. Rivera (h), Julio C. Responsabilidad de la prensa: de 'Campillay' a 'Bruno'. En *Derecho civil – Parte general*, Colección de Análisis Jurisprudencial, LL, Buenos Aires, 2003.
[37] CSN, 3/10/2017, cita online: AR/JUR/69296/2017.
[38] CSN, 18/2/2003, "B., F. A. v. Diario El Sol de Quilmes", LL 2003-B-494.

responsabilidad del órgano de prensa solo puede ser comprometida si se comprueba la descuidada desconsideración acerca de si era falsa o no (criterio de la Corte de los EE.UU. en "NY Times v. Sullivan", 1964); después, la noción de funcionario o servidor público se amplió a otras personas públicas (como puede serlo un entrenador de fútbol) siempre que se trate de asuntos públicos.

La doctrina de la real malicia fue mencionada en muchos votos singulares a lo largo de los años[39]; y aplicada por la mayoría de la Corte en el caso "Ramos"[40]. Esto importa tanto como exigir que se pruebe una suerte de culpa grave o dolo eventual del periodista, factor de atribución que es ajeno a nuestro derecho común de la responsabilidad civil. De todos modos, su aplicación no es sencilla pues como se ha sido señalado por Armando Ibarlucía, existe aún cierta confusión en la identificación del sujeto pasivo de la noticia (funcionario, persona pública) y en qué es un asunto de interés público, lo que llevó a la CSN a resolver que la doctrina de la real malicia se aplica incluso cuando el sujeto aludido es una persona jurídica que presta servicios médicos[41].

5.4. La libertad de expresión en Internet

Una evolución de la libertad de expresión está causada en la revolución tecnológica, fundamentalmente en la universalización de internet y el desarrollo de las redes sociales.

La libertad de expresión en redes sociales ha sido reconocida por el legislador argentino al establecer expresamente en el art. 10 de la ley 26.032 que "la búsqueda, recepción y difusión de información e ideas de toda índole, a través del servicio de Internet, se considera comprendido dentro de la garantía constitucional que ampara la libertad de expresión".

[39] En "Costa" por los jueces Petracchi y Belluscio; en "Vago" por Barra y Fayt; en "Triacca" (1993) por Petracchi, Fayt y Belluscio.

[40] CSN, 27/12/1996, JA 1998-I-206.

[41] V. CSN, 29/08/2017, Boston Medical Group SA c. Arte Radiotelevisivo Argentino SA y otros s/ daños y perjuicios, cita online: AR/JUR/56126/2017. Comentando críticamente este fallo: Ibarlucía, Emilio, *Claridad con la doctrina Campillay y confusión con la real malicia*, cita online: AR/DOC/3000/2017.

Ello merece ser tenido en cuenta pues, como veremos seguidamente, muchos de los ataques a la intimidad de los menores se causan por la difusión en redes sociales de acontecimientos que pertenecen a la esfera protegida.

6. La intimidad de los menores: casuística

Como anticipamos la relación entre el derecho a la intimidad de los menores ha entrado en conflicto con la libertad de expresión en múltiples oportunidades, y ello ha dado lugar a una interesante casuística que trataremos de resumir en los párrafos que siguen.

6.1. Difusión periodística de noticias que involucran a menores

El *leading case* en la materia es la sentencia de la CSN *in re* "S. V. c. M., D. A."[42]. En el marco de un juicio de filiación se habían dado a conocer los datos personales de la niña involucrada. El Juzgado de Primera Instancia resolvió como medida cautelar la prohibición a la prensa de difundir cualquier noticia o información que comprendiera a la niña, bajo apercibimiento de multa y desobediencia.

La agencia demandada recurrió la medida y la Alzada redujo la restricción a la prohibición de cualquier noticia vinculada a la filiación de la niña, sin perjuicio de la publicación de la sentencia, con las limitaciones legales con relación al nombre de las partes o de terceros afectados. Asimismo, el tribunal sostuvo que ante la colisión de valores (intimidad de la niña y libertad de expresión) debía evitarse preventivamente la producción de un daño a la menor de edad.

Llegado el asunto a la CSN esta sostuvo que debe armonizarse la debida protección a la libertad de prensa y la consecuente prohibición de la censura previa – que juegan un rol decisivo en el mantenimiento del sistema republicano de gobierno – con la tutela del derecho de los menores a no ser objeto de intrusiones ilegítimas y arbitrarias en su intimidad, conforme el art. 16 inc. 1º de la Convención sobre los Derechos del Niño, limitando la protección judicial del interés del menor a lo que resulta indispensable, para evitar así una injustificada restricción de la

[42] CSN, 3/4/2001, S.V. c/ M., D.A, Fallos 324:975. Extensamente comentado en Urrutia, *Ob. Cit.*

libertad de prensa, reconocida como derecho de crónica en cuanto a la difusión de noticias que conciernen a la comunidad como cuerpo social y cultural, requiere para su ejercicio que las restricciones, sanciones o limitaciones deban imponerse únicamente por ley y su interpretación deba ser restrictiva.

De resultas de lo cual la Corte Suprema, limitó los alcances de la medida, con sustento en el art. 19 de la CN y demás Tratados Internacionales de Derechos Humanos, sosteniendo que las noticias que involucran a la menor no podrán contener datos que puedan conducir a su identificación porque representaría una indebida intromisión en su esfera de intimidad, aun cuando la noticia haya alcanzado el dominio público. Dos votos concurrentes incluyeron en la prohibición la difusión de su nombre e imagen, así como la de su madre, domicilio o cualquier otro extremo que previsiblemente pueda conducir a su identificación.

De este precedente se colige que, en principio, la libertad de prensa no admite restricciones, sin perjuicio de las responsabilidades ulteriores, salvo cuando estén en juego derechos e intereses de niñas, niños y adolescentes, como ser el derecho a su intimidad personal o familiar que gozan de una tutela judicial reforzada.

En definitiva, la CSN termina admitiendo que puede imponerse legítimamente una restricción previa a las publicaciones cuando está en juego la intimidad de los menores.

6.2. Menor víctima de tratos denigrantes: prohibición de difusión de noticias

Los hechos se originaron a partir de diversas publicaciones en medios periodísticos, televisivos, radiales, digitales y demás medios gráficos, del caso de un adolescente con trastornos del desarrollo, encerrado en una jaula.

La Asesoría de Incapaces inicia una medida autosatisfactiva, de carácter preventivo, para el cese inmediato de las publicaciones sobre la vida privada, familiar, su estado de salud y demás datos personales, imágenes y/o video del niño.

El Tribunal de Tartagal resolvió la medida, sin sustanciación previa, dada la extrema urgencia del caso y la asertividad de las pruebas, que dan cuenta que en las publicaciones efectuadas por los demandados se menciona al adolescente, que además padece una discapacidad, y a su entorno familiar, precisando datos que permiten su directa identificación. Y agrega que no restringirse las futuras publicaciones, importaría un agravamiento del estado de vulnerabilidad en que se encuentra ya el niño involucrado en la presente causa.

En definitiva, el tribunal hizo lugar a la medida autosatisfactiva, y, en consecuencia, se ordenó a los demandados y demás medios gráficos, radiales, televisivos, redes sociales y/o buscadores en internet, que procedieran al cese inmediato de la publicación de datos personales, vida privada, imágenes y/o videos del adolescente, y se les prohíbe, además, la difusión pública de tales datos en el futuro, bajo apercibimiento de aplicar sanciones conminatorias[43].

6.3. Programa televisivo de investigación; presentación de una menor identificable

Un programa de televisión inició una investigación sobre la prostitución infantil en la ciudad de San Miguel de Tucumán. En ese marco, con cierto disimulo entrevistó a una menor a la que se hizo una propuesta claramente indecente; si bien la imagen de la menor – de 12 años de edad – fue velada y algún modo desfigurada, ella pudo ser reconocida por sus vecinos, amigos y compañeros de la escuela, con el escarnio que obviamente siguió a ello.

El Tribunal interviniente calificó como ilícita la conducta del canal de televisión y le impuso el pago de una indemnización de daños y perjuicios[44].

6.4. Difusión por los padres de la imagen o datos de los hijos

La Cámara de Apelaciones en lo Civil de la Capital Federal se pronunció en un caso planteado a la luz de una nota periodística titulada "El

[43] Juzgado de Violencia familiar y de Género, Tartagal, 10/08/2017, "G., A.D.; Fiscalía Penal de Prof. Salvador Mazza contra Gavi Adolfo; Arias Florencia por violencia familiar", Expte. 806723/17, Cita online: TR La Ley AR/JUR/50687/2017.

[44] CFed. Tucumán, S., R. T. c. Telearte S.A. Canal 9 y otros s/ Daños y perjuicios, 25/08/2021, Cita: TR La Ley AR/JUR/147295/2021.

drama de los padres que no pueden ver a sus hijos"[45]. La actora reclamaba la indemnización de los daños que le ocasionara la publicación en una revista de una nota acompañada de fotografías de los autores de los testimonios recogidos, en la cual la madre de la actora expresó sus sentimientos de frustración ante la imposibilidad de ver y tomar contacto con su hija – que al tiempo de la publicación tenía 16 años de edad – mencionándola por su nombre, el cual fue publicado en toda su extensión y de manera destacada del resto del texto, dentro del contenido de la entrevista. Lo peculiar del caso es que la madre no podía mantener contacto con su hija dado que – de acuerdo con otras causas judiciales – abusó de ella en su infancia.

La defensa arguyó que la revista no publicó detalles íntimos de la accionante, y que el daño se lo ocasionó su propia madre, quien la expone en las redes sociales, de modo que el hecho ya era público. Ello fue desestimado por el tribunal, el que entendió que la difusión no autorizada importó un abuso del derecho de libertad de prensa, una intromisión indebida en la vida privada de la citada, con aptitud para perturbar su intimidad, difundiendo hechos propios de la esfera de los derechos personalísimos con el único fin de obtener un lucro. Y que era irrelevante que la progenitora hubiera prestado el consentimiento, de conformidad a la ley 26.061 y su decreto reglamentario 415/2006 (art. 22).

7. Intimidad familiar. Exposición del cadáver de una menor

El cadáver de una menor víctima de un crimen fue difundido por un medio de prensa de gran difusión. El diario se defendió diciendo que lo hacía para "crear conciencia", pero el tribunal desestimó dicha defensa argumentando que no se advierte que la publicación de las fotografías del cuerpo sin vida de la menor en un contenedor de basura, juntamente con su retrato y haciendo alusión a las "fotos del horror", responda a la crónica de un hecho noticioso que respalde la necesidad de acompañar la divulgación de las fotografías en la forma que se hizo, por lo que, sin descartar que la noticia del aberrante crimen revistió un significativo interés general para la sociedad, debido al estupor que produjo, surge diáfano

[45] CNCiv., sala H, L., M. del P c. Producciones Publiexpress SA y otros s/ daños y perjuicios • 14/04/2021, Cita: TR La Ley AR/JUR/7830/2021).

que la demandada excedió el alcance y los límites del derecho a la libertad de prensa; agregando que "cuando se difunden fotografías del cadáver de una persona – y más aún cuando se trata de una menor de edad, como lo era la víctima –, resulta indudable que se vulnera el derecho a la imagen y a la intimidad familiar"[46].

8. El controvertido "derecho al olvido"

Uno de los casos más resonantes que ha llegado a la CSN en los últimos años se relaciona con el denominado "derecho al olvido". Hace ya muchos años provocó un gran interés y tuvo una exposición mediática enorme un escándalo policial – judicial que involucró a personas públicamente conocidas y terminó con la remoción de un juez federal y la cesantía de varios policías. Una de las personas involucradas era una joven, aun menor de edad, que apareció en videos, notas periodísticas de toda laya, programas de tv, etc. Con los años esta joven se ha convertido en una periodista que tiene cierta repercusión en los Estados Unidos, y recurrió a los tribunales argentinos pretendiendo que se impusiera a Google la supresión de ciertos vínculos que llevaban a videos y notas vinculados a aquel escándalo. Argumentó que después de tantos años pasados las noticias sobre el caso no tenían interés actual, y que ella había evolucionado hasta convertirse – como decíamos – en una persona reconocida y una profesional seria, por lo que la subsistencia de tales informaciones en internet le causaban un obvio perjuicio. La demanda fue admitida parcialmente en primera y segunda instancia, pero fue desestimada totalmente por la CSN en un extenso y muy meditado fallo. La doctrina del fallo puede sintetizarse en este párrafo del mismo:

> No se advierte fundamento constitucional ni legal alguno que sustente la pretensión de la actora. No se han brindado argumentos suficientes que demuestren que una persona que fue y es figura pública tenga el derecho a limitar el acceso a información veraz y de interés público que sobre ella circula en internet y resulta accesible al público de acuerdo con su propia discreción y preferencias, restringiendo de este modo esa información a los

[46] CNCiv., sala J, R., F. J. c. Arte Gráfico Editorial Argentino SA s/ daños y perjuicios, 9/3/2021, Cita: TR La Ley AR/JUR/1553/2021.

aspectos que ella misma considera relevantes o, por el contrario, inapropiados a la autopercepción de su identidad actual[47].

Debo señalar sin embargo que la sentencia de la Corte en ningún momento valora o pondera que la actora era menor de edad al tiempo de los hechos.

9. La libertad religiosa, la privacidad de los menores y su derecho a la educación; el caso de los menonitas

Hemos dicho más arriba que el liberalismo político que inspira a la Constitución excluye cualquier forma de paternalismo y perfeccionismo. Y que el derecho a la privacidad protege las acciones que no dañan a terceros de la interferencia estatal. De este modo el art. 19, CN, consagra el derecho de los particulares a programar y proyectar su vida según sus propios ideales de existencia. Es el principio de autonomía al que hemos hecho referencia. Así, la privacidad protege la exteriorización del culto religioso; como persona individual puedo portar una cruz o una estrella de David si soy católico o judío y el Estado no puede reprenderme por ello ni intentar prohibirlo o limitarlo.

Por regla general el Estado argentino ha sido respetuoso de la libertad de cultos y con las distintas formas de vida que pueden adoptar las personas. Ello seguramente es lo que ha permitido la pronta asimilación de inmigrantes provenientes de distintos países, culturas, religiones e idiomas. Es esa la finalidad que inspiró el art. 20 CN que asegura a los extranjeros la plena igualdad con los nacionales.

Pero un caso que puso a prueba este régimen liberal fue el de los miembros del culto menonita. Los menonitas viven en comunidades generalmente aisladas, practican la agricultura y la crianza de animales, hablan un alemán antiguo, se visten de una manera muy particular y son reconocidos como gente muy trabajadora, seria, de palabra, para nada conflictiva. Pero, siempre hay un, pero, no permiten que sus hijos se eduquen en los establecimientos públicos. Ello generó un conflicto con

[47] CSN, Denegri, Natalia Ruth c. Google Inc. s/derechos personalísimos: Acciones relacionadas, 28/06/2022, Cita: TR La Ley AR/JUR/82807/2022).

la Provincia de La Pampa que pretendía imponer a los menonitas que enviaran a sus hijos a las escuelas[48].

El caso es sumamente complejo y presenta una obvia similitud con el de los Amish en Estados Unidos[49], en el que la Corte Suprema de ese país dio por probado que el concepto de vida alejado del mundo moderno y de sus valores constituía el centro de la fe religiosa de esta comunidad; y por ello imponer a los jóvenes la concurrencia compulsiva a escuelas públicas que transmitían valores ajenos, podría generar conflictos psicológicos en los estudiantes compelidos a ellos y producir la extinción de un estilo de vida que se había mantenido hasta el presente. Agregó que en realidad los Amish no rechazaban la educación, sino la enseñanza formal y convencional, impartida en escuelas públicas, por lo que no mantenían a los niños en la ignorancia, sino que les brindaban una educación diferente[50].

Volviendo a nuestro caso, parecería que la forma de vida de los menonitas no causa daño a terceros y como tal sería una elección amparada por el art. 19 CN.

Ahora bien, la cuestión se complejiza cuando se relaciona esta elección con los derechos de los niños, niñas y adolescentes. Obviamente los niños tienen derecho a la educación; y si bien se supone que reciben las enseñanzas básicas dentro de la comunidad seguramente no aprenden el castellano, no conocen la historia argentina ni se les permite conocer otras formas de vida, ni relacionarse con niños de la misma edad que llevan una vida distinta.

A nosotros se nos ocurre que se puede ver el tema bajo una pauta que se ha desarrollado con relación a los actos de disposición del propio cuerpo. En esta última materia se han definido una serie de criterios para decidir si el menor es competente para decidir sobre aceptar o no

[48] El caso está comentado por Gelli, María Angélica, El caso de los menonitas: entre el derecho a la libertad y los deberes del estado en materia educativa, La Ley 1998-C, 1111, Cita: TR La Ley Ar/Doc/16505/200. También de la misma autora en Constitución de la Nación Argentina Comentada y Concordada, citada en nota 1, pág. 550 y sigs.

[49] Resuelto por la Corte Suprema de Estados Unidos in re-Wisconsin vs Yoder, citado por Gelli, Constitución de la Nación Argentina Comentada y Concordada, citado, nota 1387 en pág. 551.

[50] Esta síntesis está tomada de Gellli, Constitución de la Nación Argentina Comentada y Concordada, citado, pág. 551.

un tratamiento médico; entre ellas se incluye "la cantidad suficiente de conocimiento objetivo, aislado de concepciones religiosas[51], creencias del entorno o presión indirecta de sus padres [...]"[52].

Llevada esta idea a la educación de los niños: ¿tienen los niños menonitas la cantidad suficiente de conocimiento objetivo, aislado de concepciones religiosas, creencias del entorno o presión de los padres como para que se les reconozca "competencia" para rechazar la educación estatal y quedar reducidos a la que reciben en el ámbito de su comunidad?

Y, por otro lado, ¿hace al mejor interés superior del niño que ellos crezcan aislados, que no aprendan el castellano, sin contacto con niños de su misma edad, pero otra forma de vida?

Mi impresión es que estos niños no conocen otras formas de vida, probablemente teman enfrentarse con un mundo desconocido, en el que tendrán muy pocas posibilidades de comunicarse porque hablan una lengua virtualmente muerta y que por ello sentirán hostil. Así la decisión de no concurrir a las escuelas estatales es una decisión del medio en que viven, de sus padres y ancestros, pero no de ellos porque no hay elección si no se sabe o no se conocen cuales son las alternativas.

Conclusiones

Como conclusiones de este examen de casos resueltos por los tribunales argentinos, y en particular por la CSN, podemos exponer:

- La libertad de expresión y en particular la libertad de prensa no es un derecho absoluto, salvo con relación a la exclusión de toda forma de censura previa;
- Pero este principio encuentra una excepción cuando se trata de tutelar la intimidad y en general la dignidad personal de los menores en tanto personas especialmente protegidas;
- Ello aplica tanto a la prensa escrita como a cualquier otra vía de expresión: radio, televisión, y aun las redes sociales, habiéndose

[51] Este dato es relevante a los efectos de la negativa a recibir transfusiones de sangre por parte de miembros de los Testigos de Jehová.

[52] Basset, Úrsula. *Autonomía progresiva*. Tendencias jurisprudenciales, RDFyP, año II, núm. 9, oct. 2010.

reconocido que los menores son los que – a medida que maduran – los que irán diseñando su propia "identidad digital";

- Los padres tienen un deber general de cuidado de sus hijos, lo que puede legitimar alguna conducta intrusiva; pero ellos están también obligados a respetar la intimidad de sus hijos por lo que es una conducta antijurídica publicar la imagen de sus hijos y difundir noticias sobre ellos que impacten en su intimidad, como sucede con los datos sobre su salud.

Referencias

Basset, Úrsula. *Autonomía progresiva.* Tendencias jurisprudenciales, RDFyP, año II, núm. 9, oct. 2010.

Carranza, Jorge A. *Los medios masivos de comunicación y el derecho privado.* Córdoba-Buenos Aires, 1975; Soria, Carlos, *Derecho a la información y derecho a la honra,* Barcelona, 1981.

Cifuentes, Santos. *El derecho a la intimidad.* ED 57-835.

Cifuentes, Santos y Rivera, Julio César. *Anteproyecto de regulación integral de los derechos personalísimos.* ED 115-832.

Dworkin, Ronald. *Liberalismo, constitución y democracia,* trad. de Julio Montero y Alfredo Stolarz, Buenos Aires, 2003.

Gelli, María Angélica. *Constitución de la Nación Argentina Comentada y Concordada,* 6ª ed., Bs.As., Thomson Reuters, La Ley, 2022.

Nino, Carlos. *Fundamentos de Derecho Constitucional.* Análisis filosófico, jurídico y politológico de la práctica constitucional, Astrea, Bs.As., 1992.

Novoa Monreal, Eduardo. *Derecho a la vida privada y libertad de información,* 3ª ed., México, 1987.

Pizarro, Ramón D. *Responsabilidad civil de los medios masivos de comunicación,* 2ª ed., Buenos Aires, 1999; Zannoni, Eduardo – Bíscaro, Beatriz, *Responsabilidad de los medios de prensa,* Buenos Aires, 1993.

Rawls, John, *Liberalismo político,* trad. de Sergio René Madero Báez, México, 1995.

Rivera, Julio César, *Habilitación de edad,* Bs.As., Abaco, 1978.

Rivera, Julio César, *Instituciones de Derecho Civil* – Parte General, 7ª. Edición Abeledo Perrot, Bs.As., 2021.

Rivera, Julio César y Medina, Graciela (dir), *Código Civil y Comercial Comentado,* 2da ed., Bs.As., Thomson Reuters, 2023.

Rivera, Elías, Grosman, Legarre. *Tratado de los derechos constitucionales,* Abeledo Perrot, Bs. As., 2014.

Roppo, Enzo *(a cura di), Il diritto delle comunizacioni di massa. Problemi e tendenze,* Padova, 1985.

Sampay, Arturo Arturo E. *La filosofía jurídica del artículo 19 de la Constitución Nacional,* Buenos Aires, Cooperadora Argentina de Ciencias Sociales, 1975.

Solal, Philippe y Gatineau, Jean C., *Dictionnaire juridique – Presse,* Paris, 1980.

Urrutia, Liliana A. B. L*ibertad de expresión vs. derecho a la intimidad de niñas, niños y adolescentes,* RCCyC 2021 (diciembre), 204, Cita: TR La Ley Ar/Doc/3209/2021.

Zannoni, Eduardo A. *El factor de atribución de responsabilidad de los medios masivos de comunicación*, en Responsabilidad por daños, t. II, Buenos Aires, 1990.

19.
MENORES Y DERECHO: CAPACITACIÓN ANTICIPADA Y SU PROBLEMÁTICA EN LA NUEVA LEY TRANS

M. A. Sonia Mollá Nebot

1. Planteamiento

1.1. La mayoría de edad y capacitación anticipada

La mayoría de edad es el momento a partir del que se cumple el límite de edad desde el que se pueden tomar decisiones autónomas sobre la propia persona, así como decidir y actuar haciéndose responsables jurídicamente de esos actos y decisiones. El ordenamiento jurídico español establece en la Constitución española este límite en los 18 años, la misma edad que generalmente se contempla en la mayoría de los países del entorno Occidental. No obstante, lo anterior, en algunos casos se da una anticipación de la mayoría de edad a los 16 años, esto es, la emancipación para la intervención en determinados actos mercantiles, y personales, como es el matrimonio. En las tres últimas décadas se ha experimentado un cambio que adelanta la capacitación del menor por encima de la que el ordenamiento jurídico reconocía como mayoría de edad, o como emancipación, y se ha integrado un criterio más flexible, de "escucha al menor" en determinados campos, y no sólo para aislados negocios jurídicos o relaciones jurídicas, sino como criterio general que afecta tanto al ámbito procesal como al administrativo[1].

[1] Así lo expresa el art. 9 de la Ley Orgánica, de 22 de julio 2015, sobre Modificación del Sistema de Protección a la Infancia y a la Adolescencia: "El menor tiene derecho a ser

Estos cambios en la capacitación del menor han sido impulsados por las Naciones Unidas desde 1990, y se reflejan, tanto en la Ley Orgánica de1996 sobre "Protección Jurídica del menor", como en la Ley Orgánica de 2015, sobre "Modificación del Sistema de Protección a la Infancia y a la Adolescencia".

1.2. Derecho a "ser oído y escuchado" y "escucha activa"

El ordenamiento jurídico español ampara el derecho del menor a ser escuchado, lo que queda reflejado en las dos Leyes Orgánicas enunciadas: de 1996, sobre "Protección Jurídica del menor", y en la Ley 2015, sobre "Modificación del Sistema de Protección a la Infancia y a la Adolescencia", así como por la doctrina constitucional – sentencia 99/2019- que perfila la protección del interés superior del menor. El presente estudio se detiene especialmente en esta anticipación de la capacitación de la edad. en relación con la nueva Ley Trans, (como se autodenomina la Ley 4/2023, de 28 de febrero, para la igualdad real y efectiva de las personas trans y para la garantía de los derechos de las personas LGTBI), que ha entrado en vigor el 2 de marzo de 2023[2].

Este adelanto de la capacitación que se basa en la "escucha activa", que se considera dentro del reconocido "Interés Superior del menor," deja superadas la obligación de "oír al menor", conforme al "criterio de necesidad y oportunidad" que era de aplicación básicamente en los procesos judiciales de Derecho de Familia. Es además un criterio de interpretación más general que opera como principio del interés superior, tanto en el ámbito procesal como en el administrativo[3]. Expresamente se recoge en este art. 9 de la Ley Orgánica 8/2015, de 22 de julio, de Modificación

oído y escuchado sin discriminación alguna por edad, discapacidad o cualquier otra circunstancia, tanto en el ámbito familiar como en cualquier procedimiento administrativo, judicial o de mediación en que esté afectado...".

2 Ley 4/2023, de 28 de febrero, para la igualdad real y efectiva de las personas trans y para la garantía de los derechos de las personas LGTBI. Disponible en: https://www.boe.es/eli/es/l/2023/02/28/4/con.

3 El parágrafo 2 de la Observación General 12 de la Convención, explica que este precepto debe considerarse como uno de los cuatro principios generales de la Convención, junto con el derecho a la no discriminación, el derecho a la vida, y el desarrollo y la consideración primordial del interés superior del niño, lo que pone de relieve que este artículo no

del Sistema de Protección a la Infancia y a la Adolescencia, que se establece el campo de aplicación del Derecho a "ser oído y escuchado" en cualquier procedimiento administrativo, judicial o de mediación en que el menor esté afectado[4]. En este sentido ha de entenderse lo dicho en el pf. 1. del art. 9 de esta Ley:

> El menor tiene derecho a ser oído y escuchado sin discriminación alguna por edad, discapacidad o cualquier otra circunstancia, tanto en el ámbito familiar como en cualquier procedimiento administrativo, judicial o de mediación en que esté afectado y que conduzca a una decisión que incida en su esfera personal, familiar o social, teniéndose debidamente en cuenta sus opiniones, en función de su edad y madurez.

Mientras que el pf. 2. "Se considera, en todo caso, que tiene suficiente madurez cuando tenga doce años cumplidos". Por lo que dicha madurez goza de presunción legal *iuris tantum* desde los 12 años.

1.3. La autodeterminación de género de menores en la Ley Trans (Ley 4/2023, de 28 de febrero)

Esta nueva ley Trans en realidad no aporta novedades en materias esenciales con respectos a los derechos Trans que no estuvieran recogidos con anterioridad, pues si bien no existía una ley Nacional española en esta materia, sí que las CCAA han regulado sobre este campo dentro de las llamadas leyes LGTBI[5], y prácticamente todas reconocen este derecho a la autodeterminación de género definido en las actuales legislaciones

sólo establece un derecho en sí mismo, sino que debe tenerse en cuenta para interpretar y hacer respetar todos los demás derecho.

[4] Ley Orgánica 8/2015, de 22 de julio, de modificación del sistema de protección a la infancia y a la adolescencia. Disponible en: https://www.boe.es/diario_boe/txt.php?id=BOE-A-2015-8222.

[5] Ley 4/2023, de 28 de febrero, para la igualdad real y efectiva de las personas trans y para la garantía de los derechos de las personas LGTBI, Obedece en Derecho Español, a una serie de legislación impulsada en principio para la supresión de la desigualdad de las personas trans, el problema como se enfoca en esta legislación más allá del reconocimiento de igualdades se manifiesta como una cuestión política, como puede verse en el diario de sesiones del debate en el Congreso.

autonómicas como: "el reconocimiento de la identidad de género, libremente determinada". La novedad de esta Ley estriba en el derecho a la Inscripción en el Registro Civil del cambio de sexo sin límite de edad y sin que sea preceptivo ningún informe[6] -con anterioridad se requería de la declaración de disforia o transexualidad acreditada de dos años[7]-, siendo suficiente la simple declaración de autodeterminación de género. Ello ha producido críticas por la falta de seguridad jurídica a favor del menor que entraña la falta casi absoluta de tuición y una total ausencia de acompañamiento especializado, además de que el trámite recae sobre los Registros Civiles. La Ley ha sido contestada, desde perspectivas diferentes[8], pero sobre todo por lo que se refiere a menores, ya que la Ley legitima en el artículo 9 a que las personas físicas inscritas en el Registro Civil podrán optar a este cambio en el registro civil, manteniendo en uso todo lo demás de la vigente Ley 3/2007 que se refería a la inscripción en

[6] Mendoza Losana, Ana. I. *¿Cuándo puede una persona cambiar su nombre en el Registro Civil para adecuarlo al sexo sentido?* (en relación con la Instrucción DGRN 23.10.2018). Publicaciones Universidad Pompeu Fabra. Disponible en: https://www.upf.edu/es/web/dret/noticies//asset_publisher/W8R4ClKECQlt/content/id/220548667/maximized

[7] Mas Grau, Jordi. *Del transexualismo a la disforia de género en el DSM. Cambios terminológicos, misma esencia patologizante.* Revista Internacional de Sociología, Revistas CSIC, vol 75 núm. 2, 17, 2, 2017.

[8] Lo más mediático ha sido la oposición del "feminismo", que entiende que dicha ley merma los derechos adquiridos a favor de la "mujer" –este feminismo es de la misma orientación política que son los promotores de la proposición de ley y que ahora se ha aprobado como ley trans-, contra cuyos planteamiento de su proposición por el grupo parlamentario Podemos, se han levantado colectivos de rasgo feminista de otros partidos políticos del ala izquierda de la Cortes Españolas, como PSOE, como puede verse en el diarios de sesiones de Cortes Generales en la tramitación de la proposición de esta ley. Al respecto, vid. Vid. Trujillo Villamor, Elena, *"¿El principio del fin de la identificación por sexo?"*, en CESCO, Nº37/2021, pp. 141 ss, Otros matices de la Ley, son claramente ideológico, y responden más a un ideario, más allá de la cuestión social que se pretende paliar. Como es habitual en estas leyes dictadas en España desde 2015 sobre la defensa de Transexualidad, Bisexuales, e Intersexuales, tiene carácter común punitivo, tal y como en el caso de esta Ley 2023 se observa en su disposición adicional Primera, sobre *Actualización de las sanciones*, es decir, es un conjunto de normas declarativas laborales, sanitarias, escolares, curriculares y sociales, de medidas administrativas, que conllevan sanción en su incumplimiento, de hacer, o no hacer.

el Registro Civil de las personas trans[9]. Lo que sí es un cambio respecto a la Ley 3/2007 es la legitimación para iniciar este procedimiento, ya que se reconoce a todas las personas físicas inscritas, independientemente de su edad, y con la sola manifestación de autodeterminación. Así el art. 43 modula la situación en los siguientes supuestos: 1º Estarán legitimados para iniciar el procedimiento los mayores de 16 años pudiendo solicitar el cambio por sí mismos. 2º Estarán legitimados para iniciar el procedimiento los mayores de 12 años y menores de 14 años mediante la autorización judicial para la modificación de la mención registral del sexo. 3º Estarán legitimados para iniciar el procedimiento las personas menores de 16 años y mayores de catorce por sí mismas, asistidas en el procedimiento por sus representantes legales. En el supuesto de desacuerdo de las personas progenitoras o representantes legales, entre sí o con la persona menor de edad, se procederá al nombramiento de un defensor judicial.

La doctrina[10], el Consejo de Estado y el Consejo General del Poder Judicial han advertido, antes del trámite de aprobación final de dicha ley, que por lo que se refiere a la situación en que quedan los menores en la legitimación para pedir la reversión sexual en el Registro Civil desde los 12 años y hasta los 14 con aval judicial, o del padre o madre, o a partir de los 14 hasta los 16; en todos estos casos debería existir un acompañamiento a través de los informes especializados. Estas "recomendaciones" constan en los informes del Consejo de Estado –informe emitido preceptivamente, pero no de obligado cumplimiento-, y el del Consejo General

[9] Sobre las observaciones a la Ley 3/2007, vid. Bustos Moreno, Yolanda. *La transexualidad (De acuerdo a la Ley 3/2007, de 15 de marzo)*. Madrid, 2008; Alventosa Del Rio, Josefina. *Menores transexuales. Su protección jurídica en la Constitución y legislación española*. Revista Española de derecho Constitucional, n.107, 2016, pp 158 y s. Rodríguez-Cano, Rodrigo Bercovitz. *Personas transexuales y estado de derecho*. Revista Doctrinal Aranzadi Civil-Mercantil, 2018, 11, pp. 20 y ss. Moreno, Y. B. *La transexualidad (De acuerdo a la Ley 3/2007, de 15 de marzo)*. Madrid: Dykinson, S.L.

[10] Vid. Trujillo Villamor, Elena. *Ob. Cit.* pp. 141 ss.; Sánchez Freyre, Juan Manuel. *La mayoría de edad como requisito para la rectificación registral del sexo y el nombre:* una cuestión de derechos fundamentales. Revista sobre la infancia y la adolescencia, n. 14, 2018, pp. 39-52. Rodríguez-Cano, Rodrigo Bercovitz. *Ob. Cit.* pp. 20 y ss.

del Poder Judicial. Este cambio registral no es baladí, y como era de esperar, otros sectores científicos se han manifestado en el mismo sentido[11].

Al respecto, el art. 1 de la vigente Ley 3/2007, relativo a la legitimación para solicitar el cambio de sexo en el Registro Civil, establecía que podrán iniciar el procedimiento para la rectificación registral de la mención relativa al sexo, los mayores de edad, lo que fue declarado inconstitucional por el TC en su sentencia nº. 99/2019, de 18 de julio de 2019, por la que se incluyó la referencia a los menores bajo condición de acreditarse suficiente madurez.

En este sentido, también se ha olvidado la redacción del precepto de la sentencia del TC de 2019, que sí abordó un aspecto esencial que no parece tener en consideración esta ley: el interés superior del menor. Restringir a los menores de edad la posibilidad de cambiar su mención relativa al sexo en el RC obedece a "la necesidad de protección de la persona menor de edad, objetivo de relevancia similar al ejercicio de los derechos fundamentales, ya que la protección del interés superior del menor es un mandato recogido en el artículo 39 de la CE". La restricción persigue un objetivo constitucionalmente legítimo; sin embargo, el TC modula esta restricción en el juicio de proporcionalidad, que se refiere a la capacidad suficiente, al no exigir consentimiento alguno en la participación de los representantes legales a los menores entre 16 y 17 años, apartándose del criterio constitucional de permitir su cambio en la mención registral del sexo siempre y cuando acreditasen suficiente madurez. En esta Ley

[11] Así, la Sociedad Española de Psiquiatría y Salud Mental manifiesta preocupación ante el hecho de que los **menores, e incluso preadolescentes,** puedan cambiar de sexo en el Registro Civil sin que un profesional valore "su madurez y capacidad" para confirmar que dicho cambio registral se corresponde con un diagnóstico de transexualidad y no una crisis de identidad por otros motivos, como el resultado de un trauma. La Sociedad Española de Psiquiatría y Salud Mental, a través de Víctor Pérez, director del Instituto de Neuropsiquiatría y Adicciones del Hospital del Mar e investigador del IMIM-Hospital del Mar y del CIBER de Salud Mental (CIBERSAM) y presidente de la sociedad de psiquiatría y salud mental sostiene que hay **un "boom" de adolescentes** que se declaran trans porque está "de **moda**" y que este proceso se ha incrementado desde que se debate la "ley trans", y que "Una vez que un joven haya obtenido un cambio Registral, va a ser imposible pararlo y después de eso vienen las hormonas y la intervención quirúrgica".

Trans sólo se exige capacidad suficiente de manera igualitaria tanto para mayores de edad como para menores de más de 16 años sin exigencias específicas para estos menores sobre su madurez para ejercer el derecho fundamental por sí mismos.

En cuanto a la asistencia judicial mediantes las periciales que precise el juez, es controvertida la redacción en esta Ley Trans, ya que mientras en su Artículo 26.1. mantiene que:

> "Previa audiencia de la persona menor, el Juez resolverá sobre la concesión o denegación de la aprobación judicial, considerando en todo caso el interés superior del menor de edad y previa comprobación de su voluntad estable de modificar la inscripción registral y de su madurez suficiente para comprender y evaluar de forma razonable e independiente las consecuencias de su decisión", añade en párrafo aparte que "La concesión no podrá estar condicionada a la previa exhibición de informe médico o psicológico relativo a la identidad sexual", lo que entra en contradicción con el art. 26, *quater. Tramitación* 3º: "El Juez podrá solicitar la práctica de las pruebas que considere necesarias para acreditar la madurez necesaria del menor y la estabilidad de su voluntad de rectificar registralmente la mención a su sexo", lo que podría incluir la realización de una prueba anexa consistente en la asistencia especializada.

A pesar de lo anterior, la intervención judicial sólo está prevista para la reversión sexual entre los menores de 14 y mayores de 12 años, mientras que para los mayores de 14 hasta 16 es suficiente con la comparecencia de un progenitor o representante legal. En todo caso, la intervención judicial está sometida a lo dispuesto en el apartado 4º del art. 43 de la Ley Trans, que establece expresamente que el trámite queda sometido a la Ley de Jurisdicción voluntaria 15/2015[12], es decir, también sería posible ante un Letrado Judicial. Todo lo anterior lleva a plantearse dónde queda la garantía de la cobertura del "interés superior" del menor, que requiere de mecanismos que cumplan con esa escucha activa al menor en la defensa de sus intereses. Mientras, la presente redacción la Ley Trans

[12] Ley 15/2015, de 2 de julio, de la Jurisdicción Voluntaria. Disponible en: https://www.boe.es/buscar/act.php?id=BOE-A-2015-7391.

muestra una situación dispar con el Interés Superior del menor que regula la LO 1/1996 que la plantea: "como un valor primordial en todas las decisiones relativas a los menores y como un derecho sustantivo", por tanto, no simplemente oír al menor.

2. Bases Jurídicas de la

2.1. La Convención capacitación anticipada y entorno legislativo del interés superior del menor de los Derechos del Niño

La Convención de los Derechos del Niño de 1989 de Naciones Unidas adoptada por la Asamblea General de las Naciones Unidas el 20 de noviembre de 1989, entró en vigor el 2 de septiembre de 1990[13], y el día 26 de enero de 1990 el Plenipotenciario de España firmó en Nueva York la Convención sobre los Derechos del Niño, publicándose en el núm. 313, BOE de 31 de diciembre de 1990, como Instrumento de Ratificación de la Convención sobre los Derechos del Niño, concedida por las Cortes Generales de España, según la autorización prevista en el artículo 94.1 de la Constitución Española[14].

La evolución sobre la consideración de la capacidad, o de su reconocimiento para actos procesales y administrativos, fue objeto de un informe del Secretario General a la Asamblea de las Naciones Unidas, relativo a la situación de la Convención, que destacó en este lugar al presentar una de las preocupaciones más habituales en quienes dentro de la práctica

[13] Los precedentes legislativos sobre menores de la Sociedad de Naciones de 1924, en la llamada Declaración de Ginebra, ni en la Declaración de los Derechos del Niño de 1959, dada la concreta particularidad de tratarse nuestro estudio, exclusivamente, de la anticipación de la capacitación, la cual es novedosa a partir de La Convención de los Derechos del Niño.

[14] Dos declaraciones realiza España a la Convención de los Derechos del Niño, una es de orden de igualdad fiscal, y 2ª. de un calado importante para asuntos de intervención de menores reclutados a partir de los 15 años para conflictos bélicos y armados, "pues España, deseando hacerse solidaria con aquellos Estados y organizaciones humanitarias que han manifestado su disconformidad con el contenido de los párrafos 2 y 3 del artículo 38 de la Convención, quiere expresar asimismo su disconformidad con el límite de edad fijado en ellos y manifestar que el mismo le parece insuficiente, al permitir el reclutamiento y participación en conflictos armados de niños y niñas a partir de los quince años".

forense tienen que tratar con menores, en fecha 2 de agosto de 2013. Señala en su parágrafo 52:

> Varios Estados han intentado incorporar el derecho de los niños a ser escuchados en sus procedimientos administrativos y jurídicos. Sin embargo, siguen siendo motivos de preocupación la insuficiente claridad y la limitada aplicación práctica de las disposiciones jurídicas, en particular las salvaguardias y los mecanismos para garantizar el derecho de los niños a ser escuchados sin ser objeto de discriminación, manipulación o intimidación (A/68/257)[15].

Los presupuestos de que parte la Convención se reflejan en el primer párrafo (art. 12.1 CDN), que establece tres elementos: 1. "El derecho de los menores a expresar libremente su opinión" en aquellos asuntos que les conciernan y, presupuesto éste, a que sus opiniones sean tomadas en serio. Estos derechos tienen a un tiempo una dimensión individual y comunitaria (por ejemplo, los alumnos de una clase, los niños de un barrio o de un país, los niños con discapacidades o las niñas [OG 12, § 9]). 2. El objeto de este estudio aborda la dimensión individual, ya que se refiere a dos tipos de procesos civiles en los que se decide sobre situaciones individuales. 3. El titular de estos derechos es cualquier niño que se halle en condiciones de formarse un juicio propio, sin que quepan discriminaciones. De acuerdo con el Comité de Derechos del Niño, ha de partirse de la premisa de que el niño tiene capacidad para formarse sus propias opiniones, sin límite de edad e incluyendo la primera infancia.

El Comité de Derechos del Niño destaca en el parágrafo 2 de la Observación General 12 que este precepto debe considerarse "como uno de los cuatro principios generales de la Convención, junto con el derecho a la no discriminación, el derecho a la vida, y el desarrollo y la consideración primordial del interés superior del niño", lo que pone de relieve que este artículo no sólo establece un derecho en sí mismo, sino que debe tenerse en cuenta para interpretar y hacer respetar todos los demás derechos.

[15] Al respecto, vid. Defensora Del Pueblo, Pilar Becerril. *Estudio sobre La escucha y el interés superior del menor.* Revisión judicial de medidas de protección y procesos de familia. Madrid, 2014, Editorial MIC, p. 11.

2.2. Derecho Europeo

En el entorno de la Comunidad Europea sobre el ejercicio de los Derechos de los Menores, Estrasburgo, 25 de enero de 1996 dicta, a través de la complementación para la elección de los representantes que ayuden al menor a trasladar su opinión para ejercer debidamente el Derecho de Audiencia, en la Evaluación de la capacidad del menor, que ha de entenderse que "el juicio de madurez no es una apreciación meramente jurídica", por lo que el juez ha de recabar apoyo técnico para atender al principio de capacidad de formarse un juicio propio. Esta perspectiva ilustra la interpretación de asistencia en el desarrollo del Interés superior del menor, cuyo artífice siendo él mismo, requiere del acompañamiento necesario para hacer evidente su voluntad.

2.3. Aspectos jurídicos en relación con las garantías de la anticipación de la edad de capacitación y "la escucha" al menor, prevista en estas leyes Orgánicas

La Convención se articula en Derecho español, como Ley Orgánica, en la Ley 1/1996, de 15 de enero, de "Protección Jurídica del menor", modificada por la Ley Orgánica 8/2015, de 22 de julio, sobre "Modificación del Sistema de Protección a la Infancia y a la Adolescencia" ambas de Derechos Fundamentales en desarrollo del Interés Superior del Menor-. Ello supone una capacitación anticipada que se plasma en la legislación como "Interés Superior del menor" el cual ha de ilustrar el ordenamiento jurídico y constituye un valor primordial.

Los cambios legislativos en el ámbito del menor, especialmente la consideración de "la protección" del interés del menor como derecho "Superior del Menor" a ser escuchado, se impulsa pues desde las Naciones Unidas en el año 1989, en la Convención sobre Derechos del menor[16]. En ella se establece que la escucha al menor tiene carácter de Derecho Superior, en los procesos administrativos y procesales, y básicamente civiles, en relación con el derecho de Familia, pero que aparece sin lími-

16 Instrumento de Ratificación de la Convención sobre los Derechos del Niño, adoptada por la Asamblea General de las Naciones Unidas el 20 de noviembre de 1989. Entró en vigor en España el 5 de enero de 1991. Disponible en: https://www.boe.es/buscar/doc.php?id=BOE-A-1990-31312.

tes de derecho sustantivo, pues se plasma como derecho en cualquier acto procesal o acto administrativo en el que interviene, lo que se articula en el art. 12 de la Convención sobre los Derechos del Niño (CDN).

En consecuencia, la capacidad del niño para el ejercicio de sus derechos pasa a modularse en función del desarrollo y grado de autonomía de cada menor, y en consonancia con lo que mantiene el Comité de la ONU, esto es, abarca el desarrollo físico, mental, espiritual, moral, psicológico y social del niño, quedando superado el "oír al menor" conforme al "criterio de necesidad y oportunidad".

La modificación de 2015 afecta a la rúbrica del capítulo I del título I, de la anterior LO, que queda redactado como sigue: Capítulo I: "Ámbito e interés superior del menor":

> Artículo 2. Interés superior del menor. 1. Todo menor tiene derecho a que su interés superior sea valorado y considerado como primordial en todas las acciones y decisiones que le conciernan, tanto en el ámbito público como privado (...). Las limitaciones a la capacidad de obrar de los menores se interpretarán de forma restrictiva y, en todo caso, siempre en el interés superior del menor.

La finalidad del principio del interés del menor es asegurar su desarrollo integral respetando todos sus derechos. A lo largo de la LO 8/2015 se menciona la identidad sexual del menor como criterio general a tener en cuenta para la interpretación y aplicación de disposiciones y como elemento general para ponderar situaciones. Así, en el segundo apartado de su artículo 2, se regula como criterio general a la hora de interpretar y aplicar una disposición, la preservación de la identidad sexual del menor. Aunque no se trata de reconocer de forma expresa que los menores tienen derecho a la identidad sexual, este derecho se encuentra implícito en la exposición de este artículo.

Efectivamente, la fórmula legal española, "derecho a ser oído", presenta alguna diferencia conceptual con la Convención, ya que ésta propicia la escucha activa. En la tradición jurídica española "ser oído" implica fundamentalmente "un trámite del que no se sigue la obligación de asumir en lo posible la posición de la persona oída"; mientras que el término "escucha" en el marco de la Convención es más activo, pues exige que, si se apartara de lo manifestado por el niño, habría de razonarse la decisión.

En todo caso, la línea legislativa sobre la escucha del menor no es homogénea. El Tribunal Constitucional, en la Sentencia nº. 163/2009, ha señalado que en esta redacción, introducida por la Ley Orgánica 15/2005, "la audiencia al menor no se concibe ya con carácter esencial, siendo así que el conocimiento del parecer del menor puede sustanciarse a través de determinadas personas (art. 9 de la Ley Orgánica 1/1996)", y sólo resultará obligado cuando se estime necesario de oficio o a petición del fiscal, partes o miembros del equipo técnico judicial, o del propio menor, lo que alude a que cuando un menor solicite ser oído directamente o por medio de persona que le represente, la denegación de la audiencia será motivada y comunicada al Ministerio Fiscal y a aquellos. La excesiva formalidad del precepto olvida que el menor no es parte procesal, pero además también obvia que el acceso a los tribunales ni siquiera resulta asequible para el común de los ciudadanos, con lo que a la dificultad ordinaria se suma que no tiene abogado ni habitualmente le resultará sencillo personarse en el juzgado, y además no ha sido instruido sobre sus derechos, particularmente el de ser escuchado en todo aquello que le afecte.

3. La "escucha al menor" y la nueva Ley Trans de 2023

Conocer la voluntad del menor a través de su manifestación de voluntad está lejos de ser adecuada a sus circunstancias, y esta experiencia es común a toda sociedad. La práctica forense, tiene importantes dificultades para obtener de los menores una manifestación, aseveración o denuncia, incluso en los casos más graves. Su situación de dependencia y vulnerabilidad influye de modo radical en sus manifestaciones, y como ocurre en los casos extremos como el maltrato a menores, el problema constante está en la ausencia total de declaración del menor, y sólo el cúmulo y agravación del problema, por incidencia en el colegio o la intervención de terceros profesionales, evidencia la gravedad de esta situación.

Por tanto, aunque esta declaración de la Convención sobre Derechos del Niño supone un reconocimiento encomiable, varias negativas circunstancias planean sobre este derecho a ser escuchado que recoge La Ley Orgánica 1/1996, de 15 de enero, de Protección Jurídica del Menor, que contempla esta cuestión en el párrafo primero de su artículo 9, en los siguientes términos: en los procedimientos judiciales, las comparecencias del menor se realizarán de forma adecuada a su situación y al desarrollo evolutivo de éste, cuidando de preservar su intimidad, que la reciente Observación General 14 (2013) interpreta como derecho del niño a su interés superior, por lo que han de adecuarse las comparecencias judiciales, administrativas de los niños, a su situación y desarrollo evolutivo.

(i) El menor no está exento de presiones y manipulaciones posibles. Así lo reconoce en su informe el Secretario General de Naciones Unidas sobre el Convenio de Derechos del Niño de 1989, en los siguientes términos:

> siguen siendo motivos de preocupación la insuficiente claridad y la limitada aplicación práctica de las disposiciones jurídicas, en particular las salvaguardias y los mecanismos para garantizar el derecho de los niños a ser escuchados sin ser objeto de discriminación, manipulación o intimidación[17].

Así también lo recoge el Defensor del Pueblo, en España, en un Informe-Estudio publicado en 2014, a propósito del Convenio y en la aplicación de las leyes Orgánicas para su implantación en España[18].

(ii) En determinados conflictos procesales, como los de familia, se hace al menor responsable de la solución judicial de algunas medidas, como la custodia, haciendo recaer sobre él la presión del conflicto.

(iii) La Sociedad Española de Psiquiatría y Salud Mental manifiesta preocupación ante el hecho de que los menores, e incluso preadolescentes, puedan cambiar de sexo en el Registro Civil sin que un profesional valore "su madurez y capacidad" para confirmar que dicho cambio registral se corresponde con un diagnóstico de transexualidad y no con una crisis de identidad por otros motivos, como podría ser el resultado de

[17] El Informe sobre la Convención, del Secretario General a la Asamblea de las Naciones Unidas, de 2 de agosto de 2013, señala lo reproducido arriba en su parágrafo 52 del A/68/257).

[18] La Defensora Del Pueblo, Pilar Becerril. *Ob. Cit.* p. 11, que también se refiere a LO. de 15 de enero de 1996, de "Protección Jurídica del menor".

un trauma[19]. Esta Sociedad constata un "boom" de adolescentes que se declaran trans porque está "de moda", y así mismo sostiene que este proceso se ha incrementado desde que se debate la "ley trans", y que una vez que un joven haya obtenido un cambio Registral, después exigen las terapias de intervención para la reversión sexual farmacología y quirúrgica[20].

(iv) Los jueces no están especializados ni reciben una formación para asuntos de familia, o menores, como parece exigir "la escucha activa" de la Convención, por lo que a la luz de los informes en aplicación, esta especialización resultaría todavía más necesaria -aunque de momento inexistente-, para lo casos en que se requiere aval judicial para la toma de medidas, en aplicación del art. 43.4 de la Ley Trans, esto es: "Las personas menores de catorce años y mayores de doce podrán solicitar la autorización judicial para la modificación de la mención registral del sexo". La alusión al procedimiento de la Ley 15/2015, de 2 de julio, de Jurisdicción Voluntaria, no mejora la perspectiva, pues este procedimiento de desjudicialización se basa en la intervención de los Letrados judiciales, cuya sobrecarga en virtud de la aplicación de la Ley de Jurisdicción voluntaria, se une a la misma falta de especialización de los jueces en materia de asistencia a menores.

Lo dicho hasta ahora sobre la capacitación de menores, cobra importancia con la entrada en vigor en España de la llamada Ley Trans, ya que la misma, como vamos a ver, releva las garantías que se han considerado por todos necesarias en aras de protección al menor. A este respecto, cabe mencionar tanto el informe y las recomendaciones del Consejo de Estado a la llamada Ley Trans, así como el informe que eleva el Consejo General del Poder Judicial sobre menores ante esta misma ley. En ambos informes se consideró que la norma no cumple con el principio de especial protección de los menores de edad, ni con la proporcionalidad que requiere la constitución para proteger su interés superior. En el informe del CGPJ se consideró, respecto a la única exigencia de la presencia de

[19] Ley Trans. Asociación Espanõla de Psiquiatría de la Infancia y la Adolescencia. Disponible en: https://aepnya.es/wp-content/uploads/2022/11/Comunicado-JD_AEPNYA-3-1.pdf.

[20] Vid. supra n. 6.

los padres en menores de entre 14 y 16 años, que “esa mínima exigencia no es suficiente para proteger el interés de los menores comprendidos en esa franja de edad, que carezcan del suficiente grado de madurez o cuya situación de transexualidad no esté estabilizada”, por lo que recomendaba “someter el ejercicio del derecho de rectificación de la mención registral del sexo por parte de los menores de 16 años, a las condiciones de suficiente madurez y estabilidad en la situación de transexualidad que sí se exige a los menores de entre 12 y 14 años”. Estas condiciones -propuso el CGPJ-, “deberán ser comprobadas por el juez a través de los oportunos informes”.

Debería existir un acompañamiento psicológico para confirmar que dicho cambio efectivamente se corresponde con un diagnóstico de transexualidad y no con una crisis de identidad por otros motivos, como el resultado de un trauma -principalmente en los casos de adolescentes-, puesto que la norma permite que menores de edad, por encima de los 16 años, puedan hacer el cambio libremente. Los adolescentes entre los 14 y los 16 años pueden hacerlo con el consentimiento de madres y padres, y los niños entre 12 y 14 años, con aval judicial.

Recordamos que esta evolución de la capacidad, o capacitación del declarado Interés Superior del Menor a ser escuchado, resulta proactivo en cuanto que ha exigido en su favor y cumplimiento una serie de garantías respecto de la Convención de la ONU, como son: el acompañamiento médico psicológico, y el aval judicial, que garantice su independencia y la salvaguarda de no estar sometido a manipulación, como resulta preceptivo para todas las resoluciones en el orden procesal y administrativo en las que el menor deba ser escuchado en lo concerniente a sus intereses. Así las cosas, a pesar de las deficiencias destacadas, esta Convención de la ONU de la escucha al menor, reflejada en la Ley Orgánica del menor de 1996, y la Ley de Menor de 2010, son el marco de referencia de cualquier legislación que a éstos afecte. Este marco contiene las garantías de la salvaguarda de este derecho que son el acompañamiento psicológico y la escucha judicial. Entendemos que se vulnera el Interés superior en la escucha al menor, al simplificarse en la Ley Trans las garantías que suponen el acompañamiento especializado.

Como hemos indicado, la libre autodeterminación de género para menores de 18 años sin más requisito que su voluntad, con autorización paternal para los jóvenes entre 16 y 18, y con aval judicial en la franja de los 12 a los 14 años, ha provocado el rechazo tanto del Consejo de Estado como del Consejo General del Poder Judicial en los informes preceptivos que emitieron, y que no se han tenido en cuenta finalmente[21].

Pero, en todo caso, no es baladí sino iniciática la admisión del cambio de denominación de sexo en el Registro Civil y, tal y como se ha visto, constituye el paso necesario para la hormonación y los subsiguientes cambios médicos. Ello no tendría más trascendencia de no tratarse de menores en pleno desarrollo, pues ya se ha apuntado como necesario en el cumplimiento de un "Interés Superior", estimar sus circunstancias considerando que tal derecho de "escucha" tiene una dimensión individual; así, se indica que "se dará en particular al niño oportunidad de ser escuchado", atendiendo al "principio de totalidad", en virtud del cual no

[21] Sabiendo, como hemos dicho, que la inscripción RG es un paso precio que aboca a la instauración de medidas médicas y farmacológicas traemos a colación la situación científica-médica sobre esta materia. La revista médica Univadis, recoge en el mero nº 17 de abril de 2023 un informe publicado en *BMJ Journal*, en febrero del 2023, Sobre la situación médica en menores la falta de pruebas científicas sobre la eficacia y la seguridad de los tratamientos médicos a los niños y adolescentes transgénero. De acuerdo con la información recogida por su autora, la periodista científica Jennifer Block, estos fármacos podrían ser incluso más nocivos que beneficiosos. Algunos estudios sugieren que entre el 0,17 y el 1,3 % de los adolescentes y adultos jóvenes se identifican como transgénero. Un aumento calificado por algunos especialistas como un brote", expone Becerra, para quien, las razones de este incremento se deben, entre otras, " a la disponibilidad de tratamiento biomédico en los últimos años y el aumento de clínicas dotadas para ofrecerlo".
"La incongruencia de género, está aumentando a la vez que crece el desacuerdo profesional", asegura Antonio Becerra, uno de los mayores expertos en medicina transgénero y fundador de la Unidad de Identidad de Género de la Comunidad de Madrid en el 2007. En España, este debate médico ético se enmarca dentro de la recién aprobada "Ley Trans", lanzada entre tantas resistencias y detractores que a ella se oponen. Uno de los principales puntos de la normativa es la eliminación de ciertos requisitos para el cambio registral de la identidad de género. "Ya no son necesarios ni la hormonación durante dos años ni el diagnóstico de disforia de género, tampoco ningún informe médico", señala Becerra, uno de los mayores expertos españoles en medicina trans género, que en opinión de endocrinólogo, que "puede ser preocupante que la terapia hormonal pueda solicitarse para ocultar o aliviar otros problemas o inquietudes de la adolescencia diferentes a la identidad de género. A veces esta demanda se produce con verdadera insistencia e intensidad, y casi obligando a los profesionales a la toma de decisiones sin una valoración adecuada y prudente".

existen ámbitos decisorios de actuación pública respecto de situaciones individuales exentos de esta obligación; y el "principio de adecuación", referido a la forma de escucha del menor, que deberá adaptarse a la situación subjetiva de éste y a los requerimientos del concreto procedimiento que se esté sustanciando[22].

La falta de previsión de acompañamiento especializado en estas circunstancias compromete la vulneración del Interés Superior del menor y entra en conflicto con lo dispuesto con Ley Orgánica de 1996, así como con la jurisprudencia del TC, en Sentencia nº 99 de 2019, Todo ello vaticina la sucesión de recursos contra la reciente Ley Trans, sumado al hecho de su difícil gestión por un diseño deficiente de la propia Ley en lo que se refiere a la tramitación de las gestiones de rectificación en el RC, y que ha sumido a los Registros Civiles en una situación de incertidumbre jurídica, como lo evidencia la poca transparencia y respuesta a las cifras que se le han solicitado al gobierno sobre las solicitudes de cambio de género y su desarrollo registral.

Conclusiones

El entorno legal de la llamada capacitación anticipada del menor, que dimana del ordenamiento jurídico español, ampara el derecho del menor a ser escuchado, que queda reflejado en dos Leyes Orgánicas: de 1996, sobre "Protección Jurídica del menor", y en la Ley 2015, sobre "Modificación del Sistema de Protección a la Infancia y a la Adolescencia", así como por la jurisprudencia constitucional – sentencia 99/2019-. Su ámbito de aplicación es el Procesal judicial y Administrativo.

Se constituye entre los Derechos Fundamentales, dada la naturaleza Orgánica de las Leyes precedentes sobre "Protección jurídica del menor" 1996 y "Modificación del Sistema de Protección a la Infancia y a la Adolescencia" 2015, que perfila en STC de 2019 sobre "Interés Superior del Menor" que ha de ilustrar el ordenamiento jurídico y constituye un valor primordial, en aplicación de la Constitución Española apartado de Derechos Fundamentales.

[22] Informe de Defensor Del Pueblo. *Estudio sobre La escucha y el interés superior del menor Revisión judicial de medidas de protección y procesos de familia*. Madrid, 2014, Editorial MIC. p. 14.

La Ley, llamada Ley Trans, 4/2023 de 28 de febrero de 2023, "para la igualdad real y efectiva de las personas trans y para la garantía de los derechos de las personas LGTBI" que entró en vigor el 2 de marzo de 2023, establece que este adelanto de la capacitación se basa en la "escucha activa", que se considera dentro del reconocido "Interés Superior del menor", recogido en las Leyes Orgánicas sobre menor.

La Ley Trans ha suscitado la polémica de la doctrina y la Advertencia del Consejo de Estado, así como la Advertencia del Consejo General del Poder Judicial, antes del trámite de aprobación en las Cortes, al introducir el derecho a la Inscripción en el Registro Civil del cambio de sexo, entre los 12 y 16 años de todas aquellas personas que se hallen inscritas y sin que sea preceptivo ningún informe especializado. Lo que supone una falta de seguridad jurídica del menor que entraña la falta casi absoluta de tuición y una total ausencia de acompañamiento especializado para este trámite de cambio de género en el Registro Civil.

Desde el punto de vista de forma que afecta al fondo de la confección de esta Ley la doctrina ha señalado la contradicción en el articulado de la Ley Trans, entre lo dispuesto en el Artículo 26.1, donde introduce la evaluación de "madurez suficiente" por parte del juez y lo establecido en el artículo 43, sobre el procedimiento, que nada dice sobre la madurez del menor, y que además establece que "la concesión no podrá estar condicionada a la previa exhibición de informe médico o psicológico relativo a la identidad sexual", lo que entra en contradicción con el art. 26, quater. Tramitación 3º: donde expresamente se recoge que "El Juez podrá solicitar la práctica de las pruebas que considere necesarias para acreditar la madurez necesaria del menor y la estabilidad de su voluntad de rectificar registralmente la mención a su sexo", lo que podría incluir la realización de una prueba anexa consistente en la asistencia especializada.

El Tribunal Constitucional ha modulado en sentencia de 2019 el juicio de proporcionalidad que se refiere a la capacidad suficiente de los menores e Interés Superior del Menor.

Por su parte la Ley Trans no exige a los menores entre 16 y 17 años la participación y consentimiento de los representantes legales; pero tampoco la presencia de los padres de menores de entre 14 y 16 años, es suficiente, pues, como dice el Consejo General del Poder Judicial en su informe: "esa mínima exigencia no es suficiente para proteger el interés de los menores comprendidos en esa franja de edad, que carezcan del suficiente grado de madurez o cuya situación de transexualidad no esté estabilizada".

En esta Ley Trans sólo se exige capacidad suficiente de manera igualitaria tanto para mayores de edad como para menores de más de 16 años sin exigencias específicas para estos menores sobre su madurez para ejercer el derecho fundamental por sí mismos.

La intervención judicial sólo está prevista para la reversión sexual entre los menores de 12 a 14 años, siguiendo la misma limitación sobre la ausencia de informes especializados.

Los jueces no están especializados ni reciben una formación para asuntos de familia, o menores, como parece exigir "la escucha activa" de la Convención, por lo que a la luz de los informes en aplicación, esta especialización resultaría todavía más necesaria -aunque de momento inexistente-, para lo casos en que se requiere aval judicial para la toma de medidas, en aplicación del art. 43.4 de la Ley Trans, esto es: "Las personas menores de catorce años y mayores de doce podrán solicitar la autorización judicial para la modificación de la mención registral del sexo".

Así pues, desde el punto de vista técnico jurídico de fondo, la Ley Trans entra en conflicto con la Sentencia del Tribunal Constitucional, 99/2019, de 18 de julio de 2019, por la que se incluyó la referencia a los menores bajo condición de acreditarse suficiente madurez., condición que se abandona en el artículo 43 de la Ley Trans.

Por otra parte, nos encontramos ante una vulneración de Derechos Fundamentales, a) La sentencia del TC. de 2019 establece "la necesidad de protección de la persona menor de edad de relevancia similar al ejercicio de los derechos fundamentales, ya que la protección del interés superior del menor es un mandato recogido en el artículo 39 de la CE"; y, b) La naturaleza Orgánica de las Leyes de 1996 y 2015 que se orillan en este aspecto de tuición e información profesional.

La Sociedad Española de Psiquiatría y Salud Mental, manifiesta preocupación ante el hecho de que los menores, e incluso preadolescentes, puedan cambiar de sexo en el Registro Civil sin que un profesional valore "su madurez y capacidad" para confirmar que dicho cambio registral se corresponde con un diagnóstico de transexualidad y no con una crisis de identidad por otros motivos. Así mismo, ha destacado la falta de rigor en el "no acompañamiento a menores", que a través de esta Ley se les deriva, una vez iniciado el trámite de cambio de sexo en el Registro civil, al cambio hormonal y al cambio físico sin reversión.

La práctica forense, y los jueces de familia en particular, tienen importantes dificultades para obtener de los menores una manifestación, aseveración o denuncia, incluso en los casos más graves. Su situación de dependencia y vulnerabilidad influye de modo radical en sus manifestaciones.

El menor no está exento de presiones y manipulaciones posibles. Así lo reconoce en su informe el Secretario General de Naciones Unidas sobre el Convenio de Derechos del Niño de 1989. Así también lo recoge el Defensor del Pueblo, en España, en un Informe-Estudio publicado en 2014, a propósito del Convenio y en la aplicación de las leyes Orgánicas de menores, para su implantación en España. Presumir en el menor, una madurez o fortaleza extraña a su edad y evolución, es un modo de vulneración del derecho de protección por las instituciones.

Referencias

Alventosa Del Rio, Josefina. *Menores transexuales.* Su protección jurídica en la Constitución y legislación española. Revista Española de derecho Constitucional, n.107, 2016.

Bustos Moreno, Yolanda. *La transexualidad* (De acuerdo a la Ley 3/2007, de 15 de marzo). Madrid: Dykinson, S.L.

Defensora del Pueblo, Pilar Becerril. *Estudio sobre La escucha y el interés superior del menor.* Revisión judicial de medidas de protección y procesos de familia. Madrid, 2014, Editorial MIC.

Mas Grau, Jordi. *Del transexualismo a la disforia de género en el DSM*. Cambios terminológicos, misma esencia patologizante. Revista Internacional de Sociología, Revistas CSIC, vol. 75 núm. 2, 17, 2, 2017.

Mendoza Losana, Ana. I. *¿Cuándo puede una persona cambiar su nombre en el Registro Civil para adecuarlo al sexo sentido?* (en relación con la Instrucción DGRN 23.10.2018). Publicaciones Universidad Pompeu Fabra, Disponible en: https://www.upf.edu/documents/6764143/217256207/Materiales_Ana_I_Mendoza.pdf/a28bcb4b-7668-de8d-4130-3049f89b91d7.

Rodríguez-Cano, Rodrigo Bercovitz. *Personas transexuales y estado de derecho.* Revista Doctrinal Aranzadi Civil-Mercantil, 2018.

Sanchéz Freyre, Juan Manuel. *La mayoría de edad como requisito para la rectificación registral del sexo y el nombre:* una cuestión de derechos fundamentales. Revista sobre la infancia y la adolescencia, núm.14, 2018.

Trujillo Villamor, Elena. *¿El principio del fin de la identificación por sexo?*. CESCO, Nº 37/2021.

CASAMENTO NO PASSADO E NO PRESENTE
EL MATRIMONIO EN EL PASADO Y EN EL PRESENTE

20.
EL MATRIMONIO ROMANO Y SU POSIBLE VISUALIZACIÓN EN EL DERECHO ACTUAL

José Miguel Piquer Marí

1. Introducción

Dice Fernández de Buján[1], que el matrimonio es un producto histórico en el que se reflejan las nuevas realidades o los cambios de mentalidad de un universo social. Esta directriz es valiosa y certera. El trabajo que presentamos tiene por objeto aportar una visión comparativa entre el Derecho Romano, clásico y postclásico, sobre el sentido del matrimonio. No hemos querido abordar cuestiones más técnicas y concretas ni hemos podido tener en cuenta la evolución intermedia, esto es, en el período que va de la caída del Imperio Romano a la actualidad dadas las limitaciones del trabajo. Es por ello que, a pesar de estas limitaciones, hemos querido colocar frente a frente el mundo antiguo-esencialista y el mundo actual antiesencialista. Nos hemos pues adentrado en las concepciones del matrimonio para poder dar respuesta a la pregunta que subyace en el título del trabajo: el matrimonio romano y su posible visualización en el derecho actual, en concreto, en el derecho español a raíz de la reforma de la ley 13/2005 así como el fin último que subyace tras la reforma: poner fin al matrimonio como institución tradicional más que reactualizar y vigorizarlo.

[1] Fernández de Buján, Antonio. *Derecho Romano.* 5 ed. Madrid 2021: 192-193.

2. Etimología del término matrimonio: el imperceptible puente que une las palabras con las cosas

Antes de adentrarnos en el corpus argumentativo de la cuestión, creemos que un primer aspecto a analizar es la etimología del término matrimonio por ser la especialidad lingüística que tiene por objeto el estudio del origen de las palabras, la razón de su existencia, de su significación y de su forma. La etimología constituye como bellamente afirma García Jurado, "el imperceptible puente que une las palabras con la realidad que designa"[2] y ello a pesar de que el sentido de las palabras no será el mismo en la actualidad[3] y ello lo observamos en las actuales concepciones sociológicas y jurídicas del matrimonio que, como veremos, distan mucho del origen etimológico de la institución.

Sin embargo, a pesar de las limitaciones, la etimología nos permite adentrarnos en el sentido primigenio de nuestra institución y ello constituye un valor que, por un lado, contribuye a dar argumentos a las tesis esencialistas matrimonio y, por otro lado, responde a una realidad concreta en un contexto determinado conforme a la que se construirá una institución social y jurídica.

Etimológicamente, el término matrimonio, a pesar de que puede albergar ciertas dudas, tradicionalmente, se señala que este término deriva de *matris* y *munium,* cuyo significado es carga, gravamen o cuidado de la madre, que es quien puede concebir los hijos sin que ello implique, a diferencia de *patrimonium,* derecho o propiedad sobre las cosas[4];

[2] García Jurado, Francisco. *La etimología como forma de pensamiento. Ideas lingüísticas e historia de la cultura.* Revista española de Lingüística, 31.2 (2001): 456.

[3] Los cambios de significado que se producen en una palabra a lo largo de la historia y de los diversos contextos sociales y culturales en los que se inserta, hacen que la etimología no tenga, en apariencia, tanta importancia desde el punto de vista científico. Así lo afirma Borges en Sobre los Clásicos cuando afirma que escasas disciplinas habrá de mayor interés que la etimología; ello se debe a las imprevisibles transformaciones del sentido primitivo de las palabras, a lo largo del tiempo. Dadas tales transformaciones, que pueden lindar con lo paradójico, de nada o de muy poco nos servirá para la aclaración de un concepto el origen de una palabra. Sobre el mundo clásico y su defensa, Obarrio Moreno, Juan Alfredo, *En defensa de la cultura grecolatina* (paideia versus utilitas), Madrid: Dykinson, 2023.

[4] Martín Minguijón, Ana. *Modelos de familia en España. Antecedentes históricos.* RGDR, 5 (2005): 4-5 apunta que esta última explicación de la derivación del término ha sido discutida por la doctrina especializada que argumenta que el matrimonio no supone una

un término con el que se significa una realidad. Lo antedicho se puede constatar en el hecho de que es un término etimológicamente ligado a la maternidad[5] y con ello a la descendencia; de ahí que se pueda entender perfectamente que el matrimonio romano, si nos atenemos a la etimología como portadora de significado[6], tenía como fin la procreación y, con ello, la formación de la familia. Si lo contextualizamos un poco más, por lo que al ámbito religioso se refiere, hemos de remitirnos a Juno que es el principio femenino de la Luz celeste razón por la cual preside (madrina-*pronuba*) los matrimonios y los nacimientos[7].

Desde un punto de vista etimológico observamos pues que el matrimonio, con base en la heterosexualidad, constituye una institución orientada a la procreación y, con ello, a la formación de una familia, lo que no es indicativo de que sea monógamo desde el punto de vista etimológico.

3. El sentido del matrimonio en Roma

Nos adentramos ahora a estudiar el sentido del matrimonio en el contexto jurídico en la Roma antigua distinguiendo entre el matrimonio clásico y el postclásico-cristiano (s. IV) pues existen notables diferencias entre uno y otro.

Desde nuestro punto de vista, la idea central que sostenemos y que desarrollaremos es la siguiente: frente al matrimonio actual entendido como la unión de matriz social y psicológica entre dos personas que funda una familia sin que exista binomio matrimonio-familia, el matrimonio romano, como unión entre hombre y mujer, se funde con la familia la

pesada carga sobre la mujer. Arranz, Clara María, Breves reflexiones acerca del papel del amor en el matrimonio del Derecho Romano, RGDR, 31 (2018): 24. Ortega, Antonio, "Precisiones terminológicas: nuptias y matrimonium", RGDR, 5 (2005):1-2 quien apunta que se refiere al acto por el cual el hombre, cuando contraía matrimonio, conducía a la casa una *mater*, esto es, una mujer legítima que la presida y la gobierne.

5 Thurmond, David Lawrence. *Felicitas: Public rites of human fecundity in ancient Rome*. Michigan: Ann Arbor 1994: 1.

6 *Diccionario de la Lengua española*, voz, etimología, 21ª ed. Vol. 1, Madrid 1997, p.924.

7 Noailles, Pierre. *Junon, déese matrimoniale des romains*. Fas et Ius. Etudes de Droit Romain, Paris: Les Belles Lettres 1948, p. 33. Guillen *Urbs Roma*, Salmanca: Sígueme, 2004: 223.

cual, a su vez, se perpetua a través del matrimonio y de la procreación y ésta, a su vez, se tiene como forma de contrarrestar la alta mortalidad[8].

3.1. El matrimonio en Derecho Romano Clásico

Del conjunto de normas relativas al matrimonio, dos han pasado a la historia por ser definiciones clásicas del matrimonio, entendiendo "clásico" en el sentido amplio de la palabra: una debida a Modestino, la otra a Justiniano.

La primera se la debemos a Erennio Modestino[9] y que está recogida en D.23.2.1 perteneciente al *Libro I. Regularum*: *Nuptiae sunt coniunctio maris et feminae et consortium omnis vitae divini et humani iuris communicatio* (las nupcias son la unión del varón con la hembra, y consorcio de toda la vida, comunicación de derecho divino y humano). La segunda, recogida en Inst. de Justiniano 1.9.1[10]: *Nuptiae autem sive matrimonium*[11] *est viris et mulieris coniunctio, individuam consietudinem vitae continens* (nupcias o matrimonio es la unión del varón y de la mujer con el propósito de vivir en duradera comunidad) que se atribuye a Ulpiano.

Tratemos de casar los elementos esenciales que conforman las definiciones de matrimonio tanto en Modestino como en Justiniano. Desde nuestra perspectiva los elementos son tres[12], a saber:

1. Consortium omnis vitae/consietudinem vitae continens; 2 Coniunctio, 3. Maris et feminae/viris et mulieris

1. Consortium omnis vitae/consietudinem vitae continens: Con el matrimonio se produce el *consortium*, una sociedad, la primera sociedad en términos ciceronianos -*Nam cum sit hoc natura commune animantium, ut habeant libidinem procreandi, prima societas in ipso coniugio est*-. Se trataría de una comunidad íntima y espiritual que se crea entre el hombre y la mujer con la intención de que sea para toda la vida- *uxor est quae femina viro nup-*

[8] Thrumond. *Ob. Cit.* p.11.

[9] Ortega, Antonio, *Terminología, definiciones y ritos de las nupcias romanas. La trascendencia de su simbología en el matrimonio moderno*, Madrid: Dykinson, 2006: 12.

[10] Torrent, Armando, *Manual de Derecho Privado Romano*, Madrid: Edisofer 2002: 525.

[11] Ortega. *Ob. Cit.* p.19.

[12] No trataremos la cuestión semantica respecto a *nuptiae/matrimonium* para ajustarnos a los límites de la publicación.

tiis collocata in societatem vitae venit –, sin que lo sea necesariamente para toda ella (divorcio), y cuyos miembros correrían una especie de suerte común, ante todos los avatares de la vida, buenos y malos, prosperidad o adversidad[13], tal y como se observa en las fuentes literarias en Plutarco y Lucano[14], por ejemplo.

Una sociedad en la que, a modo de curiosidad, como expone Columela[15], se produce, en beneficio de la misma, la distribución natural de las tareas entre hombre y mujer que tendrían un carácter complementario y de mutua dependencia. Es decir, que la mujer tiene atribuidas las funciones domésticas mientras que las más pesadas le corresponderían al hombre. Una diferenciación que se mantendrá en el matrimonio cristiano-postclásico, obviamente, con fundamentos diversos.

2. *Coniunctio:* La sociedad; el consorcio se forma por unión: *coniunctio* con lo que se significa quedar atado a algo, unido a algo o a alguien, y desde la perspectiva del hombre y de la mujer son cónyuges, esto es, atados bajo el mismo yugo. Sobre esa unión se construye el resto: la familia y la legitimidad de los hijos.

Esta *coniunctio* nos lleva al requisito del consentimiento en la medida en que debe ser consentida: entran en este momento en juego la *affectio maritalis* y el *consensus*[16] traídos a colación en D. 24.1.32.13 y 35.1.15; con ellos se indica la recíproca voluntad de los cónyuges, no prestada constitutivamente de modo formal[17].

[13] Miquel, Joan. *Consortium omnis vitae: una reflexión sobre derecho matrimonial comparado.* RGDR, 6 (2006): 9.

[14] Plut. Brut. 13.7; Lucano 5.767-769.

[15] Colum. 12.pr-4 traido a colación por Tofiño, A., *Matrimonio, prohibiciones matrimoniales y concubinato en Derecho Romano*, Madrid: Dykinson, 2021.35-36.

[16] Bartocci, Ugo. *Le species nuptiarum nell'esperienza romana arcaica. Relazioni matrimoniali e sistemi di potere nella testimonianza delle fonti.* Roma: Il Cigno 1999, quien nos expone las divergencias entre las teorías posesorias y las consensualistas, así como la agria discusión entre Volterra y y Bozza y Rassi a propósito de la cuestión sobre LOS diversos tipos de matrimonio y las formas de sometimiento al marido /cum manu/sine manu).

[17] Tofiño, Matrimonio, p. 68; Ortega, Terminología, p. 55ss. Núñez Paz, Maria Isabel. *Consentimiento matrimonial y diviorcio en Roma.* Salamanca: Ediciones Universidad de Salamanca, 1988: 70.

A ella, los juristas le atribuyen el efecto de hacer surgir el vínculo matrimonial y es que no es la cópula ni la entrada en el cubículo que conduce a la cópula sino el consentimiento: D. 50.17.30 *nuptias non concubitus sed consensus facit*, el cual debe de ser persistente[18] (estaríamos ante un querer inicial -consentimiento inicial- y quererlo continuado comportándose como marido y mujer -*affectio maritalis* y *honor matrimonii*[19]). Supone la intención de un hombre y una mujer de tenerse mutuamente de manera duradera y tratarse como tales en la intimidad del hogar y en las relaciones con terceros" [20], por tanto, *ad intra* y *ad extra*. Esto implicaría que la ausencia de uno de los cónyuges no extingue la relación, pero sí la ausencia de *affectio maritalis* o de *honor matrimonii*; por esta razón, en esta época, el matrimonio no es un acto jurídico sino una situación de hecho que hacía que el matrimonio "surgiera y desapareciera con la fluidez característica de lo meramente fáctico"[21].

Del consentimiento se deduce otro requisito: la *capacidad para prestar consentimiento* junto con el *ius conubium*.

Esa primera sociedad debe estar formada *maris et feminae / viris et mulieris coniunctio*. El aspecto preponderante de este elemento es el dimorfismo sexual, es decir, la contraposición *maris et feminae -viris et mulieris*, y que podría hacerse extensible a otra contraposición de sentido entre *maritus et uxor*.

Con ello se pone de manifiesto que el matrimonio romano es esencialmente esencialista, coincidente con la su etimología. Ello se confirma en el testimonio de Ulpiano quien hunde el sentido del matrimonio en la ley natural.

18 Al respecto, véase la discusión Volterra, Edoardo, "La conception du mariage à Rome", RIDA. 2 (1955), Id. "La conventio in manum e il matrimonio romano", RISG. 12, (1968), "Precisazioni in tema di matrimonio classico", BIDR, 78 (1975) Voce "Matrimonio dir. rom.", ED. 25, (1975) que aboga por un consentimiento continuado y Robleda, Olís, *El matrimonio en Derecho Romano. Esencia, requisitos de validez, efectos disolubilidad*, Roma: Pontificia Univ. Gregoriana, 1970, quien expresa sus dudas al respecto. Para más detalle sobre esta discusión, véase, Tofiño, *Matrimonio*, p. 69.

19 Astolfi, Riccardo. *Il matrimonio romano nel diritto romano clássico*. Padova: Cedam, 2006: 71, Miquel, Consortium: p.6.

20 Tofiño. *Ob. Cit.* p. 67.

21 Ortega. *Ob. Cit.* p. 32.

De esta concepción esencialista, se deduce que el matrimonio se estructura en base a una *relación monogámica*; de *carácter heterosexual* o disparidad sexual con *fines procreadores*.

La *relación monogámica*[22] se expresa en tanto que se habla de *vir et mulier/femiae et maris*.

El matrimonio se entendía como una *relación heterosexual*, dado que se instituye con la finalidad de procrear. La pregunta que podemos derivar de forma inmediata es ¿existían matrimonios homosexuales? La respuesta es claramente negativa, pues como afirma Catalán[23], existe una clara imposibilidad de generar, por lo que, estas uniones, más cabría contextualizarlas en ámbito hedonístico o en búsqueda de cierta notoriedad social que no en el estrictamente matrimonial[24]. Así, en sentido contrario, se entiende que el matrimonio necesariamente heterosexual existía por y para la procreación.

Aceptada la excentricidad del "matrimonio-homosexual" en mundo romano, parece lógico pensar que la oposición de naturaleza sexual[25], constituye un elemento esencial para que se constituya el matrimonio como institución social o jurídica sobre la base material de la unión sexual entre los opuestos que lo son *iure naturale*[26], como diría Ulpiano al

[22] Práctica que fue común en la iberia prerromana, si bien existen ciertas notas que hacen pensar que quizás o no fue unánime. Giddens, Anthony, *Sociología,* Madrid: Alianza: 418 afirma que la monogamia, tan cercana a nosotros y, en cierto modo, considerada como lo que ratio essendi correspondería al matrimonio, dista mucho de ser la forma de unión marital entre individuos. Apunta el eminente sociólogo inglés a los estudios de campo de Murdock, George Peter, *Social Structure,* New York: MacMillan Co., 1949. Plut. Lic. 15.6-9, tal y como afirma Dulce, Elena., *El matrimonio en la Grecia Antigua: Épocas Arcaica y Clásica*, Universidad Autónoma de Madrid, Departamento de Historia Antigua, Historia Medieval, Paleografía y Diplomática 2019: 479.

[23] Muñoz Catalán, Elisa, "La impotencia generandi en el matrimonio romano homosexual", Foro, 16.2 (2013): 217.

[24] Tac. *Ann.* 37; Marc. *Ep.* 1.24.

[25] Ortega. *Ob. Cit.* 20.

[26] Truc. 2.2.516-517; Mil. Glor. 3.1.703-704.

referirse al Derecho Natural[27]-*quod natura omnia animalia docuit*- y de ahí a la procreación y a la educación[28].

Ahora bien, si tomamos el testimonio del propio Ulpiano, parece que en otras respuestas se afirma que es el consenso y no el coito/el *concubitus* lo que constituye el matrimonio, como D.24.1.32.13: *non enim coitus matrimonum facit, sed maritalis affectio* o, D.50.17.30 *Nuptias non concubitus, sed consensus facit,* esto es el que matrimonio no se constituye por el concubinato sino por el consenso; nos preguntamos si existe una contradicción y si no existe cómo se puede casar dos opiniones tan aparentemente contrarias. Según Miquel,

> la naturaleza tiene sus leyes y estas leyes le sirven al Ordenamiento jurídico para configurar sus instituciones: el vínculo del matrimonio y el vínculo de la filiación. Es, en efecto, al Ordenamiento jurídico al que le corresponde decidir cuando la *coniunctio maris et feminae* es un matrimonio y cuando la *procreatio* constituye una relación de filiación[29].

Efectivamente, en nuestra opinión creemos que el fin inmediato del matrimonio es la procreación y que el fin último o mediato es la familia, pero la procreación no es un requisito constitutivo. Es una exigencia social, a veces incluso jurídica[30], pero no constitutiva: amar al marido con

27 Miquel, Consortium: 8. Tofiño, A., *Matrimonio, prohibiciones matrimoniales y concubinato en Derecho Romano,* Madrid: Dykinson, 2021:29. Al respecto, Fernandez de Buján, A., "Conceptos y dictomías del ius", RJUAM, 3, (2000): 33.

28 Núñez Paz. Tradición jurídica de la fragilitas animi femenina- Mores romanos, honra y libertad sexual. Identidades femeninas en un mundo plural, coord. Elena de Pablos, Sevilla: Arcibel 2009: 805: El oficio de madre exige exclusividad, tanta que se hace necesario alejar a las mujeres del ámbito público, precisamente donde se encuentra la accesibilidad al poder y al dinero.

29 Miquel. *Ob. Cit.* p. 9.

30 Guillen, *Urbs Roma,* p. 126. Lopez Moreda, Santiago, *Aulo Gelio. Noches Áticas,* Madrid: Akal 2009, p. 241 nt.6 apunta que el juramento que se realizaba ante los censores por el que se juraba que se contraía matrimonio para tener hijos, tenía por finalidad evitar matrimonios ficticios que se realizaban para evitar los perjuicios del celibato. Val. Max. 2.9.1.' Cic. *Ad Quir* 2. Para todo, Astolfi, R., *Il matrimonio romano nel diritto romano clássico,* Padova 2006, p. 248 ss; Idem, "I beni vacanti e La legislazione caducaría" BIDR 68 (1965); Ídem, *La Lex Iulia et Papia.* Padova 1996.

todo el corazón y tener hijos, sin salir apenas del telar[31]. Es decir, la base sobre la que se sustenta el matrimonio, en tanto que unión entre hombre y mujer, es la *procreación*[32], la cual está vinculada al matrimonio pues ésta designaba, la esencia misma del matrimonio en la edad más antigua. La heterosexualidad es la base sobre la que se construye el matrimonio para responder a los fines propios de la sociedad que tiene en la familia una estructura esencial constituida a partir del matrimonio.

Sin embargo, no era un requisito constitutivo del matrimonio. Desde nuestro punto de vista, no siempre es posible que se haga efectiva la procreación pues no depende de la voluntad, de ahí que no sea constitutivo, sino que es el *consensus* y la *affectio* los que constituyen el elemento sobre el que social y jurídicamente se construye la institución del matrimonio. De hecho, como afirma Tofiño[33], siguiendo a Castello, el hecho de que aparezca oculta la procreación en la definición, lo que permite la formación de matrimonios no fértiles: "permite no excluir la posibilidad de *nuptiae* entre viejos incapaces de tener relaciones sexuales, del *spado*, o de la mujer que *in domum mariti deducta* no ha podido encontrarse con el marido porque haya fallecido Por esta razón, no parece que la procreación sea como tal un requisito constitutivo tal que su inexistencia hiciese que el matrimonio fuese nulo o *iniustum*[34]*;* podría ser causa de divorcio o de repudio[35]. Así mismo, vemos cómo los poderes públicos lo

[31] Núñez Paz. *Ob. Cit.* 806.

[32] Ortega. *Ob. Cit.* p.30 "el matrimonio representa el medio a través del cual éste alcanza la finalidad ético social de la procreación de los hijos". Di marzo, Salvatore, *Lezioni sul matrimonio romano,* Palermo 1919, p. 3 traido por Baccari, M.P., Persona, matrimonio y familia en el sistema romano. Contra los abstractismos y los individualismos contemporáneos. *Fundamentos romanísticos del derecho contemporáneo.* v. III, Madrid 2021, p.112.

[33] Tofiño, *Ob. Cit.* p.33.

[34] Núñez Paz. *Ob. Cit.* p 33

[35] Esta tesis puede ser justificada trayendo a colación, diversos argumentos. Por un lado, un testimonio ampliamente conocido por los romanistas y testimoniado en las fuentes literarias antiguas (Gelio, N.A. 4.3.2; Plutarco, Comp. Lic. Num. 25 (3).13 y Dionisio de Halicarnaso 2.25.7) que se hacen eco del caso de Espurio Carvilio, apodado Ruga, quien tuvo el "honor" de pasar a la historia del del Derecho Romano, según Gelio, como el primer divorciado desde los tiempos de Rómulo pues fue el primero que repudió a su mujer por infertilidad siendo obligado por los censores a jurar que se había casado con ella para tener hijos por lo que antepuso este juramento, sigue diciendo Gelio a pesar de

incluyen como requisito cuando la política legislativa la exige por razones demográficas o incluso por razones de moral social. Véase la legislación de Augusto al respecto[36] o bien la regulación jurídica del aborto o, cuanto menos, su rechazo social susceptible incluso de ser sometido al juicio doméstico[37].

Por otro lado, que la *procreación* no sea requisito constitutivo no implica que no sea una función propia[38] del matrimonio, razón por la cual el matrimonio se contrae entre púberes; así mismo, tenemos constancia de la multitud de ritos propiciatorios de la fecundidad que se practicaban en la antigua Roma orientados a fomentar la fecundidad, así como para el buen desarrollo del embarazo y del parto[39].

Llegados a este punto, nos encontraríamos con que el matrimonio que se constituye con el consentimiento sobre una base biológica, como se observa en Cicerón[40], y que, como organización social, lo hace sobre una base ética y moral.

Aceptado que la procreación es el fin inmediato del matrimonio, nos preguntamos si constituye también el fin último. Entendemos que fin del matrimonio es la procreación; entendemos que el fin último es la familia pues, aunque no se pueda procrear, las instituciones como la adopción y la adrogación garantizan la continuidad de la misma, incluso aunque no

que la amaba y estimaba por sus buenas formas y educación. Por otro, Astolfi, *El matrimonio,* p.248, casos frecuentes que se extienden hasta la época postclásica uniones con niñas impúberes, especialmente importadas de oriente, que, si bien no son matrimonio se equiparan al noviazgo; también afirma Astolfi, la ancianidad o la impotencia no provocada por emasculación no impiden contraer matrimonio, pero es causa de divorcio. En estos casos, ¿cómo se crea la familia y se perpetua? Adopción y adrogación.

[36] Núñez Paz, Tradición: 806. Honra y libertad sexual, Núñez, la función maternal fundamenta jurídicamente la exclusión de la mujer romana del pensamiento político y económico. El desarrollo de la maternidad ha respondido durante siglos a razones demográficas y ha sido controlada en interés de las autoridades romanas, considerándose durante el principado como un servicio a la patria necesario para repoblar la ciudad.

[37] Respecto a la contracción aparente entre el infanticios o el abort y su represión y el fomento de la natalidad en su caso, véase, Gonzalez Gutierrez, Patricia. Maternidad, aborto y ciudadanía femenina en la antigüedad. *El Futuro del Pasado*, 2, (2011).

[38] Astolfi. *Ob. Cit.* p. 244.

[39] Para todo, Thurmond. *Ob. Cit.*: 1 ss.

[40] Cic. *De off*, 1.17.54.

haya matrimonio. La familia, fundada en el matrimonio[41], sería garantía de la perpetuidad de esta o de la gens y de los sacra privata[42] (otra cosa distinta es pensar que toda familia se construya sobre la base del matrimonio). La relación matrimonio y familia como dos elementos esenciales nos puede permitir entender el matrimonio clásico como parte del binomio familia-matrimonio, el cual constituye, según Arangio-Ruiz[43], el principal fundamento de la familia *proprio iure*, por tanto, como presupuesto de la potestad paterna y, con ello, de la sucesión hereditaria como forma de perpetuar la familia en el que se enmarca la condición de legítimos de los hijos y el nacimiento de la patria potestas y de las relaciones jurídicas derivadas de ella.

El término familia es un término polisémico pues no sólo se refiere a las personas que la integran y que están (*proprio iure*) o pueden haber estado (*communi iure*) sometidas al *pater familias*, sino que puede referirse al conjunto de cosas inmateriales o semovientes que integran el patrimonio Ello nos llevaría a vincular familia con propiedad y *hereditas*[44], de ahí la importancia del matrimonio como marco jurídico en el que introduce la procreación (el nacimiento) como forma principal de aportar descendencia legítima. Se entiende así que Guillén afirme:

> para los romanos la familia constituía una, sino la, razón de ser de los propios romanos, esto es, tener una casa y tener hijos; una casa sin hijos era poco mas o menos que una desgracia. Por este motivo, el hombre que no tenga hijos los buscará en el seno de una familia extraña y los hará suyos en presencia del pueblo[45].

Hablamos así de la *adrogatio*, cuando se produce la adopción de un *pater familas* por otro *pater familias* con toda su familia para, de ese modo

[41] Martin Minguijón, A. *Modelos de familia en España. Antecedentes históricos.* RGDR, 5 (2005): 4.

[42] Guillen, José. *Urbs Roma*. Salamanca 2004: 126

[43] Arangio Ruiz. V., *Instituciones de Derecho Romano*. Buenos Aires, 1973, p.487.

[44] Torrent. *Ob. Cit.* p.513. Fuenteseca, Margarita, Estructura del grupo familiar: ¿comunidad doméstica o jefatura única del *pater familias, Fundamentos romanísticos del Derecho Contemporáneo*, vol. III, Madrid 2021: 209.

[45] Guillen, *Urbs,* 111.

asegurarse la sucesión y de la *adoptio*, cuando es una *pater familias* el que adopta a un *alieni*, esto es, a un sometido a una patria potestad ajena. En este contexto, la elección de la pareja matrimonial generalmente no estaba determinada por el amor o el afecto[46].

Junto con esta dimensión que responde a intereses que podríamos llamar privados, esto es, la perpetuación de la familia y de la "empresa familiar" o "del patrimonio familiar" y de los cultos familiares por encima del amor romántico o del libre desarrollo de la personalidad, apreciamos, también una función social de la familia y con ella, del matrimonio, pues, como afirma Salvá en las sociedades griegas y romanas, el matrimonio era un deber ciudadano[47].

Éste se proyectaba hacia la filiación, apareciendo como primera e insuprimible tesela de la familia y de la República, la cual se apoya sobre ésta para desarrollar su propia forma[48]. El matrimonio es pues parte de ese binomio en donde la familia desempeña una función social (que no publicista)[49]. Así, Aristóteles sostiene que la familia es la comunidad establecida por la naturaleza para atender las necesidades cotidianas[50]. Cicerón la llama *principium urbis et quasi seminarium rei publicae*[51].

Por consiguiente, si aceptamos que la familia desempeña una función social, parece obvio pensar que también lo hace el matrimonio. En este sentido, afirma Baccari al interpretar a Giorgio La Pira:

[46] Robles, Luis Mariano. *Matrimonio, uniones de hecho, concubinato y contubernium de Roma a la actualidad.* Fundamentos romanísticos del derecho contemporáneo, Justo García Sánchez (dir.), Adolfo Díaz-Bautista Cremades (aut.), vol. III, Madrid, BOE, 2021:54. Schillebeeckx, Edward., *El matrimonio. Realidad terrena y misterio de salvación*, trad. A. López Caballero, 2ed. Salamaca: Sígueme, 1970, p. 204; Gaudemet, Jean, *El matrimonio en occidente*, trad. M. Barberán-F. Trapero, Madrid: Taurus 1993, p. 45. Ello no significa que el amor no sea una realidad existente en las relaciones matrimoniales ni que, por ende, pueda ser tenida en cuenta por los juristas romanos para tomar decisiones jurídicas.

[47] López Salva, Mercedes, "La Iglesia y las mujeres (siglos I-IV)", Erytheia: Revista de estudios bizantinos y neogriegos, 16 (1995): 16.

[48] Tafaro, Sebastiano *Ius homonium causa constituta est*, trad. J.M. Piquer Marí, Madrid 2014: 68.

[49] Social que no publicista, Martínez López-Muñiz, José Luis, La familia en la constitución española, *Revista Española de Derecho Constitucional*, 20.58 (2000), p. 11.

[50] Arist, Pol., I, 2: 1252 b 13-17.

[51] Cic. *Ob. Cit.*

Es evidente que en el sistema jurídico-religioso romano el matrimonio crea un organismo, un nuevo ser, una unidad (ontológica) social nueva: funda una sociedad nueva que los Romanos (come dice Cicerón) ven justamente como "*principium urbis*", "*seminarium rei publicae*", "*pus illa res publica*"; piedra fundamental en cierto modo de la *civitas* y de toda la sociedad humana (¡Séneca!). Los juristas romanos habían "visto" -al definir el matrimonio- esta creación de la nueva unidad ontológica, esta estructural "comunión" de los cónyuges que los convierte (en cierto modo) en un solo ser y una sola vida (*coniuctio maris et feminae, consortium omnis vitae, divini atque humani iuris communicatio*, D.23,2,1; *...individuam consuetudinem vitae continens*, Inst.1,9,1): que hace nacer un *corpus familiae* (D.50,16,195,2)[52].

Como afirma González Gutierrez:

> La maternidad, ya no solo en la Antigüedad sino en cualquier época, hay que considerar todas sus dimensiones, ya que no es tan solo un acto de reproducción biológica, sino que implica todo un universo social y cultural para crear un nuevo individuo útil y adaptado a su propia sociedad (...) El deseo de controlar o potenciar el número de hijos que tiene un núcleo familiar tanto por parte de la misma familia como por parte del Estado no es algo nuevo[53].

3.2 El matrimonio en Derecho Romano Postclásico-cristianismo

Con la aparición del cristianismo, se abre una nueva doctrina del matrimonio, si bien no fue inmediata tal y como afirma Schillebeeckx[54]. Se puede decir que existía un espíritu de adaptación en esta cuestión[55]; como una realidad terrestre que había que vivir en el Señor, al menos durante los tres primeros siglos[56]. Sin embargo, distinta será la concepción del matrimonio a partir del s. IV d.C. en el llamado matrimonio postclásico,

[52] Baccari, Persona, p.112. Tafaro., "Diritto e persona: centralità dell'uomo", Diritto @ Storia 5 (2006). Disponible en: www.dirittoestoria.it/5/Tradizione-Romana/Tafaro-Diritto-persona-centralita-uomo.htm#_ftn45.

[53] Gonzalez. *Ob. Cit.* 426-427.

[54] Schillebeeckx. *Ob. Cit.* 204.

[55] Atenag. *Legatio pro christianis*, c. 33 XXXIII.

[56] Schillebeeckx. *Ob. Cit.* 216.

entre otras razones por influencia de un cristianismo cuyo desarrollo se produce en un sustrato ético y moral de carácter estoico[57] que, según Pohlenz, ya había calado en la conciencia general[58]. Su influencia será penetrante pero no invasiva[59]; inicialmente se hará desde el ámbito patrístico y doctrinario[60] que inspiraría a juristas y legislador[61] y lo hará, principalmente, en la familia[62] y en la concepción del matrimonio[63] afectando a la estructura jurídica del mismo y a su naturaleza al convertirlo en un negocio jurídico. Se llegó a conformar como una realidad distinta ya que una cosa son las leyes de los Césares y otras las leyes de Jesucristo, según Jerónimo. La normativa eclesiástica en materia de matrimonio no pretendía ser general y completa, sino que en concilios y en decretales aparecieron las primeras normas de carácter concreto que, rápidamente, cobraron valor general ya que, implícitamente, reconocían que el matrimonio era competencia de la legislación seglar.

Veamos algunos aspectos diferenciadores del matrimonio cristiano.

[57] Antolín, Javier. *Divergencias y convergencias del estoicismo de la época imperial con el cristianismo primitivo.* Estudio Agustiniano, 57 (2022): 335-336. La moralidad cristiana tiene un fundamento no helénico, puesto que no se deriva de la naturaleza del hombre, sino de los mandamientos divinos, y tiene un punto de referencia no estoico en virtud de la esperanza en el más allá. Mira, Manuel, "Matrimonio y familia en los Padres de la Iglesia", Scripta Theologica, 47 (2015):108.

[58] Pohlenz, Max, *La Stoa*: 583, traido por Antolín, Divergencias, p. 339 nt. 20.

[59] Nocera, Giugliemo., I rapporti tra cristianesimo e istituti familiari alla luce del diritto e della letteratura del tardo impero, AARC, 7 (1985): 120. Gaudemet, *El matrimonio*, p. 64 quien señala que, si bien formalmente legislación eclesiástica y seglar fueron diversas, con el tiempo, ésta se fue progresivamente esforzando por satisfacerla.

[60] En particular, destacan en occidente figuras como Ambrosio, Jeronimo o Agustín y, en oriente, Basilo o Juan Crisóstomo, sin olvidar a Clemente de Alejandría, Teruliano o Lactancio. Todos ellos contribuyeron a perfilar el matrimonio cristiano y postclásico como un matrimonio específico, pues.

La doctrina cristiana del matrimonio se basa en los textos de la Escritura, lo que supone una parte de derecho divino inmutable que no es susceptible de ser cambiado por el legislador humano, antes bien, el legislador humano debe tenerlo en cuenta a la hora de legislar si no quiere que el derecho sea injusto. Estas fuentes escriturísticas, según Gaudemet, son: el Génesis, los Evangelios Sinópticos y las Epístolas paulinas.

[61] Gaudemet. *Ob. Cit.* p.65.

[62] Nocera. *Ob. Cit.* p. 121.

[63] Nocera. *Ob. Cit.* p. 123.

Se puede observar un cambio en la estructura constitutiva del matrimonio, en concreto, en el *consentimiento* prestado para, con ello, pasar a ser un negocio jurídico. El consentimiento dejó de ser uno y continuo para para pasar a ser inicial y perpetuo. Ello suponía que, prestado el consentimiento, este constituyese el matrimonio de forma que su desistimiento no implicase la cesación del vínculo conyugal, por lo que no dejan de ser marido y mujer a no ser que se efectué el divorcio.

Ello explica que el consentimiento matrimonial no fuera tenido como sostén del matrimonio sino de un consentimiento que establecía un estatuto. De este modo, desparece el principio por el que "lo que la voluntad ha hecho, la voluntad puede deshacerlo", lo cual suponía que una vez prestado quedaba fuera de la voluntad de los cónyuges el hacerlo cesar a no ser que mediase divorcio.

De esta forma de prestación y naturaleza del consentimiento cristiano, se producen unas derivadas interesantes que no podían ser tenidas en cuenta en el matrimonio pagano. La primera de ellas, se refiere a la *necesaria publicidad* debido a la inicial y única prestación de consentimiento[64]; la segunda era la bigamia, cuya existencia y dureza en su represión se explica, no sólo por el hecho de sacar al matrimonio de una situación de hecho sino por el hecho de dotarlo, a su vez, de carácter sacramental; la tercera derivada era que se muestre desfavorable al divorcio. Con el matrimonio postclásico, y la influencia del cristianismo, el divorcio no queda prohibido, pero se regulan causas para su disolución y penas; por consiguiente, se sanciona el divorcio[65]; la cuarta, que se muestren desfavorables a las segundas nupcias[66]; la quinta derivada del tipo de consentimiento suponía el mantenimiento de la vida conyugal y, con ella, la

[64] Gaudemet. *Ob. Cit.* p.79.

[65] Al respecto, véase las legislaciones de Constantino (Cth.3.16.1 del año 331); Honorio y Constancio II (del 421 recogida en CTh. 3.6.12), Teodosio II en Nov. Theodo. 12 del año 439 o Justiniano en C.5.17.8-13, C.1.3.52, 15; nov. 22, 117, 123 y 134.

[66] López Salvá. *Ob. Cit.* p. 20, "La exhortación a la continencia la dirige el Crisóstomo no sólo a jóvenes solteros de ambos sexos, sino de manera muy especial a las viudas. Escribe un tratado sobre El matrimonio único. en el que las exhorta a no asarse por segunda vez, pues, lo mismo que los muebles o las cosas usadas, serán objeto de desprecio y además el marido siempre sospechará que le va a traicionar como ha traicionado al primero".

desaparición de la acusación popular para el caso de adulterio quedando éste en manos sólo del marido o sus parientes.

El consentimiento era *prestado por los contrayentes* de forma libre, sin tener en cuenta el *ius connubium* y conforme a las prohibiciones matrimoniales establecidas por la doctrina de la Iglesia. La doctrina cristiana se mostraba reticente a la intervención de los padres que prestasen un consentimiento de autoridad, si bien la doctrina se mostró favorable a un consentimiento de garantía prestado por estos contra una elección equivocada[67].

Se puede entender que el consentimiento como tal constituía el matrimonio, sin menospreciar la *unión carnal*; ello suponía que, sin ser un requisito esencial para la constitución del matrimonio, formaba parte intrínseca de él pues con ella se realizaba la *unitas carnis* y, obviamente, porque era necesaria para la procreación[68]. Así pues, el ajuntamiento se realizaba con la finalidad de *reproducción* y esta tenía por finalidad la *constitución de una familia* (binomio matrimonio-familia). De entre los bienes cuyo logro se propone el matrimonio, la prole es el bien más importante. Ésta era la doctrina habitual en los autores cristianos anteriores, que coincidían en este punto con los pensadores estoicos. Así lo dice Agustín[69] "Si, pues, incluso los que se ligan con el vínculo matrimonial por solo el fin de la generación, que es la razón fundamental de las nupcias". La procreación se tenía en cuenta como medio para *dar continuidad a la vida del hombre sobre la tierra*, por lo que no es un medio para satisfacer el deseo, tal y como afirmaba Clemente de Alejandría[70], lo cual es matizado por San Agustín, al decir que generar una prole abundante era una obligación grave en el periodo veterotestamentario. En su momento ha dejado de ser un deber perentorio, y ha cobrado actualidad el consejo del apóstol de que los que tienen esposa han de vivir como si no la tuvieran, para facilitar así la llegada de la consumación de los tiempos[71]. Schillebeeckx afirma:

[67] Gaudemet. *Ob. Cit.* p.77.

[68] Gaudemet. *Ob. Cit.* pp. 74-75

[69] Atenagoras de Atenas (s.II d.C.) XXXIII. Agust. *De bono,* 22.

[70] Mirap. *Ob. Cit.* p.92.

[71] Mira. *Ob. Cit.* p. 97.

los padres de la Iglesia, al igual que los paganos, veían en primer lugar en el matrimonio una función de la institución familiar (*ad procreationem*). El hijo legítimo, al que hay acoger amorosamente, ser criado benévolamente y educado en la religión, según San Agustín, constituía el bien que hay en la progenitura (*bonum prolis*)[72].

Se entiende que, si el fin es exclusivamente la procreación, la religión cristiana imponga una moral matrimonial basada en la *continencia sexual*[73], que se recrimine toda unión sexual que no persiga procrear descendencia y se excluya todo tipo de intervención anticonceptiva, así como la exposición y todo atentado contra el bienestar de los hijos[74].

El matrimonio es pues necesariamente *heterosexual* y también *monogámico,* exigencia ésta derivada del Génesis 2.18 y 22-24, de donde la expresión una sola carne se interpreta como una institución monógama orientada a una vida en común[75]. Se trata de una unión que debe conducir a una *sintonía de afanes y de sentimientos*, a la que en griego se denomina *homonoía*; así vivieron, por ejemplo, Abraham y Sara su unión, protegiéndose mutuamente en momentos de peligro[76].

La *unión o que posean la misma naturaleza no implica igualdad.* Crisóstomo[77] considera que en esa unidad no hay una igualdad de planos, sino que el hombre debe mandar, y la mujer debe someterse.

El matrimonio postclásico tiene una *dimensión sacramental* que lo hace indisoluble (Rom. 7.2-3; así mismo, 1 Cor. 7.10-11 y 39)[78]. Es el símbolo

[72] Schillebeeckx. *Ob Cit.* p. 247.

[73] López Salvá. *Ob. Cit.* pp. 16. Jer. Ep. 108.4 traido por Cillero, Natalia. *Familia y conversión en las cartas de Jerónimo.* Tabona: Revista de Prehistoria y de Arqueología, 9 (1996): 424.

[74] Mira. *Ob. Cit.* p. 97; Gonzalez Gutierrez.

[75] 18 *Y se dijo Yahvé Elohim: "No es bueno que el hombre esté solo; voy a hacerle una ayuda semejante a él."* 22 *y de la costilla que de Adán tomara, formó Yahvé Dios a la mujer y se la presentó a Adán.* 23 *Adán exclamó: "Esto sí que es ya hueso de mis huesos y carne de mi carne." Esto se llamará varona, porque del varón ha sido tomada.* GAUDEMET, *El matrimonio*, p. 56 nt.1. Mira, Matrimonio, pp. 92, 101 nt. 66 afirma en relación con el pensamiento de Juan Crisostomo, que *In epistolam ad Romanos homilia* IV, 2 (PG 60, 419), que las relaciones homosexuales son *contra natura.*

[76] Mira. *Ob. Cit.*101.

[77] Mira. *Ob. Cit.* p. 102.

[78] Ausejo afirma al realizar la exégesis de este pasaje: "el matrimonio humano es algo más que una mera figura, cuando se realiza entre miembros de Cristo: debe reali-

del misterio de la unión de Cristo con su Iglesia[79]. Así, en época proto-patristica, la familia, configurada en el matrimonio era una *pequeña iglesia*:

> *il centro dell'attività ecclesiale con il suo tessuto di calde relazioni umane, con la sua pratica dell'ospitalità, con il matrimonio che assicurava la stabilità relazionale ed educativa, che offriva dei contesti che permettevano il servizio della Parola, dell'eucaristia e dell'impegno per i fratelli.*

En época posterior (s. IV),

> *Crisostomo e Agostino cercano di mantenere viva la relazione tra famiglia e Chiesa, riconoscendo nella famiglia una "piccola Chiesa" e nel capofamiglia l'uffi cio episcopale*[80].

Como peculiaridad de la concepción matrimonial, parece que existe una *denigración del matrimonio* por parte de la doctrina cristiana; vemos que el matrimonio tiene un carácter secundario pues se exalta la virginidad y la castidad frente al matrimonio que, siendo lícito, es de menor entidad[81]. En esa voluntad de definirse frente a otras religiones, llevará al cristianismo a dar un papel preponderante a la castidad y al celibato[82]. Hay también, afirma Salvá[83], "un componente pragmático en la exhorta-

zar la unión amorosa de Cristo con su Iglesia. Así pues, el matrimonio no es solamente figurativo, sino que es una participación real en lo que Pablo llama el gran misterio: Cristo esposo, un solo cuerpo con su esposa la Iglesia. Esto es lo que hace que el matrimonio sea entendido como un misterio de participación, un instrumento de la gracia y, por lo tanto, un sacramento". Disponible en: www.bibliatodo.com/comentario-biblico/?v=RV1960&co=serafin-ausejo&l=efesios&cap=5.

[79] Gaudemet. *Ob. Cit.* p.61.

[80] Trębski, Krzystof, Młyńsky, Jósef., Famiglia cristiana come "Chiesa domestica": evoluzione storica e prospettive future", Teologia i Moralność, 15.2 (2020): 32-35.

[81] Gaudemet. *Ob. Cit.* p. 66.

[82] Corintos 7.9.24-32; Atanag. *Leg.* c. 33; Agust. *De Bono Coniugali*, 10. Véase, Rodríguez Díez, José, El matrimonio cristiano en San Agustín, (Bondad del matrimonio)", Anuario Jurídico y Económico Escurialense, 38 (2005). Langa, Pedro, "Equilibrio agustiniano entre matrimonio y virginidad", Revista agustiniano de Espiritualidad, 21.64-65, (1980).

[83] López Salvá. *Ob. Cit.* p. 20.

ción a la castidad de estos discursos", que, siguiendo a Lizzi, se resume en los siguientes epígrafes: liberación de la mercadería de las bodas[84], del servicio al marido, de los dolores del parto, de la educación y crianza de los hijos, a lo que podemos añadir, siguiendo a Gregorio de Nisa, el dolor por los hijos que mueren, las angustias económicas y las múltiples preocupaciones cotidianas. Es el propio Gregorio de Nisa quien, sin embargo, afirma que no se puede denigrar en términos absolutos el matrimonio, pues él mismo estuvo casado y en más de una ocasión alabó la educación cristiana que le dieron su madre y su abuela. Efectivamente, a pesar de la exaltación de la castidad y de la virginidad; a pesar del papel secundario del matrimonio, éste se consideraba un bien, como afirmaba Tertuliano, pues no sólo es un remedio contra a la concupiscencia (Carta a los 1 Corintios, 7.9.8) sino que además garantizaba la continuidad de la especie, por lo que era causa de la procreación y esta como fin último del matrimonio.

4. El sentido del matrimonio actual tras la reforma de la Ley 13/2005

El matrimonio y la familia son tal vez, entre las realidades humanas, las que revisten mayor peso e importancia cotidianas bajo el punto de vista primordial de la perpetuación de la especie humana a partir de la familia. Sin embargo, el fin al que contribuyen las funciones permanentes del matrimonio y de la familia han sufrido con el correr de los siglos las influencias de condicionamientos históricos y sociales que han llevado a insistir en un concepto u otro, o bien a hacer surgir una nueva forma de matrimonio.

En la actualidad, nos encontraríamos ante la segunda transición familiar ligada a la desinstitucionalización y a la desnaturalización de base antiesencialista del matrimonio y de la familia tal y como se concibió desde la antigüedad.

El reflejo más claro puede apreciarse en la diversificación de los modelos familiares que podemos encontrar en la actualidad en nuestra socie-

[84] López Salvá. *Ob. Cit.* p. 21 a propósito del pensamiento de Crisóstomo y la "no rentabilidad" del matrimonio.

dad; rechazadas antaño y ahora aceptadas[85], si bien no todas[86]. No sólo se rompe el binomio familia matrimonio, como ocurre con las uniones de hecho, sino la oposición sexual-familia al reconocer las diversas formas de convivencia en un contexto de desinstitucionalización.

Este apartado lo vamos a abordar en tres puntos esencialmente: A) Una sencilla exégesis del art. 44 CC; B) el preámbulo de la Ley 13/2005 y C) El marco socio-político.

Dejamos de lado las cuestiones más técnicas y profusas de los diferentes ámbitos relacionales del matrimonio pues excedería con mucho el objeto del trabajo; nos hemos centrado en el sentido y significado pues como afirma la STC 198/2012, de 6 de noviembre[87]: se trata de una de las modificaciones legislativas de mayor trascendencia y repercusiones para la sociedad española, puesto que, en el fondo, se viene a crear una institución nueva, cuyos perfiles son distintos a aquellos por los que hasta ahora ha sido conocido el matrimonio.

4.1. Una exégesis mínima del art. 44 CC

Antes de empezar con el marco socio-político creemos que hemos de abordar el modo en el que se regula el matrimonio pues constituye el *positum* susceptible de ser descrito en esta sede para, después, y siguiendo un planteamiento de naturaleza hermenéutica, proceder al estudio del contexto socio-político en el que se inserta.

La reforma del matrimonio, por lo que a su estructura esencial se refiere, quedó del siguiente modo:

[85] González, Maria del Mar. *Nuevos modelos familiares*. Disponible en: https://galehi.org/wp-content/uploads/2020/05/Nuevos-modelos-familiares.pdf. Observación General No. 28, Comentarios generales adoptados por el Comité de los Derechos Humanos, Artículo 3 – La igualdad de derechos entre hombres y mujeres, 68º período de sesiones, U.N. Doc. HRI/GEN/1/Rev.7 at 207 (2000). Nº 27. Cabanillas, Antonio, "Derecho a la constitución de la familia y a su protección", REI, 13 (2019).

[86] González, Nuevos modelos: 2, se refiere a las parejas homosexuales (gays o lesbianas) y a sus criaturas.

[87] Garrote, Ignacio. *El matrimonio entre personas del mismo sexo: perspectiva constitucional*. Revista jurídica Universidad Autónoma de Madrid, 13 (2005), pp.134 ss. En concreto, en p. 136 afirma: "dado que la Ley supone respecto de dicha institución (lease, matrimonio) la ruptura con una tradición jurídica, sociológica y política literalmente milenaria.

> Artículo 44. Toda persona tiene derecho a contraer matrimonio conforme a las disposiciones de este Código.
> El matrimonio tendrá los mismos requisitos y efectos cuando ambos contrayentes sean del mismo o de diferente sexo[88].

Según se dispone en el art. 44, al amparo de lo dispuesto en el art. 32[89] de la CE, el matrimonio se puede contraer entre dos personas, con plena igualdad jurídica, con independencia del sexo; es decir, someter el matrimonio entre homosexuales al mismo régimen vigente que para el matrimonio entre heterosexuales[90]. De aquí, como afirma Blasco[91], sin ser el único requisito, desde un punto de vista estrictamente jurídico, el consenso hace el matrimonio: *consensu matrimonium facit*.

Se añade el párrafo segundo justificado por el legislador con el fin de remover la discriminación basada en la orientación sexual mediante el establecimiento de un marco de realización personal lo cual encuentra su fundamento constitucional en la igualdad efectiva (art. 9.2[92] y 10.1[93]) y real (art.14[94]) y la preservación de la libertad en lo que se refiere a las

[88] Hernández, Carmen., "Cambio revolucionario en España en una institución milenaria: del matrimonio heterosexual al matrimonio homosexual", Revista Chilena de Derecho Privado, 9 (2007): 126.

[89] Artículo 32. 1. El hombre y la mujer tienen derecho a contraer matrimonio con plena igualdad jurídica.
2. La ley regulará las formas de matrimonio, la edad y capacidad para contraerlo, los derechos y deberes de los cónyuges, las causas de separación y disolución y sus efectos.

[90] Garrote. *Ob. Cit.* 134.

[91] Blasco, Francisco. *La regulación del matrimonio en el Código Civil.* Disponible en: libreria.tirant.com/es/actualizaciones/Tema71_Todo.pdf.

[92] 2. Corresponde a los poderes públicos promover las condiciones para que la libertad y la igualdad del individuo y de los grupos en que se integra sean reales y efectivas; remover los obstáculos que impidan o dificulten su plenitud y facilitar la participación de todos los ciudadanos en la vida política, económica, cultural y social.

[93] 1. La dignidad de la persona, los derechos inviolables que le son inherentes, el libre desarrollo de la personalidad, el respeto a la ley y a los derechos de los demás son fundamento del orden político y de la paz social.

[94] Los españoles son iguales ante la ley, sin que pueda prevalecer discriminación alguna por razón de nacimiento, raza, sexo, religión, opinión o cualquier otra condición o circunstancia personal o social.

formas de convivencia (art. 1.1[95]): valores que deben ser plasmados en las normas que delimitan el status del ciudadano en una sociedad libre, pluralista y abierta[96].

Lo que parece obvio es que, según se dispone en el párrafo segundo, con la expresión mismo o diferente sexo, lo que se pretende es eliminar la condición sexual por lo que, aunque se hable de matrimonio homosexual por razones de economía del lenguaje, se abre el abanico a cualquier tipo de matrimonio con independencia de la condición sexual de sus contrayentes lo que incluiría a las personas trans, bisexuales e intersexuales (acrónimo LGTBI+)[97].

4.2. El preámbulo de la Ley 13/2005 de 1 de julio

En el preámbulo de la ley pretendemos encontrar las razones y los objetivos de la ley; la conexión entre pasado, presente y futuro[98] y si nos fijamos atentamente vernos como se producen los cambios es tenido en cuenta por el legislador y, a su vez, la valoración ética de la reforma que confronta con la CE.

El preámbulo pone el acento en el afecto como expresión de la naturaleza humana, esto es, que éste constituye el cemento que une una relación de pareja. Se podría decir que el consentimiento prestado no es interesado ni orientado a la formación de una familia, rompiéndose de este modo el binomio familia matrimonio, sino se trata de un consentimiento afectivo cuyo fin último es el libre desarrollo de la personalidad y, por ende,

> la opción por un modelo de vida que aún está por definir, el modelo que el hombre decide darse a sí mismo en el uso de su libertad individual sin que ninguna otra persona ni autoridad estatal pueda influir sobre la formación

[95] 1. España se constituye en un Estado social y democrático de Derecho, que propugna como valores superiores de su ordenamiento jurídico la libertad, la justicia, la igualdad y el pluralismo político.

[96] Parra, Mª Ángeles, "Matrimonio y matrimonio entre personas del mismo sexo: La constitucionalidad de la Ley 13/2005", Derecho Privado y Constitución, 27, (2013): 272.

[97] La inclusión del "+" en el acrónimo es una forma de incluir otras vivencias de la sexualidad más allá de estas las siglas.

[98] Tajadura, Javier, Exposiciones de motivos y preámbulos, Revista de las Cortes Generales, 44 (1998):152.

> ni sobre el ejercicio de su voluntad [...] Es el individuo, y nadie más que él, quien decide cuál es el objetivo al que hay que enfocar su desarrollo personal. No hay fines previos que determinen ni condicionen de ningún modo el ejercicio de su voluntad. El ejercicio de su voluntad como ser individual constituye en sí mismo el fin supremo, sin que deba interferir en ello la desigualdad social ni el contexto social[99].

Ello implica que el matrimonio queda determinado, desde el punto de vista de las razones que motivan su concepción, por la libertad y el voluntarismo en orden a orientar el desarrollo personal de los contrayentes constituyéndose éste en el fin supremo de todo individuo. Este consentimiento, y el fin que le es atribuido, no puede ser interferido por ninguna desigualdad social o contexto social, razón por la cual el matrimonio heteronormativo constituye en sí un límite que impide a las personas no heteronormativas alcanzar el desarrollo personal a través del matrimonio; de este modo, permitiendo el matrimonio con independencia del sexo se consigue, no solo el libre desarrollo de la personalidad sino que, con ella, se alcanza la paz social y el orden político, esto es, se minimizan los conflictos entre agentes, colectivos y clases sociales.

El marco conforme al que se crea la norma lo constituye la hermenéutica jurídica[100]; esto es, que, en todo caso, por un lado, frente a la norma estricta o propiamente dicha, nos encontramos los valores o principios informadores y que la ley, en orden a regular la institución propiamente dicha, lo hará teniendo en cuenta los valores dominantes en cada momento histórico dentro del "margen de opciones" constitucional dominantes en las sociedades europeas y occidentales amparados por la propia normativa europea. Profundicemos un poco más. Habla de una "sociedad que evoluciona en el modo de conformar y reconocer diversos modelos de convivencia (...)" una realidad que es "más rica, plural

[99] Santana, Emilia María. *Las claves interpretativas del libre desarrollo de la personalidad*. Cuadernos Electrónicos de Filosofía del Derecho, 24 (2014): 104.

[100] Atienza, Manuel. *Constitución y argumentación, Anuario de Filosofía del Derecho,* 24 (2007): 206; Gómez Adanero, Mercedes, Gómez García, Juan Antonio, Munielo Cobo, Jose Carlos, Muñoz de Baena Simón, José Luis, Utrera, Juan Carlos. *Filosofía del Derecho. Lecciones de Hermenéutica jurídica*. Madrid: Sindéresis 2019.

y dinámica que la sociedad en la que surge el CC de 1889". Ello implica obviamente que la forma matrimonial como paradigmática de establecer el modelo de convivencia no es único, sino que es "uno más", por ejemplo, las parejas de hecho. Se acepta que el modelo de convivencia basado en la afectividad como marco de desarrollo de la personalidad mediante el apoyo emocional y económico es aquel que dos personas quieran establecer entre sí con independencia de la condición sexual. El matrimonio sería, con su adaptación, no él, sino uno de los marcos en los que permitir de convivencia con el fin de desarrollar en su seno la personalidad de los contrayentes. Queda fuera, como se ha dicho, la exclusividad de la relación heterosexual y con ello de la procreación y de la familia. Estos fines son, entendemos, absolutamente secundarios y, lejos de constituir una institución sostén o pilar primordial de la sociedad, es una institución que ahora se convierte en un marco de afectividad en el que los individuos alcancen el desarrollo personal.

Así se entiende que esta nueva forma de entender el matrimonio trae su causa en la necesidad de alcanzar la paz social poniendo fin al conflicto derivado de la discriminación por razones de orientación sexual. La respuesta a este conflicto se basa en desnaturalizar el matrimonio tal y como se entendía dando cabida a la aspiración individualista de realización personal; desmontar la dialéctica sexual y la procreación y la familia como fundamento del mismo para constituir un espacio en el que las personas puedan desarrollar su personalidad para, de este modo, quedar el matrimonio al servicio del orden personal de cada uno por lo que, lógicamente, pierde todo sentido la diversidad sexual como parte esencial del mismo.

De lo afirmado se deduce, y de acuerdo con la STC 198/2012 que el matrimonio es 1) Una comunidad de afecto, 2) consentida y querida (*consensus facit matrimonium*), manifestada formalmente 3) generador de un vínculo o sociedad de carácter familiar (proyecto de familia), lo que implica que todo matrimonio constituye una familia, lo que no significa que toda familia tenga su origen en el matrimonio y, ni mucho menos, que esté orientado a la procreación. Se rompe la exclusividad del binomio familia-matrimonio entendido este, según el CGPJ[101], como una

[101] Consejo General del Poder Judicial en su *Estudio sobre la reforma del Código Civil en materia de matrimonio entre personas del mismo sexo*, de 26 de enero del 2005, p. 8.

unión heterosexual, característica ésta basada en la idea de complementariedad de sexos y en el matrimonio como base ordinaria para la constitución de una familia. Desde este punto de vista, la heterosexualidad es un elemento constitutivo esencial del propio concepto de matrimonio: el matrimonio o es heterosexual no es, 4) una comunidad de ayuda, por tanto, de realización personal, 5) entre personas con independencia del sexo aceptada socialmente[102] y con cada vez mayor aceptación por parte de los juristas[103].

Todo lo dicho hasta este momento se puede traducir en que el matrimonio, como institución, es sometida a una reforma que lo desnaturaliza[104] con el fin de alcanzar la realización personal de los sujetos, en un marco de convivencia afectiva, para alcanzar la igualdad jurídica entre los individuos. Frente a ello el CGPJ[105] recomienda

> Más reflexión, pues no es prudente que la satisfacción de un grupo poblacional cierto pero minoritario, implique que un instituto garantizado como es el matrimonio, perfectamente delimitado en sus características jurídicas y que afecta a la inmensa mayoría de los ciudadanos, se altere en un elemento identificador, obvio y consustancial -la heterosexualidad-, con las consecuencias que conllevará.

[102] FJ 9: Este Tribunal no puede permanecer ajeno a la realidad social y hoy existen datos cuantitativos contenidos en estadísticas oficiales, que confirman que en España existe una amplia aceptación social del matrimonio entre parejas del mismo sexo, al tiempo que estas parejas han ejercitado su derecho a contraer matrimonio desde el año 2005. Expósito, Enriqueta, “El derecho a contraer matrimonio entre personas del mismo sexo. Algunas reflexiones a propósito de la Sentencia del Tribunal Constitucional 198/2012”, RGDC 17 (2013):20.

[103] FJ 9: Acudiendo a la doctrina para perfilar la noción de matrimonio que se asume en nuestra cultura jurídica, hay que constatar que entre los juristas especializados en la materia no existe una posición unánime respecto de la cuestión que nos ocupa, si bien se verifica una tendencia creciente a reconocer que el hecho de que el matrimonio entre personas del mismo sexo se integre en la institución matrimonial, es una realidad susceptible de ser asumida en nuestra cultura jurídica, existiendo matices distintos respecto del vínculo constitucional de la institución así configurada.

[104] Consejo General del Poder Judicial, *Estudio,* p. 40.

[105] En este sentido, Hernández, Cambio revolucionario.

Frente a esta concepción, se han ofrecido diversas fórmulas para la efectiva unión de personas del mismo sexo[106]; la pregunta es, si existen tales fórmulas, ¿por qué se ha desnaturalizado la institución del matrimonio? A esta pregunta vamos a tratar de dar respuesta en el punto siguiente.

4.3. El marco socio-político en el que se inserta. Objetivo: el fin del matrimonio

Si nos atenemos a la opinión de juristas y del propio CGPJ podemos observar cómo la reforma implica una desnaturalización de la institución matrimonial; una desnaturalización que no hubiese sido necesario realizar en el caso de buscar alternativas que equiparasen ambas realidades a efectos jurídicos.

La trascendencia de la modificación es más importante de lo que parece pues, aunque parece que sea mínima, sin embargo, afirma Carrión[107]:

> de admitirse al matrimonio a personas con identidad de sexo, no se trataría ya de alterar o suprimir una nota característica del matrimonio como institución natural sino de algo que de suyo va mucho más lejos. Concretamente la de alterar la fisonomía del instituto, haciéndolo irreconocible para el jurista, en cuanto el mal llamado matrimonio homosexual se haría descansar sobre bases o presupuestos que no han sido los propios de la unión que se ha venido calificando como matrimonio durante un par de milenios.

[106] El hecho de que se desnaturalice no implica que, como dice Garrote, *El matrimonio,* p.151 no sea necesario encontrar un marco jurídico en el que ajustar sus relaciones estables de convivencia basadas en una relación afectiva pues así lo exigen el libre desarrollo de la personalidad y el derecho ala su dignidad. En este sentido se manifiesta el Consejo General del Poder Judicial, *Estudio.*
Se hace necesario, según afirma Garrote, y el CGPJ, sug. 3, plantear otros escenarios: o bien reforma constitucional e incluir todos por hombre y mujer, la unión civil destinada tipificar los efectos jurídicos de la unión entre personas del mismo sexo, como parejas de hecho en el marco de la regulación autonómica o un pacto o contrato de convivencia.

[107] Carrión, Salvador, "Reflexiones de urgencia en torno a las leyes 13 y 15/2005 por las que se modifica el Código Civil en materia de separación y divorcio y derecho a contraer matrimonio", La Ley, 26.6298, (2005).

Dice así mismo Hernández[108], que, en la búsqueda de una regulación alternativa, se hubiera podido conseguir una cuasi equiparación quedando diferencias de poca monta; la promulgación de una ley uniforme de parejas estables hubiera satisfecho esta finalidad. De hecho, tal vez esta opción hubiese sido posible si, dentro del moviente LGTBI, se hubiese mantenido la diferencia y de la identidad como corriente dominante; que lo fue durante los años 70, 80 y 90, frente a un antiesencialismo.

Nos preguntamos, ¿Qué hay detrás del empeño de reformar la institución matrimonial? "El matrimonio homosexual es, en realidad, una paradoja en sí mismo, casi un oxímoron; de ahí la fuerza deconstructora"[109]. De las palabras que acabamos de transcribir, se puede deducir claramente que, al menos en una parte de la ideología LGTBI, no se encuentra la de reformar una institución como el matrimonio para adaptarla a los tiempos actuales, y por ende vigorizarla. Creemos que el fin último no es tanto la pretendida igualdad como tal en el ámbito matrimonial sino la destrucción del matrimonio, de forma que esta reforma representaría, realmente, el ocaso de nuestra institución. No se trata pues de que el legislador o los juristas deseen la destrucción de la institución matrimonial, sino que podemos encontrar manifestaciones de este tipo si nos remitimos a las doctrinas de los movimientos LGTBI.

Habría, pues, dos fines: uno inmediato y otro mediato. El fin mediato iría dirigido a la consecución de las mejoras y ventajas que aporta el acceso al matrimonio en condiciones de igualdad a los homosexuales implica una mejora de la calidad de vida que no es renunciable; sin embargo, se acepta que esta reforma, en los términos en los que se hace, no sólo desnaturaliza el matrimonio, sino que es una "bomba silenciosa en el corazón del heterosexismo"[110], lo que llevará a la destrucción del matrimonio y, por ende, al fin mediato perseguido. De un modo más concreto, la lucha del movimiento LGTBI tiene por finalidad la mejora de las condiciones de vida de sus miembros, lo que supone el acceso al matrimonio en con-

[108] Hernández, Cambio, pp.144-145.

[109] Gimeno, Beatriz, Barrientos, Violeta. La institución matrimonial después del matrimonio homosexual. Iconos. *Revista de Ciencias Sociales,* 35 (2009): 21.

[110] Gimeno, Barrientos. *Idibem.* p. 21.

diciones de igualdad (fin inmediato) y la liquidación de las estructuras de género (fin mediato) y con ello, de la sociedad tal y como la conocemos.

Según la autora a la que nos referimos, se puede afirmar que:

> nuestra postura no la de defender la institución matrimonial sino acaso la igualdad. Sobre esta defensa buscamos plantear nuestra tesis de que existe una lectura alternativa y que es posible entender la consecución de este derecho, no como una reforma -otra más- de la institución matrimonial destinada a consolidarla sino como un cambio estructural profundo que pude ir incluso en contra de su futura supervivencia.

La reivindicación del colectivo no es en relación del matrimonio como tal, sino que responde a unos fines reformistas de la sociedad más profundos como, desde el antiesencialismo[111], acabar con el heterosexismo y con ello con la estructura social fundada y estructura sobre el mismo. Se entiende de este modo que el matrimonio constituye una herramienta de dicho heterosexismo y de la construcción social derivada del mismo. Así los dice la autora:

> si entendemos que el matrimonio es una herramienta privilegiada del heterosexismo, el matrimonio homosexual tiene una capacidad transformadora que puede resultar subversiva del mismo orden que algunos suponen que viene a apuntalar[112].

Como instrumento de construcción social, el matrimonio es una puerta abierta a la ciudadanía, es decir, a la igualdad legal y ciudadanía plena, que va unida necesariamente al reconocimiento, un concepto que implica que "el sujeto necesita del otro para poder construir una identidad estable y plena"[113]. Por esta razón no se trata de conseguir los mis-

[111] Sabsay, Leticia Inés. *La configuración de identidades como posiciones de sujeto: antiesencialismo y diferencia en Judith Butler.* Revista Internacional de Culturas y Literaturas, 5 (2006): 53.

[112] Gimeno, Barrientos. *Ob. Cit.* p. 20.

[113] Boxó, José Ramón, Aragón, Joaquín, Ruiz Sicilia, Leonor, Benito, Orlando, Rubio González, Miguel Ángel. *Teoría del reconocimiento: aportaciones a la psicoterapia.* Revista de la Asociación Española de Neuropsiquiatría, 117.33 (2013).

mos derechos vía leyes de parejas de hecho o cualquier otra fórmula que permita su adquisición. Sólo a través de la reforma del matrimonio y el acceso a este con independencia de la orientación sexual, se consigue el reconocimiento del otro[114]. En tanto que heteronormativa y heteropatriarcal está muy lejos de aceptar el reconocimiento del otro diferente.

El matrimonio, nominalmente, es también es objeto de combate. Frente a quienes se consideraba que el nombre debía de ser soslayado por las connotaciones heterosexistas, sin embargo, se apuntaba que la unión entre personas del mismo sexo se debía denominar matrimonio o nada. La razón, sigue diciendo Gimeno[115], es la legitimación simbólica que el término contiene pues, en tanto que institución, legitima y reconoce, por lo que la inclusión de la diversidad en el seno del matrimonio implica su reconocimiento y, por ende, su legitimación, razón por la cual esta batalla era casi más importante que el reconocimiento de derechos. Así se afirma: la batalla simbólica se libra alrededor de la familia/matrimonio como concepto y no por los derechos asociados al matrimonio como pensiones, herencias.

Conclusión

A modo de conclusión, aunque sea breve, hemos podido constatar las grandes diferencias de sentido que existen entre el matrimonio romano, que podríamos denominar tradicional y el actual; a su vez, hemos visto como el propio Derecho Romano sufre su propia evolución consecuencia del cambio de mentalidad al pasar del paganismo al cristianismo y, con ello, a una nueva forma de entender el matrimonio. Si comparamos el matrimonio clásico con el postclásico cristiano observamos que los cambios no son esencialistas pues ambos mantienen la unión heterosexual con el fin de crear una familia (binomio matrimonio-familia) si bien existen cambios sustanciales por lo que a la naturaleza jurídica del matrimonio se refiere pues se pasa de una situación de hecho a un negocio jurídico así como aquellos elementos propios de la religión cristiana que permean nuestra institución, como por ejemplo, el carácter de sacramentalidad e indisolubilidad. Son concepciones distintas que se susten-

[114] Gimeno, Barrientos. *Ob. Cit.* p. 23.
[115] Gimeno, Barrientos. *Ob. Cit.* p. 24.

tan sobre la esencialidad. Frente a esta esencialidad, el derecho actual mantiene una concepción antiesencialista del matrimonio fundada en la libre voluntad de contraer matrimonio el cual aparece como una institución en la que hacer eficaz el libre desarrollo de la personalidad sin que suponga ningún tipo de discriminación por razón de sexo, rompiéndose el binomio matrimonio-familia.

Esta forma de entender el matrimonio constituye el ocaso del mismo antes de su desaparición para quienes lo ven como una institución que perpetua una sociedad heteronormativista y patriarcal.

Referencias

Antolín, Javier. *Divergencias y convergencias del estoicismo de la época imperial con el cristianismo primitivo.* Estudio Agustiniano, 57 (2022).

Arangio Ruiz. V., *Instituciones de Derecho Romano.* Buenos Aires: Depalma, 1973.

Arranz, Clara María. *Breves reflexiones acerca del papel del amor en el matrimonio del Derecho Romano.* RGDR, 31 (2018).

Atienza, Manuel. *Constitución y argumentación.* Anuario de Filosofía del Derecho, 24 (2007).

Astolfi, Riccardo. *Il matrimonio romano nel diritto romano clássico.* Padova: Cedam, 2006.

Baccari, M.P. *Persona, matrimonio y familia en el sistema romano.* Contra los abstractismos y los individualismos contemporáneos, Fundamentos romanísticos del derecho contemporáneo. v. III, Madrid 2021.

Bartocci, Ugo. *Le species nuptiarum nell´esperienza romana arcaica. Relazioni matrimoniali e sistemi di potere nella testimonianza delle fonti.* Roma: Il Cigno 1999.

Blasco, Francisco. *La regulación del matrimonio en el Código Civil.* Disponible en: libreria.tirant.com/es/actualizaciones/Tema71_Todo.pdf.

Boxó, José Ramón, Aragón, Joaquín, Ruiz Sicilia, Leonor, Benito, Orlando, Rubio González, Miguel Ángel. *Teoría del reconocimiento: aportaciones a la psicoterapia.* Revista de la Asociación Española de Neuropsiquiatría, 117.33 (2013).

Cabanillas, Antonio. *Derecho a la constitución de la familia y a su protección.* REI, 13 (2019).

Carrión, Salvador. *Reflexiones de urgencia en torno a las leyes 13 y 15/2005 por las que se modifica el Código Civil en materia de separación y divorcio y derecho a contraer matrimonio.* La Ley, 26.6298, (2005).

Cillero, Natalia. *Familia y conversión en las cartas de Jerónimo*. Tabona: Revista de Prehistoria y de Arqueología, 9 (1996).

Dulce, Elena. *El matrimonio en la Grecia Antigua: Épocas Arcaica y Clásica*. Universidad Autónoma de Madrid, Departamento de Historia Antigua, Historia Medieval, Paleografía y Diplomática 2019.

Fernandez de Buján, A. *Conceptos y dictomías del ius*. RJUAM, 3, (2000).

Fuenteseca, Margarita, *Estructura del grupo familiar:* ¿comunidad doméstica o jefatura única del pater familias, Fundamentos romanísticos del Derecho Contemporáneo, vol. III, Madrid 2021.

García Jurado, Francisco. *La etimología como forma de pensamiento*. Ideas lingüísticas e historia de la cultura. Revista española de Lingüística, 31.2 (2001).

Garrote, Ignacio. *El matrimonio entre personas del mismo sexo:* perspectiva constitucional. Revista jurídica Universidad Autónoma de Madrid, 13 (2005).

Gaudemet, Jean. *El matrimonio en occidente*. Trad. M. Barberán-F. Trapero, Madrid: Taurus 1993.

Giddens, Anthony. *Sociología*. Madrid: Alianza, 1991.

Gimeno, Beatriz, Barrientos, Violeta. *La institución matrimonial después del matrimonio homosexual*. Iconos. Revista de Ciencias Sociales, 35 (2009).

Gómez Adanero, Mercedes, Gómez García, Juan Antonio, Munielo Cobo, Jose Carlos, Muñoz de Baena Simón, José Luis, Utrera, Juan Carlos. *Filosofía del Derecho. Lecciones de Hermenéutica jurídica*. Madrid: Sindéresis 2019.

Gonzalez Gutierrez, Patricia. Maternidad, aborto y ciudadanía femenina en la antigüedad. *El Futuro del Pasado*, 2, (2011).

González, Maria del Mar. *Nuevos modelos familiares:*1. Disponible en: https://galehi.org/wp-content/uploads/2020/05/Nuevos-modelos-familiares.pdf.

Guillen, José. *Urbs Roma*. Salamanca 2004.

Hernández, Carmen. *Cambio revolucionario en España en una institución milenaria: del matrimonio heterosexual al matrimonio homosexual*. Revista Chilena de Derecho Privado, 9 (2007).

Langa, Pedro. *Equilibrio agustiniano entre matrimonio y virginidad*. Revista agustiniano de Espiritualidad, 21.64-65, (1980).

Lopez Moreda, Santiago. *Aulo Gelio. Noches Áticas*, Madrid 2009.

López Salva, Mercedes. *La Iglesia y las mujeres (siglos I-IV)*. Erytheia: Revista de estudios bizantinos y neogriegos, 16 (1995).

Martín Minguijón, Ana. *Modelos de familia en España. Antecedentes históricos*. RGDR, 5 (2005).

Miquel, Joan. *Consortium omnis vitae: una reflexión sobre derecho matrimonial comparado*. RGDR, 6 (2006).

Mira, Manuel. *Matrimonio y familia en los Padres de la Iglesia*. Scripta Theologica, 47 (2015).

Muñoz Catalán, Elisa. *La impotencia generandi en el matrimonio romano homosexual*. Foro, 16.2 (2013).

Noailles, Pierre. *Junon, déese matrimoniale des romains*. Fas et Ius. Etudes de Droit Romain, Paris: Les Belles Lettres 1948.

Nocera, Giugliemo. *I rapporti tra cristianesimo e istituti familiari alla luce del diritto e della letteratura del tardo impero*. AARC, 7 (1985).

Núñez Paz, Maria Isabel. *Consentimiento matrimonial y diviorcio en Roma*. Salamanca: Ediciones Universidad de Salamanca, 1988.

Núñez Paz. *Tradición jurídica de la fragilitas animi femenina- Mores romanos, honra y libertad sexual*. Identidades femeninas en un mundo plural, coord. Elena de Pablos, Sevilla: Arcibel 2009.

Ortega, Antonio. *Precisiones terminológicas: nuptias y matrimonium*. RGDR, 5 (2005).

Ortega, Antonio. *Terminología, definiciones y ritos de las nupcias romanas. La trascendencia de su simbología en el matrimonio moderno*. Madrid: Dykinson, 2006.

Parra, Mª Ángeles. *Matrimonio y matrimonio entre personas del mismo sexo:* La constitucionalidad de la Ley 13/2005. Derecho Privado y Constitución, 27, (2013).

Robleda, Olís, *El matrimonio en Derecho Romano. Esencia, requisitos de validez, efectos disolubilidad*. Roma: Pontificia Univ. Gregoriana, 1970.

Robles, Luis Mariano. *Matrimonio, uniones de hecho, concubinato y contubernium de Roma a la actualidad*. Fundamentos romanísticos del derecho contemporáneo, Justo García Sánchez (dir.), Adolfo Díaz-Bautista Cremades (aut.), vol. III, Madrid, BOE, 2021.

Rodríguez Díez, José. *El matrimonio cristiano en San Agustín*, (Bondad del matrimonio), Anuario Jurídico y Económico Escurialense, 38 (2005).

Sabsay, Leticia Inés. *La configuración de identidades como posiciones de sujeto: antiesencialismo y diferencia en Judith Butler*. Revista Internacional de Culturas y Literaturas, 5 (2006).

Santana, Emilia María. *Las claves interpretativas del libre desarrollo de la personalidad*. Cuadernos Electrónicos de Filosofía del Derecho, 24 (2014).

Schillebeeckx, Edward. *El matrimonio. Realidad terrena y misterio de salvación*. Trad. A. López Caballero, 2ed. Salamaca: Sígueme, 1970.

Tafaro, Sebastiano. *Ius homonium causa constituta est.* Trad. J.M. Piquer Marí, Madrid 2014.

Tajadura, Javier. *Exposiciones de motivos y preámbulos.* Revista de las Cortes Generales, 44 (1998).

Thurmond, David Lawrence. *Felicitas: Public rites of human fecundity in ancient Rome.* Michigan: Ann Arbor 1994: 1.

Tofiño, A. *Matrimonio, prohibiciones matrimoniales y concubinato en Derecho Romano.* Madrid: Dykinson, 2021.

Torrent, Armando. *Manual de Derecho Privado Romano.* Madrid: Edisofer 2002.

Trębski, Krzystof, Młyńsky, Jósef. *Famiglia cristiana come "Chiesa doméstica":* evoluzione storica e prospettive future. Teologia i Moralność, 15.2 (2020).

Volterra, Edoardo. *La conception du mariage à Rome.* RIDA. 2 (1955).

Volterra. *La conventio in manum e il matrimonio romano.* RISG. 12, (1968).

Volterra. *Precisazioni in tema di matrimonio clássico.* BIDR, 78 (1975).

Volterra, Voce. Matrimonio dir. rom. ED. 25, (1975).

21.
PASADO Y PRESENTE DE LOS REGÍMENES ECONÓMICOS MATRIMONIALES: DERECHO ROMANO *VS.* DERECHO CIVIL COMÚN ESPANOL

JUAN B. CAÑIZARES NAVARRO

1. Introducción

El régimen económico matrimonial es el conjunto de normas que ordenan las relaciones jurídicas patrimoniales de un matrimonio entre los esposos y entre éstos y los terceros con los que se relacionen patrimonialmente, tanto durante el matrimonio como el día que llegue a disolverse el mismo[1].

Por lo que respecta a la normativa aplicable actualmente en España a los regímenes económicos matrimoniales, hay que tener en cuenta la normativa del territorio –normalmente una comunidad autónoma- que

[1] Esta ordenación afecta principalmente a las siguientes materias: 1) a la contribución de cada cónyuge a los gastos que genera ese matrimonio y su correspondiente familia, en el sentido de cómo y con cuánto se contribuye por parte de cada uno; 2) a consecuencia de lo anterior, al reequilibrio patrimonial de los cónyuges en el sentido de ordenar créditos a favor de uno y contra el otro por sus correspondientes contribuciones a esos gastos o cargas; 3) a la responsabilidad de los cónyuges frente a terceros; 4) a la distribución entre los cónyuges de los derechos y poderes domésticos sobre los bienes existentes en el matrimonio (esto es, su titularidad, su gestión, administración o disposición), y 5) a la disolución y liquidación del patrimonio familiar; por todos, Blasco Gascó, Francisco de Paula. *Instituciones de Derecho civil: Derecho de familia, 3ª edición, Tirant lo Blanch, 2018,* p. 109.

tenga un Derecho civil propio y en vigor[2]. En consecuencia, en el Derecho civil español actual existen dos tipos de regulaciones aplicables a los regímenes económicos matrimoniales dependiendo del territorio de que se trate: la regulación del llamado "Derecho común" y la regulación del territorio – normalmente una comunidad autónoma – que tenga un Derecho civil propio y en vigor en esta materia (como es el caso de Aragón, Baleares, Cataluña, Galicia, País Vasco, Navarra y los territorios en los que es aplicable el Fuero de Baylío).

Dado que el Derecho común es el que tiene mayor ámbito territorial de aplicación, este Derecho es aplicable de manera subsidiaria en todas aquellas materias no reguladas expresamente por los Derechos civiles propios de los territorios que lo tengan en vigor[3], y con la finalidad de no exceder la extensión permitida para las publicaciones de esta obra colectiva, en el presente trabajo el Derecho civil actual que es objeto de estudio es el llamado "Derecho común" y más concretamente el Código civil puesto que en todos los territorios en los que es aplicable el Derecho común la normativa aplicable en esta materia es la existente en dicho cuerpo normativo[4].

La definición proporcionada sobre "régimen económico matrimonial" también puede ser aplicable a conjuntos de normas que en la Antigua Roma ordenaban las relaciones jurídicas patrimoniales de un matrimonio entre los esposos y entre éstos y los terceros con los que se relacionaban patrimonialmente, tanto durante el matrimonio como el día que llegaba a disolverse el mismo[5].

El estudio del Derecho romano permite conocer los antecedentes más remotos y más importantes del Derecho civil español sobre estas materias debido a la conocida influencia del Derecho romano en el Derecho español a lo largo de toda la historia. Si a esto se añade el hecho de deber

[2] *Ibidem.*, p. 109.

[3] Sobre todo artículos 12 y siguientes del Código civil –en adelante CC- hasta 1974 (concretamente hasta la entrada en vigor del Decreto 1836/1974, de 31 de mayo, por el que se sanciona con fuerza de Ley el texto articulado del título preliminar del Código Civil), y artículo 13 del CC desde ese año debido a la entrada en vigor de dicho Decreto.

[4] Por todos, artículo 1315 del CC.

[5] Panero Gutiérrez, Ricardo. *Derecho romano, 5ª edición, Tirant lo Blanch, 2015*, pp. 287 y ss.; Iglesias, Juan. *Derecho romano: historia e instituciones, 11ª edición, Ariel, 1997*, pp. 498 y ss.

tenerse en cuenta el título del presente trabajo y la limitación de espacio a respetar, de entre los regímenes económicos matrimoniales existentes tanto en el Derecho romano como en el Derecho civil común español en el presente estudio se procede a caracterizar cada régimen económico y a explicar la aplicación de dichos regímenes en ambos ordenamientos jurídicos, procediendo a compararlos a modo de conclusión. En el caso del Derecho romano, dicha caracterización y explicación se hace con base en la historiografía existente, mientras que para la etapa de vigencia de la Codificación del Derecho común la caracterización y explicación de ambas materias se hace teniendo en cuenta tanto la normativa como la doctrina existentes, incluyendo ésta es algunas ocasiones fuentes jurisprudenciales sobre las que basan sus asertos.

2. Pasado y presente de los regímenes económicos matrimoniales: Derecho romano *VS*. Derecho civil común español.

2.1. Caracterización de los regímenes económicos matrimoniales existentes en el Derecho romano y en el Derecho civil común español

En el Derecho romano se puede apreciar fundamentalmente la existencia de tres regímenes económicos matrimoniales: el régimen de absorción de bienes, el régimen de separación de bienes y el régimen dotal o sobre la dote[6].

En opinión de la historiografía, el régimen de absorción de bienes implicaba la existencia de un único patrimonio, una masa común, por lo que en este caso había unidad del patrimonio familiar. Por su parte,

[6] Panero Gutiérrez, Ricardo. *Ob. Cit.*, pp. 287 y ss.; Iglesias, Juan. *Ob. Cit.*, pp. 498 y ss. Para conocer esta materia sobre todo desde la perspectiva de la esposa en el Derecho romano y en la recepción de este Derecho, véase sobre todo García Garrido, Manuel Jesús. *El patrimonio de la mujer casada en el Derecho civil. I. Tradición romanística, CEURA, 1982.* En relación con las relaciones patrimoniales entre cónyuges en el Derecho romano, también sería conveniente tratar sobre la presunción muciana y sobre la prohibición de donaciones entre cónyuges, pero estas materias no son tan relevantes para el objeto del presente estudio y la limitación de la extensión que debe ocupar el presente trabajo impide que ahora se puedan abordar estas cuestiones. En relación a la presunción muciana, véase a modo de ejemplo Polo Arévalo, Eva María. "On the reception of the *praesumptio muciana* into Spanish law". *Revista Internacional de Derecho Romano*, 18, 2017, pp. 62-87.

el régimen de separación de bienes implicaba la existencia de dos patrimonios diferentes –uno del marido y otro de la esposa-[7]. En cuanto al régimen dotal o sobre la dote, este sistema implicaba la existencia de unos bienes cuya propiedad se entregaba al marido – o al *paterfamilias* de éste- pero cuya administración fue cada vez más reconocida en favor de la esposa[8].

Por su parte, si se tienen en cuenta el tenor del Código civil desde su promulgación y el parecer de la doctrina, en el Derecho civil común han existido principalmente cuatro regímenes económicos matrimoniales como tales: la sociedad de gananciales, el régimen de separación de bienes, el régimen dotal y el régimen de participación[9]. Mientras que los dos primeros existen desde que dicho cuerpo normativo se promulgó, el tercero existió como tal desde la promulgación del Código hasta 1981 y el último se introdujo en el tenor del Código ese mismo año. De esta forma,

[7] Panero Gutiérrez, Ricardo. *Ob. Cit.*, p. 287; Iglesias, Juan. *Ob. Cit.*, p. 498.

[8] La dote surgió en el ámbito del matrimonio *cum manu* para compensar la pérdida de derechos hereditarios de la mujer sobre su familia original –permitiendo que la mujer obtuviese derechos frente a los hermanos que permanecían bajo patria potestad-, subsistiendo en los matrimonios *sine manu* (caracterizados por la separación de bienes entre los esposos y por la no vinculación de la mujer a la familia del marido) con cuya generalización asumió la dote como finalidad la de aportación destinada a sufragar los gastos del hogar doméstico o las cargas matrimoniales; Panero Gutiérrez, Ricardo. *Ob. Cit.*, pp. 287 y 289; Fernández de Buján, Antonio. *Derecho privado romano, 7ª edición, Iustel, 2014*, pp. 268-269; Suárez Blázquez, Guillermo. *La dote de la mujer romana en el Derecho de sucesiones, Allariz, 1997*, p. 7; Iglesias, Juan. *Ob. Cit.*, pp. 498 y 500. En relación a la *favor dotis*, véase Piquer, José Miguel. "*Favor dotis*. A propósito de D 23, 3, 70". *El Derecho de familia: de Roma al Derecho actual. Coordinado por* Ramón López Rosa y Felipe José del Pino Toscano, Universidad de Huelva, 2004, pp. 565-584.

[9] Aunque por definición tanto los bienes parafernales como las donaciones por razón de matrimonio podrían llegar a tener la consideración de regímenes económicos matrimoniales, la doctrina no viene a considerarlos expresamente como tales. A modo de ejemplo por lo que respecta a esta materia desde 1981, véase por todos Rivera Fernández, Manuel. *El régimen económico matrimonial en el Derecho común. Reus, 2020*, pp. 8-9. Por lo que respecta a esta materia del Código civil hasta 1981, véanse a modo de ejemplo Lacruz Berdejo, José Luis y Sancho Rebullida, Francisco de Asís. *Derecho de familia, I, 3ª edición, Librería Bosch, 1978*, pp. 138-140 y 155-156; Díez-Picazo, Luis y Gullón, Antonio. *Sistema de Derecho civil, volumen IV, Tecnos, 1978*, pp. 185-186; Díez-Picazo, Luis y Gullón, Antonio. *Instituciones de Derecho civil, volumen II, Tecnos, 1974*, pp. 375 y 381-382.

hasta 1981 los principales sistemas existentes fueron el régimen dotal, la sociedad de gananciales y la separación de bienes, mientras que a partir de ese año los regímenes establecidos fueron la sociedad de gananciales, el régimen de participación y el régimen de separación de bienes[10].

La sociedad de gananciales se caracteriza por la existencia de una masa común de bienes, comunidad de bienes o bienes comunes o gananciales, separada de la masa individual o bienes privativos de cada uno de los cónyuges, y desde la existencia de esta sociedad se hacen comunes por mitad para los cónyuges las ganancias o beneficios obtenidos indistintamente por cualquiera de ellos después de deducidas las pérdidas, lo que no significa que los bienes adquiridos desde la vigencia de esta sociedad pertenezcan por mitad a los cónyuges[11].

El régimen de separación de bienes viene caracterizado por la inexistencia de masa común entre los cónyuges, conservando éstos con absoluta independencia sus patrimonios, por lo que solamente hay bienes

[10] Artículos 1315-1444 del CC; Rivera Fernández, Manuel. *Ob. Cit.* pp. 8-9; Lacruz Berdejo, José Luis y Sancho Rebullida, Francisco de Asís. *Ob. Cit.* pp. 138-140 y 155-156; Díez-Picazo, Luis y Gullón, Antonio. *Ob. Cit.* pp. 381-382.
Por lo que se refiere al régimen de separación de bienes como régimen económico matrimonial en el Código civil antes de 1981, véanse a modo de ejemplo Lacruz Berdejo, José Luis y Sancho Rebullida, Francisco de Asís. *Ob. Cit.* pp. 276-279; Díez-Picazo, Luis y Gullón, Antonio. *Ob. Cit.*, pp. 405-406.
Tanto la derogación del régimen dotal como la introducción del régimen de participación –entre otras modificaciones- se llevaron a cabo a través de la promulgación de la Ley 11/1981, de 13 de mayo, de modificación del Código Civil en materia de filiación, patria potestad y régimen económico del matrimonio. De ahora en adelante, cuando se haga referencia a 1981 como año en el que cambia la regulación sobre cualquier materia debe entenderse que esos cambios tuvieron lugar por la entrada en vigor de dicha ley, salvo que se dijera otra cosa expresamente.

[11] Sobre todo, artículo 1392 del CC hasta 1981 y artículos 1344-1345 del CC desde ese año; Rivera Fernández, Manuel. *Ob Cit.*, pp. 8-9; Gómez Gálligo, Javier y Madrigal García, Carmelo. "El régimen económico matrimonial de gananciales". *Regímenes económico-matrimoniales y sucesiones* (Derecho común, foral y especial). Coordinado por Juan Luis Gimeno y Gómez-Lafuente y Enrique Rajoy Brey, Tomo I, Thomson Aranzadi, 2008, pp. 26-27. En relación a la evolución de la comunidad de gananciales en la Codificación civil española, véase Collantes de Terán de la Hera, María José. "Comunidad de gananciales y capitulaciones matrimoniales en la codificación civil española". *Anuario de Historia del Derecho Español*, 69, 1999, pp. 389-426.

privativos independientemente de cuándo se hubieran adquirido por parte de los cónyuges. A diferencia de lo que ocurre con el régimen de participación en relación a las ganancias, la finalidad de este régimen es atribuir a cada cónyuge las que haya obtenido[12].

Por lo que respecta al régimen dotal, con este nombre se hace referencia al régimen jurídico existente en relación a la dote. La dote podía tener dos tipos de contenidos: 1) el conjunto de bienes y derechos que la mujer aporta al matrimonio en concepto de dote al tiempo de contraerlo; o 2) el conjunto de bienes y derechos que la esposa adquiere durante el matrimonio por donación, herencia o legado con carácter dotal, además de los bienes inmuebles adquiridos durante el matrimonio por permuta con otros bienes dotales, por derecho de retracto perteneciente a la mujer, por dación en pago de la dote o por compra con dinero perteneciente a la dote. La dote tenía por finalidad levantar las cargas del matrimonio, y ello independientemente de que la propiedad de estos bienes se le transmitiera al marido o no[13].

Por último, el régimen de participación funciona durante su vigencia como un régimen de separación de bienes, por lo que con aquél no nace una comunidad de bienes, y al momento de su disolución debe determinarse la participación de cada uno de los cónyuges en las ganancias obtenidas por su consorte durante el tiempo en que dicho régimen haya estado vigente. Con el establecimiento de este régimen nace un derecho de crédito a favor del cónyuge que en el momento de su extinción hubiera obtenido una ganancia menor durante el tiempo de su vigencia,

[12] Sobre todo, artículos 50 y 1434-1436 del CC hasta 1981 y artículo 1437 del CC desde ese año; Rivera Fernández, Manuel. *Ob. Cit.* pp. 8-9; Rajoy Brey, Enrique. "El régimen económico matrimonial de participación". *Regímenes económico-matrimoniales y sucesiones* (Derecho común, foral y especial). Coordinado por Juan Luis Gimeno y Gómez-Lafuente y Enrique Rajoy Brey, Tomo I, Thomson Aranzadi, 2008, p. 92; Lacruz Berdejo, José Luis y Sancho Rebullida, Francisco de Asís. *Ob. Cit.*, pp. 276-279; Díez-Picazo, Luis y Gullón, Antonio. *Ob. Cit.*, pp. 405-406.

[13] Artículos 1336-1337 del CC en vigor hasta 1981; Kipp, Theodor y Wolff, Martin. *Tratado de Derecho civil.* Derecho de familia. El matrimonio. Estudios de comparación y adaptación a la legislación y jurisprudencia españolas por Blas Pérez González y José Castán Tobeñas, volumen I, 2ª edición, Bosch, 1979, p. 328; Díez-Picazo, Luis y Gullón, Antonio. *Ob. Cit.* pp. 250-251; Díez-Picazo, Luis y Gullón, Antonio. *Ob. Cit.* pp. 375-376.

esto es, nace un derecho a participar en la diferencia que haya entre las ganancias obtenidas por ambos consortes durante su vigencia, estando este derecho en estado de pendencia hasta que se disuelve el régimen. La regulación existente sobre este sistema no prevé una participación en las deudas. A diferencia de lo que ocurre con el régimen de separación de bienes en relación a las ganancias, en el sistema de participación la finalidad es repartir las ganancias que existan al extinguirse[14].

De entre los regímenes económicos matrimoniales existentes como tales en el Código civil desde su promulgación, el único que según la historiografía no tiene antecedentes romanos es el régimen de participación[15].

Teniendo en cuenta todo lo afirmado anteriormente, si se comparan los regímenes económicos matrimoniales romanos con los existentes en el Código civil el de absorción sería comparable a la sociedad de gananciales y el de separación de bienes sería comparable a su homónimo en el cuerpo normativo civil.

2.2. Aplicación de los regímenes económicos matrimoniales existentes en el Derecho romano y en el Derecho civil común español

2.2.1. Aplicación en el Derecho romano

Ya se ha indicado que los principales regímenes económicos matrimoniales romanos fueron el régimen de absorción de bienes, el régimen de separación de bienes y el régimen dotal o sobre la dote.

En Derecho romano[16], como norma general el régimen aplicable era el de absorción de bienes. Esto ocurría cuando el matrimonio contraído era *cum manu*[17]-independientemente de la condición jurídica que tuviera

[14] Artículo 1411 del CC en vigor a partir de 1981; Rajoy Brey, Enrique. *Ob. Cit.* pp. 91-101; Algarra Prats, Esther. *El régimen económico-matrimonial de participación*, La Ley, 2000, sobre todo pp. 26-34.

[15] Sobre dicho régimen, además de la monografía de Algarra también es recomendable consultar la publicación de Rajoy Brey, Enrique. *Ob Cit.*, pp. 91-125. Por lo que respecta a los antecedentes del régimen de participación y las diferentes opiniones que existen al respecto, véase por todos Algarra Prats, Esther. *Ob. Cit.* p. 37.

[16] Véase el contenido de la nota al pie correspondiente.

[17] Matrimonio que lleva aparejada la adquisición de la *manus* sobre la mujer por parte del marido o del *paterfamilias* de éste, por lo que pierde su parentesco agnaticio, pasando a la familia del marido *loco filiae* o *loco neptis*.

la esposa- y cuando se trataba de un matrimonio *sine manu*[18] con una mujer *alieni iuris*[19]. Por su parte, el único supuesto en el que sería aplicable el régimen de separación de bienes era cuando se había contraído un matrimonio *sine manu* con una esposa *sui iuris*.

En cualquier caso, independientemente de que el sistema económico aplicable a un matrimonio romano fuera el régimen de absorción o el de separación de bienes, el régimen dotal siempre debía existir y aplicarse puesto que la dote debía entregarse con la finalidad de atender al sostenimiento de las cargas del matrimonio[20], surgiendo la dote en el ámbito del matrimonio *cum manu* para compensar la pérdida de derechos hereditarios de la mujer sobre su familia original[21], y subsistiendo en los matrimonios *sine manu* con cuya generalización asumió la dote como finalidad la de aportación destinada a sufragar los gastos del hogar doméstico o las cargas matrimoniales[22]. En consecuencia, independientemente del tipo de matrimonio que se contrajese en la Antigua Roma la dote – y su correspondiente régimen jurídico – debía existir para obtener la esposa derechos frente a los hermanos que permanecían bajo patria potestad y/o para apoyar materialmente a su nueva familia.

[18] Matrimonio por el cual la mujer no cae bajo la potestad del marido si éste es *sui iuris* o de su *paterfamilias* si es *alieni iuris,* sino que conserva la situación familiar anterior, permaneciendo ligada a su familia agnaticia

[19] Persona libre y ciudadano romano que se encuentra sometido a la potestad de un *paterfamilias,* por lo que aún no goza de capacidad jurídica completa en contraposición a las personas *sui iuris.*

Con este régimen económico matrimonial, la titularidad y los correspondientes derechos sobre los bienes de los esposos podían corresponder 1) al marido o a su *paterfamilias,* o 2) al *paterfamilias* de la mujer. En el primer caso, dicho titular y legitimado sería el propio marido cuando se trataba de un matrimonio *cum manu* y dicho sujeto era *sui iuris,* mientras que tratándose de un matrimonio *cum manu* esa titularidad y legitimación serían del *paterfamilias* del marido si éste era *alieni iuris.* La titularidad y los correspondientes derechos sobre los bienes de los esposos corresponderían al *paterfamilias* de la mujer cuando se trataba de un matrimonio *sine manu* y la esposa era *alieni iuris.*

[20] Panero Gutiérrez, Ricardo. *Ob. Cit.* p. 289; Iglesias, Juan. *Ob. Cit.* p. 500.

[21] La dote permitía que ésta obtuviese derechos frente a los hermanos que permanecían bajo patria potestad; Suárez Blázquez, Guillermo. *Ob. Cit.*, p. 7.

[22] Panero Gutiérrez, Ricardo. *Ob. Cit.*, p. 289; Iglesias, Juan. *Ob. Cit.*, p. 500.

Por todo lo anteriormente dicho sobre los regímenes económicos matrimoniales en el Derecho romano, se puede afirmar que el régimen dotal siempre fue aplicable –independientemente de que se aplicase el sistema de absorción o el de separación- debido a la finalidad que fue teniendo la dote a lo largo de la historia del Derecho romano sobre todo por el régimen jurídico aplicable a la mujer, por lo que se podría aseverar que el régimen dotal fue el sistema económico matrimonial prioritario – hasta el punto de ser omnipresente – en el Derecho romano. Por su parte, la aplicación del régimen de absorción de bienes fue la norma general debido a la idiosincrasia romana sobre las personas, la sociedad y el Derecho especialmente 1) por la existencia de la figura del *paterfamilias* y los amplios derechos y poderes que le correspondían; 2) por la existencia de la distinción entre personas *sui iuris* y *alieni iuris*; y 3) por el régimen jurídico aplicable a la mujer, razones por las cuales se podría afirmar que a lo largo de la historia el sistema de absorción fue el segundo en importancia y presencia para el Derecho romano.

En último lugar, la aplicación del régimen de separación de bienes fue la menos frecuente de todas por la existencia de la distinción entre personas *sui iuris* y *alieni iuris*, por el régimen jurídico aplicable a la mujer y por la necesidad de que solamente las mujeres *sui iuris* contrajeran un matrimonio *sine manu* para que fuera aplicable este sistema, limitándose así mucho (sobre todo hasta que se generalizaron los matrimonios *sine manu*) los casos en los que se aplicó este régimen, por lo que esta realidad situaría al sistema de separación de bienes como el menos importante o presente en el Derecho romano.

2.2.2. Aplicación en el Derecho civil común español

En cuanto a la regulación del Código civil, ya se ha adelantado que el conjunto de regímenes económicos matrimoniales existentes como tales sufre importantes cambios en 1981.

Por ello, en aras de clarificar lo mejor posible la aplicación de los regímenes económicos existentes en el Derecho civil común de esta etapa, primero se va a proceder a explicar la aplicación de los existentes hasta 1981 y posteriormente se va a hacer lo propio en relación a los establecidos desde ese año.

2.2.3. Aplicación hasta 1981

Ya se ha expresado que hasta 1981 los principales sistemas económicos matrimoniales existentes fueron el régimen dotal, la sociedad de gananciales y la separación de bienes[23].

En relación a dichos regímenes, la historiografía afirma que el régimen dotal podía coexistir con otros sistemas económicos matrimoniales[24].

Según la regulación existente hasta 1981, el régimen económico aplicable podía ser determinado en capitulaciones matrimoniales o no[25], y

[23] Para una aproximación a la evolución de la regulación del régimen económico matrimonial en el ámbito codificador español hasta 1981, véase Alarcón Palacio, Yadira. "Régimen económico del matrimonio español desde la codificación hasta la reforma de 1981". *Revista de Derecho: División de Ciencias Jurídicas de la Universidad del Norte*, 25, 2006, pp. 80-124.

[24] Díez-Picazo, Luis y Gullón, Antonio. *Ob. Cit.*, p. 382. Según estos autores, el régimen dotal podía *"coexistir con cualquier régimen matrimonial* (sociedad de gananciales, separación de bienes)". Por su parte, Pérez y Castán afirmaron que la dote era una categoría de bienes "aliada con los gananciales", viniendo a justificar posteriormente esta afirmación al decir que el Código civil no especificó la finalidad de la dote básicamente debido a que partía "de la amalgama de la dote con el régimen de gananciales". Aunque esta afirmación de Pérez y Castán pudiera llegar a significar que el régimen dotal solamente pudiera coexistir con la sociedad de gananciales, en cualquier caso, puede apreciarse que en la doctrina no había duda de que podía coexistir con otro régimen económico matrimonial y de que dichos regímenes podían ser la sociedad de gananciales y/o el régimen de separación de bienes; Kipp, Theodor y Wolff, Martin. *Ob. Cit.*, p. 328.

[25] Con tal de proporcionar una definición válida como mínimo desde la promulgación del Código civil –independientemente del tenor en vigor en dicho cuerpo normativo sobre esta materia-, se puede afirmar que las capitulaciones matrimoniales son un pacto, acto, acuerdo o contrato por razón de matrimonio en virtud del cual se determina el régimen conyugal de bienes, el modo de regirse la sociedad conyugal en cuanto a los bienes; véase, a modo de ejemplo, Bonel y Sánchez, León. *Código civil español comentado y concordado con el derecho foral vigente en Cataluña,* Aragón, Navarra y demás territorios aforados, con la jurisprudencia del Tribunal Supremo de Justicia y con los Códigos civiles de la mayor parte de los países de Europa y América, Tomo Cuarto-Libro IV, A. López Robert, 1891, p. 297. En relación a las posibilidades de los otorgantes por lo que respecta al sistema económico matrimonial que les sería aplicable, véanse a modo de ejemplo Lacruz Berdejo, José Luis y Sancho Rebullida, Francisco de Asís. *Ob Cit.*, pp. 155-156; Rimblas, José y Majada, Arturo. *Código civil interpretado y anotado con arreglo a las modificaciones introducidas por las leyes de 24 de abril y 17 de julio de 1958.* Concordancias legales vigentes. Derecho foral. Precedentes históricos. Jurisprudencia. Derecho extranjero. Comentario doctrinal, Bosch, 1958, p. 787; Rimblas Rimblas, José. *Código civil interpretado y anotado.* Concordancias legales vigentes.

en el primer caso los cónyuges deberían respetar las limitaciones establecidas en el Código civil[26].

En relación al otorgamiento del régimen económico acordado en capitulaciones matrimoniales y a su posible modificación, interesa indicar que hasta 1975 solamente se podían otorgar capitulaciones antes del matrimonio y solamente se podían modificar si la alteración se llevaba a cabo antes de celebrarse el matrimonio, pero una vez celebrado quedaba prohibido modificarlas. Sin embargo, a partir de ese año sí que se permitió tanto otorgar capitulaciones matrimoniales como modificarlas en cualquier momento, tanto antes como después de la celebración del matrimonio[27].

Hasta 1981 si los otorgantes determinaban el régimen económico en capitulaciones matrimoniales tenían sobre todo las siguientes opciones[28]:

1) Podían acordar qué sistema económico matrimonial de entre los existentes les sería aplicable sin especificar las reglas aplicables a

Derecho foral. Precedentes históricos. Jurisprudencia. Derecho extranjero. Comentario doctrinal, Bosch, 1934, p. 714.

[26] Artículos 1315 y ss. del CC.

[27] A partir de la promulgación de la Ley 14/1975, de 2 de mayo, sobre reforma de determinados artículos del Código Civil y del Código de Comercio sobre la situación jurídica de la mujer casada y los derechos y deberes de los cónyuges, se permitió que las capitulaciones matrimoniales se otorgaran tanto antes como después del matrimonio (artículo 1315 del CC). Por lo que respecta a la modificación de las capitulaciones matrimoniales, véanse fundamentalmente los artículos 1319 y siguientes del CC desde la entrada en vigor de dicha ley hasta 1981. Por lo que respecta a la regulación sobre esta materia a partir de 1981, véanse sobre todo los artículos 1325 y siguientes del CC.

[28] Artículos 1315 y 1364 del CC.

En relación a las posibilidades de los otorgantes por lo que respecta al sistema económico matrimonial que les sería aplicable, véase el contenido de la nota al pie correspondiente. Por lo que respecta a la posibilidad de que los otorgantes de capitulaciones matrimoniales acordasen expresa o tácitamente la aplicación de la separación de bienes, véanse por todos Lacruz Berdejo, José Luis y Sancho Rebullida, Francisco de Asís. *Ob. Cit.*, pp. 276-277; Díez-Picazo, Luis y Gullón, Antonio. *Ob. Cit.*, p. 405 y Scaevola, Quintus Mucius. *Código civil comentado y concordado extensamente e ilustrado con la exposición de los principios científicos de cada institución y un estudio comparativo de los principales Códigos europeos y americanos*, revisado por José María Reyes Monterreal, Tomo XXII, artículos 1392 a 1444, 2ª edición, Reus, 1967, p. 866.

su matrimonio, y por ello siendo de aplicación para ese matrimonio el régimen jurídico existente en el Código civil para cada uno de esos sistemas. En este sentido, podrían elegir el régimen dotal, la separación de bienes o la sociedad de gananciales, aunque no tendría sentido que los otorgantes realizaran capitulaciones para elegir la sociedad de gananciales *ex* artículo 1315 de dicho Código.

2) Podían estipular un régimen *ad hoc* determinando qué sistema económico matrimonial de entre los existentes les sería aplicable, pero creando o alterando alguna regla en comparación con las establecidas para dichos sistemas, siempre que estas nuevas reglas respetasen las limitaciones establecidas en el Código civil. En este caso, podrían elegir expresa o tácitamente el régimen dotal, la separación de bienes o la sociedad de gananciales, pero alterando parcialmente el régimen jurídico existente en la normativa para cada uno de estos regímenes, siempre que las reglas pactadas entre ellos respetasen las limitaciones establecidas en el Código civil[29].
3) Podían determinar un régimen *ad hoc* pactando un sistema propio y *ex novo,* siempre que estas reglas respetasen las limitaciones establecidas en el Código civil.
4) Podían pactar que no rigiera entre ellos la sociedad de gananciales y siempre que la mujer o sus herederos hubiesen renunciado a esta sociedad, pero expresando las reglas por las que debían regirse sus bienes y mientras estas reglas respetasen las limitaciones establecidas en el Código civil[30].

[29] En relación a la determinación expresa o tácita de la aplicación del régimen de separación de bienes, véase el contenido de la nota al pie correspondiente.

[30] Esta posibilidad de los otorgantes puede ser inferida del tenor de los artículos 1315 y 1364 del CC. Sin embargo, toda la bibliografía que comenta dicho tenor y que se ha podido localizar y consultar no aclara convenientemente el significado de todo el tenor del último de esos dos preceptos. De la lectura de este artículo, lo normal es interpretar que lo establecido al final de este precepto era de aplicación 1) cuando los cónyuges hubiesen pactado que no rigiera entre ellos la sociedad de gananciales sin expresar las reglas por las que debían regirse sus bienes o 2) cuando la mujer o sus herederos hubiesen renunciado a esta sociedad. Sin embargo, según Bonel la parte final de este artículo era de aplicación cuando los cónyuges hubiesen pactado que no rigiera entre ellos la sociedad de gananciales sin expresar las reglas por las que debían regirse sus bienes siempre que la mujer o sus

5) Podían pactar que no rigiera entre ellos la sociedad de gananciales y siempre que la mujer o sus herederos hubiesen renunciado a esta sociedad, pero sin expresar las reglas por las que debían regirse sus bienes[31], en cuyo caso no habría régimen matrimonial de origen convencional, por lo que a priori no existiría ningún sistema económico matrimonial entre ellos.

Sin embargo, el Código civil daba solución al problema planteado en este último supuesto. En aplicación de dicho cuerpo normativo, si los otorgantes hubiesen pactado que no rigiera entre ellos la sociedad de gananciales y siempre que la mujer o sus herederos hubiesen renunciado a esta sociedad, pero sin expresar las reglas por las que debían regirse sus bienes, el régimen económico aplicable sería la separación de bienes[32].

herederos hubiesen renunciado a esta sociedad. Dado que ésta es la única obra que se ha podido localizar que resuelve la duda sobre los casos en los que debía aplicarse la parte final del precepto indicado, y dado que esta interpretación es la que más sentido tiene si incluso se compara con lo afirmado por el resto de bibliografía existente –bibliografía que la mayoría de las veces ni siquiera hace mención a la interpretación de todo el tenor de este artículo-, consideramos que la forma en la que lo interpreta Bonel es como debe interpretarse su tenor; Bonel y Sánchez, León. *Ob. Cit.* p. 358; Díez-Picazo, Luis y Gullón, Antonio. *Ob. Cit.*, p. 381.

[31] Esta posibilidad de los estipulantes puede ser deducida del tenor del artículo 1364 del CC. Véase el contenido de la nota al pie correspondiente.

[32] Artículo 1364 del CC. Véase el contenido de la nota al pie correspondiente.
Díez-Picazo y Gullón indicaron que "la mayor parte de la doctrina y la opinión común de los autores" consideraban que había que interpretar ese artículo en el sentido de que en ese caso debía aplicarse el régimen dotal, y de hecho ésta es la interpretación más lógica de la literalidad de su contenido. Sin embargo, esos dos autores afirmaron que a finales de los años 70 del siglo XX Peña consideró que, si los otorgantes habían pactado que no rigiera entre ellos la sociedad de gananciales y siempre que la mujer o sus herederos hubieran renunciado a esta sociedad pero sin expresar las reglas por las que debían regirse sus bienes, el régimen económico aplicable sería el de separación de bienes "excluidas las variantes que puede introducir la sociedad de gananciales", explicando los motivos esgrimidos por Peña y considerando esos dos autores la tesis de Peña como "enteramente lógica y coherente y destruye todas las aporías a que llevaba la opinión tradicional". Todo lo afirmado al respecto por los dos autores resulta lo suficientemente convincente como para que en el texto principal se haya aseverado que en ese caso debía aplicarse el régimen

En otro orden de cosas, si el sistema económico no había sido determinado en capitulaciones matrimoniales –ose deduce que también si las hubo, pero eran ineficaces-, como norma general el régimen aplicable era el de la sociedad de gananciales[33].

Tanto si no se otorgaron capitulaciones matrimoniales, como si se otorgaron decidiendo aplicar expresamente el régimen jurídico de la sociedad de gananciales de manera total o parcial pero siendo las capitulaciones ineficaces (o si hubo capitulaciones matrimoniales válidas y se decidió aplicar expresamente el régimen jurídico de la sociedad de gananciales de manera total o parcial), en los tres casos se llega a aplicar por un tiempo la sociedad de gananciales, pero a partir de un determinado momento llegaría a ser de aplicación la separación de bienes a consecuencia de providencia judicial 1) por existir sentencia de separación de los cónyuges; 2) cuando el cónyuge del demandante hubiese sido declarado ausente; o 3) cuando el cónyuge del demandante hubiese sido condenado a una pena que llevase consigo la interdicción civil[34].

Finalmente, cuando una de las personas que tenía prohibido contraer matrimonio según el artículo 45 del Código civil aun así lo contraía se aplicaría a ambos cónyuges el régimen de separación de bienes desde la celebración del matrimonio[35].

Por todo lo anteriormente dicho sobre los regímenes económicos en la regulación existente en el Código civil hasta 1981, ante todo se puede afirmar que como el tenor existente permitía que las relaciones patrimoniales aplicables entre los cónyuges pudieran ser establecidas en capitulaciones matrimoniales si así lo deseaban y siempre que se cumpliesen

de separación de bienes y no el dotal; Díez-Picazo, Luis y Gullón, Antonio. *Ob. Cit.*, pp. 185-186.

[33] Artículos 1315 y ss. CC hasta 1981. Véase el contenido de la nota al pie correspondiente.

[34] Artículos 1432 y 1433 del CC; Díez-Picazo, Luis y Gullón, Antonio. *Ob. Cit.* p. 406; Scaevola, Quintus Mucius. *Ob. Cit.*, pp. 866-878.

[35] Artículos 45, 50 y 1432 del CC. Las prohibiciones a las que se refiere el artículo 45 de dicho cuerpo normativo estaban basadas en razones de índole moral o de patria potestad; Rimblas Rimblas, José. *Ob. Cit.*, p. 54. Según Scaevola, el hecho de que se castigara con la separación de bienes desde que se celebraba el matrimonio se debía a que no se podía evitar el matrimonio de esa persona con otra y a que sería "desmedido e injusto" que ese matrimonio se anulase; Scaevola, Quintus Mucius. *Ob. Cit.*, pp. 866-867.

con los requisitos existentes en la normativa en relación a la validez de las capitulaciones, se puede afirmar que, durante la vigencia de esta normativa si los cónyuges querían otorgar capitulaciones matrimoniales y lo hacían cumpliendo con la normativa existente, se deduce que no sería prevalente la aplicación de ningún régimen económico matrimonial sobre otros.

Sin embargo, el hecho de que la aplicación de la sociedad de gananciales se tuviese que llevar a cabo por defecto en el caso de no haber capitulaciones matrimoniales -o se infiere que también si las hubo pero eran ineficaces-, el hecho de que su aplicación pudiera darse junto con la del régimen dotal, y si a esto se añade que la aplicación de esta sociedad siempre podía pactarse en capitulaciones matrimoniales con todo o parte de su régimen jurídico, se puede afirmar que la aplicación de la sociedad de gananciales fue en general la prioritaria y la más importante y presente durante la vigencia de este contenido del Código civil.

La aplicación del régimen de separación de bienes se daría:

1) si los otorgantes hubiesen pactado que no rigiera entre ellos la sociedad de gananciales y siempre que la mujer o sus herederos hubiesen renunciado a esta sociedad, pero sin expresar las reglas por las que debían regirse sus bienes –aunque éste fuera un supuesto *"raro en la práctica"*[36];
2) desde el principio del matrimonio cuando una de las personas que tenía prohibido contraer matrimonio según el artículo 45 del Código civil aun así lo contraía;
3) en virtud de providencia judicial por existir sentencia de separación de los cónyuges, cuando el cónyuge del demandante hubiese sido declarado ausente o cuando el cónyuge del demandante hubiese sido condenado a una pena que llevase consigo la interdicción civil, en estos tres casos tras haber regido la sociedad de gananciales;
4) cuando la aplicación del sistema de separación se pactase en capitulaciones matrimoniales con todo o parte de su régimen jurídico

[36] Díez-Picazo, Luis y Gullón, Antonio. *Ob. Cit.*, p. 381.

(teniendo en cuenta la escasa regulación que proporcionaba el Derecho civil común al respecto, sobre todo para la separación de origen convencional).

Si a todo esto se añade que se creía que podía llegar a existir la posibilidad de que este régimen se aplicase junto con el dotal, se puede afirmar que la aplicación del sistema de separación de bienes fue en general la segunda en cuanto a prioridad, importancia y presencia durante la vigencia de este contenido del Código civil.

Por último, el régimen dotal podía aplicarse junto con otros sistemas económicos matrimoniales y su aplicación siempre podía pactarse en capitulaciones matrimoniales con todo o parte de su régimen jurídico (teniendo en cuenta la extensa regulación que proporcionaba el Derecho civil común al respecto), por lo que si se comparan los casos en los que era aplicable y la importancia de los mismos con esas mismas realidades en el caso de la sociedad de gananciales y en el del régimen de separación de bienes se puede afirmar que la aplicación del régimen dotal fue en general la menos prioritaria, importante y presente durante la vigencia de este contenido del Código civil.

2.2.4. Aplicación desde 1981

Ya se ha indicado que desde 1981 los principales sistemas económicos existentes en el Derecho civil común son la sociedad de gananciales, el régimen de participación y el régimen de separación de bienes.

En relación al otorgamiento del régimen económico acordado en capitulaciones matrimoniales y a su posible modificación, ya se ha indicado que desde 1975 se permite tanto otorgar capitulaciones matrimoniales como modificarlas en cualquier momento, tanto antes como después de la celebración del matrimonio[37].

A tenor de la regulación existente en el Código civil desde 1981, el régimen económico matrimonial aplicable puede ser determinado en

[37] Véase el contenido de la nota al pie correspondiente.

capitulaciones matrimoniales o no[38], y en el primer caso los cónyuges deben respetar las limitaciones establecidas en el Código civil[39].

Si los otorgantes determinan el régimen económico en capitulaciones matrimoniales tienen sobre todo las siguientes opciones[40]:

1) Pueden acordar qué sistema económico matrimonial de entre los existentes les sería aplicable sin especificar las reglas aplicables a su matrimonio, y por ello siendo de aplicación para ese matrimonio el régimen jurídico existente en el Código civil para cada uno de esos sistemas. En este sentido, podrían elegir la separación de bienes, la sociedad de gananciales o el régimen de participación, aunque según el artículo 1316 del Código civil no tendría sentido que los otorgantes realizaran capitulaciones para elegir la sociedad de gananciales.
2) Pueden estipular un régimen *ad hoc* determinando qué sistema económico matrimonial de entre los existentes les sería aplicable, pero creando o alterando alguna regla en comparación con las establecidas para dichos sistemas, siempre que estas nuevas reglas respetasen las limitaciones establecidas en el Código civil. En este caso, los cónyuges pueden elegir expresa o tácitamente la separación de bienes, la sociedad de gananciales o el régimen de participación, pero alterando el régimen jurídico existente en la normativa para cada uno de estos regímenes, siempre que las reglas pactadas entre ellos respetasen las limitaciones establecidas en el Código civil[41].
3) Pueden determinar un régimen *ad hoc* pactando un sistema propio y *ex novo*, siempre que estas reglas respetasen las limitaciones establecidas en el Código civil.

[38] Véase el contenido de la nota al pie correspondiente.

[39] Artículos 1315 y ss. del CC.

[40] Artículos 1315 y ss. del CC; artículos 1411 y ss. y 1435 del CC desde 1981. En relación a las posibilidades de los otorgantes por lo que respecta al sistema económico matrimonial que les sería aplicable, véase el contenido de la nota al pie correspondiente.

[41] En relación al alcance del carácter dispositivo de la regulación del Código civil sobre el régimen de participación, véase Algarra Prats, Esther. *Ob. Cit.*, pp. 147-149.

4) Pueden pactar que no rigiera entre ellos la sociedad de gananciales, pero sin expresar las reglas por las que debían regirse sus bienes, en cuyo caso sería de aplicación el régimen de separación de bienes[42].

Independientemente de que los otorgantes determinaran el régimen económico en capitulaciones matrimoniales o no, si se extingue la sociedad de gananciales o el régimen de participación durante el matrimonio el sistema aplicable por defecto sería el de separación de bienes salvo que los interesados conviniesen en que se aplicara otro régimen diferente[43].

En otro orden de cosas, si el sistema económico no ha sido determinado en capitulaciones matrimoniales o si lo ha sido pero las capitulaciones son ineficaces o inválidas, como norma general el régimen aplicable es el de la sociedad de gananciales[44].

Por último, en caso de no existir capitulaciones el régimen de participación sería aplicable en dos casos: 1) si la sentencia de nulidad declara la mala fe de uno de los cónyuges y el que hubiese obrado de buena fe opta por aplicar sus disposiciones en la liquidación del régimen económico; y 2)cuando la sociedad de gananciales se disuelva por nulidad del matrimonio y uno de los cónyuges hubiera sido declarado de mala fe, el otro puede optar por la liquidación del régimen matrimonial según las disposiciones relativas al sistema de participación[45].

Por todo lo anteriormente dicho sobre los regímenes económicos en la regulación existente en el Código civil desde 1981, ante todo se puede afirmar que como su tenor permite que las relaciones patrimoniales entre los cónyuges puedan ser establecidas en capitulaciones matrimoniales si así lo desean y siempre que se cumplan los requisitos existentes en la normativa en relación a la validez de las capitulaciones, se puede afirmar que,

[42] Artículo 1435 del CC desde 1981.

[43] Artículo 1435 del CC desde 1981. La afirmación del principio de este párrafo se deduce de la regulación existente sobre la aplicación de la sociedad de gananciales y sobre el régimen de participación.

[44] Artículos 1316 y 1327 del CC desde 1981. Véase el contenido de la nota al pie correspondiente.

[45] Artículos 95 y 1395 del CC desde 1981; Algarra Prats, Esther. *Ob. Cit.*, p. 139.

si los cónyuges quieren otorgar capitulaciones matrimoniales y lo hacen cumpliendo con la normativa existente, de la regulación en vigor desde ese año se infiere que no es prevalente la aplicación de ningún régimen económico matrimonial sobre otros.

Sin embargo, en la medida en que la sociedad de gananciales es el régimen establecido por defecto en caso de no existir capitulaciones matrimoniales o de existir pero ser ineficaces o inválidas –siendo por ello según la doctrina el régimen legal subsidiario de primer grado[46]-, y en la medida en que siempre se puede pactar la existencia de este sistema en capitulaciones matrimoniales con todo o parte de su régimen jurídico, se puede afirmar que la aplicación de la sociedad de gananciales es en general la prioritaria y la más importante y presente en el Código civil desde 1981.

La aplicación del régimen de separación de bienes se daría 1) si los cónyuges pactan que no rija entre ellos la sociedad de gananciales pero sin expresar las reglas por las que debían regirse sus bienes – siendo éste el supuesto paradigmático para considerarlo en todo caso como régimen legal subsidiario de segundo grado[47]; 2) independientemente de que los otorgantes determinaran el régimen económico en capitulaciones matrimoniales o no, ese sistema se aplicaría si se extingue la sociedad de gananciales o el régimen de participación durante el matrimonio, salvo que los interesados conviniesen en que se aplicara otro régimen diferente, y 3) cuando la aplicación del sistema de separación se pactase en capitulaciones matrimoniales con todo o parte de su régimen jurídico(-teniendo en cuenta la relativamente extensa regulación que proporciona el Derecho civil común). Por ello, se puede afirmar que la aplicación del sistema de separación de bienes fue en general la segunda en cuanto a prioridad, importancia y presencia desde la vigencia de este contenido del Código civil.

Por último, si hay capitulaciones matrimoniales la aplicación del régimen de participación solamente se da si se pacta su existencia con todo o parte de su régimen jurídico (teniendo en cuenta la relativamente extensa regulación que proporciona el Derecho civil común), y si no hay

[46] Véase por todos Blasco Gascó, Francisco de Paula. *Ob. Cit.*, p. 110.

[47] *Ibidem.*

dichas capitulaciones este régimen es aplicable 1) si la sentencia de nulidad declara la mala fe de uno de los cónyuges y el que hubiese obrado de buena fe opta por aplicar sus disposiciones en la liquidación del régimen económico, y 2)cuando la sociedad de gananciales se disuelva por nulidad del matrimonio y uno de los cónyuges hubiera sido declarado de mala fe, el otro puede optar por la liquidación del régimen matrimonial según sus disposiciones. Si se comparan los casos en los que era aplicable y la importancia de los mismos con esas mismas realidades en el caso de la sociedad de gananciales y en el del régimen de separación de bienes, se puede afirmar que la aplicación del régimen de participación es en general la menos prioritaria, importante y presente desde la vigencia de este contenido del Código civil.

Si se compara la aplicación de los regímenes económicos matrimoniales existentes en el Código civil a lo largo de toda su vigencia, ante todo se puede apreciar que el tenor de este Código siempre ha permitido que las relaciones patrimoniales entre los cónyuges puedan ser establecidas en capitulaciones matrimoniales si así lo desearan y siempre que se cumplieran los requisitos existentes en la normativa en relación a la validez de las capitulaciones, por lo que si los cónyuges quisieran otorgar capitulaciones matrimoniales y lo hicieran de manera válida la regulación existente desde el principio permite afirmar que nunca ha sido prevalente la aplicación de ningún régimen económico matrimonial sobre otros.

Partiendo de la realidad anteriormente afirmada sobre la aplicación convencional de los regímenes económicos, se puede observar que los dos sistemas que han sido aplicables a lo largo de toda la vigencia del Código civil son la sociedad de gananciales y el régimen de separación de bienes.

La sociedad de gananciales siempre ha sido aplicable en el mismo tipo de supuestos y con la misma prioridad e importancia, por una parte, como régimen legal subsidiario de primer grado por inexistencia, ineficacia y/o invalidez de capitulaciones matrimoniales, y como régimen convencional con el alcance que los cónyuges acordasen respetando las limitaciones impuestas por el propio Código por otra parte. Lo único que cambió durante la vigencia del Código sobre esta materia es su posible coexistencia junto con el régimen dotal, pero dicho cambio fue lógico y necesario en la medida en que la dote en cuanto régimen económico matrimonial dejó de existir en 1981, por lo que su desaparición necesariamente debía implicar la imposibilidad de su coexistencia con la sociedad de gananciales. En consecuencia, la aplicación de la sociedad de gananciales en general siempre ha sido la prioritaria y la más importante y presente en el Código civil.

Por lo que respecta al régimen de separación de bienes, siempre se ha aplicado por una parte como régimen legal subsidiario de segundo grado cuando los cónyuges descartaban expresamente la aplicación de la sociedad de gananciales, pero sin expresar las reglas por las que debían regirse sus bienes, y como régimen convencional con el alcance que los cónyuges acordasen respetando las limitaciones impuestas por el propio Código por otra parte. En este último tipo de casos, se puede apreciar el incremento de la regulación de la separación de bienes como régimen económico matrimonial en comparación con la regulación existente hasta 1981, hecho que demuestra –entre otras cosas- un incremento en la percepción de la importancia y presencia de este sistema en el Derecho civil común.

Uno de los principales cambios que se puede apreciar durante la vigencia del Código sobre esta cuestión es su posible carácter de régimen legal subsidiario desde 1981 tras haber regido la sociedad de gananciales o el régimen de participación cuando cualquiera de estos dos regímenes se extinguiera durante el matrimonio –por lo que cualquiera de éstos había llegado a regir los bienes del matrimonio-, pero la aplicación de la separación no se daría si los cónyuges pactasen otro sistema.

Con esta modificación se puede percibir que el legislador amplió las causas de aplicación de la separación de bienes por defecto tras haber regido en un matrimonio la sociedad de gananciales, puesto que hasta 1981 la separación de bienes solamente podía llegar a ser aplicable por defecto tras haber regido la sociedad de gananciales si había providencia judicial sobre los extremos especificados por el Código, mientras que a partir de dicho año siempre se aplicaría por defecto –pero dando la posibilidad a los cónyuges de que pactasen otro régimen-. De esta forma, el legislador demuestra una vez más un incremento en la percepción de la importancia y presencia de este sistema en el Derecho civil común.

La inexistencia del régimen de participación hasta 1981 es un motivo de entidad suficiente como para justificar que en este caso el legislador no se refiriera a este sistema hasta ese año. Otro cambio importante en esta materia es que hasta 1981 el Código civil prohibió expresamente a determinadas personas contraer matrimonio en casos concretos, y si una de estas personas aun así lo contraía a este matrimonio se le aplicaría desde el principio la separación de bienes. Aunque ésta no sea la publicación en la que se pueda entrar en detalles sobre este extremo, se puede afirmar que dicho tenor fue modificado en 1981, por lo que a partir de entonces dicha consecuencia jurídica dejó de existir por motivos evidentes.

El último gran cambio durante la vigencia del Código sobre esta materia es su posible coexistencia junto con el régimen dotal, pero dicho cambio fue lógico y necesario en la medida en que la dote en cuanto régimen económico matrimonial dejó de existir como tal en 1981, por lo que su desaparición necesariamente debía implicar la imposibilidad de su coexistencia con el régimen de separación de bienes. En consecuencia, la aplicación del sistema de separación de bienes en general siempre ha sido la segunda en prioridad, importancia y presencia en el Código civil, llegando a incrementarse con el paso del tiempo la extensión de su regulación y la percepción de su importancia y presencia en el Derecho civil común.

Los dos regímenes económicos cuya existencia varió desde que el Código civil está en vigor son el régimen dotal y el régimen de participación.

En cuanto al régimen dotal, se ha podido observar que su existencia como sistema económico matrimonial termina en 1981 y tras ese año el Código civil no ha incorporado un régimen equiparable ni ha modificado ninguno de los existentes como para que se asemeje al sistema dotal, por lo que resulta imposible poder comparar su aplicación con la de otro existente a partir de ese año. Lo que sí que se debe hacer ahora es indicar que, mientras estuvo en vigor, si se compara el número de artículos dedicados a cada uno de los principales regímenes existentes el sistema económico al que el Código civil dedicó más artículos fue al régimen dotal.

Además de lo anteriormente dicho, ahora se debe recalcar que podía aplicarse junto con otros sistemas económicos matrimoniales y que su aplicación siempre podía pactarse en capitulaciones matrimoniales con todo o parte de su régimen jurídico. En consecuencia, si en el mismo período se comparan los casos en los que era aplicable y la importancia de los mismos con esas mismas realidades en el caso de la sociedad de gananciales y en el del régimen de separación de bienes, y si se tiene en cuenta la extensión que dedicó a su regulación el Código civil en comparación con la dedicada a todos los demás regímenes –incluso en comparación con la dedicada al de participación desde 1981- se puede afirmar que la aplicación del régimen dotal fue en general la tercera en prioridad, importancia y presencia en el Código civil.

En referencia al régimen de participación, en general se podría empezar afirmando lo mismo que se ha aseverado para el régimen dotal, pero invirtiendo las fechas. En este sentido, se ha podido observar que su existencia como sistema económico matrimonial comienza en 1981 y antes de ese año el Código civil había diferenciado claramente los regímenes económicos existentes de alguno que pudiera llegar a ser equiparable o asimilable al régimen de participación, por lo que resulta imposible poder comparar su aplicación con la de otro existente antes de ese año o partir del mismo[48]. Este sistema económico solamente se da si se pacta su existencia con todo o parte de su régimen jurídico, y si no hay dichas capitulaciones este régimen es aplicable 1) si la sentencia de nulidad declara la mala fe de uno de los cónyuges y el que hubiese obrado de buena fe opta por aplicar sus disposiciones en la liquidación del régimen económico, y 2)cuando la sociedad de gananciales se disuelva por nulidad del matrimonio y uno de los cónyuges hubiera sido declarado de mala fe, el otro puede optar por la liquidación del régimen matrimonial según sus disposiciones. En consecuencia, si en el mismo período se comparan los casos en los que es aplicable y la importancia de los mismos con esas mismas realidades en el caso de la sociedad de gananciales y en el del régimen de separación de bienes, se puede afirmar que la aplicación del régimen de participación es en general la tercera en prioridad, importancia y presencia en el Código civil.

[48] Aunque en este último caso, el tenor existente desde 1981 en el artículo 1413 del CC establece la aplicación de la normativa del régimen de separación de manera supletoria, por lo que esta realidad permitiría llegar a comparar fácilmente ambos sistemas.

Conclusiones

A la hora de comparar la caracterización de los principales regímenes económicos matrimoniales existentes tanto en el Derecho romano como en el Derecho civil común codificado, se puede afirmar que los principales regímenes romanos existieron con esos mismos atributos esenciales en el Código civil español desde su promulgación hasta 1981, año en el que deja de existir la dote como sistema económico matrimonial y en el que se introduce el régimen de participación. A pesar de que estas dos realidades separaron el tenor del Código de la regulación romana, después de ese año dos regímenes existentes en el Derecho romano –el de absorción y el de separación de bienes- siguieron manteniéndose en dicho cuerpo normativo incluso hasta la actualidad con esas mismas cualidades esenciales. Por ello, en esta materia se puede apreciar la importante influencia del Derecho romano en el Derecho civil común del Código, especialmente –aunque no solamente- hasta 1981.

Por lo que respecta a la comparación de la aplicación de los principales regímenes económicos matrimoniales existentes tanto en el Derecho romano como en el Derecho del Código civil español, se puede afirmar que mientras que durante la vigencia del Código civil el régimen económico aplicable ante todo podía ser acordado por los otorgantes sin que la aplicación de ningún sistema tuviera prioridad sobre la de los otros, en el Derecho romano lo que principalmente determinaba el régimen económico aplicable era el tipo de matrimonio contraído y el *status familiae* de la mujer, y teniendo esto en cuenta el ordenamiento jurídico romano determinaba la aplicación del régimen económico que correspondiera junto con el dotal, sin poder pactarse libremente el sistema económico aplicable. Por lo tanto, se puede afirmar que la influencia del Derecho romano en esta materia es como mínimo escasa.

En cuanto a la aplicación de la sociedad de gananciales –el régimen de absorción romano-, lo más destacable es que este sistema económico siempre fue el aplicable a un matrimonio como norma general y/o por defecto, y mientras que en el Derecho romano de aplicarse dicha sociedad ésta debía coexistir junto con el régimen dotal, en el tenor del Código civil que contuvo el sistema dotal –hasta 1981- dicha coexistencia con la sociedad de gananciales no siempre debía darse. En consecuencia, por lo que respecta a la prioridad, importancia y presencia de la aplicación de los gananciales la influencia del Derecho romano es relativamente importante, pero en lo relativo a su coexistencia junto con el sistema dotal se observa una clara tendencia decreciente en cuanto a la influencia del Derecho romano debido al alejamiento de esta regulación en comparación con la romana, realidad que permite afirmar que el influjo del Derecho romano en este ámbito fue cada vez menor.

Por lo que respecta a la aplicación del régimen de separación de bienes, lo más reseñable es que éste siempre fue el segundo en ser aplicable tras la sociedad de gananciales o régimen de absorción, y mientras que en el Derecho romano de aplicarse dicha separación ésta debía coexistir junto con el régimen dotal, durante la vigencia del Código civil mientras el régimen dotal existió –hasta 1981- dicha coexistencia con el régimen de separación no siempre existiría. En consecuencia, por lo que respecta a la prioridad, importancia y presencia de la aplicación de la separación de bienes la influencia del Derecho romano es relativamente importante, pero en lo relativo a su coexistencia junto con el régimen dotal se observa una clara tendencia decreciente en cuanto a la influencia del Derecho romano debido al alejamiento de esta regulación en comparación con la romana, hecho que permite afirmar que la influencia del Derecho romano en esta materia fue cada vez menor.

En cuanto al régimen dotal, lo más destacable a afirmar sobre su aplicación es que mientras que en el Derecho romano el régimen dotal siempre coexistió junto con los demás, en el tenor del Código civil que reguló este régimen económico –hasta 1981- dicha coexistencia no tenía que darse necesariamente, por lo que se observa una clara tendencia decreciente en cuanto a la prioridad, importancia y presencia de su aplicación en la medida en que empezó siendo aplicable siempre y en todos los casos, pasó a ser el último sistema económico en cuanto a la prioridad, importancia y presencia de su aplicación en el Código civil, e incluso terminó desapareciendo de dicho cuerpo normativo como régimen económico en 1981, por lo que la influencia del Derecho romano en esta materia fue cada vez menor.

Por último, el régimen de participación no se incluye entre los regímenes económicos existentes en el Derecho civil común hasta 1981 y en opinión de la historiografía esta incorporación no se vio influida por el Derecho romano.

La idiosincrasia romana y la española desde finales del siglo XIX son diferentes en relación a las personas, la sociedad y el Derecho sobre todo porque en el Derecho romano existió 1) la figura del *paterfamilias* y los amplios derechos y poderes que le correspondían; 2) la distinción entre personas *sui iuris* y *alieni iuris*, y 3) un régimen jurídico con muchos menos derechos y poderes de la mujer en comparación con los del hombre, sobre todo si se trataba de un varón ciudadano *sui iuris* –y más todavía si además de lo dicho el varón en cuestión también era *paterfamilias*-.

Sin embargo, además de que tres de los cuatro regímenes económicos existentes en el Código civil a lo largo de su vigencia tienen un origen indudable en el Derecho romano, se puede considerar que la figura del *paterfamilias* se ha mantenido bastante inalterada en España –aunque con menos derechos y poderes que en el Derecho romano- al menos hasta finales del siglo XX, la existencia en España de personas con diferente capacidad jurídica y de obrar –a pesar de no ser diferentes entre sí por otras razones de diferente índole- también se ha mantenido en general sobre todo hasta el siglo XX, y lo que podría decirse que es la menor capacidad jurídica y de obrar de la mujer en comparación con la del hombre ha seguido manteniéndose en España en el plano teórico –sin entrar en la realidad que viven las mujeres incluso actualmente- hasta finales del siglo XX.

Si a todo esto se añade que el estudio del Derecho romano permite conocer los antecedentes más remotos y más importantes del Derecho civil español sobre estas materias debido a la conocida influencia del Derecho romano en el Derecho español a lo largo de toda la historia, todo lo anteriormente dicho justifica la comparación y la influencia del Derecho romano en el Derecho civil común del Código en las materias analizadas en el presente estudio.

Referencias

Alarcón Palacio, Yadira. *Régimen económico del matrimonio español desde la codificación hasta la reforma de 1981*. Revista de Derecho: División de Ciencias Jurídicas de la Universidad del Norte, 25, 2006.

Algarra Prats, Esther. *El régimen económico-matrimonial de participación*. La Ley, *2000*.

Blasco Gascó, Francisco de Paula. *Instituciones de Derecho civil:* Derecho de familia, 3ª edición, Tirant lo Blanch, 2018.

Bonel y Sánchez, León. *Código civil español comentado y concordado con el derecho foral vigente en Cataluña*, Aragón, Navarra y demás territorios aforados, con la jurisprudencia del Tribunal Supremo de Justicia y con los Códigos civiles de la mayor parte de los países de Europa y América, Tomo Cuarto-Libro IV, A. López Robert, 1891.

Collantes de Terán de la Hera, María José. Comunidad de gananciales y capitulaciones matrimoniales en la codificación civil española. *Anuario de Historia del Derecho Español*, 69, 1999.

Díez-Picazo, Luis y Gullón, Antonio. *Instituciones de Derecho civil,* volumen II, Tecnos, 1974.

Díez-Picazo, Luis y Gullón, Antonio. *Sistema de Derecho civil*, volumen IV, Tecnos, 1978.

Fernández de Buján, Antonio. *Derecho privado romano*, 7ª edición, Iustel, 2014.

García Garrido, Manuel Jesús. *El patrimonio de la mujer casada en el Derecho civil.* I. Tradición romanística, Ceura, 1982.

Gómez Gálligo, Javier y Madrigal García, Carmelo. "El régimen económico matrimonial de gananciales". *Regímenes económico-matrimoniales y sucesiones* (Derecho común, foral y especial). Coordinado por Juan Luis Gimeno y Gómez-Lafuente y Enrique Rajoy Brey, Tomo I, Thomson Aranzadi, 2008.

Iglesias, Juan. *Derecho romano: historia e instituciones*, 11ª edición, Ariel, 1997.

Kipp, Theodor y Wolff, Martin. *Tratado de Derecho civil. Derecho de familia.* El matrimonio. Estudios de comparación y adaptación a la legislación y jurisprudencia españolas por Blas Pérez González y José Castán Tobeñas, volumen I, 2ª edición, Bosch, 1979.

Lacruz Berdejo, José Luis y Sancho Rebullida, Francisco de Asís. *Derecho de familia*, I, 3ª edición, Librería Bosch, 1978.

Panero Gutiérrez, Ricardo. *Derecho romano*, 5ª edición, Tirant lo Blanch, 2015.

Piquer, José Miguel. "*Favor dotis*. A propósito de D 23, 3, 70". *El Derecho de familia: de Roma al Derecho actual.* Coordinado por Ramón López Rosa y Felipe José del Pino Toscano, Universidad de Huelva, 2004.

Polo Arévalo, Eva María. "On the reception of the *praesumptio muciana* into Spanish law". *Revista Internacional de Derecho Romano*, 18, 2017.

Rajoy Brey, Enrique. "El régimen económico matrimonial de participación". *Regímenes económico-matrimoniales y sucesiones* (Derecho común, foral y especial). Coordinado por Juan Luis Gimeno y Gómez-Lafuente y Enrique Rajoy Brey, Tomo I, Thomson Aranzadi, 2008.

Rimblas, José y Majada, Arturo. *Código civil interpretado y anotado con arreglo a las modificaciones introducidas por las leyes de 24 de abril y 17 de julio de 1958.* Concordancias legales vigentes. Derecho foral. Precedentes históricos. Jurisprudencia. Derecho extranjero. Comentario doctrinal, Bosch, 1958.

Rimblas Rimblas, José. *Código civil interpretado y anotado.* Concordancias legales vigentes. Derecho foral. Precedentes históricos. Jurisprudencia. Derecho extranjero. Comentario doctrinal, Bosch, 1934.

Rivera Fernández, Manuel. *El régimen económico matrimonial en el Derecho común.* Reus, 2020.

Scaevola, Quintus Mucius. *Código civil comentado y concordado extensamente e ilustrado con la exposición de los principios científicos de cada institución y un estudio comparativo de los principales Códigos europeos y americanos,* revisado por José María Reyes Monterreal, Tomo XXII, artículos 1392 a 1444, 2ª edición, Reus, 1967.

Suárez Blázquez, Guillermo. *La dote de la mujer romana en el Derecho de sucesiones,* Allariz, 1997.

22.
EL MATRIMONIO EN EL ARTÍCULO 32 DE LA CONSTITUCIÓN ESPANOLA: INTERPRETACIÓN EN LA STC 198/2012 DE 6 DE NOVIEMBRE DE 2012

Patricia Plana de Juan

1. Introducción

La sentencia objeto de estudio trae causa en la aprobación de la Ley 13/2005, de 1 de julio, por la que se modifica el Código Civil en materia de derecho a contraer matrimonio. Esta norma contaba con un artículo único, cuyo punto central es su primer apartado que añade un segundo párrafo al artículo 44 CC: "El matrimonio tendrá los mismos requisitos y efectos cuando ambos contrayentes sean del mismo o de diferente sexo".

El resto de los apartados de dicho artículo único venían a introducir pequeños cambios en otros dieciséis artículos del Código Civil, todos ellos a nivel lingüístico. Así, se sustituyen las referencias a "el marido y la mujer" por "los cónyuges" o "los consortes" y a "el padre y la madre" por "los progenitores". Además, dado que el Código Civil no es la única norma en nuestro ordenamiento que hace referencia al matrimonio, se previó en la disposición adicional primera que el resto de normas se aplicasen "con independencia del sexo de sus integrantes".

El alcance por tanto de esta reforma del matrimonio era total: toda la regulación promulgada en esta materia debía reinterpretarse con una plena indiferencia hacia el sexo de los contrayentes, aceptando y equiparando el matrimonio homosexual y el heterosexual. Por tanto, quedaba también sujeta a este cambio la regulación de la adopción.

Respecto a este gran alcance de la reforma, cabe remarcar, principalmente, tres cuestiones por estar estrechamente relacionadas con el posterior pronunciamiento del Tribunal Constitucional. La primera de ellas es que uno espera que, ante un cambio de tal magnitud en una institución y derecho tan vertebral para una sociedad como lo es el matrimonio, el preámbulo de la ley sea bastante más claro y argumentativo de lo que encontramos en este caso. El propio inicio del preámbulo contempla lo siguiente:

> La relación y convivencia de pareja, basada en el afecto, es expresión genuina de la naturaleza humana (...). En consonancia con ello, una manifestación señalada de esta relación, como es el matrimonio, viene a ser recogida por la Constitución, en su artículo 32, y considerada, en términos de nuestra jurisprudencia constitucional, como una institución jurídica de relevancia social que permite realizar la vida en común de la pareja.

A todas luces, esta es la críptica definición que para el legislador puede atribuirse al matrimonio: la relación de dos personas, basada en el afecto, que permite la vida en común. Poco parece importar que esta misma descripción nos lleve a igualar casi la relación matrimonial con la de un padre y un hijo o de dos personas que conviven juntas y a los que une un vínculo de amistad muy profundo. Tampoco se hace una argumentación histórico-jurídica de gran profundidad, aludiendo simplemente a la regulación civil contemporánea con el Código francés de 1804 y el español de 1889. No es riguroso tratar de reducir una institución que ya se contemplaba en el Derecho Romano a su regulación en el siglo XIX. Es más, dicha reducción lleva a no comprender el origen y evolución de esta y, por tanto, no atender a su esencia, a lo que se ha mantenido inmutable durante siglos.

De igual manera, se argumenta que ha existido una discriminación por la orientación sexual de las personas y que una forma de paliar dicha discriminación es la reforma que se ha expuesto:

> Desde esta perspectiva amplia, la regulación del matrimonio que ahora se instaura trata de dar satisfacción a una realidad palpable, cuyos cambios ha asumido la sociedad española con la contribución de los colectivos que han venido defendiendo la plena equiparación en derechos para todos con

independencia de su orientación sexual, realidad que requiere un marco que determine los derechos y obligaciones de todos cuantos formalizan sus relaciones de pareja.

La segunda cuestión que aquí subyace es la compatibilidad de esto con la Constitución Española, cuyo artículo 32 reconoce el matrimonio como institución y como derecho fundamental:

> 1. El hombre y la mujer tienen derecho a contraer matrimonio con plena igualdad jurídica.
> 2. La ley regulará las formas de matrimonio, la edad y capacidad para contraerlo, los derechos y deberes de los cónyuges, las causas de separación y disolución y sus efectos.

De forma meramente aproximativa a la interpretación de este artículo, objeto de la sentencia y de este trabajo, cabe destacar la mención del sexo de los titulares del derecho contraer matrimonio. Ciertamente parece importante, puesto que este es el único artículo del capítulo de la Constitución en que se da. El texto constitucional no dice que el hombre y la mujer deban casarse "entre sí", ahora bien, a mi modo de ver, no puede esta interpretación simplista ser el único sustento de un juicio de constitucionalidad, sino que deberá analizarse también la tramitación parlamentaria del artículo y la historia que precede a esta institución. Además, nótese que el legislador constituyente establece en el apartado segundo de este artículo una relación de materias que sí son disponibles para el legislador ordinario, entre las cuales no se encuentra el sexo de los contrayentes, puesto que no puede encuadrarse en ninguna de las señaladas[1].

[1] Véase, por ejemplo, Verda y Beamonte, J. R. de. *El libre desarrollo de la personalidad como principio inspirador de la Ley 13/2005, de 1 de julio, por la que se modifica el Código Civil en materia de derecho a contraer matrimonio.* J. R. de Verda y Beamonte (Coord). Comentarios a las Reformas de Derecho de Familia de 2005, Cizur Menor: Aranzadi, 2006, p. 46: que entiende que la Constitución Española contempla un requisito de heterosexualidad en el matrimonio y que esta "no es una cuestión subjetiva, de capacidad de los contrayentes (como, por ejemplo, ser mayor o menor de edad, o tener una relación de parentesco, entre sí, en línea recta o en línea colateral dentro del tercer grado), sino que es un requisito objetivo del matrimonio, tal y como este ha sido concebido, desde siempre, en toda

La tercera cuestión que uno se plantea ante la trascendencia de esta reforma es qué opinión les merecía esta misma a los más altos órganos del Estado durante su tramitación. Comenzando por el Consejo General del Poder Judicial, que se pronunció mediante el informe de 26 de enero de 2005, este órgano desaconsejaba la aprobación de la normativa aquí analizada. En líneas generales, llamaba a una mayor reflexión y debate social, al igual que alertaba de la posible inconstitucionalidad de la ley al "desnaturalizar –pérdida de recognoscibilidad jurídica- una determinada institución jurídica que presenta unas características bien claras, perfiladas no sólo por el dato de su desarrollo en el tiempo sino por su consustancialidad"[2]. Y, puesto que no corresponde a este órgano dicho juicio de constitucionalidad, advierte que incluso si la reforma fuese constitucional, esta no era recomendable.

> En todo caso y para el caso de que no hubiere motivos de inconstitucionalidad, hay razones que hacen jurídicamente desaconsejable tal iniciativa. La satisfacción jurídica de una parte mínima de la población no puede hacerse a costa de adulterar el contenido esencial de una institución ni a trastocar los fundamentos del Derecho de Familia[3].

El Consejo de Estado emite el dictamen 2628/2004, de 16 de diciembre, con parecidas reflexiones, pronunciándose también sobre la inconstitucionalidad de tal reforma.

> La garantía institucional impide alterar la institución matrimonial más allá de lo que su propia naturaleza tolera; no excluye que el legislador pueda adecuar las instituciones garantizadas al espíritu de los tiempos, pero le impide hacerlo en términos que las hagan irreconocibles por la consciencia social de cada tiempo y lugar[4].

sociedad y en todo momento, por lo que afecta a al esencia misma de la institución; y, de ahí, que invariablemente se haya considerado nulo (e incluso inexistente) el matrimonio celebrado entre dos contrayentes del mismo sexo".

[2] Conclusión 3ª del informe del CGPJ (de 26 de enero de 2005).

[3] Conclusión 6ª del informe del CGPJ (de 26 de enero de 2005).

[4] Párrafo cuarto de la consideración final del dictamen del Consejo de Estado 2628/2004, de 16 de diciembre.

Por último, se pronunció también la Real Academia de la Jurisprudencia y Legislación poniendo de relieve las diversas problemáticas ya señaladas como el error de concebir el matrimonio como "un instrumento para dar cauce a la afectividad de las personas"[5].

Todo ello muestra una situación previa al pronunciamiento del Tribunal Constitucional que indicaba más bien el choque de nuestra norma fundamental con estas previsiones normativas de la Ley 13/2005, así como un escaso debate social y la pobre fundamentación de la reforma. Esto lleva a setenta y dos Diputados del Congreso a interponer el recurso de inconstitucionalidad número 6864-2005 contra esta ley, pronunciándose el Tribunal, siete años más tarde, en la sentencia 198/2012, de 6 de noviembre.

2. Análisis de la sentencia

2.1. Argumentos de las partes

Los recurrentes aducen ocho motivos de inconstitucionalidad, si bien el punto central del debate es la infracción del artículo 32 CE. En cuanto a este primer motivo, entienden que la Constitución protege a la institución matrimonial, y por tanto al derecho, de carácter heterosexual. Y ello porque de forma literal se menciona el sexo de los contrayentes y se utiliza la palabra matrimonio, no convivencia o cualquier otro tipo de relación estable. Además, destacan que los antecedentes históricos, constitucionales y legislativos apuntan a esto mismo, ya que la tradición jurídica española así lo muestra y el legislador constituyente siempre contemplo la diversidad de sexos de los titulares, rechazando otras opciones propuestas que hacían alusiones no sexadas.

Entienden también que los ejemplos de Derecho Comparado en este tema deben usarse de una forma cautelosa, puesto que nuestra Constitución, por ejemplo, confiere una especial protección al matrimonio que en otros Estados no existe. Por último, señalan que la propia jurisprudencia del Constitucional había sido, hasta el momento, favorable a esta postura.

[5] Informe de 21 de febrero de 2005 del Pleno de Académicos de Número de la Real Academia de Jurisprudencia y Legislación Española.

Los otros motivos de inconstitucionalidad denuncian la infracción del art. 10.2 CE (interpretación acorde con la DUDH y otros acuerdos o tratados internacionales); art. 14 CE en relación con los arts. 1.1 y 9.2 CE (principio de igualdad y no discriminación por orientación sexual); art. 39 CE, apartados 1, 2 y 4 (protección de la familia y de los hijos); art. 53.1 CE (vulneración del contenido esencial de un derecho fundamental); art. 9.3 CE (principio de jerarquía normativa); art. 9.3 CE (principio de no arbitrariedad de los poderes públicos); y art. 167 CE (reforma constitucional).

Por su parte, la Abogacía del Estado niega las vulneraciones de los artículos constitucionales que los recurrentes señalan, haciendo especial hincapié en el 32 CE. Respecto a este último, se alega que la interpretación que los recurrentes han hecho de este artículo no es correcta a nivel etimológico, sistemático e histórico. Argumenta que debiera procederse a una interpretación evolutiva del artículo, la cual será objeto de un análisis más profundo a continuación en el fallo del tribunal y en la crítica de este mismo. Además, se hace referencia a estudios sociológicos sobre la aceptación del matrimonio homosexual en España.

2.2. Fallo del Tribunal

El Tribunal Constitucional resuelve en la sentencia aquí analizada desestimando el recurso de inconstitucionalidad. Descarta en un primer momento todos los motivos de inconstitucionalidad que los recurrentes habían alegado salvo la infracción del artículo 32 CE, puesto que considera que este es "el único que podría conducir a la declaración de inconstitucionalidad de toda la Ley" (FJ 6). Así, comienza a analizar el impacto de la reforma en este artículo, dividiendo la argumentación en dos partes, la referente al matrimonio como institución constitucionalmente garantizada y al matrimonio como derecho fundamental.

Comenzando por esta primera, el Tribunal constata que la institución se ha modificado, pero para saber si esto es contrario a la garantía institucional del matrimonio no debe atenderse únicamente a la interpretación literal o sistemática de esta. En su lugar, otorga un enorme peso a la llamada interpretación evolutiva, que es definida por el Constitucional como aquella en la que nuestra norma fundamental:

> se acomoda a las realidades de la vida moderna como medio para asegurar su propia relevancia y legitimidad, y no sólo porque se trate de un texto cuyos grandes principios son de aplicación a supuestos que sus redactores no imaginaron, sino también porque los poderes públicos, y particularmente el legislador, van actualizando esos principios paulatinamente (FJ 9).

Y no solo parece atribuir esta teoría interpretativa la "actualización" de la Constitución a los poderes públicos, sino que al parecer el propio Tribunal Constitucional también participa de ella:

> (...) porque el Tribunal Constitucional, cuando controla el ajuste constitucional de esas actualizaciones, dota a las normas de un contenido que permita leer el texto constitucional a la luz de los problemas contemporáneos, y de las exigencias de la sociedad actual a que debe dar respuesta la norma fundamental del ordenamiento jurídico a riesgo, en caso contrario, de convertirse en letra muerta (FJ 9).

A raíz de esto, se hace mención del concepto "cultura jurídica" que entiende que el Derecho es "un fenómeno social vinculado a la realidad en que se desarrolla" (FJ 9). Por ello, la interpretación evolutiva entiende que la cultura jurídica española respecto al matrimonio sigue siendo la misma tras la reforma introducida en materia de matrimonio, de tal forma que esta sigue pudiendo definirse de la misma forma:

> como comunidad de afecto que genera un vínculo, o sociedad de ayuda mutua entre dos personas que poseen idéntica posición en el seno de esta institución, y que voluntariamente deciden unirse en un proyecto de vida familiar común, prestando su consentimiento respecto de los derechos y deberes que conforman la institución y manifestándolo expresamente mediante las formalidades establecidas en el ordenamiento (FJ 9).

A continuación, se analiza el Derecho comparado en esta materia, matrimonios entre personas del mismo sexo, acudiendo a ordenamientos jurídicos que lo reconocen como los de Países Bajos, Bélgica, algunos estados de Estados Unidos, Canadá, Sudáfrica, Ciudad de México, Noruega, Islandia, Portugal, Suecia, Argentina y Dinamarca. Posteriormente, hace referencia al Derecho internacional, destacando que no se prohíbe ni se impone que se regule el matrimonio entre personas del mismo sexo, siendo una opción de cada Estado. Finalmente, entiende que en España el matrimonio homosexual está aceptado socialmente, así como en la Unión Europea.

Para el Tribunal, las notas esenciales de la institución han sido respetadas por la reforma, por lo que la garantía institucional no habría sido vulnerada y a la luz de la teoría interpretativa podría adaptarse el texto constitucional a la realidad social.

En segundo lugar, entiende el Tribunal que tampoco ha sido alterado el contenido esencial del derecho a contraer matrimonio. Se identifica la dimensión objetiva de este derecho con la institución matrimonial, por lo que esta ha permanecido también inalterada siguiendo el razonamiento anteriormente expuesto del Tribunal. Por ello, la cuestión a analizar es la dimensión subjetiva, que entiende que es resolver "si la regulación impugnada impide el ejercicio del derecho por parte de las personas heterosexuales, en las mismas condiciones en que anteriormente lo ejercían, afectando por tanto al contenido esencial de ese derecho, y la respuesta a esta cuestión ha de ser negativa" (FJ 11). Puesto que los titulares anteriores a la reforma, las parejas heterosexuales, pueden ejercer el derecho de la misma forma que tras dicho cambio, no se ha producido un cambio en el ámbito subjetivo del derecho a contraer matrimonio.

Con todo, la sentencia se dicta acompañada de cuatro votos particulares que muestran sus desacuerdos con el resto del Pleno. Los magistrados D. Ramón Rodríguez Arribas, D. Andrés Ollero Tassara y D. Juan José González Rivas disienten de los argumentos empleados, entendiendo que debiera de estimarse el recurso. D. Manuel Aragón Reyes, sin embargo, entiende en su voto particular que si bien debiera desestimarse el recurso, no comparte la interpretación evolutiva que utiliza el Pleno.

3. Crítica

3.1. Criterios interpretativos utilizados

La primera crítica que puede hacerse a la sentencia respecto a los criterios interpretativos que utiliza es la forma retorcida que da a la literalidad del artículo 32 CE. Entiende que los sexos de los contrayentes es una cuestión que no se contemplaba y que, por tanto, debía llenarse ese hueco mediante la interpretación evolutiva. Sin embargo, esto tiene un límite claro, como señala D. Andrés Ollero Tassara en su voto particular, "lo que prive de todo sentido a lo que sí contempla". Es decir, si bien la Constitución no se pronuncia sobre qué lugar de nuestro ordenamiento merecen las uniones de personas del mismo sexo, esto no puede llevar a afirmar a su vez que las protege por sí contemplar el matrimonio del hombre y la mujer. Y es que, ¿debiéramos pensar que las palabras del constituyente no fueron cuidadosamente elegidas? Como ya se ha apuntado, es el único artículo del capítulo que hace referencia a los sexos de las personas, por lo que ciertamente no parece ser una elección sin importancia[6]. A ello debe de sumarse que el propio Tribunal Constitucional había interpretado en un Auto muy citado en esta sentencia que "la unión entre personas del mismo sexo biológico no es una institución jurídicamente regulada, ni existe un derecho constitucional a su establecimiento: todo lo contrario, al matrimonio entre un hombre y una mujer que es un derecho constitucional (32.1 CE)" (ATC 222/1994).

Además, una cuestión ciertamente llamativa a este respecto es la similitud lingüística del artículo 32.1 CE y del artículo 44 CC antes de la reforma:

> El hombre y la mujer tienen derecho a contraer matrimonio con plena igualdad jurídica (Art. 32.1 CE).
> El hombre y la mujer tienen derecho a contraer matrimonio conforme a las disposiciones de este Código (Art. 44 CC).

Como hace notar en su voto particular D. Ramón Rodríguez Arribas, resulta poco coherente que, atendiendo a la mera literalidad, se pensase necesario reformar la disposición del Código Civil para añadir un segundo párrafo que contemplase expresamente las uniones matrimo-

[6] Véase también Verda y Beamonte, J. R. de. *Ob. Cit.* p. 39, que señala como textos internacionales como la Declaración Universal de Derecho Humanos, el Convenio de Roma o el Pacto Internacional de Derechos civiles y políticos también contienen menciones a los sexos de los contrayentes sin que se dude que el matrimonio protegido era el heterosexual.

niales homosexuales y no se crea necesario reformar el precepto constitucional para que lo contemple de igual manera.

Por tanto, la literalidad del precepto es una cuestión importante a la hora de interpretar por ser la primera aproximación que toda persona puede tener con una norma. Otros criterios son también importantes a la hora de comprender el significado de un precepto, lo cual no quiere decir que puedan sobrepasar dicha literalidad del precepto, que, al fin y al cabo, aparece como un límite infranqueable.

> Que el sentido propio de las palabras no sea siempre suficiente como "único" criterio interpretativo no quita que sea siempre obligadamente el "primero" de ellos; sobre todo en una norma como la constitucional cuya relevancia se apoya en su postulada "rigidez"[7].

La cuestión que debiera responderse es si la palabra "matrimonio" se entiende igual antes y después de la reforma puesta en tela de juicio. Ciertamente, el vocabulario jurídico es en ocasiones poliédrico y se enriquece con el paso del tiempo añadiendo ciertos matices. Lo cual no implica que no quede un sustrato inicial y que todo aquello que no sea compatible con este no pueda caber en su seno[8]. Por ello, incluso si se emplease el vocablo "matrimonio" para referirse a las uniones de las personas del mismo sexo, ello no implica que participen de la esencia del matrimonio. En definitiva, la sentencia cambia el sentido de las palabras de la Constitución, mediante un "nominalismo arbitrario o voluntarista"[9].

[7] Voto particular de D. Andrés Ollero Tassara.

[8] Véase Cuesta Sáenz, J. M. de la. "*Familia y tipos de familia*. T. Prieto Álvarez (Ed.). Acoso a la familia. Del individualismo a la ideología de género. Granada: Editorial Comares, 2016, p. 92: "En lo que atañe al lenguaje de las leyes lo cierto es que se promulgan para acompañar a determinadas realidades sociales en el cumplimientos de sus funciones, y puede no resultar conveniente que esas mismas normas legales tengan que acompañar a realidades que solo presentan una forzada analogía con las que fueron su razón de ser, su ratio legis, y de las que toman el nombre, y por qué no decirlo, también en cierto modo el prestigio, como concurre con la palabra matrimonio".

[9] Martínez López-Muñiz, J.L.*Una crítica a la STC 198/2012 sobre el matrimonio en la Constitución Español.*T. Prieto Álvarez (Ed.). Acoso a la familia. Del individualismo a la ideología de género. Granada: Editorial Comares, 2016, p. 86.

Por otro lado, el Tribunal otorga un peso exorbitante a la interpretación evolutiva del precepto constitucional, que le lleva incluso a afirmar, como se ha señalado anteriormente, que es la forma en que la Constitución "se acomoda a las realidades de la vida moderna como medio para asegurar su propia relevancia y legitimidad" (FJ 9). Todo ello, según el Constitucional, "a riesgo, en caso contrario, de convertirse en letra muerta" (FJ 9). Por tanto, a lo que uno debe atender no debe ser si la reforma persigue un objetivo con una función social y que busque el bien de las personas (deber ser), sino si es acorde con el momento en que esa norma se va a aplicar (ser). ¿Es esta una forma razonable de interpretar una norma? "Aceptarlo equivaldría a admitir que no es la Constitución la que certifica y garantiza la legitimidad de las conductas sociales y políticas, sino que sería su texto el que cobraría legitimidad acomodándose a ellas"[10]. Llevado al extremo, solo conduce a negar los límites infranqueables de un ordenamiento jurídico, como podría ser el contenido esencial de un derecho fundamental que, en la práctica, las personas no respetasen.

Y ello colocaría al Tribunal Constitucional en una suerte de poder constituyente permanente, como sucede en esta sentencia, cuando su papel es el de intérprete de la Constitución Española. Esta es una actuación peligrosa que lleva a promulgar y luego abalar las normas por la presión social, a querer transformar los valores por la forma coactiva de la ley[11]. Por tanto, no puede, mediante la teoría de la interpretación evolutiva, atenderse a la actualidad de tal forma que se margine la protección que la Constitución da a una institución o un derecho. De ser así, la Constitución no sería un "árbol vivo", como recuerda el Abogado del Estado o el propio Tribunal rescatando esta doctrina norteamericana, sino que sería más bien una Constitución "líquida", una Constitución sin conceptos. Sin embargo, no es razonable afirmar que por no darse una definición del matrimonio, este quede totalmente indeterminado en nuestra norma fundamental. Dese cuenta uno de que tampoco se define qué es la familia y aun así se protege en su artículo 39 CE. Al fin y al cabo, como indica D. Andrés Ollero Tassara, tanto el matrimonio como la familia son "reali-

[10] Voto particular de D. Andrés Ollero Tassara.
[11] Verda y Beamonte, J. R. de. *Ob. Cit.* p. 48.

dades antropológicas que el Derecho se limita a conocer", al igual que sucede con, por ejemplo, los conceptos de propiedad o mercado.

Prueba de la perversión de esta interpretación, de la liquidez de sus frutos, es la abstracta definición del matrimonio, ya señalada, que la sentencia hace tratando de eludir la mención del sexo de los contrayentes.

3.2. Distorsión de la institución y del derecho a contraer matrimonio y de la adopción

A la luz de este análisis anterior, debemos considerar que nuestra Constitución en su artículo 32 CE protege al matrimonio entendido como una institución con el requisito de heterosexualidad de los cónyuges. Siendo esto así, es difícil pensar que el matrimonio pueda caber en la retorcida definición que da esta sentencia y diferenciarse a la vez de otras relaciones familiares que pueden también verse recogidas en las palabras del Constitucional. Y ello porque el peso del concepto que da el Tribunal es la mera "afectividad", que puede darse también entre un tío y un sobrino que además convivan[12].

Debemos preguntarnos si entonces existe una razón de ser de la institución del matrimonio que merezca una protección constitucional y que vaya más allá de un afecto, algo que trascienda a esto. Y es que los cónyuges no tienen únicamente una serie de obligaciones entre ellos, sino que también existe una responsabilidad "ante la sociedad (...) en orden precisamente a la generación, crianza y educación de la prole"[13]. Ignorar esto significa desnaturalizar la institución por eliminar su alteridad frente a otros vínculos personales.

> La ausencia de una adecuada percepción de la dimensión social del derecho lleva a olvidar por qué el matrimonio, a diferencia de la mera amistad, tiene relevancia jurídico institucional. El matrimonio pasa de entenderse como

[12] Véase a este respecto el voto particular de D. Ramón Rodríguez Arribas.

[13] Martínez López-Muñiz, J.L. *Ob. Cit.* p. 87. Verda y Beamonte, J. R. de. *Ob. Cit.* p. 50, que indica que el matrimonio "es el cauce más adecuado para que puedan cumplirse los fines de asistencia de los miembros de la familia, y. en particular, de los hijos, al asumir los contrayentes un estado civil que, recíprocamente, les impone deberes jurídicos, lo que no tiene lugar en las uniones de hecho".

un vínculo de relevancia social a enfocarse como una desvinculada vía de emancipación individual. El precio de esta operación de ingeniería social es la desnaturalización de la institución misma y la desprotección de los bienes jurídicos de dimensión social que amparaba. El derecho al matrimonio da opción a insertarse en una institución, pero no a redefinirla. Como señala la STC 247/2007, de 12 de diciembre, «los derechos constitucionales no sólo se imponen al legislador, sino que son resistentes al mismo»; mientras que en este caso es el legislador el que ha inventado un nuevo derecho, desfigurando una institución[14].

Además, a diferencia de lo que hace ver la sentencia, el contenido del derecho a contraer matrimonio sí se ve afectado. No puede entenderse que el cambio sustanciado por la reforma sea una mera ampliación de la titularidad del derecho, puesto que ya hemos señalado que la heterosexualidad es algo propio de la institución del matrimonio, afectando a su dimensión objetiva. Los titulares del derecho a contraer matrimonio no estarían ejerciendo el mismo derecho antes y después de la reforma.

> En realidad, ante la sociedad y el Estado, estarán contrayendo un vínculo distinto, no lo que se entendía por matrimonio, no algo que se reconoce socialmente como orientado objetivamente y de suyo a la generación, crianza y educación de nuevas vidas humanas, sino algo que nada tendrá que ver propiamente con esto, porque también podrá ser constituido entre dos personas del mismo sexo[15].

D. Andrés Ollero Tassara afirma en su voto particular que hoy asistimos a una época en la que la extensión de la titularidad de derechos individuales aplasta a instituciones jurídicas que han pervivido en nuestra tradición jurídica, como podría verse en este caso. Y es que de esta forma el matrimonio se desdibuja como institución "como si fueran mero corolario de los derechos y no más bien razón de su fundamento, abocando a una contraposición simplista entre limitación o ampliación de derecho individuales". El Derecho no puede ser una herramienta para

[14] Voto particular de Andrés Ollero Tassara.
[15] Martínez López-Muñiz, J.L. *Ob. Cit.* p. 89.

"ampliar derechos", sino que vela por la Justicia y para ello se le confiere la función de "atar o embridar voluntades"[16]. Sin embargo, si lo que protege el Derecho, como sucede en nuestros días y particularmente en esta sentencia, es una libertad mal entendida como voluntad que lleva a esta "ampliación de derechos" de algunos a costa de imponer dicha voluntad a los más débiles.

> No es nuevo pensar que la libertad puede oprimir, ni pensar que la idea de igualdad puede ser una idea vacía desde el punto de vista del Derecho, de modo que adentrarse en estas tendencias hacia el retroceso del derecho, no es algo que deba hacerse despreocupadamente por parte de los juristas[17].

La sentencia entiende que, una vez justificada la constitucionalidad de la reforma, las cuestiones sobre la adopción por parte de los matrimonios homosexuales deberán ser valoradas por los jueces según las circunstancias de cada caso concreto, siendo esta una posición realmente difícil. Así, no entra a valorar puntos como el interés superior del menor y como esto podría verse afectado, sino que se limita a señalar el control posterior en sede judicial de cada asunto. Desde la óptica de la adopción, no supone realmente una extensión en la titularidad de derecho, puesto que la legislación anterior permitía la adopción por parte de una sola persona, es decir, a título individual, independientemente de su orientación sexual. Lo que se pretende, como sugiere D. Andrés Ollero Tassara, es que las parejas homosexuales tengan una imagen social más normalizada, olvidando que precisamente el punto central de la adopción es el niño, no los adoptantes.

En definitiva, tanto la institución constitucionalmente garantizada como el derecho a contraer matrimonio del artículo 32 CE se ven afectados en uno de sus requisitos o contenido esencial, justificándose en una aparentemente no dañina "ampliación de derechos" que lleva a la des-

[16] Cuesta Sáenz, J. M. de la. *Ob. Cit.* p. 92.
[17] *Ibidem.* p. 93.

naturalización de la institución y a perder de vista el interés superior del menor en la adopción[18].

3.3. Alusión a la realidad social y al Derecho comparado

Se hace eco esta sentencia de una cuestión ya resaltada sobre el preámbulo de la Ley 13/2005, que es tratar de fundamentar esta reforma sobre una pretendida realidad social que parece eclipsar el resto de los argumentos junto con la interpretación evolutiva. En lugar de analizar la posible infracción del artículo 32 CE en relación con el 14 CE, esto se descarta y se dedica el Tribunal en el Fundamento Jurídico 11 a tratar de hacer ver que lo que anteriormente era una conducta criminalizada debe ser ahora fuente de derecho. Es decir, quiere tratarse de compensar una discriminación injustificada contra los homosexuales, que nos impone a todos un no hacer, con una supuesta extensión de la titularidad de un derecho, un poder hacer[19]. Estas son dos cuestiones muy diferentes y sin

[18] Esta interpretación peculiar de nuestro texto Constitucional recuerda a la que realizó en 1973 la Corte Suprema de los Estados Unidos en su sentencia del caso *Roe v. Wade* entendiendo acorde a la Constitución el aborto. Como apunta Aniceto Masferrer en su obra *Libertad y ética pública*. Por qué pensar críticamente es clave para salvar la democracia. Córdoba, Almuzara-Sekotia, 2022, p. 167: "la sentencia del caso Roe v. Wade se apoyó (...) en una interpretación peculiar y forzada de la 14ª Enmienda de la Constitución norteamericana, según la cual se extendía la protección de la «privacidad» al cuerpo de la mujer y, en consecuencia, ese derecho a su «privacidad» debía de prevalecer sobre la protección del «*nasciturus*»". Partiendo de una "privacidad", entendida como una propiedad privativa, se incluye al nasciturus dentro de la misma, de tal forma que el Estado no puede inmiscuirse en esta esfera de las mujeres. En el caso que abordamos en este trabajo, el TC, partiendo de un derecho al matrimonio que participa de la nota de heterosexualidad de los cónyuges, decide reinterpretar el texto y extender ese derecho a las uniones homosexuales, a pesar que no se contemplan. Con todo, visto este paralelismo, aunque dilatado en el tiempo, cabe guardar cierta esperanza a la luz de la sentencia del asunto *Dobbs v. Jackson*, en la que la Corte Suprema norteamericana rectificó el pasado 2022, 49 años tras el caso Roe v. Wade, la interpretación que hizo en esta primera sentencia, entendiendo que "la Constitución no hace ninguna referencia al aborto, y ningún derecho de este tipo está protegido implícitamente por ninguna disposición constitucional" y "es hora de hacer caso a la norma fundamental y devolver el tema a los representantes elegidos por el pueblo".

[19] Sobre esta cuestión se pronuncia D. Andrés Ollero Tassara, exponiendo lo siguiente: "Comparto íntegramente la legítima aspiración a erradicar la injusta discriminación de las personas que suscriben una orientación homosexual. Lo que nunca suscribiré es que

un nexo, sin que una se derive de la otra, siendo simplemente una cuestión voluntarista o arbitraria.

Incluso podría razonarse que esta sentencia no favorece esta no discriminación de las personas homosexuales, puesto que, al fin y al cabo, reconoce su derecho a contraer matrimonio de forma subrepticia con este pronunciamiento algo opaco en su argumentación y que llega siete años más tarde de la promulgación de la ley que reconocía tal derecho. ¿Por qué los anteriores titulares gozaron de una plena seguridad jurídica y satisfacción de que su derecho se viese protegido constitucionalmente de una forma clara y visible, incluyéndose en el texto por el cauce debido? ¿Por qué debiera hacerse de forma distinta a los contrayentes del mismo sexo si realmente se confiere el mismo derecho? ¿No hubiese sido una mejor forma de demostrar el respeto que merece toda persona y la lucha por la no discriminación por la orientación sexual de cada uno el reformar la Constitución?[20].

Otra forma de argumentar en la sentencia que es poco coherente es el exceso de uso del Derecho comparado. Ya se ha expuesto anteriormente todos los países que se señalaban con una legislación en materia de matrimonio homosexual, como si todos ellos fuesen igualmente comparables con nuestro ordenamiento jurídico. La realidad es que España confiere una gran protección al matrimonio y a la familia, cuestión que no se tiene en cuenta para discriminar esa larga lista de países y compararse con uno que realmente otorgue un papel tan central como el nuestro a estas dos figuras jurídicas. En la propia sentencia se reconoce que el TEDH entendía que la regulación del matrimonio homosexual es una cuestión que compete a cada Estado porque, precisamente, "el matrimonio posee

el fin justifique los medios, imperativo obligado de cualquier versión de uso alternativo del derecho. El respeto a una determinada orientación sexual, que lleva a mantener unas relaciones ajenas al matrimonio, no obliga a reconocer la posibilidad de contraerlo".

[20] Véase el voto particular de D. Ramón Rodríguez Arribas, que entiende que "cuando la realidad sociológica, contrastable en la calle, no es la de la aceptación, sino la de la indiferencia, que de cualquier forma no es argumento suficiente para sostener la constitucionalidad, ni favorece la no discriminación de las personas de orientación homosexual, cuya dignidad, a la que se alude, exigía que sus pretensiones en el acceso al matrimonio no fueran satisfechas por la puerta de atrás de la Constitución, sino postulando su reforma".

connotaciones sociales y culturales profundamente enraizadas susceptibles de diferir notablemente de una sociedad a otra" (FJ 9). Por tanto, el uso del Derecho comparado es una herramienta valiosa por permitir comprender cómo otros países afrontan los mismos problemas, siempre y cuando se parta de una situación o contexto similar. La razón de acudir a otros ordenamientos jurídicos no puede ser la simple homogeneización, desatendiendo a las tradiciones jurídicas y realidades sociológicas de cada país.

Conclusiones

La Ley 13/2005, por la que se modifica el Código Civil en materia de derecho a contraer matrimonio, introduce en nuestro ordenamiento las uniones de personas del mismo sexo equiparándolas con las matrimoniales, que hasta el momento habían sido entendidas por nuestra sociedad y reguladas con el requisito de heterosexualidad de los cónyuges. La fundamentación de esta ley es más bien poco consistente, como deja ver su preámbulo, atendiendo a una supuesta realidad social y presentando esta reforma como una suerte de compensación frente a años de discriminación a las personas homosexuales. Todo ello ignorando los informes o dictámenes previos a la promulgación de la ley del CGPJ, el Consejo de Estado o la Real Academia de la Legislación y Jurisprudencia.

El Tribunal Constitucional, al enjuiciar posteriormente la constitucionalidad de la ley, se hace eco de estas dos carencias argumentativas. Además, la interpretación del artículo 32 CE se impregna también de cierta arbitrariedad. En cuanto a la literalidad del precepto, el Tribunal asume que, si bien nada se dice de las uniones homosexuales, ello no debe implicar *per se* que la Constitución no pueda acogerlas en su seno. Se niega, por tanto, que la institución matrimonial que se reconoce sea de tipo heterosexual, todo ello a pesar de que se descartaron otras redacciones en el momento constituyente que sí hubiesen comprendido las uniones homosexuales. Es más, la literalidad del artículo 44 CC antes de la reforma era altamente parecida a la del artículo 32 CE y, sin embargo, el primero sí se decide alterar y el segundo no. El Tribunal se centra más en la interpretación de acuerdo con la realidad social, acudiendo a la interpretación evolutiva que, llevada al extremo como sucede en este caso, reduce al artículo 32 CE, sino a todo el texto constitucional, a un precepto maleable hasta fines insospechados por el legislador ordinario y por el propio Tribunal Constitucional.

La reforma introducida por la Ley 13/2005 es inconstitucional, en sentido contrario de lo apuntado en el fallo de la sentencia comentada. Ante esto, el cauce adecuado para introducir en nuestro ordenamiento jurídico las uniones homosexuales debe pasar primero por la reforma de la Constitución a través del cauce previsto en su artículo 167. Y ello porque, además de ser el cauce procedimental adecuado, entra en juego la soberanía que "reside en el pueblo español, del que emanan los poderes del Estado" (art. 3 CE). La familia es la unidad básica de protección y desarrollo de los individuos en una sociedad, lo que le confiere una gran función e importancia de las que participa también la institución del matrimonio. Nuestro país ha reconocido tal relevancia del matrimonio en nuestra Constitución mediante su consagración en el artículo 32 y previendo que toda alteración del texto constitucional, y por tanto también de este artículo, deba tramitarse de forma que vuelva a las manos del pueblo. La voluntad del legislador o del Tribunal Constitucional no puede decidir aquello sobre lo que solo puede pronunciarse el pueblo, siguiendo la máxima *quod omnes tangit ab omnibus approbari debet* (Cod. 5, 59, 5 §2)[21].

Referencias

Condorelli, O. *Quod omnes tangit, debet ab ómnibus approbari – note sull'origine e sull'utilizzazione del principio tra meioevo e prima età moderna*. Ius canonicum, vol. 53, no. 105, 2013.

Cuesta Sáenz, J. M. de la. *Familia y tipos de familia*. T. Prieto Álvarez (Ed.). Acoso a la familia. Del individualismo a la ideología de género. Granada: Editorial Comares, 2016.

[21] Al respecto, véase, por ejemplo, el estudio de Jasmin Hauck, "Quod omnes tangit debet ab omnibus approbari – Eine Rechtsregel im Dialog der beiden Rechte", *Zeitschrift der Savigny-Stiftung für Rechtsgeschichte: Kanonistische Abteilung*, vol. 99, no. 1, 2013, pp. 398-417. También sobre este principio, véase el estudio de Orazio Condorelli, "Quod omnes tangit, debet ab ómnibus approbari – note sull'origine e sull'utilizzazione del principio tra meioevo e prima età moderna", *Ius canonicum*, vol. 53, no. 105, 2013, pp. 101-127.

Hauck, J. *Quod omnes tangit debet ab omnibus approbari – Eine Rechtsregel im Dialog der beiden Rechte*, Zeitschrift der Savigny-Stiftung für Rechtsgeschichte: Kanonistische Abteilung, vol. 99, no. 1, 2013.

Martínez López-Muñiz, J.L. *Una crítica a la STC 198/2012 sobre el matrimonio en la Constitución Español*. T. Prieto Álvarez (Ed.). Acoso a la familia. Del individualismo a la ideología de género. Granada: Editorial Comares, 2016.

Masferrer, A. *Libertad y ética pública*. Por qué pensar críticamente es clave para salvar la democracia. Córdoba: Almuzara-Sekotia, 2022.

Moliner Navarro, R. *Reconocimiento jurídico de la unión homosexual en el derecho comparado*. J. R. de Verda y Beamonte (Coord.) Comentarios a las Reformas de Derecho de Familia de 2005. Cizur Menor: Aranzadi, 2006.

Talavera Fernández, P. *Objeción de conciencia y matrimonio de personas del mismo sexo*. J. R. de Verda y Beamonte (Coord.) Comentarios a las Reformas de Derecho de Familia de 2005. Cizur Menor: Aranzadi, 2006.

Verda y Beamonte, J. R. de. *El libre desarrollo de la personalidad como principio inspirador de la Ley 13/2005, de 1 de julio, por la que se modifica el Código Civil en materia de derecho a contraer matrimonio*. J. R. de Verda y Beamonte (Coord.). Comentarios a las Reformas de Derecho de Familia de 2005. Cizur Menor: Aranzadi, 2006.

Dictamen del Consejo de Estado 2628/2004, de 16 de diciembre. *Expediente de Anteproyecto de Ley por la que se modifica el Código Civil en materia de derecho a contraer matrimonio.*

Informe del Consejo General del Poder Judicial de 26 de enero de 2005. *Estudio sobre la reforma del Código Civil en materia de matrimonio entre personas del mismo sexo.*

Informe de 21 de febrero de 2005 del Pleno de Académicos de Número de la Real Academia de Jurisprudencia y Legislación Española.

23.
SOCIEDADE DE FATO NA CONJUGALIDADE

Thiago Vargas Simões

1. Introdução

Tratada como elemento fundamental da sociedade, a família encontra proteção e instrumentos jurídicos próprios para sua caracterização e efeitos perante a ordem jurídica do Estado, o qual é o responsável por estabelecer os relacionamentos interpessoais que possibilitam a aplicação das normas criadas para operabilizar a especial proteção estatal[1].

O legislador constituinte reconheceu, por meio de normas constitucionais de conteúdo programático, que as relações familiares são originadas no casamento, nas uniões estáveis[2] e nas relações monoparentais,

[1] Cita-se, *v.g.*: artigo 226, *caput* da constituição brasileira ("a família, base da sociedade, tem especial proteção"); artigo 40 da constituição uruguaia ("*la familia es la base de nuestra sociedad. El Estado velará por su estabilidad moral y material, para la mejor formación de los hijos dentro de la sociedad*"); artigo 14 *bis* da constituição argentina ("*en especial, la ley establecerá: (...); la protección integral de la familia; la defensa del bien de familia; la compensación económica familiar y el acceso a una vivienda digna*"); artigo 39, nº 1 da constituição espanhola ("*los poderes públicos aseguran la protección social, económica y jurídica de la familia*"); artigo 67.º, nº 1 da constituição portuguesa ("a família, como elemento fundamental da sociedade, tem direito à protecção da sociedade e do Estado e à efectivação de todas as condições que permitam a realização pessoal dos seus membros"); artigo 29 da constituição italiana ("*la repubblica riconosce i diritti della famiglia come società naturale fondata sul matrimonio. Il matrimonio è ordinato sull'eguaglianza morale e giuridica dei coniugi, con i limiti stabiliti dalla legge a garanzia dell'unità familiare*").

[2] União de facto (Portugal); *Uniones convivenciales* (Argentina); *Unión concubinaria* (Uruguai); *Unión de hecho* (Espanha).

não havendo hierarquia entre elas, mas sim requisitos e efeitos jurídicos próprios para cada um.

Como será demonstrado, independente da relação eleita pelos interessados (casamento ou união estável), a sociedade conjugal será constituída e desenvolvida a partir do preenchimento de condições exigidas por lei ou atos normativos, devendo o casal manter irrestrita obediência ao comando da fidelidade recíproca, sob pena de violar a concepção monogâmica da família.

2. A família e sua proteção legal

A composição dos núcleos familiares esteve umbilicalmente ligada a questões de ordem econômica, moral, política e religiosa, tendo influenciado as mais diversas classes sociais ao longo dos tempos da história. Efetivamente, a família é um grupo que antecede a doutrina jurídica e revela-se, portanto, como Direito Natural por excelência.

Assim sendo, a família representa a união de pessoas que comungam de perspectivas comuns sob os mais diversos aspectos (pessoais, patrimoniais e parentais), traduzindo-se num corpo fundamental à identificação e desenvolvimento de um povo[3] ao longo dos mais diversos períodos da história humana e de ideais econômicos, jurídicos, religiosos e sociológicos[4-5].

Vale destacar que entre os povos do ocidente, o catolicismo exerceu importante papel na solidificação dos preceitos básicos da família, estabe-

[3] "*La famiglia è la prima, e la più importante, delle formazioni sociali ove l'individuo svolge la sua personalità: (...). Per famiglia, in senso proprio, s'intende un gruppo di persone riunite da un vincolo collettivo. (...)*". Bartolomeo Dusi, *cf. Istituzioni di diritto privato*, pp. 315-317.

[4] Benabent, Alain. *Droit de la famille*. 10éme ed. Paris: Litec, 200, pp. 1-2, afirma que "*du point de vue sociologique, l'unité que forme la famille se rencontre dans toutes les formes de vie sociale. (...). Et même dans des sociétés évoluées comme nos sociétés occidentales modernes, l'importance de la famille dans la vie sociale demeure considérable. (...). Du point de vue économique, la famille constitue également un celle fondamentale. Elle est, en effet, constitutive d'une unité de production (de richesses ou d'économies). Ce que l'individu isolé pourrait difficilement faire seul, le groupe familial le peut de manière beaucoup plus efficace. (...). Du point de vue juridique, enfin, l'existence de la famille est universellement reconnue et produit maints effets. Cependant, la reconnaissance du groupe familial n'a jamais été jusqu'à lui conférer la personnalité morale. (...).*".

[5] "*La famille est un fait, un fait de la vie sociale, un mode de vie en société. (...). La famille est, à la fois, un phénomène social et une institution juridique.*". Cornu, Gerard. *Cf.* Droit civil: la famille, p. 7.

lecendo a exclusividade de sua constituição a partir do casamento entre pessoas de sexos opostos com a finalidade de legitimar do ato sexual e, via reflexa, de procriação, como se via, por exemplo, nos primeiros códigos civis do Brasil e Portugal.

Entre o início da vigência do primeiro Código Civil[6] até a promulgação da CF/88, o Direito de Família reconhecia que o exercício da autonomia privada, no que dizia respeito suas relações pessoais, limitava-se à faculdade de se casar ou não[7].

O casamento destinava-se a cumprir a função de instrumento para legitimação da família, do ato sexual e dos filhos nascidos ou concedidos antes e depois de sua celebração, tendo clara conotação patrimonial e submetida aos desígnios do *pater famílias*. Era, assim, o único modelo legítimo para constituição de um núcleo familiar.

Por sua vez, toda e qualquer relação não submetida à formalidade do casamento seria caracteriza por *concubinato*[8], uma vez que o então vigente Código Civil não destinou tratamento jurídico de família às uniões fáticas (consideradas *ilegítimas*), deixando seus membros em posição de desprestígio em relação às pessoas casadas[9]-[10].

[6] Lei nº 3.071, de 01 de janeiro de 1916.

[7] "*Secondo una tradizione culturale tuttora radicata, che si riflette nella Carta costituzionale, il matrimonio è il fondamento della famiglia (art. 29 Cost.). La coincidenza di matrimonio e famiglia ha carattere storico e contingente, ed è il risultato di una evoluzione alquanto complessa; al riguardo è necessario ricordare che nell'esperienza recente, in modo particolare negli ordinamenti dei paesi dell'Occidente, l'evoluzione dei costumi ed il mutamento dei valori etico-sociali consentono di individuare, accanto alla famiglia fondata sul matrimonio, altri modelli familiari ai quali il diritto riserva forme di tutela.*". Michele Sesta, *cf. Diritto di famiglia*, p. 39.

[8] Durante o período de vigência do Código Civil de 1916, a doutrina e jurisprudência classificavam o *concubinato* como *puro* (quando as partes não possuíam qualquer impedimento para o casamento, podendo fazê-lo a qualquer momento) e *impuro* (quando uma ou ambas as partes eram proibidas de contratar o casamento).

[9] "O Código Civil de 1916 ignorou a família de fato, e as raras menções que a ela fez tiveram em vista proteger a família oriunda do casamento, estabelecendo a possibilidade de anulação da doação do cônjuge adúltero a seu cúmplice (arts. 248, n. IV, e 1.177) e estatuindo que não pode ser nomeada herdeira ou legatária a concubina do testador casado (art. 1.719, n. III).". Monteiro, Washington de Barros; Tavares da Silva, Regina Beatriz. *Curso de direito civil – vol. 2: direito de família.* 43ª ed. São Paulo: Saraiva, 2016, p. 37.

[10] Neste sentido era a orientação da jurisprudência do Supremo Tribunal Federal: "(...).

Naquele período, o Supremo Tribunal Federal estabelecia distinção entre os modelos de concubinato então conhecidos (puro e impuro), a designação aos seus membros integrantes – companheira (sociedade de fato – concubinato puro) e concubina (concubinato impuro) – e os efeitos jurídicos deles decorrentes.

Na hipótese de existência *concubinato puro* ou sociedade de fato, haveria direito à dissolução judicial do relacionamento com a consequente partilha dos bens adquiridos por esforço comum ao longo do relacionamento, mesmo nas hipóteses em que o casal não mantivesse vida em comum sob o mesmo teto, nos termos das Súmulas 380[11] e 382[12], do Supremo Tribunal Federal.

Por sua vez, estando caracterizado o *concubinato impuro*, à concubina seria garantido o direito à indenização pelos serviços domésticos prestados (considerando-se a dedicação ao trabalho do lar e a impossibilidade de enriquecimento ilícito do outro), como orientava a jurisprudência do Supremo Tribunal Federal[13].

Após a promulgação da CF/88, o Direito de Família ganhou nova perspectiva à luz dos princípios e direitos fundamentais, o que provocou mudanças nas relações jurídicas interpessoais a partir do momento em que a exclusividade do casamento foi afastada para permitir o reconhecimento de núcleos outrora não tutelados enquanto família[14].

Caso em que o instituidor e homem casado que se afastou do lar conjugal e a beneficiária e a mulher solteira com qual ele conviveu, durante muitos anos, more uxório, até o falecimento. Distinção entre concubina e companheira para o efeito de afastar a incidência do sobredito art. 1.474. Interpretação teleológica dessa regra para lhe fixar o sentido que permite a distinção. Precedentes do STF. (...).". (RE 83.930/SP; Julg. em 10/05/1977).

11 "Comprovada a existência de sociedade de fato entre os concubinos, é cabível a sua dissolução judicial, com a partilha do patrimônio adquirido pelo esforço comum.".

12 "A vida em comum sob o mesmo teto, *more uxorio*, não é indispensável à caracterização do concubinato.".

13 Neste sentido: RE 96.400/PR; RE 91.212/SP; RE 102.130/RJ; RE 104.618/RJ; RE 105.206/GO.

14 Monteiro, Washington de Barros; Tavares da Silva, Regina Beatriz. *Curso de direito civil* – vol. 2: direito de família. 43ª ed. São Paulo: Saraiva, 2016, p. 13: "A Constituição da República deu as linhas mestras de alguns dos principais institutos de direito privado, principalmente do direito de família, mas não a ponto de dispensar uma regulamentação mais ampla dos institutos do direito civil por um novo Código. A descodificação não era

Com isso, a especial proteção estatal passou a abranger os núcleos familiares decorrentes da relação do casamento, da união estável ou pela comunidade formada por qualquer dos pais e seus descendentes[15], de acordo com o artigo 226, §§1º a 4º[16], ampliando-se, desta feita, o exercício da autonomia privada no plano pessoal do Direito de Família[17-18].

A reestruturação do Direito de Família nasceu, pois, da concepção humanista sob a qual a Carta Política de 1988 (artigo 1º, III[19]), impondo verdadeira personalização às estruturas familiares, haja vista ter colocado

a solução adequada, sendo indispensável que um novo diploma legal de direito civil fornecesse não só as principais balizas, mas, também, regulamentasse as relações privadas.".

[15] Conhecida por *famílias monoparentais.*

[16] "Artigo 226: A família, base da sociedade, tem especial proteção do Estado.
§1º: O casamento é civil e gratuita a celebração;
§2º: O casamento religioso tem efeito civil, nos termos da lei;
§3º: Para efeito da proteção do Estado, é reconhecida a união estável entre o homem e a mulher como entidade familiar, devendo a lei facilitar sua conversão em casamento;
§4º: Entende-se, também, como entidade familiar a comunidade formada por qualquer dos pais e seus descendentes; (...).".

[17] Miguel Reale. *Cf. Estudos preliminares de direito civil*, p. 71: "Ainda não nos demos conta de todas as graves consequências resultantes do art. 226 da Constituição de 1988, ao dispor sobre a instituição da família considerada base da sociedade. Antes desse dispositivo constitucional, notável por seu poder de síntese e pela riqueza de seus enunciados, não havia senão o casamento como entidade familiar, o que contrastava com a pluralidade já praticamente em vigor na sociedade civil.".

[18] Vale destacar o entendimento do Superior Tribunal de Justiça: "(...). 3. A partir da metade da década de 80, o novo perfil da sociedade se tornou tão evidente, que impôs a realidade à ficção jurídica, fazendo-se necessária uma revolução normativa, com reconhecimento expresso de outros arranjos familiares, rompendo-se, assim, com uma tradição secular de se considerar o casamento, civil ou religioso, com exclusividade, o instrumento por excelência vocacionado à formação de uma família. 4. Com a Constituição Federal de 1988, uma nova fase do direito de família e, consequentemente, do casamento, surgiu, baseada num explícito poliformismo familiar, cujos arranjos multifacetados foram reconhecidos como aptos a constituir esse núcleo doméstico chamado família, dignos da especial proteção do estado, antes conferida unicamente àquela edificada a partir do casamento. (...).". (REsp 1.337.420/RS; 4ª T.; Rel. Min. Luis Felipe Salomão; DJE 21/09/2017).

[19] Já assentou o Superior Tribunal Federal que: "(...). Sendo fundamento da República Federativa do Brasil a dignidade da pessoa humana, o exame da constitucionalidade de ato normativo faz-se considerada a impossibilidade de o Diploma Maior permitir a exploração do homem pelo homem. (...).". (RE 359.444/RJ).

a pessoa humana no âmago das relações jurídicas, servindo o Código Civil vigente (Lei nº 10.406/2002) como diploma consagrador das previsões constitucionais, regulamentando, assim, os requisitos necessários para a configuração do casamento, das uniões estáveis e das relações monoparentais.

Elucidando o ponto, Rosa Maria de Andrade Nery e Nelson Nery Junior[20] relatam que:

> (...) o CC 2002 foi elaborado para atualizar o Direito Privado, naquilo em que a experiência jurídica já está consolidada pela ciência, e para torná-lo compatível com a evolução da sociedade contemporânea, agregando ao novo sistema jurídico as conquistas mais significativas e atuais da ciência do direito. Para isso, o CC 2002 – como sistema jurídico – adotou valores considerados essenciais para se atingir essa atualização normativa, compatível com os anseios da sociedade contemporânea. (...).

Ao dedicar extensa previsão legislativa para fixar requisitos essenciais para existência, validade e eficácia do casamento civil (artigo 226, §1º da CF/88; artigo 1.512, CC; artigo 67, Lei de Registros Públicos) ou religioso com efeitos civis (artigos 226, §2º da CF/88; artigo 1.515, CC; artigo 71, Lei de Registros Públicos), constata-se a preferência legislativa pelo casamento como o modelo de família desejado[21], mas não o único, haja vista que a possibilidade de produção de efeitos jurídicos decorrentes da união estável (artigo 226, §3º da CF/88).

Etimologicamente, o termo união estável decorre da noção de um relacionamento (união) que se mantém firme (estável), traduzindo-se na ideia de uma vinculação inalterável entre pessoas, o que nos leva a compreendê-la como algo que se aproxima ao casamento. Daí o artigo 1.723, *caput* e §1º do CC assegurar que o relacionamento é público, contínuo e

[20] *Cf. Instituições de direito civil – volume 4: família e sucessões*, p. 150.

[21] Quando do julgamento do REsp 821.660/DF, o Ministro Sidnei Beneti destacou em seu voto que: "O casamento, a partir do que se extrai inclusive da Constituição Federal, conserva posição juridicamente mais forte que a da união estável. (...).".

duradouro entre duas pessoas[22] que vivam como se casados fossem, e não possuem qualquer impedimento matrimonial previsto no artigo 1.521 do Código Civil (exceto o previsto no inciso VI se uma ou ambas as partes estiverem separadas de fato ou judicialmente), ser reconhecida como união estável, não sendo imprescindível a coabitação entre os conviventes para sua caracterização[23].

Estas são, pois, as uniões familiares que ensejam a tutela estatal nos moldes destinados às relações de família, bem como as que podem vir a ser convertidas em casamento (artigo 226, §3º da CF/88; artigo 1.726, CC) tendo em vista a semelhança dos institutos quanto a solidez entre eles.

A família para ser merecedora da tutela jurídica estatal deve ter em seu nascedouro a intenção (autonomia da vontade) das partes em estabelecer a comunhão plena de vida decorrente do casamento ou da união estável e, no aspecto formal, o respeito aos limites estabelecidos pela ordem jurídica (autonomia privada). Implica dizer, portanto, que os modelos previstos no texto constitucional não são idênticos (muito embora tenham pontos comuns), mas sim relacionamentos com características e efeitos próprios[24-25].

[22] O Superior Tribunal Federal, quando do julgamento conjunto da ADPF nº 132 e ADI nº 4.277, foi afastada a diversidade de sexos como elemento necessário à constituição da família através da união estável.

[23] No julgamento do REsp 474.962/SP, o Superior Tribunal de Justiça destacou que: "(...). Não exige a lei específica (Lei n. 9.728/96) a coabitação como requisito essencial para caracterizar a união estável. Na realidade, a convivência sob o mesmo teto pode ser um dos fundamentos a demonstrar a relação comum, mas a sua ausência não afasta, de imediato, a existência da união estável. II – Diante da alteração dos costumes, além das profundas mudanças pelas quais tem passado a sociedade, não é raro encontrar cônjuges ou companheiros residindo em locais diferentes. (...).".

[24] Vale destacar trecho do voto do Min. Marco Aurélio quando do julgamento do RE 646.721/SP pelo plenário do Superior Tribunal Federal: "(...). O comando determina ao legislador facilitar a conversão da união estável em casamento, mas em momento algum os equipara. Se o fizesse, perderia a razão de ser, o objeto, a sinalização ao estímulo à transmutação da união estável em casamento. Para que a transformação ante igualização, quanto a consequências patrimoniais? A única similitude entre os institutos é que ambos são considerados, pelo Texto Maior, entidades familiares. E para por aí, uma vez que, mesmo sendo formas de família, a Constituição Federal estabelece, de plano, inexistir

Consoante lição Regina Beatriz Tavares da Silva, Átala Correia e Alicia García de Solavagione[26]:

> Para atribuir efeitos jurídicos às relações familiares, o Direito precisa eleger certos elementos fáticos e, assim, define a família e cumpre sua finalidade de organização da sociedade. Se qualquer fato pudesse representar uma relação familiar, ao puro desejo subjetivo daqueles que o praticam, não haveria uma definição jurídica possível de família e, desse modo, estaríamos, na melhor das hipóteses, no plano do direito das obrigações, com todos os méritos que

espaço para equalização. Presentes as balizas constitucionais, o Código Civil, bem ou mal, disciplinou tratamentos jurídicos correspondentes, não cabendo ao intérprete substituir a opção do legislador para igualá-los, onde a Carta da República não o fez. (...). A distinção entre os institutos é evidente. Tanto o é que foi reforçada em outros dispositivos do diploma legal, presente o disposto no artigo 1.726 do Código Civil – a possibilidade de a união estável converter-se em casamento, mediante pedido dos companheiros ao Juiz e assento no Registro Civil. Para alteração do regime, faz-se necessária a formalização da situação do fato, com expressa manifestação de vontade. Não se vê a linearidade. Trata-se de institutos díspares, com regimes jurídicos próprios, especialmente no âmbito patrimonial. Inexiste campo para potencializar a união estável, sob o risco de suplantar o próprio casamento e os vínculos dele decorrentes. (...). Entender de modo diverso, igualando casamento e união estável, em especial no tocante ao direito sucessório, significa, além do prejuízo para os sucessores, desrespeitar a autonomia a casal, quando da opção entre os institutos, em eleger aquele que melhor atendesse à pretensão de constituição do núcleo familiar – casamento ou união estável. Não cabe ao Judiciário, após a escolha legítima pelos particulares, sabedores das consequências, suprimir a manifestação de vontade com promoção de equiparações, sob pena de ter-se manifesta violação a um dos pilares do Estado Democrático de Direito – o direito à liberdade, à autodeterminação. (...).".

[25] Maluf , Carlos Alberto Dabus. *Cf. A união estável no direito brasileiro*, pp. 297-298: "Diferencio a concubina da companheira: 'concubina, é a amante, a mulher dos encontros velados, frequentada pelos homens casados, que convivem ao mesmo tempo com sua esposa legítima, é a mulher do lar clandestino, oculto, velado aos olhos da sociedade, como prática de bigamia, paralelamente ao lar legalmente constituído. Já a companheira, é a mulher que se une ao homem já separado da esposa e que apresenta à sociedade como legitimamente casado'. Sua característica marcante está na convivência de fato, contínua e duradoura, que se demonstra aos olhos da sociedade como se casados fossem. Existe aqui o pressuposto da fidelidade, da exclusividade. O vínculo entre os companheiros imita o casamento.".

[26] *Cf. União familiar de fato e seu estudo comparatístico*, p. 41.

tem essa área do Direito Civil, mas obviamente suas fontes não se confundem com as do Direito de Família.

Em que pese a singularidade dos mais diversos ordenamentos jurídicos, é ponto comum que a maioria destes estrutura as relações pessoais da família sob o viés monogâmico, não se admitindo relativização de seus efeitos, como passaremos a demonstrar.

3. A monogamia como princípio fundamental das relações familiares

Por ser considerada célula fundamental da sociedade, a relação familiar apenas será reconhecida pelo Estado quando houver, no ordenamento jurídico, traços de legitimidade ou inexistência de elementos impeditivos, os quais deverão constar expressamente no texto legal.

Tendo em vista o caráter imperativo das normas jurídicas destinadas ao casamento e à união estável, o Código Civil veda o reconhecimento de uma relação familiar quando uma das partes estiver impedida de se relacionar com outra, como se depreende dos impedimentos matrimoniais taxativamente previstos em seu artigo 1.521, de onde se verifica aqueles que estão proibidos de se casar.

Assim como ocorre em outros ordenamentos jurídicos, a codificação brasileira é categórica quanto a ilicitude da constituição de um novo vínculo matrimonial sem que o primeiro seja dissolvido, sob pena de tornar nula a segunda relação, ante a vedação da bigamia[27].

Não obstante, os impedimentos matrimoniais são extensivos às uniões estáveis e, portanto, impedem seu reconhecimento ainda que estejam

[27] Neste sentido: artigo 403 do Código Civil argentino ("*son impedimentos dirimentes para contraer matrimonio: (d) el matrimonio anterior, mientras subsista*"); artigo 91, 3º do Código Civil uruguaio ("*son impedimentos dirimentes para el matrimonio: (3º) el vínculo no disuelto de un matrimonio anterior*"); artigo 44, 2º do Código Civil espanhol ("*no pueden contraer matrimonio: (2º) los que estén ligados con vínculo matrimonial*"); artigo 1601.º, c do Código Civil português ("são impedimentos dirimentes, obstando ao casamento da pessoa a quem respeitam com qualquer outra: (c) o casamento anterior não dissolvido, católico ou civil, ainda que o respectivo assento não tenha sido lavrado no registo do estado civil"); artigo 29 da constituição italiana ("*non può contrarre matrimonio chi è vincolato da un matrimonio o da un'unione civile tra persone dello stesso sesso precedente*").

presentes os requisitos da publicidade, continuidade, durabilidade e do *intuito familiae*, como se depreende do artigo 1.723, *caput* e §1º do CC[28].

A estruturação monogâmica do casamento ganha contornos ainda mais evidentes quando se verifica, no artigo 1.566, I do Código Civil, que ambos os cônjuges devem cumprir com o dever de fidelidade recíproca, mostrando-se como valor jurídico decorrente deste modelo de família apto a ensejar, inclusive, responsabilidade civil quando descumprido por qualquer das partes.

Por sua vez, as uniões estáveis também são monogâmicas e impõem aos conviventes o dever de lealdade que, ademais de não se tratar de um requisito para a caracterização da família informal, mostra-se como um elemento indicador de sua existência tal como ocorre no casamento.

Os deveres da fidelidade recíproca (casamento) e lealdade (união estável) consagram o ideal monogâmico do Direito de Família, impedindo o reconhecimento de relacionamentos concomitantes, conforme se depreende da orientação da jurisprudência do Superior Tribunal Federal e do Superior Tribunal de Justiça, respectivamente:

> (...). Em que pesem os avanços na dinâmica e na forma do tratamento dispensado aos mais matizados núcleos familiares, movidos pelo afeto, pela compreensão das diferenças, respeito mútuo, busca da felicidade e liberdade individual de cada qual dos membros, entre outros predicados, que regem inclusive os que vivem sob a égide do casamento e da união estável, subsistem em nosso ordenamento jurídico constitucional os ideais monogâmicos, para o reconhecimento do casamento e da união estável, sendo, inclusive, previsto como deveres aos cônjuges, com substrato no regime monogâmico, a exigência de fidelidade recíproca durante o pacto nupcial (art. 1.566, I, do

[28] Tavares da Silva, Regina Beatriz; Correia, Atalá; Solavagione, Alicia García de. *União familiar de fato e seu estudo comparatístico in Tratado da união de fato*. São Paulo: Almedina, 2021, p. 41: "A família é, portanto, aquela que se forma sem impedimentos de ordem consanguínea e moral, além da etária. Se não se atribui efeitos jurídicos ao adultério, à bigamia ou à poligamia, o Direito não está punindo essas relações, outrossim, consoante os anseios sociais, está realizando seu dever organizacional desse núcleo social essencial que é a família.".

> Código Civil). (...). (RE 1.045.273/SE; Rel. Min. Alexandre de Moraes; Tribunal Pleno; DJe 09/04/2021)
> (...). 8. Os deveres de fidelidade e de lealdade podem ser relevantes para impedir o eventual de reconhecimento de relações estáveis e duradouras simultâneas, concomitantes ou paralelas, em virtude da consagração da monogamia e desses deveres como princípios orientadores das relações afetivas estáveis e duradouras. 9. Contudo, esses deveres não são relevantes na hipótese em que as relações estáveis e duradouras são sucessivas, iniciada a segunda após a separação de fato na primeira, e na qual os relacionamentos extraconjugais mantidos por um dos conviventes eram eventuais, não afetivos, não estáveis, não duradouros e, bem assim, insuscetíveis de impedir a configuração da união estável. (...). (REsp 1.974.218/AL; 3ª T.; Relª Min. Nancy Andrighi; DJe 11/11/2022)
> (...). 4. É inadmissível o reconhecimento de união estável concomitante ao casamento, na medida em que àquela pressupõe a ausência de impedimentos para o casamento ou, ao menos, a existência de separação de fato, de modo que à simultaneidade de relações, nessa hipótese, dá-se o nome de concubinato. Precedentes. (...). (REsp 1.916.031/MG; 3ª T.; Relª Min. Nancy Andrighi; DJe 05/05/2022.)

No âmbito das disposições legais do Código Civil português, a monogamia se mostra presente no artigo 1.577º, cujo texto estabelece que "o casamento é a união voluntária entre um homem e uma mulher, efetuada nos termos da lei, para se ajudarem mutuamente e constituírem família legítima", e nos permite constatar a impossibilidade de outras uniões matrimoniais simultâneas.

A monogamia no direito português encontra no dever conjugal de fidelidade (artigo 1.672º, CC), o expoente de sua operabilidade, como destacado pela orientação da jurisprudência do Superior Tribunal de Justiça lusitano:

> 1) A razão de ser do impedimento dirimente da alínea c) do artigo 1601º do Código Civil é garantir o princípio da natureza monogâmica da instituição matrimonial. (...). (STJ; 07A2003 – JSTJ000; Rel.: Sebastião Póvoas; Julg.: 26/06/2007)

Para Jorge Duarte Pinheiro[29], o impedimento matrimonial decorrente da existência de vínculo de casamento anterior que não foi dissolvido (artigo 1.601º, *c* do CC) tem como finalidade evitar a bigamia, sob pena de se incorrer, inclusive, no tipo penal previsto no artigo 247 do Código Penal português.

Igualmente presente no Direito espanhol, a regra do casamento monogâmico decorre do texto de seus artigos 67[30] e 68[31] do Código Civil que impõe aos cônjuges os deveres de respeito, ajuda mútua e fidelidade.

Constata-se, portanto, que a relação simultânea (paralela) à uma família legitimamente reconhecida pelo ordenamento jurídico (casamento ou união estável) será considerada como *concubinato* (sociedade de fato), tendo em vista a disposição do artigo 1.727 do CC, não produzindo quaisquer dos efeitos previstos nas normas dedicadas ao Direito de Família.

Na hipótese de ser configurada sociedade de fato na vigência de um casamento ou união estável, os eventuais efeitos de tal relacionamento deverá ser objeto de apuração a partir das regras do Direito Civil comum, desde que comprovado o esforço comum na aquisição do patrimônio como prevê a já citada Súmula 380 do Supremo Tribunal Federal.

Conclusão

A família sempre esteve inserida como um elemento essencial à formação das mais diversas sociedades, sendo objeto de proteção jurídica e ensejando constante aperfeiçoamento das normas que visam seus efeitos. Sua legitimação decorre da observância de valores próprios do Estado que concebe os modelos a quem atribui o *status* e de instituição social.

É inegável que a família do mundo ocidental se consagra a partir de um modelo monogâmico, onde a legislação reconhece apenas as relações dotadas de exclusividade sentimental e afetiva, como forma de atender aos valores sociais e obedecer a princípios fundamentais do Estado.

[29] *Cf. O direito da família contemporâneo*, p. 320.

[30] "*Los cónyuges deben respetarse y ayudarse mutuamente y actuar en interés de la familia*".

[31] "*Los cónyuges están obligados a vivir juntos, guardarse fidelidad y socorrerse mutuamente. Deberán, además, compartir las responsabilidades domésticas y el cuidado y atención de ascendientes y descendientes y otras personas dependientes a su cargo*".

A monogamia apresenta-se como o grande pilar da família e de seus efeitos, impondo às relações de casamento e união estável os deveres de fidelidade e lealdade, respectivamente, como instrumento de respeito diário ao ideal de exclusividade familiar.

Atribuir reconhecimento jurídico a relações em que uma das partes envolvidas não esteja em sintonia com o viés monogâmico da família é atentar contra a própria família e, via reflexa, contra a própria sociedade, não pode se falar que relacionamentos paralelos que visam apenas atender desejos individuais são merecedores da proteção estatal enquanto núcleo legitimado.

Não há, portanto, qualquer possibilidade de se destinar efeitos jurídicos de família a relacionamentos configurados concomitantemente a um núcleo familiar legítimo, restando aos envolvidos buscar aquilo que lhes for possível a partir das regras do direito das obrigações, sob pena de se subverter a ordem jurídica familiar e atentar contra a concepção monogâmica que permeia o casamento e a união estável.

Referências

Benabent , Alain. *Droit de la famille.* 10éme ed. Paris: Litec, 2001.

Cornu, Gerard. *Droit civil: la famille.* 9ème ed. Paris: Montchrestien, 2006.

Dusi, Bartolomeo. *Istituzioni di diritto privato.* 7ª ed. rin. e amp. Torino: Giappichelli, 1982.

Maluf, Carlos Alberto Dabus. *União estável no direito brasileiro in Tratado da união de fato.* Coordenadores Regina Beatriz Tavares da Silva; Atalá Correia e Alicia García de Solavagione. São Paulo: Almedina, 2021.

Monteiro, Washington de Barros; Tavares da Silva, Regina Beatriz. *Curso de direito civil – vol. 2: direito de família.* 43ª ed. São Paulo: Saraiva, 2016.

Nery, Rosa Maria de Andrade. *Instituições de direito civil – vol. 4: família e sucessões.* 2ª ed. São Paulo: RT, 2019.

Pinheiro, Jorge Duarte. *O direito da família contemporâneo.* 6ª edição. AAFDL Editora, 2018.

Reale, Miguel. *Estudos preliminares do código civil.* São Paulo: RT, 2003.

Sesta, Michele. *Diritto di famiglia.* Seconda ed. Padova: CEDAM, 2005.

Tavares da Silva, Regina Beatriz; Correia, Atalá; Solavagione, Alicia García de. *União familiar de fato e seu estudo comparatístico in Tratado da união de fato.* São Paulo: Almedina, 2021.

GESTÃO DE NEGÓCIOS E ALIMENTOS

GESTIÓN DE NEGOCIOS Y ALIMENTOS

24. GESTÃO DE NEGÓCIOS E REEMBOLSO DOS ALIMENTOS PAGOS

THIAGO VARGAS SIMÕES

1. Introdução

A tutela da pessoa humana é o grande mote dos ordenamentos jurídicos, tendo o legislador dedicado especial proteção à família e a promoção do desenvolvimento pleno de seus mesmos integrantes, como se verifica de simples leitura do artigo 226, §8º da CF/88.

Como instrumento de consagração do fundamento republicano da dignidade da pessoa humana, insculpido no artigo 1º, III da CF/88, os alimentos destinam-se a assegurar o mínimo vital àquele que não possui condições de prover seu próprio sustento, tendo a temática alimentar recebido especial atenção no texto CC, CPC e em legislações extravagantes.

No presente artigo será tratada a ocorrência do fenômeno da gestão de negócios decorrente do inadimplemento alimentar por parte do devedor obrigado a prestá-lo, bem como a caracterização, ou não, de sub-rogação no direito do alimentando e a possibilidade de manejo de ação demanda pelo gestor com o escopo de ser indenizado pelos valores pagos.

2. Os alimentos em perspectiva civil-constitucional

Calcada no objetivo fundamental de construção de uma sociedade livre, justa e solidária, é na relação familiar que estes objetivos têm suas primeiras demonstrações de concretude postas a prova, uma vez que a noção de núcleo familiar se abdicou de seu caráter patrimonialista e reprodutor, abrindo-se novos horizontes[1].

A denominada tutela da pessoa humana ganhou na CF/88 seu início, meio e fim ao ter visto, no plano constitucional, a dignidade humana alçada como fundamento republicano e, no plano infraconstitucional, as cláusulas gerais constantes da atual codificação civil como mecanismos de integração de suas necessidades[2].

Nesta toada, trazendo o valor máximo da dignidade humana às mais diversas formas de constituição familiar que visam, tão somente, a interação de seus membros, necessário se faz a compreensão de que esta só será atingida em sua plenitude quando houver recursos para o desfrute de uma vida digna.

É daí que surge a figura jurídica dos alimentos como verdadeiro instrumento de consagração e operabilidade da dignidade humana e a garantia de subsistência das pessoas com o mínimo necessário para o atendimento de suas necessidades básicas, tendo nos parentes mais próximos a salvaguarda jurídica da interação solidária e recíproca da existência de todos.

Isso porque, segundo Luis Díez-Picazo e Antonio Gullón[3] "[...] o primeiro bem jurídico que uma pessoa possui é sua própria vida, o primeiro interesse que tem é a sua conservação e a primeira necessidade que se depara é procurar meios para tanto.".

[1] Oportunas são as palavras do mestre lusitano Jorge Duarte Pinheiro. *Cf. Estudos de direito da família e das crianças*, p. 131: "O Direito da Família caracteriza-se pela particular permeabilidade à realidade social. A especial influência dos fenómenos sociais neste ramo do Direito deve-se ao próprio objecto da regulamentação jusfamiliar. As normas de Direito de Família visam disciplinar comportamentos que, embora mais ou menos íntimos, são tidos como fundamentais no âmbito da ordem social. (...).".

[2] "(...). 4. A paternidade socioafetiva realiza a própria dignidade da pessoa humana por permitir que um indivíduo tenha reconhecido seu histórico de vida e a condição social ostentada, valorizando, além dos aspectos formais, como a regular adoção, a verdade real dos fatos. (...).". (REsp 1.867.308/MT; 3ª T.; Rel. Min. Ricardo Villas Boas Cueva; DJe 11/05/2022).

[3] *Cf. Sistema de derecho civil* – vol. 4: derecho de familia y derecho de sucesiones. p. 47. Texto original: "(...) el primer bien que una persona posee en el orden jurídico es su vida, el primer interés que tiene es su conservación y la primera necesidad con la que se enfrenta es procurarse los medio para ellos.".

A relação jurídica alimentar é fixada a partir de uma justa proporcionalidade das condições de vida digna do alimentante (quem presta os alimentos) e do alimentando (quem recebe os alimentos), estabelecendo-se, assim, uma adequação às exigências imprescindíveis de cada um dos integrantes desta relação.

Apresentando íntima ligação com o princípio da dignidade humana, os alimentos foram alçados ao *status* de direitos sociais e está previsto no rol do artigo 6º[4] da CF/88 por força da EC nº 64/2010, perfazendo-se como elemento consagrador da subsistência da pessoa natural, como bem destacado na orientação da jurisprudência do Superior Tribunal de Justiça:

> (...). 2. O direito aos alimentos é um direito social previsto na CRFB/1988, intimamente ligado à concretização do princípio da dignidade da pessoa humana. Assim, a finalidade social e existencial da obrigação alimentícia a torna um instrumento para concretização da vida digna e a submete a um regime jurídico diferenciado, orientado por normas de ordem pública. (...). (REsp 1.886.554/DF; 3ª T.; Rel. Min. Marco Aurélio Bellizze; DJE 03/12/2020).

Desta feita, percebe-se que os alimentos retratam, hodiernamente, a proteção que o ordenamento jurídico garante a todas as pessoas, o mínimo de condições para uma vida digna e, devido a sua importância, são tidos por essenciais para sua subsistência, podendo ser conceituados como mecanismos de ordem material considerados como necessários para a sobrevivência física, moral e psíquica das pessoas.

Para Eduardo Espínola[5] os alimentos são "(...) na linguagem jurídica, os auxílios prestados a uma pessoa, para provas às necessidades da vida", ao passo que Rosa Maria de Andrade Nery[6] os conceitua como "(...) a

[4] "O direito à alimentação está intrinsicamente ligado ao direito de conservar a própria existência, que é o primeiro entre todos os direitos fundamentais previstos na Constituição Federal de 1988.". Monteiro, Washington de Barros; Tavares da Silva, Regina Beatriz. *Curso de direito civil* – vol. 2: direito de família. 43ª ed. São Paulo: Saraiva, 2016, p. 564.

[5] *Cf. A família no direito civil brasileiro*, p. 566.

[6] *Cf. Alimentos*, p. 31.

prestação temporária ou vitalícia devida pelo alimentante ao alimentando, visando a sobrevivência do alimentando, em qualidade, quantidade e tempo fixados com base nas necessidades de quem pede alimentos e na possibilidade de quem paga alimentos".

Cristiano Chaves de Farias e Nelson Rosenvald [7] salientam que:

> (...) estão incluídas no conceito de alimentos, a depender da capacidade contributivo do devedor, naturalmente, todas as despesas ordinárias para a manutenção digna de uma pessoa, como os gastos com alimentação adequada, habitação, assistência médica, vestuário, educação, cultura e, até mesmo, lazer e turismo. Aliás, observando o quadro evolutivo das relações humanas, já se pode antever que os alimentos abrangem, inclusive, despesas com animais de estimação, guias, de transporte ou para fins terapêuticos. (...).

No mesmo sentido, Yussef Said Cahali[8] narra que:

> "os alimentos são, pois, as prestações devidas, feitas para que aquele que as recebe possa subsistir, isto é, manter sua existência, realizar o direito à vida, tanto física (sustento do corpo) como intelectual e moral (cultivo e educação do espírito, do ser racional)"[9].

Pode-se afirmar, portanto, que a finalidade dos alimentos assegurará ao seu credor (alimentando) o mínimo vital, tal como o salário-mínimo e sua capacidade prevista no artigo 7º, IV da CF/88, devendo a verba alimentar atender as necessidades vitais básicas (alimentação, moradia,

[7] *Cf. Curso de direito civil: famílias*, p. 760.

[8] *Cf. Dos alimentos*, p. 16.

[9] Beviláqua, Clóvis. *Direito da família*. 8ª ed. atual. pelo Desembargador Isaias Beviláqua. São Paulo: Livraria Freitas Bastos S.A., 1956, p. 385. "A palavra alimento tem, em Direito, uma acepção técnica, de mais larga extensão do que a linguagem comum, pois que compreende tudo que é necessário à vida: sustento, habitação, roupa, educação e tratamento de moléstias.".

educação, vestuário, higiene, saúde, lazer, cultura e transporte) e, quando possível, mantê-lo com padrão social compatível[10]-[11].

3. A relação jurídica alimentar e suas principais características

O direito aos alimentos, por gozar de relevante posição no ordenamento jurídico, possui características próprias para proporcionar o socorro material àqueles que deles necessitam, como será exposto.

3.1. Obrigação e dever alimentar: breves considerações

Sabendo-se que a finalidade dos alimentos é proporcionar ao credor meios para manutenção de sua subsistência, vez que este não possui condições de proverem suas próprias necessidades, é correto afirmar que a relação jurídica que os impõem decorre do casamento, da união estável e do parentesco, como estabelecido no artigo 1.694, *caput* do CC[12]-[13]-[14].

[10] "(...). 2. Em conformidade com o direito civil constitucional – que preconiza uma releitura dos institutos reguladores das relações jurídicas privadas, a serem interpretados segundo a Constituição Federal, com esteio, basicamente, nos princípios da proteção da dignidade da pessoa humana, da solidariedade social e da isonomia material –, o direito aos alimentos deve ser concebido como um direito da personalidade do indivíduo. Trata-se, pois, de direito subjetivo inerente à condição de pessoa humana, imprescindível ao seu desenvolvimento, à sua integridade física, psíquica e intelectual e, mesmo, à sua subsistência. (...).". (REsp 1.771.258/SP; 3ª T.; Rel. Min. Marco Aurélio Bellizze; DJe 14/08/2019).

[11] "(...). 2. No seio das relações familiares, os alimentos constituem instrumento essencial à manutenção da subsistência digna e da própria vida do alimentando. (...).". (HC 708.634/RS; Rel. Min. Paulo de Tarso Sanseverino; DJe 09/05/2022).

[12] "O fundamento desta obrigação de prestar alimentar é o princípio da preservação da dignidade da pessoa humana (CF, art. 1º, III) e o da solidariedade social e familiar (CF, art. 3º), pois vem a ser um dever personalíssimo, devido pelo alimentante, em razão de parentesco, vínculo conjugal ou convivencial que o liga ao alimentando.". Diniz, Maria Helena. *Curso de direito civil – vol. 5: direito de família.* 35ª ed. rev. e atual. 2ª tiragem. São Paulo: Saraiva, 2021, pp. 675–676.

[13] "La funzione dell'istituto viene usualmente individuata nella tutela delle persone che si trovano in stato di bisogno, vale a dire che sono incapaci di provvedere alle proprie necessità: in questo senso l'obbligo alimentare è sicuramente funzione alla tutela del diritto alla vita, e ad una vita dignitosa, di ogni persona.". Marco Sala. *Cf. Gli alimenti*, p. 1899.

[14] "(...). 1. Os alimentos decorrem da solidariedade que deve haver entre os membros da família ou parentes, visando garantir a subsistência do alimentando, observadas sua necessidade e a possibilidade do alimentante. Desse modo, a obrigação alimentar tem a

Neste sentido, e por haver relação direta dos alimentos com a precípua necessidade de manutenção de condições mínimas para uma vida digna, é importante diferenciar quando a prestação dos alimentos será caracterizada como obrigação alimentar e quando será considerada como dever alimentar.

Fala-se em obrigação alimentar, ou obrigação de mantença, quando as partes da relação alimentar possuírem vínculo de parentesco na linha reta em primeiro grau, isto é, são pais e filhos e, portanto, reciprocamente credores e devedores de alimentos um em relação ao outro, conforme disposto no artigo 1.696, CC.

Aqui, a prestação dos alimentos decorrente do poder familiar faz com que as necessidades do filho menor sejam presumidas, ao passo que ao se atingir a maioridade civil, o filho poderá receber os alimentos quando demonstrar sua necessidade à verba alimentar para o custeio de seus estudos, por exemplo.

A orientação da jurisprudência do Superior Tribunal de Justiça corrobora tal entendimento:

> (...). 4. A jurisprudência do STJ compreende que "o advento da maioridade não extingue, de forma automática, o direito à percepção de alimentos, mas esses deixam de ser devidos em face do Poder Familiar e passam a ter fundamento nas relações de parentesco, em que se exige a prova da necessidade do alimentado" [...]. (AgInt-AREsp 2.114.877/DF; 4ª T.; Rel. Min. Antonio Carlos Ferreira; DJE 31/03/2023).

> (...). 4. Como é de sabença, enquanto o filho for menor, a obrigação alimentícia de ambos os genitores (de custear-lhe as despesas com moradia, alimentação, educação, saúde, lazer, vestuário, higiene e transporte) tem por lastro o dever de sustento derivado do poder familiar, havendo presunção de necessidade do alimentando; ao passo que, após a maioridade civil (dezoito anos), exsurge o dever dos pais de prestar alimentos ao filho – em decorrência da relação de parentesco – quando demonstrada situação de incapaci-

finalidade de preservar a vida humana, provendo-a dos meios materiais necessários à sua digna manutenção, ressaindo nítido o evidente interesse público no seu regular adimplemento. (...).". (REsp 997.515/RJ; 4ª T.; Rel. Min. Luis Felipe Salomão; DJe 26/10/2011).

> dade ou de indigência não proposital, bem como por estar o descendente em período de formação escolar profissionalizante ou em faculdade, observado o trinômio "necessidade de quem recebe, capacidade contributiva de quem paga e proporcionalidade". (...). (REsp 1.699.013/DF; 4ª T.; Rel. Min. Luis Felipe Salomão; DJe 04/06/2021).

Por sua vez, o dever alimentar decorre da relação jurídica pautada na reciprocidade existente entre os cônjuges, companheiros e demais parentes em linha reta ou colateral que não sejam pais e filhos, retratando a aplicação do princípio da solidariedade (artigo 3º, I da CF/88) no âmbito das relações familiares[15], exigindo-se, para tanto, prova da necessidade do alimentando para a concessão dos alimentos em seu favor, como se vê da jurisprudência do Supremo Tribunal de Justiça:

> (...). 9. Àqueles unidos pelos laços de parentesco, sejam eles ascendentes descendentes ou, ainda, colaterais, estes limitados ao segundo grau, impõe-se o dever recíproco de socorro, guardada apenas a ordem de prioridade de chamamento à prestação alimentícia, que é legalmente delimitada, nos termos dos arts. 1.696 e 1.697 do CC/02. (...). (REsp 1.170.224/SE; 3ª T.; Relª Minª Fátima Nancy Andrighi; DJe 07/12/2010).

Verifica-se, pois, que a principal diferença que irradia de tais expressões diz respeito a incidência ou não de presunção quanto à necessidade daquele que receberá os alimentos: no dever alimentar se faz imprescindível a demonstração da necessidade de quem pleiteia e a capacidade daquele que os pagará, ao passo que na obrigação alimentar há incidência de presunção da necessidade dos alimentos.

Na hipótese dos alimentos decorrentes do parentesco, é preciso estabelecer que as relações de parentesco são constituídas pelos laços biológicos, civis ou socioafetivos (artigo 1.593, CC), teve o escopo de garantir

[15] Pertinente indicar relevante julgado do Supremo Tribunal de Justiça do Espírito Santo sobre a questão: "(...). 2. A Constituição Federal reconhece esta obrigação familiar, que encontra respaldo no princípio da solidariedade familiar, ao dispor, em seu artigo 229, que os pais têm o dever de assistir, criar e educar os filhos menores. (...).". (AI 0014808-42.2019.8.08.0035; 2ª Câmara Cível; Rel. Des. Carlos Simões Fonseca; DJES 12/02/2020).

direitos e, via reflexa, atribuir obrigações àqueles que se encontram ligados pelas linhas do parentesco, em clara atribuição decorrente da reciprocidade existente nas relações alimentares.

Segundo disposto no artigo 1.696, CC "o direito à prestação de alimentos é recíproco entre pais e filhos, e extensivo a todos os ascendentes, recaindo a obrigação nos mais próximos em grau, uns em falta de outros". É dizer: os alimentos hoje caminham em via de mão dupla, recaindo não apenas aos ascendentes, mas também aos descendentes, como retrato da dignidade humana e solidariedade existente nas relações familiares.

No mesmo contexto, o Código Civil estabelece em seu artigo 1.697 que "na falta dos ascendentes cabe a obrigação aos descendentes, guardada a ordem de sucessão e, faltando estes, aos irmãos, assim germanos como unilaterais".

Faz-se necessário duas ponderações a respeito da obrigação alimentar: a primeira é a estabelecida entre os ascendentes e descendentes. Como cediço, a relação de parentesco aqui estabelecida é caracterizada pela ligação entre pessoas através de uma linha reta que é infinita, ou seja, não comporta limites, a luz do que dispõe o artigo 1.591, CC. Aqui, os parentes mais próximos possuem prevalência sobre os mais remotos.

Já a segunda trata da obrigação alimentar entre os parentes colaterais. A relação de parentesco que indica a ligação entre as pessoas pela linha colateral, caracteriza-se pela relação que é estabelecida por pessoas que não ascendem ou descendem uma da outra. Para fins alimentícios, admite-se apenas a obrigação até os colaterais de segundo grau, ou seja, os irmãos.

Portanto, que a relação jurídica alimentar encontra nas relações de família o fato gerador para o cumprimento do dever ou da obrigação, cabendo àquele que os pleiteia a demonstração da necessidade ou do fator presunção para fazer jus ao recebimento.

3.2. O viés personalíssimo, imprescritível, irrenunciável, incompensável e impenhorável dos alimentos.

Como consectário do princípio da dignidade humana e a finalidade em suprir as necessidades mais básicas da pessoa natural, os alimentos são inegavelmente essenciais à preservação da personalidade jurídica daquele que periodicamente recebe o auxílio material decorrente do parentesco ou dos vínculos de casamento ou união estável.

Dessa maneira, o direito aos alimentos decorre da existência da própria pessoa humana e integra o rol de garantias para a defesa e promoção do credor. Trata-se, portanto, de um atributo da personalidade do alimentando e voltado exclusivamente às suas necessidades.

Vez que se destinam a atender as exigências materiais e morais de quem os recebe, é correto afirmar que os alimentos são personalíssimos, ou seja, são intuito personae, já que sua fixação atende as especificidades das partes envolvidas na relação e, como bem salienta Arnaldo Rizzardo[16], "trata-se de um direito estabelecido em função da pessoa"[17].

No ponto, a orientação da jurisprudência do Superior Tribunal de Justiça corrobora tal entendimento:

> (...). 4. Do viés personalíssimo do direito aos alimentos, destinado a assegurar a existência do alimentário – e de ninguém mais –, decorre a absoluta inviabilidade de se transmiti-lo a terceiros, seja por negócio jurídico, seja por qualquer outro fato jurídico. (...). (REsp 1.771.258/SP; 3ª T.; Rel. Min. Marco Aurélio Bellizze; DJe 14/08/2019).

Exatamente por ser personalíssimo e estar intimamente vinculado à vida humana, o direito aos alimentos também é imprescritível, uma vez que aquele que deles necessita poderá ajuizar ação para obter o auxílio material para promover sua subsistência. Implica dizer: enquanto estiver viva, a pessoa humana poderá requerer os alimentos para preservar sua integridade material e moral.

Ressalta-se, entretanto, que apenas o direito aos alimentos reveste-se do caráter de imprescritibilidade, mas não o é o direito ao montante

[16] *Cf. Direito de família*, p. 668.

[17] "(...). 2. A genitora que, no inadimplemento do pai, custeia as obrigações alimentares a ele atribuídas, tem direito a ser ressarcida pelas despesas efetuadas e que foram revertidas em favor do menor, não se admitindo, todavia, a sub-rogação da genitora nos direitos do alimentado nos autos da execução de alimentos, diante do caráter personalíssimo que é inerente aos alimentos. (...).". (REsp 1.658.165/SP; 3ª T.; Relª Minª Nancy Andrighi; DJe 18/12/2017).

alimentar fixado, tendo em vista que o direito ao crédito alimentar está submetido ao prazo prescricional de dois anos contados a partir da data do vencimento da parcela não paga, como previsto no artigo 206, §2º do CC[18].

Complementando a personalidade e imprescritibilidade dos alimentos, o artigo 1.707 do CC define que o direito aos alimentos é irrenunciável, incompensável e impenhorável, o que reforça sua finalidade em preservar a vida do que deles necessita.

Serão irrenunciáveis os alimentos quando fundados nas relações de parentesco, situação que permite apenas que o eventual credor possa deixar de exercitar seu direito de reclamar o auxílio material cabível, mas não poderá renunciá-lo, facultando-lhe o manejo das medidas judiciais pertinentes para cobrá-los futuramente.

Não obstante, em se tratando de direitos alimentos entre cônjuges e conviventes, a doutrina[19] e a orientação jurisprudencial vem admitindo a possibilidade de renúncia recíproca quando do fim da relação do casamento ou da união estável já que se trata de direito disponível e sujeito à livre manifestação de vontade das partes, devendo a abdicação da pretensão constar de termo nos autos para evitar futuras discussões sobre o tema, como já analisou o Tribunal Superior de Justiça:

> (...). 2. Especificamente em relação ao pronunciamento dos cônjuges quanto à intenção de se divorciarem, às disposições relacionadas à divisão dos bens e dívidas em comum e, no caso, à renúncia de alimentos entre si, por se encontrarem na esfera de sua estrita disponibilidade, seus termos hão de ser considerados como verdadeira transação, cuja validade e eficácia dependem exclusivamente da higidez da manifestação de vontade das partes apostas no

[18] Arnoldo Wald e Priscila M.P Corrêa da Fonseca. *Cf. Direito civil* – vol. 5: direito de família, p. 89, apontam que "[...] a prescrição só atinge as prestações efetivamente vencidas, as quais já tenham sido fixadas, por sentença ou por acordo entre as partes. A cobrança das prestações pretéritas prescreve, entre maiores e capazes, em dois anos (art. 206, §2º, do CC). É que, enquanto o beneficiário da pensão for menor de idade, não corre contra ele a prescrição, a teor do que dispõe o art. 197 da Lei Civil.".

[19] Farias, Cristiano Chaves de; Rosenvald, Nelson. *Curso de direito civil* – vol. 6: famílias. 15ª ed. rev., atual. e ampl. São Paulo: JusPodivm, 2023, cit., p. 76. Queiroga, Antônio Elias de. *Curso de direito civil: direito de família*. Rio de Janeiro: Renovar, 2004, pp. 308-309.

acordo. (...). (REsp 1.756.100/DF; 3ª T.; Rel. Min. Marco Aurélio Bellizze; DJe 11/10/2018).

(...). 1. Esta corte preconiza que a renúncia expressa aos alimentos entre ex-cônjuges ou ex-companheiros é perfeitamente possível e, após efetivada, não pode ser motivo de nova discussão a respeito. (...). (REsp 1.384.435/SC; 4ª T.; Rel. Min. Luis Felipe Salomão; DJe 01/10/2014).

Quanto a sua incompensabilidade, os alimentos não podem ser objeto de compensação para fins de extinção da obrigação de prestá-los, ou seja, o pagamento de valores a maior num determinado mês não permite que nas prestações futuras haja abatimento proporcional do montante, mesmo quando se tratar de ato de mera liberalidade, senão vejamos o entendimento jurisprudencial superior:

(...). 2. No caso, o Tribunal de origem compreendeu que os pagamentos realizados pelo agravante, alheios ao título executivo judicial, devem ser considerados como atos de mera liberalidade, sendo inadmissível a compensação. (...). (AgInt-AREsp 1.862.013/SP; 4ª T.; Rel. Min. Raul Araújo; DJe 21/10/2022).

No mesmo sentido, os alimentos também são *impenhoráveis* na medida em que não se permite que a subsistência da pessoa humana seja objeto de constrição pelos eventuais credores daquele que recebe a verba alimentar para prover sua vida digna.

A impenhorabilidade dos alimentos poderá ser objeto de relativização nas hipóteses em que o credor de uma relação alimentar se torna devedor de outra e, ainda, quando os bens adquiridos com o montante alimentício não forem protegidos pela Lei nº 8.009/90[20]-[21]-[22].

[20] Cristiano Chaves de Farias e Nelson Rosenvald. *Ob. Cit.* p. 783.

[21] "(...). 1. A jurisprudência do Superior Tribunal de Justiça é no sentido da impenhorabilidade do bem de família não se aplicar às execuções de dívidas oriundas de pensão alimentícia, em razão da exceção prevista no art. 3º, inciso III, da Lei nº 8.009/1990. (...).". (AgInt-AREsp 2.030.654/RS; 3ª T.; Rel. Min. Marco Aurélio Bellizze; DJe 10/08/2022).

[22] A respeito da impenhorabilidade da verba alimentar, o CPC vigente excepcionou a regra quando da imposição de pagar alimentos, como destacado na jurisprudência do

3.3. Critérios legais para fixação do *quantum* alimentar

Segundo dispõe o artigo 1.694, *caput*, do CC "podem os parentes, os cônjuges ou companheiros pedir, uns aos outros os alimentos de que necessitem para viver de modo compatível com a sua condição social, inclusive para atender às necessidades de sua educação", ao passo que seu §1º é claro ao tratar que "os alimentos devem ser fixados na proporção das necessidades do reclamante e dos recursos da pessoa obrigada.".

Com vistas a atender os comandos constitucionais aplicados às relações de família, a fixação dos alimentos observará o trinômio necessidade x possibilidade x proporcionalidade, conforme preconizado pela jurisprudência superior[23], e voltado a proporcionar meios para subsistência daquele que não possui bens suficientes ou não pode prover suas necessidades pelo seu trabalho, nos termos do artigo 1.695, CC.

A partir da análise dos elementos apresentados nos autos da ação competente, o pretenso credor dos alimentos deverá demonstrar sua incapacidade de manter suas necessidades sem o suporte financeiro daquele que proverá o auxílio material, não podendo se olvidar, conforme já pontuado no item 3.1, que na hipótese de menores submetidos ao poder familiar a necessidade destes é presumida.

O *quantum* alimentar pretendido deverá atender o custeio da alimentação propriamente dita, bem como gastos com cultura, educação, lazer, moradia e saúde.

Tribunal de Justiça do Espírito Santo: "(...). 3. O *caput* do art. 833 do novo CPC deixou de empregar o advérbio "absolutamente" impenhoráveis, constante no art. 649 do CPC/73 e, em seu § 2º, excepcionou da regra da impenhorabilidade de vencimentos, salários e afins (inciso IV) no caso de pagamento de alimentos independentemente de sua origem, estando inseridos aí, portanto, não só os legítimos, mas também os indenizativos. (...).". (AI 0017119-69.2016.8.08.0048; 2ª Câmara Cível; Rel. Des. Carlos Simões Fonseca; DJES 18/01/2017).

[23] "(...). 2. Depreende-se do acórdão recorrido que a questão dos alimentos devidos ao cônjuge virago foi examinada, exclusivamente, diante do trinômio necessidade/possibilidade/proporcionalidade, sendo irrelevante, no caso concreto, para o efeito de alimentos, a culpa da mulher. [...].". (AgInt-AREsp 343.031/MG; 4ª T.; Rel. Des. Fed. Conv. Lázaro Guimarães; DJe 02/04/2018). No mesmo sentido: AREsp 1.137.358/SP; 3ª T.; Rel. Des. Paulo de Tarso Sanseverino; DJe 17/10/2017.

Deverá o julgador, ainda, observar a possibilidade financeira daquele que prestará os alimentos, seja a partir de seus efetivos vencimentos ou, de acordo com a jurisprudência[24], a partir da aplicação da teoria da aparência quando o devedor dos alimentos alegar impossibilidade econômica de arcar com o pagamento, mas seu estilo de vida mostra-se incompatível com aquilo que alega nos autos.

No ato da estipulação da verba alimentar, o julgador contemplará a realidade dos autos para, de maneira proporcional, atender as necessidades do alimentando dentro dos limites das possibilidades financeiras do alimentante, de forma a atender o mínimo vital de uma das partes sem onerar demais a outra, podendo haver modificação judicial do montante sempre que houver alteração no contexto do socioeconômico dos envolvidos[25], segundo a diretriz jurisprudencial do Superior Tribunal de Justiça:

> (...). As necessidades do reclamante e os recursos da pessoa obrigada devem ser sopesados tão-somente após a verificação da necessária ocorrência da mudança na situação financeira das partes, isto é, para que se faça o cotejo do binômio, na esteira do princípio da proporcionalidade, previsto no art. 1.694, §1º do CC/02, deve o postulante primeiramente demonstrar de maneira satisfatória os elementos condicionantes da revisional de alimentos, nos termos do art. 1.699 do CC/02. (...). (REsp 1.046.296/MG; 3ª T.; Relª Minª Fátima Nancy Andrighi; DJe 08/06/2009).

Com idêntica conclusão é a jurisprudência do Superior Tribunal de Justiça do Espírito Santo:

24 Vale transcrever trecho da Decisão proferida no AREsp 2.330.024/MG; Rel. Min. Maria Thereza de Assis Moura; DJe de 16/05/2023: "(...). Outro aspecto a ser considerado é que consta dos autos extratos bancários demonstrando que o recorrido movimenta valores elevados, incompatíveis com a renda que alega retirar na função de auxiliar de serviços gerais na padaria da família, além de atividades de recreio comprovadas por registros fotográficos em companhia da nova família que justificam a majoração dos alimentos para cuidar da filha doente, quando menos em homenagem à teoria da aparência. (...).".

25 Sobre a cláusula *rebus sic stantibus* na relação alimentar: REsp 1.569.319/SP; Rel. Min. Luis Felipe Salomão; DJe 06/11/2018.

> (...). 2 – O valor dos alimentos não pode impor sacrifício exagerado àquele que possui o dever de alimentar, nem deve colocar em risco a sobrevivência da parte necessitada. (...). (AC 24080465487; 1ª Câmara Cível; Rel. Des. Carlos Simões Fonseca; DJES 20/10/2010).

Sublinhe-se, ainda, que os alimentos poderão ser fixados em percentual sobre os vencimentos do alimentante ou em salários-mínimos que representem o montante determinado, não havendo, nesta hipótese, qualquer ilegalidade ou inconstitucionalidade no ato jurisdicional[26].

4. A gestão de negócios dos alimentos e reembolso

Previsto entre os artigos 861 a 875, a gestão de negócios é um ato unilateral onde um terceiro, sem qualquer vinculação com a relação jurídica principal, intervém na administração de negócio alheio para, presumindo-se interesse e vontade de seu titular, geri-lo perante aqueles com que vier a negociar[27].

Sobre o tema, Maria Helena Diniz[28] afirma que:

> a gestão de negócios (*negotiorum gestio*) é a intervenção, não autorizada, de uma pessoa (gestor de negócio – *negotiorum gestor*) na direção dos negócios de uma outra pessoa (dono do negócio – *dominus negoti*), feita segundo o interesse, a vontade presumível e por conta desta última[29].

[26] Neste sentido: artigo 533, §4º do CPC; AREsp 1.319.810/PR; Rel. Min. Moura Ribeiro; DJe 15/08/2018; ARE 842157; Rel. Min. Dias Toffoli; DJe 20/08/2015.

[27] No Código Civil português, a gestão de negócios encontra sua definição no artigo 464º, de onde se verifica que "dá-se a gestão de negócios, quando uma pessoa assume a direcção de negócio alheio no interesse e por conta do respectivo dono, sem para tal estar autorizada".

[28] *Cf. Curso de direito civil – vol. 3: teoria das obrigações contratuais e extracontratuais*, p. 841.

[29] "Da conceituação legal depreende-se que a gestão de negócios ocorre toda vez que um indivíduo (o gestor), imbuído do espírito de solidariedade, dirige ou administra negócio alheiro, de forma oficiosa, segundo a vontade presumível do dono. Uma vez que não há prévio acordo entre gestor e dono do negócio, o primeiro fica diretamente responsável perante os terceiros com quem contratar, bem como responder perante o dono por sua administração. Como se vê, o gestor, embora sem prévio acordo, age no interesse do dono do negócio.". Humberto Theodoro Júnior e Helena Lanna Figueiredo . *Cf. Negócio jurídico*, p. 115.

Para que se configure a gestão de negócios, é necessário que esteja evidenciada:

(i) Ausência de contrato ou imposição legal entre os envolvidos, vez que se trata de ato voluntário;
(ii) inexistência de vedação ou insurgência por parte titular do direito;
(iii) intenção do interventor voluntário em praticar atos estritamente patrimoniais no negócio alheio.

No âmbito das relações jurídicas atinentes aos alimentos, a ocorrência dos atos de gestão é bastante factível quando se verifica que aqueles que deveriam prestar os alimentos em favor de alguém assim não o faz, como na hipótese de um dos genitores de um menor que deixa de prestar o auxílio material necessário para a subsistência do infante, possibilitando que um terceiro efetue o pagamento no lugar do devedor originário[30].

A questão ganha contornos práticos quando se constata, que no direito brasileiro, a Lei nº 5.478/68 estabelece, em seu artigo 13, §2º[31], que o ato jurisdicional que fixa os alimentos tem eficácia retroativa até a data da citação do alimentante, sendo ressalvada, a depender do caso concreto, a irrepetibilidade da verba eventualmente paga e sua incompensabilidade nas parcelas futuras, como orienta a jurisprudência do Superior Tribunal de Justiça:

> (...). 1. Nos termos da compreensão adotado por este Superior Tribunal de Justiça, por expressa disposição de Lei, "os efeitos da sentença proferida em ação de revisão de alimentos – seja em caso de redução, majoração ou exoneração – retroagem à data da citação (Lei nº 5.478/68, art. 13, § 2º), ressalvada a irrepetibilidade dos valores adimplidos e a impossibilidade de

[30] Nery, Rosa Maria de Andrade. *Alimentos.* São Paulo: RT, 2019, cit. p. 245, aduz que: "Se alguém, como a mãe, por exemplo, diante do inadimplemento do pai, arca sozinha com valores de despesas com alimentos de filho, tem direito ao reembolso do que pagou, já que assumiu, em caráter emergencial, suprir necessidades primeiras e básicas do filho, que não comportavam espera.".

[31] "Em qualquer caso, os alimentos fixados retroagem à data da citação.".

compensação do excesso pago com prestações vincendas" (ERESP 1181119/RJ, Rel. Ministro Luis Felipe Salomão, Rel. p/ Acórdão Ministra Maria Isabel Gallotti, Segunda Seção, julgado em 27/11/2013, DJe 20/06/2014). (...)[32].

Isso porque, na hipótese supramencionada, enquanto não houver sido realizada a triangularização processual, as necessidades do alimentando deverão ser supridas por outra pessoa (normalmente o outro genitor), sob pena de comprometer sua subsistência e assegurar-lhe o mínimo vital.

Com isso, aquele que arcou com todas as despesas do alimentando poderá se valer da condição de gestor de negócios do credor dos alimentos e, ajuizando ação de cobrança, pleitear o reembolso dos valores que sozinho destinou à manutenção dos filhos comuns, vez que a codificação civil brasileira[33] é expressa em vedar o enriquecimento ilícito e, portanto, não se permitindo que a inércia do devedor lhe seja benéfica em detrimento aos interesses do menor.

Yussef Said Cahali [34] aduz que:

> A tendencia que tem prevalecido é considerar o terceiro como gestor de negócios do obrigado; se alguém prestou os alimentos, a título de empréstimo, ou sem receber o pagamento, o alimentante deve-os como os deveria a quem fosse gestor de negócios sem poder de representação; pois, em direito,

32 AgInt-EDcl-REsp 1.944.689/DF; 4ª T.; Rel. Min. Marco Buzzi; DJE 16/12/2021.

33 Com similar previsão aos artigos 884 e 885 do código brasileiro, o Código Civil português prevê no artigo 473º que "1. Aquele que, sem causa justificada, enriquecer à custa de outrem é obrigado a restituir aquilo com que injustamente se locupletou. 2. A obrigação de restituir, por enriquecimento sem causa, tem de modo especial por objecto o que for indevidamente recebido, ou o que for recebido por virtude uma causa que deixou de existir ou em vista de um efeito que não se verificou.". Já o Código Civil espanhol trata do tema em seu artigo 10, nº 9: "En el enriquecimiento sin causa se aplicará la ley en virtud de la cual se produjo la transferencia del valor patrimonial en favor del enriquecido.". Por sua vez, o Código Civil italiano, no texto do artigo 2.041, assinala que "chi, senza una giusta causa, si è arricchito a danno di un'altra persona è tenuto, nei limiti dell'arricchimento a indennizzare quest'ultima della correlativa diminuzione patrimoniale. Qualora l'arricchimento abbia per oggetto una cosa determinata, colui che l'ha ricevuta è tenuto a restituirla in natura, se sussiste al tempo della domanda.".

34 *Cf. Alimentos, cit.*, p. 82.

sempre que uma pessoa gere utilmente os negócios de outra, aquele tem ação para se fazer indenizar dessas despesas; assim, é possível que aquele que nutriu o filho o tenha feito gerindo utilmente os negócios do pai, devendo este, portanto, ser compelido a indenizar.

Importante destacar que, nestes casos, não há que se falar em sub-rogação do gestor sobre os direitos do alimentando, pois o primeiro não recebe todos os direitos, ações, privilégios e garantias do segundo referentes à dívida originária do devedor principal e seus fiadores, já que a hipótese prevista no artigo 349 do CC prevê a modificação subjetiva do polo ativo da relação jurídica.

O manejo da ação de cobrança para esses casos, onde a causa de pedir recai sobre o ressarcimento dos valores despendidos pelo gestor, em nada é tocado pela característica da irrepetibilidade dos alimentos, vez que a demanda não se funda em relação de família, mas sim em relação meramente obrigacional, competindo, inclusive, ao juízo cível comum o processamento e julgamento do feito, como bem destacado pela jurisprudência do Superior Tribunal de Justiça:

> (...). 2. Equipara-se à gestão de negócios a prestação de alimentos feita por outrem na ausência do alimentante. Assim, a pretensão creditícia ao reembolso exercitada por terceiro é de direito comum, e não de direito de família. 3. Se o pai se esquivou do dever de prestar alimentos constituídos por título judicial, onerando a genitora no sustento dos filhos, não é a execução de alimentos devidos o meio apropriado para que ela busque o reembolso das despesas efetuadas, devendo fazê-lo por meio de ação própria fundada no direito comum. (...)[35].
>
> (...). 1. Equipara-se à gestão de negócios a prestação de alimentos feita por outrem na ausência do alimentante. Assim, a pretensão creditícia ao reembolso exercitada por terceiro é de direito comum, e não de direito de família (...)[36].
>
> (...). 2 – A genitora que, no inadimplemento do pai, custeia as obrigações alimentares a ele atribuídas, tem direito a ser ressarcida pelas despesas efe-

[35] REsp 1.197.778/SP; 3ª T.; Rel. Min. João Otávio de Noronha; DJe 01/04/2014.
[36] REsp 1.423.147/SP; 3ª T.; Rel. Min. João Otávio de Noronha; DJe 06/05/2015.

> tuadas e que foram revertidas em favor do menor, não se admitindo, todavia, a sub-rogação da genitora nos direitos do alimentado nos autos da execução de alimentos, diante do caráter personalíssimo que é inerente aos alimentos. Inaplicabilidade do art. 346 do Código Civil. 3- A ação própria para buscar o ressarcimento das despesas efetivadas durante o período de inadimplemento do responsável pela prestação dos alimentos se justifica pela inexistência de sub-rogação legal, pela necessidade de apuração, em cognição exauriente, das despesas efetivamente revertidas em favor do menor e, ainda, pela existência de regra jurídica que melhor se amolda à hipótese em exame. Incidência do art. 871 do Código Civil. Precedentes. (...)[37].
>
> (...). 6. Para o propósito perseguido, isto é, de evitar que o alimentante, a despeito de inadimplente, se beneficie com a extinção da obrigação alimentar, o que poderia acarretar enriquecimento sem causa, a genitora poderá, por meio de ação própria, obter o ressarcimento dos gastos despendidos no cuidado do alimentando, durante o período de inadimplência do obrigado, nos termos do que preconiza o art. 871 do Código Civil. (...)[38].

Acresça-se, ainda, que a caracterização de sub-rogação está igualmente descartada ante a inocorrência de quaisquer das hipóteses do artigo 346 do CC, bem como por ser o direito aos alimentos um direito personalíssimo, dada a finalidade da relação alimentar em promover meios dignos para a subsistência do alimentando.

Uma vez ocorrido o pagamento de verba alimentar por terceiro alheio à relação jurídica alimentar previamente constituída, este atuará como mero gestor e terá apenas a possibilidade de ver restabelecido seu status quo ante financeiro, como disposto no artigo 305 do CC, cuja redação admite que "o terceiro não interessado, que paga a dívida em seu próprio nome, tem direito a reembolsar-se do que pagar, mas não se sub-roga nos direitos do credor".

De mesmo tom, e ante o fato de a pretensão do gestor em pleitear o reembolso das despesas havidas quando do fornecimento dos alimentos em favor de terceiro não se configurar em ato de sub-rogação de um direito personalíssimo topologicamente inserido no Livro do Direito de

[37] REsp 1.658.165/SP; Relª Minª Nancy Andrighi; DJe 18/12/2017.

[38] REsp 1.771.258/SP; 3ª T.; Rel. Min. Marco Aurélio Bellizze; DJe 14/08/2019.

Família do Código Civil, o exercício de seu direito de cobrança não se sujeita ao prazo prescricional especial destinado às verbas alimentares não pagas (02 anos; artigo 206, §2º do CC), mas sim à regra geral do *caput* do artigo 206 do CC.

Esse é o entendimento da jurisprudência do Superior Tribunal de Justiça:

> "(...). 1. Segundo o art. 871 do CC, "quando alguém, na ausência do indivíduo obrigado a alimentos, por ele os prestar a quem se devem, poder-lhes-á reaver do devedor a importância, ainda que este não ratifique o ato ". 2. A razão de ser do instituto, notadamente por afastar eventual necessidade de concordância do devedor, é conferir a máxima proteção ao alimentário e, ao mesmo tempo, garantir àqueles que prestam socorro o direito de reembolso pelas despesas despendidas, evitando o enriquecimento sem causa do devedor de alimentos. Nessas situações, não há falar em sub-rogação, haja vista que o credor não pode ser considerado terceiro interessado, não podendo ser futuramente obrigado na quitação do débito. 3. Na hipótese, a recorrente ajuizou ação de cobrança pleiteando o reembolso dos valores despendidos para o custeio de despesas de primeira necessidade de seus filhos. Plano de saúde, despesas dentárias, mensalidades e materiais escolares., que eram de inteira responsabilidade do pai, conforme sentença revisional de alimentos. Reconhecida a incidência da gestão de negócios, deve-se ter, com relação ao reembolso de valores, o tratamento conferido ao terceiro não interessado, notadamente por não haver sub-rogação, nos termos do art. 305 do CC. 4. Assim, tendo-se em conta que a pretensão do terceiro ao reembolso de seu crédito tem natureza pessoal (não se situando no âmbito do direito de família), de que se trata de terceiro não interessado. Gestor de negócios sui generis., bem como afastados eventuais argumentos de exoneração do devedor que poderiam elidir a pretensão material originária, não se têm como reconhecer a prescrição no presente caso. 5. Isso porque a prescrição a incidir na espécie não é a prevista no art. 206, § 2º, do Código Civil. 2 (dois) anos para a pretensão de cobrança de prestações alimentares., mas a regra geral prevista no caput do dispositivo, segundo a qual a prescrição ocorre em 10 (dez) anos quando a Lei não lhe haja fixado prazo menor. (...)."[39].

[39] REsp 1.453.838/SP; 4ª T.; Rel. Min. Luis Felipe Salomão; DJe 07/12/2015.

A gestão de negócios, por não possuir relação que se insere no âmbito do Direito de Família, faz com que o montante pago pelo gestor seja objeto de ação de cobrança oriundo do dano material suportado, incidindo-se, na hipótese, correção monetária sobre o valor total da dívida contados da data em que houve o dispêndio financeiro pelo terceiro interessado e juros de mora a partir da citação, como previsto na Súmula 43 do STJ[40], artigo 397, *caput* do CC[41] e artigo 240, *caput* do CPC[42].

Conclusão

Dentro da sistemática das relações de família extrai-se preceitos que permitem a satisfação das necessidades humanas a partir dos alimentos, tendo a ordem jurídica nacional tutelado tal direito no plano do direito civil-constitucional, vez que a previsão contida na CF/88 se encontra devidamente instrumentalizada nas disposições do CC e leis extravagantes.

Pudemos verificar que o vínculo alimentar (obrigação ou dever) impõe a presunção de que os parentes, cônjuges ou conviventes forneçam o auxílio material imprescindível para que o alimentando possa ter sua dignidade concretizada, sob pena de se utilizar as técnicas disponibilizadas pelo CPC para buscar o cumprimento forçado do ato jurisdicional que determinou o pagamento da verba.

Todavia, e considerando que o tempo da vida humana nem sempre é atendido pelo tempo do Poder Judiciário, a figura da gestão de negócios mostra-se relevantíssima para evitar que o alimentando fique privado dos recursos básicos para atender o seu mínimo vital. No ponto, ao reconhecer a possibilidade de um terceiro prestar o suporte material imprescindível ao alimentando e, posteriormente, cobrar do devedor originário o *quantum* devido, é digna de aplausos.

[40] Súmula 43, STJ: "Incide correção monetária sobre dívida por ato ilícito a partir da data do efetivo prejuízo.".

[41] Artigo 397, CC: O inadimplemento da obrigação, positiva e líquida, no seu termo, constitui de pleno direito em mora o devedor.

[42] Artigo 240, CPC: A citação válida, ainda quando ordenada por juízo incompetente, induz litispendência, torna litigiosa a coisa e constitui em mora o devedor, ressalvado o disposto nos artigos 397 e 398 da Lei nº 10.406, de 10 de janeiro de 2002 (Código Civil).

Caberá ao aplicador e intérprete das normas jurídicas buscar todos os meios necessários para evitar que a subsistência do alimentando seja comprometida e, com isso, frustrar o fundamento republicano da dignidade da pessoa humana.

Referências

Beviláqua, Clóvis. *Direito da família*. 8ª ed. atual. pelo Desembargador Isaias Beviláqua. São Paulo: Livraria Freitas Bastos S.A., 1956.

Cahali, Yussef Said. *Dos alimentos*. 6ª ed. rev., atual. e ampl. São Paulo: RT, 2009.

Díez-Picazo, Luis; Gullón, Antonio. *Sistema de derecho civil* – vol. 4: derecho de familia y derecho de sucesiones. 10ª edición. Madrid: Editorial Tecnos, 2006.

Diniz, Maria Helena. *Curso de direito civil* – vol. 3: teoria das obrigações contratuais e extracontratuais. 37ª ed. São Paulo: Saraiva, 2021.

Diniz, Maria Helena. *Curso de direito civil – vol. 5: direito de família*. 35ª ed. rev. e atual. 2ª tiragem. São Paulo: Saraiva, 2021.

Espínola, Eduardo. *A família no direito civil brasileiro*. Atual. por Ricardo Rodrigues Gama. Campinas: Bookseller, 2001.

Farias, Cristiano Chaves de; Rosenvald, Nelson. *Curso de direito civil* – vol. 6: famílias. 15ª ed. rev., atual. e ampl. São Paulo: JusPodivm, 2023.

Monteiro, Washington de Barros; Tavares da Silva, Regina Beatriz. *Curso de direito civil* – vol. 2: direito de família. 43ª ed. São Paulo: Saraiva, 2016.

Nery, Rosa Maria de Andrade. *Alimentos*. São Paulo: RT, 2019.

Pinheiro, Jorge Duarte. *Estudos de direito da família e das crianças*. 2ª ed. Coimbra: Gestlegal, 2022.

Queiroga, Antônio Elias de. *Curso de direito civil: direito de família*. Rio de Janeiro: Renovar, 2004.

Rizzardo, Arnaldo. *Direito de família*. 10ª ed. rev. atual. e ampl. Rio de Janeiro: Forense, 2019.

Sala, Marco. *Gli alimenti in Trattato di diritto di famiglia diretto da Giovanni Bonilini* – volume secondo: il regime patrimoniale della famiglia. Torino: UTET Giuridica, 2016.

Theodoro Júnior, Humberto; Figueiredo, Helena Lanna. *Negócio jurídico*. Rio de Janeiro: Forense, 2021.

Wald, Arnoldo; Fonseca, Priscila M. P. Corrêa da. *Direito civil* – vol. 5: direito de família. 19ª ed. totalmente reformulada. São Paulo: Saraiva, 2015.

QUESTÕES DE GÊNERO E VIOLÊNCIA INTRAFAMILIAR
CUESTIONES DE GÉNERO Y VIOLENCIA INTRAFAMILIAR

25.
INFLUENCIA ESPANOLA EN LA LEY DE IDENTIDAD DE GÉNERO

Alicia García de Solavagione

1. Introducción

Corresponde previamente detenerme un poco en el desarrollo del criterio sentado por mí, en calidad de Fiscal Civil del Ministerio Público Fiscal de Córdoba, Argentina, cuando intervine de manera directa, en los autos caratulados "M.L.G. s / Acción de sustitución registral", a través de su Dictamen nº 654 de fecha 22 de junio del año 2001. Es decir, once años antes de que fuera sancionada una ley especial que contemplara la identidad de género.

En esa oportunidad debí evaluar cuál era el mecanismo idóneo para efectuar un adecuado tratamiento de la inscripción de la "reasignación sexual" por ante el Registro Civil, adoptando el "criterio de actualización". Consideré que ello podría hacerse a través del mecanismo de "rectificación por anotación marginal de las Actas de Nacimiento", por sobre la rectificación completa de la partida; de forma tal que pudieran preservarse en el futuro, los actos jurídicos *ex post facto* del sujeto transgenerado, devenido "varón" y/o "mujer": tales como el matrimonio y la adopción de niños, entre otros. Esa solución fue acogida por el Juez de la Causa Dr. Mario Lescano, mediante Sentencia nº 753 de fecha 18 de noviembre de 2001.

La solución pensada y resuelta, originó un proyecto de ley, elaborado por la Comisión de Legislación General de la Honorable Cámara de

Diputados de la Nación, en cuyo artículo 10º) receptó en su integridad esta propuesta de adecuación del sexo a través de la nota marginal de la "partida o acta de nacimiento"; como modo de mantener la estabilidad del tráfico, el principio de identidad de las personas y el principio de indisponibilidad del estado civil de los sujetos.

El caso real citado, se trataba de una mujer de 30 años, que en el año 1998 había iniciado ya su mutación morfológica a varón -cirugía que se practicó en Chile- lo que era frecuente en la época. Es en ese momento cuando debe intervenir la Fiscalía a mi cargo, para controlar la legalidad del proceso de jurisdicción voluntaria (vale decir: sin contrapartes). De allí mi involucramiento en la perístasis, que se convirtió en un *leading case* o "precedente", en Argentina.

No sólo en el ámbito legislativo resultó novedoso y precursor. El Ministerio de Relaciones Exteriores, Comercio Internacional y Culto a través del Ministro Director General de Derechos Humanos de la Cancillería, Dr. Renato Carlos Sersale di Cerisano, me envió dos misivas a fin de dar a conocer -dentro del ámbito internacional- a *Amnesty International*, así como también a los relatores de la Comisión de Derechos Humanos de Naciones Unidas, la información relacionada al caso "M.L.G." que sería incluido en el Informe Periódico que Argentina debe presentar al Comité de Derechos Humanos, atento la importancia del caso y constituir un avance en la jurisprudencia argentina sobre cuestiones de género.

Esta información fue transmitida a la Embajada del Reino Unido, para ser girada a la sede central de la Organización *Amnesty International* y a la Embajada de Estados Unidos a fin de ser incorporada en el "Informe Anual sobre prácticas en Derechos Humanos – Argentina", coordinado por la Oficina de Democracia, Derechos Humanos y Trabajo de ese país.

Pasaron años sin tener leyes específicas. Llegamos al año 2012 cuando se sanciona la Ley de Identidad de Género nº 26.743, asentada en criterios -a mi modo de ver improcedentes- de la desjudicialización y la autonomía de la voluntad. En una publicación de mi autoría, abordé *in extenso* la temática[1].

[1] García de Solavagione, Alicia. *Derecho Moderno. Liber Amicorum Marcos Córdoba*. Tomo l. *El estatuto de los vicios del consentimiento y la contradicción con las leyes relativas a la identidad de género*. Santa Fe. Rubinzal – Culzoni Editores. 2013, pp. 325/390.

A continuación, desarrollaré ahora la incidencia de la ley española en general, y de la ley uruguaya someramente.

2. Influencias foráneas con particular enfoque en las leyes españolas y uruguayas. ¿O es a la inversa desde el 1º de marzo de 2023?

Cabe referirme a la ley española, que tuvo a la vista el legislador argentino para sancionar la Ley de Identidad de Género del 2012 vigente aún en Argentina.

La Ley de Identidad de Género argentina, mal copió la ley española del 2007. España es uno de los pocos países que sostiene la posición de la desjudicialización de la rectificación registral. La ley 3/2007 del 15 de marzo de 2007, regula las rectificaciones registrales en cuanto a la mención relativa al sexo de las personas. Criterio que mantiene también la reciente y cuestionada ley 4/2023, publicada en el BOE, el 1º de Marzo del corriente año, que analizaré al final.

En el art. 1.1 de la *Legitimación*, se sostenía que toda persona de nacionalidad española, "mayor de edad" y con capacidad suficiente para ello, podrá solicitar la rectificación de la mención registral de sexo. La rectificación del sexo conllevará el cambio de nombre propio de la persona, a efectos de que no resulte discordante con su sexo registral.

Es decir, la ley española del 2007 no autorizaba rectificaciones del sexo en los registros, que correspondan a menores de edad.

Asimismo, existían diferencias con respecto a los "requisitos de admisibilidad" para acordar la rectificación registral de los documentos de los individuos, entre la ley foránea y la local.

El art. 4º de la ley 3/2007 en el punto 1, exige que la rectificación registral de la mención del sexo se acordará una vez que la persona solicitante acredite:

a) Que le ha sido diagnosticada disforia de género. La acreditación del cumplimiento de este requisito se realizará mediante informe médico o psicológico clínico, colegiados en España (...) y deberá hacer referencia:

1. A la existencia de disonancia entre el sexo morfológico o género fisiológico inicialmente inscripto y la identidad de género sen-

tida por el solicitante o sexo psicosocial, así como la estabilidad y persistencia de esta disonancia.

2. A la ausencia de trastornos de personalidad que pudieran influir, de forma determinante, en la existencia de la disonancia reseñada en el punto anterior.

b) Que ha sido tratada médicamente durante al menos dos años para acomodar sus características físicas a las correspondientes al sexo reclamado.

1. La acreditación del cumplimiento de este requisito se efectuará mediante informe del médico colegiado bajo cuya dirección se haya realizado el tratamiento o, en su defecto, mediante informe de un médico forense especializado.
2. No será necesario para la concesión de la rectificación registral, la mención del sexo de una persona que el tratamiento médico haya incluido cirugía de reasignación sexual. "Los tratamientos médicos a los que se refiere la letra b) del apartado anterior no serán un requisito necesario para la concesión de la rectificación registral, cuando concurran razones de salud o edad que imposibiliten su seguimiento y se aporte certificación médica de tal circunstancia".

La resolución que acuerde la rectificación registral española tendrá "efectos constitutivos", para el futuro. Es decir, *ex nunc*.

En Argentina cambia parcialmente el Acta de Nacimiento original por una nueva, rectificando nombre y sexo del sujeto.

El análisis de la ley española lleva a concluir que no bastaba otrora, como en Argentina, la exclusiva exigencia de la *voluntad* del solicitante. Quien requería el trámite administrativo en España debía cumplir serios requisitos, tales como la certificación o el diagnóstico médico de padecer "disforia de género", entre otras condiciones. Esto no es un tema menor, a la luz de la responsabilidad civil del médico especializado o tratante si origina un asiento registral errado o falso.

En cambio, en Argentina, como observamos, ninguno de estos recaudos ha sido considerado necesario a los fines de proteger, tanto al sujeto transexualizado como a quienes se vinculen afectivamente con él.

En tanto que, en Uruguay, se dictó la ley nº 18.620 sobre el derecho a la identidad de género y al cambio de nombre y sexo en documentos identificatorios, publicada el 17 de Noviembre de 2009 y sancionada el 12 de Octubre de 2009. En lo medular, la ley rioplatense mantiene la necesidad de que el procedimiento sea *Judicial* (Juzgados Letrados de Familia, mediante el proceso voluntario); con requisitos de admisibilidad para la procedencia de la registración, similares a la ley española. Se promulgó asimismo el Decreto nº 196/2010 que reglamenta la creación de un "Equipo Multidisciplinario" y especializado en identidad de género y diversidad sexual. Luego es complementada dicha normativa con los decretos nº 220/2013 y 221/2013, que modifican el texto del art. 1 del decreto 196/2010 referente a la integración del equipo mencionado en el ámbito de la Dirección General del Registro de Estado Civil.

En el art. 4 establece que "la adecuación de la mención registral del nombre y del sexo será de iniciativa personal del titular de los mismos", con lo que excluye expresamente a los menores de edad.

En el art. 5, punto 1) expresa que:

> La resolución que autorice la rectificación de la mención registral del nombre y en su caso del sexo, tendrá efectos constitutivos a partir de la fecha en que se haga efectivo dicho cambio en la partida de nacimiento. Frente a terceros, la inscripción del acto que corresponda registrar en la Dirección General de Registros será oponible a partir de la fecha de presentación al Registro.

Tanto España como Uruguay -por tomar dos modelos invocados en la exposición de motivos de la normativa argentina- mantienen los efectos *ex-nunc* de la mutación registral. Uruguay, prohíbe aún la rectificación de sexo y nombre en menores de edad. En cambio, Argentina lo permite y sin límites de edad.

De lo reseñado, los Estados ortodoxos sostienen el sistema de autorización judicial. En este orden de ideas, nuestro sistema de identificación de las personas (asentado aún sobre datos biológicos) colisionaría con la ley de identidad de género, originando falta de certeza jurídica en las relaciones personales. En efecto, la ley 26.413 que regula el funcionamiento del Registro del Estado Civil y Capacidad de las Personas, establece en su art. 84 que: "Las inscripciones sólo podrán ser modificadas por orden judicial, salvo las excepciones contempladas en la presente ley".

3. Análisis del marco legal referido al cambio de género. La "voluntad" como única condición

En la actualidad – en Argentina – se encuentra en vigor la ley nº 26.743, denominada: Derecho a la Identidad de Género de las Personas[2] y un cúmulo de normas reglamentarias. Ellas son:

- El Decreto 1.007/2012[3], de rectificación registral de sexo y cambio de nombre/s de pila e imagen;
- La Resolución 493 (D.N.R.N.P.) sobre Identidad de Género -Ciudadanos nacidos en el exterior – Solicitud de reconocimiento de identidad de género – Tramitación – Requisitos documentales – Norma complementaria de la ley 26.743[4];
- La Resolución 331 (M.T.E. y S.S,) Identidad de género – Seguro de capacitación y Empleo para personas en situación de desempleo -Extensión de la cobertura – Norma complementaria de la ley 26.743,[5] y finalmente;
- La Resolución Conjunta 1/2012 y 2/2012.

Sobre la marcha, se van advirtiendo contradicciones entre esta normativa y la "ley madre" nº 26.413, atinente a las inscripciones de todos los actos o hechos que den origen, alteren o modifiquen el estado civil y la capacidad de las personas, y que deben inscribirse en los correspondientes registros de las Provincias, de la Nación y de la Ciudad Autónoma de Buenos Aires. Más adelante veremos la razón.

Siguiendo nuestra particular forma de legislación "parche", se remedian los conflictos mediante decretos y resoluciones administrativas.

[2] Sancionada el 9 de mayo de 2012 y promulgada el 23 de mayo de 2012.
[3] Publicado en el Boletín Oficial el 3/ 7/2012.
[4] Fecha: 10 de abril de 2013 y publicada en el B.O. el 15 de abril de 2013.
[5] Fecha: 29 de abril de 2013 y publicada el 7 de mayo de 2013.

En resumida síntesis, la ley 26.743 define qué es lo que se considera "Identidad de Género"[6]. Sienta los principios de autonomía de la voluntad y desjudicialización.

En su art. 3º) establece que toda persona podrá solicitar la rectificación registral del sexo, y el cambio de nombre de pila e imagen, cuando no coincidan con su identidad de género autopercibida.

El artículo 4º) fija los requisitos para solicitar la rectificación registral: acreditar la edad mínima de dieciocho (18) años, con excepción de lo establecido en el art. 5º; presentación de solicitud manifestando encontrarse amparado/a por la presente ley, requiriendo la rectificación registral de la partida de nacimiento y el nuevo Documento Nacional de Identidad (DNI) correspondiente, conservándose el número original; expresar el nuevo nombre de pila elegido con el que solicita inscribirse. En ningún caso será requisito acreditar intervención quirúrgica por reasignación genital total o parcial, ni acreditar terapias hormonales u otro tratamiento psicológico o médico.

Reduciendo la hermenéutica personal sobre el citado artículo -pues no es el objeto de este artículo- a poco que se analicen sus efectos, son peligrosísimos. So pretexto de tutelar a minorías sexuales se las abandona a su suerte, pues la "identidad de género autopercibida", puede esconder patologías que sólo profesionales de la salud (psiquiatras y psicólogos) podrían descartar.

Ni siquiera esa posibilidad les ha sido dada a estas personas que sufren padecimientos existenciales: el expreso tratamiento psicológico o psiquiátrico previo a toda mutación de identidad a cargo del Estado, como condición indispensable e – insistimos – previo al cambio registral. De encontrarse el sujeto con una problemática mental, la eventualidad de la reasignación sexual quirúrgica y el cambio de nombre en forma

[6] Art. 2, ley 26.743: "Definición: Se entiende por identidad de género a la vivencia interna e individual del género tal como cada persona la siente, la cual puede corresponder o no al sexo asignado al momento del nacimiento, incluyendo la vivencia personal del cuerpo. Esto puedo involucrar la modificación de la apariencia o la función corporal a través de medios farmacológicos, quirúrgicos o de otra índole, siempre que ello sea libremente escogido. También incluye otras expresiones de género, como la vestimenta, el modo de hablar y los modales".

administrativa en sus registros (el único contacto con su realidad es su Partida de Nacimiento, que lo enfrenta a su condición), puede eventualmente disparar un brote psicótico[7]. Se ha consagrado el principio de desjudicialización.

El art. 11 establece que los efectores de salud, públicos o privados, deberán garantizar en forma permanente los derechos reconocidos por la ley. Pero además impone que las prestaciones de salud contempladas en el presente artículo quedan incluidas en el Plan Médico Obligatorio, o el que lo reemplace, "conforme lo reglamente la autoridad de aplicación". Este último párrafo, luce incoherente con lo que se observa en la realidad de los hospitales estatales, carecientes de recursos para atender a los más necesitados. Será la autoridad quien reglamente la manera de cumplir estas prestaciones.

No obstante, coexisten voces temerarias que sostienen:

> La reglamentación no podrá, por tanto, establecer otros requisitos adicionales. Entendemos que no resultarán justificadas la imposición de Juntas Médicas, la intervención de Comités de Ética, auditores u otras instancias que condicionen el acceso a dichas prestaciones[8].

La pregunta que se impone es: ¿por qué tantas prevenciones, tanto temor? ¿Se considera discriminatorio tomar recaudos en la salud de los sujetos que padecen disforia de género?

En conceptos que no compartimos, Silvia Fernández ha expresado:

> Desde esta perspectiva advertimos que a través de la posición legislativa adoptada se realiza un principio neurálgico al derecho contemporáneo, cual es el principio de desjudicialización respecto a aquellas situaciones que no exhiben un conflicto jurisdiccional o caso judicial a dirimir por este poder estatal. Tal como se ha expresado, esta nueva visión de la justicia, menos invasiva, menos paternalista y judicializadora, supone el intento de que sean

[7] García de Solavagione, Alicia: *Transexualismo. Análisis Jurídico y Soluciones Registrales*. Ed. Advocatus. Córdoba, 2008, p. 45.

[8] Barocelli, Sergio Sebastián: *El derecho a la salud de las personas trans en la Ley de Identidad de Género*. Suplemento Especial. Identidad de Género. Muerte Digna. Mayo 2012. La Ley, p. 9.

los propios interesados quienes logren la autocomposición de su "conflicto" gracias a la ayuda de los expertos. Pero el paradigma de la desjudicialización requiere efectividad y acceso a su realización; de lo contrario, la letra de la ley corre riesgo de ser una mera declamación con escasa operatividad"[9].

En honor a la verdad, no alcanzamos a comprender cómo se justifica la pretensión de soslayar el Orden Público en situaciones existenciales conflictivas como las cuestiones de género. El sujeto transgenerado no vive aislado, sino que existe en función de un Otro, que requiere saber la verdad y que sea el Estado quien garantice esa realidad fáctica mediante la correcta registración. El filósofo Kovadloff lo grafica diciendo:

> Nuestro cuerpo es también nuestro entorno. No consistimos en este ser aislado cuya piel, a la manera de una frontera, opera como un límite con los demás. Somos interdependencia; lo descubrimos tardíamente. En el campo de la experiencia social empieza hoy a ser verdad. Si queremos considerarnos, considerémosla, y ella, la naturaleza, es nosotros[10].

Hemos conocido recientemente, informes sobre la existencia de personas dedicadas al crimen organizado internacional que están afincándose en Argentina, por la facilidad de cambiar de nombre y sexo, además de la excelencia de las cirugías plásticas practicadas por nuestros profesionales. Ello ha originado honda preocupación en los ámbitos gubernamentales.

En el conocido *affaire* "Botella c/ Francia", del 25 de mayo de 1992, en donde el Tribunal Europeo de Derechos Humanos cambió la jurisprudencia del Tribunal de Casación Francés sobre el tema de cambio de sexo, uno de los jueces que votó en disidencia – Pinheiro Farinha- expone

[9] Fernández, Silvia: *La realización del proyecto de vida autorreferencial.* Los principios de autonomía y desjudicialización. Suplemento Especial. Identidad de Género. Muerte Digna. Mayo 2012. La Ley, p. 19.

[10] Kovadloff, Santiago: *La vida humana:* una reflexión filosófica. En el Ciclo de Conferencias sobre La vida humana del Instituto Cultural Argentino Israelí de la ciudad de Córdoba, 1997.

las consecuencias no desdeñables de esta sentencia. Así en su voto particular dice:

> Entre las situaciones previsibles de la aplicación del presente fallo citaré dos: Un hijo biológico querría emprender una acción en búsqueda de paternidad, pero después de su nacimiento, el hombre que le había engendrado ha cambiado de sexo y el estado civil ha sido rectificado; pedirá que una mujer sea reconocida como su padre. Después de la rectificación del estado civil, el transexual podrá casarse con alguien de su verdadero sexo (sexo originario).

O el Tribunal:

> Ve (...) en el mantenimiento del concepto tradicional de matrimonio un motivo suficiente para continuar aplicando los criterios biológicos para determinar el sexo de una persona en orden al matrimonio (Caso Cossey, parágrafo 46). A los ojos del Tribunal, para garantizar el derecho de casarse el art. 12 apunta al matrimonio tradicional entre dos personas de sexo biológico diferente. Su redacción lo confirma: se deduce que el fin perseguido consiste esencialmente en proteger el matrimonio en tanto que fundamento de la familia (Caso Rees, parágrafo 49).

De realizarse el matrimonio, consideramos que adolecería de vicios en el consentimiento en el contrayente de buena fe.

Otro de los posibles abusos que podrían darse, es la congelación de semen por parte de un transexual hombre antes de su castración y/o mutación registral, lo que permitiría su utilización posterior para la inseminación artificial, de manera que una persona que figurara en el Registro Civil como mujer, fuera a su vez padre. A nuestro juicio es interesante esta argumentación pues se estaría frente a un claro supuesto de perjuicio a terceros, ámbito de reserva protegido por la Constitución Nacional Argentina en el art. 19.

Con respecto a las personas menores de edad, el art. 5º permite que la solicitud del trámite sea efectuada a través de sus representantes legales y con expresa conformidad del menor, teniendo en cuenta los principios de capacidad progresiva e interés superior del niño/a de acuerdo a la ley

26.061, contando con la asistencia del abogado del niño prevista en el art. 27 de dicha ley.

En caso de negativa de alguno de los representantes legales del menor, se deberá recurrir a la vía sumarísima para que los jueces resuelvan. La sola posibilidad de que sean "los padres" quienes puedan disponer del cuerpo de su hijo, menor de edad, nos produce un sentimiento aterrador, acordando con Pastore en este punto al prevenir:

> Las desmedidas atribuciones que se conceden a los representantes legales de los menores, así como la absurda exigencia de contar con la conformidad expresa del menor se contraponen a la probada influencia que el entorno social en la crianza de los niños tiene en la etiología del trastorno psicosexual. Se ha podido comprobar que ciertas variables familiares inciden en el grado de trastorno de la identidad sexual, enfocándose en una primera etapa del análisis en los padres[11].

Continuando con la exégesis de las normas, expresa el artículo 6º) que, cumplidos los requisitos establecidos en los arts. 4º) y 5º), el/la oficial público procederá, sin necesidad de ningún trámite judicial o administrativo, a notificar de oficio la rectificación de sexo y cambio de nombre de pila al Registro Civil de la jurisdicción donde fue asentada el acta de nacimiento para que proceda a emitir una nueva partida de nacimiento ajustándola a dichos cambios, y a expedirle un nuevo Documento Nacional de Identidad que refleje la rectificación registral del sexo y el nuevo nombre de pila. Se prohíbe cualquier referencia a la presente ley en la partida de nacimiento rectificada y en el documento nacional de identidad expedido en virtud de la misma.

El artículo 7º) expresa que los efectos de la rectificación del sexo y el/los nombre/s de pila, realizados en virtud de la presente ley serán oponibles a terceros desde el momento de su inscripción en el/los registro/s (...). En todos los casos será relevante el número de documento de identidad de la persona, por sobre el nombre de pila o apariencia morfológica de la persona.

[11] Pastore, Analía G., *La ley 26.743. Posicionamiento de nuestro país respecto del mundo*. Revista de Derecho de Familia y de las Personas. Año IV. Número 9. octubre 2012, La Ley, p. 210.

El artículo 8º es el paradigma de la contradicción. Para ser coherentes con el espíritu que guió al legislador al fijar el criterio del "voluntarismo autorreferencial" en materia de identidad de género autopercibida, no comprendemos el sentido de establecer que la rectificación registral – conforme la presente ley – una vez realizada, "sólo podrá ser nuevamente modificada con autorización judicial". A nuestro juicio, el legislador ha temido por las consecuencias de la falta de controles médicos previos al cambio de género. Ante el riesgo de estar frente a una persona caprichosa, o insegura, o enferma, frente al potencial arrepentimiento por parte de éste, ordena que sea el "despreciable" Poder Judicial el que se responsabilice por lo que algunos colectivos denominan "esas vejaciones".

Al respecto se ha sostenido:

> Si la segunda modificación registral ha de ser autorizada por un Juez, esto implica, seguramente, que la Justicia queda encargada de velar para que aquella libertad no sea objeto de abuso. Pero ¿qué abuso podría invocarse si una persona, indecisa o de voluntad cambiante, pidiera cambiar de género cada semana? Seguramente, no un abuso del Orden Público, que en ese aspecto se ha retirado para subordinarse a la voluntad privada.

Es sorprendente la banalidad con que se tratan estas cuestiones. Incluso se llegó a expresar:

> Insisto: la garantía de una correcta identificación se obtiene a través de la inmutabilidad del número asignado; resultando irrelevante entonces el "casillero" sexo o, incluso, el nombre[12].

En posición radicalizada se ha sugerido:

> De lo dicho puede desprenderse la inutilidad de mantener los registros oficiales acerca del género de cada persona ya que esta característica quedaría relegada al ámbito estrictamente privado y carece de todo efecto jurídico

12 Pellegrini, María Victoria: *Todavía la identidad sexual requiere la intervención de los jueces.* Revista de Derecho de Familia y de las Personas. Año 4. Nº 1. enero/febrero 2012, La Ley, p. 286.

sobre los derechos y obligaciones de cada uno. Asumir esta actitud implicaría la inutilidad de la ley que acaba de dictarse, por desaparición del problema que ella busca resolver. Lo que -desafortunadamente- queda de la desigualdad tradicional son ciertas situaciones de hecho, herencia de una cultura machista, cuya corrección no requiere seguir distinguiendo entre hombres y mujeres, sino entre personas circunstancialmente más o menos vulnerables, entre personas discriminadoras y discriminadas, golpeadoras y golpeadas, homicidas y asesinadas[13].

Finalmente, propone el autor mencionado, la derogación del art. 8º).

4. El sistema de inscripción registral argentino. Colisión con la ley de identidad de género

En nuestro sistema de rogación registral, existen dos formas para la modificación o rectificación de los datos establecidos en los Registros. Cuando dicha rectificación radique en modificar errores materiales (*clerical error*, o *erreur de plume*) en la partida de nacimiento (o cualquier otra documentación personal) u omisiones registrales: la vía pertinente será la administrativa en el organismo competente el Registro del Estado Civil y Capacidad de las Personas. Recordemos que el art. 1º de la ley 26.413[14] delimita la función de los Registros.

Rectificar es corregir aquellos errores que surjan evidentes del texto de la Partida o de su cotejo con otras, conforme lo estipula la ley 26.413 y el art. 15 de la ley 18.248. Estas enmiendas podrán disponerse de oficio o a pedido de parte, según la entidad del yerro.

Una vez labrada y registrada el acta con todos los datos necesarios, la misma "no podrá ser modificada" sino en virtud de resolución judicial, segundo modo de corregir las inscripciones. Es decir, las inexactitudes registrales tienen dos vías de rectificación: la vía judicial y la rectificación

[13] Guibourg, Ricardo A.: *Sobre el Género y la Ley*. Suplemento Especial. Identidad de Género. Muerte Digna. Mayo 2012. La Ley, p. 41.

[14] Ley 26.413. Art. 1: "Todos los actos o hechos que den origen alteren o modifiquen el estado civil y la capacidad de las personas, deberán inscribirse en los correspondientes registros de las provincias, de la Nación y de la Ciudad A. de Bs. As".

administrativa. Los arts. 84[15] y 85[16] de la ley 26.413 abordan estos tipos de modificación registral. Y son sólo éstas las formas; pero la ley fija cuáles son las excepciones expresamente comprendidas, no abarcando la ley 26.743 dentro de dichas excepciones.

Las constancias obrantes en las partidas del Registro Civil constituyen la prueba del estado civil de las personas, que sólo puede ser suplida por otras en caso de que no hayan existido o hubiesen desaparecido los libros del Registro. Dada su trascendencia como prueba preconstituida del Estado Civil, y sin perjuicio de que su exactitud pueda ser impugnada judicialmente para obtener su rectificación, la Ley impone el deber de inscribir los hechos del Estado Civil.

Por lo tanto, toda inscripción registral de reasignación sexual, debe indispensablemente -conforme a la vigente ley 26.413- ser resuelta y ordenada a través de un procedimiento judicial.

En consecuencia, nuestro derecho positivo no admite desprejuiciadamente cualquier clase de rectificación registral y le asiste razón en parte, pues el dato personal inscripto en el acta de nacimiento y en los documentos de identidad son estáticos y el sexo que se anota entra en los registros sin supeditarse al transcurrir de la vida en su movimiento formativo: de allí la sustancial diferencia con el sistema de la actualización de datos.

Si se admitiera que sólo el sexo cromosómico-morfológico es el que define la inscripción y el que el derecho tutela a los fines registrales, una vez ordenado judicialmente la rectificación de la partida de nacimiento o solicitado su rectificación por aplicación de la ley de Identidad de género,

[15] Ley 26.413. Art. 84: "Las inscripciones sólo podrán ser modificadas por orden judicial, salvo las excepciones contempladas en la presente ley. En todos los casos, antes de dictar resolución, los jueces deberán dar vista a la dirección general que corresponda. En las actuaciones respectivas será juez competente el que determine la jurisdicción local del domicilio del peticionante o el del lugar donde se encuentre la inscripción original. El procedimiento será sumario con intervención del Ministerio Público".

[16] Ley 26.413. Art. 85: "La dirección general cuando compruebe la existencia de omisiones o errores materiales en las inscripciones de sus libros, que surjan evidentes del propio texto o de su cotejo con otros instrumentos públicos, podrá, de oficio o a petición de parte interesada, ordenar la modificación de dichas inscripciones previo dictamen letrado y mediante resolución o disposición fundada".

se estaría faltando a la verdad, pues el transexual no tuvo desde su nacimiento el sexo consignado en el instrumento registral, sino a partir de determinada fecha, la de su readaptación sexual. Entonces, como consecuencia lógica, rectificar la Partida de Nacimiento es otorgar validez a una falacia.

Al nacer, el individuo es identificado con el "Certificado Médico de Nacimiento", contemplado en los arts. 33 y 34, de la ley 26.413. El inciso b) del art. 33 fija los datos que deberá contener el certificado respecto del recién nacido: nombre con el que se lo inscribirá, sexo, edad gestacional, peso al nacer e impresión plantal derecha si nace con vida. Por lo tanto, no albergamos ninguna duda respecto a que el sexo es un dato necesario y que debe ser inscripto.

5. Las específicas contradicciones con la ley de identidad de género

Dijimos que existen dos vías de modificación de los asientos registrales: administrativa y judicial, como consecuencia de los principios de estabilidad relativa de los asientos registrales y de la indisponibilidad de las actas de nacimiento. Pero más allá de estas vías, la ley de Identidad de Género crea una tercera vía, no contemplada, basada en el elemento volitivo del solicitante (art. 2º: vivencia "interna e individual tal como la persona la siente") incorporándose así por primera vez esta suerte de derecho desiderativo.

Expresa Sabene que:

> La norma recepta, entonces, un caso particular de inexactitud registral. El desacuerdo aparece, entonces, entre el sexo anunciado en el Acta de nacimiento y la identidad de género. En consecuencia, podemos decir que la asignación del sexo de una persona de existencia visible tiene lugar, en principio al confeccionarse el acta de nacimiento, a partir de los datos resultantes del certificado médico. Pero, eventualmente, el sexo puede modificarse cando el sujeto se encuentre en la situación abrigada por la ley 26.743 y ejerza su derecho en sede registral.
>
> Cabe destacar que el texto legal no hace referencia a una modificación del asiento sino a su rectificación, que es una especie de modificación. Un asiento registral es modificado siempre que se incorpora, se suprime o se altera parte de su contenido, pero cuando ello ocurre porque el asiento era

inexacto, hablamos de rectificación. En consecuencia, el art. 3 parte de la premisa que la identidad de género se impone frente al sexo anunciado en el acta de nacimiento, tornándolo inexacto; por consiguiente, con la rectificación, no se hace sino dar reflejo registral a una realidad preexistente.

La ley 26.743, entonces, incorpora un régimen que modifica parcialmente el establecido en los arts. 84 y 85, ley 26.413, puesto que ya no será ésta la única excepción a la regla en virtud de la cual sólo un Juez puede ordenar la modificación de un asiento registral. Por tal motivo opinamos que la ley 26.743 debió haber previsto la modificación del art. 84, ley 26.413, por cuanto esta norma dispone que las únicas excepciones a la exigencia de la intervención judicial para la rectificación de asientos registrales deben surgir de esa ley, y claramente la ley 26.743 vino a consagrar una nueva excepción a la regla[17].

Es altamente cuestionable, como ya adelantáramos, que no se haya previsto ningún recaudo para verificar, la condición física, o de salud del requirente de la rectificación registral. Sólo los profesionales especializados (médicos endocrinólogos, psiquiatras, psicólogos, etc.) pueden determinar si un individuo padece disforia de género, única posibilidad aceptable para iniciar el proceso judicial de rectificación de partida.

Reflexión final

Para finalizar, expreso que en Argentina existe una "Ley de Identidad de Género". Fue celebrada, y exaltada a través de los medios de comunicación y artistas internacionales por significar un progreso en materia de Derechos Humanos a la diversidad sexual. A mi modo de ver, a la luz de los posteriores resultados, no fue eficaz. Todo lo opuesto.

No logró imbricarse con el resto de la legislación en materia de estado civil de las personas y la pertinente identificación registral. Sus efectos ocasionaron lagunas jurídicas en materia de nulidades matrimoniales, previsionales, entre otras.

He tomado conocimiento que, recientemente, ha sido aprobada la "Ley 4/2023 del 28 de febrero, para la igualdad real y efectiva de las per-

[17] Sabene, Sebastián E.: *Primeras reflexiones sobre el impacto de la ley 26.743 de Identidad de Género en el derecho registral de las personas.* Jurisprudencia Argentina. I, Fascículo nº 1. Director: Alejandro P.F. Tuzio. Abeledo Perrot, Bs. As., 2/1/2013. p. 7.

sonas trans y para la garantía de los derechos de las personas LGTBI"[18]; para mi extrañeza en idéntico sentido a la imperfecta legislación argentina. Sólo cabe alertar sobre los eventuales conflictos que se presentarán al seguir el análogo sendero rioplatense.

Entre las modificaciones más radicales se encuentran:

a) Posibilidad de solicitar por sí misma y por su sola voluntad, a partir de los 16 años la rectificación de la mención registral relativa al sexo.
b) Entre 14 a 16 años podrán solicitar por sí mismas y asistidas en el procedimiento por sus representantes legales. Si hay desacuerdo; se le nombra un defensor judicial conforme a los arts. 235 y 236 del CC.
c) Menores de 14 y mayores de 12 años podrán solicitar autorización judicial[19].
d) Mantiene el tema en el ámbito administrativo, cobrando relevancia decisiva la persona encargada del Registro Civil[20]. Dicho procedimiento es coherente con lo que la propia ley manifiesta de "despatologización de la orientación sexual" y no intervención médica, clínica ni psicológica[21]. El Registrador emerge entonces, en una suerte de "superhéroe", que no sólo deberá informar las consecuencias jurídicas de la rectificación pretendida, incluido el régimen de reversión, sino además las medidas de asistencia sanitaria, social, laboral, educativa y administrativo incluyendo medidas de protección contra la discriminación[22].

[18] 5366 ley 4/2023 de 28 de Febrero, para la igualdad real y efectiva de las personas trans y para la garantía de los derechos de las personas LGTBI. Boletín Oficial del Estado. Núm. 51. Miércoles 1º de Marzo de 2023. Sec.1, p. 30452.

[19] Artículo 43. Título II Medidas para la igualdad real y efectiva de las personas trans. Cap. I. Sec. I, p. 30475. B.O.E. 1/3/2023.

[20] Artículo 44 inciso 5. Título II *Medidas para la igualdad real y efectiva de las personas trans.* Cap. I. Sec. I, p. 30475. B.O.E. 1/3/2023.

[21] Preámbulo. I. Sec.1, p. 30454, anteúltimo párrafo. BOE 1/3/2023.

[22] Artículos 44/45, Incisos 2, 4, 5, 7, 8, 9 y ss. Título II. *Medidas para la igualdad real y efectiva de las personas trans.* Cap. I. Rectificación registral de la mención relativa al sexo de las personas y adecuación documental. Sec. I, p. 30475 y 30476. B.O.E. 1/3/2023.

e) La persona transexual de menos de 12 años tiene derecho a obtener la inscripción registral del cambio de nombre por razones de identidad sexual, pero no el cambio de sexo[23].

f) Es importantísimo advertir que, del texto de la ley, surgen especialísimos derechos, no sólo a las transexualidades, sino también a las minorías lesbianas, gais, bisexuales, transexual e intersexuales, que involucran al erario público de España[24], mediante la protección y reparación frente a la presunta discriminación a estos colectivos. Se priorizó a determinadas personas en desmedro de otros en situación de mayor vulnerabilidad.

g) Incorpora un severo régimen de infracciones leves, graves y muy graves administrativas, con sanciones de acuerdo a la graduación que oscilan entre 200 a 150.000 euros, y contravenciones no pecuniarias que incluyen penalidades propias del derecho privado (no administrativo)[25].

Mi opinión

- Hay una diferencia sustancial a mi modo de ver, entre asistir al ciudadano que eligió libremente el ejercicio de su sexualidad y exaltar determinados modelos de vida, rodeándolos de prebendas y privilegios excesivos. Ya no estamos seguros frente a quién nos encontramos.
- Debiéramos aprender a convivir con la desproporción entre "lo que es" y "lo que aparenta ser".
- Afrontamos un futuro en el que las respuestas no son ni serán las mismas, porque, a decir verdad, nos han cambiado la mayoría de las preguntas.

[23] Artículo 48. Título II *Medidas para la igualdad real y efectiva de las personas trans.* (Cambio de nombre en el Registro Civil de personas menores de edad). Cap. I. Sec. I, p. 30477. B.O.E. 1/3/2023.
[24] Artículo 62. Título III. Protección efectiva y reparación frente a la discriminación y la violencia LGTBIfobia. Cap. I. Medidas generales de protección y reparación. Sec. I, p. 30481. B.O.E. 1/3/2023.
[25] Artículos 76/77/78/79/80/81/83. Título IV. Infracciones y sanciones. Sec. I, p. 30486, 30487, 30488, 30489 y 30490. B.O.E. 1/3/2023.

- Nuestro reto consistirá en lograr regulaciones que permitan conjugar los intereses individuales con los de la sociedad agotando el campo de lo posible.
- Termino recordando aquel refrán castizo:

"Del mal presente no se ríe la gente; pero del mal futuro no se cuida ninguno y el mal pasado, presto es olvidado"[26].

Referencias

Astigueta César P.: *Consentimiento matrimonial.* Modalidades. En Nuevo Régimen de Matrimonio Civil. Ley 23.515. Ed. Abeledo – Perrot. Buenos Aires, 1989.

Barocelli, Sergio Sebastián. *El derecho a la salud de las personas trans en la Ley de Identidad de Género.* Suplemento Especial. Identidad de Género. Muerte Digna. Mayo 2012. La Ley.

Belluscio, Augusto César. Daños y Perjuicios derivados del divorcio y de la anulación del matrimonio, en la obra: *Responsabilidad civil en el derecho de familia.* Doctrina Jurisprudencia. Autores: Belluscio, Augusto C.; Zannoni, Eduardo A.; Kemelmajer de Carlucci, Aída. Ed. Hammurabi. Bs. As. 1983.

Belluscio, Augusto César. *La ley de Matrimonio 26618.* Buenos Aires, diciembre 1 de 2010 – JA 2010- IV, fascículo nº 9.

Belluscio, Augusto César. *Manual de Derecho de Familia.* Tomo I. Ed. Astrea. Buenos Aires, 2004.

Borda, Guillermo A.: *Tratado de Derecho Civil Argentino.* Familia I. Ed. Perrot. Buenos Aires, 1959.

Cafferata, José Ignacio. *Derecho de Familia.* Tomo I. Matrimonio. Ed. Mediterránea. Córdoba, 2005.

Cafferata, José Ignacio. *El error y el dolo como vicios del consentimiento matrimonial.* Separata del trabajo aparecido en la Revista Jurídica de San Isidro, editada por el Colegio de Abogados de San Isidro, Buenos Aires, nº 19 (julio/diciembre de 1982).

Cafferata, José Ignacio. *Nulidad matrimonial y Constitución Nacional.* Ed. Advocatus. Córdoba, 2000.

[26] Refranero General Ideológico Español. Refrán 51.414 R.M. Compilado por Luis Martínez Kleiser. Tercera Reimpresión. Editorial Hernando. Madrid, MCMLXXXIX, p. 587.

De Ruggiero, Roberto. *Instituciones de derecho civil,* traducción de la 4ª edición italiana por Ramón Serrano Suñer y José Santa Cruz Teijeiro. Reus, Madrid, sin fecha, Vol. II.

Elósegui Itxaso, María: *La transexualidad. Jurisprudencia y Argumentación Jurídica.* Ed. Comares. Granada, España, 1999.

Fernández Martínez, Marta. *La transexualidad. Un enfoque jurídico.* En *Nuevos Perfiles del Derecho de Familia.* Libro homenaje a la Profesora Dra. Olga Mesa Castillo. Rubinzal – Culzoni. Santa Fe, 2006.

Fernández Moores, Ezequiel. *XXY,* Diario La Nación, Bs. As., 10 de marzo de 2010.

Fernández, Silvia.: *La realización del proyecto de vida autorreferencial.* Los principios de autonomía y desjudicialización. Suplemento Especial. Identidad de Género. Muerte Digna. Mayo 2012. La Ley.

Ferrer, Francisco A.M.; Medina, Graciela; Méndez Costa, María Josefa.: *Código Civil Comentado.* Doctrina – Jurisprudencia – Bibliografía. Derecho de Familia. Tomo I. Rubinzal – Culzoni. 2006.

Frías, Jorge A.: *El error en las cualidades de la persona causa de nulidad matrimonial.* Imprenta de la Universidad. Córdoba (R.A.), 1939.

Frías, Jorge A. *El matrimonio, sus impedimentos y nulidades.* Capítulo XXVI, nº 3. Ed. El Ateneo. Córdoba, 1941.

Gangi, Calógero. *Derecho Matrimonial.* 3ª Edición. Ed. Aguilar. Madrid, 1960.

García de Solavagione, Alicia. *Transexualismo.* Análisis Jurídico y Soluciones Registrales. Ed. Advocatus. Córdoba, 2008.

García de Solavagione, Alicia. Ponencia: *Necesidad de precisar un concepto jurídico del sexo.* En las "X Jornadas Bonaerenses de Derecho Civil, Comercial, Procesal, Laboral, Constitucional y Administrativo", Comisión nº 1: *Protección de la persona humana.* Junín (Bs. As.), octubre 2003.

Guibourg, Ricardo A.: *Sobre el Género y la Ley.* Suplemento Especial. Identidad de Género. Muerte Digna. Mayo 2012. La Ley.

Güitrón Fuentevilla, Julián.: *Compendio de términos de derecho civil.* UNAM, Instituto de Investigaciones Jurídicas – Porrúa, México, 2004.

Hairabedián, Maximiliano.: *Requisas a transexuales:* ¿Debe practicarlas un hombre o una mujer? Actualidad Jurídica. Familia & Niñez. Ed. Nuevo Enfoque. Año VII. Vol. 108. Abril 2013.

Kipp, Theodor y Wolff, Martin.: *Derecho de Familia*. Volumen I. El Matrimonio. Traducción de la 20ª edición alemana: Blas Pérez González; José Castán Tobeñas, José Alguer. Publicaciones Jurídicas Bosch. Buenos Aires, 1948.

Kovadloff, Santiago.: *La vida humana: una reflexión filosófica*. En el Ciclo de Conferencias sobre La vida humana del Instituto Cultural Argentino Israelí de la ciudad de Córdoba, 1997.

Mans Puigarnau, Jaime M.: *El consentimiento matrimonial*. Defecto y vicios del mismo como causa de nulidad de las nupcias. Ed. Bosch. Barcelona, 1956.

Mazzinghi, Jorge Adolfo.: *Derecho de familia*. Tomo 1. 3ª edición, Ed. Ábaco de Rodolfo Depalma. Bs. As. octubre 1995.

Medina, Graciela.: *Comentario Exegético a la Ley de Identidad de Género*. Suplemento Especial. Identidad de Género. Muerte Digna. Mayo 2012. La Ley.

Méndez Costa, María Josefa – D'Antonio, Daniel Hugo: *Derecho de Familia*. Tomo I. Rubinzal – Culzoni. Santa Fe, 1990.

Novellino, Norberto José.: *Matrimonio civil*. Efectos Jurídicos. Ley 23.515. Comentada. Anotada. Ed. M.G. Buenos Aires, 1990.

Pastore, Analía G.: La ley 26.743. Posicionamiento de nuestro país respecto del mundo. *Revista de Derecho de Familia y de las Personas*. Año IV. Número 9. La Ley. Bs. As., octubre 2012.

Pellegrini, María Victoria.: *Todavía la identidad sexual requiere la intervención de los jueces*. Revista de Derecho de Familia y de las Personas. Año 4. Nº 1. enero/febrero 2012, La Ley.

Rivera, Julio César. *El Transexualismo*: Europa Condena a Francia y la Casación Cambia su Jurisprudencia. E. D. Tomo 151. 1993.

Rivera, Julio César.: *Ratificación del Derecho a la Identidad Sexual en un Caso de Hermafroditismo*. J. A. Nº 5937, Tomo II.

Sabene, Sebastián E.: *Inscripción tardía de un nacimiento y derecho al nombre*. Revista de Familia y de las Personas. La Ley. Año V. Número 4. mayo 2013.

Sabene, Sebastián E. *Primeras reflexiones sobre el impacto de la ley 26.743 de Identidad de Género en el derecho registral de las personas*. Jurisprudencia Argentina. I, Fascículo nº 1. Ed. Abeledo Perrot. Director Alejandro P.F. Tuzio. Bs. As., 2/1/2013.

Solavagione, Lucía Gabriela. El avenimiento de la víctima con el imputado en los delitos contra la integridad sexual. En: *La discriminación de género en el Derecho y sus expresiones en la legislación y en la práctica jurídica*. Coordinadora: Yamila González Ferrer. La Habana, Cuba, 2012.

Spota, Alberto G.: *El dolo y el error como causales de anulabilidad del matrimonio*. LL. T. 13, nº 26, II.

Vidal Taquini, Carlos H.: *Matrimonio civil. Ley 23.5155*. Comentario de los artículos 159 al 239 del C.C. y demás normas vigentes. Doctrina y jurisprudencia. Ed. Astrea, Buenos Aires, 1991.

26.
NUEVAS VULNERABILIDADES EN ARGENTINA

Alicia García de Solavagione

1. Introducción

Argentina es – y siempre lo fue – un país complejo, muy peculiar. Su historia y características poblacionales se podrían estimar como diferentes – no mejores- al resto de los Estados de América. Influencia decisiva tuvo la sanción de la Constitución de la Nación Argentina (C.N.) en mayo de 1853, en cuyo Preámbulo ya se proclamaba: "con el objeto (...) de constituir la unión nacional, afianzar la justicia (...) y asegurar los beneficios de la libertad, para nosotros, para nuestra posteridad y para todos los hombres del mundo que quieran habitar en el suelo argentino (...). Libertad que no es sólo la metafísica, sino la ausencia de coerción y de procederes autoritarios, en consonancia con el artículo 19, *in fine*, de la Carta Magna, que reza: "Ningún habitante de la Nación será obligado a hacer lo que no manda la ley, ni privado de lo que ella no prohíbe".

Esta auténtica invitación se origina en la necesidad de la inmigración como modo de poblar un país con pocos habitantes. Juan Bautista Alberdi enunció su controvertida frase: "Gobernar es poblar", como forma de asentar el progreso de un país modelo, mediante la promoción de la inmigración europea, consagrado en el art. 25 de la Carta Magna al precisar: "el gobierno federal fomentará la inmigración europea y no podrá restringir, limitar ni gravar con impuesto alguno la entrada en el territorio argentino de los extranjeros..." (y continúa). El art. 20 de la

C.N.[1] otorga iguales derechos a extranjeros. Es de valor dirimente el art. 16 de la Carta Magna al expresar: "Todos sus habitantes son iguales ante la ley, y admisibles en los empleos sin otra condición que su idoneidad. La igualdad es la base del impuesto y de las cargas públicas". La decisión argentina para la época fue este sistema de "puertas abiertas" para extranjeros de origen europeo consagrado en la mismísima CN. Claro está, en el siglo XIX y hasta fines del siglo XX.

Con la modificación de la C.N. el 22 de agosto de 1994, se incorporan los Tratados Internacionales, otorgándoles rango constitucional (Art. 75, inciso 22 C.N.).

Debo adentrarme en el contexto histórico.

2. Referencias históricas sobre los inmigrantes en Argentina

A fines del siglo XIX, Argentina se convirtió en el destino más importante de las corrientes migratorias europeas que se dirigieron hacia América latina. El mayor contingente de migrantes europeos (principalmente italianos y españoles) ascendió a cerca de cinco millones de personas entre 1870 y 1929. El censo de 1895 indicaba que los extranjeros representaban un 25,4% de la población total del país, en tanto en 1914 ya alcanzaba – según el censo – un 29,9%.

Entre 1883 y 1914 la población de la ciudad de Buenos Aires, convertida ya en ciudad "de masas" como resultado de políticas públicas e inversiones extranjeras, pasó de 400.000 personas a 1.576.000 alcanzando 1.800.000 habitantes en 1925.

Con la Primera Guerra Mundial, se detuvo el flujo de migrantes europeos hacia Argentina debido a la situación en Europa en crisis. Durante las décadas de 1920 a 1930 las políticas migratorias del país se endurecieron, incorporando elementos que cuestionaban la anterior política de

[1] Art. 20 de la Constitución de la Nación Argentina: "Los extranjeros gozan en el territorio de la Nación de todos los derechos civiles del ciudadano; pueden ejercer su industria, comercio y profesión; poseer bienes raíces, comprarlos, enajenarlos; (...) ejercer libremente su culto; testar, y casarse conforme a sus leyes. No están obligados a admitir la ciudadanía, ni a pagar contribuciones forzosas extraordinarias (...)".

"puertas abiertas". En ese contexto la migración limítrofe comenzó a ser percibida como un problema[2].

En las décadas de 1930 a 1940 se produjeron importantes movimientos desde el interior del país hacia la capital, lo que contribuyo a su notable urbanización.

Luego de la Segunda Guerra Mundial, período denominado de la post guerra (1948-1952), se produjo una segunda corriente migratoria, aunque de menor volumen, que marcó el fin del ciclo de la migración europea hacia Argentina.

A partir de allí se observa un importante cambio en el caudal migratorio internacional y su constitución. La tipología migratoria limítrofe (es decir: Paraguay, Bolivia, Perú, Uruguay, etc.) pasó de representar un 8,6% del total de extranjeros, según el censo del año 1914, a un 39,6% de ese total, conforme al censo de 1980.

La composición extranjera provenía esencialmente de Bolivia, Paraguay y Perú. A partir de la década de 1990, la normativa migratoria comenzó a mostrarse cada vez más restrictiva.

En la actualidad, según datos del último censo Nacional del año 2010, Argentina tiene una población extranjera de 1.805.957 personas, lo que representa un 4,5% de la población total que es de 40.117.096 habitantes.

Completando la reseña histórica la composición de la población nacida en países limítrofes y del Perú que residen en Argentina, es de 1.245.054, cifra que representa el 3,1% de la población total. Los colectivos con mayor presencia son los de origen boliviano y paraguayo, destacándose la fuerte presencia de la migración peruana entre los años 2000 al 2010.

Según los datos proporcionados por el Instituto de Estadísticas y Censos (INDEC), luego del censo efectuado en 2010, el 53,9% de la población migrante que reside en Argentina son mujeres, siendo los grupos brasileño, peruano y paraguayo los más significativamente femeninos. En caso de las migraciones provenientes de Bolivia, sigue siendo una migración de carácter familiar, a diferencia de lo que sucede con el flujo migratorio paraguayo y peruano, donde se observa un relevante número de

[2] Vaccotti, L. Migración y Derecho a la Vivienda Adecuada, en *Revista Migraciones Internacionales*. Reflexiones desde Argentina. Organización Internacional para las Migraciones (OIM). Organismo de ONU para la Migración, 2017, p. 51.

mujeres jefas de hogar, que han migrado solas, dejando en ciertos casos a sus hijos en sus países de origen.

Fenómeno diferente al relatado, ocurrió con la diáspora migratoria proveniente de Venezuela. El éxodo -provocado por razones de público conocimiento- implicó la abrumadora llegada a mi país de 176.369 migrantes hasta el año 2018, la mayoría con títulos profesionales de Grado y Posgrado, para desarrollar oficios y servicios ajenos a sus incumbencias técnicas.

3. La mujer en contexto de violencia. Normativa vigente

En este marco contextual, Argentina adoptó, desde el advenimiento de la democracia en 1983, una política que acoge los Derechos Humanos como política de Estado, los que fueron receptados en el Derecho de Familia dictándose leyes señeras. Se sancionan así en el año 1985 la ley de Equiparación de las Filiaciones y Patria Potestad compartida nº 23.264, que elimina la calificación de hijos en legítimos e ilegítimos. Todos los hijos, matrimoniales y extramatrimoniales son iguales y poseen los mismos derechos; y la ley de Matrimonio Civil, mal llamada "Ley de Divorcio Vincular", nº 23.515 en el año 1987 que incorporan la figura del Divorcio Vincular y la Separación Personal.

Argentina se convierte en uno de los últimos países de Latinoamérica en aceptar tardíamente el divorcio vincular, con los efectos propios de la disolución del matrimonio. Se mejoró la relación familiar en varios aspectos con ambas leyes. Sin embargo, no existía aún legislación específica tuitiva de las familias y de las vulnerabilidades específicas femeninas.

Argentina aprueba la Convención de la CEDAW mediante la ley 23179, de 1985. La "Convención sobre la Eliminación de todas las Formas de Discriminación contra la Mujer", conocida por sus siglas en inglés como CEDAW, adoptada en diciembre de 1979 por Resolución 34/180 de la Asamblea General de las Naciones Unidas, fue el inicio de grandes normativas protectorias. Ya enunciaba que la violencia contra la mujer es uno de los modos más aberrantes que asume la violencia en general. Forma de discriminación que impide gravemente el goce de derechos y libertades en pie de igualdad con el hombre[3].

[3] Recomendación General de la CEDAW Nº 19, 11er. Período de Sesiones, 1992.

Si bien es cierto que se han fortificado los derechos individuales de las mujeres en el país, no es menos cierto que aún subsisten ciertas conductas patológicas de sometimiento que, bajo la mascarada de querer proteger ocultan verdaderos arquetipos ideales de mujer, como pautas para imitar, reproducir y copiar. La existencia de estos modelos femeninos estereotipados no es impuesta por normativa legal alguna. Subyacen en la epidermis social, de acuerdo al mayor o menor grado de concientización sobre el derecho que les asiste a las mujeres a su libertad y autonomía. Como lo indica la Recomendación General de la CEDAW nº 19, esta violencia compromete la salud de la mujer y entorpece su capacidad de participar en la vida familiar y en la vida pública en igualdad de condiciones.

Expresa Diego O. Ortiz:

> El efecto de dicha violencia sobre su integridad física y mental, es privarla del goce efectivo, el ejercicio y aun el conocimiento de sus derechos humanos y libertades fundamentales. La violencia en la familia es una de las formas más insidiosas de violencia contra la mujer. Existe en todas las sociedades[4].

Luego, con la Convención Internacional para Prevenir, Sancionar y Erradicar la Violencia contra la Mujer – "Convención de Belem do Pará", ley 24.632, sancionada en marzo de 1996 – define a la violencia femenina como "una ofensa a la dignidad humana y una violación a los derechos humanos".

A nivel nacional, se sanciona en Argentina la ley nº 26.485 de Protección Integral a las Mujeres, en marzo del 2009, y se erige como la herramienta específica para el resguardo de los derechos de la mujer.

4. En clave de crítica

No obstante, lo expuesto observamos que en un país vasto geográficamente como Argentina, cuya población se conforma -en parte- con inmigrantes de países limítrofes, la problemática de la violencia y maltrato adquiere ribetes mucho más complicados. Si bien es cierto, que el país comienza a receptar los Tratados y Convenciones Internacionales en la

[4] Ortiz, Diego O. Las personas en situación de violencia doméstica, en *Tratado de la Vulnerabilidad.* La Ley, Ciudad Autónoma de Buenos Aires, 2017, p. 1075.

Constitución Nacional y en las constituciones de cada provincia, no es menos cierto que el fenómeno de la agresión y violencia requiere distintas aristas de abordaje, no sólo la jurídica.

Es en este punto donde observo leyes bien intencionadas, que permitieron avanzar en defensa de la mujer víctima de violencia. Pero otras normas son proclamas o slogans de políticas militantes, que no alcanzan a proteger en el caso concreto a personas vulnerables. Declamaciones que sólo benefician a los oportunistas políticos (los gobiernos de turno).

Es imperativo eliminar toda clase de violencia. Nadie en sus cabales en Argentina puede acordar con estas conductas patológicas de malos tratamientos, feminicidios, infanticidios brutales, y en cantidades elevadas y crecientes.

Sin embargo, la utilización de estas situaciones dolorosas con fines electoralistas, y de adoctrinamiento ideológico, al mejor estilo totalitario, humillan doblemente a las víctimas de esta plaga universal: a) en su dignidad humana y su proyección ontológica. b) Como, asimismo, convierte a la mujer en objeto cosificado útil para crear "fundaciones", "ateneos" y estructuras burocráticas paraestatales integradas por punteros políticos.

El tratamiento "a medias" de la temática, sin el correlativo presupuesto económico para dignificar a las personas frágiles en su padecimiento, así como también no dotar de personal idóneo competente, nos lleva a interrogar: y las normas en Argentina, ¿para qué o para quiénes están hechas? En lo personal, la realidad del país me interpela día tras días con el fin de colaborar para que en Argentina se termine esta anomia sistémica.

El cuerpo social que menosprecia o degrada las normas vigentes incumpliéndolas, acarrea como consecuencia la inadaptación social, llegando a infringir las leyes, pues se sabe que, por esa transgresión, no tendrá consecuencias punitivas.

5. Normativa nacional argentina. O, de cómo el país intenta acabar con esta plaga

La ley mencionada nº 26.485 del año 2009, refiere que tiene por objeto promover y garantizar (Art. 2º):

> a) La eliminación de la discriminación entre mujeres y varones en todos los órdenes de la vida;

b) El derecho de las mujeres a vivir una vida sin violencia;

c) Las condiciones aptas para sensibilizar y prevenir, sancionar y erradicar la discriminación y la violencia contra las mujeres en cualquiera de sus manifestaciones y ámbitos;

d) El desarrollo de políticas públicas de carácter interinstitucional sobre violencia contra las mujeres;

e) La remoción de patrones socioculturales que promueven y sostienen la desigualdad de género y las relaciones de poder sobre las mujeres;

f) El acceso a la justicia de las mujeres que padecen violencia;

g) La asistencia integral a las mujeres que padecen violencia en las áreas estatales y privadas que realicen actividades programáticas destinadas a las mujeres y/o en los servicios especializados de violencia.

6. Violencia contra la mujer. Supuesto de dobles o múltiples vulnerabilidades

El artículo 4º de la ley 26.485 define la violencia contra las mujeres como:

> Toda conducta, acción u omisión, que, de manera directa o indirecta, tanto en el ámbito público como en el privado, basada en una relación desigual de poder, afecte su vida, libertad, dignidad, integridad física, psicológica, sexual, económica o patrimonial, como así también su seguridad personal. Quedan comprendidas las perpetradas desde el Estado o por sus agentes. Se considera violencia indirecta, toda conducta, acción, omisión, disposición criterio o práctica discriminatoria que ponga a la mujer en desventaja con respecto al varón.

Debo destacar que lo relevante de esta ley madre, es la creación minuciosa y detallada de tipologías de maltrato, lo que visibiliza con claridad cada una de las aristas que adquiere la violencia en Argentina. En efecto, el art. 5º) establece que quedan comprendidos en la definición de violencia contra las mujeres:

- El maltrato físico: es el que implica una acción u omisión que cause como consecuencia un daño o lesión en el cuerpo, sea visible o no. Con esta definición, se amplía el concepto de maltrato físico, que puede ser visible o imperceptible, como una sacudida de pelo; o un cabezazo, por ejemplo.

- El maltrato psicológico: incluye las agresiones verbales, amenazas proferidas, acoso, hostigamiento, humillación, deshonra, descrédito, manipulación, abuso emocional y disminución de la autoestima que perjudique el pleno desarrollo personal o que busque degradar a la mujer, o controlar sus acciones, comportamientos, creencias y decisiones[5].
- El maltrato sexual: cualquier acción que implique vulneración en todas sus formas, con o sin acceso genital, del derecho de la mujer de decidir voluntariamente acerca de su vida sexual o reproductiva a través de amenazas, coerción, uso de la fuerza o intimidación, incluyendo la violación dentro del matrimonio o de otras relaciones vinculares o de parentesco, exista o no convivencia, así como la prostitución forzada, explotación, esclavitud, acoso, abuso sexual y trata de mujeres. Es decir, abarca todo supuesto en que la mujer no haya dado su consentimiento. Este concepto plantea la ausencia de consentimiento en su máxima expresión como elemento para configurar el abuso.
- El maltrato económico y patrimonial: dirigido a provocar un menoscabo en los recursos económicos o patrimoniales de la mujer, a través de:
- a) la perturbación de la posesión o propiedad de los bienes,
- b) la pérdida, sustracción, destrucción retención indebida de objetos, instrumentos de trabajo, documentos personales, bienes valores, etc.
- c) la limitación de los recursos económicos destinados a satisfacer sus necesidades o privación de los medios indispensables para vivir una vida digna,
- d) la limitación o control de sus ingresos, así como la percepción de un salario menor por igual tarea de un mismo lugar de trabajo.

[5] El art. 5º), inc. 2, de la ley 26.485, incluye: "La culpabilización, vigilancia constante, exigencia de obediencia, sumisión, coerción verbal, persecución, insulto, indiferencia, abandono, celos excesivos, chantaje, ridiculización, explotación y limitación del derecho de circulación o cualquier otro medio que cause perjuicio a su salud psicológica y a la autodeterminación".

- El maltrato simbólico: es aquella que, a través de patrones estereotipados, mensajes, valores, íconos o signos transmita y reproduzca dominación, desigualdad y discriminación en las relaciones sociales, naturalizando la subordinación de la mujer en la sociedad, entre otros tipos de violencia que, en honor a la brevedad, omito aquí.

Como puede observarse, el plexo legal argentino en materia de violencia femenina es amplísimo y exhaustivo: contempla hasta las mínimas situaciones ríspidas o abusivas, que hacen a la vida cotidiana, las cuales devienen difíciles de probar si la víctima las ha naturalizado durante la relación. En Argentina es necesario reforzar la idea de que no hay problemas de las mujeres, sino que hay problemas de la sociedad que atraviesan a las mujeres, a los varones y a las personas en sus diversas identidades de género y opciones de vida.

7. El objetivo específico de mi exposición: cuando el maltrato es institucional y es originado en ámbitos judiciales, se potencia la violencia

El art. 6º de la normativa *sub examine*, expresa las diversas modalidades que puede revestir la violencia contra la mujer en distintos ámbitos, ciñendo nuestro enfoque a la violencia institucional y/o estructural, con especial referencia al derecho de la mujer a acceder a la justicia en igualdad de condiciones.

Se puede conceptualizar como:

> Aquella realizada por funcionarias, profesionales, personal y agentes pertenecientes a cualquier órgano, ente o institución pública, que tenga como fin, retardar, obstaculizar o impedir que las mujeres tengan acceso a las políticas públicas y ejerzan los derechos previstos en esta ley. Quedan comprendidas, además las que se ejercen en los partidos políticos, sindicatos, organizaciones empresariales, deportivas y de la sociedad civil.

Este tipo de violencia refiere a la responsabilidad de las instituciones públicas o privadas o de actuación, de las personas que trabajan allí, cualquiera sea su tarea o función que conformen abuso, negligencia, detrimento de la salud, bienestar físico, o vulneren derechos básicos de la mujer.

La propia CEDAW menciona algunos medios para los Estados a los efectos de eliminar la discriminación y la relevancia de establecer la protección jurídica de los derechos de la mujer por medio de los Tribunales Nacionales y Provinciales competentes, y de otras instituciones públicas, pues es posible la existencia de casos en donde las personas se encuentran con dobles vulnerabilidades.

A mi modo de ver, las "100 Reglas de Brasilia" sobre acceso a la Justicia de personas en condición de vulnerabilidad[6], se erigen como núcleo fundacional a partir del cual poder analizar si existe discriminación hacia la mujer en su acceso a la justicia, con particular énfasis en las mujeres migrantes, extranjeras o de otras culturas.

En dichas Directivas, se establece que el sistema judicial se debe configurar, y se está configurando, como un instrumento para la defensa efectiva de los derechos de las personas en condición de vulnerabilidad. Recogen recomendaciones para los órganos públicos y para quienes prestan servicios en el sistema judicial. Se refieren al trabajo cotidiano de todos los servidores del ámbito judicial quienes intervienen en su funcionamiento. Expresa Ortiz:

> Estos servidores otorgarán a las personas en condición de vulnerabilidad un trato adecuado a sus circunstancias singulares. Asimismo, se recomienda priorizar actuaciones destinadas a facilitar el acceso a la justicia de aquellas personas vulnerables ya sea por la concurrencia de varias causas o por la gran incidencia de una de ellas[7].

Las Reglas 3 y 4, dibujan la definición de condición de vulnerabilidad, al considerar que son aquellas personas que, por razón de su edad, *género*, estado físico o mental, o por circunstancias sociales, económicas, *étnicas y/o culturales*, encuentran especiales dificultades para ejercitar con plenitud ante el sistema de justicia los derechos reconocidos por el ordenamiento jurídico. La Regla 17 plantea que la discriminación que la mujer

[6] XIV Cumbre Judicial Iberoamericana, desde el 4 al 6 de marzo de 2008.

[7] Ortiz, Diego. *Ob. Cit.*, p. 1079.

sufre en determinados ámbitos supone un obstáculo para el acceso a la justicia, que se agrava en aquellos casos en los que concurra alguna otra causa de vulnerabilidad.

Y es en este aspecto y con casos reales, el que profundizaré.

8. Dificultades de las mujeres migrantes, de diferente nacionalidad, cultura o idioma en Argentina

Los mayores conflictos que encontramos en Argentina son al menos cuatro:

a) Cultura machista de su país de origen.
b) Discriminación en el país de destino.
c) Problemas de comunicación.
d) Falta de redes y recursos institucionales.

Describiré sólo los aspectos que interesan al presente análisis: los puntos a) y c).

8.1. Cultura machista en el país de origen

Este tema aparece con mucha frecuencia en las entrevistas efectuadas, la mayoría de los profesionales que trabajan en las organizaciones considera que la cultura machista, la reproducción de estereotipos de género y la naturalización de la violencia son elementos fuertemente arraigados en la subjetividad de las mujeres migrantes a partir de concepciones con las que fueron criadas y crecieron en su tierra natal. De este modo la cultura del país de origen aparece como una limitante para que los profesionales de las organizaciones de servicios sociales puedan enseñarles a las mujeres desde otros códigos culturales, que en Argentina la violencia de género es un delito y que la ley las ampara.

Se advierte en el país que los emigrados no conocen sus derechos como extranjeros, menos conciencia aún tienen las mujeres migrantes de los derechos específicos derivados de su género. Temen ser regresadas a su país de origen. Creemos que todos estos factores influyen sobre las actitudes que las mujeres adoptan en relación a la violencia que padecen.

Por ejemplo, en una organización nos contaban:

> En el barrio de Mataderos en Buenos Aires, hay muchas familias de origen boliviano, usualmente el que viene o tiene familia acá es el hombre, no la mujer. Entonces ellas viven con el primo, el tío, el hermano, el abuelo de él y ellas están solas para enfrentar la violencia, no tienen a nadie [8].

Tienen una adhesión muy fuerte a los estereotipos de género, al sentirse sometidas con naturalidad a la figura de autoridad del varón: incluso se les dice "el señor". No sólo con la pareja sino también con el padre o el jefe. En este sentido, existe una estrecha vinculación entre la violencia de género y los factores culturales que influyen en este fenómeno de modo negativo.

8.2. Problemas de comunicación

En ciertas situaciones de mujeres extranjeras, la comunicación entre ellas y las organizaciones de asistencia es imposible. Muchas no saben leer y escribir o no saben a veces a dónde viven. Las trabajadoras sociales que atienden esta problemática de manera psico-educativa, les enseñan a pedir ayuda y estrategias de autocuidado.

> Hay personas que te dicen: prefiero hablarte en Aymara porque es más fluido; no es que no sepan castellano, ellas siempre saben, así sean Quechuas o Aymaras. Las instituciones muchas veces dicen que no les entienden porque no hablan castellano, pero eso es una falacia. Las migrantes hablan todo en Quechua o Aymara pero se hacen entender en castellano, lo que pasa es que no les quieren entender [9].

En general, se advierte la dificultad que tienen en poder verbalizar su situación y animarse a comunicar la violencia que sufren. Las emigradas también se enfrentan a la particularidad del idioma, que puede significar un doble esfuerzo para ambas partes en el proceso de poder entenderse.

[8] *Estudio sobre los avances en el abordaje de la Violencia de Género en Mujeres Migrantes Latinoamericanas en la Ciudad Autónoma de Buenos Aires.* Observatorio de Migración y Refugio. AMUMRA. Asociación Civil de DD.HH. Mujeres Unidas, Migrantes y Refugiadas en Argentina – Julio 2017, p. 61.

[9] *Ibidem.*, p. 62 y 63.

9. Cuando la vulnerabilidad es doble o múltiple: casos de mujeres migrantes pertenecientes a otras culturas y lenguajes. Por ser mujer, por ser víctima de violencia y por desconocer el idioma castellano

El motivo que originó nuestro interés en el tema, fueron dos casos reales presentados ante la Justicia Argentina, que *a posteriori* desarrollaré.

No existe posibilidad alguna de expresarnos si no es a través de la palabra. Cuando la víctima de un hecho violento no puede construir un relato, porque su idioma es desconocido por el receptor, generalmente un operador judicial o un miembro policial, la información es vacua, vacía de contenido.

> Hasta hace algunos años, la mayoría de la población migrante estaba en situación irregular y esa circunstancia era aprovechada para la vulneración de derechos. Hasta ahora los testimonios de las mujeres violentadas relatan que tomaron mucho tiempo en decidir formular la denuncia porque sus parejas las amedrentaban con la idea de que podrían ser deportadas[10].

Por tanto, no sorprende que en Argentina haya casos de este tenor, donde el proceso judicial se ve obstaculizado por falta de recursos. Entramos en el caso concreto de la causa nº 4586 (494/2013) que involucra a Reina Maraz Bejarano, migrante, originaria de Bolivia, indígena, analfabeta, pobre, víctima de violencias múltiples, imputada por ser coautora del homicidio calificado de su pareja Limber Santos Villca, también ciudadano de nacionalidad boliviana.

9.1. El caso testigo "Maraz Bejarano, Reina"

La causa seguida a Reina Maraz por los delitos de homicidio agravado *criminis causae*, por el concurso premeditado de dos o más personas, robo agravado en despoblado y en banda, en concurso real, fue un litigio estratégico.

[10] Violencia contra bolivianas en Argentina, Diario La Opinión, Buenos Aires, 16/11/2015. Disponible en: http://www.opinion.com.bo/opinion/articulo/2015/1116/noticias.php?id=175802&calificacion=4.

La mujer era víctima de violencia doméstica y sexual cuando su marido la entregaba como parte de pago a un vecino con quien mantenía una deuda.

Reina es una mujer de la etnia Wichi, que está privada de su libertad acusada del asesinato de su esposo. Su detención en prisión se prolongó excesivamente debido a no poder encontrar un traductor, en los Tribunales de Quilmes, Provincia de Buenos Aires. El proceso se dilató.

En ese contexto de prisión estuvo detenida tres años en la Unidad 33 de Los Hornos, hasta que se logró oficializar una intérprete que le permitiera entender de qué la acusan en los Tribunales. Ella no habla español -eso argumentó- para entender la acusación y proceder a su defensa, ni la justicia bonaerense contaba con un intérprete de quechua que les permitiera a jueces, fiscal y defensor entender lo que quería preguntar o transmitir la acusada.

Recién al año de prisión y por casualidad, una organización no gubernamental llamada "Comisión Provincial por la Memoria", en una visita habitual a la cárcel detectó el caso y llevó una intérprete, que la Justicia recién aceptó incorporar oficialmente tres años más tarde, momento al que se arriba al Juicio Oral ante el Tribunal Oral Federal en lo Criminal 1 de Quilmes.

Analizando la sentencia de Cámara, la Jueza Butiérrez dice, en disidencia con la Vocal preopinante:

> Así, se pudo constatar que Reina Maraz Bejarano es oriunda de Bolivia, se crió en una zona rural y a los diecisiete años formó pareja con Limber Santos, resultando analfabeta, perteneciente a una comunidad aborigen, no sabiendo ni leer ni escribir. (...) La imputada relató en su lengua natal las vicisitudes que vivió junto a Limber Santos, la manera en que fue obligada por él a venir a la Argentina, sus agresiones y su aislamiento y vulnerabilidad en un país de la cual no es originaria.

Testimonios dan cuenta que la nombrada sufría agresiones por parte de su pareja, que era una relación conflictiva, que se emborrachaba y quería matar a ella y a sus hijos. Una testigo refiere que el fallecido hizo revisar a Reina por un médico para descartar que hubiera tenido relaciones con otras personas en Bolivia cuando él trabajaba en Argentina; lo que permite vislumbrar el destrato al que era sometida. En su voto, la Sra. Jueza Butiérrez argumenta:

> A lo expuesto debe agregarse que Reina llegó al país con sus hijos en el año 2009, por lo que al momento de los hechos no había pasado ni siquiera un año de su llegada, lo que permite inferir, sin dudas, que se hallaba en plena adaptación a las particulares condiciones de vida de la Argentina, diferentes a las de Bolivia, como ella relató, lo que explica sus dificultades de integración y comprensión no sólo del idioma sino de las costumbres y modismos del país.

Por parte del abogado defensor de la imputada, en todo momento adujo en su estrategia el desconocimiento de la lengua castellana, y su dependencia al esposo para desenvolverse en la vida cotidiana. Que en el seno familiar se hablaba quechua y que no recibió culturización en su país ni en Argentina, constatándose en el expediente el contexto de extrema marginalidad, pobreza, y violencia doméstica, con relaciones abusivas entre todos los integrantes del grupo y múltiples opresiones que convergen en el caso (de género / raza / etnia / clase / costumbres culturales e idiomáticas) colocándola en un estado de indefensión frente al acceso a la justicia. Esas circunstancias deben obligar al Estado a garantizar una mayor protección, un *plus* o *extra* de cuidados y garantías de parte de los operadores intervinientes.

Hemos analizado medulosamente la sentencia. No hay dudas de su culpabilidad, toda vez que sus propios hijos presentes en el momento del hecho, en castellano y con pocos modismos "quechuas", declararon la forma cómo asesino con un cómplice (el supuesto "acreedor" del fallecido) a su esposo. No obstante, es imposible analizar la conducta atribuida a Reina, sin considerar el contexto, lo que no implica por parte de la suscripta justificar ni validar el homicidio de una persona, lo que podría interpretarse como apologético del delito. Hago esta aclaración, pues respetamos el sistema republicano de gobierno; se ha dictado sentencia condenatoria y por unanimidad, y por un Tribunal compuesto por tres mujeres Juezas.

En sentencia de fecha 11 de noviembre de 2014, resolvió condenar por unanimidad a Reina Maraz Bejarano a la pena de prisión perpetua, accesorias legales y al pago de las costas del proceso, por resultar coautora penalmente responsable del homicidio doblemente agravado por alevosía y para facilitar la comisión del delito de robo.

Este caso permitió colocar en debate políticas públicas y el comportamiento estatal en estas temáticas. Evidencia una problemática social a partir de la cual se intenta alcanzar soluciones integrales, como la creación de un "Registro de Intérpretes de Pueblos Originarios" y la necesaria perspectiva de multiculturalidad que jueces y fiscales debieran incorporar, asimismo con un enfoque de género. El riesgo para la mujer migrante es grande, al verse doblemente vulnerada, por su condición de mujer, pertenecer a otra cultura y desconocer cabalmente el idioma español. El derecho al acceso a la justicia de estas mujeres dobles vulnerables, como rezan las "100 Reglas de Brasilia", podría convertirse en una mera declamación sin ninguna aplicación en Argentina.

En síntesis, para modificar la situación de las mujeres migrantes que sufren doble victimización, se debe promover que los operadores judiciales investiguen y visibilicen los contextos en que se producen los hechos, para entender las modalidades de actuación de los agresores frente a las mujeres e hijos como si fuese un ámbito más de extensión de exclusivo de poder, violencia y manipulación. En ciertos países islámicos, se denominan a estas conductas "privilegios de la virilidad".

En otro caso concreto presentado en Argentina, una resolución judicial inédita en una causa por violencia de género, un Juez de Familia de La Plata, autorizó la salida del país de una mujer migrante de nacionalidad brasileña, junto a su pequeña hija, nacida en Argentina, sin contar con la autorización del padre golpeador. El segundo caso presentado fue el caso "D.O.G.S.J. C/ M. C. S/ Autorización Judicial". Juzgado de Familia Nº 2 del Departamento Judicial de La Plata. 30/diciembre de 2015[11].

El Juez de Familia de La Plata, José Luis Bombelli, autorizó la salida del país de una mujer migrante brasileña, junto con su pequeña hija de 7 meses, nacida en Argentina, sin contar con la autorización del padre maltratador. La mujer había denunciado, en reiteradas oportunidades, la

[11] Observatorio de Género en la Justicia de la Ciudad de Buenos Aires. Boletín Nº 8 – marzo de 2016. Sentencias. Poder Judicial de la Ciudad de Buenos Aires. Consejo de la Magistratura.

violencia de la que era víctima. Se tomaron por otros juzgados, medidas judiciales a fin de procurar protegerla, pero ella seguía siendo víctima de violencia de género, porque el victimario incumplía las órdenes judiciales. Ello colocaba a la madre como a la niña "en un estado de desprotección y riesgo grave", motivo por el cual el juez autorizó la salida del país de ambas, sin que mediara el aval del padre. La demanda judicial que posibilitó la salida del país de la madre y su hija de 7 meses fue impulsada por el "Observatorio de Violencia de Género de la Defensoría del Pueblo", de la provincia de Buenos Aires[12].

El fallo avanza sobre el reconocimiento de las implicancias de la violencia en las mujeres víctimas, agravando el conflicto, la condición de migrante en una mujer violentada. El Juez pondera que el grave riesgo en el que se hallaba la pequeña y su madre sólo podía evitarse "autorizando el viaje a su país de origen donde vive su familia, los que pueden brindar ayuda económica, emocional y protección". Agrega el magistrado que: "Esa situación se debía a su extranjería, su dificultad en el manejo del idioma, el nacimiento reciente de L. su hija y el poco tiempo que ha estado en la República Argentina".

Similar importancia otorga el Juez, al principio axial *iusfamiliarista* del "Interés Superior de la Niña", destacando la obligación del Estado de asegurarle, a través de sus instituciones, bienestar y desarrollo. Interpreta Su Señoría, en especial, la aplicación del "Principio objetivo de Precaución" en materia de niñez. Paradigma que exige valorar primordialmente los riesgos, daños futuros y otras consecuencias de la decisión, en la seguridad de los niños. Relata que la pequeña, que aún se alimenta con leche materna, ha vivido cambios y sobresaltos junto a su progenitora en ese corto tiempo, siendo protagonista de tironeos de brazos de su madre, corridas y peleas. Acertadamente, resuelve autorizar a la progenitora por el plazo de 90 días a viajar, en compañía de su hija, a la República Federativa de Brasil, debiendo indefectiblemente denunciar en sobre cerrado el domicilio de alojamiento, teléfono, correo electrónico de contacto, así como también datos de familiares con los cuales pueda contactarse el

[12] Rodríguez, Carlos. *El viaje para salvar la vida*. Diario Página 12, Sección Sociedad. Disponible en: http://www.pagina12.com.ar/diario/sociedad/3-290961-2016-01-23.html.

Juzgado. Plazo luego del cual, deberá regresar al país pues su estadía se transformará en ilícita a partir que se cumpla dicho plazo y no regrese.

Coincidimos con lo resuelto. Sin embargo, los operadores judiciales deberán analizar caso por caso minuciosamente, pues la contracara de este conflicto es el peligro de un hipotético tráfico de niños, incontrolable a nivel internacional.

Algunos autores sostienen que las particularidades de la violencia tienen tantas aristas que debilitan o flexibilizan las garantías constitucionales a las que debe subordinarse todo proceso penal. Sin embargo, entendemos que esas complejidades deben ser atendidas como sucedería en otros supuestos en los que también los jueces deben ponderar adecuadamente, por ejemplo, la carencia de huellas, rastros o vestigios materiales de perpetración del delito.

9.2. Otros casos de personas que pueden padecer dobles vulnerabilidades.

Pueden ser víctimas de esta doble discriminación, asimismo, además de las mujeres de otra nacionalidad o cultura y lenguaje, grupos de personas que presentan casos particulares, tales como:

a) Personas con alguna enfermedad.
b) Mujeres embarazadas. Son doblemente vulnerables, por su condición de mujeres y por su estado de gravidez.

Conclusión

A modo de aporte final, entiendo que Argentina ha receptado convenientemente los Tratados Internacionales con amplitud, desde la recuperación de la democracia hasta nuestros días gracias a su política de fomento a la inmigración. La normativa vigente acoge los cuerpos internacionales, dictados en contra de la discriminación y de la violencia en diversos contextos. Argentina posee una pléyade de leyes defensoras de los colectivos femeninos. Por las características expuestas en este trabajo, fue siempre un país de corrientes migratorias con políticas públicas vernáculas que atienden los Derechos Humanos de los ciudadanos, pero también de los migrantes extranjeros.

No obstante, lo dicho, existen determinados espacios que carecen de una visión multicultural. Se avanzó efectivamente en el enfoque de género, más no en la integración de las distintas etnias, razas y culturas.

En Buenos Aires, capital de la República Argentina, es común escuchar que "el porteño" se siente más identificado (por sus costumbres, idiosincrasia, modo de expresión, estilo de vida, entre otros) con un habitante de Montevideo, Uruguay, que con un connacional o compatriota de las provincias del norte argentino. Este modo de ser ha impuesto una mirada europeísta[13] -negativa- de "los argentinos". Pero no coincide con la realidad de nuestro país. El estereotipo "argentino", se limita a quienes viven en la Capital, pero no es admitido ni aceptado en el resto de las provincias argentinas. La histórica batalla entre "porteños" y "provincianos" no ha sido superada.

Por tanto, en Argentina existen numerosas y adecuadas leyes contra toda forma de discriminación. Salvo que el cuerpo social no confía en las políticas públicas de los gobiernos de turno para operativizarlas, especialmente por la notoria incompetencia y objetivos coyunturales interesados.

Muestra de esta patología discriminatoria, es el escándalo que generaron las palabras del actual presidente de la Nación, en reiteradas oportunidades. La más bochornosa ocurrió el 9 de junio del año pasado. Su desafortunada frase estuvo plagada de errores. Ni Octavio Paz escribió esa cita, ni reproduce la cita como en el original. La frase es casi idéntica a la letra de una canción del cantautor argentino Litto Nebbia. Este brulote presidencial, con alto contenido discriminatorio, generó fuerte repudio. Un diario español tituló así: "El presidente argentino, Alberto Fernández, irrita a todo un continente con una sola frase" (*El País*. Secc. Internacional. 10 de junio de 2021).

En otra oportunidad en un acto oficial por el día de la Bandera, el presidente declaró: "Vivimos en un territorio inmenso, el octavo país del

[13] El actual presidente de Argentina, Alberto Fernández, en oportunidad de la visita del presidente del Gobierno Español, Pedro Sánchez, en un discurso que brindó al término de una reunión con empresarios, expresó: *"Yo también soy europeísta.* Lo escribió alguna vez Octavio Paz, que los mexicanos salieron de los indios, los brasileños salieron de la selva, pero nosotros los argentinos, llegamos en los barcos de Europa".

mundo en materia de territorio, muy diverso en gente. Tenemos nuestros pueblos originarios, tenemos descendientes que se convirtieron en afroamericanos". Es evidente que la máxima autoridad, no considera que sean ciudadanos argentinos, dichos que la comunidad de afrodescendientes en Argentina consideró como racistas[14].

Con lo expuesto hasta aquí, quiero expresar que no basta con tener hiperinflación de leyes antidiscriminatorias y cuyo objetivo sea combatir la violencia contra la mujer. El mayor desafío está en que cada uno de los integrantes de la sociedad, con particular énfasis en los operadores judiciales -en base a la realidad cotidiana con grandes migraciones externas entre otras realidades- debemos cambiar la mirada soberbia, contradictoria, poco respetuosa y no inclusiva en la temática de los migrantes, que tanto colaboran para forjar nuestra Argentina. Así lo imponen los Derechos Humanos Universales.

Referencias

Observatorio de Migración y Refugio. AMUMRA. Asociación Civil de DD.HH. Mujeres Unidas, Migrantes y Refugiadas en Argentina. *Estudio sobre los avances en el abordaje de la Violencia de Género en Mujeres Migrantes Latinoamericanas en la ciudad Autónoma de Buenos Aires.* Julio 2017.

Ortiz, Diego O. *Las personas en situación de violencia doméstica*, en Tratado de la Vulnerabilidad. La Ley, Ciudad Autónoma de Buenos Aires, 2017.

Pombo, G. *La* Construcción de un Material de Capacitación sobre la Temática de las Mujeres Migrantes y la Violencia de Género, en *Revista Migraciones Internacionales.* Reflexiones desde Argentina. Organización Internacional para las Migraciones (OIM). Organismo de ONU para la Migración, 2017.

Recomendación General de la CEDAW Nº 19, 11er. Período de Sesiones, 1992.

Rodríguez, Carlos. *El viaje para salvar la vida.* Diario "Página 12", Sección Sociedad. Disponible en: http://www.pagina12.com.ar/diario/sociedad/3-290961-2016-01-23.html.

[14] *La comunidad afrodescendiente en Argentina repudia los dichos racistas del presidente.* Afrofémina. Disponible en: http://afrofeminas.com/2021/06/11/lacomunidad-afrodescendiente-en-argentina-repudia-los-dichos-racistas-del-presidente-alberto-fernandez/.

Vaccotti, L. Migración y Derecho a la Vivienda adecuada, en *Revista Migraciones Internacionales*. Reflexiones desde Argentina. Organización Internacional para las Migraciones (OIM). Organismo de ONU para la Migración, 2017.

Violencia contra bolivianas en Argentina, *Diario La Opinión*, Buenos Aires, 16/11/2015. Disponible en: http://www.opinion.com.bo/opinion/articulo/16/noticias.php?id=175802& calificacion=4.

27.
RESPONSABILIDAD DEL ESTADO POR VIOLENCIA CONTRA LA MUJER REPARACIÓN A LAS VICTIMAS INTEGRALES Y ADMINISTRATIVAS, TARIFADAS Y TEMPORALES

GRACIELA MEDINA

1. Introducción y objetivos

Uno de los temas que más preocupa al mundo es la violencia de género. En este último tiempo la sociedad ha tomado conciencia a la vez que ha reaccionado con horror tratando por un lado de visibilizarla como una manera de prevenirla[1] y por otro de sancionarla para erradicarla y de indemnizar a las víctimas.

Así vemos que en todos los continentes se generalizan las campañas, las marchas y las movilizaciones, contra la violencia de género en todas y cada una de sus injustas manifestaciones.

Tal ha sido el poder de alguna de las campañas internacionales seguidas que ha llegado a condicionarse la entrega de los premios Oscar del año 2018 en función de ellas, al tiempo que ha provocado caída de ministros y cambios de regulaciones.

[1] Cabe aclarar que cuando nos referimos a femicidios lo hacemos con el alcance dado en la "Declaración sobre el Femicidio" del año 2008, donde se lo definió como "La muerte violenta de mujeres por razones de género, ya sea que tenga lugar dentro de la familia, unidad doméstica o en cualquier otra relación interpersonal; en la comunidad, por parte de cualquier persona, o que sea perpetrada o tolerada por el Estado y sus agentes, por acción u omisión.".

En la base de los reclamos se hace sentir un pedido a los Estados para que pongan freno a este fenómeno con medidas eficaces, que contribuyan a la prevención y al desarraigo de la violencia contra las mujeres, que se encuentra enquistada en la sociedad.

Este reclamo a los estados no solo es un reclamo que gana la calle y los medios en forma popular, sino que es también la posición de los organismos internacionales que se manifiestan de una u otra manera, recordando a los países que deben cumplir con sus compromisos internacionales en orden a la igualdad entre hombres y mujeres.

Es que no puede existir un desarrollo sustentable con violencia de género, tal como lo ha sostenido la ONU en el año 2016 planteando entre los 5 Objetivos más importantes para el 2030 la "igualdad de género" en el documento "Transformando nuestro mundo: la agenda 2030 para un desarrollo sostenible"[2].

Por su parte el Parlamento Europeo ha señalado que Constituye una deuda pendiente, el trabajo en la prevención de la violencia, la falta de políticas al respecto, la falta de apoyo y asistencia a las víctimas[3].

En sentido concordante el Comité para la Eliminación de la Discriminación Contra la Mujer dictó el 14/7/2017 la "Recomendación General Nro. 35 sobre la violencia por razón de género contra la mujer, por la que se actualiza la Recomendación General nro.19". En este documento señaló que, no obstante, los avances que en los últimos 25 años se ha dado en la materia, se está lejos de su erradicación y la violencia por razón de género contra la mujer, se encuentra generalizada en todos los países, con un alto grado de impunidad.

[2] Transformando nuestro mundo: La Agenda 2030 para un desarrollo sostenible (Objetivos de Desarrollo Sostenible) OREALC/UNESCO Oficina Regional de Educación. Ver un resumen en Revista de Derecho Privado y Comunitario 2016- 1 Sección de Derechos Humanos. Dirigido por Medina- Yuba.

[3] Resolución Parlamento Europeo del 17/12/2015, Informe Anual Derechos Humanos 2014. "Informe anual sobre los derechos humanos y la democracia en el mundo (2014) y política de la UE al respecto. Resolución del Parlamento Europeo, de 17 de diciembre de 2015, sobre el Informe anual sobre los derechos humanos y la democracia en el mundo (2014) y la política de la Unión Europea al respecto (2015/2229(INI))" Revista de Derecho Privado y Comunitario 2016- 1 Sección de Derechos Humanos. Dirigido por Medina- Yuba.

El grado más extremo de la violencia contra la mujer es el femicidio, y éste ha crecido en los últimos años como lo demuestran las estadísticas de la Corte Suprema de Justicia de la Nación Argentina dadas a conocer a principios del año 2019 las que informan que mientras[4] en el año 2014 la CSJN registra un total de 225 femicidios a nivel nacional, en el año 2015 el más Alto Tribunal , siguiendo igual procedimiento estadístico, informa 235 femicidios en Argentina, en este sentido en el año 2021 el número sube a 251 femicidios[5]. La tasa de víctimas directas de femicidio cada 100.000 mujeres en Argentina en 2021 fue 0,9919. Lo anterior implica que hubo una víctima directa de femicidio cada 38 horas y una víctima de la violencia letal de género cada 35 horas.

Nuestra preocupación en esta presentación será analizar la responsabilidad del estado por omisión en casos de femicidios a la luz de la jurisprudencia y legislación local y supranacional[6]. El tema tiene trascendencia en el contexto actual de crecimiento de femicidios, porque en el 25 % de las causas que terminaron en muertes por violencia de género, con anterioridad al deceso se habían registrados denuncias previas frente a las autoridades, según informe de la CSJN Argentina, lo que nos lleva

[4] El 4 de junio del 2014, la Corte Suprema de Justicia de la Nación encomendó a la Oficina de la Mujer la elaboración del primer Registro Nacional de Femicidios de la Justicia Argentina. A tal efecto, la vicepresidenta, Dra. Elena Highton de Nolasco, en su calidad de ministra a cargo de la Oficina de la Mujer y de la Oficina de Violencia Doméstica, requirió la colaboración de todas las jurisdicciones del país y desde el año 2014 la República Argentina cuenta con registros estadísticos nacionales en materia de Femicidios.

[5] Registro de Feminicidios de la Argentina. Disponible en: https://om.csjn.gob.ar/consultaTalleresWeb/public/documentoConsulta/verDocumentoById?idDocumento=115. (consultada el 29 de marzo del 2023).

[6] Medina, Graciela. *Responsabilidad del Estado por omisión*: DFyP 2013 (noviembre), 01/11/2013, 43. Fallo comentado: Corte de Justicia de la Provincia de Salta ~ 2012-10-16 ~ M., J. A. s/rec. de casación s/ recurso de casación; Medina, Graciela. *La responsabilidad estatal por omisión ante un femicidio,* fallos comentados Juzgado Nacional de la Instancia en lo Contencioso Administrativo Federal Nro. 12. 19/10/2016. A., R. H. y otro c. Estado Nacional – M. Seguridad – PFA y otros s/ daños y perjuicios. RCyS2016-XII, 127 – RCCyC 2017 (febrero), 03/02/2017, 215 – RCCyC; AR/JUR/70755/2016, y Cámara 5a de Apelaciones en lo Civil y Comercial de Córdoba ~ 2014-07-23 ~ Q. R. B. y otro c/Provincia de Córdoba s/ ordinario – Daños y perj. – Otras formas de responsabilidad extracontractual – Recurso de apelación. Ar/Doc/3011/2014.

a pensar si en todos los casos el accionar estatal fue oportuno y diligente o si en algún caso la muerte de las víctimas pudo haberse evitado con un accionar más acorde a las circunstancias y a la legislación de parte de los órganos que brindan la seguridad.

También trataremos el tema de la reparación administrativa a los hijos de las víctimas del femicidio como obligación estatal independiente de la responsabilidad de derecho privado.

Partimos de la premisa que el Estado no está obligado a indemnizar a todas las personas que sufran un daño por un femicidio, porque no resulta razonable asignarle al Estado Nacional la responsabilidad por la prevención de todos los daños derivados de la violencia de género, pero si le está cuando este se produce por una omisión del poder de policía estatal en el cumplimiento de sus deberes específicos de seguridad frente a las víctimas de violencia de género.

En este sentido, resulta imprescindible que nuestra sociedad y los organismos del Estado tomen conciencia del grave problema que genera la violencia de género, poniendo de relieve que la indiferencia y la inacción frente a esos hechos conducen a resultados disvaliosos de la máxima entidad[7].

De acuerdo a las convenciones de derechos humanos, a la ley de protección contra la violencia familiar y a la ley de protección integral a la mujer, el Estado tiene el deber de prevenir, sancionar y erradicar la violencia de género. Esta obligación no es simplemente una obligación de dictar una ley que enumere las formas de violencia o enumere los derechos de las mujeres.

El deber del estado es brindar seguridad adecuada a las víctimas de violencia y ello convierte al Estado en obligado de responder frente a los daños producidos por los femicidios, y por las lesiones materiales o inmateriales producidas por la violencia cuando ha mediado una omisión culposa del deber estatal de garantía, que guarde adecuada causalidad con el daño.

[7] Sala IV de la Cámara Nacional de Apelaciones en lo Contencioso Administrativo Federal, 29 de abril de 2012 en la causa "L.L.A. y otros c/ E.N. – P.N.A. s/ daños y perjuicios", expte. nº 19.374/2001.

En efecto, el derecho a una reparación es una norma de derechos humanos ampliamente reconocida en los principales instrumentos internacionales y regionales de derechos humanos[8].

La Convención Americana sobre Derechos Humanos, en "las condiciones de su vigencia", esto es tal como es interpretada por la Corte Interamericana de Derechos Humanos, expresamente reconoce el derecho a la reparación como constitutivo de la obligación de obrar con la debida diligencia[9].

La articulación de la Convención Americana sobre Derechos Humanos y la Convención de Belém do Pará importa un deber de debida diligencia estricta o reforzado de investigar, prevenir, sancionar y reparar en casos de violencia contra las mujeres[10].

El derecho a acceder a la reparación integral de las víctimas de violencia de género por parte del Estado tiene un correlato de la obligación de debida diligencia reforzada que al verse incumplido genera la obligación de reparar.

[8] Entre ellos, la Declaración Universal de Derechos Humanos, art. 8; Pacto Internacional de Derechos Civiles y Políticos, art. 2, párr. 3; Convención contra la Tortura y Otros Tratos o Penas Crueles, Inhumanos o Degradantes, art. 13; Convención Internacional sobre la Eliminación de todas las Formas de Discriminación Racial, art. 6; Declaración sobre los principios fundamentales de justicia para las víctimas de delitos y del abuso de poder, párr. 4 a 7; Principios y directrices básicos sobre.

[9] Ver Corte IDH, el conocido caso "Velásquez Rodríguez Vs. Honduras", Sentencia de 29 de julio de 1988 Serie C No. 4, párr.166, ("Como consecuencia de esta obligación los Estados deben prevenir, investigar y sancionar toda violación de los derechos reconocidos por la Convención y procurar, además, el restablecimiento, si es posible, del derecho conculcado y, en su caso, la reparación de los daños producidos por la violación de los derechos humanos."), así como párr. 174, 194 y concordantes. En el caso "Furlán y familiares vs. Argentina", la Corte IDH sostuvo que "la reparación del daño ocasionado por la infracción de una obligación internacional requiere, siempre que sea posible, la plena restitución (restitutio in integrum), que consiste en el restablecimiento de la situación anterior. De no ser esto factible (...) la Corte ha considerado la necesidad de otorgar diversas medidas de reparación, a fin de resarcir los daños de manera integral". Sentencia de excepciones preliminares, fondo, reparaciones y costas, del 31 de agosto de 201, párr. 271.

[10] Ver jurisprudencia desarrollada por la Corte Interamericana a partir del caso "Campo Algodonero". Corte IDH, "Caso González y otras (Campo Algodonero) vs. México." Sentencia de 16 de noviembre de 2009.

Cabe advertir que los deberes del Estado van más lejos aún y la CEDAW en su recomendación 35 del año 2017, recomienda a los Estados miembros que[11] establezcan fondos específicos para reparaciones e incluyan asignaciones en los presupuestos para otorgar reparaciones administrativas, sin perjuicio de los derechos de las víctimas y supervivientes a obtener reparaciones integrales[12].

De acuerdo a las convenciones de derechos humanos, a la ley de protección contra la violencia familiar y a la ley de protección integral a la mujer, el Estado tiene el deber de prevenir, sancionar y erradicar la violencia de género, cabe entonces preguntarse si con fundamento en que nuestro país tiene el deber reforzado de prestar garantizar a todas las mujeres una vida libre de violencia de género ¿es responsable entonces el Estado por todos los femicidios cometidos en la Argentina? ¿Cuál es el estándar de exigibilidad respecto de las obligaciones del Estado? ¿En qué momento o en qué circunstancias el Estado debe responder por los actos de violencia de género cometidos por un tercero? ¿En qué casos debe reparar esos daños?

También nos interrogamos si la responsabilidad del Estado frente a la indemnidad de las víctimas se produce solo cuando se dan los presupuestos de la responsabilidad civil o si es conveniente que el Estado, contribuya con el bienestar de las víctimas mediante indemnizaciones solidarias.

Las siguientes líneas están destinadas a dar respuestas a estos interrogantes, pero desde el inicio anticipamos que "el deber genérico de proveer al bienestar y a la seguridad general no se traduce automáticamente en la existencia de una obligación positiva de obrar de un modo tal que evite cualquier resultado dañoso, ni la circunstancia de que éste haya tenido lugar autoriza per se a presumir que ha mediado una omi-

[11] Yuba Gabriela. Disponible en: http://thomsonreuterslatam.com/2017/11/recomendacion-general-nro-35-comite-cedaw-un-hito-en-la-lucha-contra-la-violencia-de-genero-contra-la-mujer-en-el-siglo-xxi-1.

[12] Disponible en: http://www.acnur.org/fileadmin/scripts/doc.php?file=fileadmin/Documentos/BDL/2017/11405. Para un Análisis de la recomendación N 35 de la Cedaw ver Medina, Graciela, Gabriela Yuba en la sección *Derechos Humanos Revista de Derecho Privado y Comunitario* 2017-3 "Contratos Comerciales" pág. 35.

sión culposa en materializar el deber indicado" y "sostener lo contrario significaría tanto como instruir al Estado en un asegurador anónimo de indemnidad frente a cualquier perjuicio ocasionado por la conducta ilícita de terceros, por quienes no está obligado a responder"[13]. Ello implica afirmar que el deber del estado en brindar seguridad adecuada a las mujeres víctimas de violencia no convierte al Estado en el obligado automático de responder integralmente frente a los daños producidos por los femicidios, ni por las lesiones materiales o inmateriales producidas por la violencia porque no se puede presumir que ante cada hecho de violencia de género ha mediado una omisión culposa del poder estatal, sino que por el contrario deben demostrase los requisitos que la ley ha establecido y la jurisprudencia ha delineado, para que la responsabilidad integral prospere.

2. Indemnizaciones administrativas. Solidaristas. No constituyen responsabilidad del estado por omisión

En el punto anterior señalamos que el Estado no puede ser considerado el responsable de todos los actos de violencia que existen en el país, ni de todos los femicidios que se produzcan, sin embargo, una ley Nacional y otra de la Ciudad Autónoma de Buenos Aires obligan al estado; en un caso Nacional, y en el otro de la CABA a indemnizar limitadamente a todos los niños que queden huérfanos por el homicidio de su madre cometido por su padre y en el caso nacional a dar cobertura de Salud.

Estas leyes podrían parecer contradictorias con nuestra enfática afirmación relativa a que "el deber del estado en brindar seguridad adecuada a las mujeres víctimas de violencia no convierte al Estado en el obligado automático de responder frente a los daños producidos por los femicidios". Sin embargo, creemos que no existe contradicción, porque pensamos que estas leyes tienen características solidaristas y no constituyen una típica responsabilidad por omisión del Estado.

Cabe señalar que, frente al femicidio, además de la víctima directa del hecho de violencia, se encuentran las víctimas indirectas de los femicidios y entre ellos los que más lo sufren son los niños, niñas y adolescentes

[13] Balbin, Carlos F. "Tratado de Derecho Administrativo" Tomo IV. Ed. La Ley. Año 2011. Pág. 243.

quienes resultan testigos mudos, impotentes de la muerte sufrida por su madre en manos de un agresor violento, muchas veces su padre.

El daño que a los hijos el femicidio les produce es tremendo. No sólo por lo que se les hace, sino por quien lo hace, ya que ellos pierden a la persona que amaban en manos- muchas veces- de otra persona a la que también aman.

Es de destacar que el asesinato de la madre a manos del padre es un daño de una gravedad inconmensurable, al que hay que adicionarle que también pierden el padre que o bien estará preso, o bien estará ausente o en muchos supuestos se suicidará.

En muchos casos los huérfanos han demandado al estado por su responsabilidad por omisión en evitar la violencia contra las mujeres y permitir el femicidio de sus madres y en algunos casos han obtenido ejemplificadoras condenas como los casos "Yapura"[14] de Salta, "Quiñones"[15] de Córdoba y el del "Portero de la Recoleta"[16], pero hay veces que no están dados los presupuestos necesarios para condenar al estado por omisión. En estos supuestos es cuando resulta más importante las reparaciones objetivas que otorga el estado basado en la solidaridad social, como las previstas en la ley Brisa por la cual se otorga a los huérfanos una compensación económica mínima cuando el causante de la muerte de la madre es el propio padre.

Para que los hijos de los femicidios se recuperen requieren del apoyo de la sociedad toda, ello implica un rápido accionar de la justicia, y gran contención familiar y social y adecuada respuesta estatal.

Para tratar de entender estas reparaciones estatales empezaremos por explicar en qué consiste la ley 5861 que fue la primera ley argentina que estableció una obligación objetiva y tarifada de reparación a favor de los

[14] Medina, Graciela. *Ob. Cit.*

[15] Zavala De González, Matilde M. "Responsabilidad estatal por omisión frente a víctimas de violencia familiar". La Ley 10/09/2014, 10/09/2014, 6 – La Ley 2014-E, 276. Fallo comentado: Cámara 5a de Apelaciones en lo Civil y Comercial de Córdoba ~ 2014-07-23 ~ "Quiñones Renato Benito y otro c/ Provincia de Córdoba- ordinario- daños y perj. – otras formas de responsabilidad extracontractual- recurso de apelación"- expte. 200847/36 veintitrés días del mes de Julio de dos mil catorce.

[16] Medina, Graciela. *La responsabilidad del Estado por femicidio.* Responsabilidad por omisión. La Ley 09/08/2017, 4. La Ley 2017-D, 504. RCyS 2017-X, 57. Ar/Doc/2121/2017.

huérfanos en casos de femicidios, en el ámbito de la Ciudad Autónoma de Buenos Aires y luego comentaremos la ley Nacional que estableció una obligación similar a cargo del Estado Nacional obligatoria en todo el país, aclararemos en qué contexto se dictaron, quienes sus beneficiarios y cuáles son sus fundamentos.

2.1. Ley 5861/ 2017 Ciudad Autónoma de Buenos Aires de "Reparación Económica para niñas, niños, adolescentes y jóvenes víctimas colaterales de homicidios agravados por el vínculo (FEMICIDIOS)"

En el año 2017 la legislatura de la Ciudad Autónoma de Buenos Aires dictó por unanimidad la ley 5861 de "Reparación Económica para niñas, niños, adolescentes y jóvenes víctimas colaterales de homicidios agravados por el vínculo (femicidios)"[17].

En esta ley la CABA reconoce que el estado debe garantizar la subsistencia de los niños, niñas y adolescentes cuyas madres mueren en un femicidio porque es la omisión estatal en no crear las condiciones aptas para la igualdad de hombres y mujeres la que permite el femicidio y causa la orfandad y el desamparo de cientos de niños. Esta situación se explica claramente en la exposición de motivos de la ley al decir: "Que el Estado deberá otorgar esta reparación, debido a que fue quien asumió los compromisos internacionales de protección hacia las mujeres, niñas, niños y adolescentes y en los casos de femicidio, dicha protección no fue cumplida." El párrafo transliterado expresamente reconoce la omisión de garantía del estado en los casos de femicidios.

La prestación que se paga en concepto de reparación tiene un valor equivalente a un haber jubilatorio mínimo.

En realidad, si bien en los considerandos de la ley el estado admite su responsabilidad por omisión, en muchos casos quizás no exista una responsabilidad del estado en sentido estricto porque el factor de atribución no se alcanza a demostrar. Sin embargo, el estado se compromete a pagar a las víctimas en sede administrativa una indemnización que se caracteriza por ser periódica, tarifada y por un plazo determinado.

[17] La ley 5861 fue sancionada el 31 de agosto del 2017, promulgado por medio del decreto 352/2017 del 20 de septiembre, y publicada en el BOCBA nº 5.219 del 25 de septiembre del año 2017.

Decimos que la indemnización es periódica porque se satisface mensualmente, que es tarifada porque se limita al equivalente a un haber jubilatorio y que es por plazo determinado porque se abona hasta los 21 años. Estos caracteres la distinguen claramente de la indemnización integral propia de nuestro sistema.

2.2. Ley nacional Reparación económica para las niñas, niños y adolescentes e incapaces víctimas de violencia familiar o de género Ley 27452

La ley 27452 (reparación económica para los hijos de progenitores víctimas de violencia familiar o de género) también es conocida como ley "BRISA El caso que dio origen a la ley que estamos comentando, fue el de Daiana Barrionuevo, una joven asesinada por su expareja, Iván Adalberto Rodríguez, en 2014. Daiana tenía, además de Brisa, dos hijos varones. Todos quedaron al cuidado de su abuelo, sin recursos, Osvaldo Barrionuevo quien, para sostener a los niños, tuvo que pedir ayuda hasta en los medios de comunicación. El caso puso de relevancia la gravedad de la situación en la que quedan los hijos de las víctimas de femicidios y la innegable necesidad de políticas públicas que se encarguen de la situación.

La ley 27452 reconoce el derecho a cobrar una suma mensual y a tener cobertura de salud a las personas:

a. Menores de 21 años, de Nacionalidad Argentina, que sean hijos de algún progenitor que murió a causa de violencia de género o de violencia dentro de la familia.
b. Menores de 21 años, de cualquier nacionalidad, que residan en Argentina, y sean hijos de algún progenitor que murió a causa de violencia de género o de violencia dentro de la familia Pueden ser argentinos o residentes. Si son residentes deben acreditar residencia de 2 años de manera continua.
c. Hijos discapacitados de algún progenitor que murió a causa de violencia de género o de violencia dentro de la familia. Las personas con discapacidad pueden cobrar la reparación económica sin límite de edad. El estado de discapacidad se considerará al momento en que se produce el delito. El monto de la reparación económica es igual a una jubilación mínima.

La innecesaridad de demostrar la omisión estatal para recibir la indemnización y sus limitaciones temporales y cuantitativas lleva a algunos autores como Caputti a sostener que "esta clase de medidas funciona como una suerte de perifenómeno de la responsabilidad del Estado, compartiendo varios de sus rasgos, sin identificarse, ni fundirse estrictamente con ésta en su totalidad."[18].

La citada autora compara la Ley Brisa con las leyes nacionales nros. 24.043 (personas puestas a disposición del P.E.N., o civiles que sufrieron detención en los gobiernos de facto), 24.411 (causahabientes de personas que hubieran sufrido desaparición forzada, o las que hubieran fallecido por el accionar de las fuerzas armadas, de seguridad, o de grupos paramilitares con anterioridad al 10 de diciembre de 1983), 25.914 (beneficio para hijos de personas que padecieron violaciones de sus Derechos Humanos bajo gobiernos de facto), 26.690 (damnificados por el atentado a la Embajada de Israel en Buenos Aires), 27.139 (afectados por el ataque terrorista del 18 de julio de 1994 a la sede de AMIA/DAIA: víctimas y familiares directos), y 20.007 (lucha contra el terrorismo), a las que cabe adicionar las respectivas modificaciones y reglamentaciones; en todos estos casos se siguieron pautas de tarifación, donde se reconocieron prestaciones basadas en valores tomados como base de cómputo, para la realización de pagos parciales y periódicos[19].

Sobre este tema cabe recordar que la CSJN Argentina en el fallo Verdaguer señalo que las prestaciones que se compromete a abonar el Estado en leyes como Brisa no tratan "de una indemnización fundada en la responsabilidad del Estado y en las normas del derecho civil, susceptible de ser reclamada como derecho, sino de una facultad del Poder Ejecutivo, de carácter graciable a ejercerse teniendo en cuenta las particularidades de cada caso"[20].

[18] Caputi, Claudia. *La Ciudad Autónoma de Buenos Aires otorga beneficios a los hijos que perdieron a sus madres por femicidio.* Publicado en: LLCABA 2017 (diciembre), 1.

[19] Caputi, Claudia. *Ibidem.* La ley Brisa nº 5.861.

[20] Corte Suprema de Justicia de la Nación Verdaguer Juan F. c. Gobierno Nacional – Ministerio de Acción Social. 21/11/1985 Publicado en: La Ley 1986-B, 174. DJ 1986-2, 281 Cita Fallos Corte: 307:2205 Cita online: AR/JUR/1520/1985.

Indemnizaciones como la contemplada en la ley Brisa se alinea con lo dispuesto en la recomendación N 35 del Comité de la Cedaw, en orden a las reparaciones establecidas en el parágrafo 33 que propician que los Estados proporcionen reparaciones efectivas a las víctimas y supervivientes de la violencia por razón de género contra la mujer. Y señala que las reparaciones deberían incluir diversas medidas, tales como la indemnización monetaria, la prestación de servicios jurídicos, sociales y de salud, incluidos servicios de la salud sexual, reproductiva y mental para una recuperación completa, y la satisfacción y garantías de no repetición[21].

Concretamente en la Recomendación 35 de la CEDAW se dice que "los Estados parte deberían aplicar sistemas de reparaciones administrativas sin perjuicio de los derechos de las víctimas y supervivientes a obtener reparaciones judiciales" y en definitiva la Ley Brisa viene a cumplir este mandato creando una indemnización administrativa sin desmedro de la reparación integral que se puede obtener en sede administrativa a favor de las niñas, niños y adolescentes víctimas del femicidio.

3. La responsabilidad del estado por omisión en el derecho constitucional comparado

En muchos países del sistema Continental Europeo la Responsabilidad del Estado se encuentra prevista expresamente en sus constituciones.

Así en la Constitución Española, art. 106, 2º párrafo: Control judicial de la administración. "2. Los particulares, en los términos establecidos por la ley, tendrán derecho a ser indemnizados por toda lesión que sufran en cualquiera de sus bienes y derechos, salvo en los casos de fuerza mayor, siempre que la lesión sea consecuencia del funcionamiento de los servicios públicos.".

Constitución de Brasil, artículo 37, apartado 6º: "Las personas jurídicas de derecho público y las de derecho privado prestadoras de servicios públicos responderán por los daños que sus agentes, en esa calidad, cau-

[21] Disponible en: http://www.acnur.org/fileadmin/scripts/doc.php?file=fileadmin/Documentos/BDL/2017/11405 una explicación de la Recomendación Nº 35 de la Cedaw puede leerse en la Revista de Derecho Privado y Comunitario 2017-2 Sección Derechos Humanos Dirigida por Graciela Medina y Gabriela Yuba.

sen a terceros, asegurando el derecho de repetir contra el responsable en los casos de dolo o culpa".

Constitución de Colombia, artículo 90:

> El Estado responderá patrimonialmente por los daños antijurídicos que le sean imputables, causados por la acción o la omisión de las autoridades públicas. En el evento de ser condenado el Estado a la reparación patrimonial de uno de tales daños, que haya sido consecuencia de la conducta dolosa o gravemente culposa de un agente suyo, aquél deberá repetir contra éste.

Constitución de Uruguay: artículo 24: "El Estado, los Gobiernos Departamentales, los Entes Autónomos, los Servicios Descentralizados y, en general, todo órgano del Estado, serán civilmente responsables del daño causado a terceros, en la ejecución de los servicios públicos, confiados a su gestión o dirección.".

La Constitución Argentina, no cuenta con una norma que establezca específicamente la responsabilidad del estado, pero ella surge clara de su interpretación integral sobre todo del artículo 19 y del artículo 75[22].

Es la misma CSJN quien señala que la base constitucional de la responsabilidad estatal se encuentra en el artículo 19 de la Constitución, ello lo afirmó en la causa "Gunther, Fernando Raúl c/ Nación Argentina"[23] donde manifestó que el principio de *alterum non laedere* está entrañablemente vinculado a la idea de reparación, tiene raíz constitucional y la reglamentación que hace el Código Civil en cuanto a las personas y las responsabilidades consecuentes no las arraiga con carácter exclusivo y excluyente en el derecho privado, sino que expresa un principio general que regula cualquier disciplina jurídica De allí que siguiendo al más alto Tribunal de nuestra Nación podamos afirmar que la responsabilidad estatal por omisión del deber de seguridad que se debe brindar a las mujeres víctimas de violencia doméstica tiene raíz constitucional, y que surge del artículo 19 de la Constitución Nacional ya que el reconocimiento constitucional de la prohibición a los hombres y del Estado, de perjudicar los

[22] Eliades, Analía. *La responsabilidad del Estado: prospectiva y perspectiva de un clásico instituto jurídico que atraviesa nuestras vidas.* Disponible en: www.infojus.gov.ar. 6 de mayo de 2013.
[23] Fallos: 308:1118, EDJ6255.

derechos de un tercero se encuentra entrañablemente vinculado a la idea de reparación[24].

4. Fundamento por el cual el estado está obligado a responder frente a las víctimas de la violencia de género

Quien mejor explica la responsabilidad del estado por los daños y perjuicios que cause en su omisión de seguridad es Marienhoff quien dice "in que el fundamento de la responsabilidad estatal, no es otro que "el Estado de Derecho y sus postulados....Es de esos principios o postulados, que forman un complejo y que tienden todos a lograr la seguridad jurídica y el respeto de los derechos de los administrados de donde surge el fundamento de la responsabilidad estatal en el ámbito del derecho público[25].

En cuanto a la responsabilidad por omisión en los casos de violencia de género el fundamento reside en el deber de seguridad reforzado frente a las víctimas de violencia. En efecto, el estado tiene en virtud de los compromisos internacionales asumidos un deber de seguridad frente a todos los ciudadanos, este deber de seguridad se ve reforzado frente a las mujeres quienes tienen derecho a vivir una vida libre de violencia.

El derecho a la reparación para las víctimas de violencia de género constituye un derecho que surge del incumplimiento de la obligación de actuar con la debida diligencia estricta frente a la violencia contra las mujeres y, por ende, su correlato constituye un derecho "reforzado" a la reparación integral.

5. La responsabilidad del estado por omisión en la jurisprudencia de la CSJN

La responsabilidad del Estado por omisión, en general, surge por una interpretación judicial pretoriana que se consolida en el año 1984, cuando la Corte Suprema de Justicia de la Nación estableció en el caso

[24] En igual sentido, Morea, Mariana Marcela c/ EN. Ministerio Justicia y DDH – SPF s/ daños y perjuicios, Competencia Nº 1148. XXXVIII, 30/3/2004, Fallos: 327:857.

[25] Marienhoff, Miguel. *Responsabilidad Extracontractual del Estado por las consecuencias dañosas de su actividad lícita.* LL 1993-E-912.

Vadell[26] que "La idea objetiva de la falta de servicio encuentra fundamento en interpretar existe responsabilidad "por los hechos y las omisiones de los funcionarios públicos en el ejercicio de sus funciones, por no cumplir sino de una manera irregular las obligaciones legales que les están impuestas". Ello pone en juego la responsabilidad extracontractual del Estado en el ámbito del derecho público que no requiere, como fundamento de derecho positivo, recurrir al art. 1113 del Código Civil.

El más Alto Tribunal de nuestra Nación ha manifestado desde entonces que la idea objetiva de la falta de servicio -por acción o por omisión traduce una responsabilidad extracontractual del Estado en el ámbito del derecho público.

6. La responsabilidad del estado por omisión y el femicidio en la doctrina *ius privatista*

Lorenzetti señala que para realizar el juicio de ilicitud por omisión debemos:

a) Identificar una abstención respecto de un mandato.
b) Precisar el mandato incumplido recurriendo a un juicio de antijuridicidad material, basándonos en la ley y en el ordenamiento jurídico general.
c) Establecer la medida en que el ordenamiento juzga que debe ser cumplido.

Si aplicamos estos principios respecto a la responsabilidad del estado por femicidio advertimos que el mandato es respecto al deber general que tienen las fuerzas armadas y de seguridad de proteger a las víctimas de violencia doméstica y de violencia de género de acuerdo a las especificaciones dadas por la Convención Interamericana Para Prevenir, Sancionar y Erradicar la violencia contra la Mujer "Convención de Belem do Para" y por la Ley 26.485 de Protección Integral para Prevenir, Sancionar y Erradicar la Violencia contra las Mujeres, en los ámbitos en que desarrollen sus relaciones interpersonales. Sobre todo, el cumplimiento

[26] CSJN caso "Vadell, Jorge Fernando c/ Provincia de Buenos Aires"Fallos: 306:2030.

del artículo 7 de la Ley que dispone que el Estado debe garantizar, entre otras, la asistencia en forma integral y oportuna a las mujeres que padecen cualquier tipo de violencia.

Cabe precisar la abstención del mandato se debe entender como una omisión al deber estatal de responder ante "un deber normativo" que comprende no sólo lo establecido por el ordenamiento jurídico positivo (Constitución, tratados, leyes, reglamentos, etc.) sino también los que nacen de los principios generales del derecho, los cuales integran, al igual que las normas, el ordenamiento jurídico[27]. En el caso de femicidios el mandato que se debe cumplir es ante la denuncia de la violencia el estado debe otorgar medidas a la víctima que en abstracto las puedan proteger como una orden judicial de no acercamiento de víctima y victimario, o el otorgamiento de un botón de pánico o cualquier medida que se demuestre eficaz en el caso.

Por último debemos establecer la medida en que el ordenamiento juzga que debe ser cumplido el mandato de proteger a las víctimas de violencia familiar. Sobre este aspecto es innegable que la obligación de garantía no es una mera recomendación dada al poder público, sino que es una obligación ineludible de todo estado comprometido en la lucha con el flagelo de la violencia contra las mujeres.

Queremos hacer notar acá que no estamos ante una obligación "discrecional" del estado, ya que la administración pública no puede elegir entre cumplir o no cumplir la obligación de seguridad con respecto a la víctima, está comprometido legalmente a brindarla, lógicamente con los medios a su alcance y el estándar de conducta esperable debe ser alto.

Por su parte quien pretenda la indemnización debe decir cuál ha sido la actividad, que se reputa como irregular, sin que baste a tal efecto hacer referencia a una serie de actos u hechos sin calificarlos a tal efecto[28].

[27] Perrino, Pablo Esteban. *La responsabilidad del Estado y los funcionarios Públicos*. Ed. La Ley. Año 2015.

[28] Pizarro, Daniel. *Responsabilidad del Estado y del funcionario público*. Ed. Astrea segunda ed. 2016, T I pág. 349.

7. La responsabilidad del estado por falta de servicio en la ley 26.994 y en el código civil y comercial 2015

El sistema de responsabilidad estatal ha cambiado a partir de la reforma de 1994, como consecuencia de la jerarquía que se le ha dado a los Tratados de Derechos Humanos y de la responsabilidad que tiene el Estado en esta materia, impuesta constitucionalmente[29].

Como corolario de este proceso se dictó la Ley 26.944 de responsabilidad del Estado, que en su artículo 3 establece que:

> Son requisitos de la responsabilidad del Estado por actividad e inactividad ilegítima:
> a) Daño cierto debidamente acreditado por quien lo invoca y mensurable en dinero;
> b) Imputabilidad material de la actividad o inactividad a un órgano estatal;
> c) Relación de causalidad adecuada entre la actividad o inactividad del órgano y el daño cuya reparación se persigue;
> d) Falta de servicio consistente en una actuación u omisión irregular de parte del Estado; la omisión sólo genera responsabilidad cuando se verifica la inobservancia de un deber normativo de actuación expreso y determinado.

El artículo antes transliterado, establece los requisitos para la configuración de la responsabilidad estatal, en el ámbito nacional[30].

De todos los requisitos expresados en la norma, el más importante es el inciso d) que requiere que se observe un deber normativo de actuación expreso y determinado para que funcione la responsabilidad del Estado por falta de servicio.

Dejando de lado que un importante sector de la doctrina considera a la norma inconstitucional[31], cabe señalar que el requisito de la violación de un deber expreso es más riguroso de lo que venía requiriendo la Corte

[29] Bidart Campos, Germán. La responsabilidad del Estado en los Tratados con Jerarquía Constitucional. Pág. 427, en *Responsabilidad por Daños en el tercer milenio*. Homenaje al profesor Atilio Aníbal Alterini. Ed. Abeledo Perrot. Año 1997.

[30] Pizarro, Daniel. *Ob. Cit.* pág. 459.

[31] Zavala De González, Matilde M. *Responsabilidad estatal por omisión frente a víctimas de violencia familiar*. La Ley 10/09/2014, 10/09/2014, Pizarro, Daniel. *Idibem*. pág. 459.

Suprema de Justicia de la Nación que sólo exigía como requisito para configurar la responsabilidad por omisión de servicio, el incumplimiento de objetivos fijados por la ley solo de un modo general e indeterminado[32].

A nuestro juicio, en los casos de femicidios, el Estado será responsable por los daños que sufran las víctimas cuando no cumpla con la Ley 26.485 de Protección Integral para Prevenir, Sancionar y Erradicar la Violencia contra las Mujeres, en los ámbitos en que desarrollen sus relaciones interpersonales. Sobre todo, cuando incumpla, con el artículo 7 de la Ley que dispone que el Estado debe garantizar, entre otras, la asistencia en forma integral y oportuna a las mujeres que padecen cualquier tipo de violencia. En este artículo se encuentra la norma específica cuya omisión exige el inciso d) del artículo 3 de la Ley 26.944 como requisito para entender que se ha producido responsabilidad del Estado por falta de servicio.

A ello hay que sumarle la norma general del art 3 que dice:

> Esta ley garantiza todos los derechos reconocidos por la Convención para la Eliminación de todas las Formas de Discriminación contra la Mujer, la Convención Interamericana para Prevenir, Sancionar y Erradicar la Violencia contra la Mujer, la Convención sobre los Derechos de los Niños y la Ley 26.061 de Protección Integral de los derechos de las Niñas, Niños y Adolescentes y, en especial, los referidos a: La integridad física, psicológica, sexual, económica o patrimonial.

Cabe señalar que la Relatoría Especial sobre la violencia contra la mujer de la ONU ha proporcionado directrices claras sobre qué medidas deben tomar los Estados para cumplir con sus obligaciones internacionales para evitar la violencia contra las mujeres por lo que no se puede decir que el deber contenido en el artículo 7 de la ley 26.485 sea un deber genérico e indeterminado. Es más cuando la Corte Interamericana ha juzgado la responsabilidad estatal por incumplimiento del deber de garantía de la seguridad de las mujeres ha analizado si los estados cumplieron o no cumplieron en el caso concreto con las directrices establecidas por

32 CSJN, "Mosca, Hugo Arnaldo c/Buenos Aires, Provincia de (Policía Bonaerense) y otros s/daños y perjuicios". 06/03/2007, Fallos 330:563.

la relatoría especial sobre la Violencia contra la Mujer de la ONU[33]. Ello convence más aún que el deber de garantía de los estados es un deber específico y determinado.

Y a todo esto hay que sumarle las reglas de la ley de violencia doméstica y su decreto reglamentario y las normas específicas de las provincias con más sus protocolos de actuación, por lo que hoy no se puede pensar en una obligación indeterminada frente a la violencia de género. Muy por el contrario, el Estado tiene obligaciones determinadas y de alto valor ético cuyo contenido no debe solo declarar, sino que debe optimizar, y si no lo hace y con su omisión contribuye al daño debe responder por los perjuicios.

En definitiva, el Estado debe garantizar a las mujeres que padecen violencia la asistencia oportuna y eficaz. Si el Estado conocedor de la violencia, de su importancia y del riesgo que ésta trae aparejada, no provee a la víctima de asistencia oportuna, responderá frente a quienes sufren daño por la omisión del servicio.

Es necesario destacar que la Relatoría Especial sobre la violencia contra la mujer de la ONU ha proporcionado directrices sobre qué medidas deben tomar los Estados para cumplir con sus obligaciones internacionales de debida diligencia en cuanto a prevención, a saber: ratificación de los instrumentos internacionales de derechos humanos; garantías constitucionales sobre la igualdad de la mujer; existencia de leyes nacionales y sanciones administrativas que proporcionen reparación adecuada a las mujeres víctimas de la violencia; políticas o planes de acción que se ocupen de la cuestión de la violencia contra la mujer; sensibilización del sistema de justicia penal y la policía en cuanto a cuestiones de género, accesibilidad y disponibilidad de servicios de apoyo; existencia de medidas para aumentar la sensibilización y modificar las políticas discriminatorias en la esfera de la educación y en los medios de información, y reunión de datos y elaboración de estadísticas sobre la violencia contra la mujer[34].

[33] Campo Algodonero, considerando N 256.

[34] Cfr. Naciones Unidas, La violencia contra la mujer en la familia: Informe de la Sra. Radhika Coomaraswamy, Relatora Especial sobre la violencia contra la mujer, con inclusión

Cabe aclarar que la cuestión de la oportunidad en la forma que el estado auxilia a la víctima deberá ser examinada en cada caso concreto, para poder determinar si hubo omisión de servicio.

En los casos argentinos jurisprudenciales más conocidos sobre responsabilidad estatal por daños por femicidios la omisión del deber estatal de obrar fue total y por eso su responsabilidad frente a los daños.

Con respecto a que para el funcionamiento de la obligación del deber estatal de responder debe existir "un deber normativo" se debe entender que este comprende no sólo a los establecidos por el ordenamiento jurídico positivo (Constitución, tratados, leyes, reglamentos, etc.) sino también los que nacen de los principios generales del derecho, los cuales integran, al igual que las normas, el ordenamiento jurídico[35].

En este sentido Pizarro advierte que como principio "el estado debe responder cuando existe un deber normativo de actuación determinado y expreso. Sin embargo, la ponderación de esto último no puede estar sujeto a parámetros rigurosamente formales, pues de lo contrario bastaría con no reglamentar la actividad estatal o hacerlo de manera muy vaga y genérica, para enervar la existencia de una norma que imponga actuar en sentido específico"[36].

En definitiva, no se puede negar la responsabilidad estatal por omisión en la actividad del estado de brindar seguridad a las mujeres basada en la inexistencia de una normativa expresa cuando hemos adherido a normas internacionales, dictado normas nacionales, y provinciales, establecido decretos reglamentarios, que contemplan la obligación específica de brindar seguridad a las víctimas de violencia.

En tal sentido no se podría eludir la responsabilidad señalando que no se ha dictado un específico protocolo de atención, (que en la mayoría de las circunscripciones existe), porque exigir un reglamentarismo extremo desvirtuaría los principios de generales de la responsabilidad y los particulares de la responsabilidad por daño a las víctimas de violencia.

de sus causas y consecuencias, presentado de conformidad con la resolución 1995/85 de la Comisión de Derechos Humanos, UN Doc. E/CN.4/1999/68, 10 de marzo de 1999, párr. 25.

[35] Perrino, Pablo Esteban. *Ob. Cit.* Pág. 95.

[36] Pizarro, Daniel. *Ob. Cit.* pág. 459.

Lo que debe quedar claro es que no se puede circunscribir la responsabilidad estatal a la existencia de un derecho administrativo reglamentario en detalle extremo, sino a la existencia de una norma general.

Por otra parte, como surge de la jurisprudencia de la Corte Suprema de Justicia de la Nación, para establecer la existencia de una falta de servicio por omisión, se debe efectuar una valoración en concreto – con arreglo al principio de razonabilidad –, del comportamiento desplegado por la autoridad estatal en el caso teniendo en consideración los medios disponibles; el grado de previsibilidad del suceso dañoso; la naturaleza de la actividad incumplida y circunstancias de tiempo, modo y lugar.

Explica Pedro Aberastury que "si el incumplimiento legal impuesto es genérico, la conexión se elabora a nivel jurídico atendiendo a la adecuación suficiente de la conducta que es idónea para generar el daño, por lo que estamos más cerca de la noción de "faute lourde" que explica pragmáticamente, las consecuencias objetivas de una omisión que genera un daño por lo que lo genérico no es condicionante para no atribuir la responsabilidad al Estado."[37].

Es claro que la razonabilidad de la actuación conlleva a ponderar en cada supuesto en particular el alcance y la naturaleza del deber cuya inobservancia se imputa, los instrumentos con los que se contaba para su ejecución (entre ellos los recursos materiales y humanos disponibles), como así también los estándares de rendimiento medio y el grado de previsibilidad del daño. Una inacción estatal podría ser considerada arbitraria y comprometer la responsabilidad cuando en atención a las circunstancias del caso era razonablemente esperable la actuación estatal en virtud del grado de previsibilidad o regularidad con que podía producirse el suceso dañoso, lo cual es mensurable conforme a la capacidad razonable de prever el curso natural y ordinario de las cosas[38].

[37] Abreastury, Pedro. *La Responsabilidad Extracontractual del Estado.* Abeledo Perrot, Bs As, 2014 pág. 269.

[38] Perrino, Pablo Esteban. *Ob. Cit.* Pág. 96/97.

8. La distribución de responsabilidad entre el femicida y el Estado

La cuestión reside en determinar en qué medida es responsable el femicida y en qué medida el estado por su omisión de diligencia, o dicho en otros términos como contribuyeron a causar el daño.

Para dar respuesta al anterior interrogante hay que determinar la presencia de relación causal adecuada entre la omisión antijurídica estatal por un lado y el hecho del femicida por otro y el daño.

En este sentido para establecer la causa de un hecho dañoso es necesario hacer un juicio de probabilidad, determinando si aquél se hallaba en efectiva conexión causal con el obrar antijurídico; o sea, que el efecto dañoso es el que debía normalmente resultar de la acción u omisión antijurídica, según el curso natural y ordinario de las cosas.

La doctrina de la causalidad obliga a practicar – ex post – un examen de carácter objetivo, que se cimienta sobre la base de la apreciación de la regularidad de las consecuencias, sopesando lo que acostumbra suceder en la vida misma[39]. Obviamente que se trata de un juicio estructurado bajo un manto de regularidad estadística, que no puede más que contentarse con una fuerte o suficiente dosis de probabilidad[40].

En otras palabras, corresponderá a los jueces preguntarse – en abstracto y a la luz de los hechos de la causa – si la acción u omisión era por sí misma apta para ocasionar el daño, según el curso ordinario de las cosas (es decir, en un alto grado de probabilidad). Si se contesta afirmativamente de acuerdo con la experiencia diaria de la vida, se declarará que la acción u omisión era adecuada para producir el daño, el que será entonces imputable objetivamente al demandado. Si se contesta que no, faltará pues la relación causal, aunque considerado el caso en concreto tuviera que admitirse que dicha conducta fue también una condición sine qua non del daño, ya que de haber faltado no se habría producido o al menos no de ese modo. La causa es, entonces, una condición; pero no cualquier condición, sino una de la que pueda predicarse una probabilidad calificada de haber desencadenado el resultado. Causa y condición tienen entonces una relación de género a especie. La condición es el género, la

[39] S.C.B.A. en la causa C. 101.224 "Dillon", sent. del 26/08/2009).
[40] S.C.B.A. causa C. 97.827 "L., C.", sent. del 09/06/2010).

causa una especie de ella, muy particular y calificada y con alta eficacia para desencadenar el resultado[41].

Para que funcione la responsabilidad del estado por omisión en caso de femicidio, los hechos comprobados en las causas, a tenor de las pautas normativas y jurisprudenciales reseñadas, deben demostrar la desidia estatal para actuar frente al certero conocimiento de un cuadro fáctico de clara potencialidad dañosa para la integridad física de la víctima.

En cuanto a la incidencia causal de la responsabilidad por acción del femicida y la responsabilidad por omisión del estado es razonable asignar una mayor cuota de contribución a quien perpetrara el homicidio que al que, con su desidia o defectuosa actuación, no activó medidas protectorias frente al conocimiento de un cuadro de peligro y riesgo que pesaba sobre la víctima, contando con el uso legítimo de la fuerza pública en otros casos el estado actúa como segundo agresor.

Es por demás claro que al Estado no se lo puede imputar, en todos los casos, por no haber impedido la perpetración del femicido, por cuanto semejante carga sería incompatible con los medios y recursos que la Administración dispone para atender la seguridad pública.

Habra que estar a, las circunstancias de las causa para distribuir la responsabilidad y examinar sobre todo si la actividad del poder pùblico pone de relieve una apatía estatal rayana con la deserción en el ejercicio de sus prerrogativas.

De todas maneras es necesario poner de relieve que cuando, se establecen porcentajes respecto de la incidencia causal de cada uno de los factores intervinientes en el hecho lesivo, ellos solo habrán de ser operativos en el caso de eventuales acciones de repetición entre los sujetos obligados, ya que frente a la víctima pierden virtualidad desde el momento mismo en que el reclamo podrá ser efectuado por la totalidad del monto indemnizatorio.

[41] López Mesa, M. J. *El mito de la causalidad adecuada*. La Ley 2008-B, 861.

9. ¿Debe el Estado responder por el suicidio del homicida tras el femicidio que pudo haber sido evitado?

La cuestión está en responder si ¿el Estado debe responder cuando ante la omisión de la autoridad en poner freno a la violencia, se produce el femicidio y luego el homicida se suicida?

La pregunta busca determinar si el Estado debe responder por los daños causados a los hijos que quedan huérfanos de padre y madre por la inoperancia estatal.

El supuesto se planteó en el "Caso del portero de la Recoleta"[42] y fue resuelto en forma negativa, tanto en primera como en segunda instancia.

En ese caso las hijas de la víctima de femicidio, quienes quedaron huérfanas tras el homicidio de su madre y el suicidio de su padre (ocurrido frente a las fuerzas de la policía que acompañaban a la mujer a retirar sus efectos personales) atribuyeron el suicidio del progenitor al obrar negligente de los oficiales demandados y del Estado Nacional y el tribunal consideró que no había relación de causalidad entre la omisión estatal y el suicidio paterno.

Creemos que para atribuir responsabilidad al Estado por el suicidio del femicida hay que demostrar relación de causalidad entre la muerte del suicida y la omisión de intervención policial, puesto que esta última se vincula con el riesgo, de violencia de género el cual no tiene relación cercana con el suicidio del agresor.

La cuestión está en determinar en que medida la autoridad pública puede seria y razonablemente presumir el curso de los acontecimientos que desencadenan la conducta suicida. Si el estado no lo puede prever se verifica una ruptura del nexo de causalidad, o de evitación que impide la configuración de la responsabilidad.

En verdad el poder público puede evitar la violencia de género y el femicidio cuando conoce el peligro concreto, pero no la conducta personal y auto referente de quien mata a la víctima y luego se suicida.

De ser ello así no media a este respecto omisión de las diligencias debidas y apropiadas según las circunstancias de persona, tiempo y lugar y, por lo tanto, no es válido afirmar un comportamiento negligente, impru-

[42] Medina, Graciela. *Ob. Cit.*

dente o imperito que determine la inobservancia de comportamientos debidos, lo cual descarta la configuración de la relación causal adecuada que dé sustento a la responsabilidad.

Por otra parte, hay que ponderar que la diligencia de la fuerza pública no es susceptible de ser postulada en grado extremo o en términos absolutos, que conduzcan a anular totalmente la incidencia que, sobre el resultado fatal, ha tenido el margen de libre albedrío que tenía el suicida.

Además, hay que tener en cuenta que evitar el suicidio del femicida, no constituye el núcleo de actuación que se debe realizar frente a la violencia de género lo que patentiza la desconexión o ruptura jurídica y fáctica entre la respectiva función estatal y el hecho sobre el que se funda esta la responsabilidad.

10. Casos jurisprudenciales argentinos

A continuación, relataremos algunos casos de responsabilidad del Estado por omisión resueltos por la jurisprudencia Argentina a los fines de contribuir a la interpretación de las reglas y principios que obligan a la reparación integral a las víctimas.

10.1. El caso de Salta. Yapura

10.1.1. Los hechos

Roxana y sus hijos menores, José Nahuel y Rocío Noelia fueron asesinados por su padre luego de varios hechos de violencia familiar. En el evento sobrevivió una de las hijas Vanina quien también sufrió la agresión del padre y recibió severas heridas en su estómago y extremidades, pero a diferencia de su madre y de sus hermanos salvo su vida porque el progenitor la consideró muerta.

En el caso el 10 de junio, Roxana Alderete radica la primera denuncia en una comisaria de Salta, Provincia del Norte Argentino, exaltando la violencia de Yapura de la que era víctima ella y sus hijos.

El once de junio una amiga de la víctima Mery Choque Quispe pone en conocimiento de la autoridad policial el mismo hecho de violencia cometido por Yapura hacia Alderete, de los cuales fue testigo y a su vez denuncia hechos de los cuales la misma Sra. Choque fue víctima. Específicamente la testigo dejó constancia de las amenazas de muerte que Yapura había realizado a Alderete y del peligro sobre la vida de esta última.

Pasaron casi dos meses sin que se tomara ninguna medida, no obstante que la denuncia fue corroborada por una testigo, recién el 4 de agosto, el juez resuelve que:

> Pudiendo los hechos denunciados constituir actos de violencia familiar, proceda la preventora a extraer fotocopias de las presentes actuaciones y remitirlas inmediatamente al Defensor de menores e incapaces a los efectos que inicie la presentación que correspondiere por ante el Juzgado de Primera instancia en lo Civil de Personas y Familia (conf. Ley Nº 7202/02).

El 28 de agosto sin que se hubieran sacado las fotocopias y sin que el Estado hubiera adoptado ninguna medida de protección el Sr. Yapura mató a dos de sus hijos y a su esposa.

La sobreviviente inició una acción de responsabilidad por daños y perjuicios contra Martínez, un miembro del personal policial de la Provincia de Salta y contra el Estado de la Provincia de Salta, fundada en la omisión estatal de hacer respetar la ley de violencia doméstica ya que en el caso se había dictado solo una orden judicial de extracción de fotocopias que no fue oportunamente cumplimentada por personal policial. Reclamó $1.200.000 un millón doscientos mil pesos en concepto de daños.

El policía demandado – Martínez – estaba a cargo de la tramitación del Sumario Penal por s/Lesiones y Amenazas, planteado por Roxana Alderete y seguida en c/ José Yapura por la violencia doméstica que el padre sometía a su mujer y a sus hijos, cuando el juez le ordena sacar fotocopias y remitirlo al defensor de menores para que éste inicie la presentación ante el juez de familia.

Al defenderse el Policía Martínez señala que en la Sub-Comisaría de Campo Castañares, Provincia de Salta, donde se tramitaba la causa, sólo había un oficial por turno (tercios de ocho horas), no contaban con fotocopiadora en la dependencia, el trámite para la extracción de copias consistía en llevar las actuaciones a la Jefatura de Policía, en donde había una fotocopiadora para todo el distrito, por lo que le anotaban en un cuaderno y le asignaban un turno para su extracción y el personal policial no conocía la ley de Violencia Familiar, ya que no habían recibido instrucción alguna respecto a la mencionada ley ni por parte del jefe, ni por parte de la escuela de policía, ni por parte de la justicia.

Martínez dejó pendiente el cumplimiento de la orden de extraer fotocopias de la denuncia de violencia, porque según él no podía económicamente afrontarlas. Y al suspender la extracción de fotocopia se suspendió todo accionar tendiente a proteger a las víctimas, y finalmente el padre llega al hecho máximo de violencia y asesina brutalmente a dos de sus hijos y a su esposa, hiriendo gravemente a otra.

La sobreviviente demanda al Estado de Salta y al policía para que le indemnicen los gravísimos daños a los que la inactividad estatal lógicamente contribuyó.

10.1.2. La sentencia de la Corte de Salta

La Corte de Salta hizo lugar a la demanda en orden a la responsabilidad penal del policía señalando que si bien a la época del evento dañoso la policía de Salta no estaba especialmente formada en Violencia Doméstica, conocía la ley y sabía que debía darle prioridad, por ello condenó al policía Martínez como autor penalmente responsable del delito de incumplimiento a los deberes de funcionario público, previsto y reprimido por el art. 249 del Código Penal, imponiéndole la pena de cinco mil pesos de multa ($ 5.000) e inhabilitación especial de un año para desempeñarse en funciones propias de la policía de seguridad o prevención.

Por otra parte, el Superior Tribunal Salteño condenó al estado salteño por omisión destacando que fue una "condición" del lamentable episodio ocurrido y en manera alguna como causa de su producción[43].

10.1.3. La valoración del fallo

La resolución fue correcta porque realmente, ni el tedio de un agente, ni la burocracia para obtener copias justifican la inacción del aparato estatal ante la denuncia de violencia contra niños y mujeres que terminan en la muerte de los pequeños y de su progenitora.

Adviértase que el fallecimiento a consecuencia de la violencia se produjo antes de que el policía se dignara a sacar fotocopias o de que el juez

[43] Medina, Graciela. *Ob. Cit.*

ordenara la toma de medidas de protección, tras tres meses de formulada la denuncia de violencia corroborada por declaración testimonial sobre el riesgo para la vida de la víctima.

Nótese que un magistrado ya estaba en conocimiento del hecho, que la denunciante contaba con una testigo que había también denunciado las actitudes violentas y agregadas otras de que ella había sido víctima y que no obstante el fehaciente conocimiento que adquiere el magistrado, ninguna medida precautoria se obtuvo del Estado obligado a actuar.

La omisión y negligencia del Estado salteño por la demora del sistema judicial en responder a la denuncia por abuso de los derechos humanos significó, además de la negación del acceso a justicia a las víctimas, quienes murieron sin tener ninguna respuesta judicial a la gravísima denuncia que realizaron, una perpetuación y tolerancia del Estado y sus agentes con respecto a la violencia doméstica contra las mujeres y los niños que contribuye a que ella en lugar de disminuir se generalice.

10.2. El caso de Córdoba – Quiñones[44]

10.2.1. Los hechos

La Provincia de Córdoba fue condenada a indemnizar con 113.067 pesos a los padres de una joven de 19 años que, junto a su bebé de 1 año, fue asesinada por el padre del niño en diciembre del 2000[45].

Los hechos del caso fueron los siguientes: una joven de 19 años que estaba casada con un joven de 26 años con quien tenía un bebe de un año, era víctima de violencia doméstica por su pareja. A raíz de ello acudió a la policía a dar cuenta de la violencia de la cual era objeto y de la actitud del padre para con su hijo.

[44] Zavala De González, Matilde M. *Responsabilidad estatal por omisión frente a víctimas de violencia familiar.* La Ley 10/09/2014, 10/09/2014, 6 – La Ley2014-E, 276. Fallo comentado: Cámara 5a de Apelaciones en lo Civil y Comercial de Córdoba ~ 2014-07-23 ~ Q. R. B. y otro c/Provincia de Córdoba s/ ordinario – Daños y perj. – Otras formas de responsabilidad extracontractual – Recurso de apelación. Ar/Doc/3011/2014.

[45] "Quiñones Renato Benito y otro c/ Provincia de Córdoba- ordinario- daños y perj. – otras formas de responsabilidad extracontractual- recurso de apelación"- expte. 200847/36 veintitrés días del mes de Julio de dos mil catorce.

El 29 de agosto del año 2000 se imputó a Ariel Alejandro los delitos de coacción, privación ilegítima de la libertad, abuso sexual con acceso carnal en la persona de María Belén y el delito de amenazas en la persona del niño hijo Renato.

Al día siguiente, el 30 de agosto del año 2000 María Belén concurrió nuevamente a la policía y solicitó al personal policial que se le haga conocer a su esposo Ariel Alejandro que se abstenga de concurrir al domicilio de su padre para evitar problemas.

Al otro día, el 31/08/ 2000, la víctima puso en conocimiento del Asesor de familia del primer turno de Córdoba haber sido víctima de maltrato físico y moral por parte de su esposo por lo que se retiró del hogar conyugal.

El 9 de noviembre del año 2000 la víctima formaliza una denuncia por violencia ante la Dirección de Asistencia a la Víctima del Delito y Violencia Familiar, donde expuso que su marido la amenazaba de muerte.

Con fecha 10 de noviembre del 2000, la Sra. Quiñonez realiza una nueva exposición Policial en la división de Protección de las Personas a fin de que su marido fuera citado por el Sr. Comisario, para que le hiciera saber que debía abstenerse de molestarla.

En esa misma oportunidad se le aconseja que evite todo contacto con su marido y que tome todas las prevenciones. Ahora bien, recién fue ordenada la citación de Chávez con fecha 24 de noviembre a concurrir a la Unidad judicial La que se realizó después que el marido matara a su mujer y a su hijo.

Los padres y abuelos de la víctima iniciaron una acción en contra de la Provincia de Córdoba reclamando la indemnización de los daños y perjuicios que la muerte de su hija y nieto les causó y responsabilizando al Estado por omisión.

10.2.2. La resolución

La juez de primera instancia rechaza la demanda instaurada mientras que la Cámara Quinta de Apelaciones en lo Civil y Comercial de Córdoba hace lugar a la demanda entendiendo que la omisión de actuación del estado causó el 50% del evento dañoso.

10.2.3. La valoración del fallo

La resolución es correcta porque las múltiples denuncias de la víctima nunca lograron ninguna respuesta estatal y finalmente ante la inactividad estatal su esposo la mató.

En el caso las sucesivas denuncias" efectuadas por la mujer recibieron tratamiento separado, empobreciendo la investigación, sin advertir que todas se dirigían al mismo agresor, se encadenaban unas con otras y reflejaban los extremos de incremento de intensidad en una espiral típica de los casos vinculados a esta clase de violencias. Ello contribuyó a la generación del daño.

La Cámara Quinta de Apelaciones en lo Civil y Comercial de Córdoba señaló que no se trata de atribuir responsabilidad estatal frente a cualquier violación de derechos humanos cometida entre particulares. El deber del Estado de adoptar medidas de prevención y protección está condicionado, por el conocimiento de una situación de riesgo real e inmediato para un individuo o grupo de individuos determinado y por la posibilidad razonable de prevenir y evitar ese riesgo, posibilidad – agregamos por nuestra parte que el Estado cordobés tubo y no utilizó.

10.3. El caso del portero de Recoleta

10.3.1. Los hechos

En un departamento ubicado en la calle Arenales casi esquina Montevideo frente a la Plaza Vicente López de la Ciudad Autónoma de Buenos Aires, se desempeñaba como encargado de un edificio el señor Daniel Aguirre.

El portero estaba casado con la señora S, con quien tenía dos hijas de 8 y 11 años respectivamente.

El 15 de febrero de 2010, la señora S, quien era sometida a violencia familiar por parte de su marido desde que se casó, salió de su hogar con sus dos hijas, se dirigió a la Oficina de Violencia Doméstica (OVD) dependiente de la CSJN y presentó una denuncia por violencia familiar contra su esposo.

El caso fue catalogado de alto riesgo por el equipo técnico de la OVD, motivo por el cual el Juez del Juzgado Nacional en lo Civil Nº 9, dispuso la prohibición de acercamiento del señor Daniel Aguirre hacia su esposa en cualquier lugar donde ésta se encuentre y la autorización para que, acompañada por personal de la Comisaría Nº 17 de la CABA, procediese a retirar sus efectos personales del domicilio, sede del hogar conyugal.

Varios días después, el 22 de febrero, la mujer se dirigió al edificio de la calle Arenales, con el fin de retirar sus pertenecías y las de sus hijas, del que fuera el hogar conyugal; acompañada por su hermana y dos policías federales de la Comisaría Nº 17; el oficial C y el agente L.

Incumpliendo todas las normas de seguridad aconsejadas para estos casos, uno de los policías se quedó en la puerta y el otro ingresó con la víctima al hogar permitiendo que Daniel Aguirre se acercara a su esposa e intentara hablar con ella; más aún el policía destinado a impedir el acercamiento, no solo no lo hizo sino que le dio la espalda a quien tenía prohibición de acercarse, omitió cualquier vigilancia y se dedicó a llenar un acta en lugar de impedir que el sujeto tomara contacto con su esposa. Como conclusión de esa desatención el marido hirió al policía con un cuchillo, mató a la mujer y finalmente se suicidó con la misma arma.

Las hijas de la pareja, que al momento de la muerte tenían 8 y 11 años, demandaron a la Policía Federal, al Estado Nacional y a los oficiales de policía intervinientes en el acto reclamando los daños producidos por la muerte de sus progenitores.

10.3.2. La resolución

La Juez del Juzgado en lo Contencioso Administrativo Federal Nº 12, condenó al Estado Nacional y a uno de los dos policías involucrados a indemnizar a las niñas por la muerte de su madre, por considerar que ésta se había producido por la falta de servicio del Estado Nacional, quien había violado su deber de seguridad al cumplir de modo irregular la orden del Juez de prohibir el acercamiento entre víctima y victimario y desestimó la pretensión resarcitoria con respecto al padre por entender que no mediaba relación de causalidad adecuada entre la omisión estatal en el deber de seguridad y el suicidio paterno. También desestimó la pretensión contra uno de los policías el sargento que había quedado en la puerta.

La Juez puso de relevancia que son requisitos para la procedencia de responsabilidad estatal por actividad o inactividad ilegítima la verificación de:

a) El daño cierto.
b) La imputabilidad material a un órgano estatal.
c) La relación de causalidad adecuada entre aquélla y el daño cuya reparación se pretende.
d) La "falta de servicio" definida como una actuación u omisión irregular de parte del Estado; la omisión sólo genera responsabilidad cuando se verifica la inobservancia de un deber normativo.

El fallo fue correcto en su fundamentación como en los aspectos más importantes de la resolución final, ya que en el caso evidentemente había existido una omisión del deber de seguridad estatal y este guardó clara relación de causalidad con la muerte de la mujer a quien debían proteger dos policías, quienes incumplieron la orden judicial de no acercamiento y los preceptos legales de brindar seguridad a las víctimas de violencia de género. Pero la condena a uno solo de los policías intervinientes es criticable.

La sentencia fue[46] apelada ante la sala 2ª de la Cámara Nacional de Apelaciones en lo Contencioso Administrativo Federal, La vocal preopinante Dra. Claudia Caputi, en voto al que sus colegas José L. López Castineira y José M. Márquez adhieren, confirma la sentencia de primera instancia en cuanto condena al policía y al Estado Nacional y la modifica en cuanto absuelve al Cabo C.

El fallo de segunda instancia en lugar de absolver, condena al policía C., porque entiende que su actitud fue culpable por no haber entrado en la vivienda y haberse quedado en la puerta cuidando el móvil policial, entendiendo que era más importante el auto que la vida de una mujer, subestimando la gravedad del peligro existente y considerando erradamente que con un solo policía bastaba para manejar la situación de peligro que finalizó con la muerte de la mujer.

[46] Medina, Graciela. *Ob. Cit.*

En este punto hay que poner de relieve que existía un informe de la Oficina de Violencia Doméstica, que establecía que la situación era de "alto riesgo", y que el informe fue realizado por profesionales expertos en violencia familiar.

10.3.3. La valoración

El fallo de la Sala II de la Cámara Contencioso Administrativo juzga adecuadamente la importancia de los informes de riesgo de la OVD y valora que si existe un informe técnico especializado que califica la situación de riesgo no puede la policía omitir su consideración con base en sus propias consideraciones.

Por otra parte, destaca que no se puede aceptar como eximente de la responsabilidad la falta de un protocolo de actuación de las fuerzas armadas o de seguridad que fue aprobado con posterioridad a los hechos de autos. Porque la violencia de género se encuentra legalmente contemplada en orden a su prevención, investigación, sanción y reparación, en la Convención de Belém do Pará – que ostenta rango constitucional –, y las leyes 24.417 y 26.485, con más sus reglamentaciones, a lo que se suma las acordadas 39 y 40 del año 2006 de la Corte Suprema de creación de la OVD. Normas todas ellas que impiden considerar que la falta de un protocolo exima a la policía del deber de brindar seguridad a las víctimas de violencia doméstica.

En el caso jurisprudencial del portero de la Recoleta, la responsabilidad de la Policía Federal y, por ende, del Estado Nacional surge clara porque existía la orden de un Juez que establecía la prohibición de acercamiento del victimario a la víctima en cualquier circunstancia, basada en un informe de riesgo de la OVD de prohibición de acercamiento que los agentes de la Policía Federal no respetaron, ni hicieron cumplir.

Este precedente aparece como justo porque analiza eficazmente la responsabilidad estatal por femicidios en caso de omisión de las fuerzas de seguridad, falla con perspectiva de género, y al hacerlo no solo da una respuesta al problema individual, sino que transmite a la sociedad todo el mensaje que las cuestiones de violencia contra la mujer no son toleradas, no quedan impunes y deben ser reparadas.

10.4. El caso del policía de La Plata[47]

10.4.1. Los hechos

Una mujer con dos hijos de un anterior matrimonio, convivía en unión convivencial con un policía de la provincia de Buenos Aires, con quien tenía otro hijo.

La mujer era víctima de violencia de género por parte del policía quien le pegaba y la amenazaba de muerte haciendo uso del arma reglamentaria.

La víctima, durante los dos años antes de ser asesinada, había denunciado a su pareja en múltiples oportunidades: Así lo denunció ante la Comisaría 4ta de La Plata, del día 28/12/2002 señalando, que en el medio de una discusión de pareja el policía le propinó dos trompadas. Por otra parte, realizó varias denuncias por lesiones en la Comisaría de la Mujer y además el 05/05/2004 denunció a su conviviente ante la Fiscalía General del Departamento Judicial de la Plata. En esta denuncia relató que, su pareja, la amenazaba de muerte con su arma reglamentaria y refirió que dichas amenazas venían desde cinco años a la fecha agregando, que los malos tratos se extendían hacia el hijo en común.

Además, denunció a su pareja ante la Oficina de Control de Corrupción y Abuso Funcional de la Auditoría General de Asuntos Internos del Ministerio de Seguridad, por diversos hechos de corrupción y porque era víctima de múltiples agresiones.

Por último, 10 días antes del femicidio, el 21/11/2004, la víctima denunció a su agresor ante la Comisaría 4ta de La Plata donde puso en conocimiento de un nuevo episodio de violencia y manifestó que:

> la denunciante retuvo el arma reglamentaria de su pareja, ya que él es policía, por miedo que cuando regrese a su casa tome represalias contra ella" la denuncia fue tomada por un oficial jovencito quien le dijo que no podía meterse en problemas domésticos, que podía tomarle la denuncia pero que el arma se la tenía que devolver si no quería que le hicieran una denuncia

[47] Juzgado en lo Contencioso Administrativo Nº 4 de La Plata (JContenciosoadministrativoLaPlata) (Nro4. Fecha: 21/09/2017, H., H. G. y otro/a c. S., O. O. y otro/a s/ pretensión indemnizatoria,Publicado en: Sup. Adm. 2018 (febrero), 10, con nota de Orlando D. Pulvirenti; Cita Online: AR/JUR/90601/2017.

de robo. Entonces la mujer le dijo: 'me estás cargando? La traigo para evitar que pase algo'. Hizo la denuncia, se llevó una copia y cuando llegó devolvió el arma.

Finalmente, el 4/12/2004 con la misma arma que quiso entregar a la policía, su pareja la mató, frente a su hija.

Después de la muerte Mónica Sabrina y Héctor Guillermo hijos de su primer matrimonio reclaman por los daños y perjuicios sufridos frente al agresor y al estado provincial.

10.4.2. La sentencia

El femicida fue condenado a 24 años de prisión por el Tribunal de Casación y por el Tribunal en lo Criminal Nº 3.

En la sede contenciosa administrativa se condenó al Estado Provincial y al agresor a indemnizar a las víctimas.

Atento a la condena penal la responsabilidad del conviviente es irrefutable. Lo que resulta novedoso es la responsabilidad del Estado Provincial frente a las víctimas del femicidio.

El tribunal funda la sentencia en dos circunstancias, una en la responsabilidad por el uso del arma reglamentaria y la segunda en la responsabilidad por omisión.

Para llegar a la conclusión que existió responsabilidad por falta de servicio la Dra. María Ventura Martínez, puso de relevancia que la falta de servicio consiste en una anormalidad frente a las obligaciones del servicio regular, y que para determinar su existencia se requiere una valoración en concreto de la naturaleza de la actividad en cuestión, los medios de los que se disponen, la relación entre la víctima y el servicio y, por último, el grado de previsibilidad del daño[48] y valoró especialmente que 1) había un vínculo más estrecho, entre la víctima y el deber de seguridad de la policía, que el que tiene cualquier ciudadano que padece un delito; 2) no puede afirmarse que tenía pocos medios a disposición para evitar el hecho dañoso, porque se trataba de una sola persona, perfectamente identificada y, un plus sobre si el delito era cometido por cualquier ciu-

[48] CSJN conf. "Zacarías", 321:1124; "Mosca", 330:563; "Morrow de Albanesi", 333:1404; "Carballo de Pochat" C.127.LXVII, sent. 08/10/2013.

dadano, era numerario policial así que también la cabía responsabilidad administrativa (tan es así que la propia víctima ya lo había denunciado ante la AGAI), con lo que había asimismo medios de esta naturaleza para disuadirlo de su conducta; y, 3) el grado de previsibilidad del daño (si no del sucedido al menos de alguno), era muy alto en atención a las circunstancias que rodearon el evento (múltiples denuncias, condición policial del sujeto, acceso a armas, etc.).

10.4.3. La valoración del caso

Centraremos el análisis del caso en la responsabilidad del Estado por Omisión, porque la sentencia de la Doctora María Ventura Martínez nos parece en este aspecto impecable.

No se puede negar que en este caso existió responsabilidad del estado por falta del servicio de seguridad frente a la víctima de violencia porque ante la cantidad de denuncias que esta realizó el Estado no hizo "nada" y lo único que no se puede hacer frente a la violencia es "nada" ya que la obligación primera y principal es la prevención de la violencia. Prevención que el Estado no brindó en ninguno de los casos en que la víctima acudió en búsqueda de protección.

El Estado no está obligado a indemnizar integralmente a todas las personas que sufran un daño por un femicidio, porque no resulta razonable asignarle al Estado la reparación de todas las víctimas de la violencia de género, pero sí está obligado a indemnizar a las víctimas cuando el daño se produce por una omisión de sus órganos en el cumplimiento de sus deberes específicos de seguridad frente a las víctimas de violencia de género, como ocurrió en el caso donde el riesgo era conocido, el agresor estaba identificado, el estado tenía los medios para detenerlo y no lo hizo.

Estamos convencidos que para poder imputar responsabilidad se requiere primero que el riesgo sea por sus características evitable y que el Estado esté en condiciones de adoptar medidas capaces de paliar la situación y evitar la materialización del riesgo y estamos igualmente seguros que en el caso el riesgo era absolutamente evitable por ejemplo recibiendo el arma del agresor cuando la mujer la llevó a la policía, en lugar de hacer que se la devolvieran para que no la acusaran de robo, cuando era esa el arma con la cual la amenazaba de muerte.

Párrafo aparte merecen las palabras del policía que le dijo a la difunta que no podía tomar partido en una cuestión privada, lo que evidencia la mayor de la ignorancia ante el fenómeno de la violencia de género, que no puede ser considerado como una cuestión privada sino todo lo contrario como una cuestión pública, en la que está involucrada la sociedad toda.

Evidentemente lo que faltó en el accionar estatal fue actuar con perspectiva de género, por eso minimizaron la violencia, por ello no le dieron la trascendencia que tenía y por ello no reaccionaron ante la multiplicidad de denuncias de la víctima que ante la inactividad estatal contribuyeron a provocar su muerte.

10.5. El caso del femicidio de la madre y abuela de Bahía Blanca[49]

10.5.1. Los hechos

Los hijos y nietos de una mujer asesinada reclamaron al Estado Provincial y al imputado la reparación de los daños sufridos. La mujer era la madre del presunto homicida del hermano del imputado.

El imputado durante años hostigó y amenazó a la madre del asesino de su hermano y finalmente la mató.

La víctima realizó diversas denuncias, donde describió, las amenazas con armas de fuego y las intimidaciones y agresiones que sufría de parte del hombre, quien a la postre la mató, todas las denuncias fueron tratadas por separados no obstante que ella pidiera que se trataran en forma conjunta. No existió ninguna actuación por parte del Estado tendiente a proteger a la mujer amenazada, no obstante la concordancia de las denuncias, la existencia de testigos de los hechos, y la peligrosidad del agresor quien portaba arma de fuego, se emborrachaba y se drogaba.

Cabe destacar que i) desde octubre de 2007 y hasta abril de 2008 se sucedieron cinco denuncias – cuatro de las cuales fueron realizadas por la fallecida y la restante por su hijo – contra el Sr. G.; ii) en tres de las referi-

[49] Cámara de Apelaciones en lo Contencioso administrativo de Mar del lata (CContenciosoadministrativoMardelPlata). 19/10/2017. L., M. N. y otros c. Provincia de Buenos Aires s/ pretensión indemnizatoria – otros juicios. Sup. Adm. 2018 (febrero), 7, con nota de Ariel G. Bayón y Felipe González Barlatay. Ar/Jur/90759/2017.

das denuncias se habría puesto de manifiesto el temor frente a las amenazas proferidas contra la víctima y su familia; iii) Las amenazas de muerte fueron realizadas con disparos de arma de fuego, en estado de ebriedad, con robo de dinero y rompiendo bienes personales; iv) en el marco de la Investigación Penal Preparatoria. (I.P.P) Nº 138.618 la denunciante peticionó – con fecha 26/12/2007 – el tratamiento conjunto de las diversas denuncias hasta entonces efectuadas por su parte contra el Sr. G., siendo desestimado dicho pedimento "...sin una mínima averiguación del estado de las causas que la denunciante intentó advertir..."; v) tampoco obtuvo despacho la solicitud que, en similar sentido y con fecha 08/04/2008, efectuara su hijo en la Investigación .Penal .Preparatoria pese a haber brindado aquél un detalle de las causas abiertas a partir de cada denuncia con su respectiva radicación; y vi) finalmente, la última actuación relevante cumplida en la Investigación. Penal .Preparatoria que se originó. el 10/10/2007 tuvo lugar 02/12/2007, en ella se ordenó la citación a la denunciante para que "...exprese si deseaba someter el proceso a mediación...". Esta actuación nunca cumplió, es decir la causa quedó inactiva hasta la muerte.

Cabe poner de relevancia alguna de las características de los hechos:

El día 10/10/2007 el joven hermano de la víctima de un asesinato se dirigió a la casa de la madre del asesino de su hermano, en estado de ebriedad y amenazó de muerte a la madre de quien matare a su hermano, con arma de fuego.

Tales hechos fueron denunciados ante la fiscalía, quien como respuesta ordenó que se le preguntara a la víctima si quería llevar el caso a mediación, requerimiento que nunca se cumplió.

El 19/10/2007 la Sra. C. realizó una nueva denuncia donde expone que ese día habría visto que el Sr. G. lanzó piedras contra una ventana de su casa provocando la rotura de un vidrio y que luego huyó del lugar.

El día 17/12/2007 la víctima denunció ante la autoridad policial que, horas antes, el Sr. A. A. G. habría ingresado al comercio de su propiedad "alcoholizado y drogado" y, amenazándola con disparar un arma de fuego, le habría robado 30,00 pesos de la caja.

Esta denuncia terminó con una orden del Fiscal interviniente archivando las actuaciones por cuanto "no existen elementos de convicción suficientes acerca de la autoría del hecho denunciado" decisión que fue notificada a la denunciante el 08/01/2008.

El 26/12/2007 la víctima Sra. C, solicitó "se tomen medidas de carácter urgente" y "se traten todas las causas en forma conjunta" pedido que fue desestimado en el mismo día por el Agente Fiscal por "no configurar los hechos relatados delito que conlleve inicio de Investigación penal preparatoria".

El 07/04/2008 el nieto de la víctima denunció que ante un llamado de su abuela fue a su domicilio y vió a Sr. G. disparar un arma de fuego hacia la casa y huir en moto, amenazando verbalmente al denunciante mientras se alejaba.

Por otra parte "quince días antes" del homicidio en cuestión el Sr. G. se habría apersonado en inmediaciones de la casa de la víctima hay constancia de la llamada a al servicio de atención de emergencias "911" a raíz de las cuales un móvil policial habría recorrido el lugar sin encontrar en sus alrededores al Sr. L. La nuera de la víctima denunció el peligro por las constantes amenazas y solicitó "se tomen medidas para que la situación no se repita (...) en forma inmediata". La Investigación Penal finalmente fue archivada por no existir elementos suficientes de prueba respecto de la materialidad y autoría de los hechos denunciados.

Después de cada denuncia de amenazas el Ministerio Público Fiscal procedió a formar independientes Investigaciones Penales Preparatorias y nunca unió las denuncias, ni dio ninguna protección a la víctima archivando las causas conforme a la facultad que les confiere el art. 268 del Código de rito penal.

10.5.2. La sentencia de la Cámara en lo Contencioso Administrativo Mar del Plata

En primera instancia se condenó a la Provincia de Bs As y al demandado a pagar a las víctimas los daños reclamados. El fallo fue apelado y la Cámara Contencioso Administrativa de Mar del Plata por voto mayoritario confirmó la sentencia apelada.

En minoría el Dr. Mora consideró que no había responsabilidad estatal porque estimó que no había omisión en el obrar estatal ya que el estado había dado trámite a las denuncias y ordenado medidas de investigación.

Por el contrario, los Dres. Ricitelli y Monterisi consideraron que existió responsabilidad del Estado por omisión frente al cabal conocimiento de las autoridades públicas [en particular, funcionarios del Ministerio Público de circunstancias demostrativas de un riesgo cierto, concreto y persistente para la integridad corporal y la vida de quien, a la postre, fuera objeto del delito de homicidio que funda la reparación pretendida en autos.

Claramente señalan que no se está ante un evento luctuoso súbito, inesperado, producto de un accionar delictual en la que su génesis y proceso de perpetración se fueron configurando con sigilo, a espalda del poder público, sin alertas tempranas o concomitantes hacia la víctima o sus seres cercanos o de confianza y encuadrable en el cúmulo de circunstancias de riesgo y alea que pueden presentarse en el marco de la seguridad ciudadana general (cfr. C.S.J.N. Fallos: 336:1642).

Para responsabilizar al Estado valoraron expresamente la reiterada toma de conocimiento de las autoridades policiales y judiciales de eventos en los que se encontraron involucrados el homicida y quien finalmente fuera víctima; y el desdén de los funcionarios del Estado en sopesar adecuadamente los hechos – no de manera aislada ni bajo los compartimentos estancos de un expediente judicial – sino con una mirada englobante que, de haberse practicado, les hubiese debido advertir sobre un claro contexto de próxima perpetración de femicidio.

Las circunstancias de la causa revelan que el homicida había exteriorizado que quería matar a la víctima en un contexto en que estaba claro:

(i) La peligrosidad del homicida – de particular iracundia y belicosidad, afecto a padecer estados de embriaguez, que solía andar armado – y del entorno donde sucedieron los hechos es uno de aquellos de "alto grado de exposición al accionar delictivo";
(ii) La elección de la víctima (mujer, mayor, viuda, que vivía con su madre de edad avanzada);
(iii) La determinación en lograr su objetivo y su nula intimidación aun sabiéndose observado (pasando por enfrente de la morada con mirada agresiva, con actitud intimidatoria).

Si el precedentemente reseñado cuadro hubiere permanecido en penumbras para las autoridades estatales, mal podría hablarse de algún tipo de responsabilidad pública por omisión. Empero, ello no ocurrió porque la fiscalía estaba al tanto de las diversas situaciones de amenazas, amedrentamiento mostró inercia, desoyó aquella alerta; en suma, se desinteresó de la suerte de una mujer atemorizada que en varias oportunidades incitó la intervención pública frente a un cuadro de agresión palpable, con claros visos de espiralizar en gravedad y daño. Los escasos movimientos que experimentaran las I.P.P. iniciadas antes del homicidio, su tratamiento compartimentado, su parálisis por largo tiempo y finalmente, el inmediato archivo luego de constatada la muerte de D. C., son una prueba cabal del desdén estatal que rodeó el caso.

Los hechos comprobados de la causa, a tenor de las pautas normativas y jurisprudenciales reseñadas, convencieron a la mayoría de los magistrados de la Cámara de Mar del Plata de otorgar una participación causal en la muerte de D. C., a la desidia estatal para actuar frente al certero conocimiento de un cuadro fáctico de clara potencialidad dañosa para la integridad física de la víctima, motivo por el cual confirmaron la sentencia en orden a la atribución de responsabilidad al estado por omisión.

10.5.3. La valoración de la sentencia

Compartimos ampliamente lo dispuesto por la mayoría de la Cámara de Mar del Plata. Y estamos convencidos que en el caso la omisión de actuación tuvo relación de causalidad adecuada con el hecho dañoso.

Si examinamos las circunstancias advertimos que en abstracto y a la luz de los hechos de la causa – la omisión del estado de tratar en forma conjunta las denuncias y de actuar era por sí misma apta para ocasionar el daño, según el curso ordinario de las cosas (es decir, en un alto grado de probabilidad).

Lo que ocurrió acá es que el Estado no dio la real importancia que tenía la violencia ejercida contra la mujer y ni siquiera tomó alguna medida de prevención o de cautela, para las cuales no es necesario que el hecho este fehacientemente probado, sino que basta que exista una sospecha de existencia de daño.

En este aspecto hay que tener en cuenta que en las medidas cautelares de violencia hay que tener en claro que su dictado no significa una decisión que declare al denunciado como autor de los hechos informados. En otros términos, el recurso legal cautelar se toma sin pronunciarse acerca de la responsabilidad del señalado como violento.

Lo que importa en la cautelaridad de los procesos de violencia es evitar que los hechos denunciados continúen y que las consecuencias se agraven, es por ello que las leyes establecen la obligatoriedad que el magistrado adopte las medidas en un plazo breve y es en razón de las gravísimas consecuencias que trae la violencia que los indicios y presunciones cobren una importancia mayor que en otros procesos.

Ello así al menos se debió dictar un acto de prohibición de acercamiento o un perímetro de exclusión al victimario para evitar la violencia que se podía presumir de los indicios, que eran graves precisos y concordantes pero nada de ello se hizo y la víctima murió.

En el caso tubo que tenerse en cuenta todos los tratados de derechos humanos que establecen obligaciones específicas del estado frente a la violencia contra las mujeres, que consisten en prevenir, erradicar, y sancionar la violencia.

Lamentablemente los operadores del área penal no tuvieron en cuenta la necesidad de prevención, ni la de dar seguridad a la mujer, grande que vivía con su madre anciana y era amenazada constantemente por un joven con armas de fuego en estado de embriagues o drogadicción y con su omisión contribuyeron a causar el daño.

La normatividad de los derechos humanos que reposan en los Convenios Internacionales de Derechos Humanos determina los lineamientos, contenidos, naturaleza y finalidades, al ser el marco de garantías de las codificaciones penales que deben acatar, proteger y desarrollar. El operador de la ley penal no los debe perder de vistas como punto de partida ya que ningún sistema penal de la época actual puede construirse, implementarse ni aplicarse al margen o en contra del Sistema Universal de Derechos Humanos, del modelo de Estado Social Democrático de Derecho o Estado Bienestar.

El Derecho penal no es auto referente debe integrarse y comprenderse en armonía con los principios y derechos fundamentales que no solo respeten los límites del hombre, sino que redunden en el desarrollo y evolución de sus potencialidades, contemplados en las Constituciones Políticas y en los Tratados Internacionales de Derechos Humanos que hacen parte de las instituciones Políticas del Estado.

11. Resoluciuones de la CEDAW. Comunicación 47/2012 "Ángeles González Carreño c. España". Violencia contra la mujer y responsabiliad del estado por omisión. La CEDAW condena a España por omisión[50]

11.1. El caso. Los hechos

Ángeles Gonzáles Carreño nació en España en el año 1960, en 1996 contrajo matrimonio con F. con quien tuvo ese mismo año tuvo una hija llamada A. Durante la convivencia, antes y después del matrimonio Ángela sufrió violencia de género.

En el año 1999, después que su esposo la amenazara de muerte con un cuchillo, decidió acabar con esa violencia, huyó de la casa familiar con su hija A, quien entonces tenía 3 años, denunció el maltrato que sufrían, solicitó la separación del agresor y peticionó la custodia de la niña.

La madre obtuvo la guarda de la hija y una cuota de alimentos de 360 euros, que el padre nunca pagó. El progenitor obtuvo un régimen de visitas que al principio fue "vigilada".

No obstante la separación, el maltrato continuó después del fin de la convivencia, de diferentes modos que incluían amenazas e insultos y que era ejercido incluso a través de su hija A, quien era interrogada acerca de la vida sentimental de su progenitora y amenazada con no ser llevada de vuelta con su madre, si no le contestaba.

Ángeles interpuso más de 30 denuncias ante la Guardia Civil y los juzgados civil y penal entre diciembre de 1999 y noviembre del 2001, además de peticionar diversas órdenes de no acercamiento y sólo obtuvo que su esposo fuera condenado a abonar una multa de 45 Euros por sus agresiones. Las órdenes de alejamiento que Ángeles solicitaba eran violadas por el padre de su hija sin consecuencia alguna para el violador.

[50] Comunicación núm. 47/2012 Dictamen adoptado por el Comité en su 58º período de sesiones (30 de junio a 18 de julio de 2014). Disponible en: http://docstore.ohchr.org/SelfServices/FilesHandler.ashx?enc=6QkG1d%2FPPRiCAqhKb7yhslEELoUVuU1rtqrR-BladIK2rtkwI0P%2BlHPP1JBJnI1ZoADsBZv89NuU0iAp%2Bmg%2BiLCbpxjpugoayC-gYD2pL9f35JJ7Hhe6P68qD8U%2FizHsl5%2B4VjB4zp63ZP9vE%2FPiGn1A%3D%3D. Consultado el 23 de Julio 2023.

La niña tenía problemas psicológicos por la actitud del padre y al comparecer ante los tribunales manifestó que le tenía miedo a su padre, entre otros motivos "porque no la trataba bien" y "le rompía sus pinturas".

Ángeles solicitó la suspensión del régimen de visitas de la niña con el padre, por la violencia que éste ejercía a través de la niña y por su peligrosidad. La niña fue escuchada por las autoridades y manifestó el temor a su padre. El padre alegó que la niña lo rechazaba por SAP (síndrome de alienación parental) y logró continuar con las visitas aunque las pericias psicológicas demostraban que sufría un TOC (Trastorno Obsesivo Compulsivo) celo típico y violento.

El 27 de septiembre del 2001 se dictó la sentencia de separación personal que ignoró la violencia ejercida por el esposo sobre la esposa, no valoró la violencia económica ejercida mediante la falta de pago de los alimentos .y no hizo referencia a los malos tratos sufridos por la mujer, además de entregarle el uso y disfrute de la vivienda familiar al padre.

A pesar de todos los incidentes y denuncias en el año 2002 el tribunal suspendió el régimen de visitas vigiladas, y le otorgó al padre un régimen de visitas amplio y posteriormente le dio la posibilidad de que la niña pernoctara con el progenitor, basándose en que si bien en las visitas se observaba una falta de empatía de la niña con el padre "ésta se debía a la corta edad de la menor y en su no comprensión en situaciones que se dan en este contexto".

Los jueces privilegiaron el derecho del padre a tener contacto con su hija sobre el derecho de la madre a vivir una vida libre de violencia y a pesar de las más de 30 denuncias interpuestas por Ángeles, los estereotipos que persisten en el sistema de justicia – que las mujeres denuncian la violencia a la que son sometidas porque buscan obtener beneficios en los procesos de separación y que los hijos e hijas de parejas separadas necesitan mantener contacto con sus padres para su buen desarrollo – impidieron que se protegiera de manera adecuada a ella y a su hija Andrea, que terminó siendo asesinada en el año 2003 durante las visitas por el agresor antes de que éste se suicidara.

11.2. Reclamos en España por indemnización de perjuicios

El 23 de abril de 2004, la autora presentó ante el Ministerio de Justicia una reclamación de responsabilidad patrimonial del Estado por anormal funcionamiento de la Administración de Justicia, alegando negligencia por parte de las autoridades administrativas y judiciales. La autora argumentó que tanto los órganos judiciales como los servicios sociales habían incumplido su obligación de proteger la vida de su hija, a pesar de las múltiples ocasiones en que había informado a los juzgados y la policía del peligro que la niña corría con su padre. La autora reclamó su derecho a recibir una indemnización, como única forma viable de reparación.

El Ministerio de Justicia español negó la indemnización requerida sosteniendo que para otorgarla se debía acreditar el error judicial, la actora interpuso un recurso contencioso administrativo por el mal funcionamiento de la Administración de Justicia, no solo del Juzgado sino del Ministerio Fiscal y los Servicios Sociales, el recurso fue rechazado tanto por el Tribunal Supremo como por el Tribunal Constitucional.

11.3. La denuncia ante el Comité

La actora realizó una denuncia ante el Comité para la Eliminación de la Discriminación contra la Mujer en el marco de la CEDAW representado por Women´s link World Wide básicamente sostuvo que España violó el art. 2º, a, b, c, d, e y f de la Convención sobre la Eliminación de toda forma de Discriminación contra la Mujer.

Concretamente alega que la falta de respuesta de la Administración y los tribunales a la violencia sufrida por la autora evidencia la persistencia de prejuicios y estereotipos negativos, materializados en la falta de una adecuada evaluación de la gravedad de su situación. Dicha situación se produjo en un contexto social caracterizado por una alta incidencia de violencia doméstica. La actitud de los agentes estatales hacia la autora como mujer víctima de violencia y madre de una menor asesinada por su padre, y hacia su hija como menor víctima de violencia intrafamiliar, fue inadecuada. Por ello, alega que la actuación de la Administración y los tribunales constituyó una violación del art. 2º de la CEDAW.

En relación con el art. 5º de la Convención la autora señala que la existencia de prejuicios por parte de las autoridades se manifestó en la incapacidad de éstas de apreciar correctamente la gravedad de la situación a la que ella y su hija se enfrentaban y su sufrimiento por la situación de la niña. Además, no se realizó una investigación de las consecuencias que tenía para la niña vivir en un ambiente de violencia y su condición de víctima directa e indirecta de esa violencia. En lugar de ello, las autoridades encargadas de otorgar protección privilegiaron el estereotipo de que cualquier padre, incluso el más abusador, debe gozar de derechos de visita y de que siempre es mejor para un niño ser educado por su padre y su madre; ello sin realmente valorar los derechos de la menor e ignorando que ésta había manifestado tener miedo de su padre y rechazaba el contacto. Los tribunales dieron por sentado que es mejor tener contacto con un padre violento que no tener ningún contacto con él. Las circunstancias del caso requerían que las autoridades y tribunales evaluaran si las visitas respetaban el derecho de la menor a la vida, a vivir libre de violencia y al principio del interés superior del menor.

Por otra parte agrega que el Estado español la discriminó en las decisiones respecto del divorcio y separación porque no tomaron en cuenta la situación de violencia vivida por la autora y su hija en las decisiones relativas a los términos de la separación y el régimen de visitas. Tampoco tomaron medidas para que F.R.C. cumpliera con su obligación de contribuir al mantenimiento de la niña, a pesar de las repetidas reclamaciones de la autora. Todo ello colocó a la autora en una situación de extrema vulnerabilidad.

11.4. Observaciones de España sobre la admisibilidad de la denuncia

El estado Español negó su responsabilidad tanto de forma como de fondo. Formalmente cuestionó el agotamiento de las vías internas para recurrir al Comité y de fondo negó la relación de causalidad entre el accionar del Estado y el crimen.

En cuanto a la forma sostuvo en todas las instancias que no correspondía la indemnización por mal funcionamiento del Sistema de Administración de Justicia si no estaba demostrado el error judicial y señaló que no había existido error en el accionar de la Justicia. Consideró que el supuesto entrañaba un aparente caso de error judicial, cuyo reconocimiento debe ser establecido mediante un recurso de revisión ante el Tribunal Supremo. Al no haberlo interpuesto, la autora no ha agotado las vías internas.

11.5. Deliberaciones del Comité

El Comité consideró que los recursos internos fueron agotados aunque no se hubiera planteado el error judicial porque la actora había recorrido todas las instancias judiciales planteando el anormal funcionamiento de la administración de justicia, y que ello bastaba para habilitar la intervención del Comité.

11.6. Resolución del Comité

El Comité señala que su tarea consiste en examinar, a la luz de la Convención, las decisiones adoptadas por las autoridades nacionales en el ámbito de su competencia y determinar si, al adoptar esas decisiones, las autoridades tuvieron en cuenta las obligaciones que derivan de la Convención. En el presente caso el elemento determinante, pues debe ser si esas autoridades aplicaron principios de debida diligencia y tomaron medidas razonables con miras a proteger a la autora y su hija de posibles riesgos en una situación de violencia doméstica continuada.

Bajo ese marco el comité desestimó la defensa de España-relativa a que no se podía prever el comportamiento del padre de la niña porque entendió que existían sobrados elementos que hacían prever la peligrosidad paterna que no fueron valorados adecuadamente por España. Entre ellos destaca: los múltiples episodios de violencia que fueron presenciados por la niña; las órdenes de alejamiento ignoradas e incumplidas, sin consecuencia jurídica, la .falta de atención a los informes de los servicios sociales que reiteradamente subrayaron que el padre utilizaba a la hija para transmitir mensajes de animadversión hacia la madre; la falta de atención al informe psicológico que destaca que el progenitor tenía un TOC con tendencia distorsionar la realidad que podría generar un trastorno similar al paranoide.

Por otra parte el Comité observa que el asesino también violentaba a la madre y a la niña incumpliendo con la pensión alimenticia. Y negándoles el uso de la vivienda familiar no obstante la mala situación económica de la esposa y la hija.

Todos estos elementos reflejan un patrón de actuación que obedece a una concepción estereotipada del derecho de visita basado en la igualdad formal que, en el presente caso, otorgó claras ventajas al padre a pesar de su conducta abusiva y minimizó la situación de madre e hija como víctimas de violencia, colocándoles en una situación de vulnerabilidad.

A este respecto, el Comité recuerda que en asuntos relativos a la custodia de los hijos y los derechos de visita el interés superior del niño debe ser una consideración esencial, y que cuando las autoridades nacionales adoptan decisiones al respecto deben tomar en cuenta la existencia de un contexto de violencia doméstica.

El Comité consideró que la decisión de permitir las visitas no vigiladas fue tomada sin las necesarias salvaguardas y sin tener en consideración el esquema de violencia doméstica que caracterizó las relaciones familiares durante años.

El Comité estimó que España había violentado la Convención porque no defendió la igualdad del hombre y la mujer sino que benefició al padre en el régimen de visitas sin tener en cuenta el contexto de violencia doméstica.

El Comité recuerda su recomendación general núm. 19, según la cual la violencia contra la mujer, que menoscaba o anula el goce de sus derechos humanos y sus libertades fundamentales en virtud del derecho internacional o de los diversos convenios de derechos humanos, constituye discriminación, como la define el artículo 1 de la Convención. Esta discriminación no se limita a los actos cometidos por los gobiernos o en su nombre. Así, por ejemplo, en virtud del inciso e) del artículo 2 de la Convención, los Estados partes se comprometen a tomar todas las medidas apropiadas para eliminar la discriminación contra la mujer practicada por cualesquiera personas, organizaciones o empresas. Sobre esta base el Comité considera que los Estados también pueden ser responsables de actos de personas privadas si no actúan con la diligencia debida para impedir la violación de los derechos o para investigar y castigar los actos de violencia e indemnizar a las víctimas.

11.7. El Comité formula al Estado parte las siguientes recomendaciones

Otorgar a la autora una reparación adecuada y una indemnización integral y proporcional a la gravedad de la conculcación de sus derechos. Llevar a cabo una investigación exhaustiva e imparcial con miras a determinar la existencia de fallos en las estructuras y prácticas estatales que hayan ocasionado una falta de protección de la autora y su hija y tomar medidas adecuadas y efectivas para que los antecedentes de violencia doméstica sean tenidos en cuenta en el momento de estipular los derechos de custodia y visita relativos a los hijos, y para que el ejercicio de los derechos de visita o custodia no ponga en peligro la seguridad de las víctimas de la violencia, incluidos los hijos.

11.8. Las consecuencias de la resolución

El Comité para la Eliminación de la Discriminación contra la Mujer constituye el intérprete autorizado del Pacto homónimo en el plano internacional y cuya interpretación debe ser tenida en cuenta ya que comprende las "condiciones de vigencia" y sus resoluciones no pueden ser ignoradas por quienes han de aplicar las leyes que protegen la perspectiva de género.

La principal consecuencia de la resolución es la determinación que las víctimas de violencia deben ser indemnizadas no solo por el agresor sino por el Estado que con su omisión contribuye a que el daño acontezca.

Pensamos que esta resolución va a contribuir a mejorar indemnidad a las víctimas. En este tópico, queremos advertir que no solo el agresor es el legitimado pasivo en las acciones de responsabilidad por daños derivados de la violencia, sino que el Estado debe responder en tanto y en cuanto su conducta haya agravado la lesión o permitido la ocurrencia del daño.

12. Requisitos concretos para que exista responsabilidad estatal en caso de femicidios

Como lo señalara la Corte Interamericana de Derechos Humanos en el caso Campo Algodonero,[51] además de los requisitos legales para hacer responsable al estado por un femicidio se requieren la presencia de cuatro elementos:

1) Que exista una situación de riesgo real o inmediato que amenace derechos y que surja de la acción o las prácticas de particulares; esto es, se requiere que el riesgo no sea meramente hipotético o

[51] Párrafo 249 y 250 del fallo Corte Interamericana de Derechos Humanos Caso González y Otras ("Campo Algodonero") Vs. México Sentencia de 16 de Noviembre de 2009.

eventual y además que no sea remoto, sino que tenga posibilidad cierta de materializarse de inmediato;

2) Que la situación de riesgo amenace a una mujer, es decir, que exista un riesgo particularizado;
3) Que el Estado conozca el riesgo o hubiera debido razonablemente conocerlo o preverlo;
4) Finalmente que el Estado pueda razonablemente prevenir o evitar la materialización del riesgo.

Así, para poder imputar responsabilidad se requiere entonces primero que el riesgo sea por sus características evitable y que el Estado esté en condiciones de adoptar medidas capaces de paliar la situación y evitar la materialización del riesgo; siendo esto último lo más conflictivo a los fines de marcar la normalidad o anormalidad del estándar.

En tal sentido, el grado de contribución estatal a la existencia o persistencia del riesgo es un factor decisivo para evaluar los requisitos de evitabilidad y previsibilidad del daño en una situación determinada; siempre partiendo de un deber de diligencia reforzado en función del art. 7 de la Convención de Belem do Para.

Conclusiones

El Estado no está obligado a indemnizar integralmente a todas las personas que sufran un daño por un femicidio, porque no resulta razonable asignarle al Estado la reparación de todas las víctimas de la violencia de género, pero sí está obligado a indemnizar a las víctimas cuando el daño se produce por una omisión de sus órganos en el cumplimiento de sus deberes específicos de seguridad frente a las víctimas de violencia de género.

Para hacer responsable al Estado por un femicidio se requieren la presencia de cuatro elementos:

1) Que exista una situación de riesgo real o inmediato que amenace derechos y que surja de la acción o las prácticas de particulares; esto es, se requiere que el riesgo no sea meramente hipotético o eventual y además que no sea remoto, sino que tenga posibilidad cierta de materializarse de inmediato;

2) Que la situación de riesgo amenace a una mujer, es decir, que exista un riesgo particularizado;
3) Que el Estado conozca el riesgo o hubiera debido razonablemente conocerlo o preverlo;
4) Finalmente que el Estado pueda razonablemente prevenir o evitar la materialización del riesgo.

Así, para poder imputar responsabilidad se requiere entonces primero que el riesgo sea por sus características evitable y que el Estado esté en condiciones de adoptar medidas capaces de paliar la situación y evitar la materialización del riesgo.

El Estado no podrá invocar la imposibilidad de prevenir la consumación del riesgo, si ha contribuido a ello por no adoptar medidas de garantía que la Convención de Belén do Para o las leyes internas establecen.

En tal sentido, el grado de contribución estatal a la existencia o persistencia del riesgo es un factor decisivo para evaluar los requisitos de evitabilidad y previsibilidad del daño en una situación determinada; siempre partiendo de un deber de diligencia reforzado en función del art. 7 de la Convención de Belém do Pará.

Observamos que el Estado Argentino ha adoptado un modelo amplio para hacer frente a la violencia que incluye legislación, concienciación, educación y capacitación. Sin embargo, para que la mujer víctima de violencia disfrute de sus derechos humanos y libertades fundamentales, la voluntad política expresada en el modelo descrito debe contar con el apoyo de agentes estatales que respeten las obligaciones de diligencia debida del Estado parte. Estas obligaciones incluyen la obligación de investigar la existencia de fallos, negligencia u omisiones por parte de los poderes públicos que puedan haber ocasionado una situación de desprotección de las víctimas.

El Estado Argentino debería cumplir con la recomendación 35 de la CEDAW creando sistemas de reparaciones administrativas sin perjuicio de los derechos de las víctimas y supervivientes a obtener reparaciones judiciales; como lo hace Ley Brisa de la CABA que crea una indemnización administrativa, solidaria, tarifada, temporal y periódica en favor de los hijos de las mujeres víctimas de femicidio cuando el agresor fuera su padre, sin desmedro de las reparación integral que se puede obtener en sede Judicial.

Aplaudimos la política pública adoptada por la Ley de Reparación Económica para niñas, niños, adolescentes y jóvenes víctimas colaterales de homicidios agravados por el vínculo (femicidios), conocida como Ley Brisa, donde se reconoce que el estado debe garantizar la subsistencia de los niños, niñas y adolescentes cuyas madres mueren en un femicidio en manos de sus padres.

En definitiva, en este contexto de desesperanza donde aumentan año a año el número de femicidios y de huérfanos por él producidos eleva la esperanza el otorgamiento de reparación económica tarifaria, temporal, y periódica por parte del Estado, a las víctimas de violencia sin perjuicio de la reparación integral.

Referencias

Abreastury, Pedro. *La Responsabilidad Extracontractual del Estado*. Buenos Aires: Abeledo Perrot, 2014.

Balbin, Carlos F. *Tratado de Derecho Administrativo*. Tomo IV. Ed. La Ley. Año 2011.

Bidart Campos, Germán. *La responsabilidad del Estado en los Tratados con Jerarquía Constitucional*. Responsabilidad por Daños en el tercer milenio. Ed. Abeledo Perrot, 1997.

Caputi, Claudia. *La Ciudad Autónoma de Buenos Aires otorga beneficios a los hijos que perdieron a sus madres por femicidio*. Publicado en: LLCABA 2017.

Caputi, Claudia. *La ley Brisa nº 5.861: La Ciudad Autónoma de Buenos Aires otorga beneficios a los hijos que perdieron a sus madres por femicidio*. Publicado en: LLCABA 2017.

Eliades, Analía, *La responsabilidad del Estado: prospectiva y perspectiva de un clásico instituto jurídico que atraviesa nuestras vidas*. Revista: Dossier: Responsabilidad del Estado. 2014.

López Mesa, M. J. *El mito de la causalidad adecuada*. La Ley 2008-B, 28/02/2008.

Marienhoff, Miguel. *Responsabilidad Extracontractual del Estado por las consecuencias dañosas de su actividad lícita*. Derecho Administrativo. Número: 2007-2016.

Medina, Graciela (dir.); Yuba, Gabriela (colab.). *Derechos humanos*. Revista de Derecho Privado y Comunitario, 2017- 2 y 3.

Medina, Graciela (dir.); Yuba, Gabriela (colab.). *Ibidem*. 2016.

Medina, Graciela. *La responsabilidad del Estado por femicidio.* Responsabilidad por omisión. La Ley 09/08/2017, 4. La Ley 2017-D, 504.

Medina, Graciela. *La responsabilidad estatal por omisión ante un femicidio.* La Ley 2017-C, 142.

Medina, Graciela. *Responsabilidad del Estado por omisión.* DFyP 2013.

Perrino, Pablo Esteban. *La responsabilidad del Estado y los Funcionarios Públicos.* Ed. La Ley. Año 2015.

Pizarro, Daniel. *Responsabilidad del Estado y del funcionario público.* Segunda ed. Ed. Astrea, 2016.

Zavala de González, Matilde M. *Responsabilidad estatal por omisión frente a víctimas de violencia familiar.* La Ley, 2014-E, 276.

28.
STALKING NO CASAMENTO, NA UNIÃO ESTÁVEL E NO NAMORO

Regina Beatriz Tavares da Silva

1. Introdução

Os estudos sobre a temática animam esta autora desde a sua dissertação de mestrado apresentada na Faculdade de Direito da Universidade de São Paulo sobre os deveres oriundos do casamento, cuja concentração se deu na proteção aos direitos da personalidade dos cônjuges[1]. Em tese de doutorado os estudos se voltaram especificamente à reparação de danos pelo descumprimento dos deveres do casamento[2]. As análises e reflexões sobre o *stalking* se aprofundaram na apresentação de estudos perante o *I Congreso Internacional sobre la Violencia sexual: antecedentes romanos y la regulación actual,* realizado na Universidade de Vigo, na Espanha[3]. Com a aplicação da norma penal brasileira, cuja vigência era recente até então, o desenvolvimento desta temática torna-se ainda mais instigante e desperta maiores reflexões no âmbito da responsabilidade civil, com a análise do Direito brasileiro, em comparação com o Direito português e espanhol.

[1] Tavares da Silva, Regina Beatriz. *Dever de assistência imaterial entre cônjuges.* Rio de Janeiro: Forense Universitária, 1990.

[2] Tavares da Silva, Regina Beatriz. *Reparação Civil na separação e no divórcio.* São Paulo: Editora Saraiva, 1999.

[3] O *I Congreso Internacional sobre la Violencia sexual: antecedentes romanos y la regulación actual* foi realizado em 18, 22, 25 e 29 de outubro de 2021, sob a coordenação de Maria Bravo Bosh.

2. O *stalking*

A palavra *stalking* significa perseguição e tornou-se uma conduta ilícita quando é contínua e tem a finalidade de controlar ou condicionar a vítima a comportamentos que não são por ela desejados[4].

As maiores atenções aos danos causados pelo *stalking* tiveram início em sua prática por fãs em relação aos seus artistas favoritos, especialmente em Hollywood, na Califórnia. Até a última década do século passado esses atos de perseguição não eram havidos como delito pelo simples fato de que as vítimas eram pessoas públicas, hoje chamadas de "celebridades"[5].

Mas, a crescente proteção aos direitos da personalidade, inclusive de artistas famosos, impulsionada pela tutela norte-americana aos direitos fundamentais, levou à primeira criminalização do *stalking* na década de 1990, no Estado da Califórnia, em seu Código Penal (artigo 649.9)[6]. Se destacaram em Hollywood as perseguições à atriz Jodie Foster, ao ator David Letterman, à atriz Nicole Simpson e foi o caso da atriz Rebecca Schaefer, naquela década, que levou à tipificação do *stalking* como crime no estado da California[7].

É indubitável que o *stalking* ganhou terreno fértil com o crescimento dos meios de comunicação pela *internet*, alargando-se a reação estatal contra esta prática em vários países. Essa conduta ilícita, quando ocorre

[4] Conceito de *Stalking: the crime of illegally following and watching someone over a period of time. stalking | translate English to Portuguese: Cambridge Dictionary*. Disponível em: https://dictionary.cambridge.org/dictionary/english-portuguese/stalking e https://www.infopedia.pt/dicionarios/lingua-portuguesa/stalking. Acesso em 23/06/2021.

[5] Rosa, Alexandre Morais da; Quaresma, Heloisa Helena. Stalking e a criminalização do cotidiano: Hollywood é o sucesso! *In Revista Síntese-Direito Penal e Processual Penal*, Ano XII, nº 76, Outubro-Novembro/2012, 87-103, p. 99.

[6] Artigo 646.9 do Código Penal da California: *"Any person who willfully, maliciously, and repeatedly follows or willfully and maliciously harasses another person and who makes a credible threat with the intent to place that person in reasonable fear for his or her safety, or the safety of his or her immediate family is guilty of the crime of stalking, punishable by imprisonment in a county jail for not more than one year, or by a fine of not more than one thousand dollars ($1,000), or by both that fine and imprisonment, or by imprisonment in the state prison."*.

[7] Marchesini, Sephora. O stalking nos acórdãos da Relação de Portugal: a compreensão do fenómeno antes da tipificação. *In: Open Edition Journals*. Disponível em: https://journals.openedition.org/configuracoes/2847?lang=pt . Acesso em 21/09/2021.

em ambiente virtual, é denominada *cyberstalking*, com utilização de mensagens nas redes sociais da vítima, inclusive por meio da criação de perfis falsos, o que dificulta a identificação do agressor.

Porém independentemente do meio utilizado para essa prática, o *stalking* é havido como ação ilícita, podendo ocorrer em perseguição real, fazendo com que a vítima se sinta insegura em seu lar, onde deveria ter a maior paz em sua vida, ou em seu local de trabalho, onde lhe caberia desempenhar suas tarefas com serenidade.

Em qualquer caso a conduta é grave, dando causa à reação social e, por consequência do Estado, mas torna-se ainda mais nociva quando praticada nas relações íntimas, como será analisado neste artigo.

3. As relações íntimas

É necessário esclarecer o significado de uma relação íntima, que vai do mero namoro até o casamento formal ou de fato, chamado no Brasil de união estável.

3.1. Namoro

O namoro é uma relação puramente afetiva, em que não se constitui uma família, sendo, por isto, que não gera efeitos jurídicos atrelados ao Direito de Família, ao Direito das Sucessões e a outros ramos do Direito, como o Previdenciário[8].

3.2. União estável

Já a união estável, assim chamada no Brasil, ou união de fato ou convivencial, mediante o preenchimento de seus requisitos, é uma entidade familiar e chega a gerar efeitos similares aos do casamento[9].

No Brasil, uma relação se caracteriza como entidade familiar em forma de união estável sem formalidades, sem unicidade domiciliar e sem um período mínimo de convivência desde a Lei 9.278/1996, que teve de ser

[8] Tavares da Silva, Regina Beatriz; Correia, Atalá; Solavagione, Alicia García. A união familiar de fato e seus estudo comparativo. *In: Tratado da União de Fato*. São Paulo: Almedina, 2021, pp. 39-62.

[9] No Brasil os efeitos da união estável são quase iguais aos do casamento, por outro lado, em outros países, seus efeitos não se equiparam aos do matrimônio.

repetida no Código Civil de 2002 (Lei 10.406/2002) por razões regimentais do processo legislativo[10]. A união estável pode caracterizar-se na relação de duas pessoas, de gêneros distintos ou do mesmo gênero[11], que vivam de maneira pública, contínua e duradoura, com o objetivo de formar uma família, independentemente da existência de filhos ou da unicidade domiciliar, desde que não tenham impedimentos matrimoniais, salvo a existência de separação de fato na relação de casamento[12] ou preexistência de união estável[13]. Portanto, a relação tem de ser monogâmica para que produzas efeitos familiares e congêneres.

Os efeitos da união estável são quase iguais aos do casamento no Direito brasileiro, tanto os pessoais, como o dever de lealdade ou fidelidade e assistência moral e material, como os patrimoniais atinentes ao regime legal da comunhão parcial e até mesmo os efeitos sucessórios,

[10] Código Civil, art. 1.723: "É reconhecida como entidade familiar a união estável entre o homem e a mulher, configurada na convivência pública, contínua e duradoura e estabelecida com o objetivo de constituição de família".

[11] STF, ADPF 132 e ADI 4277, Tribunal Pleno, Rel. Min. Ayres Britto, j. em 05/05/2011.

[12] Código Civil, art. 1.521: "Não podem casar: I – os ascendentes com os descendentes, seja o parentesco natural ou civil; II – os afins em linha reta; III – o adotante com quem foi cônjuge do adotado e o adotado com quem o foi do adotante; IV – os irmãos, unilaterais ou bilaterais, e demais colaterais, até o terceiro grau inclusive; V – o adotado com o filho do adotante; VI – as pessoas casadas; VII – o cônjuge sobrevivente com o condenado por homicídio ou tentativa de homicídio contra o seu consorte. Código Civil, art. 1.723, § 1º: A união estável não se constituirá se ocorrerem os impedimentos do art. 1.521; não se aplicando a incidência do inciso VI no caso de a pessoa casada se achar separada de fato ou judicialmente".

[13] STF, Teses de Repercussão Geral nos temas 526 e 529: "É incompatível com a Constituição Federal o reconhecimento de direitos previdenciários (pensão por morte) à pessoa que manteve, durante longo período e com aparência familiar, união com outra casada, porquanto o concubinato não se equipara, para fins de proteção estatal, às uniões afetivas resultantes do casamento e da união estável." (STF, Tribunal Pleno, RE 883168, Rel. Min. Dias Toffoli, j. 03/08/2021) e "A preexistência de casamento ou de união estável de um dos conviventes, ressalvada a exceção do artigo 1.723, § 1º, do Código Civil, impede o reconhecimento de novo vínculo referente ao mesmo período, inclusive para fins previdenciários, em virtude da consagração do dever de fidelidade e da monogamia pelo ordenamento jurídico-constitucional brasileiro." (STF, RE 1045273, Tribunal Pleno, Rel. Min. Alexandre de Moraes, j. 21/12/2020).

com aplicação da mesma ordem de vocação hereditária, salvo apenas a inexistência entre os companheiros de herança necessária[14].

Em Portugal, também existe a "união de facto" entre pessoas de gêneros diferentes ou do mesmo gênero, sem que seja necessária sua formalização em documento escrito, mas se exige o prazo de dois anos de convivência, com unicidade domiciliar, para que se constitua uma entidade familiar, assim como a inexistência de parentesco ou de casamento concomitante, excetuada somente a separação de pessoas e bens do convivente que mantém o estado civil de casado.

Os efeitos da união de fato em Portugal são limitados ao regime de obrigações das sociedades civis e à proteção da morada da família em caso de rompimento, com o direito de quem necessita ali permanecer ao arrendamento forçado se o imóvel for de propriedade do outro companheiro, isto na ruptura em vida, e com direito à morada da família durante cinco anos se houver falecimento do outro companheiro, além do direito a alimentos em circunstâncias determinadas[15].

Na Espanha não existe uma norma geral da união de fato nas suas Comunidades Autônomas. Assim, as regras diferem segundo a região espanhola. Na região da Galicia, segundo a Lei 2/2006, de 14 de junho, é necessário formalizar e registrar a união de fato entre pessoas maiores e capazes, sejam do mesmo gênero ou de gêneros distintos, que não sejam casadas e de parentesco em ascendência, descendência ou colateralidade até o 3º grau, com finalidade de formação de família similar à conjugal, não se exigindo um prazo mínimo de duração em razão da declaração

[14] STF, Tese de Repercussão Geral 809: "É inconstitucional a distinção de regimes sucessórios entre cônjuges e companheiros prevista no art. 1.790 do CC/2002, devendo ser aplicado, tanto nas hipóteses de casamento quanto nas de união estável, o regime do art. 1.829 do CC/2002. (A mesma tese foi fixada para o Tema 498)" (STF, RE 878694, Tribunal Pleno, Rel. Min. Luís Roberto Barroso, j. 10/05/2017). V. Tavares da Silva, Regina Beatriz. A frouxidão dos requisitos da união estável e a equiparação de seus efeitos aos do casamento no direito brasileiro. *In: Tratado da União de Fato.* Regina Beatriz Tavares da Silva, Atalá Correia, Alicia García Solavagione (coords.). São Paulo: Almedina, 2021, pp. 419-450.

[15] Pereira, André Dias. Notas sobre a união de facto em Portugal. *In: Tratado da União de Fato.* São Paulo: Almedina, 2021, pp. 791-821. Dias, Cristina, Rossana Martingo. Desenho legal da união de facto em Portugal: do regime em vida ao estatuto sucessório do unido de facto sobrevivo. *In: Tratado da União de Fato.* São Paulo: Almedina, 2021, pp. 855-872.

expressa de vontade dos companheiros. Os efeitos da união de fato devem constar da escritura pública de formalização, para que se equiparem aos do casamento, não podendo contrariar a lei ou estabelecer cláusulas que desequiparem o casal[16].

Na Comunidade de Madrid, os requisitos e os efeitos são similares ao da Galícia, como prevê a Lei 11/2001, de 19 de dezembro, sendo que se pode constituir uma união estável se as pessoas mantiverem o vínculo conjugal somente se estiverem legalmente separadas.

Em Valência, conforme a Lei 5/2012, de 15 de outubro, as pessoas que mantêm o estado civil de casadas e estão separadas de fato podem constituir uma entidade familiar em forma de união de fato.

Vemos nessas três Comunidades Autônomas algumas diferenças nos requisitos referentes ao término do casamento para a constituição de uma união estável.

3.3. Casamento

O casamento tem similaridade em seus requisitos e efeitos nos mais diversos países, sendo o vínculo formal entre duas personas, de gêneros distintos ou não, com direitos e deveres recíprocos, de caráter pessoal e patrimonial.

Inobstante o namoro, a união estável ou de fato e o casamento não se confundam, o *stalking* nas relações que são ou foram íntimas merece maiores sanções no âmbito civil e penal em todas elas. A proximidade e a intimidade que existe em qualquer uma dessas relações, assim como seu término nem sempre acompanhado do desapego emocional por um dos parceiros, com ciúmes e sentimentos de posse, oferece o cenário facilitador para a prática da perseguição pelo *stalker*. Ante a maior vulnerabilidade da vítima em fase de uma relação que foi íntima, o perseguidor pratica os atos com maior facilidade e com a intenção de recuperar a relação terminada por razões também ilícitas.

No âmbito da responsabilidade civil, os danos morais têm a tendência de ser maiores se houve relação íntima entre o agressor e a vítima, seja no namoro, na união estável ou no casamento, devido ao caráter compen-

[16] Bosch, María José Bravo. A situação legal dos casais de fato na Espanha. *In: Tratado da União de Fato*. São Paulo: Almedina, 2021, pp. 775-788.

satório ao sofrimento da vítima, além do desestímulo à prática de novas ofensas que devem representar o *quantum* indenizatório. O dano material também tende a agravar-se, em especial pela impossibilidade da vítima de continuar a exercer normalmente atividade laborativa, decorrente dos impactos que sofre em seus direitos da personalidade.

E na órbita penal, levando-se em conta a natureza punitiva das respectivas sanções, também deve haver o agravamento da pena aplicada a quem se aproveita indevidamente da intimidade que teve com a vítima.

4. Direitos da personalidade violados pelo *stalking*

A prática do *stalking* afeta os seguintes direitos da personalidade da vítima: liberdade, privacidade, honra subjetiva e objetiva, integridade psíquica e integridade física, e pode violar também a sua imagem. Todos esses direitos são reconhecidos à pessoa humana tomada em si mesma e em suas projeções na sociedade[17].

A importância desses direitos inatos é tão grande que são considerados absolutos, intransferíveis e indisponíveis.

Além das características gerais, inerentes a todos, os direitos da personalidade podem ser classificados em categorias.

O direito à liberdade deve ser entendido com o poder de fazer, ou deixar de fazer, tudo o que está de acordo com a legislação vigente. Diante disso, a pessoa tem a prerrogativa de se desenvolver, sem nenhum obstáculo à suas atividades ou relacionamentos, desde que estejam de acordo com o ordenamento jurídico. No *stalking*, a pessoa agredida é impedida de desenvolver suas atividades e tarefas cotidianas, pessoais e/ou profissionais, assim como determinar livremente o curso da vida, com sérias limitações a sua liberdade.

A privacidade é considerada um gênero, do qual a intimidade é espécie. Esse direito tem por objeto salvaguardar a intimidade em diversos aspectos, como o pessoal, o familiar e o profissional, com a finalidade de

[17] Bittar, Carlos Alberto: *Direitos da Personalidade*. 8.ed. São Paulo: Saraiva, 2015, p. 29. Diniz, Maria Helena em seus comentários aos artigos 11 a 21 do Código Civil. *In:* Tavares da Silva, Regina Beatriz (coord.). *Código Civil Comentado*. 10.ed. São Paulo: Saraiva, 2016, p. 93.

preservar os pensamentos, ideias, sentimentos etc. [18] Portanto, o propósito desse direito é evitar que certos aspectos da vida de uma pessoa sejam perturbados por intromissões indevidas. No *stalking* a vítima é invadida em sua vida privacidade, com perturbações em relação à sua intimidade.

A honra também é afetada pelo *stalking*, tanto em seu aspecto objetivo, refletido na consideração dos demais, ou em sua reputação social, como no aspecto subjetivo, o sentimento da própria pessoa, sua autoestima[19].

A obstrução do desenvolvimento da vida e das liberdades da pessoa humana pode, inclusive, afetar sua integridade psíquica ou incolumidade mental.

A imagem também é outro aspecto dos direitos da personalidade que pode ser violada no *stalking*, ao consistir no direito que a pessoa tem sobre a sua representação visual, que a individualiza dentro da coletividade. Embora se trate de um direito de caráter disponível, diferente dos outros direitos de personalidade, afirma-se que caberá ao titular do direito escolher quando sua voz ou imagem aparecerá ou será disponibilizada.

À sociedade e à cada pessoa é imposta a obrigação de não violar os direitos da personalidade, como um todo individualizador do ser, com suas ideias, suas concepções e convicções, dentro do princípio que cada pessoa vem ao mundo para cumprir, em liberdade, suas missões[20].

O agressor, no *stalking*, interfere na esfera da liberdade, da privacidade, da honra e dos outros direitos da personalidade da vítima, inclusive por causar-lhe sentimentos de medo. Além disso, inibe os direitos do agredido, como de sair, trabalhar, divertir-se, conviver com outras pessoas, por medo das represálias que possa enfrentar.

O autor dos ataques aos relacionamentos íntimos tem o propósito de exilar a vítima da comunidade ou da família, com espírito de vingança, na maior parte das vezes para que se possa restabelecer forçosamente a relação.

[18] Bittar, Carlos Alberto. *Os direitos da Personalidade*. 4.ed. São Paulo: Saraiva, 2010, pp. 106-109.

[19] De Cupis, Adriano. *Os direitos da personalidade*. Tradução de Adriano Vera Jardim e Antonio Miguel Caeiro. Lisboa: Livraria Moraes Editora, 1961, p. 121.

[20] Bittar, Carlos Alberto. *Ob. Cit.*, pp. 115-117.

5. As sanções para o *stalker* e a proteção da vítima no Direito brasileiro

5.1. A Lei "Maria da Penha"

A perseguição contumaz, antes da sua criminalização no Código Penal, já tinha previsão sancionatória na Lei Maria da Penha, entre as espécies legais de violência doméstica e familiar contra a mulher, especificamente a violência psicológica (Lei 11.340/2006, art. 7º, II), entendida por essa lei como

> qualquer conduta que lhe cause dano emocional e diminuição da autoestima ou que lhe prejudique e perturbe o pleno desenvolvimento ou que vise degradar ou controlar suas ações, comportamentos, crenças e decisões, mediante ameaça, constrangimento, humilhação, manipulação, isolamento, vigilância constante, perseguição contumaz, insulto, chantagem, violação de sua intimidade, ridicularização, exploração e limitação do direito de ir e vir ou qualquer outro meio que lhe cause prejuízo à saúde psicológica e à autodeterminação.

Desde o ano que entrou em vigor, a Lei Maria da Penha tem experimentado alterações em sanções civis e medidas de proteção à mulher.

As medidas protetivas de urgência obrigam o agressor (artigo 22), por exemplo, a se afastar da vítima e de sua família, vedando o contato com a ofendida e com os seus familiares e testemunhas por qualquer meio de comunicação (artigo 22, II, b), a não frequentar determinados lugares (artigo 22, III, c), a participar de programas de recuperação e reeducação (artigo 22, VI), assim como acompanhamento psicossocial (artigo 22, VII)[21].

[21] Lei 11.340/2006, art. 22: "Constatada a prática de violência doméstica e familiar contra a mulher, nos termos desta Lei, o juiz poderá aplicar, de imediato, ao agressor, em conjunto ou separadamente, as seguintes medidas protetivas de urgência, entre outras: I – suspensão da posse ou restrição do porte de armas, com comunicação ao órgão competente, nos termos da Lei nº 10.826, de 22 de dezembro de 2003; II – afastamento do lar, domicílio ou local de convivência com a ofendida; III – proibição de determinadas condutas, entre as quais: a) aproximação da ofendida, de seus familiares e das testemunhas, fixando o limite mínimo de distância entre estes e o agressor; b) contato com a ofendida, seus familiares e testemunhas por qualquer meio de comunicação; c) frequentação de determinados lugares

Quando a Lei Maria da Penha entrou em vigor, no ano de 2006, já se estabeleceu a condenação do agressor ao pagamento de uma indenização pelos danos materiais causados pela destruição do patrimônio ou bens da vítima (artigo 24, IV)[22]. Em 2019 foi sancionada a Lei nº 13.871, que ampliou a proteção da vítima ao estabelecer expressamente a indenizabilidade dos danos morais e materiais causados por violência doméstica (art. 9º, § 4º[23]) na Lei Maria da Penha.

a fim de preservar a integridade física e psicológica da ofendida; IV – restrição ou suspensão de visitas aos dependentes menores, ouvida a equipe de atendimento multidisciplinar ou serviço similar; V – prestação de alimentos provisionais ou provisórios. VI – comparecimento do agressor a programas de recuperação e reeducação; e VII – acompanhamento psicossocial do agressor, por meio de atendimento individual e/ou em grupo de apoio. § 1º As medidas referidas neste artigo não impedem a aplicação de outras previstas na legislação em vigor, sempre que a segurança da ofendida ou as circunstâncias o exigirem, devendo a providência ser comunicada ao Ministério Público. § 2º Na hipótese de aplicação do inciso I, encontrando-se o agressor nas condições mencionadas no caput e incisos do art. 6º da Lei nº 10.826, de 22 de dezembro de 2003, o juiz comunicará ao respectivo órgão, corporação ou instituição as medidas protetivas de urgência concedidas e determinará a restrição do porte de armas, ficando o superior imediato do agressor responsável pelo cumprimento da determinação judicial, sob pena de incorrer nos crimes de prevaricação ou de desobediência, conforme o caso. § 3º Para garantir a efetividade das medidas protetivas de urgência, poderá o juiz requisitar, a qualquer momento, auxílio da força policial. § 4º Aplica-se às hipóteses previstas neste artigo, no que couber, o disposto no *caput* e nos §§ 5º e 6º do art. 461 da Lei no 5.869, de 11 de janeiro de 1973 (Código de Processo Civil).".

[22] Lei 11.340/2006, art. 24. "Para a proteção patrimonial dos bens da sociedade conjugal ou daqueles de propriedade particular da mulher, o juiz poderá determinar, liminarmente, as seguintes medidas, entre outras: (...) IV – prestação de caução provisória, mediante depósito judicial, por perdas e danos materiais decorrentes da prática de violência doméstica e familiar contra a ofendida.".

[23] Lei 11.340/2006, art. 9º: "A assistência à mulher em situação de violência doméstica e familiar será prestada de forma articulada e conforme os princípios e as diretrizes previstos na Lei Orgânica da Assistência Social, no Sistema Único de Saúde, no Sistema Único de Segurança Pública, entre outras normas e políticas públicas de proteção, e emergencialmente quando for o caso. (...) § 4º Aquele que, por ação ou omissão, causar lesão, violência física, sexual ou psicológica e dano moral ou patrimonial a mulher fica obrigado a ressarcir todos os danos causados, inclusive ressarcir ao Sistema Único de Saúde (SUS), de acordo com a tabela SUS, os custos relativos aos serviços de saúde prestados para o total tratamento das vítimas em situação de violência doméstica e familiar, recolhidos os recursos assim arrecadados ao Fundo de Saúde do ente federado responsável pelas unidades de saúde que prestarem os serviços.".

Em caso de descumprimento das medidas protetivas, a Lei Maria da Penha já previa o delito penal tipificado no art. 24-A, com a imposição de detenção de 3 meses a 2 anos[24].

5.2. O Código Penal

Antes de acompanhar o fenômeno mundial que começou a tipificar o delito do *stalking*, no Brasil existia a sua previsão como contravenção penal, que tem em vista punir condutas de menor potencial ofensivo, no art. 65, *caput*, da Lei nº 3.688/1941, que previa a perturbação da tranquilidade[25].

A diferença entre crime e contravenção se sedimenta em sua maior ou menor gravidade. As contravenções são consideradas fatos típicos de menor gravidade, o que causa uma punição menos severa, tanto no que diz respeito à pena, quanto no regime penitenciário estabelecido, já que as contravenções admitem apenas prisão simples ou multa, alternativa ou cumulativamente. Segundo o artigo 65 da Lei brasileira de Contravenções Penais, a sanção era de prisão simples ou multa, embora o *stalker* pudesse ser punido juntamente com a tipificação de outros crimes, previstos no Código Penal (Decreto Lei n. 2.848, de 7 de dezembro de 1940), como ameaça (artigo 147[26]), lesão corporal (artigo 129[27]), crimes contra

[24] Lei 11.340/2006, art. 24-A: "Descumprir decisão judicial que defere medidas protetivas de urgência previstas nesta Lei: Pena – detenção, de 3 (três) meses a 2 (dois) anos.".
[25] Lei nº 3.688/1941, art. 65: "Molestar alguém ou perturbar-lhe a tranquilidade, por acinte ou por motivo reprovável: Pena – prisão simples, de quinze dias a dois meses, ou multa, de duzentos mil réis a dois contos de réis. (moeda não existente nos dias de hoje)".
[26] CP, art. 147: "Ameaçar alguém, por palavra, escrito ou gesto, ou qualquer outro meio simbólico, de causar-lhe mal injusto e grave: Pena – detenção, de um a seis meses, ou multa. Parágrafo único – Somente se procede mediante representação.".
[27] CP, art. 129: "Ofender a integridade corporal ou a saúde de outrem: Pena – detenção, de três meses a um ano. § 1º Se resulta: I – Incapacidade para as ocupações habituais, por mais de trinta dias; II – perigo de vida; III – debilidade permanente de membro, sentido ou função; IV – aceleração de parto: Pena – reclusão, de um a cinco anos. § 2º Se resulta: I – Incapacidade permanente para o trabalho; II – enfermidade incuravel; III perda ou inutilização do membro, sentido ou função; IV – deformidade permanente; V – aborto. Pena – reclusão, de dois a oito anos. § 3º Se resulta morte e as circunstâncias evidenciam que o agente não quís o resultado, nem assumiu o risco de produzí-lo: Pena – reclusão, de quatro a doze anos.".

a honra (artigos 138 a 140[28]), violação do domicílio ou da correspondência (artigo 150[29] e 151[30]), dano (artigo 163[31]) e crimes contra a dignidade sexual (artigo 213[32] e seguintes).

Em 2009, o Projeto de Lei nº 5.499 propôs a criação de um tipo penal específico para o *stalking* no Código Penal.

Depois de doze anos em tramitação, entrou em vigou a Lei 14.132 de março de 2021, que revogou o artigo 65 da Lei de Contravenções Penais e introduziu o artigo 147-A no Código Penal, em seu Capítulo VI: Dos crimes contra a liberdade individual, Seção I: Dos crimes contra a liberdade pessoal, com a tipificação do crime como perseguição[33]. Em conformidade com o tipo do delito, o *stalking* é definido como a reiteração dos atos de perseguição, por qualquer meio, com ameaças à integridade física ou

[28] CP, art. 138: "Caluniar alguém, imputando-lhe falsamente fato definido como crime: Pena – detenção, de seis meses a dois anos, e multa.". Art. 139: "Difamar alguém, imputando-lhe fato ofensivo à sua reputação: Pena – detenção, de três meses a um ano, e multa.". Art. 140: "Injuriar alguém, ofendendo-lhe a dignidade ou o decoro: Pena – detenção, de um a seis meses, ou multa. § 3º Se a injúria consiste na utilização de elementos referentes a religião ou à condição de pessoa idosa ou com deficiência: Pena – reclusão, de 1 (um) a 3 (três) anos, e multa.".

[29] CP, art. 150: "Entrar ou permanecer, clandestina ou astuciosamente, ou contra a vontade expressa ou tácita de quem de direito, em casa alheia ou em suas dependências: Pena – detenção, de um a três meses, ou multa.".

[30] CP, art. 151: "Devassar indevidamente o conteúdo de correspondência fechada, dirigida a outrem: Pena – detenção, de um a seis meses, ou multa.".

[31] CP, art. 163: "Destruir, inutilizar ou deteriorar coisa alheia: Pena – detenção, de um a seis meses, ou multa.".

[32] CP, art. 213: "Constranger alguém, mediante violência ou grave ameaça, a ter conjunção carnal ou a praticar ou permitir que com ele se pratique outro ato libidinoso: Pena – reclusão, de 6 (seis) a 10 (dez) anos.".

[33] CP, art. 147-A: "Perseguir alguém, reiteradamente e por qualquer meio, ameaçando-lhe a integridade física ou psicológica, restringindo-lhe a capacidade de locomoção ou, de qualquer forma, invadindo ou perturbando sua esfera de liberdade ou privacidade. Pena – reclusão, de 6 (seis) meses a 2 (dois) anos, e multa. § 1º A pena é aumentada de metade se o crime é cometido: I – contra criança, adolescente ou idoso; II – contra mulher por razões da condição de sexo feminino, nos termos do § 2º-A do art. 121 deste Código; III – mediante concurso de 2 (duas) ou mais pessoas ou com o emprego de arma. § 2º As penas deste artigo são aplicáveis sem prejuízo das correspondentes à violência. § 3º Somente se procede mediante representação".

psicológica e restrição da capacidade de locomoção, invasão ou perturbação da liberdade ou da privacidade.

A pena para o crime é de reclusão, de 6 meses a dois anos e multa. Esse tipo de delito leva em conta a proteção da liberdade e da intimidade, um direito baseado no artigo 5º, *caput,* da Constituição Federal[34], frente a uma ameaça à integridade física ou psicológica, com restrição à capacidade de locomoção, assim como no inciso X desse dispositivo legal, que protege a intimidade, a vida privada, a honra e a imagem. Todos esses direitos são chamados fundamentais nas relações entre os cidadãos com o Estado, sendo denominados direitos da personalidade nas relações entre os particulares.

Os elementos objetivos do tipo penal estão representados na conduta de "perseguir alguém, reiteradamente e por qualquer meio", com dolo direto (com consciência e vontade) ou dolo eventual (com presunção do risco da conduta).

Em razão da utilização do vocábulo "reiteradamente" no tipo penal, se observa que esse crime se classifica como habitual, requerendo a realização contínua da conduta por parte do sujeito ativo.

A mera perseguição não caracteriza o *stalking*, já que a norma requer que a perseguição resulte em uma ameaça à integridade física ou psicológica, restringindo sua capacidade de locomoção ou, de qualquer maneira, atingindo ou perturbando sua esfera de liberdade ou privacidade[35].

[34] CF, art. 5º: "Todos são iguais perante a lei, sem distinção de qualquer natureza, garantindo-se aos brasileiros e aos estrangeiros residentes no País a inviolabilidade do direito à vida, à liberdade, à igualdade, à segurança e à propriedade, nos termos seguintes: (...) X – são invioláveis a intimidade, a vida privada, a honra e a imagem das pessoas, assegurado o direito a indenização pelo dano material ou moral decorrente de sua violação. (...).".

[35] *Habeas Corpus* que tramitou no Superior Tribunal de Justiça (STJ) analisa o *stalking* durante e após o término de relacionamento amoroso, em que o *stalker* utilizou de "incessante perseguição e vigília; de busca por contatos pessoais; de direcionamento de palavras depreciativas e opressivas; de limitação do direito de ir e vir; de atitudes ameaçadoras e causadoras dos mais diversos constrangimentos" para causar na vítima a sensação de intranquilidade e insegurança, gerando um estado de perturbação psíquica característico do *stalking*: "*Habeas Corpus.* Crime de ameaça. Violência doméstica. Perseguição à vítima durante relacionamento amoroso e após seu término. Dosimetria da pena. Exasperação da pena-base. Artigo 59 do código penal. Personalidade do agente. Desnecessidade de elaboração de estudo técnico. Stalking. Perseguição. Comportamento opressor. Sensa-

Na conformidade do Código Penal, o *stalking* é um crime que pode ser cometido tanto por homens quanto por mulheres como agentes ativos ou passivos, mas a pena é agravada se o crime for cometido contra pessoa do gênero feminino[36].

Assim, o *stalking*, quando se pratica contra a mulher, a pena é aumentada, com até três anos na pena privativa de liberdade, sem prejuízo das penas aplicáveis por violência, o que demonstra uma preocupação do direito penal brasileiro com a proteção especial às pessoas do gênero feminino.

A tipificação do crime de *stalking* no Brasil demonstra um grande avanço na proteção dos direitos da personalidade ou fundamentais, especialmente da mulher vitimizada com a qual o *stalker* mantinha uma relação íntima.

Uma estatística realizada mostra que a Polícia do Estado de São Paulo havia registrado mais de 686 boletins de ocorrência em um mês de denúncias desse tipo desde que a nova norma legal passou a punir a prática com até três anos de prisão, uma média de mais de 20 boletins por dia[37].

ção de intranquilidade. Ausência de ilegalidade ou teratologia." (HABEAS CORPUS Nº 359.050 – SC (2016/0152584-4), Rel. Min. Antonio Saldanha Palheiro, j. 30/03/2017). Também em âmbito criminal, com condenação do réu pelo crime do artigo 147-A, §1º, inciso II, do Código Penal (*stalking*) contra sua ex-namorada, cite-se: TJSP, 16ª Câmara de Direito Criminal, Apelação Criminal nº 1507148-18.2021.8.26.0045, Rel. Des. Leme Garcia, j. 11/10/2023.

[36] CP, art. 147-A: "Perseguir alguém, reiteradamente e por qualquer meio, ameaçando-lhe a integridade física ou psicológica, restringindo-lhe a capacidade de locomoção ou, de qualquer forma, invadindo ou perturbando sua esfera de liberdade ou privacidade. Pena – reclusão, de 6 (seis) meses a 2 (dois) anos, e multa. § 1º A pena é aumentada de metade se o crime é cometido: (...) II – contra mulher por razões da condição de sexo feminino, nos termos do § 2º-A do art. 121 deste Código.".

[37] Estado de São Paulo registra 686 queixas de '*stalking*' no primeiro mês após perseguição ter sido considerada crime. Disponível em: https://g1.globo.com/sp/sao-paulo/noticia/2021/05/23/estado-de-sao-paulo-registra-686-queixas-de-stalking-no-primeiro-mes-apos-perseguicao-ter-sido-considerada-crime.ghtml. Acesso em 08/05/2023. A matéria aborda um caso real em que a vítima é de Minas Gerais e o agressor, que vive na Espanha, teve sua entrada no Brasil proibida pela prática do *stalking*.

5.3. O Código Civil

No âmbito civil, a inibição da prática do *stalking* se dá através das medidas cautelares e da responsabilidade civil, especialmente com a entrada em vigência do Código Civil de 2002 (Lei nº 10.406/2002).

Assim, em vista da proteção da dignidade da pessoa humana, consagrada constitucionalmente (Constituição Federal, art. 1º, III), o Código Civil (art. 12) garante a proteção contra qualquer violação dos direitos da personalidade, através de ordens judiciais para que cesse a ameaça a direito da personalidade e condenação em reparação de danos.

As vítimas diretas são aquelas que sofrem a ameaça ou lesão ao direito da personalidade e as vítimas indiretas são aquelas que sofrem os prejuízos de ordem moral ou patrimonial, em vista do vínculo ou relacionamento que possuem com a pessoa que foi diretamente ameaçada, ou seja, aquelas ligadas por vínculo de parentesco ou por casamento ou união estável, no chamado dano por ricochete[38]. As vítimas indiretas têm legitimidade para promover a ação judicial se a vítima direta já faleceu (Código Civil, art. 12, parágrafo único).

Para que a proteção da vítima seja concedida pelo Poder Judiciário por meio de medida que tenha em vista cessar a ameaça ou a lesão, será necessário verificar somente a violação dos direitos da personalidade. Diante da prática de *stalking*, pode ser promovida a ação judicial prevista no Código de Processo Civil, que tem como finalidade evitar que a perseguição se prolongue no tempo (art. 497)[39].

[38] Diniz, Maria Helena, *in* Tavares da Silva, Regina Beatriz (coord.). *Código Civil Comentado*, 10.ed. São Paulo: Saraiva, 2016, p. 95. Os "Enunciados" 398 e 400 da V Jornada de Derecho Civil, CJF, examinam a legitimidade dos lesionados diretos e indiretos, de forma concorrente e autônoma: "As medidas previstas no art. 12, parágrafo único, do Código Civil podem ser invocadas por qualquer uma das pessoas ali mencionadas de forma concorrente e autônoma." e "Os parágrafos únicos dos arts. 12 e 20 asseguram legitimidade, por direito próprio, aos parentes, cônjuge ou companheiro para a tutela contra lesão perpetrada *post mortem*.".

[39] CPC, art. 497: "Na ação que tenha por objeto a prestação de fazer ou de não fazer, o juiz, se procedente o pedido, concederá a tutela específica ou determinará providências que assegurem a obtenção de tutela pelo resultado prático equivalente. Parágrafo único. Para a concessão da tutela específica destinada a inibir a prática, a reiteração ou a continuação de um ilícito, ou a sua remoção, é irrelevante a demonstração da ocorrência de dano ou da existência de culpa ou dolo.".

Mas, para a condenação do ofensor na reparação dos danos que causou com a prática de *stalking*, além do direito violado, é preciso demonstrar o dano, que pode ser de natureza patrimonial (material) ou moral (imaterial), bem como o nexo de causalidade entre a conduta e o resultado danoso.

Cabe ressaltar que a aplicação dos princípios da responsabilidade civil nas relações familiares sofreu resistência[40]. Nunca é demais recordar que existia a ideia de que a responsabilidade do cônjuge era meramente moral e não legal, de modo que a punição estaria ligada apenas à consciência do infrator, sem ser sancionada civilmente. O primeiro argumento se baseava na equivocada ideia de que a sujeição dos cônjuges à reparação de danos alcançaria as relações íntimas de tal maneira que poderia causar o rompimento do casamento, com exposição indevida do casal em processos judiciais. O segundo argumento era fundamentado no fato de que o cônjuge seria obrigado a tolerar as agressões do outro cônjuge e que esses assuntos triviais não deveriam ser levados ao Poder Judiciário. O terceiro argumento era o de que o direito penal teria os instrumentos adequados para a proteção dos cônjuges em caso de violação aos seus direitos da personalidade.

Em tese de doutorado, defendida na Universidade de São Paulo, no ano de 1998, a autora deste artigo desenvolveu estudos sobre a reparação civil no casamento, estendendo posteriormente os estudos às uniões estáveis[41]. Até o advento da respectiva publicação, não havia jurisprudên-

[40] O Superior Tribunal de Justiça (STJ), em caso que envolvia a prática de *stalking*, entre outros atos ilícitos praticados por ex-cônjuge contra a ex-mulher e os filhos menores, reconhece a superação daquela visão restritiva da responsabilidade civil nas relações de família, assim como a presença dos requisitos da responsabilidade civil para a condenação do réu no pagamento de indenização por danos morais: "(...) 6- A dignidade e o afeto são valores que devem receber prestígio em todas as relações jurídicas, especialmente às de ordem familiar, em que se deve primar pela proteção integral de seus membros, em dimensão individual e social, respeitadas as diferenças e as vulnerabilidades, sob pena de a conduta lesiva gerar o dever de reparar o dano. Está superada, portanto, a visão de que não se aplicam os princípios da responsabilidade civil às relações familiares. [...]" (STJ, REsp: 1841953/PR, Terceira Turma, Rel. Min. Nancy Andrighi, j. 25/11/2021). V. Pinheiro, Jorge Duarte. *O núcleo intangível da comunhão conjugal*. Coimbra: Almedina, 2004, pp. 529/575.

[41] Tavares da Silva, Regina Beatriz. *Reparação Civil na Separação e no Divórcio* (1998). Tese de doutorado apresentada na FDUSP em 1998. *Divórcio e Separação*. 2.ed. São Paulo: Saraiva,

cia sobre a condenação do cônjuge no pagamento de indenização no Brasil, tendo ocorrido sua evolução posteriormente[42]. Esta tese tem por base o artigo 186 do Código Civil, que é a regra geral da responsabilidade civil encontrada na Parte Geral dessa codificação, irradiando efeitos em seus demais livros, inclusive naquele referente ao Direito de Família.

Dado que a reparação de danos nas relações de família e em outras relações íntimas de namoro se encontra no artigo 186 do Código Civil, deve-se analisar os requisitos da responsabilidade civil estabelecidos nessa norma legal, para que se configure o direito da parte ofendida à reparação de danos[43].

O primeiro pressuposto da responsabilidade civil está na violação de um direito e, como visto, o *stalking* viola os direitos de liberdade e privacidade, com efeitos prejudiciais também à honra e à imagem, podendo atingir a integridade psíquica da vítima.

O *stalking* nos relacionamentos íntimos permite que o agressor utilize de seus conhecimentos sobre a intimidade da vítima, para pressioná-la com sua perseguição incessante, já que conhece seus hábitos e pode facilmente atingir seu objetivo, violando os seus direitos da personalidade, inclusive de maneira mais gravosa do que ocorre na prática desse ato ilícito entre pessoas com menos ou nenhuma intimidade.

Além disso, a vítima pode sofrer danos de natureza psicológica, atingindo sua integridade psíquica, devido ao afeto que existia no relacionamento romântico.

O *stalking* que pode ser sancionado por meio da condenação do ex-parceiro ou convivente íntimo na reparação dos danos causados é aquele

pp. 78-84. Barros Monteiro, Washington; Tavares da Silva, Regina Beatriz. *Curso de Direito Civil: Direito de Família* – v. II, 43.ed. São Paulo: Saraiva, 2016, pp. 75-77 e 346-353; Barros Monteiro, Washington e Tavares da Silva, Regina Beatriz. *Curso de Direito Civil: Direito das Obrigações* – 41.ed. São Paulo: Saraiva, 2014, pp. 445-470; Tavares da Silva, Regina Beatriz (coordenação e comentários). *Código Civil Comentado.* 10.ed. São Paulo, Saraiva, 2016, pp.840-842.

[42] Tavares da Silva, Regina Beatriz. *Responsabilidade civil nas relações de família.* Revista Jurídica FA7, Fortaleza, v. 17, n. 2, p. 99-123, maio/agosto 2020, págs. 99-104. Disponível em: https://doi.org/10.24067/rjfa7;17.2:1222. Consultado em 01/09/2021.

[43] Tavares da Silva, Regina Beatriz (coordenação e comentários). *Código Civil Comentado.* 10.ed., São Paulo: Saraiva, 2016, p. 838.

praticado com dolo, seja presumido numa relação contratual, seja provado na esfera extracontratual.

O dolo no *stalking* é a vontade de prejudicar a vítima, em perseguição reiterada, que tem o objetivo de amedrontar, com intenção de vingança ou de restabelecimento do relacionamento, inclusive na esfera sexual.

Se o *stalking* for praticado entre parceiros íntimos, deve-se analisar a natureza jurídica do relacionamento em questão. Isso porque, no casamento, por ser uma relação contratual, a responsabilidade será medida sob esse prisma, já que houve um vínculo entre as partes que enseja deveres especiais, como o respeito (Código Civil, artigo 1.566)[44]. Do mesmo modo, quando a perseguição é cometida entre ex-companheiros, porque, apesar da natureza fática da relação íntima, que dispensa qualquer tipo de documento no Brasil, existe uma relação de natureza contratual entre as partes, que também gera o especial dever respeito (Código Civil, artigo 1.724)[45]. Entre namorados, a responsabilidade será extracontratual, já que não existe relação que gere obrigações prévias nesse tipo de relacionamento.

Na responsabilidade contratual, existem obrigações preestabelecidas, como o dever de respeito previsto no casamento e na união estável, de modo que o dolo na prática de *stalking* deve ser presumido.

No namoro, por não ter natureza contratual, não se presume a intenção do *stalker* de causar o dano, portanto, é necessário provar o dolo do infrator, o que se menciona na esfera da responsabilidade civil. No entanto, esta questão técnica deve ser analisada segundo a gravidade da prática de perseguição.

Deve-se reiterar que o *stalking* pode causar dano moral e/ou patrimonial à vítima para ser reparável. O dano moral afetará os direitos da personalidade da vítima, como o direito à liberdade de ir e vir, por se sentir assustado; também poderá violar o direito à liberdade de optar por terminar um relacionamento, por sentir medo; e o direito à integridade

[44] CC, art. 1.566: "São deveres de ambos os cônjuges: I – fidelidade recíproca; II – vida em comum, no domicílio conjugal; III – mútua assistência; IV – sustento, guarda e educação dos filhos; V – respeito e consideração mútuos.".

[45] CC, art. 1.724: "As relações pessoais entre os companheiros obedecerão aos deveres de lealdade, respeito e assistência, e de guarda, sustento e educação dos filhos.".

psíquica pode ser violado por reiteradas perseguições e ameaças; além da honra e da imagem que também podem ser afetadas[46].

Diante da gravidade do *stalking*, os danos morais são presumíveis, na teoria do chamado dano é *in re ipsa*, de modo que o sofrimento não depende de prova[47].

Em vista do número de direitos da personalidade violados, a quantificação dos danos morais deve ser elevada, de maneira que efetivamente represente uma indenização que compense o sofrimento do ofendido e desincentive o agressor a praticar novamente o *stalking*, com a finalidade de demonstrar a ele e os demais membros da sociedade, os efeitos civis associados a essa prática, que vão além das consequências criminais, tendo em vista a independência das duas esferas de responsabilidade[48].

Por sua vez, o dano patrimonial se refere aos danos decorrentes da violação dos referidos direitos da personalidade da vítima, resultantes de gastos com tratamentos psicológicos ou psiquiátricos, contratação de serviços de segurança pessoal e domiciliar ou custos com mudança de endereço, tendo em vista a insegurança de residir em localização conhecida pelo *stalker*.

[46] Acórdão do Tribunal de Justiça de São Paulo (TJSP) examina o *stalking* em uma relação finda de namoro, condenando o *stalker* no pagamento de indenização por danos morais, em razão dos atos de perseguição praticados pelo ex-namorado, por meio de aplicativos, telefone e até mesmo invadindo a casa da ex-namorada: "Dano Moral – Stalking – Caracterização -Inequívoca violência pela contínua e incessante perseguição, abalando a requerente em sua vida privada e na sua esfera psicológica, incutindo-lhe medo de violência física e pavor – Indenização devida." Consta do acórdão que "(...) com o fim do relacionamento afetivo entre as partes, em março de 2022, a autora sofreu intensa importunação por parte do réu, por meio de telefone, aplicativo e pessoalmente, visando reatar a convivência (...)." (TJSP, 4ª Câmara de Direito Privado, Apelação Cível nº 1004448-14.2022.8.26.0168, Rel. Des. Alcides Leopoldo, j. 19/09/2023). Também em matéria de responsabilidade civil, com condenação de ex-namorado no pagamento de indenização por danos morais pela prática de *stalking*, cite-se: TJSP, 1ª Câmara de Direito Privado, Apelação Cível nº 0047563-59.2009.8.26.0071, Rel. Des. Christine Santini, j. 08/03/2016.

[47] O Professor Carlos Alberto Bittar é um grande defensor desta teoria no Brasil, com muitas obras publicadas, entre outras, a seguinte: Bittar, Carlos Alberto. *Reparação civil dos danos morais*. 3.ed. São Paulo: Editora Revista dos Tribunais, 1999.

[48] *Idem*, pp. 158-162.

Ainda como danos materiais também podem ocorrer os chamados lucros cessantes, representados pelo que a vítima deixou de ganhar em razão da descontinuação de sua atividade profissional, da qual precisou se ausentar por insegurança na continuidade de sua rotina, da qual o *stalker* tem conhecimento, tendo em vista a intimidade que existia na relação.

E o dano moral reflexo também se encaixa nesse ato ilícito quando é cometido entre ex-parceiros íntimos, porque, além de afetar diretamente a vítima, pode gerar consequências prejudiciais a outras pessoas que estão a volta dela. Os chamados ofendidos indiretos são as vítimas mais próximas da vítima direta, como por exemplo os filhos que testemunham atos do *stalker* ou que observam as consequências dessa prática. Como demonstrado, os lesionados não são apenas aqueles que sofrem diretamente os atos de perseguição, são também os lesionados indiretos, que são afetados, principalmente nos aspectos psicológicos[49].

Em relação aos demais, nada impede que terceiros, que não tenham vínculo de parentesco, conjugal ou de união estável, como funcionários domésticos da vítima, sofram danos em sua integridade psicológica.

Portanto, diante da violação aos direitos da personalidade como consequência da prática do *stalking* nas relações íntimas, as vítimas que sofrem diretamente o *stalking* podem exigir a cessação da ameaça ou lesão e tanto elas como os ofendidos por danos reflexos podem pedir a reparação dos danos que lhes foram causados, cuja indenização deve ser elevada pela existência de deveres especiais de respeito no casamento e na união estável. Nas relações de namoro, como visto, não existem deveres previamente constituídos, mas a intimidade que existiu no relacionamento também justifica o agravamento no valor da indenização.

6. A legislação portuguesa e espanhola

Diante da ocorrência cada vez mais frequente do *stalking*, Portugal e Espanha também tiveram que adaptar suas leis com a finalidade de proteger os direitos da personalidade da vítima que são atingidos por essa conduta, começando a criminalizar o *stalking* em seus respectivos Códigos Penais, além das sanções civis aplicáveis a esse ato ilícito.

[49] Tavares da Silva, Regina Beatriz (coordenação e comentários). *Código Civil Comentado.* 10.ed. São Paulo: Saraiva, 2015, p. 838.

6.1. Direito português

A legislação portuguesa, antes de ter um tipo penal específico para o *stalking*, reprimiu-o através da Convenção do Conselho da Europa para a Prevenção e o Combate à Violência contra as Mulheres ou Convenção de Istambul de 2011, ratificada por Portugal e com vigência a partir do ano de 2014[50].

Foi em 2015, com a edição da Lei n. 83, que o *stalking* se tipificou, mediante a inserção do artigo 154.º-A[51] no Código Penal português, como conduta reiterada de perseguição ou assédio, por qualquer meio, direto ou indireto, com o fim de provocar medo ou inquietude na vítima, ou prejudicar sua liberdade de autodeterminação. A tentativa de cometer esse crime também é punível. A pena é a prisão de até 3 anos ou pena de multa e, de acordo com a lei portuguesa, são possíveis sanções acessórias, como a proibição de contato com a vítima por até 3 anos, bem como a expulsão da residência e do local de trabalho da vítima e a obrigação de participar de programas específicos para evitar comportamentos típicos de perseguição[52].

[50] Convenção do Conselho da Europa para a Prevenção e o Combate à Violência contra as Mulheres e a Violência Doméstica. Disponível em: https://gddc.ministeriopublico.pt/instrumento/convencao-do-conselho-da-europa-para-prevencao-e-o-combate-violencia-contra-mulheres-e. Acesso em 05/05/2023.

[51] CP, art. 154.º-A: "1 – Quem, de modo reiterado, perseguir ou assediar outra pessoa, por qualquer meio, direta ou indiretamente, de forma adequada a provocar-lhe medo ou inquietação ou a prejudicar a sua liberdade de determinação, é punido com pena de prisão até 3 anos ou pena de multa, se pena mais grave não lhe couber por força de outra disposição legal. 2 – A tentativa é punível. 3 – Nos casos previstos no nº 1, podem ser aplicadas ao arguido as penas acessórias de proibição de contacto com a vítima pelo período de 6 meses a 3 anos e de obrigação de frequência de programas específicos de prevenção de condutas típicas da perseguição. 4 – A pena acessória de proibição de contacto com a vítima deve incluir o afastamento da residência ou do local de trabalho desta e o seu cumprimento deve ser fiscalizado por meios técnicos de controlo à distância. 5 – O procedimento criminal depende de queixa.".

[52] Corrente alternativa. TRG de 05.06.2017 Crime de perseguição, Requisitos. Comete o ilícito do artº 154.º-A, nº 1 do CP, com dolo directo o arguido que, de forma reiterada, contactava telefonicamente a ofendida, a horas diversas, perturbando quer o seu desempenho profissional, quer o seu descanso; deslocava-se ao seu local de trabalho, procurando encontrar-se com ela; entregava quase diariamente no local de trabalho de ofendida cartas e sacas de papel com embrulhos dentro para serem entregues àquela; deslocava-se,

Assim, a conduta que já estava inserida em outros tipos criminais, como a violação à integridade física (art. 143.º[53]), a ameaça (art. 153.º[54]), a coação (art. 154.º[55]), e o sequestro (art. 158.º[56]) passou a ter previsão específica no Código Penal português.

com frequência, à residência da ofendida, ora para colocar bilhetes no para-brisas do seu automóvel, ora aguardando a sua chegada, quer à porta da entrada do prédio, quer à porta da garagem, ora, então, rondando-a, para controlar a sua rotina diária; agindo com o propósito de provocar à ofendida medo e prejudicar e limitar os seus movimentos, bem sabendo que desse modo a lesava na sua liberdade pessoal, como pretendeu e conseguiu.

[53] CP, art. 143.º: "1 – Quem ofender o corpo ou a saúde de outra pessoa é punido com pena de prisão até 3 anos ou com pena de multa. 2 – O procedimento criminal depende de queixa, salvo quando a ofensa seja cometida contra agentes das forças e serviços de segurança, no exercício das suas funções ou por causa delas. 3 – O tribunal pode dispensar de pena quando: a) Tiver havido lesões recíprocas e se não tiver provado qual dos contendores agrediu primeiro; ou b) O agente tiver unicamente exercido retorsão sobre o agressor.".

[54] CP, art. 153.º: "1 – Quem ameaçar outra pessoa com a prática de crime contra a vida, a integridade física, a liberdade pessoal, a liberdade e autodeterminação sexual ou bens patrimoniais de considerável valor, de forma adequada a provocar-lhe medo ou inquietação ou a prejudicar a sua liberdade de determinação, é punido com pena de prisão até 1 ano ou com pena de multa até 120 dias. 2 – O procedimento criminal depende de queixa.".

[55] CP, art. 154.º: "1 – Quem, por meio de violência ou de ameaça com mal importante, constranger outra pessoa a uma acção ou omissão, ou a suportar uma actividade, é punido com pena de prisão até 3 anos ou com pena de multa. 2 – A tentativa é punível. 3 – O facto não é punível: a) Se a utilização do meio para atingir o fim visado não for censurável; ou b) Se visar evitar suicídio ou a prática de facto ilícito típico. 4 – Se o facto tiver lugar entre cônjuges, ascendentes e descendentes, adoptantes e adoptados, ou entre pessoas, de outro ou do mesmo sexo, que vivam em situação análoga à dos cônjuges, o procedimento criminal depende de queixa.".

[56] Art. 158.º: "1 – Quem detiver, prender, mantiver presa ou detida outra pessoa ou de qualquer forma a privar da liberdade é punido com pena de prisão até 3 anos ou com pena de multa. 2 – O agente é punido com pena de prisão de 2 a 10 anos se a privação da liberdade: a) Durar por mais de 2 dias; b) For precedida ou acompanhada de ofensa à integridade física grave, tortura ou outro tratamento cruel, degradante ou desumano; c) For praticada com o falso pretexto de que a vítima sofria de anomalia psíquica; d) Tiver como resultado suicídio ou ofensa à integridade física grave da vítima. e) For praticada contra pessoa particularmente indefesa, em razão de idade, deficiência, doença ou gravidez; f) For praticada contra uma das pessoas referidas na alínea l) do nº 2 do artigo 132º, no exercício das suas funções ou por causa delas; g) For praticada mediante simulação de autoridade pública ou por funcionário com grave abuso de autoridade. 3 – Se da privação da liberdade resultar a morte da vítima o agente é punido com pena de prisão de 3 a 15 anos.".

Em Portugal, do ano de 2019 (580 casos[57]) ao ano de 2020 (239 casos[58]), os casos do crime de *stalking* diminuíram em mais de 50%, e as vítimas foram, em sua maior parte, mulheres, segundo informações anuais da associação portuguesa de apoio à vítima.

No casamento são previstos os deveres de fidelidade, coabitação, cooperação e assistência, bem como também o dever de respeito (Código Civil, art. 1672.º[59]), cujo objeto consiste nos direitos da personalidade.

A aplicação dos princípios de responsabilidade civil está expressamente prevista nas dissoluções conjugais (Código Civil, art. 1792.º, 1), que abrange tanto os danos patrimoniais quanto os morais, de acordo com as normas gerais estabelecidas no artigo 483.º, 1[60].

6.2. Direito espanhol

Antes da ordem interna prever a tipificação penal do *stalking*, a Espanha seguia a Convenção de Istambul de 2011 sobre prevenção e luta contra a violência contra a mulher e a violência doméstica, com sua ratificação no ano de 2014[61].

Na lei espanhola de 2015, a Lei Orgânica nº 1/2015 inseriu o artigo 172 ter. no Código Penal, com a tipificação específica do *stalking*[62]. A

[57] Estatísticas APAV. Relatório Anual 2019. Disponível em: https://apav.pt/apav_v3/images/pdf/Estatisticas_APAV_Relatorio_Anual_2019.pdf . Acesso em 15/06/2021.

[58] Estatísticas APAV. Relatório Anual 2020. Disponível em: https://apav.pt/apav_v3/images/pdf/Estatisticas_APAV_Relatorio_Anual_2020.pdf. Acesso em 15/06/2021.

[59] CC, art. 1672.º: "Os cônjuges estão reciprocamente vinculados pelos deveres de respeito, fidelidade, coabitação, cooperação e assistência.".

[60] CC, art. 1792.º: "1 – O cônjuge lesado tem o direito de pedir a reparação dos danos causados pelo outro cônjuge, nos termos gerais da responsabilidade civil e nos tribunais comuns." CC, art. 483.º: "1. Aquele que, com dolo ou mera culpa, violar ilicitamente o direito de outrem ou qualquer disposição legal destinada a proteger interesses alheios fica obrigado a indemnizar o lesado pelos danos resultantes da violação.". V. Tavares da Silva, Regina Beatriz. Responsabilidade civil no rompimento do casamento e da união estável no direito brasileiro e português. *Revista de Direito de Família e das Sucessões (RDFAS). v.1. Ano 1, Jul-Sep/*2014, São Paulo: Editora Revista dos Tribunais, 2014, pp 169-191.

[61] Disponível em: https://www.boe.es/diario_boe/txt.php?id=BOE-A-2014-5947 . Acesso em 28/09/2021.

[62] CP, art. 172 ter.: "*1. Será castigado con la pena de prisión de tres meses a dos años o multa de seis a veinticuatro meses el que acose a una persona llevando a cabo de forma insistente y reiterada, y sin*

pena de prisão é de três meses a dois anos ou multa de seis a vinte quatro meses para aquele que perseguir uma pessoa, alterando gravemente o desenvolvimento de sua vida cotidiana, mediante a realização insistente e reiterada de qualquer das seguintes condutas: vigilância, perseguição ou busca de proximidade física com a vítima; b) estabelecer ou tentar estabelecer contato com a vítima por qualquer meio de comunicação, ou por meio de terceiros; c) utilizar dados da vítima para a compra de produtos ou mercadorias, ou contratação de serviços, para estabelecer contato com a vítima por meio de terceiros; d) atentar contra a liberdade ou patrimônio da vítima, ou contra a liberdade ou o patrimônio de outra pessoa próxima à vítima.

Esse delito no direito penal espanhol está previsto entre os crimes contra a liberdade, no capítulo das coerções, já que uma das condutas existentes no *stalking* é a coerção, inclusive para forçar a vítima a manter relações afetivas com o agressor, de modo que o delito em questão deve ser interpretado em conjunto com os demais dispositivos.

A Lei determina, no artigo 172, 2[63], que, ainda que o crime seja cometido de modo leve, sendo a regra geral neste caso apenas de aplicação

estar legítimamente autorizado, alguna de las conductas siguientes y, de este modo, altere gravemente el desarrollo de su vida cotidiana: a) La vigile, la persiga o busque su cercanía física. b) Establezca o intente establecer contacto con ella a través de cualquier medio de comunicación, o por medio de terceras personas. c) Mediante el uso indebido de sus datos personales, adquiera productos o mercancías, o contrate servicios, o haga que terceras personas se pongan en contacto con ella. d) Atente contra su libertad o contra su patrimonio, o contra la libertad o patrimonio de otra persona próxima a ella. Si se trata de una persona especialmente vulnerable por razón de su edad, enfermedad o situación, se impondrá la pena de prisión de seis meses a dos años. 2. Cuando el ofendido fuere alguna de las personas a las que se refiere el apartado 2 del artículo 173, se impondrá una pena de prisión de uno a dos años, o trabajos en beneficio de la comunidad de sesenta a ciento veinte días. En este caso no será necesaria la denuncia a que se refiere el apartado 4 de este artículo. 3. Las penas previstas en este artículo se impondrán sin perjuicio de las que pudieran corresponder a los delitos en que se hubieran concretado los actos de acoso. 4. Los hechos descritos en este artículo sólo serán perseguibles mediante denuncia de la persona agraviada o de su representante legal.".

[63] CP, art. 172: "*1. El que, sin estar legítimamente autorizado, impidiere a otro con violencia hacer lo que la ley no prohíbe, o le compeliere a efectuar lo que no quiere, sea justo o injusto, será castigado con la pena de prisión de seis meses a tres años o con multa de 12 a 24 meses, según la gravedad de la coacción o de los medios empleados. Cuando la coacción ejercida tuviera como objeto impedir el ejercicio de un derecho fundamental se le impondrán las penas en su mitad superior, salvo que el hecho tuviera*

da pena de multa, se o *stalking* for praticado contra a esposa ou mulher vinculada ao *stalker* por uma relação afetiva análoga, mesmo que a relação não tenha coabitação, a pena poderá ser de privação da liberdade, embora também haja a possibilidade da fixação da pena ser feita em prestação de serviços à comunidade, além da suspensão do porte de armas.

Também é possível a decretação da suspensão do poder familiar, ou da guarda dos filhos, por um período de 5 (cinco) anos, em vista das graves consequências que essa conduta pode ocasionar às vítimas indiretas do *stalking* (art. 172, 2).

señalada mayor pena en otro precepto de este Código. También se impondrán las penas en su mitad superior cuando la coacción ejercida tuviera por objeto impedir el legítimo disfrute de la vivienda. 2. El que de modo leve coaccione a quien sea o haya sido su esposa, o mujer que esté o haya estado ligada a él por una análoga relación de afectividad, aun sin convivencia, será castigado con la pena de prisión de seis meses a un año o de trabajos en beneficio de la comunidad de treinta y uno a ochenta días y, en todo caso, privación del derecho a la tenencia y porte de armas de un año y un día a tres años, así como, cuando el Juez o Tribunal lo estime adecuado al interés del menor o persona con discapacidad necesitada de especial protección, inhabilitación especial para el ejercicio de la patria potestad, tutela, curatela, guarda o acogimiento hasta cinco años. Igual pena se impondrá al que de modo leve coaccione a una persona especialmente vulnerable que conviva con el autor. Se impondrá la pena en su mitad superior cuando el delito se perpetre en presencia de menores, o tenga lugar en el domicilio común o en el domicilio de la víctima, o se realice quebrantando una pena de las contempladas en el artículo 48 de este Código o una medida cautelar o de seguridad de la misma naturaleza. No obstante, lo previsto en los párrafos anteriores, el Juez o Tribunal, razonándolo en sentencia, en atención a las circunstancias personales del autor y a las concurrentes en la realización del hecho, podrá imponer la pena inferior en grado. 3. Fuera de los casos anteriores, el que cause a otro una coacción de carácter leve, será castigado con la pena de multa de uno a tres meses. Este hecho sólo será perseguible mediante denuncia de la persona agraviada o de su representante legal. Cuando el ofendido fuere alguna de las personas a las que se refiere el apartado 2 del artículo 173, la pena será la de localización permanente de cinco a treinta días, siempre en domicilio diferente y alejado del de la víctima, o trabajos en beneficio de la comunidad de cinco a treinta días, o multa de uno a cuatro meses, ésta última únicamente en los supuestos en los que concurran las circunstancias expresadas en el apartado 2 del artículo 84. En estos casos no será exigible la denuncia a que se refiere el párrafo anterior. 1. El que con intimidación grave o violencia compeliere a otra persona a contraer matrimonio será castigado con una pena de prisión de seis meses a tres años y seis meses o con multa de doce a veinticuatro meses, según la gravedad de la coacción o de los medios empleados.2.La misma pena se impondrá a quien, con la finalidad de cometer los hechos a que se refiere el apartado anterior, utilice violencia, intimidación grave o engaño para forzar a otro a abandonar el territorio español o a no regresar al mismo3. Las penas se impondrán en su mitad superior cuando la víctima fuera menor de edad.".

Ademais, a pena pode ser aumentada quando a conduta se realiza na presença de um menor, quando o lugar de prática for o domicílio da vítima e, finalmente, na violação de medidas cautelares ou protetivas de segurança (artigo 172, 2).

No âmbito civil, assim como ocorre no Brasil, não é estabelecida norma expressa quando o causador do dano e a vítima formarem parte de uma mesma família, porém isso não significa que não se possa condená-lo a pagar uma indenização por *stalking*, obtendo os mesmos resultados de outros países, como Portugal, que tem norma específica sobre responsabilidade civil no matrimônio.

Na Espanha, a cláusula geral de indenização está prevista no artigo 1.902 do Código Civil do país, que regula a responsabilidade civil: "Aquele que, por ação ou omissão, causar dano a outrem, por culpa ou negligência, fica obrigado a reparar o dano causado". A doutrina espanhola defende a possibilidade de utilização dessa norma jurídica para a indenização de danos que tenham suas raízes na ruptura conjugal e nas características próprias dos papéis familiares[64].

E sobre a configuração do dano moral, que advém do sofrimento ou da tristeza que a ofensa causa à vítima, dispensa a comprovação de alterações psicológicas ou patológicas, sendo suficiente o resultado advir de uma avaliação global. Desse modo, adota-se a teoria do dano *in re ipsa*, ou seja, a gravidade do dano enseja a indenização por danos morais[65].

Conclusão

Devido ao crescimento da prática do *stalking*, os ordenamentos jurídicos em todo o mundo começaram a prever este crime. Este foi o caso do Brasil, da Espanha e de Portugal (artigo 147-A do Código Penal Brasileiro;

[64] Castro Luis Martínez Vázquez. *Indemnización por daños morales entre los cónyuges*. Disponível em: http://www.revista-aji.com/articulos/2019/10/570-603.pdf_. Acesso em 01/09/2021.

[65] Rosso Pérez, Manuel Enrique. *Criterios de cuantificación del daño moral derivado del agravio*. Disponível em: https://www.legaltoday.com/practica-juridica/derecho-penal/penal/criterios-de-cuantificacion-del-dano-moral-derivado-de-delito-2019-10-23/. Acesso em 01/09/2021.

artigo 172 ter. do Código Penal Espanhol; e artigo 154.º-A do Código Penal Português).

Verifica-se que no Brasil e na Espanha existe uma proteção penal especial quando o crime é cometido contra mulheres.

No Brasil, a pena privativa de liberdade é aumentada se o crime for praticado contra a mulher, em razão do aproveitamento de sua vulnerabilidade.

Na Espanha, mesmo em casos leves, se o crime for praticado contra a esposa ou mulher vinculada ao *stalker* por uma relação afetiva análoga, a pena poderá ser de prisão do ofensor.

Por outro lado, Portugal tem disposição legal expressa sobre a indenização de danos nas relações matrimoniais, que não existe no Brasil e na Espanha.

O agravamento das sanções nas relações íntimas, em razão da vulnerabilidade causada pela intimidade que nasce no casamento, na união estável e no namoro, são adequadas.

Afinal, a maior vulnerabilidade causada por essas relações é inegável, salvo algumas exceções, inclusive porque, após uma relação íntima, o *stalker* tem dados e meios que facilitam a prática do *stalking*, podendo afetar de maneira mais contundente os direitos da personalidade da vítima.

Assim, na esfera penal, se justifica o aumento da pena e na órbita civil também é adequado o aumento da indenização por dano moral para que a indenização compensatória à vítima e o desestímulo ao agressor sejam efetivos.

Além da tipificação penal, no âmbito civil, para a proteção da vítima, são efetivamente relevantes as medidas inibitórias em relação a essa prática ofensiva, além da condenação do agressor na indenização, esta última desde que evidenciada a presença dos requisitos da responsabilidade civil: a violação dos direitos da personalidade da vítima atrelada aos danos recorrentes, de natureza moral e material.

Referências

Barros Monteiro, Washington; Tavares da Silva, Regina Beatriz. *Curso de Direito Civil: Direito de Família*. v. II, 43.ed. São Paulo: Saraiva, 2016.

Barros Monteiro, Washington; Tavares da Silva, Regina Beatriz. *Curso de Direito Civil: Direito das Obrigações*.v. V. 41.ed. São Paulo: Saraiva, 2014.

Bittar, Carlos Alberto. *Direitos da Personalidade*. 8.ed. São Paulo: Saraiva, 2015.

Bittar, Carlos Alberto. *Reparação civil dos danos morais*. 3.ed. São Paulo: Editora Revista dos Tribunais, 1999.

Bosch, María José Bravo. A situação legal dos casais de fato na Espanha. *In: Tratado da União de Fato*. São Paulo: Almedina, 2021.

Castro, Luis Martínez Vázquez. *Indemnización por daños morales entre los cónyuges*. Disponível em: http://www.revista-aji.com/articulos/2019/10/570-603.pdf. Acesso em 01/09/2021.

De Cupis, Adriano. *Los derechos de la personalidad*. Tradução de Adriano Vera Jardim e Antonio Miguel Caeiro. Lisboa: Livraria Moraes Editora, 1961.

Dias, Cristina; Cruz, Rossana Martingo. Desenho legal da união de facto em Portugal: do regime em vida ao estatuto sucessório do unido de facto sobrevivo. *In: Tratado da União de Fato*. São Paulo: Almedina, 2021.

Diniz, Maria Helena, in Tavares da Silva, Regina Beatriz (coord.). *Código Civil Comentado*, 10.ed. São Paulo: Saraiva, 2016.

Pereira, André Dias. Notas sobre a união de facto em Portugal. *In: Tratado da União de Fato*. São Paulo: Almedina, 2021.

Pinheiro, Jorge Duarte. *O núcleo intangível da comunhão conjugal*. Coimbra: Almedina, 2004.

Rosa, Alexandre Morais da; Quaresma, Heloisa Helena. Stalking e a criminalização do cotidiano: Hollywood é o sucesso! *In: Revista Síntese-Direito Penal e Processual Penal*, Ano XII, nº 76, Outubro-Novembro/2012, 87-103.

Rosso Pérez, Manuel Enrique: Criterios de cuantificación del daño moral derivado del agravio. Disponível em: https://www.legaltoday.com/practica-juridica/derecho-penal/penal/criterios-de-cuantificacion-del-dano-moral-derivado-de-delito-2019-10-23/ Acesso em 01/09/2021.

Tavares da Silva, Regina Beatriz. *Reparação Civil na Separação e no Divórcio*. Tese de doutorado apresentada na FDUSP em 1998.

Tavares da Silva, Regina Beatriz. *Divórcio e Separação*. 2.ed. São Paulo: Saraiva, 2012.

Tavares da Silva, Regina Beatriz (coordenação e comentários). *Código Civil Comentado*. 10.ed. São Paulo: Saraiva, 2016.

Tavares da Silva, Regina Beatriz. Responsabilidade civil nas relações de família. *Revista Jurídica FA7*, Fortaleza, v. 17, n. 2, maio/agosto 2020. Disponível em: https://doi.org/10.24067/rjfa7;17.2:1222. Acesso em 01/09/2021.

Tavares da Silva, Regina Beatriz; Correia, Atalá; Solavagione, Alicia García. União familiar de fato e seu estudo comparatístico. *In: Tratado da União de Fato*. Regina Beatriz Tavares da Silva, Atalá Correia, Alicia García Solavagione (coords.). São Paulo: Almedina, 2021.

Tavares da Silva, Regina Beatriz. A frouxidão dos requisitos da união estável e a equiparação de seus efeitos aos do casamento no direito brasileiro. *In: Tratado da União de Fato*. São Paulo: Almedina, 2021.

PROTEÇÃO DA PESSOA COM DEFICIÊNCIA

PROTECCIÓN DE LA PERSONA CON DISCAPACIDAD

29.
LA CAPACIDAD JURÍDICA DE LAS PERSONAS CON DISCAPACIDAD: DEL SISTEMA BINARIO AL SISTEMA UNITARIO

Columba del Carpio Rodríguez

1. Introducción

Asistimos en la actual etapa histórica, al reconocimiento de los Derechos Humanos de Tercera Generación[1], entre ellos, los denominados derechos de los colectivos humanos: mujer, niño, adulto mayor, personas con discapacidad, pueblos originarios, respecto a quienes se propugna una ciudadanía compleja o diferenciada, pues a sus titulares deben reconocérseles además otros derechos acordes con su *status* jurídico de poblaciones vulnerables. Estas personas han sido consideradas efectivamente como pertenecientes a dichas poblaciones, en diversos fallos pronunciados por el Tribunal Constitucional de Perú, la Corte Interamericana y la Corte Europea de Derechos Humanos[2].

Con estos antecedentes, el 13 de diciembre de 2006, en el LXI periodo de sesiones de la Asamblea General de las Naciones Unidas, se aprobó

[1] El enfoque trigeneracional de los derechos humanos obedece sólo a la etapa histórica en que han sido reconocidos.

[2] STC 03081-2007-AA-PA/TC-Lima. Caso R.J.S.A. viuda de R., fundamento 25. Sentencia de la Corte Interamericana de Derechos Humanos de 06.07.2006, caso Ximenes Lopes vs. Brasil, fundamento 100.c. Sentencia de la Corte Europea de Derechos Humanos de 16.06.2005, caso Storck vs. Alemania. Aplicación Nº 61603/00, p.103.

la Convención sobre los Derechos de las Personas con Discapacidad. La apertura de la firma se inició el 30 de marzo de 2007. Perú, la suscribió de inmediato, a escasos 3 meses, el 30 de junio de 2007; y, la ratificó el 30 de enero de 2008.

Ahora bien, corresponde preguntarnos si la legislación interna en Perú se ha puesto a tono con el texto de la Convención, y si en el tratamiento jurídico de estas personas, se respetan los estándares internacionales mínimos.

2. Derechos Humanos, Ciudadanía y Vulnerabilidad

No cabe duda que, los Derechos Humanos son el dínamo jurídico de nuestros tiempos y son la mayor expresión del denominado "globalismo jurídico"[3]. Es en este contexto, que hace cuatro décadas, llegó a postularse por los países tercermundistas el derecho al desarrollo, a la libre determinación y a la identidad, en la Carta Africana de los Derechos del Hombre y de los Pueblos (Carta de Banjul), aprobada en 1981, bajo los auspicios de la Organización para la Unidad Africana (OUA), en vigor desde 1986. Esta tercera región está también dotada de una Corte Africana de Derechos Humanos y de los Pueblos.

En efecto, esos tres derechos fueron positivizados, por vez primera, en la Carta de Banjul en sus artículos 22.1., 23.1 y 24. Así, el art. 22.1 de dicha Carta consagra que:

> Todos los pueblos tienen derecho al desarrollo económico, social y cultural, compatible con el adecuado respeto de su libertad y de su identidad, así como a la participación igual en el patrimonio común de la humanidad.

Otros derechos vinieron a sumarse a esta nueva categoría: el derecho a un medio ambiente sano, el derecho a la paz y los derechos informáticos.

Estos derechos fueron recogidos por Karel Vasak en 1984, entonces director del Departamento Jurídico de la UNESCO, quien planteó una aproximación trigeneracional a los derechos humanos, en un artículo publicado en el libro homenaje a Jean Pictet. Tras la primera (derechos

[3] Término acuñado por Danilo Zolo, profesor de la Universidad de Florencia (Italia), en *I Signori della Pace (1998), una crítica al universalismo kantiano.*

civiles y políticos) y la segunda generaciones (derechos económicos, sociales y culturales), se gestaba entonces una tercera generación de derechos: los derechos de solidaridad. Vasak plantea entonces un tercer Pacto Internacional sobre Derechos de Solidaridad, el cual debería añadirse a los Pactos aprobados por Naciones Unidas[4].

Sin embargo, en la era de la globalización como una de las expresiones de la actual etapa histórica de la postmodernidad, son nuevos derechos de los colectivos humanos -también de tercera generación- los que reclamaban su incorporación en los instrumentos internacionales y textos constitucionales: como los derechos de las personas con discapacidad, de los adultos mayores, de los niños, de las mujeres, de las minorías étnico-culturales. Ello como clara expresión del avance incesante de la universalización de los derechos humanos, tanto en su contenido, como en su extensión a personas y grupos humanos hasta ese momento discriminados y excluídos.

De este modo, la incorporación de estos nuevos derechos, denominados de tercera generación, en relación con el momento histórico en que han sido reconocidos, tiene un hondo significado para toda la humanidad: la revaloración del ser humano como sujeto de derechos, cuyo pilar principal es la dignidad[5] intrínseca a su propia calidad en condiciones de igualdad, la que a su vez se finca en lo que lo distingue de los demás seres: la razón, según el postulado kantiano(racionalismo), y más bien en la libertad, según las más actualizadas corrientes filosóficas, encabezadas por el cristianismo (el retorno del Derecho Natural)[6].

Ello impone que las sociedades actuales requieran un nuevo concepto de ciudadanía construido sobre la superación de una concepción estrictamente formal de la igualdad, una concepción insuficiente para integrar

[4] Vasak, Karel. Director del Departamento Jurídico de la UNESCO. "Por una tercera generación de derechos del hombre", en Homenaje *a Jean Pictet* (1984).

[5] Dignidad, a la cual entendemos, como un atributo consustancial del ser humano, al estar dotado de libertad y razón, lo que lo hace *per se* sujeto de derechos.

[6] Declaración Universal de los Derechos Humanos. Art. 1. Todos los seres humanos nacen libres e iguales en dignidad y derechos y, dotados como están de razón y conciencia, deben comportarse fraternalmente los unos con los otros.

la diversidad de personas y grupos diferenciados. Así a cada época le corresponderá un determinado modelo de ciudadanía.

Así el globalismo jurídico ha de conciliarse necesariamente con el pluralismo, pues sólo podrá llegarse a una auténtica universalización si todos los seres humanos son reconocidos como sujetos de derechos desde sus diferencias, y no si se trata de imponer un modelo homogéneo[7]. Ello implica admitir las "diferencias", no sólo en el plano social, cultural o biológico, sino como un valor jurídico-político. Sólo desde el reconocimiento del derecho a ser "diferente", puede ser respetada la "dignidad" del ser humano. Sólo desde una concepción inclusiva de ciudadanía es posible superar las discriminaciones y lograr una igualdad real, sustancial y efectiva entre todos los ciudadanos.

En suma, la ciudadanía de la globalización debe ser una ciudadanía diferente y plural que tome en cuenta la diferencia de sujetos varios, como mujeres, niños, adultos mayores, personas con discapacidad, y de otros colectivos humanos, los que en este momento son identificados como personas en situación de vulnerabilidad.

Desde la perspectiva jurídica, el término vulnerable se usa para designar a la persona o grupos de personas que, por razones relativas a su identidad o condición y por acción u omisión del Estado, se ven privados del pleno goce y ejercicio de sus derechos fundamentales y atención de sus necesidades[8]. Estos colectivos se presentan en condiciones de clara desigualdad material respecto al colectivo mayoritario.

Dicha vulnerabilidad va asociada a una condición determinada que permite identificar al individuo como integrante de un determinado colectivo, Así, en el caso de las mujeres, el género es la condición que determina su situación especial de vulnerabilidad. La edad hace de los niños y adolescentes un grupo particularmente vulnerable, por su alto grado de dependencia e invisibilidad jurídica. La discapacidad física,

[7] Según Luigi Ferrajoli, en *Derechos y garantías. La ley del más débil.* Edit. Trotta. Madrid, 1999, p.82, se entiende por "diferencias" los rasgos específicos que distinguen, y al mismo tiempo, individualizan a las personas y que, en cuanto tales, son tutelados por los derechos fundamentales.

[8] Dirección Nacional de Atención a Grupos en Situación de Vulnerabilidad. *Grupos en Situación de Vulnerabilidad y Derechos Humanos.* Buenos Aires, octubre de 2011, p.11.

sensorial, mental o intelectual dificultan el acceso al ejercicio pleno de algunos derechos fundamentales, como trabajo y educación. La ancianidad también hace vulnerable a este grupo humano, por razón de la edad. Asimismo, la pertenencia a etnias minoritarias, las que tienen una cosmovisión, organización social o bagaje cultural distinto, determinan su exclusión de las sociedades estatales.

Así pues, se puede citar como causa de vulnerabilidad, entre otras, las relativas a: la edad, la discapacidad, la pertenencia a comunidades indígenas, el género, la pobreza, entre otras. De allí que se pueda identificar entre estos grupos a: las mujeres, niños, niñas y adolescentes, las personas con discapacidad, los adultos mayores, los pueblos originarios, entre otros.

La vulnerabilidad de esos grupos determina la aparición de desigualdades profundas en el contexto social. Se impone pues el desarrollo de políticas e instrumentos que, a la par que permitan superar dichas desigualdades, determinen la resiliencia[9] del riesgo de la vulnerabilidad[10].

Ahora bien, resulta necesario tener en cuenta que la vulnerabilidad se relaciona con situaciones de exclusión, discriminación y marginación que anulan el ejercicio y goce de los derechos fundamentales, razón por la cual en el Derecho Internacional de los Derechos Humanos, se produce un cambio cualitativo en la interpretación del principio-derecho de igualdad, pues de un concepto meramente formal que se relaciona con toda la especie humana en general, se postula también una acepción sustantiva, que significa más bien el reconocimiento de las diferencias relativas a estos grupos humanos. En esa perspectiva se entiende mejor el concepto de ciudadanía compleja o diferenciada que calza adecuada-

[9] Prevención para la disminución de la vulnerabilidad futura. El Juez Interamericano incide en sus fallos en las políticas públicas, tanto en términos de reparación y garantía de no repetición, como en términos de adaptación prospectiva (disminución de la vulnerabilidad futura). Los términos de “recuperación”, “adaptación prospectiva” y “resiliencia” han sido definidos por la ONU como parte de la prevención de desastres, en Estupiñan-Silva Rosmerlin, *La Vulnerabilidad en la Jurisprudencia de la Corte Interamericana de Derechos Humanos.* Disponible en: https://www.upf.edu/dhes-alfa/materiales/res/dhpp.../DHPP_Manual_v3.193-232.pdf.

[10] Riesgo, según las Naciones Unidas es “la combinación de la probabilidad de un evento y sus consecuencias negativas”, UN, doc.7817 (2009).

mente para las vulnerabilidades, a quienes se reconoce un plus de derechos, mediante medidas de discriminación positiva o inversa para lograr así la igualdad real con los demás ciudadanos. Ejemplo: cuotas electorales para la mujer.

En esa misma perspectiva, para brindar debida protección y garantías en el ejercicio de los derechos de estas personas y grupos, se les ha dotado de instrumentos internacionales que han sido ratificados por los Estados. Ello ha permitido visibilizar la situación de vulnerabilidad en la que se encuentran estos colectivos. Asimismo, los fallos de los tribunales internacionales afirman los deberes de acción positiva que tienen los Estados para garantizar los derechos de estos grupos, los cuales están obligados a ser garantes de estos derechos.

Entre estas políticas debe estar la difusión de los instrumentos internacionales de protección de los derechos humanos de cada grupo en situación de vulnerabilidad, así como los fallos de los Tribunal Internacionales, que integran lo que se ha dado en denominar los estándares internacionales mínimos de los derechos humanos. Todo ello con la finalidad de empoderar a las personas y grupos que se hallan en dicha situación para la exigibilidad de sus derechos, como una expresión de las medidas de autoprotección[11] que son un común denominador de los que están dotados estos grupos humanos.

3. La Convención sobre los Derechos de las Personas con Discapacidad (CDPD)

Tradicionalmente en los diversos sistemas jurídicos se ha venido distinguiendo entre la capacidad de goce y la capacidad de ejercicio de la persona, vale decir, entre la titularidad y el ejercicio de los derechos. Mientras la primera es la aptitud del ser humano a ser titular de derechos y deberes[12], la que se conoce como "personalidad jurídica"; la capacidad de ejercicio es la aptitud de la persona para ejercer derechos y contraer obligaciones.

[11] Así por ejemplo en Perú los adolescentes pueden acudir por sí mismos, sin necesidad de representante legal, ante las autoridades laborales para reclamar sus derechos.

[12] Fernández Sessarego, Carlos. "La capacidad de goce: ¿es posible su restricción legal?, en *Cathedra*, año, III, Nº 5, Palestra Editores. Lima, diciembre 1999.

Esta última es la que le permite al hombre desplegar directamente su propia autonomía[13], le otorga la capacidad de ser sujeto de derechos, pero a su vez, la capacidad de ejercer tales derechos y asumir obligaciones. Se advierte así una doble dimensión de la capacidad: la estática y la dinámica. Esto nos coloca frente a un sistema binario de la capacidad.

La Convención sobre los Derechos de las Personas con Discapacidad ha dado un salto cualitativo en el sistema jurídico de la capacidad apostando más bien por un sistema unitario, al consagrar en su Art. 12º el derecho de las personas con discapacidad a igual reconocimiento de su capacidad jurídica. Así el viejo paradigma restringido a la rehabilitación de las personas con discapacidad, caracterizado por su naturaleza tutelar, ha venido a ser largamente superado con esta Convención adoptada por la Asamblea General de las Naciones Unidas el 13 de diciembre de 2006, suscrita por el Estado peruano el 30 de junio de 2007 y ratificada el 30 de enero de 2008.

En dicha convención se define como personas con discapacidad a aquéllas que tienen deficiencias físicas, mentales, intelectuales y sensoriales a largo plazo, que por diversas barreras les impiden participar plenamente en la sociedad, en igualdad de condiciones que las demás personas.

La Convención se inspira en el modelo social de la discapacidad, según el cual las causas que la originan son sobre todo de índole social. Vale decir que no son las limitaciones individuales las raíces del problema, sino las limitaciones de la sociedad para asegurar adecuadamente que las necesidades de todas las personas –incluyendo quienes tengan una discapacidad- sean tenidas en cuenta dentro de la organización social[14]. En ese mismo sentido, el Tribunal Constitucional de Perú reconociendo la importancia del modelo social de la Convención ha establecido que: "son las condiciones y características del ambiente o entorno social y no las deficiencias físicas, sensoriales, intelectuales y mentales, las que han

[13] Bianca, Massimo. *Diritto Civile I.* Giuffré, Milán, 1978, p. 193.

[14] Palacios, Agustina. "El modelo social de la discapacidad: orígenes, caracterización y plasmación en la Convención Internacional sobre los Derechos de las Personas con Discapacidad", en *Colección Cermi Nº 36.* Ediciones Cinca España, p.471.

determinado la exclusión de las personas con discapacidad de una serie de procesos sociales"[15].

Esta significativa distinción permite focalizar las soluciones a la discapacidad desde el contexto social en el cual se inserta la persona. Es más aún, acorde con el enfoque jurídico de estos colectivos humanos, se produce un cambio paradigmático que va desde la percepción de estas personas como meros objetos de protección hacia la de sujetos de derechos, capaces de reclamar estos derechos como miembros activos de la sociedad, así lo hace presente el Alto Comisionado de la ONU para los Derechos Humanos[16]. Como se advierte, este sustancial cambio es propio del reconocimiento de los derechos de estos colectivos humanos, denominados de tercera generación, como así se advierte desde décadas pasadas, a propósito de su reconocimiento, en los instrumentos internacionales.

El cambio de modelo permite también concentrar el foco de atención en la autonomía de la persona con discapacidad para tomar decisiones sobre su propia existencia, es así como lo consagra la Convención. El reconocimiento de plena capacidad y de autonomía propia se finca en el valor principio de la dignidad de la persona con discapacidad, sustentado en la igualdad y no discriminación, constituyéndose así en un derecho fundante, del cual va a emerger el disfrute de otros derechos humanos también reconocidos en la Convención, como son: el derecho del respeto a su libertad de tránsito, el derecho a elegir dónde y con quién quiere vivir, a la libertad de expresión, a casarse y fundar una familia, el de acceso a la justicia, a dar su consentimiento informado para el tratamiento médico, a elegir y ser elegido, entre otros.

3.1. El Sistema de Apoyos y Salvaguardias para el Ejercicio de la Capacidad Jurídica.

El Art. 12.2 de la Convención, establece que las personas con discapacidad "tienen capacidad jurídica en igualdad de condiciones con las demás en todos los aspectos de la vida". Ello, como analizamos, tiene una doble

[15] Tribunal Constitucional de Perú, 8º y 9º considerandos de la Sentencia recaída en el Expediente Nº 2437-2013-PA/TC.

[16] ONU, Informe sobre los progresos alcanzados en la aplicación de las recomendaciones contenidas en el estudio sobre los derechos humanos y la discapacidad. 2007, parágrafo 21.

perspectiva, el reconocimiento de estas personas como sujetos de derechos y la garantía para su ejercicio, por si mismas, reconociéndoles así su autonomía, como sinónimo de capacidad jurídica.

Con ese reconocimiento, propio de la actual etapa histórica en el marco del auge de los derechos humanos, estos colectivos humanos otrora excluidos y discriminados socialmente, pasan a gozar plenamente de su capacidad, mediante el ejercicio de una ciudadanía diferenciada que permite el gran salto cualitativo hacia una discriminación positiva o inversa. Es lo que llamamos el salto dialéctico de la exclusión y discriminación negativa a la inclusión y discriminación positiva o inversa, así en la Convención cobra vida la ciudadanía compleja o diferenciada para estos colectivos humanos, dotándolos del apoyo que puedan necesitar en el ejercicio de su capacidad jurídica. Esto a su vez tiene un profundo significado, el tránsito del sistema tradicional de sustitución en la toma de decisiones (curatela) a un sistema de apoyos en la toma de sus decisiones[17].

El Art. 12.5 insta a los Estados parte a tomar las medidas efectivas para garantizar el goce y ejercicio de los derechos reconocidos por la Convención para las Personas con Discapacidad, en particular para el sistema de apoyos, en lo relativo a los derechos y obligaciones patrimoniales, debiendo velar porque estas personas no sean privadas de sus bienes de manera arbitraria.

Ahora bien, el apoyo en el ejercicio de la capacidad jurídica puede tomar diversas formas, Según el Comité sobre los Derechos de las Personas con Discapacidad de Naciones Unidas "apoyo" es un término que engloba arreglos oficiales y oficiosos, de distintos tipos e intensidades, los que variarán de una persona a otra, en las que primará la voluntad y preferencia de la persona y respeto a sus derechos humanos.

Constituye una previsión importante, la posibilidad que las personas con discapacidad puedan escoger a la persona de apoyo en la que confían, para que les pueda ayudar a ejercer su capacidad jurídica, en determinadas clases de decisiones. El apoyo a las personas con discapacidad

[17] Bejar Rojas, Edwin Romel. ¿Las personas con discapacidad intelectual y sicosocial tienen derecho al ejercicio de su capacidad jurídica?, en *Gaceta Civil*. Lima, octubre 2015, pp. 53-70.

puede consistir en la inclusión de métodos de comunicación distintos para expresar su voluntad y sus preferencias.

Resulta significativa la expresión de Amita Dhanda: el modelo no se basa en el paradigma de independencia sino en el de interdependencia. Esto quiere decir que la capacidad y el apoyo pueden coexistir.

4. Impacto de la Convención en la Capacidad Jurídica de las Personas con Discapacidad en el Perú

El Estado peruano ratifica el texto de la Convención el 30 de noviembre del 2009. A partir de allí, el *iter* seguido hasta la adecuación de la legislación a la Convención ha sido el siguiente: el 13 de diciembre del 2012, luego de su promulgación, entra en vigencia la Ley General de la Persona con Discapacidad Nº 29973, cuyo principios y valores armonizan con la Convención; sin embargo se limita únicamente a una nueva regulación sobre la capacidad jurídica de las personas con deficiencias sensoriales, modificando una serie de disposiciones del Derecho Sucesorio relativo al otorgamiento de testamentos por estas personas.

El mismo año 2012, el Comité de la Convención de los Derechos de las Personas con Discapacidad hizo llegar al Estado peruano una recomendación para que compatibilice su legislación interna al texto de la Convención y que se derogue la práctica de la interdicción.

Sólo 6 años después de la primera ley, el 3 de setiembre de 2018, el Poder Ejecutivo en uso de las facultades concedidas por el Congreso para legislar sobre esta materia, dentro del marco constitucional, da el Decreto Legislativo 1384, vigente desde el día siguiente de su publicación, el cual adopta el modelo social seguido por la Convención sobre los Derechos de las Personas con Discapacidad (CDPD), con gran impacto en el sistema jurídico peruano, al reconocer capacidad jurídica plena a las personas con discapacidad; y, por tanto como sujetos de derechos, pero asimismo de deberes y obligaciones. Esta postura trae por tierra siglos de tradición del sistema binario de la capacidad jurídica que, como se sabe, distingue la capacidad de goce y de ejercicio, adoptando más bien el sistema unitario, al efectuar el referido reconocimiento de capacidad jurídica plena a las personas con discapacidad.

El Dec. Leg. 1384 ha modificado hasta 29 Artículos del Código Civil peruano de 1984 e incorporado el Capítulo Cuarto al Título II de la Sección Cuarta del Libro III del Código Civil sobre Apoyos y Salvaguardias. Asimismo ha modificado 15 artículos del Código Procesal Civil de 1993 e incorporado el Subcapítulo 12 al Título II de la Sección Sexta del Código Procesal Civil sobre Establecimiento de Apoyos y Salvaguardias; y, ha modificado la Ley del Notariado Decreto Legislativo 1049, entre otros cuerpos legislativos.

En cuanto al Código Civil el impacto se ha producido, principalmente, en el Libro I de las Personas, en el Libro II Acto Jurídico, en el Libro III Derecho de Familia, y en el Libro IV Derecho de Sucesiones, como bien lo destaca Arturo Saúl Grau Castillo[18] y que pasaremos a analizar brevemente.

4.1. Impacto del Decreto Legislativo 1384 en el Código Civil de 1984

El Código Civil peruano de 1984 con anterioridad a la vigencia del citado Decreto Legislativo (Dec. Leg.) 1384, regulaba la incapacidad absoluta y relativa de ejercicio, por tanto, restringía la capacidad jurídica de diversos grupos de personas, incluidos los que presentaban discapacidad mental (psicosocial) e intelectual.

En tanto que, el proceso de interdicción civil estaba destinado a establecer el estado de incapacidad absoluta o relativa de ejercicio de una persona mayor de edad que no podía ejercer sus derechos por sí misma, y para el establecimiento de la curatela: artículos 43.2 y 44 incisos 2) al 8) del Código Civil, según el texto en ese entonces. En estos últimos supuestos estaban personas con discapacidad intelectual (retardo mental) y deterioro mental impedidos de expresar su libre voluntad.

Como se ve estos artículos del Código Civil determinaban la incapacidad de ejercicio de las personas con discapacidad psicosocial e intelectual y que por tanto no podían tomar sus propias decisiones ni expresar su voluntad, es decir, se presumía la incapacidad de las personas con discapacidad.

[18] Graú Castillo, Arturo Saúl. "Modificaciones Introducidas por el Decreto Legislativo 1384 al Código Civil peruano de 1984: especial referencia en materia de Derecho de las Personas, Negocio Jurídico, Derecho de Familia y Derecho de Sucesiones", en *Revista Cubana de Derecho,* volumen 1, Nº2, julio-diciembre 2021, pp. 600-647.

Asimismo, las funciones del curador (proteger al incapaz, representarlo y colocarlo en un establecimiento adecuado de ser necesario) colisionaban con el Art. 12º de la Convención de las Personas con Discapacidad, pues no consideraba la autonomía de la persona con discapacidad, siendo atentatoria contra su derecho a la igualdad y sobre todo contra su dignidad. Dichos artículos no admitían interpretación que compatibilizara con el texto de la Convención que reconoce la capacidad plena.

Esta situación, como lo llevamos dicho, ha dado un giro de 360º a partir de la vigencia del Dec. Leg. 1384, que en armonía con el Art. 12 de la Convención reconoce capacidad jurídica plena a las personas con discapacidad, con impacto en diversos Libros del Código Civil (C.C.) peruano de 1984.

4.1.1. En el Libro I Derecho de las Personas

El punto de partida para abordar el gran cambio, lo reiteramos, es el Art. 12.2 de la CDPD que reconoce la capacidad jurídica de las personas con discapacidad desde una concepción dinámica que “presupone tanto la capacidad de ser titular de derechos y obligaciones como la capacidad de ejercer dichos derechos y el contraer obligaciones por sí mismos”[19].

En armonía con la CDPD, el Art. 3º del C.C., en su tenor modificado por el Dec. Leg. 1384 reconoce que:

> Toda persona tiene capacidad jurídica para el goce y ejercicio de sus derechos. La capacidad de ejercicio solo puede ser restringida por ley. Las personas con discapacidad tienen capacidad de ejercicio en igualdad de condiciones en todos los aspectos de la vida.

Complementando dicho tenor, el art. 42º del C.C. reafirma:

> Toda persona mayor de dieciocho años tiene plena capacidad de ejercicio. Esto incluye a todas las personas con discapacidad, en igualdad de condiciones con las demás y en todos los aspectos de la vida, independientemente de

[19] Graú Castillo, Arturo Saúl. *Ibidem.*

si usan o requieren de ajustes razonables o apoyos para la manifestación de su voluntad.

Excepcionalmente tienen plena capacidad de ejercicio los mayores de catorce años y menores de dieciocho años que contraigan matrimonio, o quienes ejerciten la paternidad.

En contraste, antes de la modificación por el Dec. Leg. 1384, el Código Civil distinguía entre la incapacidad absoluta y la relativa. Consideraba dentro de la absoluta, por el Art. 43º del C.C. además de los menores de 16 años de edad, a los que por cualquier causa se encuentren privados de discernimiento; en tanto que según el art. 44º eran relativamente incapaces, entre otros: Los mayores de dieciséis y menores de dieciocho años de edad, los retardados mentales, y los que adolecen de deterioro mental que les impide expresar su libre voluntad. En cuanto a los privados de discernimiento, debe entenderse aquéllas personas privadas de razón para distinguir entre lo bueno y lo malo, y poder determinar su voluntad según esa distinción o discernimiento.

Como se advierte, dentro de estos supuestos de incapacidad absoluta y relativa –sin considerar a los menores de edad- se hallaban las personas con discapacidad mental e intelectual que, al estar privados de la capacidad de ejercicio, requerían de la participación de un representante legal, que no era otro que el curador (Art. 45 del C.C. ahora derogado) previa declaración de incapacidad en el respectivo proceso de interdicción civil.

Estos grupos humanos, otrora excluidos y considerados como "incapaces", logran a partir de la Convención y las legislaciones de los países que las han armonizado, entre ellos Perú, su inclusión social, su capacidad plena, sin necesitar más de un curador ni un representante legal, sino ahora podrán ejercer libremente, por sí mismos, su capacidad; sin embargo de requerirlo, las personas con discapacidad que manifiestan su voluntad pueden contar con apoyos y salvaguardias designados judicial o notarialmente, según el Art. 45 B agregado al Libro I de las Personas del Código Civil de 1984.

De otro lado, debe considerarse, respecto a la capacidad de ejercicio restringida, que el Art. 44º del C.C., en su tenor modificado por el citado Dec. Leg. 1384, comprende a: los mayores de dieciséis y menores de dieciocho años de edad, los pródigos, los malos gestores, los ebrios habituales, los toxicómanos, los que sufren pena que lleva anexa la interdicción civil y las persona que se encuentren en estado de coma, siempre que no hubieran designado un apoyo con anterioridad. Se ha añadido a las personas en estado de coma como un supuesto de capacidad restringida.

En esta parte, como bien nos lo hace notar el profesor Enrique Varsi, el C.C. adopta un régimen mixto al no eliminar la incapacidad, sino solo reducirla, y ello se observa al mantener la incapacidad absoluta para menores de 16 años[20].

Ahora bien, según el numeral 45A del C.C. las personas con capacidad de ejercicio restringida contempladas en el artículo 44 del C.C. contarán con un representante legal que ejercerá los derechos según las normas referidas a la patria potestad, tutela o curatela. Se exceptúa, según el Art. 45 B a las personas que se encuentren en estado de coma, quienes podrán contar con apoyos y salvaguardias, designados por ellos mismos con anterioridad, o designados por el Juez, en caso no existieren disposiciones anticipadas al respecto.

Sobre la designación de apoyos y salvaguardias, el Artículo 45-B del Código Sustantivo considera que pueden designarlos:

1. Las personas con discapacidad que manifiestan su voluntad puede contar con apoyos y salvaguardias designados judicial o notarialmente.
2. Las personas con discapacidad que no pueden manifestar su voluntad podrán contar con apoyos y salvaguardias designados judicialmente.
3. Las personas que se encuentren en estado de coma que hubieran designado un apoyo con anterioridad mantendrán el apoyo designado.
4. Las personas con capacidad de ejercicio restringida contempladas en el numeral 9 del artículo 44[21] contarán con los apoyos y salvaguardias establecidos judicialmente, de conformidad con las disposiciones del artículo 659-E del presente Código.

[20] Varsi Rospligiosi, Enrique y Marco Andrei Torres Maldonado. "El nuevo tratamiento del régimen de la capacidad en el Código Civil peruano", en *Acta Bioethica 2019*; 25 (2), pp. 207-208.
[21] Personas en estado de coma.

En resumen, el Libro de las Personas del Código Civil peruano, en su tenor modificado por el Dec. Leg. 1384, reconoce capacidad absoluta y plena sin necesidad de representantes legales para todas las personas con discapacidad física, sensorial[22], mental o intelectual, pudiendo hacer uso de apoyos, ajustes razonables y salvaguardias; y, capacidad relativa para los supuestos del Art. 44 del C.C. pródigos, malos gestores, ebrios habituales, toxicómanos, los que sufren pena que lleva anexa la interdicción civil -quienes requerirán de representante legal- y, las personas que se encuentren en estado de coma. Para todos los primeros con representante legal; para las personas en estado de coma con apoyos y salvaguardias.

4.1.2. En el Libro II Acto Jurídico

El acto jurídico, en el que descansa la estructura de las instituciones del Derecho Civil ha sido uno de los primeramente impactados con la internación de la CDPD al sistema jurídico peruano. Abordado en el Libro II del Código Civil de 1984, a efecto del presente trabajo efectuaremos un breve análisis de lo que fue antes de la modificación, desde la perspectiva de su configuración y los efectos relativos a la validez del acto, para pasar luego propiamente al abordaje de dicha modificación mediante el Decreto Legislativo 1384, en setiembre de 2018.

El Libro II del Código Civil de 1984, en su tenor original, empezaba conceptualizando el acto jurídico en los siguientes términos:

> Artículo 140. – El acto jurídico es la manifestación de voluntad destinada a crear, regular, modificar o extinguir relaciones jurídicas. Para su validez se requiere:
> 1. – Agente capaz.
> 2. – Objeto física y jurídicamente posible.
> 3. – Fin lícito.
> 4. – Observancia de la forma prescrita bajo sanción de nulidad.

Sobre el agente capaz, la jurisprudencia peruana ha considerado como tal, la existencia de lucidez y discernimiento, esto es la comprensión del

[22] Por Ley 29973 de 13 de diciembre de 2012 se reconoce capacidad jurídica plena a las personas con discapacidad sensorial.

acto y su determinación libre y voluntaria sobre él, lo que se relaciona a *contrario sensu* con la discapacidad mental e intelectual.

Por su parte, la doctrina peruana ha considerado que, en este primer requisito, la manifestación de voluntad debía provenir de agente capaz, es decir, de persona natural o persona jurídica que tuviere capacidad. La persona natural tiene la capacidad de goce desde su concepción; sin embargo, para celebrar un acto jurídico requiere además de la capacidad de ejercicio, y en caso de tratarse de menores o incapaces tanto los afectados por incapacidad absoluta (Art. 43º del C.C.) como relativa (Art.44º CC), tenía que intervenir el representante legal para que el acto fuese válido (eficacia estructural) y que por lo tanto generara efectos jurídicos (eficacia funcional).

En relación con lo anterior está la forma como había sido regulada la manifestación de la voluntad, según el Art. 141º del C.C:

> La manifestación de voluntad puede ser expresa o tácita. Es expresa cuando se realiza en forma oral o escrita, a través de cualquier medio directo, manual, mecánico, electrónico u otro análogo. Es tácita cuando la voluntad se infiere indubitablemente de una actitud o de circunstancias de comportamiento que revelan su existencia. No puede considerarse que existe manifestación tácita cuando la ley exige declaración expresa o cuando el agente formula reserva o declaración en contrario.

Como se advierte de este artículo, lo importante es la exteriorización de la voluntad, la cual puede ser expresa, por medios directos como el lenguaje escrito u oral, o a través de mímicas u otros medios de los cuales se pueda inferir la voluntad del agente.

Por su parte, cuando hace referencia a manifestación tácita, se remite al uso de medios indirectos como los comportamientos concluyentes y sobre los cuales puede inferirse voluntad, siempre que la ley no solicite que se realice mediante una forma expresa.

Pasaremos ahora a referiremos a los efectos de la inobservancia de los requisitos para la validez del acto jurídico (Art. 140º CC.), tal como estaban previstos en los Artículos 219º y 221º del Código Civil, en la parte pertinente, y que también han sido modificados por el Dec. Leg. 1384:

Artículo 219. – El acto jurídico es nulo: entre otras causales (el agregado es nuestro)
1. – Cuando falta la manifestación de voluntad del agente.
2. – Cuando se haya practicado por persona absolutamente incapaz, salvo lo dispuesto
en el artículo 1358
Artículo 221. – El acto jurídico es anulable: entre otras causales (agregado nuestro)
1. – Por incapacidad relativa del agente.
2. – Por vicio resultante de error, dolo, violencia o intimidación

Respecto al art. 219 del CC, debe tenerse en cuenta que la nulidad siempre ha sido considerada como la forma más grave de invalidez, pues ésta determina que el negocio no produzca los efectos negociales esperados por una o ambas de las partes que lo celebran[23].

Así, según lo previsto en el Art. 219.2, el acto jurídico sería nulo cuando sea practicado por persona "absolutamente incapaz", entre los que se hallarían "los que por cualquier causa se encuentren privados de discernimiento" (Art. 43.2 CC, derogado), salvo lo dispuesto por el Art. 1358 del CC, sobre "los incapaces no privados de discernimiento", quienes podrían celebrar contratos relacionados con las necesidades básicas de su vida diaria.

En similar sentido, el Art. 221.1 del CC prevé como actos anulables los efectuados por personas "relativamente incapaces", como los "retardados mentales" y los "que adolecen de deterioro mental que les impide expresar su libre voluntad". La anulabilidad es una forma menos severa de nulidad, pues reserva las consecuencias hasta que sea judicialmente declarada.

Pues bien, el Dec. Leg. 1384 modifica radicalmente el inciso 1 del Art. 140º del C.C., cuyo tenor ahora es el siguiente: "Art. 140. 1 plena capacidad de ejercicio, salvo las restricciones contempladas en la ley.".

[23] Escobar Rosas Fredy. Comentarios al artículo 42 del CC. *En Código Civil Comentado:* comentan
209 especialistas en las diversas materias del Derecho Civil, tomo I. Lima, pp. 676-677.

Con esta modificación se ha considerado como primer requisito de validez a la "plena capacidad de ejercicio", en lugar del "agente capaz" del texto original, habida cuenta que la capacidad de goce es consustancial al ser humano, requiriendo más bien la capacidad de ejercicio para la celebración de actos jurídicos válidos, la que a partir de la vigencia del referido Dec. Leg. 1384 también está reconocida a todas las personas, en particular a las con discapacidad y podrán actuar por sí mismas con apoyo y salvaguardias a su pedido, en armonía con la Convención sobre los Derechos de las Personas con Discapacidad (CDPD). Quedan exceptuadas las personas con capacidad de ejercicio restringida e incapaces absolutos quienes necesitarán de representantes para su actuación.

De otro lado, el art. 141 del CC, modificado por el DL 1384, en concordancia con los anteriores artículos trae una nueva forma válida para poner de manifiesto la voluntad, en el caso de las personas con discapacidad, quienes ahora puede hacerlo a través de sus apoyos, haciendo uso de los ajustes razonables para tal fin.

Para cerrar este ítem, en relación con los efectos que trae consigo la inobservancia de los requisitos para la validez del acto jurídico, en la misma línea de las disposiciones legales, el Dec. Leg. 1384 ha derogado diversos supuestos, como veremos, en lo pertinente:

> Art. 219 del CC. – El acto jurídico es nulo: (entre otros supuestos, agregado nuestro)
> 1. Cuando falta la manifestación de voluntad del agente.
> 2. Derogado.
> Art. 221 del CC: El acto jurídico es anulable: (entre otros supuestos, el agregado es nuestro)
> 1. Por capacidad de ejercicio restringida de la persona contemplada en los numerales 1 al 8 del artículo 44.

Como se advierte, se ha derogado el supuesto del inc. 2º del Art. 219º: cuando se haya practicado por persona absolutamente incapaz, salvo lo dispuesto en el artículo 1358, al considerar en principio a todas las personas dotadas de capacidad plena, para cuya actuación y para manifestar su voluntad podrán requerir a su pedido de apoyos salvaguardias. Se mantiene la existencia de la anulabilidad, en el Art. 221.1: la incapacidad de ejercicio restringido de pródigos, ebrios habituales, toxicómanos, y personas en estado de coma. Supuesto este último, por ausencia del representante legal en los primeros casos; y, en el supuesto de las personas en estado de coma por la ausencia de apoyos y salvaguardias dispuestas por el Juez, o, en su caso, por disposiciones anticipadas de la persona.

4.1.3. En el Libro III Derecho de Familia

Uno de los grades impactos del cambio en el Derecho de Familia de nuestros tiempos es el relativo al de la vulnerabilidad, en relación con los derechos de la mujer, niño, persona mayor y persona con discapacidad, lo que ha significado un enorme desafío para el sistema de justicia en general, y en particular para los Jueces de Familia. De allí que el Dec. Leg. 1384 ejerza una gran influencia en el Libro III del Código Civil peruano, al vehiculizar los postulados y normas de la Convención de los Derechos de las Personas con Discapacidad (CDPD) al Derecho de Familia peruano.

Así advertimos, en cuanto a la institución matrimonial, la derogación del numeral 3º del Art. 241 del CC, que consideraba la "enfermedad mental" como causal de impedimento absoluto para contraer matrimonio. El inciso 4º sobre la discapacidad sensorial, como lo tenemos analizado en el ítem 1. fue derogado por la Ley 29973. En esa misma perspectiva, el Dec. Leg 1384 ha derogado el inciso 1º del Art. 274 del CC, que sancionaba con nulidad el matrimonio de la persona con discapacidad mental e intelectual.

En cuanto al Art. 326º del C.C. relativo a la unión de hecho, en la misma línea debe interpretarse en el sentido de la inexistencia de impedimento por discapacidad mental e intelectual para constituirla, debiendo cumplirse más bien los demás requisitos para ser reconocida, como: la permanencia por no menos de 2 años continuos, la singularidad y el de hallarse libre de otros impedimentos, como el del casado, por ejemplo.

Otra de las significativas modificaciones del Libro III lo constituye la derogación del régimen de la curatela para las personas con discapacidad, pues el nuevo modelo postulado por la CDPD no tiene por finalidad reemplazar la voluntad de estas personas, a través de la figura de la representación también derogada, sino más bien apoyarla en la manifestación de la propia voluntad.

La curatela queda vigente sólo para las personas con capacidad de ejercicio restringida (pródigo, malos gestores, ebrios habituales y toxicómanos), según la previsión del Art. 565 incisos del 4º al 7º respectivamente, *ut supra* 4.1.2, la que requiere de la declaración judicial de interdicción.

El gran salto cualitativo, se advertirá con mayor claridad, si contrastamos los artículos vigentes del Libro III del Código Civil Derecho de Familia, que acabamos de analizar brevemente, con los textos originales de dichos numerales.

Así, el texto original del Art. 241º del CC. sobre los impedimentos absolutos para contraer matrimonio, en la parte pertinente para el presente trabajo, incisos 3º y 4º de dicho artículo establecían:

> 3. Los que padecieren crónicamente de enfermedad mental, aunque tengan intervalos lúcidos.
> 4. Los sordomudos, los ciegosordos y los ciegomudos que no supieren expresar su voluntad de manera indubitable.

El inciso 3º fue derogado por el Dec. Leg. 1384 y el inciso 4º lo fue por la Ley General de la Persona con Discapacidad Nº 29973 del 24 de diciembre del 2012.

En el mismo sentido, antes de la derogatoria, sobre la invalidez del matrimonio el Art. 274 del C.C. en su parte pertinente, establecía que:

> Es nulo el matrimonio:
> 1. – Del enfermo mental, aun cuando la enfermedad se manifieste después de celebrado el acto o aquél tenga intervalos lúcidos. No obstante, cuando el enfermo ha recobrado la plenitud de sus facultades, la acción corresponde exclusivamente al cónyuge perjudicado y caduca si no se ejercita dentro del plazo de un año a partir del día en que cesó la incapacidad".

Se ve pues, que se sancionaba con nulidad el matrimonio contraído por la persona con discapacidad mental e intelectual.

Respecto al reconocimiento de los hijos extramatrimoniales, el Art. 389º del Código Civil, ahora modificado, facultaba efectuar dicho reconocimiento a los abuelos o abuelas, cuando los padres hubieren fallecido; o, uno u otro carecieran de discernimiento; o, sufrieran de retardo o deterioro mental. Vale decir, que los padres que se encontraren en esas situaciones no podían reconocer válidamente al hijo extramatrimonial, por cuanto eran considerados incapaces.

4.1.4. Apoyos, Salvaguardias y Ajustes Necesarios

El Decreto Legislativo Nº 1384 que Reconoce y Regula la Capacidad Jurídica de las Personas con Discapacidad en Igualdad de Condiciones, ha introducido en el Libro III del Código Civil peruano del Derecho de Familia, un capítulo sobre los Apoyos y Salvaguardias. El primer artículo está dedicado a establecer el derecho de la forma siguiente:

> Art. 659-A: La persona mayor de edad puede acceder de manera libre y voluntaria a los apoyos y salvaguardias que considere pertinentes para coadyuvar a su capacidad de ejercicio.

De ese modo, el mencionado artículo, implementa el Art. 12.3 de la Convención sobre los Derechos de las Personas con Discapacidad (CDPD), que insta a los Estados Parte a que adopten las medidas pertinentes para dar acceso a las personas con discapacidad del apoyo que necesitan en el ejercicio de su capacidad jurídica.

Esta nueva figura de los apoyos está definida y tiene prevista su actuación, en el Art. 659-B del C.C., el que los define así:

> Los apoyos son formas de asistencia libremente elegidos por una persona mayor de edad para facilitar el ejercicio de sus derechos, incluyendo el apoyo en la comunicación, en la comprensión de los actos jurídicos y de las consecuencias de éstos, y la manifestación e interpretación de la voluntad de quien requiere el apoyo.
> El apoyo no tiene facultades de representación salvo en los casos en que ello se establezca expresamente por decisión de la persona con necesidad de apoyo o el juez en el caso del artículo 659-E.

Según el anterior dispositivo, esta nueva forma de asistencia para que la persona con discapacidad ejerza su capacidad jurídica, actuará de manera tal que le facilite y ayude en: a) El ejercicio de sus derechos, incluida la comunicación; b) La comprensión de los actos jurídicos en los que interviene y, las consecuencias derivadas; c) La interpretación y manifestación de su voluntad, para lo cual aplicará los siguientes criterios:

i) La trayectoria de vida de la persona con discapacidad a quien asiste;
ii) Las previas manifestaciones de la voluntad que haya prestado, en contextos similares;
iii) La información con la que cuenta el apoyo de la persona asistida;
iv) La consideración de sus preferencias; y, cualquier otra considerar pertinente para el caso.

La determinación de los apoyos está prevista en el Art. 659-C:

> La persona que solicita los apoyos determina su forma, identidad, alcance, duración y cantidad de apoyos. Los apoyos pueden recaer en una o más personas naturales, instituciones públicas o personas jurídicas sin fines de lucro, ambas especializadas en la materia y debidamente registradas.

Los apoyos podrán ser entonces personas naturales o jurídicas, y aún instituciones públicas, especializadas en la materia.

Un tópico importante es el relativo a la forma de la designación de los apoyos, para lo cual el Art. 659-D ha previsto que la persona con discapacidad mayor de edad que requiera un apoyo puede designarlo de forma notarial o judicial.

Caso excepcional es el previsto en el Art. 659-E de determinación del apoyo por el Juez, la que en principio es un derecho de la misma persona con discapacidad. Procede en los casos en los que la persona no pueda manifestar su voluntad y para aquellas con capacidad de ejercicio restringida, conforme al numeral 9 del artículo 44, relativo a las personas en estado de coma. En estos casos el Juez debe actuar con los criterios establecidos en dicho dispositivo legal, como son la relación de convivencia, confianza, amistad, cuidado o parentesco que exista entre ella o ellas y la persona que requiere apoyo.

En relación a las denominadas Disposiciones Anticipadas, el Art. 659-F, ha previsto que en caso las personas mayores, consideren que a *posteriori* puedan tener una discapacidad o en caso que ya la tuvieren y que estimen que en cierto momento van a necesitar de un apoyo en la toma de decisiones, podrán designarlo notarialmente. Asimismo, en qué personas o instituciones no debe recaer tal designación.

El Art. 659-G del C.C., en armonía con el Art. 12.4 de la CDPD dota de Salvaguardias a las personas con discapacidad, para el adecuado desempeño de los apoyos, las que están así previstas como medidas de control sobre el ejercicio de la labor de las personas designadas como apoyo de la persona con discapacidad para que pueda manifestar su voluntad, en los actos que realice en el ejercicio de su capacidad jurídica. Dichas medidas están destinadas a garantizar el respeto de los derechos, voluntad y preferencias de la persona que recibe el apoyo, para prevenir el abuso o influencia indebida de quien brinda el apoyo. Las salvaguardas son establecidas por la misma persona que solicita el apoyo o, por el Juez que lo designa, cuando corresponda, indicando los plazos para la revisión de la actuación de los apoyos.

Los anteriores medios de actuación en aras del mejor ejercicio de la capacidad jurídica de las personas con discapacidad, en el ejercicio de sus derechos, se complementa con los "ajustes razonables" que ha previsto la CDPD en su Art. 2º del siguiente modo:

> Por "ajustes razonables" se entenderán las modificaciones y adaptaciones necesarias y adecuadas que no impongan una carga desproporcionada o indebida, cuando se requieran en un caso particular, para garantizar a las personas con discapacidad el goce o ejercicio, en igualdad de condiciones con las demás, de todos los derechos humanos y libertades fundamentales.

4.1.5. En el Libro IV Derecho de Sucesiones

La Ley General de la Persona con Discapacidad Nº 29973 del 24 de diciembre del 2012, abordó solo lo relativo a la discapacidad sensorial; en tanto que el Dec. Leg. 1384, de 3 de setiembre de 2018, reguló lo relacionado con la Discapacidad Mental e Intelectual.

La capacidad jurídica para otorgar testamento estaba prevista en sentido negativo, en el Art. 687º del C.C. de la siguiente manera:

> Son incapaces de otorgar testamento:
> 1. – Los menores de edad, salvo el caso previsto en el artículo 46.

2. – Los comprendidos en los artículos 43, inciso 2 y 44, incisos 2, 3, 6 y 7.

3. – Los que carecen, en el momento de testar, por cualquier causa, aunque sea transitoria, de la lucidez mental y de la libertad necesarias para el otorgamiento de este acto.

Se excluía a quienes sufrían de retardo mental, deterioro mental y de alteraciones y a quienes por cualquier motivo al momento de testar se encontraren "sin lucidez mental", además de las personas afectadas por vicios de la voluntad como violencia, error e intimidación.

Respecto al testamento por escritura pública, el Art. 696.6 del CC establecía que, si el testador adolecía de discapacidad auditiva o de lenguaje, podría expresar su asentimiento u observaciones a la lectura del Notario, a través de un intérprete quien verificaría si el contenido del testamento estuviere acorde con lo expresado por la persona con discapacidad auditiva o de lenguaje. Sin embargo, ello no estaba previsto para las personas con discapacidad mental e intelectual, quienes no podían otorgar testamento.

En concordancia con dicho artículo el 808º del CC disponía: "Es nulo el testamento otorgado por incapaces menores de edad y por los mayores enfermos mentales cuya interdicción ha sido declarada. Es anulable el de las demás personas incapaces comprendidas en el artículo 687".

Ahora bien, el Decreto Legislativo 1384, en materia de Sucesiones trae importantes cambios, acorde con los principios en lo que se inspira la CDPD y que modifica varias disposiciones del Libro IV del Código Civil,

Así el Art. 687 del CC establece ahora:

No pueden otorgar testamento:

1. Los menores de edad, salvo el caso previsto en el artículo 46.
2. Los comprendidos en el artículo 44 numerales 6, 7 y 9.
3. Derogado.

Lo primero que se advierte es que todos los supuestos del inciso 2º relativo a "los que se encuentren privados de discernimiento", los denominados en el régimen anterior como "retardados mentales" y "los que adolecieren de deterioro mental" han sido derogados; en tanto que, los que estuvieron previstos en el inciso 3º de quienes carecieren de lucidez mental y de la libertad necesaria para otorgar testamento igualmente ha sido derogados.

Se ha agregado entre quienes no pueden otorgar testamento, a los que se encuentran en estado de coma, Art. 687.9 del C.C., ello por evidentes razones, pues al ser el otorgamiento de testamento un negocio personalísimo e indelegable, en virtud del art. 690 del C.C., se encontrará imposibilitada de testar una persona en estado de coma ya que el apoyo no podrá reemplazarla.

Por su parte, el art. 696, numeral 6, referente a las formalidades para otorgar testamento por escritura pública, también ha sido modificado por el Dec. Leg. 1384, previendo expresamente cómo se debe proceder cuando el testador fuere una persona con discapacidad:

> Que, durante la lectura, al fin de cada cláusula, se verifique si el contenido corresponde a la expresión de su voluntad. Si el testador fuera una persona con discapacidad, puede expresar su asentimiento u observaciones a través de ajustes razonables o apoyos en caso lo requiera.

Ahora bien, en correlación de las disposiciones anteriores con el tópico de la invalidez del testamento, se encuentra la modificación del Art. 808 del CC, en el siguiente sentido:

> Artículo 808. – Nulidad y anulabilidad de testamento; Es nulo el testamento otorgado por menores de edad. Es anulable el de las demás personas comprendidas en el artículo 687.

Este último es el caso de las personas con capacidad restringida, como los ebrios habituales, los toxicómanos y las personas en estado de coma. No se incluye a los pródigos. No están afectados de nulidad los testamentos otorgados por personas con discapacidad mental e intelectual, al reconocérseles plena capacidad jurídica; sin embargo, pueden necesitar del apoyo para el ejercicio de esa facultad, respetando siempre su voluntad en su designación.

Desde la vigencia del Dec. Leg. 1384, la persona con discapacidad mental e intelectual, en el pleno disfrute de su capacidad jurídica, podrá tomar por sí misma las decisiones en todos los aspectos de su vida, administrar sus bienes, sin ser sustituida por un curador, en su lugar a su pedido podrá intervenir un apoyo para la manifestación de su voluntad con las salvaguardias que considere necesarias por sí mismo.

4.2. La Familia y el Sistema de Apoyos

La familia es la institución social insustituible, principalmente, para la promoción del proyecto existencial del ser humano (proyecto de vida), reconociendo así la *dignidad* que le es consustancial, sustento de todo derecho humano. Con tal fin debe propenderse a la valorización de la familia y de sus miembros, pues el hombre es el ser que vale por sí mismo, como un fin. Más, no debe perderse de vista, que es en la familia donde varios de sus integrantes son también vulnerables, los que deben gozar de todas las salvaguardias.

Así, es en el seno de la familia donde la niña, el niño y el adolescente además de recibir afecto y seguridad, deben ser orientados en los valores esenciales que fortalezcan su desarrollo integral, los que deben acompañarlos en todo momento, en el ejercicio de sus derechos y el respeto de los derechos de las demás personas. Es en la familia forjada como una institución democrática en la que debe quedar demostrado que en efecto la democracia es una forma de vida, en donde prevalezca el respeto mutuo, libre de todo tipo de violencia, forjadora del desarrollo de cada uno de sus integrantes, respetando el derecho a la igualdad de todos sus miembros.

Como lo hemos venido afirmando, debe propenderse al establecimiento de Políticas públicas destinadas al cambio de patrones socio culturales en la familia y desde la familia a la sociedad y viceversa, en una suerte de interactuación dinámica, mediante acciones positivas de los sectores públicos involucrados, como por ejemplo el sector Educación, que desplieguen acciones de atención de las personas y grupos en situación de vulnerabilidad.

Por todas estas razones, en el sistema de apoyo para la toma de decisiones de la persona con discapacidad, la primera institución a tenerse en cuenta es justamente la familia. En segundo lugar, los apoyos pueden recaer en instituciones públicas o personas jurídicas sin fines de lucro, ambas especializadas en la materia y debidamente registradas, todas quienes deberán formar parte de este nuevo sistema de reconocimiento de la capacidad jurídica a las personas con discapacidad.

Conclusiones

La Convención de los Derechos de las Personas con Discapacidad tiene como sustento el reconocimiento de los derechos humanos a estos colectivos en situación de vulnerabilidad, en la actual etapa histórica de la postmodernidad.

La adopción de la Convención en el sistema universal de los derechos humanos, tiene un profundo significado en la historia de la humanidad, al revalorar a la persona con discapacidad como sujeto de derechos, que encuentra como sustento a la dignidad de la persona, pasando así de un sistema binario a otro unitario de la capacidad jurídica.

La suscripción y ratificación de la Convención por los Estados parte obliga a éstos a armonizar su normatividad interna con el contenido de la Convención. Es el caso de Perú, que, al haber suscrito y ratificado la Convención, mediante el Decreto Legislativo 1384 ha cumplido con el compromiso internacional asumido.

Deben desplegarse políticas públicas en un doble sentido, unas que incidan en el cambio socio cultural, en y desde la familia a la sociedad y viceversa, como factor de resiliencia; y, las otras como políticas públicas de atención a personas y grupos en situación de vulnerabilidad.

Referencias

Bejar Rojas, Edwin Romel. ¿Las personas con discapacidad intelectual y sicosocial tienen derecho al ejercicio de su capacidad jurídica? en *Gaceta Civil.* Lima, octubre 2015.

Bianca, Massimo. *Diritto Civile I.* Giuffré, Milán, 1978.

Corte Interamericana de Derechos Humanos de 06.07.2006, Sentencia caso Ximenes Lopes vs.Brasil, Sentencia fundamento 100.c.

Corte Europea de Derechos Humanos de 16.06.2005, Sentencia caso Storck vs. Alemania. Aplicación Nº 61603/00.

Dirección Nacional de Atención a Grupos en Situación de Vulnerabilidad. *Grupos en Situación de Vulnerabilidad y Derechos Humanos.* Buenos Aires, octubre de 2011.

del Carpio Rodríguez, Columba. Derechos Humanos, Familia y Vulnerabilidad. en *Tratado de la Vulnerabilidad,* Basset Ursula, Fulchiron Hugues, Thomson y Reuters, La Ley, Buenos Aires, 2017.

Escobar Rosas Fredy. *Comentarios al artículo 42 del CC. en Código Civil* Comentado: comentan 209 especialistas en las diversas materias del Derecho Civil, Tomo I. Lima.

Estupiñan-Silva Rosmerlin. *La Vulnerabilidad en la Jurisprudencia de la Corte Interamericana de Derechos Humanos.* Disponible en: https://www.upf.edu/dhes-alfa/materiales/res/dhpp.../DHPP_Manual_v3.193-232.pdf.

Fernández Sessarego, Carlos. *La capacidad de goce:* ¿es posible su restricción legal? en *Cathedra.* año, III, Nº 5, Palestra Editores. Lima, diciembre 1999.

Ferrajoli, Luigi. *Derechos y garantías. La ley del más débil.* Edit. Trotta. Madrid, 1999.

Graú Castillo, Arturo Saúl. Modificaciones Introducidas por el Decreto Legislativo 1384 al Código Civil peruano de 1984: especial referencia en materia de Derecho de las Personas, Negocio Jurídico, Derecho de Familia y Derecho de Sucesiones. En *Revista Cubana de Derecho,* volumen 1, Nº 2, julio-diciembre 2021. Disponible en: https://revista.unjc.cu/index.php/derecho/article/view/87.

ONU. Declaración Universal de los Derechos Humanos. 10 de diciembre de 1948.

Palacios, Agustina. El modelo social de la discapacidad: orígenes, caracterización y plasmación en la Convención Internacional sobre los Derechos de las Personas con Discapacidad. En *Colección Cermi Nº 36.* Ediciones Cinca, España.

Tribunal Constitucional de Perú. STC 03081-2007-AA-PA/TC-Lima. Caso R.J.S.A. viuda de R., fundamento 25.

Varsi Rospligiosi, Enrique y Marco Andrei Torres Maldonado. El nuevo tratamiento del régimen de la capacidad en el Código Civil peruano. *En Acta Bioethica* 2019.

Vasak, Karel. Director del Departamento Jurídico de la UNESCO. Por una tercera generación de derechos del hombre. En Homenaje *a Jean Pictet* (1984).

Zolo, Danilo. *I Signori della Pace, una crítica al universalismo kantiano.* Florencia, 1998. Arequipa-Perú, octubre 2023.

30.
DIFICULTADES DE LENGUAJE Y ACCESO A LA JUSTICIA

LORENZO M. BUJOSA VADELL
MIQUELA M. SASTRE VIDAL

1. Introducción

Como mandato central del Estado social y democrático de Derecho, nuestra Constitución, con directa influencia del artículo 3 de la Constitución italiana, dispone que:

> corresponde a los poderes públicos promover las condiciones para que la libertad y la igualdad del individuo y de los grupos en que se integra sean reales y efectivas; remover los obstáculos que impidan o dificulten su plenitud y facilitar la participación de todos los ciudadanos en la vida política, económica, cultural y social (art. 9.2).

Esa norma debe integrarse con el principio de igualdad proclamado en el artículo 14 y, además, con las modulaciones que ha introducido el máximo intérprete de la Constitución en este valor superior del ordenamiento.

La exigencia de modulación implica que los poderes públicos enfrentados a una situación de desigualdad material adopten una actitud positiva y diligente tendente a su corrección[1]. Por ello, se proclaman

[1] Continúa diciendo el Alto Tribunal: "de tal modo que, si bien no cabe, por lo general, mesurar *ex Constitutione* la falta de celo y presteza del legislador en la procura de aquella

constitucionalmente legítimas aquellas medidas que tienden a compensar una desigualdad real de partida (Sentencia del Tribunal Constitucional -en adelante, STC- núm. 28/1992, de 9 de marzo) y, como bien sabemos, no toda desigualdad de trato resulta contraria al principio de igualdad, sino solo "aquella que se funda en una en una diferencia de supuestos de hecho injustificados de acuerdo con criterios o juicios de valor generalmente aceptados" (STC núm., 128/1987, de 16 de julio). Como ha reiterado este Tribunal, el tratamiento diverso

> puede incluso venir exigido, en un Estado social y democrático de Derecho, para la efectividad de los valores que la Constitución consagra con el carácter de superiores del ordenamiento, como son la justicia y la igualdad (art. 1), a cuyo efecto atribuye además a los Poderes Públicos el que promuevan las condiciones para que la igualdad sea real y efectiva (ya desde la STC núm. 34 1981, de 10 de noviembre, y en muchas otras, como la núm. 3/1983, de 25 de enero).

Normalmente las situaciones discriminatorias para las que se abogan acciones positivas tienen que ver con las diferencias de trato por razones de sexo o de raza u origen étnico, pero hay otras situaciones en las que del mismo modo es constitucionalmente imprescindible reequilibrar las diferencias reales, a fin de que pueda darse la plenitud en el goce de los derechos fundamentales. Es obvio que las situaciones de discapacidad entrarían también dentro de esta categoría. Respecto a ellas, la Observación General núm. 6 (2018) sobre la igualdad y la no discriminación, del Comité sobre los Derechos de las Personas con Discapacidad de la Convención de la ONU, se basa en la consideración de las personas con discapacidad "como plenos sujetos de derecho y titulares de derechos"[2].

corrección cuando una desigualdad de hecho no se traduce en una desigualdad jurídica, la concurrencia de esta última por la pervivencia en el ordenamiento de una discriminación no rectificada en un lapso de tiempo razonable habrá de llevar a la calificación como inconstitucionales de los actos que la mantengan".

[2] Como se afirma en el punto 9: "El modelo de discapacidad basado en los derechos humanos reconoce que la discapacidad es una construcción social y que las deficiencias no deben considerarse un motivo legítimo para denegar o restringir los derechos humanos. Según ese modelo, la discapacidad es uno de los diversos estratos de identidad".

De este modo, a partir de la interpretación conjunta entre, por un lado, el artículo 5, objeto central de la Observación, y los artículos 1, 3 y 4 de la Convención, "resulta evidente que los Estados partes deben adoptar medidas positivas para facilitar que las personas con discapacidad disfruten en igualdad de condiciones de los derechos garantizados en la legislación. Con frecuencia deben proporcionar accesibilidad, ajustes razonables y apoyos individuales". Tales "ajustes razonables" deben aplicarse desde el momento en que una persona con discapacidad requiera acceder a situaciones o entornos no accesibles, o quiera ejercer sus derechos, y no debe limitarse a los supuestos en que la persona implicada pida el ajuste o en que el garante de los derechos en cuestión sea consciente de que esa persona tenía una discapacidad. También deben aplicarse cuando este garante "debería haberse dado cuenta de que la persona en cuestión tenía una discapacidad que tal vez obligara a realizar ajustes para que esta pudiera superar obstáculos al ejercicio de sus derechos".

2. La vulnerabilidad por trastornos del lenguaje

Las personas con dificultades comunicativas y lingüísticas pueden ver mermadas sus posibilidades de participación en el tráfico jurídico, en cualquiera de sus vertientes, ya que éste se vehicula mediante el lenguaje. Por tanto, es plausible considerarlas como un grupo potencialmente vulnerable en su derecho al acceso a la justicia. Estaríamos, por tanto, en un ámbito de la discapacidad que hasta hace poco no ha sido considerado de manera específica desde la perspectiva de la administración de la justicia.

Resulta difícil generalizar sobre las posibles situaciones en conflicto en las que se pueden encontrar las personas con dificultades en el lenguaje. Esto es debido a la diversidad en tipos y grado de dichos trastornos y en el diferente nivel de competencia comunicativa adquirida en cada individuo. Esta dificultad de lenguaje resulta muy evidente cuando se trata de trastornos que afectan a la expresión, a la articulación del habla. Por ejemplo, disartria en personas con discapacidad motriz, problemas articulatorios en personas con discapacidad intelectual especialmente si es de etiología sindrómica, o TEA de grado 3. No resulta ser tan evidente en personas sin discapacidad o con sordera, en la que los rasgos físicos no indican dificultad alguna. Y mucho menos cuando se presentan dificultades de comprensión del lenguaje.

Lo que es seguro es que estas dificultades perduran en el tiempo, y que raramente se alcanzan niveles de competencia lingüística suficiente para situaciones comunicativas complejas, como puede ser un entorno jurídico. Cabría preguntarnos: Desde el punto de vista de la comprensión: ¿Es el lenguaje jurídico accesible para todas las personas? Y desde el punto de vista de la expresión: ¿Se dan las circunstancias adecuadas para que todas las personas puedan acceder a expresarse de manera efectiva en el contexto jurídico? La respuesta es evidente: Si ya resulta complejo para una persona ordinaria, y en algunas situaciones ambiguo incluso para quien está especializado en Derecho, la complejidad del lenguaje jurídico todavía resulta más inaccesible para las personas con trastornos del lenguaje. La situación es especialmente grave cuando quien tiene dificultades de lenguaje debe actuar en un interrogatorio de parte, como testigo o como investigado o acusado en un proceso jurisdiccional.

Como ejemplos de situaciones complejas para personas con diferentes trastornos del lenguaje, ya relacionadas con el proceso jurisdiccional, podemos pensar en la necesidad de estructurar un relato de los hechos coherente y cohesionado gramaticalmente y en una narración estructurada temporalmente (art. 436.II Ley de Enjuiciamiento Criminal – en adelante, LECrim), de poder emitir una respuesta, aunque sea con disfluencias, para personas acusadas con disfemia (tartamudez) en un juicio oral (arts. 691, 692 o 693 LECrim) o de comprender una pregunta formulada al testigo por un magistrado o por un abogado (art. 708 LECrim).

Por todo ello se plantea la necesidad de llevar a cabo las siguientes actuaciones, esquematizando por tanto las necesidades y actuaciones deseables:

a) Analizar cada caso. Determinar el nivel de competencia comunicativa y lingüística de cada sujeto para poder ofrecer los apoyos ajustados a sus necesidades
b) Ofrecer apoyos suficientes para asegurar la comprensión y expresión de los mensajes: adaptación de textos (orales y escritos, siguiendo las directrices de adaptación de textos que ofrece la

Asociación Lectura Fácil[3]); ayudas visuales (pictogramas, imágenes); sistemas alternativos y complementarios de comunicación (SAAC) y ayudas técnicas (bucle magnético, FM, sintetizador de voz...); intérpretes en Lengua de Signos (LS) para personas con discapacidad auditiva usuarios de LS[4].

c) Disponer de los apoyos humanos necesarios: logopeda como especialista en comunicación y lenguaje. Logopedia forense; logopeda facilitador de la comunicación en Justicia.

3. El logopeda como facilitador de la comunicación en justicia

Como se desprende de las reflexiones anteriores, la ayuda a las personas con vulnerabilidad comunicativa debe ser ofrecida por personas debidamente formadas para ofrecer el servicio de calidad que se precisa. El perfil profesional que más se adecua a esta necesidad es el del logopeda, como se desprende de la propia definición de esta figura que nos ofrece la *European Speech and Language Therapy Association* (ESLA): "El logopeda es un especialista en el área de la comunicación, la voz, el habla, el lenguaje, la audición, la alimentación, la deglución, así como en los aspectos sociales y cognitivos de la comunicación", y añade que los logopedas son profesionales especializados en prevenir, evaluar, diagnosticar, tratar y estudiar todo el espectro de trastornos humanos de la comunicación, la alimentación y la deglución a lo largo de la vida. En este contexto, la comunicación humana engloba todos aquellos procesos asociados a la comprensión y producción del lenguaje oral y escrito, así como la comunicación no verbal y/o alternativa

En un importante documento aprobado en mayo de 2022 por el Consejo General de Colegios de Logopedas, sobre *El profesional logopeda como*

[3] Disponible en: https://www.lecturafacil.net/es/info/1-que-es-la-lectura-facil-lf/: Son libros, documentos administrativos y legales, textos informativos, páginas web que siguen las Directrices Internacionales de la IFLA (*International Federation of Library Associations and Institutions*) y de *Inclusion Europe* en cuanto al lenguaje, el contenido y la forma. La ALF revisa los materiales de Lectura Fácil y los valida con el logo LF.

[4] Para profundizar en el tema se pueden consultar: Delgado Santos, C.I., Vigara Cerrato, *35 cuestiones sobre Comunicación Aumentativa* – Alternativa con productos de apoyo. Centro de Referencia Estatal de Autonomía Personal y Ayudas Técnicas (Ceapat), del Instituto de Mayores y Servicios Sociales (Imserso), 2019.

facilitador de la comunicación en justicia[5] se seleccionan varios argumentos importantes para justificar el relevante papel que estos profesionales pueden llevar a cabo en la administración de la justicia:

- El logopeda es el único profesional universitario cuyas competencias formativas están vinculadas directamente con la detección de las dificultades en el proceso comunicativo y con el desarrollo de programas de intervención para mejorar la comunicación, entre ellos, la implementación de medios de comunicación aumentativa – alternativa.
- Es el profesional universitario con formación específica en la detección, evaluación e intervención de dificultades en la comprensión lectora y en el uso de la Lectura Fácil.
- Es el profesional con la formación universitaria adecuada para detectar y valorar las dificultades en la comunicación de forma rápida y eficiente.
- Es el profesional universitario que conoce y aplica estrategias de interacción comunicativa adaptadas a un interlocutor con dificultades en la expresión o comprensión oral. Con ese fin utiliza y pone en marcha los recursos de interrelación necesarios para facilitar el éxito comunicativo[6].

Por consiguiente, hay razones objetivas para que los logopedas puedan ejercer una función fundamental para asegurar la efectividad de un acceso equitativo a la justicia, superando las dificultades lingüísticas que, con mayor frecuencia de la que pensamos, puede concurrir en los procesos jurisdiccionales de diverso orden. Entonces puede considerarse correcto afirmar que el logopeda es el profesional que puede ejercer la función de facilitador en el ámbito de la Justicia[7], a fin de asegurar que la

[5] Consejo General de Colegios de Logopedas. *El profesional logopeda como facilitador de la comunicación en justicia*. Disponible en: http://www.aelfa.org/upfiles/files/A44136.pdf.
[6] *Vid.* Grandi, D. *La logopedia en España:* Análisis de situación. Revista digital EOS Perú, vol. 6 (2), 2015.
[7] *Vid.* De Lucchi López-Tapia, Y. *El servicio de facilitación judicial como pieza clave para la tutela judicial efectiva de las personas con discapacidad.* Actualidad Civil, núm. 9, septiembre,

comunicación entre la persona con limitaciones en la comunicación oral o escrita y los operadores jurídicos sea eficaz y comprensible para ambas partes.

La función de facilitador de comunicación en justicia deberá ser ejercida con todas las garantías de imparcialidad, confidencialidad y sin tomar parte ni modificar en ningún caso el contenido de la información que transmite. Para ello requerirá la formación complementaria adecuada para poder desenvolverse en el ámbito jurídico.

4. La accesibilidad cognitiva en la legislación española

El Derecho positivo español en los últimos años no ha permanecido inmune a la necesidad de adaptarse a las exigencias de la realidad de las personas con discapacidad, y en particular tampoco respecto a la facilitación de la comprensión y/o la expresión de quienes se ven abocados a relacionarse con la administración de la justicia. Contamos, como veremos, con señalados avances, algunos de muy reciente aprobación, en normativa nacional específica sobre discapacidad, también en normas del ámbito autonómico y, por último, será preciso examinar las principales leyes procesales para encuadrar mejor el diagnóstico de la situación actual respecto a los trastornos del lenguaje.

4.1. En la Ley General de derechos de las personas con discapacidad y de su inclusión social

De especial importancia es el Real Decreto Legislativo 1/2013, de 29 de noviembre, por el que se aprueba el Texto Refundido de la Ley General de derechos de las personas con discapacidad y de su inclusión social, sobre todo tras la reforma operada por la Ley 6/2022, de 31 de marzo[8], que es la pretendió establecer y regular la accesibilidad cognitiva y sus condiciones de exigencia y aplicación, como una condición previa para que las personas con discapacidad, hombres y mujeres, puedan vivir de

2022, que propone "la articulación de un servicio de facilitación judicial en los juzgados integrado por diferentes expertos en diferentes situaciones y limitaciones de la persona".

[8] *Vid.* Bellido González Del Campo, C. *Derecho de accesibilidad de las personas discapacitadas.* Comentario a la Ley 6/2022, de 31 de marzo. Diario La Ley, núm. 10072, 19 de mayo de 2022.

forma independiente y participar plenamente en la sociedad en igualdad de condiciones y como reafirmación, desde el punto de vista específico de la discapacidad, del aspecto social del derecho al acceso[9].

En la reciente reforma se introdujo un nuevo precepto dedicado a las condiciones básicas de accesibilidad cognitiva, que las define como "el conjunto sistemático, integral y coherente de exigencias, requisitos, normas, parámetros y pautas que se consideran precisos para asegurar la comprensión, la comunicación y la interacción de todas las personas con todos los entornos, productos, bienes y servicios, así como de los procesos y procedimientos" (art. 29 bis). Tales condiciones deben extenderse a todos los ámbitos a los que se refiere el artículo 5 de la Ley General de Derechos de las Personas con Discapacidad y de su Inclusión Social "por resultar precisas para promover el desarrollo humano y la máxima autonomía individual de todas las personas". El apartado f) del mencionado artículo 5 se refiere al ámbito de la Administración de Justicia[10].

Se añade que estas condiciones básicas de accesibilidad cognitiva quedan encuadradas en el marco de la accesibilidad universal, la cual es entendida como la condición que deben cumplir los entornos, procesos, bienes, productos y servicios, así como los objetos, instrumentos, herramientas y dispositivos para ser comprensibles, utilizables y practicables por todas las personas en condiciones de seguridad y comodidad y de la forma más autónoma y natural posible (art. 2.k).

Nos interesa el segundo inciso del mencionado artículo, cuando dispone que en el concepto de accesibilidad universal está incluida la accesibilidad cognitiva para permitir la fácil comprensión, la comunicación e interacción a todas las personas. Y se añade que la accesibilidad cognitiva

[9] Como se sostiene en la Exposición de Motivos de la Ley 6/2022, "Se impone, por tanto, abordar la reforma del Real Decreto Legislativo 1/2013, de 29 de noviembre, por el que se aprueba el Texto Refundido de la Ley General de derechos de las personas con discapacidad y de su inclusión social, a fin de garantizar de forma efectiva la accesibilidad cognitiva de todas las personas con dificultades de comprensión y comunicación del entorno físico, el transporte, la información y la comunicación, incluidos los sistemas y las tecnologías de la información y las comunicaciones, y a otros servicios e instalaciones a disposición o de uso público, tanto en zonas urbanas como rurales".

[10] En cuanto a su exigibilidad se remite a los plazos y términos que se establezcan reglamentariamente.

se despliega y hace efectiva a través de la lectura fácil, sistemas alternativos y aumentativos de comunicación, pictogramas y otros medios humanos y tecnológicos disponibles para tal fin y presupone la estrategia de "diseño universal o diseño para todas las personas", y se entiende sin perjuicio de los ajustes razonables que deban adoptarse[11].

4.2. En las leyes autonómicas

Con antelación a estas recientes disposiciones en las que hay ya referencias directas a la necesidad de adaptaciones ante problemas de comprensión o de expresión, tenemos ya algunos ejemplos en la normativa autonómica que deben ser tenidos también en cuenta, sin ánimo exhaustivo. Conviene recordar que, sin perjuicio de las competencias autonómicas en la materia, al Gobierno de España le corresponde la configuración de la legislación básica[12].

La Ley 2/2013, de 15 de mayo, de Castilla y León, de Igualdad de Oportunidades para las Personas con Discapacidad define a las personas con discapacidad como "todas aquellas que tengan deficiencias físicas, mentales, intelectuales o sensoriales, originarias o sobrevenidas, de curso prolongado, que puedan limitar su participación plena y efectiva en la

[11] A su vez, el artículo 23.2.c) de la Ley General, al referirse a medidas concretas para prevenir o suprimir discriminaciones, y para compensar desventajas o dificultades, alude a: "Apoyos complementarios, tales como ayudas económicas, productos y tecnologías de apoyo, servicios o tratamientos especializados, otros servicios personales, así como otras formas de apoyo personal o animal. En particular, ayudas y servicios auxiliares para la comunicación, como sistemas aumentativos y alternativos, braille, lectura fácil, pictogramas, dispositivos multimedia de fácil acceso, sistemas de apoyo a la comunicación oral y lengua de signos, sistemas de comunicación táctil y otros dispositivos que permitan la comunicación".

[12] Así lo establece el artículo 23.1 de la Ley General de derechos de las personas con discapacidad y de su inclusión social, en su redacción vigente: "El Gobierno, sin perjuicio de las competencias atribuidas a las comunidades autónomas y a las entidades locales, regulará las condiciones básicas de accesibilidad y no discriminación que garanticen los mismos niveles de igualdad de oportunidades a todas las personas con discapacidad.
Toda referencia a accesibilidad y a accesibilidad universal en esta ley, se entiende que incluye la accesibilidad cognitiva, conforme a lo estipulado en la letra k) del artículo 2.
Dicha regulación será gradual en el tiempo y en el alcance y contenido de las obligaciones impuestas, y abarcará todos los ámbitos y áreas de las enumeradas en el artículo 5".

sociedad, en igualdad de condiciones que las demás" (art. 3.a) y la accesibilidad universal como:

> la condición que deben cumplir los entornos, procesos, bienes, productos y servicios, así como los objetos o instrumentos, herramientas y dispositivos, para ser comprensibles, utilizables y practicables por todas las personas en condiciones de seguridad y comodidad y de la forma más autónoma y natural posible. Presupone la estrategia de 'diseño para todos' y se entiende sin perjuicio de los ajustes razonables que deban adoptarse. (art. 3.e).

El artículo 6, dedicado a la garantía de los derechos de las personas con discapacidad proclama el "derecho de participación y a la inclusión plena y efectiva de la sociedad y en la vida política y pública en igualdad de condiciones" (i). Se prevén también apoyos a la comunicación y comprensión de las personas con discapacidad (art. 61).

En Cataluña, la Ley 13/2014, de 30 de octubre, de accesibilidad, pretende promoverla como instrumento para hacer efectivo el principio de igualdad de los ciudadanos, partiendo del dato de que esta Comunidad Autónoma

> tiene alrededor de medio millón de personas con discapacidad reconocida, y se calcula que en Europa hay cerca de ochenta millones de personas con una o más discapacidades que por causa de barreras en el entorno no pueden llevar una vida normalizada y se encuentran en situaciones de desigualdad y de discriminación social.

Entre las barreras a la accesibilidad, menciona las barreras en la comunicación "barreras que limitan o impiden la expresión y la recepción de información o de mensajes, ya sea en la comunicación directa, ya sea en los medios de comunicación" (art. 3.1. c.2º).

Esta ley distingue entre discapacidad sensorial (discapacidad que afecta a un sentido o a más de un sentido a la vez, y en función de los sentidos afectados, se distinguen las siguientes discapacidades sectoriales:

1. Discapacidad visual: disminución parcial o falta total de la capacidad para ver que dificulta o impide la realización normal de las

tareas visuales y provoca dificultades de interacción entre la persona afectada y el entorno; incluye la ceguera total y los distintos grados de baja visión;

2. Discapacidad auditiva: disminución parcial o falta total de la capacidad para percibir las formas acústicas; se consideran personas sordas las que tienen discapacidad auditiva;
3. Sordoceguera: combinación de discapacidad visual y auditiva, en distintos grados, que conlleva dificultades de comunicación, desplazamiento y acceso a la información), discapacidad intelectual (el funcionamiento intelectual inferior al de la media de la población que perturba el aprendizaje, el paso a la adultez y el ajuste social), discapacidad mental (los trastornos cognitivos, de afectividad o de conducta que, por su intensidad o gravedad, determinan la necesidad de la persona afectada de apoyos para el funcionamiento psicológico y para la socialización.), entre otras.

Se preocupa también de la accesibilidad en la comunicación, en el capítulo VI. Así el artículo 29 define la comunicación como "el proceso en el que se intercambia información entre un emisor y un receptor" y, en función del del sentido mediante el cual se percibe el mensaje, distingue varios tipos de comunicaciones:

1. Auditiva: comunicación en la que el mensaje se percibe mediante el sentido del oído;
2. Táctil: comunicación en la que el mensaje se percibe mediante el sentido del tacto. Incluye el sistema de lectoescritura Braille, los símbolos y gráficos en relieve, las letras mayúsculas en la palma de la mano, el alfabeto dactilológico táctil o en la palma de la mano y la lengua de signos con apoyo táctil;
3. Visual: comunicación en la que el mensaje se percibe mediante el sentido de la vista. Incluye el sistema gráfico alfabético y simbólico, que es el sistema que se representa mediante signos, letras, grafismos, símbolos y otras representaciones similares en cualquier tipo de soporte material, electrónico o telemático; las señales luminosas, que son los letreros luminosos o luces que avisan de peligro o

> emergencia en el territorio, en la edificación y en el transporte, y la lengua de signos[13].

A nuestros efectos son especialmente importantes los medios de apoyo a la comunicación oral, es decir,

> "los métodos específicos para estimular la audición y recursos tecnológicos utilizados por las personas sordas o sordociegas que permiten el acceso a la audición, la comprensión y la expresión verbal y escrita de la lengua oral. Dichos medios incluyen los audífonos, los implantes auditivos, las emisoras de frecuencia modulada, los bucles o anillos magnéticos, la subtitulación y la lectura labial" y los productos de apoyo a la comunicación visual, es decir, los métodos específicos para facilitar a la persona con deficiencia visual la percepción y comprensión de la información visual[14].

Es interesante añadir que también en el ámbito catalán fue promulgada la Ley 6/2019, de 23 de octubre, de modificación del libro cuarto

[13] Define también las lenguas orales (los sistemas de comunicación verbal que tienen transcripción escrita, propios de una comunidad de personas. Son las lenguas utilizadas por las personas sordas o sordociegas que se comunican oralmente), las lenguas de signos (los sistemas lingüísticos de modalidad gestual y visual propios de las personas sordas signantes, que también utilizan, con distintas adaptaciones según su situación sensorial, las personas sordociegas) y las lenguas de signos con el apoyo de las manos o a distancia (los sistemas lingüísticos de las personas sordociegas, en los que la comunicación se realiza mediante un guía-intérprete o un mediador en sordoceguera. Se utiliza el sistema dactilológico, el sistema de signos con apoyo táctil, el tacto y la proximidad entre ambas personas).

[14] Expresamente se incluyen los siguientes productos:

1º Productos de apoyo ópticos y electrónicos: dispositivos basados en un sistema óptico o electrónico que amplían o acercan las imágenes y permiten optimizar el rendimiento visual de las personas con baja visión.

2º Productos de apoyo que transforman la información visual en lenguaje sonoro: dispositivos, equipos, instrumentos, recursos tecnológicos, programas informáticos y cualquier otra ayuda que transforme la información visual en lenguaje sonoro y facilite a las personas con discapacidad visual el acceso a esta información.

3º Productos de apoyo que transforman la información visual en información táctil: dispositivos, equipos, instrumentos, recursos tecnológicos, programas informáticos y cualquier otra ayuda que transforme la información visual en información táctil y facilite a la persona con discapacidad visual el acceso a esta información.

del Código civil de Cataluña, relativo a las sucesiones, para garantizar la igualdad de derechos y la no discriminación de las personas con discapacidad sensorial, pero sin incidencia directa respecto al acceso a la justicia, por cuanto se dirige a superar discriminaciones respecto a personas con discapacidad sensorial en el momento de otorgar testamento.

En Cantabria, la Ley de Cantabria 9/2018, de 21 de diciembre, de garantía de los derechos de las personas con discapacidad, define las personas con discapacidad como

> "todas aquellas que tengan diversidades físicas, mentales, intelectuales o sensoriales a largo plazo que, al interactuar con diversas barreras, puedan impedir su participación plena y efectiva en la sociedad en igualdad de condiciones con las demás personas. Además, y a todos los efectos, tendrán la consideración de personas con discapacidad aquellas a quienes se les haya reconocido un grado de discapacidad igual o superior al 33 por ciento, en los términos que establece la normativa estatal sobre derechos de las personas con discapacidad y de su inclusión social", y la accesibilidad como "la condición que deben cumplir los entornos, procesos, bienes, productos y servicios, así como los objetos, instrumentos, herramientas y dispositivos, para ser comprensibles, utilizables y practicables por todas las personas en condiciones de seguridad y comodidad y de la manera más autónoma y natural posible. Presupone la estrategia de 'diseño universal o diseño para todas las personas', y se entiende sin perjuicio de los ajustes razonables que deban adoptarse" (art. 4 a y j).

Se define la "lengua de signos española" como "a lengua de carácter visual, espacial, gestual y manual en cuya conformación intervienen factores históricos, culturales, lingüísticos y sociales, utilizada tradicionalmente como lengua por las personas sordas, con discapacidad auditiva y con sordoceguera signantes" y la lengua oral como "la lengua de modalidad oral-auditiva". Pero, además, se prevén

> "medios de apoyo a la comunicación oral: son aquellos códigos y medios de comunicación, así como los recursos tecnológicos y ayudas técnicas usadas por las personas sordas, con discapacidad auditiva y con sordoceguera, o con cualquier otra discapacidad que requiera de tales apoyos, que facilitan

el acceso a la expresión verbal y escrita de la lengua oral, favoreciendo una comunicación con el entorno más plena" (art. 4, n, ñ y o).

También esta ley prevé medidas en el acceso a la justicia (Capítulo VI), con una proclamación genérica en el primero de sus artículos: "La Administración de la Comunidad Autónoma promoverá la igualdad de oportunidades efectiva en el acceso a la Administración de Justicia mediante medidas que aseguren la accesibilidad" (art. 37). Pero además obliga a la consejería competente a promover diversas medidas concretas (art. 38):

a) Todas las sedes judiciales e instalaciones públicas a las que sea preciso acceder para el ejercicio de acciones judiciales cuenten con las condiciones de accesibilidad y diseño universal.
b) Los actos judiciales y prejudiciales se comuniquen de manera comprensible a las personas con discapacidad afectadas por los mismos, bien por medio de la intervención de intérpretes de lengua de signos, de medios de apoyo a la comunicación oral o de cualquier otro medio adecuado, o bien por la intervención de personas con conocimientos técnicos que faciliten la comprensión de los actos y resoluciones judiciales.
c) Los medios de información, tanto personal como la que se dirija al público en general, incluido el diseño de páginas web, sean accesibles. Como norma general toda la información oral o auditiva tendrá su correspondencia visual[15].

De especial interés, aunque como norma incompleta, el artículo 39 exige establecer, en el marco de la normativa estatal sobre asistencia jurídica gratuita, la creación de un turno de oficio especializado de atención a personas con discapacidad, de acuerdo con la normativa aplicable, para su representación y defensa en juicio en los asuntos directamente relacionados con la discapacidad. Por otro lado, los artículos siguientes se

[15] En el apartado segundo dispone que: "La Administración autonómica garantizará planes de formación para las personas trabajadoras de la Administración de Justicia en materia de derechos de las personas con discapacidad y de prestación de apoyos a las mismas".

dedican a los medios de defensa y protección jurídica[16] -con alguna disposición ya abrogada- y a la aplicación del sistema arbitral para la resolución de quejas y reclamaciones en materia de igualdad de oportunidades, no discriminación y accesibilidad por razón de discapacidad[17].

4.3. En las leyes procesales

La preocupación por el lenguaje en las normas procesales aparece ya claramente en el apartado cuarto de la Exposición de Motivos de la LEC, cuando al presentar el nuevo código, manifiesta procurar "utilizar un lenguaje que, ajustándose a las exigencias ineludibles de la técnica jurídica, resulte más asequible para cualquier ciudadano, con eliminación de expresiones hoy obsoletas o difíciles de comprender y más ligadas a antiguos usos forenses que a aquellas exigencias[18]"[19].

[16] Artículo 40. *Medidas de defensa y protección jurídica:*
"1. Los poderes públicos de la Comunidad Autónoma de Cantabria adoptarán las medidas necesarias para garantizar a las personas con discapacidad el ejercicio pleno de sus derechos, con especial atención a aquellas cuya capacidad de obrar esté modificada judicialmente, o en proceso de modificación.
2. Se asegurará la tutela o, en su caso, el ejercicio de otras figuras de guarda y protección, a través del organismo público competente, en relación con las personas adultas cuya capacidad de obrar esté modificada judicialmente y en situación de desamparo, de acuerdo con las disposiciones del Código Civil.
3. La consejería competente, en colaboración con los órganos jurisdiccionales, adoptará las medidas necesarias para asegurar que la función tutelar se desarrolle en interés de las personas con discapacidad, promoviendo su autonomía personal, posibilitando su pleno desarrollo, inclusión, incorporación y participación plena en todos los ámbitos de la vida en comunidad, así como promoviendo o manteniendo la máxima habilitación y, en su caso, recuperación posible de sus capacidades".

[17] Artículo 41 *Arbitraje:*
"1. La Administración de la Comunidad de Cantabria dotará de los medios y recursos necesarios para garantizar la aplicación del sistema arbitral
2. Reglamentariamente, se establecerá la forma de aplicación del sistema arbitral, que contará con la participación de las entidades representativas de las personas con discapacidad y sus familias y de los demás sectores afectados".

[18] Con la intención de lograr un prudente equilibrio, se añade que "Se elude, sin embargo, hasta la apariencia de doctrinarismo y, por ello, no se considera inconveniente, sino todo lo contrario, mantener diversidades expresivas para las mismas realidades, cuando tal fenómeno ha sido acogido tanto en el lenguaje común como en el jurídico".

[19] Sobre la importancia del lenguaje en el ámbito del Derecho, *vid.* Torres Álvarez,

En este sentido, es importante destacar la labor que ha realizado en estos últimos años la Real Academia de la Lengua con tres proyectos relacionados con el lenguaje del Derecho: el Diccionario del español jurídico (DEJ), el Diccionario panhispánico del español jurídico (DPEJ) y el Libro de estilo de la Justicia (LEJ)[20], en el marco de un convenio con el Consejo General del Poder Judicial. A ello hay que añadir, el Protocolo general de colaboración para el fomento de un lenguaje jurídico moderno y accesible para la ciudadanía, firmado el día 11 de marzo de 2021 por las principales autoridades en materia jurídica del Estado[21].

4.3.1. En la Ley de Enjuiciamiento Civil (en adelante, LEC)

Al margen de estas importantes hitos respecto a la accesibilidad lingüística de la administración de la justicia respecto a los justiciables en general, en los últimos tiempos ha habido también avances destacados respecto al reequilibrio de quienes tienen dificultades específicas de lenguaje. El principal aporte en este sentido por lo que al proceso civil respecta, sin olvidar la fuerza expansiva del artículo 4 LEC, se dio con la reforma operada por la Ley 8/2021, de 2 de junio, que ha introducido en nuestro código procesal civil un nuevo artículo 7 bis, dedicado a los "ajustes para personas con discapacidad"[22]. En él hay algunas referencias que nos interesan particularmente en este estudio: por supuesto, la alusión

J., (Ed.), *Derecho y lingüística: Entre la concepción teórica y los ciudadanos,* Ed. Universidad de Salamanca, Salamanca, 2021.

[20] Es muy expresivo el *Libro de estilo de la Justicia* (Dr. S. Muñoz Machado), Espasa, Madrid, 2017, p. 4, cuando afirma: "Existe un hecho externo que contribuye a diferenciar el lenguaje jurídico del tecnolecto de algunas ciencias. El derecho es, a la vez, una disciplina teórica y una disciplina aplicada. El conjunto de manifestaciones que el derecho aplicado tiene en la sociedad posee una repercusión institucional, social, económica e individual que no se da en otras disciplinas. El contenido de los textos científicos interesa directamente al científico, mientras que el contenido de las normas jurídicas no solo atañe a los profesionales sino también al ciudadano".

[21] Protocolo general de colaboración para el fomento de un lenguaje jurídico moderno y accesible para la ciudadanía (2021). Disponible en: https://www.poderjudicial.es/cgpj/es/Temas/Relaciones-institucionales/Convenios/Protocolo-general-de-colaboracion-para-el-fomento-de-un-lenguaje-juridico-moderno-y-accesible-para-la-ciudadania--2021-.

[22] Como disposición paralela, se introdujo también un artículo 7 bis en la Ley 15/2015, de 2 de julio, de la Jurisdicción Voluntaria, con idéntico contenido, pero aplicable obviamente

a "la participación en condiciones de igualdad", pero con mayor especificidad, hay menciones directas a la necesidad de adaptaciones y ajustes en todas las fases y actuaciones, "incluyendo los actos de comunicación".

Pero, se añade que "las adaptaciones podrán venir referidas a la comunicación, la comprensión y la interacción con el entorno", por tanto, el legislador ya se ha enfrenta de lleno a la problemática que venimos exponiendo. Todo ello, se desmenuza aún más en el apartado segundo de este artículo 7 bis, que contiene una primera proclamación fundamental: "Las personas con discapacidad tienen el derecho a entender y ser entendidas en cualquier actuación que deba llevarse a cabo.". Para ello se formulan cuatro grandes directrices, casi todas ellas pertinentes para los casos de trastornos de lenguaje.

En primer lugar, se expresa como un deber la exigencia de que todas las comunicaciones con personas con discapacidad orales o escritas se hagan en un lenguaje claro, sencillo y accesible, "de un modo que tenga en cuenta sus características personales y sus necesidades, haciendo uso de medios como la lectura fácil". Se permite, para los casos en que sea necesario, que la comunicación se haga, no directamente al destinatario, sino "a la persona persona que preste apoyo a la persona con discapacidad para el ejercicio de su capacidad jurídica", como vía para asegurar la mayor efectividad de la comunicación.

En segundo lugar, se establece el deber de facilitar a la persona con discapacidad la asistencia o apoyos necesarios para que pueda hacerse entender, y se alude expresamente a "la interpretación en las lenguas de signos reconocidas legalmente y los medios de apoyo a la comunicación oral de personas sordas, con discapacidad auditiva y sordociegas", pero sin carácter exhaustivo.

Hay, en tercer lugar -y con una criticable formulación potestativa- la referencia a que se permita la participación de un profesional experto que a modo de facilitador realice tareas de adaptación y ajuste necesarias para que la persona con discapacidad pueda entender y ser entendida. Como hemos visto, el profesional más adecuado es el que ha sido formado específicamente para tratar los problemas relativos al lenguaje, es

a los expedientes de la llamada "jurisdicción voluntaria" en los que participen personas con discapacidad.

decir, el logopeda[23]. Pero el legislador no se ha atrevido aún a expresarlo como un deber, que es lo que exigiría la participación en condiciones de igualdad. A través de una interpretación lógica, teleológica y sistemática parece fácil superar la ambigüedad de la formulación facultativa ("se permitirá")[24], pero sería mucho más coherente con el espíritu de la norma el haberlo expresado como un tercer deber asimilable a los anteriores y añadir disposiciones para que esta función fuera acogida de manera clara bajo el paraguas de la asistencia jurídica gratuita[25].

[23] El punto d) de este apartado segundo del artículo 7 bis hace referencia también a que "la persona con discapacidad podrá estar acompañada de una persona de su elección desde el primer contacto con las autoridades y funcionarios", lo cual puede contribuir a facilitar tanto la comprensión como la expresión de quien participa en actos procesales, pero no puede sustituir en ningún caso la labor del profesional especializado a la que alude el apartado c).

[24] De hecho, el Tribunal Constitucional, en su sentencia núm. 161/2021, de 4 de octubre, (F.J. 3), establece que
"ante la existencia de indicios de discapacidad que puedan limitar la capacidad de comprensión de quien se ve inmerso en un procedimiento judicial sobre, por ejemplo, la relevancia de las consecuencias legales de su incomparecencia es menester, en aras del derecho a la tutela judicial efectiva, que los tribunales desarrollen la actividad necesaria para despejar cualquier duda al respecto. Sin embargo, en este caso los órganos judiciales no desarrollaron ninguna actividad probatoria o acreditativa ni respecto de si esa circunstancia de discapacidad concurría ni sobre si había sido relevante o causal en la incomparecencia del demandante en el juicio verbal determinante de la pérdida indefectible de su oportunidad procesal de defensa o en el pago extemporáneo de las rentas debidas como enervante de la acción de desahucio".

[25] Es verdad que la Ley 1/1996, de asistencia jurídica gratuita hace referencia a la actuación procesal de personas con discapacidad. Pero el claro reconocimiento del derecho se limita a las personas con discapacidad necesitadas de especial protección cuando sean víctimas de delitos de homicidio, de lesiones de los artículos 149 y 150, en el delito de maltrato habitual previsto en el artículo 173.2, en los delitos contra la libertad, en los delitos contra la libertad e indemnidad sexual y en los delitos de trata de seres humanos (art. 2.e), mientras que el artículo 5 se refiere al reconocimiento excepcional del derecho, por tanto de manera mucho más ambigua: "las tasas judiciales y otros costes derivados de la iniciación del proceso, u otras de análoga naturaleza, objetivamente evaluadas (...), la Comisión de Asistencia Jurídica Gratuita ante la que se presente la solicitud podrá conceder excepcionalmente, mediante resolución motivada, el reconocimiento del derecho a las personas cuyos recursos e ingresos, aun superando los límites previstos en el artículo 3, no excedan del quíntuplo del indicador público de renta de efectos múltiples,

4.3.2. En el Estatuto de la Víctima del Delito

Siguiendo lo dispuesto en el artículo 3 de la Directiva 2012/29/UE, de 25 de octubre de 2012[26], el artículo 4 de la Ley 4/2015, de 27 de abril, del Estatuto de la víctima del delito, se dedica al derecho a entender y ser entendida. De este modo se proclama que "Toda víctima tiene el derecho a entender y ser entendida en cualquier actuación que deba llevarse a cabo desde la interposición de una denuncia y durante el proceso penal, incluida la información previa a la interposición de una denuncia".

El legislador, también aquí, se preocupó de pormenorizar un poco más la forma de articular este derecho. Así, prevé la aplicación de la regla del lenguaje claro, sencillo y asequible para todas las comunicaciones, orales o escritas, con las víctimas, "de un modo que tenga en cuenta sus características personales y, especialmente, las necesidades de las personas con discapacidad sensorial, intelectual o mental o su minoría de edad"[27].

Ya en esta norma se contempla la necesidad de facilitar a la víctima la asistencia o apoyos para facilitar la comunicación, desde su primer contacto con las autoridades o con las Oficinas de Asistencia a las Víctimas, "lo que incluirá la interpretación en las lenguas de signos reconocidas legalmente y los medios de apoyo a la comunicación oral de personas sor-

teniendo en cuenta además la carencia de patrimonio suficiente". El apartado segundo, viene a establecer que estas condiciones se aplican también, atendiendo a las personas con discapacidad señaladas en el apartado 2 artículo 1 de la Ley 51/2003, de 2 de diciembre, de igualdad de oportunidades, no discriminación y accesibilidad universal de las personas con discapacidad". Será la Comisión de Asistencia Jurídica Gratuita correspondiente la que deberá determinar expresamente qué prestaciones de las contempladas en el artículo 6 son de aplicación al solicitante. Este último artículo alude al caso, entre otros, de que se trate de personas con discapacidad intelectual o enfermedad mental respecto al asesoramiento previo a la interposición de denuncia o querella y a la asistencia pericial especializada gratuita.

[26] Directiva 2012/29/UE del Parlamento Europeo y del Consejo de 25 de octubre de 2012, por la que se establecen normas mínimas sobre los derechos, el apoyo y la protección de las víctimas de delitos, y por la que se sustituye la Decisión marco 2001/220/JAI del Consejo.

[27] Tras la reforma de junio de 2021, ya no hay personas con capacidad judicialmente modificada, pero es necesario aplicar aquí las referencias sobre la necesidad de apoyos y la posibilidad de que las comunicaciones se hagan a través de la persona que asiste a la persona con diversidad funcional.

das, con discapacidad auditiva y sordociegas"[28]. No obstante, como diremos en el subapartado siguiente, aún se aprecian en ello insuficiencias que deberían ser colmadas por el legislador, para no dejar la efectividad del derecho a entender y a ser entendido al albur de los criterios, más o menos rígidos en cada caso, del juzgador competente.

4.3.3. En la Ley de Enjuiciamiento Criminal

Fue la reforma que llevó a cabo la Ley Orgánica 13/2015, de 5 de octubre, la que dio la redacción vigente al artículo 118 LECrim, precepto central en términos de la concreción del derecho de defensa en nuestro proceso penal. Como es bien sabido, la persona a la que se atribuya un hecho punible debe poder defenderse, y para ello es esencial que pueda comunicarse, es decir, que pueda comprender y que pueda expresarse de manera suficiente.

En el catálogo que recoge este artículo se enumeran una serie de derechos instrumentales para la efectiva defensa y algunos de ellos pueden ser menoscabados cuando hay trastornos del lenguaje, principalmente el derecho a ser informado de los hechos que se le atribuyan, así como de cualquier cambio relevante en el objeto de la investigación y de los hechos imputados, todo ello con un grado de detalle suficiente, pero también el derecho a examinar las actuaciones con la debida antelación para salvaguardar el derecho de defensa y en todo caso, con anterioridad a que se le tome declaración, y el derecho a actuar en el proceso penal para ejercer su derecho de defensa de acuerdo con lo dispuesto en la ley. Nótese la exigencia de que estas informaciones se faciliten "en un lenguaje comprensible y que resulte accesible", y para ello se debe adaptar la información, entre otras circunstancias, a la discapacidad del investigado (art. 118.1.II).

Es notable la ampliación que, respecto al lenguaje, se ha producido en nuestro código procesal penal, básicamente de la mano del Derecho europeo. Así la Ley Orgánica 5/2015, de 27 de abril, se introdujo en el

[28] Sin distinción de circunstancias, se dispone, por último, que la víctima pueda estar acompañada de una persona de su elección desde el primer contacto con las autoridades y funcionarios, lo cual tampoco debería ser excusa alguna, cuando existan trastornos de lenguaje, para que el apoyo venga dado por el profesional específicamente formado para ello.

título V del libro primero de la LECrim un nuevo capítulo II, dedicado al derecho a la traducción y a la interpretación. En el último de los preceptos incluidos en este capítulo hay una norma que nos interesa especialmente, pues de manera sintética establece que las disposiciones contenidas en los artículos precedentes son igualmente aplicables a las personas con discapacidad sensorial, que podrán contar con medios de apoyo a la comunicación oral (art. 127 LECrim).

Pero consideramos esta medida insuficiente esta norma, básicamente por dos razones fundamentales: En primer lugar, se cita a las personas con discapacidad sensorial, por tanto, discapacidad auditiva y discapacidad visual. No obstante, al añadir la referencia a "los medios de apoyo a la comunicación oral" se alude exclusivamente a las medidas que necesitan las personas con sordera[29], ya que en caso de discapacidad visual no se necesitan -en principio- apoyos a la comunicación oral, por razones obvias, sino al lenguaje escrito, que sería la traducción de los textos escritos al sistema de comunicación Braille. En segundo lugar, y más importante si cabe, si se aplica solo a los colectivos con discapacidad sensorial auditiva, debe seguirse que en dicha norma no se tiene en consideración a las personas con trastornos de comunicación y lenguaje que no son consecuencia de discapacidad auditiva y que presentan dificultades en el área comunicativo-lingüística, como se ha expuesto en apartados anteriores.

Respecto a los detenidos[30] o sometidos a prisión provisional, en el artículo 520 LECrim, tras la reforma por la Ley Orgánica 5/2015, de 27

[29] Respecto a las personas con dificultades auditivas, la *Guía de buenas prácticas sobre el acceso a la justicia de las personas con discapacidad* del Consejo General del Poder Judicial, p. 103: "La discapacidad auditiva también supone un serio hándicap para quien la padece y topa con la administración de justicia. Parte del procedimiento penal es escrito y parte es oral. A ello cabe añadir que, si bien la discapacidad visual, motora e incluso intelectual, suele ser apreciable a primera vista, la discapacidad auditiva no. En ocasiones nos encontramos con una persona con discapacidad auditiva, a quien comunicamos algo y no responde, interpretando el Juez o el Fiscal que se trata de una persona que no quiere entender, que prefiere guardar silencio o que hace caso omiso a las indicaciones de la autoridad".

[30] Téngase en cuenta el Convenio entre la Secretaría de Estado de Seguridad (Dirección General de la Policía) y el Instituto Lectura Fácil para el fomento y promoción de la accesibilidad cognitiva, la lectura fácil y el lenguaje claro en la Policía Nacional, hecho en Madrid, a 30 de noviembre de 2020. *Vid.* la Resolución de 8 de febrero de 2021, de la Secretaría General Técnica, por la que se publica este convenio en el BOE de 15 de febrero de 2021.

de abril, se exige la comunicación por escrito, "en un lenguaje sencillo y accesible, en una lengua que comprenda y de forma inmediata, de los hechos que se le atribuyan y las razones motivadoras de su privación de libertad, así como de los derechos que le asisten" y se añade que, cuando no se disponga de una declaración de derechos en una lengua que comprenda, se le informará de sus derechos por medio de un intérprete tan pronto resulte posible, y asimismo debe entregársele, posteriormente y sin demora "la declaración escrita de derechos en una lengua que comprenda". El apartado 2.bis insiste en la comprensibilidad y la accesibilidad del lenguaje empleado[31].

Además de contemplar la situación del sujeto pasivo del proceso penal con discapacidad por trastornos de lenguaje, se nos plantea asimismo la necesidad de previsiones respecto a otros sujetos con problemas comunicativos y que actúan en el proceso penal dentro de otras categorías. Justamente, el artículo 433 se refiere a la diligencia de las declaraciones testificales. Esta norma, en coherencia con lo dispuesto en el Estatuto de la Víctima del Delito, permite que aquellos testigos que tengan la condición de víctimas del delito puedan hacerse acompañar por su representante legal y por una persona de su elección durante la práctica de la diligencia, sin mayor pormenor.

Conforme a la reforma introducida en este artículo por la D.F. primera.1 de la Ley Orgánica 8/2006, de 4 de diciembre, se obligaba al juez a informar a los testigos mayores de edad, en un lenguaje claro y comprensible, de la obligación que tienen de ser veraces y de la posibilidad de incurrir en un delito de falso testimonio en causa criminal. Se añadía, para las declaraciones de menores la posibilidad de que sus declaraciones se realizaran ante expertos, y siempre en presencia del Ministerio Fiscal. La redacción cambió con la D.F.primera.11 de la Ley 4/2015: en ella se mantuvo la exigencia de claridad y comprensibilidad en cuanto a la información que suministra el Juez, y se amplió la posibilidad, respecto a "las personas con la capacidad judicialmente modificada", de que se les

[31] Se dispone en el segundo inciso del apartado 2.bis del artículo 520 que "a estos efectos se adaptará la información a su edad, grado de madurez, discapacidad y cualquier otra circunstancia personal de la que pueda derivar una limitación de la capacidad para entender el alcance de la información que se le facilita".

tome declaración mediante la "intervención de expertos y con intervención del Ministerio Fiscal", pero limitada a los casos en que "a la vista de la falta de madurez de la víctima resulte necesario para evitar causarles graves perjuicios", lo cual suponía una limitación fatal para que fuera aplicable con facilidad a nuestros protagonistas, las personas con discapacidad por trastornos de lenguaje[32]. Sin embargo, la Ley Orgánica 8/2021, de 4 de junio, suprimió el párrafo 4º del artículo 433 (D.F. primera.5) y por tanto todas estas referencias a la presencia de expertos para el apoyo en las declaraciones testificales, lo cual no impide que sean de aplicación las normas generales a las que antes hemos aludido. Entendemos que sería mucho más adecuada una previsión explicita de la aplicación de los apoyos necesarios para la persona que tuviera testificar en un proceso penal[33], lo cual recordemos que se configura como un auténtico deber cuya infracción es sancionable.

Conclusión

Las cuestiones relativas al lenguaje son un tema frecuente en los debates sobre la facilitación del acceso a la justicia, tanto por la necesidad de su simplificación para el acercar al justiciable, como para superar las barreras idiomáticas frecuentes en los conflictos de un tráfico jurídico cada vez más transnacional. Pero hay un aspecto al que hasta hace poco se ha dedicado menor atención y que también puede suponer innegables trabas para la deseable calidad de la situación de quien debe intervenir personalmente en los procesos jurisdiccionales: el de los trastornos del lenguaje.

Es cierto que en los últimos tiempos se ha avanzado notablemente, tanto a nivel doctrinal como normativo, en esta tarea de adoptar medi-

[32] No obviaba esta rotunda limitación la disposición del inciso siguiente: "Con esta finalidad, podrá acordarse también que las preguntas se trasladen a la víctima directamente por los expertos o, incluso, excluir o limitar la presencia de las partes en el lugar de la exploración de la víctima. En estos casos, el Juez dispondrá lo necesario para facilitar a las partes la posibilidad de trasladar preguntas o de pedir aclaraciones a la víctima, siempre que ello resulte posible.".

[33] Solamente se prevé, en el artículo 442 LECrim, que "si el testigo fuere sordo, se nombrará un intérprete de lengua de signos adecuado, por cuyo conducto se le harán las preguntas y se recibirán sus contestaciones".

das eficaces para que las personas con diversidad funcional no se vean discriminadas como consecuencia de sus características personales. Pero persisten algunos ámbitos a los que aún no se ha prestado la atención suficiente, con el fin de evitar injustas discriminaciones para quienes tengan que relacionarse con la administración de la justicia.

En consecuencia, en nuestra opinión se hacen patentes las importantes carencias de nuestra normativa para cubrir de manera adecuada las necesidades de reequilibro de todas las personas que tengan trastornos de lenguaje y, por tanto, puedan tener de problemas de comunicación -de comprensión y/o de expresión- a fin de que pueda ser efectiva su relación con la administración de la justicia[34]. Es necesario pues que se asegure mejor la cobertura de apoyos a la comunicación -facilitadores de la comunicación, sistemas aumentativos de comunicación, otros – a las personas con trastornos del lenguaje, discapacidad o diversidad funcional.

Referencias

Artigas-Pallarés, J., Paula Pérez, I., Ventura Mallofré, E. *Trastornos del lenguaje.* Pediatría Integral, 2022, XXVI (1).

Bellido González Del Campo, C. *Derecho de accesibilidad de las personas discapacitadas.* Comentario a la Ley 6/2022, de 31 de marzo, Diario La Ley, núm. 10072, 19 de mayo de 2022.

Berko, J, Y Berstein, N. *Psicolingüística,* McGraw-Hill, Madrid, 1999.

Bryan, K., Freer, J., Furlong, C. *Language and communication difficulties in juvenile offenders.* International Journal of Language & Communication Disorders, 2010, Volume 42, Issue 5.

Castro Martínez, A.M. *O Acceso Á Xustiza Para Persoas Con Tea. Volenti Nihil difficile.* Maremagnum, 2021.

De Lucchi López-Tapia, Y. *El servicio de facilitación judicial como pieza clave para la tutela judicial efectiva de las personas con discapacidad.* Actualidad Civil, núm. 9, septiembre, 2022.

[34] Como afirma Castro Martínez, A.M., *O acceso á xustiza para persoas con TEA. Volenti nihil difficile, Maremagnum,* 2021, p. 28: "só debemos cadrar a normativa coa realidade dando o que cada cal precise nunha nova sociedade que respecte o próximo por encima das súas diferenzas e limitacións".

Delgado Santos, C.I., Vigara Cerrato, *35 cuestiones sobre Comunicación Aumentativa* – Alternativa con productos de apoyo. Centro de Referencia Estatal de Autonomía Personal y Ayudas Técnicas (Ceapat), del Instituto de Mayores y Servicios Sociales (Imserso), 2019.

Grandi, D. *La logopedia en España:* Análisis de situación. Revista digital EOS Perú, vol. 6 (2), 2015.

Hidalgo Navarro, A., Villalba Ibáñez, C. *Problemas de uso del lenguaje oral en sede judicial.* Algunas propuestas de mejora. Revista de Llengua i Dret, núm. 66, 2016.

Leiva Madueño, I., Vázquez De Sebastián, J *Manual práctico de patología del lenguaje:* evaluación e intervención en adultos y niños. Editorial UOC, Barcelona, 2018.

Mendoza, E. *El trastorno específico del lenguaje.* Pirámide, Madrid, 2016.

Owens, R.E. *Desarrollo del lenguaje,* Pearson Educación, Madrid, 5ª ed., 2003.

Rodríguez García, L., Escorcia Mora, C.T., Grandi De Trepat, D., Sastre Vidal, M., Cardona Pera, C., Cabello Luque; F. Bravo Del Cerro, N., Ochando Cerdán, A., Ygual Fernández (Eds.). *Derecho y calidad de vida.* Universidad Nacional de Educación a Distancia (UNED), Madrid, 2022.

Teira Serrano, C. Logopedia y derecho a la comunicación, Revista de Investigación en Logopedia, 2021, 11 (2).

SEGURIDADE SOCIAL E PESSOA IDOSA
SEGURIDAD SOCIAL Y PERSONA MAYOR

31.

RISCOS DA SEGURIDADE SOCIAL E SEUS IMPACTOS PARA IDOSOS E FAMILIARES: IDOSO NAS RELAÇÕES DE TRABALHO E IMPACTO NA SEGURIDADE SOCIAL E FAMÍLIA

Gilda Figueiredo Ferraz de Andrade

1. Introdução

O envelhecimento da população brasileira vem ocorrendo de forma acelerada e a expansão do número de aposentados cria impasses para o financiamento da Seguridade Social no país, onde parte dos aposentados ainda é economicamente ativos para garantir a renda familiar e evitar o sentimento de improdutividade.

Segundo dados do IBGE:

> Em 1923, quando foi criada a Previdência Social no Brasil, as pessoas com mais de 60 anos eram equivalentes a 4% da população e em 2021, esse percentual subiu para 14,7%, ampliando o número idosos em comparação à população economicamente ativa. São mais de 31 milhões de idosos, número que, em nove anos, aumentou em 39,8%[1].

[1] Instituto Brasileiro de Geografia e Estatística (IBGE). Projeção da população do Brasil e das Unidades da Federação. Disponível em: https://www.ibge.gov.br/estatisticas/sociais/populacao/9109-projecao-da-populacao.html?edicao=23617&t=resultados. Acesso em: 09 mar. 2023.

A Previdência Social brasileira completou em janeiro de 2023 um século de existência, de um modelo pouco usual no mundo de aposentadoria por tempo de serviço. Inicialmente, o sistema só atendia os trabalhadores de estradas de ferro com 50 anos de idade e 30 anos de serviço. Atualmente, há 22,4 milhões de aposentados no Regime Geral (iniciativa privada e servidores sem regime próprio) com desembolso anual aos cofres públicos de R$ 48,7 bilhões.

A Previdência social passou por inúmeras reformas, sendo que atualmente a idade mínima para aposentar no Brasil é de 65 anos para homens e 62 anos para mulheres, devendo os beneficiados terem cumprido tempo de contribuição de 35 anos para homens e de 30 anos para mulheres.

Por outro lado, essa realidade quanto ao envelhecimento da população gera reflexos em diversas esferas da sociedade, e uma delas é o mercado de trabalho. O aumento da expectativa de vida tem levado as pessoas a permanecerem mais tempo no mercado de trabalho, e isso inclui os idosos. No entanto, ainda existem muitos desafios a serem enfrentados em relação às relações de trabalho do idoso no Brasil, com consequências para a seguridade social e para a família.

As políticas públicas voltadas a garantir ao idoso uma vida digna incluem a garantia de acesso não apenas à seguridade social e ao mercado de trabalho, mas também, ao judiciário, conforme será abordado no presente estudo.

2. Expectativa de vida e mercado de trabalho

Em 2019, havia no Brasil, expectativa de vida, em média, de até os 76,6 anos. Esse dado representa um aumento de três meses em relação ao ano anterior, quando era de 76,3 anos. Em 2021, o Instituto Brasileiro de Geografia e Estatística (IBGE) fixou a expectativa de vida dos brasileiros em 77 anos. Nos últimos 10 anos, a população brasileira ganhou 2,4 anos de vida, tornando-se mais longeva[2].

De acordo com a Organização Mundial da Saúde (OMS), entre 2015 e 2050, a proporção da população mundial com mais de 60 anos, passará

[2] Instituto Brasileiro de Geografia e Estatística (IBGE). Estatísticas do Registro Civil 2019. Disponível em: https://recivil.com.br/wp-content/uploads/2020/12/rc_2019_v46_informativo.pdf. Acesso em: 09 mar. 2023.

de 12% para 22%, podendo atingir o total de 2 bilhões pessoas até 2050. Neste sentido, as previsões do IBGE indicam que em 2030, a parcela de idosos no Brasil ultrapassará o total de crianças entre zero e 14 anos.

Nota-se o aumento da expectativa de vida da população brasileira, o que pode ser considerado um avanço em termos de qualidade de vida e saúde pública, propiciando, de outro lado, maior inserção e permanência desta população no mercado de trabalho. No entanto, de outro lado, esse fato também representa um desafio para a Previdência Social e para outras políticas públicas, que precisam se adaptar a essa realidade demográfica.

A participação dos idosos no mercado de trabalho brasileiro é de 18,5%, conforme levantamento do Departamento Intersindical de Estatística e Estudos Socioeconômicos[3], com base em dados do IBGE. A entidade divulgou também dados sobre onde os mais velhos estão trabalhando. A maioria dos idosos ativos no mercado de trabalho atuam no setor de serviços (53%); seguido pelo comércio (22.3%) e indústria (11,9%). O Instituto divulgou ainda exemplo de empresas que apostam nos mais velhos, trazendo colaboradores aposentados para serem consultores em diversas áreas.

Segundo dados da Pesquisa Nacional por Amostra de Domicílios (PNAD) de 2020, a taxa de desocupados e desalentados no Brasil é alta, além de haver uma crescente perda de renda da classe média e aumento da desigualdade de renda. Diante desse cenário, muitos aposentados que trabalham buscam assegurar a renda familiar[4].

O Brasil possui uma legislação específica para a proteção dos direitos dos trabalhadores idosos. A Constituição Federal de 1988 estabelece que é vedada a discriminação por idade, e a Consolidação das Leis do Trabalho (CLT) prevê a possibilidade de redução da jornada de trabalho e aposentadoria especial para os trabalhadores que atingem determinada

[3] Departamento Intersindical de Estatística e Estudos (DIEESE), 2021. Perfil das Pessoas com 60 anos,2021. Disponível em: https://www.dieese.org.br/. Acesso em 03 jan. 2023.
[4] IBGE. Pesquisa Nacional por Amostra de Domicílios – PNAD Contínua 2020. Rio de Janeiro: IBGE, 2020. Disponível em: https://www.ibge.gov.br/estatisticas/sociais/rendimento-despesa-e-consumo/9173-pesquisa-nacional-por-amostra-de-domicilios--continua-mensal.html. Acesso em: 09 mar. 2023.

idade. No entanto, apesar dessas medidas, ainda há muitas dificuldades enfrentadas pelos idosos no mercado de trabalho.

Uma das principais dificuldades é a discriminação. Muitas empresas ainda têm preconceito em relação aos trabalhadores mais velhos, acreditando que eles são menos produtivos e mais propensos a faltar ao trabalho devido a problemas de saúde. Além disso, a falta de atualização profissional e a dificuldade em lidar com novas tecnologias também são obstáculos para os idosos no mercado de trabalho.

3. Trajetória demográfica e Previdência Social

Com maior longevidade da população brasileira, a projeção futura para a Previdência Social no Brasil não é das mais otimistas diante do desequilíbrio estabelecido entre contribuintes e beneficiários. A Constituição Federal de 1988, na verdade, não se preocupou com financiamento do sistema, mas proporcionou a incorporação de milhares de trabalhadores que nunca haviam contribuído, o que ampliou o déficit, reduzindo o volume de caixa para pagar aposentadorias e pensões, visando uma proteção social mais universal. A Carta Magna assegura um modelo mais ampliado da Seguridade Social e estabelece políticas de previdência, assistência social e saúde voltadas aos idosos.

No início da década de 1990, as medidas previdenciárias asseguradas no bojo da Constituição sofrem estagnação. Os diversos dispositivos legais que compunham a Constituição de 1988 não foram implementados automaticamente. Para tal, foi estipulado um prazo de cinco (5) anos após a sua promulgação para que estes fossem remetidos a leis infraconstitucionais que, por sua vez, seriam responsáveis pela revisão, legalização e efetivação das políticas de Seguridade Social. Esse período se caracterizou por disputas em torno da definição dos direitos sociais que deveriam ser inseridos no conceito de Seguridade Social e sobre a definição do modelo de proteção social que deveria ser adotado. A regulamentação da Previdência Social e seu modelo de financiamento eram um dos principais focos desse conflito.

> O processo de implementação da Seguridade Social no Brasil, especialmente no que diz respeito à Previdência Social, tem sido marcado por desafios políticos e administrativos. A complexidade e a diversidade do sistema previden-

ciário brasileiro, combinadas com os problemas de financiamento e gestão, têm dificultado a construção de um modelo de proteção social efetivo e sustentável[5].

Nesse período foram aprovadas a Lei nº 8.212/91[6], que dispunha sobre a organização da Seguridade Social e institui o Plano de Custeio e a Lei 8.213/91, que trata dos Plano de Benefícios da Previdência Social, estabelecendo seu 1º artigo que a Previdência visa a assegurar aos beneficiários, por meio de contribuição "meios indispensáveis de manutenção, por motivo de incapacidade, desemprego involuntário, idade avançada, tempo de serviço, encargos familiares e prisão ou morte daqueles de quem dependiam economicamente"[7]. A Lei também fixou diferentes tipos de benefícios – aposentadoria por idade (65 anos para homens e 60 para mulher), por invalidez, tempo de contribuição, especial, auxílio-doença, salário-família e salário-maternidade. A mesma lei conferiu aos trabalhadores rurais os mesmos direitos dos urbanos e desvinculou os benefícios do salário-mínimo, passando a ser reajustadas pelo Índice Nacional de Preços ao Consumidor (INPC), com aumentos inferiores aos aplicados aos salário-mínimo, reduzindo o poder de compra dos benefícios, registrando como exceção o piso salarial dos aposentados.

A Lei Complementar nº 70, de 30 de dezembro de 1991[8], foi criada para estabelecer as normas para a contribuição social sobre o lucro das instituições financeiras, com o objetivo de prover recursos para a Seguri-

[5] Reis, M. A. O desafio da proteção social no Brasil: reflexões sobre a Previdência Social. Serviço Social em Revista, v. 20, n. 1, p. 103-121, 2018.

[6] BRASIL. LEI Nº 8.212, de 24 de julho de 1991. Dispõe sobre a organização da Seguridade Social, institui Plano de Custeio e dá outras providências. Disponível em: https://www.planalto.gov.br/ccivil_03/leis/l8212cons.htm. Acesso em: 09 mar. 2023.

[7] BRASIL. LEI Nº 8.213, de 24 de julho de 1991. Dispõe sobre os Planos de Benefícios da Previdência Social e dá outras providências. Diário Oficial da União, Brasília, DF, 25 jul. 1991. Disponível em: http://www.planalto.gov.br/ccivil_03/leis/L8213cons.htm. Acesso em: 09 mar. 2023, artigo 1º.

[8] BRASIL. Lei Complementar nº 70, de 30 de dezembro de 1991. Dispõe sobre a contribuição social sobre o lucro líquido das instituições financeiras e dá outras providências. Diário Oficial da União, Brasília, DF, 31 dez. 1991. Disponível em: http://www.planalto.gov.br/ccivil_03/leis/LCP/Lcp70.htm. Acesso em: 09 mar. 2023.

dade Social, incluindo a Previdência, Saúde e Assistência Social. Essa lei não trata diretamente da Contribuição para o Financiamento da Seguridade Social (COFINS), que é regida por outra legislação.

Em 1994, há um avanço na garantia na ação do Estado em proteção ao idoso com a criação da Política Nacional do Idoso (Lei 8.842/1994) no sentido de assegurar mais direitos sociais, "criando condições para promover sua autonomia, integração e participação efetiva na sociedade", partir de três princípios: além do Estado , a família e a sociedade têm igualmente o dever de garantir ao idoso todos os direitos de cidadania; que o processo de envelhecimento deve envolver a sociedade e que o idoso não deve sofrer qualquer tipo de discriminação. A Lei institui também um plano de custeio para a Seguridade Social e em 1995 é regulamentado o Benefício de Prestação Continuada (BPC), estatelando regramento para concessão dos benefícios, fundamental para quem vive em vulnerabilidade econômica, funcionando para estagnar o processo de vulnerabilidade da população idosa[9].

Em 2003 é criado o Estatuto do Idoso para garantir direitos fundamentais para a população idosa do Brasil. Para Camarano, este estatuto:

> (...) apresenta em uma única e ampla peça legal muitas das leis e políticas previamente aprovadas. Incorpora novos elementos e enfoques, dando um tratamento integral ao estabelecimento de medidas que visam proporcionar o bem-estar dos idosos e com uma visão de longo prazo. Esse novo instrumento conta com 118 artigos versando sobre diversas áreas dos direitos fundamentais e das necessidades de proteção dos idosos, objetivando reforçar as diretrizes contidas na Política Nacional do Idoso, muitas já asseguradas pela CF/1988[10].

[9] BRASIL. Lei nº 8.842, de 4 de janeiro de 1994. Dispõe sobre a Política Nacional do Idoso, cria o Conselho Nacional do Idoso e dá outras providências. Diário Oficial da União, Brasília, DF, 5 jan. 1994. Disponível em: http://www.planalto.gov.br/ccivil_03/leis/L8842.htm. Acesso em: 09 mar. 2023.

[10] Instituto de Pesquisa Econômica Aplicada (IPEA), 2013. *Estatuto do Idoso: Avanços com Contradições*. Brasília, Ipea, 2013.

O sistema de Previdência Social brasileiro também foi alterado pela Emenda Constitucional 103, de 2019, que estabeleceu novas regras de transição, sendo que o tempo mínimo é de 15 anos mulheres, 20 anos para os homens e 25 anos para servidores públicos. Também modificou o cálculo que levará em consideração a média de todos os salários. O benefício a ser pago será de 60% da média geral, a partir dos 15 anos de contribuindo, subindo 2% a cada ano que for feita a contribuição. O Benefício da Prestação Continuada (BPC), que beneficia pessoas com deficiência ou idosas inscritas no Cadastro Único, não teve alteração.

A despeito dos avanços nas diferentes reformas da Previdência Social, inclusive, com criação da Contribuição Social sobre o Lucro Líquido das Empresas (CSLL) e Contribuição Social para o Financiamento da Seguridade Social (COFINS), no sentido de criar uma rede de proteção social aos idosos e incapacitados, o futuro é incerto porque o modelo de repartição, no qual os trabalhadores na ativa pagam os benefícios dos aposentados está em desequilíbrio, o que deve se acentuar. Dessa forma, vem avançando no Brasil a alternativa da previdência complementar ou privada, nas vertentes de planos fechados para um grupo específico de indivíduos (fundos de pensão) e a aberta, na qual é possível aderir e investir parte da renda em um plano de previdência oferecido pelo mercado financeiro e securitário, no sentido de atingir uma receita complementar da aposentaria, propiciando maior segurança financeira na terceira idade.

As dificuldades enfrentadas pelos idosos no mercado de trabalho têm impacto direto na seguridade social. Isso porque muitos trabalhadores acabam se aposentando antes do tempo devido à dificuldade em se manter no mercado de trabalho, o que gera um aumento nos gastos com aposentadorias e pensões.

Por outro lado, a permanência dos idosos no mercado de trabalho pode contribuir para a sustentabilidade da previdência social. Isso porque, ao continuar trabalhando, esses trabalhadores continuam contribuindo para o sistema previdenciário, o que reduz o déficit da seguridade social.

4. A proteção do idoso quanto ao acesso ao Judiciário

A Justiça do Trabalho no Brasil garante prioridade para a prática de atos processuais de idosos a partir de 60 anos, conforme disposto em dispositivos legais, como o artigo 10, inciso VI, alínea b, da Lei nº 8.942/1994[11]; o artigo 3º, parágrafo único, inciso I, do Estatuto do Idoso[12] e o artigo 1.048, inciso I, primeira parte, do Código de Processo Civil[13].

Essa prioridade tem como objetivo garantir que os idosos tenham um tratamento diferenciado e mais ágil no âmbito do Judiciário, em respeito aos seus direitos e necessidades específicas, especialmente em situações de saúde ou de vulnerabilidade social.

No Brasil, a Lei 10.471/2003, chamada de Estatuto do Idoso, prevê esses direitos. Além de assegurar o direito à vida, à saúde, à alimentação, à educação, à cultura, ao esporte, ao lazer, ao trabalho, à cidadania, à liberdade, à dignidade, ao respeito e à convivência familiar e comunitária, os idosos devem ter a liberdade de exercer qualquer tipo de atividade profissional em igualdade de condições com os demais trabalhadores.

É necessário ainda respeitar condições físicas, intelectuais e psicológicas dessa população, impedindo que sejam designados para tarefas que acarretem pressão psicológica, situações de estresse ou carga emocional acima de limites razoáveis.

Também é preciso proteger o idoso de trabalhos penosos, insalubres e jornadas ininterruptas.

O Estatuto do Idoso declara em seu artigo 2º que:

> A pessoa idosa goza de todos os direitos fundamentais inerentes à pessoa humana, sem prejuízo da proteção integral de que trata esta Lei, assegurando, por lei ou por outros meios, todas as oportunidades e facilidades, para preservação de sua saúde física e mental e seu aperfeiçoamento moral, intelectual, espiritual e social, em condições de liberdade e dignidade.

[11] BRASIL. *LEI Nº 8.942, de 4 de janeiro de 1994.* Dispõe sobre a Política Nacional do Idoso, cria o Conselho Nacional do Idoso e dá outras providências. Diário Oficial da União, Brasília, DF, 5 jan. 1994. Disponível em: http://www.planalto.gov.br/ccivil_03/leis/L8842.htm. Acesso em: 09 mar. 2023.

[12] BRASIL. *LEI Nº 10.741, de 1º de outubro de 2003. Dispõe sobre o Estatuto do Idoso e dá outras providências.* Diário Oficial da União, Brasília, DF, 3 out. 2003. Disponível em: http://www.planalto.gov.br/ccivil_03/leis/2003/L10.741.htm. Acesso em: 09 mar. 2023.

[13] BRASIL. *LEI Nº 13.105, de 16 de março de 2015. Código de Processo Civil.* Diário Oficial da União, Brasília, DF, 17 mar. 2015. Disponível em: http://www.planalto.gov.br/ccivil_03/_ato2015-2018/2015/lei/l13105.htm. Acesso em: 09 mar. 2023.

Mas é no Capítulo VI, onde o Estatuto trata do trabalho, sendo que o artigo 27º proíbe a discriminação do idoso em qualquer trabalho ou emprego. Esta regra consta também na Constituição Federal Brasileira, em seu artigo 7º que trata da proibição de qualquer tipo de discriminação por motivo de sexo, idade, cor ou estado civil quando do arbitramento do salário, função ou critério de admissão no trabalho.

No artigo 28º do Estatuto, a Lei delega ao poder público a competência para criar e estimular programas de proteção e promoção do idoso como a:

> profissionalização especializada para os idosos, aproveitando seus potenciais e habilidades para atividades regulares e remuneradas, a preparação dos trabalhadores para a aposentadoria, com antecedência mínima de 1 ano, por meio de estímulo a novos projetos sociais, conforme seus interesses, e de esclarecimento sobre os direitos sociais e de cidadania e estímulo às empresas privadas para admissão de idosos ao trabalho.

Está em tramitação no Legislativo federal, o PL 6.685/2009 do Senado Federal, que propõe jornada de trabalho de 8 horas de trabalho para empregados com 60 anos A jornada pode ser prorrogada, mas haverá acréscimo salarial, sempre observando o limite máximo de 44 horas semanais, buscando o equilíbrio do envelhecimento da população e demanda do setor produtivo.

5. Efeitos da pandemia

A Covid- 19 afetou gravemente o mercado de trabalho, sem poupar os trabalhadores da terceira idade. A economia entrou em colapso em todo o mundo. Nesse cenário, o crescimento de vagas para idosos, que desde 2016 vinha aumentando, caiu. Com a epidemia quase finalizada, as taxas de desemprego desaceleraram e, segundo pesquisa do IBGE, em um ano, entre abril de 2021 e 2022, o número de trabalhadores brasileiros com 70 anos de idade ou mais cresceu mais de 20%.

No Brasil é grande o número de lares que dependem da renda dos aposentados. Calcula-se que cerca de 10,8 milhões de brasileiros vivam do salário dos idosos. A fatia da Previdência na renda das famílias passou de 19,9% em 2014 para 23,2% em 2017. No País, foi de 16,3% para 18,5%.

(O Estado de S. Paulo, 2018). A população com mais de 70 anos que ainda trabalha foi a principal atingida pela pandemia devido aos riscos que corriam. Após lenta recuperação da economia, o mercado prevê que até 2040, 57% do mercado de trabalho no país seja formado por pessoas com mais de 45 anos.

Noutro giro, a Secretaria de Trabalho do Ministério da Economia aponta que o número de pessoas com 65 anos ou mais em vagas com carteira assinada aumentou 43% nos últimos quatro anos. Um levantamento do Sebrae mostrou que cerca de 7,5% das pessoas na faixa etária entre 55 e 64 anos decidiram abrir um negócio. Em 2019, apenas 3,5% desse público havia encarado o desafio.

Esse não é um fenômeno exclusivo do Brasil. Vem sendo registrado também Espanha, durante período mais agudo da recessão recente, economistas chegaram a chamar os idosos espanhóis de heróis silenciosos da crise, por bancarem financeiramente filhos e netos desempregados e evitarem, em certa medida, um colapso social.

Com o incremento da Diversidade e Inclusão, o pilar geracional vem sendo observados por grande parte das empresas, alicerçando que o preconceito contra o idoso não faz mais sentido, uma vez que estamos em constante mudanças de paradigmas. Mas é preciso criar programas sociais de inclusão etária para atrair essa parcela e ensinar a convivência com todas as faixas etárias. O tema inclusão chegou à ONU (Organização das Nações Unidas). A Resolução 45/106, que tratou do assunto, sugere alternativas para essa iniciativa, como incluir os idosos nas atividades acadêmicas ou profissionais, oportunizando um espaço.

A questão do idoso também está incluída na Agenda 2030 da ONU, com 17 metas ambiciosas e desafiantes para tornar o mundo mais socialmente mais justo e sustentável, sendo que o Brasil é signatário. Elas estão expressas nos Objetivos de Desenvolvimento Sustentável, sendo que o ODS-3 Saúde e bem-estar, contempla a questão do idosos. O acesso a esse direito é um direito humano, especialmente de um grupo tão vulnerável quanto das pessoas da terceira idade.

Entretanto, em um país como o Brasil, no qual 26% da população tem acima de 50 anos, as oportunidades de emprego para essa faixa etária ainda são restritas, sendo que a produtividade e a longevidade estão intimamente ligadas, ou seja, quem produz vive mais.

6. Condições econômicas e efeitos adversos e os impactos na entidade familiar

A proteção social tem se agravado diante o incremento das taxas de desempregos registrados na década de 2000 e do crescimento do setor informal, que pode ser definido como de produtividade e qualificação mais baixa) que atingiu em patamar mais alto, porque grande parcela dos trabalhadores não consegue se inserir no mercado de trabalho. Dessa forma, cria-se um impasse porque o mercado não consegue gerar volume de emprego formal capaz de financiar aposentadorias. Dados da América Latina, apontam que até 140 milhões de idosos atingirão a idade para se aposentador, sem conseguir gerar economia para financiar uma previdência, ingressando no grupo de pessoas vulneráveis da sociedade, à medida que terá rendimento terá uma queda vertiginosa, sem amparo previdenciário, que exige um sistema formal de emprego[14]. Nessa perspectiva, o papel da família em prover bem-estar e cuidados aos idosos, principalmente porque a saúde com o envelhecimento vai ficando mais precária, a exigir maiores cuidados por parte da família.

Contudo, mesmo para os idosos que deixam o mercado de trabalho formal para se aposentar, o benefício assegurado pela Previdência Social, calculado por idade e/ou tempo de contribuição, não consegue suprir as necessidades de subsistência, expondo a fragilidade do sistema de proteção social no país.

De acordo com a pesquisadora do IPEA, Ana Amélia Camarano[15] os idosos contribuíam com 70% da renda em 34% dos domicílios brasileiros. Em 21% deles, a renda dos idosos era responsável por 90% da renda familiar. Segundo ela, esse fato ocorre desde e promulgação da Constituição Federal de 1988 e, mais ainda com a regulamentação de preceitos constitucionais e do Estatuto do Idoso, quando os mais velhos deixaram

[14] Bosch, M. et al. *Melhores aposentadorias, melhores trabalhos: Em direção à cobertura universal na América Latina e no Caribe.* Banco Interamericano de Desenvolvimento – BID, 2013.

[15] Fachin, Patrícia. *34% dos domicílios brasileiros dependem de 70% da renda dos idosos.* Entrevista especial com Ana Amélia Camargo. Universidade Do Vale Do Rio Dos Sinos. São Leopoldo, Unisinos, 2020. Disponível em https://www.ihu.unisinos.br/159-noticias/entrevistas/599662-34-dos-domicilios-brasileiros-dependem-de-70-da-renda-dos-idosos-entrevista-especial-com-ana-amelia-camarano. Acesso em 08 jan. 2023.

de depender das famílias para tornarem-se arrimos delas. Em 2020, 16,6 milhões de brasileiros adultos formavam esse contingente e dependiam da renda dos idosos da família para sobreviver. Entre eles, 75% tinham menos de quatro anos de estudo e a baixa escolaridade é um dos fenômenos que dificultam o acesso ao mercado de trabalho. A pesquisa aponta também que em 1/3 dos domicílios brasileiros há pelo menos um idoso residindo, ou seja, havia um idoso em quase 34% dos domicílios brasileiros. Nessas casas moravam cerca de 63 milhões de pessoas, das quais quase a metade, 30 milhões, não era idosa, ou seja, eram adultos e crianças. Desses adultos, 16,6 milhões não trabalhavam, portanto não tinham renda e dependiam da renda dos idosos. Portanto, a dependência era muito alta. No total, cinco milhões de pessoas dependiam da renda dos idosos: 4,1 milhões de adultos e 900 mil crianças.

Além do impacto na seguridade social, as relações de trabalho do idoso também têm consequências para a família. Muitas vezes, os idosos precisam continuar trabalhando para complementar a renda da família, especialmente em um contexto de crise econômica e desemprego elevado. Isso pode gerar uma sobrecarga física e emocional para esses trabalhadores, que muitas vezes precisam lidar com problemas de saúde e dificuldades em conciliar trabalho e família.

Por outro lado, a permanência dos idosos no mercado de trabalho também pode ser vista como uma forma de manter o seu papel social e de contribuir para a família e para a sociedade como um todo. Além disso, a continuidade do trabalho pode ajudar os idosos a manterem uma rotina e uma vida social ativa, o que é importante para a sua saúde mental e emocional.

Conclusão

A longevidade da população brasileira deve agravar a situação da previdência social, saúde e qualidade de vida dos brasileiros na terceira idade. O aumento da expectativa de vida é considerado uma tendência irreversível, tanto que o governo brasileiro aumentou a idade mínima de aposentadoria. Falta ao Estado o devido fôlego financeiro para honrar as obrigações previdenciárias e as contribuições com aposentadorias e pensões, além de prover uma rede social para a população. A carga previdenciária do Brasil anualmente é de mais de US$ 200 bilhões. Esse cenário de incertezas foi agravado pela pandemia da Covid-19, que impactou a economia e reduziu os postos de trabalho para aqueles economicamente ativos, fechando ainda mais a possibilidade de abertura de vagas para os trabalhadores acima da faixa etária dos 50 anos, a despeito de haver uma tendência das corporações de promover a diversificação de seus talentos, investindo no pilar geracional, ainda de forma tímida.

Diante de um cenário de incertezas, é grande o impacto das relações de trabalho dos idosos nas respectivas famílias. No Brasil, calcula-se que para aumentar a renda familiar, a proporção de aposentadores que continuam trabalhando ultrapasse os 30% (IBGE/PNAD), percentual considerado alto no plano internacional. E muitos outros aposentados, a despeito de viverem da contribuição da Seguridade Social pública, são arrimos de família diante da crise econômica decorrente da pandemia.

Dessa forma, para os que ainda estão no mercado de trabalho, as dúvidas sobre a sustentabilidade da Previdência têm levado a uma busca pela previdência privada como uma saída para as mazelas do baixo patamar dos benefícios, buscando assegurar mais estabilidade e um período de aposentadoria digno. Como restou demonstrado, no Brasil, a Constituição Federal de 1988 estabelece em seu artigo 230 que "a família, a sociedade e o Estado têm o dever de amparar as pessoas idosas, assegurando sua participação na comunidade, defendendo sua dignidade e bem-estar e garantindo-lhes o direito à vida".

Além disso, a Lei nº 10.741/2003, conhecida como Estatuto do Idoso, prevê uma série de direitos aos cidadãos com idade igual ou superior a 60 anos, tais como a prioridade no atendimento em serviços públicos e privados, a garantia de acesso à cultura, ao lazer e ao trabalho, e a proibição de discriminação em razão da idade, e ainda a prioridade de atendimento e tramitação dos processos.

Já no que se refere ao trabalho, a legislação brasileira garante ao idoso a proteção contra condições de trabalho penosas, insalubres ou perigosas, bem como, a proibição de discriminação no ambiente laboral. Ademais, o Estatuto do Idoso e a Constituição Federal proíbem a dispensa arbitrária ou sem justa causa do trabalhador idoso.

Cabe ressaltar que a população idosa tem se tornado cada vez mais significativa no Brasil, exigindo políticas públicas que garantam sua integração e bem-estar social. Nesse sentido, é fundamental que a sociedade e as empresas reconheçam a importância do idoso e valorizem sua experiência e conhecimento, proporcionando oportunidades de trabalho e investindo em sua capacitação profissional. Em síntese, é preciso assegurar aos idosos um tratamento justo e digno, garantindo-lhes seus direitos e combatendo a discriminação etária em todas as esferas da sociedade. Somente assim, o Brasil será um país verdadeiramente justo e inclusivo para todas as gerações.

Desse modo, restou pontuado que as relações de trabalho do idoso no Brasil são marcadas por desafios e dificuldades, mas também por oportunidades e possibilidades para a construção de uma sociedade mais justa, livre e solidária.

Referências

Banco Mundial. *Envelhecendo em um Brasil mais velho*: implicações do envelhecimento populacional para o crescimento econômico e redução da pobreza, as finanças públicas e a prestação de serviços. Washington: The Word Brasil,2011.

Bosch, M. et al. *Melhores aposentadorias, melhores trabalhos:* Em direção à cobertura universal na América Latina e no Caribe. Banco Interamericano de Desenvolvimento (BID), 2013.

BRASIL. Ministério A Previdência E Assistência Social. *Boletim estatístico da Previdência Social,* v.25 (fev. 2020), Brasília. Disponível em: http://sa.previdencia.gov.br/site/2020/04/Beps022020_trab_Final_portal.pdf. Acesso em 03 jan. 2023.

BRASIL. *Lei Nº 8.212, de 24 de julho de 1991.* Dispõe sobre a organização da Seguridade Social, institui Plano de Custeio e dá outras providências. Disponível em: https://www.planalto.gov.br/ccivil_03/leis/l8212cons.htm. Acesso em: 09 mar. 2023.

BRASIL. *Lei Nº 8.213, de 24 de julho de 1991.* Dispõe sobre os Planos de Benefícios da Previdência Social e dá outras providências. Diário Oficial da União, Brasília, DF, 25 jul. 1991. Disponível em: http://www.planalto.gov.br/ccivil_03/leis/L8213cons.htm. Acesso em: 09 mar. 2023.

BRASIL. *Lei Nº 8.842, de 4 de janeiro de 1994.* Dispõe sobre a Política Nacional do Idoso, cria o Conselho Nacional do Idoso e dá outras providências. Diário Oficial da União, Brasília, DF, 5 jan. 1994. Disponível em: http://www.planalto.gov.br/ccivil_03/leis/L8842.htm. Acesso em: 09 mar. 2023.

BRASIL. *Lei Nº 10.741, de 1º de outubro de 2003. Dispõe sobre o Estatuto do Idoso e dá outras providências.* Diário Oficial da União, Brasília, DF, 3 out. 2003. Disponível em: http://www.planalto.gov.br/ccivil_03/leis/2003/L10.741.htm. Acesso em: 09 mar. 2023.

BRASIL. *Lei Nº 13.105, de 16 de março de 2015. Código de Processo Civil.* Diário Oficial da União, Brasília, DF, 17 mar. 2015. Disponível em: http://www.planalto.gov.br/ccivil_03/_ato2015-2018/2015/lei/l13105.htm. Acesso em: 09 mar. 2023.

BRASIL. *Lei Complementar Nº 70, de 30 de dezembro de 1991.* Dispõe sobre a contribuição social sobre o lucro líquido das instituições financeiras e dá outras providências. Diário Oficial da União, Brasília, DF, 31 dez. 1991. Disponível em: http://www.planalto.gov.br/ccivil_03/leis/LCP/Lcp70.htm. Acesso em: 09 mar. 2023.

BRASIL. *Emenda Constitucional Nº 103 de 12 de novembro de 2019.* Altera o sistema de previdência social e estabelece regras de transição e disposições transitórias. Disponível em: https://www.planalto.gov.br/ccivil_03/constituicao/emendas/emc/emc103. Acesso em 03 jan. 2023.

Brandão, Raquel. *Número de lares que dependem da renda de aposentado cresce 12% em um ano.* O Estado De São Paulo, São Paulo:2018. Disponível em: https://www.estadao.com.br/economia/numero-de-lares-que-dependem-da-renda-de-aposentados-cresce-12-em-um-ano/#:~:text=No%20Nordeste%2C%20a%20fatia%20da,%25%2C%20aponta%20a%20consultoria%20Tend%C3%AAncias. Acesso em: 23 jan. 2023.

Camarano, A. A. (2001). *O idoso brasileiro no mercado de trabalho.* Rio de Janeiro: IPEA.

Departamento Intersindical De Estatística E Estudos (DIEESE), 2021. *Perfil das Pessoas com 60 anos, 2021.* Disponível em: https://www.dieese.org.br/ Acesso em 03 jan. 2023.

Fachin, Patrícia. *34% dos domicílios brasileiros dependem de 70% da renda dos idosos.* Entrevista especial com Ana Amélia Camargo. Universidade Do Vale Do Rio Dos Sinos. São Leopoldo, Unisinos, 2020. Disponível em: https://www.ihu.unisinos.br/159-noticias/entrevistas/599662-34-dos-domicilios-brasileiros-dependem-de-70-da-renda-dos-idosos-entrevista-especial-com-ana-amelia-camarano. Acesso em 08 jan. 2023.

Instituto Brasileiro De Geografia E Estatística (IBGE). *Projeção da população do Brasil e das Unidades da Federação.* Disponível em: https://www.

ibge.gov.br/estatisticas/sociais/populacao/9109-projecao-da-populacao.html?edicao=23617&t=resultados. Acesso em: 09 mar. 2023.

Instituto Brasileiro De Geografia E Estatística (IBGE). *Estatísticas do Registro Civil 2019.* Disponível em: https://recivil.com.br/wp-content/uploads/2020/12/rc_2019_v46_informativo.pdf. Acesso em: 09 mar. 2023.

Instituto Brasileiro de Geografia e Estatística (IBGE). *Pesquisa Nacional por Amostra de Domicílios* – PNAD Contínua 2020. Rio de Janeiro: *IBGE, 2020.* Disponível em: https://www.ibge.gov.br/estatisticas/sociais/rendimento-despesa-e-consumo/9173-pesquisa-nacional-por-amostra-de-domicilios-continua-mensal.html. Acesso em: 09 mar. 2023.

Instituto De Pesquisa Econômica Aplicada (IPEA), 2013. *Estatuto do Idoso: Avanços com Contradições.* Brasília, Ipea, 2013.

Reis, M. A. O desafio da proteção social no Brasil: reflexões sobre a Previdência Social. *Serviço Social em Revista, v. 20,* 2018.

Souza, Michele Souza e. *Proteção social aos idosos no Brasil de 1988 a 2016:* trajetória e características. 2018. 281 f. Tese (Doutorado em Saúde Pública) – Escola Nacional de Saúde Pública Sergio Arouca, Fundação Oswaldo Cruz, Rio de Janeiro, 2018.

32.
ADULTO MAYOR EN LA JURISPRUDENCIA DE LA CORTE INTERAMERICANA DE DERECHOS HUMANOS

Graciela Medina

1. Introducción y objetivos

Hasta fines del siglo pasado el envejecimiento no era un tema que atrajera extensamente la atención, a pesar de que las estadísticas mostraban el resuelto incremento de las personas de más de 60 año tanto a escala mundial, como regional y nacional y su impacto en la sociedad; entre otras cuestiones: el crecimiento cuantitativo de los adultos mayores planteaba y plantea, problemas en términos de respeto de sus derechos humanos ya que a menudo en la edad avanzada las personas se encuentran en situación de vulnerabilidad y dependencia. Como así también presenta desafíos en términos de financiación de las jubilaciones y de mantenimiento de las personas adultos mayores que hoy viven hasta los 80 y 90 años, y que a menudo en la ancianidad se encuentran en estado de fragilidad y falta de independencia[1].

El aumento de los adultos mayores, es decir, la proporción de personas mayores de 65 años en comparación con el resto de la población varía significativamente entre países y regiones. Sin embargo, en general, se observa un aumento en la población de personas mayores en todo el mundo debido a varios factores, incluyendo:

[1] Blanco, Luis G. *Consideraciones bioéticas acerca del envejecimiento y la ancianidad.* RDF 95, 21. TR La Ley Ar/Doc/1834/2020.

1. Mayor esperanza de vida: Los avances en la medicina, la nutrición y las condiciones de vida han contribuido a un aumento en la esperanza de vida. Las personas viven más tiempo, lo que lleva a un incremento en el número de adultos mayores.
2. Bajas tasas de natalidad: En muchas sociedades, las tasas de natalidad han disminuido, lo que significa que hay menos nacimientos y una mayor proporción de personas mayores en comparación con la población más joven.
3. Envejecimiento de la generación del baby boom: En algunas regiones, el envejecimiento de la generación del baby boom (nacidos después de la Segunda Guerra Mundial, durante los años de 1946 a 1964) ha contribuido a un aumento significativo en el número de personas mayores.
4. Migración y movilidad: Los flujos migratorios también pueden afectar la composición demográfica de una población. En algunas ocasiones, los países pueden experimentar una disminución en la población joven debido a la emigración, lo que resulta en un aumento relativo de adultos mayores.

Es importante tener en cuenta que el aumento de la población de adultos mayores plantea desafíos significativos para las sociedades en términos de atención médica, seguridad social, pensiones, atención a largo plazo y otros servicios y recursos necesarios para garantizar el bienestar de esta población en crecimiento. Las políticas y programas gubernamentales deben adaptarse para abordar estas cuestiones y asegurar una vejez digna y saludable para las personas mayores, y como esta preocupación no es universal requiere de respuestas sincrónicas de la comunidad de naciones.

En la década de los 90 y desde el 2000, comienza a vislumbrarse una mayor preocupación internacional sobre el cambio demográfico y sus consecuencias que se ve reflejado en diferentes declaraciones internacionales, como son los Principios de las Naciones Unidas en favor de las Personas de Edad (1991); la Proclamación sobre el Envejecimiento (1992); la Declaración Política y el Plan de Acción de Madrid sobre el Envejecimiento (2002), así como los instrumentos regionales tales como la Estrategia Regional de implementación para América Latina y el Caribe del

Plan de Acción Internacional de Madrid sobre el Envejecimiento (2003); la Declaración de Brasilia para la región de América Latina y el Caribe (2007); la Declaración de Compromiso de Puerto España (2009) y la Carta de San José sobre los derechos de las personas mayores en América Latina y el Caribe (2012).

Los adultos mayores enfrentan una serie de desafíos y problemas jurídicos relacionados con su bienestar, protección y derechos. Algunos de los principales desafíos son los siguientes:

1. Abuso y maltrato: Los adultos mayores son vulnerables al abuso físico, emocional, financiero y psicológico. Estos abusos pueden ocurrir tanto en instituciones como en entornos familiares.
2. Capacidad legal: Con el envejecimiento, algunas personas pueden experimentar problemas cognitivos o de salud mental que afecten su capacidad para tomar decisiones importantes. Esto puede plantear problemas en cuanto a la capacidad de otorgar poderes notariales, tomar decisiones médicas o gestionar sus asuntos financieros.
3. Derechos de vivienda y alojamiento: Los adultos mayores pueden enfrentar discriminación en el acceso a la vivienda y alojamiento, así como desafíos relacionados con el mantenimiento y la seguridad de sus hogares.
4. Protección patrimonial: Los adultos mayores pueden ser más susceptibles a fraudes financieros y estafas, especialmente en línea. También pueden enfrentar dificultades para administrar sus finanzas y proteger su patrimonio.
5. Acceso a la justicia: Los adultos mayores pueden encontrar barreras para acceder al sistema de justicia, como falta de información, problemas de movilidad o recursos limitados.
6. Cuidado y atención médica: Los adultos mayores pueden enfrentar problemas en el acceso a servicios de atención médica de calidad y enfrentar dificultades relacionadas con la planificación de la atención médica y el consentimiento informado.
7. Derechos de pensiones y seguridad social: Los problemas de pensiones y seguridad social pueden afectar a los adultos mayores, especialmente si no han recibido información adecuada sobre sus derechos y beneficios.

8. Discriminación por edad: La discriminación por edad es un problema que puede afectar a los adultos mayores en varios aspectos de la vida, incluyendo el empleo y el acceso a servicios.

Para abordar estos desafíos, es fundamental contar con leyes y políticas que protejan y promuevan los derechos de los adultos mayores. También es importante crear conciencia sobre estos problemas y brindar recursos y apoyo adecuado a esta población vulnerable. Organismos gubernamentales, organizaciones no gubernamentales y la sociedad en su conjunto deben trabajar juntos para garantizar una protección efectiva de los derechos y el bienestar de los adultos mayores.

Estamos convencidos que en la lucha por los derechos humanos se obtienen mayores logros si el conjunto de naciones se pone de acuerdo en hacer efectivo los derechos de quienes más lo necesitan.

Sin embargo, hasta el día de hoy no obstante la extrema vulnerabilidad de los ancianos se carece de una convención internacional que proteja los adultos mayores, como la que existe para las mujeres[2], los niños[3] y las personas con discapacidad[4].

Si bien el mundo está en mora en el dictado de una convención internacional, no ocurre ello a nivel regional, ya que hay una convención en América que se ocupa de la protección integral del adulto mayor y que no obstante ser muy reciente ya ha sido aplicada en fallos dictados por la Corte Interamericano de Derechos Humanos y por la jurisprudencia local.

[2] El 18 de diciembre de 1979, la Asamblea General de las Naciones Unidas aprobó la Convención sobre la eliminación de todas las formas de discriminación contra la mujer, que entró en vigor como tratado internacional el 3 de septiembre de 1981 tras su ratificación por 20 países.

[3] La Convención sobre los Derechos del Niño (CDN, en inglés CRC) es un Tratado Internacional de las Naciones Unidas, firmado el 20 de noviembre de 1989 y en vigor desde el 2 de septiembre de 1990.

[4] La Convención Internacional sobre los Derechos de las Personas con Discapacidad (CDPD) es un instrumento internacional de derechos humanos de las Naciones Unidas fue aprobado por la Asamblea General de las Naciones Unidas el 13 de diciembre de 2006 en su Sede en Nueva York, y se abrió para la firma el 30 de marzo de 2007.

De allí que el motivo de nuestro trabajo consista en describir la Convención Interamericana de Derechos humanos y relatar los fallos de la Corte Interamericana que se han ocupado del problema de la vejez.

2. Convención Interamericana sobre la Protección de los Derechos Humanos de los Adultos Mayores

Los Estados Miembros de la Organización de los Estados Americanos (OEA) aprobaron el 15 de junio de 2015 la primera Convención Interamericana sobre la Protección de los Derechos Humanos de las Personas Mayores en la Asamblea General de la institución, y de inmediato la firmaron los gobiernos de Argentina, Brasil, Chile, Costa Rica y Uruguay en la sede principal del organismo hemisférico en Washington DC.

El objeto de la Convención – el primer instrumento regional de su tipo en el mundo – es promover, proteger y asegurar el reconocimiento y el pleno goce del ejercicio, en condiciones de igualdad, de todos los derechos humanos y libertades fundamentales de la persona mayores, para contribuir a su plena inclusión, integración y participación en la sociedad.

El punto de partida de la Convención es el reconocimiento de que todos los derechos humanos y las libertades fundamentales existentes se aplican a las personas mayores, y que deberían gozar plenamente de ellos en igualdad de condiciones con los demás[5].

En la actualidad, las personas con 60 o más años de las Américas representan el 14 por ciento del total de la población del hemisferio (más de 135 millones de personas). En 2030, cerca de dos de cada cinco personas

[5] Huenchuan, Sandra. *Visión multidisciplinaria de los derechos humanos de las personas mayores. In:* Guillemard, Ane Marie. Análisis comparativo de las políticas de vejez en Europa. Madrid, Ministerio de Asuntos Sociales, Instituto Nacional de Servicios Sociales (INSERSO), 1992. Huenchuan, Sandra (ed.). *Envejecimiento, personas mayores y Agenda 2030 para el Desarrollo Sostenible*: perspectiva regional y de derechos humanos. Libros de la CEPAL, Nº 154, Santiago, Comisión Económica para América Latina y el Caribe (CEPAL), 2018. Disponible en: https://repositorio.cepal.org/bitstream/handle/11362/44369/1/S1800629_es.pdf Huenchuan, Sandra. *Marco legal y de políticas en favor de las personas mayores en América Latina*. Serie Población y Desarrollo, Nº 51, Santiago de Chile, Comisión Económica para América Latina y el Caribe (CEPAL), 2004. Disponible en: https://repositorio.cepal.org/bitstream/handle/11362/7193/1/S044281_es.pdf.

tendrán 60 o más años, y en total habrá más de 215 millones de personas mayores en las Américas[6].

La Convención permitirá reforzar las obligaciones jurídicas de respetar, promover y realizar esos derechos humanos de las personas mayores. Su ratificación obliga a los Estados a adoptar medidas, a fin garantizar a la persona mayor un trato diferenciado y preferencial en todos los ámbitos.

El texto de la Convención se estructura en un Preámbulo y VII Capítulos, que abordan: el primero, su objeto, ámbito de aplicación y definiciones; el Capítulo II y III se refiere a los principios generales y obligaciones de los Estados; el IV incluye los derechos protegidos, estos son: igualdad y no discriminación por razón de edad; derecho a la vida y dignidad en la vejez; independencia y autonomía; seguridad y a una vida sin violencia; a no ser sometido a tortura ni a penas o tratos crueles, inhumanos o degradantes; a brindar consentimiento libre e informado en el ámbito de la salud; derechos de las personas mayores que reciben servicios de largo plazo, libertad personal, de expresión, opinión y acceso a la información, nacionalidad y libertad de circulación, derecho a la privacidad e intimidad, seguridad social, trabajo, salud, educación, cultura, recreación, esparcimiento y deporte, derecho a la propiedad, vivienda, medio ambiente sano, accesibilidad y movilidad personal derechos políticos, y ante situaciones de riesgo y emergencia humanitarios y, finalmente, al igual reconocimiento como persona ante la ley.

Existe un capítulo dedicado exclusivamente a la toma de conciencia y los últimos dos capítulos establecen los mecanismos de seguimiento, incluido un sistema de peticiones individuales y, finalmente, las disposiciones generales sobre entrada en vigor, reservas, denuncias, depósito y enmiendas.

La Convención sobre la protección de los derechos de las personas mayores se convierte en el nuevo estándar del continente americano, sentando de esta forma un precedente a nivel mundial.

Ella entró en vigencia en octubre del año 2017 luego de que los Parlamentos de dos países del continente Argentina y Chile, la ratificaran.

[6] Modi, Carla. *La "Convención Interamericana sobre la Protección de los Derechos Humanos de las personas mayores"*: implicancia en nuestro derecho a partir de la ley 27.700. ADLA 2023-2, 39. TR La Ley Ar/Doc/125/2023.

Es importante señalar que para la Convención se es anciano a partir de los 60 años, salvo que la ley interna determine una edad base menor o mayor, siempre que ésta no sea superior a los 65 años. Esta edad es considerada demasiado baja para las expectativas de vida actuales teniendo en cuenta una longevidad activa.

Me voy a dedicar específicamente a tres derechos mencionados por la convención porque ellos han sido tratados en los fallos dictados por la Corte Interamericana de Derechos Humanos.

Ellos son el derecho a la salud, el acceso a justicia y el de la seguridad social.

2.1. Derecho a la salud[7]

Derecho a la salud implica que los adultos mayores tienen el derecho humano fundamental de acceder a servicios de salud adecuados, recibir atención médica de calidad y ser tratados con dignidad y respeto en todas las etapas de su vida. Este derecho se basa en principios de igualdad, no discriminación y equidad, asegurando que todas las personas, incluidos los adultos mayores, tengan acceso a servicios de salud sin importar su edad.

La autodeterminación, por otro lado, es un principio que reconoce la capacidad de los individuos para tomar decisiones informadas sobre su propia vida y salud. Para los adultos mayores, la autodeterminación implica que tienen el derecho de tomar decisiones relacionadas con su atención médica, tratamiento y estilo de vida de acuerdo con sus valores, preferencias y objetivos personales.

La autodeterminación de los adultos mayores se relaciona con aspectos como:

1. Consentimiento informado: Los adultos mayores tienen el derecho de recibir información clara y comprensible sobre su salud y los tratamientos médicos propuestos, para que puedan tomar decisiones informadas y dar su consentimiento voluntario.

[7] Medina, Graciela; Yuba, Gabriela. *Las personas mayores y el derecho a la salud.* Reflexiones a partir del caso "Poblete Vilches y otros c. Chile" de la Corte Interamericana de Derechos Humanos". TR La Ley Ar/Doc/1922/2018.

2. Participación en la toma de decisiones: Los adultos mayores deben ser incluidos en la toma de decisiones sobre su atención médica y tratamiento, y sus opiniones y preferencias deben ser respetadas.
3. Planificación anticipada de la atención: Los adultos mayores pueden participar en la planificación anticipada de su atención médica, expresando sus deseos sobre el tipo de atención que desean recibir en situaciones de incapacidad o enfermedad grave.
4. Respeto a la autonomía: Se debe respetar la autonomía de los adultos mayores, incluso si deciden rechazar ciertos tratamientos médicos o procedimientos, siempre que estén en condiciones de tomar decisiones informadas.
5. Participación en la comunidad: La autodeterminación también implica que los adultos mayores deben tener la oportunidad de participar activamente en la comunidad y en la toma de decisiones que afectan su bienestar general.

La Convención establece claramente que la persona mayor tiene derecho a su salud física y mental, sin ningún tipo de discriminación y correlativamente obliga a los Estados a diseñar e implementar políticas públicas intersectoriales de salud orientadas a una atención integral que incluya la promoción de la salud la prevención y la atención de la enfermedad en todas las etapas, y la rehabilitación y los cuidados paliativos de la persona mayor, a fin de propiciar el disfrute del más alto nivel de bienestar, físico, mental y social.

Correlativamente con el derecho a la salud la Convención reconoce a la persona mayor el derecho irrenunciable a manifestar su consentimiento libre e informado en el ámbito de la salud[8]. La negación de este derecho constituye una forma de vulneración de los derechos humanos de la persona mayor.

Con la finalidad de garantizar el derecho de la persona mayor a manifestar su consentimiento informado de manera previa, voluntaria, libre y expresa; así como de ejercer su derecho de modificarlo o revocarlo, en relación a cualquier decisión, tratamiento, intervención o investigación,

[8] Saux, Edgardo I; Azvalinsky, Alejandro M. *Vida, muerte y dignidad*. Los testamentos vitales: utilidad y alternativas. RCyS 2020-XI, 293. TR La Ley 0003/013537.

en el ámbito de la salud, la Convención obliga a los Estados elaborar y aplicar mecanismos adecuados y eficaces para impedir abusos y fortalecer la capacidad de la persona mayor de comprender plenamente las opciones de tratamiento existentes, sus riesgos y beneficios.

Dichos mecanismos deberán asegurar que la información que se brinde sea adecuada, clara y oportuna, disponible sobre bases no discriminatorias, de forma accesible y presentada de manera comprensible de acuerdo con la identidad cultural, nivel educativo y necesidades de comunicación de la persona mayor.

Las instituciones públicas o privadas y los profesionales de la salud no podrán administrar ningún tratamiento, intervención o investigación de carácter médico o quirúrgico, sin el consentimiento informado de la persona mayor.

En los casos de emergencia médica que ponga en riesgo la vida y cuando no resulte posible obtener el consentimiento informado, se podrán aplicar las excepciones establecidas de conformidad con la legislación nacional.

La persona mayor tiene derecho a aceptar, negarse a recibir o interrumpir voluntariamente tratamientos médicos o quirúrgicos, incluidos los de la medicina tradicional, alternativa y complementaria, investigación, experimentos médicos o científicos, ya sean de carácter físico o psíquico, y a recibir información clara y oportuna sobre las posibles consecuencias y los riesgos de dicha decisión.

Al adherir a la convención los Estados Parte se comprometen a establecer un proceso a través del cual la persona mayor, pueda manifestar de manera expresa su voluntad anticipada, e instrucciones respecto de las intervenciones en materia de atención de la salud, incluyendo los cuidados paliativos. En estos casos, esta voluntad anticipada podrá ser expresada, modificada o ampliada en cualquier momento solo por la persona mayor, a través de instrumentos jurídicamente vinculantes, de conformidad con la legislación nacional.

2.2. Derecho al acceso a justicia

El artículo 31 establece el Derecho de la persona adulta mayor de Acceso a la justicia disponiendo que:

> La persona mayor tiene derecho a ser oída, con las debidas garantías y dentro de un plazo razonable, por un juez o tribunal competente, independiente e imparcial, establecido con anterioridad por la ley, en la sustanciación de cualquier acusación penal formulada contra ella, o para la determinación de sus derechos y obligaciones de orden civil, laboral, fiscal o de cualquier otro carácter.
> Los Estados Parte se comprometen a asegurar que la persona mayor tenga acceso efectivo a la justicia en igualdad de condiciones con las demás, incluso mediante la adopción de ajustes de procedimiento en todos los procesos judiciales y administrativos en cualquiera de sus etapas.

En realidad, todas las personas tienen derecho a una justicia efectiva, lo importante de la Convención con respecto al tema del acceso a justicia de los adultos mayores es que obliga a los Estados Parte a garantizar la debida diligencia y el tratamiento preferencial a la persona mayor para la tramitación, resolución y ejecución de las decisiones en procesos administrativos y judiciales.

Indiscutiblemente la actuación judicial debe ser particularmente expedita en casos en que se encuentre en riesgo la salud o la vida de la persona mayor, porque su expectativa de sobrevida es menor y su vulnerabilidad superior.

Es importante destacar que el adulto mayor no tiene tiempo para una justicia ineficiente.

Para lograr una justicia eficiente con tiempos diferentes para el adulto mayor es preciso el desarrollo de políticas públicas y programas dirigidos a promover:

a) Mecanismos alternativos de solución de controversias.
b) Capacitación del personal relacionado con la administración de justicia, incluido el personal policial y penitenciario, sobre la protección de los derechos de la persona mayor.
c) Tener en cuenta el Sistema Interamericano de Derechos Humanos y su papel en la protección de los derechos de las personas mayores[9].

[9] Argentieri, Constanza. *Sistema Interamericano de Derechos Humanos y su papel en la protección de los derechos de las personas mayores. In:* libro de la Comisión Económica para América Latina y el Caribe, Sandra Huenchuan (coord.), p.249.

2.3. Derecho a la seguridad social

El Artículo 17 de la Convención establece el Derecho a la seguridad social, señalando que: "Toda persona mayor tiene derecho a la seguridad social que la proteja para llevar una vida digna.".

Para hacer efectivo ese derecho, los Estados Parte deben promover progresivamente, dentro de los recursos disponibles, que la persona mayor reciba un ingreso para una vida digna a través de los sistemas de seguridad social y otros mecanismos flexibles de protección social.

Cabe señalar que, el derecho a la seguridad social fue contemplado en el Sistema Universal de Derechos Humanos, en la Declaración Universal de los Derechos Humanos. Sin embargo, la mayor especificidad de este derecho se dio en 1966 en el Pacto Internacional de Derechos Económicos, Sociales y Culturales. En el artículo 9 de dicho tratado, se establece que "os Estados Partes en el presente Pacto reconocen el derecho de toda persona a la seguridad social, incluso al seguro social".

Particularmente, el Comité DESC, en su Observación General No. 19, sobre el derecho a la seguridad social, ha desarrollado su contenido a saber: en primer lugar, que el derecho a la seguridad social se puede conceptualizar como el derecho a "obtener y mantener prestaciones sociales, ya sea en efectivo o en especie, sin discriminación, con el fin de obtener protección, en diversas circunstancias (...) en particular por la falta de ingresos procedentes del trabajo".

Por otro lado, el Comité DESC ha señalado "una serie de elementos fundamentales" que se aplican en cualquier situación o circunstancia, a saber: i) disponibilidad; ii) riesgos e imprevistos sociales: a) atención de la salud, b) enfermedad, c) vejez, d) desempleo, e) accidentes laborales, f) prestaciones familiares, g) maternidad, h) discapacidad, e i) sobrevivientes y huérfanos; iii) nivel suficiente; iv) accesibilidad: a) cobertura, b) condiciones, c) asequibilidad, d) participación e información y e) acceso físico.

El derecho a la seguridad social es muy importante para la dignidad de la persona, pero por sobre todo es trascendente para el adulto mayor por su mayor vulnerabilidad, de allí la importancia de su reconocimiento en la convención sobre el adulto mayor.

En este sentido cabe recordar que la la Carta de la OEA en el artículo 45.b) establece que:

b) el trabajo es un derecho y un deber social, otorga dignidad a quien lo realiza y debe prestarse en condiciones que, incluyendo un régimen de salarios justos, aseguren la vida, la salud y un nivel económico decoroso para el trabajador y su familia, tanto en sus años de trabajo como en su vejez, o cuando cualquier circunstancia lo prive de la posibilidad de trabajar.

Por último, es necesario poner de manifiesto que "el hombre sólo puede alcanzar la plena realización de sus aspiraciones dentro de un orden social justo" que requiere imprescindiblemente del desarrollo de una política eficiente de seguridad social que resulta insoslayable para la dignidad del adulto mayor.

3. Relatoría temática de los derechos de las personas adultas mayores

Por otra parte, debemos destacar que, en febrero del año 2019, en el 171 º período de Sesiones de la CIDH, se creó la Relatoría temática de los derechos de las personas adultas mayores.

La creación de esta Relatoría temática revela la importancia del abordaje de la situación de las personas mayores como sujetos de derechos para la CIDH y la necesidad de ampliar y profundizar la institucionalidad existente para el seguimiento de la protección de los derechos de las mismas. Para la Comisión constituye un desafío la mirada y abordaje de múltiples situaciones vinculadas con los adultos mayores, fundamentalmente, a partir de la sanción de la Convención Interamericana[10].

La envergadura del tratamiento de la situación de las personas adultas mayores como sujetos de derechos para la CIDH y la necesidad de ampliar y profundizar la institucionalidad existente para el seguimiento de la protección de sus derechos, se ve reflejada con la creación de la Relatoría temática mencionada.

A continuación, reseñaremos los casos resueltos por la Corte Interamericana de Derechos Humanos que se refieren a adultos mayores en relaciòn con el derecho a la salud, el acceso a justicia y la seguridad social.

[10] Disponible en: https://www.oas.org/es/CIDH/jsForm/?File=/es/cidh/r/pm/default.asp. Fecha de consulta: 12/7/2023

4. Corte Interamericana de Derechos Humanos Caso "Poblete Vilches y ots. vs. Chile"

Analizaremos el primer caso en el cual la Corte Interamericana de Derechos Humanos decidió sobre el derecho a la salud con respecto a los adultos mayores.

El conocimiento de la jurisprudencia de la Corte Interamericana es fundamental porque la Corte Suprema de Justicia de la Nación, ha precisado que las decisiones jurisprudenciales de la Corte IDH, deben servir de guía en el control de constitucionalidad, aun cuando la Argentina no sea parte[11].

Teniendo en cuenta lo anterior, creemos que es importante el conocimiento de este precedente, sobre todo teniendo en cuenta que el Tribunal de Costa Rica, entendió que los Estados tienen un deber reforzado con respecto al derecho a la salud de los adultos mayores, y ello debe ser tenido especialmente valorado en un entorno con creciente población anciana.

La Corte IDH abordó en el caso "Poblete Vilches y otros vs. Chile" por primera vez el derecho a la salud como derecho autónomo, como así también el tema del consentimiento informado y la situación de las personas adultas mayores vinculado al derecho a la salud, teniendo en cuenta su situación de vulnerabilidad.

En el fallo del 8 de marzo de 2018, la Corte declaró por unanimidad la responsabilidad internacional de Chile, por no garantizar al sr. Vinicio Antonio Poblete Vilches su derecho a la salud, sin discriminación, a través de servicios esenciales básicos y urgentes con relación a su situación de vulnerabilidad como persona mayor, produciéndose posteriormente su muerte. Declaró también que se vulneró el derecho a la vida e integridad personal, como el derecho de obtener el consentimiento informado y acceso a la información en materia de salud. Todo ello en perjuicio del sr. Poblete y de sus familiares, como el derecho al acceso a la justicia e integridad personal en perjuicio de sus familiares.

[11] Corte Suprema de Justicia de la Nación. 07/04/1995. Giroldi, Horacio David y otro s/ recurso de casación /causa nº 32/93. 318:514. JA 1995-III-571. 953181.

4.1. Los hechos. Contexto fáctico

Este caso se refiere a la atención médica del Sr. Poblete Vilches de 76 años en el Hospital Público Sótero del Rio. La primera vez que Poblete Vilches ingresó al nosocomio lo hizo víctima de una afección respiratoria y fue intervenido estando inconsciente; sin haber prestado consentimiento informado personal y sin consentimiento de su familia, encontrándose en terapia intensiva, se falsificó su consentimiento informado.

El Sr. Poblete Vilches fue luego dado de alta de manera temprana sin mayores indicaciones, volviendo a ingresar al hospital donde se lo internó en terapia intermedia. Se requirió en ese momento de un respirador mecánico, que no fue suministrado, porque el centro carecía del respirador requerido y no se lo trasladó a otro centro que tuviera el respirador que el paciente requería. Finalmente, el paciente fallece a los pocos días.

4.2. Sobre las personas mayores y el derecho a la salud. Enfoque de derechos humanos[12]

La sentencia de la Corte aborda el derecho a la salud de manera autónoma como parte de los derechos económicos, sociales, culturales y ambientales (DESCA), protegido por el art. 26 de la CADH y la situación de las personas mayores de edad en relación con el mencionado derecho a la salud.

La Corte incorporó en el catálogo de derechos protegidos, los DESCA y conforme una interpretación sistemática, teleológica y evolutiva, recurre al corpus juris internacional y nacional en la materia, para dar contenido a los derechos tutelados por la Convención y de este modo precisa el alcance de las obligaciones específicas del derecho a la salud señalando que se trata de aquel derecho que se deriva de las normas económicas, sociales y sobre educación, ciencia y cultura contenidas en la Carta de la OEA, que implica las condiciones que hagan posible una vida sana, productiva y digna.

El Tribunal en el parágrafo 131 expresamente dice que:

[12] Medina, Graciela; Yuba, Gabriela. *Ob. Cit.*

> El adulto mayor es un paciente vulnerable en general; es un paciente que va a necesitar no solamente del médico sino de la sociedad para llevarlo adelante. Ya no se habla más de expectativa de vida (...) (se habla de años de vida libre de enfermedad [...] por eso es que necesita el apoyo de todo el Estado. Nos tenemos que involucrar todos para que tengamos la mayor cantidad de años de vida [de calidad) (...) (todos vamos a envejecer si tenemos suerte (...). Lo que tenemos que hacer es formar gente y formar el medio, la sociedad para que tengamos el lugar correcto para ser tratados.

La Corte IDH concretamente entiende que la salud es un derecho humano fundamental e indispensable para el ejercicio adecuado de los demás derechos humanos y que todo ser humano tiene derecho al disfrute del más alto nivel posible de salud que le permita vivir dignamente, entendida la salud, no sólo como la ausencia de afecciones o enfermedades, sino también a un estado completo de bien estar físico, mental y social, derivado de un estilo de vida que permita alcanzar a las personas un balance integral (párr. 118).

El Tribunal Interamericano pone de relieve que es la primera vez que le toca expedirse sobre el derecho a la salud y las personas mayores, y en este sentido expone que los estados tienen un deber reforzado frente a ellos para garantizarles el derecho a la salud.

En este sentido, la Corte IDH destaca como un hecho ineludible que la población está Envejeciendo de manera constante y considerable. El cambio vertiginoso del escenario demográfico en los países de la región presenta retos y desafíos, por lo cual este impacto en los derechos humanos hace necesario que los Estados se involucren para dar respuesta (párr. 130).

La Corte nota que, en muchas situaciones, se presenta una particular vulnerabilidad de las personas mayores frente al acceso a la salud. Sobre el particular, resalta la existencia de diversos factores como las limitaciones físicas, de movilidad, la condición económica o la gravedad de la enfermedad y posibilidades de recuperación. Asimismo, en determinadas situaciones, dicha vulnerabilidad se encuentra incrementada en razón del desequilibrio de poder que existe en la relación médico – paciente, por lo que resulta indispensable que se garantice al paciente, de manera clara y accesible, la información necesaria y el entendimiento de su diagnóstico o situación particular, así como de las medidas o tratamientos para enfrentar tal situación.

Respecto de las acciones y omisiones acreditadas, del acervo probatorio, se desprende que durante el primer ingreso del señor Poblete Vilches al Hospital Sotero del Río, existían signos que demostraban que la decisión de dar de alta en forma temprana, no era una medida pertinente; Lo anterior, resultó en una acción médica, al menos irresponsable, ya que de la prueba se desprende que no existían las condiciones médicas necesarias para declarar el alta temprana, especialmente frente a la posibilidad de contraer una infección intrahospitalaria. Así, el paciente fue externado afiebrado y emanando pus por las heridas. Tampoco se les brindó a los familiares indicación alguna de cómo cuidar al paciente en su domicilio, ni cuáles podrían ser las señales de alarma. Por lo cual, es claro para la Corte que las autoridades tenían conciencia de su situación crítica y frente a ello, el alta temprana tuvo una incidencia considerable, al menos, en el rápido deterioro que sufrió inmediatamente luego de su pronta salida del Hospital Sótero del Río, lo cual representó una negligencia médica.

Respecto de los elementos de accesibilidad y aceptabilidad, la Corte destaca que la edad del señor Poblete Vilches, resultó ser una limitante para recibir una atención médica oportuna, pues de los hechos del caso se desprende que no se le brindó el tratamiento médico adecuado, en parte, por su condición de persona mayor, razón por la cual no se priorizó su tratamiento médico a pesar de su condición crítica y su avanzada edad (párr. 52). Además, resulta inaceptable la falsificación del consentimiento de los familiares y la falta de información clara y accesible sobre la condición del paciente.

La Corte estima que el Estado negó al señor Poblete Vilches un tratamiento médico de urgencia, no obstante, habría consciencia, por parte del personal médico, que su vida se encontraba en riesgo si no se dispensaba el soporte vital requerido, y particularmente frente a su situación de adulto mayor (párr. 137). Así, el Estado no adoptó las medidas necesarias, básicas y urgentes que razonablemente podrían haberse adoptado para garantizar su derecho a la vida (párr. 141 y 142). Asimismo, el Estado no aportó una justificación válida para haber negado los servicios básicos de urgencia.

4.3. El Caso Poblete Vilches y el consentimiento informado por substitución. Consentimiento por sustitución y acceso a la información en materia de salud a favor de los familiares

Respecto del derecho a obtener un consentimiento informado, la Corte reconoce en el fallo Poblete que el artículo 13 de la Convención Americana incluye el derecho a buscar, recibir y difundir informaciones e ideas de toda índole lo cual protege el derecho de acceso a la información, incluyendo información relacionada con la salud de las personas. En este sentido, se estableció que el consentimiento informado consiste

> en una decisión previa de aceptar o someterse a un acto médico en sentido amplio, obtenida de manera libre, es decir sin amenazas ni coerción, inducción o alicientes impropios, manifestada con posterioridad a la obtención de información adecuada, completa, fidedigna, comprensible y accesible, siempre que esta información haya sido realmente comprendida, lo que permitirá el consentimiento pleno del individuo.

El problema se presenta cuando el consentimiento no puede ser prestado por el paciente y debe ser dado por los familiares, que fue el caso que se presentó en Poblete Vilches y que se puede presentar en muchos supuestos de ancianos que pierden su capacidad temporariamente.

En ese supuesto la Corte ha resaltado que la información debe ser brindada a los familiares, para que el consentimiento prestado por el adulto mayor sea válido, a saber:

> la Corte entiende que el consentimiento por representación o sustitución se actualiza cuando se ha comprobado que el paciente, por su especial condición, no se encuentra en la capacidad de tomar una decisión en relación a su salud, por lo cual esta potestad le es otorgada a su representante, autoridad, persona, familiar o institución designada por ley. Sin embargo, cualquier limitación en la toma de decisiones tiene que tener en cuenta las capacidades evolutivas del paciente, y su condición actual para brindar el consentimiento.

4.4. La dignidad y la autodeterminación

En cuanto al derecho a la dignidad consagrado en el artículo 11 de la Convención Americana, la Corte analiza que un aspecto central del reconocimiento de la dignidad constituye la posibilidad de todo ser humano de auto-determinarse y escoger libremente las opciones y circunstancias que le dan sentido a su existencia, conforme a sus propias opciones y convicciones.

De este modo, la existencia de una conexión entre el consentimiento informado con la autonomía personal y la libertad de tomar decisiones sobre el propio cuerpo y la salud exige, por un lado, que el Estado asegure y respete decisiones y elecciones hechas de forma libre y responsable y, por el otro, que se garantice el acceso a la información relevante para que las personas estén en condiciones de tomar decisiones informadas sobre el curso de acción respecto a su cuerpo y salud de acuerdo a su propio plan de existencia.

4.5. Conclusión del caso

En definitiva, en el caso concreto, la Corte considera que el Estado de Chile no garantizó que los servicios de salud brindados al señor Poblete Vilches cumplieran con los estándares referidos por lo que incumplió en el otorgamiento de medidas básicas, es decir de sus obligaciones de carácter inmediato relacionadas con el derecho a la salud en situaciones de urgencia.

Asimismo, el Estado faltó a su deber de obtener el consentimiento informado por sustitución de los familiares frente a la intervención quirúrgica practicada, así como de brindar información clara y accesible para los familiares respecto del tratamiento y procedimientos practicados al paciente.

Las negligencias asumidas en el segundo ingreso, particularmente, al negarle un respirador, así como la posibilidad de ingresar a la unidad de cuidados requerida y no ser trasladado a otro centro que pudiera brindarle tales medidas, en parte por su condición de adulto mayor, redujo de manera considerable las posibilidades de recuperación y sobrevivencia del paciente, por lo que su fallecimiento resulta imputable al Estado. Asimismo, la Corte sostuvo que la edad del señor Poblete Vilches, como categoría protegida de la no discriminación, resultó ser una limitante para que recibiera la atención médica requerida.

5. Corte Interamericana de Derechos Humanos Caso Profesores de Chañaral y otras Municipalidades vs. Chile. Acceso a la Justicia

La Corte IDH dictó sentencia el 10/11/2021 por la que declaró la responsabilidad internacional de Chile, por la violación de derechos en perjuicio de 846 docentes de las municipalidades de Chañaral y otras de Chile.

El Tribunal Regional sentó el estándar de protección reforzada respecto de las personas mayores, fundamentalmente el derecho a ser oída, con las debidas garantías y plazo razonable en los procesos en los que intervengan, para evitar la frustración del acceso a justicia. Para el Estado con relación a las personas mayores es exigible un criterio reforzado de celeridad en todos los procesos judiciales y administrativos, incluyendo la ejecución de sentencias.

Puntualmente, consideró que los procesos de ejecución de sentencias firmes por las que se condenaba a los municipios al pago de una asignación especial resultaron ineficaces e irregulares. Ello importa una violación a las garantías judiciales, protección judicial y al derecho de la propiedad de las personas docentes.

El Tribunal con sede en Costa Rica valoró especialmente que se trata de víctimas mayores de 60 años y que muchas de ellas fallecieron esperando por más de 25 años la ejecución de esos fallos, al respecto la corte puntualizó que el Estado desconoció el deber reforzado de garantizar la debida diligencia en el acceso a la justicia de las personas mayores y la celeridad de los procesos en los que intervienen personas en situación de vulnerabilidad.

Lo más importante del fallo es que juzgó que cuando se trata de personas en condición de vulnerabilidad, es exigible un criterio reforzado de celeridad en todos los procesos judiciales y administrativos, incluyendo la ejecución de las sentencias.

5.1. Los hechos

Es importante ubicarse en el contexto social de Chile, que influyó en la regulación del personal docente. En el marco de la dictadura militar, la educación pública en Chile fue intervenida. Se traspasó la administración de los establecimientos escolares públicos a las municipalidades. Esto trajo aparejado que el personal docente quedaba sometido al código del trabajo aplicables al sector privado.

Es así como se creó una asignación especial no imponible para el personal docente, a contar del 1/1/1981. Pero los docentes que fueron transferidos del Estado Central a las municipalidades no recibieron esa asignación, generándose una "Deuda Historica" del Magisterio.

Debido al contexto de la dictadura, recién instaurada la democracia (1990) pudieron hacer efectivo los procesos judiciales para el reclamo de dicha asignación que no había sido pagada. Es decir que desde el año 1990 los docentes venían reclamando la deuda histórica, no tornándose efectivas las sentencias firmes que reconocieron la asignación respectiva.

Iniciados varios procesos contra las municipalidades de Chañaral y otras, se dictaron sentencias en firme, que reconocían el pago de la asignación especial a los 846 profesores y profesoras. En ninguno de los casos pudieron ser ejecutados los pagos. Incluso en algunos municipios se intentó demandar al Fisco de Chile, con resultado negativo.

Muchos docentes murieron durante el proceso de reclamo y todos sufrieron penurias en su condición de personas vulnerables mayores, con derecho a una suma de dinero que la ineficacia judicial les impedía ejecutar.

5.2. La sentencia

La Corte destacó que el Estado no puede obstaculizar el alcance y sentido de las decisiones judiciales, ni retrasar su ejecución. Ello afecta el acceso a la justicia de los justiciables (víctimas docentes).

En ese sentido la falta de impulso de oficio en las causas de ejecución de sentencias laborales y la ineficacia de los medios para su pago, generaron un estado de indefensión y desprotección contra las 846 personas que reclamaron la asignación especial y que habían obtenido sentencia favorable. La Corte consideró que hubo una violación al derecho a la protección judicial, dado que las personas docentes no contaron con medios efectivos para garantizar la ejecución completa, perfecta, rápida e integral de las sentencias por más de 25 años (art. 25 CADH).

La Corte hace hincapié en el hecho que, se trataba de personas mayores y que la Convención Interamericana sobre protección de los derechos humanos de las personas mayores, obliga al Estado a garantizar la debida diligencia y el tratamiento especial, diferenciado para la tramitación, resolución y ejecución de decisiones administrativos y judiciales que involucren a ancianos.

Se destaca la obligación del Estado de garantizar los derechos a la igualdad, no discriminación, buen trato, atención preferencial, protección judicial efectiva y acceso a la justicia de las personas mayores, tomando en cuenta la situación de vulnerabilidad (100 Reglas de Brasilia).

5.3. Trato preferencial de los procesos de acceso a justicia

El Alto Tribunal sienta el estándar del derecho a un tratamiento preferencial de las personas mayores en la ejecución de las sentencias a su favor y el correlativo deber estatal de deber reforzado de acceso y celeridad en la justicia.

El Tribunal destaca la especial importancia de la celeridad de los procesos judiciales en relación con personas en situación de vulnerabilidad, como las personas mayores, dada la incidencia particular que la demora puede tener en tales personas. En ese sentido, concuerda con la jurisprudencia del Tribunal Europeo de Derechos Humanos[13] que consideró que la avanzada edad de personas vinculadas a un proceso judicial conllevaba el requerimiento de una especial diligencia de las autoridades en la resolución del proceso respectivo.

La celeridad en los procesos forma entonces parte de los deberes reforzados que tienen los Estados de debida diligencia en el acceso a la justicia de las personas mayores.

5.4. Plazo razonable

En cuanto a la garantía de plazo razonable, la Corte constata que, en los procesos iniciados por las personas docentes, transcurrieron entre 22 y 27 años sin que las sentencias de hayan cumplido de modo integral. Ello

[13] "T.E.D.H., Caso Jablonská Vs. Polonia, (No.60225/00), Sentencia de 9 de marzo de 2004. Final, 9 de junio de 2004, párr. 43; Caso Codarcea Vs. Rumanía, (No. 31675/04), Sentencia de 2 de junio de 2009. Final, 2 de septiembre de 2009, párr. 89. Asimismo, Caso Styranowski Vs. Polonia, (No. 28616/95), Sentencia de 30 de octubre de 1998, párr. 57, y Caso Krzak Vs. Polonia, (No. 51515/99), Sentencia de 6 de abril de 2004. Final, 7 de julio de 2004, párr. 42".

importa un plazo irrazonable, más si se considera que la causa no ofrecía mayor complejidad.

Sobre el deber de adoptar disposiciones de derecho interno en relación con los derechos a un plazo razonable y a la protección judicial, la Corte consideró que las violaciones a la protección judicial y plazo razonable se debieron por la existencia de un marco normativo poco claro, que devino en ineficaz. La falta de normas que obligaran a las municipalidades a cumplir con las sentencias condenatorias tuvo incidencia en ello. No obstante, se destacó que luego de los hechos, se aprobó una reforma en el ámbito laboral que permite ejecución de sentencias con procedimientos diferenciados, ante tribunales especializados.

5.5. Protección judicial efectiva

Cabe destacar que, en esta sentencia, la Corte precisa la protección judicial que el Estado debe garantizar para las personas mayores en situación de vulnerabilidad.

Ello supone dos obligaciones para el Estado por un lado debe consagrar normativamente el derecho a la protección judicial para amparar a las personas contra los actos que violen sus derechos fundamentales y por otra parte tiene que garantizar los medios para ejecutar las decisiones que protejan en definitiva sus derechos.

No se trata de que se dicten sentencia que reconozcan los derechos, sino que se exige del Estado la garantía de los medios para hacer efectiva esas decisiones judiciales. De allí que la Corte estableció que la efectividad de las sentencias depende de su ejecución y ésta debe ser completa, perfecta, integral y sin demora.

Se vincula también con la tutela judicial efectiva, principio que exige que los procedimientos sean accesibles, sin obstáculos o demoras indebidas.

De esta forma, la Corte considera que surge un derecho a un tratamiento preferencial de las personas mayores en la ejecución de las sentencias a su favor y un correlativo deber estatal de garantizar un acceso diligente, célere y efectivo de las personas mayores a la justicia, tanto en los procesos administrativos como judiciales.

Esta necesidad de garantizar la protección judicial efectiva de las personas mayores y, en particular, de promover procesos céleres encuentra respaldo, además, en otros instrumentos de Derecho Internacional como las Reglas de Brasilia[14] sobre acceso a la justicia de las personas en condición de vulnerabilidad, aprobadas por la XIV Cumbre Judicial Iberoamericana en el 2008 y actualizadas en la XIX Cumbre de 2018[15].

5.6. Sobre las reparaciones

La Corte IDH estableció que la sentencia constituye por sí una forma de reparación.

Estableció las siguientes medidas de reparación integral:

a) Medidas de restitución: El Estado debe pagar las sumas previstas en la sentencia.
b) Satisfacción: publicación de resumen oficial de la sentencia en el diario oficial y de amplia circulación nacional; publicación de sentencia en sitio web oficial del Estado; realización de un acto de reconocimiento de responsabilidad internacional en este caso.
c) Garantías de no repetición: creación e implementación de un programa de capacitación y sensibilización de operadores judiciales para acceso a la justicia de personas adultas mayores.
d) Indemnizaciones compensatorias.

6. Caso "Muelle Flores vs. Perú" (derecho a la Seguridad Social como parte de los DESCA)

El 06 de marzo de 2019 la Corte Interamericana de Derechos Humanos dictó sentencia en el caso "Muelle Flores" mediante la cual declaró la responsabilidad internacional del Estado de Perú por la violación a diver-

[14] Medina, Graciela. *Acceso a justicia de personas en condición de vulnerabilidad*. Las 100 Reglas de Brasilia. En género, discapacidad y pobreza. TR La Ley Ar/Doc/2970/2017.

[15] Específicamente, con respecto al acceso a la justicia de las poblaciones en situación de vulnerabilidad, la regla 38 establece: (38) Agilidad y prioridad. Se adoptarán las medidas necesarias para evitar retrasos en la tramitación de las causas, garantizando la pronta resolución judicial, así como una ejecución rápida de lo resuelto. Cuando las circunstancias de la situación de vulnerabilidad lo aconsejen, se otorgará prioridad en la atención, resolución y ejecución del caso por parte de los órganos del sistema de justicia. Se colocará en los expedientes un distintivo visible, que permita identificar que el proceso afecta a personas en condición de vulnerabilidad.

sos derechos cometidas en perjuicio del señor Oscar Muelle Flores. En particular, encontró que distintas omisiones del Estado constituyeron un incumplimiento en el deber de garantizar el derecho a la tutela judicial efectiva y protección judicial, así como que, las autoridades judiciales no actuaron con el deber de celeridad que exigía la situación de vulnerabilidad en la que se encontraba la víctima, razón por la cual excedieron el plazo razonable.

Cabe señalar que a la época de la sentencia Muelles Flores tenía 82 años y sufría discapacidad auditiva severa (hipoacusia)como consecuencia de la pérdida de su audición en uno de los oídos de manera total, hace 15 años, así como de la disminución de la audición del otro. Asimismo, en mayo de 2018, el señor Muelle Flores fue diagnosticado con "demencia senil tipo Alzheimer" y en julio de 2018 sufrió una fractura de la cadera femoral, por la cual se le debió colocar una prótesis".

La Corte determinó que la falta de materialización del derecho a la seguridad social por más de 27 años generó un grave perjuicio en la calidad de vida y la cobertura de salud del señor Muelle, una persona en situación de especial protección por ser persona mayor y en condición de discapacidad.

Así mismo, el Tribunal advirtió que la falta de protección judicial afectó el derecho a la pensión que había ingresado al patrimonio de la víctima y por ende se declaró al Estado responsable de la violación del derecho a la propiedad privada. En particular, la Corte encontró que el Estado es responsable por el incumplimiento de las sentencias dictadas a favor del señor Muelle Flores, por la creación de obstáculos derivados de la privatización de la empresa de la cual se jubiló, por no revertir los efectos negativos de dicha privatización y por la ausencia de medidas para remediar dicha situación por un periodo prolongado de tiempo.

6.1. Hechos

Los hechos del caso se relacionan con la violación del derecho a la tutela judicial efectiva y a la seguridad social como consecuencia del incumplimiento, durante 24 años, de una sentencia judicial a favor del señor Muelle Flores en el marco de un recurso de amparo en el que se ordenó su reincorporación al régimen pensionario de Perú.

El señor Muelle Flores se jubiló en la empresa estatal de derecho privado Tintaya el 30 de septiembre de 1990.Cobro durante dos meses la jubilación. El 27 de enero de 1991 ese derecho fue suspendido por la Gerencia de Administración de dicha empresa. Frente a esa suspensión, el señor Muelle Flores interpuso una acción de amparo en el Juzgado Quinto Civil de Lima el cual declaró fundada la demanda y ordenó que se dejara sin efecto la suspensión del régimen de pensiones y compensaciones en perjuicio del señor Muelle Flores. La decisión fue confirmada por la Segunda Sala Civil de la Corte Superior de Lima, y por la Corte Suprema de Justicia, la cual, mediante sentencia de 2 de febrero de 1993, declaró fundada la acción de amparo y ordenando la inaplicabilidad de la suspensión de la Gerencia de Administración de la empresa, restableciendo así sus derechos al estado anterior al de la agresión constitucional.

El 17 de febrero de 1993 la empresa volvió a disponer la suspensión del pago de algunas pensiones de jubilación a sus extrabajadores, entre ellas la del señor Muelle Flores, quien interpuso una segunda acción de amparo, mediante la cual solicitó la desaplicación del Acuerdo Directivo No. 023/93, que se le restituyera su derecho a continuar percibiendo su pensión y el pago de una indemnización por el daño causado. El 23 de febrero de 1995 el Décimo Séptimo Juzgado Civil de Lima declaró improcedente la demanda. El fallo fue confirmado por la Primera Sala Civil de la Corte Superior de Justicia de Lima. Posteriormente la Sala de Derecho Constitucional y Social de la Corte Suprema de Justicia declaró improcedente el recurso de amparo interpuesto por el señor Muelle Flores, quien presentó un recurso extraordinario contra esta decisión. El recurso fue resuelto por el Tribunal Constitucional, que revocó la resolución de la Corte Suprema de Justicia, ordenando a la empresa cumplir con el pago continuado de la pensión por cesantía renovable que percibía el señor Muelle Flores, y declaró improcedente el pago de la indemnización solicitada.

La empresa Tintaya S.A. interpuso una demanda en la vía contencioso-administrativa a efectos de que se declarara la improcedencia de la reincorporación del señor Muelle Flores al régimen pensionario del Decreto Ley No. 20530. La demanda fue declarada fundada en primera instancia, luego fue apelada y elevada a Sala Contencioso Administrativa de la Corte Superior de Lima, que confirmó la decisión de primera instancia. Esta decisión fue objeto de recurso de nulidad ante la Corte Suprema, que hizo lugar al planteo y declaró infundada la demanda de la empresa Tintaya S.A.

En cuanto al procedimiento de ejecución de la sentencia de la Sentencia de la Corte Suprema de Justicia que resolvió el primer amparo interpuesto por el señor Muelle Flores, a la fecha en que resolvió la Corte Interamericana de derechos humanos el proceso de ejecución iniciado en 1993 se encontraba en trámite.

6.2. La sentencia

La responsabilidad del Estado fue analizada en el siguiente orden: 1) el Derecho a la tutela judicial efectiva en la ejecución de sentencias y privatización de empresas, 2) el plazo razonable en el proceso de ejecución de sentencias, 3) el derecho a la seguridad social en virtud del artículo 26, y 4) el derecho a la propiedad privada.

6.2.1. Derecho a la tutela judicial efectiva en la ejecución de sentencias y privatización de empresas

La Corte consideró que la ejecución de las sentencias debe ser regida por aquellos estándares específicos que permitan hacer efectivos los principios, *inter alia,* de tutela judicial, debido proceso, seguridad jurídica, independencia judicial y estado de derecho. La Corte también señaló que para lograr plenamente la efectividad de la sentencia la ejecución debe ser completa, perfecta, integral y sin demora.

Por otra parte, el Tribunal recordó que la Carta de San José sobre los derechos de las personas mayores de América Latina y el Caribe, adoptada en la tercera Conferencia intergubernamental sobre envejecimiento en América Latina y el Caribe de 2012, establecía ya en su párrafo 5 que "el acceso a la justicia es un derecho humano esencial y el instrumento fundamental por medio del cual se garantiza a las personas mayores el ejercicio y la defensa activa de sus derechos".

En el caso concreto, la Corte precisó que no se encuentra en controversia la existencia del derecho a la pensión del señor Muelle Flores o la nivelación de esta conforme a la normativa interna, ni si las decisiones sobre su retiro. La Corte observó que el Estado no adoptó ninguna medida desde la primera sentencia dictada en 1993 para el cumplimiento rápido y efectivo de lo ordenado por las autoridades judiciales, con el fin de garantizar el derecho a la pensión reconocido judicialmente.

La Corte estimó que el Estado no solo debió cumplir con el pago de la pensión ordenado judicialmente de manera inmediata y con especial diligencia y celeridad al tratarse de un derecho alimentario y sustitutivo del salario", sino que debió haber establecido expresa y claramente qué entidad se encargaría del cumplimiento de la decisión, esclareciendo y reconduciendo de oficio, el trámite a la entidad estatal que estaría a cargo del pago correspondiente. Ello no sucedió en el presente caso, sino que, por el contrario, dicha responsabilidad fue trasladada a la víctima.

En consecuencia, la Corte determinó que el Estado es responsable por el incumplimiento de las sentencias dictadas a favor del señor Muelle Flores; por la creación de obstáculos derivados de la privatización; por la ineficacia del poder judicial para hacer efectivo el cumplimiento de la sentencia.

En este sentido, el Estado violó el derecho a la tutela judicial efectiva y protección judicial, en perjuicio del señor Oscar Muelle Flores, adulto mayor.

6.2.2. El plazo razonable

En cuanto al plazo razonable en relación con la etapa de ejecución de sentencias, la Corte resalta que dicho plazo debe ser más breve debido a la existencia de una decisión firme en relación con una materia concreta. Para la Corte, es dable destacar que desde las sentencias dictadas en 1993 y 1999 hasta la fecha, han transcurrido más de 26 y 19 años, respectivamente, los que en una persona de avanzada edad y carente de recursos económicos, han ocasionado un impacto en su situación jurídica. Teniendo en cuenta lo anterior, la Corte concluyó que las autoridades judiciales no actuaron con el deber de celeridad que exigía la situación de vulnerabilidad en la que se encontraba el señor Muelle Flores, razón por la cual excedieron el plazo razonable del proceso, lo cual vulnera el derecho a las garantías judiciales.

6.2.3. Derecho a la seguridad social

Por otra parte, la Corte se pronunció por primera ocasión respecto del derecho a la seguridad social, en particular sobre el derecho a la pensión, de manera autónoma, como parte integrante de los DESCA. Sobre este particular señalo que del artículo 45 de la Carta de la OEA, interpretado a la luz de la Declaración Americana y de otros tratados e instrumentos internacionales de derechos humanos se puede derivar elementos constitutivos del derecho a la seguridad social, como, por ejemplo, que es un derecho que busca proteger al individuo de contingencias futuras, que de producirse ocasionarían consecuencias perjudiciales para la persona, por lo que deben adoptarse medidas para protegerla.

En particular el derecho a la seguridad social buscar proteger al individuo de situaciones que se presentarán cuando éste llegue a una edad determinada en la cual se vea imposibilitado física o mentalmente para obtener los medios de subsistencia necesarios para vivir un nivel de vida adecuado, lo que a su vez podría privarlo de su capacidad de ejercer plenamente el resto de sus derechos. Esto último también da cuenta de uno de los elementos constitutivos del derecho, ya que la seguridad social deberá ser ejercida de modo tal que garantice condiciones que aseguren la vida, la salud y un nivel económico decoroso.

En el caso concreto, el señor Muelle Flores dejó de recibir su pensión el año 1991. Debido a la falta de cumplimiento y ejecución de las sentencias a nivel interno, el derecho a la pensión del señor Muelle Flores no fue garantizado de manera oportuna, sino que, por el contrario, hasta la actualidad dichas sentencias no han sido ejecutadas ya que el proceso correspondiente sigue abierto, por lo que los mecanismos existentes no lograron la concretización material del derecho, lo que constituyó una violación del derecho a la seguridad social.

Además, la Corte determinó que en un contexto de no pago de la pensión reconocida judicialmente, los derechos a la seguridad social, a la integridad personal y la dignidad humana se interrelacionan, y en ocasiones, la vulneración de uno genera directamente la afectación del otro, situación que se acentúa en el caso de las personas mayores. La Corte determinó que la falta de materialización del derecho a la seguridad social por más de 27 años por el no pago de la pensión de jubilación generó un grave perjuicio en la calidad de vida y la cobertura de salud del señor Muelle, una persona en situación de especial protección por ser una persona mayor con discapacidad. La vulneración generada por la falta de pago de la pensión se extendió más allá del plazo razonable debido, y al ser este el único ingreso de la víctima, la ausencia prolongada del pago generó indefectiblemente una precariedad económica que afectó la cobertura de sus necesidades básicas, y por ende también su integridad psicológica y moral, así como su dignidad.

6.2.4. Reparaciones

La Corte determinó las siguientes medidas de reparación integral a saber: i) restitución de la pensión del señor Muelle Flores, mediante el cumplimiento de las sentencias definitivas dictadas a nivel interno, lo cual incluye que el Estado deberá mantener ininterrumpidamente la atención en salud a través del seguro social ESSALUD, de conformidad con lo establecido en la legislación interna pertinente; ii) publicar de manera íntegra la Sentencia, así como el resumen oficial de la misma; iii) pagar las sumas monetarias fijadas en la Sentencia por los conceptos de daño material e inmaterial, pérdida de ingresos pensionarios, reintegro de gastos y costas, y gastos del Fondo de Asistencia de Víctimas.

Recientemente, el parlamento argentino sancionó la ley 27.700 por la que se le otorga jerarquía constitucional en los términos del art. 75 inc. 22 de la CN a la Convención Interamericana sobre Protección de Derechos Humanos de las Personas Mayores, adoptada por la Organización de los Estados Americanos durante la 45ª Asamblea General de la OEA, el 15 de junio de 2015 y aprobada por ley 27.360[16].

7. Los adultos mayores en la legislación argentina

En la Argentina no hay una ley de protección integral para los ancianos, como si lo hay para las mujeres y para los niños, pero como nuestro país ha ratificado la Convención Interamericana sobre la protección de los Derechos Humanos de las Personas Mayores, existe una protección convencional para la tercera edad.

[16] Modi, Carla. *La Convención Interamericana sobre la Protección de los Derechos Humanos de las personas mayores:* implicancia en nuestro derecho a partir de la ley 27.700 • ADLA 2023-2, 39 • TR La Ley Ar/Doc/125/2023

7.1. Protección constitucional

No obstante, no existir una legislación específica para el adulto mayor, las políticas de estado en materia de vejez tienen antecedentes en la década de 1940, cuando se establecieron los "Derechos de la Ancianidad" por iniciativa de la Fundación de Ayuda Social, que reconocía el derecho de las personas que habían dado su esfuerzo en bien de la comunidad. Esta conquista, fue incorporada en la Constitución de 1949 que receptó el derecho a la asistencia, los alimentos, vestido, salud, recreación y trabajo del adulto mayor.

Derogada la Constitución de 1949, es recién en el año 1994 cuando la ancianidad recibe protección constitucional. En efecto con la reforma constitucional de 1994, se establecen en el artículo 75, inciso 23, las atribuciones del congreso para promover acciones positivas que garanticen el pleno goce de los derechos de los ancianos.

7.2. Falta de legislación específica

Por otra parte, si bien los adultos mayores son mencionados específicamente en algunas leyes referidas a salud o a previsión social, por ejemplo respecto de las jubilaciones o a violencia, como decíamos antes, no se ha logrado una ley nacional de protección integral de los derechos de las personas mayores, como si se ha alcanzado en los casos de otros grupos, mencionados en convenciones internacionales específicas, con lo cual para determinar el régimen que los rige hay que bucear en todo el ordenamiento.

Conclusión

Para lograr concretar en la práctica los derechos de los adultos mayores, se necesitó que la comunidad de naciones interamericanas dictara una convención regional, por la cual los Estados se comprometen a establecer mecanismos idóneos para convertir en realidad los derechos de los ancianos, mediante la adopción de medidas positivas tendientes a evitar que, por su vulnerabilidad, no alcancen a gozar de sus derechos humanos básicos.

Dictadas la Convención Interamericana y aggiornadas las leyes nacionales, los datos que muestran la realidad y que plasman las estadísticas, reflejan que los ancianos siguen siendo víctimas de violencia doméstica, sanitaria, y laboral en razón de su vulnerabilidad y que no gozan de igualdad con las demás personas en el ejercicio de sus derechos humanos básicos. Ello nos demuestra la necesidad de una convención internacional de protección integral al adulto mayor y de campañas educativas para instalar el paradigma de su respeto.

La jurisprudencia de la Corte Interamericana de Derechos Humanos contribuye a precisar el contenido de los derechos y el alcance de las obligaciones de los Estados frente a los adultos mayores y su conocimiento coadyuva a otorgar a los operadores del derecho de instrumentos precisos y contundentes para la eficiente protección del adulto mayor.

Referencias

Argentieri, Constanza. Sistema Interamericano de Derechos Humanos y su papel en la protección de los derechos de las personas mayores. *In*: Sandra Huenchuan (coord.), libro de la Comisión Económica para América Latina y el Caribe, *Visión multidisciplinaria de los derechos humanos de las personas mayores.*

Blanco, Luis G. *Consideraciones bioéticas acerca del envejecimiento y la ancianidad.* RDF 95, 21. TR La Ley Ar/Doc/1834/2020.

Huenchuan, Sandra. *Visión multidisciplinaria de los derechos humanos de las personas mayores.* Libro de la CEPAL 'ONU. Disponible en: https://www.cepal.org/es/publicaciones/47835-vision-multidisciplinaria-derechos-humanos-personas-mayores.

Huenchuan, Sandra (ed.). *Envejecimiento, personas mayores y Agenda 2030 para el DesarrolloSostenible:* perspectiva regional y de derechos humanos. Libros de la CEPAL. Disponible en: https://www.cepal.org/es/publicaciones/44369-envejecimiento-personas-mayores-agenda-2030-desarrollo-sostenible-perspectiva.

Huenchuan, Sandra (ed.). *Marco legal y de políticas en favor de las personas mayores en América Latina.* Serie Población y Desarrollo. Disponible en: https://www.cepal.org/es/publicaciones/7193-marco-legal-politicas-favor-personas-mayores-america-latina.

Medina, Graciela; Yuba, Gabriela. *Las personas mayores y el derecho a la salud.* Reflexiones a partir del caso "Poblete Vilches y otros c. Chile" de la Corte Interamericana de Derechos Humanos. TR La Ley Ar/Doc/1922/2018.

Medina, Graciela. *Acceso a justicia de personas en condición de vulnerabilidad.* Las 100 Reglas de Brasilia. En género, discapacidad y pobreza. TR La Ley Ar/Doc/1922/2018.

Modi, Carla. *La Convención Interamericana sobre la Protección de los Derechos Humanos de las personas mayores*: implicancia en nuestro derecho a partir de la ley 27.700. ADLA 2023-2, 39. TR La Ley Ar/Doc/125/2023.

Saux, Edgardo I.; Azvalinsky, Alejandro M. *Vida, muerte y dignidad.* Los testamentos vitales: utilidad y alternativas. RCyS 2020-XI, 293. TR LALEY 0003/013537.

33.
ENVELHECIMENTO E SEGURIDADE SOCIAL

José Roberto Sodero Victório

1. Introdução: contexto do envelhecimento populacional

O envelhecimento populacional é um fenômeno que tem ocorrido em todo o mundo, e o Brasil não é exceção. Com o aumento da expectativa de vida e a redução da taxa de fecundidade, a população brasileira tem envelhecido rapidamente nas últimas décadas.

A longevidade pode ser considerada um triunfo, porém o envelhecimento populacional no mundo, tem se caracterizado por uma veloz e acentuada mudança demográfica que enseja uma pertinente discussão acerca do impacto deste rápido processo na qualidade de vida dos idosos[1].

De acordo com a Organização Mundial de Saúde (OMS), nas próximas décadas a população mundial com mais de 60 anos vai passar dos atuais 841 milhões para 2 bilhões até 2050, fazendo com que as doenças crônicas e o bem-estar dos idosos sejam temas de interesse em saúde pública global[2].

[1] Kanso, S.; Romero, D.E.; Leite, I.C.; Marques, A. A evitabilidade de óbitos entre idosos em São Paulo, Brasil: análise das principais causas de morte. Cadernos de Saúde Pública, v. 29, n. 4, p. 735-748, 2013.

[2] Sistemas de saúde devem encontrar estratégias eficazes para resolver os problemas enfrentados pela população mundial mais envelhecida, evitando a perda de qualidade de vida, alertou a Organização Mundial da Saúde. ONU no Brasil, 11 nov. 2014. Disponível em: https://nacoesunidas.org/mundo-tera-2-bilhoes-de-idosos-em-2050-oms-diz-que-envelhecer-bem-deve-ser-prioridade-global/. Acesso em: 23.02.2023.

"Em 2020 teremos pela primeira vez na história o número de pessoas com mais de 60 anos maior que o de crianças até cinco anos", declara a OMS, notando que 80% dos idosos viverão em países de baixa e média renda. "Embora as pessoas estejam vivendo mais, elas não necessariamente estão mais saudáveis", alerta a Organização[3].

Em países com maior grau de desenvolvimento econômico é observado uma melhora nos hábitos de vida mediante às intervenções de profissionais da saúde, enquanto no Brasil, indivíduos com menor renda e escolaridade, fazem pouco uso dos serviços de saúde e tendem a receber menos orientações. A questão não está adstrita à saúde no envelhecimento.

O envelhecimento da população levanta várias outras questões fundamentais para os formuladores de políticas. Como podemos ajudar pessoas a permanecerem independentes e ativas à medida que envelhecem? Como podemos encorajar a promoção da saúde e as políticas de prevenção, especialmente aquelas direcionadas aos mais velhos? Já que as pessoas estão vivendo por mais tempo, como a qualidade de vida na Terceira Idade pode ser melhorada? Um grande número de pessoas na Terceira Idade causará a falência de nossos sistemas de saúde e de previdência social? Como podemos equilibrar o papel da família e o do Estado em termos de assistência àqueles que necessitam de cuidados à medida que envelhecem? Como podemos reconhecer e apoiar o papel importante que as pessoas mais velhas desempenham no cuidado aos outros?

Nesse cenário global, nota-se as desigualdades sociais e institucionais existentes entre os países desenvolvidos e os países em desenvolvimento.

O aumento do envelhecimento populacional, nos países desenvolvidos, ocorre associado à melhores condições gerais de vida, já nos países em desenvolvimento, esse aumento se dá de forma rápida e contínua sem tempo para uma reorganização social adequada na área de saúde que atenda às novas demandas emergentes.

Países do continente europeu, como a França, tiveram o aumento da população idosa em mais de um século, em que o envelhecimento populacional encontrou um cenário socioeconômico favorável, permitindo,

[3] *Ibidem.*

assim, a expansão de seus sistemas de proteção social desde a década de 1970[4].

No Brasil, o aumento da população idosa ocorre concomitante à graves dificuldades no sistema de proteção social, em especial para os idosos. O processo de estruturação dos serviços de atenção ao idoso permanece abaixo das demandas apresentadas por esse grupo etário, o que denota a necessidade de estratégias mais eficazes, nos próximos anos, por parte dos setores públicos e de toda a sociedade, para que esse segmento populacional, que chegará a aproximadamente 65 milhões em 2050, possa ter uma melhor qualidade de vida[5].

Essa variação demográfica, portanto, indica novos enfrentamentos necessários nos modelos atuais de promoção de acesso aos direitos sociais ao idoso. Um deles é a forte pressão fiscal nos setores públicos de saúde e previdência social, que é considerado um dos maiores desafios fiscais para o Brasil nas próximas décadas[6].

2. Importância da seguridade social para idosos

O processo de envelhecimento da população tem implicações significativas para a seguridade social com um todo, observando desde já, que no Brasil, a seguridade abrange não só Previdência Social, mas também a Saúde e a Assistência Social.

Do ponto de vista previdenciário o que se indaga é: uma vez que a quantidade de idosos beneficiários tem aumentado, enquanto a quantidade de contribuintes tem diminuído, o que fazer diante desse cenário? Basta restringir direitos, dificultar o acesso aos benefícios previdenciários, ou será necessário discutir novos desafios e perspectivas da Previdência Social no contexto do envelhecimento populacional?

4 Camarano, A.A. & Pasinato, M.T. *O envelhecimento populacional na agenda das políticas públicas:* Os Novos Idosos Brasileiros: Muito Além dos 60? Rio de Janeiro: IPEA, 2004. p. 253.

5 Andrade, L.M.; Sena, E.L.S.; Pinheiro, G.M.L.; Meira, E.C.; Lira, L.S.S.P. *Políticas públicas para pessoas idosas no Brasil:* uma revisão integrativa. Ciência & Saúde Coletiva, v. 18, n. 12, p. 3543-3552, 2013.

6 Wong, L.L.R & Carvalho, J.A. *O rápido processo de envelhecimento populacional do Brasil:* sérios desafios para as políticas públicas. Revista Brasileira de Estudos de População, São Paulo, v. 23, n. 1, p. 5-26, 2006.

Sob o aspecto da Saúde, embora no mundo todo ainda se note divergências sobre o percentual adequado de investimentos que se deva destinar para a promoção da saúde, há um consenso no sentido de que será necessário investir cada vez mais para evitar que as pessoas adoeçam[7], ainda mais porque haverá sério reflexo na Previdência Social, já que se mantida a ideia de que basta criar uma idade mínima para a aposentadoria espontânea, o fato de o segurado ter que se manter em atividade com o intuito de contribuir por maior período estará sujeito às doenças intrínsecas à idade. Envelhecer sem apresentar nenhuma doença crônica é a exceção à regra, entretanto, o retardamento na ocorrência de enfermidades pode contribuir para a preservação da capacidade funcional do indivíduo no futuro, sendo esta a habilidade que o indivíduo possui para conduzir a sua própria vida de maneira independente e autônoma, com uma boa qualidade de vida[8].

Do ponto de vista da Assistência Social, o Brasil possui um benefício para o idoso com 65 anos ou mais de idade ou ao cidadão incapaz de qualquer idade, que não esteja abrangido pela possibilidade de concessão de benefícios previdenciário e em condições de miserabilidade social, denominado Benefício de Prestação Continuada – BPC, que o remunera mensalmente com o valor de um salário-mínimo[9].

Essa proeminente tendência de envelhecimento da população aumenta, consequentemente, os desafios na concessão de benefícios, eficiência e abrangência de programas e serviços direcionados para os idosos, especialmente aos associados à seguridade social que engloba a área da saúde, previdência e assistência social[10].

Em favor dos interesses da pessoa idosa, o Estatuto do Idoso é considerado um grande avanço da legislação brasileira para implementação dos mandamentos da atual Constituição. Foi elaborado com forte participação das entidades de defesa dos interesses dos idosos, conseguiu ampliar em larga escala a resposta do Estado e da sociedade às suas

[7] Veras, R.P. *Prevenção de doenças em idosos:* os equívocos dos atuais modelos. Cadernos de Saúde Pública, v. 28, n. 10, p. 1834-1840, 2012.

[8] *Ibidem.*

[9] O valor do salário mínimo no Brasil é de R$1.302,00 a partir de 1º de janeiro de 2023.

[10] Art. 194 da Constituição Federal de 1988.

necessidades. Prescreve os mais variados aspectos, quais sejam, desde a proteção dos direitos fundamentais, obrigações da família, da sociedade e do Poder Público até o estabelecimento de penas para os crimes mais comuns cometidos contra essas pessoas, sempre com a intenção explícita de assegurar ao idoso com absoluta prioridade tais direitos[11].

A previdência social é uma das principais garantias para os idosos no Brasil. Por meio dela, os trabalhadores que contribuíram durante sua vida ativa têm direito a uma renda mensal, que ajuda a garantir sua subsistência na velhice. Sem a previdência, muitos idosos teriam que contar apenas com a ajuda de suas famílias ou depender de programas assistenciais do governo, o que não seria suficiente para garantir sua dignidade e bem-estar. Por isso, é fundamental que o sistema previdenciário seja preservado e aprimorado para que continue a atender às necessidades dos idosos.

Embora a previdência social seja importante para os idosos, ela enfrenta uma série de desafios. Um dos principais é demográfico: o envelhecimento da população, que gera um aumento no número de beneficiários e uma diminuição na proporção nascimento, o que gera uma menor quantidade de trabalhadores contribuindo para o sistema. Isso faz com que seja necessário repensar o modelo previdenciário atual e encontrar formas de garantir sua sustentabilidade a longo prazo. Outro desafio é a necessidade de se adequar às mudanças no mercado de trabalho, que cada vez mais inclui formas de trabalho precárias e informais, dificultando a contribuição para a previdência.

A aposentadoria é um dos principais benefícios da previdência social para os idosos. Para ter direito a ela, é preciso ter contribuído por um determinado período, que varia de acordo com o tipo de aposentadoria e a idade do trabalhador. Existem diversos tipos de aposentadoria, como a por idade, por tempo de contribuição e por invalidez, cada uma com suas próprias regras e critérios. É importante conhecer essas regras e planejar a aposentadoria com antecedência para garantir o melhor benefício possível.

[11] Art. 230 da Constituição de 1988.

Na tentativa de criar um sistema de se trazer um equilíbrio financeiro e atuarial[12] para a previdência social brasileira, em 2019, através de uma Emenda Constitucional[13], o estado brasileiro realizou uma reforma no sistema previdenciário afetando diretamente o segurado idoso.

A reforma da previdência aliás é um tema controverso, que gera muita discussão sobre seu impacto para a garantia da dignidade humana aos idosos. Em geral, as reformas têm como objetivo reduzir os gastos do governo com a previdência e garantir sua sustentabilidade a longo prazo. Isso pode afetar os idosos de diferentes formas, como por exemplo, aumentando o tempo de contribuição necessário para se aposentar, reduzindo o valor das aposentadorias ou mudando as regras para concessão de benefícios como pensão por morte. Por isso, é importante entender as mudanças propostas e como elas podem afetar sua situação previdenciária.

Sobre a questão da idade mínima para se aposentar, a reforma de 2019, estabeleceu para os segurados do Regime Geral de Previdência Social no Brasil, além de um tempo de contribuição mínimo necessário, a idade de 65 anos para homens e 62 anos para mulheres. Na realidade, o sistema que tinha como pressuposto de aposentadoria, em seu regime geral, o tempo de serviço ou contribuição, inseriu a idade mínima importando algo que já existe na Europa.

3. Um paralelo sobre a realidade do idoso no Brasil e na Europa

É verdade que a expectativa de vida na Europa tem aumentado nos últimos anos, o que tem impacto direto sobre a previdência social. A maioria dos países europeus tem adotado medidas para lidar com o envelhecimento da população, como o aumento da idade mínima para aposentadoria e a redução dos benefícios para os mais jovens.

Para se ter um paradigma importante a idade mínima para aposentadoria na Europa varia bastante de um país para outro. Alguns países, como a Alemanha e a França, têm uma idade mínima relativamente baixa, de 63 anos. Outros, como a Itália e a Grécia, têm uma idade mínima ainda

[12] Art. 201 da Constituição Federal de 1988.

[13] Emenda Constitucional 103, de 2019.

mais baixa, de 62 anos. Já em países como a Suécia e a Dinamarca, a idade mínima é mais alta, chegando a 67 anos[14-15-16].

Outro dado importante é que a expectativa de vida ao nascer na Europa é mais alta do que no Brasil. Em 2020, a expectativa de vida ao nascer era de 78 anos no Brasil e de 81 anos na União Europeia[17].

A pobreza na velhice é mais comum no Brasil do que na Europa. Segundo dados da Organização para a Cooperação e Desenvolvimento Econômico (OCDE)[18], em 2018, 26,2% dos idosos brasileiros viviam abaixo da linha de pobreza, enquanto na Europa esse percentual era de 15,4%.

A previdência social também é mais desenvolvida na Europa do que no Brasil. A maioria dos países europeus tem sistemas previdenciários universais e abrangentes, que oferecem proteção social e financeira aos idosos. No Brasil, o sistema previdenciário é mais fragmentado, com diferentes regimes e benefícios para trabalhadores formais, informais e autônomos.

Os idosos brasileiros enfrentam mais desafios na área da saúde do que os idosos europeus. O sistema público de saúde brasileiro é subfinanciado e enfrenta dificuldades para atender a demanda crescente por serviços de saúde. Na Europa, por outro lado, a maioria dos países tem sistemas de saúde universais e abrangentes, que oferecem acesso gratuito ou subsidiado a serviços de saúde.

[14] Ageing Europe – Looking at the lives of older people in the EU, da Eurostat. Disponível em: https://ec.europa.eu/eurostat/statistics-explained/index.php/Ageing_Europe_-_looking_at_the_lives_of_older_people_in_the_EU.

[15] Hinrichs, Karl. Recent pension reforms in Europe: More challenges, new directions. An overview. Disponível em: https://onlinelibrary.wiley.com/doi/pdf/10.1111/spol.12712.

[16] Retirement in Europe: How do European countries differ?, do Portal Europeu de Serviços Públicos. Disponível em: https://europa.eu/youreurope/citizens/work/retire-abroad/state-pensions-abroad/index_pt.htm.

[17] Life expectancy at birth, total (years), do Banco Mundial. Disponível em: https://data.worldbank.org/indicator/SP.DYN.LE00.IN.

[18] Estatísticas da OCDE sobre a população idosa, da Organização para a Cooperação e Desenvolvimento Econômico (OCDE). Disponível em: https://www.oecd.org/latin-america/Active-with-Brazil-Port.pdf.

A educação e a qualificação profissional dos idosos são mais desenvolvidas na Europa do que no Brasil. Em muitos países europeus, os idosos têm acesso a programas de educação e treinamento profissional para atualizar suas habilidades e competências. No Brasil, por outro lado, a oferta de programas de educação e qualificação profissional para idosos é limitada.

Em resumo, as diferenças socioeconômicas entre os idosos do Brasil e da Europa são significativas, refletindo as desigualdades sociais e econômicas existentes entre os dois continentes. Essas diferenças têm implicações importantes para o bem-estar e a qualidade de vida dos idosos, exigindo políticas públicas e estratégias específicas para enfrentar os desafios e as necessidades da população idosa.

4. O direito constitucional à felicidade como mecanismo efetivação do princípio da dignidade da pessoa humana em sua aplicação exclusivamente ao idoso no campo dos direitos sociais

O direito à felicidade é um tema que tem sido cada vez mais discutido no Brasil e no mundo, especialmente no que diz respeito aos idosos.

O direito à felicidade não está expresso na Constituição Brasileira de 1988, porém, muitos doutrinadores afirmam que está intrinsecamente ligado ao princípio da dignidade humana, afirmando que o ser humano não pode ser digno se não for feliz[19].

Segundo a ONU é "um objetivo humano fundamental", e diz que seus países-membros deveriam fazer com que ela aconteça, adotando medidas públicas. Para a ONU, a felicidade é questão de desenvolvimento, e um país desenvolvido teria "taxas" mais altas de felicidade, pois lá haveria hospitais públicos, escolas públicas, áreas de lazer públicas, todos eficientes e de boa qualidade, além de melhores condições de vida[20]. A resolu-

[19] Cruz SV e. Notas sobre o paradoxo dos direitos humanos e as relações hemisféricas. Lua Nova [Internet]. 2012;(86):17–50. Disponível em: https://doi.org/10.1590/S0102-64452012000200002. https://www.scielo.br/j/ln/a/nfvdZFv6LpFFrRDzNJ5sCNt/.

[20] ONU reconhece busca pela felicidade como objetivo fundamental. G1, Globo. Disponível em: https://g1.globo.com/mundo/noticia/2011/07/onu-reconhece-busca-pela-felicidade-como-objetivo-fundamental.html#:~:text=%2D%20A%20Assembleia%20Geral%20das%20Na%C3%A7%C3%B5es, em%20sua%20aposta%20pelo%20desenvolvimento. Acesso em: 23.02.2023.

ção das Nações Unidas leva como título "A Felicidade: para um Enfoque Holístico do Desenvolvimento". Entende-se que felicidade do ponto de vista holístico pode ser muito mais do que saúde, educação ou moradia, pois esses itens são os requisitos fundamentais para a felicidade, mas não são os únicos.

O bem-estar emocional dos idosos é um tema que tem sido amplamente estudado na literatura científica. Segundo Motta, Soares e Santos[21], o envelhecimento é um processo multifacetado que envolve mudanças biológicas, psicológicas e sociais, e que pode afetar o bem-estar emocional dos idosos. Essas mudanças podem levar a desafios emocionais, como a depressão, a solidão e a ansiedade, que são comuns entre os idosos.

De acordo com Darlene Tavares[22], a depressão é uma das principais doenças mentais que afetam os idosos. Ela pode ser causada por fatores biológicos, psicológicos e sociais, e pode levar a uma diminuição da qualidade de vida e da capacidade funcional dos idosos. Além disso, a solidão é um fator de risco para a depressão, e é comum entre os idosos que vivem sozinhos ou que têm uma rede social limitada.

Já a ansiedade é outra condição que pode afetar o bem-estar emocional dos idosos. Segundo Silva e Vieira[23], a ansiedade pode ser causada por mudanças biológicas, como a diminuição da produção de neurotransmissores, e por fatores psicossociais, como o estresse e a preocupação com a saúde. Ela pode levar a sintomas como inquietação, tensão muscular e problemas de sono, e pode afetar a capacidade funcional e a qualidade de vida dos idosos.

Apesar desses desafios emocionais, estudos mostram que os idosos podem ter uma perspectiva mais positiva sobre a vida do que os jovens. Segundo Pinquart e Sörensen[24], a satisfação com a vida aumenta com

[21] Motta, A. B.; Soares, W. T.; Santos, E. A. *Envelhecimento e bem-estar emocional*: uma revisão bibliográfica. Revista de Gerontologia e Geriatria, v. 11, n. 4, p. 163-171, 2018.

[22] Tavares, Darlene. M. S. *Depressão em idosos: fatores associados e impacto na qualidade de vida.* Tese (Doutorado em Saúde Pública) – Universidade de São Paulo, São Paulo, 2014.

[23] Silva, C. S.; Vieira, E. F. Ansiedade em idosos: uma revisão integrativa. Revista de Enfermagem UFPE Online, v. 13, n. 1, p. 271-278, 2019.

[24] Pinquart, M., & Sörensen, S. (2000). Influences of socioeconomic status, social network, and competence on subjective well-being in later life: A meta-analysis. Psychology and Aging, 15(2), 187-224. doi: 10.1037//0882-7974.15.2.187

a idade, e os idosos podem ter uma capacidade maior de adaptação às mudanças e às perdas. Além disso, eles podem ter uma maior habilidade em lidar com as emoções negativas e em buscar apoio social quando necessário.

Nesse sentido, é importante que sejam implementadas políticas públicas que promovam o bem-estar emocional dos idosos, como o acesso a serviços de saúde mental e ações que incentivem a participação social. Como destacam Motta, Soares e Santos[25], o direito ao bem-estar emocional é uma dimensão importante do direito à felicidade, e deve ser garantido aos idosos para que possam ter uma vida plena e satisfatória.

O bem-estar emocional é um aspecto importante do direito à felicidade para os idosos. Estudos mostram que a satisfação com a vida aumenta com a idade, e que os idosos podem ter uma perspectiva mais positiva sobre a vida do que os jovens. No entanto, isso não significa que os idosos não enfrentem desafios emocionais, como depressão, solidão e ansiedade.

O acesso a serviços de saúde e assistência social é um aspecto importante do direito à felicidade para os idosos no Brasil. Muitos idosos enfrentam dificuldades para acessar serviços de saúde de qualidade e para receber benefícios e programas de assistência social, o que pode afetar negativamente seu bem-estar e qualidade de vida.

A participação social e a cidadania são aspectos importantes do direito à felicidade para os idosos. Muitos idosos têm uma rica experiência de vida e podem contribuir significativamente para suas comunidades e para a sociedade como um todo. No entanto, a discriminação por idade e a falta de oportunidades podem limitar sua participação social e cidadania. Com relação à dificuldade de acesso a serviços de saúde, um estudo realizado por Ramos, Lima-Costa e Macinko[26] mostrou que os idosos no Brasil têm maior dificuldade de acesso a serviços de saúde em compa-

[25] Motta, L. B. D.; Soares, S. M. S.; Santos, M. M. Direito ao bem-estar emocional: reflexões sobre a vida dos idosos. Revista Brasileira de Geriatria e Gerontologia, v. 21, n. 2, p. 258-268, 2018.

[26] Ramos, M. N., Lima-Costa, M. F., & Macinko, J. (2018). A utilização de serviços de saúde por idosos brasileiros: um estudo baseado na Pesquisa Nacional de Saúde, 2013. Cadernos de Saúde Pública, 34(3), e00021017.

ração aos adultos mais jovens. Além disso, os idosos de baixa renda têm maior probabilidade de enfrentar barreiras no acesso a serviços de saúde, incluindo a falta de médicos e o tempo de espera prolongado.

A proteção contra a violência e o abuso é um aspecto fundamental do direito à felicidade para os idosos no Brasil. Os idosos são frequentemente vítimas de abuso físico, psicológico e financeiro, muitas vezes por membros da própria família. É importante que as políticas públicas e a sociedade em geral garantam a proteção e a segurança dos idosos. Com certeza, a proteção contra a violência e o abuso é essencial para garantir o direito à felicidade e qualidade de vida dos idosos no Brasil. Segundo dados do Ministério dos Direitos Humanos e Cidadania[27], em 2020 foram registradas mais de 48 mil denúncias de violência contra pessoas idosas no Brasil, sendo que a maioria das vítimas eram mulheres e os principais agressores eram filhos e outros familiares. Para combater esse problema, o Brasil conta com o Estatuto do Idoso[28], que estabelece medidas de proteção aos direitos dos idosos e prevê punições para quem cometer violência ou abuso contra eles. Além disso, existem serviços especializados, como os Centros de Referência Especializados de Assistência Social (CREAS), que oferecem atendimento e acompanhamento a idosos vítimas de violência.

No entanto, é preciso que haja um esforço conjunto da sociedade e do Estado para garantir a efetividade dessas políticas e a proteção dos idosos contra a violência e o abuso. É importante conscientizar a população sobre a importância de respeitar e proteger os idosos, além de garantir a capacitação dos profissionais que atuam no atendimento e proteção aos idosos.

A autonomia e a independência são aspectos importantes do direito à felicidade para os idosos. Muitos idosos desejam manter sua independência e autonomia, mesmo em idade avançada. Políticas e programas que incentivem a autonomia e a independência dos idosos podem contribuir para sua felicidade e bem-estar. Conforme destaca a Organização Mun-

[27] Ministério dos Direitos Humanos e da Cidadania. Disponível em: https://www.gov.br/mdh/pt-br/acesso-a-informacao/dados-abertos/ouvidoria-nacional-de-direitos-humanos-ondh.

[28] Brasil. (2003). Estatuto do Idoso (Lei nº 10.741/2003).

dial da Saúde (OMS)[29], a autonomia é a capacidade das pessoas de tomar decisões e agir de acordo com suas próprias escolhas, desejos e valores. Já a independência é a capacidade de realizar atividades cotidianas sem ajuda de terceiros. Para garantir a autonomia e a independência dos idosos, é necessário que políticas públicas e programas incluam medidas como o acesso a serviços de saúde e assistência social, a adaptação de moradias para a acessibilidade e segurança dos idosos, e o incentivo ao envelhecimento ativo e saudável. De acordo com estudos, o envelhecimento ativo está relacionado a uma melhor qualidade de vida e a um maior bem-estar emocional. Além disso, a manutenção da autonomia e da independência também está associada a uma menor incidência de depressão e outras doenças mentais em idosos. Portanto, é importante que a sociedade e as políticas públicas estejam empenhadas em garantir a autonomia e a independência dos idosos, para que eles possam viver com dignidade e felicidade em idade avançada.

Com relação à Assistência Social, o Estatuto do Idoso, Lei nº 10.741 de 2003, estabelece os direitos dos idosos no Brasil, incluindo o direito à assistência social e à saúde. No entanto, segundo um estudo realizado por Souza et al.[30], muitos idosos no Brasil não têm acesso aos benefícios e programas de assistência social a que têm direito, devido à falta de informações e à complexidade do processo de solicitação. Isso pode levar à exclusão social e afetar negativamente o bem-estar emocional e a qualidade de vida dos idosos. De fato, o Estatuto do Idoso é uma importante legislação que visa garantir os direitos e a proteção dos idosos no Brasil. Além dos direitos à assistência social e à saúde, a lei também estabelece direitos relacionados à moradia, transporte, cultura, lazer, entre outros. No entanto, como apontado por Souza et al.[31], é preciso avançar na efetivação desses direitos e garantir o acesso dos idosos aos benefícios e programas a que têm direito, de forma mais simples e acessível. A falta de acesso à assistência social pode ser especialmente prejudicial para os

[29] *Envelhecimento ativo*: uma política de saúde da Organização Mundial da Saúde (OMS). Disponível em: https://bvsms.saude.gov.br/bvs/publicacoes/envelhecimento_ativo.pdf.
[30] Souza, T. O. et al. Assistência social e envelhecimento: desafios para o acesso aos serviços pelos idosos. Revista de Saúde Pública, v. 52, n. 28, 2018.
[31] *Ibidem*.

idosos mais vulneráveis e em situação de pobreza, o que reforça a importância de políticas públicas mais efetivas e comprometidas com a garantia dos direitos dos idosos.

O Benefício de Prestação Continuada (BPC/LOAS) é um benefício assistencial previsto na Lei Orgânica da Assistência Social (LOAS)[32] que tem como objetivo garantir um salário-mínimo mensal para idosos com 65 anos ou mais e pessoas com deficiência que comprovem não possuir meios de subsistência próprios ou de seus familiares. O benefício tem como objetivo garantir o acesso à renda e contribuir para a proteção social dos idosos em situação de vulnerabilidade. No entanto, mesmo sendo um direito garantido por lei, muitos idosos enfrentam dificuldades para obter o BPC/LOAS devido à complexidade do processo de solicitação e à burocracia envolvida. Além disso, há casos em que os idosos têm o benefício negado injustamente ou sofrem com atrasos no pagamento. Por isso, é fundamental que as políticas públicas garantam o acesso dos idosos ao BPC/LOAS de forma justa e efetiva, para que possam ter acesso à renda e garantir sua dignidade e qualidade de vida.

Em resumo, o direito à felicidade dos idosos no Brasil envolve diversos aspectos, incluindo o bem-estar emocional, o acesso a serviços de saúde e assistência social, a participação social e cidadania, a proteção contra a violência e o abuso, e a autonomia e independência. É importante que as políticas públicas e a sociedade em geral valorizem e respeitem os idosos, garantindo seu direito à felicidade e à dignidade.

5. A previdência social e o direito à felicidade do idoso

Diante do envelhecimento populacional, é fundamental que se promova uma reflexão sobre a Previdência Social e seu papel na garantia do bem-estar dos idosos (direito à felicidade ou dignidade da pessoa humana) e na sustentabilidade do sistema previdenciário. É necessário que sejam implementadas mudanças estruturais para enfrentar os desafios e que toda a sociedade assuma sua responsabilidade social na proteção dos ido-

[32] Lei nº 8.742 de 1993, que estabelece as normas gerais para a organização e funcionamento da assistência social no Brasil. O BPC é previsto no artigo 20 da LOAS e garante um salário mínimo mensal para idosos e pessoas com deficiência que comprovem não possuir meios de sustento próprio ou de sua família.

sos. Além disso, é importante explorar as perspectivas de crescimento econômico e de criação de novos modelos de proteção social para garantir a sustentabilidade do sistema previdenciário.

De acordo com dados do Instituto Brasileiro de Geografia e Estatística (IBGE)[33], a expectativa de vida no Brasil aumentou de 45 anos em 1950 para 76 anos em 2020, o que significa que a população está envelhecendo rapidamente. Em 2020, cerca de 14% da população brasileira tinha mais de 60 anos, e estima-se que em 2060 essa proporção chegue a 36%.

Esses dados demonstram a importância de se garantir os direitos e a proteção dos idosos no Brasil, incluindo o acesso a serviços de saúde, assistência social, proteção contra a violência e o abuso, autonomia e independência, entre outros aspectos que contribuem para sua felicidade e bem-estar. Além disso, a crescente população idosa também representa um desafio para as políticas públicas e para a sociedade em geral, que precisam estar preparadas para atender às demandas e necessidades desses indivíduos. É fundamental que sejam criadas políticas e programas que valorizem e respeitem a dignidade e os direitos dos idosos, garantindo que possam viver com qualidade e felicidade em suas últimas fases de vida[34].

Diante desse cenário, a Previdência Social tem enfrentado desafios significativos, como destacado por autores como Rocha e Vargas[35] e Cavalcante e Santos[36]. Entre os desafios, destaca-se o aumento do alegado déficit previdenciário, que vem se agravando ao longo dos anos. Em

[33] IBGE. Projeção da População. Disponível em: https://www.ibge.gov.br/estatisticas/sociais/populacao/9109-projecao-da-populacao.html?=&t=resultados . Acesso em: 24 fev. 2023.

[34] Berzins, Marília Anselmo Viana da Silva et al. Assistência Social na Política Nacional do Idoso. Disponível em: https://repositorio.ipea.gov.br/bitstream/11058/9083/1/A%20Assist%C3%AAncia%20social.pdf.

[35] Rocha, R.; Vargas, N. Reforma da previdência social e os desafios do envelhecimento populacional no Brasil. Revista Eletrônica em Gestão, Educação e Tecnologia Ambiental, v. 23, n. 2, p. 273-290, 2019.

[36] Cavalcante, L. P.; Santos, F. N. Os desafios da previdência social brasileira no contexto do envelhecimento populacional. Revista Ciência em Extensão, v. 15, n. 1, p. 51-60, 2019.

2019, segundo dados do Ministério da Economia, o déficit do RGPS foi de R$ 318 bilhões, o maior da história[37].

É importante trazer aqui um contraponto importante quando se fala em déficit previdenciário no Brasil. A Professora Denise Gentil é uma economista brasileira que tem se dedicado a analisar as questões previdenciárias no Brasil. Segundo a autora, em seus estudos e análises, o déficit previdenciário brasileiro é um mito e uma construção artificial. Ela argumenta que a previdência é um sistema de seguridade social, e não uma atividade financeira ou de investimento, e que o seu financiamento deve ser entendido em termos de direitos sociais e de distribuição de renda. De acordo com Gentil, o sistema previdenciário brasileiro é superavitário e tem contribuído para a distribuição de renda no país. A autora argumenta que a crise econômica e fiscal vivida pelo Brasil nos últimos anos não pode ser atribuída ao sistema previdenciário, mas sim a outros fatores, como a política de juros elevados e a renúncia fiscal em favor de grandes empresas e bancos. Gentil tem publicado diversos artigos e livros sobre o tema, como "Previdência: o debate desonesto"[38] e "A financeirização da previdência: o caso brasileiro"[39]. Suas análises e argumentos têm gerado debates e polêmicas entre economistas e especialistas em previdência no Brasil.

Além disso, a redução da taxa de fecundidade tem levado a um envelhecimento mais rápido da população, o que aumenta ainda mais o déficit previdenciário. Segundo dados do IBGE[40], a taxa de fecundidade no Brasil caiu de 5,8 filhos por mulher em 1960 para 1,7 em 2020.

Há outros desafios enfrentados pela Previdência Social diante do envelhecimento populacional. Entre eles, pode-se citar a necessidade de adequação do sistema previdenciário às mudanças demográficas, a neces-

[37] Rombo previdenciário bate recorde e avança para R$ 318 bilhões em 2019. Disponível em: https://g1.globo.com/economia/noticia/2020/01/30/rombo-previdenciario--avanca-para-r-318-bilhoes-em-2019-e-bate-recorde.ghtml.

[38] Gentil, Denise Lobato. Previdência: o debate desonesto. São Paulo: Autonomia Literária, 2019.

[39] Ribeiro, Gustavo; Alves, Fábio Henrique Bittes; Fonseca, Pedro Cezar Dutra. A financeirização da previdência: o caso brasileiro. Revista de Economia Política, v. 38, n. 2, p. 277-294, 2018.

[40] IBGE. (2021). Estatísticas do registro civil 2020. Rio de Janeiro: IBGE.

sidade de aumentar a idade mínima para aposentadoria e a necessidade de garantir a sustentabilidade financeira do sistema previdenciário para as próximas gerações.

Algumas medidas foram tomadas nos últimos anos para enfrentar esses desafios, como a Reforma da Previdência de 2019, que estabeleceu novas regras para aposentadoria como a idade mínima. Sob o auspicio argumentado pelo governo central brasileiro de evitar privilégios a determinação de uma idade mínima de 65 anos para homens e 62 anos para mulher pode atingir de maneira desastrosa os segurados em situação de vulnerabilidade.

Vejamos o exemplo da cidade de São Paulo, a maior e mais populosa cidade do Brasil. A vulnerabilidade social de idosos na cidade de São Paulo é um tema preocupante, como destacado em estudos realizados por pesquisadores como Yeda Duarte[41] e Salmazo-Silva[42]. Esses estudos mostram que muitos idosos na cidade enfrentam problemas como pobreza, exclusão social, falta de acesso a serviços básicos e violência. A situação é especialmente grave para os idosos que vivem em áreas periféricas da cidade, onde os serviços públicos são muitas vezes precários. Além disso, muitos idosos em São Paulo enfrentam dificuldades para se locomover, o que limita seu acesso a serviços de saúde e outros recursos importantes.

A Rede Nossa São Paulo produz anualmente o Mapa da Desigualdade[43], que traz indicadores sociais e econômicos de todas as regiões da cidade de São Paulo. O objetivo é mostrar a desigualdade entre os diferentes distritos e regiões da cidade, além de chamar atenção para as políticas

[41] Duarte, Yeda Aparecida de Oliveira et al. Fragilidade em idosos no município de São Paulo: prevalência e fatores associados (2018). Disponível em: https://www.scielo.br/j/rbepid/a/dhZVDQWSSkkLCWcS6KDZGVp/?lang=pt.

[42] Salmazo-Silva, H., Lima-Silva, T.B., Barros, T.C.de, Oliveira, E.M.de, Ordonez, T.N., Carvalho, G. & Almeida, E.B.de. Vulnerabilidade na velhice: definição e intervenções no campo da Gerontologia. Revista Temática Kairós Gerontologia,15(6), "Vulnerabilidade/Envelhecimento e Velhice: Aspectos Biopsicossociais", pp.97-116. Online ISSN 2176-901X. Print ISSN 1516-2567. São Paulo (SP), Brasil: FACHS/NEPE/PEPGG/PUC-SP.

[43] O último Mapa da Desigualdade foi divulgado em 2021 pela Rede Nossa São Paulo. Disponível em: https://www.nossasaopaulo.org.br/wp-content/uploads/2021/10/Mapa-Da-Desigualdade-2021_Mapas.pdf.

públicas necessárias para reduzir essas desigualdades. O relatório apresenta indicadores relacionados à desigualdade em diversas áreas, como habitação, saúde, educação, segurança, meio ambiente, entre outras, nas diferentes regiões da cidade de São Paulo. O Mapa da Desigualdade é uma importante ferramenta para o monitoramento e acompanhamento das políticas públicas na cidade de São Paulo. A primeira edição foi lançada em 2012 e, desde então, tem sido uma referência para a sociedade civil e para os gestores públicos.

Com dados sobre os 96 distritos, a edição de 2021 conta com indicadores dos seguintes temas: população; meio ambiente; mobilidade; direitos humanos; habitação; saúde; educação; cultura; esporte; trabalho e renda; e infraestrutura.

O Mapa da Desigualdade, traz diversas informações relevantes sobre a cidade de São Paulo, como:

a) Índices de desenvolvimento humano e social em diferentes regiões da cidade;
b) Acesso à educação, saúde, transporte público, saneamento básico, cultura e lazer;
c) Taxa de mortalidade infantil, expectativa de vida e taxa de suicídio;
d) Número de casos de violência contra mulheres, crianças e idosos;
e) Índice de poluição do ar e da água;
f) Dados sobre moradia, como quantidade de domicílios em favelas e número de pessoas vivendo em situação de rua;
g) Percentual de trabalhadores informais e com carteira assinada.

Para o caso em análise alguns desses dados são muito relevantes. Vejamos:

a) a maioria da população da cidade de São Paulo reside nas zonas leste e sul da cidade, que juntas concentram mais de 60% da população total;
b) a maioria da população preta e parda da cidade de São Paulo reside em distritos da Zona Sul e Zona Leste da cidade, sendo que o distrito de Cidade Tiradentes, na Zona Leste, tem a maior proporção de pessoas pretas e pardas da cidade;

c) as regiões com os piores índices de oferta de emprego formal na cidade de São Paulo são a Zona Leste e a Zona Sul. Ambas as regiões apresentam um índice de apenas 2,2 empregos formais por habitante, enquanto a média da cidade é de 3,5 empregos por habitante;

d) as regiões que apresentaram a menor remuneração média mensal na cidade de São Paulo foram:

   i. Cidade Tiradentes: R$ 1.286,00
   ii. Grajaú: R$ 1.420,00
   iii. Capão Redondo: R$ 1.511,00
   iv. Jardim Ângela: R$ 1.544,00
   v. Brasilândia: R$ 1.548,00

   Vale lembrar que esses valores são inferiores à remuneração média mensal da cidade como um todo, que foi de R$ 3.318,00. Esses bairros estão localizados nas regiões periféricas da cidade de São Paulo, conhecidas como Zona Sul, Zona Sul Extremo, Zona Oeste e Zona Norte, respectivamente.

e) os distritos da periferia da cidade, principalmente da zona sul e zona leste, apresentam os piores índices de acesso ao transporte público de massa. Alguns exemplos são Cidade Tiradentes, Grajaú, Capão Redondo, Jardim Ângela e Brasilândia, que apresentam baixos índices de cobertura do transporte coletivo. Além disso, essas regiões também têm dificuldades de acesso a serviços e equipamentos públicos, como escolas e unidades de saúde.

f) as regiões com piores índices de acesso à internet móvel são Marsilac, Parelheiros, Jaraguá e Brasilândia, todas com menos de 40% dos domicílios com acesso à internet móvel.

g) os bairros com os maiores índices de violência, incluindo feminicídio, estão concentrados em algumas regiões da cidade de São Paulo, como:

   Zona Leste: Itaim Paulista, Cidade Tiradentes, São Mateus, Ermelino Matarazzo, Itaquera e Guaianases;

   Zona Sul: Capão Redondo, Jardim São Luís, Jardim Ângela, Grajaú e Parelheiros;

   Zona Norte: Brasilândia e Jaraguá;

   Centro: Santa Cecília e Sé.

Pois, bem para finalizar os números e dados estatísticos para a cidade de São Paulo, aquele que se destaca em face da idade mínima escolhida para a aposentadoria dos homens e mulheres na última reforma previdenciária estabelecida pela Emenda Constitucional 103/2019: 65 anos para homens e 62 anos para mulheres. Segundo o Mapa da Desigualdade da Rede Nossa São Paulo de 2021, as piores médias de idade ao morrer na cidade de São Paulo foram encontradas nos seguintes distritos:

I. Cidade Tiradentes – 57,4 anos
II. Grajaú – 59,4 anos
III. Marsilac – 59,8 anos
IV. Brasilândia – 60,3 anos
V. Capão Redondo – 60,5 anos

Fica muito evidente com os dados acimas coletados, que os extremos das periferias da cidade de São Paulo trazem uma desigualdade social extrema. A maioria dessas pessoas não vão conseguir se aposentar, pois morrem antes de atingir a idade mínima determinada pela EC 103, isto é, 62 anos para mulheres e 65 anos para homens. Nem mesmo a idade mínima para receber o Benefício de Prestação Continuada – BPC/LOAS (65 anos de idade). E mais, se conseguirem o direito a algum benefício a média salarial é muito baixa.

A tendência é que o histórico estatístico da cidade de São Paulo possa se refletir a situação de todas as cidades do Brasil, até mesmo para pior, haja vista se tratar a capital paulista da maior potência econômica brasileira.

Por outro lado, fica claro que o idoso não é o mesmo na cidade de São Paulo e obviamente no Brasil e que há uma incapacidade social do idoso antes do 62 ou 65 anos em algumas regiões das cidades, do Estado e do País[44].

Quem comandou a reforma previdenciária de 2019 não conseguiu enxergar a realidade do povo brasileiro, em especial aquele da periferia

[44] Sodero Victório, José Roberto. O idoso e a previdência social: velhice desamparada ou velhice dos direitos? *In: Tratado da Pessoa Idosa.* Regina Beatriz Tavares da Silva, Kátia Boulos e Maria José Bravo Bosch (coords.). 1.ed. São Paulo: Almedina, 2023. pp. 253/254.

das grandes cidades. Fizeram uma espécie de CRTL-C e um CRTL-V em dados paradigmas europeus quanto à idade mínima e erraram em longa distância quando disseram que iriam atacar privilégios de determinadas castas da sociedade brasileira. Erraram estatisticamente, metodologicamente, erraram socialmente, erraram economicamente e atingiram de forma negativa os idosos brasileiros em número, espécie e gênero.

Conclusão

Diante dos resultados apresentados, é notório que a reforma da previdência teve um impacto negativo sobre os mais vulneráveis e a população idosa. Com base nisso, é imprescindível que sejam implementadas políticas públicas voltadas para a garantia de direitos e bem-estar dos idosos no Brasil.

A Previdência Social é uma importante ferramenta de proteção social, especialmente para aqueles que já não possuem capacidade laboral. Porém, a EC 103/2019 trouxe mudanças significativas que dificultam o acesso dos mais pobres a esse benefício, fazendo com que muitos idosos fiquem sem amparo financeiro.

Além disso, a maioria das pessoas que residem na periferia da cidade de São Paulo não alcança as idades mínimas para a aposentadoria, o que demonstra a urgência da implementação de políticas públicas que garantam o acesso ao mercado de trabalho e à proteção social, sobretudo para a população idosa.

Dessa forma, faz-se necessário que o Estado se comprometa a oferecer serviços públicos de qualidade, com uma rede de assistência social abrangente e que atenda às necessidades específicas dos idosos. A Previdência Social deve ser pensada como um direito fundamental, garantindo o acesso aos benefícios previdenciários a todos aqueles que contribuíram para o sistema.

Portanto, é preciso que haja uma crítica construtiva em relação à política previdenciária atual, de forma a buscar aprimoramentos que possibilitem uma maior inclusão social e garantia dos direitos da população idosa. Isso demanda uma atuação comprometida e efetiva por parte do Estado e da sociedade em geral, com o objetivo de assegurar a dignidade e o bem-estar daqueles que já contribuíram tanto para o desenvolvimento do país.

Referências

Andrade, L.M.; Sena, E.L.S.; Pinheiro, G.M.L.; Meira, E.C.; Lira, L.S.S.P. *Políticas públicas para pessoas idosas no Brasil:* uma revisão integrativa. Ciência & Saúde Coletiva, v. 18, n. 12, 2013.

Banco Mundial. *Life expectancy at birth, total (years).* Disponível em: https://data.worldbank.org/indicator/SP.DYN.LE00.IN. Acesso em: 23.02.2023.

BRASIL. Constituição da República Federativa do Brasil de 1988. Brasília: Senado Federal, 1988.

BRASIL. Emenda Constitucional nº 103, de 12 de novembro de 2019. Altera o sistema de previdência social e estabelece regras de transição e disposições transitórias. Diário Oficial da União, Brasília, DF, 13 nov. 2019. Disponível em: http://www.planalto.gov.br/ccivil_03/constituicao/emendas/emc/emc103.htm. Acesso em: 23 fev. 2023.

BRASIL. Lei nº 8.742, de 7 de dezembro de 1993. Dispõe sobre a organização da Assistência Social e dá outras providências. Diário Oficial da União, Brasília, DF, 8 dez. 1993. Disponível em: http://www.planalto.gov.br/ccivil_03/leis/l8742.htm. Acesso em: 23 fev. 2023.

Brasil. Lei nº 10.741, de 1º de outubro de 2003. Dispõe sobre o Estatuto do Idoso e dá outras providências. Diário Oficial da União, Brasília, DF, 3 out. 2003. Disponível em: http://www.planalto.gov.br/ccivil_03/leis/2003/L10.741.htm. Acesso em: 23 fev. 2023.

Camarano, A.A. & Pasinato, M.T. *O envelhecimento populacional na agenda das políticas públicas:* Os Novos Idosos Brasileiros: Muito Além dos 60? Rio de Janeiro: IPEA, 2004.

Cavalcante, L. P.; Santos, F. N. *Os desafios da previdência social brasileira no contexto do envelhecimento populacional.* Revista Ciência em Extensão, v. 15, n. 1, 2019.

Cruz SV e. *Notas sobre o paradoxo dos direitos humanos e as relações hemisféricas.* Lua Nova (Internet). 2012;(86):17–50. Disponível em: https://www.scielo.br/j/ln/a/nfvdZFv6LpFFrRDzNJ5sCNt/.

Duarte, Yeda Aparecida de Oliveira et al. *Fragilidade em idosos no município de São Paulo*: prevalência e fatores associados (2018). Disponível em: https://www.scielo.br/j/rbepid/a/dhZVDQWSSkkLCWcS6KDZGVp/?lang=pt.

Eurostat. *Ageing Europe* – looking at the lives of older people in the EU. Statistics Explained. Disponível em: https://ec.europa.eu/eurostat/statistics-explained/index.php/Ageing_Europe_-_looking_at_the_lives_of_older_people_in_the_EU. Acesso em: 23 fev. 2023.

Gentil, Denise Lobato. *Previdência:* o debate desonesto. São Paulo: Autonomia Literária, 2019.

Hinrichs, Karl. *Recent pension reforms in Europe:* More challenges, new directions. An overview. Disponível em: https://onlinelibrary.wiley.com/doi/pdf/10.1111/spol.12712.

IBGE. *Projeção da População.* Disponível em: https://www.ibge.gov.br/estatisticas/sociais/populacao/9109-projecao-da-populacao.html?=&t=resultados. Acesso em: 24 fev. 2023.

IBGE. (2021). *Estatísticas do registro civil 2020.* Rio de Janeiro: IBGE.

Kanso, S.; Romero, D.E.; Leite, I.C.; Marques, A. *A evitabilidade de óbitos entre idosos em São Paulo, Brasil:* análise das principais causas de morte. Cadernos de Saúde Pública, v. 29, n. 4, , 2013.

Ministério dos Direitos Humanos e da Cidadania. Disponível em: https://www.gov.br/mdh/pt-br/acesso-a-informacao/dados-abertos/ouvidoria-nacional-de-direitos-humanos-ondh.

Motta, A. B.; Soares, W. T.; Santos, E. A. *Envelhecimento e bem-estar emocional:* uma revisão bibliográfica. Revista de Gerontologia e Geriatria, v. 11, n. 4, 2018.

Motta, L. B. D.; Soares, S. M. S.; Santos, M. M. *Direito ao bem-estar emocional:* reflexões sobre a vida dos idosos. Revista Brasileira de Geriatria e Gerontologia, v. 21, n. 2, 2018.

Organização Mundial Da Saúde (OMS). *Envelhecimento ativo:* uma política de saúde" da Organização Mundial da Saúde (OMS). Disponível em: https://bvsms.saude.gov.br/bvs/publicacoes/envelhecimento_ativo.pdf.

Organização Das Nações Unidas (ONU). *Sistemas de saúde devem encontrar estratégias eficazes para resolver os problemas enfrentados pela população mundial mais envelhecida,* evitando a perda de qualidade de vida, alertou a Organização Mundial da Saúde. ONU no Brasil, 11 nov. 2014. Disponível em: https://nacoesunidas.org/mundo-tera-2-bilhoes-de-idosos-em-2050-oms-diz-que-envelhecer-bem-deve-ser-prioridade-global/. Acesso em: 23.02.2023.

Organização para a Cooperação e Desenvolvimento Econômico (OCDE). *Estatísticas da OCDE sobre a população idosa.* Disponível em: https://www.oecd.org/latin-america/Active-with-Brazil-Port.pdf. Acesso em: 23.02.2023.

Pinquart, M., & Sörensen, S. (2000). *Influences of socioeconomic status, social network, and competence on subjective well-being in later life:* A meta-analysis. Psychology and Aging, 15(2), 187-224. doi: 10.1037//0882-7974.15.2.187.

Portal Europeu De Serviços Públicos. *Retirement in Europe:* How do European countries differ? Disponível em: https://europa.eu/youreurope/citizens/work/retire-abroad/state-pensions-abroad/index_pt.htm. Acesso em: 23.02.2023.

Ramos, M. N., Lima-Costa, M. F., & Macinko, J. (2018). *A utilização de serviços de saúde por idosos brasileiros:* um estudo baseado na Pesquisa Nacional de Saúde, 2013. Cadernos de Saúde Pública, 34(3), e00021017.

Rede Nossa São Paulo. (2021). *Mapa da Desigualdade 2021.* São Paulo. Disponível em: https://www.nossasaopaulo.org.br/wp-content/uploads/2021/10/Mapa-Da-Desigualdade-2021_Mapas.pdf. Acesso em: 23.02.2023.

Ribeiro, Gustavo; Alves, Fábio Henrique Bittes; Fonseca, Pedro Cezar Dutra. *A financeirização da previdência: o caso brasileiro.* Revista de Economia Política, v. 38, n. 2, 2018.

Rocha, R.; Vargas, N. *Reforma da previdência social e os desafios do envelhecimento populacional no Brasil.* Revista Eletrônica em Gestão, Educação e Tecnologia Ambiental, v. 23, n. 2, 2019.

Salmazo-Silva, H., Lima-Silva, T.B., Barros, T.C.de, Oliveira, E.M.de, Ordonez, T.N., Carvalho, G. & Almeida, E.B.de. *Vulnerabilidade na velhice:* definição e intervenções no campo da Gerontologia. Revista Temática Kairós Gerontologia,15(6), "Vulnerabilidade/Envelhecimento e Velhice: Aspectos Biopsicossociais", pp.97-116. Online ISSN 2176-901X. Print ISSN 1516-2567. São Paulo (SP), Brasil: FACHS/NEPE/PEPGG/PUC-SP.

Silva, C. S.; Vieira, E. F. *Ansiedade em idosos:* uma revisão integrativa. Revista de Enfermagem UFPE Online, v. 13, n. 1, 2019.

Souza, T. O. et al. *Assistência social e envelhecimento:* desafios para o acesso aos serviços pelos idosos. Revista de Saúde Pública, v. 52, n. 28, 2018.

Souza, R. F. et al. *Acesso de idosos a benefícios e programas de assistência social no Brasil: revisão sistemática.* Cadernos Saúde Coletiva, Rio de Janeiro, v. 26, n. 2, 2018.

Tavares, D. M. S. *Depressão em idosos:* fatores associados e impacto na qualidade de vida. Tese (Doutorado em Saúde Pública) – Universidade de São Paulo, São Paulo, 2014.

Tavares da Silva, Regina Beatriz; Boulos, Kátia; Bosch, Maria José Bravo (coords.).*Tratado da Pessoa Idosa.* 1.ed. São Paulo: Almedina, 2023.

Veras, R.P. *Prevenção de doenças em idosos:* os equívocos dos atuais modelos. Cadernos de Saúde Pública, v. 28, n. 10, 2012.

Wong, L.L.R & Carvalho, J.A. *O rápido processo de envelhecimento populacional do Brasil:* sérios desafios para as políticas públicas. Revista Brasileira de Estudos de População, São Paulo, v. 23, n. 1, 2006.

A FAMÍLIA NAS RELAÇÕES TRABALHISTAS E EMPRESARIAIS

LA FAMILIA EN LAS RELACIONES LABORALES Y EMPRESARIALES

34.
RELAÇÕES TRABALHISTAS NÃO FORMALIZADAS EM EMPRESAS FAMILIARES E SUAS NEFASTAS CONSEQUÊNCIAS – A LUTA PELA CIDADANIA TRABALHISTA E EVOLUÇÃO PARA O TRABALHO DECENTE

Gilda Figueiredo Ferraz de Andrade

1. Introdução

Este artigo visa a refletir sobre as relações trabalhistas em empresas familiares, empregadores domésticos, trabalho informal e seus impactos. Se o formal é aquilo que se enquadra no padrão e na legislação regulatória, a informalidade laboral pode ser interpretada como o oposto, sendo pautada pela exclusão ao regramento nas relações trabalhistas.

Apesar disso é verdade que, nem sempre o trabalho informal pode ser vinculado ao trabalho precário porque há organizações – familiares ou não – em que as ocupações não são precarizadas. Paralelo a isso, é fato que esse fenômeno da informalidade vem crescendo no mundo do trabalho, muitas vezes, visto como solução ao desemprego.

Se voltarmos no tempo, as relações informais de trabalho sempre foram preteridas pelo estudo acadêmico, porque eram vistas como fadadas ao desparecimento, o que não aconteceu, estando presente nas atividades econômicas, cada vez com mais força, como uma tendência de flexibilização e desregulamentação do trabalho.

Um dos segmentos mais afetos ao trabalho informal é o trabalho doméstico brasileiro, que teve uma regulação tardia na equiparação e tratamento legal concedido aos demais trabalhadores, além de observar os parâmetros de trabalho decente, conceito definido pela Organização Mundial do Trabalho (OIT), em 1999, buscando assegurara promoção de direitos fundamentais ao trabalhador, principalmente os mais desfavorecidos. O Brasil, em 2003, chegou a assinar Memorando de Entendimento com a OIT, promovendo uma Agenda Nacional de Trabalho Decente com associações empresariais e sindicais.

A luta pela cidadania trabalhista no Brasil tem sido uma questão recorrente ao longo da história do país, especialmente no que se refere à formalização das relações trabalhistas, como nos exemplos acima indicados. Por isso que, ainda hodiernamente, muitas empresas, especialmente as familiares, não formalizam seus trabalhadores, pois muitos deles podem ser membros da mesma família, mas no exercício do empreendimento comum.

No entanto, essa ausência de reconhecimento legal e formal gera consequências negativas tanto para os trabalhadores quanto para o desenvolvimento econômico do país.

2. Informalidade laboral

O conceito de trabalho informal não tem consenso, porém em linhas gerais implica em relação de emprego alicerçada na desregulamentação, reunindo empregado no setor privado sem carteira de trabalho assinada; empregado doméstico sem carteira de trabalho assinada; empregador sem registro no CNPJ; trabalhador por conta própria sem registro no CNPJ e trabalhador familiar auxiliar.

O termo "trabalho informal" foi criado pela OIT, na década de 1970, sendo utilizado em relatórios que tratavam de pesquisa sobre os trabalhadores de baixa renda do Quênia em relação à produtividade, qualificação e oportunidades e baixos salários. Nesse período, o setor informal crescia diante de crise econômica e diminuía com o avanço da economia. Atualmente, contudo, a informalidade laboral tem caráter permanente, tendo maior presença nos países de capitalismo periférico, caso do Brasil.

No setor informal (SOUZA, 1980) há quatro grandes grupos: empresa familiares, pequenas empresas ou de trabalhadores autônomos; trabalhadores por conta própria, mas com subordinação e trabalhadores que prestam serviço a uma única empresa; pequenos vendedores de serviços e autônomos que prestam serviço a várias empresas e a prestação de serviço doméstico.

De acordo com a Pesquisa Nacional por Amostra de Domicílios Contínua (PNAD Contínua), do Instituto Brasileiro de Geografia e Estatística (IBGE), terceiro trimestre de 2022, o Brasil apresentou uma taxa de informalidade de 39,4% no mercado de trabalho, totalizando um número alto de 39,145 milhões de trabalhadores, sendo que 15 Unidades da Federação tiveram taxas de informalidade acima da média nacional. Nesse período, o Instituto apurou que foram abertos 398 mil vagas com carteira assinada no setor privado brasileiro.

Durante a pandemia da Covid-19, o contingente de trabalhadores informais diminuiu por conta das medidas restritivas, mas essa tendência foi revertida e a informalidade voltou a crescer, segundo o IBGE, funcionando como um amortecedor para evitar uma situação econômica ainda pior para a população brasileira dentro de um cenário de desemprego.

No Brasil, o emprego formal tem forte simbolismo para os trabalhadores por garantir direitos trabalhistas, como férias, auxílio-doença, Fundo de Garantia por Tempo de Serviços (FGTS), aposentadoria, entre outros. Em sentido oposto, o trabalho informal estaria exposto a uma jornada de trabalho mais prolongada, renda mais baixa e sem previsão de garantias.

Segundo dados do IBGE (2020), cerca de 38 milhões de trabalhadores brasileiros não possuem carteira assinada, o que representa cerca de 40% da população trabalhadora do país. Esse número é alarmante, visto que a formalização do trabalho é uma questão fundamental para a garantia dos direitos trabalhistas e para a proteção social dos trabalhadores[1].

3. Extensão da empresa: a família

A definição do conceito de família pela Constituição Federal de 1988 foi ampliado do ponto de vista comportamental e estrutural, ganhando uma perspectiva plural, com ênfase na dignidade da pessoa humana, superando o modelo patriarcal até então vigente. Os §§ 4º e 5º do artigo 226

[1] IBGE. Pesquisa Nacional por Amostra de Domicílios Contínua (PNAD Contínua). Disponível em: https://www.ibge.gov.br/estatisticas/sociais/trabalho/9173-pesquisa-nacional-por-amostra-de-domicilios-continua-trimestral.html?=&t=o-que-e. Acesso em: 03 mar. 2023.

estabelecem que "Entende-se, também, como entidade familiar a comunidade formada por qualquer dos pais e seus descendentes." e "Os direitos e deveres referentes à sociedade conjugal são exercidos igualmente pelo homem e pela mulher", sendo explicitada pelo abandono da necessidade do matrimônio, hierarquização, procriação e divisão dos papeis familiares.

No Brasil, o Instituto Brasileiro de Geografia e Estatísticas (IBGE), aponta que cerca de 90% das empresas no país são familiares, sendo um desafio sua perpetuação. Muitas vezes, os postos nessas empresas são ocupados por membros com laços familiares, admitidos por esse quesito – e não por sua competência – o que pode comprometer as boas práticas de gestão.

A sociedade empresária familiar implica em três características básicas: existência de uma sociedade, sua natureza empresarial e o laço familiar. No ordenamento jurídico brasileiro, as sociedades são classificadas de acordo com a natureza de sua atividade, como simples ou empresarial, sendo que esta última aquela que produz ou promove bens ou serviços. São consideradas simples, todas as sociedades não inclusas como empresariais. De acordo com Modesto Carvalhosa, empresa familiar seria aquela em que a comunidade é formada por qualquer dos pais e seus descendentes[2].

O conflito trabalho-família dentro das empresas familiares foi foco de ampla pesquisa na literatura e pode ser classificado em três grupos:

> O primeiro trata de aspectos físicos e psicológicos, tais como estresse, depressão, hipertensão, ansiedade, transtornos de humor e abuso de substâncias. O segundo envolve impactos sobre atitudes e comportamentos do trabalhador, incluindo satisfação no trabalho, comprometimento organizacional e intenção de deixar a empresa. Por fim, o terceiro grupo considera os efeitos sobre a satisfação com a família[3].

[2] Carvalhosa, Modesto. Aspectos societários relevantes nas empresas familiares. *In:* Melo, Marcelo; Menezes, Paulo Lucena de (org.) *Acontece nas melhores famílias:* repensando a empresa familiar. São Paulo: Saraiva, Virgília, 2008.

[3] Oliveira, L. B. de., Cavazotte, F. de S. C. N., & Paciello, R. R. (2013). Antecedentes e consequências dos conflitos entre trabalho e família. *Revista De Administração Contem-*

Para entendermos melhor o que significa uma empresa familiar é preciso saber que nesse modelo de negócio, a família pode controlar as operações da empresa ou pode possuir mais de 50% de ações com direito a voto ou ainda por ter membros ocupando um número significativo de altas posições na administração.

Publicada em 2021, a 4ª edição da pesquisa "Retratos de Família: Um panorama das práticas de governança corporativa e perspectivas das empresas familiares brasileiras", realizada pelo ACI Institute e Board Leadership Center da KPMG no Brasil, comprovam os resultados do IBGE e apontam que os empreendimentos familiares brasileiros são a base da economia brasileira[4].

No Brasil, não faltam exemplos de empresas familiares bem-sucedidas, tais como Ipiranga (família Gouveia Vieira); Gerdau Açominas (Família Gerdau); CSN, (Família Steinbruch); Sadia (Família Fontana, adquirida pela Perdigão – Br& Foods); TAM (Família Rolim); Rede Globo (Família Marinho); Odebrecht (Família Odebrecht); Klabin (Família Klabin).

No outro lado das empresas familiares há muito insucesso. De acordo com o IBGE, de cada 100 empresas familiares abertas e ativas, apenas 30 sobrevivem à primeira sucessão e apenas cinco chegam à terceira geração porque a sucessão, segundo especialistas, é um dos fatores de risco para esse tipo empresarial.

O estudo da consultoria PwC Brasil é ainda mais preocupante. Dados divulgados na 10 Pesquisa Global sobre Empresas Familiares, referentes ao ano de 2021, revelam que 24% das empresas parentais não conseguem preparar o sucessor. Mesmo com adversidades, a longevidade das empresas familiares é enorme. Também segundo dados da pesquisa realizada pela KPMG, 33% delas têm entre 21 e 40 anos de existência, enquanto 30% possuem de 41 a 70 anos e 21% têm mais de 70 anos. Além disso, entre os empreendimentos analisados, 22% já têm membros da terceira

porânea, 17(Rev. adm. contemp., 2013 17(4)). Disponível em https://doi.org/10.1590/S1415-65552013000400003. Acesso em 24 JAN 2023.

[4] ACI/KPMG. Retrato de Família. 2021. Disponível em https://docplayer.com.br/207091460-Retratos-de-familia-um-panorama-das-praticas-de-governanca-corporativa-e-perspectivas-das-empresas-familiares-brasileiras.html. Acesso em 4 jan 2023.

geração da família controladora atuando no negócio e 41% deles contam com a participação de membros da segunda geração.

4. Diferença entre empresa e empregador doméstico

De acordo com o artigo 15, da Lei 8.212, de 24 de julho de 1991, é considera empresa uma firma individual ou sociedade que irá assumir risco ao empreender uma atividade econômica urbana ou rural com fins de lucrar ou não. Já o empregador doméstico consiste em pessoa ou família que admite um empregado doméstico remunerado para prestar serviço de natureza contínua, sem finalidade de lucro. A série de atividade atribuídas aos empregados domésticos é considerada ilimitada, incluindo os caseiros, jardineiros, guarda noturno de quarteirão, babá, cuidador, motoristas etc.[5].

Todas as atribuições estão especificadas na Classificação Brasileira de Ocupações (CBO), sendo que não pode ser prestado a pessoas jurídica para não ser descaracterizado.

Normalmente, o trabalho doméstico é classificado como parte da economia informal devido, em parte, por ser realizado em domicílio (espaço privado), pela sua precariedade e posição que ocupa na atividade econômica, sem classificação como categoria produtiva. Contudo, já há enquadramento sindical para essa categoria de trabalhadores.

Como bem delimita a Organização Mundial do Trabalho o trabalho doméstico "é um fenômeno mundial que perpetua as hierarquias baseadas em raça, na origem étnica, em pertencer a um grupo autóctone, em casta e na nacionalidade". No mundo todo, o total de trabalhadores domésticos totalizam 100 milhões de pessoas e na América Latina chegaria a 12 milhões e mais de 6 milhões no Brasil.

A crise econômica e a redução de postos de trabalho e participação mais intensam de mulheres no mercado de trabalho ajuda incrementar o trabalho doméstico, sendo considerado uma das ocupações com nível mais baixo de remuneração e riscos de segurança e saúde.

[5] BRASIL. Lei 8.2121, de 24 de julho de 1991. Dispõe sobre a organização da Seguridade Social, institui Plano de Custeio, e dá outras providências. Disponível em https://www.planalto.gov.br/ccivil_03/leis/l8212cons.htm. Acesso em 24 JAN 2023.

A OIT adota normativas sobre o trabalho doméstico: Convenção 189, Recomendação 201 e Ratificações da Convenção 189, que fizeram recomendações voltadas à adoção de medidas para tornar decente e dotado de direitos sociais o trabalho doméstico. Segundo a OIT:

> O trabalho doméstico é um tema que apresenta grandes desafios do ponto de vista da ação pública e da organização de atores sociais. Sua complexidade é colocada em função de suas características peculiares, de seu papel na estruturação do mercado de trabalho, bem como de seu entrelaçamento com aspectos fundamentais da organização social e das desigualdades de gênero e raça, como a divisão sexual do trabalho e a desvalorização do trabalho reprodutivo. Trabalhadoras/es domésticas/os sofrem sistematicamente com o desrespeito aos direitos humanos e aos direitos fundamentais no trabalho.

Em 2009, o escritório da OIT promoveu em 2009 iniciativas com apoio da ONU Mulher e das Secretarias de Política para as Mulheres e de Políticas de Promoção da Igualdade Racial e na Conferência Internacional do Trabalho, em 2011, a organização fez propostas, aprovadas naquele encontro, como estipular idade mínima para o trabalho doméstico (18 anos), adoção de medidas para acesso ao domicílio, direito a um ambiente seguro e saudável de trabalho, dentre outras medidas.

Somente em 2018, o Brasil ratificou a Convenção 189 da OIT, ampliando a proteção dos trabalhadores domésticos, especificada pela LC 150, já que esses trabalhadores convivem com condições precárias de trabalho e baixos salários. A convenção estende a proteção para a diaristas, que também executam o trabalho doméstico com atividade remunerada e reforça a proibição ao trabalho infantil doméstico.

5. Trabalho informal e trabalhadores domésticos

Um dos segmentos mais atingidos pelo trabalho informal são os trabalhadores domésticos, em grande parte formado por mulheres. Segundo estimativa da OIT, totalizariam mais de 6 milhões de trabalhadores no Brasil.

Quando as relações de trabalho eram regulamentadas pelo Código Civil, o Decreto 16.107/1923 fez referência ao serviço doméstico e o Decreto-lei 3.078/1941. O trabalho doméstico passou efetivamente a ser regulado no Brasil , incialmente, pela Lei 5.859/1972 , seguido pela referência no art. 7 da Constituição Federal de 988, que trata dos direitos de trabalhadores urbanos e rurais, seguida pela Proposta de Emenda Constitucional 72/2013, que alterou o art. 7º da Constituição Federal, com aplicação de direitos desses trabalhadores (férias remunerada e Carteira de Trabalho e contribuição previdenciária) e, finalmente, pela Lei Complementar 150, de 2015 – que revogou a Lei 5.859 e dispôs sobre os direitos trabalhistas dos profissionais que prestam serviços a pessoa ou família em âmbito residencial , tendo assegurados o direito a salário m, 13ºsalário, jornada de 8 horas ou 44 semanais, repouso semanal, hora extra remunerada, repouso semanal, aposentadoria, reconhecimento de convenções e acordo coletivos, entre outros benefícios trabalhistas[6].

Pela LC 150, é considerado empregado doméstico "aquele que presta serviços de forma contínua, subordinada, onerosa e pessoal e de finalidade não lucrativa à pessoa ou à família, no âmbito residencial destas, por mais de 2 (dois) dias por semana". A despeito de haver regulamentação, a maior parte do trabalho doméstico é informal, ou seja, sem direitos trabalhistas e proteção social.

A Reforma Trabalhista (Lei 13.467/2017) também teve impactos sobre o trabalho os trabalhadores domésticos, porque estabeleceu a prevalência do negociado sobre o legislado e introduziu a figura do contrato de trabalho intermitente, no qual o empregado mantém vínculo jurídico com o empregador, mas não presta serviço contínuo, conforme o art. 443, parágrafo 3º:

> Considera-se como intermitente o contrato de trabalho no qual a prestação de serviços, com subordinação, não é continua ocorrendo com alternância de períodos de prestação de serviços e de inatividade, determinados em horas,

[6] BRASIL. Lei Complementar 150, de 1 de junho de 2015. Dispõe sobre o contrato de trabalho doméstico; altera as Leis no 8.212, de 24 de julho de 1991, no 8.213, de 24 de julho de 1991, e no 11.196, de 21 de novembro de 2005; revoga o inciso I do art. 3o da Lei no 8.009, de 29 de março de 1990, o art. 36 da Lei no 8.213, de 24 de julho de 1991, a Lei no 5.859, de 11 de dezembro de 1972, e o inciso VII do art. 12 da Lei no 9.250, de 26 de dezembro 1995; e dá outras providências. Disponível em https://www.planalto.gov.br/ccivil_03/leis/lcp/lcp150.htm.

dias ou meses, independentemente do tipo de atividade do empregado e dos empregados, exceto para aeronautas, regidos por legislação própria.

Conclusão

Depois de permanecer à margem das proteções legais, o trabalho doméstico foi conquistando e ampliando direitos e garantias, que ainda enfrentam dificuldades na aplicação, como a obrigação de os empregadores registrarem a jornada de trabalho, gerando controvérsias na Justiça Trabalhista porque o empregador não consegue fiscalizar as horas trabalhadas, uma vez que está fora do domicílio de trabalho no período em que o serviço é prestado.

Dentro da nova legislação protetiva, um destaque é a Convenção 189 da Organização Mundial do Trabalho (OIT), que trouxe uma delimitação sobre as tarefas executadas para o empregador doméstico no sentido de propiciar status ao trabalho doméstico em comparação com as demais funções, no sentido de consolidar um caminho de igualdade e de trabalho decente, garantindo que o trabalhador doméstico não esteja exposto a riscos de saúdo e segurança por falta de medidas preventivas. Da Convenção 189 resultou a Emenda Constitucional 72/2013 e avanços legislativo e jurisprudenciais.

É uma jornada no sentido de conquistar a cidadania trabalhista, superando um passado escravocrata do Brasil, a informalidade, a restrição do acesso a direitos trabalhistas e benefícios previdenciários, a lentidão do legislador trabalhista e mazelas que alimentaram os pilares do trabalho doméstico no país ao longo de décadas.

O que fica muito claro é que no Brasil, a Justiça especializada vem sendo fundamental para aplicar a regulamentação trabalhista em defesa dos trabalhadores mais vulneráveis, como os domésticos, coibindo jornadas extenuantes, salários inferiores ao mínimo e pagamento de horas extras, mas ainda há direitos à espera de regulamentação, como adicional de insalubridade e de periculosidade, assegurando mais dignidade a esse profissional.

Isto porque, nas empresas familiares, é comum que os trabalhadores não sejam formalizados, muitas vezes por uma questão cultural e pela falta de conhecimento das obrigações legais. As relações de trabalho nessas empresas costumam ser informais, sem a garantia de direitos básicos como salário-mínimo, décimo terceiro salário, férias remuneradas, entre outros.

O diante desse quadro, temos que a informalidade nas relações trabalhistas em empresas familiares traz outras consequências negativas. Por exemplo, a falta de formalização dificulta o acesso dos trabalhadores a benefícios previdenciários e a programas de proteção social. Além disso, as empresas que não formalizam seus trabalhadores não pagam impostos, o que prejudica a economia do país.

Indica-se, desse modo que a luta pela cidadania trabalhista no Brasil, também no aspecto das empresas familiares, ainda é uma questão em aberto. É necessário que haja um maior esforço por parte das autoridades e das empresas para garantir a formalização dos trabalhadores e a proteção de seus direitos trabalhistas e o crescimento e desenvolvimento econômico do Brasil.

Referências

ACI/KPMG. Retrato de Família. 2021. Disponível em: https://docplayer.com.br/207091460-Retratos-de-familia-um-panorama-das-praticas-de-governanca-corporativa-e-perspectivas-das-empresas-familiares-brasileiras.html.

BRASIL. Consolidação das Leis do trabalho. Decreto-lei nº 5.452, de 1º de maio de 1943. Aprova a Consolidação das Leis do Trabalho. Disponível em: https://www.planalto.gov.br/ccivil_03/decreto-lei/del5452.htm.

BRASIL. Constituição da República Federativa do Brasil de 1988. Promulgada em 05 de outubro de 1988. Disponível em: https://www.planalto.gov.br/ccivil_03/constituicao/constituicao.htm.

BRASIL. Lei Complementar 150, de 1 de junho de 2015. Dispõe sobre o contrato de trabalho doméstico; altera as Leis no 8.212, de 24 de julho de 1991, no 8.213, de 24 de julho de 1991, e no 11.196, de 21 de novembro de 2005; revoga o inciso I do art. 3o da Lei no 8.009, de 29 de março de 1990, o art. 36 da Lei no 8.213, de 24 de julho de 1991, a Lei no 5.859, de 11 de dezembro de 1972, e o inciso VII do art. 12 da Lei no 9.250, de 26 de dezembro 1995; e dá outras providências. Disponível em: https://www.planalto.gov.br/ccivil_03/leis/lcp/lcp150.htm.

BRASIL. Câmara dos Deputados. Comissão de Constituição e Justiça e de Cidadania. Proposta de Emenda à Constituição n.478, de 2010. Revoga o parágrafo único do art.7 da Constituição Federal, para estabelecer a igualdade de direitos trabalhistas entre os empregados domésticos e os demais trabalhadores ruais. Brasília, 2010.

BRASIL. Lei 8.2121, de 24 de julho de 1991. Dispõe sobre a organização da Seguridade Social, institui Plano de Custeio, e dá outras providências. Disponível em https://www.planalto.gov.br/ccivil_03/leis/l8212cons.htm.

Carvalhosa, Modesto. Aspectos societários relevantes nas empresas familiares. *In:* Melo, Marcelo; Menezes, Paulo Lucena de (org.) *Acontece nas melhores famílias:* repensando a empresa familiar. São Paulo: Saraiva, Virgília, 2008.

IBGE. Pesquisa Nacional por Amostra de Domicílios Contínua (PNAD Contínua). Disponível em: https://www.ibge.gov.br/estatisticas/sociais/trabalho/9173-pesquisa-nacional-por-amostra-de-domicilios-continua-trimestral.html?=&t=o-que-e.

Instituto Brasileiro de Governança Corporativa. Governança da Família Empresária: Conceitos Básicos, Desafios e Recomendações. São Paulo, 2016.

Organização Internacional do Trabalho. *A informalidade do trabalho doméstico.* Disponível em: https://www.ilo.org/brasilia/temas/trabalho-domestico/WCMS_565971/lang--pt/index.htm.

Organização Internacional do Trabalho. Secretaria internacional do trabalho Brasil. *Trabalho decente nas Américas:* uma agenda hemisférica, 2006-2015. Informe do diretor geral. XVI Reunião Regional Americana, Brasília, maio, 2006.

Organização Internacional do Trabalho. Convenção 189. Disponível em: https://www.ilo.org/travail/info/publications/WCMS_169517/lang--pt/index.htm. Acesso 5 JAN 2023.

Organização Internacional do Trabalho. 17ª Conferência Internacional de Estadísticos del Trabajo. Ginebra, 24 de noviembre a 3 de diciembre de 2003. Informe I – Informe general. Ginebra: OIT, 2003.

Organização Internacional do Trabalho. Decent Work and Poverty Reduction Strategies. Geneva: ILO, 2007.

Organização Internacional do Trabalho: *Programa das Nações Unidas para o Desenvolvimento. Trabalho e família:* rumo a novas formas de conciliação com corresponsabilidade social. Brasília: OIT; PNUD; Secretaria Especial de Políticas para as Mulheres, 2009.

Oliveira, L. B. de., Cavazotte, F. de S. C. N., & Paciello, R. R. (2013). Antecedentes e consequências dos conflitos entre trabalho e família. *Revista De Admi-*

nistração Contemporânea, 17(Rev. adm. contemp., 2013 17(4)). Disponível em https://doi.org/10.1590/S1415-65552013000400003.

Souza, Paulo Renato. *A determinação dos salários e dos empregos nas economias atrasadas.* Tese Instituto de Filosofia e Ciência Humanas, Universidade Estadual de Campinas, 1980.

35.
RESPONSABILIDADES DO ESTADO NA LEI DE COTAS E GÊNERO- IMPLICAÇÕES LABORAIS E FAMILIARES: ASSIMETRIA DE GÊNERO E RAÇA NO MUNDO DO TRABALHO BRASILEIRO

GILDA FIGUEIREDO FERRAZ DE ANDRADE

"A cor é neutra; é a mente que lhe dá significado".

ROGER BASTIDE

1. Introdução: *Gaps* de gênero e etnia-raça

Inicialmente, é preciso conhecer as condições da mulher e do negro no mercado de trabalho brasileiro e analisar alguns dados sobre gênero e raça, uma vez que a presença desses dois grupos sub-representados vem crescendo, mas sofreu um recuo com a pandemia da Covid-19, registrado pelas pesquisas relativas a pessoas economicamente ativas. Para dar um quadro mais atualizado, a Pesquisa Nacional por Amostra de Domicílios Contínua (Pnad Contínua), do Instituto Brasileiro de Geografia e Estatística (IBGE), do 2º trimestre de 2022, revelou que o país tem 98,2 milhões pessoas ocupadas, sendo 21,9 milhões de mulheres negras, 20,1 milhões de mulheres não negras e 31,3 milhões de homens negros e 24,8 milhões homens não negros[1].

A despeito de as mulheres terem obtido ampliação de direitos e jornadas de trabalho mais flexíveis, sua participação no mercado de trabalho é inferior à dos homens. Segundo o FGV/IBRE, a taxa de participação das mulheres na força de trabalho tem sido historicamente inferior à masculina. A taxa de participação feminina, levando em conta mulheres economicamente ativas e em idade de trabalhar, estava em 34,8% em 1990 e subiu para 54,3% em 2019, ficando a média anual, em 2021, no patamar 51,6%. A taxa de participação da força de trabalho masculina foi de 71,6%[2].

De acordo com o estudo, as limitações ao avanço da participação feminina no mercado de trabalho brasileiro passam por muitos obstáculos, como papéis de gênero, dificuldades em conciliar dupla jornada (profissional e doméstica), que é agravada com o nascimento de filho(s) e ampliação das tarefas de casa, uma vez que no Brasil, o trabalho doméstico não é remunerado. Portanto, a maternidade ainda é um *gap* para a participação da mulher na força de trabalho.

A população negra brasileira sofre igualmente com desafios para encontrar maior inserção no mercado de trabalho, cuja exclusão fica visível diante do número de trabalhadores formais negros dentro das empresas, nas diferenças salariais e nos postos de liderança quando comparado aos não negros. Sempre há discrepâncias favorecendo os não negros, uma realidade que só pode ser revertida com a mudança nas políticas públicas e políticas corporativas, voltada às ações afirmativas, diversidade e inclusão.

[1] IBGE. Pesquisa Nacional por Amostra de Domicílios Contínua (Pnad Contínua) – 2º trimestre de 2022. Disponível em: https://www.ibge.gov.br/estatisticas/sociais/trabalho/9173-pesquisa-nacional-por-amostra-de-domicilios-continua-trimestral.html?=&t=o-que-e. Acesso em: 10 mar. 2023.

[2] IBRE/FGV. *Maternidade e participação feminina no mercado de trabalho.* Disponível em: https://blogdoibre.fgv.br/posts/maternidade-e-participacao-feminina-no-mercado-de-trabalho. Acesso em: 10 mar. 2023.

2. Papel do Estado

As ações afirmativas para gênero e raça surgiram na década de 1960 nos Estados Unidos no bojo da luta pelos direitos civis e na busca da correção das desigualdades do passado e empoderando da efetiva igualdade de todos os cidadãos no presente, independente da etnia, gênero, orientação sexual, religião, origem etc. Há quem afirme que mulheres e negros não estariam nas posições em que estão se não fosse pelas ações afirmativas existentes, por mais competência que apresentassem em seus currículos.

O Estado brasileiro pode promover uma série de estratégias institucionais, como vem fazendo os Estados Unidos e União Europeia, ao estabelecer diretrizes sobre igualdade de oportunidades no emprego, buscando eliminar preconceitos e ampliando os benefícios da diversidade e inclusão de trabalhadores, a despeito das resistências e defesa do mérito.

A desigualdade de gênero e etnia surge em várias frentes e no Estado brasileiro tem forte presença nas relações laborais, podendo estruturar políticas públicas e programas para promover maior igualdade para mulheres e negros. Na presente década, publicação da Organização Internacional do trabalho evidenciou:

> uma maior disposição do Estado para atuar sobre as desigualdades existentes e para reconhecer a desigualdade de gênero (ao lado da desigualdade racial) como eixos estruturantes dos padrões de desigualdade social no Brasil, chamando para si a responsabilidade de elaborar políticas públicas voltadas à sua superação, contribuindo assim também para delimitar melhor os diferentes papéis do governo, do Estado e dos movimentos sociais na promoção da igualdade de gênero[3].

A promoção da igualdade de gênero é uma pauta de relevância inquestionável na atualidade e, no contexto brasileiro, as últimas décadas foram marcadas por importantes avanços na elaboração de políticas públicas

[3] Organização Internacional do Trabalho (OIT). *Igualdade de gênero e raça no trabalho: avanços e desafios / Organização Internacional do Trabalho.* – Brasília: OIT, 2010. Disponível em https://www.ilo.org/brasilia/publicacoes/WCMS_229333/lang--pt/index.htm. Acesso em 02 fev 2023.

que visam reduzir as disparidades de gênero existentes, especialmente no mercado de trabalho.

Nesse sentido, a intervenção estatal tem sido fundamental, ao reconhecer a desigualdade de gênero, juntamente com a desigualdade racial, como eixos estruturantes dos padrões de desigualdade social no país e assumir a responsabilidade pela implementação de ações voltadas à sua superação.

Há diversos obstáculos que impedem a concretização plena dos direitos das mulheres e de outras pessoas que sofrem com a discriminação e a violência de gênero e de cor e raça, dentre eles a falta de educação e de conscientização da sociedade a respeito da existência concreta desses problemas e de quais são as possíveis soluções de transformação, daí a importância do papel do Estado para o estabelecimento de políticas públicas específicas e efetivas voltadas para a proteção das vítimas e para a promoção da igualdade de oportunidades.

Cabe, portanto, a toda a sociedade, incluindo o governo, a academia, os movimentos sociais e as organizações civis, trabalharem em conjunto para enfrentar os desafios e construir um futuro mais justo e igualitário para todos, sendo relevante e definidor o papel do Estado.

3. A questão de gênero e igualdade

De acordo com a pesquisadora Yuri Kuroda, a evolução do direito brasileiro quanto ao tratamento da discriminação contra a mulher passou por quatro fases:

> a) Inexistência legal dos direitos da mulher: b) Surgimento de uma legislação excessivamente protetora em favor da mulher, com base na sua suposta fragilidade biológica física e mental; c) Eliminação dos direitos excessivamente protetores e manutenção dos direitos relacionados à maternidade; d) Mudança de enfoque de 'discriminação contra a mulher' para 'igualdade de oportunidade para homens e mulheres[4].

[4] Kuroda, Yuri. Legislação Trabalhista e Gênero: Uma Análise das Transformações no Direito do Trabalho Brasileiro. *Revista Latinoamericana de Estudios del Trabajo*, v. 12, n. 20, p. 75-91, 2006.

As políticas de promoção de igualdade de gênero do Estado brasileiro não são efetivas e a discriminação contra mulheres e outros grupos minorizados na sociedade brasileira continua sendo uma realidade. Como afirma o advogado trabalhista, Estevão Mallet:

> A ilegalidade da discriminação já não está mais em causa. Não é aceita pelo ordenamento jurídico. Não é tolerada. O problema é que ela continua a ocorrer na prática. Como eliminá-la? Como fazer com que essa igualdade que está na lei se transforme cada vez mais em realidade? Eis a questão hoje mais importante[5].

Em artigo publicado no site do Tribunal Superior do Trabalho, em 2022, o presidente daquela Corte, Ministro Emmanoel Pereira, comentou a necessidade de formulação de políticas trabalhistas com perspectiva de gênero, uma vez que há 25 milhões de mulheres desempregadas, segundo dados do Panorama Laboral da OIT para a América Latina e Caribe, em decorrência da pandemia. E completa: "Ao haver reconhecido a urgência da eliminação desses abusos no mundo do trabalho, em 2019 a OIT adotou a Convenção sobre a eliminação da violência e do assédio no mundo do trabalho (Convenção 190), instrumento relevante e já ratificado por vários países"[6].

Ao longo das duas últimas décadas, o Brasil tem reunido iniciativas isoladas voltadas ao gênero, como o Decreto que criou programa chamado Estratégia Nacional de Empreendedorismo Feminino – Brasil pra Elas, que estabelece acesso à crédito, cursos técnicos no sentido de incentivar expansão de negócios liderados por mulheres. O programa reuniu os Ministério da Economia, da Mulher e da Cidadania e bancos públicos e Serviço Brasileiro de Apoio às Micro e Pequenas Empresas (Sebrae).

A Lei 14.457/22, sancionada em setembro de 2022 cria Programa Emprega +Mulheres, que estabelece boas práticas para promover a

[5] Mallet, Estevão. *Direito do Trabalho e Discriminação*. Brasília: TRT-23. Disponível https://portal.trt23.jus.br. Acesso em: 11 jan 2023.

[6] Tribunal Superior do Trabalho. *Por elas: Reflexões sobre mulheres no trabalho*. Brasília, 2022. Disponível em https://www.tst.jus.br/-/por-elas-reflexoes-sobre-mulheres-no-trabalho. Acesso em 12 jan. 2023.

empregabilidade das mulheres, flexibiliza o regime de trabalho, qualifica em áreas estratégicas e previne o assédio moral e sexual e dá acesso ao microcrédito[7].

No Brasil, um país com muitas desigualdades, o programa prevê, por meio de acordo individual, coletivo ou convenção coletiva de trabalho, benefício de reembolso-creche à empregada com filhos até 5 anos e 11 meses de idade para pagar creche ou pré-escola; mas também para reembolsar para cobrir igual serviço. Vale ressaltar que os valores pagos a título de serviços de creche não se incorporam aos salários. A mesma Lei define que os empregadores devem priorizar empregadas e empregados com filhos ou criança sob sua guarda para realizar trabalho remoto. Também estabelece, nesses casos, a flexibilização da jornada de trabalho por meio de regime especial de compensação por banco de horas.

Também é previsto pelo programa, a possibilidade de suspensão do contrato de trabalho para que a empregada possa realizar curso ou programa de qualificação profissional disponibilizado pelo próprio empregador, mediante acordo individual, acordo coletivo ou convenção coletiva de trabalho, que deve ter como meta a ascensão profissional da mulher empregada ou em área com baixa presença feminina, caso da tecnologia, inovação e desenvolvimento.

Já o PL 3.342/2020 prevê concessão de crédito de até R$ 20 mil para mulheres empreendedoras das áreas de beleza, estética, vestuário, comércio de artigos femininos e alimentação, afetadas pela pandemia de Covid-19. No caso de demissão da empregada durante a suspensão contratual ou nos seis meses após o retorno ao trabalho, ela terá direito a verbas rescisórias, e multa estabelecida em convenção ou acordo coletivo, de no mínimo, 100% da última remuneração mensal anterior à suspensão do contrato de trabalho[8].

[7] BRASIL. *Lei nº 14.457, de 20 de setembro de 2022.* Dispõe sobre o Programa Emprega +Mulheres e altera a Lei nº 13.979, de 6 de fevereiro de 2020, e a Lei nº 14.512, de 17 de novembro de 2021, para dispor sobre medidas excepcionais para aquisição de bens, serviços e insumos destinados ao enfrentamento da pandemia de Covid-19. Diário Oficial da União, Brasília, DF, 21 set. 2022. Seção 1, p. 1-2.

[8] BRASIL. Câmara dos Deputados. *Projeto de Lei nº 3.342,* de 2020. Dispõe sobre a prevenção e o combate ao assédio moral e sexual no ambiente de trabalho. Brasília, DF, 2020.

4. Peso dos fatores étnico-racial

A inserção de trabalhadores negros no mercado de trabalho brasileiro sempre enfrentou inúmeras mazelas, porque esta população tem sido historicamente vítima de desemprego maior, empregos precários, menores rendimentos em relação aos não negros, demonstrando a incidência do racismo estrutural que permeia a sociedade e as instituições brasileiras.

Dentre as ações afirmativas instituídas pelo Estado, está a Lei de Cotas, Lei nº. 12.711, que vem constituindo um avanço quanto a inclusão de pretos, indígenas, PcDs. nos critérios constitucionais de dignidade humana. A referida lei estabelece a reserva de vagas em universidades e instituições federais de ensino médio e ingresso no serviço público para grupos minorizados da população (pretos, pardos, indígenas e pessoas com deficiência) proporcional à representatividade populacional dos mesmos. Esse programa de ação afirmativa deve passar por revisão a cada 10 anos e foi considerado constitucional pelo Supremo Tribunal Federal, ao julgar reserva de vagas para negros na Universidade de Brasília[9]. Essa decisão aconteceu no julgamento da Arguição de Descumprimento de Preceito Fundamental 186(ADF) e o Supremo Tribunal Federal considerou constitucional a reserva de vagas para negros e pardos em concursos públicos para cargos na administração pública federal. As pessoas com deficiência já são contempladas por ações afirmativas e regulação das Leis 7.853/89 e 8.112/1990[10].

Antes da Lei de Cotas, o Ministério das Relações Exteriores pioneiramente promoveu reserva de vagas para candidatos negros na diplomacia

Disponível em: https://www.camara.leg.br/proposicoesWeb/fichadetramitacao?idProposicao=2260332. Acesso em: 10 mar. 2023.

[9] Supremo Tribunal Federal. *Recurso Extraordinário nº 597.285*. Relator: Ministro Ricardo Lewandowski. Brasília, DF, 25 de abril de 2012. Disponível em: https://portal.stf.jus.br/processos/detalhe.asp?incidente=2662983. Acesso em: 10 mar. 2023.

[10] BRASIL. Supremo Tribunal Federal (Plenário). *Arguição de Descumprimento de Preceito Fundamental 186/ADF*. Arguição de descumprimento de preceito fundamental. Atos que instituíram sistema de reserva de vagas com base em critério étnico-racial (cotas) no processo de seleção para ingresso em instituição pública de ensino superior. Alegada ofensa aos arts. 1o, caput, III, 3º, IV, 4º, VIII, 5º, I, II XXXIII, XLI, LIV, 37, *caput*, 205, 206, *caput*, I, 207, *caput*, e 208, V, todos da Constituição Federal. Disponível em https://redir.stf.jus.br/paginadorpub/paginador.jsp?docTP=TP&docID=6984693. Acesso em 18 jan 2023.

brasileira. (STF, Segundo o Ministro do STF, agora aposentado, Marco Aurélio, no julgamento da constitucionalidade das cotas para negros:

> Pode-se dizer, sem receio de equívoco, que se passou de uma igualização estática, meramente negativa, no que se proibia a discriminação, para uma igualização eficaz, dinâmica, já que os verbos "construir", "garantir", "erradicar" e "promover" implicam mudança de óptica, ao denotar "ação". Não basta não discriminar. É preciso viabilizar – e a Carta da República oferece base para fazê-lo – as mesmas oportunidades. Há de ter-se como página virada o sistema simplesmente principiológico[11].

Essa é uma política pública importante do Estado brasileiro porque vem conseguindo reverter a sub-representações de grupos sociais, como egressos da rede pública de ensino, negros, pardos, indígenas e PcDs, constituindo uma reparação social, tanto que segundo estudo a Associação Nacional dos Dirigentes das Instituições Federais de Ensino Superior (Andifes). os graduandos pretos superaram os brancos, no percentual de 51,2% para 43,3%, segundo levantamento de 2018.

Historicamente, inúmeros projetos propondo ações afirmativas foram apresentados ao Congresso Nacional, como do senador Abdias Nascimento e da deputada e hoje senadora Benedita da Silva, mas enfrentaram muita resistência. A cota étnico-racial somente viria a ser contemplada com a Lei de 2012, sendo a Universidade do Estado do Rio de Janeiro a primeira a adotar o novo regramento e a Universidade de Brasileira, a primeira a inserir as cotas em seu vestibular. A Lei 12.990/2014 acabou por incorporar cota para concursos públicos na esfera federal, desde que o número de vagas oferecidas fosse igual ou superior a três, um critério condenado pelo STF, que entende que os concursos não podem fracionar as vagas de acordo com especialização exigida. O artigo 1º da Lei específica que:

> Ficam reservadas aos negros 20% (vinte por cento) das vagas oferecidas nos concursos públicos para provimento de cargos efetivos e empregos públicos

[11] Supremo Tribunal Federal. *Ob. Cit.*

> no âmbito da administração pública federal, das autarquias, das fundações públicas, das empresas públicas e das sociedades de economia mista controladas pela União, na forma desta Lei[12].

A autodeclaração de etnia-raça abriu muitos casos de fraude de pessoas não negras ou pardas que se autodeclaram pretas para concorrer às vagas reservadas, mas foram criadas comissões de heteroidentificação, para identificar a condição de pessoa negra dos candidatos. Este tipo de comissão foi considerada pelo constitucional pelo STF. "É legítima a utilização, além da autodeclaração, de critérios subsidiários de heteroidentificação, desde que respeitada a dignidade da pessoa humana e garantidos o contraditório e a ampla defesa" (BRASIL, 2017).

A legislação brasileira de cotas vem avançando e a Comissão de Direitos Humanos e Minorias da Câmara dos Deputados endossou proposta que o governo exija dos parceiros negociais que as empresas deixem 30% das vagas para os serviços licitados junto ao Poder Público para trabalhadores pretos, pardos e indígenas. O PL 2.067/2021, altera a nova Lei de Licitações de forma a contemplar os indicadores de igualdade racial no Brasil, sendo que a população negra do país equivale a 56%.

5. Impactos causados pela pandemia

As mulheres foram duramente atingidas pela pandemia. Além da crise econômica, tiveram de enfrentar o fechamento de escolas e creches, que inviabilizou em grande parte a possibilidade de conciliar atividades profissionais e domésticas, uma vez que os cuidados com crianças e idosos e a casa recaem, preferencialmente, sobre o segmento feminino.

De acordo com dados do Instituto Brasileiro de Geografia e Estatística (IBGE), com base nas Estatísticas do Cadastro Central de Empresas 2020, durante a pandemia as mulheres perderam mais postos de traba-

[12] BRASIL. Lei nº 12.990, de 9 de junho de 2014. Reserva aos negros 20% (vinte por cento) das vagas oferecidas nos concursos públicos para provimento de cargos efetivos e empregos públicos no âmbito da administração pública federal, das autarquias, das fundações públicas, das empresas públicas e das sociedades de economia mista controladas pela União. Brasília, DF: Presidência da República, 2014a. Disponível em: https://www.planalto.gov.br/ccivil_03/_ato2011-2014/2014/lei/l12990.htm. Acesso em 03 jan.2023.

lho formal que os homens. Dos 825,3 mil postos de trabalho perdidos ao longo da crise sanitária, 593,6 mil (71,9%) eram ocupados por mulheres, sendo a primeira vez, desde 2009, que ocorreu queda da participação feminina no mercado de trabalho. Os dados da pesquisa apontam que foi de 44,8% em 2019 e de 44,3% em 2020. (IBGE, 2020)

De acordo com dados da PNAD Covid-19, constata-se que o impacto da pandemia na força de trabalho foi mais expressivo entre os trabalhadores negros em comparação aos trabalhadores brancos. Em junho de 2020, as pessoas que se declararam pretas e pardas representavam 54,9% da força de trabalho, sendo 52,5% dos ocupados e 60,3% dos desocupados nesse mês de referência. Durante os primeiros meses da pandemia no país, a taxa de desocupação aumentou para todos os grupos de cor ou raça, com uma média geral que passou de 10,7% para 13,1% entre maio e julho. No entanto, quando se analisa exclusivamente a população negra, compreendendo homens e mulheres, esse aumento foi ainda mais significativo, passando de 10,7% para 13,8% entre maio e julho. Isso evidencia que a pandemia impactou de forma mais acentuada a situação de desemprego entre os trabalhadores negros, especialmente entre as mulheres negras, que foram particularmente afetadas durante esse período. Essa desigualdade nos índices de desemprego entre os grupos raciais demonstra a urgência de políticas públicas e medidas para mitigar os efeitos da pandemia sobre os trabalhadores negros e promover a igualdade de oportunidades no mercado de trabalho.

De acordo com o Instituto de Pesquisa Econômica Aplicada (IPEA), os negros e pardos foram os mais afetados durante a pandemia:

> as pessoas que se declararam pretas e pardas correspondiam em junho de 2020 a 54,9% da força de trabalho,5 sendo 52,5% dos ocupados6 e 60,3% dos desocupados. Durante os primeiros meses da pandemia no país, a taxa de desocupação cresceu para todos os grupos de cor ou raça, com média geral passando de 10,7% para 13,1% entre maio e julho. Considerando-se somente a população negra – homens e mulheres –, essa elevação foi ainda superior: passou de 10,7% e 13,8% para 12,7% e 17,6% respectivamente[13].

[13] Instituto de Pesquisa Econômica Aplicada (IPEA) – Trabalho, População Negra e Pandemia: Notas sobre os primeiros resultados da PNAD Covid-19. Brasília, 2022. Disponível em:

A análise dos dados apresentados pelo DIEESE e pelo IPEA evidencia a grave situação enfrentada pela população negra durante a pandemia. A perda de postos de trabalho e a maior vulnerabilidade ao desemprego e à informalidade são indicadores da persistente desigualdade racial no mercado de trabalho. Nesse sentido, políticas públicas que promovam a igualdade de oportunidades e o acesso a empregos formais são fundamentais para superar essa realidade. A Lei de Cotas, por exemplo, é uma importante ação afirmativa que tem contribuído para ampliar a presença de negros e negras no ensino superior e no serviço público.

No entanto, é necessário ir além e implementar medidas que possibilitem uma verdadeira inclusão social e econômica dessa população, de modo a garantir o pleno exercício da cidadania e o respeito à dignidade humana.

Conclusão: lenta expansão da diversidade e inclusão

As desigualdades de gênero e racial sempre estiveram presentes na história do Brasil de forma aprofundada, afetando as relações sociais e de trabalho, envolvendo principalmente mulheres e pretos, que se agravaram com a retração da economia causada pela pandemia da Covid-19, resultando em aumento de desemprego e do crescimento da informalidade dessa força de trabalho.

Algumas políticas públicas e projetos legislativos vem ajudando a minorar as mazelas que atingem esses dois grupos demográficos importantes, além de incentivar a inserção dos mesmos no mercado de trabalho. Enquanto as mulheres lidam com a chamada "economia do cuidado", ou seja, o cuidado com crianças, idosos, casa e alimentação; os negros enfrentam o forte racismo estrutural e estruturante no Brasil, que sustenta as desigualdades em todas as esferas, inclusive na laboral.

Certamente, o Brasil ainda convive com um progresso desigual no mercado de trabalho, quando se fala de diversidade étnica e de gênero e, provavelmente, o país terá um amplo caminho a seguir para promover mais a inclusão de mulheres e negros no mercado de trabalho, propiciando ingresso e condições de permanência, superando os *gaps* da

https://repositorio.ipea.gov.br/bitstream/11058/11561/24/218212_LV_Impactos_Cap20.pdf. Acesso em: 19 jan 2023.

educação, do status laboral e das desigualdades salariais na força de trabalho nacional. As mulheres e os negros ainda estão sub-representados entre o total de trabalhadores formais e uma das formas de quebrar essa desvantagem será incrementar políticas governamentais de valorização da diversidade laboral.

Ao longo dos anos, como se demonstrou neste estudo, diversas políticas e leis foram criadas com o objetivo de promover a diversidade e a inclusão no mercado de trabalho brasileiro. Contudo, ainda é possível observar uma lenta expansão nessa área. O país apresenta desigualdades históricas que se refletem na população e, consequentemente, no mercado de trabalho. É notório que pretos, mulheres, PcDs e indígenas enfrentam barreiras para ingressar e permanecer no mercado de trabalho, seja por falta de oportunidades ou por discriminação.

Nesse sentido, é fundamental que empresas e governos intensifiquem seus esforços para combater essa desigualdade, ampliando o acesso a oportunidades e promovendo a inclusão desses grupos. Investir em educação e capacitação profissional é uma das medidas que pode contribuir para a inserção desses grupos no mercado de trabalho e garantir que as oportunidades sejam acessíveis a todos.

Além disso, é necessário que haja um compromisso efetivo de combate à discriminação e ações afirmativas que permitam a promoção da diversidade nas empresas e instituições públicas.

Portanto, é imprescindível que haja uma mudança cultural em relação a diversidade e inclusão no mercado de trabalho. É preciso enxergar a diversidade como um valor positivo e investir em políticas e ações concretas para garantir uma sociedade mais justa e igualitária. Dessa forma, será possível reduzir as desigualdades históricas e garantir que todos tenham acesso às mesmas oportunidades, independentemente de gênero, deficiência ou origem étnica.

Referências

Bezerra, Teresa Olinda Caminha; Gurgel, Claudio Roberto Marques. A política pública de cotas em universidades, enquanto instrumento de inclusão social. *Revista Pensamento & Realidade,* (São Paulo), ano 15, v. 27, n. 2. Disponível em: https://revistas. pucsp.br/index.php/pensamentorealidade/article/view/12650/9213. Acesso em: 19 jan 2023.

Biazzi, Renato; Galvão, Gustavo; Seidl, Daniel; Moreno, Ana Carolina. *Com cotas, USP quadruplica número de estudantes negros e indígenas em 10 anos*. G1, São Paulo, 24 jan. 2020. Disponível em: https://g1.globo.com/sp/sao-paulo/educacao/noticia/2020/01/24/ com-cotas-usp-quadruplica-numero-de-estudantes--negros-e-indigenas-em-10-anos.ghtml. Acesso em: 19 jan 2023.

BRASIL. Câmera dos Deputados. *Projeto de Lei nº 3.627, de 28 de abril de 2004*. Institui Sistema Especial de Reservas de Vagas para estudantes egressos de escolas públicas, em especial negros e indígenas, nas instituições públicas federais de educação superior. Disponível em: http://portal.mec.gov.br/arquivos/pdf/ref_projlei3627.pdf. Acesso em 03 jan.2023.

BRASIL. Câmara dos Deputados. *Projeto de Lei nº 3.342, de 2020*. Dispõe sobre a prevenção e o combate ao assédio moral e sexual no ambiente de trabalho. Brasília, DF, 2020. Disponível em: https://www.camara.leg.br/proposico-esWeb/fichadetramitacao?idProposicao=2260332. Acesso em: 10 mar. 2023.

BRASIL. *Constituição de 1988*. Constituição da República Federativa do Brasil, de 05 de outubro de 1988. 15. rev. ampla. e atual. São Paulo: Revista dos Tribunais, 2010. (Atualizada até a Emenda Constitucional nº 62/2009). Acesso em 03 jan.2023.

BRASIL. *Decreto nº 7.824, de 11 de outubro de 2012*. Regulamenta a Lei nº 12.711, de 29 de agosto de 2012, que dispõe sobre o ingresso nas universidades federais e nas instituições federais de ensino técnico de nível médio. Brasília, DF: Presidência da República. Disponível em: http://www.planalto.gov.br/ccivil_03/_ato2011-2014/2012/decreto/d7824. htm. Acesso em 03 jan.2023.

BRASIL. *Lei nº 11.096, de 13 de janeiro de 2005*. Institui o Programa Universidade para Todos (PROUNI), regula a atuação de entidades beneficentes de assistência social no ensino superior; altera a Lei nº 10.891, de 9 de julho de 2004, e dá outras providências. Brasília, DF: Presidência da República, 2011. Disponível em: http://www.planalto.gov.br/ ccivil_03/_ato2004-2006/2005/lei/l11096.htm. Acesso em 03 jan.2023.

BRASIL. *Lei nº 12.711, de 29 de agosto de 2012*. Dispõe sobre o ingresso nas universidades federais e nas instituições federais de ensino técnico de nível médio e dá outras providências. Brasília, DF: Presidência da República, 2016. Disponível em: http://www.planalto.gov. br/ccivil_03/_ato2011-2014/2012/lei/l12711.htm. Acesso em 03 jan.2023.

BRASIL. *Lei nº 12.990, de 9 de junho de 2014*. Reserva aos negros 20% (vinte por cento) das vagas oferecidas nos concursos públicos para provimento de cargos efetivos e empregos públicos no âmbito da administração pública federal, das autarquias, das fundações públicas, das empresas públicas e das sociedades de economia mista controladas pela União. Brasília, DF: Presidência da República, 2014a. Disponível em: http://www.planalto.gov.br/ccivil_03/_ato2011-2014/2014/lei/l12990.htm. Acesso em 03 jan.2023.

BRASIL. *Lei nº 14.457, de 20 de setembro de 2022.* Dispõe sobre o Programa Emprega +Mulheres e altera a Lei nº 13.979, de 6 de fevereiro de 2020, e a Lei nº 14.512, de 17 de novembro de 2021, para dispor sobre medidas excepcionais para aquisição de bens, serviços e insumos destinados ao enfrentamento da pandemia de Covid-19. Diário Oficial da União, Brasília, DF, 21 set. 2022. Seção 1.

BRASIL. Supremo Tribunal Federal (Plenário). *Ação Declaratória de Constitucionalidade 41/DF.* Direito constitucional. Ação direta de constitucionalidade. Reserva de vagas para negros em concursos públicos. Constitucionalidade da Lei nº 12.990/2014. Procedência do Pedido [...]. Requerente: Conselho Federal da Ordem dos Advogados do Brasil – CFOAB. Interessados: Presidente da República; Congresso Nacional. Relator: Min. Roberto Barroso, 8 de junho de 2017. Disponível em: http://portal.stf.jus.br/processos/downloadPeca. asp?id=312447860&ext=.pdf. Acesso em: 19 jan 2023.

BRASIL. Supremo Tribunal Federal (Plenário). *Arguição de Descumprimento de Preceito Fundamental 186/ADF.* Arguição de descumprimento de preceito fundamental. Atos que instituíram sistema de reserva de vagas com base em critério étnico-racial (cotas) no processo de seleção para ingresso em instituição pública de ensino superior. Alegada ofensa aos arts. 1º , caput, III, 3º, IV, 4º, VIII, 5º, I, II XXXIII, XLI, LIV, 37, *caput,* 205, 206, *caput,* I, 207, *caput,* e 208, V, todos da Constituição Federal. Disponível em: https://redir.stf.jus.br/paginadorpub/paginador.jsp?docTP=TP&docID=6984693. Acesso em 18 jan 2023.

Departamento Intersindical de Estatística e Estudos Socioeconômicos (DIEESE). Desigualdade entre negros e não negros se aprofunda durante a pandemia. *Boletim Especial 20 de novemrbro.19.11.2021.* Disponível em https://www.dieese.org.br/boletimespecial/2021/conscienciaNegra.pdf. Acesso em: 19 jan 2023.

Diretoria de Estudos e Políticas do Estado, das Instituições e da Democracia (DIEST). Nota Técnica nº 46, novembro 2020. *Trabalho, população negra e pandemia*: Notas sobre os primeiros resultados da PNAD COVID-19. Autor(es):

Tatiana Dias Silva; Sandro Pereira Silva. Brasília: Ipea, 2020. Disponível em: https://repositorio.ipea.gov.br/bitstream/11058/10303/1/NT_46_Diest_TrabalhoPopula%c3%a7%c3%a3oNegraePandemia.pdf. Acesso em: 10 mar. 2023.

Fundação Getúlio Vargas (FGV/ IBRE). *Maternidade e a participação feminina no mercado de trabalho*. São Paulo, 2022. Disponível em: https://blogdoibre.fgv.br/posts/maternidade-e-participacao-feminina-no-mercado-de-trabalho. Acesso em 03 jan.2023.

Godoi, Marciano Seabra de; Santos, Maria Angélica dos. Dez anos da lei federal das cotas universitárias: avaliação de seus efeitos e propostas para sua renovação e aperfeiçoamento. *Revista de Informação Legislativa: RIL*, Brasília, DF, v. 58, n. 229, 2021. Disponível em: https://www12.senado.leg.br/ril/edicoes/58/229/ril_v58_n229_p11 (APA). Acesso em: 19 jan 2023.

Instituto de Pesquisa Econômica Aplicada (IPEA) – Trabalho, População Negra e Pandemia: Notas sobre os primeiros resultados da PNAD Covid-19. Brasília, 2022. Disponível em: https://repositorio.ipea.gov.br/bitstream/11058/11561/24/218212_LV_Impactos_Cap20.pdf. Acesso em: 19 jan 2023.

IBGE. Pesquisa Nacional por Amostra de Domicílios Contínua (Pnad Contínua) – 2º trimestre de 2022. Disponível em: https://www.ibge.gov.br/estatisticas/sociais/trabalho/9173-pesquisa-nacional-por-amostra-de-domicilios-continua-trimestral.html?=&t=o-que-e. Acesso em: 10 mar. 2023.

IBRE/FGV. *Maternidade e participação feminina no mercado de trabalho*. Disponível em: https://blogdoibre.fgv.br/posts/maternidade-e-participacao-feminina-no-mercado-de-trabalho. Acesso em: 10 mar. 2023.

IBRE/FGV. *Mercado de trabalho: momento macro e desanimador*. Disponível em: https://portalibre.fgv.br/revista-conjuntura-economica/carta-da-conjuntura/mercado-de-trabalho-momento-macro-e-desanimador. Acesso em: 10 mar. 2023.

Kuroda, Yuri. Legislação Trabalhista e Gênero: Uma Análise das Transformações no Direito do Trabalho Brasileiro. *Revista Latinoamericana de Estudios del Trabajo*, v. 12, n. 20, 2006.

Mallet, Estevão. *Direito do Trabalho e Discriminação*. Brasília: TRT-23. Disponível em: https://portal.trt23.jus.br. Acesso em: 11 jan 2023.

Nabeshima, Yuri Kuroda. *A discriminação da mulher no mercado de trabalho: estudo comparado da legislação do Brasil e do Japão*. 2014. Dissertação (Mestrado em

Direito Internacional) – Faculdade de Direito, Universidade de São Paulo, São Paulo, 2014. (doi:10.11606/D.2.2014.tde-12122014-094325). Acesso em: 05 Jan 2023.

Organização Internacional do Trabalho. *Convenção 190 sobre a Eliminação da Violência e do Assédio no Mundo do Trabalho*. Genebra, 2019. Disponível em: https://www.ilo.org/brasilia/convencoes/WCMS_711648/lang--pt/index.htm. Acesso em: 10 mar. 2023.

Organização Internacional do Trabalho. *Igualdade de gênero e raça no trabalho: avanços e desafios / Organização Internacional do Trabalho*. – Brasília: OIT, 2010. Disponível em: https://www.ilo.org/brasilia/publicacoes/WCMS_229333/lang--pt/index.htm. Acesso em 02 fev 2023.

Supremo Tribunal Federal. *Recurso Extraordinário nº 597.285*. Relator: Ministro Ricardo Lewandowski. Brasília, DF, 25 de abril de 2012. Disponível em: http://www.stf.jus.br/portal/cms/verNoticiaDetalhe.asp?idConteudo=206383. Acesso em: 10 mar. 2023.

Tribunal Superior do Trabalho. *Por elas:* Reflexões sobre mulheres no trabalho. Brasília, 2022. Disponível em: https://www.tst.jus.br/-/por-elas-reflexoes-sobre-mulheres-no-trabalho. Acesso em 12 jan. 2023.

Zoninsein, Jonas; Feres Júnior, João. Ação afirmativa e desenvolvimento. *Ação afirmativa e universidade: experiências nacionais comparadas*. Brasília, DF: Ed. UnB, 2006.

36.
AS RELAÇÕES DE TRABALHO QUANDO OS SUJEITOS POSSUEM VÍNCULOS AFETIVOS

Jaqueline Alves da Silva Demetrio

1. Introdução

O presente estudo versa sobre alguns elementos que constituem o contrato individual de trabalho com ênfase nas normas trabalhistas existentes, mas suscitando um olhar sobre a possibilidade de os sujeitos empregado e empregador terem relações não apenas trabalhistas à luz das normas trabalhistas e suas correlatas bem como da jurisprudência.

É certo que o direito do trabalho brasileiro ao atribuir regramento aos contratos de trabalho e seus sujeitos, os faz de maneira genérica, não especificando se o empregado ou o empregador também tem outro vínculo como o familiar, seja como cônjuge ou filho.

De outra forma também devemos considerar que é muito comum que pessoas da mesma família trabalhem juntos, seja em suas próprias empresas, seja em empresas de terceiros. Isto é inclusive notado na regra de preferência do direito às férias dos empregados no art.136, §1, da Consolidação das leis do trabalho brasileiro, CLT.

Decerto que há no país um grande número de empresas familiares e que possuem dados positivos, contudo as relações, sejam quais forem, estão passíveis de percalços como os problemas de natureza trabalhista, cível, empresarial, penal e até mesmo de assédio moral.

O fato de não termos um amparo específico para a matéria, não quer dizer que não deva ter ou tenha o devido respaldo jurídico, posto que o direito possui ramificações que subsidiariamente pode ser recorrido, e, embora o direito possa não acompanhar a evolução das relações de forma genérica, ainda que por breve alcance, há a doutrina e a jurisprudência, bem como o direito comparado para que atuem como fontes e tragam soluções mais aproximadas às novas realidades jurídicas.

Nesse sentido traremos nesse estudo como objetivo geral questionamentos sobre o contrato de emprego e as situações jurídicas que figurem enquanto empregado e empregador os menores, e as mulheres no contexto de empresas familiares ou não e que de alguma forma possam ter direitos resguardados ou infringidos com base nas normas brasileiras cabíveis.

Assim, este estudo visa compreender sob o enfoque do instituto jurídico trabalhista sobre contrato de trabalho nos moldes do direito laboral aportados na Constituição Federal e Consolidação do Trabalho enquanto preocupação essencial para as relações das sociedades contemporâneas, buscando ressaltar seus aspectos constitutivos como as características e fundamentos legais situados no direito brasileiro.

Nessa perspectiva, será abordado pontos como o trabalho dos sujeitos empregado e empregador, também imbuído de relação familiar com enfoque à mulher, ao filho e o consequente relacionamento entre os cônjuges, companheiros, ou pais e filhos ligados ao ambiente laboral e familiar.

Assim, objetivando a reflexão sobre o assunto levantaremos o questionamento sobre a relação de emprego e o modelo genérico trazido pela CLT não contemplar especificamente a delimitação dos sujeitos empregado e empregador enquanto entes familiares.

O tema em comento tem sua importância firmada na abordagem sobre o novo olhar para os sujeitos decorrentes do vínculo empregatício que por estarem também ligados pelo vínculo familiar, não possuem normas trabalhistas específicas para sua regulação, o que de alguma forma pode ensejar insegurança nessas relações.

Nesse sentido, faremos um breve levantamento de normas trabalhistas, que fundamentadas no artigo oitavo da CLT fundamentará a organização de ideias objetivando alcançar o interesse em discussões nesse tema que está distribuído em contextualização normativa dos contratos laborais, o contrato na perspectiva da mulher e do menor e o assédio moral nesse contexto.

Portanto, o presente estudo propõe como desdobramentos futuros, a investigação de novas realidades em matéria dos contratos de emprego quando se tratar de sujeitos também envolvidos em vínculos familiares condizentes à nova realidade laboral e a carência de amparo específico.

2. Breve contextualização normativa brasileira para os contratos laborais

As relações de trabalho são delineadas pelo direito do trabalho em suas normas jurídicas e discutidas por autores e juristas, seja em obras, seja em jurisprudências ou outras fontes como bem prevê o artigo 8º da Consolidação das leis trabalhistas, CLT, no âmbito do Direito brasileiro.

> Art. 8º – As autoridades administrativas e a Justiça do Trabalho, na falta de disposições legais ou contratuais, decidirão, conforme o caso, pela jurisprudência, por analogia, por equidade e outros princípios e normas gerais de direito, principalmente do direito do trabalho, e, ainda, de acordo com os usos e costumes, o direito comparado, mas sempre de maneira que nenhum interesse de classe ou particular prevaleça sobre o interesse público.
> § 1º O direito comum será fonte subsidiária do direito do trabalho.

Dessa forma ao tratarmos da matéria contrato de trabalho em sentido estrito buscamos fundamento no direito do trabalho, contudo quando os sujeitos do objeto do contrato individual de trabalho têm relações afetivas, ou seja, possuem relações amparadas pelo direito civil e ou empresarial, deve-se fazer uma reflexão com o olhar multidisciplinar com enfoque no direito do trabalho e observar também seus reflexos em outras áreas.

Nesse sentido, levantaremos questionamentos e olhares sobre os contratos das relações de emprego em que se encontram os sujeitos, empregado e empregador, que ao mesmo tempo possam ter relações além das trabalhistas, como por exemplo os cônjuges e os pais e filhos.

Vale ressaltar que a possível relação entre parentes, cônjuges, companheiros ou filhos pode coexistir, se no caso concreto, ainda que a situação não esteja regular, preencha os requisitos do vínculo empregatício e também familiar, assim uma relação afetiva não exclui uma trabalhista.

Dessa forma, como bem expõe o artigo 442 da CLT, o vínculo ocorre de modo tácito ou expresso na relação de emprego, se os requisitos essenciais cumulativos e obrigatórios como, subordinação, pessoalidade, habitualidade dentre outros dos artigos 2º e 3º da CLT estiverem presentes, contudo, obsta-se, se tratar de mera cooperação mútua decorrente de laços afetivos.

Sob a tutela do direito civil, como fonte subsidiária do direito do trabalho para este estudo, situamos que o direito de família, no Brasil está regulado no ordenamento jurídico através do Código Civil Brasileiro no Livro IV, onde trata do Direito Pessoal: do casamento e das relações de parentesco; do Direito Patrimonial, do regime de bens entre os cônjuges; do Usufruto e da administração dos filhos menores; dos alimentos e do bem de família, da União Estável e da Tutela e Curatela, assim dispostos entre seus artigos 1511 aos 1727.

No que concerne à empresa, ainda no Código Civil Brasileiro, há a regulamentação no Livro II, que dispende os artigos 966 ao 1.141 e trata do Direito de Empresa regulando o empresário, as empresas, os estabelecimentos, os tipos societários e os institutos complementares que constituem direitos e obrigações delimitados para que haja segurança jurídica e direcionamentos nessas relações.

Nesse contexto, bem como em legislações esparsas, doutrina, jurisprudência, e outras normas, é traçado o complexo jurídico que regulamenta a temática aqui levantada, bem como sua validade e efeitos com o fito de permitir aos sujeitos relacionados regramento e segurança nas relações, seja trabalhista, seja familiar, seja empresarial.

Na seara trabalhista, os aspectos do direito do trabalho delineado neste estudo, concentrar-se-á nas relações laborais que envolverem os sujeitos denominados, mulheres, filhos, cônjuges e outros que se apresentarem em contratos de emprego, em empresas familiares ou não, ou seja traremos para discussão algumas das inúmeras possibilidades que possam ser objeto de estudo do direito trabalhista brasileiro.

Assim, é importante mencionar que o direito do trabalho tem como objeto, disciplinar as relações trabalhistas em seu conteúdo e extensão, que de certa forma é ampla, e, portanto, faz-se necessário a delimitação dos tipos de trabalho sob a tutela deste ramo do direito, bem como, que sujeitos o integram, qual a relação jurídica específica e o fundamento desta regulamentação.

Nesse sentido, autores como Luciano Martinez, Bezerra Leite, Volia Bomfim, Garcia e outros, traçam no fundamento da matéria várias teorias e fundamentações para a composição conceitual e também para o seguimento do contrato de trabalho firmado entre os sujeitos dessa relação trabalhista.

Pelo exposto, e diante do formato deste estudo, será apresentado de forma breve e objetiva a temática de relação de emprego, e as possibilidades jurídicas, principalmente quando os sujeitos envolvidos estiverem na condição de mulher, menor e em empresa familiar, bem como direitos e obrigações nas licenças maternidade e paternidade e ainda sobre o assédio moral no trabalho.

O contrato individual de trabalho, como se constata na redação do artigo 443 da CLT, é a possibilidade que os sujeitos descritos nos artigos 2º e 3º também da CLT, têm de firmar uma relação de emprego onde estará presente direitos e obrigações dele decorrentes e que possam transcorrer de modo a perdurar no tempo ou se extinguir de forma mais breve. Por essa afirmativa acima já apontamos conceitos como contrato de trabalho, empregado e empregador e ainda a durabilidade contratual.

> É o negócio jurídico pelo qual uma pessoa física (empregado) obriga-se de modo pessoal e intransferível, mediante o pagamento de uma contraprestação (remuneração), a prestar trabalho não eventual em proveito de outra pessoa, física (o empregador), que assume os riscos da atividade desenvolvida e que subordina juridicamente o prestador.

Para que um contrato de trabalho seja firmado no direito do trabalho brasileiro deve estar na conformidade da CLT, em especial nos artigos 444, 2º e 3º, bem como o previsto no art. 8º, §1º, já exposto. Isto porque trazem os elementos básicos que constituem um contrato individual de trabalho.

Dessa forma, o contrato tem seus elementos principais, o tipo do contrato, de trabalho, os sujeitos, empregado e empregador, suas cláusulas, regras específicas, remuneração, duração e outras, bem como os elementos essenciais, extrínsecos e intrínsecos ao contrato que subsidiariamente encontram-se no direito civil, nos artigos 104, 138 e segs. do C.C respectivamente.

Portanto, pode-se afirmar que o contrato individual de trabalho é o acordo firmado entre as partes para prestação de serviços em que sejam deliberadas regras lícitas com sujeitos capazes que o firmam sem vícios e na conformidade da lei que os amparam.

Nesse sentido, o direito brasileiro possui em seus ramos cíveis e trabalhistas o arcabouço protetivo para essa relação, mas não obstante a essas normas protetoras temos que refletir que apesar de robusto amparo, genérico, para esses sujeitos nessa circunstância contratual e ainda de em cada ramo conter regras específicas para a mulher e o menor, há que nos preocuparmos de especificamente regrar as circunstâncias em que estes sujeitos possam também estar em uma relação familiar como filhos ou cônjuges.

É certo que o direito tenta acompanhar a evolução da sociedade, o que nem sempre ocorre, como recentemente no Brasil ao instituir a Lei de Reforma Trabalhista, L. 13.467 de 13 de julho de 2017, reformulando inúmeros direitos.

Nesse sentido, o alcance da norma não especificou ou delimitou o empregado ou empregador quando for cônjuge, companheiro, familiar ou filho. E assim, podemos nos questionar sobre as relações e suas divergências, visto que o comportamento humano na atualidade tem inúmeras circunstâncias.

A justiça do trabalho brasileira possui inúmeros processos cujos sujeitos estão de alguma forma para além do contrato de emprego, seja de forma tácita ou expressa, formal ou informal, nesse sentido confirmamos com a seguinte jurisprudência:

> RECURSO DA RECLAMADA. Vínculo de Emprego. Existência de Grupo Familiar. Não Configuração da Ocorrência de Contrato de Trabalho. O fato de o demandante ter sido casado com a sócia proprietária da primeira reclamada, não é suficiente, por si só, para descaracterizar a existência de uma relação de emprego. No entanto, para o reconhecimento do vínculo empregatício entre cônjuges merece especial atenção a caracterização do elemento da subordinação. Demonstrado que o reclamante se comportava como se proprietário fosse, eis que não tinha sua jornada fiscalizada e não prestava

> conta de suas atividades, não há que se reconhecer o vínculo empregatício. (TRT-13 - RO: 00707002920135130011 0070700-29.2013.5.13.0011, Data de Julgamento: 20/05/2014, 1ª Turma, Data de Publicação: 26/05/2014).

Notadamente pode ser verificada uma demanda judicial na justiça do trabalho implicando vínculos afetivos com repercussão cível. Entendemos que a natureza das relações humanas são as mais complexas, e se as pessoas não cuidam de se resguardarem por meios formais em quaisquer áreas do direito, especialmente no direito de família e do trabalho, há que ser amparadas no complexo jurídico normas capazes de proteger esses sujeitos.

Nesse sentido, a Associação dos Direitos das Famílias e Sucessões, ADFAS tem por objeto preocupar-se com os interesses da família e de seus membros em âmbito nacional e também em outros países como, México, Argentina, Portugal e Espanha, por meio de juristas que atuam nos Tribunais, STF, CNJ, no Legislativo, em Congressos e nos mais distintos ambientes jurídicos nas esferas do direito de família, biodireito e correlatas, como prevê seu estatuto.

> Art. 2º – Considerando que a família, como base e núcleo fundamental da sociedade, necessita de proteção e segurança jurídica em consonância com a ordem constitucional e os anseios da sociedade; considerando que a família é o núcleo natural para a realização das pessoas, assim como para a criação, educação e formação de crianças, adolescentes e jovens, bem como para a proteção de idosos; considerando que na família deve ser priorizada a segurança jurídica e que o Direito de Família e das Sucessões não é limitado apenas pelos interesses individuais; considerando que o direito de família e de sucessões também preserva o interesse jurídico patrimonial dos membros da família, são objetivos institucionais da ADFAS:
> I – Estudar e difundir o Direito de Família e das Sucessões e as disciplinas correlatas;

De outra forma, é salutar apontar que dados do Serviço Brasileiro de apoio às Micro e Pequenas Empresas, SEBRAE, demarcam uma representatividade das empresas familiares em um percentual de 90% do total dos empreendimentos existentes no Brasil.

O que nos preocupa nessa pesquisa, é quanto a condução do gerenciamento empresarial ser de maneira informal, principalmente nas relações de trabalho entre os familiares. Trata-se de uma questão de governança e compliance, termos que englobam a administração da empresa de forma a estarem em consonância com as regras como um todo.

As relações trabalhistas na família empresária podem coexistir formalmente, informalmente, ou apenas ser ajuda mútua como já exposto. Nesse contexto, e diante das relações pessoais serem passíveis de desentendimentos, quando não está a situação devidamente regulamentada, há de ser passível de demandas judiciais.

Essa linha tênue na prática é bem difícil delimitar, pois o contrato de emprego que denota vínculo empregatício requer a presença dos elementos dos artigos 2º e 3º da CLT e em especial o da subordinação que implica ao empregado estar sob o poder de organização e comando, como delegar tarefas, demarcação de jornadas e outras regras contratuais ainda que tácitas.

Na relação de empregado distante do vínculo familiar em determinados casos concretos já se tornam difíceis as comprovações, ainda mais o é quando os laços são afetivos, seja entre pais e filhos, entre cônjuges, casais em união estável, alguns namoros que se confundem com união estável, sogros ou quaisquer outras formas de relacionamento familiar. No sentido de delimitação e segurança jurídica para as relações ilustramos com a seguinte jurisprudência:

> Apelação Cível. Civil e Processual Civil. Ação de Reconhecimento e Dissolução de União Estável C/C Partilha, Guarda e Alimentos. – Parcial Procedência na Origem. Recurso da Autora. (1) Gratuidade. Deferimento. – Não afastada a presunção legal de sua hipossuficiência econômico-financeira, concede-se os benefícios da Justiça gratuita à autora. (2) União Estável. Requisitos Ausentes. Namoro e Noivado. Demonstração. – "Washington de Barros Monteiro e Regina Beatriz Tavares da Silva, na obra Curso de Direito Civil – Direito de Família, ensinam que 'para que se configure a união estável é necessária a constituição de família, não sendo suficiente simples 'objetivo de constituição de família', devendo, assim, ser interpretado o referido dispositivo legal. Se assim não fosse, o mero namoro ou noivado, em que há somente o objetivo de formação familiar, seria equiparado à

> união estável, o que, evidentemente, não foi a intenção do legislador'. (São Paulo: Saraiva, 2010, fl.47)". (TJ-SC - AC: 00017049620118240041 Mafra 0001704-96.2011.8.24.0041, Relator: Henry Petry Junior, Data de Julgamento: 12/12/2017, Quinta Câmara de Direito Civil).

Quando se firma uma relação, seja de emprego ou familiar, se presume que esta durará por muito tempo e, portanto, indefinida. No direito do trabalho tem-se os contratos de trabalho por tempo indeterminado, previsto no artigo 443 da CLT e a peculiar inovação trazida pela reforma trabalhista que é o trabalho intermitente, no qual a prestação de serviço subordinado não é contínua.

Como se pode observar, o quesito feito para durar não leva em consideração supostos conflitos, desentendimentos, quebra de confiança e tantas possibilidades que inclusive se suscitadas na relação familiar poderiam minar a relação logo de início.

Na sociedade contemporânea, embora haja muitos contratos de namoro, de união estável, não é imprescindível em todas as relações de casais que os façam, especialmente em algumas sociedades ou regiões do Brasil.

Longe desse começo formal ideal, no decorrer do temo as relações podem não perdurar como imaginado inicialmente, e nesse sentido, cabe aos juristas e legisladores preocuparem-se em trazer amparo formal para essas situações por meio de normas com segurança jurídica. Contudo, por vezes a justiça laboral se depara com demandas assim:

> RECURSO ORDINÁRIO DA RECLAMANTE. Vínculo Empregatício. Ônus da Prova. Trabalho de Cônjuge. Dados os limites da controvérsia, entendo que incumbia à reclamante comprovar a existência de vínculo de emprego unindo-a ao reclamado. Vale frisar que tal prova é de difícil realização, pois é tênue a linha que separa o trabalho subordinado daquele realizado para assegurar a subsistência familiar, na condição de copropriedade de pequeno empreendimento. De tal ônus, a parte autora não se desincumbiu. Recurso Ordinário a que se nega provimento. (TRT-6 - ROT: 00000685220205060261, Data de Julgamento: 16/02/2022, Segunda Turma, Data de Publicação: 16/02/2022).

Dessa forma, constata-se na Justiça do Trabalho, inúmeras reclamações trabalhistas envolvendo essa temática. São ações de configuração de vínculo empregatício entre filho e pai, discussão de relacionamentos amorosos dentre outros com a Justiça trabalhista tendo que definir vínculo de emprego e eventuais condenações.

Assim, entendemos a temática como polêmica e variável, a ponto de trazer a baila os ensinamentos de Baumam sobre a liquidez das relações. A civilização nem sempre evolui de forma ordeira, há sempre uma dissonância nos relacionamentos, o que denota a importância de regramento jurídico justo e equilibrado para os envolvidos na demanda.

Contudo, há várias divulgações de mercado, que comprovam êxitos nas empresas familiares. No site "Sou de Algodão"[1] encontram-se histórias inspiradoras de empresas familiares parceiras que dão exemplo de gestão como a família Shimohira, a família Nistal, a família Garbugio, a família Peixoto Cataguases e a família Prado que encontraram no algodão, na conicultura o trabalho e o desenvolvimento familiar.

> Separar vida profissional e pessoal é desafiador... É na família que encontramos o conforto que nos assegura, o amor que tranquiliza e a certeza de que nunca estaremos sozinhos. É o laço mais forte e indestrutível que pode ser criado, independentemente de como seja constituída[2].

E diante da máxima, o direito não socorre os que dormem, é salutar apontar sobre os contratos, protocolos familiares, documentos que estabelecem como a família deve proceder em relação ao seu empreendimento. Nessa hipótese, são estabelecidas regras de sociedade, vínculo, remuneração e outras relativas a gestão e emprego.

Pelo exposto, entendemos que as divergências surgem, e nas relações familiares, ainda mais, visto que estão entrelaçados os vínculos dos relacionamentos afetivos e trabalhistas, aflorados pelos desentendimentos

[1] Sou de Algodão. Disponível em: https://soudealgodao.com.br/.

[2] Sou de Algodão. *Conheça 5 empresas familiares com histórias inspiradoras*, 2022. Disponível em: https://soudealgodao.com.br/blog/conheca-5-empresas-familiares-com-historias-inspiradoras/.

que surgem cotidianamente, em especial quando os sujeitos não sabem separar as realidades trabalho e família.

Assim, nada mais importante que estabelecer regras de governança e compliance para que se instaure uma postura ética de transparência e confiabilidade, gerando êxito no negócio, dirimindo riscos trabalhistas e ações judiciais desnecessárias.

3. Contrato laboral: uma perspectiva do trabalho da mulher e do menor

A proteção ao trabalho da mulher e do menor, traz à tona reflexões sobre salários mais baixos, horários mais longos e outros défices nas condições de trabalho, que são preocupações da Organização Internacional do Trabalho, OIT, para todos os países, e não deixa de ser também do direito brasileiro que traz em sua Carta Magna, a Constituição Federal brasileira, CF, na CLT, em legislações ordinárias dentre outras normas esse amparo.

O fato que nos preocupa é como delimitar regras específicas para os sujeitos que figuram em contratos trabalhistas nas relações de empregado e empregador, visto que de uma forma interdisciplinar temos o direito empresarial, o direito sucessório, o direito do trabalho, mas sem a interlocução das possibilidades nos vínculos de emprego entre familiares.

É salutar afirmar que a CLT possui capítulos especiais para o trabalho da mulher e para o trabalho do menor, legislações específicas, inclusive tratando sobre práticas discriminatórias, L. 9.029/95, isso sem mencionar a CF que no artigo sétimo traz os direitos mínimos dos trabalhadores onde estão a proteção do mercado de trabalho da mulher, assistência gratuita aos filhos e dependentes desde o nascimento até cinco anos de idade em creches e escolas.

Dedica-se ainda a CF ao trabalho do menor quanto à vedação em trabalho noturno, perigoso ou insalubre a menores de 18 anos e de qualquer trabalho a menores de dezesseis, salvo se aprendiz a partir de 14 anos, que em especial recebem o amparo da CLT nos artigos 402 a 441.

Para os pais, ou seja, trabalhador e trabalhadora quando na condição de pais, a CF concede licença gestante sem prejuízo ao emprego e ao salário, com duração de 120 dias, com o amparo específico nos arts. 392 ao 392-C da CLT e ainda do art. 10, II, b, do Ato das Disposições Constitucionais Transitórias, ADCT; da Lei Complementar, LC, nº. 146/2014 e da Súmula nº 244 do TST.

Se mãe lactante, com a reforma trabalhista, houve a inserção do art. 394-A, e seus incisos, da CLT que trouxe a permissão do trabalho insalubre com o devido adicional e as regras para o seu afastamento nessa hipótese. Contudo ainda não cessou discussões sobre a matéria pois recentemente o Supremo Tribunal Federal considerou este artigo inconstitucional por meio da ADIN 5.398. Nesse sentido, a justiça do trabalho tem entendimento da matéria da seguinte forma:

> Direitos Sociais. Reforma Trabalhista. Proteção Constitucional à Maternidade. Proteção do Mercado de Trabalho da Mulher. Direito à Segurança no Emprego. Direito à Vida e à Saúde da Criança. Garantia Contra A Exposição De Gestantes E Lactantes A Atividades Insalubres. 1. O conjunto dos Direitos sociais foi consagrado constitucionalmente como uma das espécies de direitos fundamentais, caracterizando-se como verdadeiras liberdades positivas, de observância obrigatória em um Estado Social de Direito, tendo por finalidade a melhoria das condições de vida aos hipossuficientes, visando à concretização da igualdade social, e são consagrados como fundamentos do Estado Democrático, pelo art. 1º, IV, da Constituição Federal. 2. A Constituição Federal proclama importantes direitos em seu artigo 6º, entre eles a proteção à maternidade, que é a ratio para inúmeros outros direitos sociais instrumentais, tais como a licença-gestante e o direito à segurança no emprego, a proteção do mercado de trabalho da mulher, mediante incentivos específicos, nos termos da lei, e redução dos riscos inerentes ao trabalho, por meio de normas de saúde, higiene e segurança. 3. A proteção contra a exposição da gestante e lactante a atividades insalubres caracteriza-se como importante direito social instrumental protetivo tanto da mulher quanto da criança, tratando-se de normas de salvaguarda dos direitos sociais da mulher e de efetivação de integral proteção ao recém-nascido, possibilitando seu pleno desenvolvimento, de maneira harmônica, segura e sem riscos decorrentes da exposição a ambiente insalubre (CF, art. 227). 4. A proteção à maternidade e a integral proteção à criança são direitos irrenunciáveis e não podem ser afastados pelo desconhecimento, impossibilidade ou a própria negligência da gestante ou lactante em apresentar um atestado médico, sob pena de prejudicá-la e prejudicar o recém-nascido. 5. Ação Direta julgada

> procedente. (STF – ADI: 5938 DF, Relator: Alexandre de Moraes, Data de Julgamento: 29/05/2019, Tribunal Pleno, Data de Publicação: 23/09/2019).

Se pai, a licença paternidade de 5 dias é um direito previsto na CF, art. 7, XIX e também no art. 10, §1º, da ADCT e com especial atenção na L. 11.770/2008 que cria o programa de empresa cidadã e traz regramento à licença maternidade, incluindo a possibilidade de estender para 15 dias a duração da licença-paternidade.

Nestas e em outras normas, vislumbramos um apanhado de direitos que traçam o olhar do legislador em matéria trabalhista com o contexto de família imbuído na proteção ao trabalho da mulher, o que nos faz entender e traçar um perfil promissor em matéria futura para os direitos trabalhistas desses sujeitos.

Não obstante a justiça do trabalho tem se deparado com ações em que se percebe familiares em atritos judiciais, como por exemplo o do TRT-18 em que o filho ingressou com uma ação trabalhista para obter o reconhecimento de vínculo trabalhista com o pai alegando ter sido contratado para exercer a função de serviços gerais e, após onze meses, foi dispensado sem receber as verbas contratuais e rescisórias.

Nessa hipótese, a 4ª Vara do Trabalho de Rio Verde entendeu que não havia relação de emprego entre o filho e o pai, por haver nos autos provas de ausência de controle de jornada, o que afastaria a subordinação característica de vínculo de emprego. Além disso, a magistrada entendeu que por se tratar de empreendimento familiar, onde trabalham pai, companheira e filho, o comum seria todos os integrantes do núcleo familiar unirem esforços para alcançar lucro com o menor custo possível.

O reclamante recorreu para o TRT 18 e a relatora, desembargadora Kathia Albuquerque, entendeu que o processo era de situação peculiar e, portanto, manteve a sentença e negou provimento ao recurso.

> Trata-se de reconhecimento de vínculo empregatício entre filho e o genitor. E não é presumível o vínculo de emprego entre entes próximos em razão da obrigação mútua de auxílio, sendo, em regra, de outra natureza a relação existente. Não vejo elementos nos autos aptos a configurarem uma verdadeira relação de emprego. Ao contrário, emerge que houve apenas relação de contribuição do filho no empreendimento do pai, em benefício do vín-

culo familiar. afirmou ao negar provimento ao recurso ordinário e manter a sentença[3].

O que percebemos é que embora haja laços familiares, os sujeitos podem se desentender e criar contendas judiciais onde cada vez mais prescinde do legislador e dos magistrados uma competência multidicilinar e ao mesmo tempo restrita para os casos que surgem dos comportamentos contemporâneos

O que se quer refletir neste estudo, depara-se para além das normas já existentes nos ramos do direito, pois é regulado de formas apartadas em cada ramo do direito as questões de cunho trabalhista, previdenciário, familiar, empresarial, sucessório, outras que a depender do caso concreto possam se insurgir como penal, e ainda ciências como a medicina, a psicologia e tantas que se fizerem necessárias para trazer solução e segurança jurídica.

Compreendemos também que em muitas empresas familiares o sucesso e a sucessão de empresas por familiares atravessam gerações, solidificando marcas e nomes familiares no mercado, como notadamente foi publicada pesquisa apresentando índice das Empresas Familiares de 2021 realizado pela agência EY e a Universidade de St. Gallen, da Suíça.

Segundo esta pesquisa, A JBS S.A. aparece na 22ª posição no ranking das 500 maiores empresas de propriedade familiar do mundo de acordo com o seu faturamento. Cita ainda empresas como, Marfrig Global Foods S.A., Metalúrgica Gerdau S.A., Votorantim Participações S.A., Companhia Siderúrgica Nacional, Magazine Luiza S.A., Cosan Ltda., Energisa S.A, WEG S.A. e Porto Seguro S.A., todas brasileiras e que juntas somam uma receita de US$ 7,28 trilhões e empregam 24,1 milhões de pessoas.

Para Carolina Queiroz, líder da área de empresas familiares da EY., as empresas familiares estruturadas denotam em suas gestões capacidade de superar desafios, como a pandemia recente ocorrida no mundo, compromisso com a responsabilidade social, diversidade de papéis na gover-

[3] Cristina Carneiro. *Contribuição de filho em benefício de empresa familiar não cria vínculo empregatício*. Tribunal Regional do Trabalho da 18º Região, 2021. Disponível em: https://www.trt18.jus.br/portal/empresa-familiar-vinculo/

nança, ampliando os potenciais e as possibilidades de atuação na empresa e no mercado.

> Quando a família permite que os mais jovens participem do planejamento estratégico, por terem uma visão de longo prazo, eles começam a questionar se aquele ativo faz sentido e começam a explorar outros segmentos mais rentáveis. Isso é uma consequência natural e é estimulada para a diversificação do negócio[4].

Assim, podemos refletir sobre os papeis dos pais, da família na construção de valores sobre o comportamento humano e social. A forma como você trata o outro e se comporta na sociedade diz mais sobre o que somos do que possamos imaginar. Considerar como fundamental os valores éticos familiares repercutem em direitos e princípios valorados por grandes Estados e em especial no Brasil a começar pela CF e o princípio fundamental da dignidade da pessoa humana.

E nessa premissa, trataremos sobre o assédio moral nas empresas familiares, visto que em quaisquer situações, empresas e mercados, se presentes atitudes, gestos que ensejam tratamento abusivo reiterado e de alguma forma impactem no emocional da vítima estaremos em um contexto de assédio moral.

4. Assédio moral: uma perspectiva nas empresas familiares

O assédio moral no ambiente de trabalho é discutido de forma multidisciplinar por estudiosos que preocupam-se com o comportamento, com os direitos e saúde das pessoas que sofrem com abusos nas relações.

No ambiente laboral não é diferente, trata-se de uma prática que decorre de um comportamento fora do contexto da civilidade, que de forma repetitiva age sobre outra pessoa de modo velado ou explícito com perseguições, humilhações, comportamentos vexatórios e com uma crueldade movida pela inveja por exemplo, ou até mesmo decorrente de transtornos psicológicos.

[4] Agência EY, 2021. *Brasileiras estão entre as maiores empresas familiares do mundo em faturamento*. Disponível em: https://www.ey.com/pt_br/agencia-ey/noticias/brasileiras-estao-entre-as-maiores-empresas-familiares-do-mundo-.

Nesse sentido, a justiça do trabalho, as normas jurídicas e autores têm se posicionado, caracterizando a prática, efetuando punições e o devido reparo ao dano sofrido. Contudo, várias são as reflexões que insurgem da temática, principalmente quando o fato ocorre nos relacionamentos familiares, nas empresas ou fora dela.

Há de se considerar, que o assédio moral no trabalho, ou o meio ambiente laboral não se limita apenas no local onde se executa a atividade, principalmente quando para além da relação de emprego está a matrimonial, filial ou outra familiar.

Nesse sentido, pode ser considerado o lar como extensão do trabalho, e a não separação dos assuntos e tarefas, bem como a desavença particular pode interferir na relação de emprego e vice-versa.

Para ilustrar, consideraremos hipoteticamente que um pai que tem o filho como sócio ou empregado na empresa, o trate como um pai exigente sob a justificativa de dar exemplo aos funcionários e de maneira vexatória o repreende reiteradamente diante dos demais. Ou de maneira contrária, o filho age de maneira a ridicularizar o pai como ultrapassado, incapaz ou velho demais para gerir a empresa.

> assédio moral no ambiente de trabalho. caracterização. indenização por danos morais devida. o assédio moral caracteriza-se pela prática de variados artifícios levados a efeito no ambiente de trabalho pelo assediador, superior hierárquico ou não do assediado, que, de forma deliberada e sistemática, repetitiva e/ou continuada, comete violência psicológica contra a vítima, com o objetivo de ir minando a sua autoestima, dignidade e reputação, até destruir, por completo, a capacidade de resistência dessa pessoa. existindo provas nos autos acerca de atos abusivos de que foi vítima a obreira, resta caracterizado o efetivo dano moral, sendo devido o pagamento da indenização pleiteada. (trt-18 – rot: 00113302520205180015 go 0011330-25.2020.5.18.0015, relator: elvecio moura dos santos, data de julgamento: 04/10/2021, 3ª turma).

O fato é que, o assédio pode ser praticado, não apenas pelo superior hierárquico, mas também por empregados ao superior, por colegas, ou seja, se dá de forma ascendente ou descendente e até mesmo de forma horizontal, como entre sócios, colegas, irmãos, ou cônjuges na mesma posição de igualdade.

Nesse sentido, considero em minha obra, "assédio moral no trabalho no trabalho acadêmico", que a forma organizacional tem grande relevância na condução de um meio ambiente sadio. Considero ainda, que o trabalho no ambiente acadêmico enseja mais que transmissão de conhecimento e habilidades.

Trata-se, de administrar os comportamentos, formar opiniões, transmitir valores e referências, que servirão de parâmetro, modelo a ser copiado, ensejando prazer, reconhecimento e sentimento de estímulo quando realizado com gestão responsável e ética, de alicerces na boa governança e no compliance.

Em outra obra de minha autoria, "Prazer e sofrimento no trabalho do professor", exponho que as situações de prazer e sofrimento no trabalho de determinado sujeito são vivências que cada um reage de forma distinta, pois cada indivíduo reage de forma distinta, não há fórmula única e universal.

O assédio, portanto, é recebido de forma subjetiva e distinta para cada sujeito. Pode ainda ser individual ou coletivo, também denominados de organizacional ou institucional, com repercussões na saúde física e mental, de modo geral, leva à exclusão.

A depender da forma de assediar, pode também ser observada a intimidação em redes sociais ou outros canais digitais, denominado de cyberbullying pela L. 13.185/2015, num complexo de disseminação de imagens, vídeos, comentários difamatórios, inclusive podendo alcançar a esfera penal quando houver ofensa à honra, se objetiva, reputação da pessoa no meio social, ou subjetiva, em ofensa à autoestima, dignidade ou decoro.

Desse modo, o Código Penal brasileiro, nos artigos 138 e 140 respectivamente, trata da difamação e injúria. De outro modo a violência psicológica, com atos de intimidação, dominação, chantagem e similares está no campo dos crimes contra a liberdade pessoal como prevê os artigos 146 e 147 do CP. Nessa premissa, inúmeras são as possibilidades.

No âmbito laboral, com foco também em situações em que os sujeitos possuam relações familiares, pode ser visível o assédio quando companheiros de vida e trabalho, ou pais e filhos, entre irmãos, surge limites à liberdade de expressão, autoritarismo de ideias, intolerância nas divergências, soberba intelectual ou gerencial.

Quando se torna visível a divergência de ideias e no campo das ações de forma a transcender consequências desastrosas para a vítima, que inclusive pode gerar repercussão de práticas mais assediosas, como o descrédito, o desrespeito pode ser o fim para o relacionamento e para a família com impactos sociais e judiciais.

Contudo, há de se ressaltar que no âmbito familiar pode haver um misto de sentimentos, como se o assédio é cometido de pai para filho, e o subjetivo dever de obediência, ou de aprendizado; ou ainda entre esposos e a consequência carência afetiva ou dependência financeira.

De todo modo, este tema abordado no âmbito familiar, requer um amparo mais específico das normas jurídicas, bem como o amparo multidisciplinar para que os juristas possam decidir com equidade e justiça trazendo à sociedade o devido amparo legal em toda sua completude.

Conclusões

As relações de trabalho quando os sujeitos possuem vínculos afetivos constituem elementos intrínsecos ao contrato de emprego normatizado em norma celetista com reflexos no direito civil.

O referencial teórico levantado nesta pesquisa revela que o tema apesar de robusta demanda judicial nos tribunais brasileiros carece de norma específica que o delimite e traga uma maior segurança e amparo jurídico.

Chama atenção que as demandas judiciais são fundamentadas por normas específicas para cada esfera do direito, porém não o é com relação aos sujeitos vinculados em múltipla realidade jurídica, como no mínimo a trabalhista e a cível.

Pontos relevantes estão nas relações de emprego em que figuram os pais, filhos, cônjuges ou outros sujeitos que além do vínculo afetivo os são empregados, empregadores ou sócios.

Diante dessa circunstância, consideramos pertinentes e atuais as indagações sobre o contrato de emprego entre os sujeitos acima apontados tenham de alguma forma seus direitos não amparados a contento pelas normas brasileiras.

Nesse sentido, entendemos ser de relevante urgência que o amparo normativo brasileiro tenha o devido olhar do legislador para suprir a nova realidade que se impõe.

Contudo, ressaltamos que embora haja amparo legal trabalhista com repercussão no direito das famílias, sucessões, empresarial, penal e outros que tratam da matéria no que lhe for cabível, entendemos ser necessário também que as decisões judiciais estejam em consonância com a interação do direito, da medicina e da psicologia.

Referências

BRASIL. Tribunal Regional do Trabalho (13. região). RECURSO DA RECLAMADA. Vínculo de Emprego. Existência de Grupo Familiar. Não Configuração da Ocorrência de Contrato de Trabalho. (TRT-13 – RO: 00707002920135130011 0070700-29.2013.5.13.0011, Data de Julgamento: 20/05/2014, 1ª Turma, Data de Publicação: 26/05/2014).

BRASIL. Tribunal Regional do Trabalho (9. Região). Dano Moral. Assédio Sexual. Intimidação. Constrangimento e Humilhação por Condutas de Superior Hierárquico. Rescisão Indireta Reconhecida. Condenação do Empregador em Indenização. ART. 216-A do Código Penal. Convenção 190 DA OIT. (TRT-9 – ROT: 00003454820215090585, Relator: Marlene T. Fuverki Suguimatsu, Data de Publicação: 28/01/2022).

Brasileiras estão entre as maiores empresas familiares do mundo em faturamento. Disponível em: https://www.ey.com/pt_br/agencia-ey/noticias/brasileiras-estao-entre-as-maiores-empresas-familiares-do-mundo-. Acesso em 04 abr. 2023.

Carneiro, Cristina. Contribuição de Filho em Benefício de Empresa Familiar não Cria Vínculo Empregatício. Justiça do Trabalho. Disponível em: https://www.trt18.jus.br/portal/empresa-familiar-vinculo/. Acesso em 04 abr. 2023.

Conheça 5 empresas familiares com histórias inspiradoras. Disponível em: https://soudealgodao.com.br/blog/conheca-5-empresas-familiares-com-historias-inspiradoras/. Acesso em 04 abr. 2023.

Outro Olhar. Outro olhar – Quebradeiras. 2012. 1 vídeo (2min27). Disponível em: https://www.youtube.com/watch?v=xnOz1bSWQI8&ab_channel=Outro Olhar. Acesso em 04 abr. 2023.

37.
ANALISIS INTERDISCIPLINARIO DE LAS EMPRESAS FAMILIARES

Julio César Rivera

1. Introducción

1.1. Definición

No hay unanimidad sobre la definición del concepto de empresa familiar. No obstante, todas ellas tienen un nexo de unión: el convencimiento de que la empresa y la familia son dos instituciones sociales distintas con objetivos propios, de cuya confluencia emerge un nuevo sistema: la empresa familiar[1].

Uno de los más distinguidos juristas argentinos que ha trabajado esta materia es Daniel Roque Vítolo quien nos anoticia de que en el año 2009, el *European Group of Owner Managed and Family Enterprises* – conocido por sus siglas en francés GEEF –, una institución europea creada en 1997 por asociaciones de empresas familiares de varios países, propuso que una compañía puede ser calificada como "empresa familiar", cualquiera que sea su tamaño o forma jurídica, si: 1) La mayor parte del poder de decisión lo tiene la persona o personas físicas integrantes de una misma familia que han creado la empresa, o las personas físicas integrantes de una

[1] Barroso Martínez, Ascensión y Barriuso Iglesias, Cristina. *Las empresas familiares.* Disponible en https://www.unex.es/conoce-la-uex/centros/eia/archivos/iag/2014/2014_04%20Las%20empresas%20familiares.pdf.

misma familia que han aportado el capital para su formación o sus cónyuges, padres o descendientes o los herederos directos de sus descendientes. 2) Al menos un representante de la familia participa formalmente en el gobierno de la empresa. La empresa unipersonal estará comprendida en este artículo si los integrantes de la familia colaboran en sus actividades y la misma sirve de sustento principal de la familia. Las sociedades que cotizan en bolsa entran en la definición de empresa familiar si las personas que las han creado o que han aportado el capital para su formación referidas en el punto 1, o sus padres, cónyuges o descendientes, tienen el 25% del poder de decisión sobre la base del capital[2].

Por su parte Graciela Medina y Gladys Marsala[3] aluden a una fuente argentina, esto es, un anteproyecto de reformas al Código Civil y Comercial en vigencia desde el 1 de agosto de 2015, elaborado por una comisión creada por el Ministerio de Justicia[4]. Uno de los temas abordados por esa comisión en el texto propuesto al Poder Ejecutivo fue el de la empresa familiar, materia sobre la cual el Código Civil y Comercial (CCyC) contiene una sola norma destinada a regular un aspecto muy parcial[5]. El texto proyectado sigue los lineamientos europeos que venimos de consignar, pero se introducen algunos elementos para adaptarlo a la realidad argentina. El texto propuesto es el que sigue:

[2] Vítolo, Daniel Roque, *Conflictos contemporáneos en la empresa familiar*, RDF 100, 99, Cita: TR La Ley Ar/Doc/1595/2021.

[3] Medina, Graciela y Marsala, Gladys, *Empresa familiar: necesidad de su regulación*, RDF 88, 189, Cita: TR La Ley Ar/Doc/1112/2019.

[4] Integraban esa comisión los Dres. Ramón Daniel Pizarro, Diego Botana y el autor de este trabajo.

[5] CCyC, art. 1010: Herencia futura. La herencia futura no puede ser objeto de los contratos ni tampoco pueden serlo los derechos hereditarios eventuales sobre objetos particulares, excepto lo dispuesto en el párrafo siguiente u otra disposición legal expresa. Los pactos relativos a una explotación productiva o a participaciones societarias de cualquier tipo, con miras a la conservación de la unidad de la gestión empresaria o a la prevención o solución de conflictos, pueden incluir disposiciones referidas a futuros derechos hereditarios y establecer compensaciones en favor de otros legitimarios. Estos pactos son válidos, sean o no parte el futuro causante y su cónyuge, si no afectan la legítima hereditaria, los derechos del cónyuge, ni los derechos de terceros.

Empresa familiar. Concepto. Una empresa es familiar cualquiera que sea su tamaño o forma jurídica, si:

1) La mayor parte del poder de decisión lo tiene la persona o personas físicas integrantes de una misma familia que han creado la empresa, o las personas físicas integrantes de una misma familia que han aportado el capital para su formación o sus cónyuges, padres o descendientes o los herederos directos de sus descendientes.

2) Al menos un representante de la familia participa formalmente en el gobierno de la empresa. La empresa unipersonal estará comprendida en este artículo si los integrantes de la familia colaboran en sus actividades y la misma sirve de sustento principal de la familia. Las sociedades que cotizan en bolsa entran en la definición de empresa familiar si las personas que las han creado o que han aportado el capital para su formación referidas en el punto 1, o sus padres, cónyuges o descendientes, tienen el 25% del poder de decisión sobre la base del capital.

1.2. Importancia

Favier Dubois y Spagnolo[6] afirman que en Argentina hay 1.000.000 de empresas familiares, que representan el 80% del tejido empresarial, el 60% del producto bruto y el 70% de los puestos de trabajo.

Daniel Roque Vítolo agrega los siguientes datos: en Argentina, como en otros países latinoamericanos, las empresas cerradas y familiares constituyen más del noventa por ciento (90%) de las sociedades anónimas constituidas, aportan una parte sustancial del PBI, que llega a más del cincuenta por ciento (50%), y emplean – en conjunto – la mayor cantidad de trabajadores hasta absorber casi el setenta por ciento (70%) del empleo útil, conformando – también – cerca del noventa por ciento (90%) de las empresas vigentes y sociedades comerciales[7].

[6] Favier Dubois, Eduardo y Spagnolo, Lucía, *Sociedades por acciones simplificadas y la empresa familiar. Dos astros alineados*, Ed. Ad-Hoc, Buenos Aires, p. 34.

[7] Vítolo, Daniel Roque, La regulación de las empresas familiares conformadas como sociedades cerradas y de familia: el desafío legislativo, en Favier Dubois (h), Eduardo M. (dir.), *La empresa familiar*, Ed. Ad-Hoc, Buenos Aires, 2010; *Ídem.*, El protocolo familiar y la empresa agropecuaria, en Favier Dubois (h), Eduardo M. (dir.), *El protocolo de la empresa familiar*, Ed. Ad-Hoc, Buenos Aires, 2011.

Por cierto, la "empresa familiar" es – sin duda alguna, además – la forma de propiedad más extendida en el tejido empresarial internacional. Sobre el punto informa Vítolo que en Italia llegan al noventa y nueve por ciento (99%); en EEUU al noventa y seis por ciento (96%); en Suiza al setenta y seis por ciento (76%); en Inglaterra al setenta y seis por ciento (76%); en España al setenta y uno porciento (71%)[8] y en Colombia al sesenta y ocho por ciento (68%)[9]. En una propuesta de resolución del Parlamento europeo se toma nota de un informe de una consultora internacional del cual emana que ellas representan el 85 % de las empresas europeas y generan el 60 % de los puestos de trabajo en el sector privado[10].

Aunque tales cifras no son necesariamente exactas, pues como veremos hay quienes afirman que en España la participación de la empresa

[8] Barroso Martínez y Barriuso Iglesias, *Ob. Cit.*, afirman que en España representan el 85% del total de las empresas, generando el 70% del PIB y de la ocupación laboral. En total, las 2.9 millones de empresas familiares ocupan a 13.9 millones de personas. Y en particular en Extremadura, a partir de un estudio realizado por la Cátedra de Empresa Familiar de la Universidad de Extremadura, podemos decir que el 80% de las empresas extremeñas son familiares.

[9] Vítolo, *Ob. Cit.*, nota 9. Y a continuación el mismo autor informa que algunos autores han advertido desde hace décadas que en torno al 90% de las empresas de los Estados Unidos son de propiedad familiar (Davis, 1983; Ward, 1987; Dyer, 1986; Kaslow y Kaslow, 1993; Ibrahim y Ellis, 1994), otros en cambio señalan que la proporción de empresas familiares se eleva a dos tercios del total (Montgomery y Sinclair, 2000). Además, si bien una proporción importante de ellas son pequeñas empresas, ciento setenta y cinco de las pertenecientes a la clasificación "Fortune 500" son de corte familiar; en términos generales, las empresas familiares suponen – desde hace muchos años– un cuarenta por ciento (40%) de las empresas más grandes de Estados Unidos (Davis, 1983).

[10] Y agrega que "...en el pasado, las empresas familiares han contribuido generalmente en buena medida al resurgimiento de la economía europea y han desempeñado un papel significativo en el crecimiento económico y el desarrollo social al reducir el desempleo, especialmente de los jóvenes, e invertir en capital humano; que la naturaleza multigeneracional de las empresas familiares confiere una mayor estabilidad a la economía; que las empresas familiares suelen desempeñar un papel esencial en el desarrollo regional en términos de empleo, transmisión de capacidades y ordenación territorial; que unas políticas específicamente dirigidas a las empresas familiares podrían fomentar el emprendimiento y animar a las familias europeas a poner en marcha sus propias empresas familiares": Propuesta de resolución del Parlamento Europeo sobre las empresas familiares en Europa (2014/2210(INI)). Disponible en: https://www.europarl.europa.eu/doceo/document/A-8-2015-0223_ES.html.

familiar es aún mayor, lo cierto es que representan una evidencia bastante significativa de la relevancia de la empresa familiar en todas las latitudes.

Desde otro punto de vista, se suele identificar el concepto de "empresa familiar" con una compañía de pequeño tamaño, pero lo cierto es que este tipo de estructura de propiedad también está ampliamente representada en el grupo de las grandes empresas. Dentro de la cabecera del tejido empresarial español, por ejemplo, compuesto por las más de dos mil (2.000) empresas que facturaban más de cincuenta millones (50.000.000) de euros en la década pasada, la mitad de ellas eran empresas familiares. También en los mercados bursátiles la presencia de empresas familiares es más que significativa. En Chile, por ejemplo, la mitad de las compañías que cotizan en la Bolsa de Comercio de Santiago son empresas familiares. En Francia, el cincuenta y siete por ciento (57%) de las empresas del índice bursátil SPR – *Société des Bourses Françaises* – han aparecido en las últimas dos décadas como empresas propiedad de una o varias familias o de uno o varios individuos.

Cinco de las más grandes empresas mundiales encontraron su origen en negocios realizados con base al agrupamiento familiar: Walmart, fundada por Sam Walton en la década del 60 en los Estados Unidos, y cuya familia hoy posee casi un 50% del paquete accionario; Inditex, que explota la marca Zara, fue fundada por Amancio Ortega en la década del 70 en España, y lo que en su momento fue un local de venta de batas hoy es una de las firmas textiles con más penetración a escala global; Comcast, proveedora de servicios de televisión por cable, en la cual hoy su CEO es el hijo de su fundador; FIAT, una de las mayores automotrices de Europa y del mundo entero, dominada desde sus inicios por la poderosa familia Agnelli, y, por último, la compañía de este tipo más grande, Novartis, fabricante de medicamentos, en la cual los descendientes de Edouard Sadoz hoy poseen un capital significativo en ella que le permite ser una parte relevante – y en rigor de verdad imprescindible – en el proceso de toma de decisiones[11].

[11] Muñiz, Javier, *La regulación de la empresa familiar en Latinoamérica*. Un examen en dos momentos, RDF 88, 229, Cita: TR La Ley Ar/Doc/1097/2019.

1.3. Fortalezas y debilidades de la empresa familiar

La mayor parte de los estudios jurídicos sobre la empresa familiar intentan identificar sus fortalezas y debilidades, lo cual es una tarea sumamente compleja porque tan familiar es el taller mecánico de un pueblo del interior de Argentina o Brasil como Zara o muchas otras empresas de gran magnitud. Las virtudes suelen identificarse como el mayor compromiso de quienes la integran, la transmisión de los valores y la cultura familiar al entorno laboral; la cercanía con el cliente o destinatario de los bienes y servicios que la empresa produce; cierta flexibilidad en su operatoria estructural y dinámica; y la visión de largo plazo. El proyecto de resolución del Parlamento europeo a que hemos hecho referencia invoca

> (...) que las empresas familiares se perciben como portadoras de un alto nivel de integridad y de valores que orientan su actividad empresarial, e introducen un grado elevado de responsabilidad social en relación con sus empleados y el medio ambiente, lo cual contribuye a crear un entorno propicio a la conciliación de la vida familiar y laboral; que las empresas familiares suelen garantizar la transmisión de conocimientos especializados y competencias, y desempeñan en algunos casos un importante papel de cohesión social.

Pero también existen debilidades muy evidentes, que se hacen palpables tanto en las pequeñas como en las grandes empresas familiares, y están generalmente relacionadas con la sucesión, la contaminación de la empresa con los conflictos emocionales de los familiares y la confusión del patrimonio de la empresa con el patrimonio familiar, todo lo cual suele generar dificultades para obtener financiación externa para el desarrollo de sus actividades. A ello se adiciona en muchos casos, pero especialmente en las pequeñas empresas familiares, la baja profesionalización de los dirigentes, la limitada evolución de los emprendimientos y por ello la pérdida de competitividad en el mercado lo que conduce a la insolvencia o lisa y llanamente a la desaparición de la empresa.

1.4. Conflictos en el seno de la empresa familiar

Las debilidades que hemos señalado se proyectan en conflictos que, como señala Vítolo, suelen manifestarse en forma simultánea en el ámbito de la empresa y de la familia. En otras palabras: si hay un conflicto familiar (divorcio, controversias entre herederos) ello se proyecta sobre la empresa; y si hay un conflicto en la empresa por la dirección, la gestión, la salud financiera, etc. ello se traslada al ámbito familiar.

Por lo demás, la sucesión en las empresas familiares es diferente a la de las no familiares debido a que en éstas últimas la dirección pasa de un profesional de la administración a otro y no hay relaciones de familiaridad entre los propietarios. De modo que las empresas familiares tienen que encarar el dilema de la supervivencia a largo plazo no sólo superando las dificultades propias de toda actividad empresarial, sino también superando los conflictos que surgen como consecuencia de la naturaleza familiar del negocio, puesto que, si la empresa fracasa, la familia sufrirá.

1.5. Medios para prevenir los conflictos y superarlos

La doctrina ha propiciado múltiples medios y estrategias para prevenir o resolver los conflictos que surgen en la empresa familiar. Algunas son medidas concretas como recurrir al apoyo de terceros ajenos a la familia que sean expertos en los temas que han abierto el conflicto o delegar la administración en profesionales.

Otras consisten en la implementación de acuerdos que son conocidos como protocolos familiares en los que se establecen reglas de funcionamiento claras sobre roles y responsabilidades; y establecer un plan sucesorio y hacerlo con suficiente antelación para superar un desafío tan importante del que dependerá –probablemente – el futuro de la empresa[12]. La doctrina argentina ha dedicado numerosos trabajos a estas herramientas y el Anteproyecto de reformas al CCyC previó el mejoramiento del art. 1010[13].

1.6. Otros conflictos

Pero la empresa familiar da lugar a otros temas que merecen un tratamiento particular. En concreto nos referimos a las relaciones de empleo con los miembros de la familia, las relaciones con los acreedores que pueden desembocar en la insolvencia y finalmente si los conflictos internos de la empresa familiar pueden ser resueltos por la vía de medios alternativos como el arbitraje.

[12] Vítolo, *Ob. Cit.*

[13] Sobre los textos proyectados v. Medina, Marsala, Ob. Cit.

2. Desarrollos de temas particulares

2.1. Relaciones laborales[14]

El art. 27 de la Ley del Contrato de Trabajo dispone:

> Las personas que integrando una sociedad presten a esta toda su actividad o parte principal de la misma en forma personal y habitual, con sujeción a las instrucciones o directivas que se le impartan o pudieran impartírseles para el cumplimiento de tal actividad, serán consideradas como trabajadores dependientes de la sociedad a los efectos de la aplicación de esta ley y de los regímenes legales o convencionales que regulan y protegen la prestación de trabajo en relación de dependencia. Exceptúanse las sociedades de familia entre padres e hijos.

La ley entiende que cuando una persona presta servicios en el seno de su propia familia, en razón de la convivencia que mantienen, aprovechando toda la comunidad familiar los beneficios del trabajo, no debe ser calificada como trabajador, desde que no se presenta la ajenidad típica de un contrato de trabajo, pues las utilidades de los servicios no son para un tercero, sino para el propio grupo que ella integra.

Recién en el año 2008, con la sanción de ley 26.390, que incorpora el art. 189 bis a la Ley del Contrato de Trabajo, aparece mencionada expresamente la empresa familiar con relación al trabajo de personas menores de 16 años, a los que los exceptúa de la prohibición general de trabajar cuando se desempeñan en una empresa familiar y cumplen determinadas condiciones.

El tema actual radica en determinar si los familiares que trabajan para la empresa familiar son o no dependientes o empleados de la empresa o si son colaboradores no dependientes. Ello por dos razones: una porque la idea de dependencia se ha flexibilizado (cuan dependiente es el trabajador que lo hace desde su casa, que fija su horario, etc) y otra porque los trabajadores familiares es posible que reciban no un salario sino un beneficio resultante del aporte a un fondo común (o social).

[14] Para exponer este tema seguimos en lo sustancial el trabajo de Castillejo de Arias, Olga, *Empresa familiar y relaciones laborales*, RDF 88, 107, Cita: TR La Ley Ar/Doc/1081/2019.

2.1.1. Relación de empleo entre cónyuges

La posibilidad de que los cónyuges estén ligados por un contrato de trabajo se presenta con cierta frecuencia en el derecho argentino, en particular cuando se pretenden derechos de corte previsional.

En el año 2002 la Corte Suprema de la Nación Argentina (CSN) admitió la posibilidad de que pudiera existir un contrato de trabajo entre cónyuges sub argumento de que no existiendo prohibición de contratar entre ellos no hay razón para excluir que pudiera existir un contrato de trabajo[15]. El razonamiento de la CSN se sostenía en que efectivamente en el Código Civil de 1869, entonces vigente (con infinitas reformas), la prohibición de contratar estaba prevista con relación a la compraventa y se extendía en general a los contratos de cambio[16].

Pero la Cámara de Apelaciones en materia de Previsión Social sostiene enfáticamente lo contrario, y sus decisiones encuentran hoy un sólido fundamento positivo, pues el CCyC – en una de sus disposiciones más descabelladas y por eso más criticadas – impone tal prohibición genérica de contratar (CCyC art. 1002, inc. d) la que solo se exceptúa para los cónyuges que no vivan en régimen de comunidad[17].

2.1.2. Relación laboral entre personas que viven en unión convivencial

En el CCyC se regula la denominada unión convivencial, la que se define en el art. 509 diciendo que es la unión basada en relaciones afectivas de carácter singular, pública, notoria, estable y permanente de dos personas que conviven y comparten un proyecto de vida común, sean del mismo

[15] CSN, 26/11/2002, Segurotti, Luciana c. ANSeS.

[16] Guaglianone, *Régimen patrimonial del matrimonio,* Abeledo Perrot, BSAS 1968.

[17] En otra obra decimos: "Es obvio que la limitación establecida por el nuevo CCyC es más extensa que la que preveía el Código de 1869; pues ella se extiende a todo contrato, lo cual es lisa y llanamente un disparate porque no hay razón para que el lector no pueda prestarle el auto a su cónyuge (comodato), o alquilarle un local para ejercer el comercio o una oficina para trabajar como abogado. O que no puedan otorgar un protocolo de empresa familiar siendo que toda la doctrina propicia que las empresas familiares tengan tal protocolo; de allí que algunos autores sostengan que el protocolo es un contrato asociativo y por lo tanto podrían ser parte de él los cónyuges casados bajo régimen de comunidad": Rivera, Medina (dir), Código Civil y Comercial Comentado, 2da ed., Bs.As., Thomson Reuters, en prensa, tomo III, comentario a los arts. 1001/1002.

o de diferente sexo. El art. 510 agrega que para su reconocimiento es preciso que los dos integrantes sean mayores de edad; no estén unidos por vínculos de parentesco en línea recta en todos los grados ni colateral hasta el segundo grado; no estén unidos por vínculos de parentesco por afinidad en línea recta; no tengan impedimento de ligamen ni esté registrada otra convivencia de manera simultánea; mantengan la convivencia durante un período no inferior a dos años.

Una parte importante de la doctrina entiende que la existencia de una unión convivencial desvirtúa la presunción del art. 23 de la Ley del Contrato de Trabajo[18], porque no se da la ajenidad entre las partes sino una relación de carácter personal e íntimo; la relación familiar descarta la existencia de un vínculo de naturaleza laboral; el aporte laborativo solo puede asimilarse al trabajo familiar y por ende ajeno al contrato de trabajo; o por ser la ayuda lógica y natural que se brindan recíprocamente entre la pareja[19].

2.1.3. Relación laboral entre padres e hijos

La ley 26.390 sobre Prohibición del Trabajo Infantil y Protección del Trabajo Adolescente (2010), elevó la edad mínima de admisión al empleo a 16 años. La misma ley estableció una excepción referida a la empresa de familia, en la que pueden desempeñarse los mayores de 14 y menores de 16 años cuando el titular sea su padre, madre o tutor, en determinadas condiciones: jornada de no más de 3 horas diarias y 15 semanales, siempre que no se trate de tareas penosas, peligrosas o insalubres y cumplan con la asistencia escolar. Con estas condiciones, la empresa familiar deberá solicitar un permiso ante la autoridad administrativa laboral.

Ahora bien; el CCyC (2015) dispone que los progenitores no pueden hacer contrato alguno con los menores que estén bajo su responsabilidad (art. 689).

La cuestión es si la entrada en vigencia del CCyC ha producido o no la derogación tácita de la ley 26390 en cuanto a la posible relación contrac-

[18] LCT, Art. 23: Presunción de la existencia del contrato de trabajo. El hecho de la prestación de servicios hace presumir la existencia de un contrato de trabajo, salvo que, por las circunstancias, las relaciones o causas que lo motiven se demostrase lo contrario.

[19] Castiñeira, *Ob. Cit.*

tual entre padres e hijos de 14 a 16 años. El tema de la derogación tácita es complejo. En principio la incompatibilidad debe ser absoluta pues, basándose tal derogación en una interpretación de la voluntad omisa del legislador, expresada en la nueva norma, basta que quede alguna posibilidad de conciliar ambos regímenes legales, para que el intérprete deba atenerse a su complementación; este criterio ha sido aplicado en múltiples oportunidades por la jurisprudencia nacional. Ahora bien; el tema más complejo se presenta cuando el conflicto se plantea entre una ley antigua especial y una ley nueva general: la ley nueva no deroga necesariamente la ley especial contraria más antigua, si no resulta incompatible la existencia de una excepción a la nueva ley general. Todo depende de la intención del legislador, quien puede también haber pretendido la derogación de la ley antigua en su dominio particular[20].

Cabe finalmente puntualizar que el art. 671 del mismo Código habilita al padre a exigir a sus hijos menores que colaboren con él (y con la familia) en tareas propias de su edad y desarrollo en todas las circunstancias de la vida en que esa ayuda sea necesaria. Se considera que esta es una colaboración no remunerada porque no constituye una relación contractual de trabajo.

2.1.4. Relación laboral con hermanos y otros parientes

En la jurisprudencia prima el criterio de verificar la realidad de la relación; de modo que no hay contrato de trabajo si se acredita la falta de ajenidad, la convivencia, la contribución a la formación de un patrimonio en común, o que la tarea hace al sostén familiar. Apunta con razón Castiñeira que cuando esas relaciones caen fuera del contrato de trabajo, quedan fuera de toda la protección que la ley brinda a quienes trabajan y, por lo tanto, también quedan fuera del sistema de la seguridad social (obras sociales, riesgos del trabajo, prestaciones por desempleo, jubilación), y por ello resulta urgente la regulación legislativa de estas situaciones que deberán entenderse, en muchos casos, como una figura propia donde, sin ser específicamente dependientes, gozan de algunos beneficios que en

[20] Rivera, Julio César, *Instituciones de Derecho Civil* – Parte General, 7ª. Edición Abeledo Perrot, Bs.As., 2021, t. II, cap. VIII, núm. 38.

parte son del derecho del trabajo (por ejemplo, remuneraciones, vacaciones, etc.) y en parte son de la seguridad social.

2.2. Insolvencia. El problema de los pequeños concursos y quiebras

La problemática de la insolvencia de la empresa familiar no es diferente de la genérica problemática de los pequeños concursos. En otras palabras, la insolvencia de grandes empresas – familiares o no – encaja en las regulaciones generales de concursos y quiebras. Mientras que la insolvencia de las pequeñas empresas – familiares o no – requiere de procedimientos simplificados y que den una rápida solución al empresario y a sus acreedores.

En Argentina la Ley de Concursos y Quiebras (LCyQ) contiene una regulación de pequeños concursos que se ha manifestado absolutamente ineficiente; y por ello la doctrina se muestra siempre interesada en el tema. Ello se evidenció en el Congreso de Derecho Concursal que tuviera lugar en 2022 en la ciudad de Bahía Blanca, donde se presentaron múltiples ponencias sobre el tema.

Por nuestra parte hemos señalado en más de un trabajo que la revisión de los procedimientos concursales ocupa de manera permanente a abogados, legisladores, profesores, empresarios, bancos y muchas veces a los ciudadanos de a pie, lo que se justifica en que – como hemos dicho más de una vez – esta es la rama del derecho de la insatisfacción permanente ya que por definición el derecho concursal asume una realidad patológica como es la insolvencia, por lo que siempre estamos tirando de una manta corta. Pero ello no debería conducir a una suerte de nihilismo o conformismo con esta insatisfacción, y por ello permanentemente se buscan nuevas herramientas que ayuden a paliar, aunque sea parcialmente, los defectos que se manifiestan en los procedimientos de que se dispone. Y a ello se ha abocado la doctrina de los autores[21] así como jornadas científi-

[21] Solo a título de ejemplo: Graziabile, Darío J., Hacia dónde se dirige (o debiera dirigirse) el derecho concursal local, RDCO 292, 101, TR La Ley Ar/Doc/3462/2018; Raspall, Miguel A. ***El derecho concursal argentino en su estado actual***, RDCO 292, 3, TR La Ley Ar/Doc/3489/2018; Botteri (h.), José D. – Dasso (h), Ariel G., ***El derecho concursal argentino y la pandemia de covid-19:*** propuestas de mejora, La Ley 2020-B , 999, Cita: TR La Ley Ar/Doc/1234/2020; Gerbaudo, Germán, ***Pensar el derecho concursal frente a la pandemia por***

cas en Argentina. Es sobre la base de esos aportes, así como del contenido de la Directiva de la Unión Europea 2019/1023[22] y de un informe muy reciente del *World Bank*[23] que presentamos algunas propuestas para la simplificación de nuestros procedimientos concursales.

Creo que no me equivoco si afirmo que hoy existe una coincidencia virtualmente unánime en la necesidad de generar procedimientos concursales alternativos adecuados a las circunstancias de distintos sujetos. Es que hace décadas ha sido denunciado que no tiene razón de ser que el procedimiento concursal sea básicamente el mismo para una macroempresa que para un pequeño comerciante o para un consumidor sobreendeudado[24].

Ahora bien; este es un tema que a su vez genera múltiples cuestiones pues como señalara con su agudeza habitual el profesor Héctor Alegría, las personas físicas pueden encajar en situaciones muy diversas, pues hay personas con ingresos regulares (salario, jubilación)[25], así como artesanos, productores primarios (agricultores, ganaderos); y pequeños comerciantes.

A los que puede agregarse el caso del accionista o director de sociedades que por las características del funcionamiento del mercado de crédito en Argentina se obliga como codeudor de las obligaciones asumidas por la sociedad de la que forma parte.

Y también puede haber quienes no encajan en ninguna de estas categorías pero son consumidores de crédito: amas de casa, hijos de familia

Covid-19, JA 2020-II, Cita TR La Ley Ar/Doc/1731/2020; Vítolo, Daniel, ***La reforma de la ley de quiebras en la pospandemia y la necesidad de sancionar un código de bancarrotas***, a veinticinco años de vigencia de La Ley 24522, Doctrina Societaria.

[22] Tuvimos conocimiento de esta Directiva por una presentación del colega Marcelo Gebhardt ante la Asociación Argentina de Derecho Comparado en este mismo año 2021.

[23] Principles for Effective Insolvency and Creditor/Debt or Regime. Cabe apuntar que de la elaboración de este informe participó el distinguido colega Adolfo Rouillon.

[24] Nosotros mismos dedicamos algún trabajo a la insolvencia de las personas físicas, en particular de los consumidores, en el que hicimos un repaso de las soluciones expuestas en el derecho comparado: v. Rivera, Julio César, Insolvencia de las personas físicas (en particular de los consumidores), LL AR/Doc/7286/2010, LL Uruguay 2013/1/58.

[25] Criterio que es tenido en cuenta por ejemplo en el derecho de los Estados Unidos entre los que destacan los empleados públicos.

que tienen acceso a tarjetas de crédito, dependientes pero que no pueden acreditar una relación regular ("en blanco") porque trabajan justamente "en negro" y no están bancarizados pero entonces recurren a crédito directo de casas de artículos del hogar o de financistas marginales (más de uno de ustedes habrá alguna vez recibido volantes que publicitan "dinero en el acto" o semejantes).

Mucho más acá en el tiempo, otro jurista experto en el área concursal, Daniel Truffat publicó un trabajo sobre concurso, sobreendeudamiento y pandemia donde refresca aquellas "categorizaciones" que hiciera Alegría a la luz de las realidades vigentes en este tiempo, aludiendo – a título de ejemplo – a los códigos de descuento de los policías y docentes de ciertas provincias, las prácticas del comercio informal sin *ticket* ni factura y la existencia de un crédito al que califica de "canalla"[26].

Para enfrentar esta realidad partimos de una idea hoy indiscutible: el pequeño concurso de la ley vigente es un procedimiento absolutamente inapropiado para la solución de la insolvencia de las personas físicas, y aun para las micro y pequeñas empresas – lo que comprende a un porcentaje significativo de las empresas familiares – pues sus peculiaridades no lo distinguen del procedimiento concursal común.

Por lo que es preciso gestar procedimientos simplificados para estos sujetos. Y aquí se abren varias posibilidades: una, que consiste en generar un procedimiento único para personas físicas que desarrollan algún tipo de actividad económica, y pequeñas empresas en la que queden comprendidas las deudas de consumo; otra, que implica crear un procedimiento de saneamiento de deudas causadas en relaciones de consumo y un procedimiento de concurso simplificado para las pequeñas y medianas empresas.

La mayor parte de la doctrina argentina coincide en que la vía más apropiada es la gestación de dos procedimientos distintos: uno para deudas de consumo y otro para las micro y pequeñas empresas y personas humanas que desarrollan algún tipo de actividad económica. Así, un colectivo integrado por profesores, abogados y contadores que trabajan en el área del derecho concursal, denominado El Arca y cuyos trabajos

[26] Truffat, Daniel, Concurso, sobreendeudamiento y pandemia, Doctrina Societaria y Concursal, noviembre 2021.

han sido difundidos por autores de reconocido prestigio en el área[27]. En concreto en ese trabajo colectivo se postula la creación de un procedimiento al que se denomina "saneamiento por deudas de consumo" y un "concurso preventivo simplificado".

Al primero podrían acceder personas humanas cuyos ingresos no superen las sesenta canastas básicas familiares, que, exceptuando su vivienda, no sean titulares de bienes registrables que superen el tope establecido como mínimo imponible del impuesto a los bienes personales; que el pasivo no supere el monto de las sesenta canastas básicas familiares. Y el objetivo del procedimiento es negociar deudas causadas en relaciones de consumo.

Las definiciones del objeto y las condiciones del sujeto beneficiario del procedimiento son un poco estrambóticas en tanto relacionadas con parámetros que varían de tiempo en tiempo y que pueden resultar razonables para la ciudad de Buenos Aires, pero devenir disparatadas para una pequeña ciudad de provincia, o a la inversa. El derecho comparado muestra que las leyes suelen definir de manera mucho más precisa al sujeto que pueda acceder a este tipo de procedimientos especiales.

Por su parte Daniel Vítolo ha propuesto en el Congreso de Derecho Concursal de Bahía Blanca:

> (...) un nuevo estatuto concursal sancionando un Código de Bancarrotas, en el cual se regulen tres procesos básicos: I) Un primer sistema, o proceso, conformado por un conjunto de normas dinámicas y ágiles, aplicables a las pequeñas y medianas empresas –personas jurídicas privadas– y a las personas humanas que desarrollen una actividad económica en forma organizada bajo una estructura de empresa, o sean titulares de un establecimiento comercial, industrial agropecuario o de servicios. II) Un segundo sistema o proceso conformado por un conjunto de normas más complejas aplicables a las grandes empresas comerciales, industriales y de servicios, en especial aquellas que recurren a la oferta pública o están sujetas a control o fiscalización estatal permanente. III) Un tercer sistema o proceso destinado a las personas humanas que no desarrollan actividad económica organizada bajo

[27] v. Truffat, Daniel y Mallo, Rafael, Un proyecto de reforma de emergencia a la ley de concursos y quiebras, DSyC (Errepar) Setiembre 2020.

la estructura de una empresa, y que no resultan titulares de un establecimiento comercial, industrial, agropecuario o de servicios –la llamada "insolvencia del hombre común" o "insolvencia del consumidor[28].

Ahora bien; sea una u otra vía, estamos siempre dentro del ámbito de procedimientos concursales más o menos reglados. Una propuesta más audaz es la de Truffat expuesta en un trabajo ya citado[29] donde apunta a un procedimiento fundamentalmente verbal y con audiencias, con dos vistas de causa y un juez que en ellas solucione el tópico.

El informe del World Bank propone como "*Simplified Insolvency Proceedings*" un procedimiento establecido por la ley para la reorganización y liquidación de micro y pequeñas empresas, que debería estar sostenido en las pautas siguientes:

(i) el procedimiento simplificado debe estar disponible para personas físicas y jurídicas que califiquen como micro y pequeñas empresas, de acuerdo a criterios simples y bien definidos.
(ii) todas las deudas personales y causadas en los negocios deberían estar incluidas en este procedimiento; es decir que no son solo deudas causadas en el giro de los negocios de las pequeñas y micro empresas, sino también en el consumo o el abuso del crédito; en otras palabras, cuando el sujeto persona física califica como para ingresar al procedimiento, este debería abarcar todas las deudas, personales y gestadas en la administración de su negocio.
(iii) los presupuestos para la apertura del procedimiento deberían ser la insolvencia o el estado temprano de dificultades financieras.

Cabe subrayar que la Directiva UE se pronuncia también por extender los procedimientos de exoneración de deudas a las causadas en el consumo y en los negocios; sobre el punto expone:

[28] Las ponencias presentadas al Congreso de Derecho Concursal. Disponibles en: https://congresoconcursalbahiablanca2021.com/.
[29] Truffat, Daniel, *Ob. Cit.*

El sobreendeudamiento de los consumidores constituye un asunto de gran importancia económica y social y está estrechamente relacionado con la reducción del exceso de deudas. Además, a menudo no es posible establecer una distinción clara entre las deudas del empresario derivadas de su actividad comercial, industrial, artesanal o profesional de aquellas en que haya incurrido fuera del marco de esas actividades. Los empresarios no disfrutarían efectivamente de una segunda oportunidad si tuviesen que pasar por procedimientos distintos, con diferentes condiciones de acceso y plazos de exoneración, para obtener la exoneración de sus deudas empresariales y de sus otras deudas fuera del marco de su actividad empresarial. Por tales razones, aunque la Directiva no incluye normas vinculantes en materia de sobreendeudamiento de los consumidores, conviene recomendar a los Estados miembros que apliquen también a los consumidores, en el plazo más breve posible, las disposiciones de la presente Directiva en materia de exoneración de deudas (núm. 21)[30].

Volviendo al informe WB 2021, señalamos que bajo el acápite "Formalidades procesales y plazos" este sugiere que la ley debe especificar la información y los procedimientos mínimos mediante los cuales se simplifica la insolvencia; así como que los procedimientos deben iniciarse y cerrarse, manteniéndolos sencillos, rápidos y económico; y deberían requerir menos formalidades procesales y estas ser menos complejas. En particular, los plazos deberían ser más breves que los de los procedimientos ordinarios de insolvencia, y habría de evitarse o al menos simplificarse reglas complejas y costosas sobre notificaciones, publicaciones, comités de acreedores y asambleas, presentación y resolución de reclamaciones, liquidación de activos del deudor y distribución de los ingresos a los acreedores.

Entre los ejemplos concretos que da el informe del WB está que los planes de reorganización puedan ser votados por medios electrónicos y bajo requerimientos sencillos; y algo que para nosotros es curioso como

[30] En el número 1 de los considerandos se lee que la Directiva propone "que los empresarios de buena fe insolventes o sobreendeudados puedan disfrutar de la plena exoneración de sus deudas después de un período de tiempo razonable, lo que les proporcionaría una segunda oportunidad".

que el silencio o la falta de negativa del acreedor debidamente notificado sería considerado como aceptación del plan y por ende computado como voto afirmativo.

Y concluye señalando que el procedimiento de insolvencia simplificado debería ser consolidado o coordinado con los procedimientos que traten de las garantías personales dadas en seguridad de las obligaciones del micro y pequeño deudor.

Desde nuestro punto de vista sería conveniente que hubiera un procedimiento que evitara la siempre difícil cuestión de distinguir entre deudas personales o de consumo de las gestadas en el desarrollo de una empresa individual. De todos modos, lo indudable es que es necesario que el legislador ponga manos a la obra y proyecte y sancione un régimen legal que asuma estos casos de insolvencia de pequeñas y microempresas, de personas físicas, consumidores o no, ponderando los proyectos que se han presentado, los trabajos de doctrina y aun la audaz propuesta de nuestro colega Truffat.

2.3. Solución de controversias causadas en la empresa familiar: el arbitraje

Es un hecho notorio el avance que tienen los métodos alternativos de resolución de conflictos. La mediación, la conciliación, el arbitraje y otros aparecen como alternativas válidas frente a la solución judicial de las controversias. Ello queda reflejado en la legislación: la Convención de Nueva York sobre reconocimiento de sentencias arbitrales extranjeras es la Convención de Naciones Unidas con mayor número de ratificaciones: 172 según la página web de la UNCITRAL[31]; y muchos países dictan leyes de arbitraje tomando en cuenta la Ley Modelo UNCITRAL[32]. En Argentina el arbitraje doméstico ha sido regulado como contrato en el CCyC[33]

[31] Situación actual: Convención sobre el Reconocimiento y la Ejecución de las Sentencias Arbitrales Extranjeras (Nueva York, 1958). Naciones Unidas. Disponible en: https://uncitral.un.org/es/texts/arbitration/conventions/foreign_arbitral_awards/status2.

[32] Ley Modelo de la CNUDMI sobre Arbitraje Comercial Internacional, 1985, con enmiendas adoptadas en 2006. Naciones Unidas. Disponible en: https://uncitral.un.org/es/texts/arbitration/modellaw/commercial_arbitration.

[33] Sobre el arbitraje como contrato v. Rivera, Julio César, *Enfoque procesalista y contractualista del arbitraje comercial*, Spain Arbitration Review, núm. 38 (2020), pág. 31 y ss.

y el arbitraje comercial internacional está regulado en la ley 27449 sancionada en 2018; en Uruguay también se sancionó una ley de arbitraje comercial internacional. España ha tenido varias leyes sobre la materia y en Brasil el desarrollo de este método de solución de conflictos tiene un desarrollo exponencial según afirma la doctrina de ese país.

Pero esta aceptación del arbitraje para la solución de conflictos domésticos e internacionales encuentra limitaciones relacionadas con las materias que pueden someterse a la decisión de árbitros.

Así, algunos Estados excluyen el arbitraje en materia de familia. Por ejemplo, el CCyC argentino dispone: "ARTÍCULO 1651. – Controversias excluidas. Quedan excluidas del contrato de arbitraje las siguientes materias: a) las que se refieren al estado civil o la capacidad de las personas; b) las cuestiones de familia (...)".

El fundamento de esta prohibición radica en el orden público. E general las leyes nacionales prohíben el arbitraje cuando en la cuestión está comprometido el orden público; un ejemplo de ello es el Código Civil francés (art. 1060):

> No se puede comprometer sobre las cuestiones de estado y de capacidad de las personas, sobre las relativas al divorcio y la separación de cuerpos, o sobre las contestaciones que interesan a las colectividades y establecimientos públicos y más general, en todas las materias que interesan al orden público.

Debemos aclarar que venimos sosteniendo desde la misma sanción del CCyC argentino de 2015 que la sola circunstancia de que la materia controvertida esté regida por leyes de orden público no es de por sí razón suficiente para excluir el arbitraje. Lo que realmente excluye la materia del poder de decisión de los árbitros es que los derechos y obligaciones que emanan de esas leyes sean no disponibles para las partes. Unos ejemplos son suficientes para esclarecer esta afirmación.

Si las partes controvierten sobre el ejercicio de la autoridad parental, la materia no es susceptible de arbitraje porque los derechos y obligaciones que emergen de la regulación de esa materia no son disponibles por los padres.

Pero si las partes tienen un conflicto sobre como se cumple una obligación privada en moneda extranjera, materia que puede estar regida por leyes de orden público como sucedió en Argentina cuando entró en vigencia la ley de emergencia en la crisis de 2002, las partes pueden someter la controversia a arbitraje pues los derechos y obligaciones causados en tal ley son disponibles por las partes; o sea que el obligado a pagar en cierta especie (dólares, euros) puede hacerlo en esa moneda aunque la ley le permita hacerlo en pesos a un determinado tipo de cambio.

Y en el ámbito del derecho de familia lo cierto es que la noción de orden público también evoluciona; afirma Kemelmajer de Carlucci que cuestiones familiares que antes eran de orden público ya no lo son. En el derecho argentino, al igual que en el derecho francés, puede decirse que

> en el actual contexto de igualdad y solidaridad, es necesario encontrar instrumentos suficientemente dúctiles para encontrar soluciones que, por ser consensuadas, sean más estables (o, al menos, se presume que lo serán). Para que esto ocurra, hay que favorecer la negociación permanente unida a una ética de la discusión. La multiplicación de los intereses a tener en consideración, la descentralización del centro de las decisiones, el pluralismo de las familias, la declinación de la familia jerárquica en beneficio de una familia en redes, el ascenso fulgurante de las libertades individuales, entre otras razones, contribuyen a promover el uso del convenio como instrumento de regulación[34].

Por lo demás en muchos conflictos originados en la familia solo están en juego intereses patrimoniales. Es interesante señalar que la transacción – contrato por el cual se extinguen obligaciones litigiosas o dudosas haciéndose las partes concesiones recíprocas – está prohibida si recae sobre derechos en los que esta comprometido el orden público o sobre derechos irrenunciables. Y tampoco pueden ser objeto de transacción los derechos sobre las relaciones de familia o el estado de las personas, "excepto que se trate de derechos patrimoniales derivados de aquéllos, o de otros derechos sobre los que, expresamente, [el] Código admite pactar" (CCyC, art. 1644). Esta excepción no ha sido prevista en el contrato

[34] Kemelmajer de Carlucci, Aída, *¿Es el arbitraje una vía eficiente para resolver los conflictos de la empresa familiar?*, RDF 88, 175, Cita: TR La Ley Ar/Doc/1104/2019.

de arbitraje, y por ello propiciaba su inclusión el Anteproyecto de reformas al CCyC.

En el derecho de los Estados Unidos se advierte alguna tendencia a promover el arbitraje en relaciones de familia, siempre con carácter voluntario. La *National Conference of Commissioners on Uniform State Laws*, aprobó en la conferencia anual de julio de 2016 una *Uniform Family Law Arbitration Act*, en vigencia actualmente en Distrito de Columbia, Arizona, Hawaii, Montana, North Dakota.

Cabe apuntar para concluir este punto que la elección del arbitraje como medio de resolución de conflictos familiares no implica renunciar a la aplicación de las leyes estatales que regulan la familia. Ello viene a cuento pues en algunos países –como Canadá – se ha pretendido hacer valer derechos religiosos en reemplazo de la ley estatal. Los tribunales canadienses han repudiado tal posibilidad.

El campo de las sociedades y empresas familiares es el que ha dado lugar a mayores opiniones positivas para el arbitraje.

Más aún, en la Argentina, como en España, el arbitraje familiar ha sido abordado, casi con exclusividad, como medio alternativo de resolución de los conflictos que la empresa familiar puede generar.

En este sentido, se afirma que "en tanto este tipo de empresas corre el riesgo de los casi inevitables conflictos intrafamiliares (entre padres e hijos, hermanos o primos, familiares consanguíneos y por afinidad)", conflictos que, para colmo, se heredan, resulta necesario contar con instrumentos para evitarlos (por ejemplo, la doctrina aconseja que la cláusula compromisoria se incluya en el protocolo familiar) y para solucionarlos, si no han podido ser evitados; que, desde esta perspectiva, "el arbitraje es una figura clave, una alternativa a la potestad de los tribunales de justicia válida y eficaz"[35].

Para los casos específicos de la empresa familiar, se señala que:

- Los interesados conocen mejor la compleja madeja de las relaciones empresa/familia y por eso pueden tener mejor control de las actuaciones.

[35] Kemelmajer de Carlucci, *Ob. Cit.*

- El arbitraje preserva a la empresa y a la familia.
- El medio asegura transparencia y fortalecimiento del crédito y el prestigio en general al no exponer a la empresa familiar a la opinión pública.

Conclusiones

La empresa familiar es de crucial importancia en la economía de prácticamente todos los países. Su regulación y abordaje de los conflictos que se plantean en ella es complejo por dos razones fundamentales:

(i) su relación con los conflictos en el seno de la familia;
(ii) porque las empresas familiares son de magnitud muy diversa ya que si bien la imagen que se suele tener es la del pequeño emprendimiento llevado adelante por personas con vínculos familiares muy estrechos, lo cierto es que hay empresas familiares que son verdaderos emporios en distintas áreas.

En este trabajo se han abordado tres cuestiones:

(i) las relaciones laborales entre familiares, que en particular en el derecho argentino sume al estudioso en la perplejidad;
(ii) la insolvencia, que suele identificarse con la quiebra o procedimiento preventivo de pequeñas empresas y que como tales requieren un procedimiento más expeditivo que el común;
(iii) el arbitraje, que se presenta sin duda como una alternativa sumamente interesante como medio de solución de los conflictos en el seno de las empresas familiares.

Referencias

Barroso Martínez, Ascensión y Barriuso Iglesias, Cristina. *Las empresas familiares.* Disponible en: https://www.unex.es/conoce-la-uex/centros/eia/archivos/iag/2014/2014_04%20Las%20empresas%20familiares.pdf.

Castillejo de Arias, Olga, *Empresa familiar y relaciones laborales*, RDF 88, 107, Cita: TR La Ley Ar/Doc/1081/2019.

Favier Dubois, Eduardo y Spagnolo, Lucía. *Sociedades por acciones simplificadas y la empresa familiar.* Dos astros alineados, Ed. Ad-Hoc, Buenos Aires.

Favier Dubois y Eduardo M. *La empresa familiar*, Ed. Ad-Hoc, Buenos Aires, 2010.

Gerbaudo, Germán, *Pensar el derecho concursal frente a la pandemia por Covid-19*, JA 2020-II, Cita TR La Ley Ar/Doc/1731/2020.

Guaglianone, *Régimen patrimonial del matrimonio*, Abeledo Perrot, Buenos Aires, 1968.

José D. – Dasso (h), Ariel G. *El derecho concursal argentino y la pandemia de covid-19: propuestas de mejora*, La Ley 2020-B, 999, Cita: TR La Ley Ar/Doc/1234/2020.

Kemelmajer de Carlucci, Aída, *¿Es el arbitraje una vía eficiente para resolver los conflictos de la empresa familiar?*, RDF 88, 175, Cita: TR La Ley Ar/Doc/1104/2019.

Las ponencias presentadas al Congreso de Derecho Concursal. Disponibles en: https://congresoconcursalbahiablanca2021.com/.

Ley Modelo de la CNUDMI sobre Arbitraje Comercial Internacional, 1985, con enmiendas adoptadas en 2006. Naciones Unidas. Disponible en: https://uncitral.un.org/es/texts/arbitration/modellaw/commercial_arbitration.

Medina, Graciela y Marsala, Gladys, *Empresa familiar: necesidad de su regulación*, RDF 88, 189, Cita: TR La Ley Ar/Doc/1112/2019.

Muñiz, Javier, *La regulación de la empresa familiar en Latinoamérica*. Un examen en dos momentos, RDF 88, 229, Cita: TR La Ley Ar/Doc/1097/2019.

Propuesta de resolución del Parlamento Europeo sobre las empresas familiares en Europa (2014/2210(INI)). Disponible en: https://www.europarl.europa.eu/doceo/document/A-8-2015-0223_ES.html.

Raspall, Miguel A. *El derecho concursal argentino en su estado actual*, RDCO 292, 3, TR La Ley Ar/Doc/3489/2018.

Rivera, Julio César. *Enfoque procesalista y contractualista del arbitraje comercial, Revista La Ley, Buenos Aires, Argentina*, 2021.

Rivera, Julio César. *Instituciones de Derecho Civil* – Parte General, 7ª. Edición Abeledo Perrot, Bs.As., 2021;

Rivera, Julio César y Medina, Graciela. *Código Civil y Comercial Comentado*, 2da ed., Bs.As., Thomson Reuters, 2023.

Situación actual: Convención sobre el Reconocimiento y la Ejecución de las Sentencias Arbitrales Extranjeras (Nueva York, 1958). Naciones Unidas. Disponible en: https://uncitral.un.org/es/texts/arbitration/conventions/foreign_arbitral_awards/status2.

Truffat, Daniel. *Concurso, sobreendeudamiento y pandemia*, Doctrina Societaria y Concursal, Anõ 7, Nº 11, 2021.

Truffat, Daniel y Mallo, Rafael, *Un proyecto de reforma de emergencia a la ley de concursos y quiebras*, DSyC (Errepar) Setiembre 2020.

Vítolo, Daniel Roque, *Conflictos contemporáneos en la empresa familiar*, RDF 100, 99, Cita: Tr La Ley Ar/Doc/1595/2021.

Vítolo, Daniel Roque, El protocolo familiar y la empresa agropecuaria, en Favier Dubois (h), Eduardo M. (dir.), *El protocolo de la empresa familiar*, Ed. Ad-Hoc, Buenos Aires, 2011.

Vítolo, Daniel Roque, *La reforma de la ley de quiebras en la pospandemia y la necesidad de sancionar un código de bancarrotas*, a veinticinco años de vigencia de La Ley 24522, Doctrina Societaria.

Vítolo, Daniel Roque, La regulación de las empresas familiares conformadas como sociedades cerradas y de familia: el desafío legislativo, en Favier Dubois (h), Eduardo M. (dir.), *La empresa familiar*, Ed. Ad-Hoc, Buenos Aires, 2010.

SUCESSÕES
SUCESIONES

AUTONOMIA DA VONTADE NA SUCESSÃO
AUTONOMÍA DE LA VOLUNTAD EN LA SUCESIÓN

38.
A QUEBRA DA AUTONOMIA DA VONTADE NA SUCESSÃO CONJUGAL: SEPARAÇÃO DE BENS E HERANÇA OBRIGATÓRIA

Álvaro Augusto dos Passos

1. Introdução

O Código Civil de 2022 trouxe sensível inovação quanto à vocação hereditária, colocando o cônjuge (posição na qual se encontra também o companheiro(a) por força de decisão do Egrégio Supremo Tribunal Federal) na posição de herdeiro necessário em concorrência com os descendentes e ascendentes, quanto aos bens particulares. Tal situação tem despertado particular preocupação, sobretudo quando envolvidos sucessivos núcleos familiares, acarretando confusão patrimonial na medida que, a despeito do autor(a) da herança ter escolhido o regime da separação de bens, terá seus bens direcionados para o núcleo familiar do cônjuge ou companheiro(a) sobrevivente.

Não se trata aqui da apresentação de solução para tal questão, mas de uma reflexão acerca do cerceamento da autonomia da vontade na sucessão e suas consequências.

2. Sucessão conjugal. Inovação no código civil de 2002

Na vigência do Código Civil Brasileiro de 1916, o cônjuge somente era chamado a herdar na ausência de herdeiros das classes anteriores (descendente e ascendente) e não figura na condição de herdeiro necessário, podendo ser, portanto, excluído da sucessão por testamento, destacando que, até o advento da Lei 6.515/77 (Lei do Divórcio), quando passou a ser da comunhão parcial, o regime legal era o da comunhão universal, o que assegurava ao cônjuge sobrevivente sua meação.

Com a edição do Código de 2002, o direito sucessório brasileiro sofreu sensível alteração com a inclusão do cônjuge sobrevivente (e agora igualmente o companheiro ou companheira[1]) na condição de herdeiro em concorrência com os descendentes e, na falta destes, com os ascendentes, quando aos bens particulares, qualquer que seja o regime, exceção feita na separação obrigatória de bens[2].

Na vigência do Código de 1916, notadamente até o advento da Lei do Divórcio (1977), o casamento era, na grande maioria dos casos, uma união para a vida, dado o preconceito para com as pessoas desquitadas numa sociedade ainda patriarcal e conservadora, com acentuada dependência econômica das mulheres em relação a seus maridos. Aberta a sucessão, os bens permaneciam no núcleo familiar originária, sendo chamados a suceder os filhos do falecido, ou seus pais na falta destes, cabendo ao cônjuge sobrevivente o recebimento da sua meação. Assim, o patrimônio familiar se mantinha dentro da própria família, seguindo a tradição secular e a razão de ser do direito sucessório.

Com a modificação introduzida em 2002 (o cônjuge ou companheiro(a) sobrevivente herdam os bens particulares em concorrência com outros de

[1] STF, RE 646.721/RS, Rel. Min. Marco Aurélio, Tribunal Pleno, j. em 10/05/2017: "(...) Não é legítimo desequiparar, para fins sucessórios, os cônjuges e os companheiros, isto é, a família formada pelo casamento e a formada por união estável. Tal hierarquização entre entidades familiares é incompatível com a Constituição de 1988. Assim sendo, o art. 1790 do Código Civil, ao revogar as Leis nº 8.971/1994 e nº 9.278/1996 e discriminar a companheira (ou o companheiro), dando-lhe direitos sucessórios bem inferiores aos conferidos à esposa (ou ao marido), entra em contraste com os princípios da igualdade, da dignidade humana, da proporcionalidade como vedação à proteção deficiente e da vedação do retrocesso (...)".

[2] Art. 1.829. A sucessão legítima defere-se na ordem seguinte: I – Aos descendentes, em concorrência com o cônjuge sobrevivente, salvo se casado este com o falecido no regime da comunhão universal, ou no da separação obrigatória de bens (art. 1.640, parágrafo único); ou se, no regime da comunhão parcial, o autor da herança não houver deixado bens particulares; II – Aos ascendentes, em concorrência com o cônjuge; III – Ao cônjuge sobrevivente; IV – Aos colaterais.

classe distinta), verificou-se sensível alteração, que tem despertado inúmeras controvérsias, disputas, conflitos, dúvidas antes mesmo de aberta a sucessão, levando muitas pessoas, em especial aquelas com patrimônio elevado, buscar formas de preservação do patrimônio no núcleo familiar original, o que nem sempre é juridicamente possível. Os efeitos danosos para as relações familiares vêm superando possíveis e pontuais benefícios trazidos pela inovação legislativa.

Nunca é demais lembrar que a estrutura familiar tem sofrido acentuada transformação provocada pela liberação dos costumes. No caso brasileiro, do casamento indissolúvel até a década de 70 do século passado, passamos em menos de 30 anos para o reconhecimento das uniões estáveis, hetero e homossexuais, configurada na convivência pública, contínua e duradoura e estabelecida com o objetivo de constituição de família[3]. A dissolução do casamento, e igualmente das uniões estáveis, tornaram-se corriqueiras. O que antes era exceção, hoje praticamente se tornou regra. Com isso, passou-se a se formar mais de um núcleo familiar sucessivos, sendo chamados a suceder descendentes frutos de várias uniões, todos em concurso com o último cônjuge ou companheiro(a) sobrevivente. É exatamente esta a situação que tem preocupado muitos e trazido profundas controvérsias a serem resolvidas no âmbito do Poder Judiciário.

3. Regime da separação de bens

No ordenamento jurídico brasileiro temos três regimes de separação de bens: a convencional, a obrigatória e a com comunhão dos aquestos[4].

[3] STF, ADPF 132/RJ, Rel. Min. Ayres Britto, Tribunal Pleno, j. em 05/05/2011: "(...) Interpretação do Art. 1.723 do Código Civil em conformidade com a Constituição Federal (Técnica da "Interpretação Conforme"). Reconhecimento da união homoafetiva como família. Procedência das ações. Ante a possibilidade de interpretação em sentido preconceituoso ou discriminatório do art. 1.723 do Código Civil, não resolúvel à luz dele próprio, faz-se necessária a utilização da técnica de "interpretação conforme à Constituição". Isso para excluir do dispositivo em causa qualquer significado que impeça o reconhecimento da união contínua, pública e duradoura entre pessoas do mesmo sexo como família. Reconhecimento que é de ser feito segundo as mesmas regras e com as mesmas consequências da união estável heteroafetiva".

[4] Art. 1.687. Estipulada a separação de bens, estes permanecerão sob a administração exclusiva de cada um dos cônjuges, que os poderá livremente alienar ou gravar de ônus real.

No divórcio, ou na extinção da união estável, tendo o casal optado pela separação total de bens, ou tendo ela sido imposta em razão de estarem presentes as hipóteses legais quanto à sua obrigatoriedade, os bens adquiridos na constância da união pertencerão àquele que os adquiriu, seja de forma onerosa ou gratuita. Portanto, estar-se-á diante da prevalência plena da autonomia da vontade vez que o que foi escolhido pelos cônjuges ou companheiros, no momento da formalização da união por meio de pacto antenupcial ou documento equivalente[5], respectivamente, prevalecerá no momento da separação.

Exceção à regra ficará na hipótese da separação obrigatória quando houver acréscimo patrimonial durante a união, quando se dará a partilha entre os cônjuges ou companheiros, desde que provado o esforço comum, na conformidade do entendimento firmado pelo Superior Tribunal de Justiça[6]. Tal regulação decorre da Súmula 377 do Supremo

Art. 1.641. É obrigatório o regime da separação de bens no casamento:
I – Das pessoas que o contraírem com inobservância das causas suspensivas da celebração do casamento;
II – Da pessoa maior de 70 (setenta) anos; (Redação dada pela Lei nº 12.344, de 2010)
III – De todos os que dependerem, para casar, de suprimento judicial.
Art. 1.672. No regime de participação final nos aquestos, cada cônjuge possui patrimônio próprio, consoante disposto no artigo seguinte, e lhe cabe, à época da dissolução da sociedade conjugal, direito à metade dos bens adquiridos pelo casal, a título oneroso, na constância do casamento.

[5] Art. 1.725. Na união estável, salvo contrato escrito entre os companheiros, aplica-se às relações patrimoniais, no que couber, o regime da comunhão parcial de bens.

[6] "Direito de família. União estável. Companheiro sexagenário. Separação obrigatória de bens. Art. 258, § único, inciso II, do Código Civil de 1916. 1. Por força do art. 258, § único, inciso II, do Código Civil de 1916 (equivalente, em parte, ao art. 1.641, inciso II, do Código Civil de 2002), ao casamento de sexagenário, se homem, ou cinquentenária, se mulher, é imposto o regime de separação obrigatória de bens. Por esse motivo, às uniões estáveis é aplicável a mesma regra, impondo-se seja observado o regime de separação obrigatória, sendo o homem maior de sessenta anos ou mulher maior de cinquenta. 2. Nesse passo, apenas os bens adquiridos na constância da união estável, e desde que comprovado o esforço comum, devem ser amealhados pela companheira, nos termos da Súmula nº 377 do STF. Recurso Especial provido (STJ, REsp 646.259/RS, 4ª T., Rel. Min. Luis Felipe Salomão, j. em 22/06/10)." "Por força do art. 258, parágrafo único, inciso II, do Código Civil de 1916 (equivalente, em parte, ao art. 1.641, inciso II, do Código Civil de 2002), ao casamento de sexagenário, se homem, ou cinquentenária, se mulher, é imposto o regime de separação

Tribunal Federal ao dispor que "no regime de separação legal de bens, comunicam-se os adquiridos na constância do casamento". Ou seja, na separação obrigatória os bens adquiridos durante a vida em comum serão partilhados entre os cônjuges ou companheiros, seja no divórcio, na extinção da união estável ou na sucessão.

Diferentemente do que ocorre quando do fim da vida em comum por ato de vontade das partes, na sucessão, quando se escolhe o regime de separação total visando a preservação do patrimônio e a sua entrega os herdeiros consanguíneos, como tal não se dará, tensionando as relações familiares e sociais.

A título exemplificativo, vejamos a seguinte hipótese, bastante recorrente:

A casa-se com B, com quem tem 2 filhos. Vem a se divorciar e a se casar com C, com quem tem mais um filho. Divorciado de C, constitui união estável com D, com quem não tem filhos, optando pelo regime da separação de bens como forma de preservar o vasto patrimônio amealhado aos logo de anos, vindo a falecer sem deixar testamento. D, logo após o falecimento de A, vem a falecer e deixa pais e irmãos. Na partilha dos bens de A, os herdeiros (filhos e companheira) receberão 25% dos bens particulares do falecido. Com a morte de D, sua cota parte será transferida a seus pais (12,5% do que herdou para cada um), que ao falecerem transmitirão o que receberam a seus filhos. Os seja, os filhos do falecido A terão como sócios ou condôminos dos bens herdados os irmãos da última companheira de seu pai, com quem, por certo, não guardarão qualquer relação.

obrigatória de bens (recentemente, a Lei 12.344/2010 alterou a redação do art. 1.641, II, do CC, modificando a idade protetiva de 60 para 70 anos). Por esse motivo, às uniões estáveis é aplicável a mesma regra, impondo-se seja observado o regime de separação obrigatória, sendo o homem maior de sessenta anos ou a mulher maior de cinquenta. Precedentes. 2. A ratio legis foi a de proteger o idoso e seus herdeiros necessários dos casamentos realizados por interesse estritamente econômico, evitando que este seja o principal fator a mover o consorte para o enlace. 3. A Segunda Seção do STJ, seguindo a linha da Súmula nº 377 do STF, pacificou o entendimento de que "apenas os bens adquiridos onerosamente na constância da união estável, e desde que comprovado o esforço comum na sua aquisição, devem ser objeto de partilha" (EREsp 1171820/PR, Rel. Min. Raul Araújo, Segunda Seção, julgado em 26/08/2015, DJe 21/09/2015) (REsp n. 1.689.152/SC, Rel. Min. Luis Felipe Salomão, Quarta Turma, julgado em 24/10/2017, DJe de 22/11/2017).

Este é apenas um exemplo bastante factível de como a opção em vida quanto ao regime matrimonial serão frustradas na sucessão.

Por certo o legislador quis amparar o cônjuge sobrevivente na sucessão, de sorte a não ficar desprovido de qualquer bem para sua subsistência, porém, ainda que a intenção tenha sido justificável, os efeitos danosos tem sido maiores, muitas vezes por meio de práticas nada louváveis como ocultação de patrimônio, constituição de empresas patrimoniais, doações simuladas entre outras práticas, que, além de juridicamente ineficazes, potencializam as tensões entre as partes envolvidas na sucessão, causando intranquilidade e, não raro, desproteção àquele que se visava proteger.

Não podemos deixar de considerar que, na hipótese de se optar pela separação convencional de bens, e em desejando amparar o cônjuge ou companheiro(a) na sucessão, o autor (a) da herança sempre pode optar pela sucessão testamentária, assegurando-lhe os bens necessários à sua subsistência digna, sem que haja confusão patrimonial com os demais herdeiros.

Outrossim, não se pode desconsiderar que com relação à moradia, o cônjuge ou companheiro(a) sobrevivente sempre estará acolhido em razão o direito real de moradia previsto o art. 1831 do CC ao dispor que "ao cônjuge sobrevivente, qualquer que seja o regime de bens, será assegurado, sem prejuízo da participação que lhe caiba na herança, o direito real de habitação relativamente ao imóvel destinado à residência da família, desde que seja o único daquela natureza a inventariar".

4. Sucessão do cônjuge e companheiro(a)

Quando da edição do Código Civil de 2002, estabelecia-se regras sucessórias distintas para o cônjuge e companheiro(a) sobreviventes, a saber:

Com relação ao companheiro(a):

> Art. 1.790. A companheira ou o companheiro participará da sucessão do outro, quanto aos bens adquiridos onerosamente na vigência da união estável, nas condições seguintes:
>
> I – Se concorrer com filhos comuns, terá direito a uma quota equivalente à que por lei for atribuída ao filho;

II – Se concorrer com descendentes só do autor da herança, tocar-lhe-á a metade do que couber a cada um daqueles;
III – Se concorrer com outros parentes sucessíveis, terá direito a um terço da herança;
IV – Não havendo parentes sucessíveis, terá direito à totalidade da herança.

Com relação ao cônjuge:

Art. 1.829. A sucessão legítima defere-se na ordem seguinte:
I – Aos descendentes, em concorrência com o cônjuge sobrevivente, salvo se casado este com o falecido no regime da comunhão universal, ou no da separação obrigatória de bens (art. 1.640, parágrafo único); ou se, no regime da comunhão parcial, o autor da herança não houver deixado bens particulares;
II – Aos ascendentes, em concorrência com o cônjuge;
III – Ao cônjuge sobrevivente;
IV – Aos colaterais.

Ficava assim estabelecida duas regras para a sucessão conforme a forma de constituição da vida em comum, qual seja: o (a) companheiro(a) quando concorresse com filhos comuns herdaria o mesmo que eles; já quando concorresse com filhos do autor(a) da herança, receberia metade daquilo que lhes coubesse; vindo a receber 1/3 quando concorresse com os demais herdeiros; e a totalidade quando não houvesse herdeiros de qualquer classe. Além disso, não se encontrava no rol dos herdeiros necessários ("Art. 1.845. São herdeiros necessários os descendentes, os ascendentes e o cônjuge").

Já a sucessão do cônjuge, se mostra mais complexa, por distinguir os regimes de bens do casamento, de sorte que, ao concorrer com os filhos, comuns ou não, o sobrevivente, receberá o que lhes couber, com relação aos bens particulares, exceção feita no regime da separação obrigatória. E mais, quando concorrer com seus próprios descendentes, receberá no mínimo 25% da herança ("Art. 1.832. Em concorrência com os descendentes; Art. 1.829, inciso I) caberá ao cônjuge quinhão igual ao dos que sucederem por cabeça, não podendo a sua quota ser inferior à quarta parte da herança, se for ascendente dos herdeiros com que concorrer").

Como destacado acima (nota 2 – Recurso Extraordinário 646.721 Rio Grande do Sul), o art. 1.790 do Código Civil foi julgado inconstitucional por trazer distinção entre cônjuge e companheiro(a), quando a constituição não a faz. A partir da decisão do Supremo Tribunal Federal a sucessão, em qualquer dos casos, passou a ser regina unicamente pelo art. 1.829 do Código Civil.

Ao assim decidir, o Colendo STF deixou em aberto a questão sobre a condição de herdeiro necessário do companheiro(a), vez que o art. 1.845 atribui apenas ao cônjuge tal condição (Art. 1.845. São herdeiros necessários os descendentes, os ascendentes e o cônjuge).

Provocado a se pronunciar, o Ministro Roberto Barroso, sem sede de Embargos de Declaração, afastou a alegada omissão (quanto ao companheiro(a) também ser considerado herdeiro necessário ante a equiparação com o cônjuge na sucessão), consignando que "a repercussão geral reconhecida diz respeito apenas à aplicabilidade do art. 1.829 do Código Civil às uniões estáveis. Não há omissão a respeito da aplicabilidade de outros dispositivos a tais casos"[7].

Com a ausência de pronunciamento expresso do STF, a questão tem gerado discordâncias sobretudo na doutrina.

Na defesa de que companheiro(a) não é herdeiro necessário a Associação de Direito de Família e das Sucessões (ADFAS), representada por sua Presidente, a Prof. Dra. Regina Beatriz Tavares da Silva, atuou, como *amicus curiae* no referido Recurso de Repercussão Geral e, com base no texto da tese firmada e da decisão dos supra referidos embargos, que acentua a sua aplicação apenas em relação ao art. 1.829, que regula exclusivamente a ordem de vocação hereditária, além da diferença existente .entre o casamento e a união estável, nas respectivas formas de constituição e desconstituição, considera que "o artigo 1.845 do Código Civil não se aplica à união estável. O companheiro sobrevivente não é herdeiro necessário, não tem direito a legítima ou a reserva de 50% do patrimônio do companheiro falecido"[8].

[7] Embargos de Declaração no RE 878.694/MG, Rel. Min. Luís Roberto Barroso, Tribunal Pleno, j. em 10/05/2017.

[8] Tavares da Silva, Regina Beatriz. *Companheiro não é herdeiro necessário*. Conjur, 2022.

Em sentido oposto, há posicionamento pela interpretação de que decorre o direito à herança necessária em união estável, em face da igualdade de tratamento jurídico entre cônjuges e companheiros(as). O Superior Tribunal de Justiça manifestou tal entendimento e o Tribunal de Justiça de São Paulo (TJSP) proferiu acórdão, nesse sentido, cuja ementa é a seguinte:

> Agravo de Instrumento Inventário Testamento Disposição testamentária que contempla patrimônio maior do que a parte disponível Redução Autora da herança que, depois de testar em favor de sobrinhos, constituiu união estável pelo regime da comunhão universal de bens, estado em que veio a falecer Companheira-supérstite que tem direito à meação, por força do regime de bens, e a 25% da herança, como única herdeira necessária, totalizando 75% do imóvel, situação na qual os quinhões do aludido imóvel, objeto de legados, devem se limitar à parte restante e disponível Normas atinentes ao regime de bens e sucessão que são cogentes e não podem ser afastadas por ato de vontade – Decisão ratificada – Negaram Provimento ao Recurso. (Agravo de Instrumento nº 2229680-46.2022.8.26.0000. Rel. Alexandre Coelho. 8ª Câmara de Direito Privado do TJ-SP).

5. Autonomia da vontade

O exercício da autonomia da vontade é o fundamento no qual se constrói a ordem jurídica. É a própria razão de ser do direito. Quando escolhemos e exercemos nossas ações, elas repercutem no meio social, de sorte a exigir certa regulação, tornando possível a vida em sociedade, da forma mais pacífica possível.

Sendo o exercício da vontade a expressão da nossa humanidade, o sistema normativo deve se restringir ao mínimo necessário para assegurar a paz social e a harmonia entre as pessoas, de sorte que a todos sejam garantidas as mesmas prerrogativas.

No estado da natureza hobbesiano impera a lei do mais forte, numa permanente guerra de todos contra todos. No estado social, sobretudo no

Disponível em: https://www.conjur.com.br/2022-ago-14/regina-beatriz-tavares-silva. Acessado em 29/03/2023.

Estado de Direito, impera o poder contido nas normais jurídicas, morais, éticas, religiosa e tantas outras aptas a reger as ações humanas.

No caso em exame, o Código Civil assegura a livre escolha do regime de bens entre os cônjuges e companheiros(as), permitindo-lhes que livremente façam suas opções dentre aqueles previsto na legislação. Quem escolhe o regime da separação total de bens por certo não quer ver seu patrimônio confundido com o do seu cônjuge ou companheiro(a). Porém na sucessão como tal não ocorrerá, já que ao sobrevivente é assegurada a sucessão em concurso com os descendentes e ascendentes.

Neste contexto, quer nos parecer que o legislador assegurou a plena eficácia da autonomia da vontade na hipótese de separação do casal, porém restringiu-a de forma injustificada na sucessão.

Em recente decisão, o Colendo STJ avançou no sentido de prestigiar a autonomia da vontade na hipótese de separação total obrigatória de bens, afastando a comunhão dos aquestos, tal qual decidido expressamente pelo casal:

> RECURSO ESPECIAL. União Estável sob o Regime da Separação Obrigatória de Bens. Companheiro Maior de 70 Anos na ocasião em que firmou Escritura Pública. Pacto Antenupcial afastando a incidência da Súmula n. 377 do STF, impedindo a Comunhão dos aquestos adquiridos onerosamente na constância da convivência. Possibilidade. Meação de Bens da Companheira. Inocorrência. Sucessão de Bens. Companheira na condição de herdeira. Impossibilidade. Necessidade de remoção dela da inventariança.
> 1. O pacto antenupcial e o contrato de convivência definem as regras econômicas que irão reger o patrimônio daquela unidade familiar, formando o estatuto patrimonial – regime de bens – do casamento ou da união estável, cuja regência se iniciará, sucessivamente, na data da celebração do matrimônio ou no momento da demonstração empírica do preenchimento dos requisitos da união estável (CC, art. 1.723). 2. O Código Civil, em exceção à autonomia privada, também restringe a liberdade de escolha do regime patrimonial aos nubentes em certas circunstâncias, reputadas pelo legislador como essenciais à proteção de determinadas pessoas ou situações e que foram dispostas no art.1.641 do Código Civil, como sói ser o regime da separação obrigatória da pessoa maior de setenta antos (inciso II). 3. "A ratio legis foi a de proteger o idoso e seus herdeiros necessários dos casamentos realizados por interesse

estritamente econômico, evitando que este seja o principal fator a mover o consorte para o enlace" (REsp 1689152/SC, Rel. Ministro Luis Felipe Salomão, Quarta Turma, julgado em 24/10/2017, DJe22/11/2017). 4. Firmou o STJ o entendimento de que, "por força do art. 258, § único, inciso II, do Código Civil de 1916 (equivalente, em parte, ao art. 1.641, inciso II, do Código Civil de 2002), ao casamento de sexagenário, se homem, ou cinquentenária, se mulher, é imposto o regime de separação obrigatória de bens. Por esse motivo, às uniões estáveis é aplicável a mesma regra, impondo-se seja observado o regime de separação obrigatória, sendo o homem maior de sessenta anos ou mulher maior de cinquenta" (REsp 646.259/RS, Rel. Ministro Luis Felipe Salomão, Quarta Turma, julgado em 22/06/2010, DJe24/08/2010). 5. A Segunda Seção do STJ, em releitura da antiga Súmula n. 377/STF, decidiu que, "no regime de separação legal de bens, comunicam-se os adquiridos na constância do casamento, desde que comprovado o esforço comum para sua aquisição" EREsp 1.623.858/MG, Rel. Ministro Lázaro Guimarães (Desembargador convocado do TRF 5ª região), Segunda Seção, julgado em 23/05/2018, DJe 30/05/2018), ratificando anterior entendimento da Seção com relação à união estável (EREsp 1171820/PR, Rel. Ministro Raul Araújo, Segunda Seção, julgado em 26/08/2015, DJe 21/09/2015). 6. No casamento ou na união estável regidos pelo regime da separação obrigatória de bens, é possível que os nubentes/companheiros, em exercício da autonomia privada, estipulando o que melhor lhes aprouver em relação aos bens futuros, pactuem cláusula mais protetiva ao regime legal, com o afastamento da Súmula n. 377 do STF, impedindo a comunhão dos aquestos. 7. A mens legis do art. 1.641, II, do Código Civil é justamente conferir proteção ao patrimônio do idoso que está casando-se e aos interesses de sua prole, impedindo a comunicação dos aquestos. Por uma interpretação teleológica da norma, é possível que o pacto antenupcial venha a estabelecer cláusula ainda mais protetiva aos bens do nubente septuagenário, preservando o espírito do Código Civil de impedir a comunhão dos bens do ancião. O que não se mostra possível é a vulneração dos ditames do regime restritivo e protetivo, seja afastando a incidência do regime da separação obrigatória, seja adotando pacto que o torne regime mais ampliativo e comunitário em relação aos bens. 8. Na hipótese, o de cujus e a sua companheira celebraram escritura pública de união estável quando o primeiro contava com 77 anos de idade – com observância, portanto, do regime da separação obrigatória de bens –, oportunidade em que as partes, de livre e espontânea vontade, realizaram pacto antenupcial estipulando termos ainda mais protetivos ao enlace, demonstrando o claro intento de não terem os seus bens comunicados, com o afastamento da incidência da Súmula n. 377 do STF. Portanto, não há falar em meação de bens nem em sucessão da companheira (CC, art. 1.829, I). 9. Recurso especial da filha do de cujus a que se dá provimento.Recurso da ex-companheira desprovido. (REsp 1922347/PR, Rel. Min. Luis Felipe Salomão, Quarta Turma, j. em 07/12/2021, DJe 01/02/2022).

A questão se encontra em aberto e a exigir a adequação da prevalência da autonomia da vontade tanto na separação do casal quanto na sucessão, evitando-se assim confusão patrimonial envolvendo núcleos familiares diversos.

Conclusão

A inclusão do cônjuge na condição de herdeiro em concorrência com herdeiros de outras classes também se faz presente no Código Civil Português[9] (art. 2.133) e argentino[10] (art. 3.570), porém, no caso brasileiro, o legislador trouxe distinção entre a separação obrigatória de bens, hipótese na qual há a exclusão na sucessão, e a convencional quando não há. Ao estabelecer tal diferença, a *ratio legis* foi de proteger a pessoa que se casa aos setenta anos, impondo-lhe, no casamento ou união estável, a separação obrigatória de bens, inclusive na sucessão. Por outro lado, quando ainda não atingiu tal idade, e decide livremente e em comum do seu cônjuge ou companheiro(a) o regime de bens que regerá sua união,

[9] A ordem por que são chamados os herdeiros, sem prejuízo do disposto no título da adopção, é a
seguinte:
a) Cônjuge e descendentes;
b) Cônjuge e ascendentes;
c) Irmãos e seus descendentes;
d) Outros colaterais até o quarto grau;
e) Estado.

[10] Si han quedado viudo o viuda e hijos, el cónyuge sobreviviente tendrá en la sucesión la misma parte que cada uno de los hijos.

na sucessão sua escolha de nada valerá. Quer nos parecer certa incoerência no trato da autonomia da vontade e suas consequências.

Como dito no início, a proposição é o chamamento à reflexão.

Referências

STF, ADPF 132/RJ, Rel. Min. Ayres Britto, Tribunal Pleno, j. em 05/05/2011. Disponível em: https://jurisprudencia.stf.jus.br/pages/search/sjur200015/false . Acesso em 29/03/23.

STF, RE 646.721/RS, Rel. Min. Marco Aurélio, Tribunal Pleno, j. em 10/05/2017. Disponível em:https://portal.stf.jus.br/jurisprudenciaRepercussao/verAndamentoProcesso.asp?incidente=4100069&numeroProcesso=646721&classeProcesso=RE&numeroTema=498 . Acesso em 29/03/23.

STF, RE 878.694/MG, Rel. Min. Luís Roberto Barroso, Tribunal Pleno, j. em 10/05/2017. Disponível em:
https://portal.stf.jus.br/jurisprudenciaRepercussao/verAndamentoProcesso.asp?incidente=4744004&numeroProcesso=878694&classeProcesso=RE&numeroTema=809 . Acesso em 29/03/23.

STJ, informativos com a Súmula nº 377 do STF. Disponível em: https://processo.stj.jus.br/jurisprudencia/externo/informativo/?acao=pesquisar&livre=377&oper . Acesso em 29/03/23.

Tavares da Silva, Regina Beatriz. *Companheiro não é herdeiro necessário*. Disponível em: https://www.conjur.com.br/2022-ago-14/regina-beatriz-tavares-silva. Conjur, 2022.

39.
OS FILHOS: SUCESSORES PRIVILEGIADOS NO SÉCULO XXI?[1]

CRISTINA DIAS

1. Questões introdutórias e títulos de vocação sucessória

O âmbito do fenómeno sucessório e a sua análise variará obviamente de acordo com as conceções dominantes em cada sociedade quanto ao modelo de organização social nela adotado, nomeadamente, a respeito da propriedade, da família e do Estado. Mas, por assim ser, as soluções que se encontrem consagradas permitem também identificar vários modelos ou sistemas de organização do fenómeno sucessório que, por sua vez, são influenciados pelos princípios fundamentais que iluminam aquelas instituições[2].

A sucessão por morte pode ser legal ou voluntária, conforme se baseie na lei ou em negócio jurídico (art. 2026.º do Código Civil)[3], podendo este ser um testamento (sucessão testamentária) ou uma doação por morte (nos casos admitidos por lei – sucessão contratual). Por seu lado, a sucessão legal pode ser legítima ou legitimária, conforme possa ou não ser afastada pela vontade do seu autor (art. 2027.º).

[1] Retomamos aqui alguns trabalhos anteriores onde já analisámos algumas matérias aqui trabalhadas (como, por exemplo, *Lições de Direito das Sucessões*, 9.ª ed., Coimbra, Almedina, 2024).

[2] Luís Carvalho Fernandes. *Lições de Direito das Sucessões*. 4ª ed., Lisboa, Quid Juris, 2008, p. 21.

[3] Sempre que sejam citados artigos, sem indicação expressa do diploma a que pertencem, a menção reporta-se ao Código Civil.

Não havendo herdeiros legitimários ou, havendo-os, nos limites da quota disponível, o autor da sucessão pode dispor livremente por testamento ou contrato (nos casos em que a lei admite as doações por morte – arts. 2028.º e 1700.º e segs.). Caso não disponha de todos ou de parte dos seus bens, abre-se a sucessão legítima, nos termos e segundo a ordem do art. 2133.

Na sucessão legítima, e sendo herdeiros legítimos o cônjuge, os parentes e o Estado (art. 2132.º), a razão que leva à atribuição dos bens do *de cuius* não é a mesma para todos os herdeiros.

No caso dos familiares (cônjuge e parentes), trata-se de dar relevância à família "como célula básica da sociedade"[4]. Como se sabe, a família é objeto de uma garantia institucional, sendo protegida constitucionalmente nos arts. 36.º e 67.º da Constituição da República Portuguesa (CRP). O fundamento do chamamento de familiares do *de cuius* à sua sucessão, por força da lei e a título supletivo, reside na relevância dada aos vínculos que se estabelecem entre os membros da família. Por isso, quando o autor da sucessão não manifesta a sua vontade no sentido de atribuição dos seus bens a alguém, a lei determina o chamamento dos seus familiares de acordo com uma hierarquia que tem em conta a proximidade dos vínculos familiares (art. 2133.º).

Quanto ao chamamento do Estado, o seu fundamento já será diferente. Repare-se que o Estado ocupa o último lugar na hierarquia de sucessíveis do art. 2133.º, atuando como "um simples sucessível privado", sem as prerrogativas inerentes à sua qualidade de pessoa coletiva pública[5]. Ao contemplar o Estado como herdeiro, mesmo em último lugar, atende-se, por um lado, à função social da propriedade, permitindo que, aquando da morte de um membro da comunidade, os seus bens sejam postos ao serviço da coletividade[6]. Por outro lado, procura-se evitar que os bens fiquem sem titular. Normalmente, o Estado só aparece quando a herança

[4] Luís Carvalho Fernandes. *Ob. Cit.* p. 25.

[5] Luís Carvalho Fernandes. *Ibidem.* p. 26.

[6] Luís Carvalho Fernandes. *Ibidem.* pp. 27 e 28, considera não ser nesta função social da propriedade que radica o fundamento da atribuição ao Estado da qualidade de sucessível legítimo, dado que a função social da propriedade pode ser atingida pelo Estado por via da tributação.

é de diminuto valor, dado que quando se trata de grandes fortunas o seu titular tende a dispor do seu patrimônio por via testamentária. Além disso, a aquisição da herança pelo Estado opera-se de direito, sem necessidade de aceitação e não podendo o Estado repudiá-la (art. 2154.º). Em resumo, a atribuição ao Estado de um lugar na hierarquia dos sucessíveis legítimos visa dar um destino aos bens do *de cuius*, evitando que eles fiquem ao abandono.

Por seu lado, na sucessão legitimária a preocupação de que os bens sejam atribuídos a certos familiares é mais marcada. De facto, a relevância dada à família na sucessão legítima não assegura que os bens permaneçam na mesma família, dado que o autor da sucessão pode dispor dos seus bens em sentido contrário (por testamento ou, nos casos admitidos, por pacto sucessório). Esta finalidade é atingida pela sucessão legitimária, cujo fundamento reside, assim, na proteção da família mais próxima: cônjuge, descendentes e ascendentes (art. 2157.º). A estes sucessíveis é reservada uma parte dos bens do *de cuius* – a legítima ou quota indisponível – sobre a qual não pode ele exercer a sua liberdade de disposição.

A sucessão testamentária e a sucessão contratual encontram o seu fundamento no princípio da autonomia privada e da liberdade de disposição (que o art. 62.º da CRP inclui no direito de propriedade do titular). É evidente que, sendo muito limitado o campo de admissibilidade dos pactos sucessórios, a sucessão testamentária representa a principal forma pela qual se manifesta a liberdade do autor da sucessão de dispor dos seus bens. O proprietário dos bens tem liberdade de dispor dos mesmos, tanto a título oneroso como gratuito (e, neste caso, quer entre vivos quer *mortis causa*). É no domínio dos atos de disposição a título gratuito *mortis causa* que o testamento desempenha a sua função.

Repare-se que entre a sucessão testamentária e a sucessão legitimária há uma estreita ligação, dado que se limitam reciprocamente. De facto, o autor da sucessão pode dispor do seu patrimônio por morte com plena liberdade, por testamento, mas não pode afetar a quota que a lei reserva aos herdeiros legitimários[7].

[7] Aqui residirá a tensão existente no nosso ordenamento jurídico sucessório entre o sistema capitalista ou individual e o sistema familiar, entre a proteção da família e a liberdade de testar.

A sucessão legitimária implica, como referido, a existência de herdeiros forçados que, salvo os casos de indignidade ou deserdação, têm sempre direito a uma parte da herança, e uma limitação à autonomia privada e à liberdade de testar. À luz do ordenamento jurídico e da realidade atual tentaremos verificar se se justifica a concepção vigente da sucessão legitimária e a posição privilegiada concedida aos filhos.

2. A sucessão legitimária

2.1. Noção e natureza jurídica

A sucessão legitimária é deferida por lei e não pode ser afastada pela vontade do autor da sucessão. Diz respeito à porção de bens de que o *de cuius* não pode dispor por estar destinada por lei aos herdeiros legitimários (art. 2157.º). Podemos distinguir, no conjunto dos bens do *de cuius*, duas porções de bens: a quota indisponível ou legítima (a porção de bens, que varia nos termos dos arts. 2158.º a 2161.º, de que o autor da sucessão não pode dispor por estar destinada ao cônjuge, descendentes ou ascendentes, como herdeiros legitimários) e a quota disponível (a porção de bens que o autor da sucessão pode dispor a favor de quem entender). Havendo herdeiros legitimários, os poderes de disposição (*mortis causa* e até entre vivos, nos casos previstos no n.º 2 do art. 242.º) do autor da sucessão estão limitados, dado que não pode afetar a porção de bens que caberá a tais herdeiros.

A natureza jurídica da legítima, da quota da herança legalmente destinada aos herdeiros legitimários, tem sido uma das matérias objeto de discussão. Uma das conceções possíveis vê no direito à legítima um direito a uma parte dos bens da herança (*pars hereditatis*); e outra vê-o como um direito a uma parte do valor dos bens (*pars bonorum*), podendo ainda ver-se a legítima como *pars valoris* (isto é, a legítima como parte de um valor, não sendo os herdeiros legitimários sucessíveis em sentido estrito, mas apenas credores de um direito pecuniário a cuja satisfação estão obrigados os herdeiros legais ou instituídos, tal como ocorre no direito alemão)[8].

[8] Jorge Duarte Pinheiro. *O Direito das Sucessões Contemporâneo*. 5ª ed., Coimbra, Gestlegal, 2022, p. 371.

Os argumentos utilizados pela nossa doutrina para a defesa da teoria da *pars hereditatis* (legítima como parte dos bens da herança) resultam, desde logo, de o próprio art. 2156.º definir a legítima como "porção de bens". Depois invoca-se também o princípio da intangibilidade da legítima (art. 2163.º) e o facto de a redução das liberalidades inoficiosas se fazer em espécie, o que não se justificaria se o direito à legítima fosse simplesmente um direito a um valor abstrato (art. 2174.º, nº 1)[9]. Mas uma diferente natureza pode ponderar-se *de iure condendo*.

2.2. O regime legal – os filhos como herdeiros legitimários no século XXI

Dispõe o art. 2157.º que são herdeiros legitimários o cônjuge, os descendentes e os ascendentes, pela ordem e segundo as regras estabelecidas para a sucessão legítima.

Assim, há que respeitar, desde logo, os arts. 2134.º a 2136.º que estabelecem os princípios gerais da sucessão legítima, ou seja, o princípio da preferência de classes (art. 2134.º), o princípio da preferência de graus de parentesco dentro de cada classe (art. 2135.º), e o princípio da sucessão por cabeça (art. 2136.º)[10]/[11].

[9] V., Pereira Coelho , *Direito das Sucessões*, lições policopiadas ao curso de 1973-1974, Coimbra, 1992, pp. 314 e 315; Pamplona Corte-Real . *Direito da Família e das Sucessões*, vol. II (Sucessões), Lisboa, Lex, 1993, p. 336, e *Curso de Direito das Sucessões*, Lisboa, Quid Juris, 2012, p. 335; Luís Carvalho Fernandes. *Ob. Cit.* pp. 401 e 402; França Pitão. *A posição do cônjuge sobrevivo no atual direito sucessório português*, 4ª ed., Coimbra, Almedina, 2005, p. 30; Paula Barbosa. *Doações entre cônjuges. Enquadramento jus-sucessório*, Coimbra, Coimbra Editora, 2008, p. 81, e Cristina Dias. *Lições de Direito das Sucessões*. 9.ª ed., Coimbra, Almedina, 2024, p. 220.

[10] Os parentes de cada classe sucedem por cabeça ou em partes iguais, salva as exceções previstas no código. Uma das exceções opera no domínio do direito de representação, onde a partilha é feita por estirpes (arts. 2044.º e 2138.º). Outras exceções ocorrem no caso de concurso de cônjuge e descendentes (art. 2139.º, nº 1), de cônjuge e ascendentes (art. 2142.º, nº 1), e de irmãos germanos e unilaterais (art. 2146.º). V., R. Capelo de Sousa. *Lições de Direito das Sucessões*, vol. I, 4ª ed. renovada, Coimbra, Coimbra Editora, 2000, p. 243.

[11] Assim, de acordo com tal ordem e regras da sucessão legítima, se existir cônjuge e descendentes não são chamados como herdeiros legitimários os ascendentes. Por outro lado, dentro de cada classe, os parentes de grau mais próximo excluem os de grau mais afastado, sem prejuízo do direito de representação: se existir um filho não será chamado o neto.

Por outro lado, importa também ter em consideração as classes de sucessíveis do art. 2133.º e as regras dos arts. 2139.º a 2144.º. Assim, e em caso de concurso do cônjuge com descendentes (ou adotados), a partilha entre o cônjuge e os filhos faz-se por cabeça, dividindo-se a quota indisponível do autor da sucessão em tantas partes quantos forem os herdeiros legitimários. Mas, a quota do cônjuge não pode ser inferior a uma quarta parte da legítima global (art. 2139.º, nº 1)[12].

Se os filhos não puderem ou não quiserem aceitar a sua legítima, o cônjuge concorre com os descendentes deles (art. 2140.º), ou seja, os descendentes de segundo grau e seguintes sucedem por direito de representação, cabendo a cada estirpe aquilo em que sucederia o ascendente respetivo.

Por outro lado, se algum ou alguns dos descendentes, e não existindo direito de representação (arts. 2138.º, 2140.º e 2042.º), não quiserem ou não puderem aceitar, o cônjuge tem, juntamente com os descendentes que aceitaram, direito de acrescer (art. 2137.º, nº 2)[13].

[12] Esta regra só tem relevo quando o cônjuge concorra à sucessão legitimária com quatro ou mais filhos. Como diz Pereira Coelho. *Ob Cit.* p. 306, "a lei terá querido evitar que a quota hereditária do cônjuge fosse excessivamente pequena, justamente nos casos em que, por a família ser muito numerosa, lhe tivessem sido pedidos maiores sacrifícios; e terá acreditado que, normalmente, os filhos sempre virão a receber a totalidade dos bens à morte do segundo progenitor". Manifestando-se contra este tratamento preferencial do cônjuge previsto no art. 2139.º, nº 1, v., Joaquim Fernando Nogueira. A Reforma de 1977 e a posição sucessória do cônjuge sobrevivo. *In Revista da Ordem dos Advogados*, ano 40.º, n.º III, 1980, pp. 684 e 685. Refere este autor que se "a prole é numerosa, tanta razão há para pensar que o cônjuge sobrevivo está carecido de meios económicos de subsistência como para pensar que os filhos do *de cujus* também não vivem desafogadamente. O que parece justo é que o cônjuge seja tratado de forma rigorosamente igual a qualquer dos filhos do autor da sucessão e não mais do que isso".

[13] O art. 2137.º, n.º 2, apenas excepciona o previsto no art. 2143.º, no caso de sucessão do cônjuge e ascendentes. Não há motivos para aplicar o mesmo no caso da sucessão do cônjuge com descendentes, pelo que, neste caso, o cônjuge também beneficia do direito de acrescer com os restantes descendentes. Neste sentido também se pronuncia V., R. Capelo de Sousa. *Ob Cit.* p. 247 e nota 621, e Oliveira Ascensão. *Direito Civil. Sucessões.* 5ª ed., Coimbra, Coimbra Editora, 2000, pp. 345 e 346. Contra, v., Joaquim Fernando Nogueira. *Ob Cit.* pp. 685-687.

Se o autor da sucessão não deixar cônjuge sobrevivo, a quota indisponível divide-se pelos filhos em partes iguais (art. 2139.º, n.º 2).

Também aqui se os filhos não puderem ou não quiserem aceitar são chamados à sucessão, por direito de representação, os respetivos descendentes (art. 2140.º).

Na falta de descendentes e ascendentes o cônjuge é chamado à totalidade da legítima global (arts. 2141.º e 2144.º).

Se existirem ascendentes o cônjuge concorre com eles, integrando a segunda classe de sucessíveis (art. 2133.º, n.º 1, al. *b*), e n.º 2). Nesta situação, ao cônjuge pertencerão duas terças partes e aos ascendentes uma terça parte da legítima global (art. 2142.º, n.º 1).

Na falta de cônjuge, os ascendentes são chamados à totalidade da quota indisponível (art. 2142.º, n.º 2).

Quer no caso de concorreram com o cônjuge quer no caso de receberem a totalidade da quota indisponível, a partilha entre os ascendentes faz-se de acordo com os princípios da preferência de graus de parentesco dentro de cada classe (art. 2135.º) e da sucessão por cabeça (art. 2136.º), conforme dispõe o art. 2142.º, n.º 3, não existindo direito de representação.

Na falta de descendentes e ascendentes, o cônjuge é chamado à totalidade da quota indisponível, como já referimos (art. 2144.º).

Repare-se ainda no art. 2143.º. Se os ascendentes forem chamados à quota indisponível em concurso com o cônjuge, e algum ou alguns dos ascendentes não puderem ou não quiserem aceitar, a sua parte acresce à dos outros ascendentes que concorram à sucessão. Só se estes não existirem é que acrescerá à parte do cônjuge sobrevivo.

Ora, os referidos herdeiros legitimários têm direito a uma porção de bens (a legítima objetiva ou global). A medida dessa legítima varia em função da classe e tipo de herdeiro legitimário e do número de herdeiros legitimários.

É interessante notar que, e seguindo Almeida Costa, a quota disponível do autor da sucessão manteve-se, durante séculos, limitada a um terço dos bens. A quota disponível ("terça") surgiu da influência muçulmana na Península e transitou para a versão originária do Código Civil de 1867, no caso de o *de cuius* deixar descendentes. Só no caso de o autor da sucessão deixar ascendentes que não os pais é que a quota disponível era de metade (art. 1787.º do Código Civil de 1867). Só com o Decreto de 31 de outubro de 1910, cujas normas foram integradas no Código Civil com a Reforma de 1930 (pelo Decreto n.º 19126, de 16 de dezembro de 1930), se alargou para metade a quota disponível, nas situações gerais, e para dois terços, se os sucessíveis fossem ascendentes de segundo grau ou superior. No Código Civil de 1966, a legítima e a quota disponível são variáveis tendo em conta o número e o grau de herdeiros legitimários[14].

Só depois de determinada a legítima global (2/3, 1/2...) é que será possível apurar a legítima que cabe a cada um dos herdeiros legitimários, o seu quinhão legitimário (legítima subjetiva). Vejamos então qual a legítima a que os descendentes têm direito. E aqui há que distinguir várias hipóteses, dependendo de saber se sucedem sozinhos ou em concurso com o cônjuge.

Em caso de concurso do cônjuge com descendentes, a legítima do cônjuge e dos filhos é de dois terços da herança (art. 2159.º, n.º 1).

No caso de um filho não poder ou não querer aceitar a herança há direito de representação a favor dos seus descendentes que terão direito à legítima que caberia ao seu ascendente (art. 2160.º).

Não havendo cônjuge sobrevivo, a legítima dos filhos é de metade ou dois terços da herança, conforme exista um só filho ou existam dois ou mais (art. 2159.º, n.º 2).

Uma questão que pode colocar-se é a de saber se, neste caso em que a legítima varia consoante exista um ou mais filhos, os sucessíveis legitimários que repudiam a sua parte contam para efeitos do cálculo da porção da legítima global. Se existirem dois filhos e um repudia, se este contar para o referido cálculo a legítima será de dois terços; caso contrário, será de metade.

Ora, em primeiro lugar, a solução que inclui o herdeiro legitimário repudiante para efeitos do cálculo da legítima releva em matéria do direito de representação, de transmissão do direito de aceitar e do direito de acrescer (onde a posição do designado sucessório com posição prevalente influencia a do que efetivamente sucede). Depois, tal entendimento é o que melhor se articula com a solução do n.º 2 do art. 2114.º.

[14] Almeida Costa. *A liberdade de testar e a quota legitimária no direito português* (em especial, o confronto do regime do Código Civil de 1867 com a evolução subsequente). Coimbra, Coimbra Editora, 1997, pp. 19 e 20.

Aí se determina que, em caso de repúdio do herdeiro legitimário descendente sem representantes mas sujeito à colação por doação em vida do autor da sucessão, o montante da legítima subjetiva desse repudiante deve preencher a respetiva doação, ou seja, imputa-se na quota indisponível o valor da doação. Isto significa que tal herdeiro repudiante tem de contar para efeitos do cálculo da legítima para que possa depois imputar-se no seu quinhão hereditário o valor da doação[15].

Os descendentes de segundo grau e seguintes têm direito à legítima que caberia ao seu ascendente, sendo a parte de cada um fixada nos termos prescritos para a sucessão legítima (art. 2160.º).

Uma vez determinada a legítima global, a quota disponível será preenchida com as partes restantes da herança. Mas para esse apuramento temos de determinar o que é esta "herança" de que a legítima e a quota disponível representam uma parte.

O cálculo da herança para efeitos do apuramento da legítima deve efetuar-se nos termos previstos no art. 2162.º. Para o cálculo da legítima, deve atender-se ao valor dos bens existentes no património do autor da sucessão à data da sua morte, ao valor dos bens doados, às despesas sujeitas a colação e às dívidas da herança (n.º 1 do art. 2162.º)[16]. Deve, assim, ter-se em consideração o património existente no momento da morte (*relictum*), mas também os bens de que o *de cuius* dispôs em vida (as doações e despesas – *donatum*).

A principal questão que se coloca é a de saber a ordem das operações, isto é, o art. 2162.º, n.º 1, apresenta os elementos para o cálculo da herança, mas não determina a sua ordem[17].

[15] Neste sentido, v., Pereira Coelho. *Ob Cit.* p. 316.

[16] Como diz Pereira Coelho. *Ob. Cit.* p. 318: a legítima será de metade, de dois terços ou de um terço "de uma massa de cálculo assim obtida".

[17] Debatem-se duas doutrinas opostas nesta matéria. Para uma, os bens doados não respondem pelo passivo da herança. Assim, primeiro abate-se o passivo aos bens deixados no património do autor da sucessão e, de seguida, soma-se o *donatum*. Solução semelhante apresenta o art. 818.º do Código Civil espanhol. Era esta também a ordem que o art. 1790.º, 1.º, do nosso Código Civil de 1867, estabelecia para o cálculo da quota disponível ("somar-se-á o valor de todos os bens que o autor da herança houver deixado, feita a dedução das dívidas da herança; ajuntar-se-á à soma restante o valor dos bens que o falecido houver doado, e a quota disponível será calculada em relação a esta soma total"). Para a outra

Em primeiro lugar deve proceder-se à avaliação dos bens existentes no património do autor da sucessão à data da sua morte.

Em segundo lugar proceder-se-á à dedução das dívidas. O pagamento do passivo deve ser à custa dos bens deixados e não à custa da soma dos bens deixados com os bens doados. Os credores não podem pagar-se à custa destes últimos.

Deve somar-se depois o valor dos bens doados e as despesas sujeitas a colação. Para efeitos do cálculo da legítima, a herança é, assim, composta não só pelos bens deixados no património do autor da sucessão mas também pelos bens doados[18]. Trata-se de uma restituição fictícia de todos os bens doados (aos presumíveis herdeiros do autor da sucessão ou a outras pessoas).

Uma vez realizadas estas operações obtém-se o valor da herança a partir do qual se poderá calcular a quota da legítima global. Apurada esta, estaremos em condições de determinar a legítima subjetiva, ou seja, o quinhão legitimário que cabe a cada um dos herdeiros legitimários. Mas, para isso, se o *de cuius* fez liberalidades a um ou mais herdeiros legitimários, teremos ainda de saber onde imputar o valor de tais doações (imputação na quota indisponível ou na quota disponível).

Podemos dizer que a imputação é a atribuição de uma liberalidade realizada pelo autor da sucessão a uma das duas quotas em que se divide a herança havendo herdeiros legitimários[19]. A abertura da sucessão legi-

doutrina, os bens doados também respondem pelo passivo da herança. Assim, primeiro soma-se o *donatum* ao *relictum* e só depois se abatem as dívidas. A diferença das teorias tem relevo prático sobretudo no caso de herança deficitária, em que, para esta última teoria, os herdeiros legitimários podem ficar sem legítima, mesmo que, ainda que o passivo da herança seja superior ao ativo, o *de cuius* tenha feito várias liberalidades. V., Cristina Dias, *Ob. Cit.*, pp. 225 e 226 e nota 373.

[18] Estes continuam a ser administrados pelos donatários, nos termos do art. 2087.º, n.º 2.

[19] Escreve Pamplona Corte-Real. *Da imputação de liberalidades na sucessão legitimária*. Lisboa, Centro de Estudos Fiscais, 1989, pp. 90 e 91, que a imputação, no âmbito da sucessão legitimária, surge "como uma operação de enquadramento, "de encaixe" (Jorge Leite), na quota indisponível ou na quota disponível, de certa liberalidade em vida ou por morte; ou como operação de preenchimento da própria quota legitimária (...); ou, ainda, como operação de salvaguarda da quota disponível, ou mesmo das legítimas dos não beneficiados, através da dedução contabilística da liberalidade, *mortis causa* ou *inter vivos*, feita a um legitimário, no montante da respectiva legítima (imputação *ex se*)".

timária implica sempre que se apurem as quotas disponível e indisponível (a legítima) do autor da sucessão. É evidente que o problema da imputação se coloca em geral em relação a quaisquer sucessíveis, mas, para efeitos de cálculo da legítima, importa-nos analisar a imputação de liberalidades feitas aos herdeiros legitimários.

Uma vez realizadas as operações referidas para o cálculo da legítima (global) resta, assim, para determinar a legítima a que cada herdeiro legitimário (e, em especial, os filhos) tem direito (o seu quinhão legitimário), imputar na legítima de cada herdeiro as liberalidades que o autor da sucessão lhe tenha feito. Se existir excesso (a diferença entre o valor que se imputou na legítima e o montante desta) recebê-lo-á.

2.3. Razão de ser: justifica-se uma sucessão legal "forçada" a favor dos filhos?

Atendendo às modalidades de sucessão, o nosso sistema jurídico sucessório é um sistema misto, com caraterísticas do sistema capitalista ou individualista e do sistema familiar. É na sucessão legitimária que a preocupação de que os bens sejam atribuídos a certos familiares é mais marcada.

Como já referimos, a relevância dada à família na sucessão legítima, de caráter supletivo, não assegura que os bens permaneçam na mesma família, dado que o autor da sucessão pode dispor dos seus bens em sentido contrário (por testamento ou, nos casos admitidos, por pacto sucessório). Esta finalidade é atingida pela sucessão legitimária, cujo fundamento reside, assim, na proteção da família mais próxima: cônjuge, descendentes e ascendentes (art. 2157.º). A estes sucessíveis é reservada uma parte dos bens do *de cuius* sobre a qual não pode ele exercer a sua liberdade de disposição.

De facto, o autor da sucessão tem plena liberdade de testar e de deixar os seus bens a quem quiser, sejam ou não seus familiares. Mas não pode afetar a quota indisponível reservada por lei aos herdeiros legitimários, sob pena de redução por inoficiosidade das liberalidades em vida ou por morte que o autor da sucessão tenha feito que ofendam tal legítima.

A existência de uma quota indisponível do autor da sucessão corresponde a uma tradição profundamente enraizada nas nossas leis, mesmo desde tempos anteriores às Ordenações. Conforme refere José Dias Ferreira, já nos antigos forais, onde o direito de testar era largamente admitido, se encontravam vestígios "das legítimas". Em Roma chegou a ser consagrado o princípio absoluto da liberdade de testar. Começou, porém, a levantar-se forte reação contra a crueldade dos pais que privavam sem qualquer razão os seus filhos da herança. Tal originou, inicialmente, a existência de ações de inoficiosidade e de deserdação formal, e, numa outra fase, à introdução das legítimas[20].

Na mesma linha de pensamento, escreve João Cura Mariano que a existência de limitações à liberdade de cada um dispor do seu património para depois da sua morte já estava presente no direito leonês-castelhano vigente no Condado Portucalense, à data da independência de Portugal, o qual resultava de uma interpenetração dos direitos romano e visigodo, pontuado pela influência de ancestrais costumes locais[21].

Tradicionalmente, e à luz do Código de Seabra, que manteve o regime da sucessão legitimária das Ordenações[22], e que contemplava como herdeiros legitimários os descendentes e os ascendentes, entendia-se que a legítima dos descendentes resultava da obrigação natural que os pais têm de não deixar desamparados socialmente os seus filhos, e a legítima dos ascendentes assentava na compensação dos sacrifícios feitos com a educação dos descendentes. Era a exigência de um auxílio mútuo, como dever familiar, que justificava a sucessão legitimária[23]. E o Código Civil de 1966 manteve como herdeiros legitimários prioritários os descendentes, consagrando um regime de legítimas variáveis consoante os herdeiros legitimários chamados (descendentes ou ascendentes).

[20] José Dias Ferreira. *Código Civil Portuguez Annotado*. vol. III, 2ª ed., Coimbra, Imprensa da Universidade, 1898, pp. 331 e 332. V., também, Jacinto Rodrigues Bastos. *Direito das Sucessões* – segundo o Código Civil de 1966. vol. II, Viseu, Tipografia Guerra, 1982, p. 78, e Pamplona Corte-Real. *Ob Cit.* pp. 99 e segs. Com uma resenha evolutiva do fenómeno sucessório, v., R. Capelo de Souza. *Direito da Família e das Sucessões* – Relatório sobre o programa, o conteúdo e os métodos de ensino de tal disciplina. Coimbra, Coimbra Editora, 1999, pp 26 e segs.

[21] João Cura Mariano. A sucessão legitimária: um regime no limbo da inconstitucionalidade. *In* AAVV, *Estudos em Homenagem ao Conselheiro Presidente Joaquim de Sousa Ribeiro*. vol. I, Coimbra, Almedina, 2019, p. 749.

[22] V., as referências históricas deixadas por João Cura Mariano. *Ibidem*. pp. 750 e segs.

[23] José Dias Ferreira. *Ob. Cit.* p. 332.

A existência da sucessão legitimária visa salvaguardar o interesse da família, reconhecendo a certos familiares mais próximos do autor da sucessão o direito de participarem do seu património, "ou porque ajudaram a produzi-lo, conservá-lo e desenvolvê-lo, ou por se entender que, mesmo após a sua morte, persiste um dever moral de prestar assistência a essas pessoas"[24].

Visando a proteção de certos familiares (e, em especial, no caso aqui em análise, dos descendentes) e garantindo a manutenção do património dentro da família, justificar-se-á a existência da sucessão legitimária, ou seja, é legítimo limitar o poder de disposição do titular dos bens para acautelar que tais familiares recebam os mesmos, sem qualquer esforço, no momento da morte do seu titular?

Há autores que consideram, atendendo às suas consequências negativas, desaconselhável a existência da sucessão legitimária[25]. De facto, a sucessão legitimária pode conduzir, dada a partilha entre os vários herdeiros legitimários, à divisão e pulverização de unidades produtivas, e pode levar a que os herdeiros legitimários, em especial os filhos, na expectativa de receber os bens da herança e de viver à custa da mesma, não tenham qualquer estímulo para o trabalho. Se o autor da sucessão pudesse dispor livremente dos seus bens poderia assegurar a continuidade das suas unidades produtivas e selecionar os mais aptos ao exercício de uma dada atividade[26].

[24] Ana Leal. *A legítima do cônjuge sobrevivo* – estudo comparado hispano-português. Coimbra, Almedina, 2004, p. 93.

[25] De referir que ela não existe nos ordenamentos jurídicos anglo-americanos. Os sistemas da *Common Law* não têm uma limitação à liberdade de disposição do autor da sucessão imposta por uma quota indisponível. É interessante destacar o direito sucessório irlandês na medida em que, apesar de integrado no sistema da *Common Law*, reserva ao cônjuge sobrevivo uma quota da herança, surgindo, assim, como um herdeiro forçado (v., Kathryn O'Sullivan. Spousal Disinheritance Protections under Irish Law: A Proposal for Reform. *In HeinOnline* – Common Law World Review. nº 41, 2012, p. 248. Nos EUA o que existe é uma quota reservada ao cônjuge se o autor da sucessão não tiver disposto dos seus bens por testamento).

[26] Luís Carvalho Fernandes. *Ob. Cit.* p. 29. Acrescenta o autor que as razões sociais que justificam a sucessão legitimária suplantam aqueles inconvenientes. Além disso, considera haver alguns meios que os atenuam como a partilha em vida (art. 2029.º), o legado por conta da legítima (art. 2163.º) e o legado em substituição da legítima (art. 2165.º).

É verdade que a família e a proteção da família estão constitucionalmente consagradas (arts. 36.º e 67.º da CRP), mas também a liberdade de disposição, enquanto tradução do direito à propriedade privada (art. 62.º da CRP). A existência de uma quota indisponível do autor da sucessão pode implicar uma limitação exagerada do direito de propriedade que deve abranger a liberdade de testar de todos os bens de que se é titular[27].

Por que razão uma pessoa está impedida de determinar, de forma relativamente incondicionada, o destino da generalidade dos bens que lhe pertencem? Por que motivo certas pessoas, em regra, adquirem forçosamente o direito a adquirirem um património, independentemente do mérito e graças a um vínculo familiar (de parentesco ou conjugal) que têm com o *de cuius*?[28].

A limitação do poder de disposição do autor da sucessão, que está forçado a respeitar a legítima dos seus herdeiros legitimários, que na maioria dos casos atinge dois terços da herança, demonstra a prevalência da conexão família e a proteção desta, garantindo que os bens do *de cuius* não saem da sua família, conjugal ou de parentesco, sobre a autonomia

Não podemos, porém, esquecer que tais mecanismos exigem uma atuação por parte do autor da sucessão, além de que se mantém a limitação do poder de disposição do titular dos bens, já que tais institutos exigem o consentimento dos herdeiros legitimários que podem até afastá-los se pretenderem receber a sua legítima subjetiva nos termos gerais.

[27] Tivemos já oportunidade de nos pronunciar sobre o (des)respeito constitucional das restrições impostas pela existência da sucessão legitimária face ao art. 62.º da CRP no nosso texto "O art. 62.º da Constituição da República Portuguesa – do direito de propriedade privada e das restrições à liberdade de disposição mortis causa". *In* AAVV, *Atas do Congresso Internacional Direito na Lusofonia* – Diálogos Constitucionais no Espaço Lusófono. Braga, Escola de Direito da Universidade do Minho, 2016, pp. 151-164. Por seu lado, João Cura Mariano. *Ob. e Loc. Cit., passim,* considera a sucessão legitimária um regime "no limbo da constitucionalidade".

[28] Jorge Duarte Pinheiro. *Ob Cit.* p. 232. Acrescenta o autor que, numa altura em que a riqueza é sobretudo fruto do trabalho e de aplicação de capital, perdendo a família a sua antiga função de unidade de produção, não parece poder mais entender-se a sucessão *mortis causa* como uma contrapartida justa da colaboração prestada pelos familiares ao *de cuius* na formação do património. Sugere o autor a possibilidade de a proteção da família, em caso de morte do *de cuius,* ficar assegurada por via de uma obrigação de alimentos exigíveis à herança e por via de legados legais que incidissem sobre a casa de morada da família e o respetivo recheio.

privada e a liberdade de disposição. O próprio direito tem formas de atenuar esta rigidez[29], mas sempre assegurando a existência da quota indisponível reservada aos filhos. De facto, a única forma de os privar da sua legítima é por via da deserdação (art. 2166.º).

Parece-nos que, e para alcançar o fim visado com a sucessão legitimária, ou seja, para assegurar a continuidade dos bens dentro da família e auxiliar os descendentes com um determinado património[30], poderia optar-se por outra solução mais compatível com a liberdade de dispor e a autonomia privada. Aliás, o interesse de proteção da família (v. art. 67.º da CRP), que suportava as limitações impostas pela sucessão legitimária ao direito de livre disposição da propriedade por morte, pode já não o permitir, atendendo à nossa sociedade atual e aos bens transmissíveis *mortis causa*.

Apesar de se impor uma severa restrição à liberdade de cada um dispor do seu património *mortis causa*, essa restrição cumpria todas as exigências dos n.ºs 2 e 3 do artigo 18.º da Constituição. Com efeito, a restrição visava satisfazer um interesse constitucionalmente protegido e resistia com facilidade aos testes de proporcionalidade (...). Contudo, o quadro familiar, cuja proteção justificava a restrição à liberdade de transmissão do património *mortis causa*, para os mais atentos, já apresentava sinais que iriam conduzir a uma profunda revolução social[31].

Tendo em consideração a evolução verificada na família e na instituição casamento, no facto de, na generalidade dos casos, e atendendo à conjuntura atual, as grandes fortunas e patrimónios imobiliários serem raros, de o património mais valioso a transmitir encontrar formas de não ficar

[29] Jorge Duarte Pinheiro *Ibidem*. p. 233, aponta, como instrumentos de flexibilização da sucessão legitimária, a colação, o legado por conta da legítima e em substituição da legítima, a cautela sociniana, e a partilha em vida.

[30] Razão esta que hoje em dia não tem grande suporte real. Na verdade, a esperança média de vida é superior à que existia na altura do surgimento do Código Civil. De facto, quando o autor da sucessão morre, os seus descendentes, na generalidade dos casos, são já adultos e com vida autónoma e independente. A herança vai aumentar o património que já possuem e não permitir-lhes meios de sustento e de início de vida. V., Diogo Leite de Campos. Parentesco, casamento e sucessão. *In Revista da Ordem dos Advogados*, ano 45.º, vol. I, 1985, p. 29, nota 31.

[31] João Cura Mariano. *Ob. e Loc. Cit.* p. 764.

sujeito ao direito das sucessões (património mobiliário), na realidade de que a família já não é o suporte de um património que se transmite de geração em geração, e às razões apontadas contra a sucessão legitimária, deve privilegiar-se a liberdade de testar face à proteção da família. Se o autor da sucessão construiu ao longo da sua vida um determinado património, maior ou menor, e muitas vezes sem a colaboração de familiares, deveria poder dele dispor integralmente e a favor de quem entender para depois da sua morte. Não tem sentido que um pai ou uma mãe a quem os filhos nunca prestaram apoio nem auxiliaram na sua velhice tenha que reservar uma quota da sua herança aos mesmos que, no momento da morte daquele ou daquela, surgem como herdeiros legitimários[32]. Podemos, por isso, questionar se a sucessão legitimária ainda serve a proteção da família (?) e, não servindo, deverá manter-se?

Talvez seja de refletir se a sucessão legítima, supletiva, não permitiria alcançar o mesmo fim da sucessão legitimária tal como prevista no nosso ordenamento jurídico. De facto, os descendentes receberiam o referido património caso o autor da sucessão nada disponha. Se a necessidade de

[32] Susan N. Gary. Introduction to Succession Law in the 21st century. *In HeinOnline* – Real Property, Trust and Estate Law Journal. nº 43, 2008, p. 390, citando Anne-Marie Rhodes, da Loyola University Chicago School of Law, escreve que talvez as regras sucessórias no século XXI venham a centrar-se na forma como as pessoas se tratam umas às outras. Por seu lado, Anne-Marie Rhodes. On inheritance and disinheritance. *In HeinOnline* – Real Property, Trust and Estate Law Journal. nº 43, 2008, pp. 434 e 445, afirma que o Direito das Sucessões nunca firmou em um único modelo, oscilando entre a proteção da família e o comportamento do herdeiro face ao autor da sucessão e, em função disso, o seu afastamento da sucessão. Assentando as situações de afastamento da sucessão (*disinheritance*) na conduta do herdeiro, o destino da herança pode assentar numa apreciação subjetiva da interação e da conduta de uma pessoa para com a outra. Thomas Gallanis/Josephine Gittler. Family caregiving and the Law of Succession: a proposal. *In HeinOnline* – University of Michigan Journal of Law Reform. vol. 45, n.º 4, 2012, pp. 761 e segs, propõem que se reserve uma quota da herança ao membro da família que cuidou do autor da sucessão sem qualquer compensação. Marta Pérez Escolar. Incidencia de la Ley 15/2005, de 8 de julio, en los derechos sucessórios del cónyuge sobreviviente. *In Revista Jurídica de la Universidad Autónoma de Madrid*. nº 17, I, 2008, p. 198, dá nota que os arts. 8.º e 9.º da Lei do Parlamento da Catalunha nº 22/2000, de 29 de dezembro, sobre Acolhimento de Pessoas Maiores, preveem direitos sucessórios a favor do cuidador quando a convivência tenha tido uma duração mínima de quatro anos.

cuidar da família, deixando os familiares numa posição confortável economicamente, for uma prioridade do autor da sucessão, reconhecendo o vínculo que o une aos mesmos, o autor da sucessão nada disporá e funcionará a sucessão legítima. Caso contrário, e até para corrigir injustiças que seriam criadas com uma partilha igualitária entre os herdeiros, poderia dispor dos seus bens a favor de outras pessoas que não os filhos ou beneficiar algum ou alguns deles. Seriam aquelas situações em que os filhos se afastaram do autor da sucessão, onde não existe um verdadeiro vínculo afetivo e de entreajuda entre os mesmos. No direito alemão, que contempla também os descendentes como herdeiros legais, é reconhecido ao descendente do falecido que tenha dado um especial contributo ao *de cuius*, na esfera pessoal (por exemplo, cuidando dele ou fazendo-lhe mais companhia) ou patrimonial (por exemplo, suportando as despesas com o seu sustento ou pagando os tratamentos e medicamentos para a sua doença), permitindo dessa forma a conservação ou o aumento do património do autor da sucessão, uma compensação perante os outros descendentes que concorram à sucessão legal (§ 2057.ºa do BGB). Essa compensação é acrescentada à quota hereditária do descendente, permitindo, assim, igualar a partilha (tal como a colação a que estão sujeitos os descendentes que receberam doações em vida do autor da sucessão). Entre nós não existe norma idêntica, fazendo com que tanto suceda, e recebendo o mesmo, o filho que não vê o pai ou a mãe há anos como o que o acompanhou e esteve sempre presente.

Paralelamente, poderia reservar-se, como também acontece no direito alemão, uma parte da herança aos familiares mais próximos (cônjuge, descendentes e ascendentes), mas a legítima não se traduziria numa porção de bens de que o testador não pode dispor[33]. Ou seja, o autor

[33] Mesmo no direito alemão a existência da legítima chegou a ser contestada. Em 2000, o Tribunal Constitucional alemão (*Bundesverfassungsgericht*) pronunciou-se sobre um pedido de inconstitucionalidade da quota obrigatória reservada aos legitimários. Apesar de não aceite, alegava-se a inconstitucionalidade por impor uma limitação injustificável à liberdade de testar, dado que a função de sustento que cabia a essa quota deixou de lhe existir, atendendo à evolução demográfica e social. V., Walter Pintens/Steven Seyns. Comparative Law – Germany. Compulsory portion and solidarity between generations in German Law. *In* AAVV, *Imperative Inheritance Law in a Late-Modern Society* – five perspetives. Antwerp – Oxford – Portland, Intersentia, 2009, p. 171.

da sucessão poderia dispor (*mortis causa*) dos seus bens a favor de quem entendesse, mas os descendentes (a par do cônjuge e dos ascendentes), enquanto sucessores obrigatórios, poderiam reclamar o pagamento de uma quantia em dinheiro correspondente a uma quota da herança que lhe seria atribuída enquanto herdeiro legítimo. Os legitimários surgiriam, assim, como credores daquele valor.

Mantendo-se a sucessão legitimária, nomeadamente a favor dos descendentes, importa rever as causas de indignidade previstas no art. 2034.º, de forma a albergar certas situações, como as de abandono do progenitor, de maus tratos, de agressões, entre outras, que possam afastar os filhos da sua quota legitimária e, em geral, da sucessão do progenitor. De referir, neste contexto, que a enumeração das causas de indignidade do art. 2034.º, bem como a das causas de deserdação do art. 2166.º, é taxativa. Porém, o Supremo Tribunal de Justiça considerou que, muito embora a situação não se enquadre em qualquer uma das causas de indignidade, não pode todavia reconhecer-se capacidade sucessória a um pai que violou uma filha de 14 anos, a obrigou a abortar aos 15 anos, após cumprir a pena de prisão em que foi condenado persistiu na ofensa a sua filha (que nunca lhe perdoou) e se vem habilitar à herança desta sua filha por morte dela aos 29 anos, em acidente de viação – reconhecer-lhe essa capacidade seria manifestamente intolerável para os bons costumes e o fim económico e social do direito de lhe suceder e, portanto, ilegítimo, por abusivo, esse mesmo direito (acórdão do STJ, de 07/01/2010)[34].

Refutando a tese da taxatividade, v., o acórdão da Relação de Guimarães, de 22/01/2009, admitindo novos casos de indignidade por recurso à analogia *legis*.

Conclusão

Não pretendemos, como se comprova com o que escrevemos até aqui, avançar com uma solução que possa resolver todos os problemas que a sucessão legitimária pode levantar, mas apenas refletir sobre os mesmos

[34] Com uma visão crítica deste acórdão do STJ, de 07/01/2010. Disponível em: http://www.dgsi.pt. v., João Lemos Esteves. O problema da tipicidade das causas de indignidade sucessória e os tribunais: breve estudo de caso. *In* AAVV, *Estudos em homenagem ao Professor Doutor Carlos Pamplona Corte-Real*. Coimbra, Almedina, 2016, pp. 110 e 111.

na busca de uma maior flexibilidade do direito sucessório e da sucessão legitimária.

Referências

Ascensão, Oliveira. *Direito Civil. Sucessões*. 5ª ed., Coimbra, Coimbra Editora, 2000.

Barbosa, Paula. *Doações entre cônjuges. Enquadramento jus-sucessório*. Coimbra, Coimbra Editora, 2008.

Bastos, Jacinto Rodrigues. *Direito das Sucessões* – segundo o Código Civil de 1966. vol. II, Viseu, Tipografia Guerra, 1982.

Campos, Diogo Leite de. Parentesco, casamento e sucessão. *In Revista da Ordem dos Advogados*. Ano 45º, vol. I, 1985.

Coelho, Pereira. *Direito das Sucessões*, lições policopiadas ao curso de 1973-1974. Coimbra, 1992.

Corte-Real, Pamplona. *Da imputação de liberalidades na sucessão legitimária*. Lisboa, Centro de Estudos Fiscais, 1989.

Corte-Real, Pamplona. *Direito da Família e das Sucessões*. vol. II (Sucessões), Lisboa, Lex, 1993.

Corte-Real, Pamplona. *Curso de Direito das Sucessões*, Lisboa, Quid Juris, 2012.

Costa, Almeida. *A liberdade de testar e a quota legitimária no direito português* (em especial, o confronto do regime do Código Civil de 1867 com a evolução subsequente). Coimbra, Coimbra Editora, 1997.

Dias, Cristina. O art. 62º da Constituição da República Portuguesa – do direito de propriedade privada e das restrições à liberdade de disposição mortis causa. *In* AAVV, *Atas do Congresso Internacional Direito na Lusofonia* – Diálogos Constitucionais no Espaço Lusófono. Braga, Escola de Direito da Universidade do Minho, 2016.

Dias, Cristina. *Lições de Direito das Sucessões*. 9.ª ed., Coimbra, Almedina, 2024.

Esteves, João Lemos. O problema da tipicidade das causas de indignidade sucessória e os tribunais: breve estudo de caso. *In* AAVV, *Estudos em homenagem ao Professor Doutor Carlos Pamplona Corte-Real*. Coimbra, Almedina, 2016.

Fernandes, Luís Carvalho. *Lições de Direito das Sucessões*. 4ª ed., Lisboa, Quid Juris, 2008.

Ferreira, José Dias. *Código Civil Portuguez Annotado*. vol. III, 2ª ed., Coimbra, Imprensa da Universidade, 1898.

Gallantis, Thomas/Gittler, Josephine. Family caregiving and the Law of Succession: a proposal. *In HeinOnline* – University of Michigan Journal of Law Reform. vol. 45, n.º 4, 2012.

Gary, Susan N. Introduction to Succession Law in the 21st century. *In HeinOnline* – Real Property, Trust and Estate Law Journal. n.º 43, 2008.

Leal, Ana. *A legítima do cônjuge sobrevivo* – estudo comparado hispano-português. Coimbra, Almedina, 2004.

Mariano, João Cura. A sucessão legitimária: um regime no limbo da inconstitucionalidade. *In* AAVV, *Estudos em Homenagem ao Conselheiro Presidente Joaquim de Sousa Ribeiro*. vol. I, Coimbra, Almedina, 2019.

Nogueira, Joaquim Fernando. A Reforma de 1977 e a posição sucessória do cônjuge sobrevivo. *In Revista da Ordem dos Advogados*. Ano 40.º, n.º III, 1980.

O'Sullivan, Kathryn. Spousal Disinheritance Protections under Irish Law: A Proposal for Reform. *In HeinOnline*, Common Law World Review. nº 41, 2012.

Pérez Escolar, Marta. Incidencia de la Ley 15/2005, de 8 de julio, en los derechos sucessórios del cónyuge sobreviviente. *In Revista Jurídica de la Universidad Autónoma de Madrid*. nº 17, I, 2008. Disponível em: https://revistas.uam.es/revistajuridica/article/view/6098.

Pinheiro, Jorge Duarte. *O Direito das Sucessões Contemporâneo*. 5ª ed., Coimbra, Gestlegal, 2022.

Pintens, Walter/Seyns, Steven. Comparative Law – Germany. Compulsory portion and solidarity between generations in German Law. *In* AAVV, *Imperative Inheritance Law in a Late-Modern Society* – five perspetives. Antwerp – Oxford – Portland, Intersentia, 2009.

Pitão, França. *A posição do cônjuge sobrevivo no atual direito sucessório português*. 4ª ed., Coimbra, Almedina, 2005.

Rhodes, Anne-Marie. On inheritance and disinheritance. *In HeinOnline* – Real Property, Trust and Estate Law Journal. nº 43, 2008.

Sousa, R. Capelo de. *Lições de Direito das Sucessões*. vol. I, 4ª ed. renovada, Coimbra, Coimbra Editora, 2000.

Sousa, R. Capelo. *Direito da Família e das Sucessões* – Relatório sobre o programa, o conteúdo e os métodos de ensino de tal disciplina. Coimbra, Coimbra Editora, 1999.

40.
PASADO Y PRESENTE DE LA LEGÍTIMA TESTAMENTARIA

JOSÉ FRANCO-CHASÁN

John Locke defended the English inheritance system on the ground that all children naturally enjoyed a shared title with their parents to the family property. Locke viewed England's inheritance system as a natural consequence of the powerful instinct of humans to procreate, which led to a sense of obligation of parents to provide for their children[1].

1. Introducción

En la mayoría de jurisdicciones de *Civil law*[2], los jóvenes estudiantes de Derecho de primer curso se suelen enfrentar a un problema habitual: la dificultad de distinguir entre Derecho romano y Derecho civil[3]. Las fronteras entre los contenidos de ambas se tornan difusas. Una cree que los conceptos de Derecho civil deben ser tratados de primera mano por el Derecho romano, atendiendo a un principio cronológico. La otra cree que su disciplina debe tratar el Derecho estrictamente en Roma: es el Derecho civil el que debe proporcionar los conceptos básicos, contenidos

[1] Priest, Claire. Creating an American Property Law: Alienability and Its Limits in American History. *Harvard Law Review*, Vol. 120, No. 2, 2006, pp. 385-458, p. 401.
[2] También conocida como Derecho continental europeo, en contraposición al sistema de *Common Law* o sistema de Derecho angloamericano.
[3] Obarrio Moreno, Juan Alfredo, *En defensa de la cultura grecolatina*, Madrid: Dykinson, 2023.

asépticos y clasificaciones dogmáticas. A menudo, los alumnos reciclan conceptos entre una y otra asignatura. Y, si bien es cierto que los conceptos de Derecho civil actuales son parecidos a aquellos de Roma, no son los mismos. Realizar una suerte de "remisión mutua" en relación a instituciones, conceptos o elementos supone sacrificar en demasía el purismo académico. Los matices se pierden y esto da lugar a malentendidos. Al margen de consideraciones de pedagogía universitaria[4], esta problemática afecta también al caso que nos ocupa: la legítima testamentaria.

En un principio, la "legítima", como es conocida popularmente, es la historia de la sucesión intestada. Estrictamente en Roma, en el momento en el que se produce el fenómeno de la herencia intestada podemos empezar a hablar de la legítima testamentaria. En Roma, la sucesión testamentaria y la *ab intestato* son absolutamente incompatibles: o se da la una o se da la otra. Tal incompatibilidad se manifiesta en el célebre principio romano "*nemo pro parte testatus, pro parte intestatus decedere potest*"[5]. En el caso de que el testamento no agotara el caudal hereditario, el resto no saltaba automáticamente al haber del heredero *ab intestato*. Para arrojar algo de luz sobre el asunto debemos acudir a las *Instituta* de Justiniano[6].

[4] Fruto de mi experiencia como profesor, una de mis propuestas para la mejora de la enseñanza del Derecho romano en la universidad es la creación de un órgano de coordinación entre ambas asignaturas a fin de coordinar los contenidos que se van a enseñar: cómo se va a llevar a cabo la impartición, qué instituciones van delante, cuáles después, quién se hará cargo de determinados conceptos y elementos, etc. Si bien este órgano de coordinación también podría abarcar las materias de Derecho penal o Derecho procesal, no considero que sea urgente puesto que, por un lado, el Derecho romano es esencialmente privado y, en consecuencia, el Derecho civil centra la mayor parte de sus esfuerzos; y, por otro lado, tanto la asignatura de Derecho penal como de Derecho procesal, al menos en España, se imparten en segundo curso, con lo que la "emergencia" del primer año está solventada.

[5] El tenor literal del principio no aparece de esta manera en los textos originales, sino que ha resultado de una unión de las dos fuentes principales de donde se deduce el mismo: las *Instituta* y el Digesto. Vid., I.2.14.5: "Neque enim idem ex parte testatus et ex parte intestatus decedere potest, nisi sit miles, cuius sola voluntas in testando spectatur"; y D.50.17.7: "Ius nostrum non patitur eundem in paganis et testato et intestato decessisse: earumque rerum naturaliter inter se pugna est testatus et intestatus".

[6] Justiniano, *Instituta*, Libro III. Utilizo la versión castellana: Ortolan, J. L. E., *Explicación histórica de las Instituciones del emperador Justiniano con el texto, la traduccion al frente y las*

Ahí vemos que se contemplaban tres posibilidades: si no se había hecho testamento[7], si los herederos no llegaban finalmente a serlo[8], o bien, si el testamento realizado no era válido[9]. En estos casos tenía lugar la sucesión intestada[10]. "*Intestatus decedit qui aut omnimo testamentum non fecitaut non iure fecitaut id quod fecerat ruptum irritumve factum est aut nemo ex eo heres extit*"[11].

Todo ello contrasta fuertemente con la situación actual. Hoy en día, en España la "legítima" se contempla siempre: tanto si se ha realizado testamento como si no. El Código civil (CC) habla de dos modalidades de sucesión: una basada en la "voluntad del hombre manifestada en testamento" y otra según "disposición de la ley"[12]. A la primera se le llama "testamentaria" y, a la segunda, "legítima"[13]. La diferencia fundamental con el sistema romano es que para nosotros "podrá también deferirse en una parte por voluntad del hombre, y en otra por disposición de la ley"[14]. Nuestro Código civil la consigna como esa "porción de bienes" de la cual el testador "no puede disponer" precisamente porque la ley la ha "reservado a determinados herederos"[15]. A estos últimos se les conoce como "herederos forzosos"[16]. En consecuencia, el sistema español actual opta por dividir el caudal hereditario en tres tercios: de libre disposición, de mejora y de legítima.

explicaciones de cada párrafo, precedida de la historia de la legislación romana, desde su origen hasta la legislación moderna, y de una generalizacion del derecho romano, según los textos conocidos antiguamente ó mas recientemente descubiertos, Madrid: Librería de Leocadio López, 6ª ed., T. II, 1894. Manejo el tomo II que es el relativo a los Libros III y IV de las *Instituta.*

7 Según Teófilo, "de hecho".

8 Según Teófilo, "de hecho".

9 Según Teófilo, "de derecho".

10 Ortolan, *Explicación histórica de las Instituciones,* p. 5.

11 I. 3,1 pr.

12 Art. 658, CC español.

13 *Ibidem.*

14 *Ibidem.*

15 Art. 806, CC español.

16 Esta figura resulta fundamental a la hora de entender el Derecho español contemporáneo, tal y como atestigua su uso frecuente a lo largo del CC: arts. 140, 152, 763, 777, 806, 807, 814, 815, 816, 817, 821, 825, 857, 985, 1035, 1036, 1056, 1075 y 1324.

2. Fruto de su tiempo: la cosmovisión lo es todo

¿Por qué se produce dicha distinción? En una conversación con el célebre romanista Emanuele Conte[17], el mismo aseveraba que no existía tal cosa como un Derecho romano. Se podía hablar de textos de Derecho romano como el Digesto, que utilizaremos en nuestro análisis, pero no se podía hablar de un Derecho romano tras la desaparición de Roma[18]. Este último sólo existió realmente mientras existía una sociedad romana que gobernar, esto es, mientras la cosmovisión de la cultura romana existía de manera efectiva: cultura, sociedad, tradiciones, lengua, poder, esfera de Derecho público y privado[19]. No existía un ente atemporal y abstracto que describiera una realidad inmanente: existía un Derecho romano en tanto en cuanto había conflictos romanos, jurídicos y extrajurídicos, que resolver[20]. No en vano, Peter Stein[21], el famoso jurista británico, llegaría a afirmar que el Derecho romano era "una especie de supermercado jurídico" del cual se servían toda suerte de "intelectuales" y "responsables políticos"[22]. La apropiación de una gran cantidad de conceptos por parte del Derecho canónico y el renacimiento del *Corpus Iuris Civilis* y del *Ius Commune* en la Europa tardomedieval y renacentista llevarían a una realidad común: el hecho de utilizar los mismos conceptos para referir

[17] Dicha conversación tuvo lugar a raíz del seminario convocado por *The Allan Watson Group* (dir. Aniceto Masferrer) en la Facultad de Derecho de la Universidad de Valencia bajo el título "The Notion of Individual Rights in the Medieval Civil Law Tradition", 04.05.2023.

[18] Conte, Emanuele, "The centre and the margins of the jungle of glossed manuscripts", *Rivista internazionale di diritto comune,* No. 32, 2021, pp. 55-73.

[19] Whitman, J. Q., "The World Historical Significance of European Legal History: An Interim Report", en Pihlajamäki, H. (ed.) et al., *The Oxford Handbook of European Legal History*, Oxford: Oxford University Press, 2018, pp. 4-22. Disponible en: https://doi.org/10.1093/oxfordhb/9780198785521.013.1.

[20] Herzog, Tamar, *A Short History of European Law: The Last Two and a Half Millennia*, Harvard University Press, 2018, *JSTOR*.

[21] Dingle, Lesley. Conversations with Professor Peter Gonville Stein: a Contribution to the Squire Law Library Eminent Scholars Archive. *Legal Information Management*, Vol. 8, No. 3, 2008, pp. 214–222, doi:10.1017/S1472669608000327.

[22] Stein, Peter, *Roman Law in European History,* Cambridge: Cambridge University Press, 1999, p. 2.

a realidades nuevas[23]. La ruptura con el pasado era tan sólo cuestión de apariencia. Los conceptos podían variar, pero el contenido continuaría siendo el mismo y la Europa medieval y renacentista daría buena prueba de ello: "*In their glosses, commentaries, brocarda, allegations or dicta upon the Roman and Canon law texts, the legal scholars not only produced a relectio, but also adapted the texts to the contemporary legal reality, that of the late Middle Ages*"[24].

Hay que observar con detenimiento la cosmovisión romana e hispano-europea contemporáneas para percatarse de que, evidentemente, poseen sustratos culturales y jurídicos muy distintos sobre los que trabajar. La principal diferencia la encontramos en la existencia de dos formas de entender las relaciones familiares: los agnados y los cognados. Este último, el vínculo cognaticio, resulta más fácil de visualizar. El vínculo sobre el que se basa la mayoría de las relaciones familiares actuales es el parentesco de sangre. Éste se transmite tanto a través del padre como de la madre y, aunque el hijo se emancipe, el vínculo no se extingue. Esto era distinto de lo que pasaba en Roma al principio: se hablaba de un vínculo agnaticio. Se trataba de un vínculo más "artificial". El nexo que unía a la familia era el parentesco de autoridad. Naturalmente, a diferencia del cognaticio, éste únicamente podrá transmitirse a través del padre y sus efectos cesan en cuanto el hijo se emancipe (puesto que es una relación que se basa en la autoridad del *paterfamilias*)[25].

Se trata de una diferencia fundamental que determina la manera en la que entendemos la familia y las relaciones sociales. Consideremos, tan sólo por un instante, cómo se asemeja a la dualidad en la concepción *ius soli* vs. *ius sanguini*. Nótese la relevancia que tiene en el Derecho civil y en la obtención de la nacionalidad. Un ejemplo de la primera sería una

[23] Mitteis, Heinrich, *Die Rechtsgeschichte und das Problem der historischen Kontinuität*, Berlin, 1947; Masferrer, Aniceto, *Tradición y reformismo en la codificación penal española. Hacia el ocaso de un mito. Materiales, apuntes y reflexiones para un nuevo enfoque metodológico e historiográfico del movimiento codificador penal europeo*, Jaén: Universidad de Jaén, 2003; Thieme, Hans, "Kontinuität – Diskontinuität in der Sicht der Rechtsgeschichte", *Ideesgeschichte und Rechtsgeschichte. Gesammelte Schriften von Hans Thieme*, Böhlau: Verlag Köln-Wien, 1986, pp. 63-79.
[24] Moréteau, Olivier; Masferrer, Aniceto; Modéer, Kjell, *Comparative Legal History*, Cheltenham: Edward Elgar Publishing, 2019, 512 pp, p. 214.
[25] Gayo 1,156.

embarazada que cruza desde México la frontera hacia Estados Unidos y da a luz en suelo estadounidense. De acuerdo con este sistema, el niño nacido en EE. UU. adquiere la nacionalidad[26]. Un ejemplo de la segunda lo encontramos en países como España o Alemania, cuyos sistemas se fundan en la sangre, con lo cual un padre, un abuelo o un tatarabuelo puede pasar su nacionalidad a su descendencia. Recordemos cuando el Gobierno español concedió la nacionalidad española a un nutrido grupo de judíos sefardíes[27]. Como vemos, un sistema es más artificial y otro posee un carácter más étnico. En cualquier caso, esto acaba por influir de manera determinante en el modo en el que los países entienden los conceptos jurídicos. No es de extrañar pues que la sangre en Roma (al principio) no fuera necesaria ni suficiente: un adoptado se consideraría familia mientras que un hijo de su propia sangre quedaría excluido si se emancipara:

> Por derecho propio llamamos familia al conjunto de personas que están bajo una misma potestad, sujetas a ella por nacimiento, o por un acto de derecho, como el cabeza de familia, la madre de familia, el hijo y la hija de familia y los que siguen en lugar de éstos, como los nietos y las nietas y otros descendientes. Se llama padre de familia al que tiene dominio en la casa; y se llama así propiamente, aunque no tenga hijos, pues no designamos su sola persona, sino también su derecho[28].

La agnación consiste en una ficción jurídica que, si bien puede parecer demasiado técnica, abstracta o artificial para una sociedad tan primitiva, en realidad tiene un fundamento claro: en una sociedad más rígida lo que primaba era la sujeción a una misma potestad familiar. Esta autoridad era vital para unir a la sociedad. Recuérdese que su mentalidad era muy dis-

[26] BBC Mundo, *Turismo de partos: las latinoamericanas que viajan a dar a luz a EE.UU.* Disponible en: https://www.bbc.com/mundo/noticias/2015/09/150925_eeuu_tener_bebe_miami_turismo_parto_ep. Visto en 22.03.2023.

[27] Europapress, *El Gobierno concede la nacionalidad española a más de 36.000 judíos sefardíes y rechaza más de 3.000 solicitudes en 2021.* Disponible en: https://www.europapress.es/sociedad/noticia-gobierno-concede-nacionalidad-espanola-mas-36000-judios-sefardies--rechaza-mas-3000-solicitudes-2021-20211004194342.html. Visto en 23.03.2022.

[28] D. 50, 16, *De verborum significatione,* 195, 2 (Ulpianus XLVI ad edictum).

tinta a la nuestra. El trasfondo judeocristiano permeará posteriormente a lo largo de dos milenios de la historia de la Vieja Europa. El hecho de considerarlo artificial no permite, en modo alguno, hablar de un vínculo menos efectivo: se hacía efectivo incluso en el caso de los *furiosus* (incapaces o discapacitados mentales), donde los agnados y los gentiles tenían la potestad sobre él y sobre sus bienes[29].

Roma, en su época arcaica y preclásica, se caracterizaba por una sociedad primitiva y rural. La austeridad típica de estas sociedades, su oposición a los extranjeros[30], su carácter eminentemente patriarcal y exclusivista acabaría configurando el Derecho por el que se regiría: el *ius civile*[31]. En este sistema, los conceptos jugaban un papel mucho más relevante que la realidad empírica, precisamente por el mayor peso que tenían los conceptos abstractos de familia, clan, lealtad y autoridad:

> La palabra latina *frater* (hermano) viene de la indoeuropea *bhrâther*, que denota una fraternidad no consanguínea, es decir, no designa al hermano carnal. La palabra griega *phrater* se deriva de la anterior y era usada por los griegos para designar un parentesco espiritual. Más tarde aparece en griego *adelphos* para designar la fraternidad biológica, es decir, a los hijos de la misma madre. Los romanos usaban *frater* para designar la fraternidad o hermandad en sentido de comunión de ideas, sentimientos, amistad, solidaridad, participante de las mismas ideas religiosas. Para referirse a la fraternidad biológica usaban *frater germanus*, hermano carnal, pariente consanguíneo[32].

[29] Tabla 5,7, a: "si furiosus escit adgnatum gentiliumque in eo pecuniaque eius potestas esto".

[30] Considerados como *hostis*. Esta voz latina se traducía como "enemigo", pero no siempre fue así. En los albores de la formación de Roma el término aludía simplemente a extranjero.

[31] Un sistema de Derecho plagado de formalidades, tremendamente rígido, abiertamente elitista (tan sólo unos pocos podían conocer su contenido) y, por lo general, marcadamente inflexible.

[32] Fernández López, Justo, *Hispanoteca. Portal de lengua y culturas hispanas*. Disponible en: http://hispanoteca.eu/Foro/ARCHIVO-Foro/Hermano%20y%20germano.htm. Visto en 09.03.2023.

3. El pasado: Roma y una multiplicidad de sistemas

En Roma, se entendía por legítima aquella sucesión *ab intestato* que se producía en caso de no existir la testamentaria, por lo que se confirma el rasgo de subsidiariedad. Asimismo, se producía por el ministerio de la ley, puesto que era ésta la que realizaba el llamamiento directamente, no los particulares.

Probablemente, la diferencia más significativa que se puede observar la encontramos en el periodo *ius civile,* por un lado, y los periodos *ius honorarium* y *ius novum,* por otro. El primero, por influencia de las XII Tablas, se basa en los vínculos de poder (agnados), mientras que el segundo se basa en el vínculo de sangre (cognados). Esto significa que, al principio, las personas a las que se llamaba eran aquellas que se encontraban bajo la potestad del fallecido. Más tarde, el foco se desplazaría hacia los parientes más cercanos al difunto[33]. Esta tendencia se consolidaría con el *ius novum* y, finalmente, el Derecho justinianeo trazará las líneas maestras del modelo que seguiremos en la actualidad.

En definitiva, lo que va a determinar si se opta por un modelo de sucesión que se base en relaciones de parentesco, agnaticias o gentilicias va a ser la época.

3.1. *Ius civile*

Ya desde el principio las XII Tablas prevén que si muriera intestado quien careciera de un "heredero suyo", la herencia le correspondería al "agnado más próximo"[34]. En el caso de que no existiera tal agnado, la herencia correspondería a los "gentiles"[35]. Por lo tanto, se distinguen tres llamamientos distintos: a los 'herederos suyos', a los agnados y a los gentiles[36].

En primer lugar, el grupo de los *sui heredes* está compuesto por los descendientes que estuvieran bajo la potestad del difunto en el momento

[33] En Derecho romano se utiliza habitualmente la expresión *cuius* para referirse al difunto. En castellano, a menudo se utiliza el término "causante".

[34] Tabla V, apartado 4: "si intestato moritur, cui suus heres nec escit, agnatus proximum familiam habeto" (Ulp. Tit. 26.1).

[35] Tabla V, apartado 5: "Si agnatus nec escit, gentiles familiam habento" (Ulp. Tit. 26.1).

[36] I. Gayo, 3, 1-17, § 1-17. Utilizo la versión castellana: *La Instituta de Gayo,* Madrid: Imprenta de la Sociedad Literaria y Tipográfica, 1845, pp. 173-177.

de su muerte. En este grupo encontramos al hijo o la hija[37], al nieto y la nieta procedentes de hijo varón[38], al biznieto y la biznieta[39], la mujer en matrimonio *cum manu*[40], la nuera de un matrimonio *cum manu*[41], y los póstumos[42]. Como podemos comprobar, la pertenencia al grupo de los *suus* está lejos de quedar determinada por simples vínculos de sangre.

En segundo lugar, el agnado consiste en el pariente colateral más cercano. Algunos autores se refieren a los mismos como la *familia communi iure* y resalta ese carácter de "parentesco legítimo": "Los agnados eran las personas que juntamente con el *de cuius*, descendían de un ascendiente común, al que estarían sometidos si este aún viviese"[43].

Dicho parentesco debe proceder del sexo masculino, y esto quiere decir que los hermanos nacidos de un mismo padre sean o no de una misma madre, son agnados entre sí. Recibirán por tanto el adjetivo de consanguíneos, al igual que el tío paterno y el sobrino hijo de hermano, los primos de dos hermanos varones[44], y así se descenderá a otros posibles "grados de agnación"[45]. En cualquier caso, el llamamiento al aganado más próximo excluye al más remoto, dado que a la ley de las XII Tablas no confiere la herencia a todos los agnados a la vez sino solo a aquellos que "ocuparen el grado más próximo"[46].

En tercer lugar, los gentiles son aquellos individuos que pertenecen a una misma tribu o *gens*. Lo constituye el grupo de familias que proceden de un antecesor común puesto que tienen el mismo apellido o nombre gentilicio. Se trata de un resquicio histórico y esta manera de organización social había desaparecido bien entrada la época clásica, con lo que

[37] No existe diferencia entre naturales o adoptivos. Sí pierden, sin embargo, la condición de *sui heredes* cuando dejan de estar fuera de la potestad del causante: emancipación, adopción de un tercero o el caso de que la hija entablara un matrimonio *cum manu*.

[38] Procedentes por la línea de varón.

[39] También procedentes por la línea de varón.

[40] La cual se considera que está en el lugar de la hija.

[41] Conocida como *nurus in manu*.

[42] Los póstumos que al haber nacido en vida del padre hubieran estado bajo su potestad.

[43] Panero Gutiérrez, Ricardo, *Derecho Romano*, Valencia: Tirant Lo Blanch, 6ª ed., p. 721.

[44] A la sazón, consobrinos.

[45] *La Instituta de Gayo*, Madrid: Imprenta de la Sociedad Literaria y Tipográfica, 1845, p. 175.

[46] I. Gayo, 3, 1-17, § 1.

su aplicación es extremadamente rara y reducida: "El derecho gentilicio ha caído en desuso completamente, y por lo tanto parécenos inútil tratar ahora con más extensión de esta materia"[47].

Finalmente, debemos destacar que los *sui heredes* no pueden renunciar a la herencia y la adquieren de manera automática. A diferencia de ellos, los agnados y los gentiles sí pueden renunciar[48].

3.2. *Ius honorarium*

El Derecho de las XII Tablas era muy "estricto"[49]. Ocurría que ni los "hijos mancipados"[50], ni los "hijos que no se hallaban bajo la potestad del padre"[51], ni los "agnados" que habían sufrido una *capitis deminutio* tenían derecho a la herencia del padre[52]. Tampoco podría ser heredero el siguiente agnado cuando el primer agnado más próximo no aceptara "la herencia"[53], ni las "mujeres agnadas" que no fueran "consanguíneas"[54], ni los cognados por línea de hembra, puesto que la madre y el hijo o hija no tienen derecho a recibir recíprocamente sus herencias, a no ser que se hubieran establecido entre ellos los "derechos de consanguinidad por la sujeción al poder" (*per in manum conventionem*)[55].

Ante tales injusticias[56], el Pretor introduce un nuevo sistema de llamamientos que permita reformar el rígido sistema anterior. El gran cambio con respecto al sistema precedente es que se pasa de un sistema de vínculo jurídico a un sistema de vínculo de sangre o cognaticio. Asimismo, otro cambio relevante es que el Pretor no puede nombrar herederos: las personas llamadas adquieren la "posesión" de los bienes hereditarios[57].

47 Panero, *Derecho Romano*, p. 721.
48 Por ello se les considera como "herederos voluntarios".
49 I. Gayo, 3, 1-24, § 18: "Hactenus lege XII tabularum finitae sunt intestatorum hereditates: quod ius quemadmodum, strictum fuerit, palam est intellegere".
50 I. Gayo, 3, 1-24, § 19.
51 I. Gayo, 3, 1-24, § 20.
52 I. Gayo, 3, 1-24, § 21.
53 I. Gayo, 3, 1-24, § 22.
54 I. Gayo, 3, 1-24, § 23.
55 I. Gayo, 3, 1-24, § 24.
56 *Iniquitates emendatae.*
57 I. Gayo, 3, § 32: "Quos autem Praetor uocat ad hereditatem, hi heredes ipso quidem iure non fiunt, nam Praetor heredes facere non potest: per legem enim tantum, quel

En primer lugar, los hijos y descendientes del causante. Se les conoce como *unde liberi* a aquellos descendientes que obtienen el primer lugar para la sucesión *ab intestato* de los ascendientes[58]. Así pues, son llamados los "*sui*", los "hijos emancipados *sui iuris*" y sus descendientes, los "póstumos" y los "hijos dados en adopción" por el *cuius* y que posteriormente "se hayan emancipado"[59].

En segundo lugar, los llamados *unde legitimi*. No son más que los agnados del difunto a quienes se considera como herederos legítimos[60].

En tercer lugar, los llamados *unde cognati* o cognados del difunto: "se llaman cognados como descendientes de una misma persona [...] como que el origen de su nacimiento fue uno mismo"[61]. Llegados a este punto no se realiza una distinción entre línea masculina y femenina. Se incluye en este grupo a descendientes, ascendientes, colaterales hasta sexto grado, entre otros[62].

En cuarto lugar, encontramos al cónyuge supérstite. Uno de los cambios principales es la posibilidad de la sucesión recíproca entre cónyuges: *vir et iuxor*[63].

3.3. *Ius novum*

En esta etapa se mantendrán los cambios operados en la anterior y se añadirán una serie de reformas adicionales. Respecto a estas últimas cabe destacar las modificaciones realizadas a través de los senadoconsultos y de las disposiciones de los emperadores.

Por un lado, hay dos senadoconsultos que debemos mencionar: el *Sc. Tertullianum* y el *Sc. Orphitianum*. El objetivo principal de ambos es que tanto la madre como el hijo puedan convertirse en sucesores "reales" a ojos del derecho civil[64]. El primero se remonta a la época de Adriano

similem iuris constitutionem heredes fiunt, ueluti per senatusconsultcum et constitutionem principalem".

[58] D. 38. 6.

[59] Panero, *Derecho Romano*, p. 723.

[60] D. 38, 7.

[61] D. 38, 9, 1, 1.

[62] Panero, *Derecho Romano*, p. 723.

[63] D. 38, 16, 1.

[64] Y no, como hasta ahora se había mantenido, en simples *bonorum possessores*.

(117-138). Determinó que la madre sí tenía el *ius liberorum*[65]. Además, preveía que el hijo no pudiera dejar *parens manumissor* ni *fratres consanguinei* preferentemente a los agnados[66], y respecto a los consanguíneos "la madre era excluida por los hermanos del *de cuius*" si bien es cierto que podía concurrir con las hermanas, pero presumiblemente, "en la mitad"[67]. El segundo se remonta a la época de Marco Aurelio (178) y trata el asunto de la herencia de la madre: establece que si ésta había muerto sin testamento y no tuviera derecho el marido[68], la herencia podía ser adquirida por los hijos de ambos sexos, incluso si provinieran de distinto matrimonio[69].

3.4. Derecho Justinianeo

En esta etapa final, las reformas operadas por Justiniano cristalizan en los años 543 y 548, en dos instrumentos respectivamente: la Novela 118 y la Novela 127.

Gracias a ello se produce la unión del sistema pretorio y del civil. La configuración restante queda establecida de la siguiente manera. En primer lugar, hijos y descendientes. En segundo lugar, ascendientes paternos y maternos, los hermanos del padre y la madre, e hijos de hermanos germanos premuertos[70]. En tercer lugar, hermanos de vínculo sencillo (*consanguinei* o *uterini*) e hijos de hermanos premuertos. En cuarto lugar, colaterales restantes[71]. En quinto lugar, de no darse ninguna de las opciones precedentes, el cónyuge supérstite[72]. El fundamento de este último es una suposición realizada *a posteriori*: "Al no haberse establecido nada en contrario por la Novela 118, puede pensarse con fundamento que

[65] D. 38, 17, 2, 1.

[66] Epítome Ulpiano 26 7; I. 3, 4.

[67] Daza Martínez, Jesús, Rodríguez Ennes, Luis, *Instituciones de Derecho privado romano*, Valencia: Tirant Lo Blanch, 4ª ed., 2009, p. 523.

[68] Esto es, *sine manu conventione* (Tit. Ulp. 26, 7).

[69] D. 38, 17, 1, 2.

[70] Se entiende por "hermanos germanos" aquellos hijos nacidos del mismo padre, pero de distinta madre. También suele usarse en el mismo sentido "carnal".

[71] Permanece sin aclaración si la Novela optó por establecer un límite hasta el sexto o séptimo grado. Vid. I. 3, 5, 5.

[72] I. 3, 9, 7.

siguió en vigor la sucesión del cónyuge superviviente en caso de ausencia de *cognati*"[73].

4. El presente: la regulación contemporánea como culminación del proyecto romano

Como ya mencionamos en la introducción, en la actualidad la herencia en España se encuentra divida en tres tercios, a saber: el tercio de libre disposición, el tercio de mejora y el tercio de legítima. Respecto a este último, debemos realizar una consideración: aunque la recepción del Derecho romano en la península tuvo unas características relativamente similares, lo cierto es que hay diferencias regionales que aún subsisten. Es de sobra conocido que en España el Derecho civil no se encuentra uniformado completamente, como sí lo está nuestro Derecho penal. Existen determinados territorios en los que las leyes civiles propias (*leyes forales*) se aplican con prioridad al Código civil español[74]. Si en el sistema de prelación de fuentes regional o autonómico no se encontrara ninguna solución legal 'foral' que solventara el asunto, se recurriría de manera subsidiaria al CC. Naturalmente, esto afecta a la legítima. En Cataluña[75], en lugar de 1/3, el caudal es de ¼ (igual que en Galicia)[76]; mientras que, en Baleares, aunque la cantidad es de 1/3, ésta podría tornarse en ½ en determinados casos[77], y finalmente, en Aragón la cantidad es de ½ por defecto[78].

[73] Daza Martínez, Rodríguez Ennes, *Instituciones de Derecho privado romano*, p. 528.

[74] Dichos territorios son el País Vasco, Cataluña, Galicia, Comunidad Valenciana, Aragón, Navarra e Islas Baleares.

[75] Libro IV del Código civil de Cataluña (Ley 10/2008), art. 451-5: "La cuantía de la legítima es la cuarta parte de la cantidad base (...)".

[76] Ley de Derecho civil de Galicia (Ley 2/2006), art. 243: "Constituye la legítima de los descendientes la cuarta parte del valor del haber hereditario líquido que, determinado conforme a las reglas de esta sección, se dividirá entre los hijos o sus linajes".

[77] En el caso de que hubiera más de cuatro herederos forzosos. Esto se prevé en la Compilación del Derecho civil de las Islas Baleares (Decreto Legislativo 79/1990). Dentro de este instrumento, el Libro I regula a Mallorca, el Libro II regula a Menorca y el Libro III regula a Formentera. Es por ello que esta "especificidad" varía ligeramente para Mallorca-Menorca (art. 42) y para Ibiza-Formentera (art. 79). Por un lado, el art. 42 dispone que "constituye la legítima de los hijos, por naturaleza y adoptivos y, en representación de los premuertos, de sus descendientes de las clases indicadas, la tercera parte del haber hereditario si fueren cuatro o menos de cuatro, y la mitad si excedieren de este número".

En definitiva, la legítima está compuesta del tercio de mejora y del tercio de legítima. Esto supone 2/3 partes del caudal hereditario. En España, pues, la legítima de hijos y descendientes alcanza el 66,6% de la herencia: "Constituyen la legítima de los hijos y descendientes las dos terceras partes del haber hereditario de los progenitores"[79].

La fijación de esta cuantía obedece tanto a criterios históricos como de pragmatismo jurídico. Respecto a este último, vemos cómo se atiende a las "voces" que proceden en su mayoría de "ambientes urbanos" que demandan "mayores posibilidades" para favorecer al "cónyuge" con los bienes que se adquirieron durante el matrimonio, sobre todo cuando "no son importantes los que a su vez se heredaron" y, por otra parte, se costeó en su momento la "formación de los hijos" y se ayudó sustancialmente a su "bienestar económico" cuando se independizaron[80]. Asimismo, ante este "límite a la libertad de testar" que supone la legítima se acentúa la "tendencia secular" a "debilitarla" y a "restringirla"[81].

Sin embargo, la legislación actual contempla una serie de aspectos a destacar. En primer lugar, la noción de legítima actual se configura como aquella "porción de bienes" de que el testador "no puede disponer" por haberla reservado la ley a "determinados herederos" (los herederos forzosos)[82]. Esta última figura no queda sujeta a interpretación,

Por otro lado, el art. 79 recalca que la "legítima de los descendientes está constituida por la tercera parte del haber hereditario si fueren cuatro o menos de cuatro, y por la mitad de la herencia si excediesen de este número". He consultado las Leyes Civiles Forales, disponible en la página web del BOE, en el apartado "Illes Balears". Disponible en: https://www.boe.es/biblioteca_juridica/codigos/codigo.php?id=48&modo=2&nota=0&tab=2. Visto en 21.03.2023.

78 Arts. 318 y 486 del Código del Derecho Foral de Aragón (Decreto Legislativo 1/2011). Art. 318: "El causante goza de la más amplia libertad para ordenar su sucesión por pacto, por testamento individual o mancomunado, o por medio de uno o más fiduciarios, sin más límites que el respeto a la legítima y los generales del principio *standum est chartae*". Art. 486: "La mitad del caudal fijado conforme al artículo 489 debe recaer en descendientes, de cualquier grado, del causante, que son los únicos legitimarios".

79 Art. 808, Código civil de España.

80 Exposición de Motivos, Código del Derecho Foral de Aragón (Decreto Legislativo 1/2011).

81 Exposición de Motivos, Código civil de Cataluña (Ley 10/2008).

82 Art. 806, CC español.

sino que sigue un orden muy claro: los "hijos y descendientes", respecto a sus padres y ascendientes; los "padres y ascendientes", respecto de sus hijos y descendientes; y el "viudo/viuda"[83]. Estas figuras gozan de un mecanismo específico en caso de que hubieran percibido "menos de la legítima que le corresponda": el complemento[84]. Además, no se puede renunciar a la legítima. Incluso cualquier "renuncia" o "transacción" sobre la legítima futura de un heredero forzoso se considerará nula[85]. No en vano, los herederos forzosos podrán reclamarla cuando el testador muera en un futuro[86]. También prevé La ley un artículo contra la reducción de la cantidad de la legítima: en el caso de que haya disposiciones en el testamento que "mengüen" la legítima forzosa de los herederos[87]. Existe, además, la posibilidad de efectuar una mejora[88].

Los hijos o descendientes del desheredado "conservarán" los derechos de herederos forzosos respecto a la legítima[89]. También se prevé la posibilidad de acrecer:

> Entre los herederos forzosos el derecho de acrecer sólo tendrá lugar cuando la parte de libre disposición se deje a dos o más de ellos, o a alguno de ellos y a un extraño. Si la parte repudiada fuere la legítima, sucederán en ella los coherederos por su derecho propio, y no por el derecho de acrecer[90].

Asimismo, un par de artículos abordan la colación. Ésta es la "obligación" del heredero forzoso de llevar a la "masa hereditaria" los bienes que hubiera recibido del causante de la herencia por "donación, dote o cual-

[83] Art. 807, CC español.
[84] Art. 815, CC español.
[85] Art. 816, CC español.
[86] Deberán, eso sí, mencionar las cantidades que ya hubieran recibido de antemano por esa nula renuncia.
[87] Dichas disposiciones se reducirán en aquello en lo que fueren "inoficiosas" o "excesivas" (Art. 817 CC).
[88] Art. 825: "Ninguna donación por contrato entre vivos, sea simple o por causa onerosa, en favor de hijos o descendientes, que sean herederos forzosos, se reputará mejora, si el donante no ha declarado de una manera expresa su voluntad de mejorar".
[89] Art. 857, CC español.
[90] Art. 985, CC español.

quier otro título lucrativo en vida de aquel", a efectos de "computar como participación hereditaria" lo recibido en vida del causante[91]. A través de esta figura el legislador consigue computarlo en la regulación de las legítimas y en la cuenta de partición[92]. Ahora bien, lo cierto es que se puede evitar que dicha colación tenga lugar entre los "herederos forzosos" en dos posibles casos: si el donante lo ha "dispuesto expresamente" o si el donatario "repudiara la herencia"[93].

Finalmente, para los casos más serios se prevé la impugnación[94]. Según la disposición relativa a la misma, esto tiene lugar si la partición que hubiera realizado el difunto perjudicara a la "legítima de los herederos forzosos" y si apareciera que "fue otra la voluntad del testador"[95].

5. Algunas comparativas

Un par de diferencias relevantes entre el sistema romano y el actual refieren especial mención. En primer lugar, no se puede hablar de la existencia de una sucesión particular como tal[96], ya que si estuviéramos hablando de transmitir algún objeto determinado en realidad nos referiríamos a una "adquisición" y no a una "sucesión". La diferencia fundamental es que el "adquirente" de una cosa específica no ocupa la "posición jurídica" del "transmitente". De la misma manera que debiéramos de ser cautos realizando la distinción entre "legado" y "herencia"[97]. Asimismo, en Roma, se opera una "ficción jurídica" en la que se estima que el heredero representa al fallecido y, por ende, asume su "personalidad jurídica"[98]. Ade-

[91] DEJ Panhispánico, *Diccionario panhispánico del español jurídico.* Disponible en: https://dpej.rae.es/lema/colaci%C3%B3n. Visto en 01.04.2023.

[92] Art. 1035, CC.

[93] Art. 1036, CC.

[94] Art. 1075, CC.

[95] Lo cierto es que el Código prevé incluso esta posibilidad, aunque tan sólo "racionalmente se presuma", con lo que no es demasiado estricto sobre el mismo.

[96] Ni *inter vivos*, ni *mortis causa*.

[97] Una herencia se puede aceptar y se puede rechazar, mientras que el legado se adquiere sin necesidad de una aceptación previa. En ese caso, los herederos o el albacea deberá entregar el legado a su dueño.

[98] Derecho Romano. Disponible en: https://www.derechoromano.es/2011/12/caracteristicas-de-la-herencia.html. Visto en 19.02.2023.

más, el heredero se dispondrá a suceder al *cuius* en todas sus relaciones patrimoniales: activas (derechos) y pasivas (obligaciones y cargas).

Respecto a la sucesión intestada, la sucesión se abrirá justo el día en el que la sucesión se invalida. No se abre desde la muerte del difunto sino desde el momento en el que hay "certeza" de no haber herencia testamentaria[99]. Ahora bien, si éste no hizo testamento o perdió su validez antes de morir, la sucesión se abrirá el día que se invalida. El matiz resulta particularmente relevante ya que, mientras se trata de establecer quién ha de ser el heredero, puede darse el caso desde la muerte del testador hasta que se declare ineficaz el testamento, de que el pariente más próximo acabe falleciendo y se esté tratando de heredar aquel que no era pariente cuando murió el testador.

Otra diferencia fundamental la constituye el anteriormente mencionado principio *nemo pro parte testatus pro parte intestatus decedere potest.* Dicho principio implica la incompatibilidad entre los dos tipos de sucesión: la testada y la intestada. Lo realmente interesante es que mientras este principio fue abolido por el derecho castellano (con una confluencia de los "principios sucesorios germánicos y romanos"[100]) y, por extensión, al Derecho común español, aún existen determinadas regiones de España con su propio Derecho civil que sí lo mantienen. Esto supone que el CC de España permita ambas formas de sucesión, a diferencia de Cataluña donde sí existe ese principio[101]. No es Cataluña el único territorio con dicha particularidad: el caso de Baleares también entra dentro[102]. Todo ello nos muestra la relevancia que tiene a la hora de estudiar el Derecho

[99] Ortolan, *Ibidem.* p. 6.

[100] Gómez Ródenas, Antonio, "El Principio *Nemo Pro Parte Testatus Pro Parte Intestatus Decedere Potest*: estudio sobre el origen, evolución y trascendencia en el ordenamiento jurídico actual", *Revista de Derecho de la UNED (RDUNED)*, No. 17, 2015, pp. 833-868, doi:10.5944/rduned.17.2015.16280.

[101] Bosch Capdevila, Esteve, *El principio* Nemo pro parte testatus pro parte intestatus decedere potest. *Evolución y significado,* Madrid: Editorial Dykinson, 2006, 154 pp.

[102] La Ley 8/1990, de 28 de junio, sobre la Compilación del Derecho civil de Baleares y el Decreto legislativo 79/1990, de 6 de septiembre, por el que se aprueba el texto refundido de la Compilación de Derecho civil de las Islas Baleares (arts. 7, 15 y 24. 3).

civil el hecho de que existan unos territorios de base romanística y otro que no[103].

Conclusiones

De la misma manera que la literatura trata aspectos atemporales, resulta sorprendente cómo el Derecho trata las mismas cuestiones. La familia, el amor, el nacimiento, la muerte, las relaciones sociales y un largo etcétera componen esta lista de temas que siempre han sido y serán cubiertos tanto por la literatura como por el Derecho.

Ya existía desde el principio una oposición respecto a la naturaleza de la sociedad. Mientras Platón concebía la pertenencia a la sociedad como un pacto (eligen someterse a las leyes de un Estado), Aristóteles rechazaba esta idea y consideraba que ello tan sólo era una consecuencia natural, una tendencia innata del ser humano que no puede desligarse de su naturaleza. Esta visión sigue siendo el punto de partida de innumerables cuestiones de Filosofía del Derecho y la roca madre sobre la que se asientan infinidad de diatribas sobre relaciones sociales y la legitimidad de su regulación. Sea como fuere, y elijamos la opción que elijamos, lo que no podemos negar es la máxima atribuida a Aristóteles: vivimos en comunidad y somos seres sociales. El Derecho es, en parte y no exclusivamente, producto de la misma. Resulta de vital importancia el contexto en el que uno se encuentra para realizar un análisis mínimamente coherente sobre determinadas materias jurídicas. La sociedad, sus necesidades, sus concepciones y sus valores siempre van a tener un impacto directo en el Derecho.

Por otro lado, ello no significa que el Derecho se reduzca al aspecto más positivo, a aquello que el pueblo decida. Afirmar esto nos puede llevar a errores del pasado que jamás deben repetirse. Nos referimos a la otra cara del Derecho. Son los valores morales universales que siempre permanecen: los grandes principios, la moral y el Derecho natural. Siempre vertebrarán y dotarán de un halo de dignidad al armatoste positivista

[103] Domínguez Tristán, Paula, "El principio de incompatibilidad entre sucesión testada e intestada: algunas consideraciones sobre su presencia en el Derecho civil catalán", *Fundamentos romanísticos del Derecho contemporáneo*, Tomo XI, Vol. II, Biblioteca jurídica digital BOE, pp. 715-728, p. 715.

de la ciencia jurídica. No sólo se trata de la legitimidad del Derecho, sino del contenido mínimo de humanidad, de justicia y de igualdad que debe reconocer la naturaleza vulnerable de los seres humanos. De lo contrario se producen anomalías históricas y la puerta a los totalitarismos queda nuevamente abierta.

En la legítima testamentaria esto se observa con creces. En el aspecto de la igualdad, lejos de alcanzar los estándares actuales, se produce una progresiva ampliación de las facultades de participación en la herencia de la mujer, entre otros casos. Otro ejemplo fue el de Constantino quien quiso paliar la situación desfavorable de la mujer otorgando a la madre carente del *ius liberorum* 1/3 de la herencia del hijo. No sólo respecto a igualdad, sino también con respecto a la situación de vulnerabilidad y de desprotección a las que se veían sometidos determinados individuos. Hacia finales del Imperio se trata de aliviar la situación apremiante de la viuda pobre. En el año 537, a través de la Novela 53.6, y en el año 542, a través de la Novela 117.5, se le abría la posibilidad a la viuda de que pudiera heredar si el marido se encontraba en una buena situación económica (siempre y cuando el matrimonio fuera legítimo y se extinguiera por la muerte). Otra cosa parecida acontecía con la decisión de instituir la *quarta divi Pii* para aquellos impúberes en la época clásica. Asimismo, en el año 539 se velaba por la protección de otro grupo que había quedado desprotegido con la posibilidad de los hijos ilegítimos de optar a una sexta parte de la herencia (Novela 89.12).

Como se ha podido observar, algo tan técnico y concreto como la legítima testamentaria también está determinada e influida por la sociedad. Asimismo, no es únicamente la configuración de las necesidades sociales, por un lado, o los valores inherentes a la naturaleza humana, por otro, aquello que perfila el Derecho de sucesiones. Falta un tercer elemento: nuestra tradición histórico-jurídica.

Finalmente, esto tiene una importancia capital en las relaciones familiares y en qué consideramos como familia. La concepción inicial era una familia más artificial, basada en los agnados y en los gentiles. Progresivamente se optó por una sociedad más cognaticia y basada en los vínculos de sangre. El cristianismo extendió esta concepción y buena parte de la historia predominante de Europa se basaba en esta noción de familia natural. Sin embargo, el fenómeno familiar se torna más complejo. No es que de golpe y porrazo cambiemos a un sistema puramente agnaticio en el que los vínculos se establecen de manera más artificial a través de vínculos, pero el legislador está incorporando cada vez más elementos que recuerdan a este sistema, variando al mismo tiempo la noción de familia. En la actualidad pues, la expresión más adecuada sería un "sistema complejo": con elementos que dan continuidad a nuestra tradición jurídica (más cognaticia) pero incorporando muchos elementos disruptivos que se basan más en una concepción agnaticia. Los elementos agnaticios no suponen *per se* un sistema que rompa con toda tradición (ya eran usados en Roma), pero sí lo es el contenido de las nuevas leyes de filiación, de concepción de familia y la naturaleza de las disposiciones introducidas por el legislador, las cuales, revisten novedad notable.

Referencias

"Conversations with Professor Peter Gonville Stein: a Contribution to the Squire Law Library Eminent Scholars Archive", *Legal Information Management*, Vol. 8, No. 3, 2008, pp. 214–222, doi:10.1017/S1472669608000327.

BBC Mundo, *Turismo de partos: las latinoamericanas que viajan a dar a luz a EE.UU.* Disponible en: https://www.bbc.com/mundo/noticias/2015/09/150925_eeuu_tener_bebe_miami_turismo_parto_ep.

Bosch Capdevila, Esteve, *El principio* Nemo pro parte testatus pro parte intestatus decedere potest. *Evolución y significado*, Madrid: Editorial Dykinson, 2006.

Código Civil de Cataluña (Ley 10/2008).

Código Civil Español.

Código del Derecho Foral de Aragón (Decreto Legislativo 1/2011).

Compilación del Derecho Civil de las Islas Baleares (Decreto Legislativo 79/1990).

Conte, Emanuele. The centre and the margins of the jungle of glossed manuscripts. *Rivista internazionale di diritto comune*, No. 32, 2021.

Daza Martínez, Jesús, Rodríguez Ennes, Luis, *Instituciones de Derecho privado romano*, Valencia: Tirant Lo Blanch, 4ª ed., 2009.

DEJ Panhispánico, *Diccionario panhispánico del español jurídico.* Disponible en: https://dpej.rae.es/lema/colaci%C3%B3n.

Domínguez Tristán, Paula, "El principio de incompatibilidad entre sucesión testada e intestada: algunas consideraciones sobre su presencia en el Derecho civil catalán", *Fundamentos romanísticos del Derecho contemporáneo,* Tomo XI, Vol. II, Biblioteca jurídica digital BOE.

Europapress, *El Gobierno concede la nacionalidad española a más de 36.000 judíos sefardíes y rechaza más de 3.000 solicitudes en 2021.* Disponible en: https://www.europapress.es/sociedad/noticia-gobierno-concede-nacionalidad-espanola-mas-36000-judios-sefardies-rechaza-mas-3000-solicitudes-2021-20211004194342.html.

Gómez Ródenas, Antonio. El Principio *nemo pro parte testatus pro parte intestatus decedere potest*: estudio sobre el origen, evolución y trascendencia en el ordenamiento jurídico actual. *Revista de Derecho de la UNED (RDUNED)*, No. 17, 2015, doi:10.5944/rduned.17.2015.16280.

González López, Rodrigo. *Precedentes romanos de la regulación de las legítimas en el Código Civil Español y en la vigente Compilación de Derecho Civil de Galicia,* Universidade de Vigo (España), 2012.

Herzog, Tamar, *A Short History of European Law: The Last Two and a Half Millennia*, Harvard University Press, 2018, *JSTOR*.

Ley de Derecho Civil de Galicia (Ley 2/2006).

Leyes Civiles Forales, BOE. Disponible en: https://www.boe.es/biblioteca_juridica/codigos/codigo.php?id=48&modo=2&nota=0&tab=2.

Masferrer, Aniceto. *Tradición y reformismo en la codificación penal española. Hacia el ocaso de un mito. Materiales, apuntes y reflexiones para un nuevo enfoque metodológico e historiográfico del movimiento codificador penal europeo,* Jaén: Universidad de Jaén, 2003.

Mitteis, Heinrich, *Die Rechtsgeschichte und das Problem der historischen Kontinuität,* Berlin, 1947.

Moréteau, Olivier; Masferrer, Aniceto; Modéer, Kjell. *Comparative Legal History,* Cheltenham: Edward Elgar Publishing, 2019.

Obarrio Moreno, Juan Alfredo. *Pervivencia del derecho romano en los reinos hispanomedievales (s. V-XIII),* Alicante: Editorial Club Universitario, 1996.

Obarrio Moreno, Juan Alfredo. *En defensa de la cultura grecolatina*, Madrid: Dykinson, 2023.

Oliver Sola, María Cruz; Mayor Zaragoza, Federico. *La sucesión legítima: recepción historiográfica de fuentes romanas,* Andalucía: UNESCO, 2012.

Ortolan, J. L. E. *Explicación histórica de las Instituciones del emperador Justiniano con el texto,* la traduccion al frente y las explicaciones de cada párrafo, precedida de la historia de la legislación romana, desde su origen hasta la legislación moderna, y de una generalización del derecho romano, según los textos conocidos antiguamente ó más recientemente descubiertos, Madrid: Librería de Leocadio López, 6ª ed., T. II, 1894.

Ortuño Pérez, María Eugenia. *Contribuciones al Derecho Romano de Sucesiones y Donaciones,* Madrid: Dykinson, 2015, 1ª ed.

Panero Gutiérrez, Ricardo. *Derecho Romano,* Valencia: Tirant Lo Blanch, 6ª ed.

Robles Velasco, Luis Mariano. "Vigencia del sistema sucesorio romano en las compilaciones forales", *Fundamentos romanísiticos del Derecho contemporáneo,* Tomo VIII, pp. 99-110.

Stein, Peter. *Roman Law in European History,* Cambridge: Cambridge University Press, 1999.

Thieme, Hans, "Kontinuität – Diskontinuität in der Sicht der Rechtsgeschichte", *Ideesgeschichte und Rechtsgeschichte. Gesammelte Schriften von Hans Thieme,* Böhlau: Verlag Köln-Wien, 1986.

Whitman, J. Q. The World Historical Significance of European Legal History: An Interim Report", en Pihlajamäki, H. (ed.) et al., *The Oxford Handbook of European Legal History,* Oxford: Oxford University Press, 2018. Disponible en: https://doi.org/10.1093/oxfordhb/9780198785521.013.1.

AFETIVIDADE E SUCESSÃO

AFECTIVIDAD Y SUCESIÓN

41.
EXCLUSÃO SUCESSÓRIA POR ABANDONO AFETIVO – OMISSÃO DO DEVER DE CUIDADO – NO BRASIL: NECESSIDADE DE ATUALIZAÇÃO DOS INSTITUTOS DA INDIGNIDADE E DESERDAÇÃO NO PRIMEIRO QUARTO DO SÉCULO XXI

ANTONIO JORGE PEREIRA JÚNIOR

1. Introdução

Indignidade e deserdação são institutos de exclusão da herança de quem praticou ato incompatível com a posição de beneficiário do autor da herança. Por serem situações de restrição a direito (no caso, do herdeiro ou legatário), as possibilidades de exclusão estão previstas em lei. O presente artigo traz considerações acerca da possibilidade de ser acrescido dentre as causas para a indignidade ou a deserdação a situação de abandono afetivo. Para tanto se fará breve recordação de ambos os institutos; do conceito de abandono efetivo; do crescimento da consideração de que tal conduta merece ser penalizada mediante exclusão da herança, na opinião de cada dia mais doutrinadores, magistrados e legisladores; das eventuais vantagens e desvantagens da incorporação dessa conduta na exclusão da herança e, por fim, de uma proposta recente sobre alteração dos dispositivos legais sobre o tema, para conformá-lo à sensibilidade do primeiro quarto de século do terceiro milênio, no Brasil.

2. Traços essenciais da Indignidade e da Deserdação no Brasil

O tema central do artigo, a indignidade e deserdação por abandono afetivo no Brasil, foi objeto de estudo de Ana Monica Amorim, em sede de tese doutoral junto à Universidade de Fortaleza, defendida em 2021. No resumo da obra, a autora recorda que na Constituição Federal de 1988 o direito de herança é apresentado como direito fundamental (art. 5º, XXX), vinculado ao direito de propriedade (art. 5º, XXII). Afinal, herdar (sucessão mortis causa) é ação de repassar patrimônio a alguém, como regra uma pessoa próxima ou querida do autor da herança.

Mas, o direito de herança não é absoluto e pode ser restringido ou limitado. Além disso, deve ser estruturado e interpretado em consonância com os princípios do Direito de Família, base da sociedade sobre a qual se estrutura, em boa medida, a lógica sucessória. Assim, tal qual no Direito de Família, ressoam na seara sucessória os princípios da dignidade da pessoa humana e da solidariedade familiar.

Dessa forma, o dever de cuidado nas relações familiares (art. 229 da CF) reverbera e fundamenta, em boa medida, a continuidade na titularidade patrimonial. Nesse contexto, dentre outros, defende Monica Amorim que o herdeiro que não cumpra, de modo ostensivo e grave, dever de cuidado perante um parente próximo, de quem poderia herdar, poderia sofrer, por isso, a perda da respectiva posição sucessória, mediante indignidade ou deserdação[1].

O Código Civil disciplina a indignidade no artigo 1.814, e a deserdação nos artigos 1962 e 1963. A sanção aplicada aos casos de indignidade decorre da lei, e pode se dar sem qualquer manifestação do autor da herança. Caso aconteça algum dos atos previstos no artigo 1814 do Código Civil, todo herdeiro ou legatário pode vir a ser excluído por ação movida por interessados na herança ou ainda por iniciativa do Ministério Público, em tutela do interesse público.

[1] Cf. Amorim, Ana Mônica Anselmo de. *A deserdação por descumprimento do dever de cuidado relativo ao autor da herança nas relações familiares.* Tese doutoral. Fortaleza: Universidade de Fortaleza, 2021. Disponível em: https://unifor.br/web/guest/bdtd?course=569&registration=1723665 Acesso em 23 de março de 2023; e Farias, Cristiano Chaves de; Rosenvald, Nelson. *Curso de Direito Civil.* São Paulo: Atlas S.A. 2015.

A indignidade se aplica quando o herdeiro pratica determinadas condutas, graves, em relação ao testador, como tentativa de homicídio, acusação falsa de crime, injúria grave, dentre outras. Portanto, eventos que provocam lesão material e moral a bens jurídicos ou à pessoa do autor da herança. Enquanto isso, a deserdação somente pode ser declarada pelo testador, nos casos em que o herdeiro respectivo cometa algum dos atos enumerados nos artigos 1962 e 1963: atentar contra a vida do testador; acusá-lo falsamente de crime; praticar contra ele injúria grave; ajudar ou instigar quem cometa algum dos atos acima mencionados; recusar alimentos ao testador, quando poderia tê-los prestado. Além disso, para que a deserdação seja válida, é necessário que o testamento seja prolatado em pleno uso de faculdades mentais e tenha seguido as formalidades legais. A deserdação deve ser expressamente mencionada no testamento, com a indicação da causa que a motivou.

O prazo para a propositura da ação de indignidade é de quatro anos, a partir da data do falecimento do de cujus. Deve ser proposta após a abertura da sucessão, por quem tenha legítimo interesse na exclusão – qualquer outro herdeiro ou legatário – e, concorrentemente, pelo Ministério Público, em caso de ausência de interessados ou em defesa do interesse público.

O rol do artigo 1.814 é taxativo. A indignidade constitui uma pena civil, cominada ao herdeiro acusado de atos criminosos ou reprováveis contra o hereditando, seja ele herdeiro legítimo ou legatário, inabilitando-o para herdar. Já a deserdação é o ato pelo qual o testador retira a legítima do herdeiro necessário.

O indigno não tem direito ao usufruto nem à administração dos bens que couberem a seus sucessores na herança. Também não receberá de seus filhos a herança da qual foi excluído, caso lhes sobreviva. Caso haja perdão declarado pelo ofendido, ao indigno, este, reabilitado, poderá suceder na herança. Todavia, a exclusão não alcança quem não praticou os atos que lhe deram ensejo. Portanto, os herdeiros do excluído sucedem, como se morto ele fosse, conforme preceitua o artigo 1.816 do Código Civil de 2002.

3. O que é o abandono afetivo, em termos jurídicos?

O abandono afetivo é uma situação na qual um familiar negligencia de modo grave o dever de cuidado do outro, nas posições de pai, filho, cônjuge ou companheiro. São casos que envolvem uma falta grave de deveres familiares e podem gerar várias consequências jurídicas, como a indenização por danos materiais e morais e, quiçá, como se propõe aqui, a exclusão da sucessão.

Em termos jurídicos, o abandono afetivo é uma forma de violação do dever de cuidado que pode causar dano material e moral. Este seria o conceito em sua expressão mais objetiva. Pode se dar quando os filhos descuidam dos pais idosos e vulneráveis, em desrespeito ao preceito do art. 229 da Constituição Federal – denominado por alguns como abandono afetivo inverso[2]-, e demais dispositivos infraconstitucionais correlatos, bem como quando os pais descuidam dos filhos menores. Diz a Constituição Federal no art. 229: "Os pais têm o dever de assistir, criar e educar os filhos menores, e os filhos maiores têm o dever de ajudar e amparar os pais na velhice, carência ou enfermidade". Também pode acontecer abandono afetivo nos vínculos jurídicos esponsais. O abandono pode se dar de diversas formas, como a ausência de contato devido, a falta de atenção exigível, da assistência e proteção impostas pela lei, como descuido voluntário de necessidades prementes de um familiar imediato, de origem intergeracional (pais e filhos), ou associativa, (cônjuges ou companheiros) a quem se deveria, juridicamente, ajudar, tendo-se condições para tanto.

No Brasil, o abandono afetivo não está previsto em lei como infração penal, mas pode ser causa de dano material e moral, passíveis de indenização no plano cível. Isso significa que, em casos de abandono afetivo, a vítima ou seus representantes legais podem entrar com uma ação judicial para exigir reparação pelos danos causados. Para se configurar o abandono afetivo, é necessário que haja uma omissão consciente e reiterada em relação ao dever de cuidado. Além disso, é importante que a ausência respectiva tenha causado prejuízos emocionais, psicológicos ou até físicos.

[2] Cf. Eufrásio, Luciana de Fátima. *Abandono afetivo inverso diante do dever de assistência familiar prevista no Estatuto do Idoso*. Disponível em: https://www.migalhas.com.br/depeso/338867/abandono-afetivo-inverso-diante-do-dever-deassistencia-familiar-prevista-no-estatuto--do-idoso. Acesso em: 31/03/2023.

A compreensão do abandono afetivo como descumprimento voluntário do dever de cuidar está assentada na Jurisprudência brasileira e tem sua expressão mais elaborada na relatoria da Ministra Fátima Nancy Andrighi, do Superior Tribunal de Justiça (STJ) no RE nº 1.159.242, quando afirma que a despeito do nome, o fato jurídico que exsurge como ato ilícito não se compõe de situação sentimental, senão de uma omissão de conduta devida, concreta, perceptível e exigível, para alem da dimensão emocional dos envolvidos. Vale glosar breve trecho do relatório ministerial.

> Vê-se hoje nas normas constitucionais a máxima amplitude possível e, em paralelo, a cristalização do entendimento, no âmbito científico, do que já era empiricamente percebido: o cuidado é fundamental para a formação do menor e do adolescente; ganha o debate contornos mais técnicos, pois não se discute mais a mensuração do intangível – o amor – mas, sim, a verificação do cumprimento, descumprimento, ou parcial cumprimento, de uma obrigação legal: cuidar. (Grifos nossos).

A Ministra afasta a ideia de que o termo com que se qualifica o abandono, "afetivo", sirva para confundir o real significado da realidade que está a expressar: a abandono do dever de cuidado, que, como a boa-fé objetiva, se materializa em condutas exigíveis, e não em uma fugidia noção abstrata de natureza sentimental.

> Negar ao cuidado o status de obrigação legal importa na vulneração da membrana constitucional de proteção ao menor e adolescente, cristalizada, na parte final do dispositivo citado: "(...) além de colocá-los a salvo de toda a forma de negligência (...)". Alçando-se, no entanto, o cuidado à categoria de obrigação legal supera-se o grande empeço sempre declinado quando se discute o abandono afetivo – a impossibilidade de se obrigar a amar. Aqui não se fala ou se discute o amar e, sim, a imposição biológica e legal de cuidar, que é dever jurídico, corolário da liberdade das pessoas de gerarem ou adotarem filhos. O amor diz respeito à motivação, questão que refoge os lindes legais, situando-se, pela sua subjetividade e impossibilidade de precisa materialização, no universo meta-jurídico da filosofia, da psicologia ou da religião.

O cuidar é dever jurídico e, como tal, está na tecitura das normas de Direito de Família, sendo expressão da conduta que sucede aos vínculos de consolidação de uma *societas* de natureza comunitária, dentro da qual se impõem prestações necessárias à convivência familiar, em sua dimensão intergeracional e associativa, base de todas as demais convivências e sociedades humanas. "Cuidar" admite imperativo heterônomo e, por isso, o Direito pode determinar que se cuide. Mas "amar" só tem natureza mandamental na perspectiva religiosa e, mesmo ali, se traduz em deveres de ação que fazem o autor do amor sair de si, para servir ao amado, ao invés de voltar-se para si, como é comum quando se vive sob império dos afetos e emoções, produto involuntário do ser humano, que se exaure em sua sensibilidade individual, sem necessariamente redundar na promoção do bem alheio, efeito próprio e autêntico do amor e do cuidado.

> O cuidado, distintamente, é tisnado por elementos objetivos, distinguindo-se do amar pela possibilidade de verificação e comprovação de seu cumprimento, que exsurge da avaliação de ações concretas: presença; contatos, mesmo que não presenciais; ações voluntárias em favor da prole; comparações entre o tratamento dado aos demais filhos – quando existirem –, entre outras fórmulas possíveis que serão trazidas à apreciação do julgador, pelas partes. Em suma, amar é faculdade, cuidar é dever.

O cuidado, assim, revela-se como conjunto de ações ou condutas devidas e exigíveis, que se traduzem como comportamento factível e realizável, mesmo com ausência da inclinação dos sentimentos. Nesse mesmo sentido, convém estar atento à indução de uma falsa ideia induzida pelo termo "abandono afetivo". A raiz do dever jurídico de cuidado não é, como se pode vislumbrar nas palavras da Ministra, trazidas acima, o afeto, mas, a solidariedade. A solidariedade familiar é uma realidade, pela qual os entes de uma mesma família devem se ajudar mutuamente. A omissão deste dever de cuidado (seja material ou moral), a falta da assistência, a deslealdade, a ingratidão e a violência, são condutas contrárias à solidariedade familiar, e, por isso, devem ser combatidas e seus autores punidos e/ou encaminhados para tratamento pela desumanização de seus atos[3].

[3] Cf. Eufrásio, Luciana de Fátima. *Ibidem*.

4. A possível deserdação por abandono afetivo no Direito Brasileiro

Apesar de, desde o ponto de vista legal, não se admitir a deserdação por abandono afetivo, por não constar, formalmente, como uma das hipóteses legais para tanto, no direito brasileiro, a jurisprudência, doutrina e legisladores se inclinam para reconhecer o abandono afetivo como apto a configurar indignidade e deserdação. Isso, sem que se pretenda, com isso, banalizar e instrumentalizar o instituto como estratégia de ambição desmedida, vingança, chantagem e manipulação pelo autor da herança.

Regina Beatriz Tavares da Silva[4] também se inclina a defender a possibilidade da ampliação formal do rol das razões para indignidade e deserdação, e apresenta um caso hipotético: José fora abandonado por seu pai quando criança, e foi criado por sua mãe, que faleceu quando ele ainda era jovem, e por seu tio materno. José, solteiro e sem filhos, morre aos 50 anos de idade, e deixa patrimônio construído ao longo de sua vida em razão do apoio que recebeu de seu tio. Em testamento, pouco antes de sua morte, José se manifestou no sentido de excluir seu pai, ainda vivo, do recebimento da herança, em razão do abandono paterno, deixando seus bens para o tio, que não é herdeiro necessário. Diante desses fatos, pergunta-se: a manifestação de vontade feita por José é válida? Poderia José deserdar seu pai com base na justificativa de que fora abandonado quando criança, ainda que esta hipótese não esteja prevista de forma expressa pelo Código Civil?

Em sua resposta, a autora arremata que, no caso, a ordem jurídica não se atém à "falta de afeto, de natureza subjetiva, por tratar-se de sentimento", senão de uma "situação objetiva e de possível comprovação, porque implica na violação do dever de cuidado que todos os pais devem ter para com seus filhos, de acordo com art. 229 da Constituição Federal". Entende a jurista que se trata de um imperativo constitucional, que por sua vez se refletiria na legislação infraconstitucional, conforme dispõe o Código Civil, ao afirmar em seu artigo 1.634, que "compete a ambos os pais, qualquer que seja a sua situação conjugal, o pleno exercício do

[4] Cf. Tavares da Silva, Regina Beatriz. *Pai que abandona filho tem direito à sua herança?* Disponível em: https://www.reginabeatriz.com.br/post/pai-que-abandona-filho-tem-direito-%C3%A0-sua-heran%C3%A7a. Acesso em 30/03/2023.

poder familiar, que consiste em, quanto aos filhos: dirigir-lhes a criação e a educação".

Desse modo, "não há que se falar no dever de amar ou de ter afeto, mas no dever de cuidado, que consiste na obrigação de convívio e criação, o que é necessário à formação moral, psicológica e emocional de todas as pessoas". Por fim, conclui que, embora não esteja expressamente previsto no Código Civil, "é preciso melhor refletir sobre o abandono moral ou material como causa da perda do direito à herança necessária dos ascendentes"[5].

A discussão sobre a possibilidade de aplicação da deserdação por abandono afetivo no Direito brasileiro ainda é bastante controversa, e não há um consenso sobre o assunto[6]. Mas há uma tendência crescente a defender a aplicação da deserdação por abandono afetivo[7], o que se verifica, também, pela quantidade de projetos de lei nesse sentido[8].

5. A previsão da deserdação por abandono afetivo ajudaria a humanizar o Direito de Família?

Essa é uma questão que gera bastante debate entre os estudiosos do Direito de Família e Sucessões. Alguns juristas acreditam que a previsão da deserdação por abandono afetivo poderia ajudar a humanizar o Direito de Família, pois permitiria que fossem punidos casos extremos de abandono de familiares especialmente em situações de violência material, moral ou doméstica, negligência e abuso que não se subsumam ás hipóteses vigentes, e soam, inequivocamente, como condutas incompatíveis com quem seria beneficiado mediante a morte de quem tratou de modo indigno, quando poderia ter agido diversamente. Nesse sentido, a deserdação por abandono afetivo poderia ser vista como um instrumento de proteção da dignidade humana e dos direitos fundamentais dos indi-

[5] Tavares da Silva, Regina Beatriz. *Ibidem*.

[6] Cf. Werle, C. C.; Fraga, J. M.; Fereira, W. S. A (im)possibilidade de inclusão do abandono afetivo como uma hipótese de deserdação no ordenamento jurídico brasileiro. *Revista do Curso de Direito*. UNIFOR-MG, Formiga, v. 13, n. 2, p. 92-109, jul./dez. 2022.

[7] Cf. Vries, Caio Cezar Rosa Araújo da Silva Reis de. *O abandono afetivo e a exclusão da sucessão: o fim da impunidade sucessória*. Rio de Janeiro; Escola da Magistratura do Estado do Rio de Janeiro: 2018.

[8] Cf. Amorim, Ana Mônica Anselmo de. *Ibidem*.

víduos, especialmente dos mais vulneráveis, como crianças e idosos, além de um companheiro ou cônjuge vitimado pelo abuso do seu consorte.

No entanto, há também aqueles que argumentam que a deserdação por abandono afetivo poderia criar mais problemas do que soluções, pois é um instituto que demanda uma prova bastante difícil de ser produzida. Além disso, a inclusão de uma nova causa de indignidade na legislação poderia gerar mais litígios e conflitos familiares, em vez de promover a pacificação social.

Portanto, não há uma resposta definitiva para essa questão, e ela deve ser analisada a partir de uma reflexão mais ampla sobre o papel do Direito de Família na sociedade contemporânea.

6. Qual o caminho para assentar o abandono afetivo dentre as hipóteses de indignidade e deserdação?

A polêmica instalada ao redor do tema se resolverá, em definitivo, por um ato do Parlamento. O maior óbice no Judiciário continua sendo de natureza positivista: a inexistência de dispositivo expresso nesse sentido. Por mais que alguns defendam a possibilidade de aplicar analogia[9], não seria, no caso, a melhor técnica. A inclusão do abandono afetivo como causa de indignidade depende de uma alteração na legislação atual, que prevê apenas quatro hipóteses de indignidade (art. 1.814 do Código Civil), a saber: ter acusado caluniosamente em juízo o autor da herança ou incorrido em crime contra ele; ter sido condenado por crime doloso de que resulte a pena privativa de liberdade por tempo superior a dois anos; ou ter praticado contra a pessoa de cuja sucessão se trate, ou contra seus ascendentes, algum dos crimes previstos no Código Penal como punível com reclusão. Como se dizia, a cada dia se os tempos se tornam mais maduros para tal inclusão, pela expansão da consideração da necessidade de punir o abandono afetivo nas relações sucessórias, tanto em doutrinadores quanto em magistrados mais jovens, que logo ocuparão os espaços mais relevantes de gestão da Justiça. Em especial, o abandono afetivo causa repugnância social pela afronta voluntária a deveres graves

[9] Poletto, Carlos Eduardo Minozzo. *Indignidade sucessória e deserdação*. São Paulo: Saraiva, 2013.

de solidariedade, fundamento do Direito de Família e, em última instância, de toda a coesão social.

7. Quais seriam as razões para incluir abandono afetivo dentre as causas de indignidade?

Poderiam ser razões para justificar a inclusão do abandono afetivo como uma das causas de indignidade e deserdação:

(1) Maior tutela aos direitos da personalidade: O abandono afetivo pode causar danos profundos à personalidade do abandonado (filhos, pais, companheiros), afetando sua autoestima, sua capacidade de estabelecer relações saudáveis e sua formação como indivíduo. Nesse sentido, a inclusão do abandono afetivo como uma das hipóteses de indignidade seria uma forma de reforças a tutela dos direitos da personalidade da pessoa.

(2) Punição de pais, filhos e cônjuges ou companheiros que atentam contra a solidariedade substancial das relações humanas, expressa em termos constitucionais, pelos quais a solidariedade é objetivo fundamental da República do Brasil (Art. 3º, I), a família, base da sociedade, deve gozar de especial proteção (art. 226) e é dever de todos cuidar da solidariedade intergeracional (CF, art, 229).

(3) Valorização do cuidado: a inclusão do abandono afetivo como uma das hipóteses de indignidade e deserdação seria uma forma de valorizar o cuidado (mais do que o \afeto) como um aspecto fundamental das relações familiares. Isso porque, ao incluir o abandono afetivo como uma causa de indignidade, estaríamos reconhecendo que o cuidado é um valor importante a ser protegido e incentivado na família, e que sua ausência pode ser considerada uma conduta indigna.

(4) Atualização do Direito de Família: e a inclusão do abandono afetivo como uma das hipóteses de indignidade seria uma forma de atualizar o ordenamento jurídico. Ao reconhecer o abandono afetivo como uma causa de indignidade, estaríamos coniderando que a família não é apenas uma instituição baseada na consanguinidade, mas também uma instituição baseada na solidariedade.

Mas, assim como há razões para incluir o abandono afetivo como uma das hipóteses de indignidade e deserdação, também existem argumentos contrários a essa inclusão. Algumas razões para não se incluir o abandono afetivo como uma das causas de indignidade seriam:

(1) Eventual dificuldade de comprovação e manipulação do conceito. O abandono afetivo é uma situação que pode ser difícil de comprovar judicialmente, já que muitas vezes se trataria de uma questão subjetiva e dependente de prova testemunhal ou pericial. A inclusão do abandono afetivo como uma das hipóteses de indignidade poderia gerar um aumento no número de litígios familiares e dificuldades para se provar o abandono.

(2) Risco de injustiças: A inclusão do abandono afetivo como uma das causas de indignidade poderia gerar situações de injustiça, uma vez que nem todo abandono afetivo é intencional ou voluntário por parte dos pais. Seria necessário analisar caso a caso, levando-se em conta as particularidades de cada situação, para não se correr o risco de considerar injustamente alguém como indigno.

8. Projetos de Lei no Congresso Nacional e a Proposta de Mônica Amorim

Na tese acima referida, de Monica Amorim, após analisar os projetos de lei que propõem mudanças no sistema de exclusão da herança no Brasil, no Código Civil, a autora apresenta proposta de *lege ferenda* para uma alteração sistemática dos artigos 1.814, 1.962, 1.963, 1.964 e 1.965 do Código Civil de 2002, e a inclusão do art. 1.815-A. De acordo com a proposta aventada na tese, os artigos acima referidos passariam a vigorar com a seguinte redação, abaixo ladeados com o texto vigente para melhor avaliação de sua pertinência e oportunidade.

No que tange à indignidade, texto vigente:

Art. 1.814. São excluídos da sucessão os herdeiros ou legatários:

I – Que houverem sido autores, coautores ou partícipes de homicídio doloso, ou tentativa deste, contra a pessoa de cuja sucessão se tratar, seu cônjuge, companheiro, ascendente ou descendente;

II – Que houverem acusado caluniosamente em juízo o autor da herança ou incorrerem em crime contra a sua honra, ou de seu cônjuge ou companheiro;
III – Que, por violência ou meios fraudulentos, inibirem ou obstarem o autor da herança de dispor livremente de seus bens por ato de última vontade.
Art. 1815. Não há.

Texto proposto:

Art. 1.814. São excluídos da sucessão os herdeiros ou legatários:
I – Que houverem sido autores, coautores ou partícipes de conduta antijurídica e dolosa, ou tentativa desta, que ocasione a morte da pessoa de cuja sucessão se tratar, seu cônjuge, companheiro, ascendente ou descendente;
II – Que houverem praticado, ou tentado praticar conduta antijurídica e dolosa, que venha a atingir a honra, a integridade física, a liberdade, o patrimônio ou a dignidade sexual daquela pessoa de cuja sucessão se trata, de seu cônjuge, companheiro, descendentes ou ascendentes;
III – Que houverem descumprido o dever de cuidado relativo ao autor da herança no âmbito das relações familiares;
IV – Aquele que, por violência ou qualquer meio fraudulento, inibir ou obstar o autor da herança de dispor livremente de seus bens por ato de última vontade, furtar, roubar, destruir, ocultar, falsificar ou alterar o testamento ou o codicilo do falecido, incorrendo também aquele que, mesmo não tendo sido o autor direto ou indireto de qualquer desses atos, fizer uso consciente do documento viciado.
Art. 1.815-A. A exclusão do herdeiro ou legatário por indignidade, pode ocorrer ainda por sentença criminal, transitada em julgado, nos termos do Art. 92 do Código Penal – Decreto-Lei nº 2.848, de 7 de dezembro de 1940.

No que se refere à deserdação, texto vigente:

Art. 1.962. Além das causas mencionadas no art. 1.814, autorizam a deserdação dos descendentes por seus ascendentes:
I – Ofensa física;
II – Injúria grave;
III – Relações ilícitas com a madrasta ou com o padrasto;
IV – Desamparo do ascendente em alienação mental ou grave enfermidade.

Art. 1.963. Além das causas enumeradas no art. 1.814, autorizam a deserdação dos ascendentes pelos descendentes:
I – Ofensa física;
II – Injúria grave;
III – Relações ilícitas com a mulher ou companheira do filho ou a do neto, ou com o marido ou companheiro da filha ou o da neta;
IV – Desamparo do filho ou neto com deficiência mental ou grave enfermidade.
Art. 1.964. Somente com expressa declaração de causa pode a deserdação ser ordenada em testamento.
Art. 1.965. Ao herdeiro instituído, ou àquele a quem aproveite a deserdação, incumbe provar a veracidade da causa alegada pelo testador.
Parágrafo único. O direito de provar a causa da deserdação extingue-se no prazo de quatro anos, a contar da data da abertura do testamento.

Texto proposto:

Art. 1.962. O autor da herança pode, em testamento, com expressa declaração de causa, privar o herdeiro necessário da sua quota legitimária quando este:
I – Ofenda a integridade física, psicológica ou moral do autor da herança;
II – Tenha sido destituído do poder familiar por conduta cometida contra o autor da herança;
III – Descumprir o dever de cuidado relativo ao autor da herança no âmbito das relações familiares.
Parágrafo único – Na hipótese do inciso II, se posteriormente à conduta deserdatória, o herdeiro necessário comprovar o restabelecimento do poder familiar, por sentença judicial transitada em julgado, ou comprovar que houve reaproximação fática da relação paterno-filial, poderá reivindicar o seu quinhão hereditário, recebendo-o na quantidade e na forma que se encontre.
Art. 1.963. Ao herdeiro deserdado é permitido impugnar a causa alegada pelo testador.
§ 1º O direito de impugnar a causa da deserdação extingue-se no prazo de quatro anos, a contar da data da abertura do testamento.

§ 2º São pessoais os efeitos da deserdação, sucedendo os descendentes do herdeiro deserdado por representação.
Art. 1.964. Aquele que for privado da legítima é equiparado ao indigno para todos os efeitos legais.
Art. 1.965. O direito de privação da legítima se extingue com o perdão, tornando ineficaz qualquer disposição testamentária nesse sentido, seja através de expressa declaração em testamento posterior, ou tacitamente, quando o autor da herança o contemplar.

Propõe-se ainda uma mudança no Código Penal, art. 92, agregando-se um inciso ao dispositivo. Texto vigente:

Art. 92 – São também efeitos da condenação:
I – A perda de cargo, função pública ou mandato eletivo:
a) Quando aplicada pena privativa de liberdade por tempo igual ou superior a um ano, nos crimes praticados com abuso de poder ou violação de dever para com a Administração Pública;
b) Quando for aplicada pena privativa de liberdade por tempo superior a 4 (quatro) anos nos demais casos.
II – A incapacidade para o exercício do poder familiar, da tutela ou da curatela nos crimes dolosos sujeitos à pena de reclusão cometidos contra outrem igualmente titular do mesmo poder familiar, contra filho, filha ou outro descendente ou contra tutelado ou curatelado;
III – A inabilitação para dirigir veículo, quando utilizado como meio para a prática de crime doloso.
Parágrafo único – Os efeitos de que trata este artigo não são automáticos, devendo ser motivadamente declarados na sentença.

Texto proposto:

Art. 92. São também efeitos da condenação:
IV – A exclusão do herdeiro por indignidade daqueles que:
a) Houverem sido autores, coautores ou partícipes de conduta antijurídica e dolosa, ou tentativa desta, que ocasione a morte da pessoa de cuja sucessão se tratar, seu cônjuge, companheiro, ascendente ou descendente;

b) Houverem praticado, ou tentado praticar conduta antijurídica e dolosa, que venha a atingir a honra, a integridade física, a liberdade, o patrimônio ou a dignidade sexual daquela pessoa de cuja sucessão se tratar autor da herança, de seu cônjuge, companheiro, descendentes ou ascendentes;

c) Houverem praticado crimes dolosos sujeitos à pena de reclusão cometidos contra cônjuge ou companheiro idoso ou deficiente, contra descendentes menores de idade ou deficientes, e ascendentes idosos ou deficientes.

Conclusão

Os institutos da Indignidade e deserdação visam a excluir da sucessão quem falhou gravemente com relação ao autor da herança, por atos diretamente contra ele ou com relação a parentes seus. O abandono afetivo grave – omissão reiterada de condutas de cuidado devidas e essenciais – quando se dá entre protagonistas de um dado processo sucessório – parentes de 1º grau – poderia resultar, igualmente, na exclusão sucessória. Por quê? Porque o principal fundamento do Direito Sucessório continua sendo a solidariedade familiar, especialmente entre aqueles que são categorizados pela lei como herdeiros necessários.

Assim, no começo do terceiro milênio, convém que o direito positivo sucessório brasileiro se ajuste à essência dos valores dessa área. As relações jurídicas sucessórias são relações humanas de sustentabilidade intergeracional. A dimensão patrimonial dessa categoria relacional se situa no âmbito das relações humanas mais necessárias, e só por isso está construída mediante inúmeras normas cogentes, que a sociedade politicamente organizada impõe a todos, pois condiz com uma necessidade social maior: a família é a base da sociedade (CF art 226).

Assim, ainda que muitos não percebam, o direito sucessório traz em sua raiz a sapiência de que a família, também em sua dimensão de continuidade temporal, por meio dos descendentes, é a base da sociedade. Por isso estão fixados certos fluxos de transferência dos bens de quem deixa de existir, na perspectiva temporal, consolidando seus bens materiais na esfera jurídica de quem lhe sucede no tempo, presumindo-se a solidariedade típica entre tais, salvo fato que denuncie a ruptura da reciprocidade.

A lógica da sucessão legítima, por exemplo, traz a presunção do comprometimento maior dos familiares mais próximos entre si e, logo, especiais credores do direito de suceder, porque mais devedores da solidariedade. Por isso, a omissão consciente e voluntária com relação ao dever de cuidar deve possibilitar que o patrimônio do autor da herança deixe de ser entregue a tal pessoa.

A inclusão da possibilidade de exclusão da herança por relevante abandono do dever de cuidado reforçaria e resgataria, de modo adequado, a noção de que por trás da transferência de bens há uma sucessão da solidariedade. Uma vez rompida a base solidária, presumida pela lei, perde sentido o dever de entregar os bens a quem já não faz jus a eles, desfazendo-se a presunção legal. O descumprimento grave, consciente e doloso do dever de solidariedade entre parentes com vínculo de 1º grau na linha sucessória, deve converter o dever legal de transferência em faculdade, por parte do autor da herança, que poderia excluí-lo, mediante deserdação, e possibilidade de exclusão, por parte de outros interessados na herança, por meio da indignidade.

Referências

Amorim, Ana Mônica Anselmo de. *A deserdação por descumprimento do dever de cuidado relativo ao autor da herança nas relações familiares*. Tese doutoral. Fortaleza: Universidade de Fortaleza, 2021. Disponível: https://unifor.br/web/guest/bdtd?course=569&registration=1723665. Acesso em 23/03/2023.

BRASIL. Constituição Federal (1988). *Diário Oficial da União*, Brasília, 5 de out. de 1988. Disponível em: http://www.planalto.gov.br/ccivil_03/constituicao/constituicao.htm. Acesso em: 31/03/2023.

BRASIL. Lei 10.406 de 10 de janeiro de 2002. *Código Civil*. Brasília, 2002. Disponível em: http://www.planalto.gov.br/ccivil_03/leis/2002/l10406.htm. Acesso em: 31/03/2023.

BRASIL. Lei n. 10.741, de 1º de out. de 2003. *Estatuto do idoso*. Disponível em: http://www.planalto.gov.br/ccivil_03/leis/2003/l10.741.htm. Acesso em: 31/03/2021.

BRASIL. Superior Tribunal de Justiça. *REsp 1.159.242/SP*. Rel: Min. Nancy Andrighi. Pesquisa de Jurisprudência. Brasília, julgado em 24 de abr. de 2012. Publicado no DJe em 10 de mai. de 2012.

Eufrásio, Luciana de Fátima. *Abandono afetivo inverso diante do dever de assistência familiar prevista no Estatuto do Idoso*. Disponível em: https://www.migalhas.com.br/depeso/338867/abandono-afetivo-inverso-diante-do-dever-deassistencia-familiar-prevista-no-estatuto-do-idoso. Acesso em: 31/03/2023.

Farias, Cristiano Chaves de; Rosenvald, Nelson. *Curso de Direito Civil*. São Paulo: Atlas S.A. 2015.

Pereira júnior, Antonio Jorge; Amorim, Ana Mônica A. A relativização dos direitos sucessórios nas relações paterno-filiais e a possibilidade de deserdação decorrente do descumprimento do dever de cuidado. *Revista de Direito de Família e das Sucessões*, 2018.

Poletto, Carlos Eduardo Minozzo. *Indignidade sucessória e deserdação*. São Paulo: Saraiva, 2013.

Tavares da Silva, Regina Beatriz. Pai que abandona filho tem direito à sua herança? Disponível em: https://www.reginabeatriz.com.br/post/pai-que-abandona-filho-tem-direito-%C3%A0-sua-heran%C3%A7a. Acesso em 30/03/2023.

Vries, Caio Cezar Rosa Araújo da Silva Reis de. *O abandono afetivo e a exclusão da sucessão: o fim da impunidade sucessória*. Rio de Janeiro; Escola da Magistratura do Estado do Rio de Janeiro, 2018.

Werle, C. C.; Fraga, J. M.; Fereira, W. S. A (im)possibilidade de inclusão do abandono afetivo como uma hipótese de deserdação no ordenamento jurídico brasileiro. *Revista do Curso de Direito*. UNIFOR-MG, Formiga, 2022.

42.
REPERCUSSÕES SUCESSÓRIAS NA FILIAÇÃO SOCIOAFETIVA

Danilo Porfirio de Castro Vieira

1. Socioafetividade e sua natureza jurídica

A adesão do Direito Privado ao pensamento neoconstitucionalista e, consequentemente, a sua repersonalização, repercutiu sensivelmente no Direito de Família e na compreensão dessa primordial organização coletiva.

O novo modelo ou paradigma de família, deixa de ser compreendida como uma (exclusiva) forma, mas se abre a diversas possibilidades organizacionais, acolhendo a homoafetividade, relações sem filhos, ou até mesmo sem cônjuges ou companheiros, escorado no parentesco em linha ou colateral.

O Direito de Família, ao reconhecer uma constelação de modelos, acolhe como princípios a pluralidade (diversidade e equiparação jurídica de modelos); a igualdade (paridade dos agentes pertencentes à família constituída, em alinhamento aos compromissos republicanos e democráticos); e a instrumentalidade (a família não é fim, mas meio, recurso, a serviço da dignidade de seus integrantes). A dignidade da pessoa, portanto, é o objeto de tutela, o exercício existencial (o que pressupõe a proteção da autonomia privada), que se apresenta na proteção e formação da criança e adolescente, relações identitárias, até o exercício comum da vida íntima e privada (Família Eudemonista).

Porém, no Direito de Família repersonalizado, a eudemonia (ou felicidade), não se reduz a autorrealização solipsista, ou a uma primazia hierárquica, mas de deveres e responsabilidades recíprocos entre agentes considerados iguais e livres (autorresponsabilidade/intersubjetividade).

O novo paradigma também traz a diretriz utópica e um tanto polêmica da despatrimonização, tendo como fim a proteção de direitos de personalidade e existenciais. Porém, a realidade nos mostra uma face relacional um tanto obscura e dramática, principalmente no fim das relações ou na busca de reconhecimento parental.

Como se desenvolverá a seguir, o paradigma repersonalizado de Direito de Família não tutela amor, o afeto, pois se trata de uma expressão emocional/ideal (numênica). Não é, portanto, um bem jurídico, algo que não é se quer palpável, perceptível concretamente. O que o Direito tutela é externalização da vontade, da tomada de decisão e sua exposição/conhecimento no mundo dos fenômenos. O tripé jurídico se resume em agentes, objeto e relação; vontade-ação, facticidade e bens sujeitos aos efeitos. O Superior Tribunal de Justiça (STJ) reconhece que o afeto não é bem jurídico:

> Civil Direito de Família. Responsabilidade Civil Subjetiva. Genitor. Ato Ilícito. Dever Jurídico Inexistente. Abandono Afetivo. Indenização por Danos Morais.
>
> 1. Não ofende o art. 535 do CPC a decisão que examina, de forma fundamentada, todas as questões submetidas à apreciação judicial. 2. A ação de indenização decorrente de abandono afetivo prescreve no prazo de três anos (Código Civil, art. 206, §3º, V).
>
> 2. A indenização por dano moral, no âmbito das relações familiares, pressupõe a prática de ato ilícito.
>
> 3. O dever de cuidado compreende o dever de sustento, guarda e educação dos filhos. Não há dever jurídico de cuidar afetuosamente, de modo que o abandono afetivo, se cumpridos os deveres de sustento, guarda e educação da prole, ou de prover as necessidades de filhos maiores e pais, em situação de vulnerabilidade, não configura dano moral indenizável. Precedentes da 4ª Turma.
>
> 4. Hipótese em que a ação foi ajuizada mais de três anos após atingida a maioridade, de forma que prescrita a pretensão com relação aos atos e omissões narrados na inicial durante a menoridade. Improcedência da pretensão de

> indenização pelos atos configuradores de abandono afetivo, na ótica do autor, praticados no triênio anterior ao ajuizamento da ação.
> 4. Recurso especial conhecido em parte e, na parte conhecida, não provido. (REsp n. 1.579.021/RS, relatora Ministra Maria Isabel Gallotti, Quarta Turma, julgado em 19/10/2017, DJe de 29/11/2017.)

> Responsabilidade Civil. Abandono Moral. Reparação. Danos Morais. Impossibilidade.
> 1. A indenização por dano moral pressupõe a prática de ato ilícito, não rendendo ensejo à aplicabilidade da norma do art. 159 do Código Civil de 1916 o abandono afetivo, incapaz de reparação pecuniária.
> 2. Recurso especial conhecido e provido. (REsp n. 757.411/MG, relator Ministro Fernando Gonçalves, Quarta Turma, julgado em 29/11/2005, DJ de 27/3/2006, p. 299.)

Mesmo, assim, entre os integrantes da comunidade jurídico-científica brasileira, há confusões entre afeto (sentimento) e afetividade (princípio jurídico)[1]. O professor e ministro do Supremo Tribunal Federal Luiz Edson Fachin, definiu, ao nosso ver, a afetividade de forma adequada, deixando de lado o sensível e o subjetivo:

> na transformação da família e de seu Direito, o transcurso apanha uma 'comunidade de sangue' e celebra, ao final deste século, a possibilidade de uma 'comunidade de afeto'. Novos modos de definir o próprio Direito de Família. Direito esse não imune à família como refúgio afetivo, centro de intercâmbio pessoal e emanador da felicidade possível (...). Comunhão que valoriza o afeto, afeição que recoloca novo sangue para correr nas veias do renovado parentesco, informado pela substância de sua própria razão de ser e não apenas pelos vínculos formais ou consanguíneos. Tolerância que compreende o convívio de identidades, espectro cultural, sem supremacia desmedida, sem diferenças discriminatórias, sem aniquilamentos. Tolerância que supõe possibilidade e limites. Um tripé que, feito desenho, pode-se

[1] Tartuce, Flávio. O princípio da afetividade no direito de família. Disponível em: https://www.jusbrasil.com.br/artigos/o-principio-da-afetividade-no-direito-de-familia/121822540. Acessado em: 13/06/2022.

mostrar apto a abrir portas e escancarar novas questões. Eis, então, o direito ao refúgio afetivo[2].

Novamente, o Superior Tribunal de Justiça, em do REsp 1.159.242/ SP (2009/ 0193701-9), estabeleceu um marco conceitual sobre a afetividade, expondo:

> Aqui não se fala ou se discute o amar e, sim, a imposição biológica e legal de cuidar, que é dever jurídico, corolário da liberdade das pessoas de gerarem ou adotarem filhos. O amor diz respeito à motivação, questão que refoge os lindes legais, situando-se, pela sua subjetividade e impossibilidade de precisa materialização, no universo meta-jurídico da filosofia, da psicologia ou da religião. O cuidado, distintamente, é tisnado por elementos objetivos, distinguindo-se do amar pela possibilidade de verificação e comprovação de seu cumprimento, que exsurge da avaliação de ações concretas: presença; contatos, mesmo que não presenciais; ações voluntárias em favor da prole; comparações entre o tratamento dado aos demais filhos – quando existirem –, entre outras fórmulas possíveis que serão trazidas à apreciação do julgador, pelas partes. Em suma, amar é faculdade, cuidar é dever. A comprovação que essa imposição legal foi descumprida implica, por certo, a ocorrência de ilicitude civil, sob a forma de omissão, pois na hipótese o non facere que atinge um bem juridicamente tutelado, leia-se, o necessário dever de criação, educação e companhia – de cuidado – importa em vulneração da imposição legal. Fixado esse ponto, impõe-se, ainda, no universo da caracterização da ilicitude, fazer-se pequena digressão sobre a culpa e sua incidência à espécie. Quanto a esse monótono o entendimento de que a conduta voluntária está diretamente associada à caracterização do ato ilícito, mas que se exige ainda, para a caracterização deste, a existência de dolo ou culpa comprovada do agente, em relação ao evento danoso.

A afetividade, portanto, nada mais é que o reconhecimento da autonomia nas relações familiares. É o reconhecimento heteronômico do Direito de que os agentes constituidores de relação agem por liberali-

[2] Fachin, Luiz Edson. *Da paternidade: relação biológica e afetiva.* Belo Horizonte: Del Rey, 1996. p. 317-318.

dade e assumem responsabilidades pelas suas decisões (imperativo moral racional como dimensão jurídica, ou seja, autonomia da vontade).

A publicidade, o notório conhecimento da decisão, dos atos constitutivos familiares devem ser chamados de socioafetividade, A socioafetividade é, portanto, a constituição da família enquanto fato jurídico-social, devendo ser perene (comportamento cotidiano, duradouro e sólido).

Ricardo Calderón também aborda a socioafetivade de forma coerente, pois desconsidera a averiguação de sentimentos, mas defende apuração de "manifestação" afetiva e de "fatos relevantes" ("fatos signo-presuntivos"), conjunto de eventos configuradores da existência da relação familiar[3].

A crítica à sua tese encontra-se em desconsiderar também a intenção (a vontade), o que chama de motivação afetiva, colocando-a no mesmo patamar subjetivo do sentimento.

Calderón, ao presumir a existência de uma relação (e de uma decisão racional tomada) pelos tais fatos relevantes, vincula a afetividade ao ato-fato jurídico, o que divergimos.

O binômio afetividade/socioafetividade deve ser encarado como uma manifestação de vontade, um exercício contínuo, consciente, duradouro, notório, que se faz por ações (apresenta natureza tácita / trato e fama), que criam relações jurídicas e gerarão deveres/responsabilidades. Um ato de livre-arbítrio, de autodeterminação e autorrealização, em que se espera pelo Direito, autorresponsabilidade, ou seja, autonomia da vontade!

Não se considera sentimentos, nem se busca alcançar identificação da afetividade pela de intimidade e privacidade, pois se o comportamento íntimo, em espaço privado, deve ser de conhecimento público, para se reconhecer a socioafetividade, não existiria mais a tutela de direitos de personalidade. Também um detalhe, afetividade não é relação de alcova!

Afetividade é o reconhecimento da autonomia da vontade no Direito de Família, seja nas relações tácitas entre companheiros, no contrato afetivo, ou melhor, o casamento, ou na filiação. Aqueles que constituem relações familiares, como seres racionais que o são, assumem o imperativo

[3] Calderón, Ricardo Lucas. *Princípio da afetividade no direito de família*. Rio de Janeiro: Renovar, 2013.

de conduta, esperados pelo Direito e sua Sociedade (cláusulas gerais), responsabilidades (autorresponsabilidade). Kant vive no direito repersonalizado: "Age de tal forma que a máxima de tua vontade possa valer-te sempre como princípio de uma legislação universal"[4].

Ratificando, o ser humano, como ser racional, reconhece o seu dever, que surge do livre-arbítrio e da sua ação (*animus-actio*), sujeitando-se a responsabilidade pelos seus atos.

Não se trata de autonomia privada, que mesmo sendo constantemente reivindicada na repersonalização, principalmente quando se defende a mínima intervenção do Estado, é um instituto jurídico liberal, avesso a sanção/cerceamento (o que explica a não adoção do ato ilícito sem danos / *punite damage*). Acima de tudo, a autonomia privada é uma *potestas* (*facultas agendi* /a liberdade de iniciativa), a supremacia decisória do homem, enquanto sujeito de direito, fundamento do emancipacionismo. Como bem ensina Emilio Betti:

> como pressuposto e causa geradora de relações jurídicas, já disciplinadas, em abstrato e em geral, pelas normas dessa ordem jurídica. É, portanto, reconhecida como atividade e potestas, criadora, modificadora ou extintora de relações jurídicas entre particulares[5].

Na mesma linha, Francisco Amaral define que a autonomia privada "o poder que os particulares têm de regular, pelo exercício de sua própria vontade, as relações que participam, estabelecendo-lhe o conteúdo e a respectiva disciplina jurídica"[6].

O mesmo imperativo moral-racional encontra-se no pensamento habermasiano, mas sob o prisma da intersubjetividade[7]. Moralidade racional resultante da intercompreensão dos interlocutores, na promoção de acordos e compromissos. ("disposição cooperativa para o

[4] Kant, Immanuel. *Crítica da razão prática.* São Paulo: Ícone, 2005. p. 37, 40.

[5] Betti, Emilio. *Teoria geral do negócio jurídico.* Coimbra: Coimbra Ed., 1969.

[6] Amaral, Francisco. *Direito civil*: Introdução. 5. ed. rev. atual. e aum. Rio de Janeiro: Renovar, 2003. p. 347-348.

[7] Habermas, J. *O discurso filosófico da modernidade.* Alfragide: Publicações Dom Quixote, 1985, p. 276.

entendimento")[8], pela comunicação entre os sujeitos. A autorresponsabilidade é uma consequência inerente a deliberação (o que pressupõe intenção).

Luc Ferry, compreende que afetividade é expressão de alteridade (responsabilidade intersubjetiva / mutualidade – comutatividade), com dimensões sagrado-civis, disposta em ambiente privado, mas com dimensão e reconhecimento públicos, tendo como fim a existência, diga-se a Dignidade de seus agentes[9]. A família é a consequência das escolhas de seus integrantes, com força vinculante e de efeitos nem sempre calculados ou previsíveis, porém, possíveis (assunção de riscos)[10].

2. Filiação afetiva e suas formas de reconhecimento

A filiação afetiva, social ou socioafetiva é um instituto jurídico primordialmente desenhado na doutrina e gradualmente reconhecido jurisprudencialmente no direito brasileiro. Inicialmente, foi o reconhecimento das relações de paternidade e atingindo, contemporaneamente, as relações de maternidade.

Em princípio o respaldo para a filiação socioafetiva está na interpretação do art. 1.593 do CC: "O parentesco é natural ou civil, conforme resulte de consanguinidade ou outra origem". A filiação civil, que originalmente era a adotiva, se estende à socioafetividade.

Trata-se de uma filiação construída por uma sucessão de atos jurídicos em sentido estrito, em manifestações de vontades contínuas e públicas, que caracterizam voluntariamente a relação entre o pai/mãe e filho.

É uma sucessão de atos jurídicos em sentido estrito, pois os pretensos pais/mães devem imprescindivelmente expor suas intenções (exposição do livre arbítrio, autodeterminação e autorrealização pelo trato), porém não é o suficiente, sujeitando-se a plataforma fática validadora imposta pelo ordenamento, ou seja, há a adequação de formalidade para o reconhecimento da filiação afetiva, quais sejam: a demonstração do senso de

[8] Habermas, J. Teorias da verdade. in *Teoria da Racionalidade e Teoria da Linguagem*, v. II. Lisboa: Edições 70, 2010, p. 181-233.

[9] Ferry, Luc. *A revolução do amor: por uma espiritualidade laica*. São Paulo: Temas e Debates, 2012. p. 90-91, 92-118.

[10] Ferry, Luc. *Família, amo vocês*. São Paulo: Objetiva, 2007. p. 76-98.

pertencimento do filho, o autorreconhecimento (o nome); a comprovação de publicidade (notoriedade/sociabilidade); tempo mínimo de convivência como pai/mãe (continuidade/perenidade).

Outra exigência, que se identifica da mesma forma no reconhecimento da união estável, é a demonstração fática da vida em família, da paternidade/maternidade, ou seja, a filiação socioafetiva não se reduz a uma declaração de vontade, mas ela se reconhece pela demonstração de manifestações de vontade.

As noções de ato jurídico em sentindo estrito e de que a filiação afetiva é tácita, contínua e intencional, ou seja, manifestação de vontade, estão expostas na própria construção jurisprudencial sobre esta forma de parentesco, seguindo o processo de conhecimento, em procedimento ordinário (ações de investigação ou de reconhecimento de paternidade socioafetiva), não pela demonstração de elos genéticos, mas de fatos da vida, de eventos que exponham e relação pater/mater-filial. A própria Lei Clodovil (Lei nº11.924/ 2009), em seu art. 2º. deixa claro a necessidade da demonstração do exercício da manifestação de vontade para o reconhecimento da filiação afetiva:

> Art. 2º O art 57 da Lei nº 6.015, de 31 de dezembro de 1973, passa a vigorar acrescido do seguinte §8º:
> Art. 57. (...)
> §8º O enteado ou a enteada, havendo motivo ponderável e na forma dos §§ 2º e 7º deste artigo, poderá requerer ao juiz competente que, no registro de nascimento, seja averbado o nome de família de seu padrasto ou de sua madrasta, desde que haja expressa concordância destes, sem prejuízo de seus apelidos de família.

O CNJ, por meio dos provimentos 63/2017 e 83/2019, reconhece a filiação afetiva como um ato jurídico em sentido estrito, sem a necessidade de um processo judicial, onde pela demonstração em cartório (provas testemunhais, documentais, concordância dos pais, oitiva do filho), se comprovará a existência da relação.

Logo, a filiação socioafetiva se fundamenta no princípio da afetividade/socioafetividade enquanto autonomia da vontade.

Neste sentido, o Enunciado 256 da III Jornada de Direito Civil estabeleceu que a parentalidade socioafetiva como modalidade de parentesco civil, vejamos: "A posse do estado de filho (parentalidade socioafetiva) constitui modalidade de parentesco civil.".

Com efeito, cumpre salientar que a filiação socioafetiva não poderá ser usada para negar a paternidade, uma vez que a falta de afeto nunca negará o vínculo biológico, sendo assim, o vínculo socioafetivo serve apenas para estabelecer um vínculo de filiação. Sobre o assunto o Superior Tribunal de Justiça, tem assentado a tese, através do REsp 1.829.093/PR, de que a proteção da filiação socioafetiva impede a anulação do ato registral pela mera inexistência de paternidade biológica. Vide ementa:

> Direito Civil. Família. Recurso Especial. Ação de Investigação de Paternidade C/C Negatória de Paternidade. Negativa de Prestação Jurisdicional. Inocorrência. Princípio da Concentração da Defesa. Observância. Vício de Consentimento. Inexistência. Relação Socioafetiva. Presença. Julgamento: CPC/2015.
> 1. Ação de investigação de paternidade cumulada com negatória de paternidade proposta em 05/04/2012, da qual foi extraído o presente recurso especial interposto em 24/05/2018 e atribuído ao gabinete em 13/08/2019.
> 2. O propósito recursal é dizer se a) houve negativa de prestação jurisdicional, b) foi observado o princípio da concentração da defesa, c) o registro de nascimento do recorrido foi formalizado mediante vício de consentimento e d) há relação de socioafetividade entre as partes.
> 3. A alegada violação a dispositivo constitucional não pode ser apreciada em sede de recurso especial, sob pena de usurpação da competência do STF.
> 4. Os fundamentos para o afastamento da alegação de preclusão bem como para a rejeição da pretensão estão expostos no acórdão recorrido, não havendo que se falar em violação aos arts. 489 e 1.022 do CPC/2015. Ademais, "em função do princípio do livre convencimento motivado, o magistrado não está vinculado aos relatórios técnicos apresentados pelas equipes de avaliação psicossocial, uma vez que a manifestação da equipe multidisciplinar consubstancia apenas um dos elementos de convicção do juízo" (HC 513.811/SP).
> 5. O princípio da concentração da defesa ou da eventualidade impõe ao réu o ônus de alegar, na contestação, toda a matéria de defesa (art. 336 do CPC/2015). Se o tema, ainda que não desenvolvido com profundidade, foi suscitado na defesa, inexiste violação a tal princípio.

6. O art. 1604 do CC/02 dispõe que "ninguém pode vindicar estado contrário ao que resulta do registro de nascimento, salvo provando-se erro ou falsidade do registro". Vale dizer, não é possível negar a paternidade registral, salvo se consistentes as provas do erro ou da falsidade.
7. Esta Corte consolidou orientação no sentido de que para ser possível a anulação do registro de nascimento, é imprescindível a presença de dois requisitos, a saber: (i) prova robusta no sentido de que o pai foi de fato induzido a erro, ou ainda, que tenha sido coagido a tanto e (ii) inexistência de relação socioafetiva entre pai e filho. Assim, a divergência entre a paternidade biológica e a declarada no registro de nascimento não é apta, por si só, para anular o registro. Precedentes.
8. Na hipótese, o recorrente refletiu por tempo considerável e, findo esse período, procedeu à realização do registro de forma voluntária. Não há elementos capazes de demonstrar a existência de erro ou de outro vício de consentimento, circunstância que impede o desfazimento do ato registral. Não só, as provas examinadas pelo Tribunal local apontam para a existência de vínculo socioafetivo entre as partes, o que corrobora a necessidade de manutenção do registro tal qual realizado.
9. Recurso especial parcialmente conhecido e, nessa extensão, desprovido. (REsp n. 1.829.093/PR, relatora Ministra Nancy Andrighi, Terceira Turma, julgado em 1/6/2021, DJe de 10/6/2021.)

Posto isso, é importante diferenciar a filiação socioafetiva da filiação adotiva. Mesmo estando a adoção fundamentada na afetividade, suas naturezas jurídicas são diversas.

Primeiramente, a filiação adotiva se constitui por meio de ato jurídico processual específico, um processo de adoção, conforme o Estatuto da Criança e do Adolescente, do Código Civil e a Lei de Adoção (leis 12.010/2009 e 13.509/2017).

Na filiação adotiva, distintamente da filiação socioafetiva, os interessados em adotar devem se habilitar junto a Vara da Criança e Adolescente, sujeito a uma lista impessoal que prima pela antiguidade na espera. A criança ou adolescente a ser adotado também dentro de uma lista de espera por antiguidade, de ser órfão ou os seus pais não possuem mais poder/autoridade familiar sobre ele.

Há um rito processual visando adaptação acompanhada pericialmente, primando sempre pelo melhor interesse do infante ou jovem, e no sucesso da integração ao novo espaço familiar, por sentença se constitui aos adotantes a condição de pais e a extinção, a ruptura com o passado do adotado. Nova família, novo registro, novo nome, um recomeço. Não há, como na filiação socioafetiva, a simultaneidade de pais e mães com os genitores (pais biológicos).

A filiação socioafetiva possibilita a multiparentalidade (ou pluriparentalidade), com mais de um elo de parentesco. Uma pessoa pode ter, portanto, pais biológicos ou adotivos e ter simultaneamente pais de natureza socioafetiva (coexistência das filiações).

Iniciando o presente tópico, traz-se ponto relevante do julgamento do RE898.060/SC, cuja tese teve repercussão geral reconhecida, trazendo novos ventos ao Direito das famílias, vindo a ocasionar consequências ainda, no âmbito do direito previdenciário e sucessório.

O STF no Recurso Extraordinário 898.060/SC, com Repercussão Geral 622, reconheceu a multiparentalidade e seus efeitos, vejamos: "a paternidade socioafetiva, declarada ou não em registro, não impede o reconhecimento do vínculo de filiação concomitante, baseada na origem biológica, com os efeitos jurídicos próprios.".

No mesmo sentido, o Superior Tribunal de Justiça possui jurisprudência pacífica no sentido de que, em se tratando de multiparentalidade, deve ser reconhecida a equivalência de tratamento e de efeitos jurídicos entre as paternidades biológica e socioafetiva. Vide ementa:

> RECURSO ESPECIAL. Direito Civil. Ação Declaratória de Paternidade Socioafetiva. Reconhecimento da Multiparentalidade. Tratamento Jurídico Diferenciado. Pai Biológico. Pai Socioafetivo. Impossibilidade. Recurso Provido.
> 1. O Supremo Tribunal Federal, ao reconhecer, em sede de repercussão geral, a possibilidade da multiparentalidade, fixou a seguinte tese: "a paternidade socioafetiva, declarada ou não em registro público, não impede o reconhecimento do vínculo de filiação concomitante baseado na origem biológica, com os efeitos jurídicos próprios" (RE 898060, Relator: Luiz Fux, Tribunal Pleno, julgado em 21/09/2016, PROCESSO ELETRÔNICO REPERCUSSÃO GERAL – Mérito DJe-187 DIVULG 23-08-2017 PUBLIC 24-08-2017).

2. A possibilidade de cumulação da paternidade socioafetiva com a biológica contempla especialmente o princípio constitucional da igualdade dos filhos (art. 227, § 6º, da CF). Isso porque conferir "status" diferenciado entre o genitor biológico e o socioafetivo é, por consequência, conceber um tratamento desigual entre os filhos.
3. No caso dos autos, a instância de origem, apesar de reconhecer a multiparentalidade, em razão da ligação afetiva entre enteada e padrasto, determinou que, na certidão de nascimento, constasse o termo "pai socioafetivo", e afastou a possibilidade de efeitos patrimoniais e sucessórios.
3.1. Ao assim decidir, a Corte estadual conferiu à recorrente uma posição filial inferior em relação aos demais descendentes do "genitor socioafetivo", violando o disposto nos arts. 1.596 do CC/2002 e 20 da Lei n. 8.069/1990.
4. Recurso especial provido para reconhecer a equivalência de tratamento e dos efeitos jurídicos entre as paternidades biológica e socioafetiva na hipótese de multiparentalidade.
(REsp n. 1.487.596/MG, relator Ministro Antônio Carlos Ferreira, Quarta Turma, julgado em 28/9/2021, DJe de 1/10/2021.).

A pluriparentalidade pressupõe equiparação e simultaneidade entre as filiações existentes, com base na decisão da Suprema Corte, não existindo supremacia entre a filiação original (biológica ou adotiva) e a filiação socioafetiva. Ressaltando que a filiação socioafetiva deve ser demonstrada, comprovada a manifestação (ou cadeias contínuas de manifestações de vontade), em consonância ao nosso entendimento que afetividade não é afeto, mas tomada de decisão e externalização de ações no mundo fático.

Anderson Schreiber nos lembra que:

> Ao STF cumpre dar o Norte, fixar paradigmas, como fez na análise da Repercussão Geral 622 com a consagração da relevância jurídica da socioafetividade – não do afeto em si, que é sentimento íntimo e pessoal, mas da sua manifestação exterior na vida social, apesar da insistência de alguns em confundir os conceitos[11].

[11] Schreiber, Anderson. STF, repercussão geral 622: multiparentalidade e seus efeitos, 2010. Disponível em https://flaviotartuce.jusbrasil.com.br/artigos/388310176/stf-repercussao-geral-622-multiparentalidade-e-seus-efeitos. Acesso em 26 de junho de 2022.

Neste sentido, o STJ, no REsp nº 1.674.849/SP ratificou a Repercussão Geral sobre a multiparentalidade, considerando as formas de comprovação da filiação socioafetiva e considerando o melhor interesse da criança e do adolescente.

Como será disposto no próximo tópico, observa-se que a filiação socioafetiva, originalmente tinha uma dimensão exclusivamente existencial, diga-se extrapatrimonial, na constituição de elos identitários apenas, o direito de usar o nome. Um direito inicialmente atribuído a enteados e padrastos/madrastas que possuíssem uma relação transcendente ao parentesco por afinidade, o que foi reconhecido pela lei Clodovil.

A jurisprudência foi além aos agentes originais da filiação socioafetiva direitos e deveres, como alimentos (inicialmente subsidiário e posteriormente concorrente), visitação e até mesmo guarda. Também a paternidade/maternidade afetiva se estendeu para agentes, não necessitando ser padrastos ou madrastas, inclusive transformando parentes colaterais em pais ou mães.

O reconhecimento que era exclusivamente regido pelo devido processo legal, por tutela jurisdicional, passa a ser disposto cartorialmente (daí a importância na identificação cautelosa das intenções e manifestações de vontade pretéritas que possibilitarão o reconhecimento).

E com a repercussão geral 622 do STF, vê-se a simultaneidade de direitos e deveres entre pais originais (biológico e adotivo) e pais socioafetivos, com dimensões sucessórias.

A filiação socioafetiva por ser um direito identitário e, portanto, existencial, tem natureza personalíssima. O STJ ratificou esse posicionamento, entendendo que o reconhecimento de filiação socioafetiva será pleiteado pelos interessados nos direitos, ou seja, as pessoas que querem ser reconhecidas como pais ou aquele que deseja o reconhecimento como filho (no caso de menoridade, por meio de seu representante ou assistente legal ou judicial), incluindo os seus herdeiros. Logo, o escopo normativo da investigação é o artigo 1.606 do Código Civil:

> Art. 1.606. A ação de prova de filiação compete ao filho, enquanto viver, passando aos herdeiros, se ele morrer menor ou incapaz.
> Parágrafo único. Se iniciada a ação pelo filho, os herdeiros poderão continuá-la, salvo se julgado extinto o processo.

Observa-se também que alguns tribunais como o de Goiás (TJGO) e Minas Gerais (TJMG) reconheceram a legitimidade ativa para netos afetivos, requerendo a filiação afetiva entre pai e avô. O que se entende é que a identidade familiar tem uma natureza coletiva (pertença comunitária familiar) e transgeracional, transmitindo-se na cadeia de ascendência e descendência.

Inicialmente, tanto o reconhecimento como a investigação da paternidade socioafetiva eram exercidos judicialmente.

Não há qualquer divergência quanto a investigação de paternidade/maternidade (parentalidade) socioafetiva, pois ela está fundamentada nas mesmas disposições sobre a investigação de paternidade biológica do artigo 1615 do Código Civil, sendo um reconhecimento forçado. A investigação tem natureza declaratória, pois a sentença não constitui uma relação afetiva, mas expõe por fatos pretéritos e presentes (manifestações de vontade tácitas), publicamente intencionais. A parentalidade já existia em vias fáticas cabendo ao juízo simplesmente reconhecê-lo.

Primordialmente, no intuito de se evitar fraudes, vícios de vontade e até mesmo simulação, o reconhecimento da paternidade socioafetiva, mesmo consensual, era existente, válida e plenamente eficaz por via de ação judicial. A partir de 2017, o CNJ editou o Provimento nº 63, que estabeleceu o reconhecimento extrajudicial/cartorial da filiação socioafetiva, que foi aprimorado em 2019 pelo Provimento nº.83. Logo, é possível que haja o reconhecimento judicial, com escopo no artigo 1.593 do Código Civil, ou poderá ser reconhecido de forma extrajudicial, nos termos do provimento nº 63 e nº83 do CNJ.

O CNJ, por meio dos Provimentos 63 e 83, regulamentou o reconhecimento de parentalidade (paternidade ou maternidade) socioafetiva cartorialmente (Ofício de Registro Civil de Pessoas Naturais), desde que haja o cumprimento de certos requisitos.

Conforme artigo 11 do Provimento 63, a declaração pode ser feita em qualquer cartório de registro civil, não necessitando que seja o do assento do registro de nascimento. Porém, isso só será possível se não existir processo judicial que tenha como objeto o reconhecimento de filiação (art. 13, parágrafo único, do Provimento 63) e que a criança tenha idade igual ou superior a 12 anos, conforme previsão do Provimento 83.

É importante salientar que o Provimento 83 do CNJ expõe a afetividade/socioafetividade como autonomia da vontade, como decisão exercida numa cadeia de manifestações de vontade tácitas, pois, na alteração do artigo 10 do Provimento 63, há a exigência da comprovação do exercício da paternidade/ maternidade afetiva, sua publicidade (sociabilidade/ socioafetividade), perenidade (continuidade/estabilidade) e vínculos intersubjetivos entre o pretenso pai/mãe e o filho socioafetivo.

> Art. 10-A. A paternidade ou a maternidade socioafetiva deve ser estável e deve estar exteriorizada socialmente.
> 1º O registrador deverá atestar a existência do vínculo afetivo da paternidade ou maternidade socioafetiva mediante apuração objetiva por intermédio da verificação de elementos concretos

Desse modo, é necessário que o vínculo socioafetivo esteja exteriorizado perante a sociedade. Assim, apenas quando essa relação for de reconhecimento de terceiros poderá ser reconhecida na via extrajudicial.

Além disso, o pretenso pai ou mãe deve ser maior de dezoito anos de idade e deverá ser pelo menos dezesseis anos mais velho que o filho a ser reconhecido. Ademais, a pessoa que pretende ser reconhecida como pai não pode ser o irmão, tio, ou avô da criança, vejamos.

> 2º O requerente demonstrará a afetividade por todos os meios em direito admitidos, bem como por documentos, tais como: apontamento escolar como responsável ou representante do aluno; inscrição do pretenso filho em plano de saúde ou em órgão de previdência; registro oficial de que residem na mesma unidade domiciliar; vínculo de conjugalidade – casamento ou união estável – com o ascendente biológico; inscrição como dependente do requerente em entidades associativas; fotografias em celebrações relevantes; declaração de testemunhas com firma reconhecida.

Aos menores de 18 anos, exige-se a expressa concordância dos seus pais biológicos (ou adotivos).

O agente cartorial deverá conferir os documentos pessoais dos pleiteantes e, posteriormente, arquivar as cópias, conforme artigo 11, § 1º do Provimento 63.

Salienta-se também que o Ministério Público tem o dever de emitir parecer, favorável ou não ao reconhecimento pleiteado. Sendo favorável pelo reconhecimento, será providenciada a averbação no livro do registro de nascimento. Caso o parecer seja desfavorável, o registro da paternidade/maternidade socioafetiva não ocorrerá, cabendo o agente cartorial comunicar aos requerentes e arquivar o expediente.

Outra hipótese negativa será a dúvida do próprio agente cartorial sobre o estado de posse filho ou outros requisitos. Neste caso o procedimento será remetido ao juízo competente. Logo, o que se inicia extrajudicialmente será solucionado judicialmente.

O reconhecimento de parentalidade judicial é possível na hipótese do agente cartorial, em reconhecimento extrajudicial, levantar fundamentadamente a possibilidade de fraude, má-fé, vício de vontade ou dúvidas no estado de posse do filho, encaminhando a demanda ao juízo competente (artigo 12 do Provimento nº 63 do CNJ).

Há também a possibilidade do reconhecimento judicial quando a criança for menor de 12 anos idade, conforme prevê o artigo 10 do provimento nº 83 do CNJ; quando os pais originais estiverem ausentes no momento da declaração extrajudicial ou se as declarações dos pais ou do filho não forem válidas, conforme artigo 11, parágrafo 6º, do Provimento 63; ou quando o reconhecimento envolver a inclusão de mais de um ascendente socioafetivo, conforme os parágrafos 1º e 4º. do artigo 14 do Provimento 83.

Gradualmente, o judiciário brasileiro começou a se utilizar do art. 1593 do Código Civil para reconhecer esse tipo de filiação socioafetiva (filiação de outra origem), consolidando o posicionamento da pertinência do estado de posse do filho.

Logo, o que se conclui é que a filiação se funda não somente em declarações de vontade, mas de manifestações tácitas, contínuas e notórias, uma decisão de vida, uma expressão de afetividade, ou seja, de autonomia da vontade na constituição de filiação.

Considerando a escada ponteana, ou suporte fático-normativo, o reconhecimento voluntário da paternidade ou maternidade socioafetiva, sendo plenamente existente e válido, é irrevogável. Não existe resolução judicial ou voluntária de um reconhecimento, somente sendo objeto de revogação, quando se demonstrar nulidade (absoluta ou relativa).

As medidas revogatórias (declaratórias de nulidade ou de anulação) são exercidas por via judicial, onde se discutirá a violação de pressupostos de validade, ou seja, capacidade e legitimidade das partes, licitude (fraude/simulação) e forma prescrita em lei, ou se há vício de vontade (erro, dolo, coação). Estas medidas estão amparadas no artigo 10, §1º, do provimento nº 63 do CNJ e nos artigos 138 a 155, 166, 167, 1604, 1609, II e III e art.1610 do Código Civil.

Logo, a simples alegação de inexistência de vínculo biológico não é causa para a revogação do reconhecimento socioafetivo e sempre considerando o melhor interesse do filho, conforme enunciado 339 da quarta jornada de direito civil do CJF/STJ, que dita: "A paternidade socioafetiva, calcada na vontade livre, não pode ser rompida em detrimento do melhor interesse do filho".

3. Dos direitos dos filhos (socio)afetivos

O filho socioafetivo apresenta direitos de personalidade e patrimoniais de forma equiparada aos outros filhos, biológicos ou adotivos, e com uma peculiaridade: a simultaneidade.

No aspecto extrapatrimonial, os nomes dos pais afetivos constarão, a título de averbação, na certidão de nascimento, mantendo o nome dos pais biológicos. Os elos de parentesco serão equivalentes na ascendência e descendência, sujeitando-se aos efeitos dos impedimentos no casamento conforme incorrendo aqui os efeitos do artigo 1521 do Código Civil.

Posto isso, o exercício do poder familiar aos filhos menores será compartilhado entres os pais biológicos/adotivos e os pais afetivos, conforme disposto no artigo 1634 do Código Civil:

> Art. 1.634. Compete a ambos os pais, qualquer que seja a sua situação conjugal, o pleno exercício do poder familiar, que consiste em, quanto aos filhos: I – dirigir-lhes a criação e a educação; II – exercer a guarda unilateral ou compartilhada nos termos do art. 1.584; III – conceder-lhes ou negar-lhes consentimento para casarem; IV – conceder-lhes ou negar-lhes consentimento para viajarem ao exterior; V – conceder-lhes ou negar-lhes consentimento para mudarem sua residência permanente para outro Município; VI – nomear-lhes tutor por testamento ou documento autêntico, se o outro dos

pais não lhe sobreviver, ou o sobrevivo não puder exercer o poder familiar; VII – representá-los judicial e extrajudicialmente até os 16 (dezesseis) anos, nos atos da vida civil, e assisti-los, após essa idade, nos atos em que forem partes, suprindo-lhes o consentimento; VIII – reclamá-los de quem ilegalmente os detenha; IX – exigir que lhes prestem obediência, respeito e os serviços próprios de sua idade e condição.

Da mesma forma, os deveres alimentares são compartilhados dentro do trinômio necessidade, possibilidade e razoabilidade. Também, quando forem maiores, assumem os deveres previstos no artigo 229 da Constituição Federal e o artigo 1696 do Código Civil, dentro da previsão de reciprocidade, os deveres alimentares, visando o cuidado, proteção e amparo dos pais na velhice ou na carestia.

Outro ponto são os direitos previdenciários, onde os filhos afetivos menores de 21 anos são beneficiários dos seus pais biológicos como também os socioafetivos, conforme entendimento do artigo 16, inciso I, da Lei 8213/91.

Por fim, a multiparentalidade abrange os efeitos sucessórios, logo os filhos afetivos são duplamente herdeiros necessários, dos seus ascendentes de origem e os afetivos. A extensão de direitos atinge os ascendentes, descendentes e os colaterais até quarto grau, conforme determinação legal.

Além disso, do reconhecimento da multiparentalidade também decorrem os efeitos sucessórios. Vide disposto nos Enunciados nº 632 e 642, ambos da VIII Jornada de Direito Civil – CJF/STJ:

Enunciado 632. Nos casos de reconhecimento de multiparentalidade paterna ou materna, o filho terá direito à participação na herança de todos os ascendentes reconhecidos.

Enunciado 642. Nas hipóteses de multiparentalidade, havendo o falecimento do descendente com o chamamento de seus ascendentes à sucessão legítima, se houver igualdade em grau e diversidade em linha entre os ascendentes convocados a herdar, a herança deverá ser dividida em tantas linhas quantos sejam os genitores.

Um instituto que nasceu sobre égide da Dignidade, que hoje não tem valor (intangível), mas tem preço, que diante da dificuldade de se definir o que é afetividade, acaba por desestimular relações (nem sempre padrastos e madrastas desejam ser pais e mães), atentando contra o direito de convivência e quiçá de vida digna para adultos e crianças.

Conclusão

Conclui-se, portanto, que a filiação socioafetiva é um instituto jurídico inexoravelmente legítimo e reconhecido pelo nosso sistema jurídico, que se sujeita aos preceitos isonômicos, equiparada, portanto, com as outras formas de filiação. Porém, ainda existe problema nos critérios declaratórios dessa relação parental, ficando precarizado quando se entende a socioafetividade como um ato-fato jurídico. Deve-se dar ênfase as questões referentes a natureza da relação, como manifestação de vontade tácita, e da autonomia, da intencionalidade, de sua publicidade e perenidade, com tempo mínimo de convivência, pois do contrário, aquilo que deveria ser fonte de agregação, se faz meio de radicalização do individualismo dentro das relações intimas.

Referências

Amaral, Francisco. *Direito civil:* Introdução. 5. ed. rev. atual. e aum. Rio de Janeiro: Renovar, 2003.

Betti, Emilio. *Teoria geral do negócio jurídico.* Coimbra: Coimbra Ed., 1969.

Calderón, Ricardo Lucas. *Princípio da afetividade no direito de família.* Rio de Janeiro: Renovar, 2013.

Fachin, Luiz Edson. *Da paternidade:* relação biológica e afetiva. Belo Horizonte: Del Rey, 1996.

Ferry, Luc. *A revolução do amor:* por uma espiritualidade laica. São Paulo: Temas e Debates, 2012.

Ferry, Luc. *Família, amo vocês.* São Paulo: Objetiva, 2007.

Habermas, J. *O discurso filosófico da modernidade.* Alfragide: Publicações Dom Quixote, 1985.

Habermas, J. Teorias da verdade. *In Teoria da Racionalidade e Teoria da Linguagem,* v. II. Lisboa: Edições 70, 2010.

Kant, Immanuel. *Crítica da razão prática.* São Paulo: Ícone, 2005.

Schreiber, Anderson. *STF, repercussão geral 622*: multiparentalidade e seus efeitos, 2010. Disponível em https://flaviotartuce.jusbrasil.com.br/artigos/388310176/stf-repercussao-geral-622-multiparentalidade-e-seus-efeitos. Acesso em 26 de junho de 2022.

STJ. REsp n. 1.579.021/RS, relatora Ministra Maria Isabel Gallotti, Quarta Turma, julgado em 19/10/2017, DJe de 2017.

STJ. REsp n. 757.411/MG, relator Ministro Fernando Gonçalves, Quarta Turma, julgado em 29/11/2005, DJ de 2006.

STJ. REsp n. 1.829.093/PR, relatora Ministra Nancy Andrighi, Terceira Turma, julgado em 1/6/2021, DJe de 2021.

STJ. REsp n. 1.487.596/MG, relator Ministro Antônio Carlos Ferreira, Quarta Turma, julgado em 28/9/2021, DJe de 2021.

Tavares da Silva, Regina Beatriz. P*aternidade socioafetiva X Paternidade biológica*. Disponível em Artigo – Paternidade socioafetiva X Paternidade biológica – Por Regina Beatriz Tavares da Silva – ANOREG, 06/02/2023.

Tavares da Silva, Regina Beatriz e Camargo Neto, Theodureto de Almeida (coordenadores).*Grandes temas de direito de família e das sucessões*, volume 2. São Paulo, Saraiva, 2014.

Tartuce, Flávio. *O princípio da afetividade no direito de família*. Disponível em O Princípio da Afetividade no Direito de Família (jusbrasil.com.br), 13/06/2022.

Vieira, Danilo Porfirio de Castro. Definição e Natureza Jurídica do Princípio da Afetividade. *In*. *Revista de Direito de Família e das Sucessões (RDFAS)*. São Paulo. v. 3, abr./mar. 2015.

EMPRESAS E SUCESSÃO

EMPRESAS Y SUCESIÓN

43.
DIREITO SUCESSÓRIO E DIREITO SOCIETÁRIO: LIMITES E POSSIBILIDADES NAS EMPRESAS FAMILIARES

Grace Costa
Paulo Nalin

1. Introdução

O presente estudo apresenta interações entre o direito das sucessões e o direito societário, percorrendo o planejamento sucessório empresarial, a apuração da expressão econômica da empresa do sócio falecido e a arbitragem em tais contextos. Toma-se como *leitmotiv* o exercício da autonomia privada daquele que virá a ser o autor da herança, para trazer a lume o posicionamento jurisprudencial do Superior Tribunal de Justiça quando o assunto é o entrelaçamento entre sucessões e empresas, em julgamentos emblemáticos da Corte.

2. Razões do presente estudo: clivagem no trinômio família-propriedade-sucessões

As razões do presente estudo decorrem da reconhecida insuficiência dos institutos clássicos do direito sucessório cumprirem a função circulatório atributiva *post-mortem*, face a uma sociedade dinâmica, plural e digital do Séc. XXI.

É certo que o Código Civil de 2002 trouxe poucos avanços ao sistema sucessório já codificado pelo revogado Código Civil de 1916, notoriamente não tendo acompanhado a imensa evolução dos institutos jurídicos civilísticos que lhe servem de piso: família e propriedade. A doutrina nacional confirma a essencialidade dos pilares do direito sucessório, desde a antiga codificação, isso porque "[O] conteúdo da herança, objeto da sucessão, atualmente, tem caráter eminentemente patrimonial ou econômico, sendo a universalidade das relações jurídicas do finado, com essa natureza, transmitida aos seus herdeiros"[1]. A doutrina lusitana segue na mesma esteira, ao confirmar que a herança se perpetua nos quadros da família – legítima ou legitimária –, justificando-se pelo fato de a propriedade ser, "(...) ainda hoje, largamente familiar: usufruída (quando não constituída) pelo conjunto dos familiares mais próximos"[2].

O Código Civil de 1916 apresentava um modelo de direito das sucessões coerente com o padrão liberal e individualista proprietário, muito bem alinhado com a família institucional, monogâmica, hierarquizada, determinada pela figura de um chefe de família que vinha a ser o marido[3]. Ou seja, os institutos em questão se encontravam afinados a um modelo de valores sociais que pautavam a família e a propriedade do Séc. XIX e que seguiu válido até meados do Séc. XX. Contudo, família e propriedade evoluíram nos planos social e legal (civil-constitucional), sobretudo e indiscutivelmente após a Constituição de 1988, embora o direito sucessório tenha ficado estagnado no Sec. XIX, observando-se uma verdadeira clivagem entre família-propriedade-sucessões. Não sem razão José de Oliveira Ascenção afirma ser o direito das sucessões "um ramo relativamente abandonado da ciência jurídica"[4].

Observando a constitucionalização do direito civil e a funcionalização dos seus institutos (CF de 1988), não poderia o direito das sucessões ficar imune a tal fluxo constitucional, mesmo porque se a propriedade privada

[1] Cahali, Francisco José; Novaes Hironaka, Giselda Maria Fernandes. *Curso avançado de Direito Civil.* Direito das sucessões. São Paulo: RT, 2000, v 6, p. 27.

[2] Leite Campos, Diogo. Lições de direito de família e das sucessões. 2 ed., Coimbra: Almedina, 1997, p. 446.

[3] "Sob aquele diploma, somente um modelo de família era tutelado pelo direito. Era uma família fundada na desigualdade e sustentada pelo patriarcado, pois tinha na figura do homem a concentração do poder econômico e social da família.", Girardi, Viviane. Famílias contemporâneas, filiação e afeto: a possibilidade jurídica de adoção por homossexuais. Porto Alegre: Livraria do Advogado, 2005, p. 23. *In:* Teixeira, Daniele Chaves. *Planejamento sucessório*: pressupostos e limites. 2 ed. Belo Horizonte: Fórum, 2019, p. 74 – 75).

[4] Lobo, Paulo. *Direito civil.* Sucessões. 3 ed. São Paulo: Saraiva, 2016, p. 45.

está (é) socialmente funcionalizada, assim como a família o é, o direito das sucessões e seus instrumentos primordiais, a legítima e o testamento, também se encontram nesta quadra socialmente funcionalizada, que se expressa pela "garantia da solidariedade familiar"[5] na recepção do patrimônio do autor da herança.

Em aparente contraponto ao presente trabalho, como será mais adiante abordado, Paulo Lobo[6] rejeita a autonomia negocial ilimitada, sobretudo a testamentária, para ressalvar a legítima como fonte de uma autonomia negocial (testamentária) solidária. Sem qualquer dúvida, no direito negocial brasileiro vigente não se admite a autonomia negocial ilimitada, o que se reflete na simbologia semântica da passagem da autonomia da vontade (liberal) para autonomia privada (social), e veio cristalizado no Código Civil por força do valor-norma da função social do contrato.

Contudo, também não parece correto uma aplicação vertical de valores e princípios constitucionais frente aos institutos do direito privado, sem que seja observado o sentido e a função do instituto privatístico sob análise. Nessa toada, são indispensáveis as palavras de Carlos Alberto da Mota Pinto[7]:

> Dissemos atrás que os preceitos constitucionais na sua aplicação às relações de direito privado não podem aspirar a uma consideração rígida, devendo, ao contrário, conciliar o seu alcance com o de certos princípios fundamentais do direito privado – eles próprios conforme a Constituição. Não é fácil determinar a extensão em que os referidos princípios constitucionais vigoram na esfera do direito privado. Para determinar, necessário se torna considerá-los à luz da função e do sentido de certos princípios e meios de actuação do direito privado que entrariam em conflito com aqueles princípios constitucionais, se eles se quisessem impor irrestritamente no tráfico entre particulares, como se impõe nas relações Estado-cidadão. É o caso dos já citados

[5] *Ibidem*, p. 45.

[6] *Ibidem*, p. 45.

[7] Mota Pinto, Carlos Alberto da. *Teoria geral do direito civil.* 4 ed. Coimbra: Coimbra, 2005. p. 77-78.

princípios da liberdade contratual e da boa fé na execução do contrato em ordem à realização do interesse contratual.

Com a sabedoria que lhe é peculiar, remata o jurista lusitano "ninguém pode invocar o princípio da igualdade para impugnar um testamento em que o testador beneficie um ou alguns filhos relativamente a outros."[8], justamente porque reside na desigualdade o sentido e a função do testamento.

Claramente, o testamento é um instituto do direito civil desenhado para trazer desigualdade entre herdeiros, seja para atribuir ao legítimo herdeiro maior ou menor patrimônio, seja para incluir o não herdeiro no rol de favorecidos, o que também implica a redução da participação do herdeiro legítimo. Nem por isso pode-se afirmar que o testamento seja um instituto violador do princípio da igualdade constitucional, pois a sua função e o seu sentido é justamente tornar desiguais os legalmente iguais, por exercício da autonomia privada do testador.

Igualmente não se pode afirmar que o exercício da autonomia privada sucessória do titular dos bens seja, *a priori*, violadora da solidariedade constitucional. Somente em juízo *a posteriori* se pode concluir pela quebra da solidariedade por exercício abusivo da autonomia privada na sucessão hereditária, pois o que está em jogo é a dignidade da pessoa humana (herdeiro necessário: cônjuge), no balanço entre liberdade e solidariedade, como ensina Maria Celina Bodin de Moraes[9], suas consequências perante terceiros e a valoração do exercício da autonomia privada conforme a axiologia constitucional.

Em linha cronológica, a fratura entre família-propriedade-sucessões se encontra cada vez mais perceptível, sofrendo os impactos de uma fase pós-constitucional, considerando-se que a grande viragem da família e da propriedade, que está arrimada na Constituição de 1988, também já se mostra distante de sua base temporal, social e ideológica, o que jus-

[8] *Ibidem*, p. 78.

[9] Teixeira, Daniele Chaves. *Planejamento sucessório*: pressupostos e limites. 2 ed. Belo Horizonte: Fórum, 2019, p. 76.

tifica observar os institutos do direito civil à luz de uma perspectiva pós-constitucional[10].

Nessa linha de pós-constitucionalização, dentre os institutos de direitos civil relacionados a este breve estudo encontram-se a família e a sucessão hereditária, que vêm sofrendo fortes influxos derivados da autonomia privada, na perspectiva da autodeterminação dos sujeitos de direito que constituem a família.

Com efeito, ampliam-se os poderes de autorregulação da vida dos membros da família, nos planos patrimonial e existencial, sem embargo de tais efeitos serem aceitos em vista da interação com o outro, que será um ator ativo desta interação e não um mero artífice de sujeição[11], evoluindo este quadro para a mencionada "autonomia solidária". Em tal contexto, ganha a relação familiar, verticalizando-se o princípio da igualdade entre cônjuges, companheiros e filhos. Observe-se, no ponto, a pós-constitucionalização do direito civil, pois o princípio da igualdade, tão caro e relevante ao constitucionalista de 1988, que deu base à constitucionalização do direito civil, mas que, enquanto princípio jurídico, é destituído de conteúdo axiológico (pré) determinado pelo legislador (e nem poderia ser), atualmente, é definido pela autorregulação interativa de seus membros, como princípio operacional e dinâmico da família, não meramente estático e unidirecional.

O mesmo caminho percorre o direito sucessório, reflexo de uma tensão doutrinária e jurisprudencial, rivalizando a percepção clássica de que os institutos sucessórios são pautados por normas cogentes *versus* autonomia privada, "e isso tudo dentro da centrífuga de um direito privado eminentemente constitucionalizado"[12].

Vozes doutrinárias importantes fazem coro ao criticarem tais instrumentos que serviriam para fraudar regras de ordem pública, na "substi-

[10] Nalin, Paulo; Copi, Lygia Maria; Ottoboni Pavan, Vitor (Org.). *Pós-constitucionalização do direito civil.* Londrina: Thort, 2021.

[11] Faustino Câmara, Hermano Victor; Pimentel, Mariana Barsaglia. A(s) família(s) na pós-constitucionalização do direito civil. *In.* Nalin, Paulo; Copi, Lygia Maria; Ottoboni Pavan, Vitor (Org.). *Pós-constitucionalização do direito civil.* Londrina: Thort, 2021, p. 196.

[12] Cordeiro Hanthorne, Bruna de Oliveira; Sirena, Hugo; Tizzot Borges Da Cruz, Marília. *In:* Nalin, Paulo; Copi, Lygia Maria; Ottoboni Pavan, Vitor (Org.). *Pós-constitucionalização do Direito Civil.* Londrina: Thort, 2021, p. 227.

tuição do herdeiro sucessível necessário pelo sócio de empresa"[13], como indica Rolf Madaleno, em um movimento conhecido por "societização" ou "PJtização" das relações jurídicas patrimoniais sucessórias, destinado a fraudar a legítima dos demais herdeiros[14].

Na perspectiva de ordem pública da legítima e da sua constitucionalização, salienta Daniele Chaves Teixeira[15]:

> Apesar de a legítima não estar tutelada expressamente na Constituição, pois somente o direito de herança está consagrado no art. 5º XXX, da CRFB, entende-se que os princípios que são pilares para a legítima estão inseridos na Lei Maior. São eles: os princípios constitucionais de proteção da família (art. 226, CRFB); solidariedade (art. 3º, I, CRFB); de garantia da propriedade privada (art. 5º., XXII, CRFB); e livre iniciativa (art. 1º, IV, CRFB).

Os temas da renúncia da deixa sucessória entre cônjuges por pacto antenupcial, a herança digital, o planejamento sucessório por meio de *holding* familiar, o pacto parasocial, o testamento, como forma de exclusão da herança do convivente, dentre outros instrumentos, são ao mesmo tempo festejados e criticados, não se podendo, contudo, demonizar instrumentos legais e legítimos de administração patrimonial, em ilações pautadas por presunção de má-fé do titular do patrimônio e invalidades também presumidas.

Em termos mais diretos, um juízo apriorístico negativo sobre o assim denominado planejamento sucessório, tanto pelos mecanismos tradicionais[16] (a escolha por certo regime de bens no casamento ou na união estável e o testamento), como pelos novos (*v.g.* a *holding* familiar e o

[13] Delgado, Mário Luiz; Marinho Junior, Jânio Urbano. Fraudes no planejamento sucessório. *In:* Teixeira, Daniele Chaves (coord.). *Arquitetura do planejamento sucessório*. Belo Horizonte: Fórum, 2019, p. 234.

[14] Madaleno, Rolf. Desconsideração da personalidade jurídica no direito das sucessões. *In:* Teixeira, Daniele Chaves (coord). *Ibidem*. 262.

[15] Teixeira, Daniele Chaves. *Ob. Cit.* p. 83-84.

[16] As expressões "tradicionais" e "novas", ao classificar os mecanismos em apreço, são originalmente apresentadas por Flávio Tartuce, em seu livro: *Direito Civil*: direito das sucessões. 16 ed. Rio de Janeiro: Forense, 2023, p. 611 e 613.

trust), de largada fulminaria institutos consagrados pelo Direito Civil, não havendo regra jurídica prevista no Brasil que permita tal conclusão.

Somente a análise do caso concreto pode revelar se a intenção do autor da herança, ao lançar mão de negócios jurídicos sucessórios, tinha como objetivo a fraude à legítima, nada podendo ser presumido: ainda é aplicável no Brasil o princípio francês *pas de nullité sans grief*, de sorte que a invalidade se pauta no dano provado de quem o alega, jamais sendo presumido.

A referida clivagem família-propriedade-sucessão estimula a busca por novos caminhos legais que compreendem a finitude da vida e as suas repercussões (*post mortem*), observando-se um direito de propriedade e de família do Séc. XXI.

3. Direito de empresa, planejamento sucessório e autonomia negocial: apuração de haveres e a solução de conflitos pela arbitragem

As empresas assim denominadas familiares sempre tiveram grande protagonismo no Brasil. A passagem da economia agropastoril, predominante no país até o primeiro terço do Séc. XX, para uma economia com laivos de industrialização, somente ocorreu após a década de 30, por força dos ventos europeus da Revolução Industrial.

Dentre várias implicações dessa tardia Revolução Industrial brasileira pode-se citar a estruturação das leis trabalhistas, o êxodo rural nacional com o deslocamento das populações rurais para os centros urbanos e o início da favelização destes com a emergente carência de novas regras locatícias, a contratação em massa e, não menos relevante para os fins deste estudo, a especialização da figura empresária mais significativa no Brasil, que vem a ser a empresa de responsabilidade limitada ou, em terminologia mais coloquial, empresa limitada, instituída pelo Decreto 3.708/1919, que foi adotada e redefinida pela Código Civil (2002), em seus arts. 1.052 a 1.054. Fato é que a empresa limitada passou por processos de "codificação"[17] e descodificação (Código Comercial 1850), ao

[17] A expressão "codificação" não guarda precisão ao modelo legal adotado pelo legislador original da empresa de responsabilidade limitada, mas encontra um *locus* positivo-codificado quando a figura da empresa limitada é regulamentada pelo CC-2002, no processo legislativo de ampla unificação do Direito Privado brasileiro. E a partir do CC-2002 a

ser objeto de regra especial em 1919, recodificação (Código Civil 2002), incrementos com a empresa individual de responsabilidade limitada (Lei 12.441/2011), revogada pela Lei 14.381/2021, e, por fim, a previsão da sociedade limitada unipessoal (Lei 13.874/2019).

Em um arco temporal de mais de um século, manteve-se a empresa de responsabilidade limitada com notável protagonismo diante do empresariado brasileiro, sendo este um dos motivos de ela abrigar a maioria das empresas familiares nacionais. Em oposição, as empresas de capitais, representada pela sociedade anônima, é reflexo de uma sofisticada organização empresária, que passou a ser efetivamente relevante no Brasil somente após a edição da Lei 6.404 de 1976.

Contudo, tanto o quotista (LTDA) como o sócio (S/A) não estão imunes ao fato jurídico da morte, o que traz repercussões jurídicas, amplos debates doutrinários e jurisprudenciais sobre as consequências desta regência transversa de um direito sucessório combinado com regras de direitos societário.

Como a realidade brasileira concentra a sua experiência na sociedade de pessoas (LTDA), além de a sociedade de capitais (S/A) ser representada por ações que são diretamente herdadas pelos sucessores do extinto sócio, não há motivo para que a sociedade anônima desperte interesse no plano do direito das sucessões. A despersonalização deste tipo societário concentra esforços e interesses nas diversas classes de ações e nas suas respectivas expressões econômicas. Porém, mesmo nesse segmento impessoal do direito de empresa, pode-se deparar com algum "personalismo empresarial" quando a sociedade anônima é de capital fechado, constituída por membros afins, participes ou não de um mesmo núcleo familiar. Nessa zona cinzenta é possível que a regência dissolutória decorrente da morte do sócio, própria das sociedades limitadas, sirva de figurino para uma sociedade anônima.

Entretanto, a maior problematização das sociedades limitadas se aloca na insurgência dos sócios, que também são herdeiros, quanto às regras empresariais de dissolução da sociedade e a sua expressão econômica, procedimentos metodológicos de apuração econômica e até mesmo

empresa limitada passou a ser fragmentada por diversas leis, observando-se, neste processo, a sua descodificação.

sobre a adoção de meios alternativos de solução de conflitos, mediação e arbitragem.

O conjunto de ativos econômicos da empresa passou a ser o grande, quiçá o maior, patrimônio das famílias, atraindo estratégias de gestão, sucessão corporativa, distribuição de resultados entre sócios familiares e dissolução (parcial ou total), por conta da morte do sócio.

O assunto vem ganhando grande destaque doutrinário no Brasil que, a despeito de instrumentos clássicos e eficientes para a perpetuação e observância da vontade do autor da futura herança, por meio de modelos testamentários, a constituição de empresa que possa abrigar o patrimônio da família se mostra meio mais dinâmico e seguro, sobretudo se analisada a despersonalização do patrimônio do sócio e a expectativa de perpetuação dos bens da família, protegendo-o perante o fisco, credores, empregados. Nesse sentido, a perpetuação dos negócios da empresa vem sendo bastante festejada e albergada, como decorrência da sua função social.

A formalidade para a constituição do ato testamentário, os elevados custos e a publicidade do testamento parecem não fazer frente ao sistema dinâmico empresarial no qual o sócio está sempre a frente e na gestão dos bens da empresa e, ademais, com a vantagem da limitação de responsabilidade patrimonial pessoal. É o que indicam Rodrigo Mazzei e Fernanda Bissoli Pinheiro[18]:

> Grosso modo, a noção de planejamento sucessório pode ser compreendida como o conjunto de atos que buscam organizar de forma prévia (ainda em vida) a distribuição patrimonial de determinada pessoa, antecipando-se à sucessão. O planejamento sucessório, além de buscar previsibilidade inerente à antecipação e à organização patrimonial prévia, através de operações e institutos variados, objetiva a transferência segura do patrimônio, atendendo às disposições de vontade de quem o constituiu e, muitas vezes, ainda, viabilizando a economia tributária durante a sucessão.

[18] Mazzei, Rodrigo; Bissoli Pinho, Fernanda. Planejamento Sucessório e a Prévia Convenção para Apuração de Haveres: o Risco da Inserção da Cláusula "Faz de Conta". *Revista Brasileira de Direito Civil* – RBDCivil, Belo Horizonte, v. 31, n. 1, p. 107-133, jan/2022.

Na esteira do planejamento sucessório, tem se revelado como opção corrente a constituição de empresa que abrigue parcialmente ou totalmente o patrimônio do futuro autor da herança, com ou sem a participação, ou sequer anuência, dos potenciais herdeiros. Inclusive, a afetação somente parcial do patrimônio de uma pessoa física, para constituir uma empresa, vem sendo empregada como estratégia de legalidade, blindando o novo negócio contra alegações de fraude à legítima.

Tem se mostrado habitual que um núcleo familiar espelhe os sócios da entidade empresarial, de tal sorte que a futuro processo sucessório de inventário seja evitado e o patrimônio familiar siga codividido entre os herdeiros do autor da herança, sócio falecido, no âmbito dos negócios da empresa.

Com efeito, a sucessão patrimonial hereditária tradicional por meio da sucessão legítima ou testamentária vem sofrendo forte concorrência pela integralização do patrimônio que seria objeto da futura partilha em uma figura empresarial (pessoa jurídica), que será de cunho individual (empresário individual) ou empresarial (sócio empresário). Na base motivacional para tal estratégia encontra-se a tributária, cujos encargos de dissolução da sociedade na figura do *de cujus* são mais econômicos que a natural tributação *causa mortis*, e a expectativa do autor da herança na perpetuação do patrimônio da família por gerações futuras, na sequência de negócios e interesses da pessoa jurídica.

O fato chamou a atenção do legislador que fez incluir no atual Código de Processo Civil (2015), no procedimento de inventário, dois critérios de precificação da participação do sócio extinto, *ex vi* art. 620, parágrafo 1º., inc. I e II[19].

Destaque-se que o procedimento de dissolução da empresa também pode ser dar por meio da ruptura familiar do cônjuge ou companheiro, que não seja sócio na empresa, empregando-se, para tanto, a mesma metodologia do inc. II, do art. 620, parágrafo 1º. CPC. Vale dizer, far-se-á a apuração de haveres como se a empresa estivesse em dissolução, para

[19] § 1º "O juiz determinará que se proceda: I – ao balanço do estabelecimento, se o autor da herança era empresário individual; II – à apuração de haveres, se o autor da herança era sócio de sociedade que não anônima.".

que o cônjuge ou companheiro receba a sua meação, caso o regime de bens adotado assim comporte.

O que se busca por meio de tal procedimento é a apuração da expressão econômica da participação do extinto sócio. No caso da empresa individual (inc. I), apura-se a expressão econômica por meio de balanço do estabelecimento, das dívidas e créditos da empresa. Se o resultado do balanço for positivo o saldo é agregado ao monte mor do espólio e caso seja negativo o espólio será devedor dos terceiros credores da empresa. O que se nota é a extinção da empresa individual com a morte do seu único sócio, cuja dissolução é causa necessária da morte.

De outro giro, na hipótese do sócio de empresa (limitada) apuram-se os haveres (inc. II) levantando-se o direito de crédito dos herdeiros face à sociedade, na medida em que estes não herdam as quotas, ante a natureza personalíssima de formação da sociedade empresária limitada, o que se explica pela *affectio societatis*.

Vale dizer, os herdeiros herdam um crédito perante a empresa, observado o sistema da unidade da herança e os efeitos do condomínio em relação às quotas da empresa que eram de propriedade do falecido:

> A *saisine* (art. 1.784 do Código Civil[20]), aplicável especificamente às quotas do capital social de determinada empresa, provoca a atração destas para o condomínio hereditário (art. 1.791 do Código Civil[21]), sendo a herança tratada como bem único, de natureza imóvel e indivisível (art. 80, II, do Código Civil[22]). A titularidade dos herdeiros é, pois, de quota condominial que necessita ser liquidada através de inventário *causa mortis* (art. 1.796 do Código Civil[23]), não podendo esta ser confundida com a própria quota societária,

[20] Art. 1.784. "Aberta a sucessão, a herança transmite-se, desde logo, aos herdeiros legítimos e testamentários.".

[21] Art. 1.791. "A herança defere-se como um todo unitário, ainda que vários sejam os herdeiros. Parágrafo único. Até a partilha, o direito dos co-herdeiros, quanto à propriedade e posse da herança, será indivisível, e regular-se-á pelas normas relativas ao condomínio.".

[22] Art. 80. "Consideram-se imóveis para os efeitos legais: (...) II – o direito à sucessão aberta.".

[23] Art. 1.796. "No prazo de trinta dias, a contar da abertura da sucessão, instaurar-se-á inventário do patrimônio hereditário, perante o juízo competente no lugar da sucessão, para fins de liquidação e, quando for o caso, de partilha da herança.".

pois a última é tão somente um dos componentes da massa hereditária que, repita-se, não pode ser individualizada, muito menos cindida até o desfecho do processo sucessório, afora as exceções previstas na própria legislação[24].

Ademais, a apuração de haveres pode indicar dívidas do extinto sócio, com as quais os herdeiros deverão arcar, considerando a unicidade da herança, caso seja ela aceita:

> se o patrimônio for igual ou inferior às dívidas, o sócio que se desliga da sociedade nenhum crédito terá a receber dela, podendo ainda ficar com a obrigação subsidiária de satisfazer, na proporção de sua participação nas perdas, as dívidas assumidas pela sociedade que o patrimônio social não puder saldar, anteriores à sua saída[25].

Sem embargo da sistemática adotada pelo Código Civil, os herdeiros podem suceder o autor da herança na sua posição de sócio junto à empresa, na hipótese de assim já ter sido previsto em contratado social entre os sócios, por óbvio antes do falecimento, ou serem admitidos pelos sócios sobreviventes, o que, na prática, decorre de um novo contrato de sociedade e na conversão do direito de crédito em direito às quotas do falecido.

No ponto, destaca-se a natureza contratual da empresa de pessoas (limitada), cujo contrato social e as (eventuais) sucessivas alterações expressa a autonomia privada dos seus sócios, que há de ser estritamente observada pelos próprios sócios, por seus sucessores e pela autoridade judiciária.

Extensivamente, pode-se afirmar que a *apuração de haveres* também se aplica na hipótese de morte de sócio de sociedade anônima de capital fechado, ante a natureza personalíssima desta figura societária, similar à

[24] Rodrigo, Mazzei; Fernanda, Bissoli Pinho. Planejamento Sucessório e a Prévia Convenção para Apuração de Haveres: o Risco da Inserção da Cláusula "Faz de Conta". *Revista Brasileira de Direito Civil* – RBDCivil, Belo Horizonte, v. 31, n. 1, p. 107-133, jan/2022.

[25] Gonçalves Neto, Alfredo de Assis. *Direito de empresa*: Comentários aos artigos 966 a 1.195 do Código Civil – 8 ed. São Paulo: Thomson Reuters Brasil, 2018, p. 323.

empresa limitada, em que pese ser incomum a exigência de *affectio societatis* em empresa de capitais.

Muito embora a *affectio societatis* venha hoje sofrendo muitas críticas para fins de dissolução da sociedade enquanto vivos os sócios, de sorte que dificilmente se pode sustentar afastamento de sócio pela ruptura da afeição social, não há dúvidas de que para constituição ou para o ingresso na sociedade de pessoas ela é ainda um elemento formativo indispensável.

A questão que vem suscitando amplos debates jurisprudenciais é a metodologia empregada para a apuração da expressão econômica da empresa e das quotas, uma vez que o art. 620 do CPC informa o que fazer diante do evento morte, mas não indica como fazer a apuração patrimonial.

Observada a natureza contratual da empresa de pessoas, correto sustentar que a vontade dos sócios prevista em contrato deva prevalecer, sendo este o contexto dos arts. 606 CPC[26] e 1.031 CC[27], os quais deixam muito claro que a vontade das partes/sócios é a primeira fonte de interpretação da metodologia de apuração de haveres da empresa, sendo qualquer outro critério meramente supletivo à vontade deles: o método a ser empregado (*v.g.* por fluxo de caixa descontado; pela base de cálculo em vista do dois últimos anos de faturamento; pelo patrimônio líquido da empresa), se será avaliador ou *expert* que fará a avaliação, o procedimento em si (judicial ou arbitral), enfim, tudo que diga respeito ao como avaliar a empresa pode ser objeto de cláusula de contrato, para esta específica finalidade.

Nunca é demais lembrar que a autonomia privada contratual no Brasil tem contornos constitucionais (art. 170 CR), verticalizada no art. 425 CC que permite a celebração de contratos atípicos, desde que respeitadas as regras e princípios gerais dos contratos. Ora, se às partes é dado criar

[26] Art. 606. "Em caso de omissão do contrato social, o juiz definirá, como critério de apuração de haveres, o valor patrimonial apurado em balanço de determinação, tomando-se por referência a data da resolução e avaliando-se bens e direitos do ativo, tangíveis e intangíveis, a preço de saída, além do passivo também a ser apurado de igual forma.".

[27] Art. 1.031. "Nos casos em que a sociedade se resolver em relação a um sócio, o valor da sua quota, considerada pelo montante efetivamente realizado, liquidar-se-á, salvo disposição contratual em contrário, com base na situação patrimonial da sociedade, à data da resolução, verificada em balanço especialmente levantado.".

contratos atípicos, nada os impede de construir cláusulas contratuais atípicas, no caso, em contratos de sociedades empresárias, afinal de contas quem pode o mais, pode o menos.

Os contratos empresariais e as próprias sociedades empresárias estão sob a regência do Código Civil desde 2002, quando não reguladas por lei especial (*v.g.* Sociedades Anônimas) o que em nada subtrai o fato de neste campo do Direito a autonomia privada ser ampla. No entanto, quando a sociedade empresária é confrontada com interesses sucessórios, o contrapeso está pautado na ideia de que os direitos sucessórios seriam indisponíveis, o que atende mais a um argumento emotivo do que legal.

O grande risco para a segurança jurídica empresária é o casuísmo judicial pautado em bases emotivas e não contratuais. A brecha legislativa sobre a metodologia de apuração de haveres vem colapsando a operação de dadas empresas, seu projeto de negócios e até a sua função social, a partir de um inaceitável casuísmo judicial.

3.1 Análise do Recurso Especial 1.335.619/SP

Nesse quadrante, passa-se à análise crítica do Recurso Especial 1.335.619/SP, cujo tema central é a apuração de haveres de sócio vivo, de acordo com o critério contratual de quantificação de sua participação na empresa em dissolução parcial.

Em que pese o julgamento não guarde relação com o direito de família ou sucessório, vem sendo ele tomado como verdade absoluta para casos de dissolução de empresas de pessoas, seja por morte, seja por divórcio, cuja dissolução não decorre da vontade das partes, sendo ela uma consequência necessária dos fatos.

O Superior Tribunal de Justiça (STJ) julgou o caso 2011/0266256-3 (REsp 1.335.619/SP), e adotou a tese de sócio em procedimento de exclusão da sociedade de que o mero dissenso quanto aos critérios de apuração de haveres pode ensejar o afastamento do contrato social, para outro critério de apuração mais amplo se adotado na via judicial:

> (...) mesmo que o contrato social eleja critério para apuração de haveres, este somente prevalecerá caso haja a concordância das partes com o resultado alcançado. Havendo dissenso, faculta-se a adoção da via judicial, a fim de que seja determinada a melhor metodologia de liquidação, hipótese em que

a cláusula contratual somente será aplicada em relação ao modo de pagamento (voto da Min. Relatora Nancy Andrighi).

Por sua vez, o julgamento do STJ adotou como fundamento o Recurso Extraordinário 89.464/SP[28], de 04/05/1997, quando ainda era competente o Supremo Tribunal Federal (STF) para conhecer de recursos que traziam ao debate a legislação infraconstitucional.

O acórdão paradigma do STJ não enfrenta o tema da dissolução total ou parcial da sociedade empresária por morte do sócio ou pelo divórcio, mas sim por exclusão deste do quadro social. Contudo, não está em pauta a causa jurídica da apuração de haveres, mas a apuração em si e a ruptura do critério adotado em contrato social por mero dissenso de um dos sócios, o que pode ser (em tese) aplicado ao objeto deste estudo.

[28] "O acórdão não poderia ter admitido a forma de dissolução que não se continha no pedido do autor, nem em reconvenção dos réus. [...] Admito, porém, que pela razão maior do interesse social na sobrevivência do empreendimento, se deva preservar a sociedade. Nesse caso, é necessário decretar uma dissolução parcial que mais se aproxime, nos seus efeitos, de uma dissolução total. Ou seja, uma dissolução parcial e que, tal como na dissolução total, os sócios fiquem em situação de igualdade, quanto à percepção de suas cotas-partes na liquidação. Tal dissolução não pode ser a do art. 15 do Decreto nº 3.708 de 1919, segundo o qual assiste aos sócios que divergirem da alteração do contrato social a faculdade de se retirarem da sociedade, obtendo o reembolso da quantia correspondente ao seu capital, na proporção do último balanço aprovado. Aí se vê um direito potestativo do dissidente, que no caso não o usou, pois não pediu a dissolução parcial nos termos desse dispositivo. Tal faculdade não se pode transformar em solução imposta, como é a do acórdão em apelação, confirmado no acórdão em embargos, ora recorrido. [...] O fato é que o art. 15, citado, concede ao sócio uma faculdade, que ele usa se lhe parece adequada a forma de reembolso aí prevista. Tal faculdade, direito potestativo do sócio, não se pode trasmudar em forma obrigatória. Daí porque, se se admite a dissolução parcial como modalidade da dissolução total, aquela deve adotar a forma de liquidação dos interesses do sócio dissidente que mais se aproxime da que resultaria da última. [...] Há de prevalecer a apuração, em toda a sua amplitude, dos haveres do sócio dissidente, com a exata verificação, física e contábil, dos bens e direitos da sociedade, sem a restrição do art. 15 do Decreto nº 3.708 [...] Diversamente, ao sócio que, como se reconheceu nestes autos, tem o direito de ver decretada a dissolução da sociedade com fundamento no art. 336, nº III, do Código Comercial, e a quem apenas se nega a dissolução total no interesse da preservação da continuidade do empreendimento, a dissolução parcial, para se considerar contida na dissolução total, não há de seguir o modelo do último balanço aprovado.".

Com efeito, observando-se a data do julgamento do REsp. nº 1.335.619/SP (03 de março de 2015) percebe-se que a referida decisão é anterior à vigência do art. 606 do Código de Processo Civil (muito embora o art. 1.031 do Código Civil, que possui ponto de toque, já estivesse em vigor). A citada decisão do Superior Tribunal de Justiça também foi proferida antes da entrada no cenário jurídico das alterações efetuadas pela Lei nº 13.874/2019, chamada de "Lei da Liberdade Econômica", que, dentre os seus focos principais, tratou de reformar a obrigatoriedade dos contratos, diminuindo a intervenção nas avenças, em que se presume paridade das partes, adotando, inclusive, um assim denominado princípio da mínima intervenção do juiz.

O acórdão sob comentário desconsidera a autonomia contratual dos sócios, implica intervenção inaceitável na vida da empresa e está na contramão da autonomia privada dos sujeitos de direitos. Ao fim e ao cabo, vem vulnerando um dos temas mais delicados no ambiente empresarial que é justamente a repercussão econômica do fim da empresa ou quando da sua alteração subjetiva, expondo a riso a organização societária da família, que busca planejar a sucessão hereditária e a cadeia matrimonial de seus membros, por meio de instrumentos legais.

3.2 Análise do Recurso Especial 1.727.979/MG

Não somente no plano do direito material é possível regular a vontade do sócio quanto aos desígnios patrimoniais da empresa da qual faz parte, como ainda no plano procedimental, por meio da contratação de arbitragem e/ou mediação, para a solução dos eventuais conflitos envolvendo os sócios remanescentes e os herdeiros do de cujos.

Ao lado da determinação do critério de apuração do valore econômico das quotas sociais, por força de contrato social, o tema sob análise se sobressai como um dos fortes efeitos da autonomia privada dos sócios da empresa.

O compromisso arbitral inserido em contrato social de sociedade empresária poderá ter como objeto da arbitragem a relação da sociedade com os sócios e entre estes, quando em questão dos interesses da empresa, definindo-se tanto a arbitrabilidade objetiva como a subjetiva.

A questão que se apresenta ao desate é saber se o herdeiro do sócio morto está sujeito à cláusula arbitral, uma vez que não a contratou, na medida em que não era sócio da empresa.

Pressuposto do debate é compreender que o herdeiro do sócio de uma sociedade de pessoas, ou de uma sociedade de capitais que tenha certos personalismos, necessariamente, não herda as quotas do falecido, assim ocorrendo somente se o contrato social previr ou por recontratação da sociedade, por força da qual os sócios sobreviventes admitem o ingresso desse(s) novo(s) sócio(s), herdeiro(s) do extinto sócio, de forma universal ou singular, porque entre eles há *affectio societatis*.

Para uma melhor ilustração do acórdão sob comento, oportuno destacar três passagens do julgamento, para deste ponto extrair a sua *ratio decidendi*:

1. A fim de justificar a competência da jurisdição estatal, e não do juízo arbitral, com lastro na cláusula compromissória constante do Contrato Social da sociedade Promass Agropecuária Ltda., o espólio demandante assentou, em sua exordial, que, ´considerando que o presente caso trata-se de direitos inerentes a sócio falecido e que o direito sucessório é indisponível, a presente controvérsia não se submete a arbitragem, de tal forma que resta clara a competência desta Vara Empresarial da Comarca de Belo Horizonte/MG para conhecer e julgar a presente demanda´ (pg. 3);
2. "Em preliminar, aduz que o Tribunal de origem foi omisso, pois deixou de analisar questões relevantes ao deslinde da controvérsia, diretamente relacionadas ao princípio da inafastabilidade da jurisdição, assim sintetizadas: i) necessidade de anuência das partes para a validade da cláusula arbitral (arts. 3º e 4º, § 2º, da Lei n. 9.307/1996); ii) gratuidade da Justiça e sua incompatibilidade com os altos custos da arbitragem; e iii) nulidade da cláusula compromissória firmada com abuso de direito." (pg. 5)
3. "No mérito, argumenta, em suma, que a presente lide não se submete à arbitragem, pois se refere a direitos inerentes ao sócio falecido e, portanto, a direito sucessório, que, como tal, é indisponível, nos termos do art. 1º da Lei n. 9.307/1996. Defende que, caso se supere tal compreensão, a cláusula compromissória arbitral não tem aplicação na hipótese, pois as herdeiras e sucessoras do falecido sócio Marco Antônio Rodrigues Dinez, com ela não anuíram expressamente. Tece considerações quanto ao direito fundamen-

tal de inafastabilidade do Poder Judiciário, de assento constitucional, com destaque para a circunstância de que as herdeiras são beneficiárias da Justiça gratuita e não teria condições de arcar com os altos custos do procedimento arbitral.

Quanto aos fundamentos infraconstitucionais brasileiros do direito à herança, já tivemos a oportunidade de anotar[29]:

> A herança tem natureza patrimonial e unitária, nos termos do art. 1.791 CC, e uma vez sendo deferida de modo universal ao herdeiro, assume ele a mesma posição jurídica na qual se encontrava o falecido, adquirindo bens, assumindo dívidas e se sub-rogando nas mais diversas posições jurídicas do de cujus. Dentre tais posições jurídicas, assume os direitos representados por ações e quotas sociais, além de ativos financeiros. A natureza unitária da herança impede, por exemplo, que o sucessor aceite somente parte dos bens e direito renunciando a outros, tanto quanto não lhe é dado receber créditos descartando débitos[30]. Sob o aspecto temporal, a assunção da posição jurídica do falecido ocorre "desde logo" (art. 1.784 CC), em favor (ou desfavor) dos herdeiros legítimos e testamentários, verificando-se, neste ponto, a adoção do princípio da *saisine* [31], transmitindo-se a herança fictamente *ipso juri*. Tal mecanismos se presta à continuidade das relações jurídicas do extinto, que não podem ficar acéfalas[32].

[29] Nalin, Paulo. Jurisprudência estatal nacional comentada. *In: Revista Brasileira de Arbitragem.* Alphen aan den Rijn: Klumer Law International, v. XIX 1, n. 75, jul-se/2022, p. 110.
[30] Superior Tribunal de Justiça (STJ), Terceira Turma, Recurso Especial 1125510/RS, Rel. Min. Massami Uyeda, j 06.10.2011, DJ 19.10.2011. "I – Em observância ao Princípio da Saisine, corolário da premissa de que inexiste direito sem o respectivo titular, a herança, compreendida como sendo o acervo de bens, obrigações e direitos, transmite-se, como um todo, imediata e indistintamente aos herdeiros. (...) II – De todo modo, enquanto não há individualização da quota pertencente a cada herdeiro, o que se efetivará somente com a consecução da partilha, é a herança, nos termos do artigo supracitado, que responde por eventual obrigação deixada pelo de cujus.".
[31] Planiol, M; Ripert, G. Traité pratique de droit civil français: tome IV – Sucession. Paris, Librairie Generale de Droit, *p.* 314: *"la sel est le droit que l'on a d'entrer em possession effective du patrimoine du de cujus et d'exercer passivement et activement les actions qu'il avait"*.
[32] Cahali, J. F. *Ob. Cit.*, p. 2.191.

A assunção das mais variadas posições jurídicas do falecido respeita a natureza jurídica de cada direito ou obrigação herdado, observado o regramento jurídico próprio de cada qual. Especialmente sobre a herança de quotas sociais, seguimos em lição:

> Particularmente quanto à herança de quotas sociais, o ingresso ou não do herdeiro sucessor no quadro social depende de previsão contratual ou estatutária e da sub-rogação do aspecto subjetivo da *affectio societatis* pelo herdeiro e candidato a sócio, face aos atuais sócios[33].

Sobre o acordão do STJ em comento, acertado o posicionamento no sentido de se concluir que não estava em questão o direito dos herdeiros legítimos do autor da herança, decorrentes da morte do sócio que inaugura o inventário, mas sim os direitos societários da empresa que estava em dissolução por força do fato jurídico da morte do sócio fundador.

Com efeito, a cláusula arbitral é válida e os herdeiros a ela devem se submeter, uma vez verificada a sub-rogação da posição de sócio pelos herdeiros, com todos os bônus e ônus das quotas herdadas.

Mas caso o herdeiro não deseje se sub-rogar nos bônus e ônus da empresa, dentre o que a cláusula compromissória, pode exercer o direito de recesso ou pedir que lhe seja pago o valor econômico das quotas herdadas.

Com isso, fica claro que o Superior Tribunal de Justiça não somente endossa a autonomia privada do sócio de empresa como, ademais, reforça a sua posição de *amicus arbitralis*.

Conclusão

Pode-se brevemente concluir que a autonomia privada do sujeito de direito deve ser respeitada quando pretende se servir de instrumento legais sucessórios, dentre os quais o direito de empresas, para preservar o patrimônio da família. Trata-se de postura disruptiva frente aos entraves causados pelos clássicos meios de transmissão de bens *causa mortis* e que não pode ser *tout court* reputada como ilegal.

[33] Nalin, Paulo. *Ob. Cit.*, p. 110

Nesse mesmo cenário de favorecimento da autonomia privada, cláusulas contratuais inseridas em atos constitutivos de sociedades empresárias devem ser respeitadas e salvaguardas pela jurisprudência, mormente quando falecido o sócio originário e autor da herança.

Referências

Cordeiro Hathorne, Bruna de Oliveira, et al en *Pós-constitucionalización del derecho civil*. Coordenado por Paulo Nalin, et al., Troth, 2021.

Delgado, Mário Luiz y Jânio Urbano Marinho Junior. *Fraudes no planejamento sucessório*. Editado por Daniele Chaves Teixeira, Arquitetura do planejamento sucessório, Fórum, 2019.

Faustino Câmara, Hermano Victor y Mariana Barsaglia Pimentel. *A(s) família(s) na pós constitucionalização do Direito Civil*. Edited by Paulo Nalin, et al., Troth, 2021.

Girardi, Viviane. *Famílias contemporâneas, filiação e afeto: a possibilidade jurídica de adoção por homossexuais*. Planejamento sucessório – pressupostos e limites, de Teixeira, Daniele Chaves, 2 ed., Livraria do Advogado, 2005.

Gonçalves Neto, Alfredo de Assis. *Direito de empresa:* Comentários aos artigos 966 a 1.195 do Código Civil, 8 ed., Thomson Reuters Brasil, 2018.

Leite Campos, Diogo. *Lições de direito de família e das sucessões*, 2 ed., Almedina, 1997.

Lobo, Paulo. *Direito Civil*. Sucessões, 3 ed., Saraiva, 2016.

Mazzei, Rodrigo y Bissoli Pinho, Fernanda. *Planejamento Sucessório e a Prévia Convenção para Apuração de Haveres:* o Risco da Inserção da Cláusula "Faz de Conta"". Revista Brasileira de Direito Civil (RBDCivil), vol. 31, no. 1, jan. 2022.

Mota Pinto, Carlos Alberto da. *Teoria geral do Direito Civil*, 4 ed., Coimbra, 2005.

Nalin, Paulo, et al. *Pós-constitucionalização do Direito Civil*, Troth, 2021.

Novaes Hironaka, Giselda Maria Fernandes y Francisco José Cahali. *Curso avançado de direito civil*. Direito das sucessões. RT, 2000.

Tartuce, Flávio. *Direito Civil:* direito das sucessões, 16 ed., Forense, 2023.

Teixeira, Daniele Chaves. *Planejamento sucessório*: pressupostos e limites, 2 ed., Fórum, 2019.

TESTAMENTARIA

EL ALBACEA

44.
ALGUNAS CONSIDERACIONES SOBRE EL ALBACEA EN DERECHO CIVIL ESPANOL: ANTECEDENTES HISTÓRICOS Y REGULACIÓN ACTUAL

Lucía Bernad Segarra

1. Introducción

Tradicionalmente se ha venido negando el origen romano de la institución del albaceazgo basándose, sobre todo, en el carácter de la sucesión romana, pues esta coloca al heredero en la misma situación que el causante y, por lo tanto, hace innecesaria una figura como esta, puesto que ya se ocupa el heredero del cumplimiento de lo dispuesto por el causante.

Sin embargo, desde esta perspectiva se pierde de vista la existencia de textos de juristas romanos en los que se acude a otras figuras para hacer encargos a terceros para que los cumplan tras de la muerte del interesado. En este trabajo señalamos la existencia del germen de lo que más tarde ya se acabará perfilando como una ejecución testamentaria en las donaciones *ad pias causae* que comienzan a generalizarse en época de Justiniano, como consecuencia de la determinante influencia del cristianismo en su legislación. A partir de esta institución y su posterior desarrollo, se perfilará la figura del albacea como ejecutor testamentario que encontramos en los sucesivos ordenamientos hispanos de la Edad Media hasta su regulación en nuestro Código civil. Regulación que será modificada por la entrada en vigor de la Ley de Jurisdicción Voluntaria 15/2015 en algunas cuestiones relacionadas con la renuncia, prórroga y causas de extinción del cargo.

2. Antecedentes históricos

Ni en el derecho romano más antiguo ni en el de la época clásica podemos encontrar un antecedente inmediato del cargo de albacea tal y como la entendemos en la actualidad. Ello es debido, fundamentalmente, a que uno de los principios sobre el que se sustenta el derecho sucesorio romano señala la institución de heredero como *caput et fundamentum totius testamenti*[1]. La obligación de que en todo testamento se nombre a un heredero del causante hace que el nombramiento de un ejecutor testamentario devenga innecesario, puesto que el heredero sucede al causante y ocupa la misma posición jurídica que este tenía. Es, por tanto, el heredero quien se encargará de cumplir y ejecutar la voluntad del causante, estando los beneficiarios de esas disposiciones legitimados a obligar al primero al cumplimiento con el ejercicio de las correspondientes acciones.

Aunque suele situarse la aparición de la figura del ejecutor testamentario en época alto medieval, y no encontremos rastro de tal figura en épocas anteriores, coincidimos con García-Gallo al señalar que, "los textos postclásicos y visigodos no nos hablan de ello, pero la generalidad con que los ejecutores aparecen en todas partes en los siglos altomedievales revela que ya existían en tiempos muy anteriores"[2].

Sin embargo, sí podemos apreciar, ya en época clásica, textos en los que se utilizan algunas instituciones propias del derecho hereditario para dicha finalidad, como son las donaciones[3] y el legado de fideicomiso[4]. Aunque también encontramos textos en los que se acude a institucio-

[1] Gai 2.228 y 229, D. 28.6.1.3 (*Mod. lib. II Pandect.*); D. 29.7.10(*Pap. lib. XV quaest.*); I. 2.20.34.

[2] García-Gallo y de Diego, Alfonso. *Del testamento romano al medieval:* las líneas de su evolución en España. Anuario de historia del derecho español, 1977, p. 486.

[3] En D. 24,1,49 (*Marc. lib. dec. dig.)* se le pregunta al jurista Marciano sobre la validez de una donación de un fundo a favor del hijo en común de ambos con el encargo de que cuando el primero muera, el fundo pase al segundo, manifestándose favorable a la validez de tal encargo hecho por medio de una donación siempre que el padre no pueda obtener rendimientos del fundo, puesto que su función es la de cumplir tal encargo.

[4] En D. 31,17, pr (*Marc. lib. dec. digestorum)* el testador ha dispuesto un legado a favor de una persona con el fideicomiso de que le entregue una cantidad a un tercero. Marcelo señala que, si el tercero ha fallecido, el legado cede no a favor del heredero, sino a favor del legatario, a no ser que éste solo hubiere sido elegido como mero ejecutor.

nes al margen de los llamados cauces habituales del derecho hereditario, como son el depósito[5] y el mandato.

Con relación a este último encontramos textos en los que se hace referencia a posibles mandas piadosas o encargos *in bonum animae* que los testadores ordenan y que parecen aproximarse a un *mandatum post mortem*[6]. Se trata de textos en los que el testador hace un encargo al mandatario para que este haga algo una vez ha muerto el testador-mandante[7] y que

[5] Supuesto en el que se confía una cosa a un depositario para que, a la muerte del depositante, la transmita a una persona determinada, tal y como aparece en D. 16,3,26 (*Paul. 7 resp.*). En este texto la depositante le encomienda a la depositaria que, si consigue volver sana y salva tras ir a reunirse con su marido, le devuelva lo depositado, pero en el caso de que no volviese por haber fallecido, lo restituya al hijo que tuvo con otro marido. En este caso, la mujer se está valiendo de la figura del depósito para asegurarse el cumplimiento de su voluntad tras su muerte, actuando esta depositaria como un ejecutor testamentario. También se acude al depósito en D. 30, 77 *(Ulp. Libr. quinto disp.)*, texto en el que Ulpiano señala la validez de un depósito de cantidad con el fideicomiso de que se entregue a un deudor, de modo que el heredero queda obligado al cumplimiento de esta disposición a la manera de un ejecutor testamentario.

[6] Murga Gener, José Luis. *Donaciones y testamentos "In Bonum Animae" en el derecho romano tardío*. Pamplona, 1968, pp. 166 y ss.

[7] Es el caso de D. 17,1,12,17 (*Ulp. Lib. 31 ad Ed.*), donde Ulpiano explica la opinión de Marcelo a propósito del supuesto en el que alguno mandó que después de su muerte se le hiciera un monumento, estableciendo que el heredero podrá ejercitar la acción de mandato. A ello añade Ulpiano que aquel que aceptó el mandato, si cumplió el encargo con su propio dinero, puede utilizar la acción de mandato, aunque no se le mandó que construyera el monumento con su propio dinero, puesto que, al aceptar el mandato, pudo reclamar también contra el que le mandó el dinero para hacerlo, más aún si ya había preparado algunas cosas para hacerlo. Se trata de un mandato por el que el mandatario se obliga a construir un monumento funerario tras la muerte del mandante, por lo que, en realidad, la acción para exigir su cumplimiento solo podría utilizarla el heredero, lo cual iría en contra del principio *obligatio ab heredis persona incipere non potest*. Gómez-Carbajo de Viedma, Fernando José. "Mandatum post mortem. "*Revista de la Facultad de Derecho de la Universidad Complutense, nº* 76,1989, p. 139. entiende que en el encargo objeto de este mandato, a no ser que se haya pactado que se cumpla asumiendo los gastos el mandatario, suele ser habitual que el mandante se obligue a proporcionar lo necesario para llevar a cabo la construcción del monumento en cuestión, por lo que es en vida del mandante cuando nace la obligación del mandatario, y no en la persona del heredero. Entienden que un mandato tal es válido por sí mismo sin que ello dependa de que el mandatario pueda ejercitar la acción de mandato contra el mandante: Ribas Alba, José María. *Mandatum post mortem*. Seminarios Complutenses de Derecho Romano, nº 14, 2002, p. 83. Sánchez

son válidos a pesar de parecer entrar en contradicción con el principio general que establece la nulidad del *mandatum post mortem mandatoris*[8].

Podemos concluir que ya en esta época, en la práctica, el testador podía acudir a diferentes figuras para designar una persona con la obligación de que cumpliese algunas disposiciones de carácter funerario o *pro anima*. Aunque es ya en época postclásica y, sobre todo, como consecuencia de la influencia del pensamiento cristiano que ya permea la legislación de la época[9], cuando podemos ver algún antecedente de lo que más tarde será el ejecutor testamentario.

Así, es determinante la intervención del emperador Constantino, quien en el año 321 faculta que las personas puedan, en el momento de su muerte, dejar parte de sus bienes a favor de la Iglesia con el argumento de que Cristo debía ser considerado un hijo más del causante[10].De este modo, en los siglos IV y V d.C las donaciones y disposiciones *mortis causa* de carácter caritativo hacia la Iglesia y los pobres se entienden como un deber propio del cristiano, quien ha de devolver una riqueza que le había concedido Dios y, por tanto, a él debía ser devuelto[11]. Es en esta época y al

Collado, María Elena. *El mandatum post mortem» de Roma al Derecho civil moderno*. Barcelona, 2017, p. 660. En D. 17,1,13 (*Gai lib. Decimo ad ed prov.*) se contempla la posibilidad de un mandato cuyo objeto es comprar un fundo para los herederos del mandante. Se trata de un mandato en el que, a diferencia del anterior caso, no hay posibilidad de que el mandatario haya de hacer algo con anterioridad al fallecimiento del causante, y aún así se trata de un mandato válido. En D. 17,1,27,1 (*Gai. Lib. 9 ad Ed.*) el supuesto es el de un mandante que entrega un esclavo al mandatario para que lo manumita después de la muerte del primero. Entendemos que en este supuesto no se trata de un *mandatum post mortem*, puesto que la entrega del esclavo se hace en vida del mandante, por lo que la obligación del mandatario nace también en este momento.

[8] *Gai 3, 160; D. 17,1,26 pr.* Aunque se admitían excepciones a la aplicación general de dicho principio, como es el caso de D. 46,3,108 (*Paulus libro secundo manualium*).

[9] Sobre la influencia del cristianismo en el derecho romano pueden verse entre otros: Alvarez, Ursicino. I. Revista de Derecho Privado, 1941, vol. 25; Biondi, Biondo. *Il diritto romano cristiano*. Milano, 1952; Riccobono, Salvatore. *L'influsso del cristianesimo sul diritto romano*. Tipografia editrice suessori fratelli Fusi ,1935. Sordi, Marta. *I cristiani e l'impero romano*. Editoriale Jaca Book, 2004. Saggioro, Alessandro (ed.). *Diritto romano e identità cristiana: definizioni storico-religiose e confronti interdisciplinari*. Caroi, 2005.

[10] CTh 16,2,4 y C. 1,2,1.

[11] Blanch Nougués, José María. *La responsabilidad de los administradores de las piae causae en el derecho romano justinianeo*. P.133. Señala Murga Gener, José Luis.El testamento en favor

amparo del nuevo régimen consecuencia de la promulgación del Edicto de Milán, en el año 313, que comienzan a aparecer las primeras fundaciones cristianas de beneficencia, principales beneficiarias de las disposiciones testamentarias cuyo cumplimiento se encarga a un ejecutor[12].

García-Gallo[13] señala esta época, ss. V y VI, como el origen de las costumbres y prácticas que se generalizan en la Edad Media, pues solo en este tiempo pudo plantearse una misma situación en todas partes y quienes se enfrentaron a ella pudieron hacerlo con la misma actitud mental y utilizando los mismos recursos jurídicos V. Aunque ya en el siglo V se constata un aumento de la competencia episcopal en esta materia como consecuencia del poder que la Iglesia ya ha alcanzado en esta época[14], es en tiempos del emperador Justiniano cuando estas disposiciones y su ejecución son ampliamente reguladas. Tal cosa no es una casualidad y debe enmarcarse en el proceso de *renovatio imperii* que rige todo el reinado del emperador Justiniano, en el que juega un papel fundamental la religión cristiana como eje vertebrador de la unidad del antiguo Imperio Romano, objetivo fundamental de toda la política del emperador[15].

de Jesucristo y de los Santos en el derecho romano postclasico y Justiniano: cómo en esta época y a través de las constituciones imperiales, lo que en principio era un deber moral fijado por la Iglesia, se acaba transformando en un deber jurídico. En este sentido cita una constitución de los emperadores Valentiniano y Valente del año 364, recogida en CTh. 13.1.5, en la que "distingue tres categorías de personas que están especialmente obligadas a ayudar a los necesitados: los palatinos *qui ad domun nostram pertinent,* los eclesiásticos –*christianos quibus verus cultus est adiuvare pauperes-* y los *potiori,* es decir, aquellas personas que, por su prestigio, educación o riqueza, ocupan una posición preeminente.".

[12] Así, ya en una constitución del emperador León del año 468 (C. 1,3,28, pr.) se hace referencia a la práctica de nombrar en testamento a una persona a la que se le encarga cumplir una función determinada previamente fijada en el mismo.

[13] García-Gallo y De Diego, Alfonso. *Ob. Cit.* Pp. 437 y 438, donde afirma: La coincidencia substancial del sistema de sucesión voluntaria en España, Francia e Italia en los primeros siglos de la Edad Media presupone la existencia del mismo ya en los últimos tiempos del Imperio romano, aunque de él no hablen de modo expreso ni las *leges* ni los *iura,* estos últimos inspirados en un clasicismo decadente.".

[14] Murga Gener, José Luis. *Ob. Cit.* p. 386.

[15] Álvarez, Ursicino. *Influencias del cristianismo en el Derecho romano.* Revista de Derecho privado, 1941, pp. 317 y ss. Biondi, Biondo. *Il diritto romano cristiano.* p. 123 y ss.

En la legislación propia de esta época encontramos gran número de leyes referidas a diferentes aspectos de la Iglesia, uno de los cuales es la ejecución de las donaciones *ad pias causas*[16] hechas en testamento, atribuyéndose ésta a las autoridades religiosas, primero a los obispos y más tarde, cuando comienzan a generalizarse este tipo de donaciones, a los ecónomos[17]. Estas *piae causae* se nos muestran ya en las Novelas de Justiniano como centros autónomos de beneficencia a los que se les reconoce capacidad jurídico-patrimonial plena[18] y que, en una época de crisis en diferentes órdenes de la vida de los ciudadanos, tendrán un papel verdaderamente esencial en la protección de los más desfavorecidos[19]. Así, ya en algunas constituciones del s. V se reconoce expresamente la validez de estos legados y donaciones[20].

[16] Blanch Nougués, José María. *Ob. Cit.* p. 129 n.1, señala que el término *piae causae* es un término propio de la Cancillería imperial de Justiniano, puesto que no aparece en ninguna constitución anterior y sí en numerosas constituciones del Código de Justiniano y en sus Novelas, entre las que cita: C.1,2,19; C. 1,3,45; C. 8,53,34; nov. 65,1,4; nov. 131,6; Nov. 131,11,3,4; Nov. 131,13, pr. Continúa señalando el autor el carácter no unívoco del término, puesto que "aludía tanto al fundamento del negocio jurídico de liberalidad, es decir, al "motivo o propósito pío" como también el destinatario de la donación o legado, es decir, al propio establecimiento de beneficencia.

[17] Murga Gener, José Luis. *Ob. Cit.* 1968. pp. 358 y 359, señala el "indudable sello oriental-helénico" de este cargo y cómo en el Concilio de Calcedonia del año 451 se establece, con carácter general, su competencia en todos los asuntos patrimoniales eclesiásticos de carácter religioso, tal y como aparece en C. 1.3.32(33)4.

[18] C. 1,3,55 (57), 3 (a. 534).

[19] Blanch Nougués, José María. *Ob. Cit.* pp. 132 y 133.

[20] Tal es el caso de una constitución de los emperadores Valentiniano y Marciano del año 455 (C. 1,3,24), en la que se establece que, en estos casos, no se puede anular lo dejado a favor de los pobres en testamento o codicilo por entenderse que se deja a personas inciertas, pues tales disposiciones son válidas y firmes. Y lo volvemos a ver en una constitución de los emperadores León y Artemio del año 468(C. 1,3,28 pr). En esta constitución, en cuanto a la ejecución de legados y fideicomisos en los que se deja algo para redención de cautivos, se establece que corresponde la ejecución de los mismos a los nombrados por el testador y en caso de que no se hubiera nombrado a nadie, la ejecución corresponderá al obispo de la ciudad de la que es oriundo el testador. Para los primeros se señala que han de cumplir la voluntad del testador "con arreglo a su conciencia" y, en el caso del obispo, solo se le pide que cumpla el propósito del difunto "sin demora alguna.

Así lo reconoce también Justiniano en una constitución del año 531[21], donde se vuelve a insistir en la idea de que este tipo de disposiciones, incluyendo aquí las donaciones y legados a favor de pobres y cautivos, por razones de equidad son válidas, sin que pueda pedirse su nulidad alegando que se trata de instituciones a favor de personas inciertas.

En cuanto a la ejecución de tales disposiciones, el mismo Justiniano promulga una constitución en el año 530[22] en la que se establece que ello corresponde al heredero o donatario fiduciario o la iglesia o establecimiento benéfico de la localidad del benefactor bajo la supervisión del obispo correspondiente[23]. Esta función ejecutora por parte de la Iglesia se irá generalizando y dará inicio a la concepción de la propia figura del ejecutor testamentario o albacea como garante del cumplimiento de las últimas voluntades del causante. Este origen de la institución determina que la primera regulación se encuentre en las compilaciones canónicas y que sean los canonistas los que formulan las primeras exposiciones sistemáticas sobre la materia, adquiriendo, a lo largo de la Edad Media una gran unidad, siendo el siglo XIII el que marca su apogeo[24].

En cuanto a nuestro territorio, señala García Gallo, que es en la Alta Edad Media cuando, aparecen en los documentos los modernamente llamados "ejecutores testamentarios," en una época en la que las antiguas formas testamentarias han desparecido, siendo sustituidas por las donaciones *post obitum* y por escrituras de carácter ambiguo y en la que proliferan los testamentos orales en los que la declaración verbal del testador no

[21] C. 1,3,48 pr.

[22] C. 1,3,45. El supuesto es el de alguien que al morir hace una disposición piadosa utilizando para ello cualquiera de las formas admitidas por la ley, enumerando entre ellas la institución de heredero, legado, fideicomiso, donación por causa de muerte o cualquier otra forma legítima. Se dispone que, tanto si el causante hubiere encomendado el cuidado sobre el cumplimiento de estas disposiciones al obispo, como si lo hubiere prohibido, o incluso si nada hubiere dicho al respecto, están los herederos obligados a hacer y cumplir lo dispuesto por el causante, e incluso se faculta al propio obispo a obligar a estos al cumplimiento de las disposiciones si es que no lo hacen de forma espontánea.

[23] Sigue lo dispuesto por el emperador Zenón en C. 1,2,15, constitución en la que se alude a la legitimación procesal del obispo para pedir el cumplimiento de donaciones pías.

[24] Gómez Navarro, Soledad. *Una función fundamental: el albaceazgo en una comunidad de la Edad Moderna.* Obradoiro de História Moderna., n º 9, 2000, pp. 176.

aparece recogida por escrito ni es inscrita en libros o registros, apartándose así del testamento nuncupativo romano admitido por Teodosio II en el año 439[25]. Es esta una manifestación más de ese proceso de vulgarización del derecho que supone la adaptación del llamado derecho oficial a las necesidades y costumbres de la sociedad a la que va dirigido[26]. Un derecho oficial cuyo conocimiento general en época postclásica no debió ser fácil, por lo que, en esta época debió ser considerable la importancia de la vida jurídica a nivel popular, sin duda en los siglos IV y V, así como en los posteriores, en los que, como consecuencia de la diseminación de la población en medios rurales y la escasez de técnicos en Derecho, debió formarse un amplio Derecho consuetudinario[27].

De acuerdo con lo expuesto, el albaceazgo de nuestro ordenamiento jurídico surge como un "cargo especialmente destinado a velar por el cumplimiento de las disposiciones piadosas de los testadores"[28]. Lo encontramos regulado, en mayor o menor medida y con diferentes deno-

[25] García-Gallo y de Diego, Alfonso. *Ob. Cit.* p. 427.

[26] *Ibidem,* pp. 431-432, afirma el autor que, aunque el derecho romano es uno, este tiene varios niveles: "Hay un Derecho oficial constituido por las fuentes jurídicas a las que se reconoce por la autoridad valor normativo. Hay un nivel culto que se refleja en las obras de los juristas y estudiosos. Hay un nivel de aplicación efectiva que se manifiesta en los actos de los gobernantes, de los jueces y de los redactores de los documentos de la vida ordinaria. Y hay también un nivel popular –en el que cabe distinguir distintos subniveles según grados de cultura-, de la gente no perita en cuestiones jurídicas, que conoce mejor o peor el Derecho establecido y aplicado y aun trata de ajustar su comportamiento a él, aunque no siempre acierte a hacerlo correctamente por su deficiente conocimiento del mismo; o porque sus ideas e intereses, de muy varia índole, difieren de él. Este nivel popular de conocimientos jurídicos tiene una importancia que no cabe menospreciar, pues no puede olvidarse que la mayor parte de los actos jurídicos que realizamos – incluso de gran trascendencia, como es el matrimonio- los efectuamos sin asesorarnos en cada caso de un profesional del Derecho, guiándonos sólo por nuestros conocimientos del mismo, y únicamente en caso de duda o de conflicto acudimos a la consulta de un experto. El nivel de aplicación efectiva es abierto y no está en contradicción con ninguno de los otros; por un lado, en circunstancias normales trata de aplicar el Derecho oficial, aunque adaptándolo a las exigencias o circunstancias de la vida real; por otro, es permeable a las ideas, necesidades y situaciones de la sociedad, es decir, a lo popular en sentido amplio.".

[27] *Ibidem*, p. 44.

[28] Gómez Navarro, Soledad. *Ob Cit.* p. 174.

minaciones, en sucesivos ordenamientos, siendo la de albacea la denominación más tardía, apareciendo por influencia mozárabe, cuyo origen etimológico, al-vasiyya, al wací (ejecutor) hace referencia a su relación con el testamento, y la que acabará por prevalecer.

Ya en el Fuero Viejo de Castilla se hace referencia a la función de los cabezaleros[29], en el proceso de partición y con relación al pago de deudas.[30]La misma denominación para el cargo la encontramos en el texto del Fuero Real, en el que se enumeran los incapaces para ocupar el cargo[31] y sus funciones[32].

En Las Partidas encontramos un mayor desarrollo de la regulación de la institución, pues, además de definir la figura, regula sus funciones, la forma de su cumplimiento y la responsabilidad por su incumplimiento, así como la intervención del obispo, a quien faculta para exigir de los testamentarios la ejecución del testamento e incluso sustituirlos o suplirlos[33]. En esta regulación utiliza diferentes denominaciones: *cabeçaleros* testamentarios, *mansenssores* y *fideicomisarios*. Esta última denominación la justifica el legislador porque "en la fe, e en la verdad destoso mes tales, dexan, e encomiendan los fazedores de los testamentos el fecho de sus animas".[34] Es evidente que esta denominación no se ajusta al significado del término latino fideicomisario.[35] El código Alfonsino refleja cierta confusión existente en la época, por la que se hace referencia al término fideicomiso por la idea de que el testador se encomendaba a la buena fe de los ejecutores y poner de manifiesto que entre el testador y el ejecutor existe un vínculo de confianza basado en el convencimiento de que este último cumplirá la última voluntad de aquél. Es esta una referencia a la

[29] Haciendo referencia a la situación material de los ejecutores respecto del testador en el momento en que este expresa su voluntad.

[30] Lib. V, tit. III, Ley V

[31] Lib. III, tít. VI, Ley VIII

[32] Lib. II, tít. V, Ley XII

[33] Castán Tobeñas, José. *Derecho Civil Español, Común y Foral, VI*: Derecho de Sucesiones, 2º: Los particulares regímenes sucesorios. La sucesión testamentaria. La sucesión forzosa. Madrid, 1978, p. 362.

[34] L. I. Tit. X, 6ª Partida

[35] Lalinde Abadía, Jesús. Sectores Sucesorios Hispánicos Maleables por el ius Commune. *Bol. Fac. Direito U. Coimbra*, nº 58, 1982, p. 690.

fides como motor de las relaciones humanas, una interpretación que se afianza en época postconstantiniana que la aleja del concepto clásico y que da lugar a una nueva *fides* cristianizada y moralizante[36].

También se denomina a los ejecutores como tutores, haciendo referencia a su función como protector de la persona, *distributores,* en relación a su función en el reparto de los bienes de la herencia, advocatis o *manumissor,* siendo esta última denominación la que suele prevalecer y la que dará lugar a la denominación *marmessor* que aparece en los *Furs de València*[37] así como en *Las Costums de Tortossa.*Esta denominación tiene su origen en la figura de la *manumissio,* cuyo significado original, en el que se hace referencia a la concesión de la libertad a un esclavo ha ido variando y ampliándose a lo largo del tiempo hasta tener una acepción según la cual haría también referencia al hecho de suscribir un documento y también poner una cosa en el derecho o bajo el poder o *manus* de una persona.[38] Es este último sentido el que hace referencia al ejecutor testamentario, pues el testador deja en sus manos la tranquilidad de su alma, pues se encargará de cumplir la distribución de mandas pías, la organización del funeral, la celebración de misas por la salvación del alma del causante, etc. Pero también existe la posibilidad de que se le encargue la ejecución universal del testamento, por lo que, en este caso, sus funciones sobrepasan las estrictamente religiosas, encargándose del pago de deudas, del cumplimiento de legados profanos, etc[39].

3. La ejecución testamentaria en el Código Civil español

Siguiendo en ello el derecho romano, en Partidas[40] se recoge el ya citado principio según el cual la institución de heredero es esencial para la validez

[36] Murga, José Luis, *Ob. Cit.* p. 56.

[37] En este cuerpo legal se admite expresamente la posibilidad de que los ejecutores sean nombrados por la ley en caso de sucesión intestada o en caso de que el ejecutor testamentario no llegue a asumir el cargo, son los llamados ejecutores legítimos, nombrados por los obispos y los justiciasordinarios, y que reciben el nombre de dativos, frente a los testamentarios.

[38] García-Gallo y De Diego, Alfonso. *Ob Cit.* p. 487.

[39] Marzal Rodríguez, Pascual. *El derecho de sucesiones en la Valencia Foral y su tránsito a la Nueva Planta.* Valencia, 1997, p. 192.

[40] Acedo Penco, Ángel. *Derecho de sucesiones:* el testamento y la herencia. Madrid, 2014, p. 118.

del testamento, pero que ya no aparece en el Ordenamiento de Alcalá[41], permitiéndose ahora, además, la coexistencia de la sucesión testada con la intestada, tal y como se recogerá en la Nueva y la Novísima Recopilación. Esta última restringe la intervención de la Iglesia en la ejecución de los testamentos, culminando con ello la trayectoria del ordenamiento jurídico medieval y moderno.[42]Será esta concepción la que pasará a nuestro Código civil[43], de manera que la posibilidad de hacer testamento sin que en el aparezca instituido un heredero que se haga cargo de cumplir la voluntad del testador, propiciará la regulación de la figura del albacea en nuestro ordenamiento. Una regulación que deja constancia del origen de la institución del albacea en las disposiciones *pro anima*[44] al mantener la regulación de los sufragios y obras piadosas a favor del alma del testador[45] y las donaciones a favor de los pobres[46].

[41] Lacruz Berdejo, José Luis. *Elementos de Derecho civil.* Tomo V. Sucesiones. Ed. Dykinson, Madrid, 2009, p. 166.

[42] Gómez Navarro, Soledad. *Ob. Cit.* p. 177.

[43] Art. 764 Cc: "El testamento será válido, aunque no contenga institución de heredero, o esta no comprenda la totalidad de los bienes, y aunque el nombrado no acepte la herencia o sea incapaz de heredar. En estos casos se cumplirán las disposiciones testamentarias hechas con arreglo a las leyes y el remanente de los bienes pasará a los herederos legítimos." Art. 658 Cc: "La sucesión se defiere por la voluntad del hombre manifestada en testamento y, a falta de éste, por disposición de la ley. La primera se llama testamentaria, y la segunda legítima. Podrá también deferirse en una parte por voluntad del hombre, y en otra por disposición de la ley.".

[44] Las disposiciones *pro anima* fueron parte esencial del testamento medieval, en una época en la que el testamento era un acto eminentemente religioso, en un momento en el que se entendía como un deber de cristiano hacer donativos o legados piadosos. Se trataba de cantidades de dinero que el ejecutor debía asegurarse de que se dedicaran a la celebración de misas, oración o limosna para lograr, con ello, la redención del alma del testador.

[45] Art. 747 Cc: "Si el testador dispusiere del todo o parte de sus bienes para sufragios y obras piadosas en beneficio de su alma, haciéndolo indeterminadamente y sin especificar su aplicación, los albaceas venderán los bienes y distribuirán su importe, dando la mitad al Diocesano para que lo destine a los indicados sufragios y a las atenciones y necesidades de la Iglesia, y la otra mitad al Gobernador civil correspondiente para los establecimientos benéficos del domicilio del difunto, y, en su defecto, para los de la provincia.".

[46] Art. 749 Cc: "Las disposiciones hechas a favor de los pobres en general, sin designación de personas ni de población se entenderán limitadas a los del domicilio del testador en la época de su muerte, si no constare claramente haber sido otra su voluntad. La calificación

Las funciones propias del cargo de albacea derivan sin duda de la confianza como fundamento de la elección hecha por el causante, puesto que será el encargado de cumplir la voluntad expresada por este, siendo la ejecución testamentaria secundaria a la voluntad del testador. Son personas de la entera confianza del testador e imparciales, ya que no son herederos y carecen de interés en la herencia. El testador que nombra un albacea lo hace movido por distintas motivaciones: no tener herederos, o tenerlos, pero no ser conocidos, estar ausentes o incapacitados o incluso que considere que los herederos tienen unos intereses que chocan con la voluntad del testador.

Las facultades del albacea son, con carácter prioritario, aquellas que le concede el propio testador[47] y en defecto de disposiciones en testamento al respecto, serán las que le atribuye la ley en el art. 902 CC[48], estas últimas serían pues subsidiarias respecto a las primeras[49].

Como hemos visto, en los ordenamientos basados en el derecho romano el heredero es el sucesor del causante, ocupando la misma posición jurídica que ocupaba este[50], por lo que, si el testador no ha nom-

de los pobres y la distribución de los bienes se harán por la persona que haya designado el testador en la época de su muerte, si no constare claramente haber sido otra su voluntad. La calificación de los pobres y la distribución de los bienes se harán por la persona que haya designado el testador, en su defecto por los albaceas, y, si no los hubiere, por el Párroco, el Alcalde y el Juez municipal, los cuales resolverán, por mayoría de votos, las dudas que ocurran. Esto mismo se hará cuando el testador haya dispuesto de sus bienes a favor de los pobres de una parroquia o pueblo determinado.".

[47] Art. 901 Cc: "Los albaceas tendrán todas las facultades que expresamente les haya conferido el testador, y no sean contrarias a las leyes.".

[48] Art. 902 Cc: "No habiendo el testador determinado especialmente las facultades de los albaceas, tendrán las siguientes: 1ª Disponer y pagar los sufragios y el funeral del testador con arreglo a lo dispuesto por él en el testamento, y, en su defecto, según la costumbre del pueblo. 2ª Satisfacer los legados que consistan en metálico, con el conocimiento y beneplácito del heredero. 3ª Vigilar sobre la ejecución de todo lo demás ordenado en el testamento, y sostener, siendo justo, su validez en juicio y fuera de él. 4ª: Tomar las precauciones necesarias para la conservación y custodia de los bienes, con intervención de los herederos presentes.".

[49] Pérez Álvarez, Miguel Ángel. *El albaceazgo.* Curso de derecho civil. Tomo V. Derecho de sucesiones. Coordinador Cámara Lapuente, Sergio. Edit. Edisofer, 2022, p. 256.

[50] Cabrera Hernández, José María, *El albacea en el derecho común y en la compilación catalana.* Revista Jurídica de Catalunya, vol. 66, nº 3, 1967, p. 519; D'Ors, Álvaro. *Derecho privado*

brado albacea o este ha renunciado, los encargados de proceder a ejecutar el testamento serán los herederos[51]. En estos sistemas, la aceptación de la herencia implica una confusión entre el patrimonio del causante y el del heredero, constituyendo un único patrimonio que el heredero ha de gestionar y ejecutar.

En nuestro ordenamiento el albacea puede tener todas las funciones de la representación de la herencia en el periodo que se abre con la muerte del testador y que finaliza con la ejecución de la herencia, o puede que tales funciones estén repartidas entre albaceas, administradores de la herencia[52] y comisarios o contadores-partidores[53].

En cuanto a la naturaleza jurídica del cargo de albacea, se han formulado diferentes propuestas en el seno de la doctrina, siendo algunas de las más relevantes la que lo perfilan como representante del causante[54],

romano. 10ª ed. Pamplona, 2004, p. 326 y ss.; Ferrer Riba, Josep. *La ejecución del testamento y el albaceazgo*. Tratado de derecho de sucesiones: código civil y normativa civil autonómica: Aragón, Baleares, Cataluña, Galicia, Navarra, País Vasco. Tomo I, Edit. Thomson Reuters, Navarra, 2011, p. 680; Gómez-Salvago Sánchez, C.*Albacea y executor testamentario*: perfiles para una comparación. Homenaje al Profesor Lluis Puig i Ferriol, vol. II, Valencia, 2006, p. 1555; Puig Ferrol, Lluís, *El albaceazgo*. Barcelona, 1967, p. 17.

[51] Art. 910 Cc: "Termina el albaceazgo por la muerte, imposibilidad, renuncia o remoción del albacea, y por el lapso del término señalado por el testador, por la ley y, en su caso, por los interesados. La remoción deberá ser apreciada por el Juez". Art. 911 Cc: "En los casos del artículo anterior, y en el de no haber el albacea aceptado el cargo, corresponderá a los herederos la ejecución de la voluntad del testador.

[52] Regulado en los artículos 1020 a 1026 del Cc (encargado de administrar y conservar el caudal relicto, sin entrar dentro de sus funciones la función fundamental del albacea, que es la de ejecutar las últimas voluntades del causante. Puede ocurrir que el testador deje establecido que el albacea se encargue también de la administración de los bienes, por lo que, en estos casos, el albacea también hace las funciones de administrador de la herencia.

[53] Regulado en el art. 1057 Cc , es una persona designada por el testador con una única función, que es la de hacer la partición de la herencia entre los coherederos, razón ésta por lo que el citado artículo excluye de la posibilidad de ocupar el cargo a cualquiera de estos, a diferencia del cargo de albacea, que sí puede recaer sobre uno de los herederos, tal y como señala el art. 900 Cc, aunque como lo habitual es que el cargo de contador-partidor se acumule al de albacea, el nombrado como albacea no suele ser un heredero.

[54] Urrutia Badiola, Andrés. *La ejecución del testamento: el albaceazgo*. Derecho Sucesorio Cuaderno II. Coordinador Lledó Yagüe, Francisco. Edit. Dykinson, Madrid, 2012, p. 208.

cargo testamentario[55], como oficio de derecho privado[56], como figura independiente con autonomía y sustantividad propia[57]y el albacea como mandatario del causante. Esta última teoría ha sido la más seguida pues se basa en el hecho cierto de que las similitudes con el contrato de mandato son más que evidentes, puesto que en ambos casos nos encontramos ante un encargo basado en la confianza, de carácter voluntario, gratuito y personalísimo. Sin embargo, también existen importantes diferencias que impiden calificar el cargo de albacea como mandato[58].

Teoría que no puede admitirse, puesto que el albacea no ocupa el lugar del causante, solo se encarga del cumplimiento de los encargos de este.

[55] Lacruz Berdejo, José Luis, *Ob. Cit.* P. 303, siguiendo la línea esbozada en STS de 20 febrero 1993, según la cual "el albaceazgo, más que un propio mandato, por la dificultad de ejercicio dado que el mandante ha fallecido (art. 1732, 3º), se configura como un cargo testamentario de gestión y ejecución de las últimas voluntades del testador, ya que designa a persona de su confianza para llevar a cabo el cometido de liquidación, partición y adjudicación de sus bienes, y demás que prevé el art. 902 Cc.

[56] Roca-Sastre: "Un cargo u oficio privado que la ley organiza para la mejor ejecución de los testamentos, pero sin imponerlo, ya que su existencia en cada caso la deja al arbitrio del testador, bastando, para que en una herencia exista, que el respectivo causante nombre a una o más personas como albaceas, de manera que al efectuar tal nombramiento o designación, el testador encarga al designado el prestar algún servicio o hacer alguna cosa, lo cual constituye la función normal del cargo de albacea, y que el nombrado al aceptarlo se obliga a desempeñar.".

[57] Moreno Quesada, B. *Interpretación y ejecución del testamento.* Curso Derecho de Familia y Sucesiones. Coordinador Sánchez Calero, Francisco Javier. Edit. Tirant lo Blanch, Valencia, 2015, p. 541.

[58] El mandato es un contrato que consiste en un encargo *inter vivos* y es revocable, mientras que el albaceazgo es un cargo que se recoge en una disposición testamentaria (STS 20 febrero 1993) e irrevocable, puesto que es precisamente la muerte del testador la que da lugar a la vigencia del cargo. Ya García-Gallo, al esbozar los caracteres del cargo de albacea en nuestro derecho antiguo perfila el sentido del encargo que el testador hace al albacea: "Pero ese *mandatum* en cuya virtud obra el ejecutor difícilmente puede considerarse un verdadero contrato, ni siquiera tácito, entre él y el testador, y en consecuencia tampoco cabe considerar al ejecutor en sentido riguroso como un mandatario del testador. El *mandatum* que ejercita este no es otra cosa que el poder de disponer imperativamente *mortis causa;* el mismo que le permite disponer para después de su muerte de todos o parte de sus bienes; el que hace que el "testamento o el "legado" se designen como *manda*". García-Gallo y de Diego, Alfonso. *Ob. Cit.* p. 489.

A pesar de estas diferencias tan evidentes, que no permiten admitir la teoría del albacea como un mandatario tal y como lo ha señalado el Tribunal Supremo[59], es doctrina del mismo tribunal, basándose en sus muchas similitudes, pero sobre todo por una clara finalidad práctica, aplicar por analogía algunos de los artículos que regulan aspectos del mandato al albaceazgo para, con ello, dar solución a algunas cuestiones que no tienen una regulación expresa en nuestro ordenamiento[60]. El Tribunal Supremo secunda la consideración del albacea como un "cargo u oficio privado" (STS 6/2/1982; STS20/2/1993 y STS 20/9/1999). Por ello, hoy en día cabe entender el albaceazgo como un cargo privado (en los arts. 898 y ss.del Cc la ley utiliza esta palabra en repetidas ocasiones), puesto que su nombramiento procede de un negocio privado y privados son también los intereses que con su actuación está obligado a satisfacer.

[59] Sobre su naturaleza jurídica señala el Tribunal Supremo: "...asimismo resulta difícil y en todo caso forzado pretender darle dimensión contractual, como en ocasiones se ha verificado al equipararlo a la institución del mandato *post mortem*, lo que ha sido superado jurisprudencial y doctrinalmente, incluso la figura de la representación, pues no se puede representar a efectos del tráfico jurídico a quien se le extinguió la personalidad civil por muerte (art. 32 Cc)." (S. 13/04/1992). De hecho, cuando el albacea asume los poderes que como tal le corresponden, el patrimonio sobre el que ha de actuar o no tiene titular o sus titulares son ya los herederos, pero en ningún caso lo es del causante, que ya ha fallecido. No hay que olvidar que en nuestro ordenamiento carece de regulación el *mandatum post* mortem, tal y como recuerda la Dirección General de los Registros y del Notariado en una Resolución de 16 de noviembre de 2000, en la que se señala: "la muerte del poderdante es causa de la extinción del poder (art. 1732.3 Cc), y aunque puede ocurrir que del poder extinguido derive algún efecto posterior (art. 1738Cc), ello es distinto al *mandatum post mortem*, que carece de regulación en el Código Civil, ya que los encargos para después de la muerte son contemplados en dicho cuerpo legal a través de figuras distintas del propio mandato.".

[60] Como ejemplos, podemos citar los siguientes: resarcimiento de daños y gastos como consecuencia de la ejecución del cargo, aplicación analógica de los arts. 1728y 1729 Cc, extinción por muerte del albacea (909-910 Cc), aplicación analógica del art. 1739 Cc, caso de renuncia (art. 899 Cc), aplicación analógica del art. 1737 Cc, la extinción del albaceazgo por renuncia de quien ostenta el cargo está regulado en el artículo 899 Cc. y, en estos casos, es de aplicación por analogía lo dispuesto en los artículos 1736 y 1737 Cc para el mandato.

En cuanto a los caracteres propios del cargo de albacea, podemos señalar que se trata de un cargo testamentario[61], voluntario[62], temporal[63], de carácter personalísimo[64] y gratuito[65].

[61] El art. 892 Cc. Establece que "El testador podrá nombrar uno o más albaceas," afirmación de la que se deduce que nuestro ordenamiento solo admite la designación testamentaria para el cargo de albacea. No cabe, por tanto, la figura del albacea dativo, que sería el nombrado por la autoridad judicial o en su caso por un letrado de la Administración de justicia o un notario, y tampoco la del nombramiento de albaceas por terceros autorizados a tal efecto por el propio testador. Aunque sí existe en otros ordenamientos, como es el caso del derecho catalán, para el supuesto en el que el cargo de albacea queda vacante antes de cumplir la totalidad de sus funciones (art. 429-15.1 de la compilación catalana).

[62] La aceptación puede ser expresa, manifestada con una declaración unilateral de voluntad, o tácita, llevando a cabo actos propios del cargo. A estas dos formas de aceptación se añade una tercera por ministerio de la ley, pues ésta fija un plazo de seis días, a partir de que tenga noticia de su nombramiento o, en el caso de que tal nombramiento ya le era conocido, dentro de los seis días siguientes a aquel en el que supo de la muerte del testador (art.898 Cc). El Tribunal Supremo entiende que el silencio del designado ha de interpretarse como aceptación (STS. 20/2/1993).

[63] Dado que la finalidad del cargo es la de dar ejecución a lo dispuesto por el causante en testamento, ha de ser un cargo necesariamente de carácter temporal, tal y como subraya el Tribunal Supremo, pues señala que al tratarse "de una función transitoria, la inherente temporalidad de la misma que la jurisprudencia ha declarado insistentemente no hace posible que se convierta en indefinida, con las consecuentes incertidumbres para los herederos interesados" (STS. 20/2/2003).

[64] Por lo que el albacea no puede delegar en otra persona el ejercicio del cargo, a no ser que tuviese para ello "expresa autorización del testador" (art. 909 Cc.). Si bien es cierto que es doctrina del Tribunal Supremo que el albacea puede, en casos en los que el albacea "se vea imposibilitado de forma total o relativa para cumplir el cargo de confianza, puede no aceptarlo o renunciar al mismo –arts. 898, 899 y 910 Cc.-, o bien puede encomendar a otra persona la colaboración, auxilio, o cooperación material o jurídica que no implique delegación: ésta significa el traslado a otra persona de la función encargada al albacea, y aquélla el encomendar a otro gestiones concretas y singulares" (Ss. TS. 2/6/ 1962 y 20/9/1999). Entendemos con ello que sí se admite, en estas condiciones, la delegación parcial. Es este carácter personalísimo el que, al igual que ocurre en el contrato de mandato, determinará su extinción automática en el caso de muerte del albacea (arts 909-910 Cc.).

[65] Art. 908 Cc: "El albaceazgo es cargo gratuito. Podrá, sin embargo, el testador señalar a los albaceas la remuneración que tenga por conveniente; todo sin perjuicio del derecho que les asista para cobrar lo que les corresponda por los trabajos de partición u otros facultativos. Si el testador lega,o señala conjuntamente a los albaceas alguna retribución, la parte de los que no admitan el cargo acrecerá a los que lo desempeñen." La gratuidad

4. Aspectos modificados por la entrada en vigor de la Ley de Jurisdicción Voluntaria 15/2015 de 2 de julio

La Ley de Jurisdicción Voluntaria 15/2015 de 2 de julio[66] en el apartado segundo de su preámbulo justifica las reformas que en ella se disponen "como una contribución singular a la modernización de un sector de nuestro Derecho que no ha merecido tan detenida atención por el legislador o los autores como otros ámbitos de la actividad judicial, pero en el que están en juego intereses de gran relevancia dentro de la esfera personal y patrimonial de las personas". Es, por tanto, objetivo de esta ley lograr una Justicia más moderna, racional y eficaz[67]. Atendiendo a esta finalidad, la Ley modifica algunas cuestiones relacionadas con la obligatoriedad del cargo y la renuncia al mismo, la prórroga en el ejercicio del cargo y la remoción como causa de extinción.

En cuanto a la obligatoriedad del cargo, la disposición 72 de la citada Ley de Jurisdicción Voluntaria modifica el tenor del art. 899 CC, cuyo tenor anterior a la reforma era: "El albacea que acepta este cargo se constituye en la obligación de desempeñarlo; pero lo podrá renunciar

del cargo de albacea es uno de los caracteres que lo asemeja a un mandato, y al igual que ocurre en este caso, el propio legislador, tras afirmar su carácter gratuito, admite la posibilidad de que el testador señale una remuneración además de admitir el derecho de los albaceas a que se les pague lo que "les corresponda por los trabajos de partición u otros facultativos." El carácter gratuito del albaceazgo no impide que, en el caso de que el ejercicio del cargo suponga al albacea la asunción de determinados gastos, estos le sean abonados con cargo al caudal hereditario o al patrimonio de los herederos, "pero siempre que no se haya extralimitado en el ejercicio de sus atribuciones, y que además se pruebe la necesidad y legitimidad de los expresados gastos" (STS. 14/1/1913) Con ello, el legislador intenta remediar los problemas que podrían derivar de la no aceptación del cargo tras comprobar los nombrados en testamento la carga de trabajo que puede suponer y la falta de remuneración por el mismo. Pérez Simeón, Maurici. *La remuneración del albacea universal en Cataluña*. Análisis histórico y propuestas de reforma. Derecho de sucesiones. Antiguas y nuevas controversias, Coordinadoras: Fuenteseca Degeneffe, Margarita y Lydia Noriega Rodríguez. Bosch Editor. Barcelona, 2020, p. 328,señala las diferentes soluciones propuestas por distintos ordenamientos europeos a la cuestión de la gratuidad del cargo de ejecutor testamentario.

[66] En adelante LJV.

[67] Fernández de Buján, Antonio. *La reforma de la jurisdicción voluntaria textos prelegislativos, legislativos y tramitación parlamentaria*. Edit. Dykinson, Madrid, 2015, p. 399.

alegando causa justa al prudente arbitrio del Juez". Tras la reforma ha quedado de la siguiente manera: "El albacea que acepta el cargo se constituye en la obligación de desempeñarlo; pero lo podrá renunciar alegando causa justa al criterio del Secretario judicial o del Notario". Como podemos ver solo se ha modificado la parte final del artículo en la que se regula la cuestión de la posible renuncia del cargo de albacea, de modo que se sigue exigiendo la alegación de justa causa, pero ahora ya no ante el juez sino ante el secretario judicial o el notario, provocando así la desjudicialización de estos asuntos[68].

Con relación a este tema, podemos hacer varias apreciaciones:

- La renuncia a continuar en el ejercicio del cargo es una de las causas de extinción del albaceazgo que la ley enumera en el art. 910 Cc[69].
- La ley no explicita cuáles son las justas causas que puede alegar el albacea para renunciar al cargo; ni lo hacía antes, ni después de la entrada en vigor de la LJV.
- Se deja a criterio de secretario judicial y notario la apreciación de las causas alegadas en cada caso. En este sentido, esta apreciación se suele regir por la aplicación analógica tanto del art. 1736Cc, relativo a la renuncia del mandatario, como al art. 223 Cc[70] en el que, al tratar las causas de renuncia del tutor, se alude a las dispuestas en el art. 279 Cc[71] para el curador.

[68] Lledó Yagüe, Francisco. *La ley de la jurisdicción voluntaria una reforma necesaria y conveniente en beneficio del ciudadano.* Estudio sistemático de la Ley de Jurisdicción Voluntaria. Ley 15/2015, de 2 de julio. Directores. Lledó Yagüe F. y otros. Edit. Dykinson, Madrid, 2016, p. 6.

[69] "Termina el albaceazgo por la muerte, imposibilidad, renuncia o remoción del albacea, y por el lapso del término señalado por el testador, por la ley y, en su caso, por los interesados. La remoción deberá ser apreciada por el Juez.".

[70] "Las causas y procedimientos de remoción y excusa de la tutela serán los mismos que los establecidos para la curatela.".

[71] "Será excusable el desempeño de la curatela si resulta excesivamente gravoso o entraña grave dificultad para la persona nombrada para el ejercicio del cargo. También podrá excusarse el curador de continuar ejerciendo la curatela cuando durante su desempeño le sobrevengan los motivos de excusa. Las personas jurídicas privadas podrán excusarse cuando carezcan de medios suficientes para el adecuado desempeño de la curatela o las condiciones de ejercicio de la curatela no sean acordes con sus fines estatutarios. El interesado que alegue causa de excusa deberá hacerlo dentro del plazo de quince días a

- La apreciación de la justa causa alegada por el albacea seguirá un trámite distinto si esta se hace ante el secretario judicial o ante el notario. En el primer caso se hará en expediente de jurisdicción voluntaria (art. 91 LJV[72]) y en el segundo en expediente especial regulado en la legislación notarial (art. 66.1 y 2 Ley del Notariado[73]).
- La atribución de esta función la hace la ley en régimen de competencia compartida, fijando las reglas que regulan esta competencia territorial en los arts. 91.3 LJV y 66.2 LN. En el caso de que el expediente se tramite ante el secretario judicial, se hará atendiendo a lo dispuesto por los arts. 13 a 22 LJV y si corresponde al notario, tanto la alegación como la apreciación de la causa deberá formalizarse en escritura pública, tal y como se establece en al art. 66.1.a) LN.
- Hay que tener en cuenta que tanto si se aprecia, como si no, la causa alegada para la renuncia, ambas situaciones pueden tener consecuencias jurídicas relevantes, por lo que la resolución que se dé al expediente, tal y como señala el art. 19.4 LJV, no es obstáculo para que el albacea o cualquier otra parte interesada, si lo estima conveniente, pueda iniciar un proceso jurisdiccional que modifique, confirme o revoque lo dispuesto en el primero.

Con relación a la prórroga en el ejercicio del cargo[74], el apartado 73 de la disposición final primera de la LJV modificó el art. 905 Cc. cuyo tenor era:

> Si el testador quisiere ampliar el plazo legal, deberá señalar expresamente el de la prórroga. Si no lo hubiese señalado, se entenderá prorrogado el plazo por un año. Si, transcurrida esta prórroga, no se hubiese todavía cumplido la

contar desde que tuviera conocimiento del nombramiento. Si la causa fuera sobrevenida podrá hacerlo en cualquier momento.".

[72] Art. 91 LJV.

[73] En adelante LN.

[74] La duración del cargo de albacea será la dispuesta por el testador que lo designa si así lo dispuso en testamento, pues en caso contrario se aplicará el plazo de un año dispuesto por la ley en el art. 904 Cc.

voluntad del testador, podrá el Juez conceder otra por el tiempo que fuere necesario, atendidas las circunstancias del caso.

Tras su reforma, se modifica la frase final, y ahora la concesión de otra prórroga es facultad del Secretario judicial o del Notario. De nuevo se trasladan competencias que antes estaban reservadas al Juez a Secretario Judicial y Notario, conforme a esa voluntad de desjudicializar algunos asuntos ya señalada.

Atendiendo al tenor actual del artículo los supuestos que pueden darse son los siguientes:

- La concesión de la prórroga por el propio causante en testamento. La jurisprudencia tiende a incluir este supuesto en el de la prórroga que ha de solicitar el albacea, puesto que entiende que esta ampliación dispuesta por el causante es en realidad una ampliación que se incluye dentro del plazo global para el ejercicio del cargo y que obliga tanto a los herederos como a Secretario judicial y notario (STS 22/2/1929).
- La concesión de la prórroga por parte del Secretario Judicial o Notario previa petición del albacea, quien podrá alegar a tal efecto, la concurrencia de circunstancias sobrevenidas que le impiden cumplir con sus funciones en el plazo establecido. Tampoco aquí contamos con listado alguno sobre estas posibles justas causa para solicitar la prórroga, pero hay algunas apreciadas como tales por la jurisprudencia como, por ejemplo: reticencia del cónyuge viudo o sus herederos a la liquidación de la sociedad de gananciales (STS 2/4/1996). Entre estas causas encontramos el supuesto en el que el albacea insta el nombramiento de defensor judicial a menores o incapaces, por ser persona que actúa en interés de estos, tal y como se dispone en art. 28.2 LJV al enumerar quienes pueden hacer dicha solicitud. De modo que se establece que ambos expedientes, el de solicitud de prórroga y el del nombramiento, se puedan acumular "cuando la resolución de uno pueda afectar a otro, o exista tal conexión entre ellos que pudiera dar lugar a resoluciones contradictorias"[75]. En caso de que la solicitud se

[75] Art. 15.1 LJV.

haya presentado ante el Secretario Judicial, este deberá seguir los trámites del expediente previsto en el art. 91 LJV, por lo que solo será necesario un acto de comparecencia previa citación de personas que estima han de intervenir en el mismo, cuando el secretario lo estime conveniente. Si estima que no es necesario acto de comparecencia alguno, el Secretario se pronunciará sobre la petición de prórroga del albacea mediante un decreto recurrible ante el Juez competente[76].

- En el caso de que la solicitud la haya presentado el albacea ante Notario, la concesión de la prórroga se ha de hacer constar en escritura pública y solo en el caso de que concurra una justa causa para su autorización (art. 66.1.a LN).
- A ellos se ha de añadir el supuesto de prórroga por petición del conjunto de herederos y legatarios establecido por el art. 906 Cc, según el cual: "Los herederos y legatarios podrán, de común acuerdo, prorrogar el plazo del albaceazgo por el tiempo que crean necesario; pero, si el acuerdo fuese solo por mayoría, la prórroga no podrá exceder de un año.".

A este respecto se han de señalar dos cuestiones: una relativa a la mención a los legatarios y otra relativa a la articulación de estas dos formas de prórroga, la solicitada a Secretario Judicial o Notario y la concedida por herederos y legatarios. En cuanto a la primera cuestión, coincidimos con Carballo Fidalgo[77], cuando afirma respecto a la inclusión de los legatarios a la hora de hacer el cómputo:

> Solo en la medida en que su derecho deba ser materializado por el albacea se justifica su inclusión entre los concedentes de prórroga, de modo que, cabalmente debieran ser excluidos del cómputo de eventuales mayorías cuando los legados ya hayan sido satisfechos o, simplemente, cuando no consistan en metálico y no aparezca el albacea expresamente legitimado por el cau-

[76] Art. 20 LJV.

[77] Carballo Fidalgo, Marta. *De los albaceas o testamentarios.* Código civil comentado. Vol. II. Cañizares Laso, A., de Pablo Contreras, P, Orduña Moreno, J., Valpuesta Fernández, R. (Directores), 2ª ed., Navarra 2016, p. 1148.

sante para su satisfacción. Del mismo modo, y esta vez por razón de parcialidad, parece que debiera excluirse de la votación al sucesor en quien, en su caso, concurra la cualidad de ejecutor testamentario, interesado directo en el resultado de aquella.

En cuanto a la articulación de ambas formas de solicitud de prórroga, entendemos que lo lógico es que el albacea sea quien plantee la necesidad de prorrogar su cargo a herederos y legatarios, seguramente trasladándoles su temor a no tener tiempo suficiente para cumplir con las funciones encomendadas. En esto coincide con la prórroga solicitada a Secretario judicial y Notario, pero difieren en que, en este segundo supuesto, es necesario que, tanto uno como otro, aprecien la existencia de justa causa para la concesión de la prórroga, mientras que tal cosa no se exige a herederos y legatarios.

Vemos cómo la reforma, en estos dos casos, va dirigida a la atribución de competencias a secretarios judiciales y notarios, dos funcionarios públicos, titulares los primeros de fe pública judicial y los segundos extrajudicial y con ello desjudicializar estos trámites. Pero esta reforma ha tenido otra consecuencia que puede tener efectos perjudiciales para los interesados, puesto que no es preceptiva la intervención del abogado y procurador, aunque nada impide que se haya pedido asesoramiento previo al trámite[78].

Por último, el apartado 74 de la disposición final primera de la LJV, modifica el art. 910 Cc. Este artículo se ocupa de las causas de extinción del cargo y su tenor antes de la reforma era: "Termina el albaceazgo por la muerte, imposibilidad, renuncia o remoción del albacea, y por el lapso del término señalado por el testador, por la ley y, en su caso, por los interesados". Tras la reforma se añade una última frase: "La remoción deberá ser apreciada por el Juez".

En este caso, la modificación es consecuencia de la introducida en el artículo 899 Cc en el que, como hemos visto, atribuye competencias sobre la renuncia al cargo a secretario judicial y notario. Por ello, cuando en el art. 910 Cc se refiere al supuesto de remoción del cargo, la ley explicita

[78] Lledó Yaguë, Francisco. *Ob. Cit.* p.14.

que, en este supuesto, la apreciación corresponde al juez[79], para así dejar claro que este supuesto queda fuera de las competencias de secretario judicial y notario. Con ello, la remoción del cargo de albacea se aparta del marco contencioso y se dirime en este nuevo cauce procedimental, aunque es competencia exclusiva del juez. El motivo es que en este caso la actuación del funcionario no es una simple instrucción de expedientes en la que se requiere una simple constatación de hechos, sino que se exige una valoración de los mismos, siendo esta una función que solo compete a los jueces[80].

De nuevo la ley no especifica las causas que pueden llevar a determinar la remoción del albacea y ello ha dado lugar a una jurisprudencia contradictoria.

Por una parte, tenemos una posición que niega que se pueda aplicar por analogía lo dispuesto para otras figuras jurídicas, pues en este caso se limitaría al supuesto de la tutela, sobre la que el TS ha señalado que "ni por la causa que le sirve de fundamento, ni por su peculiar organismo, ni por la finalidad a que responde, tiene analogía con el albaceazgo" (STS 23/2/1973). En consecuencia, se entiende que corresponde a los tribunales decidir sobre cada caso concreto, si bien se entiende que son justas causas para la remoción las que le incapaciten para el ejercicio del cargo, conducta dolosa o uso malicioso, en perjuicio de los llamados a la herencia, de facultades que no le asistan (STS 5/6/1947).

Por otra parte, el mismo tribunal defiende la aplicación analógica de las causas legales de remoción de la tutela en STS 13/4/1992, en la que se admite la remoción del albacea que mantiene una tensa relación con los herederos manifestada por la existencia de pleitos pendientes entre ellos. En esta sentencia, se enumeran una serie de posibles causas que pueden llevar a la remoción del albacea: Motivos personales que imposibilitan o hacen sumamente dificultoso el ejercicio del cargo, incursión en causa de

[79] En este supuesto, el juez deberá seguir los trámites del expediente de jurisdicción voluntaria del art. 91.1.2 LJV. Este expediente está sujeto a las normas comunes dispuestas en art. 91.3 LJV, por lo que el juez decidirá sobre la celebración o no de una comparecencia a la que pueden ser citados todos los interesados, siguiendo las reglas de legitimación dispuestas en art. 3.1 LJV, incluido el albacea cuya remoción se propone.

[80] Lledó Yagüe, Francisco. *Ob. Cit.* p. 9.

indignidad, realización de conductas dolosas civiles o penales en perjuicio del caudal relicto y derechos de los herederos, actividad totalmente inoperante o ineficaz por negligencia maliciosa o desatención que rebasa el mero descuido, realización de delegaciones prohibidas, infracción del art. 1459.3 Cc, que prohíbe al albacea la compra de los bienes confiados a su cargo, y colisión clara, notoria precisa entre sus intereses y los de los herederos.

En cualquier caso, es esta referencia a supuestos de conductas dolosas o de negligencia maliciosa, tanto en el ámbito civil como en el penal, con relación a la conducta del albacea, lo que justifica que la competencia se le atribuya de forma exclusiva al juez, puesto que solo éste está capacitado para hacer estas valoraciones. Se trata, por tanto, de una cuestión de seguridad jurídica.

Conclusiones

Como hemos visto, la figura del albacea era desconocida para el derecho sucesorio romano clásico, ya que en él la institución de heredero es esencial para la validez de todo testamento, y el heredero, tanto el testamentario como el legítimo, sucede al causante, ocupando su misma posición jurídica, por lo que una figura como la del albacea deviene innecesaria. A pesar de ello vemos cómo en algunos textos del Digesto de Justiniano se recogen fragmentos en los que juristas clásicos refieren supuestos en los que se utilizan instituciones como son el depósito, las donaciones, el legado de fideicomiso y el mandato para lograr que un tercero cumpla con la voluntad expresada por el causante.

Es ya en época postclásica cuando, sobre todo como consecuencia de la influencia del cristianismo en la legislación de la época, aparecen las donaciones y disposiciones *mortis causa* de carácter caritativo a favor de la Iglesia. Estas disposiciones se generalizarán en época del emperador Justiniano, por lo que, en esta época, serán objeto de una amplia regulación, especialmente las donaciones *ad pias causas* hechas en testamento y cuya ejecución se atribuye a las autoridades religiosas. Este tipo de disposiciones y su regulación serán el sustrato sobre el que, ya en la Alta Edad Media, se construirá la figura del ejecutor testamentario que en nuestro territorio recibirá diferentes nombres (albacea, cabezaleros, mansensores, fideicomisarios...) y que se irá perfilando hasta su regulación en el Código civil de 1889.

El albacea que se regula en nuestro Código civil es un cargo testamentario, voluntario, temporal, de carácter personalísimo y gratuito sobre cuya naturaleza jurídica se han planteado distintas teorías (representante del causante, cargo testamentario, mandatario del causante), y aunque el Tribunal Supremo lo entiende como un cargo privado, lo cierto es que, en no pocas cuestiones, el mismo tribunal remite a la aplicación por analogía de artículos que regulan el contrato de mandato, pues aunque, como hemos visto en el presente trabajo, son varias sus diferencias, también son muchas sus similitudes.

La entrada en vigor de la Ley de Jurisdicción Voluntaria 15/2015 de 2 de julio conlleva la modificación de algunos aspectos relacionados con el cargo de albacea. En lo relativo a la renuncia al cargo y la prórroga en el ejercicio del mismo, ahora las competencias sobre estas cuestiones se atribuyen de forma compartida o alternativa a funcionarios titulares de la fe pública y judicial como son los secretarios judiciales y los notarios. Se trata así de desjudicializar, y con ello agilizar, algunos trámites relativos a la figura que nos ocupa, aunque la atribución de las competencias sobre estos asuntos a estos funcionarios públicos tiene además otra consecuencia, y es que ahora no es preceptiva la presencia de abogados, lo que para algunos autores supone una merma en el interés del solicitante y/o interesado. Sin embargo, la LJV atribuye al juez, en exclusiva, la competencia para la remoción como causa de extinción del cargo de albacea. Exclusividad más que razonable, puesto que implica una valoración y no una simple constatación de hechos, siendo esta una función que en ningún caso puede corresponder a funcionarios como el secretario judicial y el notario.

Referencias

Acedo Penco, Ángel. *Derecho de sucesiones: el testamento y la herencia*. Edit. Dykinson, Madrid, 2014.

Alvarez, Ursicino. *Influencias del Cristianismo en el Derecho Romano*. Revista de Derecho Privado, 1941, vol. 25.

Biondi, Biondo. *Il diritto romano cristiano*. Milano, 1952.

Cabrera Hernández, José María. *El albacea en el derecho común y en la compilación catalana*, Revista Jurídica de Catalunya, vol. 66, nº 3, 1967.

Carballo Fidalgo, Marta. *De los albaceas o testamentarios*. Código civil comentado. Vol. II, Cañizares Laso, A., de Pablo Contreras, P, Orduña Moreno, J., Valpuesta Fernández, R. (Directores), 2ª ed., Navarra 2016.

Castán Tobeñas, José. *Derecho Civil Español, Común y Foral Tomo VI*: Derecho de Sucesiones, 2º: Los particulares regímenes sucesorios. La sucesión testamentaria. La sucesión forzosa. Madrid, 1978.

D'Ors, Álvaro *Derecho privado romano*, 10ª ed. Pamplona, 2004.

Fernández de Buján, Antonio. *La reforma de la jurisdicción voluntaria textos prelegislativos, legislativos y tramitación parlamentaria*. Edit. Dykinson, Madrid, 2015.

Ferrer Riba, Josep. *La ejecución del testamento y el albaceazgo*. Tratado de derecho de sucesiones: código civil y normativa civil autonómica: Aragón, Baleares, Cataluña, Galicia, Navarra, País Vasco. Tomo I, Navarra, 2011.

García-Gallo y de Diego, Alfonso. *Del testamento romano al medieval:* las líneas de su evolución en España. Anuario de historia del derecho español, 1977.

Gómez Navarro, Soledad. *Una función fundamental:* el albaceazgo en una comunidad de la Edad Moderna. Obradoiro de Historia Moderna., n º 9, 2000.

Gómez-Carbajo de Viedma, Fernando José. *Mandatum post mortem*. Revista de la Facultad de Derecho de la Universidad Complutense, nº 76,1989.

Gómez-Salvago Sánchez, C. *Albacea y executor testamentario:* perfiles para una comparación. Homenaje al Profesor Lluis Puig i Ferriol, vol. II, Valencia, 2006.

Lacruz Berdejo, J. L. *Elementos de derecho civil*. Tomo V. Edit. Dykinson, Madrid, 2009.

Lalinde Abadía, Jesús. *Sectores Sucesorios Hispánicos Maleables por el ius Commune*. Bol. Fac. Direito U. Coimbra, nº 58, 1982.

Lledó Yagüe, Francisco. *La ley de la jurisdicción voluntaria una reforma necesaria y conveniente en beneficio del ciudadano*. Estudio sistemático de la Ley de Jurisdicción Voluntaria. Ley 15/2015, de 2 de julio. Directores. Lledó Yagüe F. y otros. Edit. Dykinson, Madrid, 2016.

Marzal Rodríguez, Pascual. *El derecho de sucesiones en la Valencia Foral y su tránsito a la Nueva Planta*. Valencia, 1997.

Moreno Quesada, B. *Interpretación y ejecución del testamento*. Curso Derecho de Familia y Sucesiones. Coordinador Sánchez Calero, Francisco Javier. Edit. Tirant lo Blanch, Valencia, 2015.

Murga Gener, José Luis. *El testamento en favor de Jesucristo y de los Santos.* Anuario de Historia del Derecho español, 1965.

Murga Gener, José Luis. *Donaciones y testamentos "In Boum Animae" en el derecho romano tardío.* Pamplona, 1968.

Pérez Álvarez, Miguel Ángel. *El albaceazgo.*Curso de derecho civil. Tomo V. Derecho de sucesiones. Coordinador Cámara Lapuente, Sergio. Edit. Edisofer, 2022.

Pérez Simeón, Maurici. *La remuneración del albacea universal en Cataluña.* Análisis histórico y propuestas de reforma. Derecho de sucesiones. Antiguas y nuevas controversias. Coordinadoras: Fuenteseca Degeneffe, Margarita y Lydia Noriega Rodríguez. Bosch Editor. Barcelona, 2020.

Puig Ferrol, Lluís, *El albaceazgo.* Barcelona, 1967.

Ribas Alba, José María. *Mandatum post mortem.* Seminarios Complutenses de Derecho Romano, nº *14,* 2002.

Riccobono, Salvatore. *L'influsso del cristianesimo sul diritto romano.* Tipografia editrice suessori fratelli Fusi,1935.

Saggioro, Alessandro. *Diritto romano e identità cristiana:* definizioni storico-religiose e confronti interdisciplinari. Caroi, 2005.

Sánchez Collado, María Elena. *El mandatum post mortem de Roma al Derecho civil moderno.* Barcelona, 2017.

Sordi, Marta. *I cristiani e l'impero romano.* Edit. Jaca Book, 2004.

Urrutia Badiola, Andrés. *La ejecución del testamento: el albaceazgo.* Derecho Sucesorio Cuaderno II. Coord. Lledó Yagüe, Francisco. Edit. Dykinson, Madrid, 2012.

Villó Travé, Cristina. *El albacea como institución necesaria para el correcto devenir de la ejecución hereditaria.* Retos y oportunidades del Derecho de sucesiones. Edit. Thomson Reuters, Pamplona, 2019.

HERANÇA DIGITAL

HERENCIA DIGITAL

45.
TRANSMISION *POST MORTEM* DE ACTIVOS Y VOLUNTADES DIGITALES

GRACIELA MEDINA

1. Introducción

A lo largo del Siglo XX los avances en materia de comunicación y tecnología han sido asombrosos, basta con pensar cuando comenzaron a funcionar algunos medios de comunicación, a saber: la radio (1920)[1], el cine a color[2] (1935), la televisión (1950-1960), los inicios de la televisión por cable (1970), las computadoras personales (1980) *Internet* la *World Wide Web*, el correo electrónico (e mail 1990) para advertir la velocidad de los cambios[3].

Si en el siglo XX los cambios se produjeron con una rapidez nunca vista en los diecinueve siglos anteriores, en el siglo XXI la aceleración en

[1] Si bien el origen de la radio se puede ubicar en 1890 a 1900 con Guillermo Marconi, cuando se construye el primer sistema completo de telegrafía inalámbrica comercialmente exitoso. Nos referimos a 1920 porque las primeras transmisiones para entretenimientos regulares llegaron a la Argentina en 1920. En agosto de 1920 desde la terraza del teatro Colon se transmite la Opera Parsifal.

[2] Los inicios del Cine se ubican en 1895 cuando los hermanos Lumiere hicieron la primera transmisión pública de imágenes en movimiento.

[3] Durante el siglo XX los avances primero se produjeron cada 20 años, luego cada diez, para finalmente ser constantes.

el avance de las tecnologías de la información y comunicación (TIC)[4], pasó a ser cuántica o exponencial.

Vemos que hasta hace 10 años las fotos y recuerdos de familia se guardaban en soporte papel, se almacenaban en álbumes y se transferían de padres a hijos como un bien preciado y cuantitativamente limitado a ser transferido a una persona; hoy ellos se encuentran digitalizados, se guardan en la nube y se puede transferir a más de un destinatario, sin perjudicar el original.

Si pensamos en la vida de cualquier profesional advertimos que su obra está en su PC y en la nube, así por ejemplo un arquitecto tendrá los planos y diseños, de obras realizadas y a ejecutar, en soporte virtual en la plataforma digital Y nos demandamos ¿es que a su muerte su obra en versión digital entra en el dominio público o es que se pierde por ser eliminado del sitio? Indiscutiblemente ello constituye un activo digital de importancia económica y debe ser transferido a los herederos. Las preguntas son como hacerlo y que valor dar a la circunstancia de que el causante le haya dado las contraseñas a otra persona, diferente de sus herederos ab – intestato.

Si nos concentramos en un escribano notaremos que en su Dropbox tiene escrituras, actas, testamentos de personas muertas y otras vivas y en ese caso nos cuestionamos, que pasa a la muerte del notario con su activo digital, como protegerlo y como proteger la confidencialidad de los datos de terceros.

[4] Si bien en un reduccionismo, se puede llegar a asociar a las TIC con Internet, en verdad las TIC no son solo Internet y los dispositivos relacionados con ella, sino también se trata de teléfonos celulares, cámaras de video y fotos, dispositivos de almacenamiento de archivos digitales (pendrives, CD, DVD, etc.).
En definitiva, podemos definir las TIC, como el conjunto de servicios, redes, software y dispositivos que proporcionan la informática y sus tecnologías asociadas – telemática y multimedia – así como los medios de comunicación social ("medios de comunicación masiva") y los medios de comunicación interpersonales tradicionales con soporte tecnológico (teléfono, scanner...).
Por tanto, las TIC abarcan dispositivos tecnológicos como el celular, Internet, la computadora, la televisión y todos los servicios relacionados como redes sociales, blogs, foros, etc., así como los elementos técnicos que permiten su correcto funcionamiento.

Si observamos a un artista veremos que los escritos de toda naturaleza y extensión, entre ellos los programas de computación fuente y objeto; las compilaciones de datos o de otros materiales; las obras dramáticas, composiciones musicales, dramático-musicales; las cinematográficas, coreográficas y pantomímicas; las obras de dibujo, pintura, escultura, arquitectura; modelos y obras de arte o ciencia aplicadas al comercio o a la industria; los impresos, planos y mapas; los plásticos, fotografías, grabados y fonogramas, en fin, toda producción científica, literaria, artística o didáctica está en la nube o en internet y es innegable que, los herederos tienen el derecho de propiedad de una obra científica, literaria o artística. Lo que no es tan claro es como deben hacer los herederos para disponer de las obras digitales de su causante.

A consecuencia de que nuestras obras se encuentran en internet o en la nube, donde también se ubican nuestras comunicaciones, fotos, videos, imágenes, recuerdos de vacaciones, de intimidad o de pequeños o grandes hitos personales y nuestros ahorros, y que todo ello tiene un valor sentimental y patrimonial importante, nos proponemos determinar ¿qué pasa con nuestra identidad digital, nuestro patrimonio cibernético y nuestras propiedades y dominios digitales a nuestra muerte? ¿Sirven los instrumentos jurídicos actuales para dar respuestas a estos interrogantes o tenemos que crear nuevos instrumentos? ¿Podemos mantener nuestra voluntad virtual después de nuestra muerte? ¿O por el contrario todo se extingue con la muerte de la persona? ¿Podemos resguardar nuestra reputación *post mortem*? ¿Existe el testamento digital? ¿Qué pasa con la intimidad de terceras personas que se comunican con nosotros en las redes sociales a nuestra muerte? ¿Debe regularse de la misma forma el mundo analógico y el mundo digital? ¿Por qué el tratamiento *post mortem* de los bienes físicos debe ser diferente al de los bienes digitales? ¿La herencia es única o puede distinguirse entre herencia digital y analógica? ¿Por qué se dice que la memoria defuncti y la identidad digital son inmunes a la muerte? ¿Qué peculiaridades tiene la sucesión mortis causa de archivos digitales y perfiles en redes sociales? ¿Son realmente necesarias y útiles las plataformas de almacenamiento de pertenencias digitales en la nube para proteger el llamado legado digital? ¿Cuál es la mejor tecnología para almacenar de modo seguro archivos digitales?

A dar respuesta a estos interrogantes nos dedicaremos en los párrafos siguientes, porque consideramos que a fin de dar un correcto asesoramiento y lograr una eficaz planificación sucesoria se debe conocer precisamente el entorno digital y no se puede ignorar el altísimo valor sentimental y material de los bienes digitales.

2. Herencia digital. Transmisión *mortis causa* de bienes digitales

A nivel nacional, regional y global, existe un gran repertorio de temas que hacen a los debates de Internet sobre cómo puede y debe evolucionar la red: derecho al olvido, responsabilidad de intermediarios, neutralidad de la red, convergencia, protección de datos personales, libertad de expresión, ciberbullying, cuestiones de género en IT, ciberseguridad, resiliencia de las infraestructuras críticas, posibles marcos regulatorios aplicables al ámbito digital, la llegada de nuevas tecnologías para las economías digitales y su impacto en la Industria de Internet y en la sociedad en general, inteligencia artificial, entre otros tantos. Entre ellos también se encuentra la "sucesión digital" que admite al menos dos formas diferentes de ser reguladas.

Creemos que previo a todo debemos tratar de conceptualizar a que nos referimos cuando hacemos alusión a la "herencia digital".

La "herencia digital" consiste en todos los bienes digitales que hemos generado durante la vida y que a nuestra muerte en principio pasan a nuestros herederos, Es el patrimonio digital transmisible mortis causa.

Sobre bienes digitales seguimos a Lambert quien afirma que:

> el bien digital se caracteriza por ser inmaterial, incorpóreo en su naturaleza, que está almacenado, registrado o conservado en medios virtuales electrónicos o digitales, sea de modo local (propio ordenador, disco duro externo, etc.) o en servidores clouding, en la nube (Dropbox, iCloud), o de modo mixto, conservando todo el archivo localmente y su resumen o hash en la nube[5].

[5] Lamber, Néstor D. *Los bienes digitales en la herencia*. Publicado en: DFyP 2019 (junio), 91. Cita Online: Ar/Doc/1495/2019.

Necesariamente debemos distinguir entre los bienes digitales y su soporte físico (hard) Este último está constituido por los *Smart Watch*, computadoras, iPad, iPhone y demás soportes físicos como, discos de memoria, externos e internos, pen drive, etc. que almacenan la información y que pueden ser considerados cosas muebles trasmisibles a los herederos por sucesión.

Los bienes digitales[6] a diferencias del hard no son materiales, no se pueden tocar, ni son físicos, son "todos aquellos bienes culturales y no culturales que tienen forma digital, es decir, que están compuestos por ceros y unos, y que las computadoras se encargan de interpretar y presentarlos en forma de información, bases de datos, programas de computadoras, imágenes, música, sitios web, textos, libros, videos, entre otros"[7].

Como afirma Flores los bienes digitales son "cualquier información o archivo de carácter digital almacenado localmente u online"[8].

Trataremos de dividir abajo los bienes digitales, que conforman el patrimonio digital de una persona que es transmisible a sus herederos como herencia digital.

[6] El artículo 2 de la Directiva (UE) 519/770 del Parlamento Europeo y del Consejo, de 20 de mayo de 2019, relativa a determinados aspectos de los contratos de suministro de contenidos y servicios digital, entre otros conceptos define: "1) "contenido digital": los datos producidos y suministrados en formato digital; 2) "servicio digital": a) un servicio que permite al consumidor crear, tratar, almacenar o consultar datos en formato digital, o b) un servicio que permite compartir datos en formato digital cargados o creados por el consumidor u otros usuarios de ese servicio, o interactuar de cualquier otra forma con dichos datos; 3) "bienes con elementos digitales": todo objeto mueble tangible que incorpore contenidos o servicios digitales o esté interconectado con ellos de tal modo que la ausencia de dichos contenidos o servicios digitales impediría que los bienes realizasen sus funciones. (...)".

[7] Porcelli, Adriana M. Los bienes digitales y el derecho de autor en internet. La denominada ´piratería informática´. *Revista del Departamento de Ciencias Sociales*. Vol. 2 Nº 3, Buenos Aires, 2015, p. 265.

[8] Flores, Martín Andrés. *Herencia digital*. Un nuevo desafío para el Derecho Sucesorio. Exposición Magistral titulada "Herencia digital", en el marco de las Primeras Jornadas Cordobesas de Derecho Sucesorio, 5 y 6 de septiembre, Universidad Nacional de Córdoba, 2019.

Son tantos y tan nuevos que como decía García Márquez en 100 años de Soledad. "El mundo era tan reciente, que muchas cosas carecían de nombre, y para mencionarlas había que señalarlas con el dedo".

- Cuentas en el artículo 2 de la Directiva (UE) 519/770 del Parlamento Europeo y del Consejo, de 20 de mayo de 2019, relativa a determinados aspectos de los contratos de suministro de contenidos y servicios digital, entre otros conceptos define: 1) contenido digital: los datos producidos y suministrados en formato digital; 2) servicio digital: a) un servicio que permite al consumidor crear, tratar, almacenar o consultar datos en formato digital, o b) un servicio que permite compartir datos en formato digital cargados o creados por el consumidor u otros usuarios de ese servicio, o interactuar de cualquier otra forma con dichos datos; 3) bienes con elementos digitales: todo objeto mueble tangible que incorpore contenidos o servicios digitales o esté interconectado con ellos de tal modo que la ausencia de dichos contenidos o servicios digitales impediría que los bienes realizasen sus funciones.
- Datos Relevantes: datos de acceso, saldos y depósitos, contratos, historiales de mensajes, listados de transacciones, detalles de los contratos, pagos domiciliados, condiciones de rescisión de los contratos.
- Ejemplos: banca online, servicios de pago (PayPal, Google Pay), tiendas online (Amazon), plataformas de criptomoneda (bitcoin), servicios de streaming (Netflix, Spotify), cuenta de Google o de Apple.
- Perfiles en redes sociales.
- Datos relevantes: datos de acceso, información del perfil, mensajes, imágenes y vídeos compartidos.
- Ejemplos: Facebook, Twitter, Instagram, LinkedIn, WhatsApp, Google, SnapChat, Skype, YouTube, páginas de citas.
- Cuentas de correo electrónico.
- Datos relevantes: datos de acceso, mensajes, contactos.
- Ejemplos: buzones de correo electrónico en 1&1 IONOS, GMX, Google, etc.
- *Software as a service* (plataformas online).

- Datos relevantes: datos de acceso, detalles de los contratos, condiciones de rescisión de los contratos, imágenes y vídeos compartidos, historiales de mensajes, listado de transacciones, datos comerciales.
- Ejemplos: servicios en la nube, plataformas de trabajo (Slack, WordPress), herramientas para redes sociales (hootsuite), software de finanzas (NetSuite), plataformas de crowdfunding (Patreon, Kickstarter), canales de YouTube.
- Datos de acceso, detalles de los contratos, condiciones de rescisión de los contratos, normas de traspaso.
- Datos relevantes: licencias de software (programas de edición de imagen), videojuegos (Steam, Origin), pertenencias y avatares en juegos online.
- Registro del nombre de dominio o dirección del sitio web.

En nuestro país, huelga decir que no existe una regulación específica para los bienes digitales y su transmisión ha de regirse por las normas específicas de los contratos que son ley para las partes y por las reglas del CCyCN que establecen que se transmiten por causa de muerte todos los derechos y obligaciones digitales o analógicas con contenido patrimonial que no se extinguen con la muerte (arts. 2277 y 2280 CCCN), Es decir que se transmiten a los herederos todo aquello que en principio no es intuito persona y no hace la identidad del difunto.

Hasta acá hemos afirmado que los bienes digitales de contenido económico se transmiten mortis causa, lo que ocurre es que hay inmensa cantidad de bienes que son extrapatrimoniales. Al respecto hay que distinguir entre "la identidad digital" (el sujeto) y "el patrimonio digital (el objeto)". Para determinar que se transmite mortis causa.

La "identidad digital" (impronta de la personalidad en el entorno digital, "rastro digital") se corresponde con la identidad humana y al morir merecerá, cuando menos, la misma protección que los aspectos tutelables de la personalidad pretérita en el mundo no digital[9].

[9] Cámara Lapuente, Sergio. *La sucesión mortis causa en el patrimonio digital*: una aproximación. El Notario del Siglo XXI. Revista 84. Disponible en: http://www.elnotario.es/hemeroteca/revista-84?id=9279:la-sucesion-mortis-causa-en-el-patrimonio-digital-una-aproximacion&tmpl=component&print=1. Acceso en 01/09/2019.

Podemos definir la identidad como «una construcción compleja, personal y social, consistente en parte en quien creemos ser, como queremos que los demás nos perciban, y como de hecho, nos perciben[10]. Así pues, la identidad digital está ligada con las habilidades digitales, y es el resultado de la interrelación que tiene una persona con otros usuarios o con la creación de contenido en internet.

Esto se relaciona con la huella digital. Este concepto incorpora todos los registros y rastros que dejamos cuando utilizamos internet. Estos registros representan información sobre las personas que lo utilizan constituyendo su identidad digital. La información puede tener dos vertientes: una beneficiosa para el usuario, pues permite agilizar ciertos trámites, entre otros; y la otra que puede suponer un riesgo, pues al proporcionar una gran cantidad de información, ésta puede ser utilizada negativamente por terceros, lo que implica la necesidad de controlar y limitar su acceso para prevenir vulneraciones del derecho a la dignidad, al honor, a la intimidad personal y familiar, a la propia imagen, al secreto de las comunicaciones y a la propiedad intelectual[11].

La identidad digital[12] en principio no se transmite a los herederos, pero si se transmite el deber de su respeto, tal es así que el no hacerlo constituye causa de Indignidad Sucesoria.

3. Identidad digital. ¿Cómo transferir la memoria digital a nuestros herederos? ¿Quién gestiona la identidad digital?

Estamos convencidos que hay que distinguir entre la identidad digital (el sujeto) y el patrimonio digital o herencia digital (el objeto).

La "*identidad digital*" es parte de la identidad personal y al morir merece, similar protección que personalidad pretérita en el mundo analógico.

[10] Wood, Andrew F.; Smith, Matthew J., *Online communication:* linking technology, identity, and culture. Routledge, New York, 2005, pp. 51-75.

[11] Solé Resina, Judith. *La sucesión en los "bienes digitales"*. La respuesta plurilegislativa española. *Succession in "Digital Assets"*." Disponible en: https://www.nreg.es/ojs/index.php/RDC/article/view/477.

[12] Sobre el tema de derechos personalísimos después de la muerte ver Leiva Fernandez, Luis "La personalidad pretérita, no es lo mismo no estar muerto que no haber vivido" La ley 22 octubre 2018.

Comenzamos por tratar de determinar en qué consiste la identidad digital.

Creemos que la *identidad digital* se construye a lo largo de los años con todo los datos que subimos a internet, como por ejemplo las fotos, los artículos de doctrina, los comentarios de los blogs o de los foros etc.

Podemos definir la identidad digital como:

> el conjunto de rasgos digitales con el que una persona física o jurídica se muestra en la red. Es un concepto ligado a la personalidad del sujeto, en general de modo presunto porque pocas veces existe una garantía de correspondencia con la identidad física. Y una vez fallecido el sujeto, como ocurre con los restantes atributos de la personalidad, sus blogs, perfiles en redes sociales, sus nicks en comunidades virtuales pasan a integrar la *memoria defuncti* a modo de identidad digital *post-mortem*[13].

Los elementos con los que construimos nuestra identidad digital o memoria digital se encuentra almacenada en distintos sitios, por ejemplo las fotos y videos estarán en Instagram, WhatsApp y Facebook, mientras que los trabajos doctrinarios o profesionales probablemente se encuentren en Dropbox o LinkedIn.

A la muerte es muy fácil decir que los activos con los que construimos la identidad digital pasan a los herederos, ya que la herencia comprende todos los bienes, derechos, acciones y obligaciones de una persona que no se extinguen por su muerte, y la circunstancia que dichos bienes, derechos, acciones u obligaciones sean analógicos o digitales es completamente irrelevante, al efecto de predicar su transmisibilidad.

Cabe aclarar que lo que se transfiere a los herederos son los bienes o activos que conforman la identidad digital.

Así como en una primera aproximación al tema podemos afirmar que los bienes con los que construimos la identidad digital se transfieren a los herederos es discutible que la identidad se transfiera, aunque resulta cierto que los herederos tienen la obligación de resguardarla y honrar la

[13] Gonzales Granado, Javier. *Solo se muere una vez*: ¿Herencia Digital? *In:* Testamento Digital. Oliva Leon, Ricardo; Valero Banceló, Sonsoles (coords.). España: edición especial, 2016, p. 43.

memoria del difunto sea analógica o digital y por otro lado es seguro que la "Identidad digital" se puede gestionar o administrar en aras de preservar el honor del difunto.

Lo que ocurre es que el entorno digital permite otro tipo de resguardos de la identidad digital y su reguardo como los "*in memorial*" o "sitios conmemorativos" que analizaremos al ocuparnos de Facebook.

Muchos más difícil es determinar ¿cómo se realiza el traspaso de los bienes digitales que constituyen la herencia? ¿Cómo acceder a los archivos de datos que conforman el activo digital si ignoramos el usuario con contraseña? ¿Cómo asegurarnos que nuestros bienes digitalizados lleguen a nuestros herederos? ¿Es que acaso es necesario generar un registro maestro para conservar de forma preventiva en alguna localización segura, codificada y accesible solo en caso de fallecimiento? ¿Este registro lo gestionara una empresa especializada?

La cuestión es significativamente compleja por el medio en que se encuentran los datos, porque el entorno digital es diferente al entorno analógico y si bien podemos afirmar que una foto este en papel o en mi celular es un bien transmisible a los herederos, a la segunda al no ser material se accede de diferente forma y para transferirla por sucesión requerimos procedimientos distintos, al mismo tiempo que admite múltiples copias sin disminuir la sustancia lo que varía su valor e impacta en forma diferente en la transmisibilidad y custodia.

¿Introduce el formato digital especialidades en cuanto a valoración, cómputo e imputación y, en definitiva, partición o distribución de la herencia? Téngase en cuenta que algunos bienes tendrán un alto valor económico (criptomonedas, obras inéditas alojadas en la nube), otros lo tendrán meramente moral o sentimental y, en general, muchos bienes digitales admiten copia o réplica sin merma del original, que puede permitir reparto igualitario entre todos los coherederos[14].

Los escribanos al realizar una planificación sucesoria tienen que informar a las personas sobre la necesidad de programar el destino de sus cuentas, perfiles, correos electrónicos, los datos de acceso, nombres de dominio etc. También deben orientar sobre el destino a dar a los bienes

[14] Cámara Lapuente, Sergio. *Ob. Cit.*

digitales como ser la determinación de quien o quienes deberían gestionar o eliminar su vida digital.

Si al hacer un testamento existiera una cláusula qué determinara que hacer con los bienes digitales y con la identidad digital del testador, el proceso sería más ágil y eficaz, sobre todo para los familiares.

Por otra parte, si lo que el causante quiere es que nadie acceda a sus activos digitales, cuando muera el notario puede analizar diversas formas de proteger su privacidad. Un escribano puede elaborar una disposición testamentaria que prohíba explícitamente que su representante personal acceda a ciertos activos. O el notario puede aconsejar establecer un fideicomiso que designe a una persona de confianza para proteger los activos digitales.

Si se desea que el albacea o el heredero tenga el máximo acceso a sus activos digitales se debe ir más allá de dar permiso y en el testamento es conveniente dejar al albacea información e instrucciones sobre cómo acceder a sus cuentas y archivos. De esa manera, el ejecutor tendrá la misma capacidad de acceder a las cuentas que el causante.

Esta es la forma más fácil y segura de asegurarse de que el heredero o el albacea pueda concluir su voluntad. Así también es conveniente:

- Incluir información de acceso e instrucciones. Dejar instrucciones muy específicas sobre cómo acceder a las cuentas, a las redes sociales o/y a las empresas de administración de bienes digitales. Incluyendo sitios web o dispositivos necesarios, así como nombres de usuario y contraseñas. También es conveniente decirle al ejecutor qué hacer con cada cuenta. Por ejemplo, especificar si desea que sus fotos almacenadas se compartan con la familia, que se elimine su cuenta de Twitter, que se archive y guarde su blog, etc. Es conveniente ser lo más claro y completo posible.
- Mantener la instrucción actualizada. A medida que cambia la información de la cuenta, actualizar la instrucción para que el albacea tenga la información correcta cuando llegue el momento.

Otra cuestión a determinar es como lograr que la identidad digital no se vulnere, trastoque o mal use, por ejemplo, por el uso por suplantación de identidad (si alguien accede a servicios contratados por el fallecido utilizando para ello sus identificadores y no comunicando el fallecimiento).

Estimamos que la administración de la identidad digital puede ser realizada, por una persona designada al efecto con los sistemas que establezcan las redes sociales siempre y cuando no contravengan lo establecido por las normas sucesorias. Es decir que por ejemplo puede ser administrada por la persona designada contractualmente para hacerlo, por ejemplo, por el "contacto de legado" denominación que se da en Facebook y en Apple Watch al administrador de la cuenta para después de la muerte.

Algunas empresas y las propias redes sociales ofrecen como servicio la gestión *post-mortem* de las redes sociales. En cuanto se limite su función a la cancelación de la cuenta o la conversión de la misma en "memorial" o al envío de comunicaciones del fallecimiento o mensajes a terceras personas puede considerarse un simple desenvolvimiento de la relación jurídica que estableció en vida el titular con la compañía gestora de la cuenta o red social (análogamente al contrato del autor con su editor para publicar su obra de forma póstuma) o un supuesto de mandato, con eficacia condicionada *post mortem* (admitido expresamente en la Ley 599 de la Compilación Navarra)[15].

4. Los activos digitales y los compromisos contractuales

Los activos digitales tienen en la mayoría de los casos un valor sentimental, pero en otros el valor patrimonial es significativo como el caso de los Bitcoin o de las empresas on line., o el de las obras científicas o culturales, o el de los nombres de dominio.

La cuestión tiene suma trascendencia porque gran parte de nuestra vida está en internet.

Creemos que en el estado actual de la ciencia independientemente de la regulación sucesoria de cada país, para transmitir acceder y gestionar los bienes digitales, en primer lugar hay que determinar cuáles son los compromisos asumidos al contratar cada uno de los servicios donde se alojan nuestros datos, es decir cuáles son las reglas establecidas en las cláusulas predispuestas establecidas en los contratos con los proveedores

15 Gonzales Granado, Javier. *Ob. Cit.*

de internet y con la empresa que otorga el servicio de red social como Facebook[16] y recordar que los contratos obligan a los sucesores.

Por otra parte, hay que tener en cuenta que los contratos firmados con los proveedores son contratos de consumo que pueden en algunos casos ser declarados inconstitucionales si afectan las leyes sucesorias de orden público como lo hizo el Supremo Tribunal Alemán en el caso de los padres de una menor de edad que querían acceder al Facebook de su hija fallecida en circunstancias extrañas.

5. La transmisión de los bienes digitales y su soporte

Estamos convencido que es necesario diferenciar la transmisión del hard con la del bien digital. Ya que son objetos diferentes y la titularidad de uno no implica la del otro.

Así el hecho que uno de los herederos se apropie de la laptop donde se encuentra toda la obra artística del causante o la organización empresarial de la empresa on line, no le derecho sin más apropiarse de la obra en sí cuyo valor supera miles de veces el valor del libro escrito o de la empresa gerenciada.

Sostener lo contrario es tanto como no distinguir lo digital y lo analógico y darle más valor al continente que al contenido.

No obstante, lo dicho reconocemos que distinguidos doctrinarios estudiosos del tema entienden que "es plausible sostener que generalmente el destino de los bienes digitales del causante correrá la misma suerte que el bien soporte de almacenamiento, por lo que, los hará suyo, el sujeto receptivo del bien mueble soporte"[17].

En realidad, los bienes digitales no pueden ser considerados muebles por accesión, así que la circunstancia de la transmisión del hard que los contiene no implica la propiedad del bien digital independiente, aunque cierto es que podría existir una apropiación pero esta indiscutiblemente sería indebida.

[16] Facebook, Inc. (pronunciación AFI: [feɪsbʊk]) (NASDAQ: FB) es una compañía estadounidense que ofrece servicios de redes sociales y medios sociales en línea con sede en Menlo Park, California. Su sitio web fue lanzado el 4 de febrero de 2004 por Mark Zuckerberg, y 4 compañeros de Harvard.

[17] Flores, Martín Andrés. *Ob Cit.*

Además, no se puede inferir que la transmisión del soporte digital permita presumir la transmisión de derechos personalísimos, porque según el artículo 55 del CCyCN el consentimiento para el uso de los datos no se presume y es de interpretación restrictiva.

A continuación, trataremos el tema de los datos digitales contenidos en nuestras redes sociales a nuestra muerte distinguiendo las particularidades de diversas redes sociales, porque entendemos que a los fines de la planificación sucesoria es importante determinar su transmisibilidad, destino y administración.

6. Facebook

Facebook es una de las redes sociales más conocidas y más usadas en todos los países del mundo, y contiene reglas propias, para después de la muerte, que están establecidas en cláusulas contractuales internacionalmente uniformes.

La red social Facebook permite inmortalizar los perfiles de los usuarios fallecidos, una medida que admite que los contactos de dicha persona puedan dejar mensajes y compartir recuerdos en el Facebook que tenía el fallecido, esto hace a la identidad digital y a la disposición de los derechos personalísimos que según el artículo 55 del CCyCN "El consentimiento para la disposición de los derechos personalísimos es admitido si no es contrario a la ley, la moral o las buenas costumbres. Este consentimiento no se presume, es de interpretación restrictiva, y libremente revocable.".

Ello implica que el causante puede dar su consentimiento para la utilización de su identidad personal para después de la muerte, inclusive para la utilización de su imagen conforme al art 53 del CCyCN.

La propuesta de la posibilidad de continuar con el perfil digital para después de la muerte surgió desde la experiencia personal de un empleado de Facebook, Max Kelly. Su mejor amigo, que había ingresado a trabajar en la compañía junto a él, falleció en un accidente mientras viajaba en una bicicleta. "¿Qué podemos hacer con su perfil? Nunca antes había pensado en esto de manera tan personal. ¿Cómo se interactúa con alguien que ya no ingresa en su cuenta?", dijo desde un post en el blog oficial de la plataforma.

En esta circunstancia, Kelly propuso la opción de "inmortalizar" determinadas cuentas en Facebook. Si bien "es una situación difícil para los familiares o amigos", desde la plataforma se puso a disposición un formulario para solicitar la conmemoración de los perfiles de las personas fallecidas[18].

6.1. "Cuentas conmemorativas" en Facebook

El contenido que la persona ha compartido (por ejemplo, fotos, publicaciones, etc.) pueden permanecer en Facebook después de su muerte y estar visible en la plataforma para el público con el que se compartió a ello se denominan "cuentas conmemorativas" Advertimos la enorme implicancia que ello tiene en tanto compromete entre otros derechos personalísimos el derecho a la imagen y a la vos.

La posibilidad de transformar una cuenta en conmemorativa no estaba originalmente en Facebook. en su período inicial donde las cuentas de los usuarios fallecidos eran eliminadas después de treinta días.

Esta ventana de 30 días, donde los amigos podían realizar publicaciones era lo que Facebook originalmente denominó la conmemoración.

El cambio en la política, desde la eliminación después de 30 días de conmemoración a la conmemoración permanente (como es hoy) surgió de una campaña de estudiantes universitarios y otros que pidieron a Facebook que no eliminara los perfiles de los estudiantes muertos en los tiroteos de Virginia Tech que tuvo lugar en abril de 2007[19].

En el período posterior a la calamidad, los relatos de las víctimas se habían convertido en memoriales de alto perfil, con mensajes de simpatía y apoyo publicados sobre ellos. Estos primeros ejemplos de usuarios fallecidos se relacionan principalmente con los estudiantes universitarios y las reacciones de sus compañeros de clase y amigos, o sus padres, a la muerte. Esto no es sorprendente ya que, en sus primeros años, Facebook era predominantemente una red para estudiantes universitarios.

Los padres de usuarios de Facebook fallecidos, por otro lado, trataron la cuestión del Facebook de sus hijos muertos desde una perspectiva diferente. En los primeros años de Facebook, los padres que tenían Facebook eran pocos y, por lo tanto, muy a menudo no mantenían un

[18] Tomoyose, Guillermo. *Un memorial en Facebook*. La nación 28 de octubre de 2009.

[19] Fue un asesinato masivo que ocurrió el 17 de abril del 2007 en el Instituto Politécnico de la Universidad Estatal de Virginia en USA, murieron 33 personas y 29 resultaron heridas.

estatus de amigo de Facebook con su hijo fallecido. Como resultado, los padres buscaron el acceso al contenido de la cuenta no desde el mismo Facebook, ni mediante campañas como la de los estudiantes, sino que lo intentaron desde el exterior, por vías legales.

Prueba y ejemplo de ello fue la batalla legal muy publicitada entre Yahoo! y la familia Ellsworth, para acceder a la cuenta de correo electrónico de su hijo fallecido en Irak (sobre ella nos referiremos más adelante).

Todo ello dio origen a los Facebook conmemorativos y las políticas de la compañía a seguir con las cuentas después de la muerte protegiendo lo que creen que es la expectativa de sus usuarios en relación con su configuración de privacidad y opciones y extender esas *opciones post mortem*.

Las "cuentas conmemorativas" son una manera de continuar y preservar la memoria digital, son un lugar para amigos y familiares se reúnan y compartan recuerdos de un ser querido que falleció. Las características principales de las cuentas conmemorativas son las siguientes:

- Aparecerá la palabra en memoria de junto al nombre de la persona en el perfil del fallecido
- Según la configuración de privacidad de la cuenta, los amigos pueden compartir recuerdos en la biografía conmemorativa.
- El contenido que la persona ha compartido (por ejemplo, fotos, publicaciones, etc.) permanece en Facebook y está visible en la plataforma para el público con el que se compartió.
- Los perfiles conmemorativos no aparecen en espacios públicos, como las sugerencias de "Personas que tal vez conozcas", los recordatorios de cumpleaños o los anuncios.
- Nadie puede iniciar sesión en una cuenta conmemorativa.
- Las cuentas conmemorativas que no tienen un contacto de legado no se pueden cambiar.
- Las páginas con un único administrador cuya cuenta se convertirá en conmemorativa se eliminarán de Facebook si este no recibe una solicitud válida para convertir la cuenta en conmemorativa.
- Las cuentas conmemorativas pueden tener áreas de Homenaje.
- En las cuentas conmemorativas no se permite el acceso a las comunicaciones realizadas por el difunto para preservar la intimidad de terceros.

Esta última característica es la que ha dado problemas en la jurisprudencia y ha suscitado diferencias legislativas.

Fácil es advertir que el acceso a las comunicaciones de Facebook no solo importa al difunto sin también a terceros, por ello la más importante en este punto es reflexionar sobre si el principio general ha de ser el de libre acceso a los contenidos de las comunicaciones de Facebook o si por el contrario esta debe limitarse.

Sin perjuicio de abordar el tema más adelante con profundidad, al analizar las respuestas legislativas y jurisprudenciales, basta decir en este aspecto, que es obligación de los notarios en su labor de asesoramiento, al momento de realizar la planificación sucesoria, advertir sobre la necesidad de establecer disposiciones sobre los contenidos de las redes sociales a fin de evitar con posterioridad conflictos jurídicos, y que estas disposiciones pueden ser hecha siguiendo los términos contractuales con las redes sociales y también de otras manera. También deben informar sobre las ventajas y desventajas de actuar de una u otra manera.

6.2. Contactos de legado

Un "contacto de legado" es una persona a quien el titular de Facebook elige para que se encargue de su cuenta si esta se convierte en conmemorativa.

El contacto de legado es un término que no está incluida en nuestra legislación de origen romanista, pero que surge de los contratos celebrados con las redes sociales, que son contratos que fijan reglas uniformes para todo el mundo, por lo tanto, no se puede esperar que tengan una correspondencia con la terminología jurídica de un país en particular, e inclusive pueden modificar su terminología, siempre que sea claro en sus alcances.

Lo importante es señalar que las "cuentas conmemorativas" para funcionar correctamente tienen que tener una persona que se encargue de administrarlas a la que se denomina en idioma español uniformemente en todos los países de habla hispana "contacto de legado" quien es designado por el de cujus para que pueda gestionar su cuenta de Facebook cuando se convierta en conmemorativa, para que esa administración no la haga un algoritmo de Facebook.

El "contacto de legado" puede, entre otras cosas, aceptar solicitudes de amistad en nombre de una cuenta conmemorativa, fijar una publicación a modo de homenaje en el perfil y cambiar la foto del perfil y la foto de portada.

Si la cuenta conmemorativa tiene un área para homenajes, el "contacto de legado" puede decidir quién puede ver los homenajes y quién puede publicarlos.

6.3. Prever la eliminación de la cuenta en caso de fallecimiento

Toda persona puede decidir que su cuenta se elimine de forma definitiva si fallece, o también puede encargarle esta función al "contacto de legado". En nuestra legislación ello puede ser considerado válido en virtud de lo dispuesto por el art 55 del CCyCN relativo a la disposición de los derechos personalísimos.

6.4. ¿Qué tipo de "disposición *post mortem*" constituyen "la eliminación de las cuentas luego del fallecimiento" "La designación de contactos de legado" y "los perfiles conmemorativos"?

"La eliminación de las cuentas luego del fallecimiento" "la designación de contactos de legado" y "los perfiles conmemorativos" constituyen disposiciones de los bienes *post mortem* que no se encuentran contempladas en el CCyCN, y que están establecidas en Facebook en reglas uniformes para todos los países del mundo.

Estas disposiciones de bienes para después de la muerte o expresiones de voluntad para después de la muerte se logra no por intermedio de una forma testamentaria de disposición de bienes sino mediante un "clic". Es cierto que las personas pueden hacerla sin asesoramiento jurídico, pero también es cierto que el profesional de las ciencias sociales a quien se le consulte sobre la planificación sucesoria no puede ignorar que es conveniente expresar la voluntad sobre estos aspectos, tanto mediante las reglas uniformes, como mediantes instrumentos autónomos o mediante testamentos notariales o mandatos *post mortem* que para ser tales deberán tener forma testamentaria (art 1303 Cod. Civ.).

En efecto si una persona y no quiere que su activo digital contenido en Facebook pase a los herederos lo obtiene haciendo "clic" sin requerir un testamento. Establece de esta manera un plazo de vigencia para una relación contractual.

Tiene que hacer lo siguiente: en la parte superior derecha de Facebook, hace clic y selecciona Configuración. Luego hace clic en Configuración de cuenta conmemorativa. Después se desplaza hacia abajo, hace "clic" en Solicitar que su cuenta se elimine cuando fallezca y, a continuación, en Eliminar cuando fallezca.

Y así sin ningún testamento, logra que su voluntad se cumpla después de su muerte.

Como vemos las formas tradicionales testamentarias no dan respuestas a los requerimientos de la sociedad de la información que se mueven por los Usos Internacionalizados del mundo digital. Pero los usos del mundo digital no pueden vulnerar las disposiciones de orden público del régimen sucesorio.

Más allá de eso y mientras no sean objeto de regulación legal la actuación del llamado (por analogía) contacto de legado, puede colisionar y debe ceder ante los derechos de los herederos en cuanto se refiera a cualquier relación jurídica transmisible (por ejemplo, derivada de derechos de autor) de la que ellos son sus titulares[20].

7. Jurisprudencia sobre acceso a redes sociales y cuentas digitales por los familiares después de la muerte del usuario

La pretensión de acceder a las redes sociales y a las cuentas de mail de los causantes por parte de sus familiares ha dado lugar a una jurisprudencia variada tanto en Europa como en USA.

7.1. El Tribunal Supremo Federal dictó un leading case sobre el "patrimonio digital en Facebook."

Los hechos del caso eran los siguientes.

Una menor de 15 años murió al caer de las vías del metro en Berlín en el año 2012.

Los progenitores exigieron a Facebook acceder a la cuenta de su hija fallecida para tratar de determinar las causas de la muerte de la niña y

[20] Gonzales Granado, Javier. *Ob. Cit.*

recibieron una negativa por parte de la red social a la que le pedían recuperar los contenidos y las conversaciones de su hija.

Los padres esperaban comprender las circunstancias de su muerte, y dilucidar si trató de un accidente o de suicidio, buscando escritos que sugirieran su intención de poner fin a su vida.

Facebook argumentó que el acceso a los datos de la adolescente podría violar el contenido privado de otros usuarios que se comunicaron con ella.

Por su parte, sus padres alegaban que el contenido en la cuenta de Facebook de su hija es legalmente idéntico a los diarios o cartas que deben ser entregados a sus seres queridos después de una muerte, como herencia.

El tribunal de primera instancia consideró que los padres tenían derecho a acceder a la página de Facebook de sus hijos fallecidos, por entender que las cuentas en redes sociales pueden heredarse.

Por su parte, la compañía liderada por Mark Zuckerberg recurrió la decisión, afirmando que ponderar los deseos de los familiares y proteger la privacidad de terceros son algunas de las cuestiones más difíciles a las que nos enfrentamos. Empatizamos con la familia, pero, al mismo tiempo, las cuentas de Facebook se utilizan para un intercambio personal entre individuos que debemos proteger, añadió la popular red social. «Estamos respetuosamente en desacuerdo con la decisión, aunque este largo proceso muestra lo complejo del tema en discusión.

Cabe señalar que la cuenta de la joven había sido establecida como cuenta conmemorativa donde el acceso a los datos del usuario no es posible, aunque el contenido todavía existiera en los servidores de la red social.

De acuerdo a lo explicado en los párrafos anteriores en caso de fallecimiento el dueño del perfil puede haber designado un 'contacto de legado', una figura que tiene un acceso limitado a esa cuenta conmemorativa y sólo para poder añadir o eliminar algún detalle público; en ningún caso tiene acceso a los contenidos privados del titular del perfil. En el caso no se había designado contacto de legado.

Dos años más tarde, el Tribunal de Apelaciones de Berlín tomó la posición contraria y se unió al argumento de Facebook sobre la privacidad, recordando que "el secreto de las telecomunicaciones" está garantizado por la Ley Básica Alemana y también se aplica a los contenidos de la cuenta de Facebook.

La Corte de Apelaciones señaló que "Las personas con las que la niña estaba en contacto también pueden reclamar la protección de esta correspondencia digital, de naturaleza privada".

Finalmente, el caso llegó a la máxima instancia judicial alemana y el Tribunal Federal Supremo de Justicia de Karlsruhe (BGH) decidió que los padres podían tener acceso a la cuenta de Facebook de la hija fallecida.

Cierto es que constituye un veredicto aislado, pero resulta importante porque equipara las cartas materiales, los diarios a las cuentas virtuales de las redes sociales.

La pionera sentencia del Tribunal Federal alemán (BGH) dictada el 12 de julio de 2018, es la primera de la más alta instancia judicial de un Estado miembro de la Unión Europea que ha dictaminado que los herederos suceden en la cuenta de una red social (Facebook) de la hija fallecida, como parte del contenido de la herencia de ésta; el BGH dejo de lado lo resuelto por la cámara de apelaciones y volvió a la perspectiva sucesoria de la primera instancia, declaró transmisible la posición contractual de la fallecida y consideró que las condiciones generales que excluían esa relación de la herencia eran abusivas[21].

Entendemos que el precedente es muy importante, por ser el primero de un tribunal superior Europeo, pero también creemos que como toda declaración de inconstitucionalidad tuvo en cuenta las circunstancias del caso en concreto.

7.2. El acceso a la cuenta de correo electrónico Juzgado de Sucesiones de Oakland, Michigan, Autos: *In re-Ellsworth c/ Yahoo!*, 2005[22]

El padre de un marine que murió en Irak, John Ellsworth, peticiono a Yahoo! que le entregara el contenido de la cuenta de correo de su hijo Justin Ellsworth.

[21] Cámara Lapuente, Sergio. *Ob. Cit.*

[22] Harbinja, Edina. Legal Nature of Emails: A Comparative Perspective. *Duke Law & Technology Review* 227-255 (2016). Disponible en: https://scholarship.law.duke.edu/cgi/viewcontent.cgi?article=1290&context=dltr.

Yahoo! se negó a dar acceso a la cuenta fundado en los términos en los cuales el servicio fue diseñado, específicamente alegó que el servicio fue diseñado para proteger la privacidad del usuario al prohibir el acceso a terceros al fallecimiento del usuario.

Yahoo! también argumentó que la Ley de Privacidad de comunicaciones electrónicas de los Estados Unidos de 1986 le prohibía la divulgación de las comunicaciones personales de un usuario sin una orden judicial.

La familia Ellsworth argumentó que, como eran sus herederos, debían poder acceder a toda la cuenta, incluidos los correos electrónicos enviados y recibidos, como sus últimas palabras. Yahoo!, por otro lado, tenía una política de no supervivencia, ello implicaba que la cuenta de Ellsworth podría haber sido eliminada, contrariamente a los deseos de su familia.

El juez en este caso permitió a Yahoo! hacer cumplir su política de privacidad y no ordenó la transferencia del nombre de usuario de la cuenta y contraseña a sus sucesores. Es decir, considero que los herederos no podían continuar con la cuenta de Yahoo!. Pero, ordenó a Yahoo! que proporcionara a la familia un CD que contenía copias de los correos electrónicos en la cuenta.

¿Qué régimen legal podría explicar este resultado? Una interpretación es que Yahoo! poseía las copias de los correos electrónicos almacenados en sus servidores, y que debían entregar una copia porque Yahoo! sería el propietario de los correos electrónicos, como una representación física, pero el fallecido, como autor, sería el propietario de los derechos de autor, transferidos posteriormente a los herederos. Una segunda interpretación es considerar al difunto como el propietario de los correos electrónicos mientras estaba vivo, que luego podrían ser transmitidos a los herederos del difunto al morir. Esta interpretación es menos probable, ya que el tribunal habría considerado entonces que los derechos de los herederos son superiores a los términos y condiciones celebrados por el fallecido, ordenando el pleno acceso a la cuenta. Sin embargo, el tribunal sólo ordenó a Yahoo! que revelara el contenido de los correos electrónicos. Por lo tanto, se puede concluir que Yahoo! se encontró por un lado que tenía la propiedad de la cuenta, y por otro que los herederos tenían derecho a acceder al contenido de los correos electrónicos.

El tribunal se abstuvo de establecer principios en relación con la propiedad, intelectual o de otro tipo, en relación el contenido del correo electrónico. En su lugar, se centró en cuestiones de privacidad.

Por desgracia, el caso dejó muchas preguntas abiertas y proporcionó poca orientación que podría aplicarse posteriormente, la solución está justificada por la época en que el fallo se dictó. Piénsese que el precedente fue resuelto en el año 2005 cuando no había un gran avance sobre la cuestión.

7.3. Corte Federal de California, Autos: *Anisa Daftary y otro. c/ Facebook*, 2012

La madre de una famosa modelo – Sahar Daftary –[23] que falleció tras caer intencionalmente de la duodécima planta de su edificio en Manchester intento obtener información de la cuenta de su hija a los fines de conocer el estado mental o motivos que la llevo a la realización de esta acción.

La madre de la modelo esperaba demostrar que Sahar Daftary, quien una vez hubiera sido ganadora del concurso de belleza Face of Asia, no se suicidó al caer del apartamento del desarrollador inmobiliario Rashid Jamil en 2008.

La policía del Reino Unido había arrestado a Jamil bajo sospecha de asesinato, pero lo liberó sin cargos. La investigación del forense informó que Jamil había violado a Daftary.

Anisa Daftary, la madre de la difunta modelo, sostenía que su hija usaba Facebook regularmente y sospecha que la cuenta de Facebook contiene evidencia crítica que muestra su estado de ánimo en los días previos a su muerte.

En este caso la Corte sostuvo que las comunicaciones almacenadas forman parte de los derechos de privacidad que protegen las comunica-

[23] La solicitud se presentó en virtud de una ley federal de los Estados Unidos que permite a los litigantes extranjeros solicitar una orden judicial para obligar a la producción de documentos para su uso en procedimientos extranjeros. La familia creía que su relato contendría "pruebas críticas que la demostraran estado real de la mente en los días previos a su muerte', y tenía la intención de poner esos contenidos a disposición de la Investigación del Forense en el Reino Unido.

ciones y contenidos de las cuentas, y por lo tanto que Facebook no puede ser obligado a entregar los contenidos por medio de una acción civil[24].

La Corte concluyó diciendo por supuesto, nada impide que "Facebook decida proporcionar los materiales solicitados voluntariamente".

7.4. El acceso al contenido de los correos del causante. Jurisprudencia de Massachusetts

John Ajemian murió en 2006. A su muerte dejó una cuenta de correo electrónico de Yahoo!, Inc. (Yahoo), pero no dejó, ni instrucciones para su cuenta, ni su contraseña a nadie.

Los hermanos de John Robert y Marianne le pidieron a Yahoo el acceso a esa cuenta, primero para que pudieran informar a los amigos de John de su muerte y del pase a memorial de la cuenta, y posteriormente – al convertirse en herederos designados judicialmente, solicitaron el acceso a la cuenta para identificar sus bienes.

Yahoo! no hizo lugar a la pretensión de los hermanos Ajemian señalando que la protección a la intimidad le impedía divulgar los datos sin el consentimiento del creador de la cuenta, quien en el caso no había dejado ningún consentimiento para que a su muerte accedieran a su cuenta. Además, alegó que estaba impedida de hacer lugar al acceso solicitado por lo establecido en el contrato celebrado por el causante con Yahoo![25].

Después de algunas negociaciones, Yahoo! proporcionó a los Ajemians información sobre los contactos del causante, pero no le hizo lugar a la pretensión de acceder a los correos electrónicos de John.

En septiembre de 2009, Robert y Marianne presentaron una moción en el Tribunal de Sucesiones y Familias en la que solicitaban el acceso al contenido del correo electrónico. El juez de la sucesión desestimó la demanda por motivos de procedimiento, y el Tribunal de Apelaciones

[24] McCallig, Damien. *Facebook after death: an evolving policy in a social network.* International Journal of Law and Information Technology, Vol. 22, No. 2 (2014), pp. 107–140.

[25] Section 28 (United States version) of the Yahoo! Terms of Service No Right of Survivorship and Non-Transferability. You agree that your Yahoo! account is nontransferable and any rights to your Yahoo! ID or contents within your account terminate upon your death. Upon receipt of a copy of a death certificate, your account may be terminated, and all contents therein permanently deleted.

también impidió el acceso de Robert y Marianne a la cuenta de Yahoo! de su hermano porque entendió que de acuerdo a la ley SCA no se podía dar acceso a los contenidos del correo sin el consentimiento legal del originante o el destinatario de dicha comunicación.

Los Ajemians apelaron, y el Tribunal Supremo Judicial de Massachusetts juzgó. con un voto del juez Lenk que el consentimiento necesario para que Yahoo! divulgara los datos podía ser prestado por los representantes del causante y concluyó que la SCA no prohíbe a Yahoo! divulgar el contenido de los correos electrónicos de John a Robert y Marianne.

Hay que tener en cuenta que en Estados Unidos rige la Ley de Comunicaciones Almacenadas (SCA), pero ella no regula específicamente los casos sucesorios, ni fue pensada para darles respuestas.

La SCA prohíbe a las empresas de comunicaciones electrónicas divulgar las comunicaciones de una persona terceros sin su "consentimiento legal".

Lo que la Corte de Massachusetts hizo fue interpretar que los sucesores del causante podían dar el consentimiento legal requerido por la ley para acceder al contenido de las comunicaciones almacenadas en los servidores.

En nuestro derecho podríamos decir que en calidad de continuadores de las relaciones jurídicas del causante los sucesores pueden acceder al contenido de sus correos electrónicos. Asumir esta posición implica considerar a las cuentas de correos como bienes transmisibles a los herederos y no como derechos personalísimos y desprotege el derecho a la intimidad que el causante creía asegurado, con las normas de privacidad asumidas contractualmente.

Cabe señalar que desde el 2015, la mayoría de los Estados de USA han promulgado leyes que específicas que regulan el acceso de los herederos a los activos digitales, similares a los establecidos por la ley uniforme RUFFADA que explicaremos más adelante. Ley a la que el Estado de Massachusetts no había adherido al momento de la sentencia dictada en el caso Ajemian.

La resolución tiene mucha trascendencia porque en USA la mayoría de los estadounidenses usan Internet regularmente, y la mayor parte de ellos no han expresado su voluntad sobre qué hacer con sus cuentas de correo para después de su muerte.

Sobre el tema no se controvierte que un difunto que deja una voluntad autorizando a sus representantes personales a acceder al contenido de sus correos electrónicos proporciona consentimiento legal para conocer el contenido de sus mails.

Por lo tanto, la pregunta difícil es cómo responder cuando un difunto no deja tal voluntad En Massachusetts la Corte ha dado respuesta al problema, al menos hasta que el Estado no adhiera a una ley que de una solución diferente como lo es RUFADAA.

A diferencia de lo resuelto en el precedente, RUFADAA requiere el consentimiento explícito del difunto para que los herederos accedan al contenido de sus comunicaciones después de su muerte

Específicamente, RUFADAA requiere que el heredero proporcione una "disposición registrada que acredite el consentimiento del usuario a la divulgación" para obtener dicho acceso, por lo que la no divulgación es la regla por defecto si el difunto no expresó ninguna preferencia.

8. Twitter

En caso de que un usuario de Twitter fallezca, no está previsto la existencia de cuentas conmemorativas.

Las cláusulas generales de contratación prevén que una persona autorizada o un familiar directo comprobado del fallecido pueden desactivar su cuenta.

En principio en ningún caso Twitter proporciona acceso a la cuenta a otra persona, independientemente de su relación con el fallecido.

En definitiva, Twitter permite a que una persona autorizada borre la cuenta y los tweets.

9. Instagram[26]

El uso de Instagram guarda similitud con Facebook.

9.1. Cuenta Conmemorativa

Cuando fallece un usuario de Instagram, la compañía convierte su cuenta en conmemorativa para proteger su privacidad.

[26] Disponible en https://help.instagram.com/231764660354188?helpref=search&sr=1&query=cuenta%20conmemorativa Acceso en 02/09/2019.

Para convertir la cuenta en conmemorativa Instagram solicita una certificación del fallecimiento. A continuación, indicamos algunas de las características principales de las cuentas conmemorativas:

- Instagram no permite que nadie inicie sesión en una cuenta conmemorativa.
- El perfil de las cuentas conmemorativas no parece diferente al de las cuentas que no lo son.
- Las publicaciones que haya compartido el usuario (fotos y vídeos incluidos) permanecerán en Instagram y la audiencia con la que se compartieron podrá verlas.
- Las cuentas conmemorativas no aparecen en espacios públicos, como la sección *Explorar* de los usuarios.

Una vez que se convierta en conmemorativa, nadie podrá realizar cambios en las publicaciones ni en la información de la cuenta. Estos son algunos ejemplos:

- Fotos o vídeos que ha añadido la persona a su perfil.
- Comentarios en publicaciones que ha compartido la persona en su perfil.
- La configuración de la privacidad de su perfil.
- La foto del perfil, los seguidores o las personas a las que sigue actualmente.

9.2. Eliminación de una cuenta de Instagram

Los familiares directos que acrediten un vínculo pueden solicitar que se retire de Instagram la cuenta de un ser querido. Para hacerlo Instagram exige un documento que acredite que es familiar directo del fallecido, por ejemplo:

- La partida de nacimiento del fallecido
- El certificado de defunción del fallecido
- Una prueba, según la legislación local, de que eres el representante legal del fallecido o su heredero

10. PayPal

PayPal Holdings, Inc. es una empresa estadounidense que opera en casi todo el mundo con un sistema de pagos en línea que soporta transferencias de dinero entre usuarios y sirve como una alternativa electrónica a los métodos de pago tradicionales como cheques y giros postales.

PayPal es una de las mayores compañías de pago por Internet del mundo. La compañía opera como un procesador de pagos para vendedores en línea, sitios de subastas y otros usuarios comerciales en línea e incluso comercios físicos, por lo que cobra un porcentaje de comisión y tarifa.

PayPal sirve entre otras cosas para: Pagar las compras realizadas por Internet[27].

Cobrar las ventas realizadas por Internet.

Enviar y Recibir dinero entre familiares, amigos o particulares.

En caso de muerte del titular de PayPal, cuando quedasen fondos en la cuenta cualquier persona que conoce el correo electrónico y la contraseña asociada con el fallecido:

1. Puede iniciar sesión en la cuenta del fallecido y retirar todos los fondos golpeando el botón “retirar”.
2. Luego puede ir “Mi configuración”, seleccione “Tipo de cuenta” y luego “Cerrar cuenta” y continuar.

Si el interesado en la cuenta del fallecido no tiene las claves de correo electrónico y la contraseña necesarios[28]:

1. Si existe un testamento, es necesario enviar una copia del testamento.
2. Si no hay testamento, hay que peticionar a PayPal, con la declaratoria de herederos y el certificado de defunción.

[27] Ventajas para Compradores que Usan PAYPAL. Servicio gratuito, sin comisiones ni cuotas. Sólo necesitan introducir su dirección de correo electrónico y una contraseña para realizar los pagos. No tendrán que introducir los datos de su tarjeta en cada compra. Los datos financieros no se comparten con el vendedor. Opción de elegir como pagar: Tarjeta, Cuenta Bancaria o Saldo de PayPal. Compras protegidas hasta 1000 EUR por la Política de Protección

[28] Disponible en: https://www.paypal.com/us/smarthelp/article/How-do-I-close-the-PayPal-account-of-a-relative-FAQ1694.

3. Un cheque será emitido en nombre de la cuenta del titular si hay fondos en la cuenta.

Advertimos que es muy fácil no cumplir con los trámites sucesorios si conocemos las contraseñas de PayPal y consideramos que de lo contrario habrá que acreditar la voluntad testamentaria o la condición de heredero, en este tema a diferencia de lo que ocurre en el acceso a los datos en redes sociales, con relación a PayPal no está en juego los derechos personalísimos ni los derechos intelectuales.

11. Bitcoins

Está fuera de toda duda que, como la herencia comprende todos los bienes, derechos y obligaciones de una persona que no se extinguen por su muerte, las monedas virtuales, en cualquiera de sus formas, forman parte del patrimonio hereditario de sus titulares.

Por tanto, hay que partir de la transmisibilidad de esos derechos conforme a las reglas sucesorias generales, pero, como en todo lo tocante al mundo digital, adecuándolos a las peculiaridades propias del objeto transmitido: su carácter y almacenamiento electrónico, y la existencia de claves privadas[29].

Por otra parte, hay que tener en cuenta que la situación de los bitcoins es muy compleja porque, las carteras de bitcoins no son cuentas bancarias, y el problema es que una de las ventajas que puede proporcionar esta criptomoneda es el anonimato sobre el propietario de esas carteras.

Si el fallecido no deja instrucciones sobre esos bienes digitales (y en especial sobre cómo acceder a esas potenciales carteras bitcoins para gestionar esas inversiones) sus herederos podrían encontrarse con una barrera imposible de superar.

Los bitcoins, cualquiera que sea su cuantía, no son bienes que puedan ser conocidos, notorios, comunes y de fácil acceso al heredero. La cuestión es importante, ya que puede ocurrir que en algún momento la parte de dinero o medios de pago virtuales que formen parte de la herencia

[29] Cabrera González, D. Sergio. *La herencia digital*. Disponible en: https://riull.ull.es/xmlui/bitstream/handle/915/15348/La%20herencia%20digital.%20The%20digital%20inheritance..pdf?sequence=1&isAllowed=y.

sean cuantiosos, y haya que valorar, computar, declarar y tributar por ella conforme a las reglas generales.

Por supuesto, si su titular quiere evitar ese peligro no tiene más que hacer constar en testamento la existencia de esos derechos patrimoniales. El testamento por escritura pública, además de secreto, permite un adecuado asesoramiento y el desarrollo de la autonomía de la voluntad a un bajo costo.

Ahora bien, el contenido testamentario ya queda al arbitrio del testador, como ocurre con tantas otras cosas de especial valor (joyas, contenido de cajas de seguridad, etc.): Cabe hacer legados o establecer condiciones, facilitar la localización de los derechos, determinar quién tiene derecho a canjear, utilizar o convertir en metálico los mismos, etc.

No es necesario, e incluso puede no ser conveniente, que el propio testamento detalle cuantía (al igual que no se suele detallar en testamento la cuantía de las cuentas bancarias), valor (por su variabilidad) o las claves.

La comunicación de las claves de acceso resulta fundamental en relación con los bitcoins.

Una de las cuestiones problemáticas es que las claves de acceso son privadas, por lo que no es conveniente revelarlas ni de palabra ni por instrumento privado. Resulta más seguro hacerlo a través de un escribano y de un testamento por acto público, porque brinda más seguridad e impide apropiaciones indebidas.

Por otra parte, tampoco es recomendable para transmitir las claves dividirlas entre varias personas, ni recurrir al entrecruzamiento de datos.

De hecho, incluso el testamento notarial, gozando de la protección del protocolo, puede ser insuficiente según los casos concretos, al ser accesible a todo heredero con derecho a copia, por lo que podría ser interesante, como ocurre para archivos digitales o para claves de acceso a redes sociales o correo electrónico, referirnos a otra escritura pública cuyo acceso sí sea reservado en la que se consignen los datos privados que dan acceso al monedero virtual. Esa otra escritura un acta de manifestaciones, de protocolización o incluso de depósito notarial[30].

[30] Llopis Benlloch, José Carmelo. *Con la muerte Digital no se juega*: El testamento online no existe. *In*: Testamento Digital, p. 45.

12. Nombres de dominio

Los nombres de dominio son

> una dirección de Internet expresada con palabras, secuencias de letras o números de manera simple para facilitar al usuario la asociación de dicha dirección con el nombre, la marca o un concepto correspondiente a una persona, empresa u organismo.
> Los nombres de dominio vienen a ser direcciones de Internet fáciles de recordar y suelen utilizarse para identificar sitios Web. Por ejemplo, el nombre de dominio ompi.int se utiliza para ubicar el sitio Web de la OMPI, disponible en: http://www.ompi.int o el Centro de Arbitraje y Mediación de la OMPI, disponible en: http://arbiter.wipo.int. Los nombres de dominio constituyen también la base de otros métodos o aplicaciones en Internet, como la transferencia de ficheros y las direcciones de correo electrónico, por ejemplo, la dirección arbiter.mail@wipo.int se deriva también del nombre de dominio wipo.int

Las características y funciones principales de los nombres de dominio son:

- Único e irrepetible: El nombre de dominio es único porque nunca puede existir un nombre idéntico con igual denominación o extensión[31].
- Motor de búsqueda: La función del nombre de dominio es que a través de el se accede a un sitio www, o un usuario

Por sistema de nombres de dominio se entiende, la forma en que los nombres de dominio se ubican y se traducen en direcciones de Protocolo de Internet y viceversa. Los nombres de dominio como *gracielamedina.com* constituyen un nombre exclusivo correspondiente a una dirección

[31] Su unicidad es una de las diferencias esenciales con las marcas que no son únicas. Bardeles Mendoza, Enrique. *La distintividad como objeto de derecho. In:* "Derecho Informático y Comercio Electrónico", I Congreso Nacional de Derecho Informático y Comercio Electrónico". Editado por Universidad Gracilazo de la Vega Facultad de Derecho y Ciencias Políticas Lima Perú, 2002, p. 303.

de Protocolo de Internet (un número), que viene a ser un punto físico real en Internet.

En general antes de solicitar la reserva de un dominio en la red se debe registrar el nombre en la oficina del país donde se va a actuar.

Al registrar el nombre de dominio en argentina se le agrega el sufijo *ar*. Con el sufijo genérico antes descripto, es decir, com, gov, etc., por ejemplo "cocacola.com".

La Internet Corporation por Assigned Names and Numbers es el organismo responsable de la coordinación general y la administración del Sistema de Nombres de Dominios, esta entidad depende de la OMPI.

En nuestro país los nombre de dominio se registran en el Ministerio de Relaciones Exteriores, Comercio Internacional y Culto, quien a través de la estructura conocida como NIC- Argentina o Centro de Información, presta los servicios de registración en INTERNET de los "Nombres de Dominio de Nivel Superior Argentina" que tienen la terminación "ar", que permiten categorizar la estructura de la red, posibilitando así la prestación de servicios de INTERNET, identificando dominios en INTERNET con la República Argentina. Para mayor claridad, cabe señalar que:

a. NIC-ARGENTINA es la sigla que, siguiendo las prácticas internacionales en la materia, identifica al Ministerio de Relaciones Exteriores, Comercio Internacional y Culto en su carácter de administrador del Dominio Argentina de INTERNET.
b. NIC-ARGENTINA efectúa el registro de los nombres de dominio solicitadas de acuerdo con las reglas, procedimientos, instrucciones y glosario terminológico vigentes.

El artículo 23 de Resolución 110/2016 Reglamento para la Administración de Dominios de Internet en Argentina. [32]

En caso de muerte del Titular de un nombre de dominio, NIC Argentina admitirá, por única vez, la renovación del registro a nombre del causante solicitada por un tercero que acredite vinculación con el titular fallecido.

[32] Vibes, Federico P. *El impacto de Internet en la propiedad intelectual.* LA LEY 18/06/2002, 1. LA LEY 2002-D, 1106. TR La Ley Ar/Doc/5331/2001.

> Asimismo, cualquier persona que acredite fehacientemente su condición de causahabiente podrá solicitar a NIC Argentina la transferencia a su nombre, asumiendo la exclusiva responsabilidad por los daños y perjuicios y/o afectación de cualquier derecho que la misma pudiera ocasionar.

Advertimos que NIC Argentina no solicita que la acreditación del carácter de heredero sea por declaratoria de herederos, pero las reglas generales del CCyCN tratándose de un bien registral, establecen en el artículo 2337 que su investidura debe ser reconocida por la declaratoria de herederos.

Es cierto que la resolución 116/2016 es posterior al CCyCN y que podría pensarse que por ser posterior deroga la ley anterior, pero una resolución no puede dejar sin efecto una ley. De allí que pensamos que tratándose de un registro se requiere la declaratoria de herederos.

La necesidad de recurrir a la declaratoria de herederos para acreditar la condición de sucesor a los fines de la transferencia mortis causa del nombre de dominio, no condice con la celeridad de Internet, sobre todo en nuestro país donde el proceso sucesorio es solo judicial, lo que impide contar con un trámite ágil y eficiente como el derivado de la sucesión notarial.

13. Correo electrónico. Cuentas de mail

El correo electrónico es un tema muy sensible. Por una parte, puede haber datos en el correo electrónico del causante que sean necesarios para el ejercicio de derechos frente a terceros, así como documentos importantes y archivos digitales enviados o recibidos por el causante.

Por otra parte, la protección de datos y el secreto de las comunicaciones impedirían facilitar el acceso a esa información, pues se puede tener acceso a información de terceros que se reveló al causante, pero no a sus herederos.

Resulta conveniente planificar qué ocurrirá con la cuenta de correo en caso de fallecimiento, o en el caso de que una persona se la declare con discapacidad.

Si la cuenta es de Google y se trata de Gmail, este sistema permite que el usuario capaz decida cuándo va a considerase inactiva la cuenta para estimar que la persona ha fallecido o es incapaz. y qué debería hacer con tus datos.

El titular del correo electrónico puede decidir que compartir y con quien o pedir que se eliminen todo ello se realiza desde el administrador de cuentas inactivas.

- Acerca del Administrador de cuentas inactivas: el Administrador de cuentas inactivas permite a los usuarios compartir parte de los datos de su cuenta o enviar una notificación para advertir a alguien de que su cuenta ha estado inactiva durante un periodo determinado, lo que permite presumir la muerte de una persona o su incapacidad.
- ¿Qué sucede cuando se elimina la cuenta de Google? – Se elimina la cuenta de Google, se verán afectados todos los productos que el usuario asociado (por ejemplo, Blogger, AdSense o Gmail), aunque de forma distinta. Tampoco se podrá acceder a la cuenta de correo electrónico. Tampoco se podrá volver a utilizar tu nombre de usuario de Gmail.
- ¿Qué pueden hacer los contactos designados con el mail de la persona fallecida? – Los contactos solo recibirán una notificación si se ha detectado que la cuenta ha estado inactiva durante cierto tiempo; no recibirán ninguna notificación durante la configuración.
- El usuario puede decidir cómo se comunicará su muerte. Se puede programar la cuenta para que los contactos se enteren de la inactividad de la cuenta. Si solo quieres notificar a los contactos que la cuenta está inactiva, estos recibirán un mensaje de correo electrónico con la línea del asunto y el contenido que el causante escribió durante la configuración.

Por supuesto, si nadie comunica a la empresa prestadora del servicio de correo electrónico el fallecimiento del titular, y continúa accediendo con sus claves, lo hará bajo su responsabilidad. Por ejemplo, estaría vetado a los herederos, alegando su carácter de tal, y podría constituir incluso ilícito penal, es utilizar el correo electrónico del fallecido para el envío o solicitud de información haciéndose pasar por el causante.

Lo que además de ser permisible, e incluso recomendable, es que los herederos, haciendo constar su carácter de tal, comuniquen el fallecimiento de la persona, sus datos de contacto, y la decisión de dar de baja la cuenta de correo electrónico.

Esto sería una función que podrían desempeñar los herederos pero que perfectamente podría encomendarse en testamento notarial a un albacea digital, una especie de *community manager post mortem* que estaría encargado de dar a las relaciones digitales del causante el final deseado por éste y manifestado en testamento.

La cuestión más difícil de determinar es que ocurre con la cuenta de mail cuando no hay previsiones contractuales.

Para dar respuesta a este interrogante hay que determinar cuál es la naturaleza jurídica de la cuenta de mail, las tres primeras respuestas posibles son:

- En primer lugar, considerarlas como bienes y aplicarles el derecho de propiedad, en cuyo caso los herederos podrían heredar el correo electrónico y continuarlo, al igual que se hereda una casa o un auto.
- La segunda respuesta es que se trata de derechos intelectuales y que por ende tienen protección sucesoria por un limitado número de años y la tercera respuesta es que se tratan de un aspecto de los derechos de la personalidad y que no se transmite sin más a los herederos y exige una protección especial.

Consideramos que el contenido de los correos electrónicos no puede ser considerado desde la óptica del derecho de propiedad porque si así lo hiciéramos nos encontraríamos con que sería difícil decir quién es el creador o lo es el destinatario, si la propiedad fuera del creador este después de enviado el correo podría pedir su eliminación cuestión que es imposible si lo fuera el destinatario él se podría apropiar de la imagen de otro o de la vos lo que tampoco es posible. Por otra parte, si el propietario fuera el destinatario este tendría derecho a solicitar la supresión. Además de ese "resultado extraño", surgirían más complicaciones si el correo electrónico se reenviara a muchos destinatarios, que a su vez podrían reenviarlo a más destinatarios. Allí, "la cuestión de quién tenía el título en su contenido en cualquier momento se confundiría irremediablemente". Todo esto nos convence que el mail no puede juzgarse como una cosa, máxime cuando puede tener fotos personales o contener mensajes de vos.

Entendemos que en principio debe ser protegido porque su contenido incluye datos personales y cuando en su contenido tenga información patrimonial será transmisible a los herederos.

Sobre la base de la ley vigente en Argentina relativa a derechos de autor y propiedad, la naturaleza jurídica del correo electrónico no parece clara. En principio el contenido del correo electrónico no es propiedad de sus usuarios. Sin embargo, está protegido por derechos de autor, el derecho de daños por el uso indebido de información confidencial, la doctrina del secreto comercial, la protección de datos personales y los derechos de publicidad. Por lo tanto, existe un conflicto entre la ley y el mercado, en forma de proveedores de servicios en su respectivo tratamiento del correo electrónico. Esta protección se da tanto en vida como después de la muerte.

Ello así no podemos decir que a la muerte el correo electrónico sin más se transmite a sus herederos, pero si podemos afirmar que los derechos intelectuales contenidos en los correos electrónicos si se traspasan a los herederos o los derechos patrimoniales, y que el contenido del correo electrónico está protegido para que los terceros no hagan un uso indebido de la información.

De lo expuesto concluimos que lo más eficaz es que se realicen especificaciones sobre el destino de la cuenta de mail ya que si ello no ocurre para acceder al mail deberá probar que es necesario a los fines de la construcción del activo patrimonial.

14. Los SEO

Los SEO o *Search Engine Optimation* son formas de posicionarse en los buscadores, para optimizar los motores de búsqueda, en definitiva es un conjunto de acciones orientadas a mejorar el posicionamiento de un sitio web en la lista de resultados de Google, Bing, u otros buscadores de internet.

La pregunta que nos preocupa es que pasa a la muerte con los servicios SEO contratados por el causante para posicionar su profesión.

¿Qué ocurre cuando el fallecido era un profesional que encargó trabajos de posicionamiento en buscadores (SEO) para relanzar su web, su negocio, su imagen profesional o su reputación online?

Por ejemplo, un Arquitecto que recién inicia su "estudio de diseño-Muebles" y quiere posicionarse en el mercado del diseño de muebles. Tiene una pequeña web en Internet para promocionar su estudio y desea que aparezca en las primeras posiciones de Google cuando cualquier persona busque "diseño muebles". Para conseguirlo, contrata los servicios profesionales de un experto SEO.

El experto realiza el servicio durante 9 meses, donde parte del trabajo consiste en crear enlaces de calidad en sitios web de terceros, donde, además del enlace hacia la web del arquitecto, aparece un pequeño párrafo donde se lee el nombre del arquitecto, y otra información sobre sus muebles. Imaginemos que hay cientos de enlaces similares en otros cientos sitios web y que el experto ha llevado a la primera posición de Google la web del estudio de muebles.

En el supuesto que el arquitecto muera y que sus herederos cierran el estudio, y sus cuentas de mail y redes sociales de todas formas va a quedar todos los sitios indexados.

En este caso el experto en posicionamiento debería tener un listado con todos los enlaces creados a cada cliente para deshacer lo creado.

15. Conclusiones sobre las disposiciones contractuales digitales para después de nuestra muerte

En principio son válidos a los mecanismos contractuales previstos por las diversas redes sociales y servicios de internet tanto para la cancelación de cuentas de forma automática una vez se acredite la defunción del titular, como para la gestión posterior a la muerte. Siempre y cuando no se vulneren los principios sucesorios previstos por las normas de orden público que rigen el derecho sucesorio.

La cancelación automática a la muerte se trata de una forma pactada (siquiera sea vía adhesión) de finalización de la relación jurídica[33], y las disposiciones para después de la muerte que determinan quien gestionará las cuentas constituyen una manifestación de voluntad plasmada en instrumento privado.

[33] Gonzales Granado, Javier. *Ob. Cit.*, p. 43

Hay que tener en cuenta que las normas establecidas en los contratos con cláusulas predispuestas como los que contiene Facebook, pueden dar lugar a conflictos con los herederos, por ello es conveniente que las personas realicen disposiciones de última voluntad conforme a las formas testamentarias establecidas en el país "para disponer sobre cuentas de correo electrónico, perfiles y contenidos en redes sociales (Facebook, Tuenti, Twitter y demás), espacios de alojamiento o repositorios como Dropbox y, en general, otros que señalen, de modo que se transmite la gestión y titularidad de los mismos, así como los derechos sobre los propios contenidos (textos, imágenes, programación, bases de datos...) que incluyan o estén vinculados a los mismos".

En la doctrina española se aconseja otorgar un testamento con el contenido general y otro para las disposiciones específicas para el legado digital, porque si se incorporan en una única, se comprometen las claves de acceso incluidas, pues "el testamento se debe abrir y leer en presencia de todos los herederos, que además tienen derecho a copia del mismo, por lo que al hacerlo en documento aparte para el único beneficiario se preserva que sólo éste, y no todos, tengan acceso a las mencionadas claves"[34].

16. Empresas que gestionan nuestros datos a nuestra muerte

Ante la falta de regulación legislativa hay empresas que regulan la herencia digital a nuestra muerte Empresas como la norteamericana Legacy Locker y la española Tellmebye.

Tellmebye es una herramienta web pensada para aquellas personas que quieran dejar planificada la herencia de todo su legado digital y facilitar así, la entrega de documentos, claves, acceso a cuenta, mensajes, recuerdos o contenidos a otras personas.

Esta empresa mediante el pago de 30 euros permite establecer las últimas voluntades y facilitar información que ayude a los herederos con ciertos trámites tras tu fallecimiento, entregando si lo deseas, información sobre tus seguros y coberturas, copia del testamento en PDF, qué hacer con tu cuerpo, personas a las que avisar, voluntades anticipadas y mucho más.

[34] Penafreta, Javier. Disponible en: http://www.jprenafeta.com/2014/02/24/legado-digital-ante-notario/ Acceso en 02/07/2023.

Usa programas de encriptación que le dan máxima seguridad la web está alojada en una de las empresas más importantes de Hosting de España que cuenta con todas las herramientas de última generación.

Tellmebye conoce el fallecimiento cuando es avisada por alguna de las personas de confianza identificadas en la cuenta.

Una vez notificada del fallecimiento, Tellmebye notifica el fallecimiento a sus contactos por correo electrónico y notificación en color negro dentro del Panel. Luego libera toda la información tal y como el usuario lo dejó programado pasadas 48 horas como margen de un posible error. Además, entrega un Listín telefónico a las personas de confianza del fallecido con las personas a las que avisar.

Entrega las últimas voluntades del fallecido a las personas de confianza de forma automática. Esta parte, es la única que se realiza sin esperas. En caso de establecer alguna Voluntad de forma pública, esta será visible por todos de forma inmediata.

Moverá al fallecido de tus contactos y lo pondrá en tu zona de Herencias.

Las designadas personas de confianza podrán enviar mensajes a todos los contactos del fallecido.

Tellmebye guarda la información de cada usuario hasta que este fallezca y una vez entregado todo su legado, la cuenta permanecerá activa durante 1 año; tiempo en el que cada heredero, habrá tenido tiempo suficiente para realizar copia de seguridad de sus herencias digitales.

El gran problema que se advierte con estas empresas es que el usuario no podrá tener certeza en vida que el día de su fallecimiento tales empresas seguirán todavía existiendo (teóricamente es posible que quiebren, se liquiden, se fusionen, se escindan, cambien de objeto social, etc.)[35].

Webs como Eternime crea bots y ofrece vivir para siempre como un avatar digital para conseguir no ser olvidado, posibilitando que las personas del futuro puedan interactuar con los recuerdos e historias de las fallecidas como si hablaran con ellas[36].

[35] Oliva León, Ricardo. *Ob. Cit.*, p.76 y ss.

[36] Hay datos que desvelan que sus servicios ya han sido contratados por más de 40.000 personas. Vid. Victoria S. Nadal y Olivia L. Bueno. *Relaciones humanas.* Cuando mueras

Etermine es un proyecto que estudia las reacciones y comentarios en redes sociales y aplicaciones de mensajería de todos sus usuarios, logrando crear un avatar digital que se hará pasar por ellos una vez que estén muertos. De esta forma, aunque sea de forma artificial, sus seres queridos crearán que siguen entre ellos. "Sería algo así como dejar un legado digital que permita a tus tataranietos interactuar con su tatarabuelo"[37].

17. Aseguradoras

Algunas aseguradoras han empezado a incluir coberturas de borrado digital en sus pólizas de hogar o decesos.

18. Derecho Comparado

18.1. Estados Unidos

En USA la Uniform Law Commission publicó una ley modelo en 2014, que fue modificada en 2015 con el nombre de *Revised Uniform Fiduciary Access to Digital Assets Act* (RUFADAA: "Ley Uniforme Revisada de Acceso Fiduciario a Bienes/Activos Digitales"), que está en vigor en prácticamente todos los Estados norteamericanos (en 50, en concreto). Estas normas permiten al así llamado "fiduciario" del causante gestionar bienes digitales como archivos informáticos, nombres de dominio, dinero virtual, etc., pero restringen su acceso a comunicaciones electrónicas como correos electrónicos, mensajes de texto y cuentas en redes sociales, salvo que el usuario original le hubiese autorizado en un testamento, trust, poder u otro archivo (en cuyo caso solo podrán acceder a la lista de mensajes enviados y recibidos, el llamado "catálogo de las comunicaciones", que incluye el correo del interlocutor, pero no el contenido de los correos).

RUFADAA otorga a los fiduciarios ciertos poderes para administrar activos digitales, pero también intenta brindar algunas protecciones de privacidad para los "propietarios" de los activos digitales, así como pro-

podrán seguir hablando contigo a través de internet. Disponible en: https://retina.elpais.com/retina/2018/02/12/innovacion/1518432893_881532.html.

37 Disponible en: https://www.softonic.com/articulos/eternime-web-inmortal-soc.

tecciones legales para los "custodios" (las empresas que fabrican almacenan o proporcionan activos digitales).

Equilibrar los intereses del fiduciario, el propietario y el custodio fue un desafío, y se necesitaron muchos intentos para redactar una ley que satisficiera mínimamente a todas las partes.

18.2. El problema con los activos digitales en la planificación patrimonial

Con la planificación tradicional del patrimonio, la persona toma medidas para garantizar que su albacea o representante personal pueda acceder a la información necesaria para reunir y salvaguardar sus activos, contactar a los acreedores y, si es necesario, supervisar su negocio después de su fallecimiento. Sin embargo, esto puede ser especialmente desafiante con los activos digitales si no organiza la autorización adecuada con anticipación.

Su ejecutor debería poder acceder a la información en el disco duro de su computadora con relativa facilidad con la ayuda de un técnico. Pero este puede no ser el caso de las cuentas en línea y los datos almacenados de forma remota. Incluso si le da sus nombres de usuario y contraseñas a su albacea o un miembro de su familia, él o ella pueden enfrentarse a limitaciones del acuerdo de servicio que le niegan la capacidad de acceder, administrar, distribuir, copiar, eliminar o incluso cerrar cuentas. Además, las leyes de "uso no autorizado" pueden generar problemas legales para sus representantes si se considera que han excedido los niveles de acceso permitido.

18.3. UFADAA – El primer intento

La Ley original de Acceso Fiduciario Uniforme al Acceso Digital (UFADAA) se completó en 2014. Los redactores de la UFADAA pensaron que la mejor manera de proporcionar a los ejecutores y agentes acceso a los activos digitales de un difunto o director era imitar el acceso que tendrían que propiedad tradicional. En otras palabras, querían tratar los activos digitales como activos tradicionales: los propietarios podían decidir qué les sucedería y los fiduciarios podían controlarlos cuando el propietario fallecía o quedaba incapacitado.

Bajo UFADAA, después de que una persona fuera nombrada ejecutora (llamada representante personal en muchos estados), él o ella tendrían el mismo derecho a acceder a las cuentas de la persona fallecida que la persona fallecida tuvo durante su vida. Y si el ejecutor no hubiera necesitado información de inicio de sesión o contraseña, podría pedirle acceso a la empresa y la empresa tendría que cumplir. Idealmente, este enfoque habría brindado a los herederos el acceso que necesitaban para lograr la transferencia del patrimonio, pero también le habría dado posibilidad a acceder a fotos, acceder a correos electrónicos, eliminar o modificar cuentas de redes sociales, pagar facturas finales a través del pago de facturas y cancelar suscripciones.

Esta versión de la ley se encontró con una fuerte oposición de las empresas de tecnología, así como de los grupos de defensa de la privacidad, como la ACLU. Argumentaron que proporcionar a los ejecutores la autoridad para acceder a todos los activos digitales de una persona fallecida:

- Invadía la privacidad de la persona fallecida de formas que no hubieran imaginado o deseado.
- Plantea inquietudes de responsabilidad para las empresas que prometieron mantener seguras y secretas las cuentas.
- Infringe la privacidad de terceros cuyas comunicaciones o información puedan estar expuestas al albacea o /y a los herederos.
- Categoriza erróneamente en forma similar la propiedad analógica que la propiedad digital, que es sustancialmente diferente a los activos tradicionales.
- Crea conflictos con las disposiciones de privacidad de la ley federal.

Las compañías de tecnología argumentaron que los elementos de UFADAA eran contrarios a las leyes federales de privacidad y las leyes estatales y federales de fraude informático, lo que obligaría a las compañías a violar una ley mientras cumplían con otra.

También argumentaron en contra de que UFADAA sobrescribiera los términos de los acuerdos de servicio[38] (TOSA) que sus clientes aceptan al

[38] Un acuerdo de nivel de servicio (siglas ANS), también conocidas por las siglas SLA (del inglés Service Level Agreement), es un acuerdo escrito entre un proveedor de servicio y

abrir nuevas cuentas de activos digitales. La mayoría de los TOSA hacen que los activos digitales no sean transferibles y establecen fuertes restricciones sobre quién puede acceder a las cuentas. UFADAA habría dado a los fiduciarios y herederos acceso general a los registros del difunto o del director, incluso si contradecían la TOSA.

Además, el enfoque de UFADAA de tratar los activos digitales como activos tradicionales planteó preocupaciones sobre la privacidad personal.

Los grupos de defensa de la privacidad cuestionaron si las personas tenían las mismas expectativas de privacidad para sus activos digitales que para sus activos tradicionales. Por ejemplo, es posible que comprenda que su ejecutor podrá acceder a todas las fotos y cartas en los cajones de su escritorio. Pero ¿espera (y desea) que su ejecutor pueda acceder a todos los correos electrónicos que haya escrito o a todas las fotos que almacene en línea?

En 2015, los legisladores estatales propusieron la UFADAA en más de la mitad de los estados de EE. UU., Pero bajo la presión y las preocupaciones de la oposición, solo un estado promulgó una versión de la ley (Delaware). El ULC volvió a la mesa de estudio y revisión.

18.4. UFADAA Revisado (RUFADAA)

Dado el fracaso de UFADA se dictó RUFADAA que es la versión revisada de la primera. La ley revisada reduce en gran medida la autoridad de los herederos y albaceas para acceder a los activos digitales. Estos son algunos de los cambios clave:

- Un albacea o heredero ya no tiene autoridad sobre el contenido de las comunicaciones electrónicas (correo electrónico privado, tweets, chats), a menos que la persona fallecida haya dado su consentimiento explícito para su divulgación.

su cliente con objeto de fijar el nivel acordado para la calidad de dicho servicio. El ANS es una herramienta que ayuda a ambas partes a llegar a un consenso en términos del nivel de calidad del servicio, en aspectos tales como tiempo de respuesta, disponibilidad horaria, documentación disponible, personal asignado al servicio, etc.

- Un albacea o heredero puede tener acceso a otros tipos de activos digitales, pero ahora debe solicitar al tribunal y explicar por qué se necesita el activo para determinar el patrimonio.
- Si un heredero o fiduciario no tiene permiso explícito a través de un testamento, fideicomiso o poder notarial, para acceder a los archivos, los servidores pueden regirse por los acuerdos de términos de servicio para determinar si se deben cumplir con las solicitudes de acceso a la cuenta de una persona fallecida.
- Los Herederos o custodios designados pueden: solicitar órdenes judiciales; de acceso solo a los activos que sean "razonablemente necesarios" para liquidar el patrimonio; Cobrar tarifas para cumplir con las solicitudes de acceso; Rechazar solicitudes excesivamente gravosas.
- Los custodios designados no pueden acceder a activos eliminados.

Si desea que su albacea, heredero o apoderado tenga acceso a sus activos digitales, debe dejarlo claro en su testamento o poder notarial.

Sin embargo, incluso si proporciona este permiso, será un desafío y un dolor de cabeza para sus herederos pasar por el proceso legal de invocar a RUFADAA para obtener acceso a sus activos digitales, ya que el heredero o albacea tendrá que proporcionar a cada compañía una gran cantidad de documentos (posiblemente incluyendo órdenes judiciales) y el heredero o albaceas probablemente obtendrá el acceso más estrecho, posiblemente, justo lo que se necesita para liquidar el patrimonio.

19. Francia

La Ley digital francesa, también conocida como ley por una república digital, es la ley nº 2016-1321, del 7 de octubre 2016, por una "République Numérique", también llamada Loi Numérique o Loi Lemaire, por la secretaria de Estado que la impulsó, Axelle Lemaire) trata los temas relativos a los datos de las personas fallecidas y herencia digital e incorpora el concepto de "muerte digital.".

La regla general es que los derechos digitales de tipo personal se extinguen con la muerte de la personal y que "toda persona podrá decidir sobre el destino de sus datos de carácter personal para después de su muerte.".

Los herederos de una persona fallecida solo podrán tener acceso a sus datos a efectos de la partición de la herencia y, eventualmente, para cerrar sus cuentas con los proveedores de servicios. Sin embargo, tendrán derecho a recuperar sus bienes digitales que sean "datos similares a los recuerdos familiares", como fotos, que son transmisibles a los herederos.

Es decir, según la ley francesa cualquier persona puede establecer pautas para la retención, borrado y divulgación de datos personales para después de la muerte.

Concretamente, el art. 63 de esta Ley que añade un art. 40-1 a la Ley nº 78-17, del 6 de enero de 1978, sobre informática, los ficheros y las libertades (*relative à l'informatique, aux fichiers et aux libertés*)[39] establece

[39] Art. 40-1: I. Les droits ouverts à la présente section s'éteignent au décès de leur titulaire. Toutefois, ils peuvent être provisoirement maintenus conformément aux II et III suivants. II. Toute personne peut définir des directives relatives à la conservation, à l'effacement et à la communication de ses données à caractère personnel après son décès. Ces directives sont générales ou particulières. Les directives générales concernent l'ensemble des données à caractère personnel se rapportant à la personne concernée et peuvent être enregistrées auprès d'un tiers de confiance numérique certifié par la Commission nationale de l'informatique et des libertés. Les références des directives générales et le tiers de confiance auprès duquel elles sont enregistrées sont inscrites dans un registre unique dont les modalités et l'accès sont fixés par décret en Conseil d'Etat, pris après avis motivé et publié de la Commission nationale de l'informatique et des libertés. Les directives particulières concernent les traitements de données à caractère personnel mentionnées par ces directives. Elles sont enregistrées auprès des responsables de traitement concernés. Elles font l'objet du consentement spécifique de la personne concernée et ne peuvent résulter de la seule approbation par celle-ci des conditions générales d'utilisation. Les directives générales et particulières définissent la manière dont la personne entend que soient exercés, après son décès, les droits mentionnés à la présente section. Le respect de ces directives est sans préjudice des dispositions applicables aux archives publiques comportant des données à caractère personnel. Lorsque les directives prévoient la communication de données qui comportent également des données à caractère personnel relatives à des tiers, cette communication s'effectue dans le respect de la présente loi. La personne peut modifier ou révoquer ses directives à tout moment. Les directives mentionnées au premier alinéa du présent II peuvent désigner une personne chargée de leur exécution. Celle-ci a alors qualité, lorsque la personne est décédée, pour prendre connaissance des directives et demander leur mise en oeuvre aux responsables de traitement concernés. A défaut de désignation ou, sauf directive contraire, en cas de décès de la personne désignée, ses héritiers ont qualité pour prendre connaissance des directives au décès de leur auteur et demander leur mise en oeuvre aux responsables de traitement concernés. Toute

la posibilidad de que las personas dispongan mediante directrices o instrucciones tanto el almacenamiento, como el borrado o la comunicación de sus datos personales para después de su muerte. Dichas directrices pueden ser generales o específicas. Las directrices generales son las relativas al conjunto de los datos personales y pueden comprender la designación de una persona responsable de su ejecución y serán inscritas en un registro único de acuerdo con un Decreto dictado por el Consejo de Estado que regula las modalidades y acceso.

A falta de la designación de una persona responsable de la ejecución de las voluntades digitales o en caso de muerte de la persona designada, los herederos de la persona fallecida tendrán derecho a conocer las directrices y a solicitar su implementación a los responsables de los ficheros correspondientes. Expresamente se dispone que será nula cualquier cláusula contractual en las condiciones generales para el uso del tratamiento de datos personales que limite estas prerrogativas.

Específicamente se establece que a falta de instrucciones, los herederos pueden acceder al tratamiento de datos personales del causante a

clause contractuelle des conditions générales d'utilisation d'un traitement portant sur des données à caractère personnel limitant les prérogatives reconnues à la personne en vertu du présent article est réputée non écrite. III. En l'absence de directives ou de mention contraire dans lesdites directives, les héritiers de la personne concernée peuvent exercer après son décès les droits mentionnés à la présente section dans la mesure nécessaire: – à l'organisation et au règlement de la succession du défunt. A ce titre, les héritiers peuvent accéder aux traitements de données à caractère personnel qui le concernent afin d'identifier et d'obtenir communication des informations utiles à la liquidation et au partage de la succession. Ils peuvent aussi recevoir communication des biens numériques ou des données s'apparentant à des souvenirs de famille, transmissibles aux héritiers; – à la prise en compte, par les responsables de traitement, de son décès. A ce titre, les héritiers peuvent faire procéder à la clôture des comptes utilisateurs du défunt, s'opposer à la poursuite des traitements de données à caractère personnel le concernant ou faire procéder à leur mise à jour. Lorsque les héritiers en font la demande, le responsable du traitement doit justifier, sans frais pour le demandeur, qu'il a procédé aux opérations exigées en application du troisième alinéa du présent III. Les désaccords entre héritiers sur l'exercice des droits prévus au présent III sont portés devant le tribunal de grande instance compétent. IV. Tout prestataire d'un service de communication au public en ligne informe l'utilisateur du sort des données qui le concernent à son décès et lui permet de choisir de communiquer ou non ses données à un tiers qu'il désigne.

fin de identificar y obtener información útil para organizar y liquidar el patrimonio del difunto y para solicitar el cierre de las cuentas del difunto y oponerse a la continuación del tratamiento de sus datos personales o actualizarlos.

A estos efectos se dispone que cualquier proveedor de comunicación pública en línea debe informar del destino de sus datos después de su muerte y permitirle elegir comunicarlos o no a un tercero por él designado.

20. Derecho Catalán

En Cataluña se dictó la Ley 10/2017, de 27 de junio del 2017, sobre Voluntades Digitales. Ella modificó los libros segundo y cuarto del Código Civil de Cataluña, que tiene como objeto gestionar la huella en los entornos digitales cuando la persona muere o cuando tiene la capacidad judicialmente modificada y evitar daños en otros derechos o intereses tanto de la propia persona como de terceros.

La ley catalana establece que las personas pueden manifestar sus voluntades digitales para que el heredero, el legatario, el albacea, el administrador, el tutor o la persona designada para su ejecución actúen ante los prestadores de servicios digitales después de su muerte o en caso de tener la capacidad judicialmente modificada.

Mediante estas voluntades digitales, las personas pueden ordenar las acciones que consideren más adecuadas para facilitar, en caso de muerte, que la desaparición física y la pérdida de personalidad que supone se extiendan igualmente a los entornos digitales y que eso contribuya a reducir el dolor de las personas que les sobrevivan y de las personas con las que tengan vínculos familiares, de afecto o amistad, o bien que se perpetúe la memoria con la conservación de los elementos que estas determinen en los entornos digitales o con cualquier otra solución que consideren pertinente en ejercicio de la libertad civil que les corresponde en vida.

Por una parte, se modifica el libro segundo del Código Civil de Cataluña para prever la posibilidad de que la persona, al otorgar un poder en previsión de pérdida sobrevenida de capacidad, pueda fijar quién se encargará de ejecutar sus voluntades digitales y establecer el alcance de la gestión dentro del poder.

Por otra parte, se regula el régimen de las voluntades digitales en caso de muerte para prever que el testamento, o las memorias testamentarias también puedan contener voluntades digitales y designar a la persona encargada de su ejecución. En caso de que no se haya designado a nadie, se establece que el heredero, el albacea o el administrador de la herencia pueden ejecutar las voluntades digitales o bien encargar su ejecución a otra persona.

Las voluntades digitales pueden ordenarse no únicamente mediante testamento, codicilo o memorias testamentarias, sino también, en defecto de disposiciones de última voluntad, mediante un documento de voluntades digitales que debe inscribirse en el Registro Electrónico de Voluntades digitales, un nuevo registro de carácter administrativo que se crea con el objetivo de facilitar e incrementar las vías disponibles para dejar constancia de las voluntades digitales.

La ley catalana define que se entiende por "voluntades digitales en caso de muerte" diciendo:

> Se entiende por voluntades digitales en caso de muerte las disposiciones establecidas por una persona para que, después de su muerte, el heredero o el albacea universal, en su caso, o la persona designada para ejecutarlas actúe ante los prestadores de servicios digitales con quienes el causante tenga cuentas activas. Artículo 6 que añade el artículo 411-10 al capítulo a del título 1 del libro cuarto del Código Civil de Cataluña.

Es decir que las voluntades digitales son las instrucciones dejadas para que después de la muerte física, se tomen determinaciones frente a los servicios digitales, ya sea redes sociales, servicios, de mensajerías o cualquier servicio digital vinculado al testador.

Ello excluye las acciones sobre el Harvard es decir sobre la propiedad de teléfonos celulares, discos USV o PC.

Las actividades que el causante puede ordenar para ser realizadas después de la muerte son las siguientes: el causante, en las voluntades digitales en caso de muerte, puede disponer el contenido y el alcance concreto del encargo que debe ejecutarse, incluyendo que la persona designada lleve a cabo alguno o algunas de las siguientes actuaciones:

a) Comunicar a los prestadores de servicios digitales su defunción.
b) Solicitar a los prestadores de servicios digitales que se cancelen sus cuentas activas.
c) Solicitar a los prestadores de servicios digitales que ejecuten las cláusulas contractuales o que se activen las políticas establecidas para los casos de defunción de los titulares de cuentas activas y, si procede, que le entreguen una copia de los archivos digitales que estén en sus servidores.

Como pone de resalto Solé Resina:

> se tratan todas ellas de actividades que no reportan un beneficio o perjuicio patrimonial a la persona que las ejecuta más allá de los posibles gastos (normalmente de escasa consideración) que de ellas pudieran inferirse y que la ley catalana imputa al caudal hereditario para el caso de que el causante no lo haya dispuesto de otra forma (art. 411-10.7 CCCat).
> Hay que advertir, sin embargo, que hay otras formas de conseguir estos mismos resultados, pues pueden haber sido encargados, como hemos explicado, a empresas especialmente dedicadas a estas actividades o haber sido objeto de cobertura de un seguro[40].

La Ley de Cataluña prevé dos reglas para aplicar en caso de que no haya previsión expresa en contrario en las voluntades digitales: a) como principio general los herederos no tienen acceso al contenido, b) no existiendo otra previsión se estará a lo previsto en las reglas contractuales.

Cabe señalar que La Ley de Cataluña expresa un principio general completamente diferente a lo dispuesto por la ley española de Protección de Datos personales de diciembre de 2018, en sus artículos 3 y 96, que prevé el libre acceso a los contenidos digitales de los parientes y parejas de hechos como veremos a continuación.

Concretamente dispone el artículo inc. 5 y 6 de la ley de Cataluña:

[40] Solé Resina, Judith. *Las voluntades digitales*: marco normativo actual. ADC, tomo LXXI, 2018, fasc. II.

En el caso que el causante no haya previsto sus voluntades digitales B) Si el causante no ha expresado sus voluntades digitales, el heredero o el albacea universal, en su caso, puede ejecutar las actuaciones de las letras a, b y c del apartado 2 de acuerdo con los contratos que el causante haya suscrito con los prestadores de servicios digitales o de acuerdo con las políticas que estos prestadores tengan en vigor.

Otra disposición importante es la relativa al testamento digital, y más precisamente a su contenido, para incorporarla se modifica el Código Civil Catalán en lo referido al contenido testamentario diciendo:

Artículo 421-2. Contenido del testamento.
1. En testamento, el causante ordena su sucesión mediante la institución de uno o más herederos y puede establecer legados y demás disposiciones para después de su muerte.
2. El testamento, además de lo establecido por el apartado 1, puede contener las voluntades digitales del causante y la designación de una persona encargada de su ejecución. En defecto de designación, el heredero, el albacea o el administrador de la herencia pueden ejecutar las voluntades digitales o encargar su ejecución a otra persona.

Si el causante no lo ha establecido de otro modo en sus voluntades digitales, la persona a quien corresponde ejecutarlas no puede tener acceso a los contenidos de sus cuentas y archivos digitales, salvo que obtenga la correspondiente autorización judicial.

Como señaláramos al comienzo, la ley crea un registro de voluntades digitales con el fin de dar publicidad a las disposiciones digitales de una persona. Cabe señalar que el Registro de voluntades testamentarias ha sido declarado inconstitucional por cuestiones de competencia, por el Tribunal Constitucional Español por la sentencia 7/2019, de 17 de enero (BOE 14 de febrero de 2019)[41].

[41] Pleno. Sentencia 7/2019, de 17 de enero de 2019. Recurso de inconstitucionalidad 4751-2017. Interpuesto por el presidente del Gobierno en relación con diversos preceptos de la Ley del Parlamento de Cataluña 10/2017, de 27 de junio, de las voluntades digitales y de modificación de los libros segundo y cuarto del Código civil de Cataluña. Y la Competen-

El fundamento por el cual el Tribunal Constitucional Español declaro la inconstitucionalidad del registro de Últimas Voluntades Digitales radica en que:

> Las Comunidades Autónomas pueden crear registros administrativos instrumentales que coadyuven al efectivo ejercicio de sus competencias, pero no registros jurídicos de derecho privado, pues esta competencia de ordenación de los registros de derecho civil se halla reservada al Estado por el artículo 149.1.8 CE. El registro electrónico de voluntades digitales creado por el artículo 10 de la Ley 10/2017 es un registro jurídico y no meramente administrativo, como lo demuestra que en él se inscriben únicamente documentos de voluntades digitales suscritos por las personas que no han otorgado disposiciones de última voluntad (testamento, codicilo o memoria testamentaria). Por ello se establece que para acceder a dicho registro debe acreditarse, mediante el certificado de actos de última voluntad, que el causante no ha otorgado disposiciones de ese tipo. Además, ese documento de voluntades digitales es el medio por el que las personas pueden disponer mortis causa de sus archivos digitales, frente a los prestadores de servicios de la sociedad de la información, designando a las personas encargadas de ejecutar sus instrucciones al respecto, en defecto de testamento, codicilo o memoria testamentaria.

En su voto en disidencia la Magistrada Encarna Roca Trías critica este fundamento señalando que no toda disposición para después de la muerte es sucesoria y que existen registros para después de la muerte que son administrativos, como el registro de contratos de seguros de cobertura de fallecimiento (Ley 20/2005, de 14 de noviembre y Real Decreto 398/2007).

Por otra parte, señala Encarna Roca Trías, en posición conservadora:

> El formato digital de determinados contenidos en archivos o el lugar donde se encuentran ubicados no los distingue del resto de bienes que puedan integrar el caudal relicto, ni la norma les está otorgando un tratamiento jurí-

cia para Reglamentar registros públicos. Disponible en: https://www.boe.es/diario_boe/txt-A-2019-2033.php?id=BOE. Consultada EL 5 de set. 2019.

dico distinto en orden a su destino sucesorio. Al fallecimiento del otorgante del documento de voluntades digitales, su herencia comprenderá todos sus bienes, derechos y obligaciones que no se hayan extinguido por su fallecimiento y su transmisión se producirá, en cualquier caso, por la voluntad que este haya manifestado en testamento y, a falta del mismo, por disposición de la Ley. Por ello, creo que puede afirmarse que el documento de voluntades digitales al que se refiere la norma impugnada no contiene una verdadera ordenación de la sucesión, tan siquiera de los materiales o archivos digitales del causante, que con independencia del soporte digital en el que se encuentran, en todo caso forman parte del caudal hereditario y son objeto de la sucesión. Lo que en realidad recoge el documento es la voluntad del fallecido respecto a la realización de actividades muy concretas que están directamente relacionadas con el ejercicio de derechos personalísimos de carácter no patrimonial, por tanto, no transmisibles mortis causa, como las de comunicar a los prestadores de servicios digitales su defunción; solicitar la cancelación de las cuentas activas o que ejecuten las cláusulas contractuales o que ejecuten las cláusulas contractuales o que se activen las políticas establecidas para los casos de defunción y, en su caso, que libren una copia de los archivos digitales que estén en sus servidores (art. 411-10, en su párrafo 2). En mi opinión, el hecho de que la eficacia de las voluntades digitales se produzca después de la muerte de la persona y que a tales disposiciones se les denomine de manera semejante a las testamentarias no significa que tengan tal naturaleza testamentaria, ni que deban custodiarse en un registro civil.

Esto es muy importante para nuestro país porque de ser considerado un mero registro administrativo, que no ordena la sucesión sino los bienes inmateriales relacionados con la personalidad, los colegios notariales podrían organizarlo como en su momento hicieron con el registro de disposiciones para el propio cuerpo, o podría realizarse localmente, lo que es más sencillo que obtener una ley nacional.

21. España

En España se dictó la Ley Orgánica 3/2018, de Protección de Datos Personales y garantía de los derechos digitales. Cuyos principios son básicamente opuestos a los contenidos en el sistema norteamericano. Allí el principio es el no acceso a los contenidos digitales del difunto, después de su muerte, en base a la protección del derecho a la intimidad de los terceros y del respeto a los pactos preexistentes, la excepción es la posibilidad de acceder a los contenidos digitales.

En cambio, en el sistema español la permisibilidad del acceso a los contenidos digitales de las redes sociales del causante es la regla y la imposibilidad la excepción. Es mas no solo los herederos y las personas designadas pueden acceder sino también el o la conviviente.

Concretamente en la legislación española se establece que el acceso a contenidos gestionados por prestadores de servicios de la sociedad de la información sobre personas fallecidas se regirá por las siguientes reglas:

> Artículo 96.1. (...)
> a) Las personas vinculadas al fallecido por razones familiares o, de hecho, así como sus herederos podrán dirigirse a los prestadores de servicios de la sociedad de la información al objeto de acceder a dichos contenidos e impartirles las instrucciones que estimen oportunas sobre su utilización, destino o supresión.
> Como excepción, las personas mencionadas no podrán acceder a los contenidos del causante, ni solicitar su modificación o eliminación, cuando la persona fallecida lo hubiese prohibido expresamente o así lo establezca una ley. Dicha prohibición no afectará al derecho de los herederos a acceder a los contenidos que pudiesen formar parte del caudal relicto.
> b) El albacea testamentario, así como aquella persona o institución a la que el fallecido hubiese designado expresamente para ello también podrá solicitar, con arreglo a las instrucciones recibidas, el acceso a los contenidos con vistas a dar cumplimiento a tales instrucciones.
> c) En caso de personas fallecidas menores de edad, estas facultades podrán ejercerse también por sus representantes legales o, en el marco de sus competencias, por el Ministerio Fiscal, que podrá actuar de oficio o a instancia de cualquier persona física o jurídica interesada.
> d) En caso de fallecimiento de personas con discapacidad, estas facultades podrán ejercerse también, además de por quienes señala la letra anterior, por quienes hubiesen sido designados para el ejercicio de funciones de apoyo si tales facultades se entendieran comprendidas en las medidas de apoyo prestadas por el designado.

Las personas legitimadas podrán decidir acerca del mantenimiento o eliminación de los perfiles personales de personas fallecidas en redes.

La Ley Orgánica 3/2018, de 5 de diciembre, de Protección de Datos Personales y garantía de los derechos digitales regula diversos aspectos relacionados con la transmisión de datos digitales, incluyendo la transmisión sucesoria de activos digitales.

En particular, la ley establece que los herederos tendrán derecho a acceder a los datos personales del fallecido en los casos en que esto sea necesario para la liquidación de la herencia. Además, los herederos también podrán ejercer los derechos de protección de datos del fallecido, siempre y cuando exista una relación directa entre el ejercicio de estos derechos y la liquidación de la herencia.

La ley también establece que los prestadores de servicios digitales deberán tomar medidas para garantizar que los herederos puedan acceder a los datos digitales del fallecido de forma segura y protegiendo la privacidad de terceros. En este sentido, los prestadores de servicios digitales deberán establecer procedimientos para la gestión y transmisión de los datos digitales de los usuarios fallecidos.

En resumen, la Ley Orgánica 3/2018 establece ciertas garantías y procedimientos para la transmisión sucesoria de activos digitales, incluyendo el acceso a los datos personales del fallecido por parte de los herederos y la obligación de los prestadores de servicios digitales de establecer procedimientos para la gestión y transmisión de los datos digitales de los usuarios fallecidos.

22. Ley de Michigan de Testamentos Digitales

La ley de Michigan que regula los testamentos digitales es la "*Michigan Uniform Electronic Wills Act*" (Acta Uniforme de Testamentos Electrónicos de Michigan), que entró en vigor en 2018.

Según esta ley, un testamento electrónico será válido en Michigan si cumple con ciertos requisitos, como:

- Debe ser un documento electrónico que se pueda leer y visualizar en un dispositivo electrónico.
- Debe ser creado y almacenado en un formato que sea seguro y capaz de detectar cambios.

- El testamento electrónico debe estar firmado por la persona que lo crea, o por alguien que reciba instrucciones para hacerlo en su nombre.
- La persona que crea el testamento debe estar presente físicamente o de forma remota (a través de una plataforma de videoconferencia, por ejemplo) ante dos testigos que estén presentes en el momento de la firma del testamento.

23. Ley de Utah de Testamento Electrónico

La *Utah Electronic Will Act* es una ley estatal que permite la creación, firma y validación de testamentos electrónicos en el estado de Utah. La ley fue aprobada en 2019 y entró en vigor en mayo de ese mismo año.

La ley establece que un testamento electrónico puede ser creado y firmado electrónicamente, siempre y cuando cumpla con ciertos requisitos. Estos requisitos incluyen que el testamento sea creado por una persona mayor de 18 años y que tenga la capacidad mental para hacerlo. Además, el testamento debe estar firmado electrónicamente por la persona que lo crea y por dos testigos.

La ley también establece requisitos para la validez y la revocación de un testamento electrónico. Para que un testamento electrónico sea válido, debe cumplir con ciertas formalidades y requisitos legales. La revocación de un testamento electrónico también debe cumplir con ciertos requisitos legales y formales.

Es importante tener en cuenta que la *Utah Electronic Will Act* establece requisitos específicos que deben cumplirse para que un testamento electrónico sea legalmente vinculante y válido.

24. Portugal

En Portugal, la sucesión de activos digitales es un tema que está empezando a ser abordado por las autoridades y legisladores. Los activos digitales, como las criptomonedas, las redes sociales y las cuentas de correo electrónico, pueden tener un gran valor y pueden ser difíciles de transferir a los herederos después de la muerte del titular.

Actualmente, no hay una ley específica en Portugal que trate la sucesión de activos digitales, pero se espera que la legislación se actualice en un futuro próximo para abordar este tema.

En la actualidad existe un proyecto de ley en Portugal sobre el testamento digital. El proyecto de ley se llama "Propuesta de ley nº 367 / XIII – Alteración del Código Civil, del Código de Procedimiento Civil y de la Ley de Registros y Notariado, para permitir el testamento electrónico".

El objetivo principal del proyecto de ley es permitir que los testamentos electrónicos sean legalmente reconocidos en Portugal. El proyecto de ley establece que los testamentos electrónicos deben cumplir con ciertos requisitos de seguridad, como la autenticación del testador, la integridad del documento y la confidencialidad de la información.

Además, el proyecto de ley establece que el testamento electrónico solo será válido si es realizado mediante una plataforma digital certificada por la Autoridad de Supervisión de Seguros y Fondos de Pensiones (ASF), y debe ser firmado digitalmente por el testador y dos testigos.

Es importante tener en cuenta que el proyecto de ley aún está en discusión en el Parlamento portugués y aún no ha sido aprobado. Si el proyecto de ley se aprueba, se espera que facilite la realización de testamentos digitales en Portugal y refleje los avances tecnológicos de la sociedad actual.

La Propuesta de ley nº 367 / XIII tiene como objetivo realizar cambios en el Código Civil, el Código de Procedimiento Civil y la Ley de Registros y Notariado de Portugal, con el fin de permitir la creación de testamentos electrónicos.

La ley propuesta busca establecer un marco legal para la creación y el almacenamiento de testamentos electrónicos, de manera que puedan ser considerados válidos y legales en el país. Además, se establecerán los requisitos técnicos y de seguridad que deberán cumplir los sistemas informáticos utilizados para la creación y almacenamiento de estos documentos.

Esta propuesta de ley se considera un avance significativo en la modernización del sistema legal de Portugal, ya que permitirá una mayor accesibilidad y comodidad en la creación de testamentos, especialmente para personas que viven lejos de los notarios o tienen dificultades de movilidad. Además, el uso de tecnología avanzada para la creación de documentos legales contribuirá a reducir los costos y tiempos asociados a la creación de testamentos.

En resumen, la Propuesta de ley nº 367 / XIII busca proporcionar a los ciudadanos portugueses una alternativa moderna y eficiente para la creación de testamentos, al tiempo que se establecen las salvaguardas necesarias para garantizar su validez y seguridad jurídica.

Conclusiones

La disposición de los bienes digitales para después de la muerte es un tema no suficientemente estudiado por los juristas En este estadio de la evolución jurídica el conocimiento del derecho comparado ayuda tanto para prevenir los conflictos que se puedan generar como para pensar en futuras soluciones reglamentarias, legislativas o profesionales.

Resulta innegable que toda planificación sucesoria, actual y futura, debe incluir los activos digitales tanto en lo que hace a los derechos personalísimos como a los patrimoniales, para realizarla es necesario que los profesionales del derecho conozcan las soluciones dadas en los contratos uniformes celebrados con los proveedores de internet, con las redes sociales y con los sistemas de mensajerías y redes sociales (Facebook, Twitter, Instagram, LinkedIn, WhatsApp, Google, Snapchat, Skype, YouTube,) , para poder integrar las respuestas con los principios de orden público que integran el derecho sucesorio y con las normas sobre protección de datos personales y derechos personalísimos.

Referencias

Bielli, Gastón E. Ordoñez, Carlos J. *Introducción:* los criptoactivos como bienes y su inclusión en la sucesión. TR La Ley Ar/Doc/1399/202.

Cabrera González, D. Sergio. La Herencia Digital. Disponible en: https://riull.ull.es/xmlui/bitstream/handle/915/15348/La%20herencia%20digital.%20The%20digital%20inheritance.pdf?sequence=1&isAllowed=y.

Cámara Lapuente, Sergio. *La sucesión mortis causa en el patrimonio digital: una aproximación.* El Notario del Siglo XXI, Revista 84. Disponible en: http://www.elnotario.es/hemeroteca/revista-84?id=9279:la-sucesion-mortis-causa-en-el-patrimonio-digital-una-aproximacion&tmpl=component&print=1. Consultado el 1 de julio del 2023.

Crespo, Marta Otero. La sucesión en los "bienes digitales". La respuesta plurilegislativa española. Disponible en: https://www.nreg.es/ojs/index.php/RDC/article/view/477.

Di Chiazza, Iván G; Pastore, José Ignacio. *Herencia digital y testamento videograbado*, Rubinzal Online RC D 226/2022.

Di Chiazza, Iván. *Patrimonio, herencia y testamento digitales.* TR La Ley Ar/Doc/2316/2022.

Edina Harbinja Legal Nature of Emails: A Comparative Perspective, 14 *Duke Law & Technology Review* 227-255 (2016). Disponible en: https://scholarship.law.duke.edu/dltr/vol14/iss1/10.

Flores, Martín Andrés *"Herencia digital.* Un nuevo desafío para el Derecho Sucesorio." Exposición Magistral titulada "Herencia digital", en el marco de las Primeras Jornadas Cordobesas de Derecho Sucesorio, 5 y 6 de septiembre, Universidad Nacional de Córdoba, 2019.

Flores, Martín Andrés. Herencia digital: un nuevo desafío para el derecho sucesorio. DFyP 2020 (junio), 143. TR La Ley Ar/Doc/3253/2019.

Guerrero, Laura Cecilia Algunos impactos de la tecnología digital en el derecho sucesorio argentino – TR La Ley Ar/Doc/3552/2022.

Gonzales Granado, Javier. "Solo se muere una vez: ¿Herencia Digital? En el libro *Testamento Digital.* Coordinado por Oliva Leon, Ricardo Valero Banceló, Sonsoles, edición especial setiembre 2016, España.

Lamber, Néstor D. *Los Bienes Digitales en la Herencia.* Publicado en: DFyP 2019 (junio), 91. Cita Online: Ar/Doc/1495/2019.

Leiva Fernandez, Luis. *La personalidad pretérita, no es lo mismo no estar muerto que no haber vivido.* La ley 22 octubre 2018.

Llaneza González, Paloma. Derechos digitales para un mundo conectado: la Carta de Derechos Digitales española RDF 103, 21. TR La Ley Ar/Doc/130/2022.

Mccallig, Damien. *Facebook after death: an evolving policy in a social network.* International Journal of Law and Information Technology, Vol. 22, No. 2 (2014).

Medina, Graciela; Rolleri, Gabriel. *La pandemia y sus efectos en el derecho sucesorio.* La Ley 17/06/2020, 1. DFyP 2020 (agosto), 99. TR La Ley Ar/Doc/1830/2020.

Medina, Graciela. Transmisión post Mortem de activos y voluntades digitales. *En Libro Homenaje a Luis F. P Leiva Fernandez,* ed. La ley 2020.

Oliva León, Ricardo. *Derecho e identidad digital post mortem.* En Testamento Digital.

Penafreta, Javier. *Legado digital ante notario.* Disponible en: http://www.jprenafeta.com/2014/02/24/legado-digital-ante-notario/. Consultado el 2 de julio del 2023.

Pereira Maceira, Irma. "Herencia digital", DFyP 2019 (abril), 10/04/2019, p. 103; AR. TR La Ley Ar/Doc/2421/2018.

Porcelli, Adriana M. Los bienes digitales y el derecho de autor en internet. La denominada "piratería informática". Revista del Departamento de Ciencias Sociales, Vol. 2 Nº 3, Buenos Aires, 2015.

Vibes, Federico P. *El impacto de Internet en la propiedad intelectual*. TR La Ley Ar/Doc/5331/2001.

Wood, Andrew F.; SMITH, Matthew J. *Online communication: linking technology, identity, and culture*. Routledge, New York, 2005.